中研院歷史語言研究所集刊論文類編

歷史編·魏晉隋唐五代卷　三

中華書局

唐末五代政治社會之研究

—魏博二百年史論—

毛　漢　光

第一章　緒　　論

第一節　前　　言

　　嬴秦發跡於西方；西漢得天下以三秦，其初皆聚集其戰力於三輔[1]，居關中而臨

---

1. 參見許師倬雲 “西漢政權與社會勢力的交互作用”

關東。東漢政權之建立與河南世家大姓有密切關係[2]，故以河南爲中心。曹魏政權以譙沛集團與潁泗集團爲骨幹[3]，其重心在河南之東。西晉河內司馬氏亦以關東爲主體，士族自此與焉[4]。元魏起於代北，結合胡姓與漢姓而獲有北中國，遷都洛陽，關東士族更盛極一時[5]。魏分東西，西方地貧人寡，而卒能滅北齊、平南朝，一統中國，實因「關中本位政策」[6] 之下，結合其社會勢力所致。所以西魏、北周、垂楊隋及李唐之初，其統治階層皆以關中人物爲先。唐「太宗列置府兵，分隷禁衛，大凡諸府八百餘所，而在關中者殆五百焉，舉天下不敵關中，則居重馭輕之意明矣！」[7]。唐玄宗時，府兵廢弛，安史亂起，唐室賴東南之賦[8] 以苟延殘局，當此時也，由於中央控制力之衰退，中國各地區各依其地理位置、自然資源、人物結合等條件，相互競爭，及黃巢輩起，大唐帝國走向名實皆亡之路，舊有的政治社會勢力失去駕御政治社會秩序的功能，在權力重心失調之際，各地區的藩鎮與各階層的社會人物，皆惶惶恐恐地覓求新的組合，本文的主旨乃分析政治社會之新發展。由中古而觀之，是問其何去何從；由近古而觀之，在探索新組合的源流。本文研究之時間範圍凡二百年，始自安史之亂而迄於趙宋之建國，實際上較偏重於紊亂的五代。爲使行文便利觀察與分析，舉魏博地區爲個案研究之單位。

第二節　魏博地區地理沿革

元和郡縣圖志卷十六河北道一魏州條載：（括號中爲公元）

魏博節度使，管州六魏州、相州、博州、衞州、貝州、澶州。縣四十三。

魏州：……後漢封曹操爲魏王，理鄴。前燕慕容暐都鄴，其魏郡並理於鄴中也。後魏於今州理置貴鄉郡，尋省。周宣帝大象二年（580）又於貴鄉郡東界置魏州。隋煬帝大業三年（607）罷州爲武陽郡。……武德四年（621）改置魏州，五年（622）置總管府，七年（624）改爲都督府，貞觀六年（632）罷都督復爲州。

---

2. 參見余師英時 "東漢政權之建立與世家大姓之關係"

3. 參見拙文 "三國政權的社會基礎"

4. 參見拙著　兩晉南北朝士族政治之研究

5. 參見拙文 "中國中古社會史略論稿"

6. 參見陳寅恪　唐代政治史述論稿

7. 通鑑卷二二八唐紀四十四建中四年八月陸贄奏文。唐會要卷七十二府兵條。

8. 參見全漢昇　唐宋帝國與運河

相州：……魏文侯使西門豹守鄴是也。……建安十七年(212)冊命操爲魏公，居
鄴。黃初二年(221)以廣平陽平魏三郡爲三魏，長安譙許鄴洛陽爲五都。……
後魏孝文帝於鄴立相州。……至東魏孝靜帝又都鄴城，高齊受禪乃都於鄴……
周武帝平齊復改爲相州，大象二年(580)自故鄴城移相州於安陽城。……大業
三年(607)改相州爲魏郡。武德元年(618)復爲相州。後或爲總管或爲都督。

　魏州與相州是本區的兩大支柱，兩者的理所、名稱等屢有變更，且常相互統屬。至唐
代六州間轄縣之分析與合併仍甚頻繁。如下：（按六州轄縣總數，參見新舊唐書地理
志及史念海兩唐書地理志互勘，此處不贅述。）

唐會要卷七十一州縣改置下河北道貝州：

宗城縣，武德四年(621)廢宗州來屬。

唐會要卷七十一州縣改置下河北道宗州：

置在徑城縣，天祐三年(906)八月割隸魏州。

永濟縣，大歷七年(772)正月以張橋行市爲縣，天祐三年(906)八月割隸魏州。

唐會要卷七十一州縣改置下河北道魏州：

龍朔二年(662)十二月二十六日改爲冀州，仍置大都督府，咸亨三年(672)九月
二十五日仍舊。元城縣，貞觀十七年(643)六月十七日廢，聖歷二年(699)三月
二十一日又置，開元十三年(725)十二月二日移于郭下也。昌樂縣，武德五年
(622)八月置。朝城縣，貞觀十七年(643)廢，永昌元年(689)又置，改名聖
武，開元七年(719)又改爲朝城縣。莘縣，貞觀元年(627)廢莘州，以縣來屬。
頓邱縣，貞觀元年(627)廢澶州來屬，大歷(772)七年又置澶州。

唐會要卷七十一州縣改置下河北道澶州：

觀城縣，大歷七年(772)正月析魏州頓邱縣之觀城店置觀城縣。清豐縣，大歷
七年(772)以清豐店置清豐縣，幷割魏州臨黃縣幷隸。

唐會要卷七十一州縣改置下河北道相州：

湯陰縣，武德四年(621)置。林慮縣，武德元年(618)置，五年廢，貞觀十七
年(643)六月又置。臨河縣、內黃縣、洹水縣，並天祐三年(906)八月割隸鄆
州。

唐會要卷七十一州縣改置下河北道衞州：

　　黎陽縣，貞觀十七年（643）六月十七日廢黎州來屬，同日廢清淇縣，至長安四

　　年（704）十二月二十三日於淇門置淇門縣。

唐會要卷七十一州縣改置下河北道博州：

　　清平縣，武德四年（621）置。博平縣，貞觀十七年（643）廢入聊城，天授二年

　　（691）更置，天祐三年（906）四月割隸鄆州。聊城縣、武陽縣、武水縣、高唐

　　縣，天祐三年（906）四月並割隸鄆州。

　　魏博地區視爲一個軍事單位，唐代在初葉太宗時代已有痕跡，時稱相州都督府，

徐堅初學記州郡部載魏王泰括地志序略，凡都督府四十三，州三百五十八，據嚴耕望

先生研究，相州都督府：[9]

　　　舊志二相州條：「武德元年，置相州總管府。……四年（621）廢總管府。……

　　　六年（623），復置總管府，管慈、洺、黎、衞、邢六州。九年（626），廢都督

　　　府。貞觀……十年（636），復置都督，管相、衞、黎、魏、洺、邢、貝七州。

　　　十六年（642）罷都督府。」寰宇記五五，同。按通鑑一九四，貞觀十年（636）二

　　　月乙丑，出諸皇子爲都督，泰爲相州都督。檢太宗冊越王泰改封魏王文（全唐

　　　文九）云：「命爾爲使特節、都督相、衞、黎、魏、洺、邢、貝七州諸軍事，

　　　相州刺史。」時間管區均與志同。十三年（639）管州蓋同。」

貞觀時「置府分佈，邊疆地區一概置府，且大底兩層環繞，內地軍事重地亦置之。所

不置者，惟京畿地區，黃河以南至淮漢南北，河東西南部，河北中部，劍南東部及蘇

杭地區，共約近九十州而已。」[10] 從地圖上看，設立都督府似有屏障外患之意，但共

中洛州都督府與相州都督府頗爲奇特，洛州乃唐之東都，應屬京畿之地，天子直隸，

故在貞觀十八年廢都督府[11]。相州都督府在河北之南，而居於河北中部之鎭趙深冀德

景滄等州竟然不設都督府，似爲設立都督府之特殊現象。

　　就北中國而言，貞觀時的都督府與一百廿年後安史亂後的藩鎭地理區分，頗有部

份相似之處；而貞觀時相州都督在屏障外患觀點上無法圓滿解釋，但在安史亂後，魏

---

9. 參見嚴耕望先生唐史研究叢稿　第四篇 "括地志序略都督府管州考略" 頁 246。

10. 唐史研究叢稿第四篇 "括地志序略都督府管州考" 頁 270 並圖。

11. 舊唐書卷三十八地理志一河南府條。

博節度使對內部政局之影響，却表露出其特殊的重要性。

睿宗景雲二年（711），除畿內以外，將全國重要地區的一百七十六州分爲二十四個區，各區設都督府，糾察管內州縣，魏州都督府亦爲其一。

唐會要卷六十八都督府亦云：

> 景雲二年（711）六月二十八日，制勅天下分置都督府二十四，令都督糾察所管州刺史以下官人善惡。

> 魏州，管衞、相、洺、德、貝、博、豫等七州。

舊唐書卷三十七地理志謂：「景雲二年分天下郡縣置二十四都督府以統之，旣而以其權重不便，罷之。」按景雲都督府以糾察管內州刺史爲主，貞觀都督府則具有軍管意義；景雲都督府之廢止理由是「權重不便」，則貞觀都督府廢止理由更應「權重不便」無疑。

唐州郡數有三百餘，若在州郡之上設立二三十個大行政區，則懼地方權重，若中央直隸三百餘單位，又恐疏漏，其折衷辦法乃成立純監察區。按唐太宗時已將天下分爲十道，然十道僅爲地理名稱，中宗神龍二年，分十道巡察使，二周年一替，以廉察州郡，道自此始有監察區之性質，其後在景雲開元年間，漸析增至十六道[12]，道設采訪處置使，或以所在州刺史兼之，時河北道采訪處置使治地爲魏州，偶而亦在相州、幽州者，道監察區將河北視爲一個大單位，魏相是其重點也。

第三節　魏博地區產業與人口

從古書記載看，本區經戰國時西門豹與西漢時史起整頓灌溉系統，農業生產倍增，人民有致富而歌頌者。當時工業以紡織最爲重要，嚴耕望先生謂：「南北朝末期及隋世紡織工業……大約言之，以河北之博陵、魏郡、清河最爲發達，河南北其他諸郡及蜀郡次之。江南豫章諸郡絕非其比也。」[13]

鄴中記描述石虎時代本區紡織情況如下：

> 織錦署在中尙方，錦有大登高、小登高、大明光、小明光、大博山、小博山、大茱萸、小茱萸、大交龍、小交龍、蒲桃文錦、斑文錦、鳳皇朱雀錦、韜文

---

12. 參見嚴耕望先生 "景雲十三道與開元十六道"。
13. 唐史研究叢稿第三篇 "唐代方鎭使府僚佐考" 頁228等語。

錦、桃核文錦、或青綈、或白綈、或黃綈、或綠綈、或紫綈、或蜀綈，工巧百

數，不可盡名也。

石虎中尚方御府中巧工作錦織成署皆數百人。

元和郡縣圖志卷十六河北道一載開元貢賦爲：

魏州貢賦：貢，縣紬、平紬。賦，絲、縣、絁、紬。

相州：貢，紗，……。賦，縣、絹、絲。

博州：貢，平紬。賦，縣、絹。

衛州：貢，絹。賦，縣、絹。

貝州：貢，白氈。賦，縣、絹。

澶州：貢，平紬、絹。賦，絁、縣、絹……。

舊五代史卷六梁書太祖紀六開平四年（910）十月己卯載：

以新修天驥院開宴落成，內外並獻馬，而魏博進絹四萬匹爲罰價。

按舊五代史卷三十八（後唐）明宗紀四天成二年（927）三月丙辰（五代會要略同）謂：

宰臣判三司任圜奏諸道藩府諸依（唐昭宗）天復三年（903）已前，許貢綾綾金

銀隨其土產折進馬之直。……並從之。

時南方紡織漸盛，唯魏博在五代時仍是重要的紡織工業地區。

北運河經過本區，亦給魏博增加經濟繁榮。如：

唐會要卷八十七漕運條：

開元二十八年（740）九月，魏州刺史盧暉開永濟渠，自石灰窠引流至州城西都

注魏橋，夾製樓百餘閒，以貯江淮之貨。

但永濟渠魏州段在安史亂後德宗之世被阻塞，這是戰爭所致。

舊唐書卷一三四馬燧傳：

（田）悅遣符璘李瑤將五百騎，送淄青兵還鎭，璘瑤因來降燧，魏州先引御河

入南流，燧令塞其領口，河流絕。

運河之阻塞當然影響到河北地區與江淮一帶以通有無。然陸路交通仍居通往河北之咽

喉，隋唐征伐高句麗時的路線皆走安陽、鄴、平棘、定州、幽州路線，中晚唐以迄五

代之時魏博地位更形重要，此即下文論述之重點所在。

　　茲按新唐書卷三十七及三十九地理志所載開元二十八年戶數，比較關內道與河北
道的戶口總數如下：（按元和郡縣圖志各道各州戶口不甚齊全，無法用以比較）

	州數	戶數
關內道	21	796,701
河北道	25	1,526,623

河北道在開元末的戶數幾乎是關內道的一倍。如再以河北道之魏、相、博、衞、貝五
州（開元時無澶州），與關內道的雍、華、同三州（卽所謂京兆府）作一比較：

魏州	151,596				
相州	101,142		雍州	362,921	
博州	52,631	453,440戶	華州	33,187	457,036戶
衞州	48,056		同州	60,928	
貝州	100,015				

開元之末，京兆府繁富一時，其戶數亦僅與魏博地區相當。

第二章　安史亂後魏博田氏半獨立時期

第一節　安史亂時之魏博

　　當唐中央强大之時，各地區無形之中實力的演變與增減，並未能顯露出特殊性，
安史亂起，唐中央對地方的駕御力一落千丈，論者多矣！雖然南中國幸未波及，然整
個北中國陷於烽火之中，長安洛陽淪入賊手，勤王軍與安史部衆鏖戰多年，自劣勢而
優勢，然終未能取得完全勝利，澈底控制北中國局勢，亦未能再見亂前的太平盛世。
按唐中央軍收復兩京，於乾元元年（758）九月「庚寅，大舉討安慶緒於相州，命朔方
節度使郭子儀、河東節度使李光弼、關內潞州節度使王思禮、淮西襄陽節度使魯炅、
興平節度使李奐、滑濮節度使許叔冀、平盧兵馬使董秦、北庭行營節度使李嗣業、鄭
蔡節度使季廣琛等九節度之師，步騎二十萬，以開府魚朝恩爲觀軍容使……十月，郭
子儀奏破賊十萬於衞州，獲安慶緒弟慶和，進收衞州……十一月壬申，王思禮破賊二
萬於相州。丁丑，郭子儀收魏州。」[14] 是唐政府軍最輝煌的時刻，也是安氏式微之

---

14. 唐書合鈔卷十肅宗紀乾元元年。

時，就在當年十二月，安慶緒求助史思明，思明復陷魏州，叛軍轉入史氏時代，乾元「二年（759）春，正月己巳朔……是日，史思明自稱燕王於魏州，僭立年號。」[15] 三月「壬申，相州行營郭子儀等與賊史思明戰，王師不利，九節度兵潰，子儀斷河陽橋以餘衆保東京。……九月庚寅，逆賊史思明陷洛陽。……上元二年（701）二月戊寅，李光弼率河陽之軍五萬與史思明之衆戰於北邙，官軍敗績，光弼僕固懷恩走保聞喜，魚朝恩衛伯玉走保陝州，河陽懷州共陷賊，京師戒嚴。」[15] 及至代宗寶應元年（762）十月辛酉，詔天下兵馬元帥雍王統河東朔方及諸道行營迴紇等兵十餘萬，討史朝義，「會軍於陝州，加朔方行營節度使大寧郡王僕固懷恩同中書門下平章事。……甲戌戰於橫水，賊大敗，俘斬六萬計，史朝義奔冀州。乙亥，雍王奏收東京河陽汴鄭滑相魏等州。」[16] 唐大將郭子儀李光弼在河朔之役先後失敗，僕固懷恩引迴紇軍才獲成功，然僕固之勝利並不澈底，史家或云是僕固懷恩「陰圖不軌，慮賊平寵衰，欲留賊將爲援」（前引文），竊以爲以當時唐室的軍力財力，若不接受賊降將之條件，是否可順利平定河北，恐無必勝之把握，僕固懷恩之私心容或有之（僕固氏亦屬胡人），形勢迫人亦爲重要原因。

　　無論如何，田承嗣李懷仙張忠志薛嵩等四人分帥河北，其中尤其田承嗣節度魏博地區，直接影響公元八世紀半至十世紀半這二百年間中國之政局。

　　司馬光除了同意僕固懷恩有私心的說法以外，亦認爲唐中央業已厭兵，通鑑卷二二二唐紀第三十八廣德元年春閏月癸亥：「……懷恩亦恐賊平寵衰，故奏留（薛）嵩等及李寶臣分帥河北，自爲黨援，朝廷亦厭苦兵革，苟冀無事，因而授之。」

　　資治通鑑卷二二三唐紀三十九廣德元年八月（舊唐書卷一二一本傳略同）載：
　　懷恩自以兵興以來，所在力戰，一門死王事者四十六人，女嫁絕域，說諭回紇，再收兩京，平定河南北，功無與比，而爲人搆陷，憤怨殊深，上書自訟……『河北新附節度使，皆握彊兵，臣撫綏以安反側，五也。（舊唐書有"州縣旣定，賦稅以時"之語。）』

第二節　田承嗣與河北淄青諸鎮

<hr>

15. 唐書合鈔卷十肅宗紀乾元二年。
16. 唐書合鈔卷十一代宗紀寶應元年。舊唐書卷一二一僕固懷恩傳。

舊唐書卷一四一田承嗣傳云：

> 平州人，世事盧龍軍爲裨校。祖璟、父守義，以豪俠聞於遼碣。承嗣開元末爲軍
> 使安祿山前鋒兵馬使……史朝義再陷洛陽，承嗣爲前導，僞授魏州刺史。……
> (代宗)赦宥凡爲安史註誤者一切不問，時(僕固)懷恩陰圖不軌，盧賊平寵衰，
> 欲留賊將爲援，乃奏承嗣及李懷仙張忠志薛嵩等四人分帥河北諸郡，乃以承嗣
> 檢校戶部尚書鄭州刺史，俄遷魏州刺史，貝博滄瀛等州防禦使 ， 居無何 ， 授
> 魏博節度使。承嗣不習敎義，沉猜好勇，雖外受朝旨而陰圖自固：重加稅率，
> 修繕兵甲，計戶口之衆寡，而老弱事耕稼，丁壯從征役，故數年之間，其衆十
> 萬，仍選其魁偉強力者萬人以自衛，謂之衙兵，郡邑官吏皆自署置，戶版不籍
> 於天府，稅賦不入於朝廷。……大曆十二年 (777) ……承嗣有貝博魏衞相磁洺
> 等七州，復爲七州節度使。……悅勇冠軍中，承嗣愛其才，及將卒，命悅知軍
> 事，而諸子佐之，悅初爲魏博中軍兵馬使……魏府左司馬。大曆十三年 (778)
> 承嗣卒，朝廷用悅爲節度留後。……尋拜……魏博七州節度使。[17]

　　安史降將田承嗣初授命爲鄭州刺史，俄遷魏州刺史、貝博滄瀛等州防禦使，田承
嗣是一位有野心的軍人，在其內部招募軍士之後 ， 乘機擴大勢力範圍 ， 先後凡得相
州、衞州、洺州、磁州，唐中央初則派使宣慰，令各守封疆，不奉詔；唐室無力直接
命將用兵 ， 旋利用其天子地位 ， 運用藩鎭相互制衡的策略，令「委河東節度使薛兼
訓、成德軍節度使李寶臣、幽州節度留後朱滔、昭義節度李承昭、淄青節度李正巳、
淮西節度李忠臣、永平軍節度使李勉、汴宋節度田神玉等，掎角進軍。」[18] 這才使田
承嗣安守境界，時承嗣實際控制有貝博魏衞相磁洺等七州，約與以後的魏博節度使相
當（魏博大部份時間擁有貝博魏衞相澶），時在代宗大曆十二年 (777)。 自此以還，

<hr>

17. 通鑑卷二二二唐紀三十八廣德元年閏月癸亥，「以史朝義降將薛嵩爲相衞邢洺貝磁六州節度使，田承嗣爲
　　魏博德滄瀛五州都防禦使……」。
　　新唐書卷六十六方鎭表魏博條，廣德元年則謂：「置魏博等州防禦使，領魏博貝瀛滄五州，治魏州，是年
　　升爲節度使，增領德州，以瀛滄二州隸淄青平盧節度，貝州隸洺相節度，未幾，復領瀛滄二州。」
　　按魏博節度使之轄州初未周定，然廣德元年時田承嗣領魏博時則舊唐書本傳、新唐書方鎭表、通鑑等皆謂
　　魏博德滄瀛五州。是年相衞貝（該三州其後大部份時間皆屬魏博）則屬薛嵩所轄。
　　通鑑卷二二五唐紀四十一大曆十年，田承嗣襲取相衞洺磁四州。自大曆十年至十二年，藩鎭間互有爭奪，
　　至大曆十二年十二月，田承嗣據魏博相洺貝澶七州。
18. 舊唐書卷一四一田承嗣傳。

河北地區的節度使似乎有固定的疆域，狀如半獨立王國。當大曆末至德宗建中時期，是河北淄青地區老藩帥謝世新藩帥繼承之秋，如：

　　　大曆十三年（778）　魏博節度使田承嗣卒，朝廷用其從子悅爲節度留後。

　　　建中二年（781）　鎭州李寶臣卒，子惟岳求襲節鉞。

　　　建中二年（781）　淄青李正巳卒，子納亦求節鉞。

其中魏博與鎭州固爲河北名鎭，淄青節度使雄據今山東省之地，氣候良好，戶口殷實，物產豐富，乃東方强藩[19]，其節度使李正巳「爲政嚴酷，所在不敢偶語，初有淄青齊海登萊沂密德棣等州之地……復得曹濮徐兗鄆共十有五州……市渤海名馬，歲歲不絕，法令齊一，賦稅均輕，最稱强大。」[20]

　　　大曆末，田悅尙恭順；待李惟岳、李納在建中初要求留後時，唐中央不允，惟岳與納同謀叛，此時田悅成爲抗命中央的主力，在一連串中央軍與藩鎭軍對抗之中，李惟岳被殺，田悅屢敗日蹙，由於唐獎賞未能滿足將領，結果田悅說服唐將反叛，然後大敗中央軍，其動人心弦的說詞是：「如馬燧（李）抱眞等破魏博後，朝廷必以儒德大臣以鎭之，則燕趙之危可翹足而待也。若魏博全則燕趙無患，田尙書（悅）必以死報恩義，合從連衡，救災邮患，春秋之義也。」[21]於是燕趙之唐將朱滔王武俊與田悅聯合，大破唐將李懷光與馬燧等，建中初戰後的結果，河北淄青地區的分配如下：

　　　朱滔稱冀王，以幽州爲范陽府。

　　　田悅稱魏王，以魏州爲大名府。

　　　王武俊稱趙王，以恒州爲眞定府。

　　　李納稱齊王，以鄆州爲東平府。

時淮西節度使李希烈擁有蔡光申隨等州勁旅，地居中州腹心之區[22]，「遣使交通河北諸賊帥等，是歲長至日，朱滔田悅王武俊李納各僭稱王，滔使至希烈，希烈亦僭稱建與王天下都元帥」[23]，將汴州夾在中間，威脅東都[24]。

---

19. 參見築山治三郎「唐代政治制度の研究」第四章第二節。

20. 舊唐書卷一二四李正巳傳。

21. 舊唐書卷一四一田承嗣傳附悅傳。

22. 參見築山治三郎「唐代政治史の研究」第四章第二節，頁 360。

23. 舊唐書卷一四五李希烈傳。

24. 參見日野開三郎「支那中世の軍閥」頁 120。

時在建中二年（781）十一月一日，築壇於魏縣中，推朱滔為盟主，因田悅感朱滔救助也。自此以後，河北淄青地區雖然偶有不協，但在對抗唐中央壓力之時，大致維持現狀，相互攀緣，而魏博在安史亂後以迄唐末這一百三四十年的形勢之中，是抗拒中央的首當其衝的支柱。

第三節　田氏與魏博職業軍人

討論藩鎮者，其傳統說法皆歸罪於藩帥的野心。實際上除了藩帥野心以外，職業軍人實占重要因素。其中又以魏博地區尤為典型例子。

田承嗣任魏博節度使，自思是安史餘孽，其藩帥之職，亦因唐中央間之矛盾與唐中央與地方之妥協而得之，魏博在河北四藩之中，居於首抗中央的形勢，故田承嗣在節度使任內，採取有似軍國主義的辦法，正如前述引文，「陰圖自固，重加稅率，修繕兵甲，計戶口之衆寡，而老弱事耕稼，丁壯從征役，故數年之間，其衆十萬，仍選其魁偉強力者萬人以自衛，謂之衙兵。」魏博乃四戰之地，生產事業極易被破壞，農工商民生命亦不安全，社會上不乏游民，再加上田氏以農民之中丁壯從役，遂建立一支強大軍隊，從其後發展觀之，這支軍隊演變成職業軍，因此農民與軍人之間發展出一種職業變遷的通道。這種辦法在經濟上並非最為有利，因為丁壯從軍，老弱務農，生產力要略受影響；但在戰亂的時代，居於戰亂的地區，做職業軍人這比任人宰割為強，何況職業軍人還屢有財物報賞也。田氏又在此職業軍人之中，選取魁偉強力者萬人為衙兵，這是魏博軍的核心與精銳。

藩帥	籍貫	在　任　時　期　（公元）		任年	
田承嗣	平州	廣德元年至大曆13年	763-778	16	
田　悅	平州	大曆14年至興元元年	778-784	5	
田　緒	平州	興元元年至貞元12年	784-796	12	58
田季安	平州	貞元12年至元和 7 年	796-812	16	
田弘正(興)	平州	元和 7 年至元和15年	812-820	8	

即在田氏魏博節度使任內，很明顯的看出藩帥如何駕馭這羣職業軍人，事關共權力、地位與生命，一個成功的藩帥在這方面的作法，有時充滿了高度的藝術。如：

舊唐書卷一四一田承嗣傳附悅傳：

建中初（780-783），黜陟使洪經綸至河北，方聞悅軍七萬，經綸素昧時機，先以符停其兵四萬，令歸農畝，悅僞亦順命，卽依符罷之，既而大集所罷將士，激怒之曰：爾等久在軍戎，各有父母妻子，既為黜陟使所罷，如何得衣食自資。衆遂大哭，悅乃盡出其家財帛衣服以給之，各令還其部伍，自此魏博感悅而怨朝廷。

舊唐書卷一四一田承嗣傳附悅傳：

（兵敗）悅持佩刀立於軍門，謂軍士百姓曰：悅藉伯父餘業，久與卿等同事，今既敗喪相繼，不敢圖全，然悅所以堅拒天誅者，特以淄青恒冀二大人在日為悅保薦於先朝，方獲承襲，今二帥云亡，子弟求襲，悅既不能報効，以至興師，今軍旅敗亡，士民塗炭，此皆悅之罪也。以母親之故，不能自到，公等當斬悅首，以取功勳，無為俱死也。乃自馬投地，衆皆憐之，或前撫持悅曰：久蒙公恩，不忍聞此，今士民之衆，猶可一戰，生死以之。悅收涕言曰：諸公不以悅喪敗，猶願同心，悅縱身死，寧忘厚意於地下乎？悅乃自割一髻以為要誓，於是將士自斷其髮結為兄弟，誓同生死。

田弘正（興）是田氏之中既受衛兵擁戴，又傾心於唐中央的藩帥：

舊唐書卷一四一田弘正傳：

少習儒書，頗通兵法，善騎射，勇而有禮，伯父承嗣愛重之。當季安之世為衛內兵馬使。季安惟務侈靡，不郵軍務，屢行殺罰，弘正每從容規諷，軍中甚賴之。……季安卒，（子）懷諫……改易軍政，人情不悅，咸曰：「都知兵馬使田興（弘正）可為吾帥也。衛兵數千詣興私第陳請。……」

當田弘正為魏博節度使時，傾心中央，當時憲宗宰相李絳看出職業軍校的心意，力主鉅額賞賜，通鑑卷二三九元和七年（812）十月條：

李絳又言魏博五十餘年不霑皇化，一旦舉六州之地來歸，剗河朔之腹心，傾叛亂之巢穴，不有重賞，過其所望，則無以慰士卒之心，使四鄰勸慕，請發內庫錢百五萬緡以賜之。……十一月辛酉，遣知制誥裴度至魏博宣慰，以錢帛百五十萬緡賞軍士。

李相國論事集卷五謂：

及詔書到魏博，錢帛隨路而至，軍中踴躍，向闕拜泣。時田興（弘正）初受節
旄，諸道專使數十人在魏州，成德兗鄆使各十餘輩，見制書錢帛到，皆垂手失
色，驚歎曰：「自艱難以來，未曾聞此處置，恩澤如此之厚，反叛有何益？」
「自弘正歸國，幽恒鄆蔡有齒寒之懼，屢遣客間說，多方誘阻，而弘正終始不移其
操。」[25] 抗中央的支柱既然動搖，故憲宗時期唐室復振，有中興之勢，但田弘正歸附
中央的代價很大，連年奉命征戰。

1. 元和十年（815），朝廷用兵討吳元濟，弘正遣子布遣三千進討，屢戰有功。

2. 俄而王承宗叛，詔弘正以全師壓境，承宗懼，遣使求救於弘正，遂表其事，承
　宗遂納二子，獻德棣二州以自解。

3. 元和十三年（818），王師加兵於鄆，詔弘正與宣武義成武寧橫海等五鎮之師，
　會軍齊進。十一月弘正自帥全師自楊劉渡河，築壘距鄆四十里，師道遣大將劉
　悟率重兵以抗弘正，結壘相望，前後合戰，魏軍大捷……十四年（819）三月，
　劉悟以河上之衆倒戈，入鄆斬師道首，詣弘正請降，淄青十二州平。

其對唐中央之輸誠，在本傳中記載甚詳。元和十五年（820）十月，鎮州王承宗卒，新
任皇帝穆宗作了一次後果不甚好的調動，「以弘正檢校司徒兼中書令、鎮州大都督府
長史、充成德軍節度、鎮冀深趙觀察等使。弘正以新與鎮人戰伐，有父兄之怨，乃以
魏兵二千爲衛從。」[26] 田氏是魏博的地頭蛇，不料田弘正卻因此喪身於鄰鎮之中。舊
唐書卷一四二王廷湊傳云：

> 爲王承元衙內兵馬使。初，承元上稟朝旨，田弘正帥成德軍，國家賞錢一百萬
> 貫，度支輦運不時至，軍情不悅，廷湊每抉其細故激怒衆心，會弘正以魏兵二
> 千爲衛隊，左右有備不能間。長慶元年（821）六月，魏軍還鎮，七月二十八日
> 夜，廷湊乃結衙兵謀於府署，遲明盡誅弘正與將吏家族三百餘人，廷湊自稱留
> 後知兵馬使。

除田弘正被害事件外，其他諸役皆勞動軍士，中央的賞賜已抵不過連年征伐，這一羣
職業軍人遂無鬪志，繼其後的田布雖挾國恨家仇，仍然不能令他們作戰，最後軍權爲

---

25. 舊唐書卷一四一田弘正傳。
26. 舊唐書卷一四一田弘正傳。

牙（衛）將史憲誠所奪，史氏以軍士利益代表人自居，下文細論。

第三章　晚唐魏博職業衙校專政時期

第一節　魏博職業軍人與藩帥

　　初，藩鎮之間相互勾結乃造成其跋扈與叛逆的重要因素[27]，淮西節度使及淄青節度使與河北三鎮之間互通消息，相互支援，使唐室大傷腦筋。及至憲宗元和十二年乘淮西吳元濟繼任不穩，命將攻克蔡州，「三十餘年王師加討，未嘗及其城下……光蔡等州始復爲王士矣！」[28]。元和十四年，唐又攻克淄青節度使，誅李師道，「分其十二州爲三節度，俾馬總薛平王遂分鎮焉」[29]。時魏博節度使田弘正又一心向唐，這是中央大好機會，及田弘正移鎮而死，大唐中興已呈曇花一現之勢。中央勢力囘縮，河北地區囘復抗唐形勢，這次事件之後，顯示出藩鎮內職業軍人的重要性，田弘正之死、不僅表示五十八年田氏魏博節度使時代已近尾聲，更表示魏博職業衙校主持軍政大權之來臨。按藩鎮軍的權力結構如下：

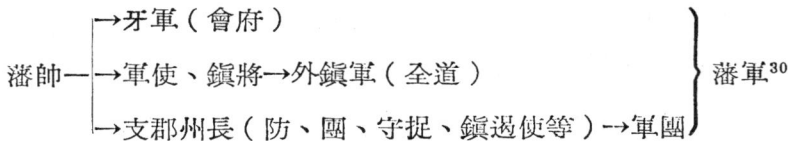

```
        ┌→牙軍（會府）
藩帥────┼→軍使、鎮將→外鎮軍（全道）    ┐藩軍[30]
        └→支郡州長（防、團、守捉、鎮遏使等）→軍國┘
```

其後憲宗時雖略作修改爲：

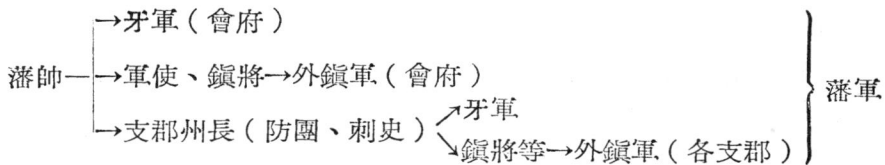

```
        ┌→牙軍（會府）
藩帥────┼→軍使、鎮將→外鎮軍（會府）     ┐藩軍
        └→支郡州長（防團、刺史）┐→牙軍       ┘
                                └鎮將等→外鎮軍（各支郡）
```

但河北三鎮非唐中央能力所及，恐仍是修改前之權力結構。是以在藩鎮軍之中，牙軍乃是藩鎮之中央軍，而鎮將等乃是藩鎮之地方軍[31]。關於會府牙軍部份，嚴耕望先生

---

27. 參見王壽南「唐代藩鎮與中央關係之研究」頁 232。
28. 舊唐書卷一四五吳少誠傳。
29. 舊唐書卷一二四李正己傳附李師道傳。
30. 本表引自日野開三郎「支那中世の軍閥」，頁 191。
31. 參照周藤吉之 "五代節度使の支配體制" 史學雜誌第61卷第 4、6 號。
　　日野開三郎 "唐代藩鎮の跋扈と鎮將" 東洋學報第26卷第 4、27卷第 1、2 號。
　　日野開三郎 "五代鎮將考" 東洋學報第25卷第 2 號。

"唐代方鎮使府僚佐考"曾作細述[32]，主要軍校有：都知兵馬使，左右廂後院等兵馬使，虞候、都虞候，押衙、都押衙，敎練使、都敎練使等。這些軍校乃是藩帥以下最有權力的人物。魏博自田承嗣以「丁壯從征役，故數年之間，其衆十萬，仍選其魁偉強力者萬人以自衛，謂之衙兵」（見前引文）來，牙軍便成爲田氏王朝之腹心[33]也因此屢屢影響田氏王朝之軍政大事，一如歷代禁軍影響朝廷情況。自田弘正卒後，魏博大權實際上落在牙校之手，藩帥之繼承也以最有力量之軍校代之。而在位之藩帥亦不敢違逆衆牙軍之意。藩帥之更替如下：

藩帥	籍貫	在　任　時　期		任年	
李　愬	隴右	元和15年至長慶元年	820-821	1	
田　布	平州	長慶元年至長慶2年	821-822	數月	
史憲誠	奚	長慶2年至大和3年	822-829	8	
何進滔	靈武	大和3年至開成5年	829-840	11	
何弘敬	靈武	開成5年末至咸通7年	840-866	26	41
何全皞	靈武	咸通7年至咸通11年	866-870	4	
韓允中 （君雄）	魏州	咸通11年至乾符元年	870-874	6	15
韓　簡	魏州	乾符元年末至中和3年	874-883	9	
樂彥禎	魏州	中和3年至文德元年	883-888	5	
羅弘信	魏州	文德元年至光化元年	888-898	10	19
羅紹威	魏州	光化元年至天祐4年	898-907	9	

一、李愬接替田弘正爲魏博節度使，是田弘正「懼有一旦之憂」（本傳），刻意移讓，在河朔一百多年之中，罕有其例。按李愬是大將李晟之子，「愬平淮蔡……六遷大鎭」[34]，當田弘正在鎭州被害時，李愬亦激勵魏博之士復仇，但愬「疾作不能治軍人違紀律，功遂無成」[34]，李愬獲病誠屬事實，因不久病卒也；然愬僅居魏博數月，是否有效控制衙兵軍校，亦屬疑問。

二、田布生長於魏博，其父弘正節制魏博時，布掌親兵，討淮蔡，破鄆城，敗賊將董

32. 嚴耕望「唐史研究叢稿」第三篇，頁 211-236。
33. 參照堀敏一 "藩鎭親衞軍の構力構造" 東洋文化研究所紀要第20册。
34. 舊唐書卷一三三李晟傳附李愬傳。

重質，弘正調至鎮州時，布亦調任河陽三城節度使，父子雖皆居藩，但失其根本，兼以「弘正孝友慈惠，骨肉之恩甚厚，兄弟子姪在兩都者數十人，競為崇飾，日費約二十萬，魏鎮州之財，皆輦屬於道，河北將卒心不平之。」[35] 及弘正被害於鎮州，李愬病卒，唐中央「以魏軍田氏舊旅，乃急詔布至，起復為魏博節度使」[36]，田布上任，亦極力拉攏軍士，「布乘傳之鎮，布喪服居堊室，去旌節道從之飾，及入魏州，居喪御事動皆得禮，其祿俸月入百萬，一無所取，又籍魏中舊產無巨細，計錢十餘萬貫，皆出之以頒軍士」[36]，然已無法挽回其對魏博軍校之脫節。其中最大的原因是田弘正父子(布)對唐中央過度忠勤，唐室常令其四出征戰，這與那羣職業軍校的利益不合，田承嗣發展而來的職業軍人，其目的是保持河北現狀，軍旅是其安身立命發財致富的行業，並不是真正希望作戰立功，在沙場上為國家立功，為家族門望增光，故對於離藩出征，意態闌珊，而田布唧君命家仇出征鎮州，實非魏州軍士所喜，舊唐書卷一四一田弘正傳附布傳載：

（長慶元年）(821) 十月，布以魏軍三萬七千討之，結壘於南宮縣之南。十二月進軍，下賊二柵，時朱克融囚張弘靖據幽州，與(王)廷湊掎角拒命，河朔三鎮素相連衡，(史)憲誠陰有異志，而魏軍驕侈怯於格戰，又屬雪寒，糧餉不給，以此愈無鬥志，憲誠從而間之，俄有詔分布軍與李光顏合勢，東救深州，其衆自潰，多為憲誠所有，布得其衆八千。是月十日還魏州，十一日會諸將復議興師，而將卒益倨，咸曰：尚書(田布(能行河朔舊事，則死生以之，若使復戰，皆不能也。布以憲誠離間，度衆終不為用，嘆曰：功無成矣！卽日，密表陳軍情，且稱遺表……乃入啟父靈，抽刀自刺……而絕。

三、史憲誠，其先出於奚虜，今為靈武建康人，父周洛為魏博軍校，事田季安至兵馬大使，憲誠始以材勇隨父歷軍中右職。田布為魏博節度使，領兵討伐，俾復父寃時，田布傳謂憲誠為牙將，舊唐書一八一史憲誠傳稱：「憲誠為中軍都知兵馬使，乘亂以河朔舊事動其人心，諸軍卽擁而歸魏，共立為帥。」

四、何進滔，靈武人。曾祖孝物、祖俊，並本州軍校；父默，夏州衙前兵馬使。進滔

---

35. 舊唐書卷一四一田弘正傳末。
36. 舊唐書卷一四一田弘正傳附布傳。

客寄於魏，委質軍門，田弘正時已爲衙內都知兵馬使。舊唐書一八一何進滔傳載：

「太和三年(829)，軍衆害史憲誠，連聲而呼曰：得衙內都知兵馬使何端公知留後，卽三軍安矣！推而立之，朝廷因授進滔左散騎常侍魏博等州節度觀察處置等使。爲魏帥十餘年，大得民情。累官至司徒平章事，卒。子弘敬襲其位……咸通初卒(860-)。子全皥嗣之。……十一年(870)爲軍人所害，子孫相繼四十餘年。」

五、韓允忠，魏州人也，舊名君雄。父國昌，歷本州右職。據：

韓國昌神道碑（山左金石志一三）云：

曾祖□，魏博節度押衙。祖朝，魏博節度押衙兼臨淸鎭遏都知兵馬使。烈考□魏博節度使押衙□□□□都知兵馬使。有子三人，長曰君雄，魏博節度使。仲曰淸，魏博節度押衙兼步從□，季曰楚，魏博節度押衙兼刀斧將。

所以韓允忠與魏博軍士關係頗深。舊唐書卷一八一韓允忠傳載：「少事軍門，繼升裨校……咸通十一年(870)，何全皥爲軍衆所殺，推允忠爲帥。……乾符元年(874)十一月卒。子簡……卽起復爲節度觀察留後，卒時中和元年(881)十一月也。」

六、樂彥禎，魏州人也。父少寂，歷澶博貝三州刺史。彥禎少爲本州軍校。舊唐書卷一八一樂彥禎傳載：「爲馬步軍都虞候……有功遷澶州刺史，（韓）簡再討河陽之敗也，彥禎以一軍先歸，魏人遂共立之。……彥禎志滿驕大，動多不法，一旦徵六州之衆，板築羅城約河門舊堤，周八十里，月餘而畢，人用怨咨……（子）從訓又召亡命之徒五百餘輩，出入臥內，號爲子將，委以腹心，軍人籍籍，各有異議……又兼相州刺史，到任之後，般輦軍器，取索錢帛，使人來往，交午塗路，軍府疑貳，彥禎危憤而卒。衆推都將趙文玢知留後事。從訓自相州領兵三萬餘人至城下，文玢按兵不出，衆懷疑懼，復害文玢，推羅弘信爲帥，弘信出兵敗之……梟從訓首於軍門。」

七、羅弘信，魏州貴鄉人。曾祖秀、祖珍、父讓，皆本州軍校。從信少從戎役，歷事節度使韓簡、樂彥禎，光啓末，彥禎子從訓忌牙軍，出居於外，軍衆廢彥禎推趙文玢權主軍州事，衆復以爲不便，因推弘信爲帥。……光化元年(898)九月卒。……子紹威……襲父位爲留後，朝廷從而命之。[37]

---

37. 舊唐書卷一八一羅弘信傳。

藩鎮軍在當時極爲驕縱，許多藩帥被其逐殺，日野開三郎自資治通鑑中臚列自開成元年至乾符二年四十年間驕兵逐殺藩帥事例，卽獲十九例之多，地區遍及全國[38]，故當時職業軍人之囂張，已蔚然成爲風氣，而魏博是其典型例子。

第二節　魏博職業軍人之性格

何進滔、何弘敬、何全皞、韓允中等人爲藩帥時（卽歷文宗、武宗、宣宗、懿宗諸帝），中央無力，魏博的政局如同半獨立王國狀態。僖宗乾符元年，韓允中卒，子韓簡爲留後，時盜賊羣起，唐室愈衰，魏博在諸藩之中雄豪，簡亦頗有野心。如：

舊唐書卷一八一韓允中傳附簡傳載：

> 賊巢之亂，諸葛爽受僞命爲河陽節度使，時僖宗在蜀，寇盜蜂起，簡據有六州，甲兵强盛，竊懷僭亂之志，且欲啓其封疆，乃舉兵攻河陽，爽棄城而走，簡逐留兵保守，因北掠邢洺而歸，遂移軍攻鄆，鄆帥曹全晟出戰，爲簡所敗，死之，鄆將崔君裕收合殘衆保鄆州，簡進攻其城，半年不下，河陽復爲諸葛爽所襲，簡因欲先討君裕，次及河陽，乃舉兵至鄆，君裕請降，尋移軍復攻河陽，行及新鄉，爲爽軍逆擊，敗之，簡單騎奔廻，憂憤疽發背而卒，時中和元年（881）十一月也。

當中央力圖中興，欲收復藩鎮之時，魏博是河北淄青的頭關；當中央無力之時，魏博與諸藩長保邊境；當中央極爲衰微時，魏博强藩自然有擴張之意，這是自安史亂後以迄唐末河北淄青地區政局的演變趨向。魏博雖是强藩，當其圖謀擴張之時，當然會遭受四周的抗拒，而最大的阻礙，厥爲魏博職業軍人對於其主帥所發動的境外作戰並不熱心，故當韓簡節節勝利之時，仍不免因魏牙軍之奔囘魏州而兵潰。

舊唐書卷一八二諸葛爽傳載：

> 時魏博韓簡軍勢方盛。中和元年（881）四月，魏人攻河陽，大敗爽軍於修武，爽棄城遁走，簡令大將守河陽，乃出師討曹全晟於鄆州。十月，孟州人復誘爽，爽自金商率兵千人復入河陽，乃犒勞魏人，令趙文玭率之而去。十一月，爽攻新鄉，簡自鄆來逆戰，軍於獲嘉西北，時簡將引魏人入趨關輔，誅除巢孽，自有圖王之志，三軍屢諫不從，偏將樂彥禎因衆心搖說激之，牙軍奔歸魏

州，爽軍乘之，簡鄉兵八萬大敗，奔騰亂死，淸水爲之不流。明年正月，簡爲牙軍所殺。

從以上藩帥興亡事跡觀察，魏博職業軍人已實際控制魏博節度使爲的軍政，藩帥之擁立，藩帥之保位等，都要與職業軍校相處和諧，藩帥似乎僅是他們的代理人而已，如若與職業軍校的利益有違，藩帥便不能隨心所欲。田氏是主帥魏博最長久的家族，承襲之間亦並不順利，而皆與職業軍校擁戴有密切關連，這個家族自田承嗣至田興凡五十八年。自史憲誠以降，何氏次長，凡統治四十一年；韓氏十五年；羅氏訖唐末有十九年。似乎愈發展到唐末，職業軍校權力愈大；被擁上帥位者無不驚心動魄，有的及身遭殺，有的子孫時被殺，其結局大都非常悲慘。

這羣職業軍人並非具有志於爲國獻身之士，而僅是亂世中的產物，視軍旅爲寄身之處，發財之所，戰爭以利爲主，所以與其他各藩鎭中的職業軍人具有同等性格，亦具有同樣的利害觀念，他們之間祇希望互不侵犯，故所以主帥或唐中央等任何政策有違他們的利益，他們便廢立藩帥，反抗中央。這羣人都是由社會上強壯之士所組成，自從大士族在唐代漸漸走向官僚化和中央化[39]，原本擁有社會勢力的大士族漸漸退出地方上的勢力，而以軍鎭爲單位的職業軍人成爲強有力的社會勢力。由士族構成的地方社會勢力，具有濃厚的血緣因素，它的發展是走向文化型；新的社會勢力有濃厚的地緣因素，它的發展是走向職業軍人型，凶悍的游民，強壯的農民等，不斷地被吸收進去，成爲赤裸裸權力的擁有者。因爲他們並無大家族的尊卑關係，亦不像士族具有文化因素，因此他們的上下關係一直不很穩固，而對抽象的國家觀念、民族意識，君臣之義等，並不強烈。在同一職業軍人集團之中包含有不同的種族成員，似乎看不出有排斥作用。安史亂後出現這羣社會勢力一直未被學者重視，傳統的說法都認爲藩帥違抗朝命、自署僚佐、自立留後，這是表面看法，藩帥亦有苦衷，卽就自命其子爲留後，亦必須軍校牙將擁戴，有的藩帥想效忠中央而與牙軍利益衝突時，其結果並不太好，田弘正客死鎭州，田布衆叛自殺，史憲誠晚年謀忠於唐，不旋終亦爲部下所殺，凡此種種都顯示出藩鎭節度使卽令有心唐室，亦不得不顧及這羣職業軍人；當然，有的藩帥本身與其牙軍臭氣相投，則更構成唐室之威脅；對於後者，固可以傳統說法責

39. 參見拙文 "中國中古社會史略論稿"。

其藩帥；對於前者，似應研究其根本原因之所在，方能得歷史之眞象也。

第三節　魏博衙軍第一次遭受打擊

中庸以後，這羣職業軍人之動向，不但直接影響其藩帥，同時也是影響政局的重要社會力量。故當唐末魏博職業軍人對其主帥一連串廢立以後，羅紹威襲父位而爲留後，演變出一場罕有奇特的衝突。

舊唐書卷一八一羅弘信傳附威傳：

> 魏之牙中軍者，自至德中田承嗣盜據相魏澶博衞貝等六州，召募軍中子弟置之部下，遂以爲號，皆豐給厚賜，不勝驕寵，年代寖遠，父子相襲，親黨膠固，其凶戾者，彊買豪奪，蹈法犯令，長吏不能禁，變易主帥有同兒戲，如史憲誠何進滔韓君雄樂彥禎，皆爲其所立，優獎小不如意，則舉族被害，威懲其往弊，雖以貨賂姑息而心銜之，……天祐二年（905）七月十三日夜，牙軍裨校李公佺作亂，威僅以身免，公佺出奔滄州，自是愈懼，遣使求援於（朱）全忠，密謀破之，全忠遣李思安會魏博軍再攻滄州，全忠女妻威子廷規，先是卒，全忠遣長直軍校馬嗣勳選兵千人，密於輿中，實兵甲入魏，言助女葬事，三年（906）正月五日，嗣勳至，全忠親率大軍濟河，言視行營於滄景，威欲因而出迎，至期即假全忠帳下銳卒入而夾攻之，牙軍頗疑，堅請不出，威恐洩其事，慰納之，是月十四日夜，率廝養百十輩與嗣勳合攻之，時宿於牙城者千人，遲明殺之殆盡，凡八千家，皆破其族。

據舊五代史載，對付牙軍之舉，魏博節度使樂彥禎之子從訓曾作此圖謀，唯未成功，父子反受其害，梁書卷十四羅紹威傳（舊唐書181羅威，新唐書210羅紹威）：

> 光啓末彥貞子從訓驕盈太橫，招聚兵甲，欲誅牙軍，牙軍怒，聚譟攻之，從訓出據相州，牙軍廢彥貞，囚于龍興寺，逼令爲僧，尋殺之。

新唐書卷二百十羅紹威傳載：

> 魏牙軍起田承嗣募軍中子弟爲之，父子世襲，姻黨盤牙，悍驕不顧法令，憲誠等皆所立，有不慊輒害之，無噍類，厚給廩姑息不能制，時語曰：長安天子，魏府牙軍。謂其勢彊也。紹威懲曩禍，雖外示優假而內不堪，俄而小校李公佺作亂，不克，奔滄州，紹威乃決策屠翦，遣楊利言與（朱）全忠謀，全忠乃遣

苻道昭將兵，合魏軍二萬攻滄州求公佺，又遣李思安助戰，魏軍不之疑。紹威子全忠婿也，會女卒，使馬嗣勳來助葬，選長直千人納盟器實甲以入，全忠自滑濟河聲言督滄景行營，紹威欲出迎，假銳兵以入，軍中勸毋出而止，紹威遣人潛入庫，斷絃解甲，注夜將奴客數百與嗣勳攻之，軍趨庫得兵不可戰，因夷滅凡八千族，闔市爲空，平明，全忠亦至，聞事定，馳入軍，魏兵在行者聞變，於是史仁遇保高唐，李重覇屯宗縣，分據貝澶衛等六州，仁遇自稱魏博留後，全忠解滄州兵以攻高唐，仁遇引衆走，爲游騎所獲，支解之，進拔博澶二州，李重覇走，俄斬其首，相衛皆降，紹威雖除其偪，然勢弱爲全忠牽制，比州刺史矣！

舊五代史梁書卷十四羅紹威傳所載事跡與舊唐書略同。[40]

第四章　朱梁魏博强鎭時期

第一節　大唐末葉北中國之形勢與羅氏之動向

唐文德元年（888）四月，魏博牙軍殺節度使樂彥禎父子後，推羅弘信爲留後，次年，卽唐昭宗龍紀元年（889），黃巢徒衆中最大的一股力量——秦宗權，被反正降將朱全忠擊潰，在關中的唐室自大順二年（891）起屢受李茂貞之箝掣[41]，已無力顧及關東之事，更重要是長安關中之區已不如隋唐之際那樣重要，北中國出現四大軍事力量，以今日省區觀之，卽山西、河北、山東、河南皖北等四份，以當時的形勢而觀之，唐昭宗大順元年（公元 890 年）時，其勢力範圍如下：

一、最强盛的首推朱全忠的河南皖北軍事集團，其勢力發展過程如下：

中和三年（883）三月，僖宗制授朱全忠宣武節度使，俟收復京闕赴鎭。

---

40. 五代史纂誤卷中雜傳羅紹威二事：　五代史記卷三十九羅紹威傳載：
「魏博自田承嗣始有牙軍，歲久益驕，至紹威時已二百年，父子世相婚姻，以自固結……紹威乃間遣使告梁乞兵，欲盡誅牙軍，梁太祖許之。」
今按梁本紀紹威與太祖謀誅牙軍時天祐三年丙寅歲也，又按唐本紀代宗廣德元年史朝義將田承嗣以魏州降，自後田氏據有魏博者累世，廣德元年歲在癸卯，至天祐三年實一百四十四年，爾謂之二百年，則誤也。

41. 按李茂貞在大順元年功封鳳翔隴右節度使、隴西郡王，二年卽開始不甚恭順。及至天復年間朱溫西近昭宗，亦因唐室不堪李茂貞之壓迫，李茂貞最興盛時擁有岐隴涇原渭武秦成階鳳邠寧衍鄜坊丹延梁洋二十州，至梁末僅餘七州而已，並自始至終未能越河東河中之地，偪促一隅，未能與羣雄逐鹿中原，詳見五代史記卷四十李茂貞傳。

中和三年（883）四月，收復長安，七月丁卯入于梁苑，略有汴宋之地。

中和三年（883）十二月，破黃巢衆於鹿邑，引兵入亳，因是兼有譙郡之地
　　（潁州）。

中和四年（884）四月，破賊將黃鄴，遂入陳州。俄而與李克用合擊賊於中牟，
　　東至冤句。

光啓二年（886）十一月，襲取濮州，遂有滑臺之地。

光啓三年（887）五月，合濟州朱珍、鄆州朱瑄、兗州朱瑾，大破秦宗權主力，
　　獲鄴。

文德元年（888）四月，破河南尹張全義與李克用聯軍，以大將丁會爲河陽留後。

文德元年（888）五月，兼有孟洛之地。

文德元年（888）十月，大敗時溥於徐州吳康鎭，連收豐蕭二邑，又陷宿州。

龍紀元年（889）二月，秦宗權爲部下所執，降，蔡州平。

擁有唐末宣武節度使、武寧軍節度使、忠武節度使、淮西（蔡州）節度使、義成
軍節度使、東畿都防禦使、河陽三城節度使等轄區。[42]

二、河東地區的李克用軍事集團，其勢力發展過程如下：

中和三年（883）四月，收復長安，五月制以雁門以北行營節度、忻代蔚朔等州
　　觀察處置等使、代州刺史、兼太原尹北京留守充河東節度管內觀察處置
　　使[43]。

中和三年（883）十一月，平潞州。

光啓三年（887）七月，復澤州。

龍紀元年（889），下磁州。

大順元年（890）元月，降邢洺二州。

李克用於大順年間擁有河東（太原）節度使、昭義軍節度使等地區，而河中節度
使王重榮及繼任的王重盈是李克用的忠實盟友。

三、平盧淄青地區在李正巳至李師道統治六十年間，擁有鄆曹十二州，是最盛的時

42. 參見舊五代史卷一梁書太祖紀一。
43. 舊唐書卷十九下僖宗紀。

期[44]。 然至唐僖宗時，力量已經分散，如下：

朱瑄：光啓初（885-887），魏博節度使韓允中攻鄆，鄆帥曹全晸爲其所害，朱
瑄據城自若，三軍推爲留後，允中敗，唐以瑄爲天平軍節度使，擁有鄆濮曹
諸州。[45]

朱瑾：瑄之從父弟，光啓中竊虜兗州節度使齊克讓， 自稱留後， 授兗州節度
使，擁有兗沂海密州。[45]

王師範：父敬武，初爲平盧牙將， 廣明元年（880）逐節度使安師儒， 自爲留
後，龍紀（889）中敬武卒，三軍推師範爲帥，擁有淄青棣萊登諸州。[46]

四、盧龍幽州地區擁有幽涿莫瀛嬀檀薊平營等州，是河北三鎭中幅圖最廣者。

中和末（887），牙將李全忠襲取幽州，節度使李可舉死之，三軍推全忠爲留後。
「光啓元年（885）春，全忠卒，子匡威自襲父位，稱留後。匡威素稱豪爽，屬
遇亂離，繕甲燕薊，有吞四海之志。赫連鐸據雲中，屢引匡威與河東爭雲代，
交兵積年。」[47]

以上是唐昭宗龍紀大順（889-891）時，北中國的形勢。魏博六州地居這四大勢力
之中心，有舉足輕重的重要性，尤其是河南的朱全忠及太原的李克用這二股最大的軍
事集團，都要極力爭取魏博，魏博鎭內復由於職業軍人的態度不喜出鎭作戰，以保持
其特殊情況下之旣得利益爲首務，對於有野心的藩帥（如前述韓允中）乘機擴張地盤
並不支持，使得魏博並不像朱全忠李克用輩具有對外侵略性，但魏博態度之定向，却
影響各集團勢力的消長；及整個北中國政局之演變。當文德元年（888）（卽龍紀的前
一年），「魏軍推小校羅宏信爲帥，宏信旣立，遣使送款于汴，帝（朱全忠）優而納
之。」[48] 魏博的態度較接近汴梁，但這種關係僅屬羈縻而已，並非統轄部屬。例如：
舊五代史梁書太祖紀一載，大順元年（890）十月乙酉：

帝（朱全忠）自河陽赴滑臺，時奉詔將討太原，先遣使假道于魏，魏人不從。

---

44. 參見築山治三郎「唐代政治制度の研究」第四章，頁 367-375。
45. 舊五代史梁書卷十三朱瑄傳及朱瑾傳。
46. 舊五代史梁書卷十三王師範傳。
47. 舊唐書卷一八〇李全忠傳附匡威傳。
48. 舊五代史梁書太祖紀一。

> 先是，帝遣行人雷鄴告糴于魏，既而為牙軍所殺，羅宏信懼，故不敢從命，遂
> 通好于太原。……二年（891）春正月，魏軍屯于內黃，丙辰，帝與之接戰，自
> 內黃至永定橋，魏軍五敗，斬首萬餘級，羅弘信懼，遣使持厚幣請和，帝命止
> 其焚掠，而歸其俘，弘信由是感悅而聽命焉，乃收軍屯于河上。

三五年後，昭宗乾寧（894-897）期間，太原、汴梁、郓兗等三大勢力有了衝突，立刻
將居中的魏博牽引進去。初，朱全忠伐徐州時，郓帥朱瑄出師援徐州，「太祖（朱全
忠）深銜之，徐既平，太祖併兵以攻郓，自景福元年（892）冬遣朱友裕領軍渡濟，至
乾寧三年（896）宿軍齊郓間，大小凡數十戰」[49]，朱瑄愈來愈承受不起朱全忠的軍事
壓力，求救於李克用。舊五代史梁書卷十四羅紹威傳中，詳盡地記載其後多角關係的
發展經過：

> 乾寧（894-897）中，太祖（朱全忠）急攻兗郓，朱瑄求援于太原，時李克用遣
> 大將李存信牽師赴之，假道於魏，屯于莘縣，存信御軍無法，稍侵魏之芻牧，
> 宏信不平之，太祖因遣使謂宏信曰：「太原志吞河朔，廻戈之日，貴道堪憂。」
> 宏信懼，乃歸款于太祖，仍出師三萬攻李存信，敗之。未幾，李克用領兵攻
> 魏，營于觀音門外，屬邑多拔，太祖遣葛從周援之，戰于洹水，擒克用男落落
> 以獻，太祖令送于宏信，斬之，晉軍乃退。是時太祖方圖兗郓，慮宏信離貳，
> 每歲時賂遺必卑辭厚禮，宏信每有答貺，太祖必對魏使北面拜而受之，曰：
> 六兄比予有倍年之長，兄弟之國安得以常隣遇之，故宏信以為厚己。……光化
> 元年（898）八月，薨于位。紹威襲父位為留後。

第二節　羅氏親朱與梁朝之建國

　　魏博藩帥與魏博職業軍人之間，對於處於多角關係中的態度並不完全一致，羅宏
信自出任藩帥始，便略傾向於朱全忠，而職業軍人似乎想要站在中立立場，故朱全忠
想索糧於魏時，使者反被魏博牙軍所殺，使羅宏信極為尷尬，幾乎被迫倒向於太原李
克用，朱全忠威恩並下，處理得當，魏博藩帥與軍士似乎又回復中間立場。及李克用
軍援朱瑄，假道於魏，軍紀不佳，侵犯魏人，魏博藩帥與軍士不滿，遂有魏博與汴梁
聯軍之舉，這是鎮內保衛戰，戰況甚烈，李有洹水之敗，長子落落被朱全忠軍所擒，

---

49. 舊五代史梁書卷十三朱瑄傳語。舊五代史梁書卷一太祖紀一末略同。

朱全忠將共送于羅宏信，斬之。至此魏博的態度已趨明朗。復由於魏博立場明確傾向於汴梁，朱全忠得以全力對付鄆兗諸州。舊五代史梁書卷一太祖紀一載：

> （乾寧）四年（897）正月，帝以洹水之師大舉伐鄆，辛卯，營于濟水之次，龐師古令諸將撤木爲橋。乙未夜，師古以中軍先濟，聲振于鄆，朱瑄聞之，棄壁夜走，葛從周逐之，至中都北，擒瑄並其妻男以獻，尋斬汴橋下，鄆州平。乙亥，帝入于鄆，以朱友裕爲鄆州兵馬留後。時帝聞朱瑾與史儼兒在豐沛間搜索糧餉，惟留康懷英以守兗州，帝因乘勝遣葛從周以大軍襲兗，懷英聞鄆失守，俄又我軍大至，乃出降。朱瑾史儼兒逐奔淮南，兗海沂密等州平。

魏博阻擋河東軍援鄆兗，卒致朱瑄朱瑾敗亡。不僅此也，魏博也阻擋了另一股勢力的南下，幽州自劉仁恭主帥，亦謀擴大勢力，首當其衝者爲成德地區，繼則魏博。[50]

> 光化元年（898）四月，滄州節度使盧廷彥爲燕軍所攻，棄城奔于魏，魏人送于汴。……

> 光化二年（899）正月，幽州節度使劉仁恭大舉蕃漢兵號十萬以伐魏，遂攻陷貝州，州民萬餘戶無少長悉屠之。進攻魏州，魏人來乞師，帝遣朱友倫張存敬李思安等先屯于內黃，帝遂親征。三月，與燕軍戰于內黃北，燕軍大敗，殺二萬餘衆，奪馬二千餘匹，擒都將單無敵已下七十餘人。是月，葛從周自山東領其部衆，馳以救魏，翼日乘勝，諸將張存敬以下連破八寨，遂逐燕軍，北至臨清，壅其殘寇于御河，溺死者甚衆，仁恭奔于滄州。……

> 光化三年（900）四月，遣葛從周以兗鄆澶魏之師伐滄州。五月庚寅攻德州，拔之，梟刺史傅公和于城上。己亥進攻浮陽。六月燕帥劉仁恭大舉來援，從周與諸將逆戰于乾寧軍老鴉隄，大破之，殺萬餘衆，俘其將佐馬愼交已下百餘人。……光化三年（900）九月，帝以仁恭進通之入寇也，皆由鎮定爲其囊橐，即以葛從周爲上將以伐鎮州，遂攻下臨城，渡滹沱以環其城，帝領親軍，繼至，鎮帥王鎔懼，納質請盟，仍獻文繒二十萬以犒戎士，帝許之。……

> 光化三年（900）十一月，以張存敬爲上將，自甘陵發軍北侵幽薊，連拔瀛莫二郡，遂移軍以攻中山，定帥王郜以精甲二萬戰于懷德亭，盡殪之，郜懼奔於太

---

50. 舊五代史梁書卷二太祖紀二。

原，遲明，大軍集于城下，郜季父處直持印鑰乞降，亦以繒帛三十萬爲獻，帝即以處直代郜，領其鎮焉。是月，燕人劉守光赴援中山，寨于易水之上，繼爲康懷英張存敬等所敗，斬獲甚衆。由是河朔知懼，皆弭伏焉。

魏博與汴梁間的親密關係，促使朱全忠在河北順利發展。另一方面河東與河南集團鏖戰于昭義軍，互有勝負。天復元年（901）平河中節度使。天復二年（902）取鳳翔成鄜州。天復三年降王師範，得青登萊淄棣州。河中落入朱全忠之手，對李克用是很大的打擊，舊五代史卷二十六唐書武皇紀下謂：「武皇自是不復能援京師，霸業由是中否」云云。而唐帝昭宗復入朱全忠之手，形勢猶如曹操之挾漢獻帝。

前文曾論及魏博主帥與魏博職業軍人對汴梁的態度並不十分一致，魏帥羅氏與朱全忠關係較密，且有婚姻關係，（梁書太祖紀二謂：「帝之愛女適羅氏（宏信之子）」，）然魏博職業軍人與朱全忠並不如此親密，且曾殺朱全忠使者。故有羅氏援引外力朱全忠消滅魏博牙軍之舉。時在天祐三年（906）正月，前文曾有論述，「魏之大軍方與帝軍同伐滄州，聞牙軍之死，即時奔還，帝之軍追及歷亭，殺賊幾千餘，衆乃擁大將史仁遇保于高唐，帝遣兵圍之。……四月癸未，攻下高唐，軍民無少長，皆殺之，生擒逆首史仁遇以獻，帝命支解之。未幾又攻下澶博貝衛等州，皆爲魏軍殘黨所據故也。……七月收復相州，自是魏境悉平。」[51] 在安史至五代的二百年歷史之中，戰伐頻仍，主帥屢易，但藩帥與外力合作以消滅境內部屬，尚屬罕見，由此亦可見職業軍人在魏博之特殊勢力。鎮內職業軍人蒙受重大打擊，當然影響到主帥的實力，所以羅「紹威雖除其偪，然尋有自弱之悔」[52] 對朱全忠而言，打擊魏境牙軍的反對勢力，與魏博節度使的關係，由羈縻而達到更有效的控制，而魏博的財力亦予朱全忠重要的支援。

舊五代史卷十四梁書羅紹威傳：

不數月，復有浮陽之役，紹威飛輓饋運，自鄴至長蘆五百里，轊跡重跡不絕于路。又于魏州建元帥府署，沿道置亭候供牲牢酒備軍幕什器，上下數十萬人，一無闕者。

---

51. 舊五代史梁書卷二太祖紀二末。
52. 舊五代史梁書卷十四羅紹威傳語。

凡此皆增加朱全忠篡代唐祚的資本。天祐四年（907）「正月丁亥，帝廻自長蘆，次于魏州，節度羅紹威以帝廻軍，慮有不測之患，由是供億甚，至，因密以天人之望切陳之，帝雖拒而不納，然心德之」[53] 其年四月，朱全忠建國大梁，改天祐四年爲開平元年（907）。

　　梁國之建立，魏博已沒有中晚唐時期那樣獨立性，在實力上的消長已如上文分析，在形式上亦見端倪，「先是，河朔三鎮司管鑰、備灑掃，皆有閹人，紹威曰：此類皆宮禁指使，豈人臣所宜畜也。因搜獲三十餘輩，盡以來獻，太祖嘉之」[54]。但魏博的重要性仍然未減，其重要性仍由於其特殊的職業軍人集團、地緣因素、及財富條件所構。前兩項在後文陳述。梁開平年間，魏博對朱氏經濟上的貢獻非常重要，緣因朱梁兵多將廣，最需要的是糧秣。

舊五代史卷十四梁書羅紹威傳：

> 開平中，加守太師兼中書令，邑萬戶。紹威嘗以臨淄海岱罷兵歲久，儲庾山積，惟京師軍民多而食益寡，願于太行伐木，下安陽洪門，造船三百艘，置水運，自大河入洛口，歲漕百萬石以給宿衛，太祖深然之。會紹威遘疾革，遣使上章乞骸骨，太祖撫案動容，顧使者曰：亟行，語而主爲我強飯，如有不可諱，當世世貴爾子孫以相報也，仍命其子周翰監總軍府。

紹威卒於開平四年（910）五月。年三十四歲。次子周翰繼之[55]，時年不詳，但至多十餘歲而已。在開平四年至乾化二年（910–912）這二年之中，以一個十幾歲的小孩與梁朱全忠相比，顯然在這二年時間內是梁中央權力最盛，而魏博力量最小的時刻。

舊五代史卷五梁書太祖紀五，開平四年（910）九月（卽羅紹威卒後的四月）：

> 辛丑，敕，魏博管內刺史比來州務並委督郵，遂使曹官擅其威權，州牧同于閒冗，俾循通制，宜塞異端。並依河南諸州例，刺史得以專達。

按嚴耕望先生之研究，謂：「蓋方鎮擅權，不欲刺史預事，故特委此職，以便直接控

---

53. 舊五代史梁書卷三太祖紀三首。通鑑卷二六六後梁紀一開平元年，略同。

54. 舊五代史梁書卷十四羅紹威傳。

55. 舊五代史梁書卷五太祖紀五，開平三年十一月已亥，「以羅周翰爲天雄節度副使知府事，從鄴王紹威請也」。通鑑考異引梁功臣傳云：「周翰起復雲麾將軍充天雄軍節度留後，尋檢校司徒，正授魏博節度使。」

制耳」[56]，是府院侵犯州府權力的跡象。緣因唐末之秋，中央無力控制河北三鎮，府權甚高視為當然，此條用語當指朱全忠篡代後的開平年間事，最為適切。引文謂敕魏博依河南諸州例，按河南諸州乃朱氏最早的根據地，亦是最有效控制的地區，有此一敕，可見梁中央權力增強。梁中央是否眞正做到將魏博依河南諸州例，不得而知。但二年以後，乾化二年（912）朱全忠卒，楊師厚又取代了羅周翰，顯然又出現了新的氣象。

第三節　楊師厚（魏博節度使）與朱梁政局

楊師厚是朱全忠的重要將領，羅紹威卒後，晉軍曾大舉南侵，梁軍人馬輜重損失慘重，河朔大震，自此復以楊師厚為北面招討使，屯兵魏博附近，收集散兵[57]。時晉軍甚盛，曾攻魏州、攻貝州，拔夏津、高唐，攻博州，拔東武、朝城，攻澶州，刺史棄城，又攻黎陽，拔臨河、淇門，逼衞州，掠新鄉、共城；會楊師厚自磁相引兵救邢魏，晉兵解去，邢州圍亦解，師厚留屯魏州。[58]

舊五代史卷六梁書太祖紀六，乾化元年（911）六月：

> 乙卯，命北面都招討鎮國軍節度使楊師厚出屯邢洺。

同書同卷乾化元年（911）十月間，梁帝朱全忠至魏縣及相州，閱校大軍：

> 丙子，帝御城東教場閱兵，諸軍都指揮北面招討使太尉楊師厚，總領鐵馬步甲十萬，廣亘十數里陳焉，士卒之雄銳，部隊之嚴肅，旌旗之雜遝，戈甲之炤耀，屹若山岳，勢動天地，帝甚悅焉。

朱全忠並非易與之輩，當其巡居魏相時，曾因細故而屢誅將領[59]，在魏博地區佈署重兵，自有其用意。緣因自唐昭帝之時，北中國出現四大軍事集團，朱全忠妥予結合魏博羅氏，在其東併鄆兗淄青，北逐河東幽燕等役，得以順利進行，梁國雖建，北方二

---

56. 嚴耕望唐史研究叢稿第二篇"唐代府州僚佐考"頁 134。
57. 通鑑卷二六七後梁紀二，乾化元年正月「丁亥……梁之龍驤、神捷精兵殆盡，自野河至柏鄉，僵尸蔽地，王景仁韓勍李思安以數十騎走。晉兵夜至柏鄉，梁兵已去，棄糧食、資財、器械不可勝計，凡斬首二萬級。李嗣源等追奔至邢州，河朔大震，……癸巳，復以楊師厚為北面都招討使，將兵屯河陽，收集散兵，句餘，得萬餘人。」
58. 參見通鑑卷二六七後梁紀二乾化元年二月乙丑。
59. 舊五代史梁書卷六太祖紀六，乾化元年十月癸丑「閱武于州閫之南樓，左龍驤都教練使鄧季筠、魏博馬軍都指揮使何令稠、右廂馬軍都指揮使陳令勳，以部下馬瘦並腰斬于軍門。……丙辰至魏縣，先鋒將黃文靖伏誅。」

大勢力仍在，幽燕雖未必與河東結爲一體，但對抗朱梁時則極爲一致，此屑亡齒寒之勢，其理甚明。然朱全忠最怕的還是太原李氏，臨死尚不放心，據載：「帝疾增甚，謂近臣曰：我經營天下三十年，不意太原餘孽更昌熾如此，吾觀其志不小，天復奪我年，我死，諸兒非彼敵也，吾無葬地矣！因哽咽，絕而復蘇。」[60] 初則安撫羅紹威，繼則安置楊師厚，在對外方面朱全忠的策略頗有功效。然而以魏博強盛的人力財力，亦時時影響梁中央的政局。

乾化二年（912）六月二日，朱全忠卒[61]，友珪即位於西京洛陽。另一子友貞爲東京留守行開封尹檢校司徒。東京集團謀發動政變，擁立友貞爲帝。楊師厚成爲舉足輕重的人物。初，朱全忠在世之時，楊師厚雖屯兵於魏博地區，尚不敢襲取魏州，朱全忠卒後的一個月內，楊師厚即取代天雄節度使羅周翰。司馬光道破楊氏之心意。通鑑卷二六八後梁紀三乾化二年（912）七月。[62]

> 天雄節度使羅周翰幼弱，軍府事皆決於牙內都指揮使潘晏。北面都招討使宣義節度使楊師厚軍於魏州，久欲圖之，憚太祖威嚴，不敢發。至是師厚館於銅臺驛，潘晏入謁，執而殺之，引兵入牙城，據位視事。壬子，制以師厚爲天雄節度使。

楊師厚清除了魏博不服從自己的牙軍，建立自己的職業軍人集團。

舊五代史卷二十二梁書楊師厚傳：

> （太祖）車駕還，師厚屯魏州，及庶人友珪篡位，魏州衙內都指揮使潘晏與大將臧延範趙訓謀變，有密告者，師厚布兵擒捕斬之。越二日，又有指揮使趙賓夜率部軍擐甲俟旦爲亂，師厚以衙兵圍捕，賓不能起，乃越城而遁，師厚遣騎追至肥鄉，擒其黨百餘人，歸斬于府門。友珪即以師厚爲魏博節度使。……師厚純謹敏幹，深爲太祖知遇，委以重兵劇鎮，他莫能及，然而末年矜功恃衆，驟萌不軌之意，于是專制財賦，置銀槍効節軍，凡數千人，皆選摘曉銳，縱恣豢養，復故牙軍之態，時人病之。

擁護朱友貞的東京開封集團，說服了楊師厚，政變乃得成功。

---

60. 通鑑二六八後梁紀三，乾化二年五月，閏月壬戌。
61. 舊五代史梁書卷八末帝紀上，謂朱全忠爲子友珪所弒。通鑑前段謂病甚，後段亦謂爲友珪所弒。
62. 考異　梁功臣列傳楊師厚傳略同。

舊五代史卷八梁書末帝紀上：

> 會趙巖至東京，從（末）帝私讌，因言及社稷事，帝以誠款謀之，巖曰：此事易
> 如反掌，成敗在招討楊令公之手，但得一言諭禁軍，其事立辦，巖時典禁軍，
> 洎還洛以謀告侍衛親軍袁象先，帝令腹心馬慎交之魏州見師厚，且言成事之日
> 賜勞軍錢五十萬緡，仍許乘鎮。慎交燕人也，素有膽辨，乃說師厚曰……師厚
> 驚曰：幾誤計耳，乃令小校王舜賢至洛，密與趙巖袁象先圖議。

舊五代史卷二十二梁書楊師厚傳〔通鑑卷二六八後梁紀三乾化三年（913）二月略同〕

> 末帝將圖友珪，遣使謀于師厚，深陳款效，且馳書于侍衛軍使袁象先，及主軍
> 大將，又遣都指揮使朱漢賓率兵至滑州，以應禁旅。友珪既誅，末帝即位于東
> 京，首封師厚為鄴王，加檢校太師中書令，每下詔不名，以官呼之，事無巨
> 細，必先謀于師厚，師厚頗亦驕誕。

第四節　魏博銀槍効節軍之叛梁

乾化五年（即末帝貞明元年）（915）三月，楊師厚卒于鎮。由於百餘年來魏博皆
很強盛，朱全忠時尚能駕御安撫，朱友珪[63]時期及末帝朱友貞在位時，極有震主之
感，汴梁君臣以為楊師厚之死，乃天授良機，計議分魏博勢力，遂有割相魏為兩鎮之
議。

舊五代史卷八梁書末帝紀上：

> 初，師厚握強兵據重鎮，每邀朝廷姑息，及薨，輟視朝三日，或者以為天意，
> 租庸使趙巖、租庸判官邵贊，獻議于帝曰：魏博六州精兵數萬，蠹害唐室百有
> 餘年，羅紹威前恭後倨，太祖每深含怒，太祖尸未屬纊，師厚即肆陰謀，蓋以
> 地廣兵強，得肆其志，不如分削，使如身使臂，即無不從也，陛下不以此時制
> 之，寧知後之人不為楊師厚耶？若分割相魏為兩鎮，則朝廷無北顧之患矣！帝

---

63. 舊五代史梁書卷二十二楊師厚傳載：「時師厚握河朔兵，威望震主，友珪患之，詔師厚赴闕，師厚乃率精
甲萬人至洛陽，嚴兵于都外，自以十餘人入謁，友珪懼，禮而遣之。」
通鑑卷二六八後梁紀三乾化二年十月：「楊師厚既得魏博之眾，又兼都招討使，宿衛勁兵，多在麾下，諸
鎮兵皆得調發，威勢甚重，心輕鄴王友珪，遇事往往專行不顧，友珪患之，發詔召之，云有北邊軍機，欲
與卿面議。師厚將行，其腹心皆諫曰：往必不測。師厚曰：吾知其為人，雖往，如我何？乃帥精兵萬餘人
渡河趨洛陽，友珪大懼。丁亥，至都門，留兵於外，與十餘人入見。友珪喜，甘言遜詞以悅之，賜與巨
萬。癸巳，遣還。」

曰：善。即以平盧軍節度使賀德倫為天雄軍節度使，遣劉鄩率兵六萬屯河朔。詔曰：分疆裂土，雖賞勳勞，建節屯師，亦從機便，比者魏博一鎮，巡屬六州，為河朔之大藩，實國家之巨鎮，所分憂寄，允謂重難，將叶事機，須期通濟，但緣鎮定賊境，最為魏博親鄰，其次相衞兩州，皆控澶潞山口，兩道並連于晉士，分頭常寇于魏封，既須日有戰爭，未若俱分節制；免勞兵力因奔命于兩途，稍泰人心俾安居于終日；其相州宜建節度為昭德軍，以澶衞兩州為屬郡，以張筠為相州節度使。

汴梁君臣純以藩帥的態度與戰略地位分析，完全沒有顧及魏博職業軍人的態度與動向，職業軍人是唐末五代的重要社會勢力，分鎮事件再一次表露出此股社會勢力影響政局至大且巨。同書同卷對魏博職業軍人的動亂，有詳細的記載：

己丑，魏博軍亂，囚節度使賀德倫。是時朝廷既分魏博六州為兩鎮，命劉鄩統大軍屯于南樂，以討王鎔為名，遣澶州刺史行營先鋒步軍都指揮使王彥章領龍驤五百騎先入于魏州，屯于金波亭。詔以魏州軍兵之半隸于相州，幷徙其家焉。又遣主者檢察魏之帑廩，既而德倫促諸軍上路，姻族辭決，哭聲盈巷，其徒乃相聚而謀曰：朝廷以我軍府強盛，故設法殘破，況我六州，歷代藩府，軍門父子姻族相連，未嘗遠出河門，離親去族，一旦遷于外郡，生不如死。三月二十九日夜，魏軍乃作亂，放火大掠，首攻龍驤軍，王彥章斬關而遁，遲明，殺德倫親軍五百餘人于牙城，執德倫，置之樓上。有效節軍校張彥者，最為粗暴，膽氣伏人，乃率無賴輩數百，止其剽掠，是日，魏之士庶被屠戮者不可勝紀。帝聞之，遣使齎詔安撫，仍許張彥除郡，厚賜，將士優賞，彥等不遜，投詔于地，侮罵詔使，因迫德倫飛奏，請却復相衞，抽退劉鄩軍。帝復遣諭曰：制置已定，不可改易。如是者三，彥等奮臂南向而罵曰：傭保兒敢如是也。復迫德倫列其事，時有文吏司空頲者，甚有筆才，彥召見謂曰：為我更草一狀，詞宜抵突，如更敢違，則渡河擄之。乃奏曰：臣累拜封章，上聞天聽，在軍衆無非共切，何朝廷皆以為閒，牟月三軍切切，而戈矛未息，一城生聚皇皇，而控告無門，惟希俯鑒丹衷，苟從衆欲，須垂聖允，斷在不疑，如或四向取謀，但慮六州俱失，言非意外，事在目前。張彥又以楊師厚先兼招討使，請朝廷依例授之，故

復逼德倫奏曰：臣當道兵甲素精，貔貅極銳，下視并汾之敵，平吞鎮定之人，特乞委臣招討之權，試臣湯火之節，苟無顯効，任賜明誅。詔報曰：魏博寇敵接連，封疆縣遠，凡于應赴，須在師徒，是以別建節庭，各令捍禦，并鎮則委魏博控制，澤潞則遣相衛枝梧，咸逐便安，貴均勞逸，已定不移之制，宜從畫一之規，至于征伐事權，亦無定例，且臨清王領鎮之日，羅紹威守藩以來，所領事銜本無招討，祇自楊師厚先除陝澄二帥，皆以招討兼權，因茲帶過鄴中，原本不曾落下，苟循事體，寧愒施行。況今劉鄩指鎮定出征，康懷英往邠岐進討，祇令統率師旅，亦無招討使銜，切宜徧諭羣情，勿興浮議，倚注之意，卿宜體之。詔至，張彥壞裂抵之于地，謂德倫曰：梁主不達時機，聽人穿鼻，城中擾攘，未有所依，我甲兵雖多，須資勢援，河東晉王統兵十萬，匡復唐朝，世與大梁仇讎，若與我同力，事無不濟，請相公改圖，以求多福。德倫不得已而從之，乃遣牙將曹廷隱奉書求援于太原。彥使德倫告諭軍城曰：可依河東稱天祐十二年（915），此後如有人將文字于河南往來，便仰所在處置。

引文中「効節軍校」者，即楊師厚所新編「銀槍効節軍的軍校」，觀其與「我六州歷代藩府，軍門父子，姻族相連，未嘗遠出河門，離親去族」等前後連用，可知魏博之職業軍人前後是一脈相承的，橫切面關係則姻族相連，其特性之一是不喜遠離本地。亦不願被拆散的集團。効節軍校張彥為魏軍首領，與梁末帝多次談判不成，轉而要脅藩帥賀德倫舉魏博以附太原，這是一個很大的變局，從此梁唐形勢改變。

第五章　後唐鄴都六州時期

第一節　李存勗（莊宗）得魏博與其得中原

在梁末帝時代，當楊師厚雄居魏博之時，其在南北交兵扮演極重要極有成效的角色，下面有三段較大戰役的記載。

乾化二年（912）十一月，趙將王德明將兵三萬掠武城，至于臨清，攻宗城，下之。癸丑，楊師厚伏兵唐店邀擊，大破之，斬首五千餘級。[64]

乾化三年（913）五月乙巳，天雄節度使楊師厚及劉守奇率魏博邢洺徐兗鄆滑之

---

64. 通鑑卷二六八後梁紀三乾化二年十一月。

衆十萬，討鎭州。……滄州降。……[65]

乾化四年（914）七月，晉王率師自黃澤嶺東下寇邢洺，魏博節度使楊師厚軍于漳水之東，晉將曹進金來奔，晉軍逐退。……[65]

第三個戰役是與晉王李存勗作戰，時晉王於前一年〔即乾化三年（913），或天祐十年〕十二月破執燕王劉仁恭父子，鎭州王鎔、定州王處直請降，李存勗「選日受冊，開覇府建行台，如武德故事」[66]，聲勢甚爲强盛。亦是北中國由三大勢力併爲二大勢力之始，晉王就在這一年〔乾化四年（914）、或天祐十一年〕七月舉兵南下，爲楊師厚逐退，亦可見魏博在二大勢力交戰時的重要性。

貞明元年（915）（即天祐十二年）三月楊師厚卒，是月二十九日魏軍作亂，魏博六州降晉，舊五代史卷二十八唐書莊宗紀二載當時受降經過：

（魏軍）迫德倫歸于帝（莊宗），且乞師爲援。帝命馬步副總管李存審自趙州帥師屯臨清，帝自晉陽東下與存審會。賀德倫遣從事司空頲至冪，密啓張彥狂勃之狀，且曰：若不翦此亂階，恐貽後悔，帝默然，遂進軍永濟，張彥謁見，以銀槍効節五百人從，皆被甲持兵以自衞，帝登樓諭之曰：汝等在城濫殺平人，奪其妻女，數日以來迎訴者甚衆，當斬汝等以謝鄴人，遽令斬彥及同惡者七人，軍士股慄，帝親加慰撫而退。翌日，帝輕裘緩策而進，今張彥部下軍士被甲持兵環馬而從，命爲帳前，銀槍軍衆心大服，梁將劉鄩聞帝至，以精兵萬人自洹水趣魏縣，帝命李存審帥師禦之，帝率親軍于魏縣西北夾河爲柵。六月庚寅朔，帝入魏州，賀德倫上符印，請帝兼領魏州，帝從之[67]。

李存勗不但得到魏博，且收服了魏博職業軍團的主力銀槍効節軍，以爲己用。朱梁的頹勢，可從末帝賜其大將劉鄩詔書得知。舊五代史梁書卷二十三劉鄩傳載：

詔曰：閫外之事，全付將軍，河朔諸州，一旦淪沒，勞師弊旅，患難日滋，退保河壖，久無鬬志。……

云云。繼之出現一幕梁唐兩大勢力魏博爭奪戰，舊五代史卷二十八唐書莊宗紀二：

---

65. 舊五代史卷八梁書八末帝紀上。

66. 舊五代史唐書卷二十八莊宗紀二，天祐十一年。

67. 通鑑卷二六九後梁紀四貞明元年六月，「庚寅朔，賀德倫帥將吏請晉王入府城慰勞。既入，德倫上印、節，請王兼領天雄軍，王固辭……德倫再拜……王乃受之。」

　　天祐十二年（915）六月庚寅，李存勗入魏州。

　　七月，梁澶州刺史王彥章棄城而逃。李存勗中梁劉鄩之伏，脫走於魏縣郊。

　　七月，劉鄩潛趣晉陽，退還邢州，再駐貝州。梁唐大軍對壘莘縣。

　　八月，梁將賀瓌襲取澶州。

　　天祐十三年（916）二月，梁唐決戰于莘縣，梁步兵七萬殲亡殆盡。

　　三月，唐攻衞州，刺史米昭以城降。

　　四月，唐攻洺州，下之。

　　八月，唐進攻邢州，相州節度使張筠棄城逃去。邢州亦降。

　　九月，梁滄州節度使戴思遠棄城逃去。

　　九月，唐平貝州。

至是河朔悉爲唐所有，梁末帝聞劉鄩兵敗于莘縣，王檀攻晉陽不克，卽曰：吾事去
矣！事實上當時朱梁所統治的幅圖仍比李唐爲擴，[68]且李氏北鄰契丹方興未艾，是年
（天祐八年）（911）八月契丹入侵蔚州，唐大將振武節度使李嗣本陷于契丹。然而李
存勗得魏博正如當年朱全忠之得魏博，朱全忠以此北脅幽鎮河東，李存勗如今亦以此
南侵鄆兗汴洛。很明顯的跡象是當李存勗兼領魏博天雄軍節度使之後，大部份時間駐
軍於魏州，而當其至魏州時，亦正是遊双河南之秋。

舊五代史卷二十八唐書莊宗紀二：

　　天祐十三年（916）七月，帝自晉陽至魏州。八月大閱師徒，進攻邢州相州，皆
　　下之。

　　十三年（916）九月，帝還晉陽，北禦契丹。

　　十三年（916）九月，帝自晉陽復至于魏州，與梁劉鄩殘兵相拒於黎陽。

---

68. 通鑑卷二七二後唐紀一同光元年四月，莊宗稱帝時，「時唐國所，有凡十三節度，五十州」。今註「十三
　　節度，蒲州河中、同州忠武、魏州天雄、邢州安國、鎮州成德、定州義武、滄州橫海、幽州盧龍、朔州振
　　武、雲州大同、代州雁門、并州河東、潞州安義，而安義附梁，但十二節度，莊宗又以符習爲天平節度
　　使，天平治鄆州，時屬梁，唐未能有也。五十州，蒲、同、魏、博、貝、澶、相、邢、洺、磁、鎮、冀、
　　深、趙、易、祁、定、滄、景、德、瀛、莫、幽、涿、檀、薊、順、營、平、蔚、朔、雲、應、嬀、儒、
　　武、忻、代、嵐、石、憲、麟、府、并、汾、慈、隰、澤、沁、遼，新州時陷契丹，潞州附梁，故不在五
　　十州之中。」
　　按五代史記卷六十職方考，減去魏博等十六州，梁實際控制州尚有五十四。

十四年（917）十月，帝自魏州還晉陽。

十四年（917）十一月，復至魏州，十二月渡河破梁楊劉城。十五年（918）正
　　月，徇地鄆濮。

十五年（918）六月，自魏州復至楊劉城，大破梁軍於河。

十五年（918）八月，辛丑朔，大閱于魏郊，河東魏博幽滄鎮定邢洺麟勝雲朔十
　　鎮之師，及奚契丹室韋吐渾之衆十餘萬，部陣嚴肅，旌甲照曜，師旅之盛，
　　近代爲最。

十五年（918）十二月，令軍中老幼歸魏州，悉兵以趣汴。……帝與李存審總河
　　東魏博之衆居其中，周德威以幽薊之師當其西，鎮定之師當其東。梁將賀瓌
　　王彥章全軍接戰，帝以銀槍軍突入梁軍陣中，斬擊十餘里，……帝率軍先
　　登，銀槍步兵繼進，遂奪其山，梁軍紛紜而下。……銀槍都將王建及呼士衆
　　曰：今日所失淄重並在山下。乃大呼以奮擊，諸軍繼之，梁將大敗。……遂
　　拔濮陽。

十六年（919）正月還魏州，四月帝以重賄召募能破賊艦者……王建及……選効
　　節軍勇士三百人立功。

十六年（919）七月，帝歸晉陽。十月，帝自晉陽至魏州，與梁軍接戰。

十六年（919）十二月，帝軍於河南，破梁王瓚。

十八年（921）十月，帝大破梁將戴思遠於德勝北城。十一月帝至鎮州。

十九年（922）正月帝至新城禦契丹。聞德勝北城遭梁軍攻，危急，自幽州倍道
　　兼行以赴，梁人聞帝至，燒營而遁。

二十年（923）三月，築卽位壇于魏州牙城之南。四月卽皇帝位。改天祐二十年
　　爲同光元年。

二十年（923）四月，升魏州爲東京興唐府。襲取鄆州。

初，朱梁政變，居汴州的朱友貞（卽其後末帝）勝居洛州的朱友珪，朱友貞卽位後自此
長駐汴州。另一方面李存勗自得魏博以後大部份時間長駐魏州。自天祐十二年（915）
至天祐二十年（923）這九年之中，這兩個敵對政權重力的地理距離甚近。居兩者之間
的澄州一直在朱梁之手，相澶衞三州則成拉鋸狀態，得而復失，失而復得，雙方重兵

相壘，進益甚爲困難，李存勗獲鄆州後，自東方向西南進行一次大規模的奇襲，避過梁澶州的軍旅，下曹州，速破汴州，梁亡。

魏博及其職業軍人在梁後唐之爭時的重要性，已如上文所述。（後）唐得霸主以後，莊宗似乎一度亦有魏博分鎮的想法。五代史記卷二十六符習傳（舊史卷五十九唐書符習傳略同）：

　　　（莊宗）乃以相衛二州爲義寧軍，以習爲節度使。習辭曰：魏博六州，霸王之
　　　府也，不宜分割，以示弱。願授臣河內一鎮。……

這僅是莊宗曇花一現的念頭，同時當時客觀條件仍需要如此強府，故並未眞正實行分鎮。所以從其後歷史發展而觀之，魏博對後唐中央的影響力及重要性，並不亞於楊師厚帥魏博時對於朱梁之影響。

在天祐二十年（923）四月李存勗卽皇帝位於魏州之時，興唐府（卽東京魏州）成爲另一個朝廷，李存勗在名義上自不便再稱天雄節度使，故唐莊宗同光元年（923）（卽天祐二十年）四月己巳，「以魏博節度判官王正言爲禮部尙書行興唐尹」[69]，然王正言恐僅爲文職的府尹，天雄節度使的軍政當仍屬長駐興唐府的莊宗直隸，同光元年（923）十月己卯[70]初九，梁亡，是月戊戌，卽二十八日，「以開府儀同三司檢校太傅北都留守興聖宮使判六軍諸衛事李繼岌爲檢校太尉同平章事充東京留守」[71]。按唐莊宗諸子之中，皇子繼岌最受重視，當李存勗駐魏博與朱梁鏖戰之末期，契丹大舉入侵幽定，卽以繼岌充北都留守，北都卽鎭州。及李存勗入汴之初，又調繼岌爲東京留守，從其官銜可知其與王正言行興唐尹不同，繼岌掌有軍民政大權，是鎭帥之任。次月（十一月）丁巳（十七日），命張憲爲東京副留守、知留守事[72]，次年（924）（同光二年）三月庚申（二十二日），「皇子繼岌代張全義判六軍諸衛事」[73]。

69. 舊五代史卷二十九唐書莊宗紀三。通鑑卷二七二後唐紀一同光元年四月己巳（二十五日）。
70. 舊五代史卷三十唐書莊宗紀四。通鑑卷二七二後唐紀一同光元年四月己卯（初九）。
71. 舊五代史卷三十唐書莊宗紀四。通鑑卷二七二後唐紀一同光元年十月戊戌（二十八）。
　　按吳廷燮元季方鎮年表下天雄節度條，謂「同光元年十一月戊戌，北京留守繼岌爲東京留守同平章事」，誤，應作十月。
72. 通鑑卷二七二後唐紀一同光元年十一月丁巳。
73. 通鑑卷二七三後唐紀二同光二年三月庚申。

第二節　李嗣源（明宗）與銀槍効節軍

魏博地區自李繼岌西調入京以後，並無統一事權的大臣或大將居鎮，其情況為：以王正言代張憲為興唐尹充鄴都副留守知留守事[74]、以武德使史彥瓊居鄴、以魏博指揮使楊仁晸駐貝州、澶州刺史則為朱建徽，實際上事權亦不統一，如：

舊五代史卷三十四唐書莊宗紀八，同光四年（926）事：

> 二月，以樂人景進為銀青光祿大夫 檢校右散騎常 侍守御史大夫 ，進以俳優嬖幸，善采訪閭巷鄙細事以啓奏，復密求妓媵以進，恩寵特厚。魏州錢穀諸務及招兵市馬，悉委進監臨。……

> （王）正言年耄風病，事多忽忘，比無經治之才。武德使史彥瓊者以伶官得幸，帝待以腹心之任，都府之中威福自我，正言已下皆脅肩低首，曲事不暇，由是政無統攝，姦人得以窺圖。

魏博的職業軍人就在這種情況下，漸漸掀起動亂。同書同卷載：

> 上歲（同光三年）（925）天下大水，十月鄴地大震，自是居人或有亡去他郡者，每日族談巷語云：城將亂矣！人人恐悚，皆不自安。……

> 洎郭崇韜伏誅，人未測其禍始，皆云崇韜已殺繼岌，自王西川，故盡誅郭氏。先是，有密詔，令史彥瓊殺朱友謙之子澶州刺史建徽，史彥瓊夜半出城，不言所往，詰旦閽報正言曰：史武德夜半馳馬而去，不知何往。是日，人情震駭，訛言云：劉皇后以繼岌死于蜀，已行弒逆，帝已晏駕，故急徵彥瓊，其言播于鄴市，貝州軍士有私親寧于（鄴）都下者，掠此言傳于貝州，軍士皇甫暉等因夜聚蒱搏不勝，遂作亂，刼都將楊仁晸，曰：我輩十有餘年為國家効命，甲不離體，已至吞併天下，主上未垂恩澤，翻有猜嫌，防戍邊遠，經年離阻鄉國，及得代歸，去家咫尺，不令與家屬相見，今聞皇后弒逆，京邑已亂，將士各欲歸府寧親，請公同行。仁晸曰：汝等何謀之過耶！今英主在上，天下一家，從駕精兵不下百萬，西平巴蜀，威振華夷，公等各有家族，何事如此。軍人乃抽戈露双環……仁晸曰：吾非不知此，但丈夫舉事，當計萬全。軍人卽斬仁晸，裨將趙在禮聞軍亂，衣不及帶，將踰垣而遁，亂兵追及，白双環之，曰：公能

---

74. 舊五代史卷六十九唐書王正言傳，同光三年多代張憲為興唐尹留守。

爲帥否，否則頭隨刃落。在禮懼，卽曰：吾能爲之。衆遂呼譟，中夜燔叛貝郡，詰旦，擁在禮趨臨清，剽永濟館陶。五日晚，有自貝州來者，言亂兵將犯都城，都巡檢使孫鐸等急趨史彥瓊之第，告曰：賊將至矣！請給鎧仗登陴拒守。彥瓊曰：今日賊至臨清，計程六日方至，爲備未晚。孫鐸曰：賊來寇我必倍道兼行，一朝失機，悔將何及，請僕射率衆登陴，鐸以勁兵千人伏于王莽河逆擊之，賊旣挫勢，須至離潰，然後可以翦除，如俟其凶徒薄于城下，必慮奸人內應，則事未可測也。彥瓊曰：但訓士守城，何須卽戰。時彥瓊疑孫鐸等有他志，故拒之，是夜，三更，賊果攻北門，彥瓊時以部衆在北門樓，聞賊呼譟，卽時驚潰，彥瓊單騎奔京師，遲明，亂軍入城，孫鐸與之巷戰，不勝，携其母自水門而出，獲免。哺晚，趙在禮引諸軍據宮城，署皇甫暉趙進等爲都虞候斬斫使，諸軍大掠。興唐尹王正言謁在禮，望塵再拜，是日，衆推在禮爲兵馬留後。……辛丑元行欽至鄴都，進攻南門，以詔書招諭城中，趙在禮獻牛酒勞軍，登城遙拜行欽，曰：將士經年離隔父母，不敢勑旨歸寧，上貽聖憂，追悔何及。……庚戌，諸軍大集于鄴都，進攻其城，不克。

除魏博以外，「趙太據邢州，王景戩據滄州，自爲留後，河朔郡邑多殺長吏」（同書同卷），時李繼岌大軍阻兵於西，無法調回，後唐莊宗不得已，卽派大將李嗣源赴魏博平反，李嗣源至鄴都，爲親軍、叛軍及各路兵馬所擁，成爲一個新的領導中心，與洛陽後唐中央對抗，舊五代史卷三十五唐書明宗紀一詳載當時魏博諸軍擁立之情形如下：[75]

（同光四年）（926）三月六日，帝（李嗣源）至鄴都，趙在禮等登城謝罪，出牲餼以勞師，帝以慰納之，營於鄴城之西南，下令以九日攻城，八日夜軍亂，從馬直軍士有張破敗者，號令諸軍各殺都將，縱火焚營，譁譟雷動，至五鼓亂兵逼帝營，親軍博戰，傷夷者殆半，亂兵益盛，帝叱之，責其狂逆之狀，亂兵對曰：昨貝州戍兵主上不垂厚宥，又聞鄴城平定之後，欲盡坑全軍，某等初無叛志，直畏死耳，已共諸軍商量，與城中合勢，擊退諸道之師，欲主上帝河南，請令公帝河北，帝泣而拒之，亂兵呼曰：令公欲何之？不帝河北則爲他人所

---

75. 通鑑卷二七四後唐紀三同光四年三月壬戌（六日）。略同。

有，苟不見幾，事當不測。抽戈露叉，環帝左右，安重誨霍彥威蹋帝足，請詭隨之，因為亂兵迫入鄴城。懸橋已發，共扶帝越濠而入，趙在禮等歡泣奉迎。是日饗將士于行宮，在禮等不納外兵，軍衆流散無所歸向，帝登南樓謂在禮曰：欲建大計，非兵不能集事，吾自于城外撫招諸軍。帝乃得出，夜至魏縣，部下不滿百人，時霍彥威所將鎮州兵五千人，獨不亂，聞帝既出，相率歸帝，詰朝，帝登城掩泣曰：國家患難一至于此！來日歸藩上章，徐圖再舉。安重誨霍彥威等曰：此言非便也，國家付以閫外之事，不幸師徒逗撓，為賊驚奔，元行欽狂妄小人，彼在城南，未聞戰聲，無故棄甲，如朝天之日，信其奏陳，何所不至。若歸藩聽命，便是強據要君，正墮讒慝之口也。正當星行歸闕，面叩玉階，讒間阻謀，庶全功業，無便于此者也。帝從之。

待李嗣源師次汴州，後唐莊宗亦引兵東向，然莊宗軍士漸漸離散，卒被亂軍所殺。李嗣源入洛卽帝位，是為後唐明宗。

第三節　魏博職業軍人主力第二次遭受打擊

後唐明宗雖因魏博而得帝位，但對於魏博職業軍人的勢力，實不容忽視，故卽位後將魏博職業軍人的主力銀槍効節軍北調盧臺，一則可以防契丹，二則離其巢穴，然後又設計屠殺，舊五代史卷三十八唐書明宗紀四，天成二年（927）四月。[76]

辛巳朔，房知溫奏：前月二十一日，盧臺戍軍亂，害副招討寧國軍節度使烏震，尋與安審通斬殺亂兵訖。帝聞之，廢朝一日。……

詔：盧臺亂軍龍旺所部鄆都奉節等九指揮三千五百人，在營家口骨肉並可全家處斬。龍旺所部之衆，卽梁故魏博節度使楊師厚之所招置也，皆天下雄勇之士，目其都為銀槍効節，僅八千人，師厚卒，賀德倫不能制，西迎莊宗入魏，從征河上，所向有功。莊宗一統之後，雖數頒賚而驕縱無厭。同光末，自貝州䶊趙在禮，據有魏博。及帝纘位，在禮冀脫其禍，潛奏願赴朝覲，遂除皇子從

---

76. 司馬光記載此一事件的緣因，亦帶有職業軍人經濟索求之故。

通鑑卷二七四後唐紀三同光三年十二月：「初，帝（莊宗）得魏州銀槍効節都近八千人以為親軍，皆勇悍無敵，夾河之戰，實賴其用，屢立殊功，常許以滅梁之日，大加賞賚。既而河南平，雖賞賚非一，而士卒恃功驕恣無厭，更成怨望。是歲大饑，民多流亡，租賦不充，道路塗潦，漕輓艱澀，東都倉廩空竭，無以給軍士。……」

榮爲帥，乃令北禦契丹，是行也，不支甲胄，惟幟于長竿表隊伍而已，故俛首
逋征，在途聞李嚴爲孟知祥所害，以爲劍南阻絕，互相煽動，及屯于盧臺，會
烏震代房知溫爲帥，轉增浮說，震與房知溫博于東寨，日亭午，大譟于營外，
知溫上馬出門，爲甲士所擁，且曰：不與兒郎爲主，更何處去？知溫紿之曰：
馬軍皆在河西，步卒獨何爲也！遂得躍馬登舟，濟于西岸，安審通戰騎軍不
動，知溫與審通謀，伺便攻之，令亂兵卷甲南行，騎軍徐進，部伍嚴整，叛者
相顧失色，列炬宵行，疲于荒澤，遲明，潛令外州軍別行，知溫等遂擊亂軍，
橫尸于野，餘衆復趨舊寨，至則已焚之矣！翼日，盡戮之，脫于叢草溝塍者，
十無二三，迨夜竄于山谷，稍奔于定州，及王都之敗，乃無噍類矣！

整個事件的緣起、發展、與結果都與天祐時羅紹威殺其魏博牙軍極爲類似，銀槍効節
軍雖然覆滅，但職業軍人並未消滅，因爲職業軍人在安史至五代末成爲一種社會層
面，且是社會上最有勢力的層面，各府各鎮皆有此現象存在，就以魏博而言，牙軍
或銀槍軍僅是魏博職業軍人中最囂張的那一羣而已，他們勢力的表露影響到政局的發
展，同時亦引起政治力的猜忌，尤其魏博地區的戰略地位及在北中國地區的經濟比
重，更引起政治中心的重視。

第四節　權臣輪鎭鄴都與後唐之政局

自明宗卽位以後至後唐亡這段時期，後唐中央任命座鎭魏博的人選如下：

1. 明宗天成元年（926）初，次子榮明授鄴都留守天雄軍節度使（長子從審已死）。
   天成二年（927）十二月末，從榮移鎭太原。天成三年（928）正月十七日，帝
   幸鄴都。

2. 明宗天成三年（928）四月，以石敬瑭爲鄴都留守充天雄軍節度使加同平章事。
   天成四年（929）六月，鄴都仍爲魏府。長興元年（930）二月，天雄節度使石
   敬瑭兼御營使。長興二年（931）四月，天雄節度使石敬瑭兼六軍諸衞副使。

3. 明宗長興二年（931）六月，以鎭州節度使宋王從厚（明宗第三子）爲興唐尹，
   鎭鄴。石敬瑭移鎭河陽。長興三年（932）五月，以天雄節度使宋王從厚兼中
   書令。長興四年（933）十二月迎從厚爲帝，是爲後唐閔帝。

4. 閔帝應順元年（934）二月，以范延光權知鄴都留守事。三月范延光爲檢校太師

　　兼侍中行與唐尹充天雄軍節度使北面水陸轉運制置使。

以上四位都是後唐後晉之際政壇上重要人物。李從榮在明宗之末長興四年（933）任河南尹天下兵馬大元帥，儼然如皇位繼承者，唯最後在政變中敗死[77]。石敬瑭為明宗之婿，後為晉高祖。李從厚是乃兄從榮之外的重要勢力，明宗末居魏博，從榮敗死，從厚自鄴入京，是為閔帝。范延光事蹟下文再論。

　　後唐閔帝不是征戰而得天下，是由大臣迎奉而登帝位，兼以年事尚輕，甚難駕御部屬，職業軍人的性格表露於中央的禁衛軍，他們為財富而作戰，見於與潞王之戰時。舊五代史卷四十五唐書閔帝紀應順元年（934）三月：

　　　帝召侍衛都將以下宣曰：……今據府庫，悉以頒賜，卿等勉之。乃出銀絹錢厚賜于諸軍，是時方事山陵，復有此賜，府藏為之一空。軍士猶負賞物揚言于路曰：到鳳翔更請一分。其驕誕無畏如是。辛酉，幸左藏庫，視給將士金帛。……乙亥宣諭西面行營將士，俟平鳳翔日人賞二百千，府庫不足，以宮闈服玩增給。

在另一端的鳳翔節度使潞王從珂，亦以財物給賞職業軍人，從珂卒勝，是為末帝。舊五代史卷四十六唐書末帝紀載：[78]

　　　率居民家財以賞軍士，是日，帝（從珂）整眾而東，二十日，次長安，副留守劉遂雍以城降，率京兆居民家財犒軍。……四月丙子，詔河南府率京城居民之財以助賞軍。丁丑，又詔預借居民五個月房課，不問士庶，一概施行。帝素輕財好施，自岐下為諸軍推戴，告軍士曰：候入洛人賞百千，至是以府藏空匱，于是有配率之令，京城庶士自絕者相繼。……癸未，太后太妃出宮中衣服器用以助賞軍。……壬辰，詔賜禁軍及鳳翔城下歸命將校錢帛各有差。初，帝

<hr>

77. 舊五代史唐書卷五十一宗室列傳秦王從榮。
78. 通鑑卷二七九後唐紀八清泰元年四月庚寅：「有司百方斂民財（為軍士賞錢），僅得六萬，帝（潞王）怒，下軍巡使獄，晝夜督責，囚繫滿獄，至自經赴井，而軍士遊市肆，皆有驕色。市人聚訴之曰：汝曹為主力戰，立功良苦，反使我輩鞭胸杖背，出財為賞，汝曹猶揚揚自得，獨不愧天地乎？是時竭左藏舊物及諸道貢獻，乃至太后、太妃器服、簪珥，皆出之，才及二十萬緡，帝患之。李專美夜直：帝讓之曰：卿名有才，不能為我謀此，留才安所施乎？專美謝曰：臣駑劣，陛下擢任過分，然軍賞不給，非臣之責也。竊思自長興之季，賞賚屢行，卒以是驕，繼以山陵，及出師，帑藏遂涸，雖有無窮之財，終不能滿驕卒之心，故陛下拱手於危困之中，而得天下。夫國之存亡，不專繫于厚賞，亦在修法度、立紀綱，陛下苟不改覆車之轍，臣恐徒困百姓，存亡未可知也！今財力盡於此矣！宜據所有均給之，何必踐初言乎？帝以為然。壬辰，詔禁軍在鳳翔歸命者自楊思權、尹暉等各賜二馬一駝、錢七十緡，下至軍人，錢二十緡，其在京者各十緡。軍士無厭，猶怨望，為謠言曰：除去菩薩，扶立生鐵。」

離岐下，諸軍皆望以不次之賞，及從至京師，不滿所望，相與謠曰：去却生菩薩（閔帝小字菩薩奴），扶起一條鐵。其無厭如此。

閔帝將士不力戰，輕騎出京，西北行至衞州，被石敬瑭截獲，被殺。

范延光是鄴郡臨漳人，少隸于郡牙，後唐明宗早年牧相州時收爲親校，明宗爲帝時爲樞密使加同平章事，明宗長興（930-933）中，其皇子從榮勢盛，儼若太子，然日益趨向文質的從榮與唐末五代行伍出身大臣間有巨大的心理障礙[79]，洛陽政情不穩，朝廷大臣紛紛求居外職[80]，范延光亦請藩帥[81]，長興四年（933）十月爲鎮州節度使。閔帝自鄴入洛，應順元年（934）二月以范延光權知鄴都留後事，三月延光行興唐尹充天雄軍節度使北面水陸轉運制置使[82]。明年（末帝清泰二年）（935），二月延光移鎮汴州，末帝以皇子鎮州節度使兼河南尹判六軍諸衞事左右街坊使重美加檢校太尉同平章事充天雄軍節度使[83]，不久，重美內調，帝命劉后之弟劉延皓爲鄴都留守[84]，「延皓御軍失政，爲屯將張令昭所逐。」按「延皓始以后戚自藩邸出入左右，甚以溫厚見稱，故末帝嗣位之後，委居近密，及出鎮大名，而所執一變，掠人財賄，納人園澤，聚歌僮爲長夜之飲，而三軍所給不時，內外怨之，因爲令昭所逐」[85]，這個外戚顯然不能駕御魏博的職業軍人，次月〔末帝清泰二年（935）六月〕，復以范延光爲天雄軍四面招討使知行府事，又次月（七月），延光收復鄴都，壬子「詔范延光誅張令昭部下五指揮及忠銳忠肅兩指揮，繼范延光奏追兵遣襲張令昭部下敗兵至邢州沙河，斬首三百

79. 參見五代史補：「秦王（從榮），明宗之愛子，好爲詩詞，判河南府辟高輦爲推官，輦尤能詩，賓主相遇甚歡，自是出入門下者，當時名士有若張杭高文蔚何仲舉之徒，莫不分庭抗禮，更唱迭和。時干戈之後，武夫用事，睹從榮所爲皆不悅，于是康知訓等竊議曰：秦王好文，交遊者多詞客，此子若一旦南面，則我等轉死溝壑，不如早圖之……」
舊五代史唐書卷五十一宗室列傳秦王從榮，亦有類似記載。
80. 舊五代史唐書卷四十四明宗紀十：「長興四年八月辛未，秦王從榮以本官充天下兵馬大元帥。……九月戊戌，以樞使趙延壽爲汴州節度使，以襄州節度使朱宏昭爲檢校太尉同平章事充樞密使。時范延光趙延壽相繼辭退樞密務，及朱宏昭有樞密之命，又面辭訴，帝叱之曰：爾等皆欲離朕左右，怕在眼前，素養爾等將何用也。宏昭退謝不復敢言。」
81. 舊五代史晉書卷九十七范延光傳：「……爲樞密使加同平章事，旣而以秦王從榮不軌，恐及其禍，屢請外任，明宗久之方許，遂心鎮常山。」
82. 舊五代史唐書卷四十五閔帝紀，應順元年。
83. 舊五代史唐書卷四十七末帝紀中，清泰二年。
84. 舊五代史唐書卷四十七末帝紀中，清泰二年五月。
85. 舊五代史唐書卷六十九劉延皓傳，通鑑卷二八〇後晉紀一天福元年五月。

級，幷獻張令昭邢立李貴等首級，又奏獲張令昭同惡捧聖指揮使米全以下諸指揮使
都頭凡十三人，幷磔于府門。……洺州奏擒獲魏府作亂捧聖指揮使馬彥柔以下五十八
人，邢磁州相次擒獲亂兵，並送京師，彰聖指揮使張萬廸以部下五百騎叛入太原。」[86]
就在魏博多變不安的時期，清泰三年（936）五月石敬瑭叛于太原[87]，故有魏博殘兵
奔太原之事。

第六章　晉漢周鄴都分鎮時期

第一節　石敬瑭（晉高祖）與范延光（魏博節度使）之爭、與晉初魏博分鎮

時契丹漸漸興起，後唐末帝號令諸軍加兵於石敬瑭，石敬瑭懼，求助契丹，若非
雄據幽州十餘年的趙德鈞父子「覘寇要君」[88]，則契丹石敬瑭聯軍未必戰勝唐各藩鎮
之合軍[89]，范延光亦未盡力[90]，晉「高祖入洛，尋封臨清王，以寬其（范延光）反
側」[90]，在晉天福（936–943）初期，這股勢力積極擴張人力與儲備財力，與晉中央對
抗之勢越趨明顯。

舊五代史卷九十七晉書范延光傳載：

> 後延光擅殺齊州防禦使祕瓊，而聚兵部下，復收部內刺史入城，（晉）高祖益
> 疑之，乃東幸夷門。時延光有牙校孫銳者，與延光有鄉曲之舊（按延光是鄴郡
> 臨漳人），軍機民政，一以委焉，故魏博六州之賦無半錢上供，符奏之間有不
> 如意者，銳卽對延光毀之，其凶戾也如此。

---

86. 舊五代史唐書卷四十八末帝紀下，清泰三年七月。
87. 舊五代史唐書卷四十八末帝紀下，清泰三年五月。
88. 舊五代史晉書卷九十八趙德鈞傳中唐末帝語。唐書卷四十八末帝紀下同。
89. 通鑑卷二八〇後晉紀一天福元年閏十一月：
   「（遼）太后問（趙德鈞）曰：汝近者何爲往太原？德鈞曰：奉唐主之命。太后曰：汝從吾兒求爲天子，
   何妄語耶？又自指其心曰：此不可欺也。又曰：吾兒將行，吾戒之云，趙大王若引兵北向渝關，亟須引
   歸，太原不可救也，汝欲爲天子，何不先擊退吾兒，徐圖亦未晚，汝爲人臣旣負其主，不能擊敵，又何面
   目復生乎？德鈞俛首不能對。」
90. 舊五代史唐書卷四十八末帝紀下，清泰三年十一月：「以趙德鈞爲諸道行營都統……以范延光爲河東道東
   南面行營招討使。……德鈞曰：旣以兵相委，焉敢惜死。德鈞志在併范延光軍，奏請與延光會合，帝以詔
   諭延光，延光不從。」
   舊五代史晉書卷九十七范延光傳：「高祖（石敬瑭）建義于太原，唐末帝遣延光以本部二萬屯遼州，與趙
   延壽犄角合勢，及延壽兵敗，延光促還，故心不自安。」

天福二年(937)六月，范延光正式叛晉，雙方互有勝負，晉高祖因軍事及漕運之故[91]，命禁軍與藩鎮軍齊進，以期擊潰魏博，解除汴洛威脅，相持到天福三年(938)八月[92]，范延光以優厚條件投降。[93]

范延光移鎮以後，晉高祖採取幾項步驟以加強控制魏博。[94]

其一，升相州爲彰德軍，置節度觀察使，以澶衞二州爲屬郡，其澶州仍升爲防禦州，移于德勝口爲治所。升貝州爲永清軍，置節度觀察使，以博冀二州爲屬郡。[95]分鎮之議在梁末帝時已圖實施，然當時魏博本鎮內職業軍人勢力極盛，引起兵變，魏博倒向太原，卒關鍵梁後唐之興亡。已如前文所述。如今似乎地區性的職業軍人已不如以前强盛，銀槍效節軍瓦解，故晉高祖之措施未遇抗力。晉析魏博尤甚於梁之二分法，而分爲三個軍事單位[96]，即鄴都、彰德軍、永清軍（永清軍增補原屬成德節度使之冀州），原本魏博集中六州（魏博貝澶相衞）人力物力的局面，頓形改觀。

其二，晉高祖石敬瑭曾於後唐長興時任興唐尹鄴都留守天雄軍節度使，深知「鄴都繁富，爲天下冠，而士俗獷悍，民多爭訟」[97]，除分鎮以分其力以外，時時調動鄴

---

91. 通鑑卷二八一後晉紀二天福二年三月：
　　「……范延光聚辛繕兵，悉召巡內刺史集魏州，將作亂，會帝謀徙都大梁，桑維翰曰：大梁北控燕趙，南通江淮，水陸都會，資用富饒，今延光反形已露，大梁距魏不過十驛，彼若有變，大軍尋至，所謂疾雷不及掩耳也。」

92. 通鑑卷二八一後晉紀二天福二年七月，謂「時魏、孟、滑三鎮繼叛，人情大震……。」予晉中央極大威脅。

93. 舊五代史晉書卷九十七范延光傳：「……因賜鐵券，改封高平郡王，移鎮太平。」舊五代史晉書卷七十七高祖紀三，天福三年九月：「（延光）改授鄆州天平軍節度鄆齊等州觀察處置等使，賜鐵券，改封高平郡王。仍令擇日備禮册命。以天雄節度副使檢校刑部尚書李式檢校尚書左僕射充亳州團練使，以貝州刺史孫漢威爲檢校太保隴州防禦使，以天雄軍三城都巡檢使薛覇爲檢校司空衞州刺史，以天雄軍馬步軍都指揮使王建爲檢校司空虢州刺史，以天雄軍內外馬軍都指揮使藥元福爲檢校司空深州刺史，以天雄軍內外步軍都指揮使安元顥爲檢校司空隨州刺史，以天雄軍都監前河陽行軍司馬李彥珣爲檢校司空坊州刺史；李式，延光之舊僚也，其餘皆延光之將佐也，故有是命。」

94. 通鑑卷二八一後晉紀二天福三年十一月：「帝患天雄節度使楊光遠跋扈難制，桑維翰請分天雄之衆，加光遠太尉、西京留守兼河陽節度使，光遠由是怨望，密о陰自訴於契丹，養部曲千餘人，常蓄異志。辛亥，建鄴都於廣晉府。置彰德軍於相州，以澶、衞隸之。置永清軍於貝州，以博、冀隸之。」

95. 舊五代史晉書卷七十七高祖紀三，天福三年十一月辛亥。
　　五代會要卷二十四諸道節度使軍額條：
　　　　貝州：晉天福三年十二月升爲永清軍節度，以博冀二州隸之。
　　　　相州：晉天福三年十一月復升爲彰德軍節度，以澶衞二州隸之。

96. 舊五代史晉書卷八十三少帝紀三，開運元年八月「癸亥，升澶州爲節鎮，以鎮寧爲額，割濮州爲屬郡」。是即魏博地區有四個軍事單位矣！

97. 舊五代史晉書卷七十五高祖紀一，唐明宗長興元年二月。

帥，以避免居鎮過久，晉天福三年（938）八月范延光降後的人事變遷如下：

天福三年（938）八月丙寅，宣徽南院使劉處讓權知魏府事。

天福三年（938）八月辛未，以魏府招討使楊知遠行廣晉尹充天雄軍節度使。

天福三年（938）十一月，以高行周爲廣晉鄴都留守。

天福五年（940）三月，以侍衛親軍馬步軍都指揮使劉知遠爲鄴都留守廣晉尹典軍如故。

天福六年（941）七月，以北京留守李德珫爲廣晉尹充鄴都留守。

天福六年（941）十二月，以開封尹齊王重貴爲廣晉尹鄴都留守。

天福七年（942）九月（晉少帝時期），以東京留守兼開封尹李德珫爲廣晉尹。

天福八年（943）二月，以東京留守張從恩爲權鄴都留守，三月爲廣晉尹。

開運元年（944）七月，以定州節度使馬全節爲鄴都留守。

開運二年（945）六月，以恒州節度使杜重威爲天雄軍節度使充鄴都留守。

　　其三，石晉的政治重心有向東移的傾向，范延光降後更趨具體。

舊五代史卷七十七晉書高祖紀三，天福三年（938）十月戊寅：

鄆州范延光奏到任內。庚辰，御札曰：爲國之規在于敏政，建都之法務要利民，歷考前經，朗然通論，顧惟涼德，獲啓丕基，當數朝戰伐之餘，是兆庶傷殘之後，車徒既廣，帑廩咸虛，經年之輓粟飛芻，繼日而勞民動衆，常煩漕運，不給供須，今汴州水陸要衝，山河形勢，乃萬庚千箱之地，是四通八達之郊，爰自按巡，益觀宜便，俾升都邑，以利兵民。汴州宜升爲東京，置開封府，仍升開封浚儀兩縣爲赤縣，其餘升爲畿縣，應舊置開封府時所管屬縣，並可仍舊制屬收管，亦升爲畿縣。共洛京改爲西京。其雍京改爲晉昌軍，留守改爲節度觀察使，依舊爲京兆府，列在七府之上。其曹州改爲防禦州。其餘制置並委中書門下商量施行。……

十一月辛亥，升廣晉府爲鄴都，置留守，升廣晉元城兩縣爲赤縣，屬府諸縣升爲畿縣。

長安洛陽汴州魏州等四個橫列巨鎮，長安地位日低，汴州魏州重要性日增。[98]

---

98. 按京兆府在五代時的地位，可由其名稱之變更觀察之：

五代會要卷十九京兆府條：

政治中心東移　，石晉時的鄴都猶似劉漢時的三輔　，漸次納入中央直隸的範圍之內，上述魏博分鎮與鄴帥輪調等措施，正是整個發展中的相互配合現象。這種種演變乃是中央集權的先驅，亦是二十年後趙宋帝國種種措施的雛型。然而，石晉時代的歷史條件並沒有趙宋那樣成熟　，當時藩鎮力量仍然巨大　，而來自幽燕方向的契丹勢力（石晉原爲契丹所立）有如泰山壓頂之勢。自安史以後北中國政治軍事重心自關中東移以後，魏博在北中國多次戰爭和政潮中所占的樞紐地位，至今仍未完全消失。晉高祖石敬瑭亦深刻瞭解這個形勢，所以雖然在范延光降後〔天福三年（938）末〕將魏博分鎮、鄴帥輪調，改變以前魏博方面大藩的態勢，他仍然非常重視魏博，自天福六年（941）八月至七年（942）六月十三日，晉高祖長期駐鄴都，並卒於鄴[99]，以收親自鎮坐北中國戰略樞紐之效。[100]

　　　　梁開平元年四月，改京兆府爲大安府。
　　　　後唐同光元年十一月，廢永平軍額，復爲西京京兆府。
　　　　晉天福七年十月，敕改西京爲晉昌軍，留守爲節度觀察使，仍依舊爲京兆府。
　　　　漢乾祐元年三月，改晉昌軍爲永興軍。
　　　　周廣順元年六月，降京兆府同五府。
　　後唐是最顧戀唐代政制的五代政權，曾復西京之名。但自後梁始，五代皆以河南府爲重心，即令後唐亦不例外，如：
　　五代會要卷二十六關條：
　　　　梁開平年七月，敕建國遷都，俾新其制，況山河之險，表裏爲防，今二京俱在關東，爲內，仍以潼關隸陝州，復置河潼軍使，命虢州刺史兼領之。其月，敕改武牢關爲軍（仍置虎牢軍使）。
　　五代會要卷十九河南府條：
　　　　（後唐）長興三年四月，中書門下奏本朝都長安，以京兆府爲上，今都洛陽，應以河南府爲上，詔從之。
　　五代會要卷十九諸府條：
　　　　後唐長興三年四月，中書門下奏：案十道圖以關內道爲上　，遂以鳳翔爲首，河中成都江陵與元爲次。中興初升魏州爲興唐府，鎮州爲眞定府　，皆是創業興王之地，請升二府於五府之上，合爲七府，仍以興唐爲首，眞定鳳翔成都江陵與元爲次。從之。
　　一般而論，國家重心之東移已成爲趨勢，而至石晉則名實皆定。

99. 舊五代史晉書卷八十高祖紀六，天福六年至七年。
100. 有關鄴都在當時的重要性，桑維翰之語剖析得明白。通鑑卷二八二後晉紀三天福六年六月：「時鄴都留守侍衞馬步都指揮使劉知遠在大梁，泰寧節度使桑維翰知重榮已蓄姦謀，又慮朝廷重違其意，密上疏曰：『……臣竊觀契丹數年以來，士馬精强，吞噬四鄰，戰必勝，攻必取，割中國之土地，收中國之器械，其君智勇過人，其臣上下輯睦，牛羊蕃息，國無天災，此未可與爲敵也。……我出則彼歸，我歸則彼至，臣恐禁衞之士，疲於奔命，鎮定之地，無復遺民。……臣願陛下訓農習戰，養兵息民，俟國無內憂，民有餘力，然後觀釁而動，則動必有成矣！又鄴都富盛，國家藩屛，今主帥赴闕，軍府無人（按指劉知遠入朝），臣竊思慢藏誨盜之言，勇夫重閉之義，乞陛下略加巡幸，以杜姦謀』。帝謂使者曰：『朕比日以來，煩憒不決，今見卿奏，如醉醒矣，卿勿以爲憂。』」

第二節　魏博力弱與契丹破晉

晉少帝卽位於鄴，但長居洛，晉高祖措施之缺點漸次曝露。又加以自天福七年（942）以後，包括魏博地區的黃河流域天災不絕，影響人民生計與石晉的實力[101]。在外交方面，按晉少帝並沒有像高祖石敬瑭那樣順從契丹，爲契丹所不喜，故有寇邊事件[102]。不久，天福八年（943）十二月底，雄據青登萊沂密等州的東平王青州節度使楊光遠襲取淄州叛[103]，次月〔開運元月（944）正月〕，楊光遠勾結契丹[104]，契丹大軍南下，于是北中國四大地區的勢力關係復現眼前，新局面的特點乃是石晉據有河東河南及平盧之西南方和魏博之地，楊光遠據淄青至海，契丹據有幽燕及其本土，形勢似乎是東方的二區域與西方之二區域對抗；魏博仍然是輻輳中心。魏博雖在石晉之手，但魏博已非以前的六州強藩，何況契丹又有其關外腹地。故契丹大軍立「陷貝州，知州吳巒死之」「鄴都留守張從恩遣人夜縋城間行奏契丹主以鐵騎三四萬建牙帳于元城，（契丹）以趙延壽爲魏博節度使，改封魏王，延壽日率騎軍摩壘而退」「二月，博州刺史周儒以城降契丹，又與楊光遠潛約引契丹于馬家渡濟河」[105]，元城是鄴都的主要屬縣，契丹派部份軍隊在此與鄴都對峙，鄴都自保不暇，根本無力拯救舊魏博轄區的州郡。契丹與石晉之間的決戰，仍在於契丹跳過鄴都，契丹主親率大軍南下與晉少帝親率禁衞軍及各路藩鎮軍大戰于沿河[106]，雙方死傷纍纍，然契丹亦不能再越雷池，不久，契丹

---

101. 舊五代史晉書卷八十高祖紀六，天福七年「春，鄴都鳳翔兗陝汝恆陳等州旱，鄆曹澶博相洺諸州蝗。」
舊五代史晉書卷八十一少帝紀一，天福八年（少帝沿用天福七年、八年）「春，河南府上言逃戶凡五千三百八十七，餓死者衆之。」　同年六月「河南河北關西諸州旱蝗，分命使臣捕之。」　同年六月「丙辰，貝州奏逃戶凡三千七百。」
同書卷八十二少帝紀二，天福八年八月「鄴都共奏逃戶凡五千八百九十。」　同年九月「州郡二十七蝗，餓死者數十萬。」
102. 舊五代史晉書卷八十二少帝紀二，天福八年十二月癸丑，「詔河陽節度使符彥卿宋州節度使高行周貝州節度使王令溫同州節度使李承福陳州梁漢璋亳州李萼懷州薛懷讓並赴闕，分命使臣諸郡巡檢，以契丹入寇故也。」
103. 舊五代史晉書卷八十二少帝紀二，天福八年十二月丁卯。
五代史補「楊光遠滅范延光之後，朝廷以其功高。授青州節度封東平王，奄有登萊沂密數郡，旣而自負強盛，舉兵反。」
104. 舊五代史晉書卷八十二少帝紀二，開運元年正月「乙亥，滄恆貝鄴馳告契丹前鋒趙延壽趙延昭引五萬騎入寇，將及甘陵，青州楊光遠召之也。」
105. 舊五代史晉書卷八十二少帝紀二，開運元年正月二月事。
106. 舊五代史晉書卷八十二少帝紀二，開運元年三月癸酉朔：「契丹主領兵十餘萬來戰，時契丹僞棄元城寨已旬日矣！伏精騎于頓邱故城以待王師，設伏累日，人馬饑頓，趙延壽謀曰：晉軍悉在河上，畏我鋒銳不敢

北去，晉少帝險勝。魏博分鎭，鄴都力弱，契丹軍南下，少帝直接迎敵，事後，「車駕還京，令高行周王周留鎭澶淵，近地兵馬，委便宜制置」[107]，以稍補河北防衛。楊光遠於開運元年十二月降。自開運元年至三年契丹與石晉鏖戰於河朔，互有勝負。

　　開運三年（946）冬，晉軍與契丹又激戰於河北，王師不利於中渡橋。杜重威尙石敬瑭妹，初鎭恒州，繼帥魏州，素擁強兵，乃少帝極爲信任者也[108]，晉室賴以抗敵，奉旨伐契丹，不料軍旅開拔不遠，卽與李守貞舉衆投降契丹[109]。相州節度使張彥澤亦相繼投降，河東及各鎭兵馬救援不及，京師門戶大開[110]，少帝亦非馬上皇帝[111]，契丹

　　前進，不如徑造城下，四面而進，攻奪其橋梁，天下定矣！契丹主然之。是日，前軍高行周在威城之南，賊將趙延壽趙延昭以數萬騎出王師之西，契丹主自擁精騎出王師之東，西軍接戰，交相勝負，至晡時契丹主自以勁兵中央出而來。帝御親軍列爲後陣，東西濟河爲偃月之勢，旗幟鮮盛，士馬嚴整，契丹主望之，謂左右曰：楊光遠言晉朝兵牛已餓死，今日觀之，何其壯耶！敵騎往來馳突，王師植立不動，萬弩齊發，飛矢蔽空，敵軍稍却。會有亡者告契丹主曰：南軍東面人少，沿河城柵不固，可以攻之。契丹乃率精騎以攻東邊，王師敗走，敵騎追之，時有夾馬軍士千餘人在堤間治水，纂旗幟之，未出于堰壤，敵望見之，以爲伏兵所起，追騎乃止，久之復戰，王師又退，李守超以數百騎短兵直起，擊之，敵稍却，戰場之地人馬死者無算，斷箭遺鏃橫厚數寸，遇夜，賊擊鉦抽軍而退，夜行三十里而舍焉。護聖指揮使協覇亡入賊中，夷其族，護聖第二都指揮使安重懷，指揮使烏韓七，監軍何彥超等，臨陣畏怯，手失兵仗，悉斬之。」

107. 舊五代史晉書卷八十二少帝紀二，開運元年四月己酉。

108. 通鑑卷二八四後晉紀五開運二年五月：「桑維翰言於帝曰：威周違朝命，擅離邊鎭，居常憑恃勳舊，邀求姑息，及疆場多事，曾無守禦之意，宜因此時廢之，庶無後患。帝不悅。維翰曰：陛下不忍廢之，宜授以近京小鎭，勿復委以雄藩。帝曰：威，朕之密親，必無異志，但宋國長公主切欲相見耳！公勿以爲疑。維翰自是不敢言國事，以足疾辭位。」
通鑑卷二八五後晉紀六開運三年十月：「杜威、李守貞會兵於廣晉而北行，威屢使公主入奏，請益兵，曰：今深入虜境，必資衆力。由是禁軍皆在其麾下，而宿衞空虛。」

109. 舊五代史漢書卷一〇九杜重威傳：「（開運）三年冬，晉少帝詔重威（開運二年六月任鄴都留守）與李守貞等率師經略瀛莫。師至瀛州城下，晉騎將梁漢璋與契丹接戰，漢璋死焉，重威卽時廻軍，次武强，聞契丹主南下，乃西趨鎭州，至中渡橋，與契丹夾渡水而營。十二月八日宋彥筠王淸等率數千人渡渡泡陣于北岸，爲敵所破，時契丹游軍已至欒城，道路隔絕，人情危懼。重威密遣人詣敵帳，潛布腹心，契丹主大悅，許以中原帝之，重威庸暗，深以爲信，一日，伏甲于內，召諸將會告以降敵之意，諸將愕然，以上將旣變乃挽首聽命，遂連署降表，令中門使高勳齎送敵帳，軍士解甲擧聲慟哭。……告契丹主曰：臣等以十萬漢軍降于皇帝。……」
遼史卷四太宗紀下略同。

110. 舊五代史晉書卷八十五少帝紀五，開運三年十二月：「壬申，聞杜重威李守貞等以此月十日奉諸軍降于契丹。是夜，相州節度使張彥澤受契丹命率二千人自封邱門斬關而入。癸酉旦，張彥澤頓兵于明德門外，京城大擾，前曹州節度使石贇死，帝之堂叔也。時自中渡寨隔絕之後，帝與大臣端坐憂危，國之衞兵悉在北面，計無所出，十六日聞滹水之降，是夜偵知張彥澤已至滑州，召李崧馮玉李彥韜入內計事，方議詔河東劉知遠起兵赴難，至五鼓初，張彥澤引蕃騎入京。」

111. 五代史補卷三（晉）少帝不召桑維翰條：
「少帝之嗣位也，契丹以不從命而擅立，又景延廣辱其使，契丹怒，舉國南侵，以駙馬都尉杜重威等領鴛

遂輕易入京，晉少帝與大臣被擄，時爲開運三年十二月十七日。

第三節　劉知遠(漢高祖)與杜重威(魏博節度使)之爭、與契丹再犯

次年（947）是一個紊亂時期，在契丹方面，「二月丁巳朔，契丹主具漢法服，御崇元殿受朝，制改晉國爲大遼國」(947)[112]，然契丹在中國境除河朔及兩京（西京洛陽、東京汴州）附近以外，勢力未及，故仍有開運四年（947）之年號。而在同年二月辛未，劉知遠「于太原宮受冊，卽皇帝位，制改晉開運四年爲天福十二年」(947)[113]。一二個月之內，各州郡紛紛擊殺或驅逐契丹所命的官員，形勢極爲紊亂，於是有放棄直接統治的意念。

舊五代史卷九十九漢書高祖紀上，天福十二年（947）二月載：

> 契丹主初聞其（澶州事變）變也，懼甚，由是大河之南無久留之意，尋遣天雄軍節度使杜重威歸鎭。

四月丙子，契丹主耶律德光卒于鎭之欒城。五月，契丹軍退出河南地。六月，劉知遠入兩京，是卽漢高祖也。劉知遠曾於天福五年（940）三月至天福六年（941）七月爲鄴都留守廣晉尹，深知鄴都對其王朝之重要性，必須置於直接有效的控制之下。在入京後的次月（七月）「丙申，以鄴都留守天雄軍節度使檢校太師守太傅兼中書令衛國公杜重威爲宋州節度使加守太尉」「庚午，新授宋州節度使杜重威據鄴都叛，詔削奪重威官爵，貶爲庶人，以高行周爲行營都部署，率兵進討」[114]，杜重威果然拒絕移鎭，其形勢猶如晉太祖之與范延光。是年（947）十月，漢高祖決定親率大軍征伐，戰況甚爲激烈。

下精兵甲騎之於中流渡橋，既而契丹之衆已深入，而重威等奏報未到朝廷，時桑維翰罷相爲開封尹，謂傚佐曰：事急矣！非大臣鉗口之時，叩內閣求見，欲請軍怨親征以周將士之心，而少主方在後苑調鷹，至暮竟不召，維翰退而歎曰：國家阽危如此，草澤遇客亦宜下問，況大臣求見而不召耶！事亦可知矣！未幾杜重威之徒降於契丹，少主遂北遷。」

112. 舊五代史卷九十九漢書高祖紀上。又
　　 遼史卷四太宗紀下，是年爲會同十年，至二月丁巳朔，建國號大遼，卽改元爲大同。
113. 舊五代史卷九十九漢書高祖紀上。又
　　 通鑑卷二八六後漢紀一開運四年二月：「辛未，劉知遠卽皇帝位，自言未忍改晉，又惡開運之名，乃更稱天福十二年。」
　　 契丹國志亦云，漢主仍稱天福年號曰：予未忍忘晉也。
114. 舊五代史漢書卷一〇〇高祖紀下，天福十二年七月事。

舊五代史卷一〇九漢書杜重威傳載：

（漢）高祖車駕至闕，以重威爲宋州節度使加守太尉，重威懼，閉城拒命，詔高行周率兵攻討，重威遣其子宏遂等告急于鎭州滿達勒，乞師救援，且以宏遂爲質，滿達勒遣蕃將楊袞赴之，未幾，鎭州軍逐滿達勒，楊袞至洺州而廻。十月，高祖親征，車駕至鄴城之下，遣給事中陳觀等齎詔入城，許其歸命，重威不納。數日，高祖親率諸軍攻其壘，不克，王師傷夷者萬餘人。高祖駐軍數旬，城中糧盡，屑麴餅以給軍士，吏民踰壘而出者甚衆，皆無人色，至是重威牙將詣行宮請降，復遣節度判官王敏奉表請罪，賜優詔敦勉，許其如初，重威卽遣其子宏遂妻石氏出候高祖，重威繼踵出降，素服俟罪，復其衣冠，賜見，卽日制授檢校太師守太傅兼中書令。鄴城士庶殍殕者十之六七。……高祖遣三司使王章樞密副使郭威錄重威部下將吏，盡誅之，籍其財產與重威私帑分給將士。

漢高祖平定鄴都杜重威以後，任命老臣大將高行周爲鄴都留守。不二月，乾祐元年（948）正月，高祖卒，漢隱帝卽位，時契丹勢力仍威脅河朔，鄴都與魏博他州分鎭，漢隱帝所面臨的困擾與晉少帝類似。

舊五代史卷一〇二漢書隱帝紀中，乾祐二年（949）十月（通鑑卷二八八後漢紀略同）

庚午朔，契丹入寇。……契丹陷貝州高老鎭，南至鄴都北境，又西北至南宮堂陽，殺掠吏民，數州之地大被其苦，藩郡守將閉關自固。遣樞密使郭威率師巡邊，仍令宣徽使王峻參預軍事。

第四節　魏博力弱與中央軍之北戍

藩郡守將閉關自固實因分鎭力弱之故也，否則鄴都留守高行周亦非泛泛之輩，不敢出師救援鄰郡。漢中央派樞密使郭威率軍巡邊，穩定了魏博地區危機。漢中央君臣可能有見於晉之前車之鑑，深覺魏博地區需要強大的軍事實體，以對抗北面契丹的威脅，不然，待中央軍撤退，河朔又要告急。故于乾祐三年（950）二月班師後，其年三月十七日制授郭威爲鄴都留守，且打破當時藩臣不兼樞密使的慣例，其實權可統一調度河北諸州事，樞密使仍皇帝親信大臣，其用意至明矣！

舊五代史卷一一〇周書太祖紀一載，乾祐二年（949）。

十月，契丹入寇，前鋒至邢洺貝魏，河北告急，帝（郭威）受詔率師赴北邊，以宣徽南院使王峻爲監軍。其月十九日，帝至邢州，遣王峻前軍趨鎭定，時契丹已退，帝大閱，欲臨寇境，詔止之。（乾祐）三年（950）二月，班師。三月十七日制授鄴都留守，樞密使如故，時漢帝以北兵爲患，委帝以河朔之任，宰相蘇逢吉等議藩臣無兼樞密使例，史宏肇以帝受任之重，苟不兼密務，則難以便宜從事，竟從宏肇之議。詔河北諸州凡事一禀帝節度。

舊五代史卷一〇三漢書隱帝紀下亦載：

以樞密使郭威鄴都留守依前樞密使，詔河北諸州應兵甲錢帛糧草一禀郭威處分。

至此郭威在河北的實權比媲於舊魏博節度使，是年十一月，洛陽政變，郭威亦因此而能登上帝位。

第五節　魏博職業軍人作風之升級——郭威（周太祖）之黃袍加身

按漢中央使相之爭由來已久，其詳情應另文細論。乾祐三年（950）十一月丙子，演變成白熱化，郭威之同黨樞密使楊邠、侍衛都指揮使史宏肇、三司使王章等，凡在京師者，一旦悉數遇害[115]，並密詔謀誅鄴都留守郭威及澶州王殷[116]，郭威等得知，遂率鄴都之師進軍京師，沿途河北諸軍紛紛追隨。

舊五代史卷一一〇周書太祖紀一，（舊史漢書卷一〇三隱帝紀下略同）：

（乾祐）三年（950）十一月十四日，澶州節度使李洪義、侍衛步軍都指揮使王殷，遣澶州副使陳光穗至鄴都，報京師有變，是月十三日旦，羣小等害史宏肇等，前一夕李業等遣心腹賚密詔至澶州，令李洪義殺王殷，又令護聖左廂都指揮使郭崇等害帝（郭威）于鄴城。十三日洪義受得密詔，恐事不濟，乃以密詔

---

115. 舊五代史漢書卷一〇三隱帝紀下，乾祐三年十一月丙子，「誅樞密使楊邠、侍衛都指揮使史宏肇、三司使王章，夷其族。是日平旦，甲士數十人由廣政殿出至東廡下，害邠等于閤內，死于亂刄之下。又誅宏肇弟小底軍都虞候宏朗、如京使甄彥奇、內常侍辛從審、楊邠子比部員外郎廷偓、右衛將軍廷偉、右贊善大夫延倚、王章姪右領衛將軍昊、子婿戶部員外郎張貽肅、樞密院副承宣郭顒、控鶴都虞候高進、侍衛都承局荊南金、三司都勾官柴訓等，分兵收捕邠等家屬及部曲徼從，盡戮之。」

116. 舊五代史漢書卷一〇三隱帝紀下，乾祐三年十一月丙子，「是日，帝（隱帝）遣腹心賚密詔往澶州鄴都，令澶州節度使李洪義誅侍衛步軍都指揮使王殷，令鄴都屯駐護聖左廂都指揮使郭崇、奉國左廂都指揮使曹英害樞密使郭威及宣徽使王峻。……丁丑，澶州節度使李洪義受得密詔，知事不克，乃引使人見王殷，殷與洪義遣本州副使陳光穗齎所受密詔馳至鄴都，郭威得之……。」

示王殷，殷與洪義卽遣陳光穗馳報于帝。十四日帝方與宣徽使王峻坐議邊事，
忽得洪義文字，遽歸牙署，峻亦未知其事。帝初知楊史諸公被誅，神情惘然，
又見移禍及已，伸訴無所，卽集三軍將校，諭之曰：予從微至著，輔佐國家，
先皇登遐，親受顧託，與楊史諸公，彈壓經謀，忘寢與食，一旦無狀，盡已誅
夷，今有詔來取予首級，爾等宜奉行詔旨，斷予首以報天子，各圖功業，且不
累諸君也。崇等與諸將校泣于前，言曰：此事必非聖意，卽是左右小人誣罔竊
發，假令此輩握重柄，國得安乎？宜得投論，以判忠佞，何事信單車之使而自
棄，千載之下，空受惡名，崇等願從明公入朝，面自洗雪，除君側之惡，共安
天下。衆然之，遂請帝南行。帝卽嚴駕首途，十六日至澶州，王殷迎謁慟哭，
時隱帝遣小豎蘁脫偵鄴軍所在，爲游騎所執，帝卽遣廻，令附奏隱帝赴闕之
由，仍以密奏置蘁脫衣領中，奏曰：……。十七日帝至澶州，節度使宋延渥開
門迎納，帝將發澶臺，召將士謂之曰：主上爲讒邪所惑，誅殺勳臣，吾之此
來，事不獲已，然以臣拒君，寧論曲直，汝等家在京師，不如奉行前詔，我以
一死謝天子，實無所恨。將校前啓曰：國家負公，公不負國，請公速行，無遲
久，安邦雪怨，正在此時。

主帥說服將校及發揮軍士的鬭志，是勝負的重要因素，唐末五代之秋的職業軍人集團
的重要性格之一，是作戰利于財貨。時漢廷與鄴都皆以財幣引誘軍士作戰。

舊五代史卷一○三漢書隱帝紀下：〔通鑑卷二八九後漢紀四乾祐三年(950)十二月略同〕

　　初議車駕幸澶州，及聞鄴兵已至河上，乃止，帝（隱帝）大懼，私謂宰臣竇貞
　　固等曰：昨日之事太草草耳。李業等請帝傾府庫以給諸軍，宰相蘇禹珪以爲未
　　可。業拜禹珪于帝前曰：相公且爲官家莫惜府庫，遂下令侍衞軍人給二十緡，
　　下軍各給十緡，其北來將士亦準此，仍遣北來將士在營子弟各齎家問，向北
　　諭之。

另一方面郭威在大戰之前亦誘之以利，其結果是郭威軍勝。

舊五代史卷一一○周書太祖紀一（五代史記卷十一周本紀太祖紀）

　　既王峻諭軍曰：我得公（郭威）處分，俟平定京城，許爾等旬日剽掠。衆皆踊
　　躍。……二十日隱帝整陣于劉子陂。二十一日兩陣俱列，慕容彥超率軍奮擊，

帝（郭威）遣何福進王彥超李鈞等大合騎以乘之，慕容彥超退却，死者百餘人，于是南軍奪氣，稍稍奔于北軍。慕容彥超與數十騎東奔兖州，吳虔裕張彥超等相繼來見帝，是夜侯益焦繼勳潛至帝營，帝慰勞遣還。二十二日旦，郭允明弑漢隱帝于北郊。

不及一個月，軍校演出一齣黃袍加身，把郭威推上帝座，這是唐末魏博及若干藩鎮職業軍人集團擁立藩帥留後的中央化，亦是九年以後趙宋的先例。

舊五代史卷一一〇周書太祖紀一：

〔漢隱帝乾祐三年（950）十一月〕二十七日（隱帝於二十二日卒），帝（郭威）以嗣君未至，請太后臨朝，會鎮定州馳奏，契丹入寇，河北諸州告急，太后命帝北征。十二月一日，帝發離京師，四日至澶州，駐馬數日，會湘陰公（嗣君）遣使慰勞諸將，受宣之際，相顧不拜，皆竊言曰：我輩陷京師，各各負罪，若劉氏復立，則無種矣！或有以其言告帝者，帝愕然，即時進途。十六日至澶州，是日旭旦，日邊有紫氣來，當帝之馬首。十九日下令諸軍進發。二十日諸軍將士大譟趨驛，如牆而進，帝閉門拒之，軍士登牆越屋而入，請帝為天子，亂軍山積，登階匝陛，扶抱擁迫，或有裂黃旗以被帝體以代赭袍，山呼震地，帝在萬衆之中，聲氣沮喪，悶絕數四，左右親衛，星散竄匿，帝即登城樓，稍得安息，諸軍遂擁帝南行。……于是馬步諸軍擁至京闕，……時文武百官內外將帥藩臣郡守等，相繼上表勸進。……廣順元年（951）正月丁卯……即皇帝位。

當乾祐「三年（950）冬太祖（郭威）入平內難，留帝（柴榮）守鄴都」[117]，待周太祖即位，其廣順元年（951）正月，以「侍衞親軍馬步軍都指揮使檢校太傅王殷加同平章事充鄴都留守典軍如故」[118]，王殷是郭威得帝位的重要功臣，故周太祖有不得不給予重鎮的苦衷，王殷充鄴都留守的權限略遜於郭威鎮鄴之時，但較晉漢其他藩帥任內權力為大，郭威起於鄴都，當知權重震主的利害。

舊五代史卷一二四周書王殷傳（五代史記卷五十略同）

（漢）乾祐末（948-950），殷領兵屯澶，及李業等作亂，漢隱帝密詔澶帥李洪

117. 舊五代史周書卷一一四世宗紀一。
118. 舊五代史周書卷一一〇太祖紀一，廣順元年正月。

義遣圖殷，洪義懼不克，反以變告殷，殷與洪義同遣人至鄴都，請太祖（郭威）
赴內難，殷從平京師，授侍衞親軍都指揮使。太祖卽位，授天雄軍節度使加同
平章事典軍如故。殷赴鎮以侍衞司局從，凡河北征鎮有戎兵處，咸稟殷節制。
又于民間多方聚斂，太祖聞而惡之，因使宣諭曰：朕離鄴時帑廩所儲不少，卿
與國家同體，隨要取給，何患無財。……何福進在鎮州，素惡殷之太橫，福
進入朝撫其陰事以奏之，太祖遂疑之。……（廣順三年）（953）冬，以郊禮有
日，殷自鎮入覲，太祖令依舊內外巡警，殷出入部從不下數百人，又以儀形魁
偉，觀者無不聳然。一日，遽入奏曰：郊禮在近，兵民大集，臣城外防警，請
量給甲仗，以備非常。太祖難之，時中外以太祖嬰疾，步履稍難，多不視朝，
俯逼郊禋，殷有震主之勢，頗憂之。太祖乃力疾坐于滋德殿，殷入起居，卽命
執之。……殺之，衆情乃安。

周太祖在病危之前誅王殷，與漢高祖臨終之前殺杜重威的心理可能相似，恐懼這位曾
據鄴都巨鎮的大將之殘餘勢力，而新卽位之皇帝難以駕御也[119]。

周太祖改廣順四年（954）爲顯德元年（954），正月戊寅廢鄴都依舊爲天雄軍，並
以符彥卿進封衞王，移鎮天雄軍[120]。是月壬辰，太祖卒，柴榮繼位爲周世宗。

符彥卿與周世宗時已是翁婿關係[121]，宣懿皇后符氏卒後，世宗並又娶符彥卿女，
宋稱符太后也[122]，故終世宗之世，符彥卿長鎮天雄軍。顯德六年（959）六月，周世宗
病卒，幼君宗訓繼位，是爲周恭帝，按恭帝乃世宗後宮所生，不知其母爲誰[123]，並非
符后所出。但在另一方面符彥卿的另一女嫁給趙匡義，卽宋之太宗懿德皇后也[124]，趙

---

119. 舊五代史漢書卷一〇九杜重威傳末：「（漢）高祖不豫，旣而大漸，顧命之際，謂近臣將佐曰：善防重威
。帝崩，遂收重威，重威子弘璋弘璉弘璨，誅之，詔曰：杜重威猶貯禍心，未悛逆節，橐晉不改，虺蜴難
馴，昨朕小有不安，罷朝數日，而重威父子潛肆凶言，怨謗大朝，扇惑小羣，今則顯有陳告，備驗姦期，
旣負深恩，須寘極法。其杜重威父子並處斬。」

120. 舊五代史周書卷一一三太祖紀四，顯德元年正月。

121. 舊五代史周書卷一二一后妃列傳，宣懿皇后符氏：「父彥卿，天雄軍節度使，封魏王。后初適李守貞之子
崇訓，漢乾祐中，守貞叛于河中，太祖（郭威）以兵攻之，及城陷，崇訓自殺其弟妹，次將及后，后時匿
于屏處，以帳箔自蔽，崇訓倉皇求后不及，遂自刎，后因獲免。太祖入河中，令人訪而得之，卽遣女使送
于其父，自是后常感太祖大惠，拜太祖爲養父。世宗鎮澶淵日，太祖爲世宗聘之。」

122. 五代史記卷二十，宣懿皇后符氏條文末：後立皇后符氏，后妹也。國（宋朝）初遷西宮，號周太后。

123. 五代史記卷二十，文末：恭皇帝……皆不知其母爲誰也。

124. 宋史卷二五一符彥卿傳。又
　　宋史卷二四二后妃列傳上，懿德符皇后：「魏王彥卿第六女也，周顯德中歸太宗。……后姊周世宗后也。」

匡胤兄弟與符彥卿的關係可能勝過石守信等人，因爲待宋太祖杯酒釋兵權以後，尚欲委符彥卿兵權，卒因趙普苦諫而止[125]。由此推測，當周恭帝顯德七年二月陳橋兵變之時，符彥卿亦是支持趙氏者之一。

經過周世宗及趙匡胤兄弟的南征北伐，中國漸漸統一，魏博的地位與前二世紀不盡相同。而宋之重文士而抑武士，亦顯示政治階層揚棄某一種社會勢力而與另一種社會勢力相結合。這種種改變的由來，要從二百年的歷史發展中去尋找出其蛛絲馬跡；摘取這種改變的果實，則端視客觀的政治社會條件是否已經成熟。

第七章　結　　論

1. 陳寅恪謂：「武周統治時期不久，旋復爲唐，然其開始改變『關中本位政策』之趨勢，仍繼續進行，迄至唐玄宗之世，遂完全破壞無遺，而天寶安史亂後又別產生一新世局，與此廻異矣！」[126]，陳寅恪已察知安史之亂的前後形勢截然不同，而將其聞名的『關中本位政策』設下了下限，甚是。在此變遷的現象之中，陳氏強調新興階級中的士大夫，而對於國家重心部份則僅指出「中央政府與一部分之地方藩鎮，已截然劃爲二不同之區域」[126]，實則縱觀我國歷史，關東地區自春秋戰國以還，在經濟文化諸方面皆凌駕於關中之上，秦與西漢居關中而臨天下，實含有濃厚的政治人爲力量因素，自孫吳開發南方，南方與關東接近，愈增關東的重要性，西魏北周以地貧人寡而統一中國，證明人物的有效發揮，產生了巨大的力量，隋與唐初承繼關中本位政策，其形勢與秦西漢酷似，但第七世紀關中與關東的比重，實更劣於秦漢之間關中與關東的比重，所以唐初以關中制關東的形勢實更顯然是人爲作法。安史亂後，唐長安中央政府結合東南財賦，尚不能澈底擊潰河北藩鎮，已顯示出關中作爲國家重心的形勢已經改變，黃巢之起，進一步破

---

125. 宋史卷二五○石守信傳：「乾德初，帝因晚朝與守信等飲酒，酒酣，帝曰：……明日，皆稱病乞解兵權，帝從之，皆以散官就第，賞賚甚厚。已而太祖欲使符彥卿管軍，趙普屢諫，以爲彥卿名位已盛，不可復委以兵權。太祖不從，宣已出，普復懷之，太祖迎謂之曰：豈非符彥卿事耶？對曰：非也。因奏他事，旣退，乃出彥卿宣進之。太祖曰：果然，宣何以復在卿所。普曰：臣託以處分之語有舛僞者復留之，惟陛下深思利害，勿復後悔。太祖曰：卿苦疑彥卿何也？朕待彥卿厚，彥卿豈負朕耶？普對曰：陛下何以能負周世宗？太祖默然。事遂中止。」

126. 唐代政治史述論稿上篇 "統治階級之氏族及其升降" 頁14。

壞中央與東南的連繫，自此以往，在自然平衡的狀態下，關東成爲中國的重心。

2. 唐末僖昭之季，帝國衰微，名存實亡，亦正是關東羣雄爭奪覇權的好時機，時關東有四大勢力，卽河東、河南、河北、淄青，魏博地屬河北，實居四大勢力的樞紐地位。及朱溫以河南之地併吞淄青，復拉攏魏博節度使羅紹威，以北中國而論，天下已得十之六七，於是取唐而代之，是爲（後）梁。

河東的李克用李存勗父子，慘淡經營，以河北的幽州成德爲羽翼，與朱梁相抗，魏博又成爲此一南北對抗中的關鍵地區，羅紹威卒後，梁以楊師厚節度魏博，置重兵以爲北面招討使，及楊師厚卒，梁圖將魏博分鎮，激起兵變，魏博投向河東，是爲（後）唐滅梁之直接原因。

契丹起於晚唐，五代時轉强，予（後）唐極大壓力，石晉是依契丹而成立的政權，割燕雲十六州以酬謝之，自此胡騎動輒縱橫河北，其後歷晉漢周各朝，魏博成爲新的南北對抗局勢中的重鎮。

自從國家重心移至關東，契丹成爲中國最具威脅的外患，河北成爲國防重心，魏博地區乃是汴梁洛陽一帶的安全屏障。此與隋唐之際首號外患來自正北，以長安爲政治中心者以關中爲國防重心的形勢，已不復相同。

3. 晚唐時，政治中心在關中，經濟中心在東南，軍事中心漸移河朔，三者距離甚遠，唐帝國失去穩定的重心；而以長安與江南的軸心，又與河朔長期對抗不下，魏博在這種對抗局勢中，首擋其衝，地位顯著，魏博順逆的程度是唐帝國聲威的測量器。五代時，國家重心東移，魏博更形重要，不得不置重兵以鎮之，若主帥擁此强兵，又屢屢對洛陽汴梁政權構成威脅，帥魏博者常影響中央政潮，本文予此點分析甚多；如若將魏博分鎮，又懼其力弱而不足以屏障中原，這是五代各朝遭遇到最困惑之事，於是乎各朝君主倡議分鎮者有之，設多都制者有之，長駐鄴都者有之，頻頻調動其主帥者有之，將魏博納入禁軍防衞者有之，凡此種種皆影響趙宋之政策。

4. 安史亂後，史家常論及藩鎮主帥跋扈，不常注意職業軍人的性格，晚唐魏博牙軍及五代魏博銀槍効節軍常常自擁藩帥，影響政局，其威勢常凌駕藩帥之上。唐末藩鎮間相互戰伐與五代間的併吞，中央軍常是當年一鎮或數鎮之地方軍，故五代

中央軍實帶有藩鎮職業軍人之性格。從魏博軍士擁立主帥，發展到郭威、趙匡胤黃袍加身，似乎是同一型態之擴大。

5, 趙宋開國君臣皆生長在五代時的人物，且屬北中國統治集團的主流人物，他們承繼了許多自晚唐五代發展出的政治傳統，同時也矯正了若干他們認爲缺陷之處，無論如何，關中本位已不再出現，以汴梁爲核心的局勢從紊亂的晚唐五代中漸漸凝成。

參 考 書 目

舊唐書　新唐書　新舊唐書合鈔

舊五代史　五代史記　宋史　遼史

資治通鑑　通鑑考異　冊府元龜　玉海

通志　通典　文獻通考　唐大詔令集

唐會要　宋王溥撰　聚珍叢書

五代會要　宋王溥撰　聚珍叢書　附清沈鎮，朱福泰校勘

五代史補　宋陶岳　懺花盦叢書

五代史闕文　宋王禹偁　懺花盦叢書

五代春秋　宋尹洙　懺花盦叢書

五代史纂誤　宋吳縝　知不足齋叢書

五代史記纂誤補　清吳蘭庭　吳興叢書

五代史補考　清徐炯　適園叢書

九國志　宋路振　守山閣叢書

十國春秋　清吳任臣　國光書局

鄴中記　晉陸翽　聚珍叢書

河朔訪古記　元納新　聚珍叢書

嚴耕望　唐史研究叢稿　新亞研究所出版

嚴耕望　中國歷史地理（唐代篇）　現代國民基本知識叢書第二輯

嚴耕望　中國地方行政制度史　中央研究院史語所專刊之45

嚴耕望　"景雲十三道與開元十六道"　中央研究院史語所集刊第36本上冊

鞠清遠　唐代財政史　商務

楊樹藩　唐代政制史　臺灣正中書局

傅樂成　"荊州與六朝政局"　臺大文史哲學報第４期

陶希聖鞠清遠　唐代經濟史　臺灣商務

陳寅恪　隋唐制度淵源略論稿　中研院史語所專刊之22

陳寅恪　唐代政治史述論稿　中研院史語所專刊之20

陳　述　契丹史論證稿　國立北平研究院史學研究所印行

陸　贄　陸宣公集

許倬雲　"西漢政權與社會勢力的交互作用"　史語所集刊第35本

張玄羽　唐藩鎮指掌　廣文書局

岑仲勉　隋唐史　唐史餘瀋

谷霽光　"安史亂前之河北道"　燕京學報第19期

吳廷燮　歷代方鎮年表（唐方鎮年表、五季方鎮年表）遼海書社

勞　榦　"北魏後期的重要都邑與北魏政治的關係"　史語所集刊外編第四種
　　　　　慶祝董作賓先生六十五歲論文集上冊

李吉甫　元和郡縣圖志　金陵書局校刊

李德裕　會昌一品集　叢書集成

李樹桐　唐史考辨　臺灣中華書局

余英時　"東漢政權之建立與世家大姓之關係"　新亞學報１卷２期

全漢昇　唐宋帝國與運河　中央研究院史語所專刊之24

朱堅章　歷代篡弒之研究　嘉新文化基金會

史念海　"兩唐書地理志互勘"　禹貢半月刊第三卷第三期

王壽南　唐代藩鎮與中央關係之研究　嘉新文化基金會

毛漢光　唐代統治階層社會變動　影印博士論文

毛漢光　"中國中古社會史略論稿"　中研院史語所集刊第47本第３分

大澤正昭　"唐末の藩鎭と中央權力——德宗憲宗朝を中心として——"東洋史研究32-2

日野開三郎　"藩鎭の跋扈と鎭將"　東洋學報 26-4, 27-1〜3

日野開三郎　"五代鎭將考"　東洋學報 25-2

日野開三郎　"唐末混亂史稿"　東洋史學10

日野開三郎　支那中世の軍閥　日本東京三省堂

平岡武夫　唐代の行政地理　日本京都大學人文科學研究所

周籐吉之　"五代節度使の支配體制"　史學雜誌 61-6

堀敏一　"藩鎭親衞兵の權力構造"　東洋文化研究所紀要第13冊

堀敏一　"黃巢の叛亂——唐宋變革期の——考察"　東洋文化研究所紀要13

青山定雄　「唐宋時代の交通と地誌地圖の研究」　吉川弘文館刊行

築山治三郎　「唐代政治制度の研究」　創元社

Eberhard, Wolfram:　The Rulers and Conquerors: Social Forces in Medieval China, Leiden, Second Edition 1965.

Eberhard, Wolfram:　Social Mobility in Traditional China, Leiden 1962.

Peterson, Charles A. "The Restoration Completed: Emperor Hsien-tsung and the Provinces"—A. F. Wright and D. C. Twitchett, eds: Perspectives on the T'ang, New Haven 1973.

Pulleyblank E. G.: The Background of the Rebellion of An Lu-shan, Oxford University Press, 1955.

Pulleyblank, E. G.:　"The An Lu-shan Rebellion and the Origins of Chronic Militarism in Late T'ang China"—Essays on on T'ang Society—Edited by John Curtis Perry and Bardwell L. Smith, Leiden. 1976.

Twitchett, D. C.:　"Varied Patterns of Provincial Autonomy in the T'ang Dynasty"—Essays on T'ang Society-Edited by John Curtis Perry and Bardwell L. Smith, Leiden, 1976.

Twitchett, D. C.:　"Provincial Autonomy and Central Finance in Late T'ang"—Asia Major, n. s. XI-2, 1965.

Twitchett, D. C.: "Lu Chih (754–805) Imperial Adviser and Court Official" —A. F. Wright and D. C. Twitchett, eds: Confucian Personalities. Stanford, 1962.

Twitchett, D. C.: Financial Administration under the T'ang Dynasty, Cambridge University Press, 1963.

Wang, Gungwu: "The Middle Yangtse in T'ang Politics"—A. F. Wright and D. C. Twitchett, eds: Perspectives on the T'ang, New Haven 1973.

Wang, Gungwu: The Structure of Power in North China during the Five Dynasties. Kuala Lumpur 1963.

出自第五十本第二分（一九七九年六月）

唐代黔中牂牁諸道考略

嚴　耕　望

引　　言

　　唐代，南詔通唐有五道。其一爲瀘關、清溪關道，其行程略相當於近年完工之成昆鐵路，惟北段頗異。其二爲石門關道，由今昆明東北經昭通至宜賓。其三爲葉楡水、古湧步道，由今昆明東南取盤龍江至越南之河內。其四爲牂牁、黔中道，由今昆明向東微北經曲靖、貴陽、至涪陵。其五爲取南盤江通邕州道。瀘關、清溪關道直至成都，最便捷，經常置驛，行旅亦最多；但中葉以後，受吐蕃威脅，不能通行，故通使取石門道。三、四兩道亦能通行，而邕州道則最僻荒，蠻書一〇南蠻疆界接連諸蕃夷國名條載：貞元十年安南都護趙昌奏狀云：

> 「蠻王蒙異牟尋……遣和使乞釋前罪。……緣道退阻，伏恐和使不達，故三道遣。一道出石山（門之誤），從戎州（今宜賓縣）路入。一道出牂牁，從黔府（今彭水縣）路入。一道出夷獠，從安南（今河內）路入。」[1]

此卽第二、三、四道也。同書同卷雲南界內程途條云，「從邕州路至蠻苴咩城，從黔州路至蠻苴咩城，兩地途程，臣未諳委。」此卽第五第四道也。五道中之第一道置驛，最可詳考。二、三道亦曾置驛，余亦已分別考論。[2] 惟經牂牁至黔府道及南盤江

---

1. 參考蠻書一〇劍南巡官崔佐時盟文。通鑑二三四，貞元九年條云，三道遣使，「各齎生金、丹砂詣草臯。……三分臯所與書爲信，皆達成都。」

2. 第一道，卽瀘關、清溪關道，詳唐代成都清溪南詔道驛程考，刊唐史研究叢稿（新亞研究所1969年。）第二道卽石門關道，詳漢唐時代川滇東道考，刊總統 蔣公逝世周年紀念論文集（中央研究院，1976年。）第三道卽古湧步道，詳唐代滇越通道辨，刊香港中文大學中國文化研究所學報第八卷第一期（香港中文大學，1976年。）

邕州道，皆幾全部行於邊疆民族之轄境，蠻書不記其郵驛。邕州道俟研究嶺南地區交通時再略考之；今就牂牁黔府道略爲考論，並及黔中牂牁四達交通線。惟寰宇記一二〇黔州目云：「雜居溪洞，多是蠻獠。」輿地紀勝一七六黔州目引舊經云：「路途闊遠，亦無館舍，凡至宿泊，多依溪崑，就水造餐，鑽木出火。」而蜀中廣記一九引此以爲摩圍山唐人刻石之語。則其地經濟文化極落後，道路所經甚少人功之經營也。

黔中境內既山高谷深，道路未經人工開闢，故行旅困難，太平廣記四八三南州條引玉堂閒話云：

「王蜀有劉隱者，……嘗說少年齎益部監軍使書，案于黔巫之南，謂之南州。州多山險，路細，不通乘騎，貴賤皆策杖而行，其囊橐悉皆差夫背負。夫役不到處，便遣縣令主簿自荷而行。將至南州，州牧差人致書迓之。至則有一二人背籠而前，將隱入籠內，掉手而行，凡登山入谷，皆絕高絕深者，日至百所，皆用指爪攀緣，寸寸而進，在于籠中，必與負荷者相背而坐，此卽彼中車馬也。泊至近州，州牧亦坐籠而迓于郊。」

按南州在今綦江縣，尚未深入黔中境域，行旅已艱難無比，而以人負籠爲交通工具，則迄今川黔一帶攀登山險者仍用之，稱爲揹子，正見此段描述之不虛也。

（一） 黔中牂牁主道

史稱自黔州西南行二十九日程至南寧州，接昆明部落。又云昆明部落在黔州西南三千里。又云牂牁蠻東至辰州二千四百里，西至昆明九百里。又云南紹三道遣使入唐，其一道出牂牁，從黔府入。按黔州在今四川省東南角彭水縣，辰州在今湖南省西北部沅陵縣，南寧州在今雲南省東境曲靖縣，昆明部落約卽今昆明縣市地區，牂牁部落核心地帶約在北盤江上游北緯26度地區，今貴州省西南境以關嶺永寧爲中心之小平原。檢視地圖，此四事所記實爲一道，卽由昆明部族（今昆明縣市）東行經南寧州（今曲靖縣）至牂牁部族（今關嶺永寧地區）又東度入黔江（烏江）流域下行至今貴州省東北境，分爲兩道。其一仍循黔江下行，東北至黔州（今彭水縣）達涪州（今涪陵縣）。此爲牂牁諸族入貢通使之主道。其一，東行度入沅江流域，下行至辰州（今沅陵縣），惟蓋少通行。

宋史四九六西南夷傳，謂涪州爲牂牁、南寧州蠻人入中國路。按此道開通甚早，莊蹻入牂牁至滇池卽行此路。至唐及北宋前期，此黔中、牂牁、南寧、昆明通道之主要史料有一列七條：

（A）　蠻書一〇載趙昌奏狀云南詔蒙異牟尋三道遣使入唐，「一道出牂牁從黔府路入。」詳前引。

（B）　寰宇記一二〇黔州目：「南寧州本清溪鎭，唐末置，在黔州西南二十九日行。從南寧州至羅殿王部落八日行，與雲南接界。」武經總要前集一九卷末覊縻南寧州條同；惟無「唐末置」三字。新唐書地理志諸蠻州條亦有去黔州二十九日行之文。

（C）　武經總要前集一九黔州目，「西南行二十九日至南寧州，接雲南昆明部落。」

（D）　五代會要三〇昆明國條：「昆明部落在黔州西南三千里，山路險阻。……後唐天成二年八月，昆明大鬼主，羅殿王，普露靜王九部落各差使者隨牂牁來朝貢。」

（E）　舊唐書一九七南蠻傳牂牁蠻條：「首領亦姓謝氏。其地北去兗州一百五十里，東至辰州二千四百里，南至交州一千五百里，西至昆明九百里。」五代會要三〇牂牁蠻條全同。武經總要前集一九覊縻牂州條引五代志述其東西南三面所至亦全同。又云其地在「宜州之西陸行四十五日程。」

（F）　同上牂牁蠻條，大曆貞元間，朝貢不絕。「元和三年五月，勅自今已後委黔南觀察使差本道軍將充押領牂牁、昆明等使。」

（G）　唐會要九八昆彌國條：「一曰昆明……武德四年……遣使朝貢，因求內附，自是每歲不絕。其使多由黔南路而至。」寰宇記一七九昆彌國條略同。

按上列七條所涉地名，有黔州、辰州，其今地爲一般人所知，無異說。南寧州、昆明、牂牁皆須稍加說明如次：

南寧州建置甚早，至南北朝末期始加南字，在今雲南省曲靖縣地區，本無異

說。惟（B）條寰宇記云「本清溪鎮、唐末置」，下接云在「黔州西二十九日行」
云云，似謂唐末新置之南寧州者。按新唐書地理志諸蠻州條有較詳之敍述云：
「南寧州，漢夜郎地，武德元年開南中，因故同樂縣置治味。……天寶末，沒
於蠻，因廢。唐末復置州于清溪鎮。去黔州二十九日行。縣七：味、同樂（下
略）。」是以南寧州仍卽指唐初承南北朝末期所置之舊州而言。唐末復置南寧
州於清溪鎮，未必在南寧舊地。然此條諸書所謂在黔州西南二十九日行者卽指
舊南寧州，今曲靖縣地無疑，與清溪鎮無涉。羅殿國則在今曲靖西南，昆明東
南，今不詳論。

昆明　通典一八七昆彌國條云：

　　「昆彌國一曰昆明，西南夷也，在爨之西，洱河爲界，（此處當有脫譌）卽
　　葉楡河。……唐武德四年，嶲州治中吉弘使南寧，因至其國，諭之，至十二
　　月遣使朝貢。貞觀十九年（略），梁建方討蠻，降其部落七十二，戶十萬九
　　千三百。」（寰宇記一七九，同。）

按嶲州約今西昌地區，南寧在今曲靖地區，此昆明必卽在滇池地區（今昆明縣
市境）無疑，故云在爨之西又有十萬餘戶也。又唐會要九八昆彌國條，「近又
封其別帥爲滇王。」亦在滇池地區之證。

牂牁　（E）條，牂牁東至辰州二千四百里，西至昆明九百里。按舊傳下文，牂
牁爲此地區一大部落，「勝兵數萬人」，唐代前期已常來朝，大曆貞元以後，
遣使更頻繁，或接連數歲朝貢，或且一歲再來，其與唐之關係甚爲密切，故此
所記行程當極可信。昆明既在今昆明地區，辰州在今沅陵，則牂牁必在今貴陽
以西頗遠。又按此道必經今曲靖地區，曲靖卽古南寧，西至昆明三百里，[3] 則
牂牁西至南寧之里程約爲南寧至昆明之兩倍。今觀地圖，此牂牁當在北盤江流
域，北緯26度地區，卽鎮寧、晴隆（舊安南）、（舊）關嶺（舊永寧，在今永寧
之南）地區。檢紀要一一四曲靖府及一二一普安州、永寧州，曲靖至永寧五百
三十里，里距亦略相當。又檢美國 Operational Navigation Chart H-11，

---

3. 紀要一一四，曲靖府條作二百九十里，一統志曲靖府卷作三百里。

關嶺、永寧爲曲靖、貴陽間唯一小平原，黎明公司中華民國全圖[4]及申報館中國分省新圖，此處亦爲小盆地平原，舊傳稱牂牁「土氣鬱熱，多霖雨，稻粟再熟。」又云「勝兵數萬人」。此必爲一大部族，稻粟產業尙佳，此小盆地平原地形亦頗適合。且（D）條云牂牁在宜州之西四十五日程，又云南至交州一千五百里。宜州在今宜山，交州在今河內，釋牂牁在今關嶺，永寧地區亦頗相當。漢牂牁郡治故且蘭，前人多釋爲今安順、鎮寧、永窗（卽舊關嶺）等地境。[5]此釋漢地，容或尙不能定；但云唐代牂牁部落所在，則絕無可疑，蓋舊唐書本傳及五代志述其四至道里甚詳，不容誤解也。惟此所考乃就牂牁國之統治中心而言，其國地大數千里，故今貴陽以東仍是其地，詳下文。

綜上所引史料，昆明、南寧、牂牁入唐之路實爲一道，惟東端或至黔州或至辰州而已，而由黔州入唐爲主道，亦極明顯，不待繁辭。黔州道卽爲入唐主道之一，故唐末南詔入寇亦往往出黔中，如通鑑二五二咸通十四年，南詔寇西川，又寇黔南。黔中經略使秦匡謀以兵少不敵，棄城奔荊南。又同書二四九，大中十三年，大禮遣兵陷播州。播州則黔中最西南之正州也。

此黔中、牂牁、昆明道之行程有可稍詳者。自涪州（今涪陵縣）循涪陵江（一名巴江水，今烏江、黔江）東南水行一百六十里至武龍縣，在涪陵江北（今武隆縣在江南）。又水行四十里至信窗縣，在涪陵江西南二里（約今江口鎮）。又水行一百三十里至黔州治所彭水縣（今縣），在涪陵江東、彭水（今郁江）之南。

元和志三〇涪州，「東南至黔州水路三百三十里。」黔州目，亦合。寰宇記一二〇涪州「南至黔州水路三百四十里。」亦合。兩書並記黔州地望與涪陵江、彭水之關係，則卽今彭水治也。下文檢討武龍、信窗兩縣之里程。

先述信窗。　元和志，黔州信窗縣，「東南至州一百三十里。」「涪陵江水去縣二里。」寰宇記一二〇黔州、信寧，去州之方向里數同。又云「涪陵江在縣東二里，北流入涪州武陽〔龍〕界。」則信寧在黔州西北一百三十里，涪陵江西南二里。檢今圖，當在江口鎮地區。

4. 測繪者爲聯勤總部測量署。
5. 參看漢書地理志補注及續郡國志集解。

次論武龍縣。　元和志，涪州武龍縣「西北至州二百五十里。」「涪江水在縣南屈北流，注於蜀江。」寰宇記涪州武龍縣條方向里數同。又寰宇記一二〇，黔州「西北水路至涪州武龍縣二百七十里。」合計涪、黔間水程爲五百二十里，與上文三百三十里之記錄不合。檢輿地紀勝一七四涪州武龍縣「在州南一百六十里。」乃知上引兩項記錄「二百」皆「一百」之譌，實際里程則涪州東南至武龍一百六十里，又一百七十里至黔州，而武龍、信寧則相距四十里。檢今圖有武隆縣，地望略相當，但在江南。寰宇記云，武龍縣有「蜀江門灘，在縣前巴江水中。」此亦考地之一標記。

黔州東南復水行一百三十里至洪杜縣，在涪陵江東岸。（今龔灘）

元和志三〇黔州，洪杜縣，北至州一百三十里。寰宇記一二〇，洪杜縣條云州之東北一百三十里。按下文云「涪陵江在縣西一百步，北流入彭水縣界。」是知「東北」當作「東南」。又按下文明黔、思兩州間仍通水運，此縣既臨江，知亦水道也。又按寰宇記云「麟德二年移理龔灘，即今縣理。」檢今圖烏江東有唐岩江來會，會口地名龔灘，地望正相當，必其地矣。

又東南水行一百五十里，多或二百里，至思州治所務川縣，在涪陵江東岸。（約今沿河縣）唐初以其當牂牁要路，故置州。

御覽一七一引十道志，「隋開皇十八年始置務川縣。……唐武德元年，以務川當牂牁要路，置務州。貞觀八年改爲思州。」通典一八三思州目，略同。據舊唐書地志，武德元年事，從招撫使冉安昌之奏。武經總要前集一九，稱此州爲「西入西南番路」，即承此說。

元和志三〇思州，「西北水路至黔州二百八十里。」州治務川縣，「內江水一名涪陵水在縣西四十步。」寰宇記一二二思州，亦云「巴江水出西南牂牁界，經費州，從當州西過。」然其記程云「北至黔州二百八十七里，水路三百五十里。」「西北水路至黔州三百一十里。」武經總要前集一九，亦云思州北至黔州三百五十里。頗爲參差，蓋亦難準，今姑就最少最多兩書之。其地當在今沿河縣南。通典一八三，思州「東北到黔中郡黔江縣百九十里。」寰宇記一二二同。黔江在今縣東南二十里，則思州當即在沿河，不能南去太遠。檢一統志

思南府卷古蹟目引府志，思州故城「即沿河司，所謂城子頭。」甚可據。而楊氏唐地志圖，繪思州於費州之南。按輿地紀勝一七八思州風俗形勝目，「思州舊城去今思州城一百八十里。此據涪州夏判官說。夏判官曾沿檄〔繳〕到思州，自黔州先至舊州而後至思州。」是宋代思州曾南移一百八十里。後代志書蓋因此譌誤而楊氏沿襲之耳。

又南水行三百里至思王縣（約今思南縣），又五十里至慈頭灘，又十里至多田縣，在涪陵江北岸，其地稍平，多墾田爲名（約今龍庭江與烏江會口之北岸）。又西南四十里至費州治所涪川縣，在涪陵江南岸，（約今鸚鵡河與烏江會口之南岸）

元和志三〇思州，思王縣「北至州水路三百里。」寰宇記一二二同。又云「守慈山在州南三百五十里接費州多田縣，東臨內江水慈頭灘。」內江水即涪陵水，思王縣在涪陵水上，此山與灘在縣南五十里涪陵江西岸。紀要一二二貴州鎮遠府鎮遠縣條云，唐思王縣在縣東八十里思南縣南，則與涪陵水無涉矣，必誤無疑。

元和志三〇思州「南至費州水路四百里。」費州目全合。寰宇記一二二思州目亦全同。而費州目云，「北至思州水陸路五百里。」有一百里之差。按兩書所記兩州至長安里程之差，皆四百里上下，則作水路四百里爲正。元和志，費州治涪川縣，「內江水經縣北一百五十步。」是在江南。又元和志費州多田縣「西南至州四十里。」「涪陵江水經縣南五十步」是在江北。寰宇記費州多田縣，所記里距同。「武德三年務州刺史奏置，以地土稍平，墾田盈畛，故以多田爲名。」「涪陵水自西南來經縣南五十步，又北流入思王縣界。」與志合。檢今圖，思南之南不遠石阡縣北，有龍庭江自南流入烏江，查美國 Operational Navigation Chart H-11，此處爲一小盆地，海拔僅 2000 呎，殆其地歟？

檢紀要一二二貴州思南府「多田廢縣在府西北四十五里。」明清志書記黔中地區之唐代州縣，地望多誤。惟此條與唐宋志書合。然則費州治所當在其西，即石阡縣西北，鸚鵡河由北來流入烏江會口處之南岸，其地亦較平。

又西南一百九十里至牂牁別部之充州（約今餘慶縣境），本正州，天寶三年降爲羈縻州。

元和志三〇費州，「正南微西至牂牁充州一百九十里。」寰宇記一二一同。此

謂州在牂牁部族境也。新唐書四三下，黔府所統羈縻州有充州。「武德三年以牂牁蠻別部置，縣七。」本下州，天寶三年降格。州在費州正南微西一百九十里，當在今餘慶縣境。下文引元和志，獎州「西南泝流至牂牁充州七百里。」亦與此相當。

又西南蓋仍略循涪陵江河谷而上，行牂牁國境約一千一百里至牂牁國都，即牂州也，治建安縣。開元中降爲羈縻州。

　　　寰宇記一二二，「牂州、牂川郡，今理建安縣。……按梁氏十道志云，在開元初猶有此郡，後之郡國記錄，乃無此州之名。」則所謂「今理建安縣」者謂唐初期也。檢舊一九七南蠻傳牂牁蠻條，「武德三年遣使朝貢，授（謝）龍羽牂州刺史，封夜郎公。」是即牂牁國之中心地帶。故新書四三下江南道黔州都督府，諸蠻州牂州條云，「建安本名牂牁」也。新志又云：「武德三年，以牂牁首領謝龍羽地置，四年更名牁州，後復故名。」初爲下州，開元中降爲羈縻州。事實上自始即羈縻耳。改牂牁爲建安亦是虛文。前考牂牁在今貴州西南境北盤江流域舊關嶺地區，東北至石阡地區，蓋一千里以上。檢寰宇記，牂州「東北至長安五千六百三十七里。」下文，「建安縣，三鄉。漢牂牁郡也」。國志云，「京西南五千六百三十七里，即牂牁是也。」按元和志、寰宇記皆云，費州「取江陵路至上都四千三百三十五里」，則費州西南至牂牁一千三百里，即牂牁去充州約一千一百里也。

又西約六百里至南寧州（今曲靖縣），爲三國迄唐經營雲南之根據地。又西約三百里至昆彌國，唐置昆州，南詔置拓東城，善闡府。

　　　行程里距皆詳前文。南寧州爲蜀晉迄唐，中國經營雲南之根據地及唐於昆明置昆州，南詔置城府，皆詳漢唐時代川滇東道考。[6]

（二）　黔州東通辰州道

黔中觀察所管實兼烏江及沅江兩流域，中間隔一高嶺。

　　　元和志三〇黔州序敍，「今辰、錦、敍、獎、溪、澧、朗、施等州實秦漢黔中

郡之地，而今黔中及夷、費、思、播隔越峻嶺。東有沅江水及諸溪並合東注洞庭湖，西有巴江水，一名涪陵江，自牂牁北歷播、費、思、黔等州北注岷江。」武經總要前集一九 ，「黔州管黔內思、南、費、溱、夷、播六州 ，東與施、溪、錦、蔣（脫辰字）五州隔一高嶺。」今觀地圖誠然。

然仍有道東西相通。唐代志書稱牂牁東至辰州二千四百里，前文謂即牂牁黔中道東段分歧度入沅江流域者，即踰嶺而東至辰州也。 此度嶺之道且有兩線 。 其一由思州南境之思王縣東南陸行度入辰水河谷（今有辰水、錦水、麻陽江三名）二百里至常豐縣（今銅仁縣）又循辰水東行水程二百里至錦州治所盧陽縣（今麻陽縣西三十里）。又東北水程經麻陽（今縣東）、辰溪（今縣）、盧溪（今瀘溪縣西南）三縣，凡三百六十八里至辰州治所沅陵縣（今縣）。

元和志三〇思州，「東南至錦州常豐縣五百里。」寰宇記一二二，同。按紀要一二二，常豐慶縣條引志云在銅仁府西南五里。則地在今思南縣東南不出二百里處。前考思州水路南行三百里至思王縣，約在今思南縣。則思州東南至常豐縣五百里者，蓋由思州南取水路三百里至思王縣，再東南陸行度入辰水[7]河谷。思王、常豐間僅二百里也。

通典一八三，錦州「西北到當郡常豐縣水路二百里。」而元和志三〇，常豐縣東南至錦州四百里。按之地圖與一統志，四百必誤無疑。

錦州東北至辰州，諸書所記里數極參差。通典一八三，辰州西南到錦州水路三百六十八里。 而錦州目，至辰州六百七十里 ，蓋陸路歟？而元和志三〇錦州目，「東北水路至辰州七百里。」辰州目，方向里數均合。寰宇記補闕一一九辰州目亦合，惟錦州目作水路九百里，必誤。然七百里與三百六十八里皆為水程，仍必有一誤。檢一統志沅州府卷，麻陽縣東至辰溪縣界一百三十里。辰州府卷記里自相參差，然辰溪東北至辰州不踰一百七十里，西至麻陽不踰二百里可知也。 查今日地圖 ，麻陽水路至辰州亦斷不踰四百里，則通典所記最為正確，其他皆誤。又按唐代辰州所領有麻陽、辰溪、盧溪三縣，各在今同名之縣附近，皆近水道，知必經此三縣也。

---

7. 據水經注圖作辰水；今有辰水、錦水、麻陽江三名。

通典一八三思州寧夷郡，「東南到盧溪郡（辰州）一千六百里。」寰宇記一二二作「東南至辰州麻陽縣一千六百里。」按上考里程之和爲一千零六十八里，蓋通典誤六十爲六百，寰宇記承之又衍麻陽縣耳。

另一路自牂牁充州（約今餘慶縣）向東度入沅水上游無水河谷（今潕水、巫水），水陸兼程七百里，中經梓薑縣（約今鎮遠縣）至業州治所夜郎縣（今晃縣），天寶元年更縣名峨山，大曆五年更州名獎州。又由費州東行水陸相兼五百七十里亦至獎州。獎州沿流蓋一百二十里至巫州治所龍標縣（約今芷江），大曆五年改名敘州。又東北沿流五百三十八里或陸程三百二十里至辰州治所沅陵縣（今縣）。此道見賈耽皇華四達記，殆卽牂牁東至辰州二千四百里通道之東段歟？

武經總要前集二〇辰州條云：

「按皇華四達記，（辰州）二百四十里卽十里（此二字衍文）敘州界，又一百二十里至獎州，又一百八十里至允〔充〕州，又百里至牂州，又五十里至侯州，又五十里至吐州。」

按此文顯有奪譌，如侯州，吐州，字必有誤，各州距離亦可能有誤。然述辰、敘、獎、充、牂五州爲一通道，則可信。可能卽牂牁東至辰州二千四百里之路線也。茲據通典、元和志、寰宇記三書所記，以證此道，兼詳里程。

充州至獎州　元和志三〇獎州，本夜郎縣，長安四年於縣置舞州，開元中改鶴州、業州，天寶元年改縣爲峨山，大曆五年改州爲獎州。「西南泝流至牂牁充州七百里。」又通典一八三，業州治峨山縣，南及西南皆云「至兗〔充〕州梓橦〔薑〕縣界四百里。」檢寰宇記一二二充州領四縣，其一梓橦〔薑〕。[8] 是亦謂業州（卽獎州）西南至充州也。按獎州，紀要八一，峨山廢縣在沅州西百里。沅州卽今芷江縣。其西百里，約今晃縣。楊圖置獎州於清之晃州，是也。天下郡國利病書一〇八普安入黔舊路條「晃州，州廢名存，土人相傳，此地爲古夜郎，無據焉爾。」蓋不知唐獎州有夜郎之名，而土人相傳固亦往往有據也。前考充州約在今餘慶地區，其東通晃縣之水路卽潕水，七百里雖嫌多，然山區委曲，亦非不可能。武經總要作一百八十里，則必有奪誤無疑。又元和志，獎州

8. 梓橦當卽下文引元和志梓薑之形譌。

有梓薑縣，「東北至州水路四百里。建中四年自牂牁洞外充州割屬獎州。」獎州既在今晃縣，則梓薑必在今鎭遠殆無可疑。沿無水[9] 舟行至獎州也。

　　獎州至敍州　元和志三〇，獎州「東沿流至敍州八百里。」敍州「西泝流至獎州八百里。」寰宇記補闕敍州目「西泝流至獎州九百里。」按志云敍州治龍標縣，貞觀八年置巫州，天授中改沅州，開元中後爲巫州，大曆五年改敍州。檢通典一八三業州，東南到巫州界五百九十里。巫州「西南到泝沅□入朗八百里。」顯有奪譌，蓋卽泝沅水至業州也。似元和志水程八百里之說爲是。敍州今地，明淸志書有兩說。紀要八一，沅州潭陽廢縣條，唐巫州治龍標城，在今沅州西南五十里；則在獎州東不過數十里。而一統志沅州府卷古蹟目以爲唐巫州在今黔陽縣，以駁舊志在沅州府治之舊說。所持理由亦不充分。且縱在今黔陽，上去獎州（今晃縣）水程至多四、五百里，故仍不合。反觀總要引皇華記，敍州至獎州一百二十里，則在沅州卽芷江之可能性甚大。且總要云辰州西南至敍州三百二十里，又引皇華記，辰州至敍州界二百四十里。此若就陸道言，敍州在芷江之可能性亦大，申報館中國分省圖正有一徑捷陸道也。故今姑置敍州於芷江。八百、九百、五百九十里之說，蓋均傳襲之譌歟？

　　敍州至辰州　敍州北沿流五百三十八里至辰州，見元和志三〇敍州、辰州兩目。通典一八三，兩目亦合。然上引總要，辰州西南至敍州三百二十里；又引皇華記，辰州至敍州界二百四十里，蓋陸路也。

　　費州至獎州　元和志三〇，費州「東至獎州，水陸相兼四百里。」又獎州「西南〔北〕泝流沿溪至費州五百七十里。」又通典一八三業州（獎州）「西至涪川郡（費州）五百里。」寰宇記一二一費州，「東至獎州水陸相兼六百里。」武經總要前集二〇亦謂獎州西至費州六百里。則費州東行亦至獎州，水陸相兼蓋五百七十里爲正。

至明代極力經營貴州，始定此路爲通雲南之主道，置驛亭，其行程自雲南治城，東經板橋、楊林、易龍（今易隆）、馬龍、南寧、白水、平夷、亦資孔、普安、新興、安南、關嶺、安莊（今鎭寧）、普定（今安順）、平壩、威淸（今淸鎭）、貴州治城、

---

9. 無水，見水經注圖；今作無水，巫水。

龍里、新添（今貴定）、平越、清平（今鑪定）、興隆（今黃平）、偏橋（今施秉東）、鎮遠、清浪（今清溪）、平溪（今玉屏）、晃州，至沅州（今芷江）凡一千八百九十里。蓋大體遵行唐代故道耳。

　　按明代行程，詳見天下郡國利病書一〇八普安入黔舊路條，云據楊太史滇程記述之甚詳，凡二千數百字，極可參看。此記亦云「沅水泝舟通鎮遠而止，近決石梁，通至偏橋。」與元和志極合。惟里數太少，顧書亦屢云某處至某處號若干亭，實若干亭，實亭數皆較號亭數爲多。又黃向堅尋親紀程（知不足齋本）所行亦此路，皆在順治辛卯，亦可參看。日本藏有萬曆二十五年貴州通志，其卷一有貴州全省輿圖[10]，其東西通道，由曲靖東經平夷、普安、安南、關嶺、安莊、普定、平壩、威清、貴陽、龍里、新添、平越、清平、偏橋、鎮遠、清浪、平溪、光州，至沅州，此即楊氏滇程記之道也。

又由黔州東行二百里至黔江縣（今縣東南二十里）本石城縣，天寶元年改名，在阿蓬水(今唐岩河)南一里。又東度入酉水河谷水陸相兼五百里至三亭縣（今保靖縣西百里以上）又東沿酉水，水路三百七十里至溪州治所大鄉縣(約今永順南境)，常近酉水，又東微南水路三百六十八里至辰州治所沅陵縣。唐初數道並進，擊蕭銑，黔州刺史出辰州道，蓋此路線歟？

　　舊五六蕭銑傳，武德四年，唐擊蕭銑，其中一軍，「黔州刺史田世康趣辰州道。」又華陽國志八大同志，王濬伐吳，「別遣參軍將軍由涪陵入，取武陵，合巴陵。」亦此道也。按元和志三〇記黔辰間路線甚詳云：

　　辰州，「正西微北水路至溪州三百六十八里。」

　　溪州，「正東微南至辰州三百六十里。」

　　溪州，「三亭縣，東至州水路三百七十里。」「自縣西水陸相兼五百里至黔江縣又西三百里至黔州。」

　　是即此道路線甚明。水路即酉水也。溪州當在今永順之南境，去酉水不遠。三亭，通說在今保靖西，度其地當在西百里以上，亦去水不遠。黔江縣，一統志酉陽州卷古蹟目，石城廢縣條，在黔江縣東南二十里。按寰宇記一二〇黔州黔

---

10. 此圖爲李中淸先生所影示。

江縣「阿蓬水一名太平水，東北自施州淸江縣界西南流經縣北一里，又南入洪杜縣界。」阿蓬水必卽今唐岩江，則古縣治在今唐岩江之南，與今縣隔江二十里。關於黔江縣西至黔州里程，元和志此條作三百里，而黔州條作二百里。檢輿地紀勝一七六，作一百八十里。故今書作二百里。

觀五代溪州彭士然事，溪州與昆明、南寧、牂牁之關係且甚密，蓋此州在湘黔交通上亦有相當之地位。

新五代史六六楚世家云：溪州刺史彭士然降，「溪州西接牂牁囘林，南通桂林象郡。希範乃立銅柱以爲表……於是南寧州酋長莫彥殊率其本部十八州，都雲酋長尹懷昌率其昆明等十二部，牂牁張萬濬率其夷播等七州，皆附於希範。」

（三） 渝夔間之江南陸道

由渝州西一百二十里蜀江南岸之江津縣(今縣)南沂僰溪（今綦江）二百三十里至南州治所南川縣（今綦江縣），又南二百七十里至溱州治所榮懿縣（今綦江、桐梓間），江津南陸程三百六十里亦至溱州。溱州正南微東二百里或二百四十里至珍州治所夜郎縣（今桐梓縣東二十里夜郎里），又南二百里至播州治所遵義縣（今遵義縣西），又東北二百四十里至夷州治所綏陽縣（約今眉潭地區），又東北五百八十里或六百里至黔州。此實渝涪間蜀江南側諸正州間之一弧形路線。

元和志三〇溱州目云：

「東北取珍、播、夷路至黔州一千三百里。」

按寰宇記一二二，全同。是明顯爲一條頗重要交通線。又按元和志記各州間里距及各州至長安之里程如下，通典、寰宇記有異者，附記於括弧中。

溱州正南微東至珍州二百里；東北至上都三千四百三十四里。（典作三千四百八十里，記作三千四百三十里。）

珍州北至溱州二百四十里，（記同。）東南至播州二百里，（記作三百里。）至上都五千五百五十里。（記作四千五百五十里，是。）

播州東北至黔州八百里，（典作東北至夷州三百里。）東北至上都取江陵路四千三百五十五里。

夷州西南至播州二百四十里，（典作三百，記作二百四十。）北至黔州五百
八十里（典記皆作六百），東北至上都取江陵路四千一百五十五里。

黔州南至夷州五百八十里（一本脫八十），西北至上都取江陵府路三千六百五十
里。

據此諸里程，溱州正南微東至珍州二百或二百四十里，又二百里至播州，又東
北約二百四十或三百里至夷州，又北約五百八十或六百里至黔州，其和果約一
千三百里。又觀珍播夷黔去長安之里程，其鄰接兩州去長安里程之差，亦約近
兩州間之里距。故溱珍播夷黔為通長安之頗重要路線無疑。惟溱州通長安之里
距非珍州至長安里距與珍溱間里路之和。此當作何解？考寰宇記一三六渝州江
津縣有「溱南二州大路」。引四夷縣道記云：

　　「江津縣在今郡北〔西〕一百二十里。縣南陸路三百六十里至溱州。又自江
　　津縣路南尋（循）僰溪水路二百二（三）十里至南平州。」

按元和志渝州目全同，惟北作西，是；又尋作循，「二百二」作「二百三」而已。
此顯為一大路。元和志同目云；東北至上都二千八百一十里。又溱州目云，東
北至南州二百七十里。南州目南至溱州，里距同。則自溱州北經南州與江津縣
至渝州共六百二十里，加渝州至長安二千八百一十里，正為三千四百三十里，
知溱州至長安之里數，謂北取南州、渝州路，非東取黔州路也。合而觀之，自
渝州之西，蜀江岸之江津縣南泝僰溪水路至南州，又南經溱州、珍州、播州，
折東北經夷州至黔州，又折西北順流至涪州，復與蜀江水道銜接，成為一弧形
通道甚明。

關於此諸州縣治所之今地，明清志書多誤。茲條述如次：

南州治南川縣　紀要六九，謂南州城在今南川縣治。「一統志，綦江縣南九十
里即廢南平軍，似誤。」按元和志，南州治南川縣，北至渝州江津縣二百三十
里。檢一統志渝州府卷，江津縣，南及東南至綦江縣界皆為一百五十里，綦江
縣西北至江津縣界八十里，其和正為二百三十里，則南川縣即在今綦江縣。紀
要謂在南川縣，乃宋以後之南平也。

溱州治榮懿縣　前文引元和志，南州向南微西二百七十里至溱州，又由江津陸
行三百六十里亦至溱州。一統志重慶府卷古蹟目云在綦江縣南接桐梓縣界，地

望正確。參稽下條之珍州地望，則溱州約當在今綦江桐梓之正中間地區。

珍州治夜郎縣　一統志遵義府卷古蹟目，廢珍州，在桐梓縣東正安州西。按前引元和志，珍州北至溱州二百四十里，東南至播州二百里。溱州正南微東至珍州二百里。南州南二百七十里至溱州，又南微東二百里或二百四十里至珍州。其和約近五百里。檢一統志渝州府卷，綦江南至桐梓縣界一百七十五里。遵義府卷，桐梓北至綦江縣界二百六十里。其和爲四百三十五里，則珍州當卽在今桐梓地區，去正安很遠。一統志遵義府卷古蹟目夜郎廢縣條引名勝志，「桐梓縣有夜郎里，又曰夜郎城，在今縣東二十里。」疑卽唐珍州治夜郎縣故地也。

播州治遵義縣　一統志遵義府卷古蹟目謂在今遵義縣西。大略可信。

夷州治綏陽縣　一統志遵義府卷古蹟目綏陽故城條，「在今綏陽縣治東北綏陽山。」又引黔記：「今爲綏陽場在龍泉縣（按今鳳崗縣）西北二十里。」按前引元和志、寰宇記，夷州西南至播州二百四十里，北至黔州五百八十里或近六百里。又檢元和志、寰宇記，夷州東北至思州（元和志字誤爲涪）四百里，東南至牂州三百里，則今綏陽、鳳崗皆非其地，其地當在今湄潭境。

此道至險峻，而溱州南北尤甚，蓋婁山山脈東西阻隔、高峻難行也。

本文引言已錄廣記載玉堂閒話一節，述至南州道路之險，實則南州只是黔中邊緣地帶，尚未入險境。近人朱偰黔游日記（東方雜誌第四十卷第十二期），由重慶經綦江、東溪、趕水場、降龍山（九龍三溝）、新站、吊死灣、七十二灣至山頂花秋坪，下桐梓縣。又南直上婁山關，關高踞嶺上，爲黔北要隘。下嶺至遵義，爲入黔以來之稍平處。又南過一嶺至烏江岸。渡江至息烽，抵貴陽。

描述甚詳，其險峻處在桐梓南北，至稱爲兇山惡水。可想像古代艱難之一斑。

又由黔州東行二百里至黔江縣（今縣東南二十里），又東北約三百里至施州治所清江縣（今恩施縣），又東北一百三十里至建始縣（今縣），又約九十里至大石嶺驛，王周有詩，又北踰南陵山，下百八盤過江至巫山縣。此爲長江以南黔州通夔州巫山縣之陸道也，路極險峻。北宋紹聖間黃山谷貶官黔州，由巫山縣陸行上南陵山一百八盤，至建始縣，又經小猿叫驛（今恩施東約七、八十里），浮塘驛，至施州，又西南經驢瘦嶺舖，歌羅驛（今恩施縣西南約百里），至黔江縣，又西經四十九渡（今縣西三十

五里）至黔州。嶺渡驛舖之名，蓋有承唐之舊者。今圖有汽車道由彭水經黔江、咸豐、宣恩、恩施、建始至巴東，大抵卽因唐、宋舊道而拓建者，惟東端小異耳。

杜翁寄裴施州（詳注二）云：「幾度寄書白鹽北，苦寒贈我靑羔裘。」是在夔州作。又鄭典設自施州歸（同上）云：「旅茲殊俗遠，竟以屢空迫，南謁裴施州，氣合無險僻，攀援縣根木，登頓入天石，靑山自一川，城郭洗憂慼。聽子話此邦，令我心悅懌……孟冬方首路，强飯收崖壁，歘爾疲駑駘，……駕馭何所益？我有平肩輿，前途猶準的，翩翩入鳥道，庶脫蹉跌厄。」此兩詩見杜翁在夔州時屢有信使往來施、夔閒，激起翁之雅興，擬去施州一遊。但道路險惡，攀援根木，鳥道入天，故擬捨馬騎用肩輿以策安全。又王周有施南路偶書及大石嶺驛梅花詩。（全唐詩十一函六冊。）偶書云：「大石嶺頭梅欲發，南陵坡上雪初飛，苦無酒解愁成陣，又附蘭橈向秭歸。」本注：「俗謂大市嶺卽音之譌。近時歲再去秭歸寄家庭。」是南陵去施州道上有大石嶺，晚唐、五代見置驛。檢一統志，夔州府卷關隘目，「大石嶺關在巫山縣南八十里，明嘉靖中建。」又陸游入蜀記六，「抵巫山。……市井勝歸、峽二郡。隔江南陵山極高大，有路如線盤屈至絕頂，謂之一百八盤，蓋施州正路。」又蜀道驛程記下，「抵巫山縣，……陽雲臺在縣治西北五十步。……陽臺之南爲南陵山，有舊南陵縣址，山凡一百八盤。」是此路卽由巫山縣城正南上南陵山一百八盤南行，八十里有大石嶺驛。此去施州路必經建始縣。

通典一八三施州，北至雲安郡五百里。同書一七五夔州至施州方向里數同。元和志三〇，施州北至夔州亦五百里。武經總要前集一九，夔州南至施州里數同。然九域志八，夔州南至本州界一百二十五里，自界首至施州二百里。施州北至本州界二百（一作一）里，自界首至夔州一百二十五里。則南北才三百二十五里。是大不同。今檢一統志，施南府卷山川目，「大石嶺在恩施縣東北二百里，一名仙掌嶺。」則施州去巫山不踰三百里。檢今圖亦合。按元和志，施州惟清江、建始兩縣，建始南至州一百三十里。則建始至夔州常爲一百七十里之距離正合。疑通典「五百」乃「三百」之譌，後書因循亦誤。或者約三百里至巫山，又上行之夔，約計五百里耳。

施州西南行有路通黔州，唐施州屬黔州觀察使卽其徵。元和志三〇，施州「南
至黔州四百八十五里。」通典一八三，黔中郡「東北到清江郡五百五十里。」
數字略相合。而通典同卷清江郡目，「南至黔中郡七百里」「西南到黔中郡界
五百八十里。」自相抵觸。檢九域志八，黔州東北至本州界二百五十九里，自
界首至施州一百五十二里。其和四百一十一里。施州目略同。似又太少。檢一
統志施南府卷，「西南至酉陽州黔江縣界三百十五里。」而元和志三〇，黔江
縣屬黔州，西至州二百里。則五百里之說，約略得之。

綜上所述，由巫山縣南經建始縣，至施州，又西南經黔江縣至黔州。此道黃山
谷曾行其全程。山谷詩集注一二，錄紹聖二年入黔中紀行有下列諸詩：

　竹枝詞：「浮雲一百八盤縈，落日四十八渡明，鬼門關外莫言遠，四海一家
　皆弟兄。」

　夜宿歌羅驛：「竹竿坡面蛇倒退，摩圍山腰胡孫愁。」「命輕人鮓甕頭船，
　日瘦鬼門關外天，北人墮淚南人笑，青壁無梯聞杜鵑。」

　題驢瘦嶺馬鋪。

　行次巫山。

　上南陵坡：「蛇退猿啼百八盤。」

　題小猿叫驛。

　馬上口號呈建始李令。

　次浮塘驛見張施州小詩次其韻。

　將次施州先寄張使君。

　謫居黔南十首。

據此諸詩，山谷所行之全程中，除百八盤之外，有小猿叫驛、浮塘驛、歌羅
驛、驢瘦嶺鋪、四十八渡等地名。浮塘驛顯在施州之東北不太遠。其餘諸地亦
有可約知者。Ⓐ一統志施南府卷山川目「猿啼山有二。一在恩施縣東八十里，
林木深茂，啼猿聲韻，比諸山最多。一在恩施縣西，冬常積雪，又名雪嶺。」
疑此驛可能與縣東者有關。Ⓑ同卷同目「瘦驢嶺在恩施縣西，宋陸游詩所謂瘦
驢嶺在施黔間也。」Ⓒ同書酉陽州卷山川目，「小歌羅山，在黔江縣東北五十

二里。又有大歌羅山，在縣東北一百九十二里，接施南府界，舊置歌羅驛於此。」當即山谷詩所詠者。⑩蜀道驛程記下，「四十九渡水，今黔江縣柵山卽其處。」檢一統志酉陽州卷山川目，「柵山在黔江縣西三十五里，兩山壁立若門，中寬衍，有平陸數頃，可以耕屯。」是則山谷由巫山縣渡江而南攀百八盤上南陵大山，至建始縣，又經小猿叫驛，浮塘驛，至施州，又西南經驢瘦嶺鋪，歌羅驛，至黔江縣，又西經四十九渡至黔州也。此諸嶺渡驛鋪之名當有承襲唐代者。

又施州向東九百里至峽州，蓋循清江而行，或取水道。

通典一八三峽州夷陵郡「西南到清江郡九百里。」施州清江郡條方向里距合。此道當略循清江而行無疑。後漢書列傳七六南蠻傳，「廩君乃乘土船從夷水至鹽陽。」章懷注：「盛弘之荆州記曰：昔廩君浮夷水射鹽神于陽石之上。案今施州清江縣水一名鹽水，出清江縣西都亭山。」此雖神話，然可徵夷水卽清江水古通舟楫。至於陸道當亦略循清水河谷而行。

（四）　播州牂牁道及牂牁通桂、邕、安南道

播州爲黔中區最西南之正州。其東南七十里至牂牁境之巴江鎮，蓋在涪陵水上，與前考黔州循涪陵水西南通牂牁、南寧、昆明之大道相聯絡，鎮南卽牂牁之琰州。

元和志，播州「東北〔南〕至牂牁北界巴江鎮七十里。東南至牂牁州二百二十里。」寰宇記，播州「東南至牂牁北界巴江鎮七十里。」「東南至牂牁琰州三百二十里。」當以記爲正，志文有脫譌。按元和志黔州目，「西有巴江水一名涪陵江自牂牁，北歷播、費、思、黔等州北注岷江。」則涪陵江亦有巴江之名。檢一統志遵義府卷山川目，烏江在府城南八十里。烏江卽巴江、涪陵水，則此巴江鎮當與今烏江爲近，蓋卽在江上爲鎮扞之所。

由牂牁部族核心之牂州南循北盤江，經西趙明州，度入右江至邕州（今邕寧），又循左江而上西南至交州（今河內）。又一道由牂牁牂州東南四十五日行（日數？）至宜州（今宜山），蓋亦取道左盤江，但下行紅水河，度入龍江（柳江上游）至宜州，又東至柳州（今市），桂州（桂林）也。此兩道當久通，唐初侯弘仁復開之。

通鑑一九五貞觀十三年紀云：

「渝州人侯弘仁自牂牁開道經西趙出邕州，以通交、桂，蠻俚降者二萬八千餘戶。」

胡注：「牂牁之別帥曰羅殿。今廣西買馬路，自桂州至邕州橫山寨二十餘程，自橫山至杞國二十二程，又至羅殿十程。此卽侯弘仁所通者。」按胡注之道未必爲侯弘仁所通者。前引舊一九七南蠻傳牂牁蠻條，其地「南至交州一千五百里。」五代會要三〇牂牁蠻條全同。此殆指侯弘仁道也。牂牁蠻在北盤江上游，度其形勢，此道必東南行，循北盤江接右江至邕州，再折循左江西南至交州也。惟其道不只一千五百里。舊南蠻傳，西趙蠻，貞觀二十一年以其地置明州，據通鑑此條，地在牂牁之南。關於邕州南至交州之道，雖不能詳。然明代萬曆間，鄧鐘撰安南圖志，述廣西入交州道甚詳，謂宋行之。其道有三，一自憑祥州入，出鎮南關，至諒山；一道自思明府入，過思陵州；一道自龍州入，過七源州；諸道總會於安越縣。此大抵與今道相同。所謂宋行之實本之唐前古道可知。

又武經總要前集一九，羈縻牂州條引五代志，牂州在「宜州之西四十五日程。」按宜州在今廣西宜山，度其形勢，當循北盤江、紅水河、龍江而行，經今天峩、河池至宜山，又東至柳州、桂州。通鑑稱侯弘仁通道亦至桂州，殆此道。考華陽國志四南中志，光武帝時，夜郎遣使由牂牁江繞經番禺（今廣州）入貢，非唐宜州道卽唐邕州道也。

又唐初於南謝部族置莊州，地在牂牁牂州西南蓋一百五十里；又百里有桂嶺關，一作柱蒲關，傳爲漢牂牁郡之柱蒲關故地。若爲故關，則此州與關當在牂州南循北盤江度入右江之道上，難確考矣。

武經總要前集一九黔州羈縻莊州條云：

「健州東北至牂牁州百里，西南至莊州五十里，又百里至桂蒲關。」

按寰宇記一二二，牂州治建安縣，「古牂牁郡城，……今有古城在郡西。」有「柱蒲關，漢書云，牂牁郡有柱蒲關。」卽漢地志所記者。水經溫水注所引同。武經總要之桂蒲關必柱蒲關之形譌。檢初學記八引漢事，已譌柱爲桂，

不始於北宋。然新唐書地志矔麇州條，黔府所轄有莊州「本南壽州，貞觀三年以南謝蠻首領謝彊地置，四年更名。……故隋牂牁郡地，南百里有桂嶺關。」是與桂蒲明爲一關而名異。若爲漢代故關，當以桂蒲爲正。今姑不論。途程證關必爲要道；就方向言，似當在牂牁向西微南之迤南寧、昆明道上。然若爲漢關故地，則似當在牂牁向南微東循北盤江而下之道上。何者？漢志記牂牁郡有二關，皆當在邊徼。其一在西隨，約今雲南東南角文山、河江縣境是也。[11] 唐牂牁向西至南寧地區乃漢牂牁中心區域，無置關之必要，故疑此關當爲牂牁南入今廣西境之邊關也。

　　　　一九七五年十一月二十九日初稿，一九七六年九月二十三日增訂。一九七八年十一月十六日復訂。

11.　見漢書地理志。參看漢晉滇越通道考，刊香港中文大學中國文化研究所學報第八卷第一期（1976年）。

出自第五十本第二分（一九七九年六月）

北朝隋唐澄口壺關道考

（兼論其南北諸谷道）

嚴　耕　望

引　言

　　古代河東河北地區即今山西河北省境之東西通道皆越太行山脈爲陘道。 此區南
境， 古道由蒲州（今永濟）東行中條山脈之北， 出軹關陘（今濟源西十里）至河內
（今沁陽）以東，是爲最南一線。雁門、五台以南，由太原東行， 出井陘關（今平定東
八十里）至恆（今正定）、趙（今縣），是爲此區中部之最大交通路線， 中古近古時代
經常置驛，今之正太鐵路即略取此線故道而行。井陘道與軹關陘道之間，聯貫東西之大
道首推壺關（今黎城東北二十五里）道。冀州圖云， 鹿谷山（長子縣西）「有大道入
壺口，東出襄國（今邢台），西登奚斯巨嶺（即烏嶺）以達河東（即蒲州永濟縣），徑阻
千里。」即此古道也。東晉十六國及北朝時代，鄴城（今臨漳西二十里、磁縣東南十餘
里）爲重地，往往爲偏霸國都。其西北不遠處有澄口（今磁縣西北四十八里），爲此道
東出之一要陘。由鄴城西北行六十餘里入澄口，西越太行山，出壺關，西至上黨（今
長治）達河東（蒲州）；又出壺關西北經襄垣（今縣）達太原； 又由澄口西北越太行
黃澤關（今武安西八九十里）至遼州（今縣）， 亦達太原。諸道皆以澄口爲樞紐，故
稱澄口道，爲中古太行八陘之一。唐稱鄴口道（今武安西），唐末至宋曰吳兒谷道，蓋
吳兒峪即古壺關，在太行山脊之西，爲陘道西口，澄口、鄴口在太行山脊之東，爲陘
道東口，史稱不同， 實皆古壺關道也。唐置澤潞節度使，以太行山西之高地爲軍政核
心，而兼統太行山東之邢磁洺三州，既資其財力之支濟，兼以鐵入河北，期能抑制三
鎮之勢力。此鎮之地分在崇山兩側而能成爲一完整之實力者，正藉此道之聯繫也。今

就北朝隋唐史事，考見此道之較詳行程，以爲讀中古史者之一助。

　　滏口陘爲太行八陘之第四陘，早爲東西交通要道。

　　　　元和志一六懷州河內縣目引述征記曰：「太行山首始於河內，自河內北至幽州，
　　凡有八陘。……第四滏口陘，對鄴西。」是此陘早爲東西交通要道。

其地在邯鄲西南，磁州滏陽縣（今磁縣西三里）西北四十五里，有滏山，一名鼓山。
山中有陘道，故名。「山嶺高深，實爲險阨。」

　　　　淮南子四墜形訓：「釜出景。」高誘注：「景山在邯鄲西南，釜水所出，南澤入
　　漳。其原浪沸湧正，勢如釜中湯，故曰釜，今謂之釜口。」續郡國志魏郡鄴
　　縣，「有故大河，有滏水。」劉昭補注引魏都賦。檢左思魏都賦（文選六）云：
　　「北臨漳滏，則多夏異沼。」李善注：

　　　　　「漳滏二水名，經鄴西北，滏水熱，故曰滏口，水有寒有溫，故曰多夏異沼
　　　　也。冀州圖，鄴西北鼓山，山上有石鼓之形，俗言時自鳴。劉邵趙都賦曰神
　　　　鉦發聲。俗云石鼓鳴則天下有兵革之事。山海經曰，神囷山，滏水出焉。郭
　　　　璞曰，經鄴西北入漳。」

　　是滏水之名極早，水經注有此水，今本已佚；趙本有補文云：「御覽引水經注，
　　滏水發源出石鼓山南巖下，泉源奮湧，若滏之揚湯矣。其水多溫夏冷，崖上有
　　魏世所立銘。水上有祠，能興雲雨。又東流注於漳，謂之合口。又曰水經注
　　云，浮圖澄別傳曰，石虎時自正月不雨至六月，澄日詣滏祠，稽首暴露………
　　於是雨徧千里。」則酈注記之甚詳，蓋爲當時名地。至滏山具體方位，前引
　　淮南子高誘注，在邯鄲西南。元和志一五磁州滏陽縣目云：

　　　　　「鼓山亦名滏山，在縣西北四十五里，滏水出焉，泉源奮湧，若滏水之湯，
　　　　故以滏口名之。八陘第四曰滏口陘，山嶺高深，實爲險阨。」

　　寰宇記五六，則兼採水經注與元和志述之。記又引隋圖經與魏地記，皆作滏口
　　山。又引宋永初古今山川記，「鼓山有石鼓形二所，南北相當，俗語云，南鼓
　　北鼓，相去十五。」蓋兩峯相去十五里，中斷爲陘道歟？據元和志，山在滏陽
　　西北四十五里。方位即在邯鄲西南也。紀要四九磁州目滏水條引郡縣志與元和

志同。而一統志彰德府卷山川目，鼓山在武安縣南三十里，一名滏山。按元和志，武安在磁州西北九十里，寰宇記作九十五里。則武安南三十里者為北鼓，滏陽西北四十五里者為南鼓，皆不誤。

滏陽地望　一統志廣平府卷古蹟目，滏陽故城今磁州治。又引舊志，「有故滏陽城在今州西三里。」按一九五三年在磁縣西南四公里滏陽村簸箕窰內發現北魏司馬興龍墓，有誌完好，云興和三年十一月日「葬於鄴城西北十五里釜陽城西南五里平岡土山之陽。」（鄭紹宗北魏司馬興龍墓誌跋，文物一九七九年第九期。）則舊志正確無偽。而鄴城正確位置約在磁縣之南偏東十餘華里，不到二十里。檢一統志彰德府卷、紀要四九，鄴故城在臨漳縣西二十里，地望甚合。

滏口陘道在中古時代為太行東西重要通道，尤以北齊為盛。蓋東魏、北齊都鄴城（今臨漳縣西二十里），而以晉陽為軍政中心，諸帝往來兩宮，或一年數次，大抵皆取道於此陘也。

前史記五胡十六國至北朝時代滏口用兵事甚詳，紀要四九武安縣滏山條有扼要綜述云：

「滏山在縣東南二十里，即滏口。……晉永和六年，石趙冉閔作亂，趙將張沈據滏口；太玄十九年，慕容垂攻西燕，遣慕容楷出滏口，既而垂亦引大軍自滏口出，是也。後魏主子攸建義初，羣賊葛榮圍鄴，爾朱榮自晉陽東出滏口討平之。永安三年，魏主使楊津督并肆等九州諸軍事。津留鄴召募，欲自滏口入并州，不果。既而……高歡……請就食山東，遂自晉陽出滏口。……大昌初，高歡自鄴入滏口，擊爾朱兆於晉陽。後周建德五年，克晉陽，將趣鄴，齊主遣尉世辨覘周師，出滏口登高阜西望。（按此見北齊書尉景傳，而其謀實出高孝珩，見廣寧王孝珩傳。）蓋滏口為自鄴西出之要道。」

據此足見五胡北朝時代滏口為鄴城西山之要道。北齊書一神武紀，高歡自晉陽出奔，中經襄垣，滏口，至鄴。其後高歡誅兆，專朝政，遷魏都於鄴，而自居晉陽，常來往於兩地間。惜途經不詳。考續高僧傳（大正藏本）二五道豐傳，「居相州鼓山中，……齊高往來并、鄴，常過問之。」則實亦取道滏口也。其後諸帝雖都鄴城，但幾乎每年皆幸晉陽，或一年數次，蓋亦取此道無疑。

故其時雖爲山道險峻，然仍列樹靑松，且置驛，今可考者有繞間驛名。

續高僧傳二五圓通傳，鼓山石窟寺北五里有繞澗驛。時在北齊世。帝王常行之
道，置驛通使固宜。同傳又云：「自神武遷鄴之後，因山上下並建伽藍，或樵
採陵夷，或工匠窮鑿。……近有從鼓山東面而上，遙見山巓大道，列樹靑松
……。」云云。此列樹靑松之山巓大道，可能卽爲通驛之大道，而山林亦漸見
開闢也。北齊書八後主紀，武平七年十二月丁巳，帝棄晉陽東走，庚申至鄴。
通鑑一七二，謂丁巳夜始由晉陽出奔，則自晉陽至鄴繞三日。按唐代太原東經
遼州（卽儀州）磁州約近七百里，又二十七里至鄴城，詳後文。三日間行七百
餘里，山道而能如此速度，是必已修鑿就平夷也。

隋及唐初，兵家進軍仍常重此道。其後滏口之名似漸晦不彰。

隋書四五楊諒傳，煬帝卽位，諒發兵四出，「大將軍余公理出太谷，以趣河
陽；大將軍綦良出滏口以趣黎陽；大將軍劉建出井陘，以略燕、趙；柱國喬
鍾葵出雁門；署文安爲柱國，（與）……大將軍茹茹（略）直指京師。未至蒲
津……。」是五道並出，滏口爲其一也。又舊五六梁師都傳，說處羅可汗入
寇。「處羅入自幷州，（令）突利可汗與奚、霫、契丹、靺鞨入自幽州，合於竇
建德，經滏口道來會於晉絳。」未果。是亦以滏口爲一主道也。舊一九地理志
磁州昭義縣，「永泰元年廉察使薛嵩特置於滏口之右故臨水縣城。」元和志一五
磁州昭義縣，東南至州四十里。寰宇記五六作三十五里。又云「滏口泉在縣西一
里，出鼓山南脚。」則縣置在滏口東側。此後似少見滏口之名。

然此通道固無大異，惟所提及之谷道名稱或已頗異。蓋滏口在太行山脈之東麓，爲橫
斷太行山脈東西通道之東口，本非最高險處，只緣東近鄴城，故特顯於東晉、南北朝
時代耳。

如通鑑二四八會昌五年，昭義兵亂，「李德裕奏請詔河東節度使王宰以步騎一
千守石會關，三千自儀州（今遼縣）路據武安，以斷邢洺之路。」檢李德裕潞
州事宜狀（全唐文七〇三）云，「望賜王宰詔……，令三千人取儀州路把斷武
安。緣（昭義）軍糧兵馬多在山東，但遏邢州不通，自然駐旬月不得。邢洺…
…各令自守，不得出兵，惟要於武安路，（與）太原兵馬遙爲聲援。最切在令

山東斷絕，即立可誅窮。」此即明爲滏口故道，或極相近之道；其他事例詳下
兒峪、黃澤關道條。

今史料所見，唐末至五代北宋，此地相近之要隘，有吳兒峪在滏口之西，黃澤關在
滏口西北，蓋分別當滏口西行至潞州（今長治縣）及滏口西北行至太原之大道上，而
居扼險之地位者。

武經總要前集一七幷忻寧化嵐軍路條云：

「通河北路，自土門路，即古之井陘口，通眞定府、定州。……黃澤關路，
遼州正控其要……。吳兒谷路，潞州界，由谷入邢洺磁州界。」

按黃澤關、吳兒谷兩路，唐末已見，吳兒谷路即古壺關路，見史尤早，殆與土
門路等。

吳兒谷，唐中葉以前，以古壺關名，即春秋以來有名之壺關也。在黎城縣（今縣）東
北二十五里，接涉縣西南境，約今山西河北境上白巖山之南。

舊五代史四八後唐末帝紀下，「幽州趙德鈞以本軍二千騎與鎭州董溫琪由吳兒
谷趨潞州。」通鑑二八〇晉天福元年紀，述此事。胡注，「吳兒谷在潞州黎城
東北，涉縣西南。」檢一統志潞安府卷關隘目云：

「古壺關在黎城縣東北二十八里太行山口吾兒峪。左傳，哀公四年夏，伐晉取
壺口。杜預注，潞縣東有壺口關。唐書地理志，黎城縣有壺口故關。元和
志，古壺關在縣東二十五里。春秋，齊國夏伐晉取八邑，有盂口，即壺口
也，聲相近，故有二名。金史地理志，黎城縣有白巖山，故壺口關。通志，
壺口故關，路通河南涉縣，即今吾兒峪也。縣志，關在西井鎭有古關堡。按
吾兒峪在黎城縣東北，壺口山在長治縣東南，跨壺關縣界。相去百餘里。壺
口關本以山名，壺關縣復因關名，則壺口山之有關，舊矣。府志乃云壺口關
即今吾兒峪，而長治縣壺口山之關竟缺不載。通志亦仍其訛，所引注尤多混
淆。今兩存正之。」

按壺口關之名始見於漢書地理志，云上黨郡有此關，但不明地望。長治有壺口山
誠是。然通典一七九潞州黎城「有壺口故關」。元和志云，古壺關在縣東二十五
里，即黎城縣東。又杜預云在潞縣東，亦指黎城境而言。則黎城東壺關之名爲

古，胡注謂吳兒谷亦在黎城東北，即今吾兒峪。則中古壺關即今吾兒峪，甚是，至少相近。至於長治之壺口關乃另一事，今姑不論。據此而言，唐末宋初迄今所謂吳兒谷路，即古壺關路，在黎城縣（今縣）東北二十五里，接涉縣西南界。正當今山西、河北分界地帶。金史地志云在白巖山。檢今圖，黎城東北，涉縣西北，有白巖山在兩省界上，關蓋在其南歟？其地當潞州東通邢洺磁三州之衝，而正在滏口之西，則由關谷東出至少有一路經滏口也。

由潞州治所上黨縣（今長治）東北行四十里至潞城縣（今縣），本漢潞縣，即春秋赤狄潞子國也。又東北八十里至黎城縣（今縣）。襄垣東偏南四十里有井谷故關，約當襄垣、潞城、黎城三縣接壤處，蓋當此道西循濁漳水而上通襄垣武鄉達太原之道耳。黎城又東北二十五里至吳兒谷，古壺關口也。又三十五里至涉縣（今縣）。

元和志一五，潞州，潞城縣南至州四十里，黎城縣西南至州百二十里，涉縣南至州一百八十里。寰宇記四五潞州，潞城縣西南至州四十四里，涉縣西南至州一百八十里，餘相同。寰宇記所書方位為正。餘已詳上條。

井谷關，見元和志一五潞州襄垣縣目。云：「關在縣東南四十里，置在天井谷內，深邃似井，因此為名。魏武初遷鄴，於此置關。周建德六年廢。」新志亦云縣東有井谷故關。度其地正在襄垣東接潞城、黎城境。前引高歡事，由太原經襄垣出滏口至鄴，當取此關道。又通鑑一五五梁中大通四年七月，爾朱兆據晉陽，高歡引兵入滏口，軍於武鄉以討之。亦此道也。通太原道已詳洛陽太原道考（史語所集刊第四十二本）。

涉縣當潞州東逾太行山通邢洺磁三州之系口，為昭義節度使境內東西交通要衝，故三州軍糧以濟山西潞澤者，多儲於此。涉縣吳兒谷之南潞河（即濁漳水）出太行山口，名徼子口，亦為交通輔線之一隘道。

李德裕論昭義軍事宜狀（全唐文七〇三）云：「緣涉縣正當山東系口，絕是要地，有鎮兵五百人以下，去潞府一百六十里。軍糧至多。潞府官健月糧皆在此請受。恐潞府叛兵急則投竄涉縣，搖動三州，切要國家先遣兵把捉。……昭義舊都押衙焦長楚，……劉從諫降黜，……今在邯鄲。若……令鎮守涉縣兼把捉潞河徼子口，至為穩便。」按此狀最能見涉縣在此道上之形勢，故詳錄之。潞

河徼子口者，元和志一五潞州潞城縣「漳水一名潞水，在縣北。闞駰曰，潞水在縣北。……土俗尙謂濁漳爲潞水也。」蓋潞城縣東濁漳水下游出太行山之口，有徼子口之名，亦爲東西交通之一輔助隘道也。

由涉縣東南行一百六十里至磁州治所滏陽縣（今磁縣西南三里），此卽元和志所紀磁、潞間之通道。滏口，唐置昭義縣，蓋仍爲大道所經。

元和志一五，磁州西至潞州三百四十里；而寰宇記五六，作三百八十里。按潞州東北至涉縣一百八十里，則涉至磁似以一百六十里爲正。檢一統志彰德府卷，涉縣至安陽二百二十里，則涉至磁正當約一百六十里。

元和志一五磁州，昭義縣東南至州四十里。本臨水縣，後廢。永泰元年復置，更名昭義。寰宇記五六，磁州昭義縣在州西三十五里。「滏口泉在縣西一里，出鼓山南脚，流至縣界。」舊志「置於滏口之右故臨水縣城。」是卽在滏口之下耳。

由涉縣東北行約百餘里至武安縣（今縣）。武安又東微南行至邯鄲縣（今縣）。又由涉縣東北出滏口亦至邯鄲。趙都邯鄲故城在縣西南十里，俗稱趙王城。由邯鄲東行至臨洺縣，北臨洺水故名。又東行五十里至洺州治所永年縣（今縣），州西去涉縣約二百七十里，此卽元和志所記潞洺間之通道。

通典一七九潞州上黨郡東北到洺州廣平郡武安縣界二百四十里。寰宇記四五潞州目，同。是由涉縣至武安縣界僅六十里，然觀兩縣實際里距約百里以上，六十里僅就縣西界而言。元和志一五潞州東北至洺州四百五十里。此卽取涉縣至武安縣或由涉縣經滏口無疑。則涉至洺約二百七十里也。觀今圖，里距亦略合。其道中經邯鄲、臨洺，詳下引通鑑。臨洺受名及東至洺州里數，見元和志一五、寰宇記五八。邯鄲故城，詳一統志廣平府卷古跡目。

德宗建中二年，太原節度使馬燧、潞州節度使李抱眞合兵東下壺關，收邯鄲、雙岡、盧家砦，破田悅於臨洺，卽此道也。然一云軍出鄴口（邯鄲縣西），卽鄴口與壺關吳兒谷爲同一隘道，蓋壺關吳兒谷在太行山脊之西，爲隘道西口，鄴口在太行山脊之東，爲隘道東口。且此鄴口之名安史亂時已見史。蓋此隘道，南北朝以滏口名，唐代前期中期以鄴口名，晚唐至宋以吳兒谷名，皆卽古壺關道也。

通鑑二二六建中二年紀，「薛嵩之死也，田承嗣盜據洺相二州，朝廷獨得邢、

磁二州及臨洺縣。悅欲阻山爲境，曰邢磁如兩眼在吾腹中，不可不取。乃遣兵馬使康愔等將八千人圍邢州，別將楊朝光將五千人柵於邯鄲西北，以斷昭義救兵，悅自將兵數萬圍臨洺。」又二二七，續云：「河東（太原）節度使馬燧、昭義（澤路）節度使李抱眞……合兵八萬東下壺關，軍于邯鄲。……燧等進攻朝光柵，悅將萬餘人救之，燧命大將李自良等禦之於雙岡，令之曰悅得過，必斬爾。……燧推火車焚朝光柵，斬朝光。……進軍至臨洺……悅兵大敗，……引兵夜遁。……馬燧帥諸軍進屯㽮。」考異引舊田悅傳，「師自壺關東下，收賊盧家砦。」又引燕南記，「燧與抱眞兵八萬自潞府東下壺關，先收邯鄲盧家砦，朝光戰死。」胡注「雙岡在邯鄲西北，臨洺之西，亦名盧家疃。」按其時相州㽮城爲田悅根據地，此云東下壺關，必非潞州東南之壺關縣壺關口，而爲吳兒谷之壺關。田悅兵據「邯鄲西北，以斷昭義之路」，正指此路而言。李抱眞由潞州東北行，馬燧由太原府東南行，亦正得會師於此也。

通鑑書此事云燧與抱眞合兵「東下壺關，軍于邯鄲。」而舊一三四馬燧傳則云燧與抱眞合軍救臨洺，「軍出㽮口……次邯鄲。」則㽮口與壺關實卽一道。又按通鑑二二六，書此戰事之前，云邢曹俊說田悅曰：「今頓兵堅城之下（謂圍臨洺），糧竭卒盡，自亡之道也。不若置萬兵於㽮口以遏西師，則河北二十四州皆爲尚書有矣。」事本舊一四一田悅傳。胡注：「㽮口當西山之下，直相州之西。」同書二一七至德元年，李萼說顏眞卿曰，「聞朝廷遣程千里將精兵十萬，出㽮口討賊，賊據險拒之，不得前。今當引兵先擊魏郡，執祿山所署太守袁知泰，納舊太守司馬垂使爲西南主人，分兵開㽮口，出千里之師。」此本舊一二八顏眞卿傳。胡注：「㽮口在洺州邯鄲縣西，蓋卽壺關之險也。又按舊唐書，㽮口在相州西山。」復考舊一九五廻紇傳，「河北悉平，懷恩自相州出㽮口路而西，可汗自河陽北出澤潞與懷恩會，歷太原……。」舊一二一僕固懷恩傳，同。綜此而言，㽮口一路，在唐代前期及中葉皆極顯名，地在相州西北邯鄲之西，當太行山東西隘道，蓋壺關吳兒谷在山脊隘道之西口，㽮口則爲山脊隘道之東口，其實一道，故馬燧、李抱眞東下太行，可云「下壺關」亦可云「出㽮口」。出口之後可東指邯鄲、洺州，可東南指相州、㽮城也。

又由武安東北行一百二十里至邢州治所龍岡縣（今邢臺），去涉縣不到二百五十里。此即李德裕策劃把截武安以斷潞邢之通路也。

> 通典一七八邢州「西南到廣平郡武安縣百二十里。」李德裕策，見前引潞州事宜狀。

涉縣當太行山口，向東分通磁、洺、邢三州，故李德裕云「正當山東係口」，武經總要云由吳兒谷「入邢、洺、磁州界」也。

> 皆詳前引。

考之前史，戰國趙奢解閼與之圍，即取此道。魏武圍鄴，「武安長尹楷屯毛城（今涉縣西）通上黨糧道。」操既拔鄴，高幹「執上黨太守，舉兵守壺關口。」亦此道也。

> 史記八一廉頗藺相如傳，「秦伐韓，軍於閼與。……（趙）王乃令趙奢將救之。兵去邯鄲三十里。……秦軍軍武安西，秦軍鼓譟勒兵，武安屋瓦盡振。……趙奢……堅壁留二十八日不行。……秦間……以報秦將。……趙奢……乃卷甲而趨之，二日一夜至，令善射者去閼與五十里而軍，……大破秦軍。……」中古學人釋此事，或云閼與即武安西南五十里之閼與山，或云潞州閼與聚。（此傳及秦紀三家注，參史記地名考頁四九五）按此傳敍事有矛盾，云武安屋瓦盡振，則應在武安西不遠之閼與山，云卷甲趨之二日一夜至，則應在閼與聚。但不論如何，秦趙兩軍之進出必經武安西之隘道，即今考之壺關、吳兒谷道也。
>
> 尹楷、高幹事皆見三國志魏武紀建安九年、十年條，參見袁紹傳。

曹魏經營鄴都，歷晉南北朝，屢爲偏霸國都、滏口、壺關當鄴都西山路口，故此道尤顯重要。冀州圖云，長子縣西鹿谷山「有大道入壺口，東出襄國，西登奚斯巨嶺以達河東，徑阻千里。」襄國即邢州，河東即蒲州，「壺口東出」即此大道，「西登奚斯巨嶺」，即烏嶺道西通晉、絳、解、蒲者，東西聯貫，實黃河以北之主要東西幹線也。

> 冀州圖所記鹿谷山東西大道，見寰宇記四五潞州長子縣目。烏嶺路詳另文。宋史二六一陳思讓傳「劉崇僭號太原，周祖……遣思讓率兵詣磁州，控扼澤、潞。……俄遣王峻援晉州，以思讓……爲排陣使，令率軍自烏嶺路至絳州，與大軍合。」即此通貫東西之大道也。

黃澤嶺在儀州治所遼山縣（今遼縣）東南一百二十里、磁州武安縣（今縣）西不逾八

九十里之太行山脈中，當太原東南行經儀州（卽遼州）越太行山脈通邢、洺、磁、相諸州之大道。

通鑑書唐末五代用兵，屢及黃澤關事，條錄如次：

昭宗光化三年，劉仁恭「求援於河東，李克用遣周德威將五千騎出黃澤，攻邢、洺以救之。」胡注：「黃澤關在遼州遼山縣黃澤嶺。」（卷二六二）

梁貞明元年，魏人反梁，求救於晉。晉王遣「李存審自趙州進壤臨清。……晉王引大軍自黃澤嶺東下，與存審會於臨清。」胡注：「魏收志，樂平郡遼陽縣有黃澤嶺。隋改遼陽爲遼山縣，唐帶遼州。」（卷.二六九）

同年，晉王與劉鄩相持於魏。「劉鄩以晉兵盡在魏州，晉陽必虛，……乃潛引兵自黃澤西去。……晉王……亟發騎兵追之，會陰雨積旬，黃澤道險，菫泥深尺餘，（鄩軍）士卒援藤葛而進，皆腹疾足踵，死者什二三。……至樂平，糧糧且盡，又聞晉（晉陽）有備」乃由邢州還。（同上）

周廣順元年，「北漢主發兵屯陰地、黃澤、團柏。」周遣「陳思讓將兵戍磁州，扼黃澤路。」胡注，漢「屯黃澤者，欲窺邢趙。」又云「磁州西北當黃澤關路口。」（卷二九〇）

據此，黃澤當太原東南通太行山東邢洺磁諸州之通道無疑。劉鄩西襲，舊五代史二八唐莊宗紀二述之云，「山路險阻，崖谷泥滑，緣蘿引葛，方得稍進，顚墜巖坂陷于泥淖而死者十二三。」具見此道之險阻。又前引通鑑皆云黃澤、黃澤嶺，胡注引魏書地形志亦僅云嶺。舊五代史唐莊宗紀及劉鄩傳（卷二三）、梁末帝紀（卷八）亦皆只云黃澤、黃澤路；而新五代史劉鄩傳（卷二二）周德威傳（卷二五）則作黃澤關，前引胡注亦作關，與前引武經總要作關者合。頗疑唐五代未必置關，新傳以後事誤着「關」字歟？又前引胡注僅明嶺在遼山縣境。檢紀要四三遼州，「黃澤嶺在州東南百二十里太行山上。」一統志彰德府卷關隘目，「黃澤岩在武安縣西一百二十里，按山西遼州界，山勢盤曲，亦名十八盤。」遼州卷山川目略同。是此嶺在遼州遼山縣與磁州武安縣之正中間。然觀今圖，黃澤關東至武安無百里以上之距離。下文引元和志儀洺間相去三百六十里，前文論涉至洺州二百七十里，則武安永年間應有一百五十里，則黃澤至武

安應不逾九十里。統志蓋誤歟？遼州，唐初置，不久改名箕州，先天元年改名儀州，見元和志一三，後梁復名遼州，見寰宇記四四。

黃澤西北行一百二十里至儀州治所遼山縣（今遼縣，近易名左權）。儀州西北至太原府有南北兩道。南道由州正西行一百一十里至榆社縣（今縣），又西接石會關、軒車嶺道。北道由州西北行九十里至平城縣（今和順西一百里儀城鎮）即趙簡子平都故城也。縣西北十四里有北八賦嶺，縣西南三十里有南八賦嶺，統名遼山，海拔 5689 呎（北緯 37°25′ 東經 113°5′）故州縣有遼名。二嶺懸崖曲磴，道其出間，西北至榆次縣（今縣）蓋不踰一百五十里歟？又西五十六里至太原府（今晉源）。元和志所記全程三百四十五里者，疑取南道。

元和志一三儀州「西北至太原府三百四十五里。」太原府目，方向里距全同。寰宇記四四遼州目亦同。此仍就幷州舊治而言。按儀州領榆社縣，東至州一百一十里，縣西即接石會關通太原道，詳洛陽太原道驛程考。此為遼州通太原之一道。又北齊書四九方伎宋景業傳，「顯祖應天受禪，乃之鄴，至平城都，諸大臣沮計，還至幷州。」此事又見卷三〇高德政傳，亦作平城都。卷四二陽休之傳作平陽郡。而通鑑一六三梁簡文大寶元年紀作平都城。按元和志一三平城縣，「開皇十六年於趙簡子所立平都故城置平城縣，屬遼州。」則通鑑為是。齊書皆誤。（參看高德政傳標點本校記）是北朝末期太原至鄴大道中經平都城也。元和志儀州平城縣在州西北六十里。寰宇記四四作九十里。檢一統志遼州卷古蹟目引元和志亦作九十里。又引金史地志，縣廢為儀城鎮；舊志，鎮在和順縣西一百里。則九十里為正，「六」字形誤。

八賦嶺　元和志遼州平城縣，「八賦嶺在縣西南三十里，武鄉水所出。」寰宇記，平城縣「北八賦水在縣西北一十四里，出北八賦嶺，東流入遼山縣界。南八賦水在縣西三十里，出南八賦嶺，東流入榆社縣界。」檢一統志遼州山川目，八賦嶺「有南北二嶺，南嶺在和順縣西一百二十里，北嶺在和順縣西北一百二十里，亦名八縛嶺。魏書地形志，樂平縣有八賦嶺。……縣志，南北二嶺兩山對峙，如八字然。又關隘目，「其嶺有二，懸崖曲磴，設二關於嶺口，西南曰青龍關，赴平汾要路，西北曰黑虎關，赴太原要路。二關之間置巡司守之。」

是此嶺見史已久，交通形勢顯然，此道必出其間西北至楡次縣。又元和志，儀州遼山縣「因縣西北遼山爲名。」一統志八賦嶺條，謂此嶺卽遼山，是也。

楡次西去太原里程，見元和志一三太原府目。寰宇記四〇謂縣在幷州南七十里者，其時州治已北移也。

元和志所記儀州通太原道三百四十五里，若取八賦嶺路，則平城至楡次二百里。測之地圖，似太多。疑取楡社西石會關道，較迂遠，故得此里程歟？然亦難定也。

劉黏踰黃澤嶺欲襲太原而至樂平（今昔陽）者，蓋欲北取平定大道西行，以避儀州以西諸嶺之險歟？或有其他戰略之考慮歟？未敢定也。

劉黏由黃澤西襲事，已詳前引。按元和志，儀州「北至太原府樂平縣一百十里。」寰宇記四四，遼州「北至平定軍樂平縣一百七十里。」按元和志通例不記至鄰州某縣里數，此爲特例，蓋亦常行之道也。兩書里數不同，觀今圖，志文蓋脫「七」字。

黃澤嶺東南約八九十里至武安縣(今縣)，又東約一百五六十里至洺州治所永年縣（今縣）。至武安，自可東北至邢州，東南至磁州。

元和志一三儀州「正東微南至洺州三百六十里。」卷一五洺州目同。嶺在儀州東南一百二十里，及嶺去武安里數見前。則武安至洺州里數可知。

又由儀州向南微東行一百九十五里至黎城縣，亦可東出至武安縣。

儀州至黎城道，見寰宇記四四遼州目。

武安西南五十里有固鎭驛，據太行之險，當武安、涉縣、滏口、黃澤嶺之衝，爲四地道口。觀此形勢，實卽唐前期常見史之郲口地區。唐末曾徙昭義縣置此，蓋有如北朝之滏口。其地置驛，則潞、儀東通磁、洺諸道當亦時或置驛也。

舊一七下文宗紀，開成四年八月辛亥，「磁州移昭義縣於固鎭驛。」考舊五代史一一四周世宗紀，顯德元年，「潞州奏河東劉崇入寇。……詔天雄軍節度使符彥卿領兵自磁州固鎭路赴潞州。」宋史二五一符彥卿傳，略同。命「領兵從磁州固鎭路，壓其（潞州）背。」通鑑二九一周顯德元年，謂「自磁州固鎭出北漢軍後。」胡注：「磁州武安縣有固鎭，自此西北行至遼州，北漢軍時已攻

潞州，符彥卿若至遼州界，則出其後矣。」又考舊五代史五〇唇書宗室傳，李克修「平潞州，……爲昭義節度使。光啓二年九月，克修出師山東，收復邢、洺（謂欲復此二州）十一月拔固鎮。孟立方遣將呂臻來援，戰於焦崗，大敗之。……進拔武安、臨洺諸縣。」通鑑二五六，云擒「呂臻於焦崗，拔故鎮，武安，臨洺，邯鄲，沙河。」胡注，「九域志，洺州武安縣有固鎮鎮。」謂故鎮卽固鎮也。綜此而言，固鎮當潞、儀（遼）、磁、洺、邢諸州之通道無疑。檢一統志彰德府卷關隘目，「固鎮關在武安縣西五十里，卽古固鎮，據太行之險，道出澤、潞、遼（卽儀）、沁諸州。」山川目，焦岡在武安西六十里。紀要四九彰德府武安縣目，固鎮關條同。又固鎮城條，引里道記，「固鎮至遼州三百十一里。」按昭義縣本置在滏口，曾移置於此，則其地屬昭義，又亦當西南通涉縣至潞州之路，故在武安西五十里者，蓋實西南，故先拔固鎮後戰於武安西六十里之焦岡也。其去遼州亦不當有三百里以上，疑爲二百之誤歟？抑此數字根本錯誤歟？

武安之西又有新口路，武宗會昌三年所開以通儀、磁者。其他約在黃澤嶺之南不遠處。

舊五代史二梁書太祖記，天復元年，遣氏叔琮等伐太原。「叔琮等自太行路入，魏博都將張文泰自磁州新口入，葛從周以兗、鄆之衆自土門路入，洺州刺史張歸厚以本軍自馬嶺入，定州刺史王處直以本軍自飛狐入。」卷二六唐書武皇紀略同。通鑑二六二天復元年胡注，「武宗之討劉稹也，自遼州開新路達於磁州武安縣，故謂之新口。」檢一統志彰德府卷關隘目，「新口在武安縣西，唐會昌三年」云云，與胡注同。地屬磁州，在武安縣西。其詳無考，疑與黃澤爲近歟？

黃澤關道之北有青山口道。由邢州西北行經青山縣（今内邱西南青村），以縣西二十里青山受名。其山幽深險絕，但爲入太行山道口，謂之青山口，唐末五代常爲東西用兵要道，由此可西踰太行至儀州，亦可西北踰太行至儀州之樂平縣（今昔陽）。

通鑑於唐末五代屢書河北河東統治者東西用兵青山口事，如：

光化元年「朱全忠……會魏博兵擊李克用。夏四月丁未，全忠至鉅鹿城下，

敗河東兵萬餘人，逐北至青山口。……以從周……守邢洺磁三州。」（卷二六一，參舊五代史一六梁書葛從周傳。）

同年九月，「李克用遣其將李嗣昭、周德威將步騎二萬出青山，將復山東三州。壬寅進攻邢州，葛從周出戰大破之，嗣昭等引兵退入青山。」（同上，參舊五代史三五唐書明帝紀）

光化三年八月，「李嗣昭敗汴軍於沙門河（沙河？）……拔洺州。」九月，朱全忠自將中軍三萬涉洺水置營，李嗣昭棄城走。從周設伏於青山口，邀擊，大破之。（卷二六二，參舊五代史一六葛從周傳）

晉天福元年，石敬瑭叛唐。九月，唐主詔遣四路由河陽、青山、飛狐、慈隰進兵。其青山路云，「詔天雄節度使兼中書令范延光將魏州兵二萬，由青山趨楡次，……戍遼州。」（卷二八〇，參舊五代史四八唐書末帝紀）

觀此諸條，青山口爲唐末五代時，河東出軍東下太行之要道。元和志一五邢州有青山縣，「東南至州五十里。……開皇十六年……置，……縣界有青山，因名。」「黑山一名青山，在縣西二十里，幽深險絕，爲逋逃之藪，以周太祖諱黑，改黑山爲青山。」寰宇記五九，內邱縣目，謂廢青山在州北五十里。方向小誤。檢一統志順德府卷古蹟目引內邱縣志，青山故城，在縣西南青山村。由此西踰太行入河東境。

唐末五代又見有馬嶺、馬嶺關（約今關，而今圖與黃楡關地望互譌）之名，在邢州西北一百六十里，亦當河東東出之要路，而實與青山口爲一道。

舊五代史三五唐書明帝紀，「武皇遣大將軍李嗣昭率師下馬嶺關，收復邢、洺；梁將葛從周以兵應援，嗣昭兵敗，退入青山口。」足見此關爲河東通邢、洺之路。然此卽前引通鑑光化元年九月事。通鑑云嗣昭等出青山，亦退入青山口。則青山，馬嶺似卽一道。其證一。又舊五代史二六唐書武皇紀下，天祐三年正月，魏博旣殺牙軍，魏將史仁遇據高唐以叛，……。武皇遣李嗣昭率三千騎攻邢州以應之，遇汴將牛存節、張筠於青山口，嗣昭不利而還。」而通鑑二六五天祐三年紀云，存節張筠「伏兵於馬嶺，擊嗣昭敗之，嗣昭遁去。」此其證二。

馬嶺當河東下太行路口，復有他證。如通鑑二六一光化二年，「葛從周……自土門攻河東，拔承天軍，別將氏叔琮自馬嶺入遼州樂平，進軍楡次。」同書二六二天復元年，朱全忠「遣氏叔琮將兵五萬攻李克用」，分自太行、磁州新口、土門、馬嶺、飛狐五路並入。其馬嶺路云「洺州刺史張歸厚入自馬嶺，……引兵至遼州」。（參看舊五代史二梁太祖紀，二六唐書武皇紀。）其西行之路至遼州、樂平、楡次，亦與青山口路同。

檢一統志平定州卷山川目，「馬嶺在州樂平鄉東南一百里，舊有關，接直隸順德府邢台縣界，五代末爲守險之地。」即此馬嶺也。樂平鄉即今樂平縣（昔陽縣）。又遼州卷關隘目，「松煙鎮在和順縣東四十里，又東十里爲馬嶺曲鎮。」又順德府卷山川目，「馬嶺在邢台縣西北一百六十里，其地峻險，爲戍守要地。……府志，嶺邊牆二道，外有溝澗，名曰鬼谷溝。」又凌霄山，在邢台縣西北七十里，徑路崎嶇……西坡下爲黃谷巖。又西北二十里爲溫居山，又西北二十里即馬嶺口。」紀要一五順德府邢台縣，「馬嶺在府西北百三十里，其地峻險，有馬嶺口。」據此諸條，馬嶺在樂平縣東南一百里，邢州治所邢台縣西北一百六十里，嶺東有馬嶺口，爲入太行道口，嶺西今有馬嶺曲之名，在和順縣東五十里。檢國防研究院地圖第二册河北山西人文圖，此地區有馬嶺關在北，黃楡關在南，相距不遠。再檢一統志順德府卷關隘目，「黃楡關，在邢台縣西北黃楡嶺上，……自黃楡南爲馬嶺口，清風嶺口，夫子巖口，莊兒口，……」又山川目，黃楡嶺、清風嶺皆在邢台縣西北一百六十里，皆險道，而黃楡，南去清風嶺三十里。則今圖南北地望互誤，而馬嶺蓋在黃楡之南不過二十里耳。

蓋由邢州治所龍岡縣（今邢台）西北行五十里至青山縣（今內邱西南青村），又二十里至青山口，又九十里至馬嶺，唐末置馬嶺關（今有關）。由關嶺西南行五十里以上至和順縣（今縣），又西南八十五里至儀州治所遼山縣（今遼縣）。又由關嶺西北行亦百餘里至樂平縣（今昔陽），由縣西行至楡次（今縣）。由縣北行接井陘西通太原驛道。

通典一七八邢州，西北到太原府樂平縣五十里。此顯有脫文。而寰宇記作五百里，恐亦太多。然邢州西北至樂平（今昔陽）有一大道可知也。檢國防研究院

地圖之河北山西人文圖所繪馬嶺關、黃榆關之地望，雖南北倒誤，然兩關間繪一大道，西北通昔陽，東南通邢台。此正卽通典寰宇記所記之大道無疑。其行程蓋約三百里之譜。

又元和志，邢州「西踰山至儀州二百三十五里。」通典一七八邢州目、一七九儀州目，皆作二百四十里，寰宇記邢州目作二百二十六里，皆略同。而寰宇記遼州目云東北至邢州三百四十二里。就校勘常例言，當以二百三四十里爲正。然前引一統志，和順縣東至馬嶺曲鎭五十里，其地當在馬嶺之西。元和志，和順南至儀州八十五里，則儀州東北至馬嶺關必在一百四十里以上，故由儀州取馬嶺道至邢州必三百里有餘，疑寰宇記遼州目爲最正。且觀今日地圖，遼縣、邢台間，若云二百四十里，唯航空距離爲可能耳。

此靑山口、馬嶺關道在唐末甚見重要，而新唐志云，太谷縣「東南八十里馬嶺上有長城，自平城（今遼縣西北九十里、和順縣西百里之儀城鎭）至於魯口（今河北饒陽縣）三百里，貞觀元年廢。」疑卽此馬嶺，則北朝已見重要。事當繫入樂平縣，而誤植於太谷縣歟？

新唐志太原府太谷縣條有此二十六字。按平城縣名，屬儀州（卽後遼州），其今地詳上文考儀州西至太原府道條。魯口，元和志一七深州饒陽縣，「州理城，晉魯口城也，公孫泉叛，司馬宣王征之，鑿滹沱入泒水以運糧，因築此城，蓋滹沱有魯池之名，因號魯口。後魏道武帝皇始三年車駕幸魯口，卽此城也。」寰宇記六三，同。據魏書太祖紀，皇始元年多，由幷州東出井陘，幸魯口城。明年正月，大饗羣臣於魯口。據寰宇記，又卽後魏虜渠口，置虜口鎭，後爲縣。是此長城，與太谷似無關聯。按馬嶺在樂平縣東南百里，樂平亦隷太原府，豈樂平縣下之文錯入太谷縣下耶？惟自平城東至魯口至少五百里，亦不只三百里。前引一統志順德府卷山川目，「馬嶺在邢台縣西北一百六十里，其地峻險，爲戍守要地。……府志，嶺邊牆二道，外有溝澗名曰鬼谷溝。」殆卽中古之長城耶？新唐志既誤入於太谷，後人附會，故紀要四〇、一統志太原府卷山川目皆云太谷縣東南七十里有馬嶺，蓋後人據唐志而名之。而紀要將唐末五代用兵進出馬嶺事盡係於此，則大誤，不可通解。

又文宗開成元年，開夷儀山路，東由邢、洺，西通太原、晉州。夷儀嶺在儀州之東，邢州之西一百五十七里，似在馬嶺稍南，本有古道西北至樂平，東南通襄國，此時重開之耳。

唐會要八六道路目，「開成元年四月，昭義節度使奏請開夷儀山路，通太原、晉州。從之。」舊唐書一七下文宗紀下同。元和志一三儀州，「因州東夷儀嶺爲名。」又一五邢州龍岡縣，「夷儀嶺在縣西百五十七里。」寰宇記五九邢州龍岡縣目，同。又云：「故夷儀城在縣西一百四十里，今俗謂之隨宜城。」而通典一七八邢州龍岡條，「縣西」作「縣北」，誤。寰宇記又引晉地道記云：「樂平東南有夷儀嶺，道通襄國。」邢州卽古襄國，則此本爲古道，蓋壅塞，今重開；或拓寬平耳。按前考馬嶺，引一統志，馬嶺、黃楡嶺皆在邢台縣西北一百六十里，今此夷儀嶺在縣西約百六十里。是亦太行山脈中一嶺耳，疑在馬嶺黃楡之南。

一九七八年初稿，一九七九年十一月四日訂正畢

從典論殘篇看曹丕嗣位之爭

王　夢　鷗

一、引　　　言

四庫總目提要卷一九五詩文評類，敍云：

> 文章莫盛於兩漢，渾渾灝灝，文成法立，無格律之可拘。建安黃初，體裁漸
> 備，故論文之說出焉，典論其首也。

這一段敍述，頗多可議之處。因不涉本題，可置毋論。唯是將「論文之說」的發生，斷自建安黃初，而且把典論定爲首創之作，說的如此肯定，疑其所依據者或出於文心雕龍序志篇所謂「詳觀近代之論文者多矣：至如魏文述典、陳思序書……」等語。因爲文心雕龍撰者與建安黃初相去的年代較近，而他又是「詳觀」此類著述的人，既把論文之說推始於曹丕的典論；而後世，古籍殘落，莫由詳觀，則文心雕龍的這些敍語，自可信據了。然而建安黃初，中間還隔着短短的一個延康年號，因此體會提要所指定典論首出的年代，祇似泛指「漢末魏初」一樣，實際並未確定。這樣語氣，不特與其斷語不相協調，尤其是「論文之說」何以必待至那個時期忽然冒出，則更非「體裁漸備」一語所能搪塞，必然其中還有一些較現實的原因被漏略了。

這裏試就曹丕典論之編成年代略爲推究，進而討論那「論文之說」忽然冒出的原因。雖其事甚細，但此說流傳千載，不僅那點「文氣」被推衍得光怪陸離；而且那五百多字的短篇，也成爲學者必讀的名文。如果能就其來歷稍作探查，當也不是毫無意義的事。

二、典論編成的年代

三國志卷二魏文本紀裴松之注引魏書云：

> 帝初在東宮，疫癘大起，時人彫傷。帝深感歎，與素所敬者大理王朗書曰：生
> 有七尺之形，死唯一棺之土，唯立德揚名，可以不朽，其次莫如著篇籍。疫癘
> 數起，士人彫落，余獨何人，能全其壽？故論撰所著典論、詩賦，蓋百有餘
> 篇。

這封書信雖未寫明論撰典論的確實時間，但至少可從三方面加以測定：一是在他初爲
「太子」時，二是在王朗爲大理任內，三是疫癘數起士人凋落之後。

一、後漢書卷九獻帝本紀：建安十八年 (213)：「夏五月丙申，曹操自立爲魏公，
加九錫。」又，「二十一年 (216) 夏四月甲午，曹操自進號魏王。」這裏兩用「自」
字，是否出於范曄的春秋筆法[1]，可以毋論。然而曹操既進位爲王，接着理應册立
嗣君，而三國志魏武本紀却延至建安二十二年冬十月，始以五官中郎將曹丕爲魏太
子。這樣擱置了一年多，當然其中另有原因。所以裴松之特於此處引魚豢魏略爲之注
云：

> 太祖不時立太子，太子自疑。是時，有高元呂者，善相人，乃呼問之。對曰：
> 其貴乃不可言。……後無幾，而立爲王太子。

依此記載，似乎延擱的原因是爲着未經相士的鑑定。實則不盡然。魚豢此處說的遠不
及陳壽在賈詡傳、崔琰傳、毛玠傳、陳思王傳內說的清楚。陳思王傳云：

> 植既以才見異，而丁儀丁廙楊修等爲羽翼，太祖狐疑，幾爲太子者數矣。而
> 植任性，行不自彫勵，飲酒不節。文帝御之以術，矯情自飾，宮人左右並爲之
> 說，故遂定爲嗣。

這記載雖少個相士之言，但是更切乎事情。原來曹丕之得立爲太子，除了策動親近曹

---

1. 趙翼廿二史劄記卷六，言後漢書三國志書法不同，略謂：自三國志魏紀，創爲迴護之法，歷代本紀皆率
以爲式。直至歐陽公作五代史及修新唐書，始改從春秋書法。而范蔚宗於三國志方行之時，獨不從其例，
觀獻紀，猶春秋遺法焉。陳壽魏紀云：天子使郗慮策命公爲魏公，加錫；范書獻紀則曰：曹操自立爲魏
公，加九錫。陳壽魏紀云：天子進公爵爲魏王。范書獻紀則曰：曹操自進號魏王。

操的人爲之美言以外，他一面「矯情自飾」，郭頒世語還留有例證[2]；一面也留有中傷敵手的文章，編在典論裏面（見後文）。

　　二、三國志卷十三王朗傳，僅載云「魏國初建，（朗）以軍祭酒領魏郡太守；遷少府、奉常、大理。」稽以同書一魏武本紀：建安十八年秋七月，曹操「始建魏社稷、宗廟。所謂「始建國」者，當指此時。前此兩月，正是漢獻帝策命曹操爲魏公，加九錫之時[3]，裴注引魏書說是曹操對此，曾前後三讓，於是引起大夥人來勸進。在許多勸進者中，王朗署銜還是「軍祭酒」。以此推知王朗之以軍祭酒領魏郡太守，是在建安十八年七月之後。從此又遷少府、奉常，至於大理，至少要在建安二十一年八月。因爲同卷載有「八月，以大理鍾繇爲相國」之文。鍾繇既已爲相國，則其大理遺缺當由王朗接替了。王朗自建安二十一年八月爲大理，直至二十五年：亦即延康元年二月，始又由魏王曹丕改授之爲御史大夫[4]。計其居大理之職共有三年又六個月，在此期內，隨時都可稱爲「大理王朗」；唯一不同的，是曹丕後於大理王朗一年又兩月始爲太子。易言之，曹丕爲太子後寫那封信說及編撰典論之事，最早不超過建安二十二年十月以前。

　　三、那信內提到「疫癘數起，士人彫落」，而沒有說明疫癘數起的年月。後漢書獻帝紀，於建安二十二年載有「是歲大疫」之文。稽以三國志卷二十一王粲傳，云王粲於二十二年春，道病卒（曹植的王仲宣誄說是正月二十四日）；又云：徐幹、陳琳、應瑒、劉楨，二十二年卒；並引「文帝與元城令吳質書曰：昔年疾疫，親故多離其災。徐陳應劉，一時俱逝。」這顯是說的同一事故，但因那些士人之罹災，死的不是同時同地，故曰「疫癘數起」這是可瞭解的。不過陳壽引的曹丕與吳質書，不及同卷附載於吳質事下裴注所引魏畧之詳。魏畧云：

　　　　二十三年，太子又與吳質書曰：日月易得，別來行復四年。三年不見，東山猶

---

2. 三國志卷二十一王粲傳附吳質事，裴注引世語曰：魏王嘗出征，世子及臨淄侯植並送路側。植稱述功德，發言有章，左右屬目，王亦悅焉。世子悵然自失，吳質耳曰：王當行，流涕可也。及辭，世子泣而拜，王及左右咸欷歔，於是皆以植多辭華，而誠心不及也。

3. 參見註①陳壽魏武紀，裴注九錫文「播勸之辭也」。按其事雖不美，然其文則爲後世論文家所激賞，並見文心雕龍詔策，風骨，才畧等篇。

4. 事見三國志魏文本紀延康元年二月，時曹丕甫嗣位爲王。

歎其遠，況乃過之，思何可支！雖書疏往返，未足解其勞結。昔年疾疫，親故
多離其災，<u>徐陳應劉</u>，一時俱逝，痛何可言邪！……

這裏明言此書是<u>建安二十三</u>年寫的。<u>昭明文選</u>卷四十二同載此書，於「日月易得」句
上還有」二月三日，<u>丕</u>白：」六字，尤可清楚看出那是<u>建安二十三</u>年二月三日，<u>曹丕</u>
寫給<u>吳質</u>的信，而於「疾疫」二字之上，特標「昔年」二字。昔者昨也，昔年猶言昨
歲，正是<u>王粲傳</u>中所載一些親故士人凋落之年。然而，這「昔年」二字，不見於<u>曹丕</u>
與<u>王朗</u>書中，倘非<u>裴松之</u>引此時有意刪節，則可信那是<u>建安二十二</u>年<u>曹丕</u>初爲太子時
寫的。因爲事在當年，所以不須紀年；同時在那信上明言「故論撰著<u>典論</u>、詩賦」云
云，也顯示那些著作是已論撰於寫信之前了。

　　據此可知，<u>曹丕</u>編撰<u>典論</u>，當在<u>建安二十二</u>年（217）十月之前，相距疫癘數起，
士人凋落之時不遠，同時也是他與<u>曹植</u>競爭爲太子進至關鍵的時候。至於諸人罹災，
而他倆兄弟獨免；此事，<u>曹植</u>有說[5]，茲可毋贅。

三、典論的流傳及實存篇目

　　<u>三國志魏文本紀</u>末，裴注引<u>胡冲吳歷</u>曰：

　　　帝以素書所著<u>典論</u>及詩賦餉<u>孫權</u>；又以紙寫一通與<u>張昭</u>。

<u>裴</u>氏此注又見於同書<u>孫權傳</u>，附於<u>吳黃武</u>元年；亦卽<u>魏文帝黃初</u>三年（222）。如或此
注具有指示時間的意義，則<u>典論</u>編成後之第六年，其書嘗從中原傳布及於<u>江表</u>。這不
但符合<u>曹丕</u>欲著書揚名以圖不朽的願望，亦從而可證見其如何自重其著作。那份素書
的與紙本，可視爲最早見於記載的<u>典論</u>抄本。此外流行於北方的抄本，依「王言如
絲，其出如綸」的通例，亦可想見其爲數必然很多。所以到<u>曹丕</u>死後四年，亦卽<u>魏明
帝太和</u>四年（230），乃有「詔大傅三公，以文帝<u>典論</u>刻石，立於廟門之外」的記載於
同書<u>魏明帝本紀</u>。本來刻石之文，雖有保存永久之意，但此事發生在<u>熹平石經</u>之後，
可疑此刻石還帶有「正定文字」的作用。因爲抄本過多，必至魯魚亥豕各有不同，他

---

5. <u>太平御覽</u>七四二引<u>曹植</u>說疫氣云：「<u>建安二十二</u>年，癘氣流行，家家有僵尸之痛，室室有號泣之哀，或闔
　門而殪，或覆旋而喪。或以爲疫者鬼神所作。人罹此者，悉被褐茹藋之子，荊室蓬戶之人耳。若夫殿處鼎
　食之家，重貂累蓐之門，若是鮮焉。」他倆兄弟，其時已是殿處鼎食之家了。

的兒子或慮其父的典論傳本有所差錯，故有這種尊重先人著述的舉動。然因此，典論之流傳，乃有抄本與石本二種。

石本典論之保存情形，在百餘年後尚見於裴松之，戴延之，酈道元，楊衒之等人的記述[6]。其中裴戴二人，於東晉義熙十二年（416）隨劉裕北伐，曾在洛陽太學堂前親見典論刻石，原有六碑，經五胡之亂，已是「四存二敗」。又歷百餘年，楊衒之記云：典論六碑，至北魏孝文帝太和十七年（493），其四碑仍在[7]。但楊氏此記，作於太和十七年後五十餘載，不言他當時的實在情形而推說五十餘年前猶存四碑，倘非轉據前人載籍為說，便可疑他那時已不見這典論殘碑了。

降至唐初，僅於隋書經籍志經部小學類，著錄有「一字石經典論一卷」。這當是流傳石本的殘餘，較之同書子部儒家類著錄的魏文帝「典論五卷」，篇幅已相差很多。復經二百餘年，那一字石經典論，已不見於舊唐書經籍志，剩下的僅有五卷本的典論了。兩宋書籍目錄漸備，但自宋史藝文志以下，再也不見五卷典論之名。清人嚴可均纂錄全三國文，乃引用裴松之三國志注，蕭統文選，虞世南北堂書鈔，魏徵羣書治要，歐陽詢藝文類聚，徐堅初學記，馬總意林及宋編太平御覽等書，輯得典論殘文一卷；並為之敍曰：「唐時，石本亡；至宋而寫本亦亡。」至今尚未有典論原文的新發見[8]，則嚴氏的斷語該是不錯的。

嚴輯的典論殘文，篇目多闕；甚至有些篇目還似是隨類妄增，如「論卻儉等事」，「諸物相似亂者」等等，都不像個文章的篇名。此外，如「論太宗」、「論孝武」等等，是否應屬典論所有，均可存疑。因為三國志魏文本紀，裴注引曹丕與王朗書，其下有言：

---

6. 三國志卷四齊王紀（景初三年）「二月西域重譯獻火浣布，詔大將軍大尉臨試，以示百僚。」裴注云：「臣松之昔從征西至洛陽，歷觀舊telephone，見典論在太學者尚存，而廟門外無之。問諸長老，云晉初受禪，即用魏廟，移此石於太學，非兩處也。」按此記東晉安帝時事。戴延之西征記云：「典論六碑，四存二敗」。見太平御覽五八九引。戴與裴，同隨劉裕西征，其時上距典論刻石已一百八十餘年。酈道元水經注卷十六穀水，但云典論六碑在石經之次。

7. 楊衒之洛陽伽藍記卷三，言開陽門御道東漢國子學堂，魏文帝典論六碑，至太和十七年猶有四碑云云。北魏太和十七年即南齊武帝永明十一年（493）。而伽藍記自序言其重覽洛陽，是在東魏孝靜帝武定五年，亦即梁武帝大清元年（547），蓋又後五十餘年。其云彼時「猶有」四碑，則此時或已無存。

8. 太平廣記卷二二九劉表條，引典論所言「大雅中雅季雅三爵」，蓋節取酒誨篇文。其他零篇斷簡，後人所輯，並出類書，更無新篇出現。

集諸儒於肅城門外，講論大義，侃侃無倦。常嘉漢文帝之爲君，寬仁玄默，務欲以德化民，有賢聖之風。時文學諸儒，或以孝文雖賢，其於聰明，通達國體，不如賈誼。帝由是著太宗論。

而這記載，是在其敘典論之外，可疑都是單行的篇章。蓋漢末淸議，自經黨錮之後，議者多掉轉談鋒，尙論古人。如太宗論，孝武論，漢二祖優劣論之類的論文頗多，不獨曹丕一人如此[9]。再者，嚴氏所輯典論終制篇，尤爲可疑[10]，因此篇全抄自魏文本紀，而本紀載此文作於黃初三年 (222) 冬十月甲子，「表首陽山東爲壽陵，作終制」。姑不說那時曹丕已以素書典論餉孫權了，不能又在典論中補此一篇；抑且終制篇末明言「其以此詔藏之宗廟，副在尙書秘書三府」。就更顯其未編入典論中了。（嚴氏據文選卷二十三張載七哀詩注，用終制篇語，可知其誤，由來已久。）

　　嚴輯的典論，有如此類者尙多，有的嚴氏已自加駁正，茲可毋論。今但就其較可信者略爲考察，猶可見典論所收諸文，其篇目率以兩字爲題，如「姦讒」「內誡」「酒誨」「論文」「自敘」等等。這不但命題很像當時人盛稱的王充論衡；而改論衡的「自紀」爲「自敘」，疑亦此例。不然就是模仿尙書序或司馬遷史記。因爲那在每篇首都有敘目一段，其體式如書序：

昔在帝堯，聰明文思，光宅天下，將遜于位，讓於虞舜，作堯典。

虞舜側微，堯聞之聰明，將使嗣位，歷試諸難，作舜典。

帝釐下土，方設居方，別生類，作汩作。……

又如史記自序：

維昔黃帝，法天則地，四聖遵序，各成法度。唐堯遜位，虞舜不台，厥美帝功，萬世載之。作五帝本紀。

維禹之功，九州攸同，光唐虞際，德流苗裔，夏桀淫驕，乃放鳴條。作夏本紀。……

而曹丕典論，於姦讒篇首則云：

---

9. 曹植有周成漢昭論，與曹丕同，而丁儀亦有此論，見藝文類聚卷十二；蓋一時命題共作，各抒己見，不必在典論之列。

10. 黃以周儆季雜著子敘謂：據意林及羣書治要，排比所錄典論逸文有論禪讓、論學術、論漢帝得失、論政治、論姦讒、內誡、酒誨、論劍、論文、論養生、終制、自敘等十二篇。言之鑿鑿，其誤與嚴氏同之。

姦邪穢政，愛惡敗俗，國有此二事，欲不危亡，不可得也。何進滅於吳匡張璋，袁紹亡於審配郭圖，劉表昏於蔡瑁張允。孔子曰：佞人殆。信矣。古事已列於載籍，聊復論此數子，以爲後之鑑誡，作姦讒。

於內誡篇首則云：

三代之亡，由乎婦人。故詩刺艷妻，書誡哲婦，斯已著在篇籍矣。近事之若此者衆，或在布衣細人，其失不足以敗政亂俗。至於二袁，過竊聲名，一世豪士；而術以之失，紹以之滅，斯有國者所宜愼也。是以錄之，庶以爲誡於後，作內誡。

於論文篇首則云：

夫文人相輕，自古而然。傅毅之於班固，伯仲之間耳，而固小之，與弟超書曰：武仲以能屬文，爲蘭臺令史，下筆不能自休。夫人喜於自見，而文非一體，鮮能備善，是以各以所長，相輕所短。里語曰：家有敝帚，享之千金，斯不自見之患也。……蓋君子審己以度人，故能免於斯累，（乃）作論文。

以上三篇，分見於羣書治要，昭明文選及藝文類聚，所錄較全。其他類書所載，如北堂書鈔卷一四八引典論酒誨篇，其敍目但云：「酒以成禮，過則敗德，而流俗荒沈。作酒誨。」雖其體式仍在，但是否經過節錄，就無從參詳了。

典論原書已佚，想其全文可刻作六碑，寫成五卷，內容並不簡單。後人蒐輯叢殘，彙爲一卷；或又從而定爲十二篇目。然一卷之中，文章已是眞僞混淆，而篇目更是臆造者多[11]。倘依據其體例加以分辨，則姦讒、內誡、酒誨、論文四篇，及裴松之所引的自敍一篇，最可確信爲典論原有之篇目；至於這五篇現存的文字曾否經過刪節，仍須存疑。

四、典論中可疑的兩篇文章

劉知幾史通卷四序例篇云：

書列典謨，詩含比興，若不先敍其意，難以曲得其情，故每篇有序，敷暢厥

---

11. 嚴氏輯抱朴子內篇論仙之文，言魏文帝謂天下無切玉刀、火浣布，著之於典論；又引搜神記卷十三，謂魏文帝以爲「火性酷烈，無含生之氣」。又引法苑珠材四七載云：「火尚能鑠石銷金，何爲不燒其布」，等等，彙爲典論中言及火浣布事，其文當是。然而據博物志爲之定篇名曰「諸物相似亂者」，則匪夷所思。

旨。降逮史漢，以記事爲宗；至於表志，亦時復有序，文兼史體，狀若子書，然可與誥誓相參，風雅齊列矣。

這裏發明古人著書各有敍目的用意。不管相信書序詩序之眞僞與否，但說其作用，是可以首肯的。現存典論中有敍目的篇章，正可就其敍目所强調的言語來推察作者之用心。例如姦讒、內誠、酒誨三篇，依其自言，目的都是爲後人鑑誠而寫，但按其所列爲鑑誠的事例，則皆與袁紹劉表有關。袁劉二人於漢末，其名望勢力並在曹操之上，固可視爲曹氏父子之勁敵，而二者並爲曹操所覆滅，此事於曹丕記憶中故甚深刻；然曹操削平羣雄，其中佼佼者正不乏人，典論中是否另有他篇擧爲鑑誠，今已無從稽考。但有可異者，據曹丕的看法是袁紹劉表所以敗亡之道如一，都是爲着「立嗣」不適當。這在姦讒篇說的尤爲露骨。因其事關重要，先將姦讒篇所述的重點照抄如下：

袁紹之子：譚長而慧，尙少而美。紹妻愛尙，數稱其才；紹亦雅奇其貌，欲以爲嗣。未顯，而紹死。別駕審配，護軍逢紀，宿以驕侈，不爲譚所善。於是，外順紹妻，內慮私害，矯紹之遺命，奉尙爲嗣。潁川郭圖辛評，與配紀有隙，懼有後患，相與依譚，盛陳嫡長之義，激以絀降之辱，勸其爲亂；而譚亦素有意焉，與尙親振干戈，欲相屠裂。王師承天人之符應，以席捲河朔，遂走尙梟譚，擒配馘圖。……紹遇因運，得收英雄之謀，假士民之力，東苞巨海之實，西擧全晉之地，南阻白渠黃河，北有勁弓胡馬，地方二千里，衆數十萬，可謂威矣。當此之時，無敵於天下，視霸王易于覆手，而不能抑遏愚妻，顯別嫡庶，婉戀私愛，寵子以貌。其後敗績喪師，身以疾死；邪臣飾姦，二子相屠，墳土未乾，而宗廟爲墟，其誤至矣。

劉表，長子曰琦，表始愛之，稱其類己。久之，爲少子琮納後妻蔡氏之姪。至蔡氏有寵，其弟蔡瑁，表甥張允，並幸於表，憚琦之長，欲圖毀之。而琮日睦於蔡氏，允瑁爲之先後，琮有善，雖小必聞；有過，雖大必蔽。蔡氏稱美於內，允瑁歎德於外，表日然之，而琦益疎矣。出爲江夏太守，監兵於外；允瑁陰伺其過，隨而毀之。美無顯而不掩，闕無微而不露。于是，表忿怒之色日發，誚讓之書日至，而琮爲嗣矣。故曰：容刀生於身疏，積愛出於近習，豈謂是耶？昔泄柳申詳，無人乎穆公之側，則不能安其身。君臣則然，父子亦猶是

乎？後、表疾病，琦歸省疾。琦素慈孝，允瑝恐其見表，父子相感，更有託後之意。謂曰：將軍命君撫臨江夏，爲國東藩，今釋衆而來，必見譴怒，傷親之歡心，以增其疾，非孝敬也。遂遏門外，使不得見。琦流涕而云……表卒，琮竟嗣立，以侯與琦。琦怒投印，僞辭奔喪，內有討瑝允之意。三師已臨其郊，琮舉州請罪，琦遂奔於江南。昔伊戾費忌，以無寵而作讒；江充焚豐[12]，以負罪而造蠱。高斯之詐也貪權，躬寵之罔也欲貴，皆近取骨肉之間，以成其凶逆，悲夫！配圖允瑝之徒，固未足多怪，以後監前，無不烹菹夷滅，爲百世戮詆……若夫爰盎之諫淮南，田叔之救孝王，杜鄴之給二王，安國之和兩主，倉唐之稱詩，史丹之引過，周昌犯色以廷爭，叔孫切諫以陳誠，三老抗疏以理宼，千秋託靈以寤主，彼數公者，或顯德于前朝，或揚聲於上世，或累遷而登相，或受金於帝室。其言既酬，福亦隨之，斯可謂善處骨肉之間矣。

按姦讒篇的主旨非常明顯，只說兄弟爭立，卒召滅亡的事。本來立嗣以嫡以長，古有訓，無可置論；而可論者乃因長者見疎而少者得寵，如袁紹劉表，皆因此而告覆滅。這樣血的教訓，且近在眉睫之前，固可促發曹丕著述的動機。然而推究到典論編成的年代，是在他初爲太子之時，則這論述必然是在其未爲太子的時候。曹操從魏公而進位魏王，建社稷，立宗廟，也就是自建安二十一年以後，使曹丕曹植兩兄弟從爭寵而進至爭嗣位的階段，始發生姦讒篇所提出的嚴重問題。不過其中最可怪的是曹丕以姦讒名篇。反觀歷史上姦讒之事，如構陷忠良，導君於亡國之路，這樣的姦讒，實例更多；而曹丕不把重點放在那上面，獨取羣小包圍兄弟爭立，把袁紹劉表的故事描寫得眞切無比，如果證以當時的史實，便不難瞭解這是一篇有分量的警告；不但警告曹植的羽翼如楊修丁儀丁廙之徒，抑且也用以警告曹操。

三國志卷十賈詡傳有一段記載，很能透露其中的消息，其文云：

時，文帝爲五官將，而臨淄侯植，才名方盛，各有黨與，有奪宗之議。文帝使人問詡自固之術。詡曰：願將軍恢宏德度，躬素士之業，朝夕孜孜，不違子

---

12. 此據全三國文卷八，輯自羣書治要。於「江充焚豐」句下注「焚豐待考」。實則「江充」二字亦有誤，原文當爲「江京樊豐」，事見後漢書卷六順帝紀及卷七十八孫程傳。倘以爲漢書戾太子傳之江充，則其名與樊豐不相連。二字蓋字形相近之訛。

道。如此而已。文帝從之，深自砥礪。太祖又嘗屏除左右，問詡。詡嘿然不對。太祖曰：與卿言，而不答，何也？詡曰：適有所思，故不即對耳。太祖曰：何思？詡曰：思袁本初、劉景升父子也。太祖大笑。於是，太子遂定。

此一記載，關係曹丕曹植競爭嗣位的成敗，儘管也是出於當時的傳聞，但遠較魚豢所記相士之言爲切合於事情。這事情當發生於建安二十一年至二十二年十月之間，曹操爲着種種原因不能決定誰爲太子的時候。賈詡是他的智囊之一，他向賈詡探求意見，是極可能的。抑且賈詡先已教導曹丕「躬素士之業」，就是要他多發表文章。可能像姦讒篇之類的文章，早經曹操看到。因此，當賈詡凝思作態而後只說「袁紹劉表父子」，曹操便大笑決定。賈詡傳又言：「文帝卽位，以詡爲太尉」，裴松之在此特引魏略與荀勖別傳云：

> 魏略曰：文帝得詡之對太祖，故卽位，首登上司。荀勖別傳曰：晉司徒闕，武帝問其人於勖，答曰：三公具瞻所歸，不可用非其人。昔魏文帝用賈詡爲三公，孫權笑之。

這兩條，據前者，可知魚豢也有賈詡協助曹丕的記載[13]，據後者可知賈詡對曹操的答語，倒像是天下皆知的事實。不過就事論事，曹操雖則機敏過人，設若當時沒有姦讒篇寫的那種先入之見，也未必在聽到「袁本初劉景升父子」一語，立卽大笑而會心於言外；必也讀到其中「邪臣飾姦，二子相屠」，暗示長子決不讓少子得立，這纔使他毅然決然的定計。關於這一點，但看陳思王傳載：「太祖既慮終始之變，以楊修頗有才策，而又袁氏之甥也，於是以罪誅修」[14]。便可了然。因爲楊修那時在曹操眼裏已變作姦讒篇指控的審配郭圖或張允蔡瑁同樣的人物，故其被殺的罪狀是「漏泄言教，交關諸侯。」而裴注還記他「臨死謂故人曰：我固自以爲死之晚也。其意以爲坐曹植

---

13. 魏文本紀裴注引魚豢魏略，但記相者高元呂之事；而賈詡傳復引魏略，亦記賈詡之助曹丕。可知曹丕之得立爲魏太子，原因非一，魏略曾並載之。

14. 陳思王傳裴注對於楊修之死，引據典略及世語之文，所載頗詳。典略云：「曹植既以驕縱見疏，猶連綴楊修不止，修亦不敢自絕。至建安二十四年秋，曹操以修前後漏泄言教，交關諸侯，乃收殺之。修臨死，謂故人曰我固自以爲死之晚也。其意以爲坐曹植也。修死後百餘日而太祖薨，太子立，遂有天下。」又，世語云：「修年二十五，以名公子有才能，爲太祖所器，與丁儀兄弟皆欲以植爲嗣。……修與賈逵王淩並爲主簿，而爲植所友。每當就植，慮事有闕，忖度太祖意，預作教數十條，敕門下，教出，以次答。教才出，答已入，太祖怪其捷，推問，始泄。……」此卽所謂漏泄言教？

也。」他死在曹丕爲太子之後兩年，所以說「死之晚也」。然而在曹丕心目中的審郭張蔡等姦讒，還有丁儀丁廙，亦只多活了幾個月。第二年正月，曹操死，陳思王傳即大書曰：「文帝卽王位，誅丁儀丁廙，並其男口。」至此，與姦讒篇立意相關的恩仇，總算都有明顯的史實來解答了。

　　同樣可信的，典論中還有內誡篇。這一篇雖尚存叙目之語，但其文不全，所以僅見其提到袁術袁紹而沒有劉表，然而說到袁紹，其重點仍在立嗣問題上。兹節錄如次。

　　　　紹聽順妻意，欲以尙爲嗣，又不時決定，身死而二子爭國，舉宗塗地，社稷爲墟。上定冀州，屯鄴；舍紹之第，余親涉其庭，登其堂，遊其閣，寢其房，棟宇未墮，陛除自若，忽然而他姓處之。紹雖敝乎，亦由惡婦。

這裏只寫到涉其庭，登其堂，遊其閣，寢其房，還不敢說出「據其媳」，是有所保留的。然而，同樣足爲內誡之項目不少，曹丕獨對袁紹之妻不立其長而立其少，感到憤怒，已够使人懷疑其寫作的動機了。倘更參考以曹操的卞后傳，其中蛛絲馬跡，仍然可尋。因而，姦讒篇倘是寫給他父親看的，這內誡篇就似是寫與他母親看的。當時兩兄弟爭立，在外各有黨與，在內各有奧援，兩兄弟雖云同母所生，然而卞后最愛曹植，王沈魏書記載甚明[15]。是否因此影響曹操有廢嫡立少之意，固不可定；而卞后贊否協助曹植爭取嗣位，亦未見史文。唯是三國志卷五卞后傳有一段記載：

　　　　文帝爲太子，左右長御賀后曰：將軍拜太子，天下莫不歡喜，后當傾府藏賞賜。后曰：王自以丕年大，故用爲嗣，我但當以免無敎導之過爲幸耳，亦何爲當重賜遺乎？

儘管卞后是個節儉的婦人，但同是親骨肉，而曹丕得立，她只說是「年大」而已，對其才學，也只有「免無敎導之過」一語，其冷淡的程度，已昭然可見。然而她對楊修爲曹植而死，却感到「悼痛酷楚」[16]，豈不甚怪？至於後來世說新語尤悔篇言：

　　　　魏文帝忌弟任城王驍壯，因在卞后閣中圍碁並噉棗，文帝以毒置諸棗中，自選

---

15. 三國志卷五卞后傳，裴注引魏書曰：「東阿王植，太后小子，最愛之。」
16. 全三國文引古文苑，卞后與楊彪夫人袁氏書略云：「賢郎令德熙妙，有蓋世文才……而聞命違制，明公性急，在外輒行軍法，卞姓當時亦無所不知，聞之心肝塗地，驚愕斷絕，悼痛酷楚，悽不自勝。」云云。

可食者，王弗悟，遂雜進之。既中毒，太后索水進之，帝預敕左右毀缾罐，太后徒跣趨井，無以汲。須臾，遂卒。復欲害東阿，太后曰：汝已殺我任城，不得復殺我東阿。（按曹植於明帝太和三年封爲東阿王，此稱東阿，乃後人隨筆所記，非史實）

這雖是小說的描述，但傳說中，曹丕與其母之不協，史文亦難於掩蓋。他既以袁紹劉表之事諷示其父；又以袁紹之「惡婦」諷示其母，作爲內誡篇的主旨，也是沒有什麼不可能的。

五、酒誨與論文篇旨試釋

現在還能看到典論中較爲可信的篇目，除了姦讒內誡之外，還有酒誨論文自敍等三篇。自敍篇明見魏文本紀裴注所引稱，可以無疑。至於酒誨論文二篇，因爲尚存一些敍目之語，體例與姦讒內誡相同，也是值得重視的。唯是酒誨篇本文殘落不全，敍目語僅存三句，不易看出其重點所在。全三國文據初學記、意林、太平御覽等類書輯得的一條，又是以袁紹劉表作爲鑑誡的事例，則不無可疑了。其文曰：

荊州牧劉表，跨有南土，子弟驕貴，並好酒。爲三爵：大曰伯雅，次曰中雅，小曰季雅。伯雅受七勝，中雅受六勝，季雅受五勝。又設大鍼於杖端，客有醉寢地者，以劖刺之，驗其醉醒。是酷於趙敬侯以筒酒灌人也。

大駕都許，使光祿大夫劉松，北鎮袁紹軍，與紹子弟日共宴飲。松以盛夏三伏之際，晝夜酣飲極醉，至于無知。云以避一時之暑，二方化之。故南荊有三雅之爵，河朔有避暑之飲。

這些記述，雖不似姦讒內誡篇中說得聲色俱厲，但袁紹劉表在他心目中既是「敗亡」的象徵，當然如此寫來寓有鑑誡作用。而且篇名「酒誨」，但不知誨的是誰。他曾與吳質書云：「每至觴酌流行，絲竹並奏，酒酣耳熱，仰而賦詩，當此之時，忽然不自知樂也。」顯然，他自己也常飲酒，不知爲何忽又寫這酒誨一篇。

不過，稽之三國志，雖是一部史書，但關於人物性格，往往可從言行舉止窺其大概。例如陳思王傳敍述曹植生平，卻能予人一種富有感情而沒有心眼的印象，彷彿是個魏晉名士的先驅人物。陳壽於本傳中既說他「性簡易，不治威儀，輿馬服飾不尚華

麗。」又說他「任性而行，不自彫勵， 飲酒不節。」飲酒不節， 則正合酒誨篇所謂
「過則敗德」的題旨。 本傳又述建安「二十四年，曹仁爲關羽所圍。太祖以植爲南中
郎將，行征虜將軍，欲救仁，呼有所敕戒。植醉不能受命。於是悔而罷之。」然而這
一醉，尚無嚴重的後果，同傳又載：「植嘗乘車行馳道中，開司馬門出。 太祖大怒，
公車令坐死。」此處，裴注特引魏武故事載令曰：

> 始者，吾謂子建，兒中最可定大事。又令曰：自臨淄侯植私出，開司馬門至金
> 門令吾異目視此兒矣。

這把曹操大怒的實情補述得十分清楚。因爲馳道與司馬門的出入，只有皇帝使用，自
西漢以來，已有禁例。曹植博通文史，不容不知。然知之而故犯之，其中必有原因。
後漢書卷五十四楊震傳附楊修事，李賢注引續漢書說明楊修被殺的原因之一，是「有
人白修與臨淄侯曹植飲醉共載，從司馬門出，訕謗鄢陵侯彰。太祖聞之大怒。」這才
是「過則敗德」的實例。但所謂「有人白」者，那個「人」，倘非曹丕，也可能是曹
丕的手下。這在陳思王傳中， 寫到曹植的黨與如楊修丁儀丁廙被收拾乾淨之後， 又
言「黃初二年，監國謁者灌均希指，奏植醉酒悖慢，劫脅使者。有司請治罪。帝以太
后故，貶爵安鄉侯。」[17]此次， 曹植爲人所白，幾遭不測；幸賴卞后營救， 曹丕始以
同母弟之親，饒他一命。這點傳說，在世說新語文學篇猶留有軼話[18]。 然而曹植爲着
區區的飲酒不節，竟至於發生許多嚴重的罪狀，從失寵至於犯法，可能其中必先有酒
誨一篇造成曹操對他的惡感，不然，酒酣耳熱仰而賦詩的文人習慣，亦何至於變成滔
天大罪？

爲着曹丕寫作酒誨篇的動機不是單純的， 可進而推論那著名的論文篇， 由他寫
來，也不是無的放矢的。典論論文篇的文字，最早見引於王粲傳注，後來又見錄於昭
明文選。唯典論五卷，唐初仍在流傳，所以藝文類聚輯入此篇，遂難於肯定其錄自文

---

17. 陳思王傳，裴注此引魏書載詔曰：「植，朕之同母弟，朕於天下無所不容，而況植乎？骨肉之親，舍而不
誅，其改封植。」云云。按曹植以酒失幾至抵罪，可謂嚴酷之至。觀藝文類聚卷五一引曹植謝初封安鄉侯
表，乃有「精魂飛散，亡軀殞命」之語，可想見當時事態之嚴重。又，太平御覽五三二引曹植社頌云：
「前封鄄城侯， 轉雍丘，皆遇荒土……塊然守空， 飢寒備嘗」等語，其爲鄄城雍丘， 皆緊按安鄉之後，
則遭受懲罰情形，亦可略知了。

18. 世說新語文學篇載文帝嘗令曹植「於七步中作詩，不成者，行大法。」於是世有「萁豆燃萁」之喻。其事
雖真僞難定，然曹丕之忌其以文才受寵於曹操，則事甚曉然。

選或直取自五卷本的典論。這些早期的記載，文字大同小異，倘就其末句「唯幹著論，成一家言」便戛然止住的情形看來，若不是由於文選編者也像裴注一樣，曾經有所截割[19]，亦難使人相信這論文篇原本只有這五百多字，與其他篇幅大不相侔。現存這短短的一篇文章，依其大要，可分五段：

> 第一段自「文人相輕」句至「而作論文」句止，當與他篇一樣，是敍目之語。「作論文」三字之上的「而」字或「乃」，可能是後人所增以舒緩語氣。因姦讒內誡酒誨等篇敍目，皆僅書「作某某」三字，合乎書序，史記自序的敍目體例。

> 第二段自「王粲長辭賦」句至「楊班儔也」句止，是品評建安七子的寫作能力，以承應敍目中說他們「自騁騏駬，齊足並驅」，相異而亦相服的實例。

> 第三段自「夫文本同而末異」句至「雖在父兄不能以移子弟」句止，是兼說文章種類；體性的差別，作爲敍目中「文非一體，鮮能備善」的理由與根據。

> 第四段自「蓋文章者經國之大業」句至「斯志士之大痛也」句止，是他肯定文章的功用，而勉勵人們不要分心旁騖，放棄寫作事業，落得身名俱朽。

> 最後「融等已逝，唯幹著論成一家言」二句，如非第二段末的錯簡在此，便像是第五段的發端；總之，在語氣上與「志士之大痛」是不相啣接的。

依照現存的全文加以謹愼的檢討，其中實在只說兩件事：一、文人相輕；二、著述重要。並且著述重要是說在文人相輕後面，其意見完全抄撮王充論衡，除了勉勵的話語以外，沒有什麼創見。倒是爲着剖析文人相輕的毛病，而提出文體文氣不同的理由來解決「各以所長，相輕所短」的癥結，也帶給後人無窮的啓示。因此，這論文篇正似其敍目所揭示的，是爲着「文人相輕」而寫的。所以在篇幅上，僅此一事，即佔去四分之三。

　　不過，事有可疑者：據他在典論的自敍篇中所誇示的生平本領，顯見他對於武藝雜伎的興趣並不在文藝之下。尤其是他在爭立爲太子的關鍵時刻，問計於賈詡，而賈詡特別指點他要「躬素士之業」。從這話的反面，又可見他一向的文學活動，都只似他與吳質書中所追述的南皮之遊，「從者鳴笳以啓路，文學託乘於後車」，僅有文學的

---

19. 駱鴻凱文選學，頁三十五以下列舉文選編錄前人文章，有割裂，有增刪，例證頗多。雖未及茲篇，然以例推之，非無可能。

排場而已。到了受過**賈詡**的指點，才始「深自砥礪」，要在**曹操**所欣賞曹植的文才方面，也露出一手，以爭高下[20]。因此，他的論文，別的未說，獨先從「文人相輕」一事着眼。這不僅可用以消解他與**曹植**在文才方面的比重，還可能其全文也是對付**曹植**而作的。

　　本來漢末文士從清議之受挫而掉轉談風，其中便有一種「詆訶文章，掎摭利病」的新評論發生。這種評論，在現存的曹植與楊修書中說得很詳細。因其有助辨證，這裏也摘錄一段以供說明。陳思王傳裴注引典略所載曹植與楊修書云：

> 僕少好詞賦，迄於今二十有五年矣。今世作者，可略而言也。昔**仲宣**獨步於**漢南**，**孔璋**鷹揚於**河朔**，**偉長**擅名於**青土**，**公幹**振藻於**海隅**，**德璉**發迹於**大魏**，足下高視於上京。當此之時，人人自謂握靈蛇之珠；家家自謂抱荊山之玉也。吾「王」於是設天網以該之，頓八紘以掩之，今盡集茲國矣。然此數子，猶不能飛翰絕迹，一舉千里也。以**孔璋**之才，不閑辭賦，而多自謂與**司馬相如**同風；譬畫虎不成，還為狗者也。前為書嘲之，反作論盛道僕贊其文。夫**鍾期**不失聽，於今稱之；吾亦不敢妄歎者，畏後之嗤余也。……昔尼父之文辭，與人通流，至於制春秋，**游夏**之徒不能錯一字。過此而言，不病者，吾未之見也。蓋有**南威**之容，乃可以論於淑媛，有**龍淵**之利，乃可以議於斷割。**劉季緒**才不逮作者，而好詆訶文章，掎摭利病。昔田巴毀五帝、罪三王、呰五伯於**稷下**，一日而服千人；**魯連**一說，使終身杜口。**劉生**之辯，未若田氏，今之仲連，求之不難。可無歎息乎！……吾雖德薄，位為藩侯，猶庶幾戮力上國，流惠下民。建永世之業，流金石之功，豈徒以翰墨為勳績，辭頌為為君子哉？若吾志不果，吾道不行，亦將採史官之實錄，辨時俗之得失，定仁義之衷，成一家之言。雖未能藏之名山，將以傳之同好。此要之白首，豈可以今日論乎？其言之不怍，恃**惠子**之知我也。……[18]

這封信作於建安二十一年夏（理由見後文），正是魏王「太子」的儲位未定，**曹丕**競爭

---

20. **文心雕龍**才略篇云：「**魏文**之才，洋洋清綺，舊談抑之，謂去**曹植**千里。」按此所謂舊談，當指**魏晉**以來的評論。**劉勰**雖欲為平反，但亦僅稱其「樂府清越，典論辯要」而已。**鍾嶸**詩品，列曹丕於中品，並為之敍曰：「**魏文帝**所計百許篇，率皆鄙質如偶語。唯西北有浮雲十餘首，美瞻可玩。」此雖為後人的意見，但以與**三國志**所記載者相印證，當時高下的評斷，固是如此。

得最劇烈的時候。此書，寫的「大言不慚」，先則儼然以老宿的口氣批評當世的作家，認定孔子以下，沒有文辭不病。既實指王粲陳琳徐幹劉楨等人，「猶不能飛翰絕跡，一舉千里」；還挑出陳琳，說他「不閑辭賦」；把劉季緒說得一文不值。這種種輕蔑的態度，已足激起曹丕另寫一篇論文來澄清文人相輕的惡習了。何況後面一段文字，又充分表明其政治的野心，說什麼「戮力上國，流惠下民」，就更是曹丕所不能容忍的。因此殘存的典論論文篇，恰也是針對這兩點表示他的看法。曹植自稱「少好辭賦」，菲薄陳琳「不閑辭賦」；而曹丕論文，則提出「夫人善於自見，而文非一體，鮮能備善。是以各以所長，相輕所短」來駁斥他的批評。接着就把王粲陳琳等人之所長，一一列舉；尤其是關於陳琳，被罵的最多，而他也辯護得最周到，說是陳琳章表「今之雋也」[21]。尤其可異的：曹植套用馬援戒子書的成語「畫虎不成反類狗」，而曹丕也引用里語「家有敝帚，享之千里」來反唇相稽。如果這個「家」字，意含雙關，那又像是有意寫給曹操看的。因爲陳思王傳開頭即明載曹操一直欣賞曹植的辭賦之才。然而辭賦只是文之一體，「家」裏縱使有這樣的一個專長詩賦的偏才，也是不值過分重視的。

　　本來討論文章，特挑出「文人相輕」一事來說，已够可疑的了。至於第四段。曹丕忽又極力強調文章事業的重要，說什麼「年壽有時而盡，榮樂止乎其身，二者必至之常期，未若文章之無窮。」又舉例說古之作者「寄身於翰墨，見意於篇籍，不假良史之辭，不託飛馳之勢，而聲名自傳於後。」如果他眞有這樣的觀念，當不至如裴松之在辛毗傳內引世語的記載那樣熱衷於權位了[22]。實際上，他既要現實的權位，又要不朽的聲名。方其尚未得到權位之前，說出「文章至上」的話語，就像是在鼓勵那在作政治競爭的敵手。因爲曹植先有「若吾志不果，吾道不行」將從事著述以成一家之言」的話頭，所以論文篇不僅強調著述事業，抑且特別提出徐幹成一家言，作爲模範。亦卽，他認曹植既如此自負文才，就不要「逐營目前之務而遺千載之功」，率性

21. 此處言「陳琳阮瑀，章表書記，今之雋也。」昭明文選卷四十二載曹丕與吳質書云：「孔璋章表殊健」，又曰「元瑜書記翩翩」；以章表與書記分繫陳阮二人，可知其但許陳琳之章表爲雋。文心雕龍知音篇云「陳思論才，深排孔璋。」正復指此。
22. 三國志卷二十五辛毗傳，裴注引世語曰：「初文帝與陳思王爭爲太子。既而文帝得立，抱毗頸而喜曰：辛君知我喜不？毗以告憲英。憲英歎曰：太子代君，主社稷宗廟者也。代君不可以不戚，主國不可以不懼。宜戚而喜，何以能久？魏其不昌乎！」是尤可見其熱衷權位至於忘形。

做個詩人。

六、曹丕論文與曹植序書的先後

以上所述，除有史文可證者外，關於曹丕論文與曹植與楊修書中言語，雖似舌鋒相對，有足以啓疑的地方；但是要瞭解此一齟齬，還必須先求證於這兩篇文章寫作時間的先後。如果曹丕論文在前而曹植寫信在後，則上文的解析就等是「深文周內」，無事生非。幸而事實上，曹丕的典論旣已證實是編成於建安二十二年多，他初爲太子時；而典論中若干篇又與其謀求儲位的活動有關。稽以曹操於建安二十一年始進位爲魏王，接着特准使用天子的一切官制，從那時起，才使得太子的爭位進到緊急關頭。一邊是丁儀丁廙，一邊是崔琰毛玠各爲其主吹噓，曹操亦爲之舉棋莫定。曹操愈是狐疑，使那兄弟間的暗鬭愈見激烈。而曹丕之「操之有術」，也可說是「使盡手段」。姦讒內誡二篇，顯是提醒他父母的文章；酒誨論文二篇，更可說是詆訶敵手的。曹植與楊修的那封信，據裴注引典略云：「是時，臨淄侯植以才捷愛幸，委意投修，數與修書，書曰」云云[23]。據此可知那是曹植少受「愛幸」時寫的。證以書中大言不怍的口氣。亦可信典略所言不虛。再者書中但言王粲陳琳徐幹劉楨等人「悉集玆國」，而與論文所言「融等已逝」，那個「等」字當包括「徐陳應劉」。這裏，年代的先後，已甚曉然。再稽以陳思王傳的一段記載：

> （建安）十九年（植）徙封臨淄侯。太祖征孫權，使植守鄴，戒之曰：吾昔爲頓丘令，年二十三。思此時所行，無悔於今。今汝年亦二十三矣，可不勉與？

明言建安十九年，曹植二十三歲；而他與楊修書中文明言：「僕少好辭賦，迄於今二十五年矣。」建安十九年，他二十三歲，然則二十五歲，當是建安二十一年了。雖然這封信內沒有載明寫信的時日，但據昭明文選卷四十所錄楊修答臨侯牋牋，於牋中「暑賦彌日而不獻」句下，李善注云：「植爲鵩鳥賦，亦命修爲之，而修辭讓。又作大暑賦，而修亦作之，竟日不敢獻。」李善此注，雖未言出處，但可信是有根據的。倘用這註語推斷，可知曹植與楊修書是寫於建安二十一年暑月之前[24]。其年之夏四

---

23. 此卽曹植與楊德祖書，並見文選卷四十二。
24. 藝文類聚卷九十有曹植鵩賦；卷五有大暑賦，首言「帝炎掌節，祝融司方。」依古月令，當屬四五六月間。

月，曹操方進位爲魏王，而曹植必也意得志滿，故於書中把王粲陳琳等人，都說是
「吾王」設天網以該之了。那時候距離大瘟疫尚早將一年，徐陳應劉，一一健在，不
特曹植信內沒有半點「物傷其類」的感覺；甚且還以「爲狗」嘲笑陳琳。所以，據此
數證，可確定「陳思序書」的年代，是在建安二十一年五六月間，至於魏文述典，尤
其是典論中論文一篇，充滿着人生無常，年壽有限的感覺，顯然是在大瘟疫之後，他
得知曹植與楊修的書信內容，始痛感文人相輕的惡習，而提出自己的理論。他提到的
「斯七子者」：孔融卒於建安十三年，阮瑀卒於建安十七年，其餘五人全死於建安二十
二年，可知典論論文篇乃作於曹植與楊修書之後，而爲曹丕欲爲太子而未決定之時，
約當建安二十二年五六月間。盱衡時勢，正是一面哀死未遑，一面競逐嗣位至十分緊
迫時候，如果事非得已，他何至於有此閒情，辨論文章？

七、結　　語

曹丕典論，約編成於公元二一七年的秋冬之際，就其可信賴的篇目：如自敍、姦
讒、內誡、酒誨、論文等篇，以現存資料，考察其當時所曾發生的事實看來，都是
「文不苟作」的。一部分是用以曉諭立嗣的利害，一部分則用以諷刺其敵手。

五代之政治延續與政權轉移

毛 漢 光

第一章　前　言

　　有很多學者將五代視爲唐宋變革期，本文在社會史部份亦將五代認定爲中古型與近古型的轉變期(註1)，但在政治史部份有新的看法，卽：將五代視爲獨立的單元。我們若將太平盛世認爲常態，而將動亂時刻視爲過渡，乃是含着濃厚政治理想或政治倫理的觀念，緣因中國歷史上動亂局面時常出現，理應將承平與亂世同樣視爲歷史事實，賦予同等獨立單元研究之，才能不偏不倚，兼顧全貌。如果能將動亂時期作種種角度個案研究，理出獨特的型態，一方面固然可便利於各個動亂時期作綜合比較；另一方面又由於某些變動型態或許是某些承平時期小動亂之放大，對承平時期的現象亦能由此獲得較清晰的瞭解。譬如歷史上政治軍事重心之轉移問題，太平盛世難察其演變，往往在中央力瓦解時才能尋找蛛絲馬跡；又如官僚體系與政治延續問題，承平時視爲當然，在政權交替頻仍的時代才能襯託得出其歷史意義。五代乃中國歷史上最紊亂的時代之一，本文舉此爲題，旨在探討下列兩個重點：㈠在政權不穩的局面下，文職官吏與政治之延續爲何？㈡在紊亂的五代中，職業軍人所形成的集團爲何？其與朝

註1：日本學者在這方面致力者頗多，如加藤繁、仁井田陞、宮崎市定、堀敏一等；南洋王賡武　Wang　Gungwu 亦持轉變型之觀點。

代轉移的關係爲何？至於五代時期的社會架構，以及人物的地理分佈等問題，孫國棟與西川正夫曾撰文陳述，故本文不列專章討論，然對於社會變動與「關中本位政策」諸方面，若有不同看法或補充見解，則隨行文所需在恰當的章節之中予以進一步論述。本文量化與分析並重，由於動亂時代較承平時期不易捉摸，而呈現多姿多彩，在量化時許多脈絡不像承平時那樣規律；在分析時顯得支節稍多，有千頭萬緒之感，此乃主流暗潮激盪之故，也是本文困難之處。

第二章　　五代職業文官與政治延續

研究中國歷史的中外學者(註2)最喜歡討論的課題之一，就是中國的官僚政治。這的確是一個重要的題目，然而由於中國的歷史發展較一般國家爲悠久，幾經重大的動亂，因此其政治經濟社會等諸方面不可將數千年視爲一個模式，又由於國家非常廣大，各地區有其特殊的生態環境，雖然其整個發展的方向可能相同的，但亦不能忽略殊途同歸中「殊途」的歷史意義，因此任何新的支流都可能改變或修正主流文化的實質內容。E. Balazs 將中國官僚政治數千年的歷史發展視爲不變之體，引爲中國政治社會之重要特點；S. N. Eisenstadt 在比較歷史上各大帝國政治制度時亦將數千年視爲一個模式；我們研究國史時不可如此籠統，我們要透過各個時代的個案研究，理出那些因素不變，那些因素改變，甚或增加了那些因素，這中間是錯綜複雜的，因爲也許正因增加或改變某些部份才使得整個架構更適合新的政治社會之需要，而不被淘汰，制度與人物一樣，江山代出英豪，不斷的更新才能長青。

本文選擇五代時期作個案研究，這是一個政治上動盪的時代，短短六十年之中，北中國經歷大唐、梁、(後)唐、晉、漢、周、北宋等幾個朝代，在變亂中求其延續性與研究安定時求其一貫性同樣重要，甚或更加重要；這個時代在社會史上介於中古與近古之間，我們要觀察當時揚棄了那些包袱，新增了那些因素，才使得政治社會的活力復甦，而增長並延續政治發展及社會進展的氣勢。

文職官吏與武職官吏有若干重要的差異，仍需分別討論，本章專研究文職部份，

註2：中國學者如薩孟武、陶希聖、勞榦、嚴耕望等。日本學者如宮崎市定、矢野主稅、越智重明、宮川尚志等。歐美學者如等 S. N. Eisenstadt, E. A. Kracke, E. Balazs, D. C. Twitchett, K. A. Wittfogel。

本節先觀察人物在朝代與朝代之間的延續現象。

　　一般而論，一個從中央權臣經由篡弒而改朝換代者，其人事變更較少；一個由地方興起或憑戰爭推翻前朝的政權，其人事變更較多；下列的因素也具有巨大的影響，如：前朝與後朝統治階層的社會階級是否相同、種族是否相同、地區差異是否甚遠、前後期仇視之深度、統治階層文化上之差異、甚或宗教因素、學派因素、及政策因素、主義因素之差別程度。大唐與朱梁之間的關係如何呢？

第一節　唐梁間文職之禪代

　　朱全忠（溫）出身於一介平民，「昆仲三人俱未冠而孤，母攜養寄于蕭縣人劉崇之家」(註3)，既非官宦之家，甚至連自耕的產業都沒有，他們可能是農村中游離出來的人力，在太平盛世之秋，他們可能過着幫閒生活，在災難的歲月，他們最先承受饑寒的壓迫，也是動亂的火苗，故「唐僖宗乾符中，關東薦饑，羣賊嘯聚，黃巢因之起於曹濮，饑民願附者凡數萬，帝（朱溫）乃辭崇家，與仲兄存俱入巢軍，力戰屢捷得補爲隊長」(註4)，從這些記載觀察，朱溫的家庭與大唐的統治階級屬於兩類極端不同的背景，而其在青少年階段對於大唐政府不會具有好感。當時參加農民運動的徒衆乃迫於饑饉所致，大部份並沒有崇高的政治哲學，所以內部意見不甚一致，利害關係與投機心理是若干頭目的行事準則，尤其當外力誘惑之時。所以當黃巢軍露出敗跡時，朱溫接受大唐之招安，賜名全忠。他乃從河中行營副招討使晉升爲宣武軍節度使，由一個節度使發展成兼領四個節度使，並繼續擴張。從種種跡象看，朱全忠並不是一位對大唐中央恭順的藩鎮，但必竟他還打着大唐的旗號，與大唐維持某些程度上之關係，與在黃巢軍時代截然與大唐對立的態勢有極大差異，朱全忠與唐中央這一層關係使其在發展過程中招攬文職官吏時有若干方便，因爲擔任朱全忠之文職官吏並

註3：引文錄自舊五代史卷一梁書太祖紀一。又
　　　五代史記卷一梁本紀第一云：「其父誠，以五經教授鄉里……誠卒，三子貧不能爲生，與其母傭食蕭縣人劉崇家……。」　同書卷十三梁家人傳第一：「……太祖啓曰：朱五經平生讀書，不登一第，有子爲節度使，無忝於先人矣！……。」　又
　　　北夢瑣言卷十七：「祖信父誠，皆以教授爲業……，語及家事，謂母曰：朱氏辛苦業儒，不登一命，今有子爲節度使，無忝先人矣！」
註4：舊五代史卷一梁書太祖紀一。

不會全然被指控爲叛逆。天祐元年閏四月，朱全忠迫昭宗遷都於洛陽，河南之地乃朱氏直隸的勢力大本營，故與朱全忠對抗的李克用「泣謂其下曰：乘輿不復西矣；」(註5)，這項行動之成功，使朱全忠從强藩一躍而兼俱中央權臣之身份，他走的是曹操挾天子以令諸侯的老路，雖然唐經安史亂後中央不振幾達一百五十餘年，唐帝的利用價值已顯然不及漢帝。然而在另一方面朱全忠的收獲不小，由於朱氏出身寒微，雖然武力節節擴充，對於建立帝國所需的官僚體系，尤其文職官吏的任免與運作，尚極生疏，遷唐帝於洛陽正是給其學習安排的機會。我們若從政權轉移觀點而言，因爲有這種種微妙的關係存在，在朱梁暴戾性格（對於大唐統治階級而言）之中，仍有和平繼承的部份。所謂暴戾性格充分表現在天祐元年八月壬辰弑昭宗(註6)於椒殿，及天祐二年六月戊子殺許多士族於白馬驛(註7)，至於和平繼承部份，形式上大唐與梁政權之轉移透過禪讓方式，而梁太祖即位之制，其中有曰：「……凡日軌儀，並遵故實，姬庭多士，比是殷臣，楚國羣材，終爲晉用，歷觀前載，自有通規，但遵故事之文，勿替在公之效，應是唐朝中外文武舊臣見任前資官爵，一切仍舊，凡百有位，無易厥章，陳力濟時，盡瘁在我。」(註8)，這些話可能是官樣文章，且唐舊臣在天祐年間亦被朱全忠更替不少，然而這總比整個推翻爲好，朱梁在官僚體系方面仍需依賴唐室舊臣，我們應從實際統計數字中探尋。(大) 唐臣仕梁統計表（文職）

	數　　　量（人）	百　　　分　　　比
唐　　臣　　仕　　梁	35	53.0
梁　　新　　仕　　者	31	47.0
梁　文　職　總　數	66	100.0(註9)

上項統計顯示：唐臣仕梁與梁新仕者呈 53 與 47 之比，並沒有梁太祖制誥「唐朝中外文武舊臣見任前資官爵，一切仍舊」，因爲朱全忠並非在大唐舊臣之外大量任命忠於他的大臣，而是先降敍、斥退、或殺戮一些唐舊臣而後代之以忠梁者，所以 53 與 47

註5：新唐書卷二一八沙陀列傳。
註6：舊唐書卷二十上昭宗本紀天祐元年八月。
註7：舊唐書卷二十下哀宗本紀天祐二年六月。
註8：舊五代史卷三梁書太祖紀三，開平元年正月。
註9：人物取自舊五代史五代史記宋史。

之比可代表更換率。若從朱全忠遷昭宗於洛陽那時開始，觀察其人事變動，如下：

朱全忠先擊殺朝廷中掌有實權而可能圖己者：

> 天復三年十二月丙申汴州扈駕指揮使朱友諒殺胤（崔胤時爲唐室執事宰相，並負責東遷事）及元規（鄭元規是太子賓客守刑部尙書兼京兆尹六軍諸衞副使，時掌諸衞軍）、皇城使王建勳、飛龍使陳班、閣門使王建、襲客省使王建、前左僕射上柱國河間郡公張濬，全忠將逼車駕幸洛陽，懼胤濬立異也。(註10)

而代之以無實權但在唐廷稍具人望者、或投其所好者（柳璨曾草制勅胤死）：

> 天復三年十二月辛已制：以禮部尙書獨孤損爲兵部侍郎同平章事。
>
> 天祐元年(卽天復四年)春正月丁酉，以翰林學士柳璨爲右諫議大夫同平章事。
>
> 已亥制：以兵部尙書崔遠爲中書侍郎同平章事集賢殿大學士。……(註10)

將入洛之前，朱全忠先坑殺昭宗之內官及侍衞：

> 天祐元年閏四月……從上東遷者唯諸王小黃門十數，打毬供奉为園小兒共二百餘人，全忠在陝仍慮此輩爲變，欲盡去之，以汴卒爲侍衞……因會設幄酒食次並坑之，乃以謀逆聞，由是帝左右前後侍衞職掌皆汴人也。(註10)

至此內廷已完全掌握在朱全忠之手，同年八月十二日，令親信左龍武統軍朱友恭、右龍武統軍氏叔琮及投機大臣樞密使蔣玄暉等弒昭宗，翌日，蔣玄暉矯宣遺詔扶李柷（昭宗第九子）卽皇帝位，是爲哀帝(註11)。按朱全忠自遷帝至洛陽，給予他調整中央官僚體系的機會以及任命親己官吏的時間，他利用投機者與唐室舊臣間之矛盾，先清除唐室中不明顯支持他的大臣，再清除投機者，其次第行動甚爲明顯。投機者與唐室舊臣間之矛盾，以柳璨蔣玄暉張廷範等人所掀起的白馬驛之禍最爲著名。

舊唐書卷一百七十九柳璨傳：

> ……以諫議大夫平章事，改中書侍郎，任人之速，古無妓例，同列裴樞、獨孤損、崔遠皆宿素名德，遽與璨同列，意微輕之，璨深蓄怨。昭宗遷洛，諸司內使宿衞將佐皆朱全忠腹心也，璨皆將迎接之，以恩厚相交結，故當時權任皆歸

註10：舊唐書卷二十上昭宗本紀。
註11：舊唐書卷二十下哀宗本紀。

之。……蔣玄暉張廷範謀殺衣冠宿望難制者，璨卽首疏素所不快者三十餘人，

相次誅殺，班行爲之一空。

白馬驛之禍遇害者有：「(宰相貶) 隴州司戶裴樞、(宰相貶) 瓊州司戶獨孤損、(宰相

貶)白州司戶崔遠、(前宰相、吏部尙書貶) 濮州司戶陸扆 、(工部尙書貶) 淄州司戶

王溥、(特進檢司待守太保貶) 曹州司戶趙崇、(兵部侍郎貶) 濮州司戶王贊……委御

史台差人所在州縣各賜自盡，時樞等七人已至滑州，皆併命於白馬驛，全忠令投屍於

河。」(註11)又「勅密縣令裴練貶登州牟平尉 、 長水令崔仁略淄州高苑尉、 福昌主簿陸

珣沂州新泰尉、 泥水令獨孤韜范縣尉，並員外置，皆裴樞崔遠陸扆宗黨也。」(註11)

　　狡兔死而走狗烹，朱全忠接着清除投機不穩者，「(天祐二月) 十一月，全忠怒蔣

玄暉張廷範柳璨等謀延唐祚……，十二月乙未勅樞密使蔣玄暉宜削在身官爵，送河南

府處斬，豐德庫使應頊、尙食使朱建武送河南府決殺……癸丑……柳璨責授朝議郎守

登州刺史，又勅太常卿張廷範、太常少卿裴碉溫蠻祠部郎中知制誥張茂樞等，蔣玄暉在

樞密之時與柳璨張廷範共爲朋扇……，柳璨……斬于東門外，又勅張廷範……以五車分

裂。溫蠻裴碉張茂樞並除名委於御史台所在賜自盡。柳璨弟瑪璭送河南府決殺。」(註11)

　　從以上分析，可知白馬驛之禍雖然是部份人對清流士族的報復行爲，同時這乃是

朱全忠清除異己，換代官僚體系的計劃行動之一部份。朱全忠的行爲法則一如歷代其

他篡位者，以忠於自己爲標準，並非以出身背景爲標準。玆統計後梁文職官吏身分如

下：(註12)

註12：本文有關五代時期官吏家庭背景之標準劃分，遠較魏晉南北朝隋唐時期困難 ， 因爲依據作者 以及若干
　　　日本學者之看法，五代乃中國中古期與近古期的轉變階段，有些人物從舊架構中游離出來，有些以前
　　　並不重要的人物已漸漸可立爲新類。本文仍以當時社會實情與研究便利二大原則作爲五代官吏身分分類
　　　之準則。卽就如此，五代文武兩大途徑的分類方式亦並非完全一致。以文職官吏而言，本文將當時社會
　　　分爲三大層次，卽士族類、小姓類、平民類，基本上與作者以前幾篇研究中古時期的三大類相似，如此
　　　可以前後比較，並觀察士族類之消融情況，但在小類方面亦小有差異，主要是因爲配合五代政治社會實
　　　情而定。說明如下：
　　　士族類。(A)舊族：指魏晉南北朝以來的舊有大士族。
　　　　　　　(B)新族：指隋唐形成的大族，或三世五品官以上的士族。
　　　小姓類。(A)累世低品：三世六品以下之家族，或累世地方豪強。
　　　　　　　(B)一世官宦：父祖之一任官者。
　　　平民類。魏晉時期史籍記載將平民稱爲寒素，以與大士族對稱，五代時期大士族已失去絕對優勢，寒素
　　　　　　　一詞已漸消失，故稱爲平民類，包括吏、商、農、僧道醫閹、儒等，本文將儒、吏劃出，其他
　　　　　　　數量過少而合爲一項。
　　　本文以後諸統計表其有關於文職官吏出身背景者，緣用上項劃分標準。

士		族				小			姓				平							民						總計 N
舊族		新族		小計		一官		世宦		累低世品		小計		儒		吏		其 他		不 詳		小 計				
N	%	N	%	N	%	N	%	N	%	N	%	N	%	N	%	N	%	N	%	N	%	N	%			
24	36.4	11	16.7	35	53.1	8	12.1	2	3.0	10	15.1	13	19.7	2	3.0	1	1.5	5	7.6	21	31.8	66				

就以文職官吏而言，後梁士族類仍占百分之五十三點一，這是五代士族類最高比例者，其中舊族占百分之三十六點四，與拙文「中國中古社會史略論稿」中，大唐末期的趨向相契合。而較其後諸朝比例為高。平民類比例升高，但亦並未超過三分之一。凡此皆說明後梁文職官吏並未以身分標準替換，士族成分仍高。

　　經過約三年時間的清理與調整，朱全忠大約保留 53% 唐臣，他獲得的利益則是不太激烈地接收了官僚體系，尤其在文職官吏部份是朱全忠建立帝國時較為陌生與欠缺者，這些大唐臣實際上擔負起政治延續工作。

第二節　後唐文職之澎漲

　　後唐以河東節度使為其發軔地，且一直保留一個小獨立單位，當朱梁極盛時，一度僅有太原附近地區，戰無寧歲，且代晉尚武，故文官記載在初期極少，待其勢力伸張至魏博河北之地，漸漸吸收文士為其理財治事。

　　後梁與後唐之間的換朝，遠較大唐與後梁之間為突然。河南朱氏與河東李氏經數十年鏖戰，後唐莊宗李存勗在一次孤擲一注的軍事突襲中覆梁，雙方仇視較深，其間亦沒有經過一段政權轉移的緩衝時期。史書上並未記載大量誅殺文職官吏，高階層文官替換以及不甚信任梁臣，乃是極易理解之事。解決其中困難是大量引進新人。梁（後）唐文職通朝仕宦的人數與比例統計於下：

	梁		(後)唐	
	N	%	N	%
始 於 大 唐	35	53.0	31	20.0
始 於 梁	31	47.0	29	18.7
始 於 (後) 唐			95	61.3
合　　　計	66	100.0	155	100.0

(後)唐新任文職官吏占六成餘，與梁不足半數有很大差別。事實上在文職官吏部份，

(後)唐滅梁後並未大量免除官吏，而祇是大量引用新的文官，此點下文細論。後（唐）雖亦開科舉，但人數甚少，而文官之主要來源爲：薦舉、蔭任、及恩倖特任，此三途新進甚多，已近氾濫。就以銓敍之弊而言；如：

舊五代史卷三十二唐書莊宗紀六，同光二年九月戊申：

> 侍中郭崇韜奏：應三銓注授官員等，內有自無出身入仕，買覓鬼名告敕，今將骨肉文書揩改姓名，或歷任不足妄稱失墜，或假人蔭緒，託形勢論屬安排，參選所司隨例註官，如有人陳告，特議超獎，其所犯人檢格處分，若同保人內有僞濫者，並當駁放，應有人身死之處，今後並須申報本州，于告身上批書身死，月日分明付子孫，今後銓司公事至春末並須了畢，從之。銓綜之司僞濫日久，及崇韜條奏之後，澄汰甚嚴，放棄者十有七、八，衆情亦怨之。

舊五代史卷六十七唐書韋說傳：

> 或有言于（郭）崇韜銓選踰濫，選人或取他人出身衙，或取父兄資緒，與令史囊槖罔冒，崇韜乃條奏其事，其後郊天行事，官數千人，多有告勅僞濫，因定去留塗毀告身者甚衆，選人號哭都門之外，議者亦以謂積弊累年，一旦澄汰太細，懼失惟新含垢之意，時說與崇韜同列，不能執而止之，頗遭物議。

原來李克用父子在朱梁統治中原時期仍舊襲用大唐昭宗天祐年號，天祐二十年李存勗奄有中原，卽帝位，國號仍稱唐，改元同光，視大唐爲「王室」「國朝」(註16)，是故後唐以「中興」自許（參見下段引文），文物亦以繼大唐爲準則，但大唐末葉中央已極紊亂，復經朱梁一朝，襲蔭之事眞假莫辨，前資眞僞亦甚不明，後唐立國後有此類官員大量冒進，郭崇韜稍阻遏其勢，未必能理清，從韋悅傳所載之言，時人阻力甚大，故明宗再次提及同一問題。舊五代史卷四十二唐書明宗紀八，長興二年五月乙酉：

> 詔應見任前資守選官等，所有本朝及梁朝出身，歷任告身並仰送納，委所在磨勘換給公憑，只以中興已來，官告及近受文書敍理，其諸色蔭補子孫如非虛假，不計庶嫡，並宜敍錄，如實無子孫，別立人繼嗣已補得身名者，只許敍蔭一人，其不合敍使文書限百日內焚毀，須絕此後更敢將合焚文書參選求仕，其所犯之人並傳者，並當極法。應合得資蔭出身人並須依格依令施行。

明宗此次似乎較前嚴格施行，同書同卷長興二年五月載：

> 鴻臚卿柳膺將齋郎文書賣與同姓人柳居則伏罪，大理寺斷當大辟，緣經赦減
> 死，追奪見任官，終身不齒。

諸道使相推薦人數亦見增加，如長興二年七月乙未詔。

（後）唐莊宗喜任倖佞之人爲官，舊五代史卷三十二唐書莊宗紀六，同光二年夏五月
壬寅：

> 以教坊使陳俊爲景州刺史、內園使儲德源爲憲州刺史，皆梁之伶人也，初帝平
> 梁，俊與德源皆爲寵伶周匝所薦，帝因許除郡，郭崇韜以爲不可，伶官言之者
> 衆，帝密召崇韜謂之曰：予已許除郡，經年未行，我慚見二人，卿當屈意行
> 之，故有是命。

同書同卷同光二年十二月壬申：

> 以教坊使王承顏爲興州刺史。

同書莊宗紀八，同光四年二月：

> 武德使史產瓊者，以伶官得幸，帝待以腹心之任，都府之中威福自我，（王）正
> 言已下皆脅肩低首曲事不暇，由是政無統攝，姦人得以窺圖。

伶官本是宮中人物，今皆走出宮門而入官僚體系，有的且甚掌權，有的更因此左右用
人，如舊五代史卷三十四唐書莊宗紀八，同光四年二月甲午：

> 以樂人景進爲銀青光祿大夫檢校右散騎常侍守御史大夫，進以俳優嬖幸，善采
> 訪閭巷鄙細事以啓奏，復密求妓媵以進恩寵特厚，魏州錢穀諸務及招兵市馬，
> 悉委進監臨，孔謙附之以希寵，常呼爲八哥，諸軍左右無不托附，至于士人亦
> 有因之而求仕進者。

（後）唐新進的文職官吏占百分之六十左右，在行政方面本已可能發生啣接問題，
而在短時期內大量的新進有的水準並不很好，吏治可想而知，垂後唐之末，這點是其
重要的弊端。舊五代史卷四十七唐書末帝紀中，淸泰二年三月：

> 太常丞史在德上疏言事，其略曰：朝廷任人率多濫進，稱武士者不閑計策，雖
> 披堅執銳，戰則棄甲，窮則背軍；稱文士者鮮有藝能，多無士行，問策謀則杜
> 口，作文字則倩人，所謂虛設具員，枉耗國力。逢陛下惟新之運，是文明革弊
> 之秋，臣請應內外所管軍人凡勝衣甲者，請宣下本部大將，一一考試武藝短

長，權謀深淺，居下位有將才者便拔爲大將，居上位無將略者，移之下軍，其東班臣僚請內出策題，下中書令宰臣面試，如下位有大才者便拔居大位，處大位無大才者卽移之下僚，其疏大約如此。……中書覆奏亦駁（史在德）其錯誤，帝詔學士馬裔孫謂曰：史在德語太凶，其實難容，朕初臨天下，須開言路，若朝士以言獲罪，誰敢言者，爾代朕作詔勿加在德之罪。

梁與（後）唐間的改朝換代，宰相級人物變更甚多，如：

舊五代史卷三十唐書莊宗紀四，同光元年多十丙戌月：

> 僞宰相鄭玨等十一人皆本朝簪組儒苑品流……而全虧名節，合當大辟。……乃貶梁宰相鄭玨爲萊州司戶、蕭頃爲登州司戶、翰林學士劉岳爲均州司馬、任贊房州司馬、姚顗復州司馬、封翹唐州司馬、李懌懷州司馬、竇夢徵沂州司馬、崇政院學士劉光素密州司戶、陸崇安州司戶、御史中丞王權隨州司戶。並員外置同正員。……
> 敬翔李振首佐朱溫，共傾唐祚，屠害宗屬，殺戮朝臣……是日，趙巖張希逸張漢傑張漢倫張漢融朱珪敬翔李振及契丹實喇鄂博等，並其妻孥皆斬于汴橋下。……其餘文武將校一切不問……

（後）唐自已建立王朝，有若干官吏是新進，有若干官吏是調升或超升，**其官僚體系的運作方面，有時顯得紊亂，同光之初的部份宰相卽屬好例：**

舊五代史卷六十七唐書豆盧革傳云：

> 天祐末（卽朱梁末），莊宗將卽位，講求輔相，盧質以名家子舉之，徵拜行臺左丞相，同光初拜平章事，及登廊廟，事多錯亂，至于官階擬議，前後倒置，屢爲省郎蕭希甫駁正，革改之無難色。莊宗初定汴洛，革引薦韋說冀諧事體與已同功，說旣登庸，復事流品，舉止輕脱，怨歸于革。……革自作相之後，不以進賢勸能爲務，唯事修鍊求長生之術，嘗服丹砂嘔血數日，垂死而愈……

同書同卷盧程傳云：

> 莊宗將卽位，求四鎭判官可爲宰輔者，時盧汝弼蘇循相次淪沒，當用判官盧質，質性疎放，不願重位，求留太原，乃舉定州判官豆盧革，次舉程，卽詔徵之，並命爲平章事。程本非重器，驟歷顯位，舉止不恒，時朝廷草創，庶物未備，**班**

列蕭然，寺署多缺。程受命之日，卽乘肩輿騶導喧沸，莊宗聞呵導之聲，詢于左右，曰：宰相擔子入門。莊宗駭異，登樓視之，笑曰：所謂似是而非者也。

官僚政治運作未成熟的另一現象是升遷紊亂，如：

舊五代史卷三十九唐書明宗紀五，天成三年五月辛酉：

近代已來，文臣官階稍高便授柱國，歲月未深便轉上柱國；武資初官便授上柱國。今後凡加勳先自武騎尉，十二轉方授上柱國，永作成規，不令踰越。

又因官吏任命過多，薪俸虛折。如舊五代史卷七十三唐書孔謙傳載：

（帝）以謙爲租庸使，謙以國用不足，奏諸道判官員數過多，請只置節度觀察判官、書記、支使、推官各一員；留守置判官各一員；三京府置判官、推官；餘並罷俸錢。又奏百官俸錢雖多，折支非實，請減半數，皆支實錢，並從之。未幾半年，俸復從虛折。

有關（後）唐文官體系紊亂的現象，在五代各朝之中，其記載顯然是數量最多、程度較爲嚴重，這也符合本文統計所示：（後）唐新任較多也。然而，其中仍有百分之四十強的官吏屬於前朝官宦者（包括大唐及梁），政治延續方面雖有裂痕，並非中斷。如：

舊五代史卷三十二唐書莊宗紀六，同光二年八月丁亥：

中書門下侍郎奏請差左丞崔沂（卷六十八唐書本傳，仕大唐梁唐）、吏部侍郎崔貽孫（卷六十九唐書本傳，仕大唐唐）、給事中鄭韜光（卷九十二晉書本傳，仕大唐梁唐晉）李光序、吏部員外郎盧損（卷一二八周書本傳，仕梁唐晉漢周）等，同詳定選司長定格、循資格、十道圖，從之。（五代會要同）

五代會要

同光二年八月，中書門下奏：「吏部三銓、門下省、南曹、廢置、甲庫、格式、流外銓等司公事，並繫長定格、循資格、十道圖等，前件格文，本朝創立，檢制姦濫，倫敍官資，頗謂精詳，久同遵守。自亂離之後，巧僞滋多，兼同光元年八月，車駕在東京，權判工部員外郎盧重本司起請一卷，並以興復之始，務切懷來，凡有條流，多失根本，以至多集赴選人，並南郊行事官，及陪位宗子共一千三百餘人，銓曹檢勘之時，互有援引，去留之際，不絕爭論，若又依違，必長訛銓，望差權判尙書省銓左丞崔沂、吏部侍郎崔貽孫、給事中鄭

韜光李光序、吏部員外郎盧損等，同詳定舊長定格、循資格、十道圖，務令簡要，可久施行。」從之。

文中「本朝」係指大唐，蓋後唐自認繼承大唐，其國號本名「唐」，史家冠以「後」字，以與大唐分別。按「循資格」這一辦法在大唐以裴光庭最聞名。唐書合鈔卷135裴行儉傳附子光庭傳：「初吏部求人不以資考爲限，所獎拔惟其才，往往得俊乂任之。士亦自奮，其後士人猥衆，專務趨競，銓品枉撓，光庭懲之，因行儉名長名榜，乃爲循資格，無賢不肖，一據資考配擬。」每當濫進、冒進、破格任用等大量出現時，就有人建議循資格，使政治不致於過份紊亂，雖不能阻過後唐大量用人政策，但對於部份冒進稍有限制。後唐文職官之澎漲，使新進人員占多數比例，新局面下文職官吏之地域分佈狀況，值得予以注意。

		河　東		河　北		河　南		平盧徐淮		關中隴西		其　他		合　　　計	
		N	%	N	%	N	%	N	%	N	%	N	%	N	%
後	梁	11	16.7	14	21.2	16	24.2	4	6.1	13	19.7	8	12.1	66	100.0
後	唐	20	12.7	52	33.5	22	14.2	16	10.3	26	16.8	19	12.2	155	100.0(註13)

後梁乃河南政權，河南文臣占百分之二十四强，不足爲怪，河北關中皆在百分之二十上下；河東雖偏低，亦有百分之十六點七。大體而言，各地區尚稱均衡，這可能朱梁繼承許多大唐中央政府文士的結果。然後唐發跡於河東，河東文官反而降爲百分之十二點七，關中降至百分之十六點八，河南驟降至百分之十四點二，獨河北文官升至百分之三十三點五，呈一枝獨秀現象。頗值得重視。這是「關中本位」瓦解以後，河北優勢的濫觴。

　　以上對大唐與梁、梁與（後）唐換代時之分析，乃基於這兩個時期之特殊點值得特別注意之故。本文的重點在文職官吏與政治延續性之關係，關於這一點需要透過通

註13：地域之劃分以當時政治地理爲標準，將北中國分爲若干大地區，以資觀察與比較。（本文其後章節中有
　　　關地域劃分亦依此標準）
　　　河東　包括河東（太原）、河中、振武等節度使。
　　　河北　魏博、昭義、河陽、成德、義武軍、盧龍軍節度使。
　　　河南　河南府、義成、宣武、淮西、襄陽、陝虢等節度觀察使。
　　　平盧徐淮　青、淄、齊、鄆、兗、濮、沂、密、登、萊等州。淮南、武寧軍節度使。
　　　關中隴西　關中、隴西之地。
　　　其他　包括江南與未詳者。

朝官宦的實際情況，才能獲得全貌。

第三節　晉漢周職業文官之延續

五代職業文官的延續現象，從下列統計表中更能看得適切。

五代文職通朝仕宦比例統計表(註14)

	梁		唐		晉		漢		周	
	N	%	N	%	N	%	N	%	N	%
始予　大唐	35	53.0	31	20.0	8	6.3	2	2.0	2	1.8
始予　梁	31	47.0	29	18.7	20	15.9	10	10.2	10	9.1
始予　唐	—	—	95	61.3	67	53.2	41	41.8	31	28.2
始予　晉	—	—	—	—	31	24.6	27	27.6	25	22.7
始予　漢	—	—	—	—	—	—	18	18.4	17	15.5
始予　周	—	—	—	—	—	—	—	—	25	22.7
合　　計	66	100.0	155	100 0	126	100.0	98	100.0	110	100.0

註14：五代文職官吏共得二百四十六人。本文以舊五代史爲主體，凡得一百五十六人。新五代史（五代史記）
立傳，舊五代史未見立傳者，有：

張源德（新33）、翟進宗（新33）、孔循（新43）、劉景巖（新47）、王宏贄（新48）、婁繼英（新
51）、王景崇（新53）、*皇甫暉（新49）、*石昂（新34）、*王松（新57）、*何贊（新28）、*何澤
（新56）、*崔居儉（新55）、*楊涉（新35）、*裴迪（新43）。以上十五人補入舊五代史人物，合併統
計。（*符號者爲文職）

韋震（新43），卒於朱梁建國以前，不予計入。

敬新磨、景進、史彥瓊、郭從謙，皆新37伶官傳人物，不予計入。

盧光稠、譚全播，皆羈縻節度使，不予計入。

鄭遨、李自倫，皆新卷34一行傳人物，未仕，不予計入。

取自宋史者凡八十二人。如下：趙普（宋256）、李崇矩（宋257）、潘美（宋258）、吳廷祚（宋257）、
張美（宋259）、曹翰（宋260）、范質（宋249）、王溥（宋249）、魏仁浦（宋249）、張錫（宋262）、
張鑄（宋262）、劉溫叟（宋262）、昝居潤（宋262）、王易簡（宋262）、竇貞固（宋262）、李瀚（宋
262）、李穀（宋262）、李濤（宋262）、趙上交（宋262）、邊歸讜（宋262）、劉濤（宋262）、邊光範
（宋262）、劉載（宋262）、程羽（宋262）、張昭（宋263）、竇儼（宋263）、竇儀（宋263）、竇偁
（宋263）、呂餘慶（宋263）、劉熙古（宋263）、李穆（宋263）、薛居正（宋264）、盧多遜（宋264）、
宋琪（宋264）、李昉（宋265）、楊昭儉（宋269）、陶穀、扈蒙（兩人皆宋269）、王著（宋269）、王
祐（宋269）、魚崇諒（宋269）、張澹（宋269）、高錫（宋269）、劇可久（宋270）、趙逢（宋270）、
邊珝（宋270）、段思恭（宋270）、顏衎（宋270）、蘇曉（宋270）、高防（宋270）、王明（宋270）、
許仲宣（宋270）、楊克讓（宋270）、侯陟（宋270）、董樞（宋270）、李謙溥（宋273）、張保續（宋
274）、張延通（宋274）、王贊（宋274）、田欽祚（宋274）、梁迥（宋274）、丁德裕（宋274）、趙玭
（宋274）、孔承恭（宋276）、劉蟠（宋276）、劉保勳（宋276）、雷德驤（宋278）、趙安仁（宋287）、
馮瓚（宋270）、田敏（宋431）、崔頌（宋431）、聶崇義（宋431）、尹拙（宋431）、鄭起（宋439）、
趙鄰幾（宋439）、梁周翰（宋439）、和峴（宋439）、馮吉（宋439）、高頔（宋440）、韓溥（宋440）、
李度（宋440）、鞠常（宋440）。

其中竇貞固、李瀚、顏衎等三人雖列傳於宋史，但官於五代，未見仕宋。

上表所示，後唐新進文職官吏占百分之六十一點三，自此以後，這批後唐引進的文官在晉、漢、周諸朝皆占重要比例，後唐文官雖然在晉漢周諸朝以百分之十左右驟降，卽今在後周亦占百分之二十八點二。在另一方面而言，晉新進文官占百分之二十四點六，其他百分之七十五點四係傳自大唐梁後唐者。漢新進文官僅百分之十八點四，其他百分之八十一點六傳自前列諸朝。周新進文官占百分之二十二點七，其他百分之七十七點三傳自前列諸朝。前朝有大批的文官在新朝繼續任職，構成後唐晉漢周特殊現象。其政治具有高度的承襲力，自不言而喻。魏晉南北朝時的南朝二臣極爲普遍。五代時由於朝代極短，官宦超過兩個朝代以上者甚多，又較南朝更進一層了。爲了要明確政治之延續與人物之通宦，且觀察下列圖表所示：

五代文職官吏通朝仕宦統計表(註14)

大唐	梁	唐	晉	漢	周	宋	
15 →							大唐、梁
⟍蜀越 2 →							(蜀越)梁
0							梁
14	14 →						大唐、梁、唐
	9 →						大唐　　唐
9	9 →						梁、唐
	⟍蜀幽 3 →						(蜀幽)唐
	25 →						唐
4	4	4 →					大唐、梁、唐、晉
2	2 →						大唐　　唐、晉
10	10	10 →					梁、唐、晉
	⟍契丹 1	1 →					(契丹)唐、晉
	25	25 →					唐、晉
		4 →					晉
	10	10	10 →				唐、晉、漢
		2	2 →				晉、漢
			1 →				漢
2	2	2	2	2 →			大唐、梁、唐、晉、漢、周
10	10	10	10	10 →		5→宋	梁、唐、晉、漢、周
	⟍蜀 1	1	1	1 →			蜀、唐、晉、漢、周
	30	30	30	30 →		15→宋	唐、晉、漢、周
		25	25	25 →		22→宋	晉、漢、周
			17	17 →		15→宋	漢、周
				25 →		22→宋	周
66	155	126	98	110		79	

　　五代文職官吏通朝仕宦統計表中明顯表示出絕大多數皆任職二朝或二朝以上。自公元九〇七年至九六〇年這五十四年期間，縱貫有大唐梁唐晉漢周宋七個朝代，身歷六個朝代者凡得七人。其中二人歷大唐梁唐晉漢周，即：

　　楊凝式，華陰人也。……唐昭宗朝登進士第，解褐授度支巡官，再遷秘書郎，直史館。梁開平中爲殿中侍御史、禮部員外郎、三川守……留守巡官……集賢殿直學士，改考功員外郎。（後）唐同光初，授比部郎中、知制誥……改給事中、史館修撰，判館事。明宗即位，拜中書舍人……長興中歷右常侍、工戶二部侍郎……改秘書監。清泰初遷兵部侍郎……。晉天福初改太子賓客，尋以禮部尚書致仕……。晉開運中奏除太子少保……。漢乾祐中歷少傅、少師。（周）廣順中……右僕射……顯德初改左僕射，又改太子太保，並懸車。元年多卒於洛陽，年八十五。（舊五代史卷 128，周書卷 19 本傳）。

　　裴羽。唐僖宗朝宰相贄之子也。羽少以父任爲河南壽安尉。入梁遷御史台主簿，改監察御史。（後）唐明宗時爲吏部郎中……晉初累遷禮部侍郎、太常卿。（周）廣順初，爲左散常侍。卒。（舊五代史卷 128，周書卷 19 本傳）

歷梁唐晉漢周宋六朝者凡五人，皆見於宋史。如下：（註15）

　　王易簡……。梁乾化中擧進士……辟觀察支使……著作郎、右拾遺、節度推官。後唐同光中……辟招討使巡官、魏王都督府記室參軍。明宗即位……辟帥府掌書記……員外郎、郎中、知制誥、中書舍人。晉初賜金紫，判弘文館史館事……御史中丞、右丞……周廣順初遷禮部尚書……顯德四年告老，以太子少保致仕……宋初召加少傅……建隆四年卒。年七十九。（宋史 262 卷本傳）（按後漢朝時間僅四年，時有漏記現象）。

　　張錫。福州閩縣人。梁末……辟州軍事判官……（後唐）同光末……錫權知州事……後爲淄川令……召爲監察御史、觀察判官。晉開運二年拜右補闕，歷起

註15：另有一位可能官歷梁唐晉漢周宋六朝者：
　　田敏，淄州鄒平人。少通春秋之學。梁貞明中登科，調補淄州主簿，不令之任，留爲國子四門博士。後唐天成初改尚書博士賜緋，滿歲爲國子博士、員外郎……兼太常博士……清泰初遷國子司業。晉天福四年授祭酒，仍檢校工部侍郎，俄兼兵部侍郎充弘文館學士，判館事……檢校右僕射復爲祭酒。漢乾祐中拜尚書右丞判國子監。周廣順初改左丞……世宗即位眞拜太常卿檢校左僕射加司空……遷工部尚書……改太子少保致仕……恭帝即位加少傅。開寶四年卒。年九十二。
　　（宋史 431 卷儒林列傳一，本傳）

居郎、刑部員外郎、開封府判官、浚儀令……郎中……周顯德中授右諫議大夫……宋初改給事中……建隆二年卒。（宋史卷262本傳）

張鑄。河南洛陽人……梁貞明三年舉進士，補福昌衞集賢校理，拜監察御史，遷殿侍御史。仕後唐歷起居郎、員外郎。明宗初轉金部郎中賜金紫……晉……改河南令。開運二年召爲太常少卿……右庶子……周廣順初入爲左諫大夫、給事中……顯德三年授檢校禮部尙書光祿卿、秘書監……宋初加檢校刑部尙書。建隆四年卒。年七十二。（宋史卷262本傳）

張保續。京兆萬年人。父洪，唐左武衞上將軍。保續以蔭補太廟齋郎。梁貞明中調補臨濟尉，選充四方館通事舍人。後唐天成初領瓜州，官告國信副使，改右贊善大夫。晉天福中歷太府光祿二少卿，職同正，領通事舍人……開運二年……充西上閣門副使……漢乾祐初出爲隴州防禦使。周祖革命召爲東上閣門副使……閣門使……客省使……宋初遷衞尉卿……歷事六朝……建隆三年卒，年六十四。（宋史卷274本傳）

尹拙。潁州汝陰人。梁貞明五年舉三史，調補下邑主簿，攝本鎮館驛巡官。後唐長興中召爲著作佐郎直史館，遷左拾遺、加朝散大夫。應順初，出爲宣武軍掌書記、檢校虞部員外郎兼殿中侍御史。清泰初加……兼御史大夫……改檢校郎中忠武軍掌書記。晉天福四年入爲右補闕，明年轉侍御史……漢初召爲司馬虞部郎中弘文館直學士。周廣順初遷庫部郎中兼太常博士……顯德初檢校右散騎常侍國子祭酒……宋初改檢校工部尙書太子詹事……遷秘書監。開寶四年卒，年八十一。（宋史卷431儒林列傳一，本傳）

一個人連續官宦五個朝代者凡二十一人，連續四朝者四十一人，連續三朝者五十五人，逗續二朝者八十九人。茲計其比例如下：

六朝	7 2.8%	7 2.8%					
五朝		21 8.5%	28 11.3%				
四朝			41 16.7%	69 28.0%			
三朝				55 22.4%	124 50.4%		
二朝					89 36.2%	213 86.6%	
一朝						33 13.3%	246 100.0%

長樂老馮道實際祇官四朝，但品位極高，「三入中書，在相二十餘年」（舊五代史 126 本傳）所以被視爲代表人物。其他官歷四朝而品位高者尚有：盧文紀、和凝、蘇禹珪、馬裔孫等，皆見於舊五代史卷 127。

一個人官宦若干朝代，並不意味着其子孫必然亦可世代官宦，這就是五代與魏晉南北朝之間最大的差別。魏晉南北朝時不但自己通朝任官，並且按門第之高下，子孫亦任高官，於是乎形成一種以血緣爲基礎的階級，構成獨特的社會階層。五代及身通朝的現象非常普遍，已如上述，是否因此造成累世官宦呢？玆統計如下：

五代文職官吏身分比較統計表(註16)

		梁 N	梁 %	唐 N	唐 %	晉 N	晉 %	漢 N	漢 %	周 N	周 %	總計 N	總計 %
士族	舊族	24	36.4	36	23.2	23	18.2	8	8.2	7	6.4	98	17.7
	新族	11	16.7	18	11.6	19	15.1	14	14.3	16	14.5	78	14.1
			}53.1		}34.8		}33.3		}22.5		}20.9		}31.8
小姓	一世官宦	8	12.1	23	14.8	25	19.8	24	24.5	30	27.3	110	19.8
	累世低品	2	3.0	12	7.8	11	8.7	8	8.2	7	6.4	40	7.2
			}15.1		}22.6		}28.5		}32.7		}33.7		}27.0
平民	儒	13	19.7	29	18.7	28	22.2	30	30.6	34	30.9	134	24.1
	吏	2	3.0	17	11.0	8	6.4	7	7.1	7	6.4	41	7.4
	其他	1	1.5	7	4.5	5	4.0	3	3.0	5	4.5	21	3.8
	不詳	5	7.6	13	8.4	7	5.6	4	4.1	4	3.6	33	5.9
			}31.8		}42.6		}38.2		}44.8		}45.4		}41.2
合計		66	100.0	155	100.0	126	100.0	98	100.0	110	100.0	555	100.0

由五代文職官吏身分比較統計表而觀之，士族類自梁之百分之五十三點一，驟降爲後唐之百分之三四點八，自此以後屢屢滑落，至周則僅占百分之二十點九。可謂低矣！五代的五個王朝共五十四年，祇能以兩個代 (Generation) 計，從其初期與末期比較而觀之，士族沒落的跡象甚爲明顯，士族占統治階層二分之一的現象，至此全然改變，這是中古型社會架構的下坡面。士族類之中的舊族係指魏晉南北朝已存在的大士族，在梁朝尚有百分之三十六點四，至周僅百分之六點四矣！另一方面新族的比例

註16：孫國棟「唐宋之際社會門第之消融」將晚唐、五代、北宋初，分爲三大段落，比較其社會門第之消融。西川正夫「華北五代王朝の文臣官僚」文中曾將文臣家世分爲三大類統計之，(A) 祖先曾任唐朝高級官吏；(B)祖先曾任唐朝下級官吏，即縣令、縣府、主簿等；(C)祖先未載曾任唐代者。此與本文標準不同，本文除重視祖先官品以外，還重視官宦世系，且舊族與新族同等臚列，不限於仕唐者也。
又西川正夫合得五代文臣一百七十九人，本文凡得二百四十八人，見註14。

一直在百分之十五線跳動，沒有跡象顯示新族不斷增加，故五代士族之下降乃整個社會階層的變動，而非個別家族之更動。上表所示，小姓類中的一世官宦自梁之百分之十二點一，緩緩上升至周之百分之二十七點三，這表示有一部份家族出現兩代興衰的循環現象，個別的小姓家族變動率加大。整個而言，平民的比例較大唐爲高，尤其漢周時期已達百分之四十五左右。

由上列分析，五代官吏通朝仕宦的現象，與五代政治延續之關係較爲密切。

第三章　五代軍人集團與政權轉移

第一節　黃河以南軍人集團之分類

大唐僖宗中和四年（公元 884）是一個歷史上的重要年代，黃巢在這年敗亡，而破黃巢的兩大軍事集團——河東節度使李克用及宣武節度使朱全忠，亦隨即決裂，自此以後，李克用集團成爲黃河以北的最大股勢力，而朱全忠集團成爲黃河以南的盟主，這兩大勢力的競爭形成五代史上的主要景象。朱全忠在五代的初期扮演強勢角色，他雖然在中和三年（公元 883）已制授宣武節度使，實際上要在次年（亦卽中和四年）黃巢軍瓦解以後才坐穩地盤，然後徐徐發展，從五代史梁書諸列傳看，許多梁朝的武職核心份子都是在中和三年至四年這段時期依附朱全忠，從另一個角度而言，朱全忠亦非常重視初期根據地時代的底班，例如在大唐昭宗天復三年（公元 903）派將兼併青州時，敵對大將劉鄩受召願降，但需青州本使（王師範）歸降然後才以城池還納，朱全忠義之，對劉鄩頗爲優容，舊五代史梁書卷二十三劉鄩傳載：「授元從都押牙，太祖牙下諸將皆四鎮舊人，鄩一旦以羈旅之臣驟居衆人之右，及與諸將相見，並用階庭之禮，太祖尤奇重之，未幾表爲鄆州留後。」元從人物成爲其勢力之核心，深受重視，爲提高劉鄩崇敬，將其視爲元從，且居元從輩之首，無怪乎劉鄩其後爲梁室鞠躬盡粹，死而後已。緣因朱全忠於中和二年受召歸大唐以後，其所接受的旗號皆屬大唐，在名義上朱全忠集團上上下下皆爲大唐之臣，要待公元 907 年禪讓之刻，才全體變爲梁臣，如以此官樣形式爲準，將無法研究政權轉移與人物變遷之關係。故要以當時實情爲準，當時在朱全忠麾下的武職實際上以忠於朱氏爲主，這才構成朱全忠順

利篡位的本錢，朱集團是漸漸擴大的，漸次併吞其他地區及吸收人才，如果將公元907視爲梁政權正式掛出招牌，則中和之末乃是梁政權實際成立之始。也就是說，將中和四年以前參加朱全忠者視爲原始梁臣，自此以後由大唐中央抑或其他節度使歸依朱氏者視爲轉朝官宦（初仕卽在梁室雖在中和四年之後，當屬梁臣），若比較這兩者人物之轉移，不但可以看出政權轉移的實情，抑且可以便於分析軍人集團結合的情況——亦卽軍事權力核心之形成。計算武職官吏歸屬梁的年代以中和四年爲標準，下距梁之正式受禪有二十四年之久，這段時期梁的實權眞正地存在於黃河以南，且代表着黃河以南職權軍人集團的特質。舊五代史梁書之編撰者薛居正等，似乎也認爲這二十四年（大唐中和四年至天祐三年）中梁之核心人物已劃歸梁朝人物，因爲在梁書中有許多列傳人物實際上在梁開平元年（907年）以前已經物故。這一點與文職官吏很大的差別，文職官吏的列傳大都屬中央政府人物，大唐與梁之間中央級官吏兌變期在朱全忠遷唐昭宗於洛陽以後，亦卽天祐年間，在此上節已有論及。

茲從舊五代史梁書所載武職人物分析朱全忠軍事集團之特性：

(A)初期追隨者（卽中和四年以前元從底班）

　　徐懷玉，亳州人，始隨太祖（中和時），與太原戰，卒。（卷二十一）

　　王彥章，鄆州壽張，少隨朱溫，梁亡被後唐所殺。（卷二十一）

　　△龐師古，曹州南華，太祖起義，以中涓從。（卷二十一）

　　△朱珍，徐州豐縣，太祖起義，以中涓從。（卷十九）

　　△氏叔琮，尉氏，應龐師古募，中和時應募。（卷十九）

　　△朱友恭，壽春，總角事太祖。（卷十九）

　　李思安，陳留張享里，中和三年隨太祖。（卷十九）

　　王重師，潁川長社，中和隨太祖。（卷十九）

　　△張存敬，譙郡，中和從太祖赴汴。（卷二十）

　　劉捍，開封，父乃大將，中和隨太祖。（卷二十）

　　寇彥卿，大梁，祖父宣武牙校，中和鎮汴時隨太祖。（卷二十）

　　王檀，京兆，士族，中和隨太祖。（卷二十二）

　　△郭言，太原人也，家于南陽新野，少以力稼養親，鄉里稱之。唐廣明（公元

880年)中，黃巢擁衆西犯秦雍，言爲巢黨所執，後從太祖赴汴。（卷二十一）

△劉康乂，壽州安豐縣人也。以農桑爲業。唐乾符中關東羣盜並起，江淮間偏罹
　　其苦，因爲巢黨所掠，康乂沉默有膂力，善用矛槊，然不樂爲暴，中和三年
　　從太祖赴鎮，委以心腹。（卷二十一）……以戰功遷元從都將。

　胡眞，江陵人也，……少爲縣吏，及在巢寇中，寇推爲名將，隨巢涉淮淛，陷
　　許洛，入長安，及太祖以衆歸唐，眞時爲元從都將（通鑑云：溫見巢兵勢日
　　蹙，知其將亡，親將胡眞謝瞳勸溫歸國），從至梁苑。（卷十六）

　鄧季筠，宋州下邑人也。少入黃巢軍，隸于太祖麾下，及太祖鎮汴，首署爲牙
　　將主騎軍。（卷十九）

　范居實，絳州翼城。事太祖初爲隊將，從討巢蔡有功。（卷十九）

△趙犨，其先天水人，代爲忠武牙將，曾祖賓、祖英奇、父叔文皆歷故職。…
　　…郡守聞而擢爲牙校……天子下詔以犨守陳州刺史。……中和三年乞師於太
　　祖。（卷十四）

△趙昶，同上

△趙珝，同上

文中「中涓」原義是指內侍官，不過梁書所謂中涓顯然是親信軍官，他們對朱全
忠的貢獻，可從下列一例窺其一二。舊五代史卷十九朱珍傳：

　朱珍，徐州豐縣雍鳳里人也。太祖初起兵與龐師古、許唐、李暉、丁會、氏叔
　　琮、鄧季筠、王武等八十餘人，以中涓從，摧堅陷陳，所向盪決。及太祖鎮汴
　　兼領招討使，署珍宣武右職，以總腹心，于是簡練軍伍，裁制綱紀，平巢破
　　蔡，多珍之力也。……

另胡眞、鄧季筠、劉康乂、郭言等雖隸黃巢軍（按朱溫亦原屬黃巢軍），或原居
於朱溫麾下，或朱溫歸唐時卽刻追隨，是卽元從是也。

（B）巢將歸附者（中和四年）

△霍存，洺州曲周，中和四年太祖大破巢軍于王滿渡時，存與葛從周張歸霸皆自
　　巢軍來降，太祖宥而納之。（卷二十一）

　葛從周，濮州鄄城，自巢軍來降。（卷十六）

張歸霸，清河人，祖縣令，父亦有宦緒。乾符中寇盜蜂起，歸霸率昆弟三人棄家投黃巢。……昆仲與葛從周李讜等相率來降，補宣武軍劇職。（卷十六）

張歸厚，同上

張歸弁，同上

△李讜，河中臨晉。黃巢陷長安，讜遂得仕于其間，……巢軍既敗，讜乃束身歸于太祖，署爲左德勝騎軍都尉。（卷十九）

△李唐賓，陝州陝縣。……太祖破（巢軍于）瓦子寨，唐賓與王虔裕來降。（卷二十一）

△王虔裕，瑯琊臨沂人也，家于楚邱。……依諸葛爽（爽於中和四年曾一度歸巢），及爽歸順，乃以虔裕隸于宣武軍。（卷二十一）

謝彥章，許州人也。幼事（葛）從周爲養父。……（隨從周）事太祖。（卷十六）

黃文靖，金鄉人，少附于黃巢黨中，巢敗歸于太祖。……（卷十九）

張愼思，清河人，自黃巢軍來歸。（卷十五）

△李重允，宋州下邑。初在黃巢黨中推爲剛鷙，唐中和四年五月……率衆來降，太祖素識之，拔用不次，署爲先鋒步軍都頭。（卷十九）

(C)發展中之歸附者：

李振，河西，抱眞之曾孫，祖父皆至郡守。振仕唐自金吾將軍改臺州刺史，會盜據浙束，不克之任，因西歸過汴以策略于太祖……辟爲從事。（卷十八）

△高劭，幽州，從父騈淮南節度使，父泰黔中觀察使……年十四，（劭）遙領華州刺史，光啓中……達于汴，太祖以客禮遇之，尋表爲亳州團練副使知州事。（卷二十）

賀德倫，其先河西部落人。父懷慶，隸滑州軍爲小校，德倫少爲滑之牙將。太祖領四鎮，德倫以本軍從。（卷二十一）

△馬嗣勳，濠州鍾離。世爲軍吏……初爲州客將。……景福元年（892），刺史張遂俾嗣勳持州印籍戶口以歸于太祖。（卷二十）

王敬蕘，潁州汝陰。世爲郡武吏，唐乾符初敬蕘爲本州都知兵馬使……俄眞拜刺史……乾寧二年 (895)，（太祖）署爲沿淮上下都指揮使。（卷二十）

孫德昭，鹽州五原，世爲州校。父惟晟有功于唐朝，遙領荊南節度使分判右神策軍事。德昭藉父蔭累職爲右神策軍都指揮使……權校太保靜海節度使同平章事。……（助太祖遷昭宗于洛），以本部兵八千人獻于太祖。……（卷十五）

馮行襲，武當人，歷本郡都校……授均州刺史……戎昭軍節度使……（天復末）歸。（卷十五）

韓建，許州長社，父叔世爲牙校，初秦仲權之據蔡州，招合亡命，建隸爲軍士……以建爲蜀郡刺史……田令孜密遣人誘建陷以厚利……乃率所部歸……同州節度使册拜太傅……乞降太祖。（卷十五）時在天復元年 (901)

司馬鄴，其先河內溫人，（士族），鄴蔭資出身……官至大列，（天復時與韓建）同降太祖。（卷二十）

以上爲大唐中央暨地方職官吏歸附朱全忠者。

△趙克裕，河陽人，祖父皆爲軍吏，克裕少爲牙將……擢爲虎牢關使。光啓中蔡寇陷河陽，克裕率所部歸於太祖，隸于宣義軍。（卷十五）

楊師厚，潁州斤溝。爲李罕之步將……及罕之敗退澤州，師厚與李鐸何細等來降太祖。……（卷二十二）

牛存節，青州博昌……唐乾符末，鄉人諸葛爽爲河陽節度使，存節往從之，爽卒，存節謂同輩曰：天下洶洶，當擇英主事之，以圖富貴，遂歸太祖。（卷二十二）

以上爲河陽地區人物，楊師厚、牛存節則屬於河陽節度使諸葛爽軍團部將。

賀瓌，濮陽人……遇世亂入軍，朱瑄爲濮州刺史兼鄆州馬步軍都指揮使，拔爲小將，光啓初鄆州三軍推瑄爲留後，以瓌爲馬步軍都指揮使……乾寧二年895 降太祖。（卷二十三）

胡規，兗州人，初事朱瑾爲中軍都校，兗州平 (897) 署爲宣武軍都虞候。（卷十九）

康懷英，兗州人……始以驍勇事朱瑾爲列校，唐乾寧四年 (897) 春，太祖命葛從周攻兗州……乃出降。（卷二十三）

劉鄩，密州安邱，祖州司戶掾，父安融令。……中和中事青師節度使王敬武爲小校……天復三年 (903)……王師範（敬武之子，繼爲青州節度使）降……

鄆亦出城降。（卷二十三）

以上乃太平軍節度使朱瑄、兗州節度使朱瑾，青州節度使王敬武削平時所歸附的大將，皆原平盧節度使轄區也。

符道昭，淮西人……秦仲權用為心膂，使監督諸軍……降太祖（迎昭宗時）。（卷二十一）

王景仁，廬州合肥……楊行密偽署宣州節度使……附太祖。（卷二十三）

以乃淮西淮南地區之歸附者，符道昭出自秦仲權，王景仕出自南唐。

(D)羈縻勢力：

羅紹威，魏州貴鄉。魏博節度使。（卷十四）

△王珂，河中人。河中節度使。（卷十四）

△成汭，淮西人。荊南節度使。（卷十七）

△杜洪，江夏人。鄂州節度使留後。（卷十七）

△鍾傳，豫章人。鎮南節度使。（卷十七）

△田頵，廬州合肥。宣州節度使。（卷十七）

△趙匡凝，蔡州人。襄州節度使。（卷十七）

△雷滿，武陵洞蠻也。澧朗節度使。（卷十七）

以上乃從舊五代史梁書中錄取梁之武職官吏，帶「△」符號者表示該員在梁開平元年(907)開國以前已卒，又唐書、晉書、漢書、周書等朝代中曾任梁武職者亦未計入，是以以上人物是分析梁建國初期以及河南軍事集團形式的好資料，至於純粹朱梁一朝武職軍官（開平元年至龍德二年，即公元 907～922）將在下文分別討論之。

第二節　朱梁軍人集團之性質

上節A、B、C、D四類之中，前三類是朱全忠直隸者，D類乃羈縻者。

（一）A類初期追隨者凡得二十人，絕大多數屬於黃河以南人士，其中郭言雖云太原人，家于南陽新野。趙犨三兄弟其先天水，已有四代為忠武牙將，按陳許節度於貞元十年賜號忠武軍節度使(註17)。似乎只有范居實絳州翼城是真正河以北人士。巢將歸附者得十二人，黃河南北各占一半。發展中之歸附者凡十八人，黃河以南十二人，河以北三人，另關隴三人。朱全忠隨着其勢力的擴大其所吸收的武職官吏地域亦增

註17：新唐書卷六十五方鎮表二（舊書本紀在二十年，疑表誤）

加，但顯然地仍以河南爲最多，若以黃河以南，潼關以東、海以西、長江以北，作爲
一個地區——廣義的河南，則朱氏軍事集團五十個武將（A類＋B＋C恰好五十人）
人中，河南人士三十七人，非河南人士十三人；亦卽河南人士占百分之七十四，非河
南人士占百分之二十六。這項比例仍具有重要意義，因爲河南地區人士雖然依其歸附
先後，小地域之再分，以及出身背景等因素以致內部屢有傾軋（下文分析），但其共
同對抗太原李克用軍事集團之時，顯得都很勇敢，雙方自中和四年以至梁亡，鏖戰四
十年之久，故相對河東河北集團而言，河南軍事集團形象至明。

　　（二）大唐末葉黃淮地區大饑荒所引發起的大動亂，如火如荼，然參加的份子極爲
複雜，如以地域觀念，按唐末發展跡象來看，有三大主要勢力，其一是靑兗濮以及沿
黃河下游北岸的河中、河陽、淸河一帶的黃巢集團；其二是黃河以南汴、亳、潁、
譙、徐以及鄆、曹、壽春一帶的朱溫集團；其三是淮西蔡州的秦宗權集團。朱溫集團
似乎較有妥協性，接受大唐之羈縻，實際上亦是獨立局面；亦正因此朱溫集團吸收各
種人物，例如當其發展之中，累世武大族的李振「因西歸汴，以策略干太祖，太祖奇
之，辟爲從事，太祖兼領鄆州署天平軍節度副使」(註18)，另一位節度世家高劭，「達
于汴，太祖以客禮遇之，尋表爲亳州團練副使知州事」(註19)。當然，朱溫集團仍以元
從平民和職業軍人（所謂世郡武吏）們爲主幹，由於他較具彈性，所以黃巢敗亡以
後，有一部份將領歸順其下，卽上列（B）類人物是也。從另一角度而言，朱溫降唐，
在羣雄並起之秋，歸順他的英雄們比在黃巢雄團中較有「名正言順」的感覺，這在裹
脅農民爲盜的情況下尤爲顯著，如家於南陽新野的郭言，「少以力稽養親，鄕里稱
之。唐廣明中黃巢擁衆西犯秦雍，言爲巢黨所執，後從太祖赴汴」(註20)，劉康乂
「壽州安豐縣人也。以農桑爲業。唐乾符中關東羣盜並起，江淮間偏罹其苦，因爲巢
黨所掠，康乂沉默有膂力，善用矛槊，然不樂爲暴，中和三年從太祖赴鎭」(註21)。朱
溫在這方面所獲得的利益，只有其脅持唐中央漸次建立文官體系可以相比。但他面臨
的缺點是其軍事集團中的複雜性。

　　（三）從其出身背景分析：平民及身世不詳者共有三十人，世郡武吏者十六人，士
族四人；朱溫集團平民色彩極爲濃厚，殆無疑問。然亦不可忽視世郡武吏這羣人物。緣

註18：舊五代史卷十八梁書李振傳。　　　　註20：舊五代史卷二十一梁書郭言傳。
註19：舊五代史卷二十梁書高劭傳。　　　　註21：舊五代史卷二十一梁書劉康乂傳。

因自安史亂後，許多重要地區都遍設節度使，經一百二三十年發展，各節度使州郡區內形成一羣職業軍校，世代相襲，有的甚至左右節度使之去留與繼承(註22)，這是唐後半期形成的一層社會階級或社會力量，其戰鬥力較一般平民爲强。例如：

舊五代史卷十四趙犨傳：

> 代爲忠武牙將，曾祖賓，祖英奇，父叔文皆歷故職。犨幼有奇智，齠齔之時與鄰里少兒戲于道左，恒分布行列爲部伍戰陣之狀，自爲董帥，指顧有節如夙習焉……天子下詔以犨守陳州刺史……乃遣增垣墉、濬溝洫、實倉廩、積薪芻……繕甲兵利劒稍弓弩矢石無不畢備，又招召勁勇寘之麾下，以仲弟昶爲防遏都指揮使，以季弟珝爲親從都知兵馬使，長子麓，次子霖皆分領銳兵，……黃巢……遣驍將孟楷擁徒萬人直入項縣，犨引兵擊之，賊衆大潰，斬獲略盡，生擒孟楷。……于時巢黨雖敗，宗權益熾，六七年間屠膾中原，陷二十餘郡，惟陳去蔡百餘里，兵少力微，日與爭鋒，終不能屈。

按舊唐書卷二百下黃巢傳稱：「巢素寵楷，悲惜之。」這位驍將折損，影響甚大。又舊五代史卷二十王敬蕘傳：

> 潁州汝陰人，世爲郡武吏，乾符初敬蕘爲本州都知兵馬使……時州境荒饑，大寇繼至，黃巢數十萬衆寨于州南，敬蕘極力抗禦，逾旬而退。伋又宗權之衆凌暴益甚，合圍攻壁，皆力屈而去……遠近附之。

朱溫受命爲宣武節度使，得汴州世武吏之支持，舊五代史卷二十寇彥卿傳：

> 大梁人也。祖瑄，父裔，皆宣武軍牙校，太祖鎮汴以彥卿將家子擢在左右……補元帥押牙充四鎮通贊官。……

各州世武吏最大缺點是不熱心於遠出作戰，著者另文已有討論(註23)。平民與世武吏爲朱溫集團中兩大支持，其中平民尤多，這是特色，但並未意味有階級意識的界分，這可能大部份的世郡武吏乃是低級軍官或士校，無法與士族相比，其在士大夫階層的

註22：參見拙文「晚唐五代政治社會史之研究——魏博二百年史論」。

註23：頃讀韓國磐隋唐五代史論集「關於魏博鎮影響唐末五代政權遞嬗的社會經濟分析」，該文亦強調魏博在五代之重要性，但主要論點與拙文「晚唐五代政治社會史之研究——魏博二百年史論」不同。拙文的主旨在檢討陳寅恪先生「關中本位政策」之後，中國政治軍事重心遷移問題。又關於職業軍人方面的解釋，韓文認爲牙兵代表着各地方階級的勢力，以及代表着本鎮莊園主的勢力；拙文認爲職業軍人以平民出身爲主，加以世武吏者，這是中古士族軍權衰退以後，中國文武分途之濫觴。

眼中，與平民社會地位高下差距有限。然而，世武吏存在於各節度使、各州郡府衙之中，有濃厚的地區性；而平民從軍者亦大都是世亂被迫，以個人爲單位，其間亦有個人間結義者，如朱溫與韓建「太祖與建素有軍中昆弟之契」(註24)，郭言與李罕之「罕之既與言患難交契，刻臂爲盟，永同休戚，如張耳陳餘之義也」(註25)，規模甚小。論者有謂如黃巢之販鹽私梟及據山夥盜者，亦祇能算小股而已。所以朱溫集團中結合着各州郡世武吏以及類似「山東豪傑」(註26)人物，他們因利結合，共同對外時頗顯團結力，如上述趙犨、王敬蕘皆因秦宗權之壓力而求於朱溫，對抗太原集團時亦皆涇渭分明，如鄧季筠，「宋州下邑人也，少入黃巢軍隸于太祖麾下……伐太原……季筠爲晉人所擒，克用見之甚喜，釋縛待以賓禮，俄典戎事，季筠在井門凡四稔，景福二年，晉軍攻邢台，季筠領偏師預其役，將及邢，邢人陣于郊，兩軍酣戰之際，季筠出陣飛馬來歸」(註27)，徐懷玉、王彥章等有戰死、有被俘死。這南北兩大軍事集團大體上界限分明。然而正因爲朱溫妥協性較高，集團中各小股人物傾軋甚烈。例如其重要戰將朱珍與李唐賓之爭，兩死之(註28)，而梁末謝彥章與賀瓌不協(註29)，成爲梁亡的原因之一。朱溫自始對這一批驕兵悍將並沒有提出一個積極建設性的辦法，其所慣用的消極手法是誅殺，因朱珍殺李唐賓而誅珍，助其弒昭宗的大將氏叔琮朱友恭亦藉機誅之(註30)，又殺李思安、胡規、李讜、李重允、范居實諸將，因閱兵之故，「左龍驤都教練使鄧季筠魏博馬軍都指揮使何令稠、右廂馬軍都指揮使陳令勳，以部下馬瘐並腰斬于軍門。……先鋒黃文靖伏誅。」(註31)，「功臣宿將往以小過被誅，衆心益懼」(註32)外，轉使梁之武將減損，而予太原集團以反敗爲勝的機會。

　　(四)羈縻勢力方面，朱溫對魏博節度使羅紹威之拉攏與運用，極其成功，使魏博雄厚的人力物力以及戰略地位，成爲朱梁有利的資產，此在另文「魏博二百年史論」中已有詳述。然在蔡州方面並不甚成功，蔡州亦爲軍事據點之一，軍府原有「勁兵萬

註24：舊五代史卷十五梁書韓建傳。
註25：舊五代史卷十五梁書李罕之傳。
註26：參見陳寅恪「論隋末唐初"所謂山東豪傑"」。
註27：舊五代史卷十九梁書鄧季筠傳。
註28：舊五代史卷十九梁書朱珍傳。
註29：舊五代史卷十六梁書謝彥章傳。及卷二十三賀瓌傳。
註30：舊五代史卷十九梁書氏叔琮傳。及同書同卷朱友恭傳。
註31：舊五代史卷六梁書太祖紀六。
註32：資治通鑑卷二六八梁紀三乾化元年十一月八日。

人」，及秦宗權督蔡，又與黃巢餘黨合流，聲勢極大，「西至關內，東極青齊，南出江淮，北至衛滑，魚爛鳥散，人烟斷絕……關東郡邑多被攻陷，唯趙犨兄弟守陳州，朱溫保汴州，城門之外，爲賊疆場」(註33)，與秦宗權之戰爭是朱溫霸業的困難之一，事後從秦宗權集團中吸收的將領甚少，僅得符道昭一人，與曹濮間黃巢集團不可比擬。及秦宗權滅亡，其反正部將趙德諲趙匡凝父子爲襄州節度使兼七州馬步軍都校，介於依叛之間，最後朱溫派楊師厚破之，然終未成朱梁之資產(註34)。

如將上述（Ｃ）類朱溫在發展中歸附的唐臣視作唐臣仕梁者；將（Ａ）類初期追隨朱溫、（Ｂ）類巢將附溫者視作梁臣，再加入舊五代史新五代史宋史中，其初仕在梁之武職者，兩者比例如下：

（大）唐臣仕梁統計表（武職）

	數　　量（人）N	百　　分　　比 %
唐　臣　仕　梁	33	42.3
梁　　臣	45	57.7
合　　計	78	100.0

大唐文職官吏仕梁者占梁文職之百分之五十三；大唐武職官吏仕梁者占梁武職之百分之四十二點三。梁室依賴大唐之文職官吏之比例較高，依賴大唐武職官吏之比例較低。梁武職新進者幾達六成，大規模的新進當然可能影響到出身成分的比例：

梁武職官吏身分比較計表(註35)

士 族			小 姓				平 民				總 計	
文大姓	武大姓	小 計	一世官	世低臣	累世品	小 計	兵	其 他	不 詳	小 計		
N	%	N	%	N	%	N	%	N	%	N	%	N	%	N	%	N	%	N	%	N	%	N	%
6	7.7	11	14.1	17	21.8	12	15.4	5	6.4	17	21.8	36	46.1	7	9.0	1	1.3	44	56.4	78	100.0

註33：舊唐書卷二百下秦仲權傳。

註34：舊五代史卷十七梁書趙匡凝傳。

註35：本文五代時期武職官吏社會成分的分類，原則上亦大分爲士族、小姓、平民等三類。在細目上依據當時實情略有差異。例如：

士族類：(A)文大姓：包括舊族、新族，以及任何三世高官（五品以上）的家族。

(B)武大姓：包括三世五品以上的武職家族、以及部落酋豪首領級的家族。

小姓類：同上節文職官吏之分類法。

平民類：包括吏、商、富豪、農、教主、獵、屠、皂隸、盜、儒、兵等項。此類較文職爲複雜，其中富豪並非一定是行商致富，故獨成一項，皂隸似乎是牛自由民；「兵」項本不應視爲原始身分，可能由其他職業轉移而來，此在後文尚要深加討論。

梁武職士族類占百分之二十一點八，遠較梁文職士族類占百分之五十三點一爲低，士族退出軍旅之形勢已明。另一方面，梁武職平民類占百分之五十六點四，遠較梁文職平民類占百分之三十一點八爲高。文武職官吏社會成分幾成倒比例，構成梁政權的一項特色。五代皆以軍權爲權力核心，故梁政權較爲平民化，但其文人系統仍具貴族色彩。梁朝武職官吏地域分佈情況，正如本章文首分析，以河南人士居多，詳細統計如下：

河　　東		河　　北		河　　南		平盧徐淮		關中隴西		其他未詳		合　　計	
N	%	N	%	N	%	N	%	N	%	N	%	N	%
6	7.7	16	20.5	29	37.2	17	21.8	5	6.4	5	6.4	78	100.0

若以河南、平盧徐淮共視爲廣義河南（卽河之南），則其比例高達百分之五十九。幾達六成。河之南的色彩極爲濃厚。

第三節　李克用集團之興起

自安史亂後，藩鎮之中以河北三鎮最強，大唐用以對抗軍旅，則以河東朔方節度使最勇敢善戰，是則中國武勇之士，黃河以北實具優勢，曾經何時，河南大饑，流民、私梟、世武吏等所結合流寇集團，波濤洶湧，起自中原，渡淮陷湘入廣，旋又北上犯湖湘江浙進逼廣陵，最後又渡淮再入中原，把大唐帝國視爲無守軍之地，摧枯拉朽，如秋風之掃落葉，不多時又陷洛陽，直搗關中，神策禁軍不能守長安，唐僖宗夜奔出城，長安陷於黃巢之手。是則河南流民集團之威勢，不讓安史燕趙健將專美於前。由此而觀之，河南並非沒有豪傑，百餘年來河以北之軍事優勢，實由於大唐制度欠缺以及人爲不逮也。然而，龐大的流民集團極易分裂，朱溫歸順於大唐，對黃巢是重大打擊，也給予唐喘息機會，時唐中央尤如東周之周天子，本身實無雄厚的軍力，得藉節度使之力以平亂，李克用集團興起，五代更多姿多彩矣！

李克用的先世與大唐本有密切關係，舊五代史卷二十五唐書武皇紀上載：

本姓朱耶氏，其先隴右金城人也。始祖拔野，唐貞觀中爲墨離軍事，從太宗討高麗、薛延陀有功，爲金方道副都護，因家於瓜州。太宗平薛延陀諸部，于安西、北庭置都護屬之，分同羅僕骨之人置沙陀都督府，蓋北庭有磧曰沙陀，因以

爲名焉。永徽中以拔野爲都督，其後子孫五世相承。曾祖盡忠貞元中繼爲沙陀府都督，旣而爲吐蕃所陷，乃舉其族七千帳徙于甘州。盡忠尋率部衆三萬東奔，俄而吐蕃追兵大至，盡忠戰歿。祖執宜卽盡忠之長子也，收合餘衆，至于靈州，德宗命爲陰山府都督。元和初入爲金吾將軍，遷蔚州刺史、代北行營招撫使……烈考國昌本名赤心，唐朔州刺史，咸通中討龐勛有功，入爲金吾上將軍，賜姓李氏，名國昌，仍係鄭王房。出爲振武節度使；尋爲吐渾所襲，退保于神武川，及武皇鎮太原，表爲代北軍節度使，中和三年薨。

很明顯地李克用先世自隴右而靈州而蔚州，其間曾任金吾將軍，因此對關中亦頗爲熟悉，這股部落軍團最初與河南豪傑的交鋒是在唐懿宗時代，咸通九年，龐勛之亂起，陷宿州陷徐州陷滁州陷濠州等地，「十二月庚辰朔，將軍戴可師率沙陀吐渾部落二萬人於淮南，與賊轉戰，賊黨屢敗」(註36)，這一仗使李克用父子聞名，「獻祖之討龐勛也，武皇年十五從征，摧鋒陷陣，出諸將之右；軍中目爲飛虎子，賊平，獻祖授振武節度使，武皇爲雲中牙將」（同上引文），李克用是一位有野心的人，亟思發展勢力，「程懷素王行審蓋寓李存璋薛鐵山康君立等卽擁武皇入雲州，衆且萬人……諸將列狀以聞，請授武皇旄鉞，朝廷不允」，當時唐中央詔令赫連鐸李涿等伐之，李克用頗爲窘迫，幸黃巢亂起。唐注意力完全改變，自此李克用得以進一步發展，武皇紀上續載：

> 李涿引大軍攻蔚州，獻祖戰不利，乃率其族奔于達靼部……曰：予父子爲賊臣讒間，報國無由，今聞黃巢北犯江淮，必爲中原之患，一日天子赦宥有詔徵兵，僕與公等向南而定天下，是予心也，人生世間光景幾何，曷能終老沙堆中哉！公等勉之。達靼知無留意，皆釋然無間。……天子乃以武皇爲雁門節度使……武皇卽率達靼諸部萬人趨雁門……中和二年十月武皇率忻代蔚朔達靼之軍三萬五千騎赴難于京師。……（中和三年）四月黃巢燔長安收其餘衆東走藍關，武皇進收京師。七月天子授武皇……河東節度使。（舊唐書卷十九下僖宗本紀下中和三年略同）

河東節度使乃北方大鎮，當鄭從讜鎮時，李克用垂涎已久，今如魚得水，從此河東遂

註36：舊唐書卷十九上懿宗本紀咸通九年十二月庚辰朔。

成爲李氏勢力的根據地。同時似乎也成爲北疆若干部落之雄長。中和四年春，包括朱溫在內的河南諸雄與李克用連手攻巢，巢敗亡，五月班師過汴，朱溫謀襲殺李克用未成，黃河南北兩大勢力決裂，這是五代史上大事，從此雙方對抗四十年之久，初期河南軍事集團占優勢，所謂「九分天下，朱氏有六七，趙魏中山在他廡下，賊所憚者惟我與（劉）仁恭」（李存勗語，時天祐末年，舊五代史卷二十七唐書莊宗紀一），太原集團之所以能由劣勢而優勢，應從其集團內部分析之。

　　本文上章「梁唐武職官吏身分比較統計表」已顯示出士族（文、武大姓）及小姓（累世低品、一世官宦、假子）之和占唐武職百分之五十四，較梁之百分之四十五點八爲高，亦卽梁之武職頗具平民色彩，而（後）唐之武職平民成分較低。此項比例將晉書、漢書、周書中曾任梁唐者合併計入，若僅將舊五代史唐書中武職予以分析，其結果如何？（按唐書中武職對於開國前後勢力發展有較詳的記載，適宜於分析軍事集團性質之分析與觀察），李克用初期擁立者有：

　　　康君立，蔚州興唐，世爲邊豪，乾符中爲雲中牙校。（卷五十五）

　　　薛鐵山，蔚州奉誠，初爲獻祖帳中親信。（卷五十五）

　　　史建瑭，雁門人，父敬思，仕郡至牙校。……建瑭以父蔭少仕軍門。（卷五十五）

　　　李承嗣，雁門人，父佐方，承嗣少仕郡補右職。（卷五十五）

　　　史儼，雁門人，以便騎射給事於武皇。（卷五十五）

　　　蓋寓，蔚州人，祖祚父慶世爲州之牙將。（卷五十五）

　　　伊廣，元和中右僕射愼之後，中和末除授忻州刺史。（卷五十五）

　　　史敬鎔，太原人，事武皇爲帳中紀綱。（卷五十五）

　　　周德威，朔州馬邑，初事武皇爲帳中騎督。（卷五十六）

　　　符彥超，陳州宛邱，父存審。少事武皇累歷牙職。（卷五十六）

　　　安金全，代北人，世爲邊將，少驍果便騎，武皇時爲騎將。（卷六十一）

　　　安元信，代北人，父順琳爲降野軍使，元信以將族子便騎射幼事武皇。（卷六十一）

　　　安重霸，雲州人，初自代北與明宗俱事武皇。（卷六十一）

　　　劉訓，隰州永和，出身行間，初事武皇爲軍隊長。（卷六十一）

張敬詢，勝州金河，世爲振武軍牙校，祖仲阮歷勝州刺史，父漢環事武皇爲牙

將，敬詢武皇時專掌甲坊。（卷六十一）

劉彥琮，雲中人，事武皇從征。（卷六十一）

袁建豐，武皇破巢時得于華陰。（卷六十一）

張廷裕，代北人，幼事武皇于雲中。（卷六十五）

康義誠，代北三部落人，少以騎射事武皇。（卷六十六）

張慶釗，遼州榆社，父簡唐檢校尚書左僕射，初爲太原牙校，以武勇聞于流

輩，武皇莊宗之世累補左右突騎軍使。（卷七十四，及九國志）

以上凡得二十人，世爲邊將或州郡武吏者有康君立、史建瑭、李承嗣、蓋寓、伊廣、
符彥超、安金全、安元信、張敬詢、張慶釗等十人；北國軍民界限本較中原不易有嚴
格的差距，尤以遊牧民族及半遊牧部落爲然，由於大唐末葉雖然雲代之間生活環境仍
然困苦，但並沒有發生像中原一帶那樣大饑荒，迫使一些諄厚農民加入流民集團，如
上文郭言、劉康義等例，强迫脫離其生產陣線，此在一般河南集團中士兵階層恐怕更
爲普遍；雲代一帶參加軍旅者應屬全志願或至少半志願者，其所以作如此推論，可從
當地民風觀察之，舊五代史卷六十九唐書張憲傳云：「晉陽人，世以軍功爲牙校。憲
始童卯喜儒學，勵志橫經，不捨晝夜，太原地雄，邊服人多尚武恥于學業。……」，
在這種風氣下，父祖輩若從事軍旅爲業，子孫輩便易於走向此路。一般平民若有强壯
體格，或習於騎射，很容易被吸收出來，而走入職業軍人之途；合於上述條件的平民
卽使原本並不十分熱衷於軍旅者，由於身處亂世以及邊區墾耕之困難；軍旅成爲最重
要的出路，如史儼以便騎給事於武皇、周德威初事武皇爲帳中騎督、劉訓出身行間初
事武皇爲馬軍隊長、康義誠少以騎射事武皇等例。許多人自幼或自少更加入軍旅，如
世武吏的史建瑭以父蔭少仕軍門、李承嗣少仕郡補右職、符彥超少事武皇、安金全少
驍果便騎武皇時爲騎將、安元信以將族子便騎幼事武皇等；個人自少入軍旅者如康義
誠、張廷裕幼事武皇於雲中等。從上述分析，李克用初期武吏有半數是世武吏，另一
半是多多少少出於志願而又習於軍旅的平民；這些由世代及個人所組成的職業軍人集
團，復由於社會風氣、生活條件與戰鬥條件較近、以及個人志向等因素，其戰鬥力自
然較爲强大。

第四節　河東軍人集團之凝結與擴大

　　邊緣地區以及黃河以北之人較有戰鬥力的現象，並不始於李克用；此在大唐帝國自始便重用胡將，以及安史亂後藩鎮間戰鬥情況中可以證明之。僅僅是出產豪傑之士並不能成爲一個堅強的軍事集團，相互攻伐使統一的力量無法產生，故職業軍人（不論是世武吏及個體職業軍人）在一百餘年的戰鬥局勢下在各地區普遍存在着，充其量只能說以軍府爲單位的若干股勢力。李克用家族自振武、雲中而河東節度使，當然也是大唐末葉的重要勢力之一，其初期陣營中絕大部份出身於雲代之間，至爲明顯，所不同的乃是李克用衝破了地區及種族界限，想出一套結合各地豪傑之士的辦法，吸收各處優秀的青年軍官，組成所謂義兒軍。賜姓義兒之舉當然亦不是始自李克用（按李克用家族本姓朱耶，乃父爲朱耶赤心，賜姓李名國昌），據栗原益男「唐五代の假父子的結合性の格──主藩として帥の支配權力との關連において」文中分析，自隋末以來運用假父假子辦法者，其例班班於史籍之中，其中較著名如安祿山八千餘人、淄西節度使李希烈千餘人等，栗原益男又將此種現象大分爲二大型，卽集團型假子與個人型假子也。按李克用之假子劃入個人型，但陸陸續續亦有百餘人。栗原益男另一篇「唐末五代の假父子的結合における姓名と年齡」比較李克用與假子之年齡，發現假子僅小李克用本人一至十一歲，大都在四至六歲間，假子皆較實子李存勖（李克用在世長子）年長二十餘歲，時李克用與朱溫軍事競爭甚烈，實子們年幼，李克用以義兒父子關係以鞏固其軍事集團，其意圖甚明。在發展其勢力方面，似乎達成某些效用。五代史記卷三十六義兒傳序：

　　　　……（後）唐自號沙陀，起代北，其所與俱皆一時雄傑虓武之士，往往養以爲兒，號義兒軍，至其有天下多用以成功業，及其亡也，亦由焉。太祖養子多矣！其可紀者九人，其一是爲明宗，其次曰嗣昭嗣本嗣恩存信存孝存進存璋存賢……。

有傳可稽者尚有符存審（其後又復原姓），故有十人（註37），如下：

註37：資治通鑑卷二七一後梁紀六龍德二年五月：「晉衞州刺史李存儒本姓楊名婆兒，以俳優得幸於晉王，頗有膂力，晉王賜姓名，以爲刺史。……」似爲養兒，然身世不明。　又舊五代史卷六十五唐書李建及傳，「許州人，本姓王，父質。建及少事李罕之爲紀綱，光啓中罕之調武皇於晉陽，因選部下驍勇者百人以獻，建及在籍中，後以功署牙職典義兒及賜姓名。」賜姓名是否屬於義兒，不詳。

李嗣源，卽明宗，代北人，父事獻祖爲愛將。（舊五代史卷三十五，下同）

李嗣昭，克柔之假子。（本姓韓氏，汾州太谷縣民家子。）（卷五十二、五代史記卷三十六）

李嗣本，雁門人，父張準銅冶鎮將。（卷五十二）

李嗣恩，（吐谷渾部人），本姓駱，年十五能騎射侍武皇。（卷五十二，五代史記卷三十六）

李存信，回鶻部人，父張君政。存信初爲獻祖親信，從武皇入關。（卷五十三）

李存孝，（飛狐人），本姓張名敬思，少于俘囚中得隸紀綱。（卷五十三，五代史記卷三十六）

李存進，振武人，本姓孫名重進，（太祖破朔州得之，賜以姓名養爲子），父堅世吏單于府，重進初仕嵐州刺史湯羣爲部校，獻祖誅羣乃事武皇。（卷五十三，五代史記卷三十六）

李存璋，雲中人，武皇初起雲中，存璋與康君立薛志勤等爲奔走交從入關。（卷五十三）

李存賢，許州人，本姓王名賢，祖啓忠父惲。賢少遇亂入黃巢軍，武皇破賊陳許，存賢來歸。（卷五十三）

李（符存審），陳州宛邱。舊名存，父楚本州牙將……郡人李罕之起自羣盜，授光州刺史，因往依之……罕之部下分散，存審乃歸武皇。（卷五十六）〔按舊五代史卷三十八明宗紀四天成二年九月庚申，北京留守李彥超上言：先父存審本姓符，蒙武皇賜姓，乞却還本姓，從之。〕

從武皇本紀、莊宗本紀、明宗本紀，以及諸有關列傳記載，大將除周德威以外，皆無法與上列諸人相比，有時受大鎮節鉞，有時擔任最艱巨的戰鬥任務，李克用對他們頗爲信任，似乎皆有牙兵，例如舊五代史卷五十二李嗣昭傳附子繼韜傳云：「嗣昭卒，莊宗詔諸子扶喪歸太原，襄事諸子違詔以父牙兵數千擁喪歸潞。」同書卷三十二唐書莊宗本紀六，同光二年七月戊戌朔：「故宣武軍節度使李（符）存審男彥超進其父牙兵八千七百人」。這種辦法的優點是打破以地域爲單位的藩鎮小股職業軍團，而建立機動的職業軍團。這個機動的職業軍團的首領便是乃子或義兒，每受命出征或鎮大藩，

再配以他軍或宿衞兵，如同書卷五十二唐書李嗣昭傳較：「天祐三年，汴人攻滄景，
劉仁恭遣使求援，十一月嗣昭合燕軍三萬進攻潞州，降丁會。」又同書卷三十二唐書
莊宗本紀六，同光二年十二月己巳，「詔汴州節度使李嗣源歸鎮。（通鑑卷二七三後唐
紀二同光二年十二月己巳〔初五日〕，命宣武節度使李嗣源將宿衞兵三萬七千人赴汴
州，遂如幽州禦契丹。）」後唐用這種辦法結合職業軍人，並產生較大效果，其缺點
乃是諸兒之間互相競爭與排斥，如李存孝與李存信之間不睦，終於迫叛李存孝，故歐
陽修謂「至其有天下多用以成功業，及其亡也，亦由焉。」歐陽修所謂「至其有天下
多用以成功業」一語甚爲恰切，「及其亡也，亦由焉」，似乎語氣太過，若以李克用血
親後裔而論，李存勗（卽莊宗）卒後，其子孫已沒有天下，後莊宗之敗亡因素固多，
義兒不是主因，莊宗善於軍事而缺於政治恐爲主因。李嗣源因亂而有天下，是爲明
宗，其與李克用一脈顯然尚保有香煙之情。

舊五代史卷三十五唐書明宗紀一，有一段記載：

（同光四年，天成元年）四月丁亥朔，至罌子谷聞蕭牆釁作，莊宗晏駕，帝（明
宗）慟哭不自勝，詰旦朱守殷遣人馳報「京城大亂，燔剽不息，請速至京師。」
己丑，帝至洛陽，止于舊宅，分命諸將止其焚掠。百官弊衣旅見，帝謝之，歔
欷泣涕。時魏王繼岌（莊宗子，最有希望之王儲）征蜀未還，帝謂朱守殷曰：
「公善巡撫以待魏王，吾當奉大行梓官，山陵禮畢，卽歸藩矣！」是日，羣臣諸
將上牋勸進，帝面諭止之。樞密使李紹宏張居翰、宰相豆盧革韋說、六軍馬步
都虞侯朱守殷、青州節度使符習、徐州節度使霍彥威、宋州節度使杜晏球、兗
州節度使房知溫等頓首曰：「……今日廟社無依，人神乏主……願殿下俯徇樂
推，時哉無失，軍國大事望以敎令施行。」帝優答不從。壬辰，文武百寮三拜牋
請行監國之儀，以安宗社，答旨從之。旣而有司上監國儀注。甲午幸大內興聖
宮，始受百寮班見之儀。所司議卽位儀注。霍彥威孔循等言「唐之運歷已衰，
不如自創新號。」因請改國號，不從土德，帝問藩邸侍臣，左右奏曰：「先帝
以錫姓宗屬，爲唐雪寃以繼唐祚，今梁朝舊人不願殿下稱唐，請更名號。」帝
曰：「予年十三事獻祖，以予宗屬，愛幸不異所生，事武皇三十年，排難解紛，
櫛風沐雨，冒犯血戰，體無完膚，何艱險之不歷！武皇功業卽予功業，先帝天下

即予天下也。兄亡弟紹，于義何嫌。且同宗異號，出何典禮？歷之衰隆，吾自
當之，衆之謗言吾無取也。」時羣臣集議依違不定，惟吏部尚書李琪議曰：「殿
下宗室勳賢，立大功于三世，一朝雨泣赴難，安定宗社，撫事因心，不失舊
物，若別新統制，則先朝便是路人，築築梓宮，何所歸往！不惟殿下追感舊君
之義，羣臣何安！請以本朝言之，則睿宗文宗武宗皆以弟兄相繼，卽位柩前，
如儲后之儀可也。」于是羣議始定。

引文前半段謙辭人主，與中古許許多多禪讓前的做作甚為相似，姑且存此一說，不必
盡信；引文後半段拒改唐號，語帶感情，擲地有聲，恐非飾文者僞作，可信度甚高。
且以當時李嗣源之權勢，加上一部份梁舊臣之聳耋，如若其本人有心而為之，像其後
石敬瑭、劉知遠、郭威、趙匡胤輩改一個國號，做個太祖高祖，亦非難事。可見李克
用重用義兒，賦予事權，其所建立的「擬似血緣」關係，並不能過於低估。然而，義
兒制度亦有其基本上的弱點，其一是義兒非祇一人，需要專征的大將亦非祇一人，故
兒輩間的惡性競爭有時會抵消實力，如上述李存孝李存信例。其二是義兒的子孫輩與
其叔伯輩亦有隔陝衝突現象，如李嗣昭之繼韜與莊宗之敵對，李存進之子漢韶與末帝
之隔漠等(註38)。大規模實施義兒制度自此以後就不再出現，因為除了主持人具備公
正態度與開朗的心胸以外，大部份義兒是從幼少年培養，需要一段時間，五代人主在
位甚短；且又見於對自己嫡親後裔多一股競爭勢力，故其後祇有零星的事例。

李存勗卽唐莊宗位的三年多這段時間內，推行賜姓辦法，這乃是大唐的舊招，亦
是朱耶氏姓李之源由。當時賜姓者大都是成名的大將，如：霍彥威＝李紹眞（舊五代
史卷六十四，下同）、房知溫＝李紹英（卷九十一）、王晏球＝李紹虔（卷六十四）、夏
魯奇＝李紹奇（卷七十）、米君立＝李紹能（卷六十五）、趙德鈞＝李紹斌（卷九十八）、
劉訓＝李紹珙（卷六十一）。明宗卽位以後，沒有多久，這些成名的將領又紛紛改回原
姓原名。

聯婚是結合兩個家族的重要方法，較著名的例子如：李克用以女妻河中節度使王
珂(註39)，李嗣源（唐明宗時為代州刺史）以愛女妻石敬瑭(註40)，石敬瑭以妹妻杜重

註38：舊五代史卷五十三唐書李存進傳附子漢韶傳。
註39：舊五代史卷十四梁書王珂傳。
註40：舊五代史卷七十五晉書高祖紀一。

威^(註41)，郭威以女妻張永德^(註42)，柴榮妻天雄軍節度使符彥卿之女（彥卿乃存審之子）^(註43)，趙匡義妻符彥卿第六女^(註44)，皆在當時發生一定的作用，然這一種古老的辦法朱梁亦採用，朱溫以愛女妻羅紹威之子^(註45)，是獲得魏博支持的重要步驟^(註46)，故聯婚是一種通例現象與方法。

盟誓與結義方式在河東河北集團中亦存在着，如：宋史卷二六一李瓊傳：

> 會唐莊宗屬募勇士，瓊應募，與周祖（郭威）等十人約爲兄弟，一日，會飲，瓊熟視周祖，知非常人，因舉酒祝曰：凡我十人龍蛇混合，異日富貴無相忘，苟渝此言，神降之罰。皆刺臂出血爲誓。

第五節　河東河北軍人集團之延續

河東集團擴大的方向是吸收河北人士，這一點李存勗似乎比乃父李克用做得成功，許多列傳記載李存勗在河北召募士卒，甚至於有許多宋朝河北籍大臣在此時歸入李氏，卽就趙匡胤之父趙弘殷「事趙王王鎔，爲鎔將五百騎，援唐莊宗于河上，有功，莊宗愛其勇，留典禁軍」（宋史卷 1）。李存勗的運氣甚好，梁末帝欲將魏博分鎮，激起兵變而倒向太原，厥爲梁衰唐興之重要關鍵，著者已有另文討論。唐用河北之兵破梁，可用一條資料補充說明，新五代史卷 49 皇甫暉傳：「魏州人。……（皇甫暉說）：唐能破梁而得天下者，以先得魏而盡有河北之兵也。魏軍甲不去體，馬不解鞍者十餘年。」以叛順無常的北平王趙德鈞祖孫三代而言，後唐亦曲意籠絡，舊五代史卷 98 本傳：

> 趙德鈞，幽州人也。少以騎射事滄州連帥劉守文，守文爲弟守光所害，遂事守光，署爲幽州軍校。及唐莊宗伐幽州，德鈞知其必敗，乃遁歸莊宗。莊宗善待之，賜姓，名曰紹斌，累歷郡守，從平梁，遷滄州節度使。同光三年，移鎮幽州。明宗卽位，遂歸本姓，始改名德鈞。其子延壽尙明宗女興平公主，故德鈞

註41：舊五代史卷一〇九漢書杜重威傳。
註42：宋史卷二五五張永德傳。
註43：舊五代史卷一二一周書宣懿皇后符氏。
註44：宋史卷二四二懿德符皇后及宋史卷二五一符彥卿傳。
註45：舊五代史卷十四梁書羅紹威傳及同史卷九十一晉書羅周敬傳。
註46：參見拙稿「晚唐五代政治社會之研究——魏博二百年史論」。

尤承倚重。……王都平，加兼侍中，頃之，加東北面招討使……德鈞鎮幽州凡十餘年，甚有善政，累官至檢校太師兼中書令，封北平王。

又宋史卷254趙贊傳載：

祖德鈞……父延壽……贊幼聰慧，（後唐）明宗甚愛之，與諸孫外孫石氏並育於六宅，暇日，因遍閱諸孫數十人……。

按石敬瑭亦尚明宗女，引文中石氏指石敬瑭子。趙氏與石氏乃當時同一集團中的並行勢力，各求契丹助，以爲中原主。石氏勝，趙氏入契丹，趙贊先在契丹，後又入蜀，漢朝立，贊來歸，且觀劉知遠之言，「漢祖曰：贊之父子亦吾人也，事契丹出於不幸，今聞延壽落于陷穽，吾忍不容贊耶？（李）愻未還，贊已離鎮入朝，卽命爲左驍衛上將軍。」（宋史卷254趙贊傳語），趙贊其後繼續仕周仕宋，重歸此一集團。

河東集團大量吸收河北人士，可從五代武職官吏地域分佈統計表獲得證明（註47）：

	梁		唐		晉		漢		周		總計	
	N	%	N	%	N	%	N	%	N	%	N	%
河東(代北部落)	6	7.7 }28.2	85	41.7 }71.6	67	38.7 }74.0	56	44.1 }81.9	55	33.9 }76.5	269	36.2
河北	16	20.5	61	29.9	61	35.3	48	37.8	69	42.6	255	34.2
河南	29	37.2 }59.0	16	7.8 }16.6	19	11.0 }17.9	9	7.1 }11.8	14	8.6 }16.0	87	11.7
平盧徐淮	17	21.8	18	8.8	12	6.9	6	4.7	12	7.4	65	8.7
關中隴西	5	6.4	5	2.5	6	3.5	5	3.9	8	5.0	29	3.9
其他	2	2.6	15	7.4	5	2.9	3	2.4	4	2.5	29	3.9
未詳	3	3.8	4	1.9	3	1.7	0	0.0	0	0.0	10	1.4
合　　　詳	78	100.0	204	100.0	173	100.0	127	100.0	162	100.0	744	100.0

河東河北職業軍人集團在梁（後）唐鏖戰之際已開始發軔，及後晉立國，河南職業軍人集團瓦解，河東河北職業軍人集團已擬結成熟，若從實際資料分析（後）唐、晉、漢、周、宋初等朝皇帝之出身關係，可進一步瞭解。

（後）唐開國之君李存勗，一說是李克用之長子（舊五代史卷二十七莊宗記一），一說李克用之長子落落，落落與汴軍作戰被擒殺（舊五代史卷二十六武皇紀下），李存勗

註47：西川正夫「華北五代王朝の文臣官僚」文中亦曾有地域分佈統計，唯該文僅分關內道、河東道、河北道、河南道四大區，其文臣僅得一百七十九人，與本文三百八十二人不同。且河南道指朱全忠勢力基盤，是否包括平盧徐淮，不得而知。唯該文與北宋初中期作一比較，是其優點。

在諸兄弟及諸義兒兄弟之中才華頗爲特出，十一歲見大唐昭宗時，卽有「亞子」之讚(註48)，二十四歲 繼位卽刻平定季父振武節度使算內蕃漢馬步都知兵馬使李克寧之亂，旋卽繼父之志領兵與朱溫血戰(註49)，朱溫卒時已察知其子非其敵也(註50)，李存勗做皇帝僅三年餘，因政治不修而亂死，李嗣源爲李存勗之義兄，年長十九歲，是最先攻入汴京者，「莊宗至，帝（李嗣源）迎謁路側，莊宗大悅，手引帝衣以首觸帝曰：吾有天下由公之血戰也，當與公共之。」(註51)長興四年十一月，明宗卒，十二月其第三子從厚卽位，卽唐閔帝，但武將多附乃兄從珂，次年三月攻破京師，是爲唐末帝，「從珂本姓王氏，鎮州人……景福中明宗爲武皇騎將，略地至平山……攎之……明宗養爲己子……在太原嘗與石敬瑭因擊毬同入于趙襄子之廟，見其塑像屹然起立，帝秘之私心自負。及從明宗征討，以力戰知名，莊宗嘗曰：阿三不惟與我同齒，敢戰亦相類(註52)。」

晉高祖石敬瑭，「太原人……四代祖璟以唐元和中與沙陁軍都督朱耶氏自靈武入附，憲宗嘉之，隸爲河東陰山府裨將，以邊功累官至朔州刺史……三代祖郴早薨……祖翌任振武防禦使……皇考紹雍番字臬捩雞……事後唐武皇及莊宗，累立戰功……帝生於太原……唐明宗爲代州刺史，每深心器之，因妻以愛女。唐莊宗聞其善射，擢居左右，明宗請隸大軍，從之……倚以心腹。」(註53)晉少帝石重貴，「高祖之從子也，父敬儒嘗爲後唐莊宗騎將」(註54)。

漢高祖劉知遠，「其先本沙陁部人……皇考琠事後唐武皇帝爲列校……生帝于太原……初事唐明宗列于麾下……晉高祖爲梁人所襲，馬甲連革斷，帝輟騎以授之，取斷革者自跨之，徐殿其後……。」(註55)

註48：北夢瑣言云：昭宗曰此子可亞其父，時人號曰亞子。
註49：舊五代史卷二十七唐書莊宗紀一。
註50：資治通鑑卷二六八後梁紀三乾化二年閏五月壬戌，帝（朱溫）疾增甚，謂近臣曰：「我經營天下三十年，不意太原餘孽更昌熾如此，吾觀其志不小，天復奪我年，我死，諸兒非彼欲也，吾無葬地矣。」因哽咽，絕而復蘇。
　　　　按當時與朱溫對壘者已是李存勗。
註51：舊五代史卷三十五唐書明宗紀。
註52：舊五代史卷四十六唐書末帝紀上。
註53：舊五代史卷七十五晉書高祖紀一。
註54：舊五代史卷八十一晉書少帝紀一。
註55：舊五代史卷九十九漢書高祖紀上。

周太祖郭威，「邢州堯山人……三歲家徙太原，居無何皇考爲燕軍所陷，歿于王事。」(註56)有云出於李繼韜（李嗣昭子，事見本紀），有云應莊宗召募（事見前引宋史李瓊傳），「天成初明宗幸浚郊，時朱守殷嬰城拒命，帶從晉高祖一軍率先登城……漢高祖爲侍衞馬馬步都虞候，召置左右。」(註56)

即就宋太祖趙匡胤而言，自乃父開始亦已納入河東河北職業軍人集團。

宋史卷一太祖本紀一載：

> 涿郡人也。高祖朓，仕唐歷永清文安幽都令。朓生珽歷藩鎭從事累官兼御史中丞。珽生敬歷營薊涿三州刺史。敬生弘殷……事趙王王鎔，爲鎔將五百騎，援唐莊宗于河上，有功，莊宗愛其勇，留典禁軍。漢乾祐中討王景於鳳翔……周廣順末改鐵騎第一軍都指揮使……累官檢校司徒天水縣男，與太祖分典禁軍，一時榮之。……太祖生於洛陽夾馬營……會周祖以樞密使征李守眞，應募居帳下……。

從五代武職官吏通朝仕宦的現象觀察，亦可進一步證明唐晉漢周的共同性：

五代武職通朝仕宦比例統計表(註57)

		梁		唐		晉		漢		周	
		N	%	N	%	N	%	N	%	N	%
始予	大唐	33	42.3	0	0.0	0	0.0	0	0.0	0	0.0
始予	梁	45	57.7	29	14.2	13	7.5	1	0.8	1	0.6
始予	唐	—	—	175	85.8	117	67.6	57	44.9	48	29.6
始予	晉	—	—	—	—	43	24.9	37	29.1	31	19.1
始予	漢	—	—	—	—	—	—	32	25.2	28	17.2
始予	周	—	—	—	—	—	—	—	—	54	33.4
合	計	78	100.0	204	100.0	173	100.0	127	100.0	162	100.0

註56：舊五代史卷一一〇周書太祖紀一。

註57：五代武職官吏共度三百八十二人。本文以舊五代史爲主體，凡得二百六十四人。新五代史增補七人，見註14。

取自宋史凡一百十八人。如下：趙弘殷（宋1）、高懷德（宋250）、張令鐸（宋250）、王彥昇（宋250）、羅彥瓌（宋250）、韓重贇（宋250）、王審琦（宋250）、石守信（宋250）、符彥卿（宋251）、慕容延釗（宋251）、符昭愿（宋251）、韓令坤（宋251）、韓倫（宋251）、李洪信（宋252）、郭從義（宋252）、王晏（宋252）、王景（宋252）、侯章（宋252）、李洪義（宋252）、楊承信（宋252）、武行德（宋252）、王廷義（宋252）、馮繼業（宋253）、孫行友（宋253）、折德扆（宋253）、折從阮（宋253）、張從恩（宋254）、趙贊（宋254）、扈彥珂（宋254）、侯仁矩（宋254）、李繼勳（宋254）、侯

益 (宋 254)、藥元福 (宋 254)、薛懷讓 (宋 254)、趙晁 (宋 254)、王全斌 (宋 255)、郭崇 (宋 255)、王彥超 (宋 255)、康延沼 (宋 255)、康延澤 (宋 255)、王繼濤 (宋 255)、張永德 (宋 255)、高彥暉 (宋 255)、向珙 (宋 255)、宋偓 (宋 255)、宋廷浩 (宋 255)、楊廷璋 (宋 255)、李處耘 (宋 257)、王仁贍 (宋 257)、曹彬 (宋 258)、崔彥進 (宋 259)、張瓊 (宋 259)、劉廷讓 (宋 259)、尹崇珂 (宋 259)、張廷翰 (宋 259)、田重進 (宋 260)、李懷忠 (宋 260)、劉遇 (宋 260)、楊信 (宋 260)、李漢瓊 (宋 260)、米信 (宋 260)、黨進 (宋 260)、劉廷翰 (宋 260)、崔翰 (宋 260)、王仁鎬 (宋 261)、郭瓊 (宋 261)、李瓊 (宋 261)、陳思讓 (宋 261)、張鐸 (宋 261)、田景咸 (宋 261)、焦繼勳 (宋 261)、李萬超 (宋 261)、劉重進 (宋 261)、陳承昭 (宋 261)、李萬全 (宋 261)、袁彥 (宋 261)、祁廷訓 (宋 261)、白重贊 (宋 261)、杜漢徽 (宋 271)、周廣 (宋 271)、解暉 (宋 271)、李韜 (宋 271)、陸萬友 (宋 271)、石曦 (宋 271)、吳虔裕 (宋 271)、張廷翰 (宋 271)、王晉卿 (宋 271)、張藏英 (宋 271)、郭廷謂 (宋 271)、郭廷濬 (宋 271)、輔超 (宋 271)、張勳 (宋 271)、蔡審廷 (宋 271)、趙延進 (宋 271)、馬令琮 (宋 271)、張暉 (宋 272)、司超 (宋 272)、荊罕儒 (宋 272)、楊美 (宋 273)、李進卿 (宋 273)、郭進 (宋 273)、何繼筠 (宋 273)、姚內斌 (宋 273)、董遵誨 (宋 273)、馬仁瑀 (宋 273)、李漢超 (宋 273)、翟守素 (宋 274)、盧懷忠 (宋 274)、侯贇 (宋 274)、王繼勳 (宋 274)、安守忠 (宋 275)、譚延美 (宋 275)、劉福 (宋 275)、劉謙 (宋 275)、馬全義 (宋 278)、張思鈞 (宋 280)、田紹斌 (宋 280)、范廷召 (宋 289)、趙暉 (宋 271)。

第六節　圈內競爭與朝代更迭

從以上分析而觀之，(後)唐、晉、漢、周、宋初的統治者實皆出於同一個集團，亦卽河東河北職業軍人集團也。然而，該集團之中的領導權之爭，時時刻刻皆在進行着，其皇位之始終與夫朝代之更換，可從下表察之：

帝號姓名	生年─卒、退、立年	公　　元	卒、退、立年齡	同光元年時年齡 923	血　統
唐莊宗李存勗	光啓 元 年─同光四年	885-926	42	39	×
唐明宗李嗣源	咸通 八 年─長興四年	867-933	67	57	×
唐閔帝李從厚	天祐十一年 乾化 四 年─應順元年	914-934	21	9	
唐末帝李從珂	光啓 元 年─清泰三年	885-936	52	39	×
晉高祖石敬瑭	景福 元 年─天福六年	892-941	51	32	×
晉少帝石重貴	天祐十一年 乾化 四 年─開運三年(退)	914-946	27(退)	9	
漢高祖劉知遠	乾寧 二 年─乾祐元年	895-948	54	29	×
漢隱帝劉承祐	長興 二 年─乾祐三年	931-950	20	─8	
周太祖郭　威	天祐 元 年─顯德元年	904-954	51	20	×
周世宗柴　榮	天祐十八年 龍德 元 年─顯德六年	921-959	39	2	×
周恭帝柴宗訓	廣順 三 年─顯德七年(退)	953-960	8(退)	─30	
宋太祖趙匡胤	天成 二 年─顯德七年(立)	927-960	34(立)	─4	×

五代武職官吏通朝仕宦統計表(註57)

大唐	梁	唐	晉	漢	周		
33→						大唐、梁	
16→						梁	
16 ──	16→					梁、唐	
	57→					唐	
12 ──	12 ──	12→				梁、唐、晉	
	＼契丹 3 ──	3→				(契丹)唐、晉	
	58 ──	58→				唐、晉	
		6→				晉	
	9 ──	9 ──	9→			唐、晉、漢	
		6 ──	6→			晉、漢	
			＼契丹 1 ──			(契丹)漢	
			4→			漢	
1 ──	1 ──	1 ──	1 ──	1→		梁、唐、晉、漢、周	
	47 ──	47 ──	47 ──	47→		唐、晉、漢、周	20→宋
1 ──	蜀 ──	1 ──	1→			唐(蜀)漢、周	
		31 ──	31 ──	31→		晉、漢、周	24→宋
			27 ──	27→		漢，周	22→宋
			＼南唐 4→			(南唐)周	3→宋
			＼契丹 3→			(契丹)周	3→宋
				48→		周	46→宋
78	204	173	127	162	118		

同光元年 (923) 乃後唐開國之年，河東河北集團是經過多年血戰才於此年打敗河南集團，唐晉漢周的開國者以及唐明宗唐末帝等，皆親身參與此艱難的戰爭。年齡最輕的周太祖郭威是年亦已二十歲，並曾參加戰鬥。從另一方面看，河東河北集團內部領導權之爭，顯然是年長者勝過年輕者（石敬瑭引契丹軍打敗李從珂除外），長輩壓倒晚輩。勝利者與失敗者都沒有血統關係，有的勝利者改朝換代，有的仍襲舊朝之名，實際上這都是圈內的領導權之爭，除了極核心的一小部份人受到勝敗影響外，大體上並沒有大開殺戒，大部份武職官吏仍然留用，從本節五代武職官吏通朝仕宦統計表所示，一人連續仕宦五個朝代者有二十一人，其中一人任官歷梁唐晉漢周，孔知濬是也（舊周125），其他二十人任官歷唐晉漢周宋，即：高懷德(宋250)、張令鐸(宋250)、王彥昇（宋250）、符彥卿（宋251）、李洪信（宋252）、郭從義（宋252）、王晏（宋252）、王景（宋252）、侯章（宋252）、藥元福（宋254）、侯益（宋254）、張從恩（宋254）、薛懷讓（宋254）、王全斌（宋255）、郭崇（宋255）、王繼仁（宋261）、

郭瓊（宋261）、杜漢薇（宋271）、解暉（宋271）、張暉（宋272）（註58），還有四人起自後唐而歷晉漢周宋，唯在後唐時可能還未升爲官吏階級，故未予計入，他們是康廷治（宋255）、王彥超（宋255）、李瓊（宋261）、陳思讓（宋261）。有二十七個人物歷任唐晉漢周四朝武職，他們是高行周（舊周123）、安審珂（舊周123）、安審暉（舊周123）、安審信（舊周123）、李從敏（舊周123）、宋彥筠（舊周123）、張彥成（舊周123）、安叔千（舊周123）、王殷（舊周124）、何福進（舊周124）、劉詞（舊周124）、王進（舊周124）、史懿（舊周124）、王令溫（舊周124）、周密（舊周124）、李懷忠（舊周124）、白文珂（舊周124）、趙暉（舊周125）、王繼宏（舊周125）、馮暉（舊周125）、折從阮（舊周125）、張彥超（舊周129）、王重裔（舊周129）、李建崇（舊周129）、曹英（舊周129）、翟光鄴（舊周129）、常恩（舊周129）。歷任晉漢周宋四朝者有三十一人，不予贅引。

　　除梁以外，唐晉漢周諸朝之更迭乃圈內競爭，如以家世成分而言，這五個朝代却有高度的共同性。大致上五代武職官吏之社會成分與其文職官吏之社會成分極爲相似，只是武職官吏平民類略高，且微微超過百分之五十，而武職士族類略低（註59）。

註58：其中王景與侯益二人所涉及的時間甚長，值得提示：

宋史卷252王景傳：「萊州掖人，家世力田，景少倜儻善騎射，不事生業，結里中惡少爲羣盜。梁大將王檀鎭滑臺，以景隸麾下，與後唐莊宗戰河上，檀有功，景嘗左右之。莊宗入汴，景來降，累遷奉聖都虞候……以所部歸晉祖，（晉）天福初授相州刺史……漢乾祐初加同平章事……周祖微時與景善，及即位加兼侍中……（周）恭帝即位，進封涼國公。宋初加守太保封太原郡王。建隆二年春來朝，太祖宴賜加等……四年卒。年七十五。

宋史卷254侯益傳：「汾州平遙人。祖父以農爲業，（大）唐光化中（公元898～900）李克用據太原，益以拳勇隸麾下……莊宗入汴，爲本直副都校……晉初召爲奉國都校……遷武寧軍節度使同平章事……契丹入汴，益率僚屬歷京師，詣契丹主，自陳不預北伐之謀，契丹授以鳳翔節度。漢祖即位，加兼侍中……益遂與子歸蜀……（歸漢）隱帝乃授以開封尹兼中書令……（周）廣順初封太子太師，俄又改封齊國公。顯德元年冬，告老，以本官致仕……（宋）太祖即位……詔禮與丞相等。乾德三年卒。年八十。」

註59：

五代武職官吏身分比較統計表（分類標準參照註35）

		梁		唐		晉		漢		周		總 計	
		N	%	N	%	N	%	N	%	N	%	N	%
士族	文 大 姓	6	7.7 } 21.8	11	5.4 } 21.6	9	5.2 } 17.3	8	6.3 } 16.6	8	4.9 } 17.2	42	5.6 } 18.8
	武 大 姓	11	14.1	33	16.2	21	12.1	13	10.3	20	12.3	98	13.2
小姓	一世官宦	12	15.4 } 21.8	58	28.4 } 30.4	50	28.9 } 30.1	36	28.4 } 29.1	45	27.8 } 28.4	201	27.0 } 28.7
	累世低品	5	6.4	4	2.0	2	1.2	1	0.7	1	0.6	13	1.7
平民	兵	36	46.1 } 56.4	76	37.2 } 48.0	65	37.6 } 52.6	44	34.6 } 54.3	61	37.7 } 54.4	282	37.9 } 52.5
	其 他	7	9.0	16	7.8	23	13.3	18	14.2	19	11.8	83	11.1
	不 詳	1	1.3	6	3.0	3	1.7	7	5.5	8	4.9	25	3.5
合 計		78	—	204	—	173	—	127	—	162	—	744	—

軍人集團之延續亦呈現個人通朝現象，而無累進成武大姓的痕跡。

　　河東河北軍人集團圈內權力競爭的結果，王朝與皇位不斷地更替，然在此一連串地演變之中，有一點值得注意，卽河北優勢漸次形成，河北地區之文職官吏在梁時居於平均線上，自後唐開始歷晉漢晉各朝，河北籍之文臣皆一倍於其他地區（註60）。上節曾討論河東軍人集團擴大吸收河北武人。從五代武職官吏地域分佈統計表所示，唐晉漢周四朝河東加河北之武職約占四分之三上下，此卽本文所謂河北河東軍人集團，然在此軍人集團之中，有一項明顯的趨向卽河北的比重要漸漸上升，且超越河東，後唐與周恰成反比例。後唐晉漢的統治者係河東非漢人，而周乃河北籍漢人，從史書記載中我們似乎看不出這一轉移在種族上有何矛盾，但在地域上却有顯著地增減。在周太祖郭威與世宗柴榮所吸收的有傳武職之中，其地域分佈如下：

河北	28人	58.3%	附記：周書得二人
河東	10人	20.8%	宋書得四十六人
河南	6人	12.5%	共計四十八人
關中	2人	4.2%	參見（註61）
平盧徐淮	2人	4.2%	

註60：　　　　　　　五代文職官吏地域分佈統計表（分區標準參照註13）

	梁 N	梁 %	唐 N	唐 %	晉 N	晉 %	漢 N	漢 %	周 N	周 %	總計 N	總計 %
河　　東	11	16.7	20	12.9	15	11.9	11	11.2	12	10.9	69	12.4
河　　北	14	21.2	52	33.5	47	37.3	41	41.8	42	38.2	196	35.3
河　　南	16	24.2	22	14.2	21	16.7	18	18.4	22	20.0	99	17.9
平盧徐淮	4	6.1	16	10.3	15	11.9	11	11.2	14	12.7	60	10.8
關中隴西	13	19.7	26	16.8	25	19.8	16	16.4	17	15.5	97	17.5
其他及未詳	8	12.1	19	12.2	3	2.4	1	1.0	3	2.7	34	6.1
合　　計	66	100.0	155	100.0	126	100.0	98	100.0	110	100.0	555	100.0

註61：河北籍：王珌（舊周129）、韓重贇（宋250）、韓令坤（宋251）、趙晁（宋254）、楊廷璋（宋255）、李繼勳（宋254）、高彥暉（宋255）、向拱（宋255）、崔彥進（宋259）、張瓊（宋259）、劉廷讓（宋259）、尹崇珂（宋259）、田重進（宋260）、李懷忠（宋260）、劉遇（宋260）、楊信（宋260）、趙廷進（宋271）、王晉卿（宋271）、張藏英（宋271）、荊罕儒（宋272）、姚內斌（宋273）、董遵海（宋273）、馬仁瑀（宋273）、盧懷忠（宋274）、劉謙（宋275）、譚廷美（宋275）、馬全義（宋278）、范廷召（宋289）。共28人。
河東籍：張顥（舊周129）、慕容延釗（宋251）、李萬全（宋261）、袁彥（宋261）、李漢超（宋273）、田紹斌（宋280）、侯贇（宋274）、折德扆（宋253）、米信（宋260）、黨進（宋260）。共10人。
河南籍：王審琦（宋250）、符昭愿（宋251）、石守信（宋250）、祁廷訓（宋261）、王仁贍（宋257）、劉廷翰（宋260）。共6人。
關中籍：崔翰（宋260）、王繼勳（宋274）。共2人。
平盧徐淮籍：王廷義（宋252）、劉福（宋275）、共2人。

在周宋交替之時，河北地區之官吏，其文職武職皆占全國百分之四十左右。關中早已凋零，關以東則形成河北優勢局面。

第四章　結　　論

　　官宦通朝的現象在魏晉南北朝與五代均極爲普通；在五代時絕大多數官吏皆任職二朝或二朝以上，這並不表示其子孫必然可以世世官宦；而在魏晉南北朝時士族在統治階層一直占絕大多數，其通朝官宦現象不但是政治之延續，而些是家族之延續(註62)；在五代時，以文職而論，只有梁朝士族仍占半數以上，自後唐始、士族大幅度地滑入百分之五十以下，其中尤其是源於魏晉南北朝時代的舊士族消失最多，另一方面新士族亦不見增加，因此這是社會架構的改變，中古三階層社會將步入近古二階層社會。在政局變化不定，武人權重時代，文職通朝官宦與其個人才能有關，代表着政治延續。自公元九○七年至九六○年這五十四年期間，縱貫有大唐梁唐晉漢周宋七個朝代，其身歷官六個朝代者得七人，歷五個朝代者二十一人，歷四個朝代者四十一人，歷三個朝代者五十五人，歷二個朝代者八十九人。很顯然地有一個官僚體系默默地推行政治事務，列朝君主均無意拆散這個體系，大唐禪梁、梁亡於後唐這兩次改朝換代事件中有許多宰相及高級官吏更換替代，稍爲波折；後唐晉漢周宋間之禪代，甚至許多宰相大臣皆繼續留用，猶如身歷一個朝代之中的若干政潮。嚴格地說，大唐禪梁，梁亡於後唐，後唐晉漢周宋等，乃是官僚體系大框框不變的前題之下的三個不同類型，可以與其他朝代間或某個朝代中的政潮作進一步的比較研究。

　　自安史亂後，藩鎮跋扈，軍府林立，一個半世紀以來培養出一種職業軍人集團(註63)，隨着士族軍權之衰退、大唐中央軍之羸弱，愈來愈襯託出這批人可能在歷史上扮演重要角色。大唐末葉中原一帶大量饑民所形成的流民集團，騷動了南中國及中原，流民集團有三大股——黃巢、朱溫、秦仲權，其後朱溫降唐，黃巢敗亡，秦仲權滅於朱溫，朱溫移大唐天子於洛陽，獨霸河南。流民集團所形成的武職官吏，平民出身者居多，世郡武吏次之，且有濃厚的河南平民色彩，也是唯一能與河以北職業軍人相對抗的勢力，朱溫又臣服河北地區，但不能併吞河東，亦知強弩之末，然能在北中國

註62：參見拙著「兩晉南北朝士族政治之研究」。

註63：參見拙文「唐末五代政治社會之研究——魏博二百年史論」。

建立梁朝十餘年，亦已難哉！梁晉（太原）交戰多年，李克用以假子結合河東豪傑，李存勗吸收河北武勇 ，黃河以北的職業軍人取朱梁而代之，（後）唐晉漢周諸朝實出於同一軍人集團，（後）唐晉漢周的開國之君皆曾親臨討梁之役，武將歷（後）唐晉漢周者比例極高，該軍人集團內部領導權之爭卽形成北中國朝代更替現象。

　　無論朱梁時代的河南集團或（後）唐晉漢周宋初的河東河北集團掌權，都證明關中勢力的消逝 。在河東河北集團之中，（後）唐晉漢三朝皇室不屬漢族，周朝皇室出於漢族，從正史中看不出有種族歧視存在，這與永嘉亂後北中國的景象大不相同。但在後周之際，大量吸收河北籍軍人，使河北地區的文、武官職皆占百分之四十以上，遙遙超越其他地區，造成後周北宋初葉之河北優勢，斯亦國史上之一大變局也。

參 考 書 目

舊唐書　新唐書　新舊唐書合鈔　舊五代史　五代史記　宋史。

資治通鑑　通鑑考異　册府元龜　玉海。

通志　通典　文獻通考　唐大詔令集　唐會要　五代會要。

五代史補　宋陶岳　懺花盦叢書。

五代史闕文　宋王禹偁　懺花盦叢書。

五代春秋　宋尹洙　懺花盦叢書。

五代史纂誤　宋吳縝知　不足齋叢書。

五代史記纂誤補　清吳蘭庭　吳興叢書。

五代史補考　清徐炯　適園叢書。

九國志　宋路振　守山閣叢書。

十國春秋　清吳任臣　國光書局。

北夢瑣言　宋孫光憲　說郛。

嚴耕望　唐史研究叢稿　新亞研究所出版。

嚴耕望　中國歷史地理　現代國民基本知識叢書第二輯。

嚴耕望　中國地方行政制度史　中央研究院史語所專刊之45。

蘇慶彬　兩漢迄五代入居中國之蕃人氏族研究　新亞研究所專刊1967。

薩孟武　中國社會政治史　三民書局。

韓國磐　隋唐五代史論集

韓國磐　隋唐五代史綱

聶崇歧　「論宋太祖收兵權」　燕京學報 34。

楊樹藩　唐代政制史　正中書局。

勞榦　「關東與關西的李姓與趙姓」　中研院史語所集刊第 31 本。

傅樂成　「唐型文化與宋型文化」　國立編譯館館刊 1-4。

陶希聖　中國政治制度史　啓業書局。

陳寅恪　隋唐制度淵源略論稿　中研院史語所專刊之 22。

陳寅恪　唐代政治史述論稿　中研院史語所專刊之 20。

陳寅恪　「論隋末唐初『所謂山東豪傑』」。

許倬雲　「西漢政權與社會勢力的交互作用」　中研院史語所集刊第 35 本。

孫國棟　「唐宋之際社門第之消融」　新亞學報 4-1。

張玄羽　唐藩鎮指掌　廣文書局。

岑仲勉　隋唐史　唐史餘瀋。

谷霽光　「安史亂前之河北道」　燕京學報 19。

吳廷燮　歷代方鎮年表　遼海書社。

李樹桐　唐史考辨　中華書局。

李吉甫　元和郡縣圖志　金陵書局校刊。

李德裕　會昌一品集　叢書集成。

朱堅章　歷代篡弒之研究　嘉新文化基金會。

王壽南　唐代藩鎮與中央關係之研究　嘉新文化基金會。

毛漢光　「中國中古社會史略論稿」　中研院史語所集刊第 47-3。

毛漢光　唐代統治階層社會變動　影印博士論文。

毛漢光　「五朝軍權轉移及其對政局之影響」　清華學報新八卷 1, 2 合期。

毛漢光　「唐末五代政治社會之研究—魏博二百年史論」　中研院史語所集刊第 50-2。

大澤正昭　「唐末の藩鎮と中央權力—德宗、憲宗朝を中心として—」　東洋史研究

32-2。

日野開三郎 「藩鎭の跋扈と鎭將」 東洋學報 26-4, 27-1～3。

日野開三郎 「五代鎭將考」 東洋學報 25-2。

日野開三郎 「唐末混亂史稿」 東洋史學 10。

日野開三郎 支那中世の軍閥 日本東京三省堂。

平岡正夫 唐代の行政地理 日本京都大學人文科學研究所。

西川正夫 「華北五代王朝の文臣官僚」 東洋文化研究所紀要 27, 1963, 3。

西川正夫 「吳、南唐兩王朝の國家權力の性格—宋代國制史研究序說のさぬに、其の一」 法制史研究 9, 1959。

栗原益男 「唐五代の假父子的結合の性格—主として藩帥的支配權力との關連において」 史學雜誌第 62-6, 1953, 7。

栗原益男 「唐末五代の假父子的結合における姓名と年齡」 東洋學報38-4, 1956, 3。

周籐吉之 「五代節度使の支配體制」 史學雜誌 61-6。

畑地正憲 「五代地方行政における軍について」 東方學 43。

堀敏一 「藩鎭親衛兵權の力構造」 東洋文化研究所紀要第 13 冊。

堀敏一 「黃巢の叛亂—唐宋變革期の一考察」 東洋文化研究所紀要 13。

靑山定雄 「唐宋時代の交通と地誌地圖の研究」 吉川弘文館刊行。

菊池英夫 「五代禁軍の地方屯駐について」 東洋史學11, 1954。

築山治三郎 「唐代政治制度の研究」 創元社。

Eberhard, Wolfram: The Rulers & Conquerors: Social Forces in Medieval China, Leiden, Second Edition 1965.

Eberhard, Wolfram: Social Mobility in Traditional China, Leiden, 1962.

Peterson, Charles A "The Restoration Completed: Emperor Hsien-tsung & the Provinces" —A. F. Wright and D. C. Twitchett, eds: Perspectives on the T'ang, New Haven 1973.

Pulleyblank, E. G.: The Background of the Rebellion of An Lu-shan Oxford University Press, 1955.

Pulleyblank, E. G.:　The An Lu-shan Rebellion and the Origins of Chronic Mil-
　　ilarism in Late T'ang China" —Essays on T'ang Society-Edited by John Curtis
　　Perry & Bardwell L. Smith, Leiden, 1976.

Twitchett, D. C.:　"Varied Patterns of Provincial Autonomy in the T'ang Dynasty"
　　—Essays on T'ang Society-Edited by John Curtis Perry & Bardwell L. Smith
　　Leiden, 1976.

Twitchett, D. C.:　Provincial Autonomy and Central Finance in Late T'ang" —Asia
　　Major, n. s. XI-2, 1965.

Wang, Gungwu:　"The Middle Yangtse in T'ang Politics". —A. F. Wright an
　　D. C. Twitchett, eds: Perspectives on the T'ang, New Haven 1973.

Wang, Gungwu:　The structure of Power in North China during the Five Dy-
　　nasties. Kuala Lumper, 1963.

出自第五十一本第二分(一九八〇年六月)

從士族籍貫遷移看唐代士族之中央化

毛 漢 光

第一章　緒論——中古選制與士族權力的轉變

　　自周朝封建體系解體，秦朝統一宇內以來，在中國境內的歷朝皆面臨兩大難題：其一、如何建立一個有效能的官僚體系，以統治龐大帝國；其二、如何在地廣人眾的疆域內覓尋其社會基礎，以建立一個穩定的政權。中國歷代王朝的種種摸索與嘗試，獲得了許多寶貴的經驗，這些經驗成爲當今研究官僚政治、社會變動、政治參與的豐富資料。中國二三百年內必有一次改朝換代，由此而引起的人物升降、官制演進等現象，不僅在追索源流時有其價值，對若干制度與現象而言，抑且在時間縱度上具有本體地位。官僚體系的效能與政權的社會基礎兩者之間有其矛盾性與融合性，如果官僚體系正像韋伯（Max Weber）理想型的官僚體系那樣，是一個層層節制、專業人員行政、例行辦事、純理性化的政治體制，而此金字塔上層人物當其在行使如身使臂、如臂使指的統治時，若不顧及社會基礎，其政權不會穩定。另一方面，社會上的人物如過度要求分享政權，自非統治者所樂意。再者，社會人物多半具有代表性而缺乏專業性，是否能在官僚體系中發揮效能亦頗成問題。在歷史上這兩者嚴重對立矛盾的現象極少、極短，大部份介於兩極端之間，而有種種不同的組合。

　　秦與漢初在封建王朝崩潰後建立大帝國的官僚體系方面，甚具貢獻，這一套體系的內部雖然時刻有變更，就整個架構而言，幾乎沿用了二千年。但是秦與漢初的政權社會基礎並不穩定，以致政治勢力與社會勢力呈現着緊張的關係[1]。社會人物大規模

---

1. 許師倬雲「西漢政權與社會勢力的交互作用」篇首。

地進入官僚體系到武帝時才出現，勞榦先生謂：「漢代自高帝得天下以後，選任官吏主要的是兩種人，第一，功臣；第二，文吏。文景以後，功臣的後裔也常因舊有的資地，致位通顯。一般儒生的進身出路是不如武帝以後容易的。主要的關係是詔舉的一件事只有武帝以後才常有。景帝以前僅偶一有之，得人的數自然不能和武帝以後相比擬了[2]。」武帝時是官僚體系中選舉制度的大嘗試，有許多選士名目出現[3]，實施結果，發展成孝廉與茂才兩項常科最為重要，茂才名額較少，孝廉一途成為兩漢社會人物走向官僚體系的主要通道。嚴耕望先生指出郎官性質之轉變約條如次：「(1)秦及西漢：郎吏是宮官…其進身多由蔭任與訾選…故饒貴族性。(2)西漢末及東漢：郎吏是府官，是朝臣；專供行政人才之吸收與訓練…其進身多由孝廉與明經，非文吏卽儒生；實優秀平民參政宦達之梯階，故富平民性。(3)此種轉變之關鍵在武帝創孝廉、甲科除郎之制[4]。」嚴先生漢代地方官吏昇遷圖[5]中所示，孝廉居於主流地位。

孝廉之選舉係以郡國為單位，「武帝元光元年多十一月，初令郡國舉孝廉各一人。」[6] 察舉以郡國為重心，並成為歲舉常典，乃董仲舒之議：

> 長吏多出於郎中中郎，吏二千名子弟選郎吏，又以富訾，未必賢也。……臣愚以為使諸列侯郡守二千石各擇其吏民之賢者，歲貢各二人，以給宿衞，且以觀大臣之能，所貢賢者有賞，所貢不肖者有罰，夫如是，諸侯郡守二千石皆盡心於求賢，天下之士可得而官使也。[7]

武帝元朔元年，「有司奏議曰：『今詔書昭先帝聖緒，令二千石舉孝廉，所以化元元，移風易俗也。不舉孝，不奉詔，當以不敬論；不察廉，不勝任也，當免。』奏可。」[8] 後漢和帝「時，大郡口五六十萬舉孝廉二人，小郡口二十萬并有蠻夷亦舉二人，帝以為不均，下公卿會議。（丁）鴻與司空劉方上言：『凡口率之科，宜有階品，蠻夷錯雜，不得為數。自今郡國率二十萬口歲舉孝廉一人，四十萬二人，六十萬

---

2. 勞榦貞一「漢代舉察制度考」篇首。
3. 勞榦貞一「漢代察舉制度考」中段。
4. 嚴耕望「秦漢郎吏制度考」前段。
5. 嚴耕望　中國地方行政制度史上編（二）卷上「秦漢地方行政制度」下冊頁 344.
6. 漢書卷六武帝本紀元光元年條。
7. 漢書卷五十六董仲舒傳。
8. 漢書卷六武帝本紀元朔元年條。

三人，八十萬四人，百萬五人，百二十萬六人。不滿二十萬二歲一人，不滿十萬三歲一人。』帝從之。」[9]「孝廉是從郡來選，所舉的大都不是朝廷的官吏。 而茂材由於丞相御史列侯中二千石及刺史察舉，所選舉的大都是朝廷的官吏。」「孝廉一科在漢代極清流之目，而爲主要官吏的正途的。」[10] 金發根先生分析東漢黨錮清流人物的出身時，亦發現以孝廉身份居多數[11]。

郡國太守「歲盡，遣吏上計，並舉孝廉。」[12] 孝廉既以郡國爲單位，當這些地方人物到達中央以後，自然以本郡爲其籍貫與郡望，尤其是稍有頭臉的地方領袖爲然。岑仲勉先生謂：「自西漢廢姓存氏，於是郡望代起，良以公孫之稱，徧於列國，王子之後，分自殷周，稱其本郡，所以明厥氏所從出也。故就最初言之，郡望、籍貫，是一非二。」[13] 印證新唐書宰相世系表中諸士族淵源之記載，大都聲稱其祖先乃先秦列國王孫名臣之裔，且不論是否皆屬事實，但其以郡國以別於他族，事極可能。當此時也，郡望與籍貫爲一，地方人物行宦中央深具本郡之代表性，這正是漢朝摸索到的一條溝通官僚體系與地方基礎的通道。許倬雲先生西漢政權與社會勢力的交互作用[14] 一文中說：

> 自此以後，地方上智術之士可以期待經過正式的機構，確定的思想，和定期的選拔方式，進入政治的權力結構中，參加這個權力的運行。縱然這時其他權力結構，如經濟力量，與社會力量，都已經服屬在政治權力結構之下了；一條較狹，但卻遠爲穩定的上升途徑反使各處的俊傑循規蹈矩的循序求上進。於是漢初的豪傑逐漸變成中葉以後的士大夫。

---

9. 後漢書卷三十七丁鴻傳。

10. 勞師貞一「漢代察舉制度考」甲、孝廉；乙、茂才條。

11. 金發根「東漢黨錮人物的分析」四、黨人的出身條。

12. 續百官志。

13. 岑仲勉唐史餘瀋、卷四、雜述唐史中之望與貫條之引文。但，岑仲勉另一本書隋唐史第六節門第之見與郡望條載：

> 戰國撓亂，人戶流離。漢高已不自知其姓，後此人各以氏代姓，今所謂「姓」，即古所謂「氏」，是爲我國種族混亂之第一次大變，所幸戰國至漢，各地陸續建設郡縣，郡縣大約依古代各氏族之住地爲區域，人口卽有遷徙，猶能各舉其原籍之郡名以作標識，如太原、隴西、安定、南陽、清河等，皆後世所謂郡望也。

其中「郡縣大約依古代各氏族之住地爲區域」語，恐需商榷。

14. 許師倬雲「西漢政權與社會勢力的交互作用」（三）文。

錢穆先生謂，自漢朝以來中國演變成「士人政治」。然漢代的察舉制度甚難有具體的標準，尤其當其強調德行之時[15]，在實施時顯得更具有彈性。各郡國的士大夫掌握並製造鄉議，使選舉有利於本人或本族，漸漸走進「以族舉德，以位命賢。」[16] 的循環中，從個體士之從政、漸漸演變成累世從政，這種現象在西漢末葉已經出現，而東漢政權與世家大族之關係更爲學者所重視[17]。士族乃具有時間縱度的血緣單位，其強調郡望以別於他族，猶如一家百年老商店強調其金字招牌一般。故郡望與士族相始終。

「郡爲漢代地方行政之骨幹，郡守於一郡政務無所不統，百官表云『掌治其郡』，明其專也。故爲一元首性之地方長官。」[18] 郡國太守不但具有察舉之權，並且有自由選任本郡屬吏之權。據嚴耕望先生研究「州郡國縣道政府之郡吏由長官自辟，必用本域人，各以本州郡國本縣道所轄之境爲準，不得用轄境以外之人。」[19] 這種察舉與用人的制度其重心在地方，尤其在郡國。地方領袖在鄉里倡導鄉議，故有鄉舉里選的精神，在另一方面，郡國之中的大族若把持這種清議，就可影響察舉與郡國用人，使大族的郡望更爲加強。

後漢末葉，清議昇華爲全國性，郡國地方領袖及其子弟爲太學生者因爲與宦官外戚作鬥爭，產生了士大夫階層的新自覺[20]，這種同類感與清流精神，乃是兩晉南北朝隋唐士族內在精神之濫觴。黨錮之禍時期，清流士大夫相互之間封爲「天下某某某」「海內某某某」已有從地方領袖走向全國領袖的心理傾向，但他們大部份都是在野身份，不是中央官僚體系之一員；再者，他們並未與鄉里隔絕，所以實質上仍未走進中央。魏晉之際，這一類人物漸漸從在野而當朝，復依附九品官人之法而族勢大盛[21]。一則因爲失去像東漢末葉宦官那樣的鬥爭對象，二則因爲士族們已經當政。所以魏晉以還，已很少在人名之前冠以「海內」「天下」字樣，同時士族則以郡望相互誇耀。

---

15. 拙文「中國中古賢能觀念之研究──任官標準之觀察」。
16. 潛夫論第四論榮篇。
17. 楊聯陞先生「東漢的豪族」。
　　余師英時「東漢政權之建立與世家大姓之關係」。
18. 嚴耕望先生，中國地方行政制度史。上編，卷上秦漢地方行政制度上冊，頁74。
19. 嚴耕望先生「漢代地方官吏之籍貫限制」（二）地方屬吏。
20. 余師英時「漢晉之際士之新自覺與新思潮」。
21. 拙書，兩晉南北朝士族政治之研究，中篇第四章、第五章。

但是，大批的士族子弟在中央政府官僚體系中任官，地方領袖實際上已成爲中央官吏。然而這些士族子弟尚未中央官僚化，因：其一，他們與原籍仍未疏遠。有的在京師設居住所，在本郡亦有居住所，論者稱爲「城市與鄉村的雙家型態」[22]；有的卽令沒有雙家，但與本郡同族堂親不遠。其二，中正評品的標準是漢代鄉舉里選的制度化[23]，代表性的意味極爲濃厚。士族具有地方代表性的性質，在逐漸發展而成的社會中或許不太明顯，當拓跋氏粗有北方，吸收中國各地大豪族參與統治階層時，甚爲顯著。魏書卷四十八高允傳：

> 魏自神麚以後，宇內平定。誅赫連積世之僭，掃窮髮不羈之寇，南摧江楚，西盪涼域，殊方之外，慕義而至。於是偃兵息甲，修立文學，登延儁造，酬諮政事。夢想賢哲，思遇其人，訪諸有司，以求名士，咸稱范陽盧玄等四十二人，皆冠冕之冑，著聞州邦，有羽儀之用。親發明詔，以徵玄等，乃曠官以待之，懸爵以縻之，其就命三十五人，自餘依例，州郡所遣者，不可稱記。

但似仍注意到地理分布，「東至渤海，北極上谷，西盡西河，南窮中山。」

魏晉南北朝期間官僚體系中的選制與士族權力的轉變甚有關連，原本漢代郡國太守有察舉孝廉之權，如今州設大中正，郡國有小中正，專司品藻人物等級，而州郡縣的大小中正官「各取本地人在諸府公卿及各省郎有德充才盛者爲之」[24]，因此，大小中正官皆爲中央官兼任。這是中央用人權之伸張，州郡權力之縮小。但士族在九品中正制度中並沒有吃虧，絕大部份的中正官皆由士族子弟擔任[25]。著者將漢代地方領袖在其本郡清議人物比擬爲「屬地主義」，而將魏晉南北朝時大小中正身居中央而又評斷本郡人物比擬爲「屬人主義」，士族這一種旣任官中央而又不失其地方基礎的現象，在政治與社會兩大領域皆產生巨大的影響力，是士族權力的巔峯時期。

魏晉南北朝地方政府的結構亦與漢代不同，嚴耕望先生有精闢的研究：

> 府州僚佐雙軌制。漢世無論郡縣長官或州部刺史，其僚佐僅有一系統。郡縣僚

---

22. 參見 Eberhard Wolfram:「Conquerors and Rulers-Social Forces in Medieval China」導論 1965 修正版。
23. 拙文「中國中古賢能觀念之研究——任官標準之觀察」三、賢能觀念與中古選制。
24. 文獻通考卷二十八語。
25. 拙文「兩晉南北朝主要文官士族成分的統計分析與比較」（十二）中正。

佐除中央除授之上佐丞尉外，僅有功曹、主簿及諸曹掾史一系統，州部僚佐亦僅別駕、治中及諸曹從事一系統，皆由長官自由辟用本地人士爲之。

漢末三國時代，以地方不寧，刺史郡守有加將軍領兵者，或置長史、司馬。魏及西晉，中央又或遣員參其軍事，然尚未成定制，更不見自成一系統。東晉以降，軍府始漸形成。其時，除單車刺史僅置州吏如漢制外，凡刺史加將軍者將得開府置佐，其組織且有定型。於是與承漢以來之州吏並列，各爲一系統，稱爲府吏與州吏。

州吏自別駕從事以下仍由刺史自辟用本土人士爲之，然別駕治中地位日高，至南朝躋位六七品，已爲中級品官非復漢世百石屬吏之比矣，故亦常由中央除授之。府佐則自長史司馬以下至主簿功曹，皆爲品官，由中央除授，長官有推薦權而無任命權，又無籍貫限制，凡此皆與州吏成一對比。

至南北朝時代，地方行政全歸軍府，而自漢以來相承不替之地方行政屬吏轉處閑散，爲地方人士祿養仕進之階。蓋州郡屬吏雖長官自辟，然籍限本域，長官莅任，人地生疏，兼以地方豪族競相薦舉，故名雖自辟，情實疏間。而軍府之職，或時君簡派腹心，或長官薦任親信……。[26]

著者在研究東晉南朝清要官之時，發現瑯邪王氏在七品、六品、五品階段大多數皆任諸公府僚佐、王府僚佐、將軍府僚屬等職[27]，查閱其他士族，情況相當。按當時甚少單車刺史，都督又大率列公親王坐鎮，故士族除了任官中央以外，都督與州級的地方政府之重要僚屬亦充滿士族子弟，這是由九品官人法之下由吏部分派下來的，所以魏晉南北朝中央的權力更侵凌地方，士族在這個體制下與中央更形接近。州吏系統地位日低，限制本地人士任之，可由刺史自辟，士族已不願爲，實際上是小姓類擔任，梁代稱之爲「寒微士人」[28]，等而下之之吏職，則有「後門」[29]、「役門」[30]。

東晉南朝僑姓南遷以後，遠離原籍，雖累世堅持原籍地望，可是實際上已是可望

26. 嚴耕望先生中國地方行政制度史，上編，卷中：魏晉南北朝地方行政制度，頁 901-904。
27. 拙文「科舉前後（公元 600 年干 300）清要官型態之比較研究」。
28. 參見拙文「從中正評品與官職之關係論魏晉南朝之社會架構」。
29. 梁書卷一武帝紀，齊末中興二年：「中間立格，甲族以二十登仕，後門以過立試吏。」
30. 宋書卷八十三宗越傳：「本爲南陽次門。安北將軍趙倫之鎮襄陽，襄陽多雜姓，倫之使長史范覬之條次氏族，辨其高卑。覬之點越爲役門出身，補郡吏。」

而不可及，遍立僑州僑郡形式上滿足了他們心理要求，從社會意義而言，他們居住南方，與南方政權之間發生特定的社會連繫，長期失去原籍的地方基礎，在南方一直無法像吳姓一般地盤根錯節，於是乎他們愈來愈依賴中央政府，也就是說，原本兼具社會及政治性的僑姓人物，漸漸走向單一的政治方向，步入官僚，僑姓依賴中央的現象在南朝時更加明顯[31]。

東晉南朝時期，吳郡會稽一帶的士族一方面任官中央，另一方面仍不失其地方領袖的地位。不像僑姓成爲純中央官僚。除了吳郡會稽以外，南方各地本無士族，因此有若干州郡的「小姓」（亦即陳寅恪先生所謂「中層社會階級」「次級士族」）擁有地方勢力，尤以晉陵、襄陽一帶最著[32]。此等地方豪強在進入中央官僚體系時，其中正評品甚低，但在南朝末葉的改朝換代及政潮事件中表露出其軍事力量[33]。

北朝亦實施九品官人法，北方漢姓士族其性質上是郡級地方豪族，自拓跋魏吸收他們加入政權以後，他們從地方領袖兼跨政治領袖，然而這並未立即放棄其原有的地方勢力，有見於永嘉亂後北方長期紊亂，祇有聚宗自衞才能渡過災難，士族對其原籍一直引爲重要的根基，似乎大部份仍是城市鄉村之雙家型態[34]。北朝士族步入中央而又失去其地方性，要在隋唐時期去尋找。

通典卷十七選舉條五：「隋氏罷中正，舉選不本鄉曲，故里閭無豪族，井邑無衣冠。人不土著，萃處京畿。」其實，魏晉南北朝時期的州郡縣大小中正官本屬中央官兼任，選制的重心已屬中央政府。唯大小中正官必須本州郡縣人士擔任，可以說中正官是連接中央與地方人物的線路，居於地方的領袖仍被重視。隋代廢除中正官，推薦權與任官權皆屬中央，中央與地方的通道斷絕，長期留在地方將失去官宦機會，唯有居住在京畿地區的人士才有較多的機會。魏晉南北朝時期士族控制中正官通道，又有雙家型態以充塞選舉通道的兩端，至此本郡據點並沒有以前那樣重要，家族中最優秀的子弟乃謀長居京邑以求出路。再者，雙家型態靠堂親維持，經數代以後，堂房日遠，血親日疏，居於京師者與本郡者關係日遠，在京畿者中央化日深而地方性日淺

31. 拙文「中國中古社會史略論稿」第四篇中古士族性質之演變，頁 409。
32. 陳寅恪先生論文集補編，「述東晉王導之功業」頁 10 及頁 16。
33. 拙文「五朝軍權轉移及其對政局之影響」。
34. 拙文「中國中古社會史略論稿」第四篇中古士族性質之演變，頁 412-413。

矣！這種趨勢隨着中央權力的加強而愈發加速，隋唐中央權力視魏晉南北朝時更大，見於通典卷十四選舉條二：「六品以下官吏，咸吏部所掌，自是海內一命以上之官，州縣無復辟署矣！」嚴耕望先生曾細說兩漢、魏晉南北朝、隋唐三期間之演變：

> 隋唐州政府佐官曰參軍，由中央任命，與漢代州政府佐吏曰從事、由州長府任用本州人的制度完全不同，前人都說州政府屬官由中央任命，是隋文帝所創始；官員名稱的不同，是不是也由一個人所創造的呢？其實都不是，此種職稱不同，任用方式不同，都當於魏晉南北朝時代求其答案。在魏晉南北朝時代，一方面繼承漢代舊制，另一方面又慢慢形或了一種新制，成爲兩個系統並存的現象。舊的一系官吏仍稱爲從事，由州長官任用本州人爲之；新的一系官吏則稱參軍，由中央任命（可由長官推薦）。本來職權有別，但舊的一系慢慢失權，成爲地方人士祿養之官，新的一系慢慢奪到全部權力。到隋文帝把無作用的舊的一系率性廢掉，就是所謂鄉官，只留有實權的新的一系官吏，就是由中央任命的參軍[35]。

地方人士在州郡連擔任僚屬之職的機會也沒有了。

科舉制度也是向社會吸取人才，但並不是以州郡地方爲單位，其目標是以全國大社會作爲對象，州郡也有鄉貢進士，那僅是考生罷了，如果沒有中進士第，僅僅鄉貢進士並無任官資格，這與後代的「舉人」資格不同。又唐代科舉的試卷並不彌封，應考舉子先得造出有才華的聲譽才容易入選，居住兩京附近者有種種便利，同華亦佳[36]。考取以後還要經過吏部或兵部的身言書判之銓敍，未考取者亦可尋找推薦擔任較次職位或吏職，亦滙聚在吏部或兵部，凡此種種皆促使人物「萃處京畿」。

科舉制度以全國大社會作爲對象，吸收職業文官爲其官僚體系服務，這與州郡爲單位選人或從州郡中徵召豪族不同，後者雖然亦進入官僚體系，但地方代表性的意義十分濃厚；而前者有純官僚的性格。士族多世居住京師，成爲純官僚人物而消失其地方性的現象，是中古政治社會史中的重要課題，這個課題可由多方面去觀察，本文則

---

35. 嚴耕望先生，治史經驗談，壹、原則性的基本方法，頁 14-15。
36. 唐代科舉以兩京、同、華較占優勢。「唐摭言」卷一兩監條謂：「按實錄：西監，隋制；東監，龍朔元年所置。開元以前，進士不由兩監者，深以爲恥。……李肇舍人撰國史補亦云：『天寶中，袁咸用、劉長卿分爲朋頭，是時常重兩監。爾後物態澆漓，稍於世祿，以京兆爲榮美，同華爲利市……。』」

從士族籍貫遷移這一角度加以研究。

第二章　研究方法與資料

　　陳寅恪先生謂：「吾國中古士人其祖墳住宅及田產皆有連帶關係。觀李吉甫即後來代表山東士族之李黨黨魁李德裕之父，所撰元和郡縣圖志，詳載其祖先之墳墓住宅所在，是其例證。其書雖未述及李氏田產，而田產當亦在其中，此可以中古社會情勢推度而知者。故其家非萬不得已，決無捨棄其祖塋舊宅並與塋宅有關之田產，而他徙之理。此又可不待詳論者也。」[37] 關於田產之記載，後世有魚鱗圖册，唐代邊陲地區因均田之法而有片斷資料，中原一帶之私產地則已無記載留下。墳塋之所在地，成為今日研究某家族重心的重要標竿。唐代正史的列傳中除了陪葬皇陵外，一般皆無葬地的記載，這可能是當時史家認為這並非重要之事，刪去不錄[38]。而墓誌銘中保存了葬地葬時的資料，近代利用墓誌銘以研究人物葬地葬時者，當推陳寅恪先生的李德裕貶死年月及歸葬傳說辨證，唯該文主要目的在以石刻證史[39]，並未據此而深論政治社會之事。由士族居住地之遷徙，從而論及地方勢力之推移，亦是陳寅恪先生首發其端，其論李栖筠自趙徙衞事乃一短文，民國四十六年刊於中山大學學報，討論的人物仍為趙郡李氏，即李德裕之祖李栖筠也。「綜合史料觀之，有可注意者二事：一為李栖筠自趙遷衞之年代。二為李栖筠何以遷衞之後始放棄其家世不求仕進之傳統，而應進士舉。此二事實亦具有連帶關係。……栖筠忽爾離棄鄉邑祖宗歷代舊居之地，而遠隱於汲縣之共城山，必有不得已之苦衷……李栖筠既不得已捨棄其累世之產業，徙居異地，失其經濟來源，其生計所受影響之鉅，自無待言。又旅居異地，若無尊顯之官職，則併其家前此之社會地位亦失墜之矣！」[40] 陳寅恪先生對李栖筠之孫李德裕之歸葬洛陽，曾有考辨，但兩文皆未論及李族居京畿之意義，因此，在地方勢力走向官僚體系之後的中央化課題上，未作闡論。又陳寅恪先生解釋李栖筠遷徙是由於胡族之壓

---

37. 陳寅恪先生論文集補編，4.論李栖筠自趙徙衞事，頁 29-30。
38. 著者閱讀墓誌拓片時，發現新唐書許多列傳取材於墓誌銘，唯新唐書對於葬地與葬時則刪去不錄。
39. 陳寅恪先生「李德裕貶死年月及歸葬傳說辨證」篇首。
40. 陳寅恪先生論文集補編，4.論李栖筠自趙徙衞事，頁 31 及 34。

力，恐未盡充分，此點後文再予細論。卽使假定李栖筠遷徙是由於胡族之壓力，其他非河北士族若亦有遷徙現象，當有其他理由予以解釋，故應觀察當時大部份大族之遷徙，才能找出共同原因及個別原因。無論如何，由於陳寅恪先生的高瞻遠矚，在其短文中點露消息，才給予後生晚輩進一步研究之機會。

　　士族由原籍遷徙到新地方，並以這個新地方作爲其家族的重心，本文有三個標竿以探索之。其一，歸葬之地；其二，兩唐書列傳中的籍貫；其三，新唐書宰相世系表中遷徙記載。這三者之間有很大的重疊面，一般而論，兩唐書錄載士族的郡望最爲普遍，尤以著姓爲然，如果兩唐書記載新籍貫，則該家族的居住重心已遷徙到新籍貫所在地了；但如果僅稱其郡望，並不能以此證明該族沒有新籍貫，兩唐書對新籍貫的記載甚少，所以僅依據正史新籍貫將無法獲得眞象。新唐書宰相世系表中有一些士族房支遷徙記載，常常可與正史中新籍貫相吻合，例如：世系表卷七十二上趙郡李氏條載：「羲之後有萬安，自趙郡徙于管城。」這一房南祖有李日知者，見於唐書合鈔卷245孝友傳中，「鄭州滎陽人也。」按：管城屬鄭州。同表又云：「南祖之後有善權，後魏譙郡太守，徙居譙。」該房李敬元傳謂：「亳州譙人也。」載於合鈔卷132。但是世系表中房支遷徙亦甚不全。因此，墓誌銘中葬地成爲重要資料。歸葬是中古士族的大事，有人客死他鄉，其子孫負柩歸葬成爲當時重要的孝行，此事在拓片中屢見，如果客觀形勢無法歸葬，拓片中有「權厝」[41]，表示力有未及。士族歸葬地的改變與籍貫的改變之間有重大關連，例如魏書卷七下高祖紀下，太和十九年六月丙辰詔：「遷洛之民，死葬河南，不得遷北，於是代人南遷者悉爲河南洛陽人。」士族歸葬地的改變也是反映該家族重心的轉移，有許多墓誌銘中可以看到在葬地附近城市有私第的記載，行宦於外者亦與歸葬地息息相通，例如唐書合鈔卷二一六柳公度傳：「京兆華原人也（郡望河東）……檢校尚書在僕射東都留守，盜發先人墓，棄官歸華原。」有許多士族的墓誌銘中記載郡望與新籍貫，其新籍貫與葬地重合。士族的新居住重心實際上包含上述三個標竿，一時又無適當的名稱以蔽之，爲了方便起見，暫用「新貫」稱之，以與舊郡望相對照。

---

41. 「權厝」常有二種解釋。一種是暫時停厝在此地，以後再行搬回原籍。一種是暫厝，時間稍後再行下窆，並不涉及地區之搬運。有時甚難分辨，所幸「權厝」之例並不甚多。

在新舊唐書列傳中注意到望與貫的差別，有岑仲勉先生，他僅條陳其事[42]，並沒有作政治社會的研究，實際上僅憑少量籍貫的記載亦很難建立一個研究架構。本文所謂「新貫」既包含歸葬之地、兩唐書列傳中的籍貫、新書世系表遷徙記載等，以家族居住重心為鵠的，所能獲得的資料已勉可探索地方勢力轉移的軌跡，如果有許多郡姓之遷徙指向政治中心所在地，則又可以進一步研究士族的中央化了。

中古士族極多，本文暫以官宦最盛的大士族作為研究對象，拙文中國中古社會史略論稿曾作統計[43]，取其通朝大族，計：京兆韋氏、河南鄭氏、弘農楊氏、博陵崔氏、趙郡崔氏、趙郡李氏、隴西李氏、太原王氏、瑯邪王氏、范陽盧氏、渤海高氏、河東裴氏、彭城劉氏、河東柳氏、京兆杜氏、蘭陵蕭氏、河東薛氏等十四姓十七家，其中京兆韋氏、河南鄭氏、弘農楊氏、京兆杜氏等四姓因地望在兩京一帶，暫不研究。其他十姓十三家是本文建立架構的基石。稍次的士族另文補充之。

士族在魏晉時已經興盛，有許多士族通朝綿延不斷地官宦，至唐已三百餘年矣！十幾代以來，士族人口繁殖，有的分房，有的分房後又復分支，此在新唐書宰相世系表中有許多記載。唯世系表僅有大士族著房著支之世系，不甚稱著的房支則不見記載。又所謂宰相世系表者，乃是有宰相的家族才有世系，未任宰相的家族則不載其世系，全唐有宰相的家族凡九十八個，上述通朝大族十姓十三家皆出宰相，因此其家族之淵流世系皆有記載。研究唐代大士族之遷徙，應以分房分支為單位，愈詳愈好；否則若以整個大士族為單位，將發現遷徙地多起，無法理清，同時與當時分房分支的現象不合。本文大士族分房分支以新唐書宰相世系表所載為原則，當其他資料證實可用以劃分時，略作小部份增補，但皆以著房著支為要件。十姓十三家的著房著支如下：

1. 清河崔氏。清河崔氏鄭州房、清河崔氏許州鄢陵房、清河崔氏南祖君實支、清河

42. 岑仲勉先生唐史餘瀋，卷四雜述唐史中之望與貫條：

故就最初言之，郡望、籍貫，是一非二。歷世稍遠，支胤衍繁，土地之限制，饑饉之驅迫，疾疫之蔓延，亂離之遷徙，游宦之僑寄，基於種種情狀，遂不能不各隨其便，散之四方，而望與貫漸分，然人仍多自稱其望者，亦以明厥氏所從出也。延及六朝，門戶益重，山東四姓，彭城三里，簪纓綿綴，蔚為故家，此風逮唐，仍而未革，或久仕江南而望猶河北，或世居東魯而入曰隴西，於後世極糅錯之奇，在當時本通行之習。後儒讀史，代易境遷，昧望、貫之兩通，唯辨爭其一是，雖曰學貴多疑，要未免徒勞筆墨矣！

關於士族遷徙之原因，當以實際資料證之，本文後文另論。

43. 拙文「中國中古社會史略論稿」頁 385。

崔氏南祖琰支、清河崔氏清河大房、清河崔氏清河小房、清河崔氏青州房。

2. 博陵崔氏。博陵崔氏平安房、博陵崔氏大房伯謙支、博陵崔氏大房仲讓支、博陵崔氏第二房楷支、博陵崔氏第二房孝芬支、博陵崔氏第二房孝暐支、博陵崔氏第三房、博陵崔氏第三房玄亮支。

3. 范陽盧氏。范陽盧氏陽烏房道將支、范陽盧氏陽烏房道亮支、范陽盧氏陽烏房道虔支、范陽盧氏第二房、范陽盧氏第三房士熙支、范陽盧氏第三房士澈支、范陽盧氏第四房文翼支、范陽盧氏第四房文甫支。

4. 隴西李氏。隴西李氏姑臧大房蓀支、隴西李氏姑臧大房彥支、隴西李氏姑臧大房蕡之支、隴西李氏姑臧大房行之支、隴西李氏姑臧大房疑之支、隴西李氏沖支。

5. 趙郡李氏。趙郡李氏南祖、趙郡李氏南祖萬安支、趙郡李氏南祖善權支、趙郡李氏東祖鑌房靈支、魏郡李氏東祖鑌房均支、趙郡李氏東祖系房、趙郡李氏東祖曾房、趙郡李氏西祖盛支、趙郡李氏西祖隆支。

6. 太原王氏。太原王氏大房、太原王氏第二房、太原河東王氏、太原烏丸王氏僧辯支、太原烏丸王氏僧修支、太原中山王氏、太原中山王氏王滿支。

7. 瑯邪王氏。瑯邪王氏弘直支、瑯邪王氏弘讓支、瑯邪王氏弘訓支、瑯邪王氏寬裔同皎支、瑯邪王氏寬裔同晊支、瑯邪王氏沖支、瑯邪王氏肅支。[44]

8. 彭城劉氏。彭城叢亭里劉氏。

9. 渤海高氏。渤海高氏北齊皇室房、渤海高氏京兆房。

10. 河東裴氏。河東裴氏西眷、河東裴氏洗馬房天壽善政支、河東裴氏洗馬房天壽英支、河東裴氏南來吳叔業支、河東裴氏南來吳令寶支、河東裴氏中眷萬虎支、河東裴氏中眷雙虎支、河東裴氏中眷三虎支、河東裴氏東眷澄支、河東裴氏東眷澄希莊支、河東裴氏東眷道護支、河東裴氏東眷道護綱支。

---

44. 瑯邪王氏寬支、瑯邪王氏沖支、瑯邪王氏肅支,不見於世系表,但著者撰寫「我國中古大士族之個案研究──瑯邪王氏」一文時,認爲應屬著支。

11. 蘭陵蕭氏。蘭陵蕭氏皇舅房、蘭陵蕭氏齊梁房懿支、蘭陵蕭氏齊梁房衍支、蘭陵蕭氏齊梁房衍嚴支、蘭陵蕭氏齊梁房衍岑支、蘭陵蕭氏齊梁房恢支。

12. 河東薛氏。河東薛氏南祖、河東薛氏西祖洪隆房、河東薛氏西祖珂房、河東薛氏西祖昂房、河東薛氏西祖昂房寶積支。

13. 河東柳氏。河東柳氏西眷慶旦支、河東柳氏西眷慶機支、河東柳氏西眷虬支、河東柳氏道茂支、河東柳氏東眷。

以上十姓十三家八十三房支乃是本文架構之骨幹。

本文墓誌銘資料來源有三。其一，本所圖書館收藏之拓片，數量最多；其二，全唐文中之墓誌銘；其三，石刻書籍[45]。其中有許多是重複的，石刻書籍中有若干前人注釋，全唐文按撰寫誌銘的著者排列，其重點放在撰者的文學，所以有一小部份沒有葬時與葬地。本所拓片資料最多，但有的完整，有的殘缺，完整之碑其字體可作書法觀摩之用，殘缺之碑有的模糊不清，有的缺字斷角，尤以名碑為然。一般而論，墓誌銘中的葬時葬地資料尚稱完整。且葬時葬地並無捏造之理由，可信性甚高。

著者先將墓誌銘中屬於上述十姓者找出，然後閱讀合於十三家郡望的資料，其所獲得的人物一一到新唐書宰相世系表該族世系中去尋找，由於每一個大士族的世系表中皆有數千人之多，所以工作甚為繁重，有的在世系表中可以找到，有的在世系表中無法找到；名字相合不一定是同一人，還需查看父祖名字及其官職是否相合，蓋唐人同名同姓者甚多，尤以單名為然。如果碑主與世系表中人物確實是同一人，則查看該人屬於何房何支。同房同支者放在一起，然後再觀察同房同支者墓誌銘上的葬時葬地。這個工作雖然繁重，但是是值得做的，一者可將研究工作深入到房支階層，最重要者乃是唐人同姓比附高郡望的風氣很盛，若不一一查對世系表，則無法確實知道該碑主郡望是真是假。所以，當碑文謂太原王氏、趙郡李氏、博陵崔氏……，不可就此將其認定是該族人物[46]。聲稱大士族郡望、無法在該族世系表中查獲者，亦可能是該族旁支遠系，本應附列在文後，以便其他資料之核對，但由於其數量甚多，從缺不

---

45. 近年來國內將石刻書籍匯聚而刊印者，有藝文印書館的石刻史料叢書、及新文豐出版公司的石刻史料新編，後者較詳較多。
46. Patricla Ebrey 論及博陵崔歸葬地將聲稱該郡望者一併計入，見氏作「The Aristocratic Families of Early Imperial China-A Case Study of the Po-Ling Ts'ui Family」p. 92

載。新舊唐書列傳中的人物，也經過同樣的程序——與該族世系表查對，將其歸入著房著支項下，不過正史列傳無歸葬地之記載，祇有記錄新籍貫或正文中敍述家族遷徙時，才有助於本文架構。

　　茲按上述辦法甄別查對唐代墓誌銘，淘汰資料記載不合或未能肯定者，最後獲得可信的墓誌銘數如下：清河崔氏六十七件、博陵崔氏十六件、范陽盧氏二十三件、隴西李氏八件、趙郡李氏二十件、太原王氏十三件、瑯琊王氏八件、彭城劉氏三件、渤海高氏六件、河東裴氏二十一件、蘭陵蕭氏十五件、河東薛氏十三件、河東柳氏十三件。

　　從一百七十九件有用墓誌銘，加上新唐書舊唐書列傳籍貫記載，再配合新唐書宰相世系表遷徙記載，本文下節展開唐代大士族著房籍貫遷徙之研究。

　　（下文墓誌銘後的五位阿拉伯數字，乃中央研究院歷史語言研究所傅斯年圖書館之拓片登記號。）

第三章　唐代大士族著房著支之遷移

第一節　清 河 崔 氏

新唐書卷七十二下宰相世系表二下，崔氏條：

> 崔氏出自姜姓。齊丁公汲嫡子季子讓國叔乙，食采於崔，遂爲崔氏[47] ……十五世孫意如，爲秦大夫，封東萊侯。二子：業、仲牟。業字伯基，漢東萊侯，居清河東武城，生太常信侯昱。昱生襄國太守穆侯紹。紹生光祿勳嗣侯雅。雅生揚州刺史忠。忠生散騎常侍泰。泰字世榮，始居敍縣。二子：恪、景，恪、丞相直，生郡功曹殷。七子：雙、邯、寓、金、虎、蕃、固。雙爲東祖，邯爲西祖，寓爲南祖，亦號中祖。寓四世孫林，字德儒，魏司空、安陽孝侯。曾孫悅，前趙司徒左長史、關內侯。三子：渾、潛、湛。湛生頭，後魏平東府諮議參軍。生蔚，自宋奔後魏，居滎陽，號鄭州崔氏。

1. 清河崔氏鄭州房

47. 元和姓纂卷三崔氏條：「齊太公生丁公汲、生叔乙，讓國居崔邑，因氏焉。」古今姓氏書辨證卷五崔氏條：「出自姜姓，齊丁公汲嫡子季子，遜國叔乙，食采於崔，遂以爲氏。」
名賢氏族言行類稿卷十崔氏條引姓纂。

鄭州崔氏望出清河，正史列傳中無人物，世系表有宰相崔元綜之名。今幸得一碑：

　　大唐故潁王府士曹參軍崔君墓銘（17802）

　　　　「公諱傑字伯雄，清河人也。曾祖思鈞……祖哲……父志蒹……。天寶八

　　　　載卒於洛陽宣教里之私第……十載祔先塋葬於北邙。」

2. 清河崔氏許州鄢陵房

許州鄢陵房亦望出清河，「蔚少子彧，居鄢陵」（世系表，同上），有傳、碑如下：

　　崔知溫、弟知悌，「許州鄢陵人。祖樞司農卿，父義直陝州刺史。」（合鈔卷

　　　　239　良吏傳）

　　唐故正議大夫行太子右贊善大夫判太子率更令上柱國清河崔府君墓誌銘(17695)

　　　　公諱孝昌，字慶之。清河東武城人……曾祖樞……祖義直……父知溫……。

　　　　以景雲二年……終於洛州永豐私第……太極元年……葬於洛州城北十二里

　　　　北邙山平樂鄉之原，禮也。」（芒洛冢墓遺文四編卷五）

新唐書卷七十二下宰相世系表二下，崔氏條繼載：

　　南祖崔氏：泰少子景，字子成，淮陽太守，生挺，字子建。挺生破虜將軍權。

　　權生諫議大夫濟，字元先，亦稱南祖。濟生湫，字道初。湫生安定侯融，字子

　　長。融生中書令溫，字道和。溫生魏常山太守就，字伯玄。就生上谷太守公

　　安。公安生晉大司徒、關內侯岳，字元嵩。岳生後趙尚書右僕射牧，字伯蘭。

　　牧生後趙征東大將軍蔭，字道崇。蔭生聊城令怡，字少業。怡生宋樂陵太守

　　曠，隨慕容德度河居齊郡烏水，號烏水房。生清河太守二子：靈延、靈茂。靈

　　茂，宋庫部郎中，居全節，生稚寶。稚寶，後魏祠部郎中。生逵，字景通，北

　　齊三公郎中。生周司徒長史德仁。德仁生君實。

3. 清河崔氏南祖君實支

清河南祖君實之裔有傳、碑者，如下：

　　崔融，子禹錫、翹，「齊州全節人。」（合鈔卷 145）武后中宗時人。

　　唐崔能神道碑：「唐兵部侍郎李宗閔撰，能弟檢校吏部尚書判東都尚書省，戶

　　　　部尚書胡證篆題。能字子才，清河東武城人，官至嶺南節度觀察使，贈

　　　　禮部尚書，碑以長慶三年立。」（寶刻叢編卷四，引金石錄），碑出壽安

縣。（寶刻類編卷五，略同。）

唐淮南節度崔從碑：「唐翰林學士蔣伸撰，權知太子少傳柳公權書。從字子
義，清河東武城人，官至淮南節度副大使，贈司空，諡曰貞。以大中八年
立」（寶刻叢編卷四引集古錄目）碑出壽安縣。（寶刻類編卷四同）

崔愼由，父從，弟安潛、伯父能、能子彥曾、愼由子胤，「清河武城人。高祖
融。……父從，少孤貧，寓居太原，與仲兄能同隱山林……」（合鈔 228）

崔昭緯、兄昭符、昭願、昭矩、昭遠，「清河人。」（合鈔卷 230）

唐故右拾遺崔君與鄭氏夫人合祔墓誌。（07824）

「府君諱蟻字濟之，清河人……曾祖異……祖從……父安潛……。乾寧四
年終于華州官舍……以乾寧五年合葬于河南府壽安縣甘泉鄉連里村祔于先
塋，禮也。」（陶齋藏石記卷 36）

4. 清河崔氏南祖琰支

新唐書卷七十二下宰相世系表二下，崔氏條南祖房繼載：

伯基八世孫密。密二子：覇、琰。覇曾孫遵。琰字季珪，魏尚書。生諒，字士
文。生遇。遇生瑜。瑜生逞，字叔祖。逞生禕。禕四世孫溉。

清河南祖崔琰之後有傳者如下：

崔義元，子神基、神慶，「貝州武城人……神慶子琳等皆至大官……東都私第
門，琳與弟太子詹事珪、光祿卿瑤俱列棨戟，時號三戟崔家。（合鈔 128）

大唐故崔使君之墓誌：

「公諱貴仁……魏尚書之胄胤也，……祖逸……。垂拱二年卒於神都洛陽
縣都會鄉之私第，嗣子元慶……。以垂拱三年合葬於北邙山之曲，禮也。」
（芒洛冢墓遺文續編卷中）

5. 清河崔氏清河大房

新唐書卷七十二下宰相世系表二下，崔氏條繼載：

清河大房：逞少子諲，宋青、冀二州刺史。生靈和，宋員外散騎常侍。生後魏
贈清河太守宗伯。生休、寅。休號大房。

清河大房有傳碑者，如下：

崔龜從，「清河人。」（合鈔卷 227）

故朝議郎行太原府文水縣主簿上柱國崔府君墓誌銘（17826）

「清河崔府君諱冰，武城人也。曾祖濟……祖元異……父法言……。天寶七載終於洛陽之私第……以其載權厝于河南府河南縣平樂鄉。」

大唐故嶺南觀察支使試大理評事崔君墓誌銘：

「君名恕，字敏從。父千里……祖徵……曾祖隱甫……其先清河東武城人……君以丙辰歲生……甲辰歲終……夫人（鉅鹿魏氏）哀奉君之裳帷，遠自嶺徼，歸于東周河南縣平樂鄉杜郭里，歸祔于先塋，禮也」（芒洛冢墓遺文卷中）

崔少尹夫人盧氏墓誌銘：

「府君諱徵，從先大夫於於北邙山平樂原……二孤溉、泳……。」(全唐文卷 785)

陸渾尉崔君墓誌銘：

「崔君名泳字君易，清河東武城人……隱甫之孫……微之子……貞元四年卒于洛陽毓德里之第，丁酉從先尚書、少尹於此邱，禮也。……銘詞曰：……嗟我哲人，修邙之土。」（全唐文卷 785）

唐故處州刺史崔公後夫人竇氏墓誌并銘（07981）

「竇氏之先，北部貴族……夫人元和十二年薨于漢中……窆于洛城北邙山之原，禮也。」（前氏盧氏子：勝、澧。）

6.清河崔氏清河小房

新唐書卷七十二下宰相世系表二下，崔氏條繼載：

清河小房：寅字敬禮，後禮太子舍人、樂安郡守。生長謙，給事中、青州刺史，生子令、公華。

清河小房崔氏有傳，碑者，如下：

崔邠、弟酆、鄯、鄲，「清河武城人。祖結，父陲。」（合鈔卷 206）

崔羣、弟子登、子充，「清河武城人，山東著姓。」（合鈔卷 210）

崔彥昭，「清河人。父豈（新書作玘）。」（合鈔卷 229）

故朝散大夫檢校尚書吏部郎中兼御史中丞賜紫金魚袋清河縣開國男贈大師崔公墓誌銘：

「太師諱陲字平仲，清河東武城人。……貞元七年……卒於官……明年返葬於成周之偃師，從世墓也。夫人隴西李氏……元和八年捐館，是歲合祔。」（全唐文卷 610、偃師金石記卷二、寶刻類編卷四，同）

唐故河南府河南縣主簿崔公墓誌銘（08116）

「貞元十四年……崔公卒于東都福先之佛寺，明年……葬于洛陽縣平陰鄉陶村先塋之東南一百八十步，前夫人滎陽鄭氏祔焉，禮也。公諱程，字孝式，清河東武城人。祖湛，父朝。」（芒洛冢墓遺文卷中，陶齋藏石記卷28）

唐故懷州錄事參軍清河崔府君故夫人滎陽鄭氏合祔墓誌銘：

「公諱稃字嘉成，清河東武城人也。曾祖祥泰……祖湛……元和十二年終于懷州之官舍……前夫人滎陽鄭氏……以貞元二十年終于陝州垣縣……。其年葬於河南府洛陽縣平陰鄉之先塋之側，前夫人鄭氏祔焉。」（芒洛冢墓遺文卷中）

唐故朝散大夫永州刺史崔公墓誌：

「維元和五年……薨於位……殯於路寢……遷神於舟……歸葬於某縣某原，祔於皇考吏部侍郎贈戶部尚書府君之墓，尙書諱漪……尙書之先曰子美……。銘曰：清河濬源，遠哉沄沄……葬我公於洛之會……。」（全唐文卷 589）

唐秘書省校書郎崔隋妻趙氏墓誌（18021）

「會昌六年……清河崔隋妻趙氏夫人終于上都常樂里之第……其年夫與長男肅護其櫬歸于東都，葬北邙從崔氏之先塋，禮也。」

唐故中書舍人清河崔公墓誌銘（01220, 16594）[48]

「公諱詹字順之，其先清河東武城人也。曾祖稱……祖植……父承弼……。天祐四年……奄然于綏福里之私第……其先歸祔于洛陽縣陶村里。」（芒洛冢墓遺文四編卷六）

48. 此碑或云後唐立，見岑仲勉貞石證史崔詹墓誌後唐立條，集刊第八本第四分。

①清河崔氏鄭州房
②清河崔氏許州鄢陵房
③清河崔氏南祖君實支
④清河崔氏南祖段支
⑤清河崔氏清河大房
⑥清河崔氏清河小房
⑦清河崔氏青州房

7.清河崔氏青州房

新唐書卷七十二下宰相世系表二下，崔氏條繼載：

> 清河青州房：琰生欽。欽生京。京孫瓊，慕容垂車騎屬。生輯，宋泰山太守，
> 徙居青州，號青州房。輯生修之、目連。

崔信明，子多曰，「青州益都人也，後魏七兵尚書光伯曾孫也，祖滔北海郡
> 守。」（合鈔文苑傳卷 249）

太子少師崔公墓誌銘，唐贈太子少師崔公神道碑略同：

> 「少師諱景晊，清河東武城人也……貞固公之考也……（開元三年）終于
> 官舍……權厝於邙山元元廟西北原……夫人榮陽鄭氏……終于京兆崇賢
> 里，權殯於長安東南杜陵原……大歷四年……奉先少師夫人之裳帷合祔於
> 河南北邙山某原，禮也。」（全唐文卷 321 及卷 318）

崔評事墓誌銘：

> 「君諱翰字叔清，博陵安平人。曾大父知道，仕至大理司直；大父元同，
> 爲刑部侍郎出刺徐相州；父倚……。貞元十五年終於家……其妻與其子以
> 君之喪，旋葬於汝州，其二月某日邌葬於某縣某鄉某原……。」（全唐文
> 卷 566)

按新唐書宰相世系表，崔知道至崔翰皆列入清河青州房。

第二節　博　陵　崔　氏

新唐書卷七十二下宰相世系表二下，博陵崔氏條：

> 博陵安平崔氏：仲牟生融。融生石。石生廓，字少通，生寂。寂生欽。欽生
> 朝，漢侍御史。生舒，漢四郡太守。二子：發、篆。篆，郡文學，生毅。毅生
> 駰，字亭伯，長岑長。二子：盤、寔。盤生烈，後漢太尉、城門校尉。生鈞，
> 字州平，西河太守。十世孫昂。

1.博陵崔氏安平房

博陵安平房有傳、碑者，有：

> 崔仁師、孫湜、湜弟液、液子論、液弟滌，「定州安喜人。」（合鈔卷 125）

故永州刺史崔君流配曨州權厝誌：

「博陵崔君……出刺連永兩州，未至永，而連入愬君，御史按章具獄，坐
流驪州，幼弟訟諸朝，天子黜連帥、罷御史小吏，咸死，投之荒外，而君
不克復。元和七年卒。孤處道洎守訥奉君之喪，踰海水，不幸遇暴風，二
孤溺死……柩至於永州……草葬於社壇之北……夫人河東柳氏……先崔君
十年卒，其葬在長安東南少陵北。君以窶沒家，又有海禍，力不克祔，三
年將復故葬也，徙誌其一二大者，云：鯢爲祖，煜爲父；世文儒，積彌
厚；簡其名，子敬字。五十增以二，葬湘潀非其地，後三年，辭當備。」
（全唐文卷 589）。查世系表安平房有崔簡者，連州刺史，祖鯢，皆與碑
合，唯父名暈。

2.博陵崔氏大房伯謙支

新唐書卷七十二下宰相世系表二下，博陵崔氏條繼載：

大房崔氏：駰少子寔，字子眞，後漢尙書，生皓，皓生質。質生讚。讚生洪，
字良夫，晉大司農。生廓。廓生遄。遄生懿，字世茂。五子：連、琨、格、
邈、殊，又三子：怡、豹、偘爲一房，號「六房」[49]。連字景邁，鉅鹿令，號
「大房」。生郡功曹綽。二子：標、鑒。標字洛祖，行博陵太守。生後魏鎭南
長史廣，字仲慶。生元猷，元猷生當。（當子伯謙、仲讓）

鑒字神具，後魏東徐州刺史、安平康侯。三子、含、秉德、翌。秉德，驃騎大
將軍，謚曰：靖穆。子忻、君哲、仲哲。

崔行功，「恆州井陘人，北齊鉅鹿太守伯讓曾孫也，自博陵徙家焉。」（合鈔
卷 249）

崔元暐、弟昇、子璩，「博陵安平人也，父行謹……叔父秘書監行功。」（合
鈔卷 142）

---

49. 唐朝請大夫唐州長史兼監察御史彭城劉公故夫人崔氏墓誌銘幷序
「夫人博陵崔氏……懿爲燕秘書丞生八子，分爲六房，姨卽第五房魏本郡功曹景異之後」（湖北金石志卷
六）（襄陽冢墓遺文）
古今姓氏書辯證卷五崔氏條：「……五子：連、琨、格、邈、殊，五房；又燕主賜王氏，生怡、豹、偘，
同爲一房，因號六房崔氏。」
姓纂卷三崔氏條：「連作遭」。

唐崔愃碑：「愃字行謹，博陵安平人。其孫曄，字元暐，神龍中爲中書令，封博陵郡王，追贈愃幽州刺史，碑以開元三年立，碑出博州，寶刻叢編卷六引集古類目。

崔渙、子縱、縱孫碣，「祖元暐，父璵。」（合鈔卷 159），又：

相國崔公墓誌銘：

　　「皇唐相國博陵公姓崔氏、諱渙……大歷三年薨于道州刺史之寢，明年歸
　　祔于洛陽北邙山。」（全唐文卷 784）

崔損，「博陵人，高祖行功以後名位卑替……。」（合鈔卷 187）

崔戎、子雍，「高伯祖行功……祖嬰……父貞固……。」（合鈔卷 213）

崔太常長女墓誌銘：

　　「以貞元七年夭於東都……兄元方哀奉尚書從先相國於北邙，以長女祔於
　　尚書之側……。」（全唐文卷 785）查世系表崔女乃縱之女、渙之孫女，
　　屬大房。（高祖玄暐、相武后中宗）

3. 博陵崔氏大房仲讓支

崔無詖，「京兆長安人也，本博陵舊族。父從禮，中宗韋庶人之舅……。」
（合鈔卷 244 忠義傳）。世系表載從禮爲無詖之從叔。無詖死於安史之亂。

＊　博陵崔氏大房鑒支

崔元略、子鉉、鉉子沆、元略弟元受、元成，「博陵人。祖渾之，父敖（新書
名敬，誤）」（合鈔卷 214）遷移資料不詳。

4. 博陵崔氏第二房楷支[50]

新唐書卷七十二下宰相世系表二下，博陵崔氏條繼載：

　　第二房崔氏：琨字景龍，饒陽令，行本郡太守。二子：經、鬱。經生辯，字神
　　通，後魏武邑太守，饒陽侯，諡曰恭。二子：逸、楷。

博陵第二房崔經之孫崔楷，是這一房的二大盛支之一，其人物見於傳、碑者有：

---

50. 古今姓氏書辯證卷五崔氏條末：「賜姓。西魏後周汲郡公崔宣猷（孝芬之子）、武城公崔士謙（楷之子）並姓宇文氏，安平公崔說亦然。宣猷曾孫敦，士謙孫礓，說玄孫河，並復本姓。」故這幾支遷徙關中較早。

崔器，「深州安平人也。」（合鈔卷 166）

崔祐甫，子植，從子俊，「祖旺、父沔。」（合鈔卷 170）

崔沔，「京兆長安人。周隴州刺史士約玄孫也，自博陵徙關中，世為著姓，父愷。」（合鈔卷 245 孝友傳）

大唐故奉義郎行洪州高安縣令護軍崔府君夫人河南獨孤氏墓誌銘：（05918）

「先舅諱大方，海州刺史……夫人以天寶二年……卒於長安縣嘉會里之私第……今且於府君塋西北一百五十步得地……權安厝於長安縣義陽鄉義陽鄉原，禮也。」（陶齋藏石記卷 24）

有唐贈太子少保崔公墓誌銘：

「公諱俊……父儀甫……祖濤……。長慶三年薨於洛陽時邕里……。」（全唐文卷 654）

本碑葬地不詳。

崔漢衡，「博陵人。」（合鈔卷 173）

崔珙、兄琯、弟瑤、璪、璵、球、子涓、璵子澹、澹子遠，「博陵安平人。祖懿、父頎。」（合鈔卷 228）

5.博陵崔氏第二房孝芬支

博陵第二房「崔鬱，後魏濮陽太守，生挺」（世系表），是這一房的另一盛支，挺子孝芬，這一分支有傳碑者僅得崔敦禮一人：

崔敦禮，「雍州咸陽人。隋禮部尚書仲方孫也。其先本居博陵，世為山東著姓，魏末徙關中。」（合鈔卷 132），又：

太子少師中書令開府儀同三司幷州都督上柱國固安昭公崔敦禮碑：

「公諱敦禮……顯慶元年薨於□陽里第……陪葬昭陵……以其年窆於昭陵之南安鄉平美里。」（全唐文卷 145、金石續編卷 4、寶刻叢編卷九引集古錄目）

6.博陵崔氏第二房孝暐支

博陵第二房崔挺次子孝暐，其子孫見於傳、碑者較多：

崔造，「博陵安平人……僑居上元。」（合鈔 181）

洪州建昌縣丞崔公墓誌銘：

> 「君諱遜，博陵安平人也……父昇之（弟造、述）……貞元十年卒於其家……明年歸祔於河南東原之舊塋。」（全唐文卷 503）

唐故相國右庶子崔公夫人河東縣君柳氏祔葬墓誌銘：

> 「貞元十有一年……夫人終命於京師安仁里……以十月返祔河南某原，安平公之舊封，禮也。」（全唐文卷 504）碑文內子懿伯，則安平公乃崔造也。

唐故給事郎使持節房州諸軍事守房州刺史賜緋魚袋崔公墓誌銘：

> 「公諱述，博陵安平人……父昇之……貞元十七年感疾捐館舍……以多祔葬於東都某原，禮也。」（全唐文卷 503）

崔宏禮，「博陵人……父孚。」（合鈔卷 214）

唐故湖州長城縣令贈戶部侍郎博陵崔府君神道碑銘：

> 「公諱孚……博陵人也……祖預、父育……興元元年疾歿於宋。太和五年遷葬於洛。」（全唐文卷 678）

唐故東都留守東都畿汝州都防禦使銀青光祿大夫檢校尚書左僕射判東都尚書省事兼御史大夫上柱國贈司空崔公墓誌銘 (13813, 14498)

> 「公諱弘禮字從周，博陵人也。曾祖預……祖育……父孚……。太和五年葬於東都洛陽縣郭村北邙原，祔于先塋也，」（太和四年卒于位，寶刻類編卷四，略同）

7. 博陵崔氏第三房

新唐書卷七十二下宰相世系表二下，博陵崔氏條繼載：

第三房崔氏：格二子，蕃、穎。蕃生天護。穎八世孫不疑，左補闕。

博陵崔氏第三房見於傳碑者有：

唐故瀛州河間縣丞崔君神道碑：

> 「君諱漪，博陵安平人……祖世立……父抗……。（君）垂拱元年奉使上都，遘疾，終於時邕里之旅館……。夫人河東裴氏……卒於鄭……。長安

①博陵崔氏安平房
②博陵崔氏大房伯謙支
③博陵崔氏大房仲讓支
④博陵崔氏第二房楷文
⑤博陵崔氏第二房孝芬支
⑥博陵崔氏第二房孝暐支
⑦博陵崔氏第三房
⑧博陵崔氏第三房玄亮支

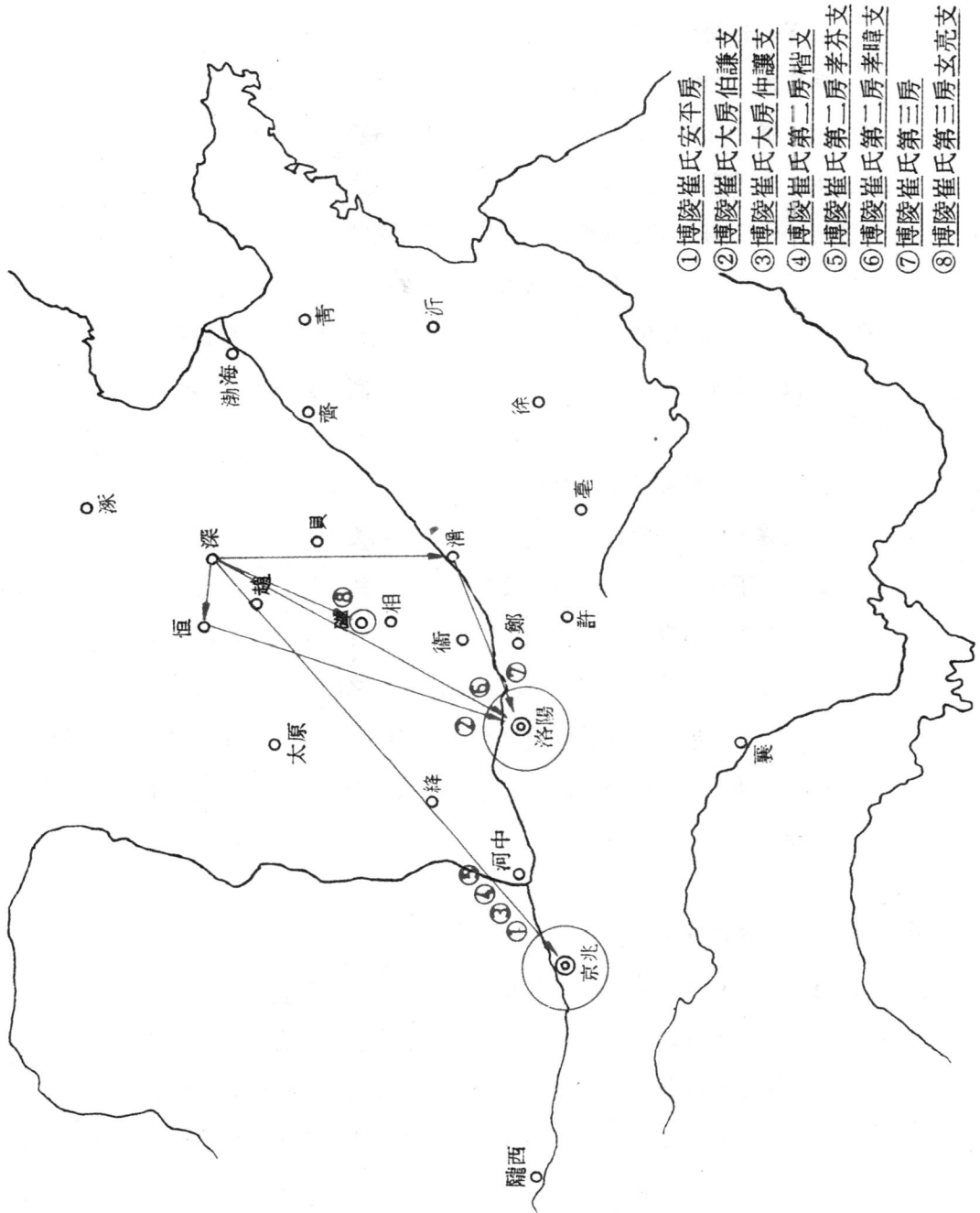

三年合葬於金谷鄉邙山之陽，禮也。」（全唐文卷 229），漪子日用相睿
宗玄宗，有傳。

崔日用，從兄日知，「滑州靈昌人。其先自博陵徙家焉。」（合鈔卷 150）

崔元翰，「博陵人。父良佐……隱共北白鹿山之陽……。」（合鈔卷 188）

崔光遠，祖敬嗣，「滑州靈昌人也，本博陵舊望……。」（合鈔卷 162）

8.博陵崔氏第三房玄亮支

崔元亮，「山東磁州昭義人……。（新唐書：遺言山東士人利便近，皆葬兩都，
　　吾族未嘗遷，當歸葬澄陽，正首邱之義，諸子如命）。」（合鈔卷 216），
又按：

唐故虢州刺史贈禮部尚書崔公墓誌銘：

「公諱元亮……博陵人……曾祖悅……祖光廸……父抗……。公濟源有
田，洛下有宅。太和七年薨於虢州廨舍。遺誡諸子：『自天寶以還，山東
士人皆改葬西京，利於便近，唯吾一族至今不遷，我歿宜歸全於澄陽先
塋，正首邱之義也。』……以九年用大葬之禮，歸窆於磁州昭義縣磁邑鄉
北原。遷（范陽）盧夫人而合祔焉，遵理命也。公之丁少師（父）憂也，
退居高郵，其地卑濕，泣血臥苫者三載，因病痺其兩股焉。」（全唐文卷
679）

第三節　范陽盧氏

新唐書卷七十三上宰相世系表三上，盧氏條：

盧氏出自姜姓。齊文公子高，高孫傒為齊正卿，諡曰敬仲，食采於盧，濟北盧
縣是也，其後因以為氏。田和篡齊，盧氏散居燕、秦之間。秦有博士敖、子孫
家于涿水之上，遂為范陽涿人。裔孫植，字子幹，漢北中郎將。生毓，字子
象，魏司空、容城成侯。三子：欽、簡、珽。欽，晉尚書僕射。珽字子笏，晉
侍中尚書、廣燕穆子。三子：浮、皓、志。志字子道，晉中書監、衛尉卿。三
子：諶、謐、詵。諶字子諒，晉侍中、中書監。五子：勗、瀺、融、偃、徵。
勗居巷南，號「南祖」。偃居北，號「北祖」。偃仕慕容氏，營丘太守。二子：
邈、闡。邈，范陽太守。生玄，字子眞，後魏中書侍郎、固安宣侯。二子：

巡、度世。度世字子遷，青州刺史固安惠侯。四子：陽烏、敏、昶、尚之，號
「四房盧氏」。[51]

有唐一代，在正史與墓誌拓片出現的盧氏，大都屬於「四房盧氏」。

出於大房陽烏後裔者，有：

1.范陽盧氏（大房）陽烏房道將支

盧粲，「幽州范陽……陽烏五代孫……景龍二年給事中。」（合鈔卷 247）

大唐故通議大夫鄂州刺史上柱國盧府君夫人清河郡君墓誌銘並序(13605, 13918)

「夫人清河郡縣人……嬪盧氏……開元廿六年終於河南府溫柔里第……廿
七年合祔于河南府邙山之南原……有子巎、昂、炅等……。」

潤州丹陽縣丞盧君墓誌銘

「君諱峴、范陽人。曾祖宏壽……祖友裕……父相……。大歷九年終於官
舍……以關河不靖，未克歸祔，遂權厝於縣之北原焉。」（全唐文卷 503）

□□大夫行太子庶子分司東都上柱國范陽盧府君墓誌銘

「范陽郡人也……皇朝尚書刑部員外郎諱莊道……祖諱炅宣城縣令，贈太
子左庶子□□大夫……（碑主）以大中九年歸全於□□□□里之私第……
其明年……先府君之塋，禮也……。」（中州金石記題作范瑒某君，蓋未
審其為盧姓也，今為按格細審其歷官及年壽卒葬之期，尚可得其大略。案
唐書宰相世系表盧氏大房有莊道刑部員外郎，莊道之曾孫曰炅大理主簿，
與誌載先世銜名悉合。表云炅之孫曰平陸尉銳，大理評事銖，睦州刺史
鋼，太子太師鈞，左庶子鐺，檢校比部郎中庚，凡六人。誌謂炅為盧君之
祖，則君堂是六孫中之一人，其題銜為左庶子，與表載盧鐺官同，今定為
鐺誌（偃師金石記卷二、略同）

古誌石華卷二十，謂：「是誌在偃師縣，殘缺過甚。」

盧鈞，「本范陽人，徙京兆藍田……元和四年進士」。（合鈔卷 228）按鈞與
鐺為兄弟，鐺葬偃師，鈞新貫藍田的可能性不大。合鈔採自新唐書，不言
京兆藍田人，恐係寓所。

---

51. 岑仲勉元和姓纂四校記，卷三，頁 233，盧條略同。

2.范陽盧氏（大房）陽烏房道亮支

齊黃門侍郎盧思道碑

　　「范陽盧公諱思道，字子行，涿州人也。……侍中陽烏徵君之子……開皇
六年終於長安，反葬故里。」（全唐文卷 227）

盧承慶、承業、承泰、齊卿，「幽州范陽人」（合鈔卷 132）

唐故銀青光祿大夫行揚州大都督府長史魏縣子盧公墓誌銘（17251）

　　「公諱承業字子繪，范陽人也。曾祖道亮……祖思道……父赤松……。咸
亨二年薨於官舍……以三年葬於河南平樂鄉邙山之原。」（滿洲金石志別
錄卷下）

大唐故左屯衛將軍盧公君（玠）墓誌銘：

　　「……景雲元年……終于東都官舍。……以明年四月歸葬于洛陽河陰之舊
塋，禮也。」（滿洲金石志別錄卷下考證：玠之父爲承業。）

盧藏用、若虛，「幽州范陽人」（合鈔卷 145）

3.范陽盧氏（大房）陽烏房道慶支

唐故中大夫□□國□州刺史盧府君（正道）神道碑：（03743）

　　「……開元十四年……東都依仁里私第……開元十□年……厝□□安山□
先塋之□禮□。（萬安山，在洛陽許家營）」（金石萃編卷85）。父安壽、
祖寶素，按世系表二上，屬於大房盧氏。（全唐文卷 265，略同）

陝虢觀察使盧公墓誌銘

　　「貞元四年，范陽盧公……疾於位，優詔得謝家東都履信里，秋終於其
寢，多歸於此堂，禮也。萬安之腹，因山而封，嵩邱伊流，環帶捧抱，龜
筮叶吉，神宅是宜。府君諱嶽字周翰……祖正紀……父抗……」（全唐文
卷 784）

唐故給事郎守永州司馬賜緋魚袋范陽盧府君（嶠）墓誌銘：（08156）

　　「……貞元七年……終於澧州仙丘里之私第，享年七十六。夫人清河崔氏
奉公之喪歸葬河洛。明年……宅神於河南縣萬安山之南原，禮也。」（陶
齋藏石記卷 27）。嶠之顯祖爲安壽，亦爲大房盧氏。

唐故永州盧司馬夫人崔氏墓誌銘（08147）

「嶠……疾歿澧陽，夫人護喪事携幼孫遠涉江漢，歸葬河南縣萬安山陽之
大塋……貞元九年……終於洛陽履信里之同第……斯年……遷祔於府君之
塋，得同穴之禮也。」（陶齋藏石記卷 27）

故河南府司錄參軍盧君墓誌銘（08587）

「君諱士瓊字德卿，范陽人。世爲甲姓，祠部郎中融之長子……。皆祔葬
於祠部塋東北。」（全唐文卷 639）

*　范陽盧氏（大房）陽烏房道舒支

盧翬，「范陽人」（合鈔卷 191）遷移資料不詳。

4.范陽盧氏第二房

出於第二房敏後裔者，有：

隋故長陵縣令盧君墓誌銘

「君諱文構字子康，涿郡涿人也……王父義僖儀同孝簡公……考懃之贈鄆
州刺史……。開皇十八年終於曹州寃句縣廨……仁壽元年葬於本郡西北。」
（漢魏南北朝墓誌集釋 403）集釋稱：涿縣又出文構夫人李月相墓誌，今
同歸北京圖書館，「以大業十四年終於東都。唐武德八年合葬於幽州范陽
縣永福鄉安陽府君之墓」）世系表卷七十三上屬第二房敏之曾孫。

故盧君墓誌銘

「君諱文機，字子辯，涿郡涿縣人也……祖義禧魏儀同孝簡公……父懃之齊
鄆州使君……。周建德七年終於鄴……仁壽元年反葬於涿縣西北廿里。」
（漢魏南北朝墓誌集釋 404）文構之弟。

盧履冰，「幽州范陽人（開元人物）」（合鈔卷 248）

太子賓客盧君墓誌銘

「故太子賓客盧正己……曾祖君寬……父履冰……。追贈之年（大歷五年）
薨於東都循善里之私第……權厝於新安縣龍潤原，近先塋也。」（全唐文
卷420）（在河南府）

盧慈，「幽州范陽人……貞元二年卒」（合鈔卷 177）

河南府法曹參軍盧府君夫人苗氏墓誌銘。

　　「嫁河南法曹盧府君諱貽……貞元十九年卒於東都敦化里……其年祔於法
　　曹府君墓在洛陽龍門山。」（全唐文卷 564）

處士盧君墓誌銘：

　　處士諱於陵，其先范陽人。父貽爲河南法曹參軍……。元和二年疾年……
　　其年其弟渾以家有無葬，以車一乘於龍門山先人兆。」（全唐文卷 564）

唐故滑州司法參軍范陽盧君墓誌銘：　（13139）

　　「范陽盧初，字子端……曾祖獻……祖翊……父晏……大曆乙卯歲卒……
　　大和三年自楚州啟護歸祔於河南縣金谷鄉焦古村，依澧州伯父之兆域……
　　去尹村大塋五里。」

劍南東川節度推官殿中侍御史內供奉盧公夫人崔氏墓誌銘並序　（08030）

　　「夫人淸河貝人也……歸我仲兄殿中侍御史瑤……元和五年遘疾於潭州官
　　舍……元和七年歸葬於東都邙山之北原，祔先塋也。」盧頊撰。

盧商、知遠、知微、知宗、僧朗、羨，「范陽人」（合鈔卷 227）商相宣宗。

　　盧邁，「范陽人……邁從父弟迅爲劍南西川判官，卒於成都，歸葬於洛
　　陽，路由京師，邁奏請至城東哭於其柩，許之。近代（大中時代）宰臣多
　　自以爲崇重三服之親，或不過從而弔臨，而邁獨振薄俗，請臨弟喪，士君
　　子是之。」（合鈔卷 187。全唐文卷 507 盧公（邁）行狀，略同）

故太子太師致仕盧公神道碑：

　　「公諱渥，字子章，范陽人。天祐二年薨子長壽佛宇……以其年祔葬於緱
　　氏某鄉某里，禮也。」（全唐文卷 809）

5.范陽盧氏第三房士熙支

出於第三房昶裔士熙支者有：

　　盧懷愼、奐，「滑州靈昌人，其先家在范陽，爲山東著姓。（武后玄宗時人
　　物）。」（合鈔卷 147）世系表北齊彭城太守士熙之曾孫也。

黃門監盧懷愼碑：「蘇逖撰，八分書。開元八年立洛。」（寶刻類編卷一）

盧杞、元輔，「杞，懷愼之孫也（肅、代時人物）。」（合鈔 186）

盧奕，「懷慎少子也……奕留臺東都，又分知東都武部選事。十四載安祿山犯

東都，人吏奔散，奕在臺獨居，爲賊所執，與李憕同見害。」（合鈔卷244）

盧景亮、「幽州范陽人（元和初卒）」（合鈔卷 251）

6.范陽盧氏第三房士澈支

出於第三房昶裔士澈支者有：

盧從愿，「相州臨漳人，魏昶六代孫也。自范陽徙家焉。世爲山東著姓。（開

元時代人物），（合鈔卷 151）世系表徐州別駕士澈之玄孫也。

7.范陽盧氏第四房文翼支

出於第四房尚之裔文翼支者有：

舒州望江縣丞盧公墓誌銘：

「范陽盧君諱同。彝倫之孫……。天寶元年終於尉氏私館，是歲權窆於潁

川之許昌里。……大歷七年祔先大夫於陽翟之某原，禮也。」（全唐文卷

521）

考功員外盧君墓誌：

「范陽盧君東美……子暢孫立。……妻墓在河南緱氏縣梁國之原。其年元

和二年」（全唐文卷 560）

盧坦，「河南洛陽人。其先自范陽徙焉。（元和十二年卒）」（合鈔卷 204）

唐故劍南東川節度副大使知節度事管內支度管田觀察處置等使正議大夫持節梓

州諸軍事守梓州刺史兼御史大夫護軍賜紫金魚袋贈禮禮尚書盧公神道碑銘

（07952，17942）

「盧公諱坦字保衡，涿郡范陽人也，代爲北州冠族。曾祖審經……祖河童

……父欒……。元和十二年薨於位。明年祔葬於東都穀水之陽先封，禮

也。」（全唐文卷 497）

8.范陽盧比第四房文甫支

出於第四房尚之裔文甫支者有：

盧簡辭、簡能、宏正、簡求、知猷、貽殷、元禧、虔灌、嗣業、汝弼、文紀，

「范陽人，後徙家於蒲（元和至會昌時人物）」（合鈔卷 214）。

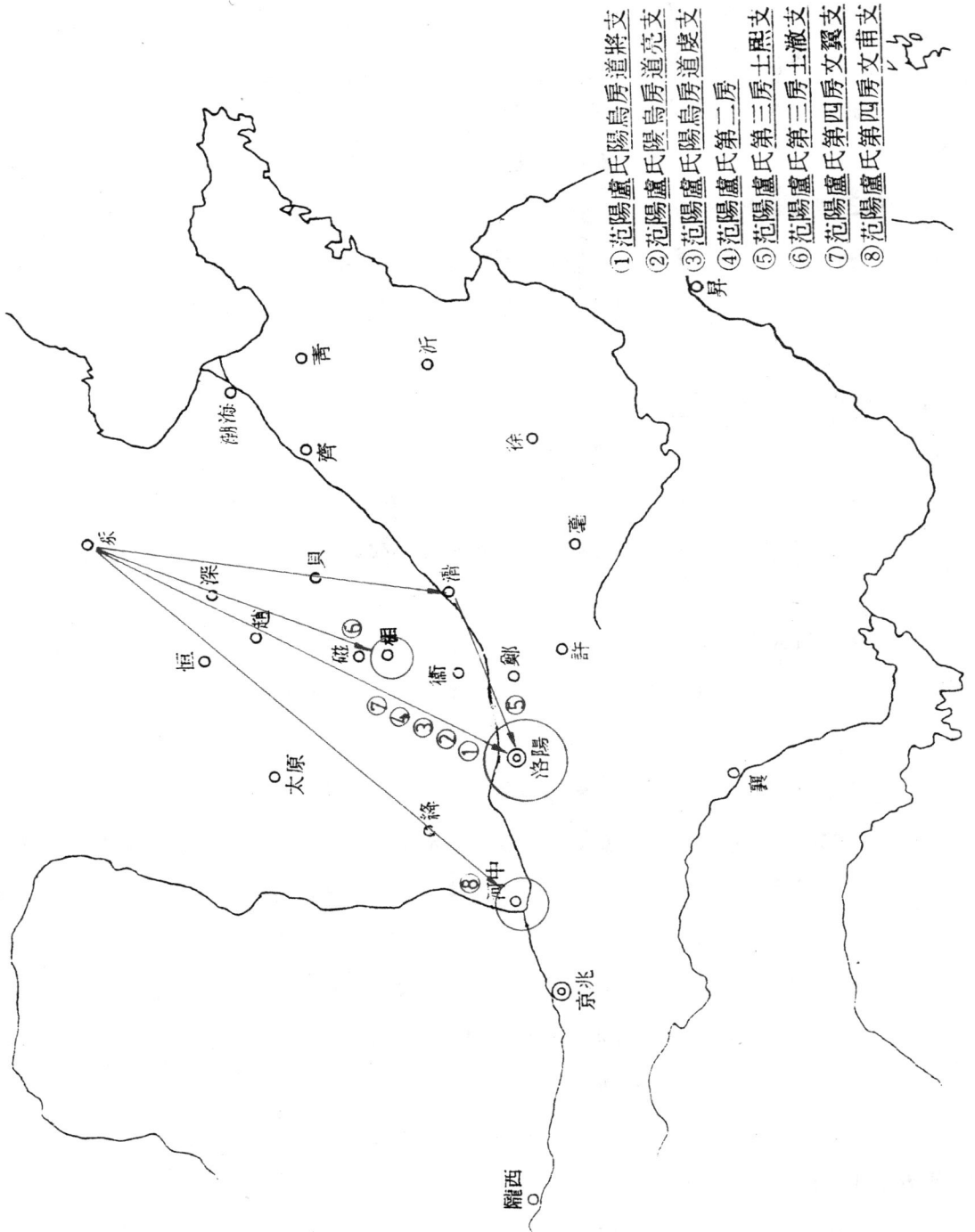

①范陽盧氏陽烏房烏道道將支
②范陽盧氏陽烏房烏陽道充支
③范陽盧氏陽烏房烏道道崚支
④范陽歷氏陽烏房第二房
⑤范陽盧氏第三房土熙支
⑥范陽盧氏第三房土徹支
⑦范陽盧氏第四房文翼支
⑧范陽盧氏第四房文甫支

第四節　隴西李氏

新唐書卷七十二上宰相世系表二上，隴西李氏姑臧大房條：[52]

姑臧大房出自興聖皇帝第八子翻，字士舉，東晉祁連、酒泉、晉昌太守。三
子：寶，懷達、抗。抗，東萊太守。生思穆，字叔仁，後魏營州刺史、樂平宣
惠伯。生奬，字道休，北齊魏尹、廣平侯。生瓌，黃門郎。生斌，散騎侍郎，
襲樂平伯。寶七子：承、茂、輔、佐、公業、沖、仁宗。承號姑臧房。

1.隴西李比姑臧大房蕤支

承子蕤，有墓誌銘：

魏故假節龍驤將軍豫州刺史李簡子墓誌銘

「君諱蕤字延賓。隴西郡狄道縣都鄉和風里人也。……正始二年薨於洛陽
之城東里……其年窆於覆舟之北原，祔葬季父司空文穆公神塋之左……」

（漢魏南北朝墓誌集釋205，集釋：文穆公卽李沖。李寶傳：「蕤長子詠，
字義興，詠次弟義愼，第三弟義眞，第四弟義遠，第七弟義邕。」世系表
卷七十二上李氏條、「寶七子：承、茂、輔、佐、公業、沖、仁宗，承號
姑臧房。蕤乃承之子。」）正始乃北魏世宗宣武帝恪之年號。

2.隴西李氏姑臧大房彥支

承子彥，其裔有銘者如下：

大唐故李君墓誌銘：（17171，05359）

「君諱泰字友仁，隴西成紀人也……曾祖爽隋任洪州司戶……父亮隋任陳
州別駕……麟德二年終於私第……總章元年合葬於河南縣平樂鄉邙山之
原，禮也。」（芒洛冢墓遺文四編卷三）。世系表有李爽者，其時代與此
碑甚近，唯祖、父、及李泰名失載。

處州刺史李公墓誌銘：

「公姓李氏諱某，隴西成紀人也，字公受。……秦王府戶曹，公之大父，
水部郎中眉州刺史，公之烈考。……歸葬洛陽某原，禮也。」（全唐文卷
521），按世系表：李舟字公受，父岑水部郎中眉州刺史，祖乾昇秦府戶

曹參軍。

3. 隴西李氏姑臧大房鵠之支

承曾孫鵠之，其裔有傳、碑者如下：

　　李義琰、子巢、從弟義琛、義琛子緝，「魏州昌樂人。常州刺史元道族孫也。
　　其先自隴西徙山東，世爲著姓。父元德……。」（合鈔卷 132）

明州刺史李公墓誌銘

　　　　「大歷七年前明州刺史李公寢疾終於晉陵之無錫私館。公諱長，隴西狄道
　　　　人……曾祖義琛……祖緝……。反葬於萬安。」（全唐文卷 520）

4. 隴西李氏姑臧大房行之支

承曾孫行之，入唐以來有元道最著名，其裔有傳碑者如下：

　　李揆，「隴西成紀人而家於鄭州，代爲冠族。秦府學士給事中元道孫……成裕
　　之子。」（名鈔卷 177）

李逢吉，「隴西人。貞觀中學士李元道曾孫，祖顏、父歸期。」（合鈔卷 218）

李蔚、子渥，「隴西人。祖上公……父景素……。」（合鈔卷 229）

李拯，「字昌時，隴西人。」（合鈔卷 151 文苑傳下）

李巨川，「字下已，隴西人。國初十八學士道元之後，故相逢吉之姪曾孫，父
　　循。」（合鈔卷 251 文苑傳下）

贊善大夫李君墓誌銘：

　　　　「隴西成紀人也。曾祖元道……祖正基……父亨……。天寶十四載終於東
　　　　京崇政里之私第……大歷三年葬於偃師縣東姑臧公之塋次。」（全唐文卷
　　　　420）按世系表：此碑人名應爲李成性太子右贊善大夫。

5. 隴西李氏姑臧大房疑之支

承曾孫疑之，其裔有墓誌銘者如下：

　　大唐故李府君墓誌銘（01228，07872）

　　　　「公諱顒，隴西成紀人也……公卽姑臧公之房也，大王父諱瑤……王父諱
　　　　鎰……父重光……。乾符四年捐館於鄭州滎陽縣之別墅，卽以其年歸祔於
　　　　先塋之北，禮也。」（陶齋臧石記卷 35）

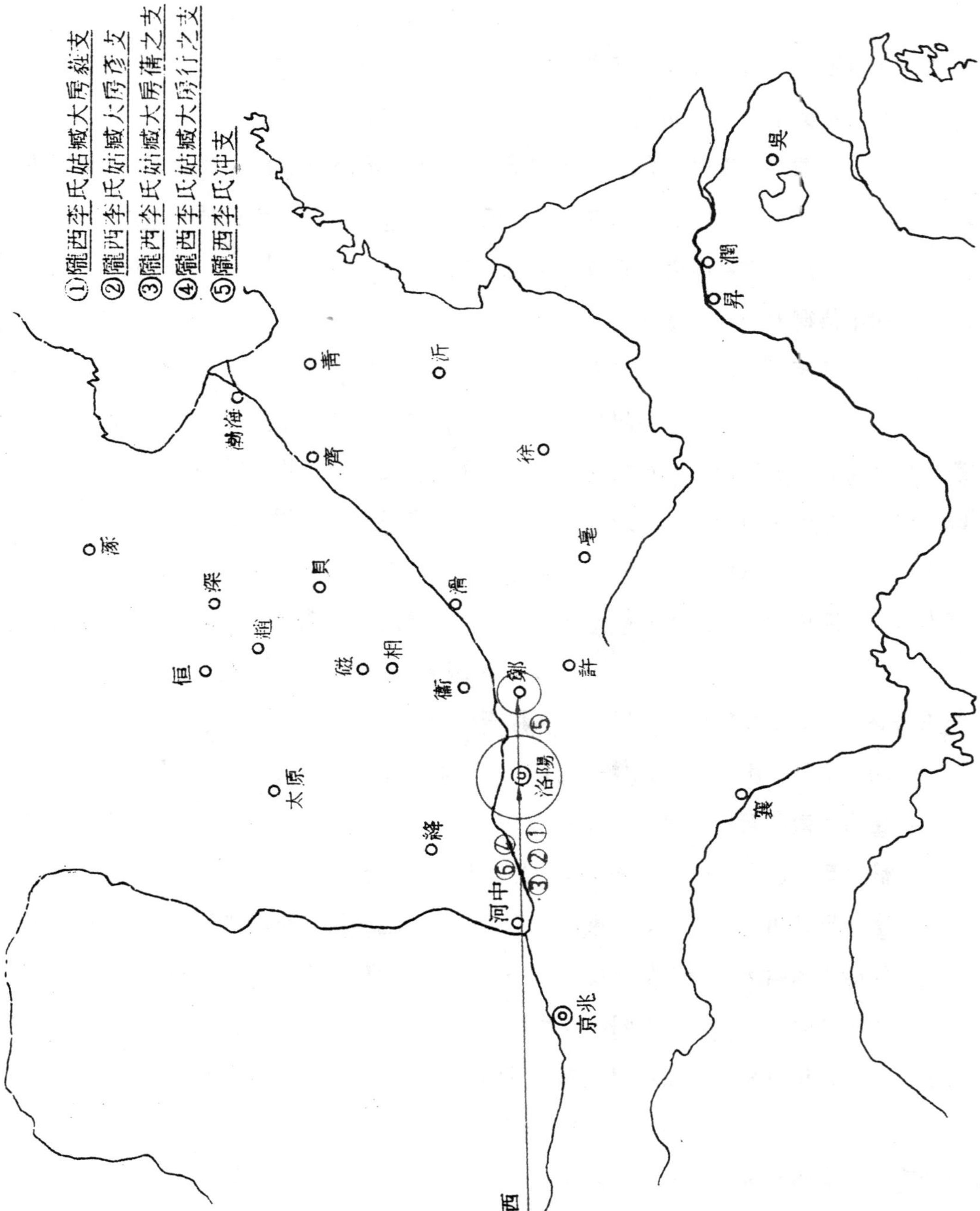
①隴西李氏姑臧大房蕤支
②隴西李氏姑臧大房彥支
③隴西李氏姑臧大房倩之支
④隴西李氏姑臧大房行之支
⑤隴西李氏沖支
隴西
京兆
河中
洛陽
鄭
許
絳
太原
衛
磁
相
趙
深
貝
滑
亳
徐
齊
青
沂
渤海
昇
潤
吳
襄

6. 隴西李氏冲支

承弟冲，貴顯于元魏，其裔有墓誌銘者如下：

長安主簿李君墓誌銘：

> 丨君諱少安字公和，隴西成紀人。自元魏僕射文穆公冲而下爲西州冠族
> ……曾祖仲進……祖僑……父愔……。元和三年不起於長安興化里第……
> 祔於東都潁陽縣之某原，禮也。」（全唐文卷 504）

殿中侍御史李君墓誌銘：

> 「李君名盧中，字常容，其十一世祖冲貴顯拓跋世，父惲…。元和八年卒
> ……其年葬河南洛陽縣，距其祖澠池令府君僑墓十里。」（全唐文卷 564）

新唐書宰相世系表隴西李氏條文之末載：「隴西李氏定著四房：其一曰武陽，二曰姑
臧，三曰燉煌，四曰丹楊。」燉煌房無宰相，故世系表缺該房之記載。「丹楊房與族
人寶入後魏，因居京兆山北。」「武陽房出自興聖皇帝第七子豫，其後爲武陽房。」
武陽房不知其原居住地是否在隴西成紀。本文上舉之例僅限於姑臧李氏。

第五節　趙郡李氏

新唐書卷七十二上宰相世系表二上，趙郡李氏條：

> 趙郡李氏，出自秦司徒曇次子璣，字伯衡，秦太傅。三子：雲、牧、齊。牧爲
> 趙相，封武安君，始居趙郡。……楷字雄方，晉司農丞、治書侍御史，避趙王
> 倫之難，徙居常山。五子：輯、晃、芬、勁、叡。叡子勗，兄弟居巷東；勁子
> 盛，兄弟居巷西。故叡爲東祖，芬與弟勁共爲西祖，輯與弟晃共爲南祖。自楷
> 徙居平棘南，通號平棘李氏。……晃字仲黃，鎮南府長史。生羲，字敬仲，燕
> 司空長史。生吉，字彥同，東宮舍人。生聰，字小時，尚書郎。二子眞、融。

有唐一代，在正史與墓誌拓片出現者，以南祖、東祖、西祖爲盛支。

1. 趙郡李氏南祖

出於南祖而有傳、碑者，屬於眞之後有：

李素立，從兄子遊道，「趙郡高邑人。」（合鈔 239）素立玄孫承。

楊州司馬李公墓誌銘：

> 「公諱幷，字某。趙郡高邑人也……東宮圖書亡逸，有司命公留北部蒐訪

焉……遘厲而終，享年六十六。廣德二年……長子規……奉迎裳帷於太

原，歸安洛汭，禮罔不備，某年月日窆於其原，禮也。」（全唐文卷 321）

李承，「趙郡高邑人。」（合鈔卷 166）承子藩。

李藩，「趙郡人。」（合鈔卷 199）

唐趙郡李氏幼子墓誌銘：

　　「趙郡李氏子小字侯七。壽州刺史府君諱規之季子，以貞元三年……逝於

　　宣州當塗縣……權厝於廬江之南郭祔先君之槥塋……至十三年丁丑，長兄

　　將順仲兄簡能自江淮奉先府君先夫人之喪歸河南府緱氏縣公路澗西原，祔

　　王考之兆域，因亦營護其襯陪列松檟，申友愛也。」（陶齋藏石記卷28）

趙郡李氏殤女墓石記：（08105）

　　「殤女李氏，趙郡高邑人也……貞元十七年……終於長安永寧里之旅舍，

　　以十二月三日窆於萬年縣高平鄉西焦村之南原，從權禮也。曾祖父諱畬

　　……祖諱承……父藩……侯于吉時歸葬于故國，祔我先塋之松柏。」（陶

　　齋藏石記卷 28）

李固言，「趙郡人。」（合鈔卷 224）

唐贈太尉李固言碑：「佚。金石錄：李珏撰，三從姪傳書，大中六年二月。」

（偃師金石記卷二）

2. 趙郡李氏南祖萬安支

世系表又云：「羲之後有萬安，自趙郡徙于管城。」這一房南祖有：

　　李日知，「鄭州滎陽人也。」（合鈔卷 245 孝友傳）按：管城屬鄭州。武后中

　　宗時人。

3. 趙郡李氏南祖善權支[53]

---

53. David Johnson 對善權支與趙郡李氏主支之關係有懷疑，見 "Last Years of a Great Clan: The Li
Family of Chao Chün in Late T'ang Early Sung"。但該支有三個宰相：敬玄、紳、元素，三個侍
郎：思冲、希言、籽，及五個刺史，卽令與主支不近，但亦可爲著支矣！又按古今姓氏書辯證卷二十一李
氏條：「南祖之後有善權，後魏譙郡太守，徙居譙，生延觀。徐梁二州刺史。延觀生稜，馬頭太守。稜生
顯達，隋潁州刺史。顯達生遷，德州刺史，遷生孝卿，毅州治中，三子：敬玄、忱、元素；敬玄相唐高
宗；忱生欽一；元素相武后。敬玄生思冲，工部侍郎。守一，成都郫令。守一生晤，金壇令。晤生紳，字
公垂，相武宗。所謂短李東祖也。」

世系表又云：「南祖之後有善權，後魏譙郡太守，徙居譙。」

李敬元，「亳州譙人也。」（合鈔卷 132）弟元素同。高宗武后時人。

李紳，「潤州無錫人，本山東著姓。高（新唐書曾祖）祖敬元。」（合鈔卷 224）[54]

唐故試太常寺奉禮郎趙郡李府君墓誌文（01588，01608，07992，17966）

　　「府君諱繼，字興嗣……元和四年（卒）于常州無錫縣寓居……奉歸於長安白鹿原，陪祔于父郫縣府君塋之後。」（八瓊室金石補正卷69，其考證謂：新唐書宰相世系表有李繼，官京兆參軍，時代官職均不相合，是別一人。又案史李紳傳字公垂，祖守一成都郫令，父晤歷金壇烏程晉陵三縣令，因家無錫。元和初登進士，釋褐國子助教，東歸，誌稱其父爲晉陵府君，紳繼之卒云無錫縣寓居，紳其葬云郫縣府君塋，其結銜云前守太學助教，悉與傳合，是撰文之李紳即武宗時相李紳也，世系表不載繼，可據誌補之。）

李紓，「禮部侍郎希言之子。」（合鈔卷 188）

4. 趙郡李氏東祖鸝房靈支

世系表又云：「東祖叡，字幼黃，高平太守、江陵寧公。生勗，字景賢，頓丘太守、大中正。生頤，字彥祖，高陽太守、武安公。四子：鸝、系、奉、曾。」

鸝房靈支有傳碑者，如下：

李知本，孫瑱，「趙郡元氏人。」（合鈔卷 245）

大唐故使持節亳州諸軍事亳州刺史李府君墓誌銘（13514）

　　「公諱懿字訥言，趙郡元氏人也。曾祖仲通……祖孝端……父知本……。歲次景午安厝于北邙山原之舊，禮也。」

5. 趙郡李氏東祖鸝房均支

鸝房均支有傳碑者，如下：

故果州長史李公碑銘：

　　「公諱仁瞻字某，趙郡房子人……父山壽……公大業中舉孝廉……卒于官

---

54. 李紳的資料又見全唐文卷 738 李紳傳：「李紳者，本趙人，徙家吳中。」及文苑英華卷 882。

……及喪至自蜀，而葬不歸趙，乃卜宅於許，封樹汝墳，子孫遂家，亦旣重代。」（全唐文卷 292）

故瀛州司戶參軍李府君碑銘：

「君諱元祐，字某，趙郡房子人也。祖山壽……父仁瞻……。某年卒于官舍……公家代尙儉，子孫是式，初先大人之喪也，清白以遺，而果無私積，高燥是營，而庶無餘慶，豈所謂不戀本達也，無懷土以重遷，不傷仁也，無困財以乏祀。夫趙之北際何必故鄉，許之東偏亦云樂國，故喪之歸也，遂窆於斯……。」（全唐文卷 292）

6. 趙郡李氏東祖系房

系房有傳碑者，如下：

李嶠，「趙州贊皇人。隋內史侍郎元操從曾孫也，代爲著姓。」（合鈔卷145）

唐故譙郡永城縣令趙郡李府君墓誌（07980）

「府君趙郡贊皇人也。諱崗……東祖……祖晉客……父貞簡……。夫人太原王氏……先府君而歿，權窆於河南府洛陽縣東三家店之左右前後，以俟難平遷于先塋。後盜賊奔潰，洛京反正，將議庇具，撰日備禮歸祔，至則他人之丘隴填焉，誠信莫申，是非攸失……元和十二年……自永城縣啓奠護歸東洛……以其年遂卜宅兆於洛陽縣平陰鄉三家店之西北原。冀迩夫人之居也……。銘曰：邙山之陽、平陰之鄉，府君宅焉……。」（芒洛冢墓遺文三編）

李絳、子璋，「趙郡贊皇人。父剛（新唐書世系表作崗）」（合鈔卷 215）

唐范陽盧夫人墓誌銘（18070）

「咸通二載夫人（盧氏）疾歿于上都永崇里所，從李氏之私第。明年歸葬于河南府洛陽縣平陰鄉成村祔于李氏之先塋……夫人歸李璋。璋，趙郡贊皇人，絳之季子。」

唐故河南府司錄參軍趙郡李府君墓誌銘（18019）

「趙郡李君諱瑈，字子韞……曾祖崗……祖元善……父絳……會昌元年……終于永崇里第……以其年……歸葬河南府洛陽縣平陰鄉之北原，從祔

先司徒公之兆。」（芒洛冢墓遺文三編）

李虞仲，「趙郡人……父端。」（合鈔卷 214）

李華，「趙郡贊皇人。……祿山陷京師，玄宗出幸華，扈從不及（新唐書謂：
　　華母在鄴，間行輦母以逃，爲盜所得）」（合鈔卷 251 文苑傳）

趙郡李府君墓誌並序：（05942）

　　「君諱迪，字安道，趙國人也。公侯代襲，閥閱相承……父顧……卒于恭
　　安私第。天寶六載……葬于北邙山東京城北十四里，禮也。」（芒洛冢墓
　　遺文四編卷五）

李韜崔夫人合祔墓誌銘：（17821, 23912）

　　「君諱韜，趙國人也。……祖仁偉……父延祐……天寶七載卒……永遷於
　　洛陽北原，禮也。」（芒洛冢墓遺文補遺）

饒州刺史趙郡李府君墓誌銘：[55]

　　「趙郡東祖……嘉祚曾孫……璿孫……銛子諱端，字公表……貞元八年終
　　於郡署，明年窆於鳳山之東原。」（全唐文卷 530）

唐故試秘書省秘書郎兼河中府寶鼎縣令趙郡李府君墓誌銘（01586）

　　「公諱方義，字安道，趙郡贊皇人也。……祖昂、父冑……元和九年……
　　終于解縣之官舍，以其年……歸葬于東都河南縣伊汭鄉，祔于先塋，禮
　　也。」（芒洛冢墓遺文卷中）

7. 趙郡李氏東祖曾房

曾房有李諲妻墓誌銘：

大唐故監察御史趙郡李府君夫人博陵崔氏墓誌銘（05963）

　　「夫人博陵人也……天寶十載終于東京仁和里之私第……其載葬于壽安之
　　北原，不忘本也。初府君之殯也，近在洛陽……。」（陶齋藏石記卷24，
　　考證係李諲之妻，系出東祖房）。碑中有「世業在洛」語。

※ 趙郡李氏東祖諤房

世系表又云：「東祖之後又有諤。隋南和公。」諤房入唐有李珏，但新貫未能肯定。

---

55. 岑仲勉唐集質疑李端墓誌與新表之異同條有論及，見集刊第九本第一分。

　　　李珏，「趙郡人（新唐書謂：客居淮陰）」（合鈔卷 224）

8. 趙郡李氏西祖盛支

世系表：「西祖勁字少黃，晉治書侍御史。二子：盛、隆。」

西祖李盛之裔有傳、碑者如下：

　　　李義、兄尙一、尙貞，「趙州房子人也。」（合鈔卷 152），又，

唐紫微侍郎贈黃門監李義神道碑：

　　　　　　「趙郡房子人也……開元丙辰歲……薨於京師宣陽里第……其夏丙申卜葬

　　　　　　長安細柳原東北，望帝京二十有五里，償其志也。」（全唐文卷 258）

　　　李懷遠、子景伯、孫彭年，「邢州柏仁人。」（合鈔卷 141）

9. 趙郡李氏西祖隆支

西祖李隆之裔有傳、碑者，如下：

　　　李巽，「趙郡人。」（合鈔卷 174）

唐故銀青光祿大夫守吏部尙書兼御史大夫充諸道鹽鐵轉運等使上柱國趙郡開國

公贈尙書右僕射李公墓誌銘：

　　　　　　「元和四年趙郡公巽寢疾薨於永崇里……冬十月返葬於洛師緱氏縣芝田鄉

　　　　　　之大墓。公字令叔，趙郡贊皇人，曾祖知護……祖承允……父巖。」（全

　　　　　　唐文卷 505）

　　　李吉甫、父栖筠，「趙郡人……。（新唐書謂：栖筠始居汲共城山下）」（合

　　　　　鈔卷 199）[56]

　　　李德裕，「趙郡人。祖栖筠……父吉甫。」（合鈔卷 225）

故郴縣尉趙郡李君墓誌銘：

　　　　　　「大中十四年……趙郡李君終於縣之官舍……君諱燁字季常，趙郡贊皇人

　　　　　　也。曾祖栖筠……祖吉甫……父德裕……。大中初……君亦謫尉蒙山十有

　　　　　　餘載，旋丁大艱，號哭北鄗，請歸護伊洛……詔移郴縣尉，自春離桂林，

　　　　　　道中得瘴病，以咸通三年卜葬於河南縣金谷鄉張村先塋。」

大唐趙郡李燁亡妻榮陽鄭氏墓誌：

---

56. 全唐文卷 493 唐御史大夫贈司徒贊皇文獻公李栖筠文集序：「隱於汲郡共城山下。」

①趙郡李氏南祖
②趙郡李氏南祖萬安支
③趙郡李氏南祖善權支
④趙郡李氏東祖靈支
⑤趙郡李氏東祖總房靈支
⑥趙郡李氏東祖總房均支
⑦趙郡李氏東祖系支
⑧趙郡李氏西祖曾支
⑨趙郡李氏西祖盛支
　　　　　　西祖隆支

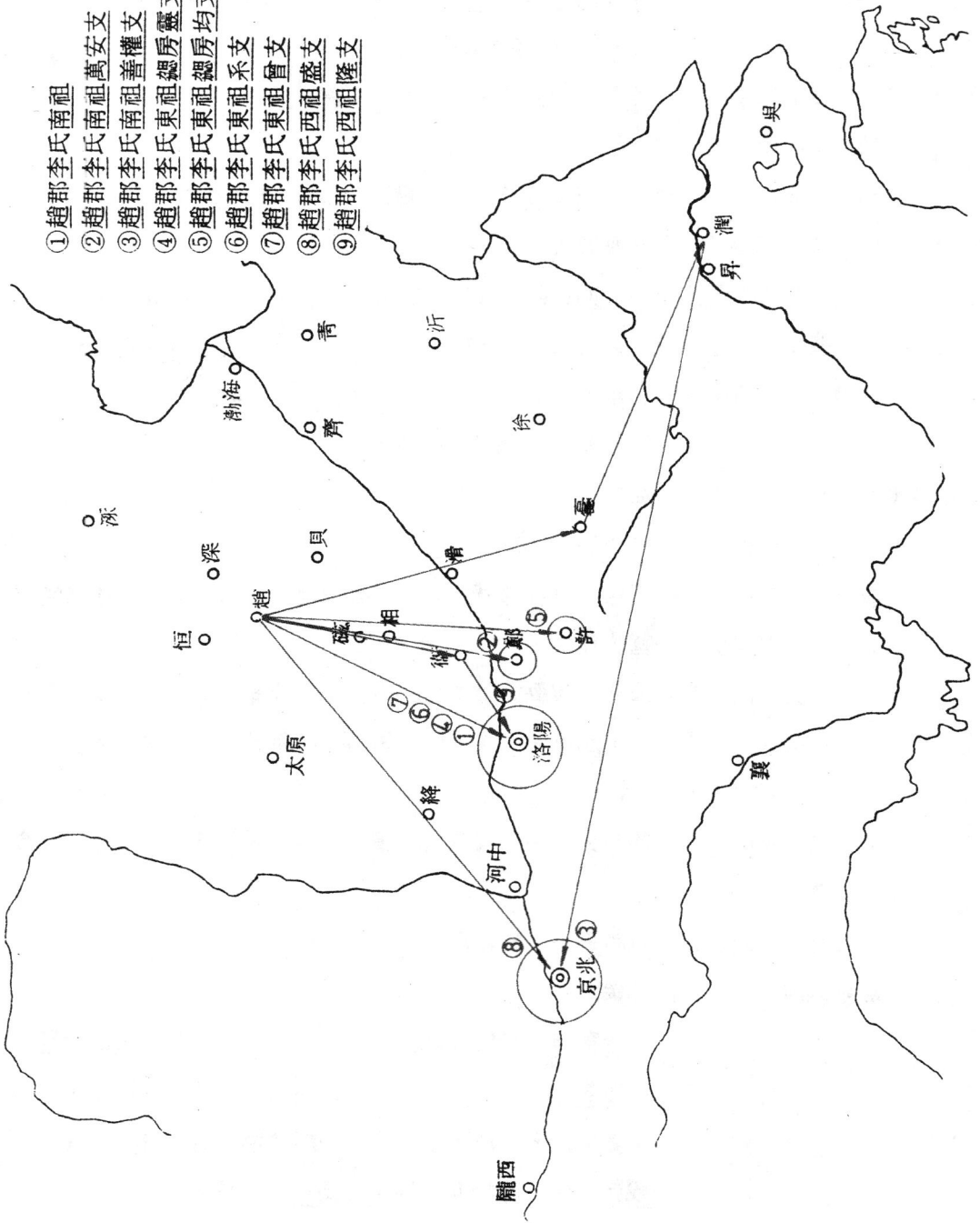

潤
昇
吳

青　　沂
渤海
齊　　徐
泒
深　　貝
　　　　　臺
恒　　趙　　相
　　　　碟　　衞　　鄭　⑤許
太原　　　　　　　　②
　　　⑦⑥④①
　　　　　　洛陽
　　絳
　　　河中
　　　　　　　襄
　　　⑧　　③
　　　　　　◎京兆

隴西

「夫人……大中九年終于蒙州之旅舍。……權殯于蒙州紫極宮南……大中十三年祔葬于河南府洛陽縣金谷鄉先兆，禮也。」

從以上資料分析；南祖李眞之後的李幵與李侯七在廣德貞元年間葬於洛陽附近；南祖李羲之後李萬安一支自趙徙于鄭州管城，獲得李日知傳之證實；南祖李善權一支徙居譙，亦獲得李敬元傳證實，敬元曾孫紳移徙於潤州無錫，紳兄弟繼葬長安祔先塋。東祖人物在正史中僅載郡望，而碑誌載李迪、李方義、李韜、李瑒、李崗、李諲之妻等人皆歸葬於洛陽附近，跡象明顯；東祖李仁瞻、李元祐父子徙居許州汝墳重代，亦近洛陽。唐書文苑傳中李華母在鄴，無法判定是暫居抑或定著，西祖李盛之裔卜葬於長安附近；西祖李隆之裔至李栖筠時居於汲共城山下，李德裕及其子皆歸葬洛陽，陳寅恪論李栖筠自趙徙衞事李德裕貶死年月及歸葬傳說考辨曾有細論，同支李巽亦返葬河南緱氏縣。

第六節　太原王氏

新唐書卷七十二中宰相世系表二中，太原王氏條：

太原王氏出自離次子威。漢揚州刺史，九世孫覇，字儒仲，居太原晉陽，後漢連聘不至。覇生咸，咸十九世孫澤，字季道，雁門太守。生昶，字文舒，魏司空、京陵穆侯。二子：渾、濟。渾字玄沖，晉錄尚書事、京陵元侯。生滝，字處沖，汝南內史。生承，字安期，鎮東府從事中郎、藍田縣侯。生述，字懷祖，尚書令、藍田簡侯。生坦之，字文度，左衞將軍、藍田獻侯。生愉，字茂如，江州刺史。生緝，散騎侍郎。生慧龍，後魏寧南將軍、長社穆侯。生寶興，龍驤將軍。生瓊，字世珍，鎮東將軍。四子：遵業、廣業、延業、季和，號「四房王氏」。

1. 太原王氏大房

太原大房王氏見於傳、碑者如下：

王翊、兄翃，「太原晉陽人。」（合鈔卷 208）

王正雅、從孫凝，「其先太原人，東都留守翃之子。」（合鈔卷 216）

唐故楚州淮陰縣令贈尚書右僕射王府君神道碑銘：

「公諱光謙……慧龍五代至隋秘書少監邵……邵生來……來生子奇……子

奇生慶賢……慶賢生光謙……。以開元二十九年捐舘舍於淮陰……明年返葬於河南偃師縣北山之陽。」（全唐文卷 499）光謙子翃。

2. 太原王氏第二房

太原第二房王氏見於傳、碑者如下：

大唐故儒林郎王君墓誌銘：（16667）

「君諱令，字大政，太原人也。……曾祖昱……祖秀……。總章二年終於私寢，即以其年合葬於芒山之原，禮也。」（芒洛冢墓遺文四編卷三）

3. 太原河東王氏[57]

太原河東王氏見於傳者有：

王縉，「河中人也（新唐書：本太原祁，後客河中）」（合鈔卷 169）安史前後人物。

唐門下侍郎王縉碑：「唐李紓撰，從姪□書，建中三年。」（寶刻叢編卷八引京兆金石錄）

碑出藍田縣。查世系表河東王氏房，縉字夏卿、相代宗、兄維。（寶刻類編卷八，同）

唐尙書右丞王維碑：「唐庾承宣撰，鄭絪書，貞元三年。」（寶刻叢編卷八引京兆金石錄）

碑出藍田縣。查世系表河東王氏房，維字摩詰，尙書左丞。（寶刻類編卷四，同）

4. 太原烏丸王氏僧辯支

新唐書卷七十二中宰相世系表二中，太原王氏條繼載：

烏丸王氏：霸長子殷，後漢中山太守，食邑祁縣。四世孫寔，三子：允、隗、懋。懋，後漢侍中、幽州刺史。六世孫光，後魏并州刺史。生冏，度支尙書、護烏丸校尉、廣陽侯、因號「烏丸王氏」。生神念。北齊亡，徙家萬年

---

57. 古今姓氏書辯證卷十四王氏條河東王氏項：「河東王氏，其先出瑯邪。」但世系表及古今姓氏書辯證皆夾列在太原王氏之間。

⁵⁸。（神念有二子：僧辯、僧修。）

太原烏丸王氏僧辯支見於傳、碑者如下：

王涯，「太原人。父晃。」（合鈔卷 220）

王珪、孫燾，「太原祁人也。在魏爲烏丸氏，曾祖神念自魏奔梁，復姓王氏。

王旭，「太原祁人也。曾祖珪。」（合鈔卷 242 酷吏傳下）

大周故潤州刺史王美暢妻長孫氏墓誌：

「夫人長孫氏，河南郡人，……大足元年薨於汝州私第……夫人以爲合葬

非古，何必同墳，乃遣令於洛州合宮縣界龍門山寺側爲空以安神挺。子

昕。」（八瓊室金石補正卷49、芒洛冢墓遺文補遺）

大唐太原王君故夫人趙郡李氏墓誌銘：（17106）⁵⁹

「嬪于太原王昕……。（夫人）以神龍三年疾歿于私第……以其年權殯于

邙山之高原，禮也。」（芒洛冢墓遺文三編）

5. 太原烏丸王氏僧修支

王仁皎，「玄宗王庶人父也。」（合鈔卷 237 外戚列傳）。

玄宗廢后王氏，「同州下邽人。梁冀州刺史神念之後……父仁皎。」（合鈔卷

　　101 后妃上）

唐故開府儀同三司贈太尉益州大都督上柱國祁國昭宣王公碑

「諱仁皎字鳴鶴，太原祁人……曾祖景孝……祖詮……父洎……。開元

七年薨於京師。」（潛研堂金石文字目錄卷二：「明皇御書，八分書，開

元七年十月，在同州羗白鎮。金石萃編卷72，謂碑在同州府大荔縣。全唐

文卷 230。金石萃編補正卷一。藝風堂金石文字目卷五，同）

贈安州都督王仁忠神道碑：

---

58. 元和姓纂四校記卷五王氏條烏丸項：「囧，護烏丸校尉，因號烏丸王氏，生神念（壞沈跋補）金石錄二二
　　云『元和姓纂及唐史宰相世系表皆云神念父囧，爲護烏丸校尉，因號烏丸王氏，今墓誌乃云僧修歸周，賜
　　姓烏丸……皆當以誌爲正。』沈跋云『孫本十陽、王姓下引秘笈新書補，並無此文，亦不著烏丸族望。』
　　羅校亦據錄補『神念父囧爲護烏丸校尉、因號烏丸王氏』十六字。余按新表七二中云『生囧，度支尚書、
　　護烏丸校尉、廣陽侯，因號烏丸王氏，生神念』試與金石錄比照一觀，便知趙氏所引，祇刺取大意，姓纂
　　書法，率順次紋下，新表又從姓纂產出，故今參酌其文，改補如上。

59. 王昕可能是王美暢之子，見岑仲勉貞石證史王美暢暨子王昕條，集刊第八本第四分。

「君諱仁忠字撝，太原祁人也。……曾祖景孝……祖侄……父文濟……。
開元十年捐舘宇於京兆與寧里之私第。……即以其年安厝左翊太原舊塋，
禮也。」（全唐文卷 264）（左翊應在同州附近）

唐贈太常卿王仁忠碑：「唐江夏太守李邕撰，都水使者集賢殿學士史惟則八分
書。仁忠字撝，太原祁人。位至左千牛衛將軍。永泰中以子崟贈太常卿。
碑以大歷三年立。」（寶刻叢編卷十引集古錄目），碑出同州。查世系表仁
忠字撝，左千牛將軍。

6. 太原中山王氏

新唐書卷七十二中宰相世系表二中，太原王氏條繼載：

中山王氏亦出晉陽。永嘉之亂，涼州參軍王軌子孫因居武威姑臧。五世孫橋，
字法生，侍御史、贈武威定王。生叡，封中山王，號「中山王氏」，後徙樂陵。

太原中山王氏見於傳、碑者如下：

長安縣尉贈隴州刺史王府君神道碑：　（13493, 13397）

「君諱行果，太原晉陽人也。……六世祖叡……五世祖覆……高祖忻……
曾祖子景……祖元季……父有方……。景龍三年合葬於洛陽清風鄉之原，
禮也。」（全唐文卷 264）

王晙，「滄州景城人，徙家於洛陽。祖有方岷州刺史（新唐書：父行果長安
尉）。」（合鈔卷 144）

7. 太原中山王氏王滿支

太原中山王氏另一支「汾州長史王滿，亦太原晉陽人，生大璡。」（世系表），其人
物有：

王播、弟炎、起、子式、起子龜、龜子羲、炎子鐸、鐐，「其先太原人。曾祖
璡……祖昇……父恕。」（合鈔卷 215）

唐丞相王播碑：「唐中書侍郎平章事李宗閔撰，翰林學士承旨柳公權書，播字
明敭，太原人，位至左僕射同平章事，贈太尉。碑以大和四年正月立。」
（寶刻叢編卷十引集古錄目）碑出耀州（華原、富平、三原、雲陽、同
官、美原、淳化）。查世系表王滿支恕字士寬，子播字明敭，相文宗。播

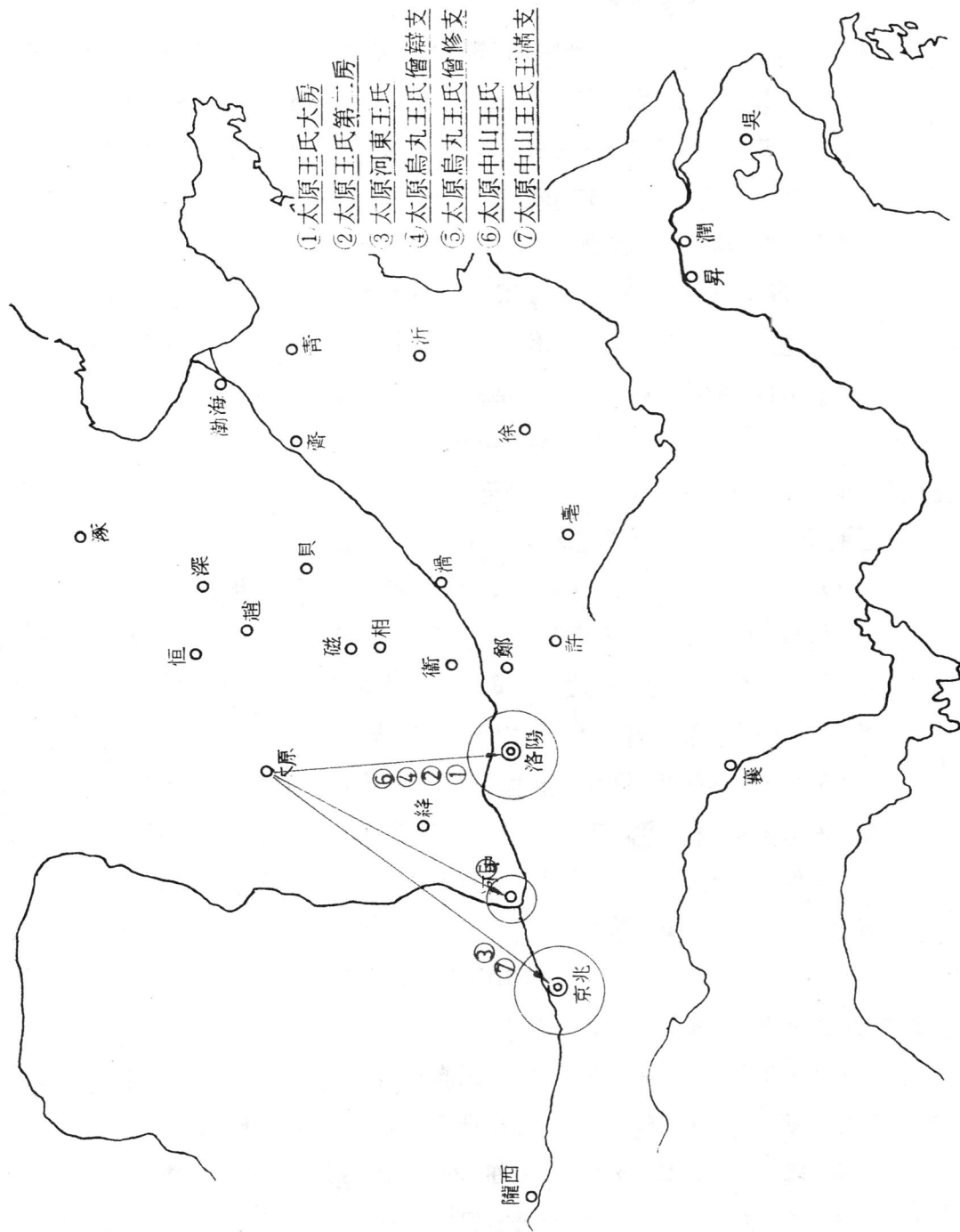

圖例：
①太原王氏大房
②太原王氏第二房
③太原河東王氏
④太原烏丸王氏僧辯支
⑤太原烏丸王氏僧脩支
⑥太原中山王氏
⑦太原中山王氏王滿支

吳
潤
昇
青
沂
渤海
齊
徐
涿
亳
深
貝
渦
恒
淄
磁
相
衡
鄭
許
洛陽
絳
河東
襄
③①京兆
隴西

弟起。（寶刻類編卷四，同）

唐贈太師王起神道碑：「唐戶部尙書平章事李回撰，太子少師柳公權書並篆
　　額。起字擧之，太原人，位至山南西道節度使同中書門下平章事，贈太
　　師。碑以大中元年四月立在三原。」（寶刻叢編卷十引集古錄目）。查世
　　系表起字擧之，魏郡文懿公。

唐揚州倉曹參軍王府君墓誌銘：

　　「公諱某，字士寬……今爲太原人……曾祖滿……祖大璠……父昇……。
　　建中五年歿於江都縣之私第。……子曰播曰炎……。以永貞元年遷祔於京
　　兆府富平縣淳化鄉之某原。」（全唐文卷679）查世系表：此處某即王恕也。

第七節　琅琊王氏

新唐書卷七十二中宰相世系表二中，琅琊王氏條。[60]

王融二子：祥、覽。覽字玄通，晉宗正卿，即丘貞子。六子：裁、基、會、
正、彥、琛。裁字士初，撫軍長史，襲即丘子。三子：導、穎、敞。導字茂
松，丞相始興文獻公。六子：悅、恬、劭、洽、協、薈。洽字敬和，散騎侍
郎。二子：珣、珉。珣字元琳，尙書令、前將軍，諡曰：獻穆。五子：弘、
虞、柳、孺、曇首。曇首，宋侍中、太子詹事、豫寧文侯。二子、僧綽、僧
虔。僧綽、中書侍郎，襲豫寧愍侯。生儉，字仲寶，齊侍中，尙書令，南昌文
憲公。生騫字思寂，梁給事中、南昌安侯。生規，字威明，左戶尙書、南昌章
侯。生褒，字子淵，後周光祿大夫，石泉康侯。生弇，字玉鉉，隋安都郡守，
石章明威侯。子弘讓、弘直、弘訓……。

1. 琅琊王氏弘直支

琅琊王氏弘直之子孫有傳者，如下：

王方慶、父宏直、子畯、孫俌、九世孫摶，「雍州咸陽人也。周少司空石泉公
褒之曾孫也。其先自琅琊，南度居於丹陽，爲江左冠族，褒北徙入關，始家咸
陽焉。祖弇……父宏直。」（合鈔卷 140）按新書摶世代數恐有誤。

王璵，「（方慶六世孫；世代數恐有誤）」（合鈔卷 181）

---

60. 古今姓氏書辯證卷十四王氏條較爲詳細。

王逡，「宰相方慶之孫也（新唐書方慶孫俌之孫）」（合鈔卷 213）

朝議大夫洋州刺史王君夫人博陵縣君崔氏祔葬墓誌銘：

> 「夫人姓崔氏，博陵安平人。⋯⋯瑯邪王君澄之嘉偶⋯⋯夫人歿於櫟陽之
> 別墅(在長安附近)，時貞元十九年⋯⋯三子曰廼曰達曰邁⋯⋯。以二十年
> 祔于洋州(即王澄)之舊封。」（全唐文卷504）按世系表王澄曾祖爲方慶。

2. 瑯邪王氏弘讓支

瑯邪現氏弘讓之子孫有碑者，如下：

大唐故長安縣尉左授 襄陽郡榖城縣 尉又移南陽郡臨湍縣 尉瑯邪王公祔 葬墓誌
銘：

> 「公諱志悌，字子金，其先瑯邪臨沂人也。晉丞相十二代孫，五代祖褒周
> 吏部尚書司空石泉公，高祖薰⋯⋯曾祖弘讓⋯⋯祖方泰⋯⋯父鴻⋯⋯。終
> 于官舍，以天寶十載遷葬于河南府河南縣安樂鄉北邙山之原，侍先塋，禮
> 也。」（芒洛冢墓遺文四編卷五）

3. 瑯邪王氏弘訓支

瑯邪王氏弘訓之子孫有碑者，如下：

大唐故忠王府文學上柱國瑯邪王府君墓誌銘：

> 「公諱固已 ， 瑯邪臨沂人也⋯⋯公則薰之曾孫⋯⋯弘訓之孫 、 方智之子
> ⋯⋯。以開元廿六年終于河南府河南縣宣敎里之私第⋯⋯嗣子璵等⋯⋯以
> 其年葬於河南府河南縣平樂鄉之原。」（芒洛冢墓遺文四編卷五）

4. 瑯邪王氏寬裔同皎支

瑯邪王氏另一盛支但未列入世系表者，有王導之裔南朝末葉的王寬一系，其同皎支：

> 王同皎，「相州安陽人。陳侍中、駙馬都尉寬之曾孫。其先自瑯邪仕江左，陳
> 亡，徙家河北。同皎，長安中尚皇太子女安定郡主。」（合鈔卷 243 忠義
> 傳上）

大唐故光祿卿王公墓誌銘：

> 「公諱訓，瑯邪臨沂人也，永穆大長公主之中子⋯⋯曾祖知道⋯⋯祖同皎
> ⋯⋯父繇⋯⋯。（公）尚博平郡主⋯⋯大歷二年終於 （京師） 鳳樓之右

……子郊……以其年遷厝萬年縣滻川鄉滻川原之禮也。」（金石萃編卷
94，抱經堂文集，平津讀碑記續記略同）

大唐故奉義郎行京兆府涇陽縣主簿王府君墓誌銘：

> 「公諱郊字文秀，琅邪臨沂人也。曾祖同皎……祖鎐……父訓……。終于
> 萬年縣興寧里……長子貞素……以其年卜擇於萬年縣滻川鄉先塋之側也」
> （陶齋藏石記卷 27）

5. 瑯瑘王氏寬裔同晊支

贈太子詹事王公神道碑：

> 「公諱同晊，瑯瑘臨沂人也……自導至公十有一代……曾祖寬陳侍中；祖
> 誨之……父知……從父弟同皎……。開元十六年終於京兆安興里之私第。
> 初公娶於安定皇甫氏……降年不永，先公卽冥，安厝之日，公爲郡掾，雖
> 班秩有等，邱封尙卑……而公之克葬，禮用上卿，同於舊穴是慶王命，祔
> 於新塋未達神理，卜夢通感，子孫是依，魂無不之，合乃非古。以開元
> 十六年葬我孝公於偃師縣首陽山之南原，夫人舊塋之東，禮也。嗣子邱
> ……」（全唐文卷 313）（寶刻類編卷三有目。）

王邱，「同皎從兄子也，父同晊。」（合鈔卷 151）

6. 瑯瑘王氏冲支

瑯瑘王氏另一盛支但未列入世系表者，有王導之裔梁朝王冲一系，人物如下：

故太僕卿上柱國華容縣男王府君墓誌銘：

> 「公諱某，瑯瑘臨沂人……乃祖某梁侍中尙書左右僕射安東亭侯，高祖某
> 陳度支尙書，曾祖某太子中書舍人，祖某皇朝吏部郎中贈潤州刺史，父某
> 官至洪州都督……。開元六年薨於洛陽之陶化里……以其年合葬於偃師之
> 某原，卻倚首陽，前瞻洛汭……子曰昊曰旻……。」（全唐文卷 293。按
> 陳書卷17王冲傳，冲爲梁之安東亭侯，亦曾任梁侍中、尙書右僕射、左僕
> 射之職。」

7. 瑯瑘王氏肅支

瑯瑘王氏王導之裔、北奔元魏之王肅，世系表失列，亦屬盛支，其人物如下：

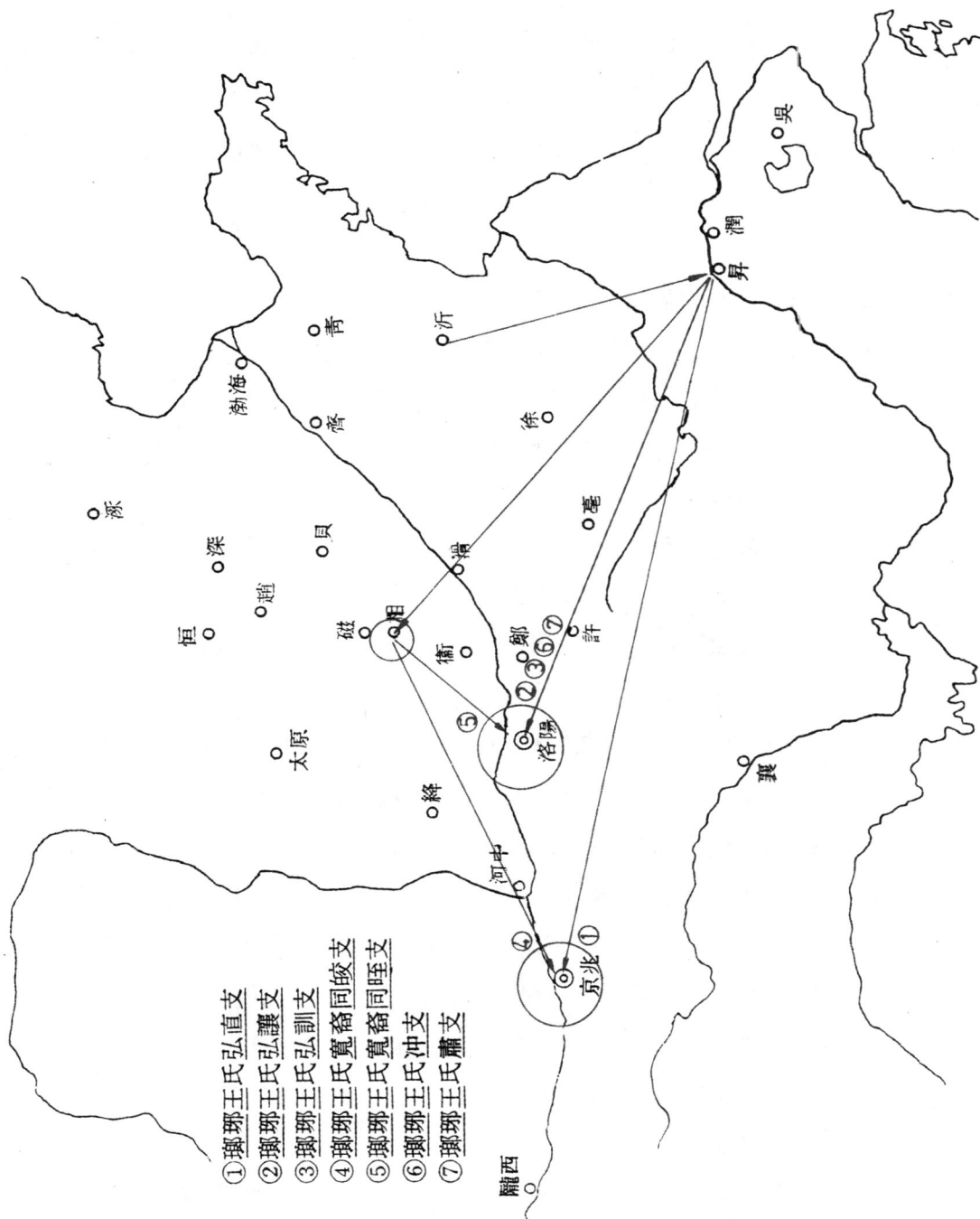

①瑯瑘王氏弘直支
②瑯瑘王氏弘讓支
③瑯瑘王氏弘訓支
④瑯瑘王氏寬裕同皎支
⑤瑯瑘王氏寬裕同旰支
⑥瑯瑘王氏沖支
⑦瑯瑘王氏蕭支

魏故尙書令宣簡公孫王君墓誌：

　　「君諱惠，字思，瑯邪臨沂人也……導卽君之七葉祖也。……祖蕭……奔
　　魏……父理……。大業三年卒於滑州韋城縣故第……永徽六年遷柩於洛水
　　北邙，合葬於祖宣簡公（蕭）之舊塋。」（芒洛冢墓遺文四編卷二）

第八節　彭城劉氏

彭城叢亭里劉氏

新唐書卷七十一上宰相世系表一上，劉氏條：

　　漢高祖七世孫宣帝，生楚孝王囂。囂生思王衍。衍生紆。紆生居巢侯般，字伯
　　興。般生愷，字伯豫，太尉、司空。生茂，字叔盛，司空、太中大夫，徙居叢
　　亭里。愷六世孫訥，晉司隸校尉。孫憲生羡，羡二子：敏、該。敏從子僧利。

彭城叢亭里劉氏見於傳、碑者，如下：

　　劉德威、子審禮、審禮子易從、易從子昇、審禮從弟延嗣，「徐州彭城人也。
　　……父子將……。審禮永隆二年卒於蕃中……審禮之沒吐蕃，詔許易從入
　　蕃省之，及審禮卒，易從號哭晝夜不止，毀瘠過禮，吐蕃哀其志行，還其
　　父屍柩，易從徒跣萬里，扶護歸彭城。」（合鈔卷 128）

　　睿宗肅明疾后劉氏，「德威之孫，父延景……。長壽中與昭成皇后同被譴，爲
　　則天所殺。景雲元年追諡肅明皇后，招魂葬於東都城南，陵曰惠陵。睿宗
　　崩，遷祔橋陵。」（合鈔卷 101 后妃傳上）

　　劉子元（本名知幾）、兄知柔、子貺、餗、彙、秩、迅、迥，「楚州刺史胤之
　　族孫也。父藏器。……初知幾每云若得受封必以居巢爲名，以紹司徒舊
　　邑。後以修則天實錄功，果封居巢縣子。又縣人以知幾兄弟六人進士及
　　第，文學知名，改其鄉里爲高陽鄉居巢里。」（合鈔卷 153）

　　劉滋、父貺、從兄贊，「子元之孫，父貺。」（合鈔卷 187）

給事中劉公墓誌銘：

　　「公姓劉諱迥，彭城人。楚元王交之後也。當漢與諸侯王子孫唯楚爲盛，
　　世爲儒宗，光耀史牒……祖藏器……父子元……。大歷……徵拜諫議大
　　夫，遷給事中，移疾請告就醫於洛陽，以建中元年終於某里私第……權窆

於某原。」（全唐卷文 520）

劉敦儒，「子元之孫……母有心疾……敦儒侍養不息，體常流血，及母亡居喪毀瘠骨立，洛中謂之劉孝子（新唐書：留守韋夏卿表行詔標闕於閭）。元和中東都留守權德輿具奏其至行，詔曰：孝子劉敦儒……。常分曹洛師，俾遂私志。」（合鈔卷 244 忠義傳下）

劉胤之，「徐州彭城人也。祖禪之……弟子延祐，胤之從父兄子藏器」（合鈔卷 249 文苑上）

唐故鹽鐵河陰院巡官試左武衞兵曹參軍彭城劉府君墓誌：

「府君諱思友，其先彭城叢亭里人也。……曾祖崇直蘇州嘉興縣令……祖粕……父諫……。府君之先立第於洛之都積其稔矣！又別墅於緱嶺下，其來也其往也五十里之近，或遊或處不常……。咸通十年遘疾易簀於綏福里之第，越明年窆於河南府洛陽縣平陰鄉北邙原，祔先塋，禮也」（芒洛冢墓遺文四編卷六）

唐故文林郎試左武衞兵曹參軍彭城劉府君（思友）夫人太原王□□誌銘（同上，略同）

按彭城叢亭里劉氏以敏及其從子僧利之裔最為興盛。在太宗高宗時期，劉德威及其子審禮顯然郡望與籍貫皆在彭城，這可從易從扶護乃父審禮屍柩，徒跣萬里歸葬彭城證明之。而武后中宗睿宗時期，劉知幾封居巢縣子，及知幾兄弟文學知名，其鄉人改其鄉里為高陽鄉居巢里，劉氏重心似仍在彭城。　睿宗時蕭明皇后劉氏招魂葬於東都城南，是唐代后妃傳中后妃不葬在京兆附近的罕見例外，似可解釋彭城劉氏有大批族人定居洛陽，后為則天所殺，其族人將其葬於東都城南。劉知幾之子迥在代宗大歷時任京官諫議大夫、給事中，在長安必有官舍，其移疾請告就醫於洛陽，有似現在因病辭職，其所以在洛陽，亦可能洛陽有其家族，長安則僅有家屬，似非落葉歸根之所，該銘繼載在德宗建中元年終於某里私第，權窆於某原云云。似應指洛陽地區為宜，而「權窆」乃是籍貫轉移之過渡名稱。又劉知幾之孫敦禮在憲宗元和時的孝行，洛中謂之劉孝子云云，尚不能完全肯定是寓居、抑或籍貫已遷至洛，但劉敦禮任官喜歡分曹洛師，似乎洛陽地區已是劉氏大家族之定居地，而非僅寓居也。劉思友碑文載：曾祖崇

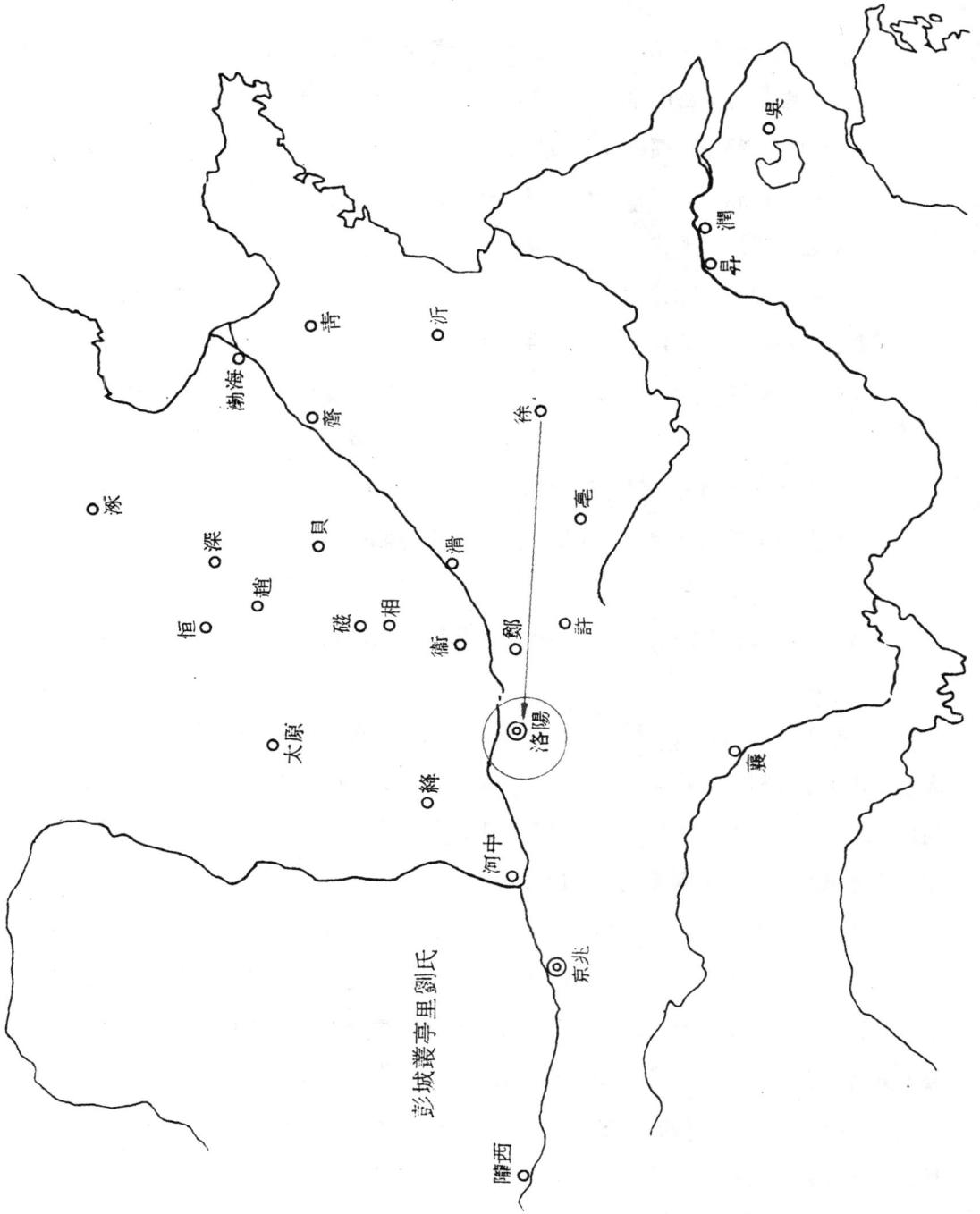

直蘇州嘉興縣令。宰相世系表彭城劉氏有崇直者，乃德智之子、德威之姪，但官銜是嘉州刺史。碑文中的崇直乃咸通年卒，思友之曾祖，其出現於歷史舞臺與世系表之崇直甚合。如果碑文中的崇直確系世系表中的崇直，則劉思友碑所稱：在懿宗咸通時期，劉思友夫婦「窆于河南府洛陽縣平陰鄉北邙原，祔先塋，禮也。」之語，似乎暗示在唐朝晚期彭城叢亭里劉氏已定著於洛陽地區矣！

第九節　渤海高氏

新唐書卷七十一宰相世系表一下，高氏條：

> 高氏出自姜姓，齊太公六世孫文公赤……十世孫洪，後漢渤海太守，因居渤海
> 蓨縣。洪四世孫褒，字宣仁，太子太傅。褒孫承，字文休，國子祭酒、東莞太
> 守。生延，字慶壽，漢中太守。延生納，字孝才，魏尚書郎、東莞太守。納生
> 達，字式遠，吏部郎中、江夏太守。四子：約、義、隱、漢。隱，晉玄菟太
> 守。生慶，北燕太子詹事、司空。三子：展、敬、泰。展，後魏黃門侍郎，三
> 都大官。二子：讜、頤。讜，冀青二州中正、滄水廣公。二子：祚、祐。祐字
> 子集，光祿大夫、建康靈侯。二子：和璧、振。

1. 渤海高氏北齊皇室房

新舊唐書合鈔中出於高振之後者，有：

> 高季輔、子正業，「德州蓨人」（合鈔卷 129）

出於高泰（世系表：泰、北燕吏部尚書、中書令。二子韜、湖）之後者，有：

> 高士廉、子履行、眞行、審行、五世孫重，「渤海蓨人」（合鈔卷 116）
> 大唐尚書右僕射司徒申文獻公（高士廉）塋兆記：
>
> > 「……貞觀二十一年薨……陪葬於醴泉縣昭陵」（潛研堂金石文字目錄，
> > 卷二，殘缺甚多，金石萃編卷48，略同）
>
> 唐滄州別駕高審行墓誌：（寶刻叢編卷八引京兆金石錄），碑出長安縣。查世
> > 系表：士廉子審行，戶部侍郎。
>
> 唐故循州司馬申國公高君墓誌：
>
> > 「君諱某，渤海蓨人也，曾祖勱……祖宗儉字士廉……父慜字履行……。
> > 永隆二年薨於南海之旅次……載初元年合葬於少陵原，禮也。」（全唐文

卷 215）

世系表載：土廉孫珹，循州司馬，襲申公。

大唐右監門衞中郎將高府君墓誌銘（05841）[61]

「君諱嶸字茗山、渤海人也。高祖岳……曾祖勘……祖土廉……父審行
……。開元十七年卒於河南府洛陽縣通遠坊之私第……其年還厝於河南縣
平樂鄉中原，禮也。」

唐檢校戶部尚書高重碑：「姪元裕撰，柳公權正書。會昌四年十月立」（寶刻
叢編卷四引金石錄），碑出伊陽縣。查世系表，元裕叔重，字文明，檢校
戶部尚書、渤海縣子。（寶刻類編卷四，同）

高元裕、兄少進、元恭、子璩，「渤海人」（合鈔卷 222）

大唐銀青大夫□吏部尚書上柱國渤海縣開國男食邑三百戶贈尚書右僕射（高元
裕墓誌銘）：

「六世祖申國公諱土廉……。大中四年……薨於南陽縣之官舍……歸葬於
河南府白沙之南原。」（金石萃編卷 114。）寶刻類編卷四：「蕭鄴撰，
大中七年十月立，洛，存。平津讀碑記卷八，大中六年十一月，餘略同。

2. 渤海高氏京兆房

唐書合鈔卷·198 高郢傳：

其先渤海蓨人，（新唐書謂：徙衞州，遂爲衞州人）。

唐史中之高郢見於世系表高氏條末載：

「京兆高氏，又有與北齊同祖，初居文安，後徙京兆。（表中有郢，字公楚，
相德宗、順宗）」

從以上資料分析，姑且不論高土廉陪葬長安附近昭陵之事，渤海高氏北齊皇室房
因高齊定都於鄴（即唐代相州）。[62] 與北齊皇室直接與間接的高氏，或食邑或任官而

---

61. 元和姓纂四校記卷五高氏條，岑仲勉謂碑文土廉父勘可校世系表、唐史、姓纂及古今姓氏書辨證等書「勳」
之誤。

62. 元和郡縣圖志卷十六河北道一相州條（鄴郡）：「建安十七年，冊命操爲魏公，居鄴。黃初二年以廣平、
陽平、魏三郡爲三魏，長安、譙、許、鄴、洛陽爲五都。石季龍自襄國徙都之，仍改太守爲魏尹。慕容雋
平冉閔，又自薊徙都之，仍置司隸校尉。符堅平鄴，以王猛爲冀州牧，鎮鄴，後魏孝文帝於鄴立相州……
至東魏孝靜帝又都鄴城，高齊受禪，仍都於鄴，改魏尹爲清都尹。周武帝平齊，復改爲相州，大象二年自
故鄴城移相州於安陽城，即今州理是也。隋大業三年改相州爲魏郡。武德元年復爲相州。」

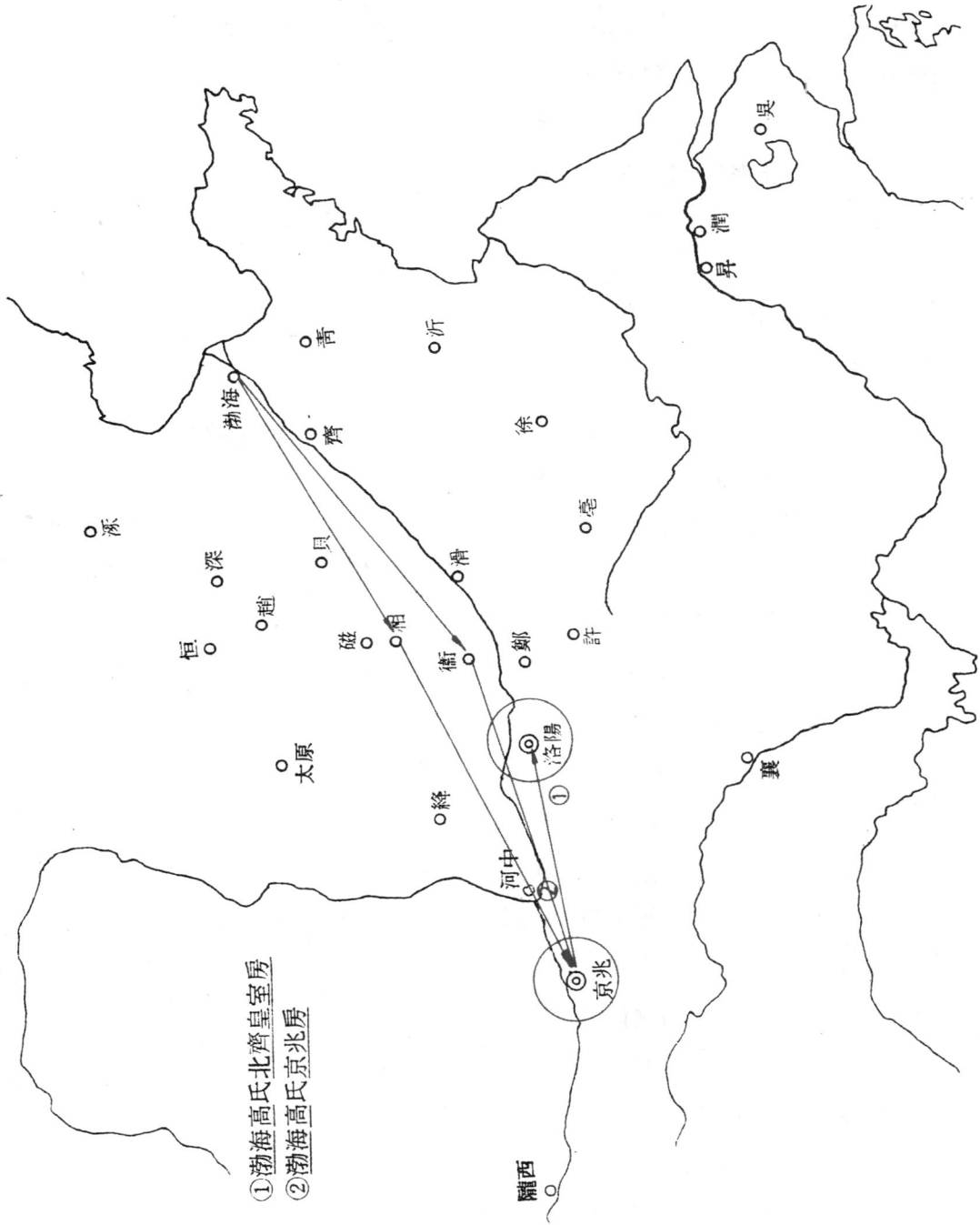

①渤海高氏北齊皇室房
②渤海高氏京兆房

遷至鄴（卽相）、磁、衞之地。待唐興而有兩京，北齊皇室房先遷至長安，然後又從長安移至洛陽、渤海高氏京兆房則自衞遷徙京兆。

第十節　河東裴氏

新唐書卷七十一上宰相世系表一上，裴氏條：

> 陵裔孫蓋，漢水衡都尉、侍中，九世孫燉煌太守遵，自雲中從光武平隴、蜀，徙居河東安邑，安、順之際徙聞喜。曾孫曄，并州刺史、度遼將軍。子茂字巨光，靈帝時歷郡守、尙書，率諸將討李催有功，封陽吉平侯。三子：潛、徽、輯。
>
> 西眷裴出自陽吉平侯茂長子徽，字文秀，魏冀州刺史、蘭陵武公，以其子孫多仕西涼者，故號西眷。四子：黎、康、楷、綽。黎字伯宗，一名演，游擊將軍、秘書監。二子粹、苞。粹，晉武威太守。二子；詵、暅。詵，太常卿，避地涼州、及苻堅克河西，復還解縣，生劭，劭生和，和生鐘，鐘生景惠。

1. 河東裴氏西眷

西眷裴人物有二傳，未見碑銘，如下：

> 裴寂，「蒲州桑泉人也。」（合鈔卷 108），相高祖。
>
> 裴矩，子宣機，「河東，聞喜人。」（合鈔 114），相高祖。

2. 河東裴氏洗馬房天壽善政支

新唐書卷七十一上宰相世系表一上，裴氏條繼載：

> 洗馬裴出自粹子暅。暅生懿，自河西歸桑梓，居解縣洗馬川，號洗馬裴，仕前秦大鴻臚。二子：天恩、天壽。

洗馬裴天恩子孫見於傳、碑者懂得：

> 裴炎、從子伷，「絳州聞喜人也。」僅載郡望，無遷徙資料。

洗馬裴天壽子孫自隋唐以來有若干支有資料可尋其遷徙，如下：

天壽五世孫善政，隋黎州刺史黎國公，善政五世孫復：

> 河南少尹裴君墓誌銘 (08067)
>
> > 「公諱復字茂紹，河東人。曾大父元簡……大父曠……父虬……。元和三年卒……葬東都芒山之陰杜翟村。」（全唐文卷565。古誌石華卷15，同）

3. 河東裴氏洗馬房天壽英文

<u>天壽</u>孫<u>英</u>。<u>英</u>子<u>彥</u>，後周驃騎大將軍。<u>彥</u>孫<u>弘泰</u>，雍州錄事參軍。<u>弘泰</u>曾孫<u>回</u>，有銘：

> 故任城縣尉裴府君墓誌銘：
>
> 「<u>天寶</u>二年……卒於<u>西京新昌坊</u>私第……君諱<u>回</u>，字<u>溫玉</u>，<u>河東閒喜</u>人也。曾祖<u>宏泰</u>……祖<u>思義</u>……父<u>敫珍</u>……。祔葬於<u>鳳樓原</u>先府君之塋。」
>
> （<u>全唐文</u>卷 327）

<u>天壽</u>孫<u>英</u>。<u>英</u>曾孫<u>弘策</u>，隋將作大匠，<u>黎溫公</u>。<u>弘策</u>五世孫<u>茂</u>；<u>合鈔</u>卷 165 有傳，失其遷徙。<u>弘策</u>六世孫<u>次元</u>，有銘：

> 唐贈左僕射<u>裴次元</u>碑：「<u>寶刻叢編</u>卷七，出自<u>長安縣</u>」，查世系表，<u>茂</u>之堂姪<u>次元</u>，<u>福建</u>觀察使兼御史中丞，<u>京兆</u>尹。

4. 河東裴氏南來吳叔業支

<u>新唐書</u>卷七十一上宰相世系表一上，裴氏條繼載：

> 南來吳裴出自<u>黎</u>第二子<u>苞</u>。<u>苞</u>三子：<u>輶</u>、<u>丕</u>、<u>彬</u>。<u>輶</u>生<u>嗣</u>，<u>嗣</u><u>西涼武都</u>太守。三子：<u>邕</u>、<u>喬</u>、<u>策</u>。<u>邕</u>度江居<u>襄陽</u>，生<u>順宗</u>。<u>順宗</u>三子：<u>叔寶</u>、<u>叔業</u>、<u>令寶</u>。<u>叔業</u>，<u>齊南兗州</u>刺史，初歸北，號<u>南來吳裴</u>，事<u>後魏</u>，<u>豫州</u>刺史、<u>蘭陵郡公</u>，諡<u>忠武</u>。子<u>倩之</u>、<u>芬之</u>、<u>簡之</u>、<u>英之</u>、<u>藹之</u>。

<u>南來吳裴叔業</u>之子孫見於傳、碑者有：

> <u>裴守眞</u>、子<u>子餘</u>、<u>耀卿</u>、曾孫<u>行立</u>，「<u>絳州稷山</u>人也。<u>後魏冀州</u>刺史<u>叔業</u>六世孫也，父<u>耆</u>……。」（<u>合鈔</u>卷 245 孝友傳）
>
> 寧州刺史<u>裴守眞</u>碑：「<u>崔沔</u>撰，八分書。<u>開元</u>二十四年。<u>絳</u>。」（<u>寶刻類編</u>卷三）
>
> 　　查世系表：<u>南來吳裴叔業</u>支，<u>守眞</u>字<u>方忠</u>，<u>邠寧</u>二州刺史。

<u>裴耀卿</u>、孫<u>佶</u>，「贈戶部尙書<u>守眞</u>子也。」（<u>合鈔</u>卷 149）

唐故侍中尙書右僕射贈司空文獻公裴公神道碑銘：（01102）

> 「<u>耀卿</u>字<u>子渙</u>，<u>河東閒喜</u>人也。……考<u>守眞</u>。<u>天寶</u>三載卒……以其年歸葬<u>絳州稷山縣姑射山</u>之陽，尙書府君（卽父）塋東四里。」（<u>寶刻類編</u>卷

四：「許孟容撰、八分書並篆額，元和七年十一月，絳，存。」金石萃編
卷 106)。金石萃編補正卷一。全唐文卷 479。

5. 河東裴氏南來吳令寶

南來吳裴「令寶二子：彥先、彥遠。彥遠生鑒，鑒生獻」(世系表)，其子孫有傳者：

裴漼、從弟寬、寬弟珣、朗，「絳州聞喜人也，世爲著姓。父琰之。」(合鈔
卷 151)

裴冑，「其先河東聞喜人，今代葬河南，伯父寬。」(合鈔卷 173)

荊南節度裴冑碑：「楊於陵撰，貞元十九年。洛。」(寶刻類編卷四)

查世系表南來吳裴令寶支，冑字退叔，檢校兵部尚書，謚成。

裴諝，「河南洛陽人。父寬……諝自河南凡五代。」(合鈔卷 177)，查世系
表諝高祖爲羅隋魏郡丞。羅父獻隋扶州刺史、臨汾公。

南來吳裴另有一盛支，新唐書卷七十一上宰相世系表一上，裴氏條繼載(世系表誤列
中眷後)：

苞第三子丕。丕孫定宗。定宗，涼州刺史。生訛，後魏冠軍將軍。生遼，太原
太守、散騎常侍。生纂，纂正平太守、郿西公。四子：舒、嗣、秀、詢。舒，
後周車騎將軍、元氏公。生昂。生玄運，濮州刺史。生季友，司門郎中、太子
僕。生武曾孫訴。

這一支人物見於傳、碑者有：

裴坦、從子贄，「隋營州都督世節裔孫，父義。」(合鈔卷 229)

裴安期有碑銘，但失其葬地。(全唐文卷 655)

6. 河東裴氏中眷萬虎支

新唐書卷七十一上宰相世系表一上，裴氏條繼載：[63]

中眷裴氏出自嗣中子翯，晉太尉宋公版諸議參軍。并州別駕，號中眷。三子：
萬虎、雙虎、三虎。

中眷裴萬虎之子孫見於傳、碑者有：

---

63. 按中眷裴出於西眷裴徽之後。徽→黎→苞→軫→嗣→翯。
　　元和姓纂四校記卷三裴氏條，岑仲勉謂、「徽號西眷，徽來孫翯」，較允。

裴敬彝，「絳州聞喜人也。曾祖子通隋開皇中太中大夫，母終廬於墓側，哭泣

　　無節，且遂喪明，俄有白鳥巢於墳樹，子通弟兄八人復以友悌著名，詔旌

　　表其閭，鄉人至今稱為義門裴氏。」（合鈔卷 245 孝友傳）

裴延齡，「河東人。父旭。」（合鈔卷 186）

監察御史裴府君墓誌銘：

　　「元魏河北太守萬虎兄弟三人，時稱三虎，並仕於魏，魏都河洛，在天地

　　之中，故裴氏始有中眷之號，分則萬虎八代孫也。……貞元六年終於（洛

　　陽）立德里之第。明年葬于首陽山之陽……子曰綽曰約。」（全唐文卷

　　784）

7. 河東裴氏中眷雙虎支

中眷裴雙虎之子孫見於傳碑者有：

裴行儉、子光庭、光庭子稹、稹子俶、俶子均，「絳州聞喜人。……父仁基。」

　　（合鈔卷 135）

贈太尉裴公神道碑：

　　「……三子奪為三祖，望高士族。自冀州刺史徽至公十二代，中軍將軍雙

　　虎至公六葉……父仁基……。永淳元年薨於京師延壽里……其年葬於聞喜

　　之東原，禮也。」（全唐文卷 228。寶刻叢編卷十引集古錄目。寶刻類編

　　卷三：「開元十八年立，解。」

大唐金紫光祿大夫行侍中兼吏部尚書宏文館學士贈太師正平忠獻公裴公碑銘：

　　「公諱光庭、字連城。河東聞喜人也……父行儉……。開元二十一年薨於

　　京師平康里之私第……葬於聞喜之舊塋，禮也。」（全唐文卷 291。寶刻

　　叢編卷十引集古錄目。寶刻類編卷十。金石萃編卷 81。）

大唐故朝議郎行尚書祠部員外郎裴君墓誌銘：

　　「君諱稹，字道安。河東聞喜人也……考光庭……。開元二十八年終於長

　　安光德里私第。其先葬于聞喜之東涼原也。卽以辛巳歲……旋窆于長安萬

　　春鄉神和原，禮也。」（雍州金石記卷六。金石萃編卷84，辛巳歲卽為開

　　元二十九年。平津讀碑記續記卷一，略同）

尚書度支郎中贈尚書左僕射正平節公裴公神道碑銘：

　　「公諱俒字容卿，河東聞喜人。……祖光庭……父禎……。以大歷七年終
　　命於長安光德里第……歸全於萬年縣神禾原之大墓。」（全唐文卷 500。
　　寶刻類編卷四，同）

唐贈左僕射裴儆碑：「從姪次元撰，皇甫閱正書并篆，建中二年」（寶刻叢編
　　卷七引京兆金石錄）

碑出長安縣。查世系表積子儆，儆子墰。（寶刻類編卷四，同）

唐故萬年令裴府君墓碣：

　　「公諱墰字封叔。河東聞喜人……曾祖光庭……祖禎……父儆……。元和
　　十二年卒。……貞元十六年卒祔於長安御宿之北原冢。」（全唐文卷588）

8. 河東裴氏中眷三虎支

中眷裴三虎之子孫見於傳、碑者有：

大周故正議大夫行太子左諭德裴公墓誌銘（16982）

　　「公諱咸字思容，河東聞喜人也。曾祖孝忠……祖濰……父方產……。聖
　　曆元年卒于隆化里……以其年安厝于北芒山之塋，禮也。」

裴遵慶、字向、向孫樞，「絳州聞喜人也。代襲冠冕，為河東著族。」（合鈔
　　卷 164）

裴遵慶碑（□□□□□ 光祿大夫 □□□□□□□□□□ 東郡貞 □□□□□□
□）：(08537)

　　「河東著族……大歷十年薨於萬年縣升平里之私第，以明年葬于東都萬安
　　山之舊塋。」（金石萃編卷 100，附載碑與傳考證文。寶刻類編卷八同。
　　平津讀碑記卷七，略同。）

唐故正議大夫衛尉少卿聞喜縣開國伯賜紫金魚裴君墓誌銘：

　　「君諱會，河南聞喜人……孝貞公（遵慶）之元子。……貞元九年卒……
　　返葬於東周萬安山之南原，二夫人祔焉。」（金唐文卷 506）

9. 河東裴氏東眷澄支

新唐書卷七十一上宰相世系表一上，裴氏條繼載：

東眷裴出自茂第三子輯，號東眷。生潁，潁司隸校尉。生武，字文應，晉大將
軍、玄菟太守，永嘉末，避地平州。二子：開、湛。開字景舒，仕慕容氏，太
常卿、祭酒。三子：原、成、範。範字仁則，河南太守。四子：韜、沖、湛、
綏。沖字太寧，後秦幷州刺史、夷陵子。五子：道子、道護、道大、道會、道
賜。道子字復泰，本州別駕，從劉裕入關，事魏，南梁州刺史，義昌順伯。三
子：德歡、恩立、輔立。德歡一名度，豫、鄭、廣、坊四州刺史，謚曰康。二
子：澄、禮。

東眷裴澄之子孫有碑傳者有：

唐齊州長史裴府君神道碑：

「公諱希淳，字虔實，河東聞喜人也。曾祖澄……祖尼……父師民……。
永徽元年終於長安……景龍二年合葬於咸陽之北原，禮也。」（全唐文卷
282）

大唐故左親衞裴君墓誌銘（01461，05384）

「君諱可久字貞遠，河東聞喜人也。祖勖……父居業……。咸亨三年終於
襄陽。以四年窆於京兆之朱坂。」（八瓊室金石補正卷37，附考證：乃父
居業與世系表合，祖世系表爲熙載。可久可能是澄之五世孫。）

10. 河東裴氏東眷澄希莊支

東眷裴澄曾孫希莊，陳州刺史；希莊曾孫肅：

裴休、父肅，「河內濟源人也（新唐書：孟州濟源人）。父肅（德宗時人）生
三子儔、休、俅，皆登進士第。休志操堅正，童齔時兄弟同學于濟源別
墅，休經年不出墅門，晝講經籍，夜課詩賦……」（合鈔卷 228），世系
表休乃希惇弟希莊之玄孫。

11. 河東裴氏東眷道護支

世系表載：「道護二子：次愛、祖念。祖念生弘阤，後魏聞喜公。生鴻琳，易郡太
守。生客兒。」然表中弘阤之子爲：客兒，從魏長平郡丞；鴻智，襄州長史高邑縣
侯；欣敬等三人。客兒子孫不見於傳、碑；欣敬八世孫爲度，有傳：

裴度、子識、諗，「河東聞喜人。祖有鄰，父溆。」（合鈔卷 221）。僅載郡

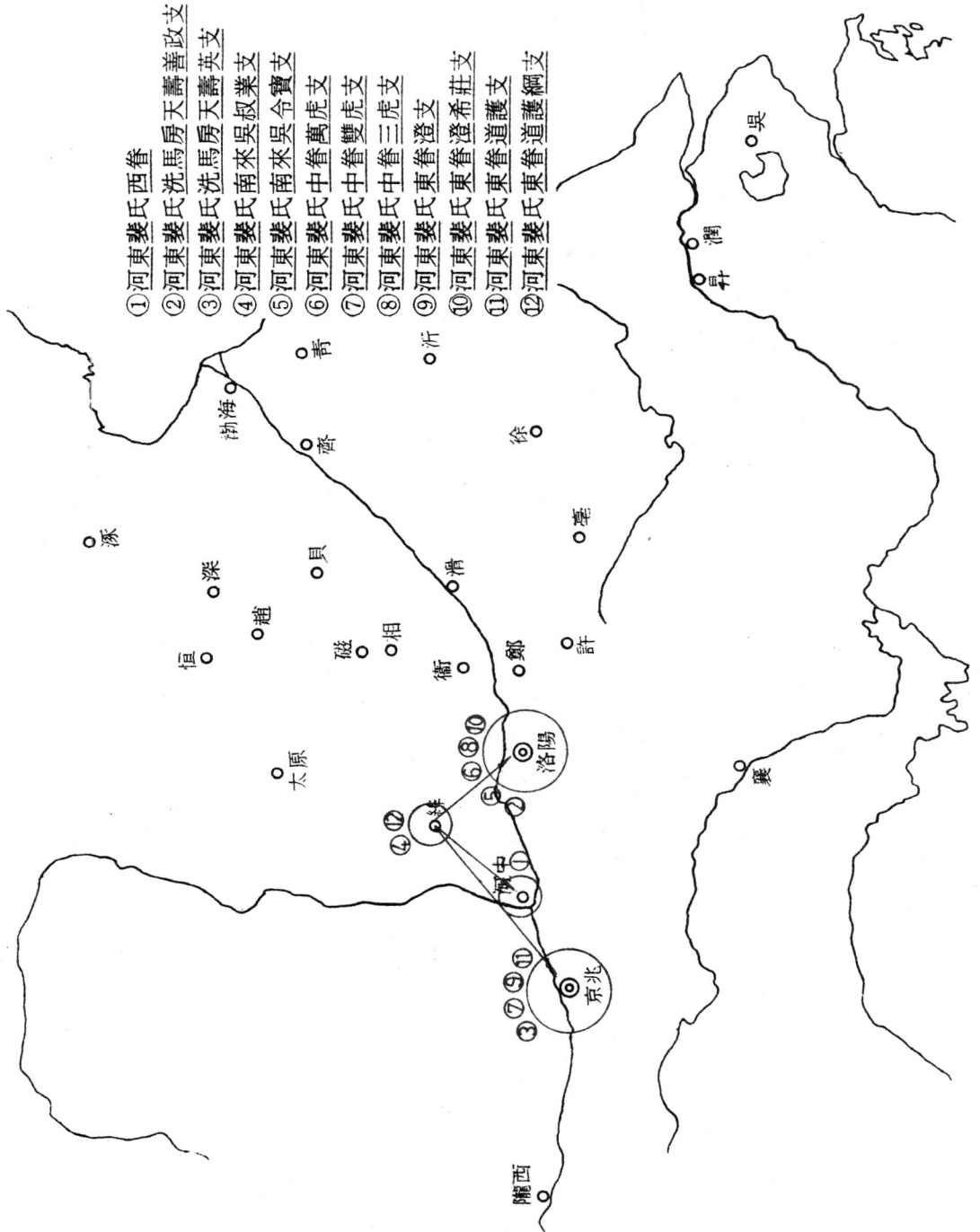

①河東裴氏西眷
②河東裴氏洗馬房天壽善政支
③河東裴氏洗馬房天壽英支
④河東裴氏南來吳叔業支
⑤河東裴氏南來吳令寶支
⑥河東裴氏中眷萬虎支
⑦河東裴氏中眷雙虎支
⑧河東裴氏中眷三虎支
⑨河東裴氏東眷澄支
⑩河東裴氏東眷澄希莊支
⑪河東裴氏東眷道護支
⑫河東裴氏東眷道護綱支

吳

潤
昇

青

沂

渤海

棣

徐

漧

亳

涿

深

貝

滑

鄭

許

恆

趙

磁

相

衛

襄

太原

洛陽

華

陝

虢

京兆

隴西

望。

鴻智五世孫晃，有傳有碑：

裴晃，「河東人也，爲河東冠族。」（合鈔卷 164）

冀國公贈太尉裴晃碑：

「公諱晃，字章甫，河東大族……曾祖懷感……祖陟……父紀……。大歷
四年薨於長安……明年葬於京城南畢原。」（全唐文卷 369。寶刻叢編卷
八引金石錄。寶刻類編卷三）

鴻智另一位六世孫希先有碑：

唐故朝議郎使持節溫州諸軍事溫州刺史充靜海軍使賜緋魚袋河東裴府君道神
銘；

「君諱希先……。曾祖昭……祖確……父忬……。貞元六年歿於鍾陵之私
第……，明年返葬於長安少陵原之舊塋。」（全唐文 501）

鴻智另一位七世孫垍，相憲宗，有傳：

裴垍，「河東聞喜人。垂拱中宰相居道之七世孫。」（合鈔卷 199）

裴垍之七世祖，列傳的記載與世系表的記載不合。垍僅有郡望，遷徙資料不詳。

12. 河東裴氏東眷道護綱支

鴻智玄孫綱，蔡州刺史，綱孫濟有碑：

河南少尹裴公墓誌銘：

貞元八年前河南少尹裴公濟，字莊時。卒于京師靖安里之旅舍，明年葬於
絳州聞喜縣之故原，從先公居，禮也。高祖懷節……曾祖昭、祖剛、父
據。」（全唐文卷 784）

第十一節　蘭陵蕭氏

新唐書卷七十一下宰相世系表，蕭氏條：[64]

漢有丞相鄼文終侯何，二子：遺、則。則生彪，字伯文，諫議大夫、侍中，以
事始徙蘭陵丞縣。生章……章生仰、皓。皓生望之，御史大夫，徙杜陵。生
育、紹，御史中丞，復還蘭陵。生閎……閎生闡……闡生冰……冰生苞、周

---

64. 古今姓氏書辯證卷十蕭氏條，略同。

……周生蟜……蟜生達……達生休……休生豹。豹生裔；生整，字公齊，晉淮南令，過江居南蘭陵武進之東城里。三子：儁、鐯、烈。

苞九世孫卓，字子略，洮陽令，女為宋高祖繼母，號皇舅房。卓生源之，字君流，徐、兗二州刺史，襲封陽縣侯。生思話，郢州都督，封陽穆侯。六子：惠開、惠明、惠基、惠休、惠朗、惠蒨。惠蒨，齊左戶尚書。生介。

1. 蘭陵蕭氏皇舅房

皇舅房蕭氏有傳者，在唐代僅得二人，如下：

蕭德言，「雍川長安人。齊尚書左僕射思話玄孫也。本蘭陵人，陳亡徙關中……祖介……父引。」（合鈔卷 246 儒學傳上）

蕭至忠，「秘書少監德言曾孫也……。（至忠）與太平公主謀逆，事洩……籍沒其家。」（合鈔卷 143）

2. 蘭陵蕭氏齊梁房懿支

新唐書卷七十一下宰相世系表一下，蕭氏條繼載：

齊梁房：整第二子鐯、濟陰太守。生副子，州治中從事。生道賜，宋南臺治中侍御史。三子：尚之、順之、崇之。順之字文緯，齊丹陽尹、臨湘懿侯。十子：懿、敷、衍、暢、融、宏、偉、秀、憺、恢。衍，梁高祖武皇帝也，號齊梁房。懿字元達，長沙宣武王。七子、業、藻、象、猷、朗、軌、明。明字靖通，梁貞陽侯、曾孫文懽。

齊梁房蕭懿之子孫見於傳、碑者，如下：

蕭鄴，「字啟之，長沙宣王懿九世孫。」（合鈔卷 227）

唐故給事中贈吏部侍郎蕭公墓誌銘：

「公諱直字正仲，梁長沙王懿七代孫，有唐御史中丞臨汝郡守諒之孟子……歲在丁酉（至德二年）終於靜安里……卜葬於洛陽龍門崗，先中丞塋之左，禮也。」（全唐文卷 392）

成都功曹蕭公墓誌銘：

「公諱某。宣武皇帝七代孫也。曾祖父懽……祖元禮……父詮……。貞元八年歸故國於洛汭……終於康裕里第。」（全唐文卷 785）

3. 蘭陵蕭氏齊梁房衍支

新唐書卷七十一下宰相世系表一下，蕭氏條齊梁房繼載：

　　梁高祖武皇帝八子：統、綱、續、繹、綜、績、綸、紀。統，昭明太子。綱，
　　簡文皇帝也。統五子：歡、譽、詧、譬、譼。

齊梁房蕭衍之子孫見於傳、碑者，如下：

　　蕭瑀、子銳、瑀兄璟、瑀兄子鈞、鈞子瓛、鈞兄子嗣業，「高祖梁武帝，曾祖
　　昭明太子，祖詧……父巋……。」（合鈔卷 114）

贈吏部尚書蕭公神道碑：

　　　　「公諱瀣字元茂，蘭陵人……公卽梁宣皇帝之元孫，明帝之曾孫，大父珣
　　　　……父鈞……。永淳三年寓居鄠縣終於苫蓋……長壽二年合葬於少陵原之
　　　　先塋，禮也。（子嵩）」（全唐文卷 229）

唐贈吏還尚書蕭瀣碑：「唐尚書左丞相張說撰，梁昇卿八分書，明皇八分題
　　額。府君名瀣字玄茂，南梁蕭詧之後，仕至渝州長史。子嵩為尚書令，
　　贈府君贈吏部尚書，碑以開元十八年五月立。」（寶刻叢編卷八引集古錄
　　目），碑出長安縣。查世系表：詧玄孫瀣字玄茂，渝州長史。瀣子嵩。（
　　寶刻類編卷一，同）

蕭嵩、子華，「貞觀初左僕射宋國公瑀之曾姪孫，祖鈞……。」（合鈔卷150）

蕭復，「嵩之孫……父衡。」（合鈔卷 176）

蕭俛、弟傑、俶、從弟倣、倣子廩，「曾祖嵩……祖華……父恆。」（合鈔卷223）

唐贈太尉蕭俛墓誌：「唐蕭鄴撰，大中十一年。」（寶刻叢編卷八引京兆金石
　　錄）碑出長安縣。查世系表嵩子華，華子恆，恆子俛，俛字思謙、相穆宗。

唐汝州刺史蕭淑墓誌：「唐寶郁撰，吳通御書，大歷十二年。」（安刻叢編卷
　　八，引京兆金石錄）碑出長安縣。查世系表嵩孫俶。

唐贈太尉中書令貞孝公蕭倣墓誌：「唐令狐綯撰，王鐸書，乾符五年立。」（
　　寶刻叢編卷八，引京兆金石錄），碑出長安縣，查世系表嵩子悟，悟子
　　倣，倣字思道，相僖宗。（寶刻類編卷六同）

唐贈禮部尚書蕭廩墓誌：「唐鄭璘撰，文德元年。」（寶刻叢編卷八引京兆金

石錄。）碑出長安縣。查世系表嵩子悟，悟子做，做子廈，廈字富侯，給
事中。

蕭遘，「蘭陵人。嵩之四代孫（案當五代）。嵩生衡，衡生復，復生湛，湛生
實，實生遘。」（合鈔卷 230）

蕭定，「江南蘭陵人。瑀之曾孫……父恕。」（合鈔卷 240 良吏傳下）

4. 蘭陵蕭氏齊梁房衍嚴支

大唐故滄州景城縣令蕭公及夫人杜氏墓誌：(05180, 05567)

「公諱瑤，字達文，東海蘭陵人……高祖梁武帝，曾祖太宗昭明皇帝，祖
中宗宣皇帝，父嚴……。貞觀十二年卒於私第……十三年權殯於洛陽之邙
山。夫人杜氏以乾封元年卒於南服，儀鳳元年葬於河南縣平樂鄉安善里杜
郭村西南一里北邙之原。又以永隆二年遷公神柩合葬於夫人之塋。」

（芒洛冢墓遺文四編卷三）

大唐滄州景城縣令蕭府君之銘（與上碑略同，芒洛冢墓遺文四編卷二）(05180)

大唐蜀王故西閣祭酒蕭公墓誌：

「公諱勝字玄寂，東海蘭陵人。梁中宗宣□帝之孫，太尉安平王周柱國嚴
之第十三子也。……永徽二年薨於萬年縣之崇義里，即以其年窆於萬年寧
安鄉鳳栖之原。」（吳興金石記卷三。關中金石文字存逸考卷五咸寧縣）

蕭瑤與蕭勝應爲兄弟。勝窆於萬年；瑤權殯於洛陽，遷其神柩合葬於夫人杜氏之塋北
邙之原。應以京兆萬年爲準。

5. 蘭陵蕭氏齊梁房衍岑支

大隋故滎陽郡新鄭縣令蕭明府墓誌銘并序

「君諱瑾字羉文，蘭陵郡蘭陵縣人也……梁宣帝詧之孫，吳郡王岑之第三
子也。……大業九年薨于東都溫柔里第……以其年葬於河南縣靈淵鄉安川
里北邙山之陽。」（漢魏南北朝墓誌集釋 473）

大隋金紫光祿大夫蕭岑孫內官堂姪故蕭濱之銘

「大業十一年……君諱濱字允父，蘭陵郡蘭陵縣人也。曾祖梁宣皇帝，祖
吳郡吳王，父故永縣開國侯瑾之第十一子。亡於河南郡河南縣隆化里第

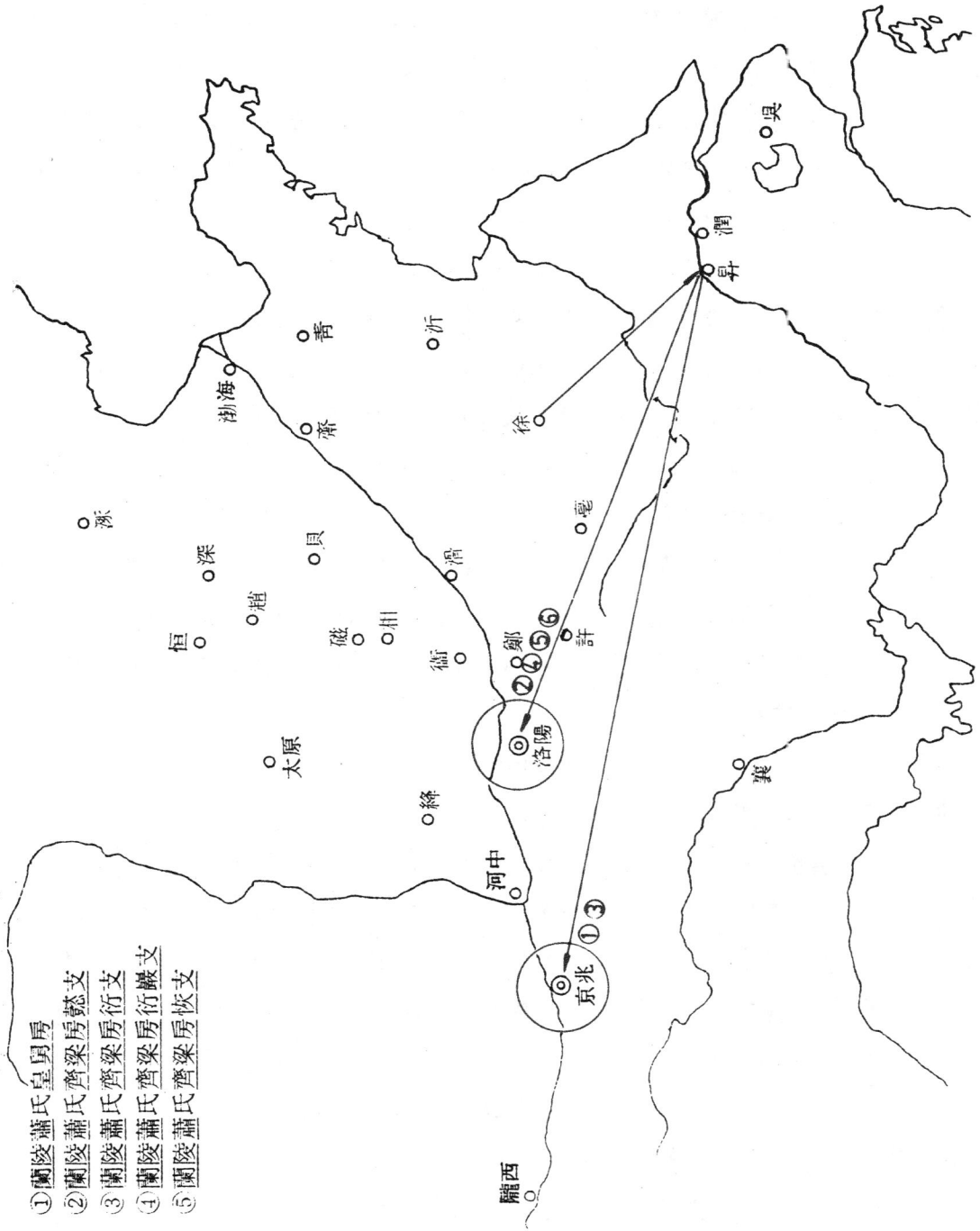

吳

潤

丹

青　沂

徐

渤海

齊

亳

涿

深　　貝　泗

信　相　磁　衡

鄭②④⑤⑥　許

大原

絳

河中

洛陽⑥　　襄

京兆①③

隴西

①蘭陵蕭氏皇臬房
②蘭陵蕭氏齊梁房懿支
③蘭陵蕭氏齊梁房衍支
④蘭陵蕭氏齊梁房衍嚴支
⑤蘭陵蕭氏齊梁房恢支

……殯於河南縣露泉鄉龍淵里北邙山之陽。」（漢魏南北朝墓誌集釋495）

梁太子說馬秘書丞仁化侯隨博州深澤縣令蕭公夫人袁氏墓誌銘：

> 「夫人諱客仁，陳郡陽夏人……歸於蕭氏……顯慶四年薨于雍州萬年縣□
> □里……子曰繕……以五年遷祔于仁囮侯之舊塋。」（芒洛冢墓遺文四編
> 卷二）葬地未詳。

6. 蘭陵蕭氏齊梁房恢支

齊梁房蕭恢之裔亦甚興盛，但世系表失載，其人物見於傳碑者有：

蕭昕，「字中明，河南人（新書載：梁鄱陽王恢七世孫）」（合鈔卷 197）

蕭頴士，「字茂挺，（新書載：梁鄱陽王恢七世孫，祖晶……父旻……。」（
合鈔卷 251 文苑傳下）

尙書比部郎中蕭府君墓誌銘：

> 「君諱存字成性、梁武帝季子鄱陽王恢之裔。五世祖唐刑部尙書……孫元
> 恭，元恭生旻，旻生頴士，公卽頴士之子也。……貞元十六年卒於溟陽溢
> 城之私第，遂以是年權窆於承仙之西岡，未克葬於臨汝故也。」（全唐文
> 卷 691）

第十二節　河 東 薛 氏

新唐書卷七十三下宰相世系表三下，薛氏條：[65]

> ……薛永，字茂長，從蜀先主入蜀，爲蜀郡太守。永生齊，字夷甫，巴、蜀二
> 郡太守，蜀亡，率戶五千降魏，拜光祿大夫，徙河東汾陰，世號蜀薛。二子：
> 懿、始。懿字元伯，一名奉，北地太守，襲鄢陵侯。三子：恢、雕、興。恢一
> 名開，河東太守，號「北祖」，雕號「南祖」；興，「西祖」。雕生徒，徒六
> 子：堂、暉、推、煥、渠、黃。堂生廣，晉上黨太守，生安都。

1. 河東薛氏南祖

河東薛氏南祖子孫有傳、碑者，如下：

薛仁貴，「絳州龍門人。……永淳二年仁貴病卒，年七十，贈左驍衞將軍，官
造靈轝並家口給傳還鄉。」（合鈔卷 134）

---

65. 元和姓纂四校記卷十薛比條、古今姓氏書辯證卷三十八薛氏條，略同。

唐代州都督薛仁貴碑：「唐著作郎弘文館學士苗神客撰。仁貴玄孫左領軍衞兵

曹參軍伯巖書。薛禮字仁貴，河東汾陰人，官至明威將軍、代州都督，碑以天

寶二年立在安邑。」（寶刻叢編卷十引集古錄目）

薛訥、弟楚玉，「絳州萬泉人也……仁貴子也。」（合鈔卷 144）

薛嵩、弟萼、子平、平子從、族子雄，「絳州萬泉人。祖仁貴……父楚玉。」

　　（合鈔卷 175）

唐昭義節度薛嵩神道碑：「唐禮部郎中程浩撰，梁州都督府長史翰林待詔韓秀

　　實八分書。薛公名嵩，楚玉之子也，初爲史思明將，朝義敗，以其地降，

　　卽拜昭義節度，封平陽郡王，碑以大曆八年立在夏縣」（寶刻叢編卷十引

　　集古錄目）

河中節度使薛平神道碑：「李宗閔撰，太和六年立。京兆。」（寶刻類編卷四）

查世系表南祖嵩子平，平字坦塗，左龍武大將軍韓國公。官銜不同，但時代接

　　近，可能爲一人。

2. 河東薛氏西祖洪隆房

新唐書卷七十三下宰相世系表三下，薛氏條繼載：

西祖興，字季達，晉河東太守、安邑莊公。三子：紇、清、濤。濤字伯略，中

書監，襲安邑忠惠公，與北祖、南祖分統部眾，世號「三薛都統」。三子：

彊、遺、清。彊字公偉，秦大司徒、馮翊宣公。三子：辯、昬、寵。辯字元

伯，後魏雍州刺史、汾陰武侯。生謹，字法愼，內都坐大官、涪陵元公。五

子：洪祚、洪隆、瑚、昂、積善，號「五房」，亦爲濆上五門薛氏大房。

河東薛氏西祖洪隆房子孫有傳、碑者，如下：

薛播、子公達，「河中寶鼎人。中書舍人文思曾孫也，父元暉什邡令。」（合

　　鈔卷 197）

國子助敎河東薛君墓誌：

　　「君諱公達，字大順，薛姓。曾祖曰希莊，撫州刺史；祖曰元暉，果州流

　　溪縣丞；父曰播，尚書禮部侍郎；侍郎命君後兄據，據爲尚書水部郎中。

　　……元和四年卒……其年葬於京兆府萬年縣少陵原合祔，」（全唐文卷

565。寶刻叢編卷八引金石錄）

3. 河東薛氏西祖瑚房

河東薛氏西祖瑚房子孫有傳、碑者，如下：

薛收、兄子元敬、收子元超、元超從子稷、稷子伯陽，「蒲州汾陰人。隋內史
侍郎道衡子也，事繼從父孺以孝聞……陪葬昭陵。」（合鈔卷 124。平津
讀碑記、續記卷一，汾陰獻公薛收碑永徽六年八月，碑在醴泉縣。）

唐故太常卿上柱國汾陰獻公薛府君碑：

該碑殘缺甚多，可讀之字與唐史略同，卒後葬昭陵。（金石萃編卷 51）

薛大鼎、子克構、克勤，「蒲州汾陽人。周太子少傅博平公善孫也，父粹隋介
州長史……。永徽五年卒。」（合鈔卷 239 良吏傳上）

騎都尉薛良佐塔銘：「天寶三載閏二月。右騎都尉薛良佐塔銘在長安縣，碑為
再從兄鈞撰，弟良史書。碑稱曾祖待聘，皇右千牛通事舍人；新唐書宰相
世系表有薛待聘，而不言其歷官。又有曾孫良史，杞王傅，而無良佐。鈞
亦見宰相世系表。」（平津讀碑記卷六）查世系表薛待聘、良史、鈞等屬
西祖瑚房。

唐駙馬都尉房州刺史薛瓘碑：（寶刻叢編卷九）碑出醴泉縣。世系表瑚子芳，
芳五世孫瓘，光祿卿駙馬都尉。

唐黃門侍郎薛稷碑：（寶刻叢編卷八）碑出萬年縣。世系表稷乃道衡玄孫，相
中、睿。

薛愿，「河東汾陰人，父絪禮部郎中，兄崇一尚惠宣太子女。」（合鈔卷 244
忠義傳下）

黔州刺史薛舒神道碑：

「五代祖道衡……高祖收……曾祖元超……祖毅…… 父儒童……　。 君諱
舒，字仲和……大曆十年薨於溪州之公館……大曆十一年合祔於萬年縣棲
鳳原，禮也。」（全唐文卷 375）

4. 河東薛氏西祖昂房

河東薛氏西祖昂房子孫有傳、碑者，如下：

①河東薛氏南祖
②河東薛氏西祖洪隆房
③河東薛氏西祖湖房
④河東薛氏西祖昂房
⑤河東薛氏西祖昂房寶積支

吳

潤

昇

青
沂

渤海

齊
徐

深

深
貝
亳

恒
趙
磁
相
滑
鄭
許

衛

太原

絳

洛陽

河中
⑤

①②③
京兆

隴西

薛戎、弟放，「河中寶鼎人。」（合鈔卷 206）

朝散大夫越州刺史薛公墓誌銘：

　　「公諱戎字元夫。其上祖懿……始居河東。四世祖德儒……曾祖寶允……

　　祖纁……父同……。長慶元年卒於蘇州……其年葬於河南偃師先人之兆。」

　　（全唐文卷 563）

唐宣議郎行曹州乘氏縣尉薛懿墓誌（14649）

　　「……曾祖寶胤……。貞元二年終於魏州貴鄉縣臨川里之私第……貞元六

　　年合祔葬於河南縣平洛里之原，禮也。」

5. 河東薛氏西祖昂房寶積支

揚州都督府長史薛寶積碑：「王處撰，長壽中立。河中。」（寶刻類編卷二）

薛珏，「河中寶鼎人。」（合鈔卷 240 良吏傳下）

薛莘，「河中寶鼎人。」（合鈔卷 240 良吏傳下）

第十三節　河東柳氏

新唐書卷七十三上宰相世系表三上，河東柳氏條：

　　柳氏出自姬姓。魯孝公子夷伯展孫薛駴生禽，字季，爲魯士師，謚曰惠，食采

　　於柳下，遂姓柳氏。楚滅魯，仕楚。秦并天下，柳氏遷於河東。秦末，柳下惠

　　裔孫安，始居解縣。安孫隗，漢齊相。六世孫豐，後漢光祿勳。六世孫軌，晉

　　吏部尙書。生景猷，晉侍中。二子：耆、純。耆，太守，號「西眷」。耆二子：

　　恭、璩。恭，後魏河東郡守，南徙汝、潁，遂仕江表。曾孫緝，宋州別駕、宋

　　安郡守。生僧習，與豫州刺史裴叔業據州歸于後魏，爲揚州大中正、尙書右

　　丞、方輿公。五子：鷟、慶、虬、檜、鸞。

1. 河東柳氏西眷慶旦支

河東柳氏西眷慶子：旦，隋黃門侍郎、新城男；機，隋納言、建安簡公。

旦之子孫有傳、碑者，如下：

　　柳亨、族子範、兄子奭、孫渙、澤，「蒲州解人。祖慶……父旦。」（合鈔卷

　　128）

　　隋檢校黃門侍郎柳旦墓誌：「正書，大業四年。」（寶刻叢編卷八引京兆金石錄）

碑出萬年縣。查世系表西眷慶子旦，字匡德，隋黃門侍郎，新城男。

唐贈蒲州刺史柳則碑：「唐來濟撰。永徽中立。」（寶刻叢編卷八，引京兆金石錄）

碑出萬年縣。查世系表，旦子則，隋左衞騎曹參軍。

柳宗元，「河東人。曾伯祖奭，父鎮⋯⋯。元和十四年卒⋯⋯子周六周七才三、四歲，觀察使裴行立爲營護其喪及其妻子還於京師，時人義之。」（合鈔卷 211）

柳子厚墓誌銘：

「子厚諱宗元，七世祖慶⋯⋯曾伯祖奭⋯⋯父鎮⋯⋯。元和十四年卒，以十五年歸葬萬年先人墓側。」（全唐文卷 563。寶刻叢編卷八引京兆金石錄）

右武衞將軍柳公神道碑：

「公諱嘉泰字元亨。今爲河東解人也⋯⋯曾祖則⋯⋯祖奭⋯⋯父爽⋯⋯。開元二十七年終於長安開化里之私第⋯⋯歸窆於萬洪固之原，禮也。⋯⋯其詞曰⋯⋯啟手杜陵，東陌秦原⋯⋯。」（全唐文卷 351）

故殿中侍御史柳公墓表

「唐貞元十二年葬我殿中侍御史河東柳公於萬年縣之少陵⋯⋯居虞鄉（屬蒲州）。⋯⋯又遷殿中侍御史、度支營田副使。」（合鈔卷 588。查世系表此碑主與西祖慶支的柳宗元叔最合，「某，朔方營田副使、殿中侍御史」）

故叔父殿中侍御史府君墓版文。

其文爲柳宗元所撰，與上碑略同。（全唐文卷 591）

故大理評事柳君墓誌：

「五世曰慶，相魏。魏相之嗣曰旦，仕隋爲黃門侍郎。其小宗曰楷，至於唐刺濟房蘭廓四州。楷生夏縣令府君諱繹，繹生司議郎府君諱遺愛，皆葬長安少陵原。遺愛生御史府君諱開，葬南陽，其嗣曰寬。」（全唐文卷 590）

　亡姊前京兆府參軍裴君夫人墓誌

　　　「柳氏至於有唐其著者中書令諱奭，中書之弟之子曰徐州府君諱子夏……

　　　府君從裕繼之……至於侍御史府君諱鎮……生賢女以配於裴氏……貞元十

　　　六年終於光德里第……其年安厝於長安縣之神禾原，從先塋祔皇姑宜也。」

　　　（全唐文卷 590）

　柳某碑

　　　「曾祖子夏……祖從裕……父察……。葬於萬年縣少陵。」

　　　（全唐文）

2. 河東柳氏西眷慶機支

柳機子逖，職方郎中；逖孫永錫有碑：

　　大唐故泉州刺史樂平公孫柳君墓誌銘：（16957）

　　　「君諱永錫，河東人也……。祖逖，屯田職方郎中……父偪。終於南陽穰

　　　縣里也，卽以垂拱元年葬於洛州北邙之原，禮也。」（芒洛冢墓遺文四編

　　　卷三）

3. 河東柳氏西眷虬支

河東柳氏西眷虬支子孫有傳、碑者，如下：

　　柳登、父芳、弟冕、冕子璟，「河東人。」（合鈔卷 200）

　　萬年縣丞柳君墓誌：

　　　「貞元十二年前萬年縣丞柳君終於長安升平里之私第……子宏禮、傳禮、

　　　好禮……。君同年葬長安縣高陽原，祔先塋禮也。君諱元方，解人也……

　　　七世祖虬。……曾祖悖……祖延州司馬……父頤……。」（全唐文卷590）

4. 河東柳氏道茂支

新唐書卷七十三上宰相世系表三上，河東柳氏繼載：

　　晉太常卿、平陽太守純六世孫懿，後魏車騰大將軍、汾州刺史。生敏，字白

　　澤，隋上大將軍、武德郡公。從祖弟道茂。

河東柳氏道茂支有傳者，如下：

　　柳晟，「河東解人，肅宗皇后之甥，母和政公主，（六世祖敏，仕後周爲太子

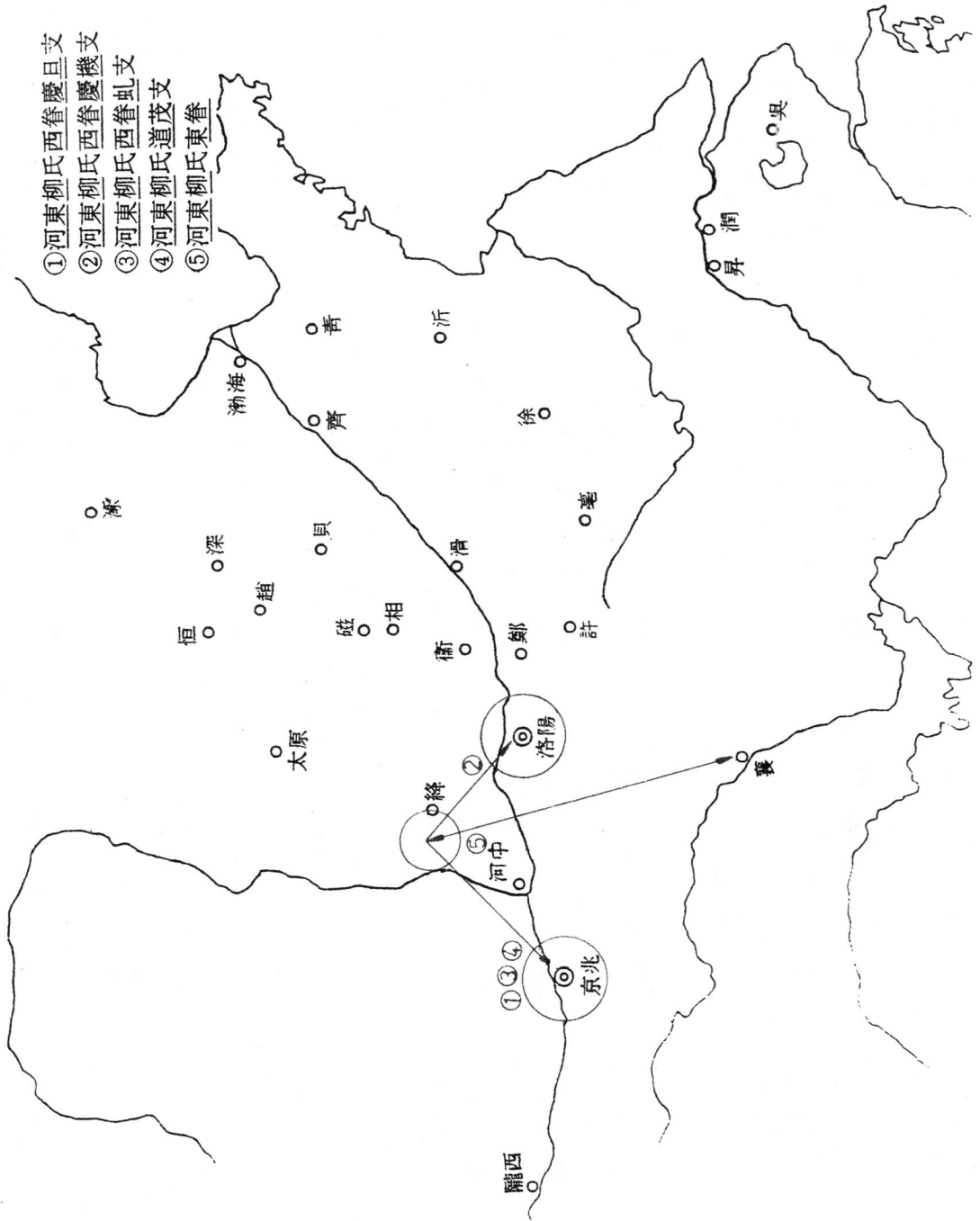

①河東柳氏西眷慶旦支
②河東柳氏西眷慶機支
③河東柳氏西眷慶虬支
④河東柳氏西眷道茂支
⑤河東柳氏東眷

渤海

青
沂
齊
徐
亳
漠
深
貝
滑
恆
趙
磁
相
衛
鄭
許
大原
絳
洛陽
②
河中
⑤
襄
河陽
①③④
京兆
隴西
昇
潤
吳

太保，父潭……。」（合鈔卷 237 外戚傳）

柳公綽、子仲郢、仲郢子璞、珪、璧、玭。公綽弟公權。公綽伯父子華。子華

子公度，「京兆華原人也。祖正禮……父子溫……。仲郢爲虢州刺史，數

月檢校尚書左僕射東都留守，盜發先人墓，棄官歸華原……咸通五年以本

官爲鄆州刺史天平軍節度觀察等使，授節鉞於華原別墅，卒於鎮。」（合

鈔卷 216）

柳知微妻潁川陳氏墓記：

「大和中歸我……以大中四年終于昇平里余之私第……葬于長安縣永壽鄉

高陽原……柳知微記。」（八瓊室金石補正卷 75 其考證：按柳公綽宅在

昇平坊……是知微爲公綽之近屬也。云云）

柳氏殤女老師墓誌

「我家之殤妹名曰老師是也。會昌五年卒于昇平里第……有六兄仲郢現任

京兆尹……。葬于杜城村。」（八瓊室金石補正卷 74）

柳璨，「河東人。曾祖子華，祖公器，僕射公綽之再從弟也，父邅。」（合鈔

卷 230）

5. 河東柳氏東眷[66]

新唐書卷七十三上宰相世系表三上，河東柳氏繼載：

平陽太守純生卓，晉永嘉中自本郡遷於襄陽，官至汝南太守。四子：輔、恬、

傑、奮，號「東眷」。

河東柳氏東眷子孫有傳者，如下：

柳渾、兄識，「襄州人。其先自河東徙焉，六世祖惔梁僕射，父慶休……。

（合鈔卷 176）

柳沖，「蒲州虞鄉人也。隋饒州刺史莊曾孫也，其先仕江左，世居襄陽。陳

亡，還鄉里。父楚賢。」（合鈔卷 247 儒學傳中）

第十四節　綜合研究

---

66. 元和姓纂四校記卷七柳氏條：「柳均誌：『自士師（舍）至晉黃門侍郎純爲三十代，純二子：長曰道年、
次曰道載，始分爲東、西眷』與新表所言亦有不同，表謂純生卓，號東眷也。」

房　　　支	新　　貫	遷移時間	備　　註
清河崔氏：1.清河崔氏鄭州房	鄭州→洛陽	北魏至玄宗	
2.清河崔氏許州鄢陵房	許州鄢陵→洛陽	唐前至睿宗	
3.清河崔氏南祖君實支	齊州→河南府	武后前→穆宗	
4.清河崔氏南祖琰支	洛陽	武后前	
5.清河崔氏清河大房	洛陽	玄宗前唐前半期	從世系表推測
6.清河崔氏清河小房	洛陽	德宗以前	貞元時洛陽已有先塋
7.清河崔氏青州房	青州→河南府	劉宋→玄宗	
博陵崔氏：1.博陵崔氏安平房	長安	憲宗	玄暐相武后中宗葬北邙。
2.博陵崔氏大房伯謙支	恆州→洛陽	玄宗	
3.博陵崔氏大房仲讓支	長安	玄宗前	
4.博陵崔氏第二房楷支	長安	北周	
5.博陵崔氏第二房孝芬支	關中	北魏末	
6.博陵崔氏第二房孝暐支	河南府	德宗	
7.博陵崔氏第三房	滑州→河南府	高宗	
8.博陵崔氏第三房玄亮支	磁州	玄宗前	
范陽盧氏：1.范陽盧氏陽烏房道將支	河南府	玄宗	
2.范陽盧氏陽烏房道亮支	河南府	高宗	
3.范陽盧氏陽烏房道虔支	河南府	玄宗	
4.范陽盧氏第二房	河南府	代宗前	

房　　　　支	新　　　貫	遷移時間	備　　　註
5.范陽盧氏第三房士熙支	滑州―河南府	武后前―玄宗	
6.范陽盧氏第三房士澂支	相州	玄宗前	
7.范陽盧氏第四房文翼支	河南府	玄宗前	碑出大歷，卒於天寶，並言耐先大夫
8.范陽盧氏第四房文甫支	蒲州	不詳（憲宗時人物）	
隴西李氏：1.隴西李氏姑臧大房蓁支	可能河南府	北魏	
2.隴西李氏姑臧大房彥支	河南府	高宗	
3.隴西李氏姑臧大房蒨之支	河南府	代宗	武后時已徙山東。
4.隴西李氏姑臧大房行之支	河南府	玄宗	
5.隴西李氏姑臧大房疑之支	可能鄭州	僖宗	
6.隴西李氏冲支	河南府	憲宗	
趙郡李氏：1.趙郡李氏南祖	河南府	代宗	
2.趙郡李氏南祖萬安支	鄭州	武后	
3.趙郡李氏南祖善權支	亳州→潤州→長安	高宗→憲宗	
4.趙郡李氏東祖颺房均支	河南府	玄宗前	懋祖孝端，隋臣
5.趙郡李氏東祖颺房均支	汝墳	唐初	仁膽大業中舉孝廉。
6.趙郡李氏東祖系支	河南府	玄宗	
7.趙郡李氏東祖曾支	河南府	玄宗	
8.趙郡李氏西祖盛支	長安	玄宗	

房　　支	新　貫	遷移時間	備　註
9.趙郡李氏西祖隆支	衢州——洛陽	玄宗——憲宗	
太原王氏：1.太原王氏大房	河南府	玄宗	
2.太原王氏第二房	河南府	高宗	
3.太原河東王氏	京兆府	德宗	
4.太原烏丸王氏僧辯支	河南府	武后	
5.太原烏丸王氏僧修支	同州	玄宗	
6.太原中山王氏	滄州→洛陽	中宗	
7.太原中山王氏王滿支	京兆府	德宗	
瑯琊王氏：1.瑯琊王氏弘直支	丹陽→咸陽	隋	
2.瑯琊王氏弘讓支	河南府	玄宗	
3.瑯琊王氏弘訓支	河南府	玄宗	
4.瑯琊王氏寬裔同皎支	江左→相州→京兆	南朝→隋→代宗	
5.瑯琊王氏寬裔同晊支	江左→相州→河南府	南朝→隋→玄宗	
6.瑯琊王氏冲支	河南府	玄宗	
7.瑯琊王氏肅支	洛陽	北魏末	
彭城劉氏：彭城叢亭里劉氏	彭城→河南府	唐前半期彭城洛陽皆有。唐後半期(懿宗)劉氏定著於洛陽。	
渤海高氏：1.渤海高氏北齊皇室房	長安→洛陽	唐初→武宗	
2.渤海高氏京兆房	衢州→京兆府	德宗	
河東裴氏：1.河東裴氏西眷	蒲州	高祖	
2.河東裴氏洗馬房天壽善政支	河南府	憲宗	

房　　　支	新　　貫	遷 移 時 間	備　　註
3.河東裴氏洗馬房天壽英支	京兆府	玄宗	
4.河東裴氏南來吳叔業支	絳州	唐前	
5.河東裴氏南來吳令寶支	洛陽	北魏末	
6.河東裴氏中眷萬虎支	洛陽	德宗前	碑出德宗時，自北魏即仕洛陽。
7.河東裴氏中眷雙虎支	聞喜→長安	玄宗前→德宗	
8.河東裴氏中眷三虎支	洛陽	德宗	
9.河東裴氏東眷澄支	京兆府	高宗	
10河東裴氏東眷澄希莊支	河內濟源	德宗	按河內濟源與北邙山乃一河之隔。
11.河東裴氏東眷道護支	長安	德宗	
12.河東裴氏東眷道護綱支	絳州聞喜	原籍	
蘭陵蕭氏：　1.蘭陵蕭氏皇舅房	關中	隋	
2.蘭陵蕭氏齊梁房懿支	洛陽	高宗	
3.蘭陵蕭氏齊梁房衍支	京兆府	高宗	
4.蘭陵蕭氏齊梁房衍嚴支	京兆府	高宗	
5.蘭陵蕭氏齊梁房衍岑支	河南府	隋	
6.蘭陵蕭氏齊梁房恢支	河南	玄宗	

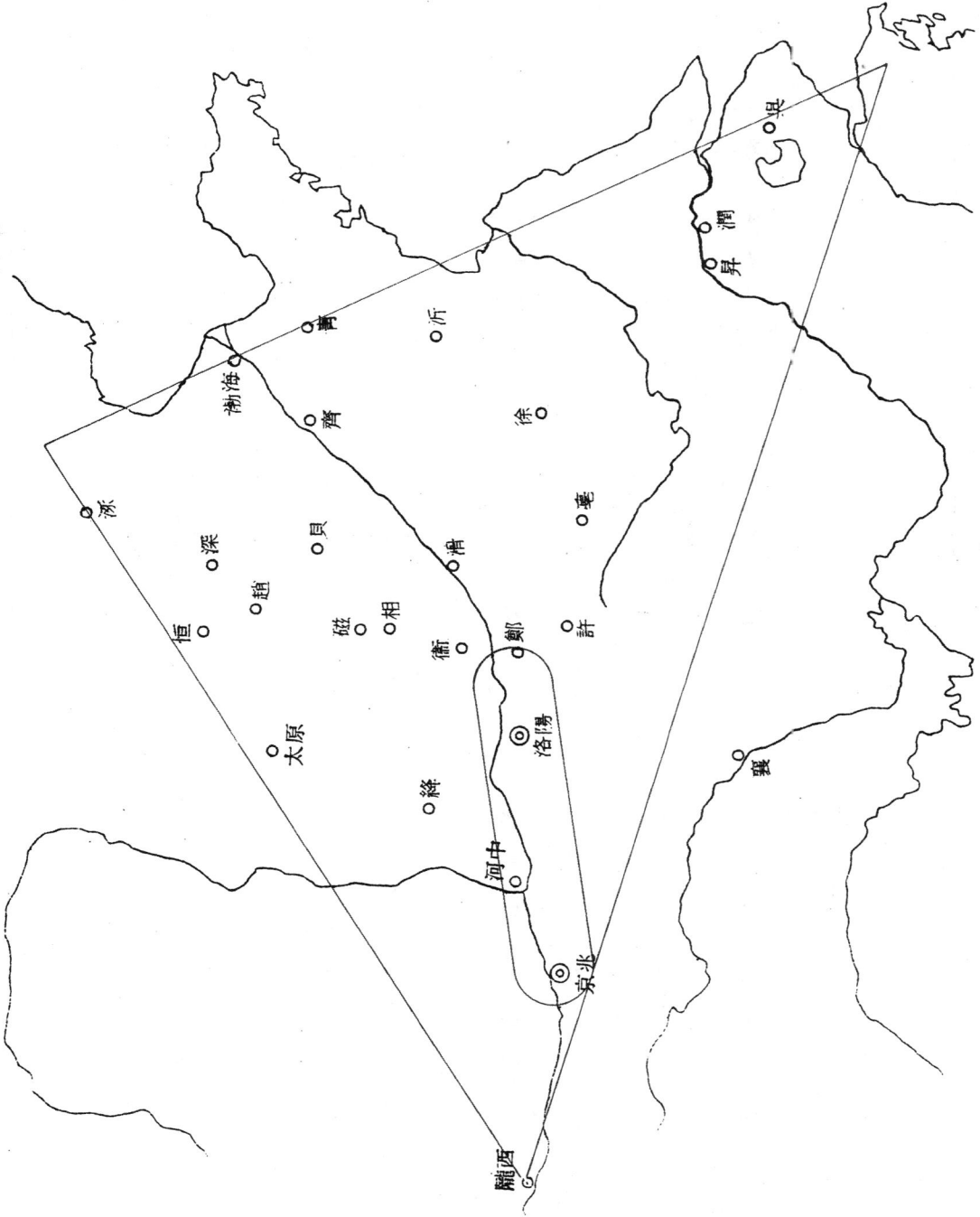

房　　　支	新　　貫	遷移時間	備　　註
河東薛氏： 1.河東薛氏南祖	河東→京兆府	文宗	
2.河東薛氏西祖洪隆房	京兆府	憲宗	
3.河東薛氏西祖瑚房	京兆府	太宗	
4.河東薛氏西祖昂房	河南府	穆宗	
5.河東薛氏西祖昂房寶積支	河中府	高宗	
河東柳氏： 1.河東柳氏西眷慶旦支	長安	隋	
2.河東柳氏西眷慶機支	河南府	武后	
3.河東柳氏西眷虬支	京兆府	德宗前	
4.河東柳氏道茂支	京兆府	武宗	
5.河東柳氏東眷	襄陽→河中虞鄉	隋	

第四章　結　　論

一、①根據上節之分析，如以十姓十三家爲單位，其遷徙之「新貫」爲：

清河崔氏：七個著房支皆在河南府。

博陵崔氏：八個著房支，四個在京兆府、三個在河南府、一個在磁州。

范陽盧氏：八個著房支，六個在河南府、一個在相州、一個在蒲州。

隴西李氏：六個著房支，皆在河南府。

趙郡李氏：九個著房支，六個在河南府、二個在京兆府、一個在許州。

太原王氏：七個著房支，四個在河南府、二個在京兆府、一個在河中府。

琅邪王氏：七個著房支，五個在河南府、二個在京兆府。

彭城劉氏：著房彭城叢亭里劉氏在河南府。

渤海高氏：二個著房，一在河南府、一在京兆府。

河東裴氏：十二個著房支，五個在河南府、四個在京兆府、二個原籍、一個河

中府。

蘭陵蕭氏：六個著房支，三個在河南府、三個在京兆府。

河東薛氏：五個著房支，三個在京兆府、一個在河中府、一個在河南府。

河東柳氏：五個著房支，三個在京兆府、一在河南府、一在河中府。

②如以十姓十三家之八十三個著房支爲單位，其遷徙之「新貫」爲：

河南府有四十九個、京兆府二十四個、河中府五個、河東二個、相州、許州、磁州等各一。

③魏晉南北朝士族（包括本文十姓十三家）郡望之地理分布，可規劃在一個大三角形之中（參見圖十四），此大三角形之一端在幽薊、一端在隴西、一端在吳會。依據上節十姓十三家著房著支遷徙圖所示，至唐代這些大士族之主要人物從各方面走向京兆河南這條線上，地方人物設籍或歸葬於兩京地區，表示其重心已遷移至中央而疏離了原籍，聚集在兩京附近的士族子弟們仍然是唐代官吏的主要成分[67]，如果以中央與地方之間的關係而論，這種現象的發展，顯示唐朝政府的地方基礎將日益薄弱。

二、兩京亦有區別，大士族著支遷移河南府者比京兆府者多一倍，唐代東都有其實際作用，全漢昇先生從經濟因素指出唐天子屢屢就食於東都，而運河是連接經濟中心與政治中心的大動脈，這是重大貢獻[68]。本文除了承認經濟因素以外，還加上社會因素，自北魏定都洛陽，以迄隋唐之發展，洛陽已成爲當時人文薈聚之所，是一個最重要的社會中心。本文甚至於進一步認爲東都所發揮的社會意義比天子就食洛陽的意義更爲重大，因爲汴梁是漕運重鎮，運河的船不能航行黃河，要在汴梁換船，汴梁至洛陽這一段黃河甚爲艱辛，代價極高[69]。如果唐天子純爲就食，汴梁比洛陽更爲恰當。

---

67. 參見拙文，唐代統治階層社會變動　第二章。

68. 參見金漢昇先生　唐宋帝國與運河　頁 11-12。

69. 舊唐書卷四十九食貨志下：「開元十八年……裴耀卿上便宜事條曰：『……至四月以後，始渡淮入汴，多屬汴河乾淺，又般運停留，至六七月始至河口，即逢黃河水漲，不得入河。又須停一兩月，待河水小，始得上河。入洛即漕路乾淺，船艘隘鬧，般載停滯，備極艱辛……發江南百姓不習河水，皆轉雇河師水手，更爲損費……』。
唐語林卷一政事篇上：「……汴水至黃河迅急，將吏典主，數運之後無不髮白者。」

三、河北大士族著支向 兩京一帶遷移的 跡象甚爲明顯 。 清河崔氏悉數遷移河南府附
近；范陽盧氏、趙郡李氏、博陵崔氏絕大多數遷向河南府，少數遷向京兆府；渤
海高氏遷移京兆與河南各半。上述五大士族共得三十四著房支，仍在河北地區者
僅二支：其一爲博陵崔氏第三房玄亮支，在磁州滏陽，地近相州，實際上已較原
籍南移半個河北；其二爲范陽盧氏第三房士澈支，在相州，亦較原籍南移半個河
北。著者於另一文「五代之政治延續與政權轉移」中發現，在（後）唐晉漢周、
甚至北宋初期[70] 河北人物在各地區之冠，唯從文、武兩途觀察之，五代北宋初之
人物甚少是屬於大士族之遠房傍支者，實另有新人出焉。這與西晉永嘉亂後的河
北景象成強烈對比，無論在五胡亂華時及北魏時代，河北地區大族甚受重視，並
且人物輩出。唐代河北大士族著支移向中央，對於晚唐五代北宋初人物動態及政
局發展，似乎有重大影響。

四、士族設籍或歸葬於中央地區的時間各不相同，如以京兆府、河中府、河南府爲唐
代的中央地區，本文十姓十三家之八十三房支之中，有七十八個設籍或歸葬於此
中央地區，從列傳記載或墓誌銘埋葬時間判定這七十八個著房著支的設籍歸葬時
代，可得下列各著房著支定著「新貫」之最遲時代（如有新資料出現，亦可能再
予提早），唐代以前有十個、高祖時一個、太宗時一個、高宗時九個、武后時四
個、中宗時一個、睿宗時一個、玄宗時二十二個、代宗時四個、德宗時十一個、
穆宗時二個、憲宗時七個、文宗時一個、武宗時二個 、 懿宗時一個 、 僖宗時一
個，共計七十八個房支。如以大段落分，安史亂前有四十九個、代宗至憲宗間有
二十四個、文宗至唐末僅五個。絕大多數著房著支在安史亂前完成「新貫」，安
史之亂或許對未完成新貫的房支有催促作用[71]， 但最大的遷徙風潮卻在高宗武后
及玄宗時間。

五、由上文分析，大士族著房著支遷移的目標是兩京一帶。士族「新貫」於中央是漸

---

70. 參見西川正夫「華北五代王朝の文臣官僚」。

71. 唐故銳州刺史贈禮部尚書崔公墓誌銘：
　　　「公諱元亮……博陵人……遺誡諸子：『自天寶以還，山東士人皆改葬兩京，利於便近，唯吾一族
　　　至今不遷，我歿宜歸全於滏陽先塋，正首邱之義也』」。

漸地，很少能以一道詔令立刻改變[72]，任官中央而長期居留兩京一帶，有時候要經過數世才設籍並歸葬於兩京一帶。唐代官僚制度中的選制對地方人物產生巨大的吸引力[73]，使郡姓大族疏離原籍、遷居兩京，以便於投身官僚；科舉入仕者以適合官僚政治為主，地方代表性質較低，士族子弟將以大社會中的知識份子求取晉身，大帝國由此獲得人才以充實其官吏羣。如果將具有地方性格的郡姓「新貫」於中央地區並依附中央的現象，稱為中央化；而又將代表性的性格轉變為純官吏性格的現象，稱為官僚化；則士族在中古時期的演變，一直在中央化與官僚化的螺旋進程中交互推移，最後成為純官僚而失去地方性，一旦大帝國崩潰，將受重大影響，此所以士族在晉朝永嘉亂後仍然興盛，而在唐亡之後就一蹶不振也。

參 考 書 目

一、正史與古籍類

史記　漢書補注　後漢書集解　三國志集解　晉書斠注　宋書　南齊書　梁書
陳書　魏書　北齊書　周書　南史　北史　隋書　舊唐書　新唐書　唐書合鈔
舊五代史　新五代史　資治通鑑　冊府元龜　文苑英華　通典　通志　文獻通考
潛夫論　顏氏家訓　元和郡縣圖志　長安志　洛陽伽藍記　唐摭言　唐語林

二、碑銘類

中央研究院歷史語言研究所藏墓誌拓片
欽定全唐文　嘉慶十九年　滙文書局版
漢魏南北朝墓誌集釋　趙萬里　民四十二年初版　民六十一年臺灣初版
石刻史料新編　民國六十六年編　新文豐出版公司（石刻史料叢書略同）：
　　金石萃編　金石續編　金石萃編補正　金石萃編補略　金石萃編未刻稿　金
　　石續錄　希古樓金石萃編　八瓊寶金石補正　八瓊室金石札記　古刻叢鈔

---

72. 例如魏書卷七下高祖紀下：「太和十九年六月丙辰，詔：『遷洛之民，死葬河南，不得還北，於是代人南遷者，悉為河南洛陽人。』」這是對胡人的作法，對漢士族並無這樣詔令。

73. 陳寅恪先生：論李栖筠自趙徙衞事「謂趙郡李栖筠遷移及不得不舉進士第，其理由為「然非河北士族由胡族之侵入，失其累世之根據地，亦不致此」，這種說法對於李栖筠而言可能是正確的，但對於其他士族遷移兩京（尤其是非河北士族），毋寧是由於選制所產生的巨大吸引力所致。

陶齋藏石記　陶齋藏甎記　金石錄　金石錄補　襄陽冢墓遺文　京畿冢墓遺文　中州金石考　中州金石記　安陽縣金石錄　東都冢墓遺文　芒洛冢墓遺文　芒洛冢墓遺文續編　芒洛冢墓遺文三編　芒洛冢墓遺文四編　山左金石志　山左冢墓遺文　山右刻叢編　山右冢墓遺文　隴右金石錄　陝西金石志　關中石刻文字新編　雍州金石記　汧陽述古編　扶風縣石刻記　滿洲金石志　滿洲金石志補遺　海東金石苑　集古錄跋尾　寶刻叢編　寶刻類編　石墨鐫華　平津讀碑記續記　集古錄目　古誌石華　偃師金石記　關中金石文字存逸考　寰宇訪碑錄

三、譜牒類：(宰相世系表見新唐書；氏族略見通志)

元和姓纂四校記　唐元和時林寶撰　岑仲勉校　民三十七年史語所專刊第二十九

古今姓氏書辨證附校勘記　宋鄧名世撰　民二十五年商務叢書集成初編

風俗通姓氏篇　漢應劭纂清張澍輯補注　知服齋叢書

姓氏尋源　清張澍著　棗華書屋藏版

姓氏急就篇　宋王應麟撰　玉海

萬姓統譜　清凌迪知輯　汲古閣藏板

名賢氏族言行類稿　宋章定撰　欽定四庫全書商務版

姓氏考略　清陳廷煒著　學海類編

四、專書論文類：

王伊同　五朝門第　金陵大學中國文化研究所叢刊乙種 1943

毛漢光　兩晉南北朝士族政治之研究　中國學術著作獎助出版委員會 1966

毛漢光　「兩晉南北朝主要文官士族成分的統計分析與比較」史語所集刊36下，1966

毛漢光　「我國中古大士族之個案研究——瑯琊王氏」史語所集刊 37，1967

毛漢光　唐代統治階層社會變動　影印博士論文 1969

毛漢光　「五朝軍權轉移及其對政局之影響」清華學報新 8-1.2，1970

毛漢光　「敦煌唐代氏族譜殘卷之商榷」史語所集刊 43-2，1971

毛漢光　「從中正評品與官職之關係論魏晉朝之社會架構」史語所集刊46-4，1975

毛漢光　「中國中古社會史略論稿」史語所集刊 47-3，1976

毛漢光　「中國中古賢能觀念之研究——任官標準之觀察」史語所集刊 48-3 ，
　　　　1977

毛漢光　「唐代大士族的進士第」中央研究院成立五十周年紀念論文集 1978

毛漢光　「五代之政治延續與政權轉移」史語所集刊 51-2，1980

毛漢光　「科舉前後（公元600年干300）清要官型態之比較研究」國際漢學會議
　　　　宣讀 1980

牟潤孫　「敦煌唐寫姓氏錄殘卷考」臺大文史哲 3，1951

金漢昇　唐宋帝國與運河　史語所專刊 24，1944

余英時　「東漢政權之建立與世家大姓之關係」新亞學報 1-2，1956

余英時　「漢晉之際士之新自覺與新思潮」新亞學報 4-1，1959

岑仲勉　「貞石證史」史語所集刊 8-4，1939

岑仲勉　「唐集質疑」史語所集刊 9-1，1947

岑仲勉　唐史餘瀋 1960；隋唐史 1957

金發根　「東漢黨錮人物的分析」史語所集刊 37上，1967

許倬雲　「西漢政權與社會勢力的交互作用」史語所集刊 35，1964

陳寅恪　「李德裕貶死年月及歸葬傳說辨證」史語所集刊 5-2，1935

陳寅恪　「述東晉王導之功業」在陳寅恪先生論文集補編 ， 原刊中山大學學報
　　　　1956

陳寅恪　「論李栖筠自趙徙衞事」在陳寅恪先生論文集補編，原刊中山大學學報
　　　　1957

勞　榦　「漢代察舉制度考」史語所集刊 17，1948

勞　榦　「關東與關西的李姓與趙姓」史語所集刊 31，1960

賀次君　「西晉以下北方宦族地望表」禹貢 3-4，1935

楊筠如　九品中正與六朝門閥　上海商務 1930

楊聯陞　「東漢的豪族」清華學報 11-4，1936

嚴耕望　「漢代地方官吏之籍貫限制」史語所集刊 22，1950

嚴耕望　中國地方行政制度史　史語所專刊 45，1950-52

嚴耕望　「秦漢郎吏制度考」史語所集 23上，1951

嚴耕望　治史經驗談　臺灣商務 1981

矢野主稅　「魏晉百官世系表」長崎大學史學會 1960

西川正夫　「華北五代王期の文臣官僚」東洋文化研究所紀要 27，1963

Dien, Albert E. "The Bestowal of Surnames under the Western Wei–Northern Chon" T'oung Pao. Vol. LXIII, 1977.

Eberhard, Wolfram:「The Rulers and Conquerors: Social Forces in Medieval China」Leiden, Sec Edition 1965.

Ebrey, Patricia Buckley. The Aristocratic Families of Early Imperial China– A Case Study of the Po-ling Ts'ui Family, Cambridge University Press. 1978.

Johnson, David. "The Last Years of A Great Clan: The Li Family of Chao Chün in Late T'ang and Early Sung"Harvard Journal of Asiatic Studies, Vol 37-1. 1977.

出自第五十二本第三分（一九八一年九月）

隋唐永濟渠考

嚴耕望

引　言

隋開運河在中國運河史上居於極重要之地位，蓋其工程南達餘杭，北通涿郡（幽州），西連京、洛，使南北交通暢活，且與兩京取得直接聯繫，故史稱「隋氏作之雖勞，後代實受其利」也。然唐史顯示，聯繫黃河與江淮之通濟渠所發揮之作用為最大，故前人多所致意，近代中外學人考論者亦數家；而聯繫黃河北通幽燕之永濟渠，則殊少措意。就我所知，近代學人之觸筆此渠者，惟張崑河有隋運河考（禹貢第七卷第一二三合期）與岑仲勉先生黃河變遷史有永濟渠一目（頁三〇二至三一一）而已，皆非專力於永濟渠作深入之研究者。按永濟渠在唐代交通運輸上之價值誠不若通濟渠之顯著。然此渠不但為聯繫東都洛陽與東北重鎮幽州之直接渠道，且可由滄德航海至平州（今盧龍縣治）與遼東，或亦可由獨流口（今天津市西靜海西北獨流鎮）東北循曹操所開泉州渠及新河故瀆通漕平州。故隋氏用兵遼東，以黎陽（今濬縣東）為漕運中心；唐代前期，為備突厥、契丹，亦積軍資於清河（今清河縣），稱為天下之北庫；蓋皆藉此渠為之轉輸也。是則此渠對於當時東北交通實具有不可輕忽之重大作用。惟安史亂後，河北為藩鎮割據，唐室資糧全恃東南，是以通濟渠之作用益顯；而永濟渠不在唐室威令所及範圍之內，故其作用乃晦而不彰耳。

此篇分為三節。第一節論證渠道上游開鑿之取線。此為本文撰述重點之所在，亦

前賢所未能深入探究者。 第二節考新鄉東北至獨流口之渠道所經 ，可稱爲渠道之中段。此則元和志、寰宇記等唐宋志書所已紀述者 ，岑書多已綜錄，今惟更加詳悉而已。第三節考幽州東南至獨流口之渠道所經，可謂爲渠道之北段。此則宋代志書稍見表露，而爲前賢所未留意者。盡此三節，隋開永濟渠道藉可大明，卽隋唐時代河北道南北交通之大動脈仍能歷歷可指也。

　　文末本附曹操所開平虜泉州新河三渠考略。按曹氏所開平虜渠、泉州渠寔東達遼西郡境，謂之新河。卽西引泒水（今沙河）溲沱水，東北橫過雍奴藪（今天津寶坻寧河間尚存遺跡曰七里海。）又東經今唐山南境，至樂安亭（今灤縣東南樂亭縣東二里）東南，注入濡水（今灤河）。全部流程約逾千里，實東北漕運之通渠；其東段新河流於海岸之北，蓋以避海上風濤之險。唐初此渠雖已失修，但水盛季節，蓋仍能通航，實可視爲永濟渠向東北申延之一支渠， 故並略考之。 惟本文已逾此論文集限定之字數，且爲趙先生撰紀念論文者必甚多，不欲此篇份量太多，故此附考已別刊於大陸雜誌（第六十五卷一期），讀者如有興趣，幸並觀之。

一、永濟渠上游開鑿取線之辨證

　　隋書煬帝紀云，大業四年「正月乙巳，詔發河北諸郡男女百餘萬，開永濟渠，引沁水，南達于河，北通涿郡。」他處所見紀事略同。惟通鑑考異引大業雜記云：「三年六月，敕開永濟渠，引汾水入河，於汾水東北開渠，合渠水至于涿郡二千餘里，通龍舟。」汾爲沁之譌。「渠水」蓋「清水」之形譌。此云「於沁水東北開渠」，最爲詳明。卽分沁水爲兩支，主流仍南達于河，開渠分津之支流東合清水，北通涿郡也。

　　隋書記開永濟渠事， 除煬帝紀外， 其卷二四食貨志亦云是年「引沁水南達于河，北通涿郡。」册府元龜四九七邦計部河渠二，所記與煬紀一字不異。通鑑一八一隋煬帝大業四年條，惟易「開」爲「穿」耳。雜記作三年六月者，蓋發勅擬議，與正式下詔興工，固當有先後也。

　　又考異引雜記，加按語云：「按永濟渠卽今御河，未嘗通汾水，雜記誤也。」溫公正文作沁水，謂雜記作「汾」誤。蓋「汾」「沁」形近，且古音亦相近，故致爲誤耳。岑先生以爲張崑河說，（黃河變遷史頁三〇七）非也。

至於雜記「開渠合渠水」之「渠水」爲「清水」之誤者，須稍詳說明如下：

按由沁水開渠東北至涿郡，楊氏隋書地理志圖即以爲引沁入清。張岑兩家亦以爲引沁入衞，皆是也。楊張兩家無說，岑先生則專引明清沁河故道入衞爲證，詳下文。其實明清沁河故道入衞，只可爲隋渠道之輔證，不足以證明隋代永濟渠之果入衞也。

今按衞河上源古曰清水，發源於今獲嘉縣北境之太行山脈中，水經注九清水注及元和志一六、寰宇記五三（懷州）、五六（衞州）載之甚詳。懷（今沁陽）、衞（今汲縣）之間，北阻太行，南臨黃河，爲一狹長地帶，自西向東流之河道，僅有衞河上源之清水，不見他水，更無渠水之名。水經注記水道極詳盡，此處亦無渠水。且此書撰述只在大業開渠前八十餘年，在此八十年中，亦未必能形成一條頗大之河流。且若果有另一水名渠水者，則必在清水之南或清水之北。若在清水之北者，清水既發源於此地區北境之太行山脈中，隋人分引沁水東行，亦不可能越過清水而合入此渠水。若在清水之南者，中古黃河河牀在今黃河之北頗遠，元和志一六衞州目，黃河「流經汲縣南，去縣七里，謂之棘津。」寰宇記五六衞州目，同；又云新鄉縣有「延津關在縣東南三十五里，東南過河入滑州大路。」則黃河在新鄉、汲縣南甚近。元和志又云清水在新鄉縣北一里。寰宇記同，又云清水在汲縣北三里。是新鄉汲縣地區，清水與黃河南北距離少僅十里，多亦不過三十六里，可謂極相近，亦不容另有一條頗大之水道與之平行東流也。故可斷言，此「渠水」之「渠」必即爲「清」之壞字無疑，涉上文「渠」字而誤耳。復考九域志二衞州汲縣有黃河、御河。檢元和志一六衞州汲縣目及寰宇記五六同目，皆不言汲縣有御河。按御河即永濟渠，非小河，汲縣北逼山區，南距黃河僅十里，故汲縣南北，除清水外皆不容另有一河，是此御河亦即指清水而言無疑。此亦隋人開渠引入清水之一強證。

是此項工程，一方面濬治沁水下游，南注黃河之一段。一方面於沁水左岸開一渠口，分引沁水東流注入清水以通涿郡。蓋沁水雖本入河，然水濁多沙，湍激之勢踰於黃河，非加功濬治不能大通漕運。而新開渠道工程尤巨，且其下游長達二千里，雖多循舊河道，然亦當有須增濬處，故分引沁水東流之新渠道，尤爲主要工程也。

此項工程之基本史料，俱如上引，隋書記載雖過略，但參以雜記之文，其事甚明。第以沁水本自入河，致讀者易生疑惑，岑仲勉先生曰：「據水經注九，沁水本來是流入黃河的一支，何需乎引？」（見前揭黃河變遷史第九節第二目隋代的間接治河永濟渠條。）可為代表。按沁水發源於山西境，南流至武陟縣東南入黃河，自漢代迄今兩千年，各書所記無異說，此觀漢書地理志上黨郡穀遠縣條並顏師古注及吳卓信漢志補注卷七穀遠縣條所引諸書可知也。然明史八七河渠五，常居敬曰：「沁水多沙，入漕反為患。」又紀要四九懷慶府武陟縣，「明朝永樂九年，沁河溢，淹沒縣境田廬，詔修決口以禦之。蓋沁河多沙而橫暴也。」又一統志懷慶府卷山川目，「按沁水至武陟界，與黃會合，其湍激之勢，較黃河益甚，而武陟東岸之蓮花池、金屹嶝最其衝射要害處。」又明史八七河渠志五沁河條，萬曆三十三年范守己言，「近者十年前，河沙淤塞沁口，沁水不得入河，自木巒店決岸，奔流入衞。」是沁水既多沙湍激，至稱橫暴，加以沁口承流之黃河復多沈沙，自易淤塞，且有淤塞之史例，則欲大通漕運，自必再事修濬。史稱引沁入河，雖有語病，此乃中古文體，強為駢儷，以辭害意之過耳。岑書引趙世暹解隋紀此段文字云：「引沁水」應屬上文「開永濟渠」為一句，「南達于河」二句係全渠通道。按此解於事理雖可通，但文句殊欠順，若為先秦古典，尚可說；中古文字，則絕少此類型語句。況同書食貨志只云「引沁水南達于河，北通涿郡」，更無法如趙氏斷句；而岑先生反以為然，何耶？

惟此開渠分沁水東北通涿郡之重要渠道，隋書兩處所記皆不詳，故前人研究者張、岑兩家皆置重於此，擬議云引沁入衞，是也。但究其實，雜記已明言之，楊氏隋地理志圖亦據以繪圖。蓋「開渠合清水」，清水即衞河也。

張崑河隋運河考（禹貢第七卷第一二三合期）云：

> 「沁水至修武境南入黃河，今雖不通衞河，在昔時尚有一流直達衞河。讀史方輿紀要新鄉縣：『沁河在縣西，今涸。一統志：沁河故道，自懷慶府武陟縣入獲嘉縣境，下接新鄉縣，又東北接汲縣界，北抵清河。』此道與衞水之道同，當即為引沁入衞之道。」

此謂開渠乃引沁入衞。證雖不強，然大要得之。岑先生亦曰「開永濟渠，主要在引沁入衞。」其主要論證，即元明清三朝仍見沁衞時或相通。茲錄其所提最早證據即元代之史證兩條如下：

> 元史一六四郭守敬傳，世祖中統三年，守敬面陳水利事云：「懷孟沁河雖澆灌，猶有漏堰餘水，東與丹河餘水相合，引東流至武陟縣北，合入御河，可灌田二千餘頃。」

> 同上五一五行志二，順帝至元三年，「六月，衞輝淫雨，至七月，丹沁二河泛漲，與城西御河通流。」

明代沁河與衞河時通時塞，沁河常泛溢，更必入衞河，此於明史八七河渠五沁河、衞河條言之已詳，岑書已引用不少，且及行水金鑑、水道提綱、清史稿、東華錄，以見清代之情況，文長不復多列。

至於所開渠道上承沁水之渠口與下入清水之水口各在何處，則殊難定。楊氏隋志圖置上口（分引沁水處）於今武陟、懷慶（沁陽）間，約在武陟西四五十里；置下口於獲嘉之北，入清水，合稱永濟渠。而岑氏似主元明清之沁河故道，包括孟姜女河，以為即隋渠遺跡，此本一統志之舊說也。

> 岑書頁三〇二至三〇七專論永濟渠當是引沁入衞，所引證據主要為明清志書所記沁河故道，雖未明言即隋故跡，然其意可知也。又引香河紀程，「沁河故道俗名孟姜女河。」以為「這條故道也許一部分是大業所開的遺跡。」且於注五二云「大業故迹，似以孟姜女河為近似。」其意尤顯。至於一統志之意見，其衞輝府卷山川目沁河條云：「沁河故道自武陟縣流入獲嘉縣南，又東南經新鄉縣南，又東北經汲縣北入清河。」並加按語云：「沁河支流，自武陟縣紅荊口，經衞輝入衞河，隋大業中開永濟渠，嘗引以通涿郡。」更明白言之矣。

明清志書所謂沁河故道者，自懷慶府武陟縣東北流，經修武縣西南，又經獲嘉縣西南，又東經新鄉縣南，又東北至汲縣北入清水，即衞河。並指為即元人郭守敬所謂沁、丹餘水自武陟北，東引入御河也。然其注入清水處，或云在新鄉西，或云在獲嘉境，或更云修武城西有沁水。又或云武陟分流六十里通衞，或云百里、百二十里，亦大不同。蓋通塞不常，泛濫所行，亦各異道耳。

明史八七河渠志五沁河條云：

「沁河至武陟縣，與黃河合。其支流自武陟紅荆口經衛輝入衛河。元郭守敬言，『沁餘水引至武陟，北流合御河灌田。』此沁入衛之故跡也。」

按郭守敬擬議已詳前引元史一六四郭守敬傳。檢紀要四九衛輝府新鄉縣，「沁河在縣西，今涸。」引明一統志云：「沁河故道自懷慶府武陟縣入獲嘉縣境，下接新鄉縣，又東北接汲縣界，北抵清河。」嘉慶一統志衛輝府卷山川目沁河條：「沁河故道自懷慶府武陟縣流入獲嘉縣南，又東南經新鄉縣南，又東北經汲縣北入清河。」方向稍詳，且指為隋永濟渠故道。同書懷慶府卷山川目沁水條：「其枝河自武陟縣北，東引入修武縣，經縣西南，又東入衛輝府獲嘉縣界。」此亦即沁河故道也，云經修武縣西南境。綜此諸條記事，可知其全程所經，與元史所記方向似略合。清一統志云，經新鄉縣南，入汲縣境，是其與清水合口在新鄉之東，而紀要云沁河在新鄉縣西，又云修武縣西有沁河，是不同。復考明史八七河渠志五沁河條，景泰四年，劉清請「濬岡頭百二十里以通衛。」王晏亦言「開岡頭置閘，分沁水，使南入黃，北達衛。」又行水金鑑二一引續通考，嘉靖初，胡世寧奏，「舊聞沁水至荆口分流一道，六十里通衛河，近年始塞。」同書五六引小谷口薈蕞，武陟「東北有蓮花池，在沁河東岸，地名木欒店，去衛河百里。」（此兩條皆岑書引。）又紀要四九懷慶府武陟縣蓮花池條，「東去衛河百里。萬曆十五年，沁從此決，衛輝府之獲嘉、新鄉俱受其患。」按武陟東北至新鄉不止一百二十里，而明代嘉靖以前沁水通衛故道僅六十里，其入衛水口當在獲嘉以西，劉靖擬議濬開渠道亦只一百二十里，入衛水口亦當在新鄉以西，不在新鄉之東也。且上引史料述沁河故道及沁決受患處，或經修武，或不提修武，似亦有異。或者元明時代，沁衛通塞不常，所謂沁河故道亦不一道也。

至於此故道之上口，即元明時代分沁東流處，大抵在武陟縣東北沁水弓出處之東岸，地名木欒店，又名蓮花池，（武陟縣東北四里），或云在紅荆口，或在馬曲灣，皆相去不遠。時或決大樊口，則在武陟縣西約三四十里之沁水北岸。

明史八七河渠志五沁河條云：「其支流自武陟紅荆口經衛輝入衛河，……此沁

入衞之故跡也。」下文云「宣德九年，沁水決馬曲灣經獲嘉至新鄉入衞。」嘉靖六年，胡世寧言，沁水自紅荆口分流入衞，近年始塞。萬曆十五年，沁水決武陟東岸蓮花池、金屹嶋，一云決木欒蓮花口而東，新鄉獲嘉盡淹沒。三十三年范守己言，十年前河沙淤塞沁口，沁水不得入河，自木欒店東決岸，奔流入衞，河形直抵衞滸，至今存也。又紀要四九懷慶府修武縣，沁水「在縣西，萬曆中，沁水決于武陟縣東之大樊口，縣首受水患。」是沁水分津入衞，或潰決入衞，大抵自武陟之紅荆口，或云木欒店、蓮花池，或云馬曲灣，或云大樊口。檢紀要四九懷慶府武陟縣蓮花池條，「在縣東北沁河東岸，地名木欒店。其相鄰者，地名金屹嶋，東去衞河百里。」「木欒在沁河北岸，與大樊口相鄰。」一統志懷慶府卷山川目蓮花池條，「武陟縣東北木欒店，亦名蓮花口。」又關隘目，木欒店「在武陟縣東北四里，瀕沁河，邑中市集之最。」是木欒、蓮池之地望可確指；國防研究院中國地圖集河南圖，武陟縣東北尚著此地名。紅荆口當亦在其左近。馬曲灣當在馬曲村左近，村在武陟東，見乾隆懷慶府志四古蹟目。大樊口，上引紀要云在武陟東，而一統志懷慶府卷沁水條引舊志，嘉靖三十五年決武陟縣西北大樊村，是不同。考乾隆懷慶府志六河渠志，趙奐麗修沁河傅村隄碑，增隄四處，起傅村決口，紆折而西曰大樊，曰小東，曰南王。又民國續武陟縣志九沁水條，自沁陽東至武陟，北岸村莊十六個，其第七爲北樊，八爲大樊，則必在縣西北頗遠，當在三十里以上也。

所謂孟姜女河者，由武陟縣直東流經新鄉縣西南，折東北經延津縣北境之故胙城縣（延津北三十五里）境，北達汲縣，亦稱爲沁河故道。按此道當僅爲明淸時代最南線之沁河故道，或爲中古黃河故道。絕非隋永濟渠故道也。

行水金鑑一六二引看河紀程，「沁河故道俗名孟姜女河，自武陟縣流經胙境（今延津縣北三十五里），北行與汲相接，在漢隄西，久塞。」（岑書頁三〇五引）。又一統志衞輝府卷山川目，除沁河故道外，又有孟姜女河，云「卽沁河故道，自新鄉縣西南任旺村白水坡折而東北，由延津界西馬村達汲縣小白古橋入衞河。每年天雨時如此，否則僅有其形。」同書懷慶府卷山川目沁水條，「有舊沁河，在原武縣西北。」蓋卽所謂孟姜女河之西段。是此孟姜女故河道由

武陟直東經原武北境，延津北境，折而北至汲縣。檢 ONC 圖 G—9 幅，武陟縣東有一小水由東向西流入沁河。可能卽此故道之西段，因爲東段不詳，看似由東向西流耳。岑書引行水金鑑，又加按語云，「這條故道也許一部份是大業所開遺跡。」注五二又強調此項意見。按孟姜女河故道，至少東段，顯與前文所述沁河故道，由新鄉東北直達汲縣者之流程不同，故一統志亦分別記之。按延津縣北至衞輝府治所汲縣七十里，胙城故城在延津縣北三十五里，（方向里距皆據一統志）卽在汲縣之南亦三十五里。據元和志一六，寰宇記五六、五三，唐代黃河在汲縣南七里，新鄉縣東南三十五里（延津關），獲嘉縣南四十里，則今延津縣北境之胙城故縣境實在隋唐黃河之南，然則此孟姜女河亦稱爲沁河故道者，蓋元明時代沁水屢次潰決東流之一故道耳。若果爲隋唐之故跡，則至少東段（獲嘉以東）當爲隋唐黃河故道，絕非隋分沁水東流之永濟渠故道也。又按紀要四九衞輝府新鄉縣黃河條，「縣境有漢隄。志曰，自獲嘉西南四十里至縣（謂新鄉縣）南，又東北至胙城縣，又北接汲縣，皆有漢隄。」則看河紀程所謂「在漢隄西」者，蓋漢隄爲漢代黃河南岸之隄防，隄西故河道正卽黃河故道也。

而前述由武陟紅荆口、木欒店分津東北流經修武、獲嘉、新鄉之諸北線沁河故道，其中之一當有爲隋代永濟渠故道之可能，然究取何道亦難定。按水經注之沁水、清水兩注，丹水爲沁水之東源，由太行山北，向南流出山，逕郟城（今博愛縣西北）西，又南分爲東西兩支。西支爲主流，向南流入沁水。東支爲光溝水。光溝東南流又分津爲界溝水，界溝東南流又分津爲長明溝水，光溝、界溝之主流皆南流亦注入沁水，而長明溝水則東流逕雍城（在州縣故城西北三十五里）南，又東注入吳澤陂，陂水東流入清水，卽衞水之上源。且長明溝水於州縣故城（卽唐武德縣，在沁水南岸，西至今沁陽、東至武陟，各約五十里）之北境，亦分津南流爲白馬湖，湖水南流爲白馬溝水。白馬溝水又南分爲兩支：其一南流入沁水；其一東流爲蔡溝水，仍東注長明溝水。則北朝末期，清水（卽衞水）之最西源頭，實上承丹水在今博愛縣西北地區之分津，其流向略與沁水南北平行，相距不到三十里。在此段平行流程中，且有白馬湖、白馬溝水、蔡溝水爲之直接聯繫通津，其聯繫點在今武陟縣西北約五十里之州縣故城北岸白

馬水口，而蔡溝水南距沁水殆不踰十里，其關係可謂至爲密切。（參看頁33地圖）

水經注九沁水注云：

「丹水出上黨高都縣故城東北……東南出山（太行山），逕郊城西，……京相璠曰，河內山陽（今修武縣西北三十五里）西北六十里有郊城。（據此當在今修武縣西北九十五里，即約今博愛縣西北境。乾隆懷慶府志四古蹟目云在府城東北四十里清化鎮，與酈注稍有不合，蓋在鎮北，即今博愛縣北也。）……丹水又南，光溝水出焉。丹水又西逕苑鄉城北，南屈東轉，逕其城南，東南流注于沁，謂之丹口。……沁水又東，光溝水注之。水首受丹水，東南流，界溝水出焉。（光溝水）又南入沁水。沁水又東南流，……逕中都亭南，左會界溝水。水上承光溝，東南流，長明溝水出焉。（界溝水）又南逕中都亭西，而南流注于沁水也。」

是則丹水於郊城西南地區向東南分津爲光溝水；光溝東南流，分津爲界溝水；界溝東南流，分津爲長明溝水。光溝、界溝主流雖皆仍南歸丹水下游之沁水，但長明溝水則未見下落。復檢同書同卷清水經云，「清水出河內修武縣（今獲嘉縣治）之北黑山，東北過獲嘉縣（今新鄉西南十二里）北。」注云：

「黑山在縣（修武縣，今獲嘉縣）北白鹿山東，清水所出也。……清水又東南流，吳澤陂水注之。水上承吳陂于修武縣故城（今獲嘉）西北。……魏土地記曰，修武城西北二十里有吳澤水陂，南北二十許里，東西三十里，西則長明溝水入焉。……水（長明溝水）上承河內野王縣（今沁陽）東北界溝，分枝津爲長明溝，……（長明溝）東逕雍城（故州縣西北三十五里）南，……又東逕射犬城北。……長明溝水東入石澗，東流，蔡溝水入焉。水上承州縣（今沁陽武陟間，相去各五十里）北白馬溝，東分謂之蔡溝，東會長明溝水。（長明溝）又東逕修武縣（今獲嘉）之吳亭北，東入吳陂。陂水東流，謂之八光溝，而東流注于清水。」

是則由丹水再三分出枝津之長明溝水實東流入清水，即入衛水也。且此段所記，注入長明溝水之蔡溝水，乃自白馬溝分出。檢沁水注，長明溝水自界溝水分出後，東流復分爲兩水。其一東流仍名長明溝水，下游入清。其一南流爲白

馬湖，湖水南流爲白馬溝水。白馬溝水南流又分爲二，「一水東出爲蔡溝，一水南注于沁。」是則清水最西之上源爲分自丹水之長明溝水。此溝水與沁水南北平行已極相近。復按清水注云，長明溝水東逕雍城南。據一統志懷慶府卷古蹟目雍城條，「魏土地志，州縣有雍城。郡國縣道記，故雍城在武德縣西北三十五里。」又射犬城條引光武紀更始二年章懷注，射犬城在武德縣北。按唐武德縣卽故州縣，西至沁陽縣、東至武陟縣，皆約五十里之沁水南岸。（參元和志·寰宇記。）則雍城在沁水之北不到三十里，卽長明溝水與沁水南北相距不會超過三十里也。復有白馬湖、白馬溝水、蔡溝水爲之聯繫，更直接通津矣。又據酈注，白馬溝水分津爲蔡溝水處及南注沁水處，皆在州縣故城北，州縣故城卽唐武德縣治，東至武陟縣約五十里。是則北朝末期，清水最西上源與沁水直接聯繫通津處在武陟西微北不過五十里之譜。而清水最西上源之北支爲上承丹水之長明溝水，與沁水南北平行，相距不到三十里。南支蔡溝水與沁水平行，相距可能不到十里（一統志懷慶府〔今沁陽縣〕卷山川目白馬溝水條引府志，白馬湖在府東北二十里。則在沁水北應不到十五里，蔡溝水又在湖之南。）且與沁水直接通津。岑書之「水經注九所記，丹水只流入沁水，並無支流分入清水。」（頁三〇五）又云：「水經注沒有隻字提及沁、衞的聯繫。」（頁三〇六）殊非事實。

以清代言之，長明溝水名小丹河，又名預河，自河內縣（今沁陽）東北境由大丹河分津東流，逕清化鎮（今博愛縣治）南，鎮在河內東北四十里。又東逕武陟縣北，又東逕修武縣南五里，又東入吳澤陂，陂水又東逕獲嘉縣北，至新鄉縣西合河鎮，注入清水。

一統志懷慶府卷山川目長明溝水條云：

「在河內縣城東北，與河（丹河）分流，經清化鎮南，又東經武陟縣北，又東經修武縣南，流入衞輝府獲嘉縣界，一名預河，今曰小丹河。……明統志，預河在修武縣（今縣）南五里，……東入衞河。修武縣志，小丹河舊在縣南五里，明嘉靖間改流縣北爲三里河，萬曆十三年復導經縣南，附城而東，經獲嘉縣入衞。」

按同書衞輝府卷山川目小丹河條云，「在獲嘉縣北，自修武縣流入，經縣東，北合清水入衞。一曰蔣河。」參胡林翼地圖，實經獲嘉縣北而東也。又行水金鑑一六二看河紀程，小丹河流至新鄉縣城西合河鎮，與衞河合。是上下流程皆可知也。

清化鎮者，一統志懷慶府卷關隘目，鎮在河內縣東北四十里。金史地理志，河內有清化鎮。明正德中築城。檢中華民國行政區域簡表，民國十八年於鎮置博愛縣。而紀要四九，武陟縣有清化鎮，在縣東北四十里。疑誤。

又一統志不言入吳澤陂。檢胡林翼地圖，小丹河經修武縣南，北注吳澤，則與清水注所記長明溝水東注吳澤陂、陂水又東流注清水全同。吳澤陂之地望，前引清水注，在修武縣西北二十里，即清代獲嘉縣西北二十里。檢一統志衞輝府卷山川目，吳澤陂條，云在獲嘉縣西北；而引獲嘉縣志，在縣西南十三里，名三橋陂，一名太白陂。蓋陂水南北寬二十餘里，其東北岸在縣之西北，東南岸在縣之西南也。又紀要四九懷慶府卷修武縣有吳澤陂，在縣北十里。蓋陂水東西廣三十里，其西端在明修武縣之北也。皆與酈注合，胡林翼圖亦大體得之。但民國修武縣志總圖已無此陂。

小丹河以南，白馬湖、蔡溝水仍見在，東流經武陟縣西北，修武縣南，又東入小丹河。而白馬溝南入沁水之水口已淤塞，蓋改道東流爲上清河，經武陟縣西北十七里，疑合入蔡溝。別有東道山河亦經武陟西北十七里，在蔡溝之南，流向相同，東經修武縣南，似直接入清水，已淤廢。

小丹河以南，一統志懷慶府卷山川目有數條記事，可窺見白馬湖、白馬溝水與蔡溝水之遺蹟：

白馬溝水條，引府志，「白馬湖在府（河內縣，今沁陽）東北二十里。今湖水流入小丹河。」

古蔡溝水條，「在河內縣東北，分流入武陟縣，經縣西北，又東經修武縣南，又東合於小丹河。」又引武陟縣志，「上清河在縣西北十七里，上通河內小丹河，舊自白馬溝南流入沁。後沁水淤塞，始改從今道。」

東道山河條，「在武陟縣西北十七里，源出太行山，經府城（今沁陽）東北

流入縣境，復由縣西北，東經修武縣東流入衞。今淤。」

按此諸水首尾不盡全。所可知者，白馬湖仍見在，但白馬溝入沁之口已淤塞，湖水盡入小丹河。蔡溝水上游不詳，蓋仍由白馬湖東流，其流程與酈注同。上清河似實指白馬溝水，不能入沁，改而東流，經武陟縣西北十七里處，下游不詳，疑合入蔡溝水也。東道山河，詳見乾隆懷慶府志卷三山川目武陟縣條，云「在縣西北十七里，源出太行山，至河內楊儀橋，逕石澗村，歷武陟北，達修武城南三橋坡東流入衞河，淤塞已久，乾溝尚存。」是與上清河同經武陟縣西北十七里處，與上清河之關係當甚切。其水在小丹河、蔡溝水之南，下游流向亦與蔡溝水相同，所謂源出太行山者，蓋小丹河以南之一山，爲太行餘脈耳。

再以今圖勘之，沁河、丹河、小丹河，都無大不同，ONC圖G—9幅有一水，姑標稱A水，無疑爲小丹河，與沁河平行而東，相距常在十至十二公里上下，至武陟縣北，距縣只約十公里。其南有一水，姑稱B水，由沁陽東境東流，去沁河只約三四公里，稍北經武陟縣西北境，去縣約七八公里，又東北入修武、獲嘉境。此與酈注及明清志書所記相契合，即古蔡溝水也。而修武、獲嘉及武陟北境水道甚繁，一水甚壯大，西接B水，東流經武陟北約五公里處，折東北至獲嘉城西，尾閭不詳，而約當酈注之吳澤陂南岸，今姑稱爲C水，似即一統志之東道山河故跡也。

今圖指國防研究院中華民國地圖集第三冊D25、D26河南圖，申報館中國分省新圖，地圖出版社中華人民共和國分省地圖集（一九七四年版）及美國 Operational Navigation Chart G—9（百萬分之一）。據 ONC 圖，小丹河至武陟縣北，距縣只約十公里。檢乾隆懷慶府志三山川目，小丹河在武陟縣西北二十里，其與今圖相契合如此！

由此言之，沁，丹下游東北至清水（衞河上源）間之水道，自北朝迄今，基本上無大變化，惟元明時代，屢由武陟東北潰決東北流入衞河耳。今試就水經注與近代地圖所記沁水下游東北至清水地區之水道，並參考一統志及楊氏水經注圖作略圖如下頁：

據此圖所示，大業開渠前約八十年，即北魏末期，清水西源長明溝水、吳澤陂水實爲丹水之分津，而與沁水下游之關係至切，其直接聯繫處則在今沁陽、武陟兩縣正中間州縣故城（武陟西約五十里沁河南岸）對岸之白馬溝水口，楊氏隋地理志圖所繪永濟

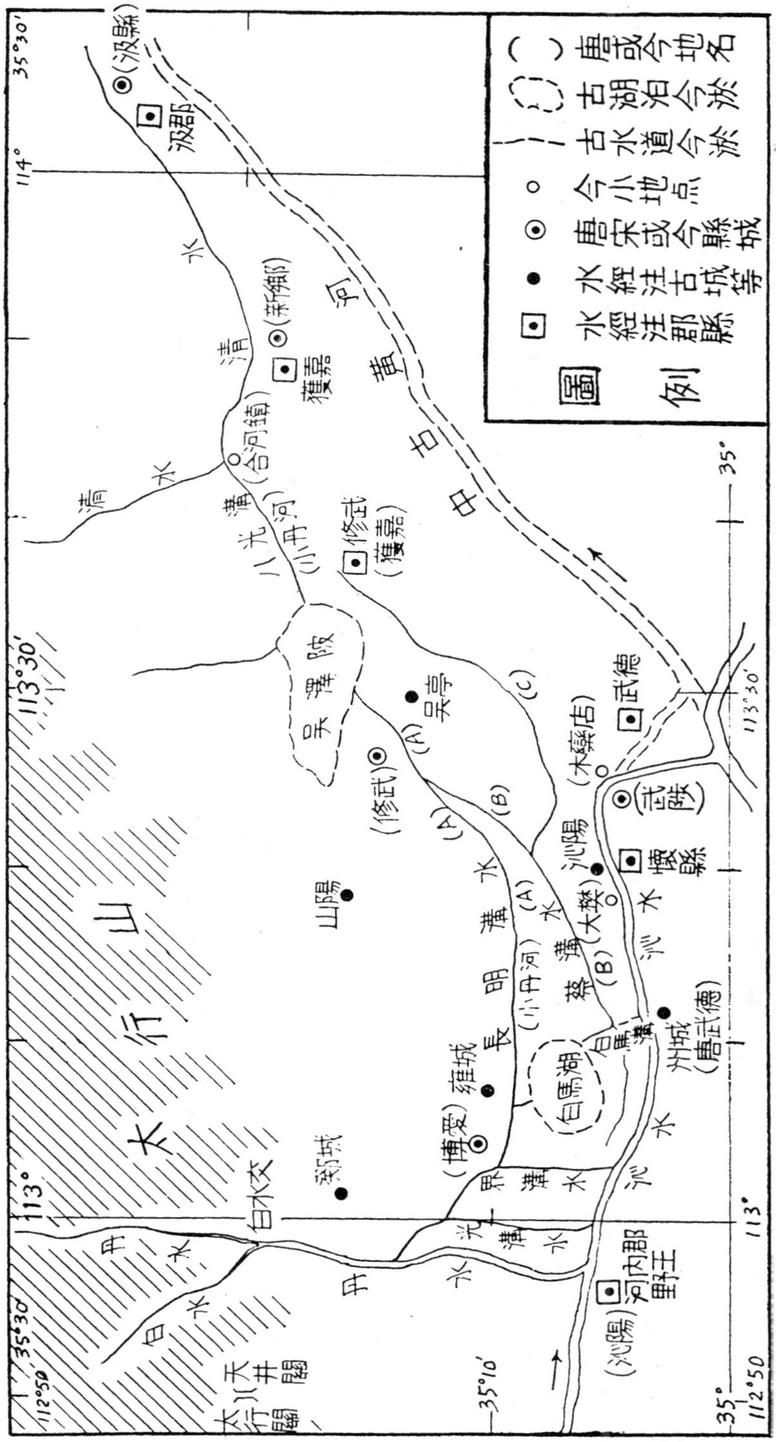
圖例
水經注郡縣
水經注古城等
唐宋或今縣城
今小地點
古水道今淤
古湖泊今淤
（ ）唐或今地名
太行山
古黃河
汲郡
獲嘉
修武
武德
懷縣
州城
山陽
雍城
吳澤陂
白馬湖
河內郡野王
沁水
清水
丹水
白水
天井關
太行關

渠上口之位置，實即此水口，不無理據。然由武陟遡沁水而上，循蔡溝水而下，迂迴百里，亦殊可疑。按修武、獲嘉之地勢遠較武陟爲低下，而清水西源之長明溝水、蔡溝水又過武陟北十餘二十里（華里）處，東北流入修武、獲嘉境，則由武陟開渠分引沁水直北注入蔡溝，或另鑿短渠，與蔡溝平行，最爲順理成章且省工役者；明嘉慶以前，「沁水自紅荊口分流一道六十里通衞河。」可能眞隋之遺跡矣。今 ONC 圖之 C 水，疑爲東道山河之故跡者，經武陟北約十里處，東北流近古吳澤陂，正約六十里之譜，而線條特粗，蓋遺跡寬廣，殆即明代前期之沁河故道，亦隋渠之故道歟？清人張鵬云：「引沁由小丹河入衞。」此正隋人之故智矣。

　　修武地勢，見紀要四九修武縣目，云「沁水在縣西。萬曆中，沁水決於武陟縣東（按當作西，說詳前）之大樊口，縣首受水患。蓋縣地較之大樊口下十五丈餘。」是修武縣在經度上雖與武陟略同，在緯度上較武陟爲北，且較近太行山區，似地勢可能較高，但實際地勢則遠較武陟爲低。武陟地區既有數水東北流入修武境，隋人因地勢循舊水道鑿渠相通，最省工役，宜爲優先考慮之渠道也。明嘉慶以前武陟分流六十里通衞之渠道，見前論明清沁河故渠所引嘉靖初年胡世寧奏章。

　　張鵬爲吏部尚書，康熙六十年有此奏，詳乾隆懷慶府志卷六河防目，

據上所論，隋開永濟渠，最上源之主要工程，係於今武陟縣東北鑿渠分引沁水北入長明溝水（縱取他線，下流仍入長明溝。）東注吳澤陂，又東流會清水。故宋元時代武陟東北河道及汲縣以西之清水仍存御河之名。清代志書，小丹河有預河之名者，預河即御河，小丹河亦即古長明溝水也。

　　宋史九二河渠志二，蘇轍謂今建議者言，「昔大河在東，御河自懷衞經北京」云云。是宋世懷衞間有御河之名。又九五河渠志五，「御河源出衞州共城縣百門泉，自通利（即黎陽）乾寧入界河達于海。」共城百門泉正即清水源頭，是宋世直指清水上游爲永濟渠也。又前引元史一六四郭守敬傳，沁丹餘水引至武陟縣北，合入御河灌田。同書五一順帝紀至元三年，丹沁泛濫，與衞輝城西御河通流。是元代汲縣以西仍存御河之名也。

　　又一統志懷慶府卷山川目，「長明溝水……一名預河，今曰小丹河。」紀要四

九懷慶府修武縣，「預河在縣南五里……東注于衞輝府之衞河。」修武南五里，正卽小丹河。是明清時代小丹河有預河之名，「預」「御」一音。

然自元和志云，永濟渠係「南自汲郡（卽衞州汲縣）引清淇二水東北入白溝。」宋初寰宇記承之。一若沁水分流入清及衞州治所汲縣以西之清水河段皆非永濟渠者，故兩書記渠道所經自汲縣東北之衞縣始。

> 元和志一六貝州永濟縣，「永濟渠在縣西郭內。……南自汲郡引清淇二水東北入白溝，穿此縣入臨清。按漢武時河決館陶，分爲屯氏河，東北經貝州冀州而入渤海，此渠蓋屯氏古瀆，隋氏修之，因名永濟。」寰宇記五四魏州永濟縣目，同；惟「貝州、冀州而入渤海」作「魏郡、清河、信都、渤海入海。」又同書五八貝州清河縣，「永濟渠……南自汲縣引清淇（本譌作漳）二水入界。」此皆明指清淇二水合流入白溝始爲永濟渠。兩書記永濟渠流經州縣甚詳，但皆在汲縣以東，詳後文；其西則隻字不提。

蓋分沁入清爲渠，沁水入河之口雖有南接汴口直入通濟渠之便。但清水是條小河，浮舟容量不大，加以沁河多沙水濁，渠道易致淤塞，分沁入清，未必有極高之漕運價值，此正明人所謂「沁水多沙，入漕反爲患也。」故卽在隋末，汲郡以西永濟渠西段之漕運價值似已不大，而清淇合口稍東之黎陽倉，南臨黃河，北濱永濟渠，反爲征遼物資北運之最主要起運點。下迄唐元和時代，已二百年之久，分沁入清之永濟渠段必久經淤塞，完全失去漕運之價值。當時所謂永濟渠者實僅衞州汲縣以東至幽州之河段耳，故元和志就當時事實記之。宋史以下諸正史志書仍指汲縣以西之清水河段爲御河者，蓋追書故跡，仍存舊名。至於一統志小丹河卽古長明溝水仍有預河之名者，世代口傳，僅存其音矣。

> 沁口接汴口 元和志五河南府河陰縣，汴渠在縣南二百五十步。卽汴河通濟渠之口也。按唐河陰縣在清代河陰縣城東，卽今廣武縣東，正北對沁水入河處。隋書六八閻毗傳，「將興遼東之役，自洛口開渠達於涿郡，以通運漕，毗督其役。」北史六一，同。洛口實亦去汴口不遠。通鑑一八一大業七年二月乙亥「帝自江都行幸涿郡，御龍舟渡河入永濟渠……。四月庚午，車駕至涿郡。」誠爲迅速。

清水水量　光緒東華錄三五，周恆祺奏，衛水上流僅能行百餘石小船。入館陶，與二漳合流，水勢始大。（岑書頁三〇六引）按行百石船者，係指館陶以西而言。衛河上源清水出輝縣（舊共城）西境，至汲縣（舊衛州治），流程尙短，料汲縣以西，百石小船殆亦不能行也。

明人一句　係明常居敬語，見明史八七河渠志五沁河條。同卷衛河條，所記略同。下文又云，泰昌元年，河總王佐言，「衛河流塞，惟挽漳、引沁、闢丹三策。挽漳難，而引沁多患。」又紀要四九武陟縣目，「沁水多沙而橫暴。」皆見沁水多沙，引入清水，實不利漕運。一統志懷慶府卷山川目沁水條，「沁水惟善變，舊由（武陟）縣東南二十里入河，後又徙去縣四十餘里，（萬曆）十八年水漲，又徙由賈村入河，去縣僅十五里。」下述清代順治至嘉慶間屢次溢決事。正見沁水多沙，致河道易雍溢也。

黎陽爲漕運重點　通鑑一八一，大業七年、八年，敕運黎陽、洛口、太原諸倉穀至涿郡及望海頓。又一八二，大業九年紀追述前事云：「帝伐高麗，令（楊）玄感於黎陽督運。」按楊玄感督運事，見隋書七〇本傳，玄感爲故相楊素之子，有盛名於世，時官禮部尙書，以如此有重望之大臣，督運黎陽，不駐永濟渠之上口地區者，蓋以永濟渠至黎陽地區，距黃河極近，黃河舟運集於黎陽倉，陸運入永濟渠，轉舟至爲方便，實遠較入沁河轉永濟渠爲便捷也。此種形勢，至五代未變。金石萃編一二一有大伾山寺准勅不停廢記。其題名有「前黎陽發運使（略）檢校工部尙書兼御史大夫上柱國孫郃」及鎭遏使、鎭將、知稅、水軍指揮使、□□州倉、寄倉專官等職稱。具見黎陽歷隋唐爲河北漕運重點，下至五代仍置倉置發運使，爲要職也。按一統志衛輝府卷古蹟目，黎陽倉城在濬縣西南三十里。則在唐衛縣東北二十里，正當淸淇合流之東不遠處。又寰宇記五六衛州衛縣，延津在縣西二十六里。按此爲黃河津渡也。則衛縣東南、東北皆去黃河極近，而永濟渠亦經縣南，（詳後文。）故此段渠道去黃河更近，可能只數里之隔。黎陽倉南臨黃河，北濱永濟渠，故最爲河、渠轉運中心。

綜上所考，隋開永濟渠，係自沁水下游，約在唐迄今武陟縣（隋始置縣，在唐縣東二十里）之北近處開渠口，分沁水東北流，蓋與長明溝水（今小丹河）合。長明溝水自

郊城故城（今博愛縣北境）之西北，由丹水分津東流逕修武縣（今縣）南，東北流注入吳澤陂。新渠入長明溝處當在修武縣南境。陂南北廣二十里，東西長三十里，西至修武縣北十里，東至獲嘉縣（今縣，酈注修武縣）西北二十里，陂水東流爲八光溝水（今小丹河），又東至新鄉縣（今縣，酈注獲嘉縣西）西北，與清水合。自武陟縣所開渠口至此，爲永濟渠之最西段流程。與清水會合後之流程，卽清水之流程，則史志可詳。

二、新鄉東北經衞魏貝德滄等州至獨流口之流程

清水發源於獲嘉縣北共城縣（今輝縣，酈注獲嘉縣東北）西北之黑山，（在白鹿山之東）南流，右受八光溝水後，水量漸盛，隋代利用之爲永濟渠道，又東逕新鄉縣（今縣）北，去城一里。

> 清水發源，詳水經注九清水注，參寰宇記五六衞州共城縣目。逕新鄉縣北一里，見元和志一六衞州新鄉縣目；寰宇記五六，同。按水經清水注，清水過獲嘉縣北及汲之新中鄉。新中鄉卽唐宋之新鄉縣，獲嘉故城在其西，是亦逕新鄉縣北也。此段清水已名御河，詳前文引宋元明清史志。

又東北十八里逕臨清關。關臨清水，當懷衞大驛路，置臨清驛。

> 隋書煬帝紀，仁壽四年十一月，「發丁男數十萬，掘塹，自龍門東接長平、汲郡，抵臨清關，度河至浚儀，……以置關防。」又通鑑一八二大業九年楊玄感反於黎陽，遣玄挺由河內向洛陽，「修武民相帥守臨清關。」玄感不得度。似爲此關見史之始。隋書地理志，河內郡新鄉縣有關官，卽此關也。檢新唐書地理志，衞州新鄉縣「東北有故臨清關。」又寰宇記五六衞州新鄉縣，「臨清關在縣東北四十八里，自河內入汲郡大驛路。」按新鄉至衞洲才四十八里，此云關在新鄉縣東北四十八里，疑誤。檢一統志衞輝府卷關隘目，臨清關在縣東二十里。引寰宇記作十八里，是也。今本寰宇記衍「四」字。則關東至衞州三十里。關名臨清，必清水所經也。
>
> 全唐文九八九有唐衞州新鄉縣臨清驛造彌勒像碑云驛長孫壁。按中央研究院史語所藏此碑拓本云「唐衞州新鄉縣臨清驛長孫氏石像碑」，以開元七年四月八

日立。此驛可能卽在臨清關。

又東北三十里逕唐衞州治所汲縣（今縣）北，去城三里，去黃河十里。九域志云，縣有御河，卽此清水也。

> 清水經云，清水又東過汲縣北。按寰宇記五六衞州治所汲縣，「清水在縣北三里，入於河。」「黃河西自新鄉縣界流入，經縣南，去縣七里，謂之棘津。」黃河一條本之元和志一六衞州汲縣條。又按九域志二衞州汲縣有黃河、御河。
>
> 據元和志、寰宇記，黃河在縣南僅七里，城南至黃河之間不容再有一大河曰御河，則御河必經城之北。而縣北三里卽是清水，又不能踰清水而另有一河；是此御河必指清水而言無疑，在城北三里也。

又東北至衞縣（今濬縣西南五十里衞縣集，在淇縣東境）東南，與淇水合。淇水源出共城縣（今輝縣治）西北沮洳山，東南流逕衞縣西一里，又南流合清水。清淇合流後本東南入河，謂之清口，亦曰淇口。漢末建安九年，曹操於合口之北「下大枋木爲堰，遏淇水令入白渠（白溝）以開運漕，故號其處爲枋頭。」地在黃河北八里。（今淇口渡北八里方城村）其清水蓋仍南入河。酈注所見，枋堰久廢，後魏孝明帝熙平中復通之。其漕渠歷枋頭城北，向東流出；而淇水故瀆仍南逕枋頭城西，而南流，復分爲二水。其一東流逕枋頭城南，蓋仍與漕渠故瀆合流而東。其一南流，仍注清水，合流入河；然每當河、清水盛，亦北入漕渠，故云「水流上下，更相通注」也。隋因清水爲永濟渠，至此處，蓋略循曹氏舊蹟，而稍變更結構。曹氏專引淇水東入白溝，而隋永濟渠，則兼「引清淇二水，東北入白溝」也。新唐書地理志云，衞州衞縣「御水有石堰一，貞觀十七年築。」蓋卽此區之河段矣，但不詳石堰所在。

> 三國志魏武紀，建安九年，操討袁尙。正月由黎陽「濟河，遏淇水入白溝，以通糧道。」水經注九淇水注云：
>
>> 「淇水又南歷枋堰。舊淇水東南流（按「東南」朱本作南東，全趙戴王改南爲口，屬上斷句。熊云當作東南。今從之。）逕黎陽縣界，南入河。地理志曰，淇水出共，東至黎陽入河。溝洫志曰，遮害亭西十八里至淇水口。是也。漢建安九年，魏武王于水口下大枋木以成堰，遏淇水東入白溝，以通漕運，故時人號其處爲枋頭。是以盧諶征艱賦曰，後背洪枋巨堰，深渠高隄者

也。自後遂廢。魏熙平中復通之。故渠（楊云此曹操所開）歷枋城北，東出。今瀆破故堰。其堰悉鐵柱木石參用。其故瀆（楊云此淇水舊道）南逕枋城西。又南分為二水：一水南注清水，（按即仍合清水入河，故河水注云「河水又東，淇水入焉。」）水流上下更相通注，河清水盛，北入故渠，自此始矣。一水東流逕枋城南，東與菀口合。（楊引一統志菀水在濬縣西南）」

按此為清淇關係與曹操作枋堰引淇水入白溝之早期較詳史料，綱文已就所能理解之形勝扼要述之。其清淇合流入河謂之清口，亦即淇河口，則見酈注九清水注。

據上引酈注，清淇合流本入河，曹操堰淇水東入白溝，而清水仍舊入河，後雖堰壞流亂，但亦非盡東入白溝。而寰宇記五六衛州新鄉縣目引水經注云：「淇水南與清水合而入白溝。」與今本酈注不同。然寰宇記同卷衛縣目引北征道記云：「枋頭城故虞國之險，淇水經其後，清水經其前，」亦與今本酈注契合。又元和志一六衛州衛縣目，「建安九年魏武在淇水口下大枋木為堰，遏淇水令入白渠以開運漕。」寰宇記衛縣目枋頭城條同。亦皆與今本酈注契合。是知寰宇記新鄉縣目引酈注之文，實編者誤會酈注本意，不足為據。而所以有此誤會者，蓋亦有故。考元和志一六貝州永濟縣目云：「永濟渠在縣西郭內，南自汲郡引清淇二水東北入白溝。」寰宇記五四魏州永濟縣目，同。又寰宇記五八貝州清河縣目永濟渠條作「南自汲縣（按縣當作郡，淇水只流經汲郡之衛縣，不入汲縣境）引清淇二水入境。」是隋開永濟渠，並引清淇二水東入白溝，與曹操只引淇水者不同。然則寰宇記新鄉縣目所述內容實為隋開永濟渠事，而誤歸之酈注耳。

惟據酈注，僅知清淇合口及枋頭故城當在朝歌故城東南，其時尚未置衛縣，故與衛縣之相對位置，當別論之。按元和志一六衛州衛縣目，漢置朝歌縣，大業三年更名衛縣，殷都朝歌故城在城西二十一里。寰宇記五六衛州衛縣目，「朝歌故城在今縣西二十二里，紂所都。漢以為縣。後魏移朝歌（縣）於今衛縣東一里，此城遂廢。」則酈注時代，朝歌縣城已非殷都故城，酈氏記此地區事甚詳，而始終只就殷都故城言，惜未涉筆北魏當時之朝歌縣位置，致清淇合口、

枋頭城與當時之朝歌縣隋改名衞縣縣城之相對位置不明。按元和志衞縣目云「枋頭故城在縣東一里」，下述建安九年魏武在淇水口下枋爲堰事。似清淇合口與枋頭城皆在隋唐衞縣東南近處。然寰宇記衞縣目云：淇水「東至今縣西一里。又南二十三里，與清水合入河。」又引冀州圖云：「枋頭城在縣南，去河八里。」「白溝起衞，在縣南，出大河北入魏郡。」則枋頭城南至河纔八里，而在衞縣南二十里以上，與元和志不合。今雖甚難確定，然要當在衞縣之東南耳。一統志衞輝府卷古蹟目，衞縣故城，在濬縣西南五十里，枋城在濬縣西南八十里，卽今之淇門渡。紀要一六大名府濬縣目所記略同，惟八十作七十耳。若此說不誤，則寰宇記云在衞縣南二十餘里之說是也，元和志誤。又按枋頭城實在淇門渡北八里之方城村，別詳唐代盟津以東黃河流程與津渡。

衞縣地望　檢一統志衞輝府卷古蹟目，「衞縣故城在濬縣西南五十里，隋縣也。……元和志，衞縣在衞州東北六十八里。縣志，今爲衞縣集。」按同書同卷沿革目，濬縣、淇縣東西距八十五里，淇縣在汲縣北五十里，則衞縣集當在淇縣、濬縣間，而西近淇縣。

白溝卽曹操因宿胥故瀆而加功者，宿胥舊口在黎陽西南約五十里、清淇合流入河水口之東約二十里處。禹河本由此北流，周定王五年始改道東流也。曹操引淇水東流因宿胥故瀆爲白溝，隋引清淇二水合流亦東入白溝，形勢實同。

上引淇水注「東與莞口合」下續云：

「淇水右合宿胥故瀆。瀆受河于頓邱縣遮害亭東，黎山西，（當於西字斷句）北會淇水處立石堰，遏水令更東北注。魏武開白溝，因宿胥故瀆而加其功也。……淇水又東北流，謂之白溝……。」

又河水注云：

「河水又東，淇水入焉。又東逕遮害亭南。漢書溝洫志曰在淇水口東十八里，有金隄，隄高一丈。自淇口東地稍下，隄稍高，至遮害亭高四五丈。（志文止此，皆賈讓言。下又云黎陽南七十餘里至淇口。）又有宿胥口，舊河水北入處也。」

此兩條見枋頭、淇口以東，黎陽以西，河水、淇水、宿胥瀆及白溝間之相互關

係。寰宇記五六衞州衞縣目引冀州圖云，「白溝起衞，在縣南，出大河，北入魏郡。」謂白溝出大河者，卽指宿胥故瀆而言耳。隋開永濟渠引清淇二水亦東北入白溝，其形勢當略相同。但不知宿胥口故瀆是否完全斷絕耳。

永濟渠因白溝又東北逕黎陽縣（今濬縣東北近處）北境。

永濟渠流逕黎陽縣境，東北入臨河縣西北境，見寰宇記五七澶州臨河縣目，引詳下臨河縣條。岑云，九域志二黎陽縣有永濟渠。今檢九域志，實無此文。渠逕黎陽境，按黎陽城南臨黃河，故知渠必流逕縣城之北也。

又東北逕臨河縣（今濮陽縣西六十里，濬縣東約三四十里）西北境，去城三十三里。

寰宇記五七澶州臨河縣目：「黃河南去縣五里。」「永濟渠在縣西北三十三里，自黎陽入界，東北入魏州內黃界。隋大業六年增修。今名御河。」九域志二澶州臨河縣有永濟渠。按一統志大名府卷古蹟目臨河故城條引明統志，在開州西六十里。然沿革目，開州西至滑縣界七十里，西南至濬縣治九十里。故臨河故城雖在開州境內，但實西近濬縣，在濬縣東約三四十里。開州卽今濮陽縣。

又東北逕內黃縣（今縣治）北，去縣二百步，卽故白溝。

元和志一六相州內黃縣，「永濟渠本名白渠，隋煬帝導爲永濟渠，一名御河。北去縣二百步。」寰宇紀五四魏州內黃縣目亦云，「渠北去縣二百步。」卽在縣治北二百步也。（岑云，元和志「北去縣」謂在縣北，與「北至」不同。是也。酈注云，白渠逕縣南。按其時縣治在唐縣治西北十九里。）九域志一大名府內黃縣亦云有御河。上引寰宇紀，渠由臨河縣西北境東北流入。

又北逕洹水縣（今成安縣東南、魏縣鎮西南皆三十里）西，去縣二里，卽故白溝。

元和志一六相州洹水縣，「永濟渠，西去縣二里。」寰宇記五四魏州洹水縣，「白溝今名永濟渠。」檢一統志大名府卷古蹟目，洹水故城，在故魏縣西南三十里，成安縣東南亦三十里。按元和志，縣屬相州，在州東北一百二十里；寰宇記，縣屬魏州，在州西南九十三里。又魏縣在魏州西四十里，方位里距皆略合。

渠水於內黃縣境左受湯水與黃澤坡水；於洹水縣境，又左受洹水（安陽河）與鸕鶿大陂之水。自此以下，水量益富。

元和志一六相州內黃縣目，「湯水南去縣七里。黃澤在縣西北五里。」寰宇記

五四魏州內黃縣目黃澤條同。其湯水條引水經曰「蕩水又東北至內黃縣入於黃澤。」檢酈注九蕩水注，經有此文。注云，「蕩水又逕內黃城南。……東注白溝。」蓋澤在湯水之北，會流入白溝，即入永濟渠也。

元和志一六相州洹水縣目，「洹水西自堯城縣界流入。」（按堯城縣目，洹水在縣北四里。）寰宇記五四魏州洹水縣目同。按水經注九洹水注，經云洹水出上黨泫氏縣，東北出山過鄴縣南，又東過內黃縣北，東入於白溝。注：「洹水逕內黃縣北，東流注于白溝，世謂之洹口也。」注又云，「洹水……東逕殷墟北。……又東，枝津出焉，東北流逕鄴城南，謂之新河。……（新河南水）東會坰溝，又東逕鸕鷀陂，北與臺陂水合。陂東西三十里，南北（此下有脫文）注白溝，河溝（熊曰「河」爲「坰」形僞，是也。）上承洹水，北絕新河，……東北流注于白溝。」是枝津亦東北入白溝也。隋唐洹水下游是否仍分枝不可知，但洹水仍東入白溝即永濟渠，則無疑。鸕鷀陂，唐世仍見存。元和志相州洹水縣目，此陂「在縣西南五里，周廻八十里，蒲魚之利，州境取資。」又臨漳縣目，「鸕鷀陂在縣東南三十里。」寰宇記魏州洹水縣目、相州臨漳縣目與志同，是必仍入永濟渠也。

渠水又東北逕魏縣（今大名縣西約三十五里，蓋即今魏縣鎮）境，即故白溝水，蓋在縣南。

通典一八〇魏州魏縣，「白溝水，煬帝引通濟渠，亦名御河。」通爲永之誤。寰宇記五四魏州魏縣，「白溝水，北接館陶界，隋煬帝導爲永濟渠，亦名御河，南自相州洹水縣界流入。」元和志一六魏州魏縣不記。然記云相州洹水縣，必承唐末以前舊文，（寰宇記時代，洹水已改屬魏州。）惜不明縣南抑縣北。按元和志云，「舊漳河在縣西北十里，新漳河在縣西北三十里。」記略同。似縣北不容另有御河，故疑經縣南；度其形勢，亦當經縣南，東至魏州郭下也。

又東入魏州治所貴鄉縣（治州城郭下）境，逕魏州城（今大名縣東約十里南門口、北門口及前後東門口諸村間）西石灰窰。開元二十八年，刺史盧暉自石灰窰堰渠水改道益近城，稱爲西渠，下注魏橋。「夾水製樓百餘間，以貯江淮之貨。」

通典一八〇魏州目云：

開元二十八年九月，刺史盧暉移通濟渠，自石灰窠引流至州城西都注魏橋，夾州製樓百餘間，以貯江淮之貨。」

按舊書玄宗紀以下諸書屢記此事，文字稍有參差，可互校正。茲條列如下：

舊紀「移」作「開」，「窠」作「巢」，「州城」下作「而西卻涯魏橋。」

唐會要八七漕運目，與通典全同，惟「移」作「開」。

寰宇記五四魏州魏縣白溝水條引唐史，與通典同，惟「徙」亦作「開」，「通濟」作「永濟」，「夾州」作「夾水」。又「年」上脫「八」字，且無月。又同卷魏州治所大名縣西渠條，與通典同，惟無「州」「都」兩字，又「夾州」作「夾水」，又多「故有西渠之名」一句。

新唐書地理志魏州貴鄉縣，「有西渠，開元二十八年，刺史盧暉徙永濟渠，自石灰窠引流至城西，注魏橋，以通江淮之貨。」

通鑑二二七建中三年紀，胡注，與新書地志同，惟「窠」作「客」。又卷二七五後唐天成二年紀胡注同。

按此諸條多作通濟渠，誤；惟寰宇記白溝水條及新志以及胡注作永濟渠，是，舊紀「石灰巢」必形誤，作「窠」亦誤，惟作「客」為正。舊五代史二七唐書莊宗紀，天祐八年「正月戊午，師次洹水。……己未，魏帥羅周翰出兵五千，塞石灰客口，周德威以騎掩擊，追入觀音門。」又一四一五行志，同光三年七月，「鄴都（即魏州）奏御河漲，於石灰窰口開故河道，以分水勢。」五代會要一一水溢目，同。又通鑑二七五後唐天成二年紀亦作石灰窰。皆其證。諸書多作「夾州」，惟寰宇記兩條皆作「夾水」，為正。「州城西都」不辭。「都」疑當作「郭」。然舊紀「卻涯」，「涯」固必「注」之形誤，但「卻」可能最正確，作「都」皆「卻」之形誤也，「卻注」者，原本由州城西稍遠處之石灰客下注魏橋，盧暉於石灰客堰渠水使稍東益近州城，以便夾水置樓貯貨，然下游仍回到魏橋，故云「卻注魏橋」也。下文永濟渠仍即白溝，亦可為旁證。最重要者，通典作「移」渠，以下各書或作「移」，或作「徙」，或作「開」。「開」者，舊渠道或仍保留，而別開一新渠道也。「移」「徙」者，封閉舊渠，使改道也。是大異。按前引舊五代史五行志「鄴都奏御河漲，於石灰

窰口開故河道，以分水勢。」五代會要同。則移徙爲正；此時渠漲，故復於石灰窰口疏通舊渠道以分水勢也。

魏州永濟渠道，至建中三年，曾因戰事而兩度改變，田悅先引御河入城南流，繼又堰渠入王莽故河，王莽河在魏州之西、魏縣之東，詳舊唐書一三四馬燧傳及通鑑二二七建中三年紀，（但寰宇記大名縣目，王莽河在縣東三里，尚待商酌。）戰後蓋又復歸開元舊道，故五代時期因渠漲而復開石灰窰故道也。

又紀要一六大名府元城縣目御河條，「在府城南，亦曰通濟渠，一名永濟渠。即隋大業中所開，淇衞諸水之下流也。……謂之南白溝。唐咸亨中，李靈龜爲魏州刺史，鑿永濟渠以通新市，百姓利之。」此條當有所據，姑存待考。

又東北迤元城縣（治州城東郭下）北境。

九域志一大名府元城縣有御河。金史二六地理志，大名府元城縣有漕運御河。按元和志一六，魏州郭下有兩縣，貴卿縣管西界，元城縣管東界。則永濟渠西由魏縣流來即入貴鄉縣境，然後東流或東北流入元城縣境也。

又東北迤館陶縣（今縣西南四十里館陶鎮）西，去縣十里，仍白溝故瀆也。

元和志一六魏州館陶縣，「白溝水本名白渠，隋煬帝導爲永濟渠，亦名御河。西去縣十里。」寰宇記五四，同。金史二六，大名府館陶縣「有漕運御河。」

又東北迤永濟縣（今臨清縣南約今館陶縣治）西郭內，渠濶十七丈，深二丈四尺，故縣以受名，本張橋行市也。

元和志一六貝州永濟縣，「大歷七年，田承嗣奏于張橋行市置，西井永濟渠，故以爲名。」寰宇記五四魏州永濟縣目有此條，惟「西井」作「西臨」，是也。

元和志又云：「永濟渠在縣西郭內，濶一百七十尺，深二丈四尺，……穿此縣入臨清。」寰宇記，「縣西郭內」作「縣西南」，又無濶深丈尺數。

又東北迤臨清縣（今縣南八里），在城西門外。

元和志一六貝州臨清縣，「永濟渠在縣城西門外。」寰宇記五四魏州臨清縣目失記。按通鑑一八三，大業十二年，「遣太僕卿楊義臣討張金稱，……義臣引兵直抵臨清之西，據永濟渠爲營。」又舊五代史二梁書太祖紀，光化二年，燕軍攻魏州，敗北，葛從周「遂逐燕軍，北至於臨清，擁其殘寇於御河，溺死者

甚眾。」事又見新五代史二一葛從周傳及通鑑二六一光化二年紀。又宋史九二河渠志二，元豐四年，臨清徐曲御河決口。此並臨清有永濟渠之證。

又東北迤貝州城南近郭處，州郭下有兩縣，清河（今縣治）在西，在渠西北十里；清陽（今清河縣東）在東，本在渠東孔橋，開元中移置渠西州城東郭下。此段渠道近孤女冢，本名孤女渠。

元和志一六，貝州郭下有清河、清陽兩縣。清河目云，「永濟渠，東南去縣十里。」清陽目不記。寰宇記五八，清河目與志同。又續云，「南自汲縣引清淇二水入界，近孤女冢，元號孤女渠，隋煬帝征遼，改為永濟，俗呼御渠。」其清陽目云：「唐永昌元年，緣清陽地久積鹹鹵，遂西于永濟渠之東孔橋置。開元二十二年，又移清陽縣於今州城東永濟渠之西，即今邑。」則清河治州西郭下，清陽治州東郭下，故清陽東臨渠，而清河則在渠西北十里也。涑水記聞九，「貝州城南臨御河」，則總州城而言。至金代，金史二六地理志中仍記恩州清河縣有永濟渠。

又東北迤東武城縣（今武城縣西十里），在縣南；縣東二里有義王橋，蓋架渠水上。又渠北有弦歌台。

元和志一六貝州，東武城縣在州東北四十二里，不記永濟渠事。寰宇記五八貝州武城縣，「故武城縣在縣北十里。……唐調露元年移於永濟渠北義王橋西二里，今縣外城基是也。」又云「弦歌台在御河北。」又九域志二、金史二六地理志中，皆云恩州武城縣有永濟渠。又宋史四八河渠志五御河目，紀熙寧二年事云，「先是議者欲於恩州武城縣開御河約二十里入黃河北流故道。」恩州即唐之貝州。

又東迤歷亭縣，縣本在渠南，後移置渠西。（今恩縣西四十里）

元和志一六貝州歷亭縣目惟云：「開皇十六年於此置歷亭縣。」寰宇記五八貝州歷亭縣，「隋開皇十六年，於今縣東永濟渠南置歷亭縣。……後以其地下隰鹹鹵，移就盤河置，在古歷城西七十里，今理是也。」按後移就盤河，似移徙不遠。不知在何時。宋史六一五行志二，開寶六年，歷亭縣御河決。九域志二恩州目亦記歷亭縣有永濟渠。金史二六地理志，同。

又東北迤漳南縣（今恩縣西北六十里衞河南岸）東境，去縣五十里。歷亭、漳南之間，渠水流程蓋與高雞泊通波。

> 元和志一六貝州漳南縣，「永濟渠在縣東五十里。」寰宇記五八，同。按志與記皆云歷亭在州東北一百里，漳南在州東北一百一十里。又就今地言，歷亭在恩縣西四十里，漳南在恩縣西北六十里，而渠近歷亭城東，在漳南之東五十里，是必先流經歷亭東南，再入漳南東境也。

> 舊一八一樂彥禎傳，爲魏博節度使，「其子從訓，……王鐸自滑移鎮滄州，過魏郊，從訓（略）先伏兵於漳南高雞泊，俟之至，圍而害之。」按漳南縣在今恩縣西北六十里，高雞泊在今恩縣西北，已淤。其地正在漳南縣之南境，卽當永濟渠道也。

又東北迤長河縣（今德縣治）西，去縣十里。有白橋架渠水上。

> 元和志一七德州長河縣，「永濟渠，縣西十里。」又舊唐志德州長河縣，「漢廣川縣……後廢。隋於舊廣川縣東八十里置新縣，今治是也。尋改爲長河縣，爲水所壞。元和四年十月，移就白橋，於永濟渠西岸置縣，東去故城十三里。十年又置河東小胡城。」元和志所書卽置於白橋也。寰宇記時代，長河縣已廢入將陵縣，但德州將陵縣仍抄元和志之文。是仍謂在故長河縣西十里，非將陵縣西十里也。又九域志二永靜軍（唐景州）將陵縣有永濟渠。金史二五地理志，景州將陵縣有永濟渠。此兩書時代將陵卽在唐長河縣故治。

> 白橋，觀舊志之文，知架渠水上。又通鑑二四〇元和十二年，王承宗遣兵入東光，斷白橋路。」胡注，「白橋跨永濟渠」是也。

又北蓋迤將陵縣（今陵縣北約五十里吳橋縣東南境）西境及安陵縣（今景縣東十七里衞河西岸）東。安陵縣置於白社橋，橋疑架渠水上。

> 元和志一七德州，將陵縣南至州五十里，安陵縣南至州一百里。寰宇記六四，同；惟安陵作州西北一百里，方向較詳確。寰宇記又詳安陵縣沿革云：「漢立安陵縣……今微有遺址。開皇六年，又分東光縣於今縣東二十里新郭城再置，今安陵故縣是也。大業二年廢。唐武德四年復立。貞觀十七年……隸德州。永隆二年移於柏杜橋，卽今理。」舊唐志景州安陵縣條略同，云本隋宣府鎮。又

「柏杜」作「白社」。一統志河間府卷古蹟目，安陵故城條引舊志，「在今吳橋縣西北二十五里衛河東窰場店南里許，魏晉故縣也。其唐所移之伯社橋，在今景州東十七里衛河西岸。」將陵縣故城，一統志濟南府卷古蹟目，僅云在今德州東，不得其詳。然唐世將陵既在德州北五十里，德州即今陵縣治，則將陵當在今吳橋縣南或東南。

元和志不記將陵縣有永濟渠。寰宇記將陵縣目雖有「永濟渠在縣西十里」一條；然細審之，此目自「廢長河縣」以下，漳河水、永濟渠、張公故關三條，皆錄元和志長河縣目之原文，（只增「今併入將陵」五字。）此唐長河縣事，非將陵縣事也。故寰宇記此條未足為唐將陵縣有永濟渠之證。至於移將陵縣於長河廢縣（今德縣）置，據宋史八六地理志（永靜軍目），乃景祐元年事，寰宇記時代尚未徙也，故記仍云在德州北五十里。岑氏誤讀寰宇記之文，以為寰宇記之將陵縣已即今之德縣，非也。然岑書引金史二五地理志，吳橋縣有永濟渠。按金之吳橋縣即今縣，參以下流所經，此段渠道當實經將陵西境，安陵之東，即今衛河河道耳。

又北逕弓高縣（今景縣東北四十里，東光西四十里）東境；及東光縣（今縣治）西郭外，去縣二百步。有橋架渠水，在東光城西四里，通兩縣間。又渠水於東光南境分枝，東北流逕滄州治所清池縣（今滄縣東南四十里）東郭外，東北入海，是為浮水。

元和志一八，景州管縣五，有東光；文已佚。寰宇記六八，定遠軍，本景州，治東光縣，「永濟渠在縣西二百步。」九域志二永靜軍（唐景州）治東光縣，有永濟渠。金史二五地理志景州目同。又通鑑二四〇元和十二年三月，「王承宗遣兵二萬入東光，斷白橋路。」胡注引宋白曰：「（東光）縣西四里有永濟渠，渠上有橋，當自縣通弓高之路。白橋跨永濟渠，在德州長河縣。」是東光縣西四里處別有橋通弓高，非白橋也。通鑑二六八後梁乾化三年，楊師厚等「自弓高度御河而東逼滄州。」蓋即渡此橋歟？

又據通鑑此文，御河似經弓高縣東境。按紀要一三河間府景州，弓高縣在今景縣東北四十里，地名大辭典云在今東光縣西四十里，檢視地圖，說異而實略同。而寰宇記六八，定遠軍治東光縣，「廢弓高縣在軍東四十里。」則應在今

東光東四十里，非西四十里，似宜從之。然據通鑑此文及前引通鑑二四○元和
十二年紀胡注引宋白說，弓高明在東光之西，可斷今本寰宇記「東」必「西」
之譌誤。

　　寰宇記六五滄州清池縣，「浮水源自東光縣南界永濟渠分出，東北流經州理南
　　十里，又北經城東一里，又東北入於海。」按水經注九淇水注有浮水故瀆，但
　　所述流程與此頗異。參水經注圖南一卷中頁。

渠水又東北逕南皮縣（今縣），蓋在西境。

　　元和志一八景州南皮縣，文已佚。寰宇記六五滄州南皮縣目不記永濟渠。但州
　　治清池縣目，「永濟河在縣西三十里，自南皮縣入乾寧軍，今亦呼爲御河。」
　　是實記之也。又九域志二滄州南皮縣有永濟渠。金史二五地理志，同。

又北逕滄州治所清池縣（今滄縣東南四十里）西境，去縣三十里，地卑，多築堤防以
障之。

　　寰宇記六五滄州清池縣目記渠水在縣西三十里，見前引。新唐書三九地理志，
　　滄州清池縣，「西北五十五里有永濟堤二，永徽二年築。」「南三十里有永濟
　　北堤」，開元十六年築。蓋皆因永濟渠而築者。

又北逕長蘆縣（今滄縣治）。舊縣在渠西，開元十六年移置渠東一里。

　　元和志一八滄州長蘆縣目，不記永濟渠。舊唐書地理志，滄州長蘆縣，「舊治
　　永濟河西，開元十六年移於今治。」寰宇記六五滄州清池縣目，「廢長蘆縣，
　　州西四十四里，……縣元在永濟渠西，開元十四年大雨，城邑漂沉，十六年移
　　於永濟渠東一里，卽今縣也。皇朝乾德二年割入清池縣。」

縣北十五里有薩摩陂，周廻五十里，有蒲魚之利，蓋與渠水通波歟。

　　薩摩陂見元和志一八滄州長蘆縣目。寰宇記六五滄州清池縣目廢長蘆縣條照錄
　　元和志文。周廻五十里大陂，論方位正當在渠水北流之道中，故疑相通波。

又北逕乾寧軍治所乾寧縣（今青縣治），在城南十步，每日潮水兩至。渠南七十步有
蘆台古城，故軍又有蘆台之名。

　　寰宇記六八乾寧軍，「理馮橋鎮，本古蘆台軍地，後爲馮橋鎮，臨御河之岸，
　　接滄瀛二州之界。」治所乾寧縣目，「舊名永安縣，與軍同置，在城下。……

御河在城南一十步。每日潮水兩至。其河從滄州南界流入本軍界。」按通鑑二
六二，昭宗光化三年六月，「劉仁恭將幽州兵五萬救滄州，營於乾寧軍。」胡
注，「乾寧軍在滄州西一百里，蓋乾寧間始置此軍也。」蓋是。

寰宇記乾寧軍目又云：「蘆台古城在御河南七十步，周廻二里，基址猶存。」
按通鑑二六七梁開平二年，「劉守文舉滄德兵攻幽州……兵至蘆台軍，爲守光
所敗。」同書二七五後唐天成二年紀亦見蘆台軍名。胡注：「蘆台軍臨御河之
岸，周建乾寧軍。」是軍又名蘆台也，顯因蘆台古城名。

軍南三十里，宋見有范橋鎮（約今新集鎮），爲渠水所逕。又軍南有老鴉堤，蓋亦渠
堤也。

九域志二乾寧軍，苑橋鎮在「軍南三十里，有永濟渠。」岑云：「馮集梧校
稱，錢本苑作范。按太平廣記一○、金史二五均作范橋。」檢馮校及廣記實無
此文。然一統志天津府卷關隘目范橋鎮引九域志亦作范。又引縣志，「今有新
集鎮，在（青）縣南三十里。」蓋其地。

通鑑二六二光化三年，劉仁恭將幽州兵救滄州，營於乾寧軍。葛從周自滄州將
精兵「逆戰於老鴉堤，大破仁恭。」兩五代史梁太祖紀略同。通鑑胡注，「老
鴉堤在乾寧軍東南。」檢一統志天津府卷隄堰目，老鴉隄在青縣東南，……舊
築隄於此，防衞河之溢。」此段衞河即永濟渠。

又北逕大城縣（今縣治）東境，去城五十里。

寰宇記六七覇州大城縣「西北去州九十五里」，「永濟渠在縣東五十里。」按
元和志諸州屬縣目，例云「西北至州若干里」，此義最明，即縣在州東南若干
里。寰宇記例改書爲「東南若干里」，亦即州之東南也。惟記覇州之文安、大
城兩縣，皆變例書之。文安縣云：「西北去州五十五里」，大城縣云「西北
去州九十五里」。如此書法，表面意義，謂在州東南五十五里、九十五里。然
若照元和志、寰宇記習慣書法作解，則是在州西北五十五里、九十五里。如本
文考渠水所逕內黃條下引元和志內黃縣目，永濟渠「北去縣二百步」。寰宇記
同。意謂渠在縣北二百步，非謂北至縣二百步也。此爲兩書通例。此條「西北
去州九十五里」，若照通例作解，即大城縣在州西北九十五里。然九域志二覇

州大城縣：「州東南一百五里。」是實在州之東南，不在西北也。又寰宇記大城縣目亦云「滹沱河在縣北一百三十里。」則縣治在滹沱之南甚遠，必在州南，絕不得在州之西北也。故寰宇記文安、大城兩目之「西北去」等於「西北至」，作者自亂其書例耳。大城縣故址即今大城縣治，見一統志順天府卷古蹟目東平舒故城條。

又北流至獨流口，北宋置獨流寨，（今靜海縣西北十八里獨流鎮）渠水至此或稍北，與由古北口入寨南流之潮河（下游即今北運河）會合，東流入海。

寰宇記六八乾寧軍乾寧縣目云：

「舊名永安縣，與軍同置，在城下。……御河在城南十步，每日潮水兩至。其河從滄州南界流入本軍界，東北一百九十里入潮河，合流向東七十里，於濁流口入海。水西通淀口、雄、霸等州水。」

按一統志順天府卷山川目白河、潮河兩條：潮河即古鮑邱水，發源塞外，自古北口流入塞，經密雲東；白河即沽水，由古北口之西入塞，東南流經密雲西；兩水又南流會合，流經懷柔縣城東，通州城北，香河縣西，武清縣東，「又東南至三角淀，會諸水南通御河，是為直沽。按白河下流，即今之北運河。」寰宇記此條正云御河北至乾寧軍北，與潮河合，再東流入海；然其水「西通淀口、雄、霸等州水。」即御河潮河雖合流東北入海，然亦西通淀口、雄、霸等州也。惟記云獨流口在御河、潮河合流後再東流七十里入海處，即入海口也。然據武經總要前集一六上，釣臺砦「南至乾寧軍六十里，北至獨流砦六十里，砦城居其中，沿御河一路獨有稻田務。」獨流砦東經沙渦等七砦至鮫臍港鋪，共凡一百二十六里。則獨流砦在海口之西至少一百三十里以上，非御河、潮河合流後之入海口。又考通鑑二九四後周顯德六年四月，自滄州至乾寧軍。「乙未，大治水軍，分命諸將，水陸俱下。」「丁酉，上御龍舟，沿流而北……。已亥至獨流口，泝流而西。辛丑至益津關，契丹守將終廷輝以城降。」復西至瓦橋關。胡注：「九域志，獨流口在乾寧軍北一百二十里。金人疆域圖，涿州管下固安縣有獨流村。」按益津關即霸州，在今霸縣治。檢九域志二，乾寧軍有獨流北寨，獨流南寨，皆在軍北一百二十里。地與此獨流口相當，故胡注逕

以說獨流口也。一統志天津府卷關隘目，「獨流砦在靜海縣北」下引九域志，又引靜海縣志云：「今有獨流舖，在縣西北十八里，卽獨流砦。」是也。周世宗由乾寧軍沿流北行至獨流口，乃泝流而西至益津關，則獨流口決不在御河潮河合流而東之入海口，而當在兩河合流處或其南，寰宇記記享小誤。

綜上所考，自八光溝水流入清水後之大段永濟渠流程，中經新鄉（今縣）北一里，汲縣（衞州治所，今縣）北三里，衞縣（今濬縣西南五十里，淇縣東境）南境，黎陽（今濬縣東近處）西北近處，臨河（今濬縣濮陽間近濬縣）西北三十三里，內黃（今縣）北郭外，洹水（今成安東南三十里）西二里，魏縣（今大名西三十五里魏縣鎮）南境，貴鄉（魏州治所，今大名東約十里）西郭，元城（同前）北境，館陶（今縣西南四十里館陶鎮）西十里，永濟（約今館陶縣治）西郭內，臨清（今縣南八里）西郭外，清河、清陽（皆貝州治所，今清河縣治）東南近處，東武城（今武城西十里）南，歷亭（今恩縣西十里）近郊，漳南（今恩縣西北六十里）東五十里，長河（今德縣）西十里，將陵（今陵縣北約五十里吳橋東南境）西境，安陵（今景縣東十七里）東境，弓高（今景縣東北四十里）東境，東光（今縣）西郭外，南皮〔今縣〕西境，清池（滄州治所、今滄縣東南四十里）西三十里，長蘆（今滄縣）西一里，乾寧（今青縣）城南近處，大城（今縣）東五十里，凡二十八縣；至獨流口（今靜海西北十八里獨流鎮），與由北向南流來之潮河相會合，東流入海。檢水經注九清水、淇水兩注，新鄉、汲縣、衞縣一段固卽酈注之清水流程；其衞縣以東，北至獨流口約五百公里（就直線言）之流程，實亦與酈注之淇水、清河（淇水下游名　河）流程略相一致；惟館陶東北至弓高、東光間約一百五十公里之流程在酈注清河流程之東，相距常約數公里至二三十公里，而平行東北流；具見永濟渠之工程實多循漢魏北朝之舊河道也。再勘以今圖，則今日衞河流程幾全循隋唐之永濟渠故道。蓋當時相地勢高下之宜，循前代舊河之跡，取線得當，故能河床穩定，迄今不改也。

酈注清水注，流逕新鄉、汲縣之北，衞縣之南，已詳前引證。其淇水注述枋頭以東歷逕故縣，有頓丘（今清豐西南二十五里）西，內黃（唐迄今縣西北十九里）南，魏縣（唐縣西約五里）東，館陶（卽唐縣）西北，平恩（今邱縣西）東，清淵（今臨清西南四十里）西，廣宗（今威縣東二十里）南，（此下稱爲

清河。）信鄉（今夏津西）西，信成（今清河西北）西，清陽（今清河東）西，陵鄉（在東武城西南七十里）西，東武城（今武城西）西，復陽（今武城東北）西，棗強（今縣東南）西，廣川（今棗強東三十里）南，歷縣（今故城北）南，修縣（今景縣）東南，東光（今縣東二十里）西，南皮（今縣東北八里）西，浮陽（今滄縣東南四十里，或云即唐清池縣）西，至泉州縣（今武清東南四十里）北入滹沱。　自枋頭以東至魏縣、館陶，大抵爲白溝故道，清淵、廣宗以下，則名清河。取永濟渠道與之對照，先循白溝與之相同，東光以北亦相同，惟中間一段有所不同，但河床流程相去不遠，而平行東北流也。

復按枋頭以東至魏州北境之一段渠道卽古白溝，前史屢見明文，殆無可疑。而元和志又云館陶以北蓋因漢代屯氏河故瀆，殆不足信。

　　元和志一六貝州永濟縣目述永濟渠云：「按漢武時河決館陶，分爲屯氏河，東北經貝州、冀州而入渤海。此渠蓋屯氏古瀆，隋氏修之，因名永濟。」寰宇記五四魏州永濟縣目亦有此段，中間一句作「東北經魏郡、清河、信都、渤海入海。」按元和志魏州館陶縣云「永濟渠亦名御河，西去縣十里。」又云「屯氏河俗名屯河，在縣西二里。」又貝州夏津縣云「屯氏河在縣北」，不記永濟渠。寰宇記此兩縣目並同。岑書引元和志此兩條，謂元和志本身不相應。又引新唐書一七二，杜中立爲義武節度使，以滄地積卑，「引御水入之毛河，東注海。」毛河卽屯河，以爲御河非屯氏河故瀆之強證。今按岑說是也。寰宇記六五滄州清池縣，「永濟河在縣西三十里，自南皮縣入乾寧軍。」又云「毛河在縣西南五十七里，南皮來。」此亦不相應之一證。又元和志一六貝州臨清縣，永濟渠在縣城門外。而寰宇記五四魏州臨清縣，「屯氏河在縣西一十五里」。亦見永濟渠與屯氏河有相當距離。惟古人敍事向不嚴格，據此諸條史證，可以斷言永濟渠道與屯氏河故瀆，絕非完全相一致。但渠道之部分河段係利用屯氏河故道，亦非絕無可能；列舉一兩條不同之證據仍不足以證明永濟渠之流程與屯氏河故道絕不相涉也。（其實元和志亦是疑辭）。

又隋代末年，嘗疏漳渠入柳溝，與永濟渠合流。其合口當在臨清、清河地段。然清河縣以北，仍屢見漳水在永濟渠道之西，常有若干距離，此或因漳水之入永濟通塞不

常，或因漳水本有淸濁兩道之別歟？近代漳水仍由館陶入衞，而另一支東北流於衞河之西，至靑縣始入衞河，則與隋唐形勢仍不相遠！

寰宇記五八貝州淸河縣目記永濟渠及枯漳渠云：

「永濟渠東南去縣十里。（此錄元和志）……」

「枯上漳渠者，濁漳渠也，源自上黨。城塚記云：鄴城北有漳水，卽鄴郡臨漳是也。枯下漳渠者，淸漳渠也。自鄴縣界來，非濁漳也。隋大業中，制使姚暹疏決，從上漳渠水入此渠，亦名姚暹河。煬帝征遼回，泛舟於此，謂之回鑾河。大業十三年，竇建德於廣平郡（卽洺州今永年縣）又疏此水入柳溝，遂與永濟合。」

按此淸、濁漳與今日流程不同。據此條，竇建德由洺州疏下漳渠入柳溝，下與永濟渠合。檢同書五九邢州平鄉縣，「濁漳水今俗名柳河，在縣西南十里。」縣（卽今平鄉縣治）在邢州（今邢臺縣）東九十里，時屬邢州，時屬洺州。又同書五四魏州宗城縣，「枯漳河在縣東二十七里。」（此條元和志貝州宗城縣目同。）平鄉卽今縣治，宗城在今威縣東三十里，蓋由平鄉南境疏枯漳東至今威縣五十餘里，此卽極近臨淸、淸河之永濟渠道矣，蓋於此東合渠水也。金史二七河渠志澧河目，「漳水東北爲御河。」不知是否指此處。光緒東華錄三五，光緒六年周恆祺奏，衞水上流僅能行百餘石小舟，入館陶與二漳合流，水勢始大。（此條岑書頁三〇六引）仍與隋唐枯漳入永濟渠處相近也。

然唐宋志書有下列諸記載：

淸河縣有永濟渠，又有漳渠。（九域志二恩州目）

漳南縣，永濟渠在縣東五十里，漳水在縣北四十六里（元和志一六貝州漳南縣目；寰宇記五八同目，略同，作枯漳河。）

東光縣有永濟渠，又有漳河。（九域志二永靜軍目）

淸池縣，西北五十五里有永濟堤二，西北六十里有衡漳東堤，西四十里有衡漳堤二。（新唐地志三）

是淸河縣以北，仍有漳水，與永濟渠並存也。據漳南縣條，漳水在渠水之西或且頗遠；據淸池縣條，漳水在渠水之西或極近。又寰宇記六五滄州淸池縣目

廢乾符縣條，「衡漳河在縣西六十里。」按乾符縣在滄州北一百里，今滄縣東北，青縣東南境。渠水逕乾寧縣城（今青縣治）此衡漳河必在渠西不遠處。亦並存也。一統志天津府卷山川目漳河條云：「按漳水自山東邱縣（在館陶西北）分流：一北行至冀州合滹沱，所謂新漳河也。一東北行至青縣合滹沱入衞，所所老漳河也。今自上流改由館陶入衞，（卽永濟故道）二支皆微。」所謂館陶入衞，蓋復隋末故跡；所謂老漳河，卽上引各條行於永濟渠西之舊漳河也。

三、幽州東南至獨流口之流程

又西自瓦橋關，（宋置雄州，今雄縣）、益津關（宋霸州，今霸縣）向東流來之古拒馬河（與今大淸河道略相當），亦至獨流口，會永濟渠水，東入海。故獨流口實有三條河流由南北西三方面來會，東流入海也。而由獨流口向西泝拒馬河上行至淤口關，宋初置破虜軍，亦名信安軍。（今霸縣東五十里信安縣）此段水道亦名御河、永濟河，逕淤口關城北近處，蓋卽因古拒馬水道而修治者。

上節獨流口條引通鑑二九四，周世宗由乾寧軍沿流而北，至獨流口，又泝流而西至益津關，復西至瓦橋關。又引寰宇記六八，並加疏說，卽御河北流至乾寧縣北獨流口或稍北，與由北向南流來之潮河滙合，東流入海，但亦「西通淤口、雄、霸等州水。」霸卽益津關，雄卽瓦橋關。所謂淤口、雄、霸等州水者卽酈注之巨馬水（參看楊氏水經注圖）亦卽約今之大淸河。是則唐五代時期於獨流口或稍北合流入海者，不僅有由南流來之永濟渠與由北流來之潮河，亦有由西流來之巨馬河。世宗卽由獨流口向西泝古巨馬水，經淤口至益津關，又西至瓦橋關也。

淤口關，見舊五代史九五梁漢璋傳。寰宇記六八，「破虜軍，古淤口關，周顯德六年收復關南，于此置寨。至皇朝太平興國六年，割霸州永淸、文安縣三百一十七戶屬焉。」「西至霸州五十里。」（又霸州目、破虜軍目皆有平曲城，亦見州軍間相去五十里。）又云：「永濟渠自霸州永淸縣界來，經軍界，下入淀泊，連海水。」上引寰宇記云獨流口「水西通淤口、雄、霸等州水。」卽此淤口關無疑。又武經總要前集一六上塘水目云：

　　「一塘水東滄州界，……西至乾寧軍，沿御河津。」

　　「一東起乾寧軍，西信安軍御河西。」

　　「一東起信安軍御河，西至霸州莫金口。」

按九域志二信安軍目，「太平興國六年，以霸州淤口砦建破虜軍。景德二年改信安。」宋史三九地理志同。是信安即破虜，在今霸縣東五十里之信安鎮。據此兩書記載，唐五代時期，此地置淤口關，附近河段即巨馬河，有御河、永濟渠之名也。按記又云軍東北至界河三十步，西北至界河二十步。軍境甚狹小，所謂界河蓋即巨馬河、永濟渠歟？又九域志二信安軍有李詳寨，在軍東六十里，有界河、滹沱河。此處地近巨馬河、永濟渠，而云界河，似亦以渠水爲界河之證。是渠在淤口關城之北近處也。

蓋永濟渠自幽州（隋涿郡）東南，逕安次縣城（今縣西北四十五里舊州頭）東郭外，縣本耿橋行市也，在常道故城東五里。又東南逕永清縣（今縣治）境，又東南至淤口關（今信安縣）北，注入巨馬河。渠水注巨馬河後合流而東，仍稱御河、永濟渠，東流至獨流口。

　　前條引寰宇記六八破虜軍目，「永濟渠自霸州永清界來，經軍界，下入淀泊，連海水。」是永濟渠經永清縣境。唐宋永清縣即在今縣治。又同書六九幽州安次縣，在州「東南一百里。本漢舊縣，縣東枕永濟渠。」「武德四年移於城東南五十里石梁城置。貞觀八年又自石梁城移理於今縣西五里魏常道城置。開元二十三年，又自常道城移就耿橋行市南置，即今縣理也。」所謂「縣東枕永濟渠者」，實指「今縣理」而言，非就漢舊縣而言也。檢一統志順天府卷古蹟目安次故城條，引寰宇記此文。下文云元升爲東安州，明降爲縣（東安縣）移今治。又引縣志，「漢安次故城在今縣（東安縣）西北四十里，基址尚存，俗呼古縣，又東安舊州在古城西五里，俗呼舊州頭，今皆有集。石梁城在今縣東南，舊州東南五十里。」按東安縣民國仍改名安次縣。縣志所載治所遷徙極爲分明，漢縣在今縣西北四十里古縣集，武德縣在今縣東五里或十里，開元迄明初，在今縣西北四十五里舊州頭，而貞觀縣則在開元縣西五里故常道城也。

又按一統志順天府卷沿革目，東安縣在府東南一百四十里，而寰宇記云在幽州

東南一百里。又後漢書光武紀上，建武元年紀，<u>李賢</u>注，安次「今<u>幽州</u>縣也，故城在縣東。」皆合若符契。<u>縣志</u>詳確若此，殊難得，故備錄之。是<u>永濟渠</u>由<u>幽州</u>東南流蓋一百里逕<u>安次</u>縣（今<u>舊州頭</u>）東郭外，又約五十里逕<u>永清</u>縣（今縣治）境，蓋亦東境，又東南至<u>淤口關</u>，宋置破虜軍、信安軍者（今<u>信安鎮</u>）。渠水於此與<u>拒馬水</u>（約今<u>大清河</u>）合而東流至<u>獨流口</u>也。

此段渠道亦可稱為<u>永濟渠</u>之北段。其流程之西北半段（<u>安次</u>以北）蓋因<u>桑乾水</u>河道而濬治者，東南半段（<u>安次</u>以南）蓋因酈注之<u>滹沱枯溝</u>與<u>八丈溝水</u>而濬治者；下入<u>巨馬河</u>，自即利用之以為渠道。此段渠道東南合<u>巨馬河</u>，至<u>獨流口</u>，與由<u>懷衞</u>東北歷<u>魏貝德滄</u>等州而來之<u>永濟渠</u>合，形成一條南北通貫之運漕水道也。

按據上段引文，<u>永濟渠</u>逕<u>開元</u>以後之<u>安次</u>縣東郭外，而縣在故<u>常道城</u>之東五里。考<u>水經注</u>一二<u>巨馬河</u>注：「<u>巨馬水</u>東逕<u>益昌</u>縣故城南。……又東，<u>八丈溝水</u>注之。水出<u>安次</u>縣東北平地，東南逕<u>安次城</u>東。……又南，右合<u>滹沱枯溝</u>，溝自<u>安次</u>西北，東逕<u>常道城</u>東，<u>安次</u>縣故城西，又東南至<u>泉州</u>，（今<u>武清</u>東南四十里）西南，東入<u>八丈溝</u>，又南入<u>巨馬河</u>。」則此段<u>永濟渠</u>蓋因酈注之<u>滹沱枯溝</u>、<u>八丈溝水</u>而濬治者。又按<u>水經注</u>一三<u>灅水</u>注，水逕<u>薊縣</u>（今<u>北京</u>）城南，東至<u>雍奴</u>縣（今<u>武清</u>東八里）西，東入<u>笥溝</u>。<u>笥溝</u>即<u>沽水</u>，又名<u>潞河</u>，即今<u>北運河</u>，亦即前文之<u>潮河</u>。則酈注之<u>桑乾水</u>尾程在今<u>永定河</u>之北，而<u>永濟渠</u>之<u>永清</u>以南一段，則在今<u>永定河</u>之西南甚遠，故<u>永濟渠</u>之<u>幽州</u>至<u>安次</u>一段，蓋略循<u>桑乾水</u>而濬治者，而<u>安次</u>東南至<u>巨馬河</u>一段，則非<u>桑乾水</u>故道也。至於今日<u>永定河</u>雖即<u>桑乾水</u>，但明清以來，<u>北平</u>以下之河道，屢經變遷，多與酈注之<u>灅水</u>及<u>隋唐</u>之<u>永濟渠</u>不同，亦不足相比擬矣。<u>桑乾水</u>（<u>灅水</u>）、<u>滹沱枯溝</u>與<u>八丈溝</u>之流程，參看<u>楊氏水經注圖</u>中卷中頁，惟繪製不精。

　　　一九八二年一月二日初稿，四月十四日增訂，五月一日重訂。

<u>舊五代史</u>四三<u>唐書明宗紀</u>九，<u>長興</u>三年「六月壬子朔，<u>幽州趙德鈞</u>奏：新開東南河，自<u>王馬口</u>至<u>淤口</u>長一百六十五里，闊六十五步，深一丈二尺，以通漕運，舟勝千石，畫圖以獻。」按此次所開新河可能與<u>永濟渠</u>北段流程有關；但<u>王馬口</u>地理不詳，姑存此待考。

— 56 —

唐代後期(西元七五六至八九三年)戶部侍郎人物的任官分析

盧 建 榮

壹、緒　　論

　　中國帝制時期（西元前二二一至西元一九一一年），官僚體系的社會之中，各種因素間的互動因素爲何，一直是中外史學家所矚目的重大問題之一；但是，以史料爲基礎之具體研究，似乎尚未見到。就大的研究途徑而言，從官僚體系方面着手，先確定它的某些基本特徵，復從社會方面尋求其塑造之動力，是一種辦法；或者反過來，先研究社會的特質及其動能，再抽繹出與官僚體系有關部份，又是一種辦法。作者先行採取前一種，這並不意味排斥另一種或是其他種；但不論那一種辦法，都不是一蹴而幾的事！

　　本文與前作「唐代通才型官僚體系之初步考察 —— 太常卿、少卿人物的任官分析」（下稱「前文」）是爲探討中國官僚體系生成條件的基礎工作。在前文的重點致力於人力資源調配，其結論證實唐朝是個通才型的官僚體系。本文爲恐前文抽樣缺乏普遍性，另尋一類性質不同的官職人物，唯仍沿襲同一步驟與設計，看看是否會得到相同抑或相異之結果。如果相同，則更能加強前文結論的有效性；如係不同，則其中道理爲何，有待進一步探索。故爾追求目的雖然屬於同一類型，但研究工作及資料運

用並無重複之嫌。

　　本文的人物抽樣，以挑選財經官為基本資料，其理由一方面是承繼前文所說，典禮之學術官與理財之財經官有其衝突面，另一方面是有鑑於以下長期歷史現象的省察。傳統中國的官僚體系，是個安定性甚強的大組織體，凡是尋求全面性或手段激烈的改革之舉——即所謂的「變法」——甚難出現，兩千年來稍具規模的變法先後僅有王莽、曹爽（註①）、王安石、康有為等人主持下的四次而已，論其改革主旨，財政方面幾乎居於主導的地位。（註②）不僅此也，從漢武、昭之際以來，政府只要在財政上有所變革，便會驚動組織內絕對多數、代表安定的那股力量，而遭到巨大的反對與抵制。財經問題是現實的，財經問題的成與敗更是立竿見影的，所以歷來不免有些財經官為克服面前的困境，常常試圖衝破過時的制度。這些人雖然在組織中占少部份，卻扮演着推動變動的角色——若能予以深入研究，必有助於揭開官僚體系趨向安定如恆之謎。

　　唐代大大小小的財經官不少，本文為何選擇曾任戶部侍郎（下稱「戶侍」）一職的官員呢？其理由有二：第一、該職為財經官中之首腦級官員，統籌全國財經事宜；第二、他們中絕大多數都曾任特派專業性財經高級官員，如判度支、鹽鐵轉運使、租庸使等等官（註③）。既然這些人參與了高層次的專業性財經職務，那麼，理論上他

　　註①：作者曾對曹爽領導變法之事，加以勾沈，完成「魏晉之際的變法派及其敵對者」一文（食貨月刊，復刊十卷七期，1980年10月，頁七至二八）。

　　註②：關於二王一康的研究，海內外無虞幾十家之多，茲擇較具規模的研究四本如下：沈展如：新莽全史（臺北，正中，1977年）、鄧廣銘：王安石（1974年）、蕭公權：A Modern China and a New World—K'ang Yu-wei, Reformer and Utopian, 1858-1927.（Woshington Uniuersity Press, 1975）、劉子健：Reform in Sung China, Wang An-shih (1021-1086) and His New Policies. (Cambridge, Harvard University Press, 1959)。

　　註③　且以判度支與鹽鐵轉運使兩官為例以說明之。唐代曾任判度支一職的官員，可考者有八十八位，去掉前期和後期最末十四年的人物，尚餘七十五位，合於本文的時間（西元七五六至八九三年）。其中，有呂諲、李元素、胡證、王涯、王璠、崔元式、李福、高湜、楊嚴、鄭紹業、秦韜玉、鄭延昌等十二人，不與戶侍人物重複；所以，與戶侍人物重複者，佔七十五位的百分之八十四。至於鹽運使可考者有八十一位，合於本文時間的有六十三位，其中二十五位不與戶侍人物重複，即李輔國、裴冕、王翊、崔渙、崔縱、齊抗、李若初、李錡、王播、李廓、柳公綽、王涯、令狐楚、崔洪、崔鉉、薛元賞、李執方、崔璪、敬晦、韋有翼、李訥、李福、王凝、裴坦、高駢等人；所以，與戶侍人物重複者，佔六十三位的百分之六十三。可見研究戶侍人物的同時，就連帶包括這兩種官職的絕大多數人物；尤有進者，戶侍人物在人數上也較這兩種官職人物的總和多。故衡量利弊，以研究戶侍人物較為上算。

們應該具備相當的財經專業素養。然而事實上又如何呢？正是本文關心的焦點。

　　在有唐近三百年中，據嚴耕望先生收集到的戶侍人物，共計二百六十六位，其中屬於前期的人物有七十二位，屬於後期的有一百九十四位。（註④）戶侍的職權在唐代前期與後期略有更動，其演變的方向是從全國財經副首長躍登為首長，原係首長的尚書一職，其權力被架空而成為榮譽職。（註⑤）本文只用後期人物、而且還遺漏最末二十四位人物。理由如下：

　　如所週知，財經工作之良窳關係國家存亡至鉅，其重要性不言可喻，古今同理。近代財經官專業條件的要求不斷提高；最主要的是為了肆應，今日急劇繁榮的工商社會所形成的瞬息萬變的財經環境。但在古代不僅沒有近代這種變化速率高、密度大的社會狀況，而且大部份時間財經官所面對的是率由舊章的例行行政庶務；各人的稱職與否，主要端視其有無用心照章辦事，而非處置突發性事故的應變機智（註⑥）。因此要考察一位財經官是否真正具備財經之才，不僅唐前期的承平歲月不易看出端倪（也許有，但無機會供他一顯本事。）；而且即令是財政走下坡的唐後期，也因為危機初現有人提出解決方案行之有效，遂令後繼者有例可循，那些後繼者是否真具財經之才，實難斷定。所以，只有在危機乍生、能夠成為第一位提出有效解決方案的人，才較能準確地判斷他具財經之才。

　　唐代國家正常歲收兩大宗之一的戶稅（按：中宗以後又多了地稅一宗。），在武后

註④：此處數字根據嚴耕望唐僕尚丞郎表（中央研究院歷史語言研究所集刊之三十六，1953）第三冊，計算所得。

註⑤：參閱嚴耕望「論唐代尚書省之職權與地位」（中央研究院歷史語言研究所集刊第二十四本，1953）。

註⑥：唐人對戶部侍郎一職似無專業之認識，查全唐文中大凡戶侍任命狀，其書最重點在於該官員的行政庶務之才並兼及其操守，兩者均非關財經之才。茲舉二例以明之。白居易「張平叔可戶部侍郎判度支制」云：「……張平叔，國之材臣也。計能析秋毫，吏畏如夏日，司會逾月，綱條甚張。況師旅未息，調食方急，倚成取濟，非爾而誰？」於此一則表彰張平叔，為官仔細、認真，善於御下，屬於行政才幹；二則言明戰爭期間冀望他辦妥糧食之徵集與運輸之工作，這是一種例行工作，只消行政幹才即可。白居易「牛僧孺可戶部侍郎制」云：「戶部侍郎，周之地官小司徒也。……（略其職掌之敘述）中茲選者，莫非正人。誰其稱之？我有邦彥……牛僧孺：自舉賢良，踐台閣，秉潤色筆，提科緝綱；而書命無繁詞，決事無留獄，受寵有憂色，納忠多苦言。朕心知之，何用不可？夫以人會之重如彼，僧孺之賢若此，俾居是職，不亦宜乎？」觀其敘述，牛僧孺有資格當戶侍一職的理由，乃在財經之才以外的各種才具：判誥官、司法官、以及諫監官等三類，其中制誥官重其稱職，司法官重其行政效率高，諫監官重其操守。以上二出處，分見白居易集二（臺北，里仁，1980）卷四十八，中書制誥一，頁一〇一一及一〇一三。

時代因逃戶問題驟趨嚴重，形成財政危機，至玄宗時代大事整頓而略有成效。（註⑦）安史亂後一方面徹底暴露財政制度危機此一老問題，另一方面又使國家瀕臨財政枯窘的境地。（註⑧）加上此時常有突發性財經問題發生，於是就非一般僅擁有行政長才者所能勝任了，故而若非確有財經長才之官員不能克奏膚功。若就人才條件而言，唐代前後期不應有太大的區別；但就時代環境而言，後期較前期除了財經惡劣程度有增無已之外，財經突發性事故不可預測，爲了應付龐大的戰費以外，因戰爭而攪亂的財經困境等，都得加以解決，在這種具有挑戰的時代，方能較爲客觀地辨別人才。易言之，在承平時期卽使有財經之才，也無機會可供表現，甚難知其爲人才。這就是本文選擇後期人物的理由。至於唐末最後二十四位戶侍人物不採用的理由是，其時唐朝名存實亡，政府操縱在强藩之手，唐中央官僚體系運作已告失靈。在中央體制失靈下的戶侍人物，實無法客觀地評估其財經才華。

　　本文對於官員官歷及其相關專長的問題，沿襲前文的研究方式，擇要述之於後。爲了針對中國官僚體系其職官數量的膨脹以及性質的重複（註⑨），本文頗花費一番推類求同的手續以理出幾項大分類，卽所謂職官分類的辦法。首先，從職官實際運作中，若依據其事務性質，可區分出十三類官；其中十類尚可透過唐代一項人事考核辦法：「二十七最」，針對各項具體評判標準歸結出來。此卽前文謂之「細分類」。其次，若取職官配合人員能力傾向，可訂出專才官和通才官兩大類，此卽前文謂之「粗分類」。又因一些最高級政務官，如宰相、中書和門下侍郎等，雖無法畫歸「細分類」中的任一類，揆其本質卻可歸入「粗分類」的通才官。十三類官亦可以相同方式分別配屬於通才官或專才官。於是乎，專才官計有學術、制誥、武職、軍政、財經、司法

註⑦：關於唐代逃戶問題，可參閱以下諸文：王仲犖「唐代兩稅法研究」（歷史研究，六期，1963）、黃永年「唐代兩稅法雜考」（歷史研究，一期，1981）、黎仁凱「關於唐代的逃戶」（文史哲四期，1982）、唐長孺「關於武則天統治末年的浮逃戶」（歷史研究，六期，1961）、黃盛璋「唐代戶口的分布與變遷」（歷史研究，六期，1980）等。

註⑧：關於唐代爲了解決財政枯窘，實行重要民生國防物質專賣制以及兩稅法，可參閱Denis C. Twitchett: Financial Adminstrion under the T'ang Dynasty (Cambridge University Press, 1963), Chapter I. II, pp24～65. 本書綜括1963年以前中日兩國有關這方面的研究成果。

註⑨：關於官僚員額數量的膨脹，人多知之，且已見於太常卿、少卿人物的研究上。至於職官性質的重複，唐人杜佑早已言之。他曾於建中元年上省官的建議中，言及尚書省六部與諸寺監的官員在處理職務上有所重複。見新唐書卷一六六杜佑傳，頁五〇八六。

外交、工務、侍從、畜牧等十類，通才官計有諫監、地方、人事、以及高級政務官
（按：為簡化稱呼，省一最字。）等四類。專才官和通才官的分野、以及細分類官如
何配屬粗分類官的理由，均見前文，此處不贅。在以上十類專才官中：若慮及當時教
育重點在學術官、制誥官分別所需的經學與文學，比起他學易成為知識分子的專長，
就有區分的必要；因此，學術與制誥兩官合稱為一般性專才官，其餘各類官則稱之為
特殊性專才官。特殊性專才官中，從本文資料顯示：或不見任一統計數字如畜牧官；
或統計數字過小如侍從官（僅一見）、外交官（五見）；或統計數字有十八見之多如
工務官，卻因全係首腦官員——工部侍郎——而工部職權早在戰亂頻仍的唐後期已經
淪喪。故此四類官除了用於統計任官類數之外，不予細論。

綜上所述，適合本文分析所需之觀念，可列系統表於下：

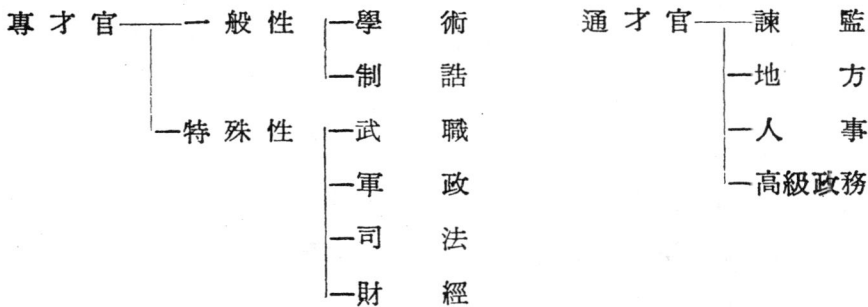

專　才　官——一　般　性——學　　　術　　　　通　才　官——諫　　　監
　　　　　　　　　　　　　——制　　　誥　　　　　　　　　——地　　　方
　　　　　　　——特　殊　性——武　　　職　　　　　　　　　——人　　　事
　　　　　　　　　　　　　——軍　　　政　　　　　　　　　——高　級　政　務
　　　　　　　　　　　　　——司　　　法
　　　　　　　　　　　　　——財　　　經

最後，就本文抽樣人物所歷職官為限，先於唐六典之中找尋以上系統表中的九大
類（缺高級政務官一項）的各種相關官職；次於舊唐書相關志書中予以補充其不足
者；可製出一職官分類所屬職官表。因可參照前文之表，此處亦予省略。

貳、人物任官情況

本節擬依循以下三個途徑，逐項將考察所得述之於後：第一，比較人物在擔任通
才官與專才官其稱職可能性方面，究竟孰強孰弱；第二，計算人物在擔任特殊性專才
官其專業率方面，是趨向高抑低；第三，比較人物在擔任通才官與專才官其實際任職
機會方面，到底孰多孰少。

一、稱職方面專才官與通才官的懸殊發展

本目根據人物具備財經才能與否的標準，將一百七十位人物分成兩批，分別加以

考察。

唐安史亂後有四十七位戶侍人物具有財經才能（註⑩），其中除了八位資料不全（註⑪）之外，剩餘三十九位有充分資料，可供本文作爲分析的素材。首先將各人經歷的通才官類，製爲表一如下：

表一

通才官類 人物 編號	姓名	諫監	地方	人事	高級政務官
003	崔器	＊	＊	＊	
004	第五琦		＊		＊
006	李峴	＊	＊	＊	＊
007	劉晏	＊	＊		＊
010	元載		＊	＊	＊
012	路嗣恭		＊		
013	于頎	＊	＊		
014	韓滉	＊	＊	＊	＊
017	韓洄	＊	＊	＊	
019	杜佑	＊	＊		＊
022	元琇	＊	＊		

備　註

1.符號說明：“＊”表歷官人次。

2.資料出處：

　①在官歷得取方面，各人均據正史本傳及嚴耕望唐僕尚丞郎表中所補之資料。

　②在官歷計數方面，以下三種狀況均不予計數：其一，外官兼帶各級御史官銜之諫監官、或其他官類；其二，當作降職以及置散用的各種學術官（尤其是東宮府官）；其三，當作架空的榮譽職，如六部尚書、左右僕射等官。

3.統計方法說明：

　本表以人次計算，只要各人當過某類官，不論所歷各種官職之多寡或累積時間之久

註⑩：判斷一個人具備財經才能，大體出於以下八種情況：第一、當時公認的財經權威及其賞識者，如劉晏及其門生故吏，即于頎、韓洄、裴腆、元琇、盧徵、李衡等人，類似劉晏這種權威，尚有第五琦、皇甫鏄、楊炎等人；第二、具有家傳專業知識，如盧簡辭、杜佑、杜悰等人；第三、早年的歷練受到財經的訓練，主要出身江南地方的節度觀察使、以及鹽鐵轉運使的幕僚，如劉崇望、盧坦、楊於陵、李遜、鄭畋、李石、于敖、王徽等人；第四、考驗時刻所顯現的財經才能，如杜審權、韓滉、盧商、蕭遘等人；第五、經例行年度考核顯示，財經業務績效卓著，如崔倰、盧商、裴休、崔彥昭等人；第六、史有明文，指出其人有吏才，善理財，如崔器、李峴、路嗣恭、李竦、蘇弁、馬植、王徽、李回等人；第七、有高明的財經建言，如盧弘正；第八、其他，即無法歸類的元載、趙贊、班宏、張濛、于琮、裴延齡、王紹、于頎、鄭元、劉鄴、鄭朗、崔元略等人。以上，第一、四、五、七等四種屬於服官的實際作爲（表現），第二種屬於家學淵源，第三種屬於專業訓練；第六種屬於時人論斷。人物姓名加框者，表再度出現。

註⑪：即 020 趙贊、021 裴腆、024 李竦、029 張濛、032 李衡、035 于頎、042 鄭元、054 崔倰等八人。

025	班　宏	＊	＊	＊	
028	盧　徵	＊	＊		
031	裴延齡		＊		
033	蘇　弁	＊	＊		
034	王　紹			＊	＊
043	楊於陵	＊	＊	＊	
049	盧　坦	＊	＊		
050	皇甫鎛	＊		＊	＊
051	李　遜		＊	＊	
060	崔元略		＊	＊	
061	于　敖	＊	＊	＊	
073	李　石	＊	＊		＊
078	杜　悰		＊		＊
083	盧　商		＊	＊	＊
084	李　回	＊	＊	＊	＊
085	鄭　朗	＊	＊	＊	＊
088	盧弘正	＊	＊		
089	盧簡辭	＊	＊	＊	
090	馬　植		＊		＊
097	裴　休	＊	＊		＊
114	杜審權	＊	＊	＊	＊
123	劉　鄴	＊	＊		＊
124	于　琮	＊	＊		＊
131	崔彥昭		＊	＊	＊
135	鄭　畋	＊	＊	＊	＊
147	王　徽	＊	＊	＊	＊
152	蕭　遘	＊	＊	＊	＊

暫，均以一次計之。任官類時間之長短，固然在質的意義上差別殊鉅；然本文若再考慮此一因素，則文章益發複雜不堪，爲此，本文暫採人次計算法。

4.編號說明：

①爲了方便查閱人員資料而設。

②大體依據人物任侍郎職之先後，順序編列。

161	劉崇望	＊	＊	＊	＊
分 項 統 計		27	37	22	23
合　　計					109

從表一知，這三十九位戶侍人物所經過的通才官類，計有諫監官二十七人次、地方官三十七人次、人事官二十二人次、高級政務官二十三人次，合計爲一百零九人次。

其次尋求各人經歷專才官類：其專業狀況，並製爲表二如下：

表二

人物\專才官類		一般性		特殊性		
		學術	制誥	武職	軍政	司法
編號	姓名					
003	崔器	○				○
004	第五琦			?		
006	李峴			?		
007	劉晏	○				

備　註

1.符號說明：

"○"表專業。

"?"表存疑。

"×"表非專業。

2.資料出處：

①、②兩點同表一。

③各人各官類的專業情況判斷上，見註⑫。

註⑫：專業才能分析所需的資料，大至有以下四種來源：一、服官表現，二、人事命令上的表彰之辭，三、時人評論，四、其他。這四種資料的可信度大小不一，因人而異。本文盡可能抱持謹慎態度，凡經由縝密的檢驗，猶有疑問者，逕予存疑。茲舉韓滉爲例，以說明本文專才官專業判斷的一般方式：

滉一生官歷，可分爲以下六種：學術官（太子通事舍人，祠部員外郎、郎中、太常卿）、武職官（騎曹參軍、浙江東西都團練觀察使、鎮海軍節度使）、財經官（戶部侍郎、判度支、管諸道青苗稅戶、度支營田使、江淮轉運使、諸道轉運鹽鐵使）、地方官（縣主簿，探訪使判官，州長史，王府參軍、蘇州、潤州、晉州刺史）、諫監官（殿中侍御史、給事中、尚書左丞）、人事官（吏部員外郎、判南曹、郎中，考功員外郎，知兵部選）等。其中學術、武職、財經等三類官爲專才官。

舊唐書卷一二九本傳云滉「好易象及春秋，著春秋通例及天文事序議各一卷。」足見他有學術才能。同書本傳又云：「滉訓陳士卒，鍛礪戈甲，稱爲精勁。」；新唐書卷一二六本傳云：「李希烈陷汴州，滉遣裨將王栖耀、李長榮、柏良器以勁卒萬人進討，次睢陽，而賊已攻寧陵，栖耀等破走之，漕路無梗，完靖東南，滉功多。」足見他有武職才能。舊唐書本傳云：「滉旣掌司計，清勤檢轄，不容姦妄，下吏及四方行綱過犯者，必痛繩之。」；又云：「而自德宗出居，及歸京師，軍用旣繁，道路又阻，關中饑饉，加之以災蝗，江南、兩浙轉輸粟帛，府無虛月，朝廷賴焉。」；同書卷一六四楊於陵傳云：「韓滉自江南入朝，總將相財賦之任，頗承顧遇，權傾中外。」他爲了擴充國家財源，「毀撤上元縣佛寺道觀四十餘所…」（舊唐書本傳）爲此，他自圓其說地下道命令：「毀佛寺鐘磬判」，內云：「佛本無形；有形非佛。泥龕塑像，任日崩頹。銅鐵之流，各還本性。」（全唐文冊九卷四三四頁五六〇二）在在顯示他在財經方面有過人之才。

綜上分析，滉的學術、武職、以及財經等官，從服官表現上看，均屬專業。

編號	姓名					
010	元　載			?		○
012	路嗣恭			○	?	?
013	于　頔	○		?		?
014	韓　滉	○		○		
017	韓　洄	○	○		?	?
019	杜　佑	○		○		
022	元　琇			○		
025	班　宏	○				○
028	盧　微					
031	裴延齡	○				
033	蘇　弁	○				?
034	王　紹			○	○	
043	楊於陵	×	○	?	?	
049	盧　坦	○		?		○
050	皇甫鎛					
051	李　遜			?		
060	崔元略			?		?
061	于　敖	○		?		?
063	李　石			×		?
078	杜　悰			?		
083	盧　商			?	?	?
084	李　回	○	○	?	?	?
085	鄭　朗	○		?		
088	盧弘正			○	?	
089	盧簡辭			?	?	○
090	馬　植	○		○		○

3.統計方法說明：同表一。

4.編號說明：同表一。

097	裴　休	○		?	?	
114	杜審權	○	○	?		?
123	劉　鄴	○	○	?	?	
124	于　琮	○	○	?	?	
131	崔彥昭	○	○	?	?	
135	鄭　畋	○	○	?	○	?
147	王　微	○	○	?	○	?
152	蕭　遘	○	○		?	
161	劉崇望	○	○	?	?	
分　項　統　計		23	11	7	3	6
合　　　計			34	〔39＋〕16		

　　從表二知，這三十九位戶侍人物在任職專才官類所表現的專業狀況如下：一般性專才官類計有三十四個專業次數，特殊性專才官類計有十六個專業次數，兩者合計共為五十個；復因這三十九位人物均具財經才能，因此特殊性專才官類的專業次數當加上此三十九之數而為五十五，所有專才官類之專業次數即為八十九。

　　綜合一、二兩表以觀之，得知這三十九位適任財經官的人物中，其任通才官類計有一百零九人次，其任專才官類於符合專業要求方面計有八十九個次數，若相互比較，則為一點二與一之比。如果通才官類只與特殊性專才官類相比，則為二（一百零九人次）與一（五十五次數）之比，於此，通才官類凌駕專才官類甚多。

　　唐安史亂後有一二三位戶侍人物不具財經才能（註⑬），其中除了四十二位資料不全（註⑭）之外，剩餘八十一位有充分資料可供本文作為分析的素材。首先，將各人經歷的通才官類，製為表三如下：

註⑬：根據註⑩所列的各種標準，找不出任何證據可以證明具財經之才者，均畫歸此類人物。
註⑭：即002李揖、005李嶧、015趙縱、018閻伯嶼、036崔從質、037陸渭、056張平叔、065宇文鼎、080丁居晦、087韋琮、091孫戱、094魏扶、101崔嶼、102蘇滌、103蕭寘、110杜勝、112李潘、115苗恪、116馮圖、118李繽、119孔溫裕、120裴寅、125侯備、129王諷、130獨孤霖、132鄭言、134盧深、137崔允、140劉承雍、141曹汾、142張毅夫、148李都、149豆盧瑑、150崔沆、151裴徹、153韋昭度、158崔凝、160鄭昌圖、162楊知至、165崔昭緯、168崔汪、169崔涓等人。

表三	通才官類 人物	諫	地	人	高級
編號	姓 名	監	方	事	政務官
001	李 麟	＊	＊	＊	＊
008	裴遵慶	＊	＊	＊	＊
009	杜鴻漸	＊	＊	＊	＊
011	顏眞卿	＊	＊	＊	
016	蕭 定	＊	＊	＊	
023	吉中孚	＊		＊	
026	竇 參	＊	＊		＊
027	竇 覦	＊	＊		
030	顧少連	＊	＊	＊	
038	王叔文		＊		
039	潘孟陽	＊	＊		
040	權德輿	＊	＊	＊	＊
041	武元衡	＊	＊		＊
044	裴 垍	＊	＊	＊	＊
045	張弘靖	＊	＊	＊	＊
046	李夷簡	＊	＊		＊
047	衞次公	＊	＊	＊	
048	李 絳	＊	＊	＊	＊
052	孟 簡	＊	＊	＊	
053	杜元穎	＊	＊	＊	＊
055	牛僧孺	＊	＊	＊	＊
057	竇易直	＊	＊	＊	＊
058	李 紳	＊	＊	＊	＊

備 註：

符號說明、資料出處、統計方法說明、以及編號說明等項，均同表一。

059	韋顗	＊	＊	＊	
062	韋表微	＊	＊		
063	楊嗣復	＊	＊	＊	＊
064	王源中	＊			
066	庾敬休	＊	＊	＊	
067	許康佐	＊			
068	李漢	＊	＊	＊	
069	李翱	＊	＊	＊	
070	王起	＊	＊	＊	＊
071	李珏	＊	＊	＊	＊
072	楊汝士	＊	＊	＊	
074	歸融	＊	＊	＊	
075	李固言	＊	＊	＊	＊
076	王彥威	＊	＊	＊	
077	崔龜從	＊	＊	＊	＊
079	崔蠡	＊	＊	＊	
081	盧鈞	＊	＊	＊	
082	李讓夷	＊	＊		＊
086	白敏中	＊	＊		＊
092	柳仲郢	＊	＊	＊	
093	周墀	＊	＊	＊	＊
095	令孤綯	＊	＊	＊	＊
096	高銖	＊	＊	＊	
098	徐商	＊		＊	＊
099	韋愨		＊	＊	
100	楊漢公		＊	＊	

104	魏謩	＊	＊		＊
105	蕭鄴	＊	＊		＊
106	鄭顥	＊	＊	＊	
107	崔愼由	＊	＊		＊
108	夏侯孜	＊	＊		＊
109	蔣伸	＊	＊		＊
111	劉瑑	＊	＊		＊
113	沈詢		＊	＊	
117	韋澳		＊	＊	
121	路巖		＊		＊
122	楊知溫	＊	＊	＊	
126	蕭倣	＊		＊	＊
127	李當	＊	＊	＊	
128	王鐸	＊	＊	＊	＊
133	劉瞻		＊		＊
136	張楊		＊	＊	
138	趙隱	＊	＊		＊
139	韋保義		＊	＊	
143	牛蔚	＊	＊	＊	
144	盧攜	＊	＊		＊
145	崔蕘	＊	＊	＊	
146	孔緯	＊	＊	＊	
154	楊授	＊	＊	＊	
155	張禕	＊	＊	＊	
156	韋庚	＊	＊		
157	杜讓能	＊	＊	＊	＊

159	張濬	＊			＊
163	盧知猷	＊	＊	＊	
164	徐彥若	＊		＊	＊
166	劉崇龜	＊		＊	
167	司空圖	＊	＊	＊	
170	李磎	＊	＊	＊	＊
分 項 統 計		72	73	58	40
合　　　計					243

　　從表三知，這八十一位戶侍人物所經歷過的通才官類，計有諫監官七十二人次，地方官七十三人次、人事官五十八人次、高級政務官四十人次，合計爲二百四十三人次。

　　其次尋求各人經歷的專才官類其專業狀況，並製爲表四如下：

表四

人物　　專才官類		一般性		特殊性		
		學	制	武	軍	司
編號	姓名	術	誥	職	政	法
001	李麟	○			？	
008	裴遵慶	○	○		？	○
009	杜鴻漸	○	？	×	×	？
011	顏眞卿	○		○	○	？
016	蕭定	？				
023	吉中孚		○			
026	竇參					○

備　註

1. 符號說明：

　　"○"表專業

　　"？"表存疑

　　"×"表非專業

2. 資料出處：

　　①、②兩點同表一。

　　③各人各官類的專業情況判斷上，見（註⑮）。

3. 統計方法說明：同表一。

4. 編號說明：同表一。

註⑮：同註⑫。

編號	姓名					
027	寶　儭			?		
030	顧少連	○	○		?	
038	王叔文	○	○			
036	潘孟陽			?	?	?
040	權德輿	○	○	?	○	○
041	武元衡	○		?		
044	裴　垍	○	○			
045	張弘靖	○	○	×	?	
046	李夷簡				?	
047	衛次公	○	○	?	?	
048	李　絳	○	○	×	?	
052	孟　簡	○		?		
053	杜元穎		○	×		
055	牛僧孺		○	?		
057	寶易直	×		?	?	
058	李　紳	○	○		?	
059	韋　顗			?		?
062	韋表微		○			
063	楊嗣復	○	○	?	?	?
064	王源中		○	?	?	?
066	庾敬休	○	○		?	
067	許康佐	○	○		?	
068	李　漢		○		?	
069	李　翺	○	○	?	?	?
070	王　起	○	○	?	?	?
071	李　珏	?	○	?		

072	楊汝士		○	?	?	
074	歸融	○	○	?	?	
075	李固言	○		?		
076	王彥威	○		?	?	
077	崔龜從	○	○	?		
078	崔蠡		○	?		
081	盧鈞	○		?		
082	李讓夷	○	○	?	?	
086	白敏中	○	○	?	?	?
092	柳仲郢	○		?	?	
093	周墀	○	○	?	?	
095	令孤綯	○	○	×	?	
096	高鍇	?		?		?
098	徐商	○	○	○		
099	韋懋		○	?		
100	楊漢公	○		?		
104	魏薲	○		?		
105	蕭鄴		○	×		
106	鄭顥	○			?	
107	崔愼由	○	○	?		
108	夏侯孜	○		×	?	?
109	蔣伸	○	○	?	?	
111	劉瑑		○	?		○
113	沈詢		○	?		
117	韋澳	○	○	?	?	
121	路巖		○	?	?	

122	楊知溫		○	×		
126	蕭 倣	○		?		
127	李 當	?	○	?		
128	王 鐸	○		×		
133	劉 瞻	○	○	?		
136	張 裼	○	○	?	?	
138	趙 隱	?		?	?	
139	韋保義	○	○		?	
143	牛 蔚	○		?		
144	盧 攜	○	○			
145	崔 蕘		○	?		
146	孔 緯	○	○	×	×	?
154	楊 授	○			?	
155	張 禕	○	○			
156	韋 庚		○		?	?
157	杜讓能	○	○		?	
159	張 濬	○		×	?	
163	盧知猷	○	○		?	
164	徐彥若		○	?	?	
166	劉崇龜	?		?	?	
167	司空圖		○	?	?	
170	李 磎	○	○			
分 項 統 計		51	54	2	2	4
合 計			105			8

　　從表四知，這八十一位戶侍人物在任職專才官類所表現的專業狀況如下：一般性專才官類計有一○五個專業次數，特殊性專才官類計有八個專業次數，兩者合計共為一百一十三。

　　綜合三、四兩表以觀之，得知這八十一位不適任財經官的人物中，其任通才官類計有二百四十三人次，其任專才官類於符合專業要求方面計有一百一十三個次數，若相互比較，則為二點一與二之比。如果通才官類只與特殊性專才官類相比，則為三十點三與一（八個次數）之比，於此，通才官類大佔優勢。

二、特殊性專才官專業率的低落

　　根據二、四兩表，可以製出戶侍人物其專才官專業率表五與六如下：

表五	官類＼專業情狀	專業數 (1)	非專業數 (2)	存疑數 (8)	專業率 $\frac{(1)}{(1)+(2)+(3)}\times100\%$
一般性	學術	23	1	0	95.8%
	制誥	11	0	0	100%
特殊性	武職	7	1	22	23.3%
	軍政	3	0	13	18.9%
	司法	6	0	12	33.3%

表六	官類＼專業情狀	專業數 (1)	非專業數 (2)	存疑數 (8)	專業率 $\frac{(1)}{(1)+(2)+(3)}\times100\%$
一般性	學術	51	1	6	89.7%
	制誥	54	0	0	100%
特殊性	武職	2	11	46	3.4%
	軍政	2	2	39	4.7%
	司法	4	0	14	22.2%

　　合觀表五與六，可以發現一般性專才官之專業率偏高，均約在百分之九十以上；相反地，特殊性專才官則偏低，全在百分之三十五以下。這種現象之造成似乎與當時教育特色有關。試觀當時教育施教重點，在於一般性專才官學養所需之經學與文學，而不在所有特殊性專才官所需之學養，則可思過半矣。

　　特殊性專才官之專業率固屬偏低，然而表五與六之間仍有細微的差別，不可不察。作者在論唐後期太常卿、少卿人物時，曾發現這批人具禮官才與否，決定了他們

特殊性專才官專業率之高下，而分別製出表六與十（註⑯），易言之，不具禮官才之太常卿、少卿人物其特殊性專業率高於具禮官才者。類此情狀亦發生在本文戶侍人物上：具財經才之戶侍人物其特殊性專才官專業率高於不具財經才之戶侍。因此，此處之表五與前論太常人物之表十屬於同一類型；兩文之表六則又是另一類型。於此，大約可作如下推論：財經官與其他特殊性專才官一樣，爲一偏實用性、較具現實性之職，學術官（尤其是禮官）則反是，屬於偏價值性、與現實較無關涉之職；由於兩者屬性分歧如此之大，因而擅財經官職者較諸擅學術官職者，易於在武職、司法、軍政等官類職務上稱職。

總之，從特殊性專才官其專業率的普遍低落，可見唐代（至少是後期）官僚體系通才傾向之濃烈。

三、才能與資歷取向的平均發展

如果比較通才與專才兩種官類的任官數，依上文所述，具有財經才能的戶侍人物其通才官類任官數爲一〇九，不具財經才能的戶侍人物則爲二四三；又據二、四兩表，專才官類任官數分別爲一一二和二三二。所謂專才官任官數，乃是專業數、非專業數、以及存疑數之和。具財經才能的戶侍人物其通才官和專才官相比數各爲一〇九和一一二；不具財經才能的戶侍人物其通才官和專才官相比數各爲二四三和二三二。可見兩組比例之值均幾乎爲一與一之比。

質言之，若以戶侍人物擔任各類官的官類數計，往通才與專才官類兩途派任，其機會幾乎是均等的。換言之，從這個角度看，唐代官僚體系在人員派任職務方面，對所有戶侍人物而言，不管是通才官職或是專才官職，都是一體對待的；似乎並不考慮兩者之間的差異性，以致呈現出一幅官僚體系中例行人事遷轉的景觀。

若將此點再配合前述通才官較專才官更能適任那一點（卽本節第一、二兩目結語部份），更可確定說，官僚體系在人員派任運作程序上，儘可能將人員平均分發到各種官類去。此一方式，本文暫稱作「資歷取向」；另一種對人力資源作適才適所的調配，亦卽因材器使的理想原則，本文暫稱作「才能取向」。上文所述，顯然資歷取向

註⑯：見拙作「唐代通才型官僚體系之初步考察—太常卿、少卿人物的任官分析」漢學研究資料及服務中心，第二屆中國社會經濟史研討會論文集，1983，頁第一〇九及一一六。

重於才能取向；因爲它是以人爲單位配屬到各官類的各職位上去，重過於以人的才性作爲分發原則，所以才會在專才官職上出現大量不具專業才具的官員。

　　以上論點，又可從唐代官員任官類數之多種現象上，獲得更進一步的印證。按理，任官類數之多寡與通才化傾向之程度成正比的。三十九位具財經才能的戶侍人物中，歷官官類三種者有004第五琦、028盧徵、031裴延齡等三人；四種者有007劉晏、022元琇、034王紹、050皇甫鎛、051李遜、078杜悰等六人；五種者有006李峴、010元載、012路嗣恭、033蘇弁、060崔元略、090馬植等六人；六種者有003崔器、013于頔、014韓滉、019杜佑、049盧坦、073李石、085鄭朗等七人；七種者有025班宏、083盧商、088盧弘正、089盧簡辭、097裴休、123劉鄴、124于琮、131崔彥昭、152蕭遘、161劉崇望等十人；八種者有017韓洄、061于傲、014杜審權等三人；九種者有043楊於陵、135鄭畋、147王徽等三人；十一種者有084李回一人。可見多數人任職四至七種之間，共計二十九人，約其佔總人數（三十九人）的四分之三，取其平均數約在五、六種之間。

　　八十一位不具財經才能的戶侍人物中，歷官官類四種者有023吉中孚、026竇參、038王叔文、046李夷簡、062韋表微等五人；五種者有016蕭定、027竇覦、041武元衡、067許康佐、104魏謩、121路巖、126蕭倣、133劉瞻、159張濬等九人；六種者有001李麟、044裴垍、052孟簡、053杜元穎、055牛僧孺、068李漢、079崔蠡、081盧鈞、099韋慤、100楊漢公、105蕭鄴、107崔愼由、111劉瑑、113沈詢、138趙隱、143牛蔚、144盧攜、145崔蕘、156韋庚、164徐彥若、166劉崇龜、170李磎等二十二人；七種者有030顧少連、039潘孟陽、057竇易直、058李紳、059韋顗、064王源中、071李珏、075李固言、077崔龜從、092柳仲郢、096高鍇、098徐商、106鄭顥、108夏侯孜、109蔣伸、117韋澳、122楊知溫、127李當、128王鐸、139韋保義、154楊授、155張禕、157杜讓能、163盧知猷、167司空圖等二十五人；八種者有011顏眞卿、047循次公、066庾敬休、072楊汝士、076王彥威、082李讓夷、086白敏中、095令孤綯、136張楊等九人；九種者有008裴遵慶、009杜鴻漸、040權德輿、045張弘靖、048李絳、063楊嗣復、069李翶、070王起、074歸融、093周墀、146孔緯等十一人。可見多數人任職六、七兩種，共計四十七人，佔總人數（八十一人）的百分之五十八，超

過半數，其平均數大至在此。

綜合言之，這一百二十位人物的任官類數其平均值約為六種，可見通才化傾向相當明顯。

參、戶部侍郎職位：三成才能取向與七成關係取向

在本文所採用的一百七十位戶侍人物中，只有四十七位被證實具財經才能，因此，純就戶侍此一職位而言，其專業率只達百分之三十點一。其餘一百二十三位不具財經才能的戶部侍郎人物中，除了十四位（註⑰）無資料之外，尚有一百零九位獲任財經官，大至出於以下六途：其一，因充當制誥官居樞紐之地，易與皇帝和宰相接近，諸如023吉中孚、026竇參、027竇覦、030顧少連、038王叔文、044裴泊、045張弘靖、053杜元穎、055牛僧孺、058李紳、064王源中，066庾敬休、067許康佐、069李翱、074歸融、077崔龜從、079崔蠡、080丁居晦、087韋琮、086白敏中、091孫瑴、093周墀、098徐商、101崔嶼、102蘇滌、103蕭寘、105蕭鄴、107崔慎由、109蔣伸、111劉瑑、112李潘、113沈詢、115苗恪、117韋澳、121路巖、125侯備、127李當、130獨孤霖、132鄭言、133劉瞻、134盧深、137崔允、140劉承雍、141曹汾、144盧攜、149豆盧瑑、150崔沆、151裴徹、153韋昭度、155張禕、156韋庚、157杜讓能、158崔凝、162楊知至、164徐彥若、165崔昭緯、167司空圖、168崔汪、169崔涓、170李磎等五十九人；其二，皇親國戚，如宗室001李麟、005李嶧、046李夷簡，以及駙馬106鄭顥等四人；其三，權臣（多數是宰相，有的是宦官。）之後或同黨，或與權臣私交甚篤，如002李揖、008裴遵慶、039藩孟陽、040權德輿、048李絳、059韋顗、063楊嗣復、071李珏、068李漢、070王起、072楊汝士、075李國言、082李讓夷、092柳仲郢、095令孤綯、100楊漢公、104魏謩、116馮圖、122楊知溫、126蕭倣、128王鐸、136張楊、138趙隱、139韋保義、142張毅夫、143牛蔚、145崔蕘、146孔緯、154楊授、159張濬、163盧知猷、166劉崇龜等三十二人；其四，忠誠事跡特著者，如安史之亂期間捍衞國土甚力的011顏眞卿、翊戴肅宗有功的009杜鴻漸，

註⑰：卽015趙縱、036崔從質、037陸渭、056張平叔、065宇文鼎、094魏扶、099韋器、108夏侯孜、118李
　　　贄、119孔溫裕、129王諷、148李都、160鄭昌圖等十四人。

－177－

永貞內禪事件時反王叔文黨甚力而爲憲宗所喜的041武元衡 、 047衛次公、052孟簡，宣宗思憲宗功臣子弟而重用的杜勝，共計六人；其五，因緣際會，或於黨爭激烈期間走中立路線者如057竇易直、062韋表微、076王彥威，或恰好投合政治路線如096高銖，共計四人；其六，地方官績效良好者，如016蕭定、018閻伯嶼、081盧鈞等三人。

以上一至三種憑藉的是人與人之間的關係作爲躋身高宦的奧援，第四種有賴於公職人員的操守，第五種是機緣，均非關能力，只有第六種才是。然而第六種若再仔細究之，則又大大不然。蕭定與閻伯嶼兩人均以刺史考績第一致遷戶侍，此一路徑，理論上是符合才能取向，但於財經官專業用人上，猶是「此路不通」。因爲地方官績效良好，也許是出於財經之才，也許是庶務行政之才高明過人；於唐代，地方官基本上是個通才官，故屬於庶務行政可能性較高。何況蕭閻兩人確無財經之才。至於盧鈞，則於嶺南節度使任上，「請監軍領市舶使，已不干預。」（舊書本傳）唐代廣州市舶司是個豐饒的利藪所在，鈞能讓與宦官，不但可以討好中人，更重要的是任憑宦官爲皇帝充實私囊，皇帝自然易於認定他是位優秀的財經官。可見盧鈞端賴爲宦技巧升任戶侍一職，並非憑藉財經才能。其次，第四種的操守，屬於對皇室的忠誠，故爾迎合了皇帝的喜歡，亦是建立人際關係之一種；第五種的機緣，究其實質，則係走投合當權者一時心態的路線，故也是一種人事關係；第六種純粹是皇帝滿意渠輩充實財源，被認爲忠臣，予以超擢任用，又是一種人事關係。總之，如果本文以人與人關係作爲任官或陞遷的現象稱作「關係取向」，則以上六種途徑全可歸之於人事關係取向、而非才能取向。

就組織人事作業而言，職位的遷轉大體不出資歷取向、才能取向，以及關係取向等三種。就中資歷取向對每位官員而言都是同樣有利之外，餘二種才是官員競爭高位的眞正憑藉。以曾任戶侍一職的一百七十位人物而言，有四十七位已證明具有財經才能而可勝任其職，故屬於才能取向（至少理論上是如此；就中當然亦有人兼具關係取向者，當然使陞遷條件益爲有利。），可毋庸置疑。

如此，則關係取向比起才能取向爲一二三比四七。可見戶侍一職的專業性（指因才能取向而專業其職。）就人物任官取向而言，只有百分之三十點一。財經之事對任何政府都具實用價值，其成敗所呈現的後果更是立竿見影。財經官對唐代後期帝國而

言，尙不僅是一般所謂的實用而已，其實用更關乎帝國存亡的地步。這一類官職理應以專業人才擔任，以求其較高績效，但唐代財經官類最高官——戶侍——其專業率竟然只是百分之三十點一而已。其他官職如果成敗不能立見、或績效責任不淸，則其專業率可能尙不及百分之三十了。

肆、結　　論

在傳統中國社會裡，財經學向爲正規家庭或學校敎育之所短，除了少數特殊家庭學術傳承、個人先天材質傾向、以及踏入社會後非正式的社會敎育之外，多數人可說與此學無緣。家庭與個人兩個因素，易於了解，無需多作解釋。社會因素是指士人未正式入仕前，曾經接觸與財經較有關涉的使府幕僚，一方面遭逢此客觀情境所提供的歷練之機會，另一方面也需要強烈的自我興趣來配合。由此看來，唐代財經人才的來源，是相當有限的。復由於當時戶侍一職，唐人在思想觀念上也缺乏給與專業考慮的認識。總之，人才與思想觀念兩者，無形中深深影響了戶侍人物其財經專業率之低落。這是學術官所沒有遇到的狀況。

財經之學旣非如經學與文學一般，爲當時入仕之顯學，故雖有財經之才，未必構成一有利條件。本文只是藉著曾任全國財經首長一職——戶侍——的這羣人物，來考察各人才能與其官職相稱程度，復據此一程度的多寡來判定，官僚體系究竟偏向專才型或通才型。這種方法除了顯示戶侍財經官一職，可作爲顯露官僚體系性質（特別指偏向人力資源的是否有效運用方面）之徵兆外，又可作爲其他各種專才官類其專業率的抽樣代表。

基於以上的構想，本文設計了相應的四個途徑，設法解答所提的問題——唐代官僚體系究竟是通才型抑專才型的組織形態？根據研究結果顯示：就所選用的唐代一百七十位人物所任的戶侍一職而言，此一職位的專業率只有三成。

其次，從這一百七十位人物抽繹出一百二十位有資料可供考索的人物，展開三個環環相扣的觀察，以下則爲觀察所得：

第一，就通才官與專才官在稱職方面看，通才官較專才官居於有利的地位，這種情況尤以通才官只與特殊性專才官相比時爲甚。

　　第二，特殊性專才官專業率依然普遍低落。

　　第三，從任職專才官或通才官其機率大致相仿、以及任官類數仍高居甚多的現象看，表示政府人事作業不太考慮適材適所的專業原則。

　　透過上述的種種考察，進一步證明唐代是個傾向通才型的官僚體系。作者於前文指出，作為一種官類典型的學術官，儘管唐人於思想觀念上有著專業的認識，但卻與實際運作狀況有相當大的距離。本文採用另一種官類典型 —— 財經官（就專業角度而言，財經官是與學術官相反的典型，它在唐人思想觀念中並無專業之認識。）—— 作為研究對象，其結果也與研究學術官所得結果一樣，卽通才性極高，專業性甚低，相信這絕非偶然的巧合。

　　附記：本文完稿後，先後蒙毛漢光師和勞貞一先生惠予披閱並指正，不勝感激之
　　　　至。

參 考 書 目

一、正史與古籍類
　　舊唐書　新唐書　（臺北，鼎文版）
　　資治通鑑　（臺北，世界版）
　　大唐六典　（臺北，文海版）
　　欽定全唐文　（臺北，滙文版，1961）　白居易集　（臺北，里仁，1980）
二、專書論文類
　　毛漢光　"科舉前後（公元600年干300）清要同型態之比較研究"　臺北，中央研究院國際漢學會議論文集
　　　　　1980　10。
　　朱子閃　"中國鹽政之史底概念"　中法大學月刊九卷五期　1936。
　　王仲犖　"唐代兩稅法研究"　歷史研究六期　1963。
　　易曼暉　"唐代的人口"　食貨半月刊三卷六期　1936。
　　胡寄窗　中國經濟思想史　中冊　上海　人民　1963。
　　孫國棟　唐代中央重要文官遷轉途徑研究　香港　龍門　1978。
　　孫國棟　"唐代中書舍人遷官途徑考釋——兼論唐代中央政府組織的變遷與職權的轉移"　錢穆先生八十歲紀
　　　　　念論文集　1974。
　　商鴻逵　"中國茶事叢考"　中法大學月刊二卷五期　1933。
　　彭文賢　系統研究法的組織理論之分析　臺北　聯經　1980。
　　彭文賢　"行政組織的分化與整合"　中研院三民主義研究所　專題選刊二十七　1980。
　　彭文賢　"賽蒙氏的思想體系與組織原理"　中研院三民主義研究所(3)　1981。
　　彭文賢　"行政權威的多元設計模式"　中興大學公共政策學報五期　1982。
　　陳　晉　"新唐書劉晏傳箋註"　史學年報二卷三期　1936。
　　黃國樞　"劉晏的財政政策"　思與言五卷五期　1968。

黃永年　"唐代兩稅法雜考"　歷史研究一期　1981。

黃盛璋　"唐代戶口的分布與變遷"　歷史研究六期　1980。

傅築夫　中國經濟史論叢　下冊　北京　三聯　1980。

楊　遠　"唐代的人口"　中國文化研究集刊十卷下冊　1979。

趙文銳　"唐代商業之特點"　清華學報三卷二期　1926。

黎仁凱　"關於唐代的逃戶"　文史哲四期　1982。

鞠清遠　劉晏評傳附年譜　臺北　商務　1970。

鞠清遠　唐代財政史　長沙　商務　1940。

青山定男　"唐宋時代の轉運使及び發運使に就ひて"　史學雜誌第四四編第九號　1933。

嚴耕望　唐僕尚丞郎表　中央研究院史語所專刊之三十六　1956。

嚴耕望　"論唐代尚書省之職權與地位"　中央研究院史語所集刊　第二十四本　1953。

盧建榮　"魏晉之際的變法派及其敵對者"　食貨月刊　復刊十卷七期　1980。

盧建榮　"唐代通才型官僚體系之初步考察——太常卿、少卿人物的任官分析"　收在許倬雲、毛漢光、劉
　　　翠溶主編第二屆中國社會經濟史研討會論文集內，第八九至一二二頁，漢學研究資料及服務中心
　　　1983。

Alvin W. Gouldner: Patterns of Industrial Bureaucracy, The Free Press, Glencoe, Copy right
　　　1954.

Alvin W. Gouldner "Cosmopolitans and Locals—Toward an Analysis of Latent Social Roles"
　　　Administrative Science Quarterly, December, 1957

Denis Tuitchett: Financial Administration uncler the T'ang Dynasty, Cambridge University
　　　Press, 1963

Denis Twitchett "The Salt Commissioners after An Lu-Shan's Rebellion", Asia Major IV
　　　No. 1 1954

Denis Twitchett "Lu Chih (754-805): Imperial Adviser and Court Official" 收在玉編：Confucian
　　　Personalities, Stanford Universitry Press, 1962, pp84-145

Jack Rabin "Professionalism—The Profession of Public Administration", The Bureaucrat,
　　　winter 1981-82

Talcott Parsons: The Social System, The Free Press, New York, Fourth printing November
　　　1968.

中古山東大族著房之研究

——唐代禁婚家與姓族譜——

毛 漢 光

第一章　前言—五姓四十四子禁婚家之意義

　　中古士族崛起於兩漢，至魏晉時期取得政治社會的主導地位，自公元二世紀末至九世紀末歷魏晉南北朝隋唐諸朝爲其興盛時期，凡七百年。以個別家族而論，如以魏晉時期出現的士族而論，至唐初亦有四百年，延綿不斷達十餘世之久，其子孫衆多，枝椏茂盛，已非魏晉時期單純的直系家庭。唐代所謂姓氏郡望，已是大圈圈的界限，在政治社會上具有實質意義的是郡望之內的房支，由於正史列傳大都僅載錄郡望，致使研究房支極爲困難，本文嘗試從禁婚家與姓族譜角度入手，探尋中古時期山東大族之著房著支。

　　文苑英華卷九〇〇唐贈太子少師崔公神道碑（全唐文卷三一八同）（注1）：

　　…神龍(705-7)中申明舊詔，著之甲令：以五姓婚媾，冠冕天下，物惡大盛，禁相爲姻。隴西李寶之六子、太原王瓊之四子、榮陽鄭溫之三子、范陽盧子遷之四子、盧輔之六子、公（清河崔景晊）之八代祖元孫之二子、博陵崔懿之八子、趙郡李楷之四子，士望四十四人之後，同降明詔，斯可謂美宗族人物而表冠冕矣！…惟肅宗亦以趙國錫崔公（圓），今上（代宗）以少師贈先公（景晊）…又轉尙書右僕射。四年（大曆四年，769）某月日龜筮叶吉奉少師榮陽夫人

注1　文苑英華北宋太宗時編，本文據臺灣華文書局影印明隆慶元年刻本。全唐文據清嘉慶十九年刻本。

（鄭氏）之喪，合祔於東京河南邙山之某原，禮也。世傳清白，子孝臣忠，山東士大夫以五姓婚姻爲第一，朝廷衣冠以尙書端揆爲貴仕，惟公兼之。…

碑文撰者是李華，立碑時間是代宗大曆四年（公元769年）（注2）。按禁婚之事由於李義府爲子求婚不得而奏請，時在高宗顯慶四年，記載此事史書多起（注3），玆引數則：新唐書卷九十五高儉傳載：

> 詔後魏隴西李寶、太原王瓊、滎陽鄭溫、范陽盧子遷、盧渾、盧輔、清河崔宗伯、崔元孫、前燕博陵崔懿、晉趙郡李楷，凡七姓十家，不得自爲昏。

資治通鑑卷二百唐紀十六顯慶四年（公元659年）冬十月壬戌，詔：

> 後魏隴西李寶、太原王瓊、滎陽鄭溫、范陽盧子遷、盧渾、盧輔、清河崔宗伯、崔元孫、前燕博陵崔懿、晉趙郡李楷等子孫，不得自爲婚姻。

太平廣記卷一百八十四氏族七姓條引國史纂異：

> 高宗朝以太原王、范陽盧、滎陽鄭、清河博陵二崔、趙郡隴西二李等七姓，其族望，耻與諸姓爲婚，乃禁其自相姻娶。於是不敢復行婚禮，密裝飾其女以送夫家。

崔公神道碑與新唐書資治通鑑太平廣記等書之間的異同，將於其後行文之中說明，此處指出崔公神道碑中之獨特資料——四十四子。上述資料有五姓、七姓（注4）、十家（注5）、四十四子，實際上就是姓、望、房、支。雖然每個大士族的發展並不盡相同，但中國中古時期族大而逐漸分支的現象，似乎是共同的趨勢。支、房、望、姓一方面是表示血緣由親而疏的層次，另一方面也是榮辱關係由近而遠的層次，此在淵遠流長，並枝極繁茂的大族更爲明顯，例如：當我們讀魏書卷三十五崔浩傳：「眞君十一年六月誅浩，清河崔氏無遠近，范陽盧氏、太原郭氏、河東柳氏、皆浩之姻親，盡夷其族」時，不可解釋爲清河崔氏整族覆滅，而實際上是崔浩近支受到影響（注

注2　碑文中「四年」未冠建元年號，查舊唐書卷十一代宗本紀；「永泰二年（即大曆元年，公元766年）六月戊戌，以淮南節度使崔圓檢校尙書右僕射。……大曆三年（公元768年）六月戊子趙國公崔圓卒。」

注3　其他記載如唐會要卷八十三嫁娶、玉海卷五十唐姓氏錄，唯唐會要誤盧子遷爲盧子選，玉海誤盧子遷爲盧子儀、誤盧渾爲盧潭。

注4　上述新唐書資治通鑑太平廣記等書中提及李、王、鄭、盧、崔等五姓，李姓有二望、崔姓亦有二望，故就郡望而言則稱「七望」，就姓氏而言則稱「七姓」。

注5　崔公神道碑不載盧渾、崔宗伯二家。

6）。正史列傳記載人物家世時，敘述其姓與望，以及父、祖或曾祖之名字官職，並不記載房支，如果該族已經分房分支，則知道房支比知道姓望更能標出該人物在政治社會中之地位，幸而新唐書宰相世系表有重要大族若干著房著支的世系，有部份正史列傳人物可藉此串連，但既稱宰相世系表，難免有政治立場的成份，崔公神道碑中四十四子禁婚家乃社會上著房著支的代表，這兩種資料是本文建立架構的主要資料。

　　唐代不行九品官人法，官方修撰姓族譜這類的書籍其主要目的已非直接爲了「選舉」，修譜可能有社會意義及政治目的，以社會意義而言，修譜「使識嫁娶之序，務合禮典」（注7），以政治目的而言，藉此提高唐君臣的地位，此皆關連大族著房。貞觀氏族志是唐代首部婚娶譜牒，影響到唐代其他姓族譜的修撰，另一方面它又是唐之前士大夫婚姻圈的法制化。由於唐初人物以北朝人物後裔爲主幹，所以分析唐之前人物時，必須細論北魏、東魏北齊、西魏北周、隋諸朝的名族著房，本文五姓四十四子禁婚家便是發展中各名族著房的代表，這是本文第二章之研究內容。自從貞觀氏族志開始，有唐一代曾多次修撰姓族譜，大部頭的譜牒大都是官方頒修，代表官方立場的皇帝、外戚、權臣，其主張修譜標準屢屢不同於民間士大夫，一連串的爭執與妥協，不但可以作爲研究政治與社會之間的關係，且可以從中探討著房著支的實態，這是本文第三章之研究內容。新唐書宰相世系表中大士族大都有「定著房」的記載，以此與五姓四十四子作一比較，可使禁婚家有了具體的世系，也使得世系表理出著房著支層面，凡泛稱郡望或冒稱郡望者將極易與著房著支分別，這是本文第四章之研究內容。

　　本文以五姓四十四子禁婚家爲骨幹，輔以唐代姓族譜之資料（宰相世系表亦屬姓族譜之一種）；研究的時間範圍以唐代爲主，但因爲要明瞭若干著房著支之早期發展，討論時常常上溯北魏，所以實際論述時代上起公元五世紀中葉、下迄九世紀中葉，共計四百年。

第二章　論貞觀氏族志修撰前之大族著房

在中古時期，崔盧李三大族之中的若干著房、常因時因地而各有領先，本章以此三姓

註6　有關清河崔氏見後文分析。
註7　出於貞觀政要卷七。

的著房作爲討論的焦點。而在中古史書記載之中，以貞觀氏族志初奏稿評定崔幹爲第一這件事最爲具體，茲由此而論及氏族志修撰前之大族著房。

(一)　氏族志與崔幹之地位

資治通鑑卷一百九十五唐紀十一，太宗貞觀十二年春正月：

> 吏部尙書高士廉、黃門侍郎韋挺、禮部侍郎令狐德棻、中書侍郎岑文本撰氏族志成，上之。先是，山東人士崔、盧、李、鄭諸族，好自矜地望，雖累葉陵夷，苟他族欲與爲昏姻，必多責財幣，或捨其鄉里而妄稱名族，或兄弟齊列而更以妻族相陵。上惡之。命士廉等徧責天下譜諜，質諸史籍，考其眞僞，辯其昭穆，第其甲乙，襃進忠賢，貶退姦逆，分爲九等。士廉等以黃門侍郎崔民幹爲第一。上曰：「漢高祖與蕭、曹、樊、灌皆起閭閻布衣，卿輩至今推仰，以爲英賢，豈在世祿乎！高氏偏據山東，梁、陳僻在江南，雖有人物，蓋何足言！況其子孫才行衰薄，官爵陵替，而猶印然以門地自負，販鬻松檟，依託富貴，棄廉忘恥，不知世人何爲貴之！今三品以上，或以德行，或以勳勞，或以文學，致位貴顯。彼衰世舊門，誠何足慕！而求與爲昏，雖多輸金帛，猶爲彼所偃蹇，我不知其解何也！今欲釐正訛謬，捨名取實，而卿曹猶以崔民幹爲第一，是輕我官爵而徇流俗之情也。」乃更命刊定，專以今朝品秩爲高下，於是以皇族爲首，外戚次之，降崔民幹爲第三。凡二百九十三姓，千六百五十一家，頒於天下。

上述這一件事在貞觀政要卷七、舊唐書卷六十五高士廉傳、新唐書卷九十五高儉傳、唐會要卷三十六氏族條、玉海卷五十唐氏族志條、册府元龜卷五百六十譜諜條等書皆有記載，但各書文字繁簡不盡相同、遣詞表意亦有差異，本文將在適當的地方中加以推敲，此處值得注意的是「以黃門侍郎崔民幹爲第一」一句，按崔民幹其他版本作崔幹，係因避唐太宗之諱，不予贅述；但崔民幹之官銜黃門侍郎僅通鑑有此記載，其他版本皆失記載。在氏族志的編纂過程中，初稿將崔民幹列爲族望第一，定稿時將崔民幹降爲第三，這是氏族志標準爭執唯一實例，由這件例子可以推測氏族志評定族望標準之改變，以及崔民幹家族的地位。因此，崔民幹既是關鍵性的人物，應當確實肯定

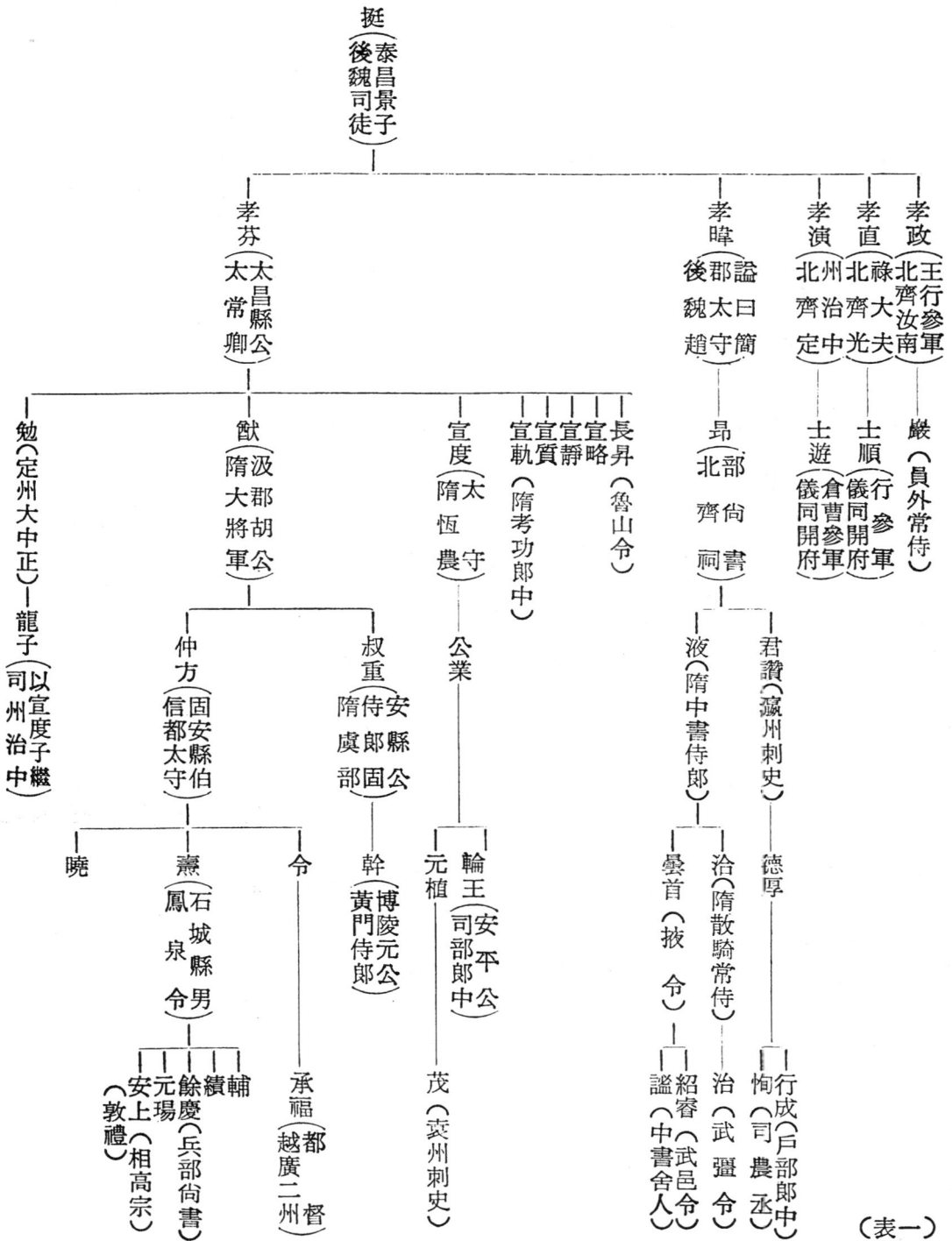

挺（泰昌景子　後魏司徒）

孝芬（太昌縣公　太常卿）　　孝暐（後魏趙郡太守　諡曰簡）　孝演（北齊定中　州）　孝直（北齊光大夫　祿治）　孝政（北齊汝南　王行參軍）

勉（定州大中正）—龍子（司州治中　以宣度子繼）
獸（隋汲郡胡公　大將軍）
宣度（隋恆農太守）
宣軌（隋考功郎中）
宣質
宣靜
宣略
長昇（魯山令）
昂（北齊尚書祠）
嚴（員外常侍）
士順（儀同開府　行參軍）
士遊（儀同開府　倉曹參軍）

仲方（固安縣伯　信都太守）
叔重（隋侍郎　虞部安縣固公）
公業
液（隋中書侍郎）
君讚（瀛州刺史）

曉
熏（石城縣男　鳳泉令）
令
幹（博陵元公　黃門侍郎）
元植
輪王（安平公　司部郎中）
曇首（掖令）
洽（隋散騎常侍）
德厚

安上（相高宗　敦禮）
元瑒
餘慶（兵部尚書）
續
輔
承福（都督　越廣二州）
茂（襃州刺史）
謐（中書舍人）
紹睿（武邑令）
治（武彊令）
行成（戶部郎中）
恂（司農丞）

（表一）

附記：㈠上表以宰相世系表爲底本，孝演、孝直、孝政、士遊、士順、巖等人則從魏
　　　書卷五十七崔挺傳及北史卷三十二崔挺傳補入。士順，北史位太府卿，與魏
　　　書異。

　　　㈡上表世系取自崔挺至崔安上（字敦禮），因敦禮在貞觀十六年已拜兵部侍郎
　　　（見唐僕尚丞郎表頁226），與修纂氏族志同一時期。

　　　㈢據魏書卷五十七、北史卷三十二崔挺傳，北海王詳爲司徒、錄尚書事，以挺
　　　爲司馬，卒，贈輔國將軍、幽州刺史，謚曰景。世系表謂「後魏司徒」，恐
　　　有誤。

　　　㈣據周書卷三十五崔猷傳及北史卷三十二崔挺傳附猷傳，猷爵汲郡公，謚曰
　　　明。世系表謂猷汲郡胡公，「胡」字恐有誤。

　　　㈤據隋書卷六十崔仲方傳及北史卷三十二崔挺傳附仲方傳，仲方之末任雖爲信
　　　都太守，但在隋已拜大將軍、民部尚書（北史作戶部）、禮部尚書。又隋書
　　　同卷謂仲方子民壽，官至定陶令；北史同卷謂仲方子壽，位定陶令。

　　　㈥據舊唐書卷八十一崔敦禮傳謂：「敦禮以老疾屢陳乞請退……敕召其子定襄
　　　都督府司馬餘慶使侍其疾……子餘慶，官至兵部尚書」。新唐書卷一百六崔
　　　敦禮傳則謂：「以久疾……弟餘慶，時爲定襄都督府司馬，召使侍疾……餘
　　　慶位亦至兵部尚書」。查唐僕尚丞郎表頁 233，崔餘慶於總章二年爲兵部尚
　　　書。即敦禮卒後十六年（敦禮卒年六十一），餘慶爲敦禮之弟較爲合理。

其人，方可進一步推論或研究其有關問題。按唐人同名同姓者甚多，此在新唐書宰相
世系表中屢見不鮮，故要肯定一個人物時，除了姓名相同以外，至少需有另一項因素
相同，譬如；父祖或子孫姓名、字號、官職等。通鑑記載「黃門侍郎崔民幹」，在史
料甄別時具有重要性。

　　查崔民幹（或崔幹）在新舊唐書無傳，兩唐書其他崔氏列傳亦沒有提及崔民幹者，
又隋書、周書、北齊書、魏書、北史等亦無其人。唯新唐書卷七十二下宰相世系二
下博陵崔氏有「幹字道貞，黃門侍郎、博陵元公」者，應與上述通鑑所載「黃門侍郎
崔民幹」同一人。崔幹之譜系如下：

　　宰相世系表博陵崔氏博陵大房條載：

大房崔氏：駰少子寔，字子真，後漢尙書，生皓。皓生質。質生讚。讚生洪，字良夫，晉大司農，生廓。廓生遄。遄生懿，字世茂，五子：連、琨、格、逸、殊；又三子：怡、豹、侶爲一房，號「六房」。連字景邁·鉅鹿令，號「大房」。第二房崔氏：琨字景龍，饒陽令，行本郡太守，二子：經、鬱。經生辯，字神通，後魏武邑太守、饒陽侯，諡曰恭，二子：逸、楷。鬱，後魏濮陽太守，生挺。（以下見表一）

㈡　博陵崔氏之分析

⑴博陵崔氏第二房挺支

崔挺最主要的官歷爲中書侍郎、光州刺史、司徒錄尙書事北海王詳之司馬，在北魏的名族子弟之中，這並不算很高的官職，但魏書卷五十七及北史卷三十二崔挺傳中對挺之品德與才學頗爲讚美，如：推人愛士，州閭親附，三世同居，推讓田產，惟守墓田，受敕書文明太后父燕宣王碑，任光州刺史，風化大行，知人識才等。挺六子之中，長子孝芬最得魏帝高祖賞識，官至車騎大將軍、吏部尙書，在文武兩途皆頗爲活躍，唯處於北魏末葉高歡與宇文泰相爭的時代，因出帝西入長安，亦被高歡誅於洛陽，北齊書卷二神武下謂「誅其貳也」。這一事件對於博陵崔氏這一房影響很大，孝芬子猷因此間行入關，在西魏北周謀取發展，周書卷三十五崔猷傳及北史卷三十二附猷傳皆稱崔猷「有軍國籌略」，又因家難而來奔宇文泰，忠誠無疑，這在當時宇文氏草創國家之時甚爲需要，在文武兩途皆有具體貢獻，如「禽竇泰，復弘農，破沙苑，猷常以本官從軍典文翰」，又「與盧辯等創修六官」。猷又都督梁州刺史，又軍援信州，在始、利、沙、興諸州叛變，信、合、開、楚諸州動搖之際，使梁、信二州獲全。在議定侯景事件及陳將華皎來附事件上，有獨特看法，事雖未按猷之建議，但充分表現出他對西魏北周集團之向心力，這個集團亦卽陳寅恪先生所謂「關中本位集團」，其核心是八柱國家，崔猷雖尙未能列入其最核心圈內，從其「賜姓宇文氏」及宇文護「養猷第三女爲己女封富平公主」看，已經相當接近集團核心了。猷子仲方，自幼與周隋皇室生活在一起，隋書卷六十崔仲方傳及北史卷三十二附仲方傳載：「仲方少好讀書，有文武才幹，年十五，周太祖見而異之，令與諸子同就學。時⑷高祖亦在其中，由是與高祖少相款密」，與斛斯徵、柳敏等同修禮律，又與趙芬刪定格式。

獻滅齊之策。勸隋文帝受禪，上書論取陳之策。 受命發丁十萬築城防胡。 授會州總管，擊諸羌，平紫祖、四隣、望方、涉題、干碼、小鐵圍山、白男、弱水等諸賊。又代周羅睺破漢王餘黨。進位大將軍，歷戶部、禮部尚書。獻之另一子叔重，列傳不載，新唐書宰相世系表謂隋虞部（工部）侍郎固安縣公，其具體事跡不詳。叔重之子幹，亦不見於列傳，宰相世系表謂黃門侍郎博陵元公，亦即貞觀氏族志初奏稿被列爲族望第一者，乃唐初人物，其人具體事跡亦不詳。在武德及貞觀之初，崔氏這一房還有崔安上（即敦禮），爲崔幹之姪，崔仲方之孫，舊唐書卷八十一崔敦禮傳（新唐書卷一〇六本傳略同）：「雍州咸陽人，隋禮部尚書仲方孫也。其先本居博陵，世爲山東著姓，魏末徙關中……貞觀中，擢拜中書舍人，遷兵部尚書。」

崔挺子孫西入關中者，以上述這一支人物最興盛，可能在諸房之中亦較爲特出，例如崔挺任本州大中正，挺子孝芬亦爲定州大中正（本州），孝芬子勉亦爲定州大中正，此爲北魏時期。西遷之後，孝芬次子獻亦爲定州大中正。隋廢九品官人法，故不再有此職。按中正官（尤其是州大中正）負責評定該州人物等級，於選舉入仕關係至大，是各方注目之職，大都爲大士族子弟所把持（注8），在大士族之中由何族擔任、以及同族之中由何房擔任，恐與其門望頗有關係。又中正官之性質雖以地緣因素爲基礎，由於魏晉南北朝人物播散甚劇，亦有屬人主義性質（注9），西遷之博陵崔氏，籍貫雖改爲關中，郡望仍屬博陵，故爲定州大中正者，仍掌其本州播遷關中之人物評定。

以爵位而論，崔挺爲泰昌景子，挺子孝芬太昌縣公，孝芬子獻汲郡公，獻子仲方固安縣伯，獻另一子叔重固安縣公，叔重子幹博陵元公。

第二房崔氏之中，崔挺之孫、孝暐之子，有崔昂者，在東魏任尚書左丞兼度支尚書。博陵崔氏在東魏者，似無在西魏者顯赫。

(2)博陵崔氏第二房楷支

第二房崔氏還有一支在西魏北周隋朝系統中頗爲興盛，新唐書卷七十二下宰相世系表二下博陵崔氏條載：「第二房崔氏：瑾……二子經、鬱。經生辯，字神通，後魏

註8　見拙著兩晉南北朝士族政治之研究，第十章第十一節中正。
註9　著者將魏晉南北朝時大小中正身居中央而又評斷本郡人物比擬爲「屬人主義」。

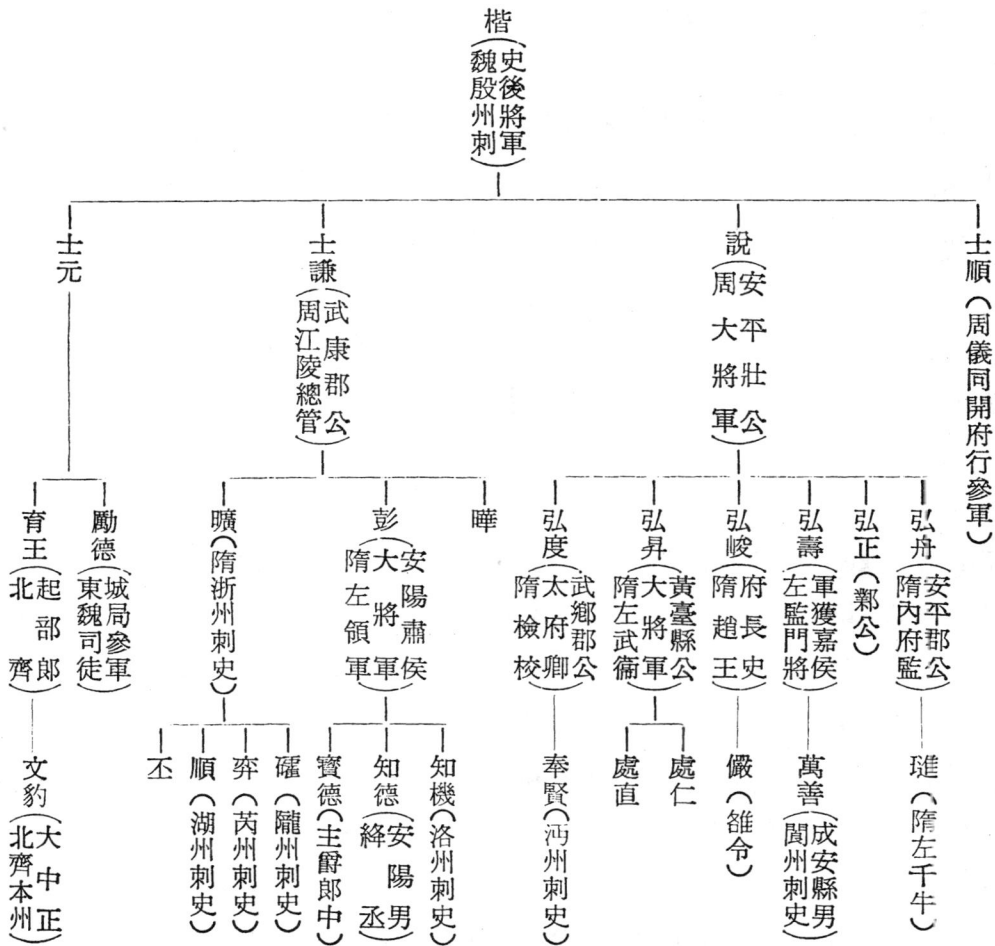

楷（後魏殷州刺史後將軍）
├ 士元
│　├ 育王（北齊起部郎本州中正）──文豹（大中北齊本州正）
│　└ 勵德（城局參軍東魏司徒）
├ 士謙（周江陵總管武康郡公）
│　├ 曠（隋浙州刺史）──丕
│　├ 彭（隋左領軍大將軍安陽肅侯）
│　│　├ 順（湖州刺史）
│　│　├ 弈（芮州刺史）
│　│　├ 礭（隴州刺史）
│　│　├ 寶德（主爵郎中）
│　│　├ 知德（安陽絳丞男）
│　│　└ 知機（洛州刺史）
│　└ 曄
├ 說（周安平壯公大將軍）
│　├ 弘度（隋太府檢校卿武鄉郡公）──奉賢（沔州刺史）
│　├ 弘昇（隋左武衞大將軍黃臺縣公）──處仁、處直
│　├ 弘峻（隋府趙王長史）──儼（雒令）
│　├ 弘壽（左監門將軍成安縣男）──萬善（閿州刺史成安縣男）
│　└ 弘正（鄴公）
└ 士順（周儀同開府行參軍）
　　└ 弘舟（隋內府監安平郡公）──璡（隋左千牛）

（表二）

附記： 文豹據北史卷三十二崔辯傳附楷傳補入。勵德官職據魏書卷五十六崔辯傳附楷傳補入。育王唐書宰相世系表訂爲爲育生。

武邑太守、饒陽侯，謐曰恭。二子：逸、楷。」

　　崔楷拒葛榮之戰，苦守殷州，與長子士元皆死王事，事載於魏書卷五十六崔辯傳附楷傳（北史卷三十二崔辯傳附楷傳較簡略）。楷子士謙、士約（說）後入關中，楷幼子士順（孝直子亦名士順，官職亦同。未詳）。士謙及說自洛奔梁最後入西魏，皆有軍功，皆賜姓宇文氏（周書卷三十五崔謙傳）。士謙子彭在隋朝頗有文武功績，事見隋書卷五十四崔彭傳（北史卷三十二崔辯傳附彭傳略同）。崔說子弘度、弘昇在隋極貴盛，甚有軍功，隋文帝納弘度妹爲秦孝王妃，復以弘昇女爲河南王妃，一門二

妃,事見隋書卷七十四酷吏列傳崔弘度崔弘昇傳（北史卷三十二崔辯傳附弘度弘昇傳略同）。

第二房崔氏楷支在西魏北周時,任定州大中正者有士謙及說。該支直至隋朝還高爵蟬聯,如士謙為武康郡公、說為安平縣公、彭為安陽縣公、弘度為武鄉郡公、弘昇為黃臺縣公、弘舟為安平郡公、弘壽為獲嘉侯等（弘舟、弘壽據世系表補,其他據列傳。）

但是,楷支子孫自從弘度憂憤卒及弘昇在遼東之役敗績發病卒後,隋末唐初之際其最高官職無過刺史郎中者,爵位則降為縣男。

(3)博陵崔氏第三房

按唐贈太子少師崔公神道碑中之禁婚名家有博陵崔懿之八子,前引新唐書卷九十五高儉傳、通鑑、太平廣記等有前燕博陵崔懿,亦未言幾子;而新唐書卷七十二下宰相世系表二下博陵崔氏條載:「懿五子:連、琨、格、遜、殊,又三子:怡、豹、侃為一房,號『六房』,實際上列有世系者在懿八子之中僅得大房、二房、三房,餘皆失載。第二房崔氏自從崔孝芬被高歡誅後,主要人物皆西入關中,前文已有分析。大房崔氏伯謙因「弟仲讓為北豫州司馬,與高慎同叛,坐免官……以弟仲讓在關中,不復居內任。」（注10）第三房崔氏之中,較富盛名的是:崔格→莃→天護→穆→暹支,雖仍是「世為北州著姓」（注11）,格至穆間四世官宦不顯,但崔暹官位甚高,「從文襄（高澄）鎮撫鄴都,加散騎常侍,遷左丞、吏部郎,領定州大中正,主議麟趾格,暹親遇日隆,好薦人士……遷御史中丞……神武崩……文襄以暹為度支尚書,監國史,兼右僕射,委以心腹之寄……遷中書監……。」（同注11）。清河崔悛自矜門望而不崇博崔、趙李兩族,是在高歡統治下的東魏政權時,當時在同朝為官的博陵崔暹聞而銜之,詳見下文。

㈢　清河崔氏諸房之分析

在另一個地區,清河崔氏實不亞於博陵崔氏。

北魏末葉分裂為東魏與西魏,山東大族著房大都在東魏系統內發展,其景象與西

註10　北史卷三十二崔鑒傳附伯謙傳。
註11　北齊書卷三十崔暹傳中語。北史卷三十二崔挺傳附暹傳同。

清河崔氏房支表

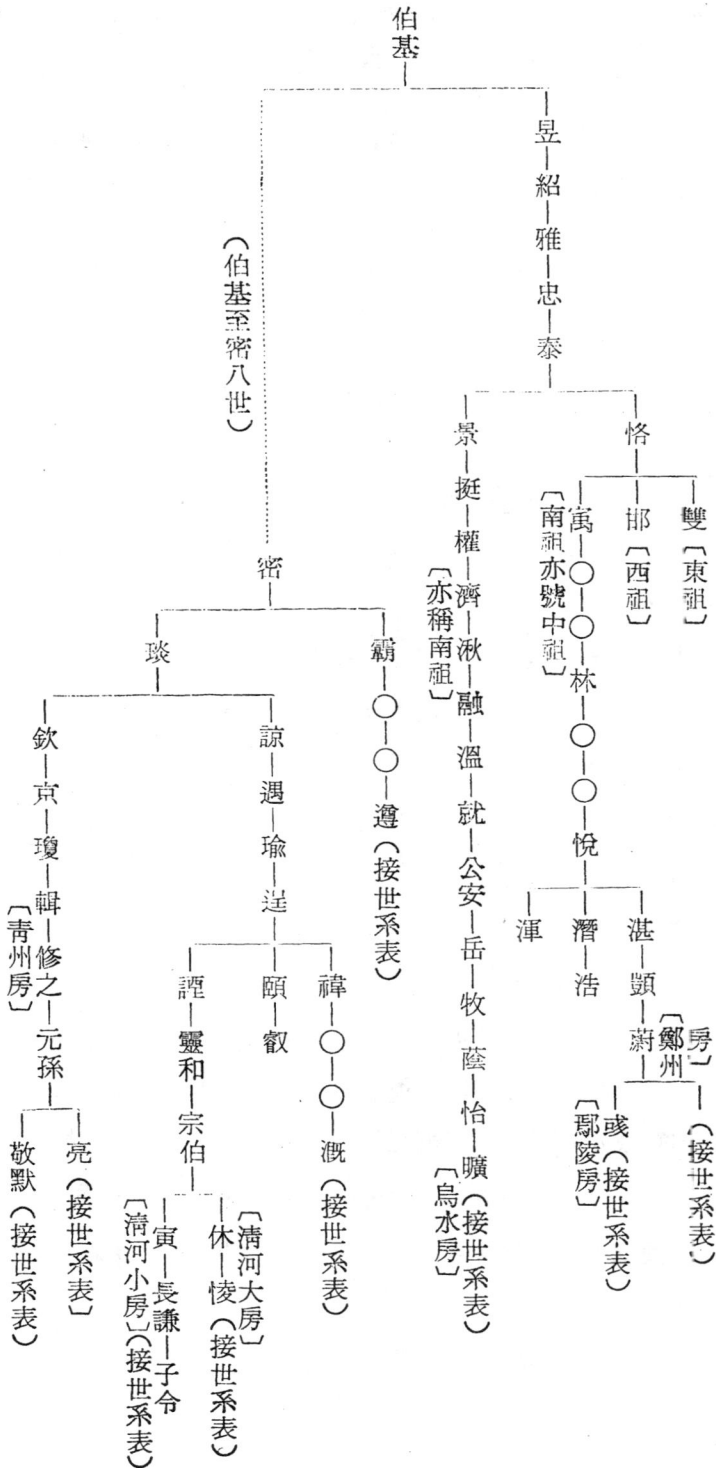

伯基
├─昱—紹—雅—忠—泰
│　　├─景—挺—權—濟—湫—融—溫—就—公安—岳—牧—蔭—怡—曠（接世系表）〔烏水房〕
│　　　　〔亦稱南祖〕
│　　└─恪
│　　　　├─寓〔南祖亦號中祖〕—林—○—悅—渾
│　　　　├─邯〔西祖〕—○—潛—浩
│　　　　└─雙〔東祖〕—○—湛—顥—蔚—彧（接世系表）
│　　　　　　　　　　　　　　　　　　　房〔鄭州〕（接世系表）
│　　　　　　　　　　　　　　　　　〔鄢陵房〕
└─（伯基至密八世）
　　密
　　├─琰
　　│　├─欽—京—瓊—輯—修之—元孫—敬默（接世系表）
　　│　│　　　　　　　　　　　　　　　　亮（接世系表）〔青州房〕
　　│　└─諒
　　│　　├─遇—諲—靈和—宗伯—寅—長謙—子令〔清河小房〕（接世系表）
　　│　　│　　　　　　　　　　　　　休—悰（接世系表）〔清河大房〕
　　│　　├─瑜—頤—叡
　　│　　└─逞—禪—○—○—漑（接世系表）
　　└─霸—○—○—遵（接世系表）

（表三）

附記：崔浩據魏書卷三十五崔浩傳加入。

崔頤據北史卷二十四崔逞傳附頤傳加入。據鼎文書局新校本北史卷二十四校勘記㈢載：「頤字太沖。按崔頤，此及魏書卷三十二本傳、魏書二十四崔模傳、卷三十五崔浩傳、本書（指北史，下同）卷九十六及魏書卷一百一氏傳並作『頤』。本書卷二太武紀及魏書卷四上世祖紀延和二年九月、本書卷三十三及魏書卷五十三李孝伯傳並作『隤』。據頤字太沖，『沖』『頤』義近，似作『頤』是。但（漢魏南北朝）墓誌集釋（卷二，蕭宗充華）盧令媛墓誌（正光三年四月三十日）圖版三十七又作『隤』，今各仍其舊。」

魏以降的關中本位集團不同，大士族的官宦盛衰亦不盡相同。約在東魏時期（注12）有一段有關門望高低的故事，北齊書卷二十三崔悛傳（北史卷二十四崔逞傳附悛傳略同）：

崔悛，字長孺，清河東武城人也。父休，魏七兵尚書，贈僕射。……悛每以籍地自矜，謂盧元明曰：「天下盛門，唯我與爾，博崔、趙李，何事者哉！」崔暹聞而銜之。

按新唐書卷七十二下宰相世系表二下崔氏世系之末載：崔氏定著十房。屬於清河郡望者有：鄭州房、南祖、鄢陵房、清河大房、清河小房、清河青州房等六房。崔悛系出清河大房。世系表載：

清河大房：「逞少子諲，宋青、冀二州刺史。生靈和，宋員外散騎常侍。生後魏贈清河太守宗伯。生休、寅。休號大房。（寅號小房）」

北史卷二十四崔逞傳載：

崔逞……魏中尉琰之五世孫也。曾祖諒，晉中書令。祖遇，仕石氏，為特進。父瑜，黃門郎。逞……仕慕容暐……暐滅，符堅以為齊郡太守。堅敗，仕晉，歷清河、平原二郡太守。為翟遼所虜，以為中書令。慕容垂滅翟釗，以為秘書監。慕容寶東走和龍，為留臺吏部尚書。及慕容驎立，逞攜妻子歸魏。……（其後）帝怒其失旨……遂賜逞死……逞子毅、諲、禕、嚴、頤。……頤……少子叡以交通境外，伏誅。自逞之死，至叡之誅，三世，積五十餘年，在北一門盡矣！……

註12　北齊書卷三十三崔悛傳及北史卷二十四崔逞傳附悛傳中，記載這段史事皆插在東魏天平與北齊天保年之間。

休曾祖諲，仕宋位青、冀二州刺史。祖靈和，宋員外散騎侍郎。父宗伯，始還魏，追贈清河太守。（休）爲度支、七兵、殿中三尙書。休久在臺閣……卒，贈尙書右僕射，諡曰文貞。……子悛。

根據宰相世系表崔氏世系，及上述記載，畫出清河崔氏之清河大房、清河小房、清河青州房之關係，如表：（見表三）

崔逞死後，其子崔頤、至叡之誅，三世，積五十餘年，在北一門盡矣！但崔逞另一子崔諲南仕劉宋，諲子靈和亦仕宋，至靈和子宗伯始還北魏，崔宗伯北還之確實年代不詳，但應在魏孝文帝太和年間評定諸州士族之前。資治通鑑卷一四〇齊紀明帝建武三年（卽太和二十年，公元496年）：

魏主雅重門族，以范陽盧敏、清河崔宗伯、滎陽鄭羲、太原王瓊四姓，衣冠所推，咸納其女以充後宮。隴西李冲以才識見任，當朝貴重，所結姻婭，莫非淸望，帝亦以其女爲夫人。詔黃門郎、司徒左長史宋弁定諸州士族，多所升降。

盧敏乃盧子遷次子，號稱第二房盧氏。鄭羲字幼驎（注13），新唐書卷七十五上宰相世系表五上鄭氏條載：「溫四子：濤、曄、簡、恬。濤居隴西。曄，後魏建威將軍、南陽公，爲北祖。簡爲南祖。恬爲中祖。曄生中書博士茂，一名小白，七子：白驎、胤伯、叔夜、洞林、歸藏、連山、幼驎，因號『七房鄭氏』。」李冲乃李寶之子，新唐書卷七十二上宰相世系表二上隴西李氏條：「寶七子：承、茂、輔、佐、公業、冲、仁宗」（注14）。上述盧敏、鄭羲、王瓊、李冲等皆禁婚名族之著房人物，清河崔宗伯自應屬衣冠所推之名族著房。

按資治通鑑卷二百唐紀十六顯慶四年、新唐書卷九十五高儉傳、玉海卷五十唐姓氏錄等載：七姓十家不得自爲婚姻，皆有清河崔宗伯。而唐贈太子少師崔公神道碑中卻無崔宗伯，清河崔氏僅載碑主（崔景晊）之八代祖元孫之二子。由上段記載分析，通鑑、新唐書、玉海等爲是。

崔宗伯長子休，號「清河大房」；次子寅，號「清河小房」。崔宗伯確定爲禁婚家，則新唐書宰相世系表所載清河崔氏定著六房之中，清河大房、清河小房、清河青

註13　魏書卷五十六鄭羲傳。新唐書卷七十五上宰相世系表五上鄭氏條作「幼驎」。
註14　魏書卷五十三李冲傳：「李冲，字思順，敦煌公寶少子也。」

州房元孫之二子，凡三房四子是禁婚名家。

　　清河大房、清河小房、清河青州房等三者之共祖為曹魏時的崔琰，官尚書，所以這三房血緣比較近。當北魏太武帝時，清河崔氏之名人有崔頤（宗伯之伯祖）、崔模（崔琰兄霸之後裔）、崔浩（據世系表載與崔琰之共祖為西漢之崔業，字伯基）。據魏書卷三十五崔浩傳（魏書卷二十四崔玄伯傳附模傳、北史卷二十四崔逞傳附頤傳、模傳略同）：

　　　　始浩與冀州刺史賾、滎陽太守模等年皆相次，浩為長，次模，次賾。三人別祖，而模、賾（參見清河崔氏房支表附記）為親。浩恃其家世魏晉公卿，常侮模、賾。模謂人曰：「桃簡正可欺我，何合輕我家周兒也。」浩小名桃簡，賾小名周兒。世祖頗聞之，故誅浩時，二家獲免。

似乎在世祖太武帝時，清河崔氏之中以崔玄伯崔浩父子一系較盛，但世祖太平真君十年（公元450年）崔浩被誅，對該支頗有打擊。

　　崔宗伯子休，號清河大房，休在北魏末期孝明帝時任度支、七兵、殿中尚書，冀州大中正（注15）。休長子悛，史書載「悛一門婚嫁，皆是衣冠之美，吉凶儀範，為當時所稱」（注16），但崔悛以籍地自矜，謂盧元明曰：「天下盛門，唯我與爾，博崔、趙李，何事者哉！」乃是自我標榜之詞，不可據此認定其門望必然高過博崔、趙李。

㈣　范陽盧氏之分析

　　按盧氏祇有范陽一個地望顯赫當時，但范陽盧氏有若干著房著支，唐贈太子少師崔公神道碑中禁婚家屬於范陽盧氏者，有盧子遷之四子、盧輔之六子、及盧渾，參見本文首頁及注3。

　　盧元明者，盧子遷第三子昶（即第三房盧氏）之子，魏書卷四十七盧玄傳附元明傳（北史卷三十盧玄傳附元明傳同）載：「元明凡三婆，次妻鄭氏與元明兄子士啓淫汙，元明不能離絕。又好以世地自矜，時論以此貶之。」似乎崔悛與盧元明皆有自矜的性格，他們誠然是當時名族著房，但若說必然高於其他名族或同姓中之其他房支，

註15　魏書卷六十九崔休傳、北史卷二十四崔逞傳附休傳。
註16　北齊書卷二十三崔悛傳。

尚難以此肯定。前引通鑑卷一四〇齊紀明帝建武三年（卽北魏孝文帝太和二十年）謂魏主雅重門族，以范陽盧敏……等四姓，衣冠所推，咸納其女以充後宮。盧敏乃盧子遷次子，卽第二房盧氏，因此盧子遷之四子乃當時重要著房著支之說，甚爲合理（玉海作盧子儀，恐有誤）。在新唐書卷七十三上宰相世系表三上盧氏條中載有「四房盧氏」之世系，但在盧氏世系條末，未言「盧氏定著某某房」字樣，此與其他大士族世系之末之通例不合，是否暗示除了四房盧氏以外，還有著房著支但在唐代未見拜相者。上引崔公神道碑、通鑑、新唐書高儉傳、玉海等文之中盧輔者，該房在北魏至隋亦

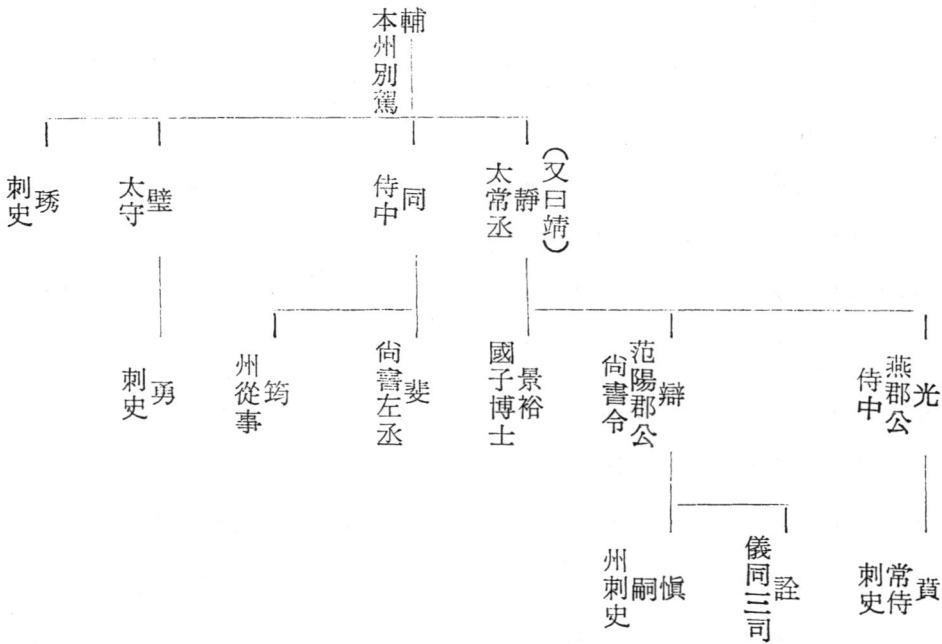

（表四）

附記：本表根據魏書卷七十六盧同傳
　　　　　　魏書卷八十四盧景裕傳
　　　　　　周書卷四十五盧光傳
　　　　　　周書卷二十四盧辯傳
　　　　　　北齊書卷二十二盧勇傳
　　　　　　北齊書卷四十七盧斐傳
　　　　　　北史卷三十盧同傳
　　　　　　隋書卷三十八盧賁傳

人物輩出，茲從正史資料之中繪出盧輔世系，如表：（見表四）

崔公神道碑謂盧輔有六子，今正史中僅獲四子，另二子失載，該房人物在正史中有專傳者有：魏書卷七十六盧同傳、魏書卷八十四盧景裕傳、周書卷四十五盧光傳、周書卷二十四盧辯傳、北齊書卷二十二盧勇傳、北齊書卷四十七盧斐傳、隋書卷三十八盧賁傳等七人。

㈤　趙郡李氏東祖三支之分析

唐贈太子少師崔公神道碑禁婚名家中有趙郡李楷之四子，按新唐書卷七十二上宰相世系表二上趙郡李氏條載：

> 楷五子：輯、晃、芬、勁、叡。叡子勗，兄弟居巷東；勁子盛，兄弟居巷西。故叡為東祖，芬與弟勁共稱西祖，輯與弟晃共稱南祖。自楷徙居平棘南，通號平棘李氏。輯字護宗，高密太守，子愼敦，居柏仁，子孫甚微。

崔公神道碑謂李楷四子，可能不計子孫甚微的李輯支。從正史列傳及新唐書宰相世系表趙郡李氏世系觀之，以東祖最盛，世系表載：「東祖叡，字幼黃，高平太守、江陵寧公。生勗，字景賢，頓屯太守、大中正。生頤，字彥祖，高陽太守、武安公。四子：勰、系、奉、曾。」世系表對於勰、系、曾三支之世系記載甚詳（缺奉支），正史列傳中趙郡李氏人物亦大都源於這三支。

在北魏太武帝、南安王、文成帝時期，有勰支的李靈、李均，系支的李順，曾支的李孝伯、李祥。李靈乃神䴥年微天下才儁人物之一，高宗文成帝時官至平南將軍洛州刺史，諡鉅鹿簡公（注17）。李順籌畫從征蠕蠕、赫連昌，拜使持節都督秦雍梁益四州諸軍事、寧西將軍、開府、長安鎮都大將，爵高平公，徵為四部尚書（注18）。李孝伯在太武帝時委以軍國機密，為比部尚書，頻從征伐規略之功，文成帝時使持節平西將軍秦州刺史，自崔浩誅後，軍國之謀，咸出孝伯，言人所長，不隱人姓名以為己善，故衣冠之士，服其雅正，諡曰文昭公（注19），在北魏孝文帝、宣武帝、孝明

註17　魏書卷四十九李靈傳、北史卷三十三李靈傳。
註18　魏書卷三十六李順傳、北史卷三十三李順傳。
註19　魏書卷五十三李孝伯傳、北史卷三十三李孝伯傳。

帝時期，有廙支的李璨，系支的李敷、李式、李憲，曾支的李安世等，李璨有定徐州之功賜爵始豐侯加建武將軍（注20）。李敷爲李順之子，孝文帝寵遇之，爲南部尙書、中書監，爵高平公，敷見待二世，兄弟親戚在朝者十有餘人，兄弟敦崇孝義，家門有禮，爲北州所稱美（注21）。李安世卽孝文帝時建議立三長制者，後均田之制起於此，位至安平將軍、相州刺史假節趙郡公（注22）。在北魏孝莊帝至西魏、北齊時期，有廙支的李元忠、李渾、李繪、李緯，有系支的李希宗、李騫、李祖昇等。李元忠乃幫助高氏建國功臣之一，曾任太常卿、殷州大中正、驃騎大將軍、儀同三司（注23）。李希宗爲中軍大將軍、金紫光祿大夫，齊王納其第二女，希宗以人望兼美，深見禮遇，出行上黨太守（注24），希宗子祖昇，北齊顯祖李皇后之長兄，儀容瓌麗，垂手過膝，睦姻好施，文學足以自通，仕至齊州刺史（注25）。以上謹舉部份較爲突出者，實際人數事蹟可尋者數倍於此，詳見正史各傳。

資治通鑑卷一百四十齊紀明帝建武三年（卽北魏孝文帝太和二十年）載：

> 時趙郡諸李，人物尤多，各盛家風，故世之言高華者，以五姓爲首。（胡三省注盧、崔、鄭、王幷李爲五姓。趙郡諸李，北人謂之趙李；李靈、李順、李孝伯羣從子姪，皆趙李也。）

趙李是第一級高華大族，尤其在太武至孝文之世，更爲興盛。在東魏時期，與清河崔懷同時的趙李子孫，有廙支的李渾，據北齊書卷二十三崔懷傳記載：

> 趙郡李渾嘗讌聚名輩，詩酒正驩謔，懷後到，一坐無復談話者。鄭伯猷歎曰：
>
> 「身長八尺，面如刻畫，謦欬爲洪鍾響，胸中貯千卷書，使人那得不畏服！」

崔懷的個人條件很合於當時士族子弟的品質標準，亦可能因此在心理上將自己族望抬高一等，趙郡李氏在東魏時也沒有像太武至孝文世興旺。

㈥ 隴西李氏（李寶－李沖）之分析

崔懷籍地自矜，謂博崔、趙李，何事者哉？祇有范陽盧氏可與他相提並論，隴西

註20　魏書卷四十九李靈傳附璨傳、北史卷三十三李靈傳附璨傳。
註21　魏書卷三十六李順傳附敷傳。
註22　魏書卷五十三李孝伯傳附安世、北史卷三十三李孝伯傳附安世傳略同。
註23　北史卷三十三李靈傳附元忠傳、魏書卷四十九李靈傳附元忠傳略同。
註24　魏書卷三十六李順傳附希宗傳、北史卷三十三李順傳附希宗傳略同。
註25　北齊書卷四十六外戚傳李祖昇傳。

李氏未見提及，甚爲奇怪。按新唐書卷九十五高儉傳載：

> 先是，後魏太和中，定四海望族，以（隴西李）寶等爲冠。

以隴西李寶等爲冠，也可以解釋爲除了隴西李以外還有其他族，但獨特以隴西李領銜，應當有其理由。

按北魏太武帝神䴥四年下詔求名士，皆冠冕之胄，有范陽盧氏、博陵崔氏、趙郡李氏等四十二人，無清河崔氏及隴西李氏人物（注26）。清河崔玄伯原屬慕容寶，北魏「太祖（道武帝）征慕容寶，次於常山，玄伯棄郡，東走海濱。太祖素聞其名，遣騎追求，執送軍門，引見與語，悅之，以爲黃門侍郎，與張袞對總機要，草創制度。」（注27）神䴥年時，崔玄伯長子崔浩正權傾朝野（注28）；清河崔氏另一支崔模「爲劉裕滎陽太守，戍虎牢。神䴥中，平滑臺，模歸降（北魏）」（注29）；清河崔逞支前文已論及。

神䴥四年徵令中沒有隴西李氏乃因爲隴西李氏主支尙未歸順拓跋氏，北魏言隴西李氏者必提李寶，魏書卷三十九李寶傳（北史卷一○○序傳略同）載：

> 李寶，隴西狄道人，私署涼王暠之孫也。父翻……私署驍騎將軍，祁連、酒泉、晉昌三郡太守。寶沉雅有度量，驍勇善撫接。伯父歆爲沮渠蒙遜所滅，寶徙於姑臧。歲餘，隨舅唐契北奔伊吾，臣於蠕蠕。其遺民歸附者稍至二千。寶傾身禮接，甚得其心，衆皆樂爲用，每希報雪。屬世祖（太武帝）遣將討沮渠無諱於敦煌，無諱捐城遁走。寶自伊吾南歸敦煌，遂修繕城府，規復先業。遣弟懷達奉表歸誠。世祖嘉其忠款，拜懷達散騎常侍，敦煌太守，別遣使授寶使持節、侍中、都督西垂諸軍事、鎮西大將軍、開府儀同三司、領護西戎校尉、沙州牧、敦煌公，仍鎮敦煌，四品以下聽承制假授。

據魏書卷四下世祖紀第四下，太平眞君三年夏四月：

> （沮渠）無諱走渡流沙，據鄯善。李嵩孫寶據敦煌，遣使內附。

註26　見魏書卷四十八高允傳。

註27　魏書卷二十四崔玄伯傳。

註28　見魏書卷三十五崔浩傳。

註29　魏書卷二十四崔玄伯傳附崔模傳。

神麚四年（431）之十二年後乃太平眞君三年（442）。時北魏於西北方面無法控制，連年征戰，未能開疆拓土，李寶之歸順對拓跋氏政權的意義重大，此在世祖紀中甚易看出，所以李寶本人及其子孫在北魏官宦甚爲興盛。

　　唐贈太子少師崔公神道碑禁婚家有隴西李寶之六子，魏書卷三十九李寶傳亦謂「有六子：承、茂、輔、佐、公業、沖。」北史卷一〇〇序傳與魏書同，寶有六子。唯新唐書卷七十二上宰相世系表二上隴西李氏姑臧大房條：「寶七子：承、茂、輔、佐、公業、沖、仁宗。」據魏書卷五十三李沖傳載：「李沖……敦煌公寶少子也。……（傳末）沖兄弟六人，四母所出。」北史卷一〇〇序傳載：「沖，承少弟也。」在北史序傳中除公業早卒無傳外，兄弟皆有傳，並按長幼次序排列，其兄弟次序與世系表同，所以世系表在沖之後列有仁宗，甚不可解。李寶六子之說較爲合理。

　　李寶六子之中，以李沖名望官位最高，其官宦時期約與孝文帝太和時期相始終，魏書卷五十三李沖傳：

　　　李沖，字思順，隴西人，敦煌公寶少子也。少孤，爲長兄滎陽太守承所攜訓。承常言：「此兒器量非恆，方爲門戶所寄。」沖沉雅有大量，隨兄至官。是時牧守子弟多侵亂民庶，輕有乞奪，沖與承長子韶獨清簡皎然，無所求取，時人美焉。……高祖初……典禁中文事，以修整敏惠，漸見寵待，……創三長之制而上文。文明太后覽而稱善，……遂立三長……遷中書令……沖爲文明太后所幸，恩寵日盛……進爵隴西公……文明太后崩後……高祖亦深相仗信，親敬彌甚，君臣之間，情義莫二，及改置百官，開建五等，以沖參定典式……（贊成遷都洛陽）車駕南伐，以沖兼左僕射……沖機敏有巧思，北京明堂、圓丘、太廟，及洛都初基，安處郊兆，新起堂寢，皆資於沖。……然顯貴門族，務益六姻，兄弟子姪，皆有爵官，一家歲祿，萬匹有餘，是其親者，雖復癡㾈，無不超越官次。時論亦以此少之。

孝文帝幼年卽位，實際上是文明太后專政，太和十四年太后崩，孝文親政（注30），李沖在文明太后及孝文帝之世皆極受重用，進而其門望亦隨之見重，資治通鑑卷一四〇齊紀明帝建武三年（孝文帝太和二十年，公元496年）：

註30　見魏書卷十三皇后列傳文成文明皇后馮氏傳。

魏主雅重門族，以范陽盧敏、清河崔宗伯、滎陽鄭羲、太原王瓊四姓，衣冠所推，咸納其女充後宮。隴西李沖以才識見任，當朝貴重，所結姻婭，莫非清望，帝亦以其女爲夫人。詔黃門郎、司徒左長史宋弁定諸州士族，多所升降。謂四姓乃衣冠所推，似指社會上士大夫階級所推崇之意。論及隴西李沖則側重於政治地位以及姻婭清望。所以就士大夫觀點而言，隴西李氏雖然是高門之一，但恐非首席高門。然若加上政治地位及姻婭清望，復由「詔」令評定諸州士族，隴西李氏便領銜諸族了。由此而觀之，前文引新唐書高儉傳語：「後魏太和中，定四海望族，以（隴西李）寶等爲冠。」雖以社會地位爲其鵠的，亦多少考慮當時當權者的政治地位，此在官方主持評定工作時更爲明顯。

　　時至東魏時期，隴西李氏雖仍官宦不絕，但已無孝文時代那樣顯赫，亦無李沖這樣當權尙書左僕射，崔悛之語似是士大夫間的評判，除了崔悛自身族望暫且不論外，崔悛口中族望之次序應該是：范陽盧氏、博陵崔氏、趙郡李氏，隴西李氏似在這些著族之後，如果這樣排列與事實相去不遠，則隴西李氏扣除李沖時的政治影響、才是其眞正的社會地位，亦卽應在崔盧之後。

㈦　小結—氏族志初奏稿評定崔幹爲第一之原因

　　拙文「從士族籍貫遷移看唐代士族之中央化」中，曾對著房著支籍貫之遷移及遷移時間作比較研究，在清河崔氏七個著房著支、博陵崔氏八個著房著支、范陽盧氏八個著房著支、趙郡李氏九個著房著支等之中，唯博陵崔氏第二房孝芬支及楷支在北魏末及北周之際遷入關中長安地區，徵諸上文所述，該二支在北魏末葉分裂爲東魏西魏之際，在西魏系統下發展情況來看，與史實頗合。當東西魏分裂之初期，宇文泰之聲勢實不及高歡，楷與孝芬之子孫對關中政權之立國與抗敵皆有巨大貢獻，他們雖不能與關中集團之八柱國家相比，但已相當接近該集團的核心圈了。另一方面，西魏北周之際楷與孝芬之子孫多人擔任定州大中正，負責播遷者之人物品第（隋廢中正官），仍未失山東大士族之聲望。這種双重身份的優勢，復因北周滅北齊、楊隋併梁陳而水漲船高。所以在隋朝及唐初時期，新來乍到的其他大士族著房著支，其政治社會地位就無法與具有双重地位的楷支孝芬支相比了。

　　宇文氏篡西魏、楊氏篡北周、李氏取代楊隋，是關中統治集團內部之更迭，並非

政治社會階級之消融，此陳寅恪先生關中集團本位政策之精義，所以論唐初之人物（尤其是士族階層）必須追索西魏北周楊隋之背景，此理甚明。貞觀六年（注31），唐太宗詔令撰氏族志，吏部尚書高士廉、黃門侍郎韋挺、禮部侍郎令狐德棻、中書侍郎岑文本等負責撰修，他們都是朝廷官員，又是奉詔而行，應屬官修性質，高士廉等「於是普責天下譜牒，仍憑據史傳考其眞僞」（注32），所以氏族志初稿又以社會上譜牒爲基本資料，這是一部顧及官方與民間的書志。書成，將崔（民）幹列爲第一，時在貞觀十二年，由於氏族志是評定族望之高下，並非評定個人才德之優劣，因此崔幹第一卽代表博陵崔氏第二房爲第一等名族著房。至於氏族志以房爲單位、抑或細分至房以下的支爲單位，如今已無從知曉，如果以房以下的支爲單位，則崔幹就代表博陵崔氏第二房孝芬支了，第二房楷支就不包括在內。當貞觀初年，博陵崔氏第二房的人物有黃門侍郎崔幹及中書舍人崔安上（敦禮），黃門侍郎與中書舍人皆極清要之職，前者正四品上階、後者正五品上階；又崔幹爵位博陵元公，當時崔敦禮似未有爵位；最重要的一點乃是崔幹是敦禮之堂叔，所以崔幹雖無列傳載其行誼事跡，在貞觀初確是博陵崔氏第二房孝芬支之代表人物。第二房楷支子孫在唐初官職不過刺史員外郎、爵位則爲縣男，如果以房爲評定單位，也沒有人超過崔幹者。

高士廉等爲顧全官方與民間立場，要找出一個名族居於諸族之首，一方面能滿足關中集團，另一方面又要滿足山東士人。博陵崔氏第二房旣屬關中集團，又是山東名族，最爲適當，崔幹初評定爲第一，並非撰者之偏愛所致。

但是，唐太宗對於氏族志初奏稿並不滿意，這是因爲唐太宗的立場與修氏族志諸人的立場不同，此點拙文「敦煌唐代氏族譜殘卷之商榷」曾經論及，但該文主要論點不在此，所以這方面雖然提及，却並未深入探討。茲按本文研究方向細予分析。

第三章　唐代官方與民間修譜標準之爭執

（一）

貞觀政要卷七禮樂第二十九載，當高士廉等進定士族等第，以崔幹爲第一等，唐太宗的反應是：

註31　貞觀政要卷七禮樂第二十九。
註32　舊唐書卷六十五高士廉傳語。

太宗謂曰：「我與山東崔、盧、李、鄭，舊旣無嫌，爲其世代衰微，全無官宦，猶自云士大夫，婚姻之際，則多索財物，或才識庸下，而偃仰自高，販鬻松檟，依託富貴，我不解人間何爲重之？且士大夫有能立功，爵位崇重，善事君父，忠孝可稱；或道義清素，學藝通博，此足爲門戶，可謂天下士大夫。今崔、盧之屬，唯矜遠葉衣冠，寧比當朝之貴？公卿以下，何暇多輸錢物，兼與他氣勢，向聲背實，以得爲榮我。今定氏族者，誠欲崇樹今朝冠冕，何因崔幹猶爲第一等，祇看卿等不貴我官爵耶？不論數代已則〔前〕，祇取今日官品人才作等級，宜一量定，用爲永則。」遂以崔幹爲第三等。

至十二年書成，凡百卷，頒天下。又詔曰：「氏族之美，實繁於冠冕；婚姻之道，莫先於仁義。自有魏失御，齊氏云亡，市朝旣遷，風俗陵替；燕趙古姓，多失衣冠之緒；齊韓舊族，或乖禮義之風。名不著於州閭，身不免於貧賤，自號高門之冑，不敦匹嫡之儀。問名唯在於竊貲，結褵必歸於富室。乃有新官之輩，豐財之家，慕其祖宗，競結婚姻，多納貨賄，有如販鬻。或自貶家門，受辱於姻婭，或矜其舊望，行無禮於舅姑。積習成俗，迄今未已；旣紊人倫，實蠹名敎。朕夙夜兢惕，憂勤政道，往代蠹害，咸已懲革，唯此弊風，未能盡變。自今以後，明加告示，使識嫁娶之序，務合禮典，稱朕意焉。」

這一段記載與前文引資治通鑑卷一百九十五唐紀十一，太宗貞觀十二年春正月的記載內容大致相同，但對於唐太宗詔修氏族志的目的、太宗對氏族志的標準、以及太宗對高門大族的心態等，有較詳細地描述，所以本文不厭其煩全文引出。

（二）

唐以前官方修譜以選舉爲其直接目的，私家修譜則以婚姻爲重要因素，通志卷二十五氏族略第一氏族序載：

自隋唐而上，官有簿狀，家有譜系。官之選舉必由簿狀，家之婚姻必由譜系。歷代並有圖譜局，置郎、令史以掌之。仍用博通古今之儒，知撰譜事，凡百官族姓之有家狀者，則上之官，爲考定詳實，藏於祕閣，副在左戶。

九品官人法士族化、及「門地二品」出現後（注33），譜牒作爲選舉之用的現象更爲

註33　參見拙文『從中正評品與官職之關係論魏晉南朝之社會架構』。

顯著，時在東晉之末，玉海卷五十譜牒：

　　晉太元中，賈弼篤好簿狀，廣集衆家，大搜羣族，撰十八州一百十六郡，合七

　　百十二卷，凡諸大品，略無遺闕。劉湛爲選曹，始撰百家以助銓序，傷於寡略

　　。……魏太和時，詔諸郡中正各列本土姓族次第（注34），爲選舉格答，曰方

　　司格，人到于今稱之。

通志卷二十五氏族略第一氏族序又載：

　　魏立九品，置中正，州大中正、主簿，郡中正、功曹，各有簿狀，以備選舉。

　　晉宋齊梁因之。晉賈弼、宋王洪、齊王儉、梁王僧孺各有百家譜，徐勉有百官

　　譜，宋何承天撰姓苑，與後魏河南官氏志二書，尤爲姓氏家所宗。

以「官」爲主要目的之編撰，引起的爭執當然很大，但兩晉南北朝似乎以各郡爲單

位，列舉各郡之望族，提供選舉之用，所以爭執發生在同郡中爭高下，如宋弁與郭祚

爭太原郡望（注35），又如薛宗起爭列爲河東茂族（注36）。當九品官人法漸漸士族

化時（注37），族望高下又反映在「中正評品」上（注38），所以政治社會中直接爭

奪戰是在「中正評品」上，兩晉南朝似乎很禮貌地將「中正評品」的第一品讓給宗室

子弟（注39），士大夫最高的「中正評品」爲第二品，高門大族子弟則爲「門地二

品」。如果修撰譜牒牽涉到「婚娶之序」，編撰者（注40）就得以社會地位作爲優先

註34　隋書卷三十三經籍志二，有「魏孝文列姓族牒一卷」。
註35　魏書卷六十三宋弁傳：「弁好矜伐，自許膏腴。高祖以郭祚晉魏名門，從容謂弁曰：『卿固應推郭祚之門也。』弁笑曰：『臣家未肯推祚。』高祖曰：『卿自漢魏以來，旣無髙官，又無儁秀，何得不推？』弁曰：『臣清素自立，要爾不推。』侍臣出後，高祖謂彭城王勰曰：『弁人身旣自不惡，乃復欲以門戶自矜，殊爲可怪。』」
註36　資治通鑑卷一百四十齊紀六明帝建武三年（卽太和二十年，公元496年）：「衆議以薛氏爲河東茂族。帝曰：『薛氏，蜀人，豈可入郡姓！』直閤薛宗起執戟在殿下，出次對曰：『臣之先人，漢末仕蜀，二世復歸河東，今六世相襲，非蜀人也。伏以生下黃帝之胤，受封北土，豈可亦謂之幷邪！今不預郡姓，何以生爲！』乃碎戟於地。帝徐曰：『然則朕甲、卿乙乎？』乃入郡姓，仍曰『卿非宗起，乃起宗也！』」
註37　參見拙著兩晉南北朝士族政治之研究；第四章。
註38　見註33。
註39　史籍中尚未發現何人被評爲中正評品第一的明確記載。宮崎市定從司馬炎的事蹟與初仕官觀察，認爲可能是中正評品第一，參見九品官人法的研究頁111。
註40　布目潮渢唐初的貴族（載於隋唐史研究）P.378 謂貞觀氏族志之編撰者：高士廉爲北朝系漢人官僚人物、韋挺爲南北朝舊貴族著姓人物、岑文本爲南朝系統人物、令狐德棻出身燉煌或疏勒龜兹是蠻族代表，所以氏族志之編撰網羅各方的代表。

考慮，高門大族的社會地位大多經許多代發展而成，並非出自當代帝王之任命（注41），婚姻圈則是同一社會階層的具體界限，所謂五姓四十四子禁婚家便是山東大族婚姻圈的代表。

　　唐太宗明言爲「嫁娶之序」而詔修氏族志，編撰者很自然地將社會上婚姻圈官書化，將大士族列爲第一等而罔顧皇室、外戚等族，當然不是唐太宗詔修氏族志的原意。

（三）

　　再者，唐太宗之心態也需重視。太宗是雄才大略之君，也是統一局面的皇帝，其表面理由是要改革社會上陋習，卽士大夫「每嫁女他族，必廣索聘財，以多爲貴，論數定約，同於市買，甚損風俗，有紊禮經；旣輕重失宜，理須改革」，據他自己認爲「往代蠹害，咸已懲革，唯此弊風，未能盡變」（見本節首引文），實則因爲太宗在政治方面力加整頓以後，已能諸端興革，掌握局勢，故思進一步整頓社會，掌握社會，最低限度要社會領袖——士大夫——承認其統治階層亦屬於社會階層之上層，所以「今定氏族者，誠欲崇樹今朝冠冕」，乃是太宗的眞正意圖，在今朝冠冕之中當然以皇室與外戚爲重要，當他看見氏族志初稿將崔幹列爲第一，當然不悅，於是大筆一揮，據資治通鑑卷一百九十五唐紀十一太宗貞觀十二年春正月載：「於是以皇族爲首，外戚次之，降崔民幹爲第三。」太宗對山東士大夫原本有心理距離（注42），這樣安排是他的容忍極限。

　　如果氏族志是一部選舉册，皇族外戚居前自無異議，正如同「中正評品」第一品讓給宗室子弟，大士族則爲「門地二品」，但唐初修撰氏族志以「婚姻之序」爲社會目的，以提高皇族大臣社會地位爲政治目的，這侵犯了社會領域，自北魏以來，社會上以五姓四十四子爲最崇高，他們不認爲皇族外戚應排列在他們之前。北魏孝文帝時，也想將皇族的社會地位提高，他的辦法是通婚，魏書卷二十一上獻文六王列傳咸陽王傳載：

　　註41　這類事件例子甚多，最典型之例爲南史卷三十六江斅傳載，紀僧眞乞作士大夫，斅謂梁武帝曰：「士大夫故非天子所命！」

　　註42　舊唐書卷七十八張行成傳：「太宗嘗言及山東、關中人，意有同異，行成正侍宴，跪而奏曰：『臣聞天子以四海爲家，不當以東西爲限；若如是，則示人以隘陋。』太宗善其言……。」

詔曰：『……然則婚者，合二姓之好，結他族之親，上以事宗廟，下以繼後世，必敬慎重正而後親之。……將以此年爲六弟娉室。長弟咸陽王禧可娉故潁川太守隴西李輔女，次弟河南王幹可娉故中散代郡穆明樂女，次弟廣陵王羽可娉驃騎諮議參軍滎陽鄭平城女，次弟潁川王雍可娉故中書博士范陽盧神寶女，次弟始平王勰可娉廷尉卿隴西李沖女，季弟北海王詳可娉吏部郎中滎陽鄭懿女。』

其中除代郡穆氏以外，皆屬五姓四十四子之女。北魏以異族入主，又僅得北中國部份，其心態祇想與社會領袖黏合在一起，並不像唐太宗那樣積極，欲將皇族外戚置於高門大族之上。在高門大族而言，與皇室通婚並未高攀，例如隋書卷七十六崔儦傳載：

崔儦字岐叔，清河武城人也。祖休，魏青州刺史。父仲文，齊高陽太守。世爲著姓。（屬清河大房）……聘于陳，還授員外散騎侍郎。越國公楊素時方貴倖，重儦門地，爲子玄縱娶其女爲妻。聘禮甚厚。親迎之始，公卿滿座，素令騎迎儦，儦故敝其衣冠，騎驢而至。素推令上座，儦有輕素之色，禮甚倨，言又不遜。素忿然拂衣而起，竟罷座。後數日，儦方來謝，素待之如初。

越國公楊素是隋宗室、重臣，崔儦時官爲員外散騎侍郎，這件事發生在開皇四年後數年，唐太宗生於開皇十八年，時間相去不遠，李淵乃楊氏之姻親，唐太宗似應知道這個故事，楊素卑詞厚禮以攀卑官崔儦，而受其辱，唐太宗看不慣這種現象，所以他說：「我與山東崔、盧、李、鄭，舊旣無嫌，爲其世代衰微，全無官宦，猶自云士大夫，婚姻之際，則多索財物，或才識庸下，而偃仰自高，販鬻松檟，依託富貴，我不解人間何爲重之？」這種風氣在唐初可能也存在着，「乃有新官之輩，豐財之家，慕其祖宗，競結婚姻，多納貨賄，有如販鬻。或自貶家門，受辱於姻婭……。」

唐太宗將皇族外戚列名於前，社會上士大夫不一定同意，但也不便抗議，當時在社會上「嫁娶之序」似乎仍然我行我素。新唐書卷九十五高儉傳載：

先是，後魏太和中，定四海望族，以（李）寶等爲冠。其後矜尚門地，故氏族志一切降之。王妃、主婿皆取當世勳貴名臣家，未嘗尚山東舊族。後房玄齡、魏徵、李勣復與婚，故望不減。

（四）

如果將唐太宗的心態具體化，那便落實到他對族望的評定標準，他說：「今定氏

族者，誠欲崇樹今朝冠冕，何因崔幹猶爲第一等，祇看卿等不貴我官爵耶？不論數代以前，祇取今日官品人才作等級，宜一量定，用爲永則。遂以崔幹爲第三等」。

唐太宗崇尚冠冕、崇尚皇族外戚，其原因之一是地區傳統，新唐書卷一百九十九儒學傳中柳沖傳，柳芳曰：

> 山東之人質，故尚婚婭，其信可與也；江左之人文，故尚人物，其智可與也；
> 關中之人雄，故尚冠冕，其達可與也；代北之人武，故尚貴戚，其泰可與也。

西魏北周系統中，冠冕最貴盛者首推八柱國家及十二大將軍，周書卷十六侯莫陳崇傳附載八柱國家事：

> 初，魏孝莊帝以爾朱榮有翊戴之功，拜榮柱國大將軍，位在丞相上……大統三年，魏文帝復以太祖（宇文泰）建中興之業，始命爲之。其後功參佐命，望實俱重者，亦居此職。自大統十六年以前，任者凡有八人。太祖位總百揆，督中外軍。魏廣陵王欣，元氏懿戚，從容禁闥而已。此外六人，各督二大將軍，分掌禁旅，當爪牙禦侮之寄。當時榮盛，莫與爲比。故今之稱門閥者，咸推八柱國家云。今併十二大將軍錄之於左（注43）。

註43　周書卷十六侯莫陳崇傳載柱國、大將軍，如下：

使持節、太尉、柱國大將軍、大都督、尚書左僕射、隴右行臺、少師、隴西郡開國公李虎。
使持節、太傅、柱國大將軍、大宗伯、大司徒、廣陵王元欣。
使持節、太保、柱國大將軍、大都督、大宗伯、趙郡開國公李弼。
使持節、柱國大將軍、大都督、大司馬、河內郡開國公獨孤信。
使持節、柱國大將軍、大都督、大司寇、南陽郡開國公趙貴。
使持節、柱國大將軍、大都督、大司空、常山郡開國公于謹。
使持節、柱國大將軍、大都督、少傅、彭城郡開國公侯莫陳崇。
　　　　右與太祖爲八柱國。
使持節、大將軍、大都督、少保、廣平王元贊。
使持節、大將軍、大都督、淮〔安〕王元育。
使持節、大將軍、大都督、齊王元廓。
使持節、大將軍、大都督、秦七州諸軍事、秦州刺史、章武郡開國公宇文導。
使持節、大將軍、大都督、平原郡開國公侯莫陳順。
使持節、大將軍、大都督、雍州諸軍事、雍州刺史、高陽郡開國公達奚武。
使持節、大將軍、大都督、陽平公李遠。
使持節、大將軍、大都督、范陽郡開國公豆盧寧。
使持節、大將軍、大都督、化政郡開國公宇文貴。
使持節、大將軍、大都督、荊州諸軍事、荊州刺史、博陵郡開國公賀蘭祥。
使持節、大將軍、大都督、陳留郡開國公楊忠。
使持節、大將軍、大都督、岐州諸軍事、岐州刺史、武威郡開國公王雄。

舊唐書卷六十一竇威傳（新唐書卷九十五本傳略同）：

　　武德元年，拜內史令。……高祖（李淵）嘗謂曰：「昔周朝有八柱國之貴，吾
　　與公家咸登此職。今我已爲天子，公爲內史令，本同末異，乃不平矣！」威謝
　　曰：「臣家昔在漢朝，再爲外戚，至於後魏，三處外家，陛下龍興，復出皇
　　后。臣又階緣戚里，位委鳳池，自惟叨濫，曉夕兢懼。」高祖笑曰：「比見關
　　東人與崔、盧爲婚，猶自矜伐，公代爲帝戚，不亦貴乎？」

楊隋及唐初都屬於「關中本位集團」，人物雖有變遷，乃是集團之中的動態，這一地
區對於門閥的定義，恐怕已深植在唐太宗的腦中。另外一方面，「山東之人質，故尙
婚婭」，於是乎形成五姓四十四子禁婚家；若將西魏北周系統所謂「門閥」、與山東
士人所謂高門，作一比較，其含義差距甚大；如若將兩者反映在同一部氏族志中，評
定標準不能同一，其理甚明。

　　實際上唐太宗並非嚴格執行「欲崇樹今朝冠冕」的標準，他除了將皇族列爲第
一、外戚列爲第二以外，仍將崔幹列爲第三。如果嚴格執行「不論數代以前，祇取今
日官品人才作等級」，則崔幹官拜第四品之黃門侍郎雖屬清要之職，比此職更重要、
品位更高者還有六部尙書、尙書左右僕射、中書監令、侍中等，高品者有諸公，諸大
將軍等；崔幹正史無傳，功績不詳，卽令有特殊功業亦無法與唐初開國功臣（注44）
相比，所以崔幹列爲第三乃是唐太宗的「冠冕」標準與山東士大夫的門第標準之間的
妥協。

（五）

　　二十一年以後，在姓氏錄中嚴格地執行官品主義的標準，唐會要卷三十六氏族條
（新唐書卷九十五高儉傳同）

　　顯慶四年（659）九月五日，詔改氏族志爲姓錄，上親製序，仍自裁其類例，凡
　　二百四十五姓，二百八十七家。以皇后四家鄴公、介公、贈臺司、太子三師、
　　開府儀同三司、僕射，爲第一等；文武二品及知政事者三品，爲第二等；各以
　　品位爲等第，凡爲九等，並取其身及後裔，若親兄弟，量計相從，自餘枝屬，

註44　唐初開國功臣有的屬於外戚集團，布目潮渢唐初の貴族粗有論及。

一不得同譜。（注45）

舊唐書卷八十二李義府傳載：

> 初，貞觀中，太宗命吏部尚書高士廉、御史大夫韋挺、中書侍郎岑文本、禮部
> 侍郎令狐德棻等及四方士大夫諳練門閥者修氏族志，勒成百卷，升降去取，時
> 稱允當，頒下諸州，藏為永式。義府恥其家代無名，乃奏改此書，專委禮部郎
> 中孔志約、著作郎楊仁卿、太子洗馬史玄道、太常丞呂才重修。志約等遂立格
> 云：「皇朝得五品官者，皆升士流。」於是兵卒以軍功致五品者，盡入書限，
> 更名為姓氏錄。由是搢紳士大夫多恥被甄敘，皆號此書為「勳格」。義府仍奏
> 收天下氏族志本焚之。關東魏、齊舊姓，雖皆淪替，猶相矜尚，自為婚姻。義
> 府為子求婚不得，乃奏隴西李等七家，不得相與為婚。

貞觀氏族志將皇族外戚列為第一第二等，未聞太宗有禁婚令，高宗時李義府奏禁婚，
其實際效用如何？現無法作全面性調查，然玉海卷五十唐姓氏錄勳格條載：「李義府
為子求婚不得，始奏禁焉。其後天下衰宗落譜昭穆所不齒者，皆稱禁婚家，益自貴。
凡男女潛相聘娶，天子不能禁，世以為敝云。」

　　據前引崔公神道碑載：「神龍中申明舊詔，著之甲令：以五姓婚媾，冠冕天下，
物惡大盛，禁相為姻。……士望四十四人之後，同降明詔，斯可謂美宗族人物而表冠
冕矣！……山東士大夫以五姓婚姻為第一。」按顯慶四年為公元 659 年，神龍為公元
705-707年，崔公神道碑撰於大曆四年即公元769年。禁婚家仍有崇高的社會地位。

　　至「開成初（公元836-840年），文宗欲以真源、臨真二公主降士族，謂宰相曰：
『民間修婚姻，不計官品而上閥閱，我家二百年天子，顧不及崔、盧耶？』詔宗正卿
取世家子以聞。」（注46）此事陳寅恪先生曾經提及，並再舉另一條納妃之例，太平

註45　池田溫「唐朝氏族志の一考察」P. 50 擬訂姓氏錄九等圖表如下：

特　等	一　　等	二　　等	三　等	四　等	五　等	六　等	七　等	八　等
皇　室	外戚、二王後贈臺司、左右僕射	二品及三品宰相	正三品	從三品	正四品	從四品	正五品	從五品

但池田氏由此推論貞觀氏族志定稿將皇室列為第一、外戚列為第二、崔民幹（黃門侍郎、正四品）為第
三，與姓氏錄官品級對應關係相同，恐值得進一步商榷，按氏族志定稿雖然依照太宗之意修改了氏族志
初奏稿，崔幹之列為第三似應與其族望有關，而並非因他是黃門侍郎第四品官。

註46　新唐書卷一百七十三杜兼傳附子中立傳中語。

廣記一百八十四氏族類莊恪太子妃條：

> 文宗爲莊恪太子選妃，朝臣家□子女者，悉被進名，士庶爲之不安。帝知之，
> 謂宰臣者曰：「朕欲爲太子婚娶，本求汝鄭門衣冠子女爲新婚。聞在外朝臣皆
> 不願共朕作情親，何也？朕是數百年衣冠，無何神堯打家何羅去。」因罷其
> 選。

據陳寅恪先生考證，文宗所謂「汝鄭門」是指鄭覃(注47)，鄭覃望出滎陽鄭氏北祖，
屬四十四子之一。

自貞觀氏族志之頒行至開成初，恰好二百年，唐太宗將皇族外戚置於天士族之
前，以及欲崇樹今朝冠冕、祇取今日官品人才作等級的理想與作法，至二個世紀以後
的晚唐時刻，似乎並未成功。民間士大夫仍按其標準婚娶。

（六）

當時人也認爲士族有興替不常的變化，有改修之必要，新唐書卷一百九十九柳沖
傳載（唐會要卷三十六氏族條略同）：

> 初，太宗命諸儒撰氏族志，甄差羣姓，其後門胄興替不常，沖請改修其書，帝
> 詔魏元忠、張錫、蕭至忠、岑羲、崔湜、徐堅、劉憲、吳兢及沖共取德、功、
> 時望、國籍之家，等而次之。夷蕃酋長襲冠帶者，析著別品。會元忠等繼物
> 故，至先天時，復詔沖及堅、兢與魏知古、陸象先、劉子玄等討綴，書乃成，
> 號姓系錄……開元初，詔沖與薛南金復加刊竄，乃定。（唐會要謂開元二年，
> 卽公元714年）

册府元龜卷五百六十國史部譜牒條載柳沖大唐姓族系錄事，如下：

> 依據氏族志重加修撰，仍令取其高名盛德，素業門風，國籍相傳，士林標準，
> 次復勳庸克懋，榮絕當朝，中外相輝，譽兼時望者，各爲等列；其諸蕃酋長，
> 曉襲冠帶者，亦別爲一品。

「高名盛德，素業門風，國籍相傳，士林標準」爲先，「次復勳庸克懋，榮絕當朝，
中外相輝，譽兼時望者」，「國籍」一詞池田溫釋爲王朝官籍(注48)，果如此，則

註47　見陳寅恪唐代政治史述論稿中篇政治革命及黨派分野。
註48　池田溫唐朝氏族志の一考察 P. 34及 P. 45註20。

國籍可包括皇族、外戚、宦家等，但「國籍相傳」則應指代代相傳的士族。上引八句並不具體，概括而論，前四句屬士族條件，後四句是王朝功業條件，似乎前者優於後者，但主要精神是調和士大夫的標準與官品主義，「共取德、功、時望、國籍之家，等而次之」，這種辦法避免顯慶姓氏錄時的尖銳衝突，融合了統治階層與社會上士大夫的要求，但實際的姓氏排列情形已經失傳。

四十四年後，又有百家類例，唐會要卷三十六氏族條載：

乾元元年（公元 758 年），著作郎賈至撰百家類例十卷。（注云：其序旨曰：「以其婚姻承家、冠冕備盡則存譜，大譜所紀者唯尊官清職、傳記本原，分爲十卷，爰列百氏，其中須有部析，各於當族注之，通爲百氏，以隴西李氏爲第一。」）

玉海認爲賈至爲孔至（注49），新唐書卷一百九十九儒學中孔若思傳附子至傳載：

若思子至，字惟微。歷著作郎，明氏族學，與韋述、蕭穎士、柳沖齊名。撰百家類例，以張說等爲近世新族，剟去之。說子均方有寵，怒曰：「天下族姓、何豫若事，而妄紛紛邪？」均弟索善至，以實告。初，書成，示韋述，述謂可傳，及聞均語，懼，欲更增損，述曰：「止！丈夫奮筆成一家書，奈何因人動搖？有死不可改。」遂罷。時述及穎士、沖皆撰類例，而至書稱工。（唐語林卷二文學條略同）

日人宇都宮清吉認爲百家類例以隴西李氏爲第一，是貞觀氏族志定本以皇族爲第一的常用格式（注50），按唐皇族自稱系出隴西李氏（注51），如果是官方修譜，將隴西李氏列爲第一的可能性極大。隴西李氏在唐代中葉也頗有人才而能襯其門戶地位，如：新唐書卷一百五十李揆傳（舊唐書卷一百二十六本傳略同）：

李揆字端卿，系出隴西（姑臧大房），爲冠族，去客滎陽。祖玄道，爲文學館

註49　玉海卷五十唐百家類例條注：按賈至傳由單父尉拜起居、中書舍人，徙岳州司馬。寶應初召復故官，不曾遷著作郎，疑是孔至。

註50　宇都宮清吉唐代貴人に就いての一考察 P. 72。

註51　舊唐書卷一高祖本紀一：「其先隴西狄道人，涼武昭王暠七代孫也。」唐書高祖本紀一：「隴西成紀人也。其七世祖暠……」。陳寅恪則執不同看法，參見李唐氏族之推測、李唐氏族之推測後記、三論李唐氏族問題、唐代政治史述論稿 P. 1—8。

學士；父成裕，秘書監。……拜中書侍郎，同中書門下平章事，修國史，封姑

臧縣伯。揆美風儀，善奏對，帝歎曰：「卿門地、人物、文學皆當世第一，信

朝廷羽儀乎！」故時稱三絕。

唐國史補卷上李禛稱族望條：

　　李禛，酒泉公義琰姪孫，門戶第一，而有清名，常以爵位不如族望，官至司封

　　郎中懷州刺史，與人書札，唯稱隴西李禛而不銜。（新唐書卷七十二上宰相世

　　系表二上隴西李氏條，姑臧大房世系：義琰相高宗，義琰弟義璡，義璡子融，

　　融子禛河內太守。

李義琰任相於高宗之世，其姪孫應不晚於肅宗時代。

　　隴西李氏姑臧大房一脈在唐代中葉時期，在社會上族望似居首位。

前例中唐帝稱李揆門地第一，有同族自我肯定之嫌；後例李禛門戶第一，似非他族所

共認。由於隴西李氏本系望族，唐代亦不乏人才，所以其他望族對於隴西李氏門地第

一的封號並沒有公開反對之聲。但是，有唐一代，博陵崔氏可能一直是民間士大夫心

目中的頭一號望族，尤以博陵崔氏第二房為最，新唐書卷一百八十八崔琪傳：

　　崔琪，其先博陵人，父頲，官同州刺史，生八子，皆有才，世以擬荀氏「八龍」

　　……諸崔自咸通接有名，歷臺閣藩者數十人，天下推士族之冠……。

查新唐書卷七十二下宰相世系表二下，博陵崔氏第二房楷之裔，及挺之裔這兩大支，

每一代皆有人物，咸通以後任官者加多，更為顯著了。按上列引文「天下推士族之

冠」似應指該傳人物博陵崔氏第二房而言，如包括博陵崔氏其他房支，及清河崔氏（

注52），則人物就更多了。

第四章　禁婚家與新唐書宰相世系表定著房之比較

（一）

唐語林卷二文學條載：

　　大歷以後，專學者有：蔡廣成周易……氏族則林寶。

元和姓纂撰於憲宗元和七年歲次壬辰（即公元812年），林寶自序其修撰之原因，為：

註52　參見築山治三郎唐代政治制度の研究。P. 172—183。

元和壬辰歲，詔加邊將之封，酬屯戍之績。朔方之別帥天水閣者，有司建苴茅之邑於太原列郡，專主者既行其制，閣子上言曰：「特蒙渙汗，恩沾爵土，乃九族之榮也，而封乖本郡，恐非舊典。」翌日，上謂相國趙公，有司之誤，不可再也，宜召通儒碩士辨卿大夫之族姓者，綜修姓纂，署之省閣，始使條其原系，考其郡望，子孫職位，並宜總輯，每加爵邑，則令閱視，庶無遺謬者矣！……凡二十旬，纂成十卷。

是書「各以四聲類集，每韻之內，則以大姓為首」（注53）。元和姓纂已佚，今本姓纂自永樂大典輯出，近代岑仲勉先生有元和姓纂四校，用力甚勤，岑氏再序說：

余謂新表（新唐書宰相世系表）者，元和姓纂之嫡子也。姓纂所詳為顯官，顯官莫如宰相，必舉全數以列表，則難於命名，唯擷宰相為綱，斯姓纂菁華，幾盡入彀，表能利用史餘，成其創作，良可嘉也。……新表利用姓纂之世系，吸其大部，姓纂之嫡子也。通志利用姓纂之姓源，吸其小部，姓纂之支子也。

新唐書宰相世系表如與姓纂有密切關係，姓纂甚重郡望，每韻之內以大姓為首，而宰相世系表以宰相為標準收羅譜牒（注54），亦顧及冠冕。又新表宰相之族凡九十八，大士族皆收羅殆盡，唯大士族之中的房支，若在唐代未拜宰相，可能不見世系，新表似乎未能表達未拜相之房支。查新表有若干族的世系之末，有「定著若干房」字樣，這應當是該族中著房之義，代表社會地位。在新表九十八族之中，書有「定著若干房」者有：

崔氏定著十房：一曰鄭州，二曰鄢陵，三曰南祖，四曰清河大房，五曰清河小房，六曰清河青州房，七曰博陵安平房，八曰博陵大房，九曰博陵第二房，十曰博陵第三房。

隴西李氏定著四房：其一曰武陽，二曰姑臧，三曰燉煌，四曰丹陽。

趙郡李氏定著六房：其一曰南祖，二曰東祖，三曰西祖，四曰遼東，五曰江夏，六曰漢中。

鄭氏定著二房：一曰北祖，二曰南祖。

註53　郡齊讀書志二下。

註54　容齊隨筆六：「新唐書宰相世系表皆承用逐家譜牒。」
　　　新舊書互證八：「想修唐表時，祇取諸家譜系雜鈔之。」

王氏定著三房：一曰琅邪王氏，二曰太原王氏，三曰京兆王氏。

裴氏定著五房：一曰西眷裴，二曰洗馬裴，三曰南來吳裴，四曰中眷裴，五曰東眷裴。

蕭氏定著二房：一曰皇舅房，二曰齊梁房。

薛氏定著二房：一曰南祖，二曰西祖。

韋氏定著九房：一曰西眷，二曰東眷，三曰逍遙公房，四曰郿公房，五曰南皮公房，六曰駙馬房，七曰龍門公房，八曰小逍遙公房，九曰京兆韋氏。

竇氏定著二房：一曰三祖房，二曰平陵房。

新表中其他姓族也有分房者，但無「定著」字樣。上列九姓除了「定著」若干房以外，也有房支不稱定著。「定著」在社會上應有特殊意義。

今試將五姓四十四子與新表該五姓著房著支作一比較：

（二）

新唐書宰相世系表五姓著房著支	五姓四十四子禁婚家	比　較
隴西李氏	隴西李寶之六子	
△武陽房		定著非禁婚
△姑臧房（承，姑臧大房）		同
	承	
	茂	（疑同）
	輔	（疑同）
	佐	（疑同）
	公業	（疑同）
	沖	（疑同）
△燉煌房（不載世系）		定著非禁婚
△丹楊房		定著非禁婚
賜姓李氏		
隴西李徙京兆房		

太原王氏	太原王瓊之四子	
△太原大房王氏（遵業）	遵業	同
△太原第二房王氏（廣業）	廣業	同
△太原第三房王氏（延業，不載世系）	延業	同
△太原第四房王氏（季和，不載世系）	季和	同
滎陽鄭氏	滎陽鄭溫之三子	
△北祖（溫子曄，曄七子，號「七房鄭氏」）	曄	同
△南祖（溫子簡）	簡	同
中祖（溫子恬）；世系表不言定著（鄭溫子濤，居隴西。後無聞）	恬（鄭溫四子之中，可能濤居隴西而衰微不計）	禁婚非定著
滎陽鄭少鄰支		
范陽盧氏	范陽盧子遷之四子	
大房盧氏（子遷長子陽烏）	陽烏	同
第二房盧氏（子遷次子敏）	敏	同
第三房盧氏（子遷三子昶）	昶	同
第四房盧氏（子遷四子尚之）	尚之	同
范陽盧損支		
范陽盧質支		
	范陽盧渾之？子（不詳）	禁婚
	范陽盧輔之六子	
	靜（輔子，又曰靖）	禁婚

	同（輔子）	禁婚
	璧（輔子）	禁婚
	琇（輔子）	禁婚
	○（輔子，名不詳）	禁婚
	○（輔子，名不詳）	禁婚

清河崔氏	清河崔宗伯	
△鄭州房		定著非禁婚
△鄢陵房		定著非禁婚
△南祖		定著非禁婚
△清河大房（宗伯子休）	宗伯 ⎰ 休	同
△清河小房（宗伯子寅）	⎱ 寅	同
	清河崔元孫之二子	
△清河青州房	元孫 ⎰ 亮	同
	⎱ 敬默	同

博陵崔氏	博陵崔懿之八子	
△博陵安平房		定著非禁婚
△博陵大房（懿子連）	連	同
△博陵第二房（懿子琨）	琨	同
△博陵第三房（懿子格）	格	同
博陵第四房（懿子邈，世系表缺世系，不言定著）	邈	禁婚非定著
博陵第五房（懿子殊，世系表缺世系，不言定著）	殊	禁婚非定著
博陵第六房 ⎧ 懿子怡 ⎫ 三子爲一房 ⎨ 懿子豹 ⎬ 世系表缺世系 ⎩ 懿子侃 ⎭ 不言定著	怡	禁婚非定著
	豹	禁婚非定著
	侃	禁婚非定著

趙郡李氏	趙郡李楷之四子	
△南祖 ⎰ 晃（楷子）	晃	
⎱ 輯（楷子，輯子孫甚微）	（楷本有五子，輯子孫甚微，恐不計此子）	同
△東祖叡（楷子）	叡	同
△西祖 ⎰ 芬（楷子）	芬	同
⎱ 勁（楷子）	勁	同
△遼東房（與趙郡李，共祖於曹魏李機）		定著非禁婚
△江夏房（與趙郡李，共祖於西漢李護）		定著非禁婚
△漢中房（與趙郡李，共祖於西漢李武）		定著非禁婚

附記：有△符號者爲宰相世系表之定著房

（三）

一、隴西李氏。禁婚家有李寶之六子，即丞、茂、輯、佐、公業、沖（新表謂寶有七子，第七子仁宗，有誤，前文已有考辨）。新表祇言丞，其他五子不載世系，按姑臧房爲李氏定著房之一。丞諸弟之後裔入唐以後事蹟不詳，僅獲墓誌銘二件，如下：

長安主簿李君墓誌銘（全唐文卷504）：

　　君諱少安，字公和，隴西成紀人。自元魏僕射文穆公沖而下爲西州冠族……曾祖仲進，皇宣州司馬；祖僑，河南府澠池縣令；父愷，朝散大夫宗正丞，贈濮州刺史。……君元和三年三月乙酉感疾不起於長安……夫人滎陽鄭氏，太僕少卿叔規之女……君元兄柳州刺史。……

殿中侍御史李君墓誌銘（全唐文卷564）：

　　殿中侍御史李君名虛中，字常容。其十一世祖沖貴顯拓跋世。父渾，河南

溫縣尉，娶陳留太守薛江童女。……君元和八年卒。……其祖澠池令府君
僑……君昆弟六人，先君而歿者四人，其一人嘗為鄭之滎澤尉。……妻范
陽盧氏，鄭滑節度使兼御史大夫鼉之女也。……

誌主李少安與李虛中皆卒於元和年間，兩人祖父皆為李僑，兩人皆元魏僕射李沖
之第十一世孫。自其曾祖至其本人，官職大抵屬中品及下品，並不顯達。李渾妻
薛江童女，查薛江童屬河東薛氏西祖瑚支之裔；最高官職為陳留太守，河南採訪
使，西祖為薛氏定著二房之一（注55）。李虛中妻范陽盧鼉之女，盧鼉屬陽烏大
房道舒支（注56）。李少安夫人滎陽鄭氏，太僕少卿叔規之女，鄭叔規不詳。由
以上分析，李沖後裔在中晚唐時可能官宦並不顯達，但婚娶並未失序。新表載「
隴西李氏定著四房，二曰姑臧。……姑臧大房（宰相）有義琰、尉、揆、逢吉」，
其定著姑臧房應包括姑臧第六房，祇因該房在唐代無宰相，故不列世系。
隴西李氏武陽房、燉煌房、丹陽房等亦為定著房，不屬禁婚家。
另有賜姓李氏房、隴西李徙京兆房，既非定著、亦非禁婚家。

二、太原王氏。禁婚家有王瓊之四子，即遵業、廣業、延業、季和。新表「王氏定著
　　三房：一曰琅邪王氏，二曰太原王氏，三曰京兆王氏。」在太原王氏條載：「瓊
　　四子：遵業、廣業、延業、季和，號『四房王氏』」世系表載大房王氏、第二房
　　王氏、第三房王氏、第四房王氏不載世系（注57）。太原王氏禁婚家與新表定著
　　房的記載同。

三、滎陽鄭氏。禁婚家有鄭溫之三子，按溫實有四子，即曅、簡、恬、澄。據新表「
　　溫四子：澄、曅、簡、恬。澄居隴西。曅，後魏建威將軍、南陽公，為北祖。簡
　　為南祖，恬為中祖。……鄭氏定著二房：一曰北祖，二曰南祖。」（注58），澄
　　居隴西後無聞，如禁婚家以曅、簡、恬三子論，新表曅為北祖、簡為南祖，北祖
　　南祖既屬禁婚家又係定著房。恬為中祖，屬禁婚家但新表不言定著房；甚為奇
　　怪。又新表另有滎陽鄭少鄰支，既非禁婚家亦非定著房。

註55　新唐書卷七十三下宰相世系表三下河東薛氏西祖條。
註56　新唐書卷七十三上宰相世系表三上范陽盧氏條。又舊唐書卷一百四十、新唐書卷一百四十七有盧羣傳。
註57　新唐書卷七十二中宰相世系表太原王氏條。
註58　新唐書卷七十五上宰相世系表五上鄭氏條。

四、范陽盧氏。禁婚家有盧子遷之四子、盧輔之六子、盧渾等；盧子遷之四子即陽
　　烏、敏、昶、尙之；盧輔之六子據前文考證有靜、同、璧、琰，另二子名不詳；
　　盧渾不知有幾子。新表載盧子遷「四子：陽烏、敏、昶、尙之，號『四房盧
　　氏』」。大房、第二房、第三房皆出宰相，有世系；第四房無宰相，亦有世系（
　　注59）唯盧氏世系之末無「定著房」字樣，「四房盧氏」乃著房無疑，盧氏條無
　　「定著房」字樣是世系表大士族中唯一例外，如果勉強推測其原因，可能盧氏除
　　「四房盧氏」以外，還有「定著房」，而該「定著房」又因無拜相而不便列其世
　　系，世系表旣無法包括所有「定著」，於是乎就不寫「定著」，以免以偏槪全。

五、淸河崔氏。禁婚家除淸河靑州房元孫之二子亮、敬默外，尙應包括淸河大房、淸
　　河小房，此顯然是崔公神道碑之疏漏，前文已有考證。查新表「崔氏定著十房：
　　一曰鄭州，二曰鄢陵，三曰南祖，四曰淸河大房，五曰淸河小房，六曰淸河靑州
　　房（七至十爲博陵崔氏）」（注60），其中淸河大房、淸河小房、淸河靑州房等旣爲
　　禁婚家，亦屬定著房；鄭州房、鄢陵房、南祖屬定著房，但非禁婚家，如觀看上
　　文淸河崔氏房支表，發現此三房實屬一組，崔浩是這一組的重要人物，鄭州房
　　與鄢陵房乃是崔浩之從姪，按崔浩這一組的門望決不低於崔頤那一組（卽淸河大
　　房、淸河小房、淸河靑州房），此前文已經論及，所以崔浩近支之後裔，應另文
　　研究之。

六、博陵崔氏。禁婚家有崔懿之八子，卽連、琨、格、遜、殊、怡、豹、侶。新表「
　　懿五子：連、琨、格、遜、殊；又三子：怡、豹、侶爲一房，號『六房』。……
　　崔氏定著十房：（前爲淸河崔氏）七曰博陵安平房，八曰博陵大房，九曰博陵第
　　二房，十曰博陵第三房。」（注61）連爲博陵大房、琨爲博陵第二房、格爲博陵
　　第三房，此三房旣是定著房，又屬禁婚家；而遜、殊、怡、豹、侶等，世系表不
　　載世系，亦不言定著，但屬禁婚家。另有博陵安平房是定著房，但非禁婚家，此
　　房在崔仁師相唐太宗高宗以前十一世皆無人物，據載是後漢太尉、城門校尉烈之

註59　新唐書卷七十三上宰相世系表三上盧氏條。
註60　新唐書卷七十二下宰相世系表二下崔氏條。
註61　新唐書卷七十二下宰相世系表二下崔氏條。

裔，入唐後興盛，有宰相仁師、湜，及其他人物，詳見世系表，這是舊族某房再
興之例。

七、趙郡李氏。禁婚家有李楷之四子，李楷實有五子，即晃、輯、叡、芬、勁。新表
「叡爲東祖，芬與弟勁共稱西祖，輯與弟晃共稱南祖……輯子愼敦，居柏仁，子
孫甚微。」可能不計輯。新表又載：「趙郡李氏定著六房：其一曰南祖，二曰東
祖，三曰西祖，四曰遼東，五曰江夏，六曰漢中。」（注62）。南祖、東祖、西
祖等既是定著房，又屬禁婚家。唯遼東房、江夏房、漢中房等據載與趙郡李共祖
於漢魏，是唐之著房，但非禁婚家。

八、除了上述五姓以外，宰相世系表還載其他定著房，如下：琅邪王氏、京兆王氏、
裴氏五房、蕭氏二房、薛氏二房、韋氏九房、竇氏二房等，皆當時山東地區以外
的名族，如：琅邪王氏、蘭陵蕭氏爲僑姓；河東裴氏、河東柳氏、京兆韋氏爲
關中郡姓；竇氏爲代北虜姓。祇有京兆王氏不屬柳冲傳所載之名族。所以唐代定
著房的範圍擴充及全國名族著房著支。

第五章　結　　語

綜合以上分析，初步結論爲：

一、唐贈太子少師崔公神道碑中禁婚家有：「隴西李寶之六子、太原王瓊之四子、滎
陽鄭溫之三子、范陽盧子遷之四子、盧輔之六子、公（清河崔景晊）之八代祖元
孫之二子、博陵崔懿之八子、趙郡李楷之四子，士望四十四人之後……。」按計
算上開諸子，祇得三十七人。從資治通鑑、新唐書、玉海等書中得知清河崔宗伯
亦爲禁婚家，崔宗伯二子：崔休爲清河大房、崔寅爲清河小房。同資料又有范陽
盧渾。所以禁婚家確知四十人，另四人不詳。

二、從史書有關族望記載、及列傳人物分析，北魏唐初之際，隴西李寶之裔、清河崔
宗伯之裔、范陽盧子遷之裔、博陵崔懿之裔、趙郡李楷之裔等，各因人才之興
盛，在某一時期或某一政權之中曾經較爲突出。又據前引資治通鑑、新唐書、玉
海等書所載，本文五姓四十四子分房之始可溯及趙郡李楷之於晉、博陵崔懿之於

註62　新唐書卷七十二上宰相世系表上李氏趙郡李氏條。

前燕,其他諸房亦在北魏初期至太和年間。因此自北魏中葉以後,時人雖然泛稱郡望,實際上所指漸以房支為單位,至唐而更為明顯。

三、唐太宗詔修氏族志,初奏稿評崔幹為第一等,按崔幹屬博陵崔氏第二房,該房自崔孝芬以降在西魏北周系統發展,既是山東舊族,又屬關中本位集團人物,具有雙重身份,因此被高士廉等撰者評為第一。

四、唐太宗詔修氏族志是透過「婚娶之序」,想達到以冠冕為標準,與社會上士大夫長期發展的婚姻圈並不完全符合,因此引起爭執,顯慶姓氏錄以官爵為單一標準,則將爭執提升至高潮,官爵單一標準至晚唐仍未被社會上士大夫接受。中晚唐修姓族譜者大都在朝廷冠冕與社會上士大夫婚姻圈兩個標準之間覓尋妥協辦法。

五、四十個禁婚家之中,同時亦列為宰相世系表定著房者有二十七個,即:隴西李氏姑臧房六子、太原王氏四房、滎陽鄭氏北祖南祖、清河崔氏清河大房清河小房清河青州房四子、博陵崔氏大房二房三房、趙郡李氏南祖東祖西祖四子,以及范陽盧氏四房等。有六個屬禁婚家但非定著房,即滎陽鄭氏中祖、博陵崔氏邈殊怡豹偘等。有七個未詳,即范陽盧輔六子及盧渾,這或許是初唐與晚唐間房支盛衰之演變。

六、五姓之中有十家是宰相世系表之定著房,但非禁婚家。即:隴西李氏武陽房燉煌房丹陽房、清河崔氏鄭州房鄢陵房南祖、博陵崔氏博陵安平房、趙郡李氏遼東房江夏房漢中房等。其中清河崔氏鄭州房鄢陵房南祖乃崔浩近支後裔。其他七房有共同特點,即其淵源甚長,本屬舊族,魏晉南北朝時雖有人物,似未達到著房程度,入唐以來因其官宦甚隆,而漸漸提高房支地位,成為定著房。

七、從宰相世系表定著房與禁婚家之比較,發現高官之家、定著房、禁婚家三者之間的關係為:絕大多數禁婚家在整個唐代皆屬著房著支,小部份定著房不是禁婚家,但係魏晉南北朝次高門,或山東地區以外之名族,這表示魏晉南北朝的著房名族與整個唐代政治階層之間的重疊面仍然很大。

八、本文禁婚家與定著房之研究,找出社會階層的基本單位,新唐書卷九十五高儉傳載:「每姓第其房望,雖一姓中,高下懸隔。」本文希望能將中古社會史深植至房支階層。

參　考　書　目

一、正史與古籍類

　　晉書斠注　宋書　南齊書　梁書　陳書　魏書　北齊書　周書　隋書　舊唐書　新唐書　唐書合鈔。

　　北史　南史　胡注資治通鑑。

　　册府元龜　太平御覽　太平廣記　玉海　文苑英華（臺灣華文書局影印明隆慶元年刻本）。

　　唐六典　通典　文獻通考　通志　唐會要　唐大詔令集。

　　全唐文（清嘉慶十九年刻本）。

　　顏氏家訓　唐摭言　唐語林。

　　元和郡縣圖志　太平寰宇記　長安志　洛陽伽藍記。

　　貞觀政要

二、譜牒類：（宰相世系表見新唐書；氏族略見通志）。

　　元和姓纂四校記　唐林寶撰　岑仲勉校　民三十七年史語所專刊第二十九。

　　古今姓氏書辨證附校勘記　宋鄧名世撰　民二十五年商務叢書集成初編。

　　風俗通姓氏篇　漢應劭纂清張澍輯補注　知服齋叢書。

　　姓氏尋源　清張澍著　棗華書屋藏版。

　　姓氏急就篇　宋王應麟撰　玉海。

　　南北史世系表　清周嘉猷撰　廣雅叢書。

　　萬姓統譜　清凌廸知輯　汲古閣藏板。

　　名賢氏族言行類稿　宋章定撰　欽定四庫全書商務版。

　　姓氏考略　清陳廷煒著　學海類編。

三、專書論文類：

　　王伊同　五朝門第　金陵大學中國文化研究所叢刊乙種　1943。

　　王伊同　崔浩國書獄釋疑　清華學報新一卷二期　1957。

　　毛漢光　兩晉南北朝士族政治之研究　中國學術著作獎助出版委員會　1966。

　　毛漢光　我國中古大士族之個案研究——瑯琊王氏　史語所集刊第37本　1967。

　　毛漢光　敦煌唐代氏族譜殘卷之商榷　史語所集刊第43本第2分　1971。

　　毛漢光　從中正評品與官職之關係論魏晉南朝之社會架構　史語所集刊第46本第4分　1975。

　　毛漢光　中國中古社會史略論稿　史語所集刊第47本第3分　1976。

　　毛漢光　中國中古賢能觀念之研究——任官標準之觀察　史語所集刊第48本第3本　1977。

　　毛漢光　唐代大士族的進士第　中央研究院成立五十週年紀念論文集　1978。

　　毛漢光　從士族籍貫遷移看唐代士族之中央化　史語所集刊第52本第3分　1981。

　　牟潤孫　敦煌唐寫姓氏錄殘卷考　臺大文史哲學報第3期　1951。

　　沈炳震　唐書宰相世系表訂偽　鼎文書局。

　　何啓民　中古南方門第吳郡朱張顧陸四姓之比較研究　政大學報第27期　1973。

　　何啓民　永嘉前後吳姓與僑姓關係之轉變　政大學報第26期　1972。

　　何啓民　唐朝山東士族的社會地位之考察　簡牘學報勞貞一先生七秩榮慶論文集。

　　何啓民　中古門第本質的探討　第一屆歷史與中國社會變遷　1982。

　　何啓民　柳芳氏族論中的一些問題　國際漢學會議論文集歷史考古組37。

　　岑仲勉　校貞觀氏族志殘卷　史學專刊第一期　民25年。

　　谷霽光　六朝門閥　武漢大學文哲季刊5卷4期。

姚薇元　北朝胡姓考　1962。

唐長孺　魏晉南北朝史論叢。

唐長孺　門閥的形成及其衰落。

孫同勛　拓拔氏的漢化　臺大文史叢刊　1962。

陳寅恪　唐代政治史述論稿　史語所集刊之二十　1944。

陳寅恪　李唐氏族之推測　史語所集刊第3本第1分　1931。

陳寅恪　崔浩與寇謙之。

陳寅恪　李唐氏族之推測後記　史語所集刊第3第4分。

陳寅恪　三論李唐氏族問題　史語所集刊第5本第2分。

勞　榦　關東與關西的李姓與趙姓　史語所集刊第31本　1960。

賀次君　西晉以下北方官族地望表　禹貢3卷4期　1935。

逯耀東　拓拔氏與中原士族的婚姻關係　新亞學報7卷1期　1965。

逯耀東　從北魏前期的文化與政治形態論崔浩之死　新亞學報7卷2期　1966。

楊筠如　九品中正與六朝門閥　上海商務　1930。

鄭欽仁　北魏官僚機構研究　牧童文史叢書10　民65年。

蘇慶彬　元魏北齊北周政權下漢人勢力之推移　新亞學報6卷2期　1964。

蘇慶彬　兩滿迄五代入居中國之蕃人氏族研究──兩漢至五代蕃姓錄　新亞專刊　1967。

嚴耕望　唐僕尚丞郎表　史語所專刊第36。

今堀誠二　唐代士族の性格素描　㈠㈡　歷史學研究第9卷第11期、第10卷第2期。

仁井田陞　支那身份法史　1943。

布目潮渢　唐初の貴族　原刊東洋史研究第10卷第3號1948；又載於隋唐史研究1968。

井上晃　後魏姓族分定考　史觀第9期　1936。

矢野主稅　魏晉中正制についての一考察　史學研究第82期　1961。

矢野主稅　魏晉中正制の性格についての一考察──鄉品と起家官品の對應在手掛りとして　史學雜誌72—2　1963。

矢野主稅　裴氏研究　社會科學論叢14。

矢野主稅　鄭氏研究　社會科學論叢8。

矢野主稅　門閥貴族の系譜試論　古代學1—7　1952。

矢野主稅　韋氏研究　長崎大學學藝部研究報告臨時增刊號。

竹田龍兒　唐代士人の郡望について　史學24—4　1951。

竹田龍兒　貞觀氏族志の編纂に關する一考察　史學25—4　1952。

竹田龍兒　門閥としての弘農楊についての一考察　史學31—1~4　1958。

守屋美都雄　六朝門閥の一研究──太原王氏系譜考　法制史研究4　1951。

池田溫　唐朝氏族志の一考察　北海道大學文學部紀要13—2　1965。

池田溫　唐代の郡望表　（上、下）　東洋學報第42—3，第42—4，1959，1960。

宇都宮清吉　唐代貴人に就いての一考察　史林第19卷第3號。

宮崎市定　九品官人法の研究　東洋史研究叢刊之一　1956。

越智重明　梁陳時代の甲族層起家の官をめくつて　史淵第97期　1966。

增村宏　黃白籍の新研究　東洋史研究2—4　1937。

築山治三郎　唐代政治制度の研究　1967。

Dien, Albert E: "Elite Lineages and the T'o-Pa Accommodation: A Study of the Edict of 495"—Journal of Economic and Social History of the Orient, Vol XIX. Part I.

Dien, Albert E: "The Bestowal of Surnames under the Western Wei—Northern Chou" T'oung Pao, Vol. LXIII, 1977.

Ebrey, Patricia Buckley,: The Aristocratic Families of Early Imperial China—A Case Study of the Po-Ling Ts'ui Family, Cambridge University Press. 1978.

Frankel, Hans H. "The K'ung family of Shan-yin" 清華學報新2卷2期。

Johnson, David G. "The Medieval Chinese Oligarchy. Westview Press Boulder, Colorado 1977.

Johnson, David G. "The Last Years of A Great Clan; The Li Family of Chao Chün in Late T'ang and Early Sung" Havard Journal of Asiatic Studies. Vol 37—1 1977.

出自第五十四本第三分(一九八三年九月)

唐代財經專家之分析—兼論唐代

士大夫的階級意識與理財觀念

盧　建　榮

一、緒　　論

　　如果唐代官僚體系是一個通才型的官僚體系（註1），那麼，社會上某種稀有的專門人才並不因此享有仕宦優勢；因爲在通才型官僚體系之下，官員的專業與否，甚少優予考慮（少數例外發生，乃是偶發因素所致。）然而，在面臨某種危機，通才型官僚體系不但考慮、並且進用專家。

　　本文研究結果顯示，在原有社會情狀（支撐官僚體系採行通才型的社會條件）改變的情況下，正規體制下的官僚成員不足以應付危局時，迫於現實的需要，專門人才終還有脫穎而出之機會，雖然這等機會不很大。政治社會的鉅大危機，使得官僚體系中得勢者作了某種程度的妥協與讓步，允許不同類的一批人與之共事。問題是妥協至何種程度、以及讓步至何種地步罷了。這種政壇異種或新種，有的來自不同的社會階

註1：參見拙作「唐代通才型官僚體系之初步考察——太常卿、少卿人物的任官分析」（收在許倬雲、毛漢光、
　　　劉翠溶編第二屆暑期中國社會經濟史研討會論文集中，臺北，漢學研究資料暨服務中心，民國七十二年七
　　　月出版）和「唐代後期（西元七五六至八九三年）戶部侍郎人物的任官分析」（臺北，中央研究院歷史語
　　　言研究所集刊五十四本第二分，民國七十二年六月）。

層，有的分化自同一階層，如果分化自同一階層，其思想行為模式亦與原階層有別。在作風上，專家固不同於主流官僚團體，遂不免遭致某些程度的阻撓與抵制。

通才型官僚體系由不需要專家，變成需要專家；然後在又需要又排拒之矛盾中掙扎。需求的原因甚明，無庸贅述，排拒的原因頗值得深入探討。

在分析財經專家之同時，誠如本文副標題所示，本文又兼論士大夫的階級意識與儒家理財理念。儒家理念中對理財之揭示，端在合理課稅方式為不增加百姓負擔。但此乃一項崇高理想，這項崇高理想常常會變成為高蹈的價值規範。因為一方面合理的標準難以懸定，另一方面合理的步驟難求，兩者均屬於實際問題，需要相當充足的工具理性方克為功。本文所謂之士大夫階級意識，乃指把社會上那套階級意識作用到官場中去，士大夫集團自不齒其圈外人；高級政務官位──即相當唐人所言的「清要官」──站在社會角度，便有社會榮譽之況味，需要相當身份和地位的人方足膺任。士大夫這種心思自與皇帝酬獎有功之財經名家──不屬士大夫中人，且徵稅動輒增加百姓負擔──發生齟齬。

而階層意識與理財觀念，還需要一個因素作觸媒，方能湊在一起爆出問題的火花。那就是，財經專才之出現，改變了通才型官僚體系一向之人事運作方式，從而也提供了衝突的溫床。因此，本文所研究的，乃是這三個因素互相激盪與影響所形成之特殊形態。不過，有關第三個因素，尚有待進一步思考。如果唐代前期（玄宗以前）無類此情事，則我的論點可以成立。關於這一點，我的另一文已證明唐代前期財經官職無本文所說之現象。（註 1 a）

本來在通才型官僚體系設計之下，傳統的儒家教育方式被認為是最完備的全才教育，足以滿足統治機器的各種需求。但對於一些具有特殊性專才的職官（即司法、財經、武職、軍政等類官。）而言，確有儒家式教育的制式所照應不到之處。就以財經專門知識而言，天生有理財頭腦的人畢竟是社會中的少數；此外這門知識的獲得，主要或得自家傳，或得自正式入仕前的特殊際遇（註 2）。然而官僚體系在有鑒於政治社會秩序堪虞的情況下，必然考慮到國家安全的急切性需求和優先處理的程序。在這

註1a：詳見拙作「唐代前期非常支出的籌措及其反應」（未刊稿）。
註2：參見拙作「唐代後期（西元七五六至八九三年）戶部侍郎人物的任官分析」頁一七四註10。

種背景上，官僚體系在稅制上作了跟過去課稅精神背道而馳的大轉變。此即量出制入的兩稅法之制訂（註3），使得士大夫集團的官僚對於高級財經官之適任，產生了問題。

於是乎，官僚體系內出現了嚴重的人事裂痕，一種非關權力鬥爭、或是職權爭執的人際衝突，卽時有所聞。本文所舉之財經專家在政治上亦不免有其黨同伐異之權力鬥爭，然此非本文所欲究論者；在此所探討的是，這些財經專家以個人身份、依託皇帝及其權倖之方式，與士大夫集團產生摩擦之現象。此一現象因通才型官僚體系有其極限，過此則應變乏力，迫使皇帝視實際需要從事一些調整；同時也授予財經專家依託皇帝之機會。

針對此一現象，有待處理的問題計有：其一、士大夫集團基於什麼立場排拒財經專家？其二、此一立場是否與建構通才型官僚體系有關？其三、此一立場的執持是否與人物社會階層出身有關？其四、本文既屬人際衝突的研究，那麼，在同類相求方面，一個人入仕途徑的科班與否，是否會激發士大夫集團的認同感？

本文研究的時間斷限，自玄宗開元九年（七二〇）起，至文宗開成五年（八四〇）止，共計一百二十年。人物的研究對象，主要屬財經專家（文中或稱爲財經官型人物），共挑選了十五位，除了劉晏和杜佑兩人之外，其餘十三人在資料上沒有留下任何辯解，有關他們的描述，幾乎全是透過其敵對者——士大夫集團——的片面之辭，因此在史料甄別上，應避免敵對者過於偏頗的言論。不幸中的大幸是，當時有兩位史官——蔣偕和蔣係，均出唐代著名史學世家義興蔣氏——以第三者之立場作較持平之論，稍補史料的缺陷；他們的寥寥數語，無疑爲本文一時陷於困頓的研究，帶來一線曙光。至如人物選材的標準，是以資料充足爲原則，資料不足者刪而不取；要之，有關本題之研究，必有許多相關事件失載，甚至許多史料遺失。

至於衝突的另一方人物，卽士大夫集團（文中或稱爲學術官型人物），本文比較

註3：關於兩稅法制訂之背景、內容、評估、以及歷史意義等問題，可參考王仲犖「唐代兩稅法研究」（歷史研究1963年6期）、黃永年「唐代兩稅法雜考」（歷史研究1981年1期）、鄭學檬「唐代農民經濟之初步考察」（收在中國經濟史論文集，1981年1月，福建人民出版社）等三文。又本文斷限起自玄宗，下距兩稅法之頒行，尙經肅代兩朝，對於此一漏洞之說明，詳見拙作「唐代前期非常支出的籌措及其反應」（未刊稿）。

着重的是，這一羣政治上極有勢力的人，如何將社會階級意識以及傳統理財觀念，表現在政治行爲模式上。

此外，與本文關係密切的一個問題是，双方人物思想的歧異性，特別是對有關國家安全的根源之認識，有不同的看法。這種人物思想的歧異性對於彼此衝突的作用，必須另作研究，不在本文討論之內。

二、財經人才入仕難以發揮所長

就人力資源調配此一角度而言，唐代官僚體系在通才型的導向作用之下，財經官稱職標準，是與官僚之具備專業才能與否沒有多大關聯的（註4），遑論官僚中少數財經專家往往用非所長，會被視爲問題了。此處舉于頔和王鍔之例以說明之。兩人因無財經官歷，但作者謂有財經之才，故得先予以證明。

于頔曾先後任過湖州和蘇州刺史，兩地屬江南經濟重鎮，而江南又爲安史亂後全國經濟心臟地區，湖蘇兩州經濟地位之重要，不待多論。頔任上表現突出的，正是興利之事：

> ……出爲湖州刺史。因行縣至長城方山，其下有水曰西湖，南朝疏鑿，漑田三千頃，久堙廢。頔命設堤塘以復之，歲獲杭稻蒲魚之利，人賴以濟。……改蘇州刺史，濬溝瀆，整街衢，至今賴之。（註5）

頔於德宗貞元十四年，出任襄州刺史，充山南東道節度觀察使時，跡近據地稱王，中央極力容忍，史稱「公然聚歛」（註6）；至憲宗時始歸順中央，且常自願出資助中央平亂。（註7）有一次頔出錢達「銀七千兩、金五百兩、玉帶二。」，但這次中央沒有接受。固然他的錢財多半得自民脂民膏，但如無絲毫理財之能，曷克臻此？節度使年度收入中，除自留一份外，有一份要上供中央，有一份往下分配州縣。頔能在中央與州縣兼顧情況下，又能額外多給中央，多少顯示長於貨殖。當然這在士

註4：參見拙作「唐代後期（西元七五六至八九三年）戶部侍郎人物的任官分析，」頁三註6。
註5：見舊唐書（臺北，鼎文版，新校標點本）卷一五六于頔傳頁四一二九。
註6：同上，頁四一三〇。
註7：見舊唐書卷一五六于頔傳頁四一三三，太常博士王彥威於頔死後反對給美諡的疏文中云：「……如以頔常入財助國。」可知頔極富錢財。

大夫心目中，無非是來自搜刮一途。

　　王鍔理財之能尤其驚人。從他嶺南節度使任上，可見其經營手法高明之一斑：

　　　　廣人與夷人雜處，地征薄而叢求於川市。鍔能計居人之業而榷其利，所得與兩
　　　　稅相埒。鍔以兩稅錢上供時進及供奉外，餘皆自入。西南大海□諸國舶至，則
　　　　盡沒其利，由是鍔家財富於公藏。日發十餘艇，重以犀象珠貝，稱商貨而出諸
　　　　境。周以歲時，循環不絕，凡八年，京師權門多富鍔之財。（註8）

據上引文，知鍔利用嶺南商業發達的特性，自行課徵營業稅以充私囊，數額與正稅相
等。文中所謂「上供時進」為法定該給中央的錢；「供奉」則額外給皇帝之禮物。鍔
除這份錢外，自營生業，而使家財超過公藏。不僅此也，他在淮南節度使任上更是銳
意經營，竟然別出心裁，藉公家之廢物大發其私財：

　　　　鍔長於部領，程作有法，軍州所用竹木，其餘碎屑無所棄，皆復為用。像曹簾
　　　　壞，吏以新簾易之，鍔察知，以故者付缸坊以替箬，其他率如此。每有饗宴，
　　　　輒錄其餘以備後用，或云賣之，收利皆自歸，故鍔錢流衍天下。（註9）

嶺南與淮南為當時貨物進出口之集散地，均富舶來品，分佔海外貿易之利。官吏從中
取利固然是有其客觀條件，但生財有術如王鍔者，似乎尚不多見。

　　頔顥兩人均曾以藩帥身份，於元和初藉名朝覲貢獻，實則需索相位，遂引起都下
百官驚恐莫名，認係大事一樁，非合力阻止不可。以頔而論，發生於元和二年（八〇
七），白居易為此寫「論于頔裴均狀」，茲錄全文於下：

　　　　右臣聞諸道路皆云：「于頔、裴均累有進奉，並請入朝。」伏聞聖思已似允
　　　　許。臣側聽時議，內酌事情，為陛下謀，恐非隱便。晝夜思慮，不敢不言。伏
　　　　見貞元以來，天下節將握兵守土，少肯入朝。自陛下刑服三凶，威加四海，是
　　　　得諸道節度使。三二年來，朝廷追則追，替則替，奔走道路，懼承命之不暇。
　　　　斯則聖德皇威大被於四方矣。夫謀宜可久，事貴得中。當難制之時，則貴欲令
　　　　其朝覲。及可制之日，則不必使之盡來。何則？安衆心、收衆望，在調馭之得
　　　　宜也。臣伏見近日節度使，或替或追，稍似煩數。今又許于頔等入奏，或慮便

註8：見舊唐書卷一五一王鍔傳頁四〇六〇。
註9：同上，頁四〇六一。

留在朝。臣細思之，有三不可。何者？竊見外使入奏，不問賢愚，皆欲仰希聖恩，傍結權貴，上須進奉，下須人事，莫不減削軍府，割剝疲人。每一入朝，甚於兩稅。又聞于頔、裴均等數有進奉。若又許來，荊襄之人必重困於剝削矣。奪軍府疲人之不足，奉君上權貴之有餘。伏料聖心知之深所不忍。此不可一也。臣又竊聞時議云：「近日諸道節度使或以進奉希旨，或以貨賄藩身。謂恩澤可圖，謂權位可取。以入覲爲請，以戀闕爲名。須來即來，須住即住。要重位即得重位，要大權即得大權。進退周旋，無求不得。」天下節度使盡萌此心，不審聖聰聞此議否？今于頔等以入覲爲請，若又許之，豈非須來即來乎？既來必以戀闕爲名，若又許之，豈非須住即住乎？則重位自然合加，況必求之乎？大權不得不與，況必圖之乎？重位大權，人誰不愛？于頔既得，則茂昭求之。臣聞茂昭又欲入朝，已謀行計。茂昭亦宰相也，亦國親也。若引于頔爲例，獨不可乎？若盡與之，則陛下重位大權是以人情假人也。授之可乎？若獨與彼不與此，則忿爭怨望之端，自此而作。今倖門已開矣，速杜之！又令于頔等開之，臣必恐聖心有時而悔矣。其不可二也。臣又竊見自古及今，君臣之際，權太重，則下不得所；勢太逼，則上不甚安。今于頔任兼將相，來則總朝廷之權，家通國戚。入則連戚里之勢。勢親則疎者不敢諫，權重則羣下不敢言。臣慮于頔未來之間，內外迎附之者，其勢已赫赫炎炎矣，況其已來乎？臣恐于頔未到之間，內外合言者，已不敢言矣，況其已到乎？脫或至此，陛下有術以制馭之耶？若用術制之，不如不制之，安也。若又無術將如之何？且于頔身是大臣，子爲駙馬，性靈事迹，陛下素諳；一朝到來，權兼內外，若繩以規制，則必失君臣之心。若縱其作爲，則必敗朝廷之度。進退思慮，恐貽聖憂。其不可三也。凡此三不可，事實不細，伏乞聖覽再三思之。今臣所言，皆君臣之密機，安危之大計。伏望祕藏此狀，不令左右得知。況臣以疎議親，以賤論貴，語無方便，動有悔尤。言出身危，非不知耳。但以職居近密，身被恩榮，苟有聞知，即合陳露。儻言而得罪，亦臣所甘心。若默而負恩，則臣所不忍。伏希聖鑒，俯察愚誠。謹具奏聞。謹奏。（註10）

註10：見全唐文（臺北，滙文版，1961）卷六六七頁八六〇三至四。

裴均之事見下文，此處不贅。查白氏所舉三不可的理由是：其一，以貢獻爲名必致剝
削治下軍民；其二，一方面中央若許藩帥有求必應則大失顏面，另一方面恐予後來者
有例可援；其三，權勢過甚則難以控御，有危及皇位之虞。結果白氏痛陳利害之建
議，不爲皇帝所接受，於此，究竟是白氏所言不合情理之甚、抑憲宗另有計較，或是
有其他原因，均非本文重點，今無需細究。值得注意的是，白居易等士大夫眞正反對
的理由爲何？士大夫既深悉頓等行事之講求效率，則不恥彼輩之道理爲何？只此一
例，尚難論斷，且再舉一例以合觀之，方能得其眉目。

　　元和五年（八一〇）多，河中節帥王鍔來朝，「用錢數千萬賂遺權倖，求兼宰
相。」（註11）「貴倖多譽鍔者，上將加平章事」（註12）爲當時兩位宰相李藩和
權德輿設法阻止。先是李藩態度很堅決：

　　　　藩與權德輿在中書，有密旨曰：「王鍔可兼宰相，宜卽擬來。」藩遂以筆塗「
　　　　兼相」字，却奏上云：「不可。」德輿失色曰：「縱不可，宜別作奏，豈可以
　　　　筆塗詔耶！」曰：「勢迫矣！出今日，便不可止，日又暮，何暇別作奏！」（
　　　　註13）

不知憲宗是有心抑無意，於臨下班時刻下此手詔，大有不令宰相有反對的餘地。李藩
於倉促間不惜使用不合格式的辦法，來阻撓皇帝的一道手詔，且似爲皇帝志在必行之
手詔。手詔只要求宰相擬就一份褒旌狀給王鍔。兼宰相者，不實領職也，只是一項榮
譽，一點都不妨礙李權二人之相位。名器固然不可隨意假人，然皇帝所欲授者非名器
而係虛榮。縱使此番頒獎頒得流於浮濫，實則並無任何立卽性的實質損失，要皆犯不
著於急迫間違規處理。顯示士大夫與王鍔之間確有某種問題存在。

　　李藩一時情急、權宜處置此一公事後，權德輿立卽補上一紙正式的反對意見。今
抄錄於下：

　　　　夫平章事，非序進而得，國朝帶方鎭宰相者，蓋有大忠大勳。大曆已來，又有

註11：見舊唐書卷一四八李藩傳頁四〇〇〇。

註12：見舊唐書卷一四八權德輿傳頁四〇〇四。

註13：同註11。

　　跋扈難制者，不得已而與之。今王鍔無大忠勳，又非姑息之時，欲假此名，實恐不可。（註14）

唐代授方鎮以相名者，誠如權氏所言，有其一定之方式可循，但也不是沒有例外。元和五年前若有無大功勳而帶相名之官員，則這冠冕堂皇之理由，只是托詞。經查證確實有，而且還好多位，如鄭絪、杜黃裳、武元衡、李吉甫、于頔、裴垍等人，再加上李權兩人都是。那麼，我們不禁要問：是王鍔得罪過李權兩相、以致彼此有過恩怨？抑王鍔其人有某種問題，如今李權兩人代表的正是士大夫官僚集團對此問題的態度？然因前一種假設找不到任何可以支持的證據，故爾且從後一種可能尋求答案。

　　鍔頗推重楊炎和杜佑兩位財經名家。當他早年尚是營將之時，適逢楊炎遭貶，經過他的防區，史載「侯炎於路，炎與言，異之。」（註15）到底他說了些什麼，而可令一代財經大師楊炎感到不凡，如今不得而知。後來他官至刑部尚書。正逢杜佑堅辭淮南節度使職；朝命鍔以檢校兵部尚書名義充淮南節度副使兼行軍司馬，此舉大有以鍔代佑的表示。鍔至淮南，在正式拜會主管佑的場合中，據載實在恭順過甚：

　　鍔始見佑，以趨拜悅佑，退坐司馬廳事。（註16）

據上所引，知鍔固為佑之屬下，自當遵守官僚體系尊卑之禮，但也無需如此恭順。他的恭順實在超出副主管對主管的見面禮甚多，倒是跡近晚輩拜見素所敬仰的前輩之禮。復據舊唐書德宗本紀知：從貞元十八年多十月丁亥朝命王鍔為副使，至次年二月甲辰杜佑來朝，這一段期間扣除兩人一來一往的時間，可以測得這兩位正副主管相處一兩個月總是有的。總之，杜佑以密函力薦鍔繼其任（註17），獲得朝廷同意。眾所周知，淮南治下的揚州乃當時國際大商港，也是當時國內南北經濟之交滙點。（註18）

　　在此值得注意的倒不是鍔爭取此職的意圖，而是佑既向朝廷表示屬意鍔為其繼任

註14：同註12。

註15：見舊唐書卷一五一王鍔傳頁四〇五九。

註16：同上，頁四〇六〇。

註17：見權德輿權載之文集（臺北，商務版，四部叢刊本初編）卷十一頁六五，「杜公淮南遺愛碑」云佑「居鎮十三年，願修觀謁，拜章十上，西嚮涕淚，上難其繼，慰勉而已，公（即佑）以述職在於庶人，納忠在於薦賢，密疏請以王公（即鍔）為代，詔為之貳，暨公之至也……」

註18：見全漢昇「唐宋時代揚州經濟景況的繁榮與衰落」（臺北，中央研究院歷史語言研究所集刊十一本，民國三十三年九月）。

者；那麼，除開佑出於迎合當權者之意外，否則可以推知佑理當深信鍔足膺此任。甚至可以進一步推測：佑與鍔相處過後，不難探知其人富饒財經才能，堪繼其任。

從以上兩件鍔之行徑看來，作者不認為兩事一無關聯。想係王鍔憑其饒有財經之才，設法博取兩位當代財經名家之賞識。這往往是出身微賤又富才能的人，賴以出人頭地的有效辦法。鍔兩任差事其治所正好位於當時兩大國際貿易港——廣州和揚州——之內，從較單純的角度看，或可說成，他強烈企圖心與其財經天賦搭配得宜所致。

王鍔卓越的財經才能，憲宗索有所聞，此可見於當時史官蔣偕所編李相國論事集中。以下這段文字是偕對於李絳反對王鍔加平章事一事、所作的背景報導：

> 檢校司徒河中節度使王鍔遷鎮太原，鍔有理事才，長於補完省費，收聚儲蓄之事。雖毫芒不遺其利，必歸軍府。以是府庫充實，兵甲精勁。當范希朝領全軍赴易定，喪失費耗之後，太原虛竭，軍馬破落。筦內諸軍鎮戍邏相兼，無三萬人，征馬羸病并損傷者，纔六百疋，其於凋弊事稱於此。鍔捃拾收補以率下，至於糠秕無棄者。一二年間，財力贍足，添益遂至五萬人，軍馬有五千騎，戈甲充足，倉庫殷積。因回鶻并摩尼師三萬人入朝，鍔遂悉出軍迎以示威武，馬步軍共五萬人，排隊五十里，旗幟鮮潔、戈甲犀利，回紇悚惕，不敢仰視。鍔平定受其禮，威振北狄。上續知事，實頻有知，欵褒飾之言。鍔曾歷容筦經略使，嶺南、淮南、河中節度使。家積財帛，是時鍔自顧年老，恐積財生謗，遂上表進家財二十萬貫。（註19）

基於這個報導，不僅使我們多識王鍔其人，而且更增強前述（對王鍔所為）分析之有效性。從引文知，王鍔臨危授命、赴河中節帥之任，屬河中全軍新敗、百廢待舉之時。雖說「事在人為」，但鍔如無過人之才，何能於一二年間展現如此之新猷：馬匹從羸病之六百匹躍增為精壯之五千匹，戰士從不足三萬之數擴充為五萬；而器械之精良和糧秣之充足猶不在話下。

前述李權兩相駁回皇帝之手詔，皇帝的反應——為後人據以揣摩其承受壓力多大之依據——苦無資料得知；如今因有蔣偕之記載，多少彌補此一缺憾。憲宗欲授王鍔

註19：見蔣偕編李相國論事集（臺北，商務版，四庫全書珍本第四集）卷五頁一A至B。王鍔在河東任上更解決當地錢荒問題，達二十幾年之久，這是唐代解決錢荒問題少見的傑作。關此，請見新唐書卷五四食貨志四。

相銜之事爆發之後，內朝宰相——翰林學士——的李絳，也與外朝宰相採取同一步調，表示反對。憲宗於委婉解釋之餘，相當堅持己見。以下便是這段精彩的君臣對話：

> 恐乖公議。學士（指李絳）亦頻有論陳，且曰：「王鍔太原事跡誠有勞效，人望不至，名器虛捐，兼進家財，似希聖意，後代之所譏。」上曰：「王鍔太原功績，朝廷遠近備知，宰臣亦數言其事績，爲諸鎮之最。當殘瘁之後，成雄富之實。朕所懸官爵祇獎功勞，有效不酬，何以勸諸方鎮，不處中書乎？若以進財誘動得我，不量可否，便授榮寵，即王播前後進奉數百萬貫，便合與平章事也。我但觀事跡虛實以副其獎賞，非感於財物。卿當悉之。」（註20）

文中謂王鍔「人望不至」、以及若使其拜相「恐乖公議」云云，都是意味士大夫集團的強烈反對。其次，李絳此番陳言（按：以前幾次史料已告湮失。），嚴重指出王鍔貢奉家財此一行爲之不是。憲宗則辯稱，命王鍔爲相之用意，不在酬謝其貢奉而在體念其勳勞。

但是，以鍔的身世卻與官僚體系中主流分子的士大夫集團有別。史書云鍔「字昆吾，自言太原人。本湖南團練營將。」（註21）太原王氏云云，乃鍔自己攀附高門，難保有其事。因此當他涉足士大夫社會中時，他有着期求社會認同於他的危機。這可抄錄史書中一段話以爲證：

> ……（鍔）又嘗讀春秋左氏傳，自稱儒者，人皆笑之（註22）

至此，李藩、權德輿、李絳等人對王鍔強烈的敵對態度，作者就比較能說明其歷史意義了。無他，對藩等士大夫集團而言，獲致宰相名義也罷、或是實際拜相也罷，必須符合他們認定的文化價值的人，才有資格榮膺此名位；而不同其文化圈、政治圈的人，是很難取得此一資格的。莫說以王鍔之出身階層，永遠觸摸不到士大夫集團社會的邊緣，即便是像于頔士族出身的人，一旦政治行爲模式背離儒家信念或傳統文化價值理念，也就等於叛離士大夫社會圈，只有始終被視爲政治上的異族份子。

據新唐書卷七二下宰相世系表二頁二八一九至二五，將頔上三代及下一代之世

註20：同上，頁二A至B。
註21：見舊唐書卷一五一王鍔傳頁四○五九。
註22：同上，頁四○六一。

系、名諱、以及入仕者之官至（按：本文所謂「官至」，意謂官僚一生所任之最高官位，以下仿此。）製成簡表如下：

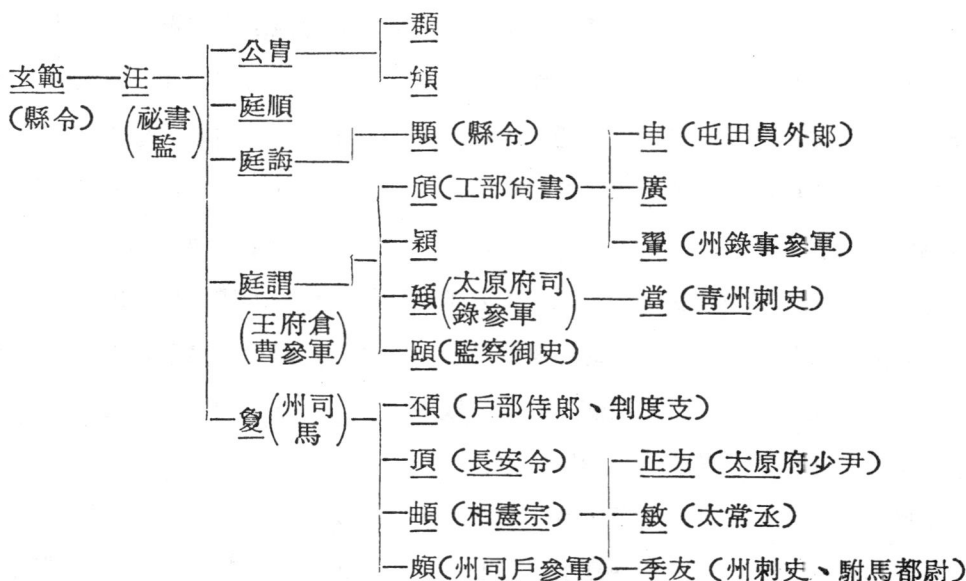

```
玄範 ── 汪 ──┬─ 公胄 ──┬─ 顥
(縣令)  (祕書監)│          └─ 頵
              ├─ 庭順
              ├─ 庭誨 ───── 顯（縣令） ──── 申（屯田員外郎）
              │
              ├─ 庭謂 ──┬─ 頎（工部尚書） ──┬─ 廣
              │ (王府倉  │                    └─ 鞏（州錄事參軍）
              │  曹參軍) ├─ 穎
              │          ├─ 頔（太原府司 ───── 當（青州刺史）
              │          │    錄參軍）
              │          └─ 頤（監察御史）
              │
              └─ 復（州司 ─┬─ 頸（戶部侍郎、判度支）
                   馬）    ├─ 頂（長安令） ──── 正方（太原府少尹）
                          ├─ 頔（相憲宗） ──── 敏（太常丞）
                          └─ 頗（州司戶參軍） ── 季友（州刺史、駙馬都尉）
```

備註：上表據新唐書宰相世系表製成，惟又據權德輿「燕國公于公先廟碑」一文，加以訂正如下：

①汪未任官，故不可能官至祕書監；②復諸子排行有誤，當是頔為長子，頸為次子，頂疑為幼子。

從上表看來，頔之家世說不上顯赫。頔是西魏以降關隴集團重要成員之一于謹之八代孫，謹有九子，長子寔是頔這一家系之始祖；這一家系從第三代以降即始沒落，尤以玄範父德威這一家為甚。河南于氏不列入當時士族的定著房（註23）之族。于家是從頔這一代開始振興，有頎、頸、頔三兄弟均是朝廷重臣。個中原因值得細索。原來據權德輿「燕國公于公先廟碑」一文的記載，不但知上述歐陽修所作的世系略有錯誤，而且知于家這一家雖係關隴集團的重要核心份子之一，但在隋末天下大亂時遷居蜀地避難，以致遠離中央政治權力核心。這從頔高祖德威官益州郫縣令，曾祖玄範官巂州臺武令，祖父汪未仕（這點歐陽修記載有誤），父復起家官益州東陽縣主簿，可

註23：有關定著房之探討，可見毛師漢光「中古山東士族著房著支之研究——唐代禁婚家與姓族譜」中央研究院歷史語言研究所集刊五十四本第三分，1983年9月。

以清楚看出來。權氏爲頔寫作此文，不無冒著不爲士大夫集團諒解的危險。（註24）

綜上所述，以上只舉于頔和王鍔兩人，來說明唐代尚有許多像他們這樣具有財經才者，沒能入仕。而且即使有極少數得以入仕，多半的際遇亦不過于王兩人之下場——總是難以憑其財經本事受知於宦途。于王兩人之入仕各有其條件與憑藉，但絕非仰仗財經才能，這一點是可以確定的。入仕者之中一如于王之例者，恐仍不乏其人，只是一時不易搜羅罷了。這一類長於理財的人雖然入仕，卻始終未任過財經官職，尤其是高級財經官，以發揮所長，這在通才型官僚體系中，乃是常態。

此外，士大夫集團反對于王兩人，主要癥結在於，若透過儒家信念的觀點，士大夫只見到這兩人盤剝百姓以自肥的形象，即令見到他們的財經專長，也不認爲有多大價值。或是說在士大夫文化（價值）觀念之觀照下，于王兩人理財功勞的背後充滿着罪孽，全然不認爲這也是政治上亟需之專長。

不僅此也，在專制政體之下，帝王自以普天之下，莫非王土，難免大肆課稅以滿足私慾，而置人民死活於不顧。就在這個關口，士大夫所懷抱的傳統輕徭薄賦的信念，正是抑制王室揮霍無度的安全瓣！

三、士大夫集團目爲異類的寒素財經名家

在唐代，士族仍爲仕官之主流人物（註25），其入仕之途徑，或憑血緣關係取得蔭任官之資格，或參加科舉競試獲致功名。就中，若屬進士及第，則不僅社會榮耀加身，而且在整個仕宦過程中憑添科班正途出身之優勢。（註26）反觀社會上絕大多數想

註24：權氏之文，可見全唐文卷四九七頁六四一三至四，文末權氏聲明爲頔祖先作傳的理由是「德輿外王母，公（即頔）之從母也，故其門中風訓，獲周知之。忝備重任，在公下列。公以廟銘見授，頔伏上聞。尋嚴咫尺，實奉面命。其在傳信，不敢蔓辭。」權氏這番話簡直是在期望士大夫集團諒解他不得不爲頔祖作文之苦衷。其後頔失勢，權氏爲向士大夫集團表態，寫「賀除于頔太子賓客表」（權載之文集卷四六頁二七二）大事攻擊頔一番。很可能是權氏爲寫頔家廟碑一事補過之行爲。

註25：見毛師漢光唐代統治階層社會變動（博士論文，未刊稿，民國五十八年五月），頁一〇九云：「士族在整個唐代統治階層中占百分之六十六點二一，約三分之二。」

註26：毛師漢光「唐代大士族的進士第」（中央研究院成立五十周年紀念論文集，民國六十六年六月）一文中，有謂大士族子孫獵取進士第以增長其仕宦之聲勢，進士第成爲大士族振興或延續其家族的重要因素，這種現象在許多次級舊族更爲明顯。
另有韓國磐「唐朝的科舉制度與朋黨之爭」（廈門大學學報1954年1期）、以及「科舉制與衣冠戶」（廈門大學學報，1965年2期）兩文中，均言及唐代進士，具有莫大之社會榮寵。

出仕的人，既非士族出身、又難於進士及第，如果僅憑財經專才，依舊是競爭不過士族子弟的。易言之，非士族階層中有理財天賦的人，無法進入通才型官僚體系中發揮所長，乃是極其合理之事。非士族出身的人想躋身官場已極為困難，縱然僥倖入仕，若冀求躍登高位尤屬難上加難；更遑論得以發揮財經之長、履任各種財經官，最後更升任宰相。然而安史之亂發生後，官僚體系為適應變局而開了一道窄門，使得下階層的財經人才有了入仕發揮所長的一絲機會。以下舉元載、第五琦、元琇、以及程异等四人之例，以說明這種狀況。

　　史書中有關元載之家世，只說：「鳳翔岐山人也，家本寒微。……載母携載適景升，冒姓元氏。」（註27）載從肅宗寶應元年（七六二）拜相起，至代宗大曆十二年（七七七）被殺止，共當國十五年。他任官至權力核心邊緣時，當時政壇上兩位有力人士都與他交非泛泛，一位是內朝的李輔國，另一位是外朝的苗晉卿。他的拜相端賴李輔國一手促成。（註28）不久輔國遇害，載不受影響的主要原因，想係有苗晉卿的支持。晉卿為肅代兩朝甚孚眾望的元老宰相，晚年雖退居幕後第二線，卻對幕前之政治擁有相當的影響力。他對載極為賞識（註29），故為載強大之政治靠山。元載深悉政治上內朝有人撐腰的重要性，於輔國一死，立卽與新的權宦董秀（時官樞密使，為代宗兩位近倖之一，另一為魚朝恩。）連成一氣。幾年後，載助代宗清除心腹之患魚朝恩，權勢更是如日中天。

　　以上是對元載當權十五年一些人事關係的分析。回溯他之觸及權力核心，乃是緣於安史之亂軍國需財孔亟，而肅宗委以財經任務，他亦能不負所託：

　　　……兩京平，（元載）入為度支郎中。載智性敏悟，善奏對，肅宗嘉之，委以

註27：見舊唐書卷一一八元載傳頁三四〇九。
註28：舊唐書卷一一八頁三四一〇元載傳云：「載與倖臣李輔國善，輔國妻元氏，載之諸宗，因是相昵狎。時輔國權傾海內，舉無違者，會選京尹，輔國乃以載兼京兆尹。載意屬國柄，詣輔國懇辭京尹，輔國識其意，然之。翌日拜載同中書門下平章事，度支轉運使如故。」
註29：同上，頁三四〇九云：「東都留守苗晉卿又引（元載）為判官，遷大理司直。」此為苗晉卿認識元載之始。又同書卷一二六頁三五六一李揆傳云：「初，揆秉權，侍中苗晉卿累薦元載為重官。揆自恃門望，以載地寒，意甚輕易，不納，而謂晉卿曰：『龍章鳳姿之士不見用、麞頭鼠目之子乃求官。』載銜恨頗深。」晉卿是位才智出家的官員（見正史本傳），所以較能看出元載之才能，不像李揆出身隴西李氏只會從門第看人。

國計，俾充使江淮，都領漕輓之任，尋加御史中丞。數月徵入，遷戶部侍郎、度支使並諸道轉運使。（註30）

因此，我們說元載得以位極人臣，除了有權臣荐引之外，皇帝滿意於他財經官的表現，也不能忽略。在他當權期間，放手讓第五琦與劉晏兩位財經名家去整頓財經事務，又多少展示了他濃厚的財經官型官僚的心態。

由於他當權過久，政治上未免樹敵太多（註31），因此史書中有關他與人衝突的記載，幾乎都是涉及派系的權力鬥爭。有關士大夫集團反對他財經措施之資料，也正是本文所需的卻只有一則，而且內中不無問題。如眞有士大夫集團反對載財經措施之事，卻失所記載或載籍失傳；推想其中原因可能載早年行事較諸日後當國期間，重要性簡直不可同日而語。載任財經官屬於早年之事，流於湮滅固屬平常之極。

有關這一則資料，徵引如下：

租庸使元載以江、淮雖經兵荒，其民比諸道猶有貲產，乃按籍舉八年租調之違負及逋逃者，計其大數而徵之；擇豪吏爲縣令而督之，不問負之有無，貲之高下，察民有粟帛者發徒圍之，籍其所有而中分之，甚者什取八九，謂之白著。有不服者，嚴刑以威之。民有蓄穀十斛者，則重足以待命，或相聚山澤爲羣盜，州縣不能制。（註32）

元載這種作爲，換作後來的裴延齡或是皇甫鎛等人（見下），恐怕早就引起士大夫的抗議了。如果士大夫眞是無動於衷的話，又意味着什麼？是當時（時爲寶應元年，安史之亂尚未結束。）帝國生存第一的前提下，一切從權對待？在此因爲資料欠缺的關係，無法進一步申論。

我們且從另外角度探討之。首先，如果大亂平定意味着不可一切再從權，但國用仍不足時，皇帝與士大夫官僚集團的看法是否一致？其次，代宗對元載所持之肯定面（如果有的話）究竟爲何？先說前一件事。且透過以下一則資料，以爲下文討論之基

註30：見舊唐書卷一一八元載傳頁三四〇九至一〇。
註31：載樹敵過多，自然對他不滿的人也就增多，犯錯機會乃愈形增高，皇帝又不能撤換他，對他的猜忌便與時俱增。此見舊唐書卷一二六陳少遊傳頁三五六四云：「（少遊）初結元載，……後見元載在相位年深，以過犯漸見疑忌，少遊亦稍疏之。」
註32：見資治通鑑（臺北，世界版，民國五十八年八月再版）卷二二二頁七一一九，肅宗寶應元年建寅月戊申條下。

礎：

> ……將以（謂）爲御史中丞，爲元載所排，爲河東道租庸鹽鐵等使。時關輔大
> 旱，謂入計，代宗召見便殿，問謂：「榷酤之利，一歲出入幾何？」謂久之不
> 對。上復問之，對曰：「臣有所思。」上曰：「何思？」對曰：「臣自河東
> 來，其間所歷三百里，見農人愁歎，穀菽未種。誠謂陛下軫念，先問人之疾
> 苦，而乃責臣以利。孟子曰：理國者，仁義而已，何以利爲？由是未敢即對
> 也。」上前坐曰：「微公言，吾不聞此。」拜左司郎中。上時訪以事，執政者
> 忌之，出爲虔州刺史……（註33）

這一則資料的時間，資治通鑑繫之於代宗永泰元年（七六五）四月丁丑條下。（註34）
顯然皇帝與士大夫集團之看法有別。皇帝對國用不足，念茲在茲時刻不忘，見財經特
使回朝，便急於想知道事情辦得如何；偏偏該大臣提醒他，民間疾苦更爲重要。此處
顯示裴謂之見，在於人民之生計重於國家之生計。站在皇帝原來的立場，財經措施的
從權處理，固以國家生計爲優先。

　　但是，問題沒有這麼簡單，從代宗表示從未聽過類似裴謂之意見來看，如果的確
是出自肺腑之言的話；那麼，就是說代宗原先的立場，是受執政元載等財經官型人物
影響的立場。現在代宗一改初衷，傾向於裴謂等士大夫集團的立場，也是可以理解的
事。士大夫集團的立場充滿着強烈的政治倫理色彩，這是浸潤在傳統儒家價值氛圍中
的人，包括代宗在內，所易於接受的。代宗並非不知其理，只是時值非常，生死存亡
的問題過於縈於心，不免一時疏忽；如今一經提醒，便能一點就透。代宗以後的皇帝
也與他一樣，徘徊於財經官型人物與士大夫集團之間，擇一而適。就代宗而言，他先
採取前者，後來改變主意；但是政策並未改變，此因擬訂政策的元載仍然當國的緣
故。因此，這個問題的答案是，可以說決定於皇帝個人之判斷而定。或有贊成士大夫
集團的，如代宗，或有不同意而與財經官型人物同一聲氣的，如德宗、憲宗（見下分
析）。

　　至於第二件，茲錄有關資料一則如下：

註33：見舊唐書卷一二六裴謂傳頁三五六七。
註34：見該書卷二二三頁七一七四。

元載輔政，與中官董秀榮結固寵，（崔）渙疾之，因進見，慨然論載姦。代宗
曰：「載雖非重慎，然協和中外無間然，能臣也。」對曰：「和之爲貴者，由
禮節也，不節之以禮，焉得和？今干戈甫定，品物思义。載爲宰相，宜明制
度，易海內耳目。而怙權樹黨，毀法爲通，鬻恩爲恕，附下苟容，乃幽國卑主
術，臣所未喻。」帝默然。（註35）

一般狀況，皇帝遇到大臣揭櫫儒家信念之大纛時，都只好無言以對。不論是承認（相
信）也好，或是雖不同意卻不能辯，都不能抹煞代宗比起一般士大夫集團來，有不同
的價值判斷。就後人看來，撇開元載政治上的循私舞弊不談，他主持戰時財政大計，
並於戰後領導一批財經專家，從事國家財政穩固之大業，至少對李唐政權而言，自有
他一定程度的貢獻。載的核心幹部都是一些財經名家，如楊炎、韓洄、包佶、韓會
等。

　　第五琦在　新唐書　宰相世系表中並無先世之記載，可見非出身士族，甚至可進
一步推測爲寒素。在　兩唐書　本傳中，亦不見有任何功名之紀錄。據「少以吏幹
進，頗能言疆國富民之術。天寶中，事韋堅。堅敗，不得調。」（註36）這一則資料，
可見他是地方官幕僚出身，而且曾在名理財家韋堅（註37）手下做過事。安史之亂是
他一生的轉捩點，他在北海太守賀蘭進明處任幕僚，曾受命謁見新卽位的肅宗，卽席
陳說一番理財之見，遂受重用，歷任各項財經職務，都能稱職，於乾元二年（七五九）
拜相。由於以通貨膨脹手法吸收民間資本，（註38）使物價騰貴「中外皆以琦變法之
弊」，遂遭貶斥。不久復出，累至郭子儀糧料使，再度擔任財經諸使，且充當財經主
腦──戶部侍郎。

　　他在當上戶部侍郎前，先任京兆尹，仍不脫他財經官本色，在他轄區內從事增稅
之舉。他有鑑於「租庸調」課稅制之崩潰，乃將從前非正稅項目的義倉稅（又稱地

註35：見新唐書（臺北，鼎文版，新校標點本）卷一二○崔渙傳頁四三一八至九。
註36：見新唐書卷一四九第五琦傳，頁四八○一。
註37：韋堅事跡分見新、舊唐書卷一三四頁四五六○至二、卷一○五頁三二二二至五。
註38：見舊唐書卷一二三頁三五一七云：「初，琦以國用未足，幣重貨輕，乃請鑄乾元重寶錢，以一當十行用
　　　之。及作相，又請更鑄重輪乾元錢，一當五十，與乾元錢及開元通寶錢三品並行。既而穀價騰貴，餓殍死
　　　亡，枕藉道路，又盜鑄爭起，中外皆以琦變法之弊，封奏日聞。」

稅），變成主要正稅項目；並設法提高每畝稅率，聲稱依循理想的上古課稅法——「什一稅」制。有關此事的記載如下：

> 畿內麥稔，京兆尹第五琦請稅百姓田，十畝收其一，曰：「此古什一之法也。」
> 上從之。（註39）

此事發生於代宗永泰元年（七六五）五月，顯然偽託上古美制，乃是表示所爲合乎儒家價值理念，藉以減輕來自士大夫集團的反對聲浪。

不久，他當上戶部侍郎，仍兼京兆尹。無疑地，這套新課稅法便從京畿地區推廣，而普遍實施全國。但是，這套辦法實施一年多後，以稅率過高引起百姓流亡而停辦：

> 京兆尹第五琦什一稅法，民苦其重，多流亡。十一月，甲子，日南至，赦，改
> 元（大曆），悉停什一稅法。（註40）

然而作爲正稅主要來源的田畝並未改，改的只是稅率。因爲從大曆四至五年，政府三度公布稅率標準：

> 〔代宗大曆四年（七六九）〕十月，赦曰：北（按爲「比」之誤。）屬秋霖，頗
> 傷百稼，百姓種麥，其數非多，如聞村閭，不免流散。來年稅麥，頗有優矜。
> 其大曆五年（七七〇）夏麥所稅，特宜與減嘗（按：爲「常」之誤。）年稅。
> 其地總分爲兩等，上等每畝稅一斗，下等每畝稅五升。其荒田如能開佃者，一
> 切每畝稅二升。……（註41）

> （代宗大曆四年）十二月赦：……今關輔諸州，墾田漸廣，江淮轉漕，嘗數又
> 加。計一年之儲，有大半之助，其餘他稅，固可從輕。其京兆來年秋稅，宜分
> 作兩等，上下各半。上等每畝稅一斗，下等每畝稅六升。其荒田如能佃者，宜
> 准今年十月二十九日赦，一切每畝稅二升，仍委京兆尹及令長——存撫，令知
> 朕意。（註42）

> （代宗大曆）五年（七七〇）三月，定京兆府百姓稅，夏稅上田畝稅六升，下

註39：見資治通鑑卷二二三，頁七一七五。
註40：同上，頁七一九二。
註41：見冊府元龜（臺北，中華版，1972）卷四八七，邦計部，賦稅門，頁五八三一至二。
註42：同上，頁五八三二。

田畝稅四升，秋稅上田畝稅五升，下田畝稅三升。荒田開佃者，畝率二升（註
43）

從這些實施細則的屢屢頒訂，可知第五琦在促使徵稅公平其竭力奉公之一斑。於此，
可以看出第五琦儘量慮及田地之好壞、每年夏秋兩季收成之差異、以及災年之欠收等
因素，作爲訂定稅率之準繩。尤其難能可貴的是，他尚知節制，不至因物質環境的許
可，而漫無限制地課徵下去。這從他因正稅收入之增加而減輕非正稅項目，清楚看
出。

第五琦在政治上走的是依附魚朝恩的路線，魚一死，連帶二度遭貶。德宗卽位，
正準備借重琦之財經才華時，琦去世了。

琦被貶後其判度支一職，由蘇震接替二十餘日（註44），再以下接事的先後爲呂
諲、劉晏、元載、劉晏等人。作者判斷琦爲官僚體系中學術官型官僚所推倒，故代之
以所能接受的蘇震（註45）。但以當時情況之緊急，財經官職需內行方可勝任，故學
術官型官僚只能作短暫之接替，終歸還是落到財經官型官僚之手。

綜觀琦一生於遭貶兩次，又蒙起用，而且每次起用均畀以重要財經官之任，一則
因戰時與戰後在在需要像他這種富饒財經才者，一則他的家教甚佳，行爲並不踰越儒
家價值體系要求的藩籬。關於後一點，史稱琦「少孤，事兄華，敬順過人。………子
峯，峯婦鄭氏女，皆以孝著，旌表其門。」（註46）此處意味着士大夫集團無法從琦
的私生活，找到攻擊他的把柄。

德宗時代的理財專家前有元琇後有裴延齡。元琇附於新唐書卷一四九劉晏傳後，
只有寥寥數語。有關他的家世與科第均不得而知。由於他是劉晏故吏，走的是新興實
業機構幕僚的路徑，這樣出身的官僚，可能多半家世不顯，也無正途之科第資格。他
的仕宦生涯中，只有後期幾年較爲清楚；前期雖難以一一查究，但可以確定是在劉晏
麾下效力。他在興元元年（七八四）九月由嶺南節度使調升戶部侍郎、判度支；貞元

註43：同上。
註44：見嚴耕望唐僕尚丞郎表第三冊（中央研究院歷史語言研究所專刊之三十六，民國四十五年四月）卷十二輯
　　　考四下，頁六九〇，附有考證。
註45：參見拙作「唐代通才型官僚體系之初步考察——太常卿、少卿人物的任官分析」一文，蘇震編號055。
註46：見舊唐書卷一二三第五琦傳頁三五一六以及三五一八。

元年（七八五）三月兼領諸道鹽鐵水陸轉運使，繼承了劉晏當年的事業；貞元二年（
七八六）正月停度支和諸道水陸轉運兩使之職；同年二月，降爲尙書右丞，解除所有
財經職務；同年十二月貶爲雷州司戶參軍，隨卽賜死廣州。 關於他的財經才能， 史
稱：「國無橫斂而軍旅濟。」（註47）

　　作者認爲有兩大因素，導致元琇的政壇挫敗。第一，他是中央爭取江南財賦控制
權失敗下的代罪羔羊。第二、士大夫集團慣常對財經官的排斥，造成他政治根基的脆
弱，因缺乏强大奧援故必易爲人所乘。先說第一點。當時宰相崔造（爲劉晏之友，李
栖筠門下，久在浙西。）擬訂並執行德宗政策，欲奪久任江淮節帥韓滉控制全國經濟
重心之權；乃遣元琇任諸道鹽鐵轉運使，冀分韓滉之權以爲削弱。琇此一新職的主要
活動範圍，正好處於滉控制全局的轄區內。同時，滉於安史之亂以來卽長期操縱朝廷
財政，政治力量之雄厚，迥非中央所能正確估量。琇根本不是對手，且反爲所害。抑
有進者，連崔造亦以憂卒，可見滉勢之盛！卽使滉死後，中央與江南地方政權爭衡之
局，亦未因此而稍殺。儘管皇帝巧施安排，先後派遣親信白志貞與宗室李錡，接替滉
位，但兩人一履任立卽扮演桀傲難制之角色。此不在本題範圍內，可不具論。

　　關於第二點，可見以下一則資料：

　　　……會戶部元侍郎琇董司漕運，懼不克濟，奏授公（按：指韋武。）倉部員外
　　郎，充水陸轉運判官，得公之謀而不能用。與道進退，義無淪胥，稱疾杜門數
　　月，而元果敗。朝野之論，服其賢明。（註48）

於此，我們不禁要問：第一，元琇爲何挑選韋武當副手？第二，爲何副手在意見不被
採納便請病假不管事，正副主管之間爲何有如此大的歧見？第三，元琇失敗後，輿論
竟然推許韋武，這是什麼道理？通常主管物色副手的人選，多半尋求可以合得來的人
以爲依歸。如今似乎反其道而行。基此，韋武其人值得研究，研究如有所得，或可取
以解決以上之疑惑。

　　據呂溫爲韋武寫的神道碑，顯示武出身京兆韋氏，曾祖待價、祖父令儀、父鎰，

註47：見新唐書卷一四九頁四七九八。
註48：見唐文拾遺（臺北，文海出版社，1962年11月）第一冊卷二十七頁四〇〇，呂溫：「唐故銀靑光祿大夫京
　　　兆尹兼御史大夫上柱國贈吏部尙書京兆韋公神道碑銘」一文中。

都是三品以上之官，其中待價曾相武后，故爲士族可無疑義。他的入仕途徑是蔭辟，
該文稱：「年十一，始以門第補右千牛。」可見其家族之勢力。以上之家世亦可在新
唐書卷七十四上宰相世系表四上頁三〇八二至三〇八三，取得印證，而且更知該家系
出於韋氏定著九房之一的逍遙公房。至於其爲人，呂溫如此描述：

> ……歷京兆府參軍，高陵、櫟陽、萬年三縣尉，長安縣丞，晝則遊刃吏事，夜
> 則服膺經籍。循性爲學，深於禮服，顧行爲文，長於議論，曾未壯齒，鬱其老
> 成。顏太師眞卿、蕭黃門復，以雅道名節自居，罕有及其門，而皆與公爲忘年
> 之契。由是振動於卿大夫間，擢爲太常博士。草朝廷之儀，大事不繁，小事不
> 略。諡人之行，褒者不德，貶者不怨。（註49）

本段引文先是敍武早年宦歷，以及自我教育之篤實，遂成爲知禮之士；繼言受到士大
夫集團領袖顏眞卿與蕭復之推重，引起士大夫集團的認同並尊敬；最後，一位掌握社
會輿論權之重要人物，則呼之欲出矣。

呂溫更於其文末肯定武是士大夫中之模範人物：

> ……於戲，六歲而孝聞，人子之難也。五十以悌聞，人弟之難也。苟非天性充
> 塞、以身立教者，其孰能踐百行之至難乎？況文章、經術、禮樂、刑政，磊落
> 光耀之如彼，斯可以言士之全也。（註50）

如果溫的報導和評論，沒有捏造和溢美之辭的話，那麼就很有理由相信，武是社會中
製造輿論和品題人物的權威人士，也是善於運用傳統文化價值理念的官僚學者，更是
維護士大夫集團尊嚴的守護神。正是令元琇等財經官心態人物頭疼的對頭。

琇找武當副手，多半爲的是利用他來減輕來自對手的強大壓力。不想武在琇毫不
受其影響之下──不難想像武或許懷抱使命感來與琇共事──稱病離去；而琇當初着
意結納士大夫集團的苦心至此徹底瓦解。元琇就在變生肘腋的情況下，益發抵擋不住
韓滉勢力的猛烈一擊！

士大夫集團官僚與財經專家官僚，對於財經措施有著截然不同的看法，彼此之間
的妥協相當困難。韋武在任京兆少尹的那年，約爲貞元十四、五年之際，正當長江中

註49：同上。
註50：同上，頁四〇一。

下游天災嚴重之時，他堅決主張賦役全停；結果，藉呂溫之說辭卽爲：「爲聚斂者所嫉，出爲絳州刺史。」（註51）士大夫集團一向賦予財經專家官僚一個惡評：「聚斂者」，意卽牴觸文化價值理念之人。當時的戶部侍郞不是別人，正是于頔的兄弟于頎！

　　程异資料不多，有關他與士大夫之爭的記載更是非常隱微，至於他入仕前的情況，史書稱「京兆長安人。嘗侍父疾，鄕里以孝悌稱。明經及第⋯⋯」（註52）可見他雖出身寒素，早年卻能謹守以士大夫爲準所訂的社會規範，不讓士大夫有可議之處。只是他非常有財經天分，且爲順宗時王叔文黨所知，便加以重用。王黨瞬息覆沒，若非憲宗積蓄政策，需要財經之才，异大槪隨王黨一起淪沒。

　　他是在當時財經名家李巽的大力推薦下，再度起用的。從此，他既不可能如元載般有宮廷強大奧援，也不可能親近皇帝，更奢談影響皇帝了。他是中央積蓄政策的最佳執行者，註定要與士大夫勉強合作，卻又不免要針鋒相對。茲摘錄一則資料於下以爲證：

　　　　時兩河留兵，國用不足，命鹽鐵副使程异使諸道督課財賦。异所至方鎭，皆諷
　　　　令捃拾進獻。（韋）貫之謂兩稅外不忍橫賦加人，所獻未滿异意，遂率屬內六
　　　　州留錢以繼獻，由是罷爲太子詹事，分司東都。（註53）

韋貫之爲出身京兆韋氏之大士族，在恪守文化價值理念方面更是士大夫羣倫之表率，史稱他爲相時，「嚴身律下，以淸流品爲先，故門無雜賓。」（註54）此處，有關韋程兩人之衝突，竟是士大夫的貫之屈居下風。這是因爲貫之當時正處晚年勢衰遭貶於外之時，對於欽命在身的程异，當無反擊能力。雖然如此，揆諸貫之稍事妥協作法之背後，依然蘊含濃厚的、一向堅主之立場，亦卽在徵稅的方式上，仍一本士大夫集團學術官型性格之初衷，傾向儒家價值理念：正稅之外之雜征爲不合理。這是與財經官型性格官員如程异者，無法妥協的。依貫之看來，程异多取正稅外之稅的作風，是儒家信念所不容之舉措。程异以職責攸關，執行廣闢稅源的國家政策，又非如此莫辦。

註51：同上。
註52：見舊唐書卷一三五程异傳卷三七三七。
註53：見舊唐書卷一五八韋貫之傳頁四一七五。
註54：見舊唐書卷一五八韋貫之傳頁四一七四。

這也多少反映如异之流人物，在財經措施上比較不受儒家信念的束縛。

後來程异積功至宰相時，有好長一段時間不敢逕行職務：

> 議者以异錢穀吏，一旦位冠百僚，人情大爲不可。异自知叨據，以謙遜自牧，
> 月餘日，不敢知印秉筆。（註55）

引文中所謂「議者」，恐爲士大夫之組合，所謂「人情」，亦恐不過局限於士大夫世界中。程异的反應，如果不是過於敏感的過度反應的話；那麼，我們更有理由相信，唐代士大夫在處理涉及財經措施問題時，背後自有其深厚的文化背景，作爲對待問題之理論依據或行動泉源；而從他們所表露的對某種文化（價值）理念執持之深、以及信守之誠，使我們很難輕易視之爲藉口而已，只有如此解釋，方較能理解程异何以如此畏懼之甚。

上述議者中有裴度其人，卽露骨大表反對，他說：

> 程异雖人品凡俗，然心事和平，處之煩據，或亦得力，但升之相位，便在公卿
> 之上，實亦非宜。（註56）

裴度除了在社會上是士大夫集團的領袖人物之外，更是幾十年來政治的實力派人物，具有相當大的影響力。只此反對聲浪已足掩沒程异而有餘，何況還不知有多少呢。

綜合上述元載、第五琦、元琇、以及程异等四人的分析，可知均出身寒微，同時不具進士這等光彩之功名。此其一。其次，他們擔任艱苦的理財工作，卻頗能有效肆應枯窘之財政。他們爲了適應非常時期——戰時和戰後——財政工作的特殊性，不惜使其理財手段脫離通才型官僚體系之常軌，從而牴觸了傳統文化之價值理念。於是乎，他們與士大夫集團之間出現了明顯的裂縫，表現出來的便是，從認知態度、而價值觀念、到政治行爲模式，都儼然判若兩途。

復次，在士大夫集團和個別財經名家之間的摩擦，另有他思想層次之意義，它意味着，士大夫集團與這幾位財經名家在理財思想上有顯著的歧異。財經專家認爲，挽救入不敷出之國家財政，端賴設法甚至無所不用其極地去增加稅收；而士大夫集團則主張，任何增稅之舉都是在削弱百姓（特指農民而言）的生存能力，馴致動搖國本。

註55：見舊唐書卷一三五程异傳頁三七三八。
註56：見舊唐書卷一三五皇甫鎛傳頁三七四〇。

皇帝就依違於兩者之間，決定了双方力量之榮枯。處此情況，有關皇帝之動向，也不可不注意。在傳統儒家理念作用之下，皇帝通常傾向士大夫集團這一方；但是，他在政權生存遭到強大威脅、以及個人意志強烈驅使下，則寧頭選擇財經專家這一邊。代宗是位意志力較爲薄弱的皇帝，所以才會聽從裴諝，而倒向士大夫集團。德宗與憲宗可就與他不同了，詳見下文分析。

最後，財經專家面對士大夫集團之壓力，隨著權位之增高而逐步高漲。上舉四人中，有一生只當財經官者，如元琇，餘三人則越此而當上宰相。再就這三位宰相而言，第五琦與程异兩人任期較短，先是士大夫責其理財方式之不當，以阻撓其拜相，阻撓不成則力圖罷相。元載許是任期甚長，引人注目的焦點便不至停留在此處，而代之以激烈的權力鬥爭。事情演變至此，前一問題也就不成其問題了。但我們不能因此就斷言不具本文所指之現象。

四、分化自士大夫集團的士族財經名家

本章所欲探討的個案人物，均來自士大夫集團，玆根據人物門第興衰狀況、以及是否受到士大夫集團之排斥，分成兩節。具體而言，卽門第趨衰以及受斥於士大夫社會的，集中在第一節，計有宇文融、于頔、裴延齡、裴均、皇甫鎛、三播、以及姚勗等七人；另有劉晏與杜佑兩人正好相反，不僅門第正轉興旺、而且見容於士大夫社會，故置於第二節。類似晏佑兩人之例甚多，其所以只處理這兩人，乃因他人之景背資料均不若兩位齊全，以致難以研究。

1.趨向沒落的士族

士大夫中亦不乏具財經才者，此或因天性，或因特殊際遇。就中有人於適當時機走財經路線，甚至因此當上百揆之長——宰相。這種人如果於言行上逾越了文化價值理念之範圍，往往爲士大夫集團目爲聚斂之臣，而遭到強大社會力量的排斥。

有唐開國以來至玄宗朝，已有百餘年歷史，內部某些積弊至此暴露無遺。以財政方面而言，因逃戶嚴重而使政府稅收短缺不少，原來稅徵辦法——租庸調法——已因均田制之遭破壞，難有預期成果；加上欲維持世界霸權乃頻頻對外作戰，財政益形捉襟見肘。玄宗時既認爲對外作戰無可避免，解決財政問題遂爲當務之急。這時宇文融

因精通理財，遂應運而出。

根據兩唐書宇文融傳，融祖父節，曾相高宗；父嶠曾任萊州長史，該家為關隴集團之中堅分子（註57），屬於士族。融入仕之途徑，以資料缺乏無法得知。由乃祖坐房遺愛事貶至桂州而卒一事，推知該家必受到嚴重的政治打擊。

融早年當官時，他的幹才即受到他長官源乾曜、孟溫兩人的賞識。後來他提出改革措施時，宰相是支持他的，這宰相不是別人，正是源乾曜。大部份於人不反對的原因，主要是有鑒於融新得皇帝寵信，但還是有三人明白反對，卻全遭貶逐。其中以戶部侍郎楊瑒的反對，值得注意。一方面瑒時官財經副首長，他的反對帶有職權的性質；另一方面，他所持之異議正是士大夫想法之代表。（註58）

楊瑒是一位富於學術官氣質的官員，外貶後不久即入遷為國子祭酒，反而投其所好。他不忍春秋三傳與儀禮學之式微，乃建議凡選考上述書及第者，可享任官優待，果獲當局採納。（註59）他還為中央太學生請命，要求擴大進士與明經兩科的入仕名額，似乎認定這兩科為太學生所長。原文如下：

> 古者卿大夫子弟及諸侯歲貢小學之異者入太學，漸漬禮樂，知朝廷君臣之序，班以品類，分以師長，三德四教，學成然後爵之。唐興，二監舉者千百數，當選者十之二，考功覆校以第，謂經明行修，故無多少之限。今考功限天下明經、進士歲百人，二監之得無幾，然則學徒費官稟，而博士濫天祿者也。且以流外及諸色仕者歲二千，過明經、進士十倍，胥史浮虛之徒，眊先王禮義，非得與服勤道業者挈長短、絜輕重也。國家啟庠序，廣化導，將有以用而勸進之。有司為限約以黜退之，欲望俊乂在朝，難矣。（註60）

此處瑒所言，乃典型士大夫基本想法之一；認為儒家教育可以陶鑄出社會所需之各種人才，而官學正是提供儒家教育、藉以養成優秀官僚之最佳場所。此外他主張大量選

註57：見新唐書卷七一下宰相世系表一下，頁二四〇四至五。

註58：見新唐書卷一三四宇文融傳頁四五五八云：「唯戶部侍郎楊瑒以為籍外取稅，百姓困弊，得不酬失。」

註59：見新唐書卷一三〇楊瑒傳頁四四九六云：「瑒奏：『……且今習春秋三家、儀禮者纔十二，恐諸家廢無日，請帖平文以存學家，其能通者稍加優宦，獎孤學。』從之，因詔以三家傳、儀禮出身者不任散官，遂著令。」

註60：同上書同頁。

用太學生的理由有四： 第一， 官學為古代培餘官僚的搖籃；第二，初唐選才只要合於「經明行修」便予登用，無需考慮名額多寡，而太學生正是符合此一條件的最佳人選；第三，以後制度改變了，原來有利學生晉身之明經和進士兩科，由於名額大受限制，而且及第學生只佔這兩科錄取名額的若干位而已，徒然造成浪費公帑去培植學生以及供養老師；第四， 比起不懂儒家信念的胥吏卻可漫無限制地選拔， 這是不合理的。

像楊瑒這類的人，一則在知識上側重規範而不重實用知識，一則在行為上很能賞識合乎儒家規範者；如此則易於傾向，將非規範性的財經問題，當作道德問題。反觀宇文融這類人，可能就不是如此看問題了。他或許就是很單純地為財經問題而用財經辦法來忠於其職守，而毫不及其他。 如果他真慮及道德問題， 引起他道德關懷的對象，恐怕是皇帝的份量高過百姓吧。不過，無論如何，純粹財經問題的解決，由擁有這方面頭腦的人如融輩，總是較易為功。以故融積功升至宰相，尚未坐隱位子呢，便為瑒等士大夫集團所推倒。可是一換成士大夫集團掌政，財經問題又轉趨嚴重。茲徵引史書以為證：

　　（融）居宰相凡百日去，而錢穀亦自此不治。（註61）
我們再從面臨這等情勢的玄宗，責備宰相裴光庭說：

　　卿等皆言融之惡，朕既黜之矣，今國用不足，將若之何！卿等何以佐朕？（註62）

可見在這種時刻，玄宗毋寧還是傾向融等財經官這一邊的，只不過他實在拗不過來自士大夫集團的輿論制裁力量，必須同意融在道德行為上有所欠缺。同時，玄宗為罷免融職一事， 內心這一點情非得已也算是向士大夫集團作公開表白。 玄宗那知如此一來，反而等於宣判融死刑， 而且還加速其死。 究竟士大夫集團是否因顧慮宇文融復起，遂出以永絕後患之計？關此，司馬光斷然採取否定的答案，而且還排斥唐曆與舊唐書持肯定之說。（註63）本文原則上持肯定之看法，但並不堅持。要之，不久宇文

註61：見新唐書卷一三四宇文融傳四五五九。
註62：見資治通鑑卷二一三，開元十七年十月戊午條頁六七八七，新唐書宇文融傳略同。
註63：詳見同上書同頁，司馬光考異曰：「唐曆云『裴光庭等諷有司劾之，積其贓鉅萬計。』舊傳曰：裴光庭時兼御史大夫，又彈融交遊朋黨及男受贓等事。」今從實錄、統紀。」

融一再爲人告發貪污，也一再遭貶，終於死於道上。在此，值得注意的是，宇文融若只犯道德之錯，其政治前途尚不至斷絕；但若類似貪污之類的違法之錯，皇帝就要考慮曲予維護是否值得了。

　　宇文融財經之才似爲士大夫中之佼佼者，而且亦恐非一般所能及；然而卻不爲士大夫集團所容，不僅他的財經專才不爲看重，而且還視同罪惡。與宇文融同時的蘇冕，卽有如下之論述：

> 設官分職，各有司存。政有恆而易守，事歸本而難失，經遠之理，捨此奚據！洎姦臣廣言利以邀恩，多立使以示寵，刻下民以厚歛，張虛數以獻狀；上心蕩而益奢，人望怨而成禍；使天子有司守其位而無其事，受厚祿而無其用。宇文融首唱其端，楊愼矜、王鉷繼遵其軌，楊國忠經成其亂。仲尼云：「寧有盜臣，而無聚歛之臣。」誠哉是言！前車旣覆，復轍未改，求達化本，不亦難乎？（註64）

這就將宇文融定罪爲開財經官禍國之始祖。他主要從官僚體制立論，認爲一方面別立臨時性之財經差遣官（按：卽文中云「多立使以示寵」之使職。），便取代了正常體制建制下之經制官之功能，並令其尸位素餐，浪費公款。另一方面這些財經差遣官之政績，乃是立基於詐取人民荷包而來的。這點極違反儒家價值理念，故爾他最後便引用孔子的話：「寧有盜臣，而無聚歛之臣。」此語在一般儒家典籍中常常出現，如荀子、禮記等書均有（註65），早已深入一般傳統知識分子的心中。蘇冕並不像楊瑒，與宇文融有絲毫職權衝突之可能。他只是在檢討別立財經使職此一新制之缺失。抑有進者，蘇楊兩人都執持儒家價值理念，來反對從事此種差使之官員。

　　玄宗朝後，柳芳也從此一角度來看待此一事件，並擴大爲安史之亂的根源所在：

> 昔開元初，宇文融首以稅客戶籍，外剩田戶、口色役之策，行於天下。其後天寶間，韋堅又以穿廣運潭、輿漕之利，楊愼矜、王鉷、楊國忠等議財貨之政。

註64：見同上書卷二一六，天寶七載六月甲辰條，頁六八八一。

註65：荀子集解（諸子集成本）王制篇，頁九七云：「成侯、嗣公，聚歛計數之君也，未及取民也；子產，取民者也，未及爲政也；管仲，爲政者也，未及修禮也。故修禮者王，爲政者彊，取民者安，聚歛者亡。」禮記大學篇云：「百乘之家，不畜聚歛之臣；與其有聚歛之臣，寧有盜臣。」又云：「財聚則人散，財散則人聚。」亦同此種想法。

君子曰：融等之敗也，豈不哀哉？詩云：人之多僻，無自立僻。融等之謂也。初玄宗以雄武之才，再開唐統，賢臣左右，威至在已。姚崇、宋璟、蘇頲等皆以骨鯁大臣，鎮以清靜，朝有着定。下無覬覦。四夷來寇，驅之而已。百姓富饒，稅之而已。繼以張嘉貞、張說守而勿失。自後賦役頓重，豪猾兼併。強者以才力相君，弱者以侵漁失業。人逃役者多浮寄於閭里，縣收其名謂之客戶，雜於居人者，十一二矣。蓋漢魏以來，浮戶流人之類也。是時也，天子方欲因士馬之眾，買將帥之勇，高視六合，慨然有制御夷狄之心；然懼師旅之不供，流庸之未復，思覩奇畫之士以發皇明，蓋有日矣。而宇文融揣摩上旨，款關詣見，天子前席面見之，恨得之晚。言發融口，策合主心。不出數年之中，獨立羣臣之上。無德而祿，卒以敗亡。既而天子方事四夷，國用不足，多融之能，追而悔焉。於是楊崇禮又以善計財帛見幸，然廉謹自守，與人無害，故能獲終。融死且十餘年，始用韋堅。及崇禮、慎矜皆以計利興功，中人主、脅權相，滅為天下笑。而王鉷、楊國忠威震海內，尤為暴橫，人反思融矣。大凡數子少者帶數使、多者帶二十使，判官、佐使遍於天下，客戶倍於往時。主司守以取決，備員而已。四十年間，覆族者五。棄人買害，豈天道與？夫先王牧人之制，既富而聚之，以興利也。儉則散之，以除害也。所以衰多益寡，稱物平施。降及後代，亦克用乂。禮記曰：倉廩實而知榮辱。人苟不足而可理者，自古及今，未之有也。觀數子之意，欲竭人財，乘主之欲，殫天下之力以供國，竊王者之柄以徇已，奮其長觜以鼓天下。於是權歸掌握，利出胸臆。呼吸指顧，車舟沸渭於萬里之外矣！狙詐既騁，拱袂而取公卿，竊富國安人以為名，紆青拖紫以為實。名實不其爽歟！且君以安人為憂，而融輩擾之矣。人以豐財為利，而融輩竭之矣。向之所利者，豈不反歟？而數子方自以為功，無讓坐受富貴。……（註66）

對於財經官開始在政治上扮演更吃重的角色這件事，柳芳這番話可作為士大夫集團看待這件事的代表。其中尚涉及不少旁的事，本文只取他對宇文融等財經官之看法。他指摘融等有謂：一品德不佳、二竭百姓之財、以及三戀權心重等。就中第三點不合取

註66：見全唐文卷三七二頁四七七至八。

以指責，因為一般官員多少都懷抱此心。其餘兩點則純粹站在儒家價值規範立場。按說，如要檢討上述財經差遣官事業之成敗，宜將重點置於彼輩財經政策之成效上；卽令不成也不見得全是政策的問題，還要考慮客觀環境險惡情況的問題，是否超出其能力範圍之外。如今柳芳不此之圖，顯然是別有所見。就芳看來，融等財經官之所以汲汲於搜刮百姓錢財，乃是樂於充當滿足君主無窮慾望之工具。在君主專制時代，類似芳輩之顧慮自有它的道理。但是，財經建設（措施）是否如芳輩所言那麼單純，僅僅是一批歛臣在助長君主享受？就怕士大夫集團的顧慮是一回事，而財經官之作為又是另一回事。

由於融財經措施之資料率皆煙滅，加上單從士大夫對他作為的反應，也難以進行研究，故爾本文對此事暫採保留的態度，不予平議。

于頎，於肅代之際有過幾任重要財經官之經歷。他的家世，於前論于頔時已附帶及之。他的入仕途徑為何，不得而知，可能無進士之功名。史書稱「頎少以吏事聞。」（註67）可見他天生長於行政。他曾在度支使第五琦麾下擔任河東租庸使，並在諸道營田使元載手下獨當一面、在東都、汝州一帶從事屯田工作。其餘他自己做過的財經官，計有度支郎中、轉運租庸糧料鹽鐵等使、戶部侍郎、以及太府卿等官。

他早年聲譽尚佳，有過對故主報恩之記錄：

> ……累授京兆府士曹，為尹史翽所賞重。翽出鎮襄、漢，奏為御史，充判官。翽為亂兵所殺，頎挺出收葬遺骸，時人義之。（註68）

後來大概就在他與元載關係至為密切之後，由於立場過於鮮明，故不為士大夫集團所容。士大夫集團對他的評價甚低，史書如此記載：

> 及為大官，好任機數，專任權要，朝列中無勢利者，視之蔑如也。曲事元載，親昵之。而為政苛細無大體，丁所生母憂罷。（註69）

等到元載失勢，他被調為外官，竟連政績也不滿人意了：

> 及載等罪後，出為鄭州刺史，遷河南尹，以無政績代還。（註70）

註67：見舊唐書卷一四六于頎傳頁三九六五。
註68：同上，頁三九六六。
註69：同上。
註70：同上。

　　此處有一事值得注意，頎在大曆八年（七七三）由太府卿，代杜濟爲京兆尹後，此後至德宗貞元十五年（七九九）逝世爲止，再也未任任何財經官。固然他在元載失勢後宦途開始不得意，不久盧杞的爲相，又使他政治前途得到改善；但是，盧杞借重他的不是財經才能，而是甘於爲人役使的「本事」：

> 時徵汾州刺史劉遛（按：卽晏兄。），遛剛腸嫉惡，歷典數州，皆爲廉使畏懼。宰相盧杞恐遛爲御史大夫，虧沮己之所見，遂稱薦頎爲御史大夫，以其柔佞易制也。（註71）

　　于頎另外一位兄弟頔，就在貞元十五年由度支郎中、判度支遷任戶部侍郎，仍判度支；到十六年九月十五日庚戌，被貶爲泉州司戶。（註72）取代頔的，是皇帝與士大夫同聲交譽的名財經家王紹。頔於兩唐書無傳，此事缺乏線索可供考索，只得作罷。

　　就于頎上述情況而言，大致可以推敲出如下一種印象：頎出身士族卻善於理財，於安史之亂後因實際需要，獻身財經工作歷有年所。他是以元載爲首的財經集團中的一員，所爲多少違背儒家價值規範，故素爲士大夫集團所輕。雖然他晚年不再從事財經官職，但已無法回到士大夫集團中去。迫得他非走親近權貴之路不可，如此更引起士大夫集團的賤視。當然這是從社會環境角度看是如此，若改由頎本身的條件看，則可說成，他比較不受儒家價值規範的束縛。

　　從頎的個案研究看來，似乎一位士人擔任財經官時，如果不依循傳統模式處事，就等於是背棄他所自來的士大夫社會。這時，他之所以受到社會輿論制裁的，是他犯有道德欠佳之罪。

　　據新唐書卷七一上宰相世系表一上頁二二〇九至一〇，知裴延齡一族出於中眷裴氏萬虎支，屬於定著房，上推其三代並其下一代之世系、名諱、以及任官者之官至，

註71：同上。
註72：見舊唐書卷一三德宗本紀頁三九三。司馬光通鑑考異云：舊傳云「時歲旱，人飢，德宗與宰相議，將賑給禁衞十軍，事先行，爲中書吏所洩，餘慶貶郴州司馬。」可見在緊急時刻，德宗以照顧自己人——禁衞軍——爲優先考慮，此一秘密竟然洩漏，想必引起羣情非議。至此，德宗只好找宰相鄭餘慶和財經首腦于頔爲替罪羔羊了。又據通鑑卷二三五貞元十六年九月甲戌條，下引考異又云：「按實錄：餘慶與于頔同貶。」餘慶制辭爲：「乃乖正直，有涉比周，棄法弄情，公行黨庇。」頔制辭云：「性本纖狡，行惟黨附，奏對每乖於事實，傾邪有螽於彝羣。」起草文書當係臣僚爲之，在這種情況下，任何罪名都可安上去。

製成簡表如下：

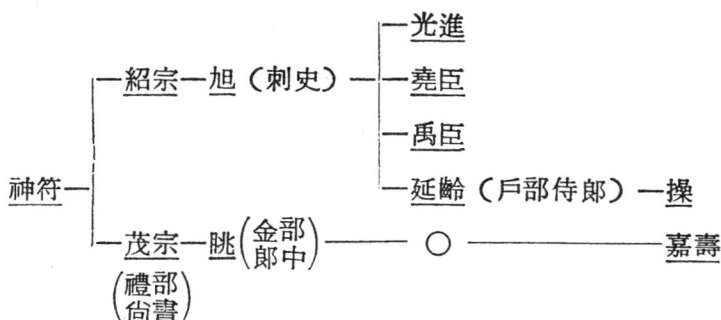

```
                                        ┌─光進
                  ┌─紹宗─旭（刺史）──┼─堯臣
                  │                      ├─禹臣
                  │                      └─延齡（戶部侍郎）─操
  神符─────────┤
                  │          （金部
                  └─茂宗─眺  郎中）───○──────嘉壽
                     （禮部
                      尚書）
```

可見，延齡之上三代共有五人，就中曾祖神符和祖紹宗兩人均為白衣，餘三人入仕官品均達五品，但僅堂曾叔祖茂宗一人官至三品，即使如此，與延齡之關係過遠，勢必蔭庇不到他的政治生涯。因此對延齡而言，他的政治前途完全掌握在他自己手上，他的家族是無助於他的入仕以及其後之升遷的。更有甚者，延齡曾祖神符這一家系，至延齡這一代（共計五家，此處之家取男女婚配為一家之意，僅作單位計，非當時家族實際狀況。）僅他一人出仕，他的下一代也共有五家——只有兩家存有名諱——亦均為白衣；可知就階層升降角度看，這一家系下降得相當劇烈。總之，就文化觀點而言，延齡士族色彩不濃。他的入仕途徑為何，無從查考，很可能屬於非正途出身。

　　既然他非賴一己之能方可在社會上出人頭地，因此必須考察他的教育歷程。正史本傳載，他卒於貞元十二年（七九六）享年六十九歲，乾元二年（七五九）始仕為氾水尉（這一年他三十一歲），可以測知他的教育基礎必奠定於安史亂前。可是他生平初仕便「遇東都陷賊」，從此逃難至鄂州寓居，這一稽留就二十年。其間的活動，據載僅知以下一事：「綴緝裴駰所注史記之闕疑，自號『小裴』。」「註73」流寓士大夫至此田地多半讀書自娛。想來這時延齡是以學術研究作為他生活的重心。怎知他流寓鄂州（至少是不仕）二十年呢？因舊唐書本傳載：「後華州刺史董晉辟（延齡）為防禦判官；黜陟使薦其能，調授太常博士。」而按正史董晉傳知晉於德宗建中元年（七八○）任華州刺史。董晉其人別無他長，唯善於外交折衝之術，但因晉忠誠事跡深為李唐皇室所知，正當受重用之時；因此推知延齡得到的多半是強有力的推薦，竟成

註73：見舊唐書卷一三五裴延齡傳頁三七二○。

了他一生飛躍的起點，時行年五十二歲矣。從以上延齡教育歷程之長來看，實在很難
論定一如正史所云，為一狂妄無知之徒。

　　基於上述有關延齡之家世出身和教育歷程，可以勾勒如下輪廓：他在政治上不僅
缺乏強大的奧援，而且也沒有堅強的人事背景。龐大的官僚體系，對他而言，不過是
陌生的人海。這就決定他勢必走投合當權路線，才比較有升遷的可能。以當時情況而
論，當權者無非是皇帝與士大夫集團中各個小圈圈團體。以他的情形實在是很難打入
士大夫集團中的任何小圈圈，因而只有走投合皇帝的路。

　　德宗是位自主意志強的皇帝，不太信任外朝之宰相，寧可相信內朝的翰林學士。
他又急於收拾安史亂後的殘局，想恢復中央集權之舊觀。由於行事過於急躁，結果不
僅藩鎮聯合叛變，而且禍生畿輔重地，釀成朱泚之亂以及涇原兵變等等事端。從此以
後，一般是說他對藩鎮採取姑息政策，實則不然，表面上看似乎如此，實際也把失敗
的原因歸之於中央缺乏雄厚的財政基礎，或許他覺得手邊缺錢是件沒有安全感的事（
註74），這樣才比較能解釋他力求積聚財富的原因。（註75）實際上，德宗朝初期無
法遂行對藩鎮採強硬政策，其失敗是與中央財政基礎過於薄弱，大有關聯。兩稅法的
稅制改革也就與這歷史背景關係密切。德宗特別注重財政之興革，亦為憲宗所承襲，
遂奠定了爾後討平藩鎮勢張之基礎。德宗此一意願，不為絕大多數朝臣所同意，一直
要到貞元五年（七八九）延齡出任司農少卿，才獲得較為充分之實現。而延齡一生的
轉機，也才堪堪到達。

　　延齡不惜造出一段經義新解，提供了德宗積聚錢財的理論依據：

　　後因對事，上謂延齡曰：「朕所居浴堂院、殿一梲，以年多之故，似有損蠹，

註74：見同上，卷二三三貞元三年九月丁巳條，頁七五〇一云：「上謂李泌曰：『每歲諸道貢獻，共值錢五十餘
　　萬緡，今歲僅得三十萬緡。言此誠知失體，然宮中用度殊不足。』泌曰：『古者天子不私求財，今請歲供
　　宮中錢百萬緡，願陛下不受諸道貢獻及罷宣索。必有所須，請降敕折稅，不使姦吏因緣誅剝。』上從之。
　　」可見德宗亦知大求私財，不合儒家信念；但是，他表面上接受李泌之規勸，實則無法聽從。同書，翌年
　　（貞元四年）二月，頁七五一〇云：「元友直運淮南錢帛二十萬至長安，李泌悉輸之大盈庫。然上猶數有
　　宣索，仍敕諸道勿令宰相知之。泌聞之，憫悵而不敢言。」因此試從德宗缺乏安全感去解釋，似乎可說得
　　通。

註75：見資治通鑑卷二三五貞元十二年六月辛巳條，頁七五七二云：「初，上以奉天窘乏，故還宮以來，尤專意
　　聚歛。藩鎮多以進奉市恩，皆云『稅外方圓』，亦云『用度羨餘』，其實或割留常賦，或增歛百姓，或減
　　剋利祿，或販鬻蔬果，往往私自入，所進纔什一二。」

欲換之未能。」對曰：「宗廟事至重，殿柣事至輕。況陛下自有本分錢物，用
之不竭。」上驚曰：「本分錢何也？」對曰：「此是經義證據，愚儒常材不能
知，陛下正合問臣，唯臣知之。準禮經，天下賦稅當為三分：一分充乾豆，一
分充賓客，一分充庖廚。乾豆者，供宗廟也。今陛下奉宗廟，雖至敬至嚴，至
豐至厚，亦不能一分財物也。只如鴻臚禮賓、諸國蕃客，至於廻紇馬價，用一
分錢物，尚有贏羨甚多。況陛下御膳宮廚皆極簡儉，所用外分賜百官充俸料、
殮錢等，猶未能盡。據此而言，庖廚者之餘，其數尚多，皆陛下本分也。用修
數十殿亦不合疑慮，何況一柣。」上曰：「經義如此，人總不曾言之。」領之
而已。（註76）

經義是否如此規定皇室用費，在此並不重要，重要的是延齡趁機發抒一些迎合德宗意
願之語。復從德宗聽畢答稱：「人總不曾言之。」，以及行動僅止於「領之而已。」，
似乎德宗尚有所顧忌。如果顧忌的對象正是士大夫集團的話，那麼，延齡欲助德宗擁
有更多財政支配權之努力，勢必面臨士大夫集團強烈反對的局面。

　　德宗時，自宰相楊炎行兩稅法後，國之大計由「量入制出」變成「量出制入」，
這在思想觀念上是畫時代的創舉（註77）；此後國家歲收的增加與否，多少可以作為
衡量一位財經首長是否稱職的客觀標準。德宗於貞元八年（七九二）欲任命延齡為權
判度支一職時，陸贄大表反對。贄說辭如下：

　　　　今之度支，準平萬貨，刻剝則生患，寬假則容姦。延齡誕妄小人，用之交駭物
　　　　聽。尸祿之責，固宜及於微臣；知人之明，亦恐傷於聖鑒。（註78）

德宗並未聽從。在此，陸贄以延齡之操守不合社會尺度之理由，反對他任判度支一
職。陸贄的態度，正好說明了，延齡從貞元五年起，短短三年的時間中，扮演對立於
士大夫集團角色之鮮明。

　　翌年，延齡遷任戶部侍郎，仍判度支。這時他已是全國財經首腦，並負責帝國西
半部的經濟事務（東半部由鹽鐵使負責）。舊唐書食貨志云：「自裴氏專判度支，與

註76：見舊唐書卷一三五裴延齡傳頁三七二一。
註77：見胡寄窗中國經濟思想史（上海，人民出版社，1963年）中冊，頁四〇四至四〇五。
註78：見資治通鑑卷二三四，頁七五三三，繫於貞元八年七月甲寅條下。

鹽鐵益殊塗而理矣。」當延齡正要升任戶侍前夕，又有權德輿（時官補闕）者，出來
反對延齡之任權判度支：

> （貞元九年）十一月十二日將仕郎守右補闕臣權德輿謹昧死頓首上疏皇帝陛下，
> 臣聞建官惟賢，任人以器，細大畢効，轅輻無遺，蓋就其所長以求至當。古人
> 所以有優於趙魏，而劣於滕薛；敗於粟邑，而理於頻陽。誠才各有所極也。伏
> 見司農少卿、權判度支裴延齡，早以文學累居官次，固而似守，刻而少通。徒
> 有專謹之心，且非適時之器。往者貳大農之卿長，司大倉之出納，號爲稱職。
> 蓋有恆規，陛下急於獎能，切於賞善，權委邦賦，冀有成績。且度支所務，天
> 下至重，量入爲出，從古所難。使物無遺利而不可竭，竭則安（按：疑當作「
> 危」。）生類；使奸無隱情而不可刻，刻則傷人和。調其盈虛，制其損益；上
> 繫邦本，下繫元元。苟非全才通識，則有所垂。自延齡受任已近半載，羣議紛
> 然，皆曰非宜。且權其輕重，固與守之之才不同。邊儲經費之功，懋遷移用之
> 法，貴無留事以酌乎中。簿領簡書，周行郡國，失於毫釐，利病相萬。一物未
> 理，所軫皇情。而延齡切於感恩，昧於量力，思有以効。強所不通，則有枉尺
> 直尋之心，多方自固之計。吏伺其隙，人售其奸。因緣蒙弊，蠹類滋長。致遠
> 恐泥，學製實傷，異時甚敗，罪之何補？伏料聖意久未正授延齡職名，似觀其
> 能否，以爲進退。官司閭里，衆口一心，評議誼譁，所不可遏。伏望與一二宰
> 臣時有裁議。或詔問度支郎官，使得以事實條對。苟言者謬妄，蓋有辯之。或
> 才實未稱，恐難久處。倘擇能代，命以他官，以全延齡，以便天下。上副求理
> 之意，下遂陳力之宜。則事任交修，職業不廢。……（註79）

從文中「羣議紛然，皆曰非宜。」以及「官司閭里，衆口一心，評議誼譁，所不可
遏。」等文句看來，權德輿自居於整個士大夫集團、或是社會輿論之代表。他認爲延
齡不配當判度支一職的理由，簡言之，則是該職具有難以稱職之性質，而以延齡之才
性又不適合該職。權氏在論及判度支一職之難處，以今人眼光視之，仍有其高明之
處。他指出達成該職稱職之條件爲：除了要切實體認到，不可輕易竭盡有限資源、以
及不可對各級稅吏之管理與監督流於過苛之外，尚要具備一份特殊能力，俾便維持國

註79：見文苑英華（臺北，華文書局，民國五十四年）九冊，卷六九八貨殖下，頁四三四三。

防軍費之源源不斷，促進貨幣與商品之流通、以及設法使各地徵稅依據之確實，權氏並不抹煞延齡之才具，諸如文學創作、以及旺盛之工作熱誠等；然而，從整體看卻是有所欠缺的，他如此評價延齡：「固而似守，刻而少通。」前半句殆指操持與品格實有不逮；後半句指涉的是處事刻薄而欠通達。而且最重要的是，延齡缺乏適任判度支一職之條件。但是，這樣的評判，卻與延齡任司農少卿此一財經官之輝煌功勳，有所出入。他也警覺非對此一事實妥善交代不可。因此，他辯稱，延齡司農少卿一職之稱職，乃是基於客觀而非主觀條件有利之所致。換言之，他不承認延齡的功勞，是出於他本身的才具，而是外在環境的適當。

　　平心而論，權氏評延齡，採取的是就事論事的理智態度；可是，儘管如此，文中仍不乏他主觀之評判。不過，我們若取以衡諸所有現存對延齡之評論，這似乎是最客氣的一次呢。在此，且不管權氏對延齡的評述，距離事實有多近。值得注意的是，士大夫集團對延齡普徧不滿此一事實。

　　正史論斷延齡不具財經才能，謂「自揣不通殖貨之務，乃多設鉤距，召度支老吏與謀，以求恩顯。」（註80）便舉了他三件措施以為證。其中，有兩件明白指出純屬欺騙德宗之舉。有一件沒有明言不妥之處，值得徵引出來以為討論之用：

　　　　嘗因奏對請積年錢帛以實帑藏，上曰：「若為可得錢物？」延齡奏曰：「開
　　　　元、天寶中，天下戶僅千萬，百司公務殷繁，官員尚或有闕；自兵興已來，戶
　　　　口減耗大半，今一官可兼領數司。伏請自今已後，內外百司官闕，未須補置，
　　　　收其闕官祿俸，以實帑藏。」（註81）

這是精簡人員以節省人事費用的辦法，姑不論其成效如何，總會引來士大夫集團對他的不滿。

　　再從當時宰相陸贄對他的批評，更能看出他的大胆作風；陸文甚長，今擇要摘錄相關者如下：

　　　　……以在庫之物為收穫之功，以常賦之財為羡餘之費，……
　　　　……是必巧詐以變移官物，暴法以刻削私財，捨此二途，其將安取？

註80：見舊唐書卷一三五裴延齡傳頁三七二〇。
註81：同上，頁三七二一。

……由是蹂躪官屬，傾倒財貨，移東就西，便爲課績，取此適彼，遂號羨餘，

……（註82）

陸贄指出裴延齡並未增加絲毫國家收入，只在正常稅收上玩弄戲法。這或許是實情。可是，在此須注意以下兩點：首先，肅代之際政府爲了應付戰爭所引起非常開支，不惜大事從事各項財經新嘗試；以當時知識條件所能想到的，大概到劉晏身上已達到極致。後於劉晏十年接事的裴延齡，實在也很難在開源方面有所革新，因而轉到節流方面設法，是可以理解的。何況帝國財經重心在東半部，亦卽鹽鐵轉運使比較能有所發揮。其次，抽掉陸贄價值判斷之語，可以看出延齡處置重點，置於對既有財物的有效利用（所謂「巧詐以變移」似指此。）、以及加強對人員的監督和稽核（所謂「暴法以刻削」似指此。）等兩方面。

從裴延齡的財經作風看來，不論是對官員使用公帑的嚴格監理，或是緊縮人事費用，勢必引起多數官僚的不滿。因此陸文中有一大段，是藉儒家信念的言論予以指責的：

夫理天下者，以義爲本，以利爲末，以人爲本，以財爲末，本盛則其末自舉，末大則其本必傾。自古及今，德義立而利用不豐，人庶安而財貨不給，因以喪邦失位者，未之有也。故曰：「不患寡而患不均，不患貧而患不安。」「有德必有人，有人必有土，有土必有財。」「百姓足，君孰與不足？」蓋謂此也。自古及今，德義不立而利用克宣，人庶不安而財貨可保。因以興邦固位者，未之有也。故曰：「財散則人聚，財聚則人散。」「與其有聚斂之臣，寧有盜臣。」無令侵削兆人，爲天子取怨于下也。（註83）

陸贄在此所鄭重發揮者，爲道德問題優先於經濟問題的傳統看法；意在反對身爲財經首長的裴延齡，企圖增加國家歲收的作風（何況陸認爲裴所所辦法未必有效。）。這就是典型懷抱學術官心態的士大夫集團，無法接受財經官心態的癥結所在。

裴延齡個人與士大夫集團的對立，在當時環境中在所難免，但此一現象卻很隱祕地藏在史書的角落中，稍不留意便忽略以過。能清楚點出此一現象的資料迄今尚難見

註82：同上，頁三七二三。
註83：同上，頁三七二四。

到，勉強相關的資料，似乎只此一則：

　　　時裴延齡恃寵，譖毀士大夫。（張）薦欲上書論之，屢揚言未果。（註84）

實際情況當然不會僅僅是延齡單方面在「譖毀」士大夫集團，當係有來有往，士大夫
集團也「譖毀」過延齡。

　　　類似陸贄般公然反對延齡——反對延齡意味反對德宗意旨——的人理應少數，大
多數人多半像張薦一樣，即使想講卻無勇氣。不過，這少數中，除陸贄外，尚有陽城
（時官諫議大夫）、歸登（時官拾遺）、王仲舒（時官拾遺）、熊執易（時官補闕）、
以及崔邠（時官補闕）等五位諫監官。

　　　貞元十一年（七九五）四月，士大夫集團此番攻擊延齡，甚為猛烈：其一，由社
會並政治清流領袖陽城出面打頭陣；其二，透過官僚體系正式諫諍管道——幾乎是聯
合各級諫官之力——向皇帝表示嚴重抗議。第一步是為挽救陸贄等幾位大臣而起：

　　　……及裴延齡誣逐陸贄、張滂、李充等，帝怒甚，無敢言，（陽）城聞，曰：
　　　「吾諫官，不可令天子殺無罪大臣。」乃約拾遺王仲舒（按：據資治通鑑卷二
　　　三五頁七五六七云，仲舒下尚有歸登、熊執易、崔邠等三人。）守延英閣上疏
　　　極論延齡罪，慷慨引誼，申直贄等，累日不止。（註85）

結果是：

　　　上大怒，欲加城等罪。太子為之營救，上意乃解，令宰相諭遣之。（註86）

　　　第二步的導火線則是德宗準備升任延齡為宰相，可見士大夫集團與延齡相爭者，
不僅是財經措施而已，還耽心他躍登相位：

　　　時朝夕相延齡，陽城曰：「脫以延齡為相，城當取白麻壞之，慟哭於庭。」有
　　　李繁者，泌之子也，城盡疏延齡過惡，欲密論之，以繁故人子，使之繕寫，繁
　　　徑以告延齡。延齡先詣上，一一自解。疏入，上以為妄，不之省。（註87）

除了陽城有所行動之外，同一批官員再度聯手出擊：

　　　時裴延齡以姦佞有恩，欲為相，諫議大夫陽城上疏切直，德宗赫怒，右補闕熊

註84：見舊唐書卷一四九張薦傳頁四〇二四。
註85：見新唐書卷一九四卓行列傳中陽城傳頁五五七〇。
註86：見資治通鑑卷二三五貞元十一年四月壬戌條下，頁七五六七。
註87：同上，頁七五六七至八。

執易等（按：既云「等」，可見尙有多人，疑卽上述諸人。）亦以危言忤旨。
初執易草疏成，示（歸）登，登愕然曰：「願寄一名。雷電之下，安忍令足下
獨當？」自是同列切諫，……（註88）

　陽城三番兩次的諫諍內容雖不得而知，但從家世：「世爲官族」（註89）、以及
進士正途的取得，亦可猜知一二。不僅此也，他是當時社會淸流巨擘，他的身價隨隱
居時日之漸長而遞增，史書說「初，城未起，搢紳想見風采。」（註90）這就是他敢
於率先一再反對延齡的眞正憑藉，無他，他掌握文化價値理念的發言權！如比，更能
確定其所言內容。德宗對違抗其意志大臣之處罰一向甚重，此番處置陽城則甚輕，調
他爲國子司業，（註91）此職乃淸而不要。

　儘管陽城有廣大之社會羣衆作他諫諍之後盾，然而他並不是自始至終都有恃無
恐。起初他還是徘徊瞻顧，不敢輕易捋德宗之虎鬚。下列有一段詳細描述：

初，陽城自處士徵爲諫議大夫，拜官不辭。未至京師，人皆想望風采，曰：「
城必諫諍，死職下。」及至，諸諫官紛紛言事細碎，天子益厭苦之。而城方與
二弟及客日夜痛飲，人莫能窺其際，皆以爲虛得名耳。前進士河南韓愈作爭臣
論以譏之，城亦不以屑意。有欲造城而問者，城揣知其意，輒强與酒，客或時
先醉仆席上，城或時先醉臥客懷中，不能聽客語。（註92）

此亦可淸楚見出，士大夫集團安排陽城出山，乃預謀將推倒延齡之責，冀望在陽城一
人肩上。所以陽城負有社會輿論之使命，同時也承擔極大之社會壓力。

　從上述貞元十一年士大夫集團擬合力推倒延齡一事看，衆口坐實延齡之惡，究竟
如何之惡法，都缺乏具體之事實。

　延齡與士大夫衝突之尖銳化，終因貞元十二年（七九六）的去世，化爲烏有！勝
利終屬士大夫集團，只有皇帝一人痛惜不已：

延齡死，中外相賀，唯德宗悼惜不已，册贈太子少保。（註93）

註88：見舊唐書卷一四九歸登傳頁四〇一九至二〇。
註89：見新唐書一九四卓行列傳陽城傳頁五五六九。
註90：同上，頁五五七〇。
註91：見資治通鑑卷二三五，貞元十一年七月丙寅條下，頁七五六九云：「陽城改國子司業，坐言裴延齡故也。」
註92：同上，四月壬戌條下，頁七五六六至七。
註93：見舊唐書卷一三五裴延齡傳頁三七二八。

而延齡之遺缺亦由士大夫集團中人接任，算是皇帝對士大夫集團稍作讓步：

> 延齡卒，德宗聞其（按：指蘇弁。）才，特開延英，面賜金紫，授度支郎中，
> 副知度支事，仍命立於正郎之首。副知之號，自弁始也。承延齡之後，以寬簡
> 代煩虐，人甚稱之。遷戶部侍郎，依前判度支，改太子詹事。（註94）

於此，值得注意者如次：其一、德宗所以聞蘇弁之才，殆出於士大夫集團之推薦；其
二、德宗並未立即命蘇弁繼延齡之任，起初只授度支郎中之職，還創出一個「副知」
的頭銜讓弁管度支之事，最後大概試用滿意才畀予戶侍一職，在在顯示德宗的不放
心；其三、蘇弁一反延齡所為，以致「人甚稱之」，此所謂的「人」，應係士大夫集
團；其四、蘇弁統籌全國財經之任計有兩年，此後接事者為于頔，則似乎又回到德宗
意志中的路徑去——喜用財經官型人物主管財經事務。

蘇弁列名儒學傳中，故屬士大夫學術官型人物，可無疑問。

裴均出身累世高官的河東中眷裴氏雙虎支，屬於定著房支（註95），有着明經科
功名。為何被白居易目為王鍔、于頔之流亞呢？若只是白氏一人之見，則不值深論。
類似白氏看法的人不是沒有。早在元和二年，裴均向朝廷獻納一批價值昂貴的銀器，
李絳為此勸阻憲宗接受。以下所載，引自蔣偕所編的李相國論事集中：

> 元和二年春，德音天下，方鎮因緣進獻，裒刻百姓，賦斂煩重，外以進奉為
> 名，內以貨財為事，遂有痛哀之詔，斷藩鎮非時進奉。其夏季襄陽節度使裴均
> 索交結內官，恃其援助，遂進銀甕銀盆之類萬餘兩，憲宗因事繁誤納於內。…
> …（中略，以下是李絳之建言）「………其裴均行不繇道，姦以事君，固違制
> 書，敢進銀器。此是試陛下之意，若不容納，必知英主不可以利啗，則須恭守
> 典憲、尊朝廷；若為受領，則知聖懷必可以財動，因此厚斂於下。此不忠不誠
> 之大罪也。倘陛下以裴均位當藩鎮，官極崇顯，未能行法以懲姦人。伏望准制
> 書，令度支收納，既不違勑文，又免入內庫。無虧聖政，以示外方。」上覽疏
> 驚曰：「我事繁，都不記得許令受納，是我誤也。所進是赦書未到前發來，裴
> 均特赦其過，依卿所奏，便送納度支收管。」（註96）

註94：同上，卷一八九下儒學列傳下蘇弁傳頁四九六七。
註95：見新唐書卷七一上宰相世系表一上，頁二二四四。
註96：見蔣偕編李相國論事集卷一頁一○B至一二A。

李絳直斥裴均「行不繇道」，乃是立基於文化價值理念而發。憲宗的答辯，避此不談。「禮物」不僅不退還（只是從皇家帳房移充國庫之用。），而且送禮者也不予懲罰——因爲「不知者不罪」。足見憲宗廻護裴均之情，以及李絳所代表的士大夫集團有其可畏之處，不能不有所讓步。

　　既然裴均與士大夫集團有其嚴重的對立面，裴均自無不知之理。在他謀求相位之始，便已對士大夫集團先行下手。當時宰相的李吉甫爲士大夫的領袖，自然首當其衝：

　　　　（元和）三年秋，裴均爲僕射、判度支，交結權倖，欲求宰相，先是，制策試
　　　　直言極諫科，其中有譏刺時政，忤犯權倖者。因此均黨揚言皆執政敎指，冀以
　　　　搖動吉甫。賴諫官李約、獨孤郁、李正辭、蕭俛密疏陳奏，帝意乃解。（註97）

　　再從裴均與盧坦爭執之事，可以益加證明作者前述觀察所得。以下便先比較分析兩人的家世與早年經歷，然後再析論兩人爭執的情況。

　　盧坦的家世與早年事跡，正史失載，玆據權德輿爲他寫的「神道碑銘」（註98）知悉如下：曾祖父與祖父均爲縣令，父親或因英年早逝只有明經之功名；本人早年歷任四縣縣尉，可見頗富地方基層實務經驗。裴均的家世則遠爲顯赫多了。裴家一門五代的名諱、世系、以及仕宦者之官至，見於新唐書卷一〇八裴行儉傳及其各附傳。證之卷七一上宰相世系表一上頁二二一三，亦能昭合。均高祖父行儉，明經及第，常在軍中，曾率軍轉戰千里，爲帝國拓地不少；除了將才非凡之外，識人之明更是一絕。行儉是最先反對科舉制以文章爲主要選拔標準的人，他有句名言：「士之致遠，必先器識而後文藝。」；他在任吏部侍郎時（高宗麟德二年，公元六六五年），創下一套以才德爲升遷標準的人事考核制度。此制歷經六十五年，到了他兒子光庭（卽均曾祖父）當宰相時（開元十八年，公元七三〇年），鑑於惡性競爭才改爲循資歷升遷的辦法，從此迄唐亡都相襲不替。均祖父積，以蔭任至祠部員外郎，均父倩，在地方當過刺史，在中央則官至度支郎中。顯見均家是個中央官僚型家庭，自祖父輩起稍形沒落。在他早年經歷中，曾當過一任縣尉，而後歷任各節度團練使府高級幕僚，本傳說

註97：見舊唐書卷一四八李吉甫傳頁三九九三。
註98：見全唐文卷四九七頁六四一六至八。

他有明經之功名，「數從使府辟，硜硜以才顯，」。故爾他是一位富饒高層地方行政經驗的人。

就家世言，均、坦兩人似相彷彿，實則坦門戶稍弱。再就早年經歷言，坦有相當豐富的地方基層實務經驗，均以政治背景較為優越的緣故，則有足夠的使府幕僚經驗。合而觀之，兩人的歷練都相當充分。易言之，無論就家世或是早年經歷，兩人大體相等。兩人共通性既如上述，然則相異處何在？無他，行為模式與思想形態也。具體言之，坦遵循儒家規範行事，均則不然（註99）。茲更進一步析論如下。

就坦而言，從他任河南尉，受知於杜黃裳的那番話（註100），以及日後與裴均衝突時，所表現鄙夷的態度（見下），都足以證明他是位接受儒家行為模式和思想內涵的人。因此，官僚學者雖同屬一個社會階層、以及同樣出身入仕正途之科第；但若無相應的思想行為模式，仍要被視為異類。一般而言，在與該階層歧異的思想行為模式，計有理財不依儒家法度、以及投靠宦官（非官僚體系正式職事人員，乃皇帝之奴僕。）

以上是從文化角度分析而言，現改從社會組織角度來談。在通才型官僚體系之下，可能握有權力者有如下三種人：士大夫官僚一也，是透過正當管道入仕的人，理論上他們是無所不通的人。社會上的奇能異士二也，是不從正常入仕途徑任官的人。宦官三也，是仰賴或假借皇帝權柄的人。在政治舞台上，第一種人常自命為「圈內人」，另外兩種常被第一種人視為「圈外人」。就體制而言，士大夫官僚雖是體系的主人，卻常受制於體系之定規；反而皇帝奴僕——宦官——不為體系定規所束縛。此其一。其次，通才型的士大夫往往拙於肆應變局，因此必要時只得引進社會上的奇能異士藉資仰仗，這些新人又往往會因功遷至權力核心，而危及士大夫集團的共同利益。這些新人在體系中是少數者，既然依照正常升遷制度無法獲致公平的升遷，因此就易於攀附皇帝奴僕——宦官——或近習寵臣。這種行為（按：如前述元載之例。）

註99：顧學頡「白居與永眞內禪」（文史十一輯，1981年3月）一文中，提及裴均為墮落之舊族代表，所論與本文無關。

註100：見新唐書卷一五九盧坦傳頁四九五八云：「仕為河南尉。時杜黃裳為尹，召坦立堂下，曰：『某家子與惡人游，破產，盍察之？』坦曰：『凡居官廉，雖大臣無厚畜，其能積財者必剝下以致之。如子孫善守，是天富不道之家，不若恣其不道，以歸於人。』黃裳驚其言，自是遇加厚。」

與士大夫所持的價值觀念不無牴牾。復次，社會上奇能異士有時會與士大夫集團有若干程度的重疊面，就在歷史特定時空下，有財經之才的士大夫從其陣營中分化出來，他們策略──財經路線──已不爲傳統價值體系所肯定，何況行爲上依附宦官，那麼其罪至矣極矣。這便是裴均例子的癥結所在。士大夫集團將維護體制內人員的清純，視爲與鞏固團體利益同等重要。

關於坦均兩人的衝突事件，發生在元和初年，均見於兩唐書盧坦傳，以新唐書較爲具體，故引之如下：

> 裴均爲僕射，將居諫議、常侍上，坦（按：時官御史中丞。）引故事及姚南仲舊比，均曰：「南仲何人？」曰：「守正而不交權幸者。」均怒，遂罷爲左庶子。（註101）

這是一件官僚的排班秩序事件，按說裴均如有錯，檢視規定卽可迎双而解的事。不想盧坦援引舊例時，提到德宗朝姚南仲的例子，均與南仲於當時同列方鎭，故不可能不識其人。如今反問南仲何人者，大有輕蔑之意，而非眞不知其人也。坦則與南仲交情深厚，自是忍受不住這口氣，遂憤而揭均之瘡疤，明言南仲之守正不阿，藉以諷刺均的不循正道。均當然予以反擊。明白指摘均之爲人者，除上舉數人外，尙有李約：

> 德宗以均任方鎭，欲遂相之，諫官李約上疏斥均爲（竇）文場（按：爲宦官，下文將及。）養子，不可汙台輔，乃止。（註102）

可見當時士大夫心中是如何地鄙視裴均了。在士大夫眼中，均的行徑的確不堪入目：

> 初，均與崔太素俱事中人竇文場，太素嘗晨省文場，入臥內，自謂待己至厚，徐觀後榻有頻伸者，乃均也。（註103）

據舊唐書卷一四憲宗本紀元和六年(八一一)五月丙午條下載，均卒於此時，（註104）

憲宗元和十三年（八一八）九月甲辰，發佈一道人事命令：

> 以戶部侍郎、判度支皇甫鎛同中書門下平章事，依前判度支。衞尉卿充諸道鹽鐵轉運使程异爲工部侍郎、同中書門下平章事，依前充使。（註105）

註101：見新唐書卷一五九盧坦傳，頁四九五九。
註102：見新唐書卷一〇八裴行儉傳附裴均傳頁四〇九一。
註103：同上。
註104：在頁四三五。
註105：見舊唐書卷一五憲宗本紀頁四六四。

引來一場風波，史書描述其情況如下：「詔下，羣情驚駭，宰臣裴度、崔羣極諫，不納。二人請退。」（註106）爲了瞭解此一事件的歷史意義，有關皇甫鎛其人與背景（按：程异前已論及。）以及崔、裴等人反對之理由，就有必要進行查究。

關於皇甫鎛其人與背景之資料，舊唐書卷一三五本傳云：

安定朝那人。祖鄰幾，汝州刺史。父愷，常州刺史。鎛貞元初登進士第，……丁母憂，免喪，坐居喪時薄游，……（註107）

又據新唐書卷七五下宰相世系表五下頁三三九四至九五，製出鎛家世系、名諱、及官至之簡表如下：

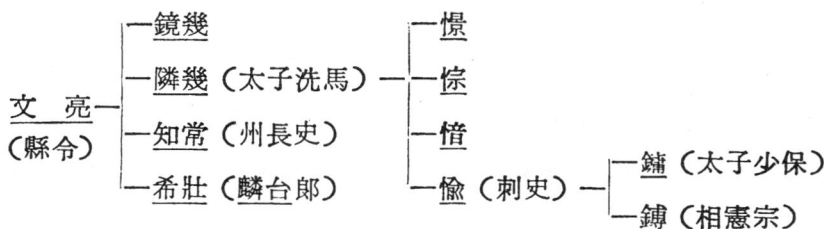

上表透露要點有三：其一，他並非出身名門大族；其二，取得入仕正途的進士資格；其三，行爲上違背士大夫集團的儒家價值理念。

早在元和十三年（八一八）九月前，皇甫鎛露骨表示有意於相位時，崔羣便表反對了：

度支使皇甫鎛陰結權倖，以求宰相，羣累疏其奸邪。嘗因對面論，語及天寶、開元中事，羣曰：「安危在出令，存亡繫所任。玄宗用姚崇、宋璟……則理，用林甫、楊國忠則亂。人皆以天寶十五年祿山自范陽起兵，是理亂分時，臣以爲開元二十年罷賢相張九齡，專任奸臣李林甫，理亂至此分矣。用人得失，所繫非小。」（註108）

引文中所舉之理由，乃持忠奸二分法之觀點以敷論。「奸」指的是人格上違反儒家信念。

註106：同上。
註107：在頁三七三八。
註108：見舊唐書卷一五九崔群傳頁四一八九。

命令發表後約一年，崔羣逢到適當時機猶思扭轉憲宗之意：

> （十五年九月）乙巳，上顧謂宰臣曰：「朕讀玄宗實錄，見開元初銳意求理，至十六年已後，稍似懈倦，開元未又不及中年，何也？」崔羣對曰：「玄宗少歷民間，身經迍難，故卽位之初，知人疾苦，躬勤庶政。加之姚崇、宋璟……守正之輔，孜孜獻納，故致治平。及後承平日久，安於逸樂，漸遠端士，而近小人。宇文融以聚歛媚上心，李林甫以奸邪惑上意，加之以國忠，故及於亂……」時皇甫鎛以諂刻欺蔽在相位，故羣因奏以諷之。（註109）

這次，崔羣重解老問題，除了再次強調忠奸論之外，增添了玄宗轉勤爲惰、以及重用財經官宇文融等兩種新說。易言之，羣反對鎛任相之新理由是，像鎛這等財經官出身的官員，所爲總是違反儒家信念——所謂「聚歛媚上」。

憲宗此一問題也曾問過李絳，絳認爲是「姦臣說以興利，武夫說以開邊。」（註110）也跟崔羣一樣，在影射皇甫鎛。

崔羣的同僚裴度，在反對皇甫鎛的任命案一事上，其態度之堅決一如崔羣；於遭憲宗斥退之後，上疏乞罷政事。這篇文章相當長，在正史中不同處出現、且割裂不全，現將有關指摘皇甫鎛之處，抄錄於下：

> 程异、皇甫鎛，錢穀吏耳，非代天理物之器也。陛下徇耳目之欲，拔置相位，天下人騰口掉舌，以爲不可，於陛下無益。（註111）
>
> ……況皇甫鎛自掌財賦，唯事割剝，以苛爲察，以刻爲明。……如皇甫鎛，天下之人，怨入骨髓，陛下今日收爲股肱，列在台鼎，切恐不可，伏惟圖之。（註112）

在裴度心目中，皇甫鎛只有稅吏之才，難堪宰相之任，如今皇帝爲了私慾之滿足，不惜所任非人，且鎛理財一向苛刻，竟連扣剋軍餉（按：文中未引部分。）這等令人髮指的事，都做得出來。總之，裴度認定皇甫鎛卽使有增加國庫收入之功績，那也脫不了離經叛道之罪名。

註109：見舊唐書卷一五憲宗本紀頁四七〇。
註110：見舊唐書卷一六四李絳傳頁四二八八。
註111　見舊唐書卷一七〇裴度傳頁四四二〇。
註112：見舊唐書卷一三五皇甫鎛傳頁三七四〇。

　　在此，作者認爲，士大夫集團帶著儒家信念的有色眼光，自不免貶低皇甫鎛輩的財經專才。至如責鎛生財不以其道，乃片面之辭，是否屬實仍有待證實。從裴文中指證歷歷（按：本文不繁徵引。），卻不爲憲宗採信，而且更重要的是缺乏鎛的辯護意見；我們若採公允的立場，不禁要問：裴度所舉之事是否滲雜他本人主觀價值判斷在內？

　　再者，裴度以辭去相位，表示強烈反對與皇甫鎛共事，這種絕決之作法，恐非單純權力鬥爭所能解釋。

　　元和時代，大臣中對憲宗有影響力的尚有李絳，他先後擔任翰林學士、知制誥（起於五年）、守戶部侍郎判本司事（始於六年）、同中書門下（六至九年）等要職。十三年這件事，他適巧守喪在家。十四年（八一九）李絳服除，皇甫鎛先下手對付李絳：

　　　　……十四年，（李絳）檢校吏部尚書，出爲河中觀察使。河中舊爲節制，皇甫
　　　　鎛惡絳，祗以觀察命之。（註113）

以上引文，只說鎛惡絳，原該是節度使的職位，故意降一級爲觀察使予之。其實內中更重要的消息是，鎛以絳留在朝中爲不利，故謀派以外職。關於升任皇甫鎛爲相一事，李絳錯過進言的時機，事隔一年，絳即使舊事重提，亦已挽回不了士大夫集團的重大挫敗。崔、裴既被排擯於外，絳回任中央，隱然成爲士大夫集團之領袖，可以隨時率領羣倫與皇甫鎛力爭到底。實際上絳是一位儒家信念使命感甚重的人，既懷此心，又是元老重臣，有聲望、有力量，對皇甫鎛而言，是一位可怕的政敵，理應予以嚴防。

　　有一則資料既可充分說明李絳具有士大夫集團學術官之心態，又可解釋憲宗非支持皇甫鎛、以與士大夫集團對立不可。茲錄之於下：

　　　　憲宗卽位，後因德宗府庫、而性儉約節用，四方進奉、幷破劉闢、李錡沒入，
　　　　及于頔、王鍔進獻錢帛盈溢，充積內藏。學士李絳嘗從容諫曰：「臣聞王者積
　　　　之於人，霸者積之於國，尋常之君積於府庫。……今內藏積財，來者必納，唯
　　　　願進入之數，不聞聚斂之由。方鎭皆裒刻於人，以進獻爲號，因緣姦盜，半入

註113：見舊唐書卷一六四李絳傳頁四二九〇。

私家，百姓積怨，兆人興謗。殆非今日聖政所宜行也。又錢是流通之貨，居之則物以騰踴；帛是衣著之物，貯之則歲轉損爛。此皆出於人力，匪從天生。積難得之財，成無用之幣，聖心所宜留念。伏乞天慈，量澤頒賜之所要、校制作移用之所費，三倍已外，悉付所司，儻經用者有餘，卽租稅寬裕，外以令疲人蘇息，內以表聖政、光昭存之策書，足示後嗣。」上喟然曰：「朕豈不知積財貨爲不急之務，受進獻非至聖之事；顧祖宗理化之所，法令賞罰不行。今兩河州郡之殷，是中夏貢賦之地，四五十郡國力不及，朝覲久廢，征討未加。又河湟郡縣沒於蕃醜，列置烽堠，逼近郊圻。朕方欲練智勇之將，刷祖宗之恥，惡所用不徵於人？儲蓄之由，蓋以此。朕所以身衣澣濯不妄破，用親戚賜與繒表誠意而已。且漢明帝云：『我爲天下守財爾，豈得妄用耶？』誠哉是言。卿當深悉此懷。」（註114）

絳引用儒家重稅害民之說、以及貯積錢帛不用爲違反貨物流通利用之理，向憲宗明揭承襲德宗「儲蓄」政策之非。憲宗的辯詞中，表示清楚儒家這套道理，但爲了國家主權之完整，採行積蓄並節儉的策略，庶幾收復失土，乃是必要之舉；最後並反過來曉諭李絳設法瞭解其苦衷。

　　皇甫鎛亦卽承裴延齡之故伎：一則採行低薪政策，二則將內庫藏物予以貴賣。結果均受到士大夫集團強大的抵制：

　　　　鎛乃益以巧媚自固，建損內外官稟佐國用，給事中崔植上還詔書，乃止。帝斥
　　　　內帑所餘，詔度支評直，鎛貴售之以給邊兵，故繒陳綀，觸手輒壞，士怨怒，
　　　　聚焚之。裴度以其事聞，……帝信之（按：「之」指鎛。）。〔註115〕

皇甫鎛成了憲宗主戰政策的最佳執行工具，也成了士大夫集團的公敵。他的政治生命勢必與憲宗之生命共始終。果然憲宗一死，鎛立卽爲士大夫集團所推倒。鎛的頭號大敵李絳卽刻回任中央：

　　　　十五年，鎛得罪，絳復爲兵部尚書。（註116）

註114：見蔣偕編李相國論事集卷四頁二B至四A。
註115：見新唐書卷一六七皇甫鎛傳頁五一一三。
註116：見舊唐書卷一六四李絳傳頁四二九〇。

舊唐書卷十六憲宗本紀云：「初憲宗用兵，擢皇甫鎛爲相，苛斂剝下，人皆咎之，以至譴逐。」此處的「人皆咎之」之「人」，當指士大夫集團，正好取以印證上述。

唐代有位史官蔣係（按：義興蔣氏爲唐代史學世家。）曾對德宗、憲宗兩朝重用財經官心態之官僚，有所評論：

自貞元十年已後，⋯⋯如裴延齡輩數人，得以錢穀數術進，宰相備位而已。⋯⋯任异、鎛之聚斂，逐臺度於藩方，政道國經，未至衰紊。（註117）

在此，係雖然深信儒家價值觀念，不齒裴延齡、程异、皇甫鎛等財經官，但是他並不因此而掩飾、或是抹煞延齡等人有財經之術；而且還認爲卽使重用异和鎛，斥逐臺和度，對大局也沒有不利之影響。想來蔣係以一專業史家（史官）之身份，於事後重新審視事理時，表現出較爲公允之態度，儘量擺脫他的價值觀念。因此，他的話比起士大夫集團的一面之辭，就顯得客觀多了。

憲宗時代的幾位理財名家，除了前述的程异、皇甫鎛之外，尚有李巽、王播兩人。巽之資料不多，可以不論。此處專論播。播之家世，雖郡望爲太原王氏，實則不甚顯赫。據新唐書卷七二中宰相世系表二中頁二六四八載，其支之始祖爲汾州長史王滿，現以播爲基點，推其上三代幷其下一代之世系、名諱、及官至，製成簡表如下：

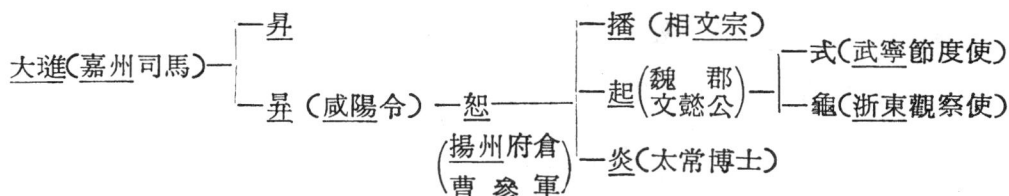

```
大遂(嘉州司馬)─┬─昇
              │                      ┌─播(相文宗)
              └─昱(咸陽令)─恕──┬─起(魏　郡)─┬─式(武寧節度使)
              (揚州府倉)         │  (文懿公)  └─龜(浙東觀察使)
              (曹　參　軍)       └─炎(太常博士)
```

播之前三代，任官之品級均甚低，誠如舊唐書卷一六四王播傳云播「出自單門。」（註118）他在入仕途笁則取得正途進士第。他與李巽和程异均曾共事，未聞有不愉快之事情；唯與皇甫鎛不合，鎛以戶侍員責帝國西半部之財經事宜，他則以塩運使主管東半部，兩人均對元和時期籌措戰費之事貢獻甚大。

王播於憲宗時代並未與士大夫集團有所衝突，一方面他在地方管理財政，一方面有皇甫鎛在中央吸引住士大夫集團所有的注意力。但等憲宗一死，皇甫鎛權勢隨之瓦

註117：見舊唐書卷一五憲宗本紀下頁四七二。
註118：在頁四二七七。

解，王播遂突出而接替了當年鎛之地位與角色，成了士大夫集團聲討之箭垛式人物。他跟士大夫集團的衝突，始於他想由地方回到中央任宰相：

> 門下侍郎、同平章事蕭俛，介潔疾惡，爲相，重惜官職，少所引拔。西川節度使王播大修貢奉，且以賂結宦官，求爲相，段文昌復求左右之；詔徵播詣京師。俛屢於延英力爭，言：「播纖邪，物論沸騰，不可以污台司。」上不聽，俛遂辭位。己未，播至京師。壬戌，俛罷爲右僕射。（註119）

此事發生於穆宗長慶元年（八二一），又見以下一則記載：

> 俛居相位，孜孜正道，重慎名器。每除一官，常慮乖當，故鮮有簡拔而涉剋深，然志嫉奸邪，脫屣重位，時論稱之。（註120）

綜上兩段引文得知，王播賄賂宦官求拜相，蕭俛代表士大夫集團阻止王播入相；俛的理由是，播品行之不良爲社會（按：常係士大夫社會圈。）所公認。俛不僅屢爭不已，而且以去就爭；雖然失敗，卻更得到士大夫集團之讚譽。意即俛失去的只是政治上的一個官職，得到的卻是社會上至高無上的評價。（按：有關俛社會身價之增長，可見正史本傳。）值得注意的是，俛家世顯赫，出於蘭陵蕭氏齊梁房——屬於定著房——有唐一代出現九位宰相；僅以俛上三代而論，曾祖嵩相玄宗，祖華相肅宗，父恆官至殿中侍御史。因此，俛就家世和官位論，已足膺士大夫領袖之任，何況其人操守之謹嚴，更爲羣倫之表率。有他出面遏阻播之拜相，順理成章。

播雖於是年十月拜相，但士大夫集團仍在尋隙攻擊。翌年三月，適逢士大夫集團另一領袖裴度自河北戰地回京，士大夫集團遂設法留度以代播，結果播外調淮南：

> 時河北復叛，朝廷用兵。會裴度自太原入覲，朝野物論，言度不宜居外。明年三月，留度復知政事，以播代度爲淮南節度使、檢校右僕射，領使如故。（註121）

及敬宗即位，播罷塩鐵轉運使。播自是不甘，更加重賂宦官王守澄，求復使職；士大夫集團聞知，有九人出面主張於延英殿公開討論播之姦邪：

註119：見資治通鑑卷二四一長慶元年正月辛丑條下，頁七七八八。

註120：見舊唐書卷一七二蕭俛傳頁四四七七。

註121：見舊唐書卷一六四王播傳頁四二七六至七。

時中尉王守澄用事，播自落利權，廣求珍異，令腹心吏內結守澄以爲之助。守
澄乘間啓奏，言播有才，上於延英言之。諫議大夫獨孤朗、張仲方，起居郎孔
敏行、柳公權、宋申錫，補闕韋仁實、劉敦儒，拾遺李景讓、薛延老等，請開
延英面奏播之姦邪，交結權倖，復求大用。天子沖幼，不能用其言。自是物議
紛然不息。明年正月，播復領塩鐵轉運使。（122）

播領使後，士大夫集團並不因此罷休，仍爭之不已：

中旨復以播兼塩鐵轉運使，諫官屢爭之；上皆不納。（註123）

播如有舉措，士大夫集團均予密切注意：

（寶曆元年秋七月）己未，詔王播造競渡船二十艘，運材於京師造之，計用轉
運半年之費。諫議大夫張仲方等力諫，乃減其半。（註124）

再如以下一件表面上看來是禮儀事件，實則財經專家與士大夫集團在暗中較勁：

御史中丞王播恃（李）逢吉之勢，與（李）絳相遇於塗，不之避。絳引故事上
言：「僕射，國初爲正宰相，禮數至重。儻人才忝位，自宜別授賢良；若朝命
守官，豈得有虧法制。乞下百官詳定。」議者多從絳議，上聽行舊儀。（註125）

敬宗在位不一年而卒，文宗繼統後，播運用財力購得相位：

太和元年五月，自淮南入覲，進大小銀盌三千四百枚、綾絹二十萬匹。六月，
拜尚書左僕射、同平章事，領使如故。（註126）

播於太和四年（八三〇）正月，暴卒，享年七十二。

　　綜合士大夫集團對王播之控訴，諸如「播因銅塩擢居輔弼，專以承迎爲事，而安
危啓沃，不措一言。」、「播至淮南，屬歲旱儉，人相啖食，課最不充，設法掊歛，
比屋嗟怨。」、「播既得舊職，乃於銅塩之內，巧爲賦歛，以事月進，名爲羨餘，其
實正額，務希獎擢，不恤人言。」等（以上均見舊唐書卷一六四王播傳）。這樣一位
利用職權、一心鑽營的公務員，所爲實難逃國法制裁，更遑論儒家價值規範所不能容

註122：同上，頁四二七七。
註123：見資治通鑑卷二四三敬宗寶曆元年春正月辛亥條下，頁七八四一。
註124：同上，同年七月己未條下，頁七八四四。
註125：同上，同年十二月辛丑條下，頁七八四七。
註126：見舊唐書卷一六四王播傳頁四二七七。

了。士大夫集團對於王播喜任財經官，認係爲貪圖油水，並以此作爲換取高官之憑藉。於此，士大夫集團在意的是，播因一己之私累天下百姓蒙害、以及代表從政生涯最高榮耀（或可說是社會成就）的宰相位子，不可輕授此人。因此，有關這個問題的根絕之道，端在不該讓王播出任財經要職，用以斷了他的財路。

　　細繹王播這種偏差行爲，固然同時包涵違背政治上的國法，以及社會上的規範行爲。但是，旣然彼此同屬政治圈中人，而且係因王播之處理公務不當所致，最直截了當的處置，按理應當循求法律途徑以解決。如今，不此之圖，反出以社會規範斥責一途。在此，我們看到士大夫集團重視王播之違規（社會規範），超過犯法（國家法律）大矣。

　　就士大夫立場來論斷播之一生，認爲他前後兩個階段，完全不同：

　　　　……以文辭自立，踐昇華顯，鬱有能名。而隨勢沈浮，不存士行，姦邪進取，
　　　　君子恥之。（註127）

意謂，播受到社會黑暗面之習染，放棄所以做爲一位士大夫的操守，遂轉爲他的文化圈和社會圈所排斥。以上新唐書則簡單說成：「嗜權利，不復初操。」（註128）

　　撇開上述士大夫立場對王播晚節不保所作之解釋，我們不禁要問：是正常升遷制予循財經官路線的王播不利？所以王播可以在憲宗時屢建功績，憲宗以後便瀆職違法、誤國害民？且不去作進一步深究，於此，仍有一點值得注意，那就是，王播的才質傾向適合當「能吏」型官僚（按：即財經官、司法官之屬。），而不適合當學術官型官僚。有關他的才質傾向，可見如下記載：

　　　　播長於吏術，雖案牘軨掌，剖析如流，黠吏詆欺，無不彰敗。時天下多故，法
　　　　寺讞讞，科條繁雜。播備舉前格條，置之座右，凡有詳決，疾速如神。當時屬
　　　　僚，歎服不暇。（註129）

又一則如下：

　　　　……然天性勤於吏事，使務填委，胥吏盈廷取決，簿書堆案盈几，他人若不堪

註127：同上，頁四二七七至八。
註128：見新唐書卷一六七王播傳頁五一一七。
註129：見舊唐書卷一六四王播傳頁四二七六。

　　勝，而播用此爲適。（註130）

可見播之所長，於當時實爲難能之才。

　　他具備這種難能之才，又適巧生長在憲宗大事積儲準備大戰之際，他便水到渠成地走上「能吏」型官途——財經官。雖然他努力執行皇室政策，然而生財方式卻嚴重違背士大夫價値觀念。關於此，李絳卽有所論述：

　　　元和七年，塩鐵使王播每月進奉錢帛數百萬貫，謂之月進。李絳奏曰：「陛下新降德音，斷四方正稅外進獻，天下無不聞知，海內無不歌詠。事光史册，聲布華夏。今塩鐵使王播每月進納錢帛，不知何以爲進？若奉公無私，安得有餘羨之月進？縱有餘羨亦是官錢，固非割其祿俸，又非貰其家財。卽所進之錢，盡是官物，祇合輸納有司，不合進入內庫。進官物結私恩，外則自齎制書，不可以懲勸。臣詳思所獻，進退無補，上損惟新之化，下興庶衆之議。伏請宣布王播已後，如有進奉，並仰於戶部送納。」卽降詔與王播。故終李絳在位（按：絳時官戶部侍郎。），更無進入內庫者。逐盡納戶部。（註131）

王播既於憲宗時已自絕士大夫社會；憲宗以後之穆、敬、文諸朝，他爲了鞏固其高級財經官之位，甚至進一步謀求宰相，都無法訴諸士大夫集團。他轉而投靠宦官集團，極易理解。

　　姚勗乃玄宗時名相崇之玄孫，玆將自崇以降的世系、名諱、及官至，表列如下：

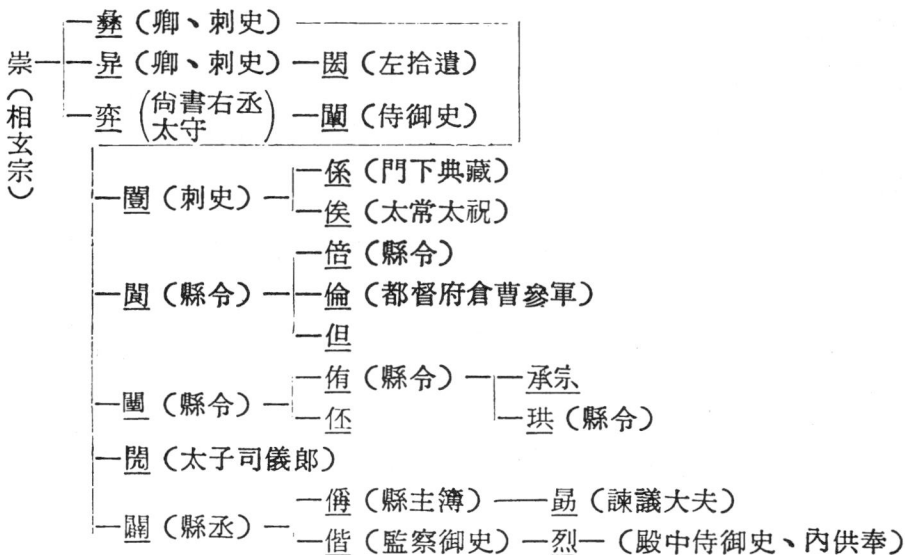

```
             ┌ 彝（卿、刺史）────────────
崇─┤  异（卿、刺史）─ 閌（左拾遺）
（相   │
玄宗） └ 弈（尚書右丞 ─ 闉（侍御史）
              太守）

       ┌ 闓（刺史）─┬ 係（門下典藏）
       │           └ 俁（太常太祝）
       │           ┌ 倍（縣令）
       ├ 閏（縣令）─┼ 倫（都督府倉曹參軍）
       │           └ 但
       │           ┌ 侑（縣令）─┬ 承宗
       ├ 闔（縣令）─┴ 伾        └ 珙（縣令）
       ├ 閱（太子司儀郎）
       │           ┌ 儔（縣主簿）── 勗（諫議大夫）
       └ 闙（縣丞）─┴ 偕（監察御史）─ 烈─（殿中侍御史、內供奉）
```

註130：同上，頁四二七八。
註131：見蔣偕編李相國論事集卷六頁一A至B。

上表據新唐書卷七四下宰相世系表四下頁三一七一至七六，製成，唯側重晸之直系血親。有關他另兩位曾叔祖之家系，說明如次：奕之玄孫輩──與晸同輩──均無當官者；异之玄孫之子那一輩──低晸一輩──始無仕宦者。至於晸之家系自祖父輩起，已開始略有沒落，晸以後卽無服公職者。復從命名上看，晸之上三代，先後依照廾、門、亻等三個偏旁（部首）命名，表現出清楚的輩份。但至晸那一代，各人名字，則無統一之偏旁可尋，似乎屬於大家庭崩解後，各自獨立成單家的結果。若據毛漢光先生把士族定義在三代任官五品以上的標準，則晸之家已淪爲小姓矣。新唐書卷一二四姚晸傳說他進士及第。他的操守也不錯（見下）。

　　晸的一生官歷中，有過一任「塩鐵使判官」的財經官職，乃塩鐵使崔珙之副手。如何確知他有財經才能呢？第一，他是一位善理繁據的能吏（見下），第二，他受到財經專家崔珙的賞識（132）。

　　這樣的人升任郎官，都有人反對，究竟反對者爲誰、其反對的理由爲何？茲引文明之：

　　　　……塩鐵判官姚晸知河陰院，嘗雪寃獄，塩鐵使崔珙（按：時亦爲宰相。）奏加酬獎，乃令權知職方員外郎。制出，令晸上省，（韋）溫（按：時官尙書右丞。）執奏曰：「國朝已來，郎官最爲清選，不可以賞能吏。」上（按：卽文宗。）令中使宣諭，言晸能官，且放入省，溫堅執不奉詔，乃改晸檢校禮部郎中。翌日，帝謂楊嗣復曰：「韋溫不放姚晸入省，有故事乎？」嗣復對曰：「韋溫志在銓擇清流。然姚晸士行無玷，梁公元崇之孫，自殿中判塩鐵笑，陛下獎之，宜也。若人有吏能，不入清流，孰爲陛下當煩劇者？此衰晉之風也。」

　　　　上索重溫，亦不奪其操，出爲陜虢觀察使。（註133）

從楊嗣復評價姚晸「士行無玷」，可見晸被認同爲士大夫中之一員，而且是操守端正的一員（按：以後李德裕失勢，人皆避之唯恐不及，唯晸不時予以資助，而且送藥治病。）連反對晸當郎官的韋溫，也無一語及之，更足以證明。韋溫認爲，富司法或財經事務經驗的官僚（卽所謂之能吏）沒有遷任清流官之資格；因爲這是官僚體系的慣

註132：崔珙是位富理財經驗的財經專家，參見拙作「唐代後期（西元七五六至八九三年）戶部侍郎人物的任官分析」。

註133：見舊唐書卷一六八韋溫傳頁四三七九。

例。文宗問嗣復是否屬實，從嗣復不置可否避免正面答覆，很可能確有其事。此事固與傳統價值觀念有關。嗣復的答覆，把是否爲制度的事實問題轉變成韋溫之見的是非問題。他以歷史觀察來批駁韋溫。文宗的處置，一則將韋溫外調，一則再加升姚勗一級成爲郎中。但勗此後之官歷，卻不見任何財經官職。不知是否受此事影響所致。

在此，或許會有人懷疑嗣復與勗爲同黨，故勢必爲他辯護，所提理由不可能爲眞。同樣敵黨如溫之攻擊之辭，亦不可能爲眞。但本文重點是，韋溫所言能吏不能預清流官此一事實。從連嗣復都避而不談此問題，可知多少與事實相當接近。

關於唐代能吏型官僚是否甚難進入清流官職，得另文探討，故本文可以不贅。

2 正當興旺的士族

劉晏爲繼宇文融之後的大理財家，際安史之亂期間以及亂後唐朝財政極度匱乏的時期，在致力於戰時財政之規畫、以及力促戰後社會景氣之迅速復甦兩方面，貢獻卓著，實不亞於將帥於戰場上親冒矢石、終於再造唐室之功。可是他在此後政治生涯裡，並不能與將帥同樣幸運。

劉晏於財政方面之造詣，不僅冠絕當時，而且在國史上也是少見，歷來論及其人成就者多矣（註134），本文不予贅敍。在此只要說明劉晏獨步一時的財經專長，雖然並未使他取得政壇之優勢，但是終其一生也未令他與士大夫集團發生正面衝突。

先是德宗登基，由於認識並重視晏之理財之能，思予重用，卻拗不過士大夫集團之壓力而作罷。唐人韋絢嘉話錄載有其事：

> 王（縉）、元（載）二相下獄。德宗將用劉晏爲門下，揚炎爲中書，外皆傳說必定。……時國舅吳湊（按：時官左金吾大將軍）見王元事說，因賀德宗而啓之曰：「新相欲用誰？」德宗曰：「劉楊」湊不語。上曰：「吾舅意如何？言之無妨。」湊曰：「二人俱曾用也，行當可見，陛下何不用後來俊傑。」上曰：「爲誰？」吳湊乃奏常袞及某乙（按：事後證明某乙指楊綰。）翌日並命拜二人爲相，以代王、元。（註135）

註134：時下研究劉晏較佳之作計有：鞠清遠劉晏評傳附年譜（臺北商務，1970年臺一版）、胡寄窗中國經濟思想史中冊，頁三八八至四〇三處、黃國樞「劉晏的財政政策」（臺北思與言五卷五期1968年1月）等書文。最近又有張鴻鷹「試論劉晏的理財成就」（遼寧大學學報1980年4月）一文，惜尚未見到。
註135：見清嘉慶十一年序刊本唐代叢書初集第四冊，頁一二A至B。

從表面上看這則引文，德宗深受其舅吳湊一人之影響；但深究之，未必如此。吳湊個人固有影響德宗之處，然從他推薦之袞縉兩人，較之晏炎兩人，則是兩組不同類型的人物。袞縉屬於典型學術官型的官僚（註136），在官僚體系中居於三流之地位。易言之，吳湊之建議，深合官僚體系有勢力之官員的願望，這才能構成改變德宗強烈主觀意願之力量。

　當時操縱社會輿論的是士大夫集團，他們認為財經官型官僚是聚斂之臣且貪賤枉法，學術官型官僚則並非如此。但學術官型官僚厭棄貪污舞弊，所為不一定就比較有成效。唐人蘇鶚杜陽雜編有一則資料可供說明：

　　代宗纂業之始，多以庶務託於鈞衡，而元載專政，益墮國典。若非良金重寶趨赴左道，則不得出入朝廷。及常袞為相，雖賄賂不行，而介僻自專少於分別，故升降多失其人。或同列進擬稍繁，則謂之沓伯。由是京師語曰：「常無分別元好錢，賢者愚而愚者賢。」（註137）

引文明言，善理財之元載與屬於士大夫集團中堅的常袞，在用人方面都「介僻自專少於分別」，所異者唯元載品行不如常袞——就士大夫集團的價值觀念視之。

　關於劉晏家世，新唐書卷七一上宰相世系表一上頁二二五八至七二，已有清楚之記載，鞠清遠劉晏評傳據以製成表，故本文無須重製。在此只須留意以下兩點：其一，唐代劉氏分化成九個房支，晏家屬曹州南華房，歐陽修斷之為定著房；其二，晏家從曾祖父那一代入唐後算起（在晏以前），舉族當官者少，即令為官其品級也甚低微，十七人中僅四人入仕，其中有三人，亦即晏之曾祖郁（弘文館學士）、祖恭（新井令）、父知晦（武功丞）。因此，晏之出身宜歸之於小姓之列。這一家族的壯大是在晏這一代以後，或許這是名列定著房的緣由。

註136：常袞主張(1)反對藩鎮奉獻以免重斂百姓（見新唐書卷一五〇本傳，頁四八〇九）、(2)長期為皇帝服喪（見舊唐書卷一一九崔祐甫傳，頁三四三九）、(3)特重學校教育，獨力一人反對權宦魚朝恩兼判國子監以及在福建設立鄉校化民成俗（見新唐書卷一五〇本傳，頁四八〇九及四一〇）。據舊唐書卷一一九楊綰傳知，綰之祖、父兩代「皆以儒行稱」（頁三四二九），本人則「博通經史，九流七略，無不該覽」（頁三四二九）；代宗朝時「天下清議，亦歸於綰」（頁三四三五），曾擔任太常卿、禮儀使等主要學術官職，「以郭廟禮久廢，藉綰振起之也。」（頁三四三五）；他在人才登進辦法上，竭力主張恢復重操守的孝廉制，以取代尚文辭之進士科（全文見頁三四三〇至三二）。
　凡此種種均見出常袞與楊綰兩人濃厚的學術官心態。
註137：見蘇鶚杜陽雜編（收在唐代叢書初集第三冊）卷上頁七A。

劉晏的入仕途徑相當特殊，以全唐文紀事較兩唐書爲詳，故摘記於下：

> 開元初，上勵精理道，鏟革訛弊，不六七年，天下大治。是時劉晏年八歲，獻
> 東封書，上覽而奇之，命宰相出題就中書試驗。張說源乾曜等咸寵薦。（註
> 138）

劉晏之品行甚爲時人所佩服，如唐語林云：「劉忠州晏……嘗言居取安便，不務
華屋，食取飽適，不務多品，馬取穩健，不務毛色。」（註139）又如韋絢嘉話錄云：
「劉僕射晏五鼓入朝，時寒，中路見賣蒸胡之處，勢氣騰輝，使人買之。以袍袖包裙
帽底咯之，且謂同列曰：『美不可言，美不可言。』」（註140）舊唐書卷一二三本傳
稱：「晏理家以儉約稱，而重交敦舊，頗以財貨遺天下名士，故人多稱之。善訓諸
子，咸有學藝。」（註141）新唐書卷一四九本傳也稱：「所居俻行里，粗樸庳陋，
飲食儉狹，室無媵婢。」（註142）在在顯示劉晏恪守儒家規範。便是他子姪輩之名，
全取尊奉儒家經典之意，如他的兒子名執經和宗經；這在思想觀念上深切含蘊，要求
子孫行事以儒家規範爲依歸之意。

劉晏在士大夫集團心目中聲望甚崇，使得他的政敵常袞因此引以爲憂：

> 時宰臣常袞專政，以晏久掌銓衡，時議平允，兼司儲蓄，職舉功深。慮公望日
> 崇，上心有屬，竊忌之……（註143）

晏久掌財經之權，眞的一如引文所言「職舉功深」，始終獲致正面的評價嗎？這倒不
是，而是他盡量避免違反儒家信念之舉，使士大夫集團中持否定態度的人減至最少罷
了。這從他死後故吏陳諫爲他作的辯護，可以看出端倪：

> 開元、天寶天下戶千萬，至德後殘於大兵，饑疫相仍，十耗其九，至晏充使，
> 戶不兩百萬。晏通計天下經費，謹察州縣災害，蠲除振救，不使流離死亡。初
> 州縣取富人督漕輓，謂之「船頭」；主郵遞，謂之「捉驛」；稅外橫取，謂之

註138：見該書（清陳鴻墀撰，臺北，世界版，民國五十年十月初版）卷六〇頁七五四，引開元傳信錄。

註139：見該書（臺北，商務版，四庫全書珍本別輯）卷二政事下頁十四A。

註140：見該書頁十A。

註141：在頁三五一五。

註142：在頁四七九六。

註143：見舊唐書卷一二三劉晏傳頁三五一四。

「白著」。人不堪命，皆去為盜賊。上元、寶應間，如袁晁、陳莊、方清、許欽等亂江淮，十餘年乃定。晏始以官船漕，而吏主驛事，罷無名之斂，正塩官法，以裨用度。起廣德二年（七六三），盡建中元年（七八〇），黜陟使實天下戶，收三百餘萬。王者愛人，不在賜與，當使之耕耘織紝，常歲平斂之，荒年蠲救之，大率歲增十之一。而晏尤能時其緩急而先後之。每州縣荒歉有端，則計官所贏，先令曰：「蠲某物，貸某戶。」民未及困，而奏報已行矣。議者或譏晏不直賑救，而多賤出以濟民者，則又不然。善治病者，不使至危憊；善救災者，勿使至賑給。故賑給少則不足活人，活人多則闕國用，國用闕則復重斂矣；又賑給近僥倖，吏下為姦，強得之多，弱得之少，雖刀鋸在前不可禁。以為二害。災沴之鄉，所乏糧耳，它產尚在，賤以出之，易其雜貨，因人之力，轉於豐處，或官自用，則國計不匱；多出菽粟，恣之糶運，散入村閭，下戶力農，不能詣市，轉相沾逮，自免阻飢，不待令驅。以為二勝。晏又以常平法，豐則貴取，饑則賤與，率諸州米嘗儲三百萬斛。豈所謂有功於國者邪！（註144）

謎欲對晏掌利權十七年之功勳，想面面俱到的摘要敍述是有困難的；因此在敍述的輕重之間，有他的道理在。第一，他將晏事業起點並重心的漕運與塩法，輕輕一筆帶過，顯示他在這兩方面的改革，並未引起反對。第二，文中明言一般對晏有意見的是常平法之改革，因此才將晏革新之理由與步驟，說得如此仔細，最後更比較新舊辦法之利與害。文中言「王者愛人，不在賜與」之語，正是根據儒家信念以立說。簡言之，謎強調晏的新辦法才能有效達成儒家信念所揭示之目標。

綜觀他能大展其財經長才，無非是戰時需財孔殷；而其生財之道，不論是他採用塩此一民生必需品作為新課稅之項目，且塩之生產由商人負責，使「天下之賦，塩利居半。」（註145），或是將交通事業當作國家企業來經營，藉以養活更多的農村游離人口，在在均不違背儒家價值信念——所謂重斂農民之類。儘管在常平法方面，有人對於晏的反傳統手法持有異議，但似乎終極目標也不違反儒家信念。連最易遭致物議

註144：見全唐文卷六八四頁八八七五；亦見於新唐書卷一四九劉晏傳頁四七九七至八。
註145：見新唐書卷五四食貨志四頁一三七八。

的財經作為，晏都能着意避免，何況日常生活行為也能刻意檢點。這便是劉晏未與士
大夫集團有所爭執的原因。

至於劉晏之解除各項財經職務，乃是宰相常袞一人嫉其頗孚人望有以致之。劉晏
之死則是與楊炎結怨而起，與本文無關，不在論內。

杜佑的家世，據新唐書卷七十二上宰相世系表二上載，屬於五個房支中的襄陽
房，（註146）但不論襄陽房或是杜黃裳（佑稱之為族叔）之京兆房，比起其他三房
都有所遜色。在佑實領相職（七十歲）前，這兩支均未出現過宰相人物。杜氏幾位宰
相，如唐初的淹和如晦（兩人屬杜陵房），正倫（屬洹水房），以及安史之亂前後的
暹和鴻漸（兩人屬濮陽房），都不是這兩支中人物。佑的上三代其世系、名諱、以及
官至如下：曾祖行敏（州長史）、祖崇慤（員外郎）、父希望（河隴節度使、太僕
卿）。全為五品以上官，以此斷佑出身士族，當無爭議。其次，佑的入仕途徑是蔭
補。

就後人眼光看、佑服官生涯雖長達約六十年之久，整個表現卻反不如他治學成績
——完成通典一書——來得彰著。該書在安排經濟門於篇首、以及資料剪裁得宜等
方面，歷來甚受重視。至於他的思想，若就思想史角度看，他在心態上是位改革主義
者（註147），在實際作為上則無殊於一位保守主義者；若就哲學批判角度看，並無
重大創獲（註148）。以上與本題無關，可不俱論。本文關心的是，他豐富的財經知
識之所由來、以及身為財經官卻未受士大夫集團排斥的理由。

他的財經知識來源有二，一得自勤學不倦。通典自序中，他說：

佑少嘗讀書，而性且蒙，固不達術數之藝，不好章句之學。（註149）

註146：鄭鶴聲杜佑年譜（臺北、商務版，民國六十六年）頁七云：「惟佑自謂出於杜陵系，乃漢建平侯之後，
……其郊居記云：『遠祖西延平侯，家於杜陵，綿歷千祀』」寥寥數語卻錯誤有三：其一、「郊居記」
一文為權德輿所寫，佑之作宜為「杜城郊居王處士鑿山引泉記」；其二、引文中「西延平侯」為「西漢
建平侯」之誤寫；其三、杜氏於唐分五支，各支均可推其始祖為西漢建平侯，但不能因此斷為杜陵支。
前兩則屬史實之誤，後一則為判斷之誤。
想不到後於鄭文幾十年、研究杜佑史學的某君，亦完完全全承襲鄭文之錯誤。
註147：參見Edwin G. Pulleyblank "Neo-Confucianism in T'ang Intellectual Life" 收在 Arthur F.
Wright 編的 *The Confucian Persuasion* (Stanford Uni. Press, 1960) 頁一〇〇至一〇七。
註148：見吳寄窗中國經濟思想史中冊，頁四五〇至四五六。
註149：見通典（上海，商務版，萬有文庫本，民國二十四年九月）頁九。

此言他的讀書方式不同於流俗，既不爲準備科舉而唸書，也不從事主流學術研究冀成爲一位經學家。他更在「進通典表」一文中，言及他一輩子愛惜光陰以勤求學問：

> 臣本以門資，幼登官序，仕非游藝，才不及人。徒懷自強，頗玩墳籍。雖履叨幸，或職劇務繁，竊惜光陰，未嘗輕廢。（註150）

他追求學問，走博古通今的路線，這需要一輩子心力灌注其中的，不能因公務的繁劇而廢學，這是他學有所成的重要主觀條件。對一位傳統社會的知識分子而言，通常在入仕之前，多少總要爲考試而讀書。杜佑幼年卽以父蔭入仕，使他不受科舉的桎梏，對於一位一心追求學問的人而言，實在比起旁人得天獨厚多了。這是他學有所成的重要客觀條件。

　　充足的實際經驗構成杜佑財經知識的另一來源。他二十八至三十七歲（肅宗寶應元年至代宗大曆六年）期間，追隨乃父故人韋元甫，做他的得力幕僚。元甫歷任潤州和蘇州刺史、浙西觀察使、淮南節度使等職。這是安史亂起、唐帝國財經重心之所在。這些經歷可使他熟諳地方基層財經作業實況，並洞悉其利弊。尤其是元甫駐節淮南（治所在揚州）三年中，也正是當時理財大家劉晏以此爲根據地，大事興辦財經新政之時。他贊成晏之理財措施，有賴於他親自對事物的考察。他在三十八至四十八歲（代宗大曆七年至德宗建中三年）期間，有幾年任職於中央，從青苗使、金部郎中、度支郎中、和糴使，而至財經首長的戶部侍郎、判度支。如此，他也就擁有中央財經事宜的規畫與決策之經驗。他在唐朝對外貿易的兩大中心地：屬於嶺南和淮南節度使轄區，前者任職二年多，後者治理近十五年之久，也就是從他五十至七十歲之時（其中有幾年不在這兩任上。）這對於增進他對商務的認識，頗有幫助。

　　茲試探佑與士大夫集團相處問題。佑死後，權德輿爲他寫的墓誌銘中，如此稱許他：「三代論道，兩朝總己，搢紳瞻仰者凡六十年。」（註151）佑服官不過六十年，不可能一開始就受到像中年以後同等的尊敬，此話不免言過其辭。但若將此話之意濃縮成，佑宦海浮沈六十年，並未違背士大夫集團的價值信念，則較符合實情。這才是他不僅未與士大夫集團衝突、而且又能融洽之處。六十年歲月不算短，其間充滿許許

註150：見唐文卷四七七卷六一六五。
註151：見唐文粹（臺北，商務版，四部叢刊初編）卷六八「杜公墓誌銘幷序」頁四六四。

多多的試煉，佑都能平安度過嗎？他身具財經之才，並且擔任財經官多年，這種職務易於與傳統價值理念牴牾。以下就嘗試提出幾則證據以證明上述之論點。

佑仕宦生涯中計有兩次大危機，第一次危機出現在德宗建中三年，時官判度支使，與宰相盧杞對於籌措戰費有所爭執。有關這件史實，舊唐書卷一二德宗本紀繫於建中三年四月壬戌條下，以同書卷一三五盧杞傳，敘述較爲完整，徵引如下：

> ……由是河北、河南連兵不息。度支使杜佑計諸道用軍月費一百餘萬貫，京師帑廩不支數月；且得五百萬貫，可支半歲，則用兵濟矣。杞乃以戶部侍郎趙贊判度支，贊亦計無所施，乃與其黨太常博士韋都賓等謀行括率，以爲泉貨所聚，在於富商，錢出萬貫者，留萬貫爲業，有餘，官借以給軍，冀得五百萬貫。上許之，約以罷兵後以公錢還。敕既下，京兆少尹韋禎督責頗峻，長安尉薛萃荷校乘車，搜人財貨，意其不實，即行搒箠，人不勝冤痛，或有自縊而死者，京師囂然如被賊盜。都計富戶田宅奴婢等估，纔及八十八萬貫。又以僦櫃納質積錢貨貯粟麥等，一切借四分之一，封其櫃窖，長安爲之罷市，百姓相率千萬衆邀宰相於道訴之。杞初雖慰諭，後無以遏，即疾驅而歸。計僦質與借商，纔二百萬貫。德宗知下民流怨，詔皆罷之，然宿師在野，日須供饋。（註152）

同年五月丙戌，唐朝「增兩稅、塩榷錢，兩稅每貫增二百，塩每斗增一百。」（註153）同月乙己「貶戶部侍郎、判度支杜佑爲蘇州刺史，以中書舍人趙贊爲戶部侍郎、判度支。」（註154）佑之遭貶，史書所載之原因是，他建議減縮人事編制的員額，不爲杞所接受。（註155）這絕非唯一的原因。從佑被撤換財經首腦之職，代之以盧杞之黨的趙贊，似乎可以察知，佑反對他們以上之增稅措施，或佑即令不反對增稅、卻不同意他們的增稅方式，因而佑有碍於他們的繼續擴大增稅之舉。但不論何者，佑終不依附杞黨，乃是無庸置疑的事。因爲明年（建中四年）六月時，趙贊又有增稅之舉：

註152：在頁三七一五。
註153：見舊唐書卷一二德宗本紀頁三三三。
註154：同上。
註155：關於此事，新唐書卷一六六杜佑傳頁五〇八七云：「議入，不省。」

明年六月，趙贊又請稅間架、算除陌。凡屋兩架爲一間，分爲三等：上等每間二千，中等一千，下等五百。所由吏秉筆執籌，入人第舍而計之。凡沒一間，杖六十，告者賞錢五十貫文。除陌法，天下公私給與貿易，率一貫舊算二十，益加算爲五十，給與物或兩換者，約錢爲率算之。市主人牙子各給印紙，人有買賣，隨自署記，翌日合算之。有自貿易不用市牙子者，驗其私簿，投狀自其有私簿投狀。其有隱錢百，沒入，二千杖六十，告者賞錢十千，出於其家。（註156）

結果是：

法既行，主人市牙得專其柄，率多隱盜，公家所入，百不得半，怨讟之聲，囂然滿於天下。及十月，涇師犯闕，亂兵呼於市曰：「不奪汝商戶僦質矣！不稅汝間架除陌矣！」是時人心愁怨，涇師乘間謀亂，奉天之奔播，職杞之由。故天下無賢不肖，視杞如讎。（註157）

爾後李懷光之亂時，「士議譁沸，皆指目杞，帝始寤，貶爲新州司馬。」（註158）

盧杞忠實執行德宗以武力掃蕩強藩的政策，竭盡所能務求增稅，導致軍民譁變之危局，遂成爲衆人（包括士大夫在內）指斥的罪人。

既然杜佑是士大夫集團可以接受的財經家，盧杞、趙贊等人則不是；如今佑與杞黨一起由共事、合作——史稱佑「甚承恩顧，爲杞媒孽⋯⋯」（註159）——乃至絕裂，那麼，杜佑的研究，有助於探討儒家對財經手段之極限，庶幾確定士大夫集團與財經官型官僚双方妥協的範圍。

前述從建中三年四月至四年六月期間，唐朝一共實施了三種增進國用的辦法。第一個辦法中，其徵稅對象是富商，乃是一種強迫性借款的手段，起初尚講明償債時機，其後以成效不彰轉爲巧取豪奪。第二與第三個辦法的徵稅對象都是全體民衆，第二個辦法在於提高原有稅源的稅率，第三個辦法主要是另闢新稅源，有類今之房屋稅與營業稅。從佑主籌措五百萬貫藉充半年之戰費一事看，似可斷定佑爲第一個辦法的

註156：見舊唐書卷一三五盧杞傳頁三七一五至六。
註157：同上。
註158：見新唐書卷二二三下姦臣列傳下盧杞傳，頁六三五四。
註159：見舊唐書卷一三五盧杞傳頁三七一四。

主要策畫人；同時，佑是在執行第二個辦法前，已爲杞黨所逐，據以推知佑顯然對後面兩種辦法持反對之立場。假定這兩個推斷都不至太離譜的話，那麼，我們不禁要問：第一個辦法究與後兩個辦法有何重大差異？由於佑根本就反對後兩種辦法，於是乎，值得探索的重點就不是後面這兩個辦法之實施細則，而是採行這兩個辦法的理由何以不爲佑所首肯。依循此一思考線索，便可發現第一個辦法與其他辦法之間最大的差異，便是在課稅對象上。對佑而言，不管是提高原有稅源的稅率、或是另闢新稅源，如果課徵對象是全民的話，遭殃的必定是在全國人口結構中居於絕對多數的農民。佑的第一個辦法，與農民毫無關涉。論其失敗，史書除了歸咎於執行的偏差之外，似乎又暗示了策畫者之過錯；實則以今視之，策畫此事的理論根據——高收入者不妨多予課稅——並無問題，倒是當時的條件——富商爲當時難以應付的一羣人——不利此一策略之執行。佑於第一個辦法施行失敗後，復建議人事縮編策略，顯然不論是如何開源、或是怎樣節流，他力求避免增加農民負擔的想法，昭然若揭。

　　根據以上的討論，更可進一步獲知，唐代在財經措施方面，士大夫集團是如何堅持，不可任意增加農民負擔的原則。他們可以與財經專家妥協的地方就在於，只要財經專家不侵犯這道藩籬，行使其他手段都可以考慮接受。這道藩籬便決定了双方的妥協與衝突。

　　其次，本文要探討佑與杞黨絕裂一事對他一生的影響。佑於盧杞得勢且尙未失敗之前，竟不與之合作，這不是一件容易的事，他的操守如果不嚴，何克臻此？他不依附盧杞，固然不利其仕進；但在杞因失敗被視爲罪人之時，佑之社會聲望看來只增不減。因此，在杞失勢後，佑便逐漸升官，從廣州刺史而嶺南節度使，而回返中央，任尙書右丞、陝虢觀察使；最後予任軍經要地的方面大員淮南節度使，而且得以久任其職，達十五年之久。杜佑得罪盧杞，固是他一生一大危機，卻也是一大轉機。

　　佑貶爲蘇州刺史時，又有一番周折，對他日後立身行事似有所助益。此事據宋人錢易南部新書載：

> 杜佑自戶部侍郎、判度支爲盧杞所惡，出爲蘇刺。時佑母在，杞以憂闕授之，佑不行，換饒州。（註160）

註160：見該書（臺北，新興書局本）收在筆記小說大觀六編第二本，壬編，頁一八A至B（總頁數第一一三一頁）。

新唐書卷一六六杜佑傳，則記錄得較爲清楚：

　　　前刺史母喪解，佑母在，辭不行，改饒州。（註161）

這是說佑有鑒於前蘇州刺史因喪親返鄉守喪，如今適巧喪除當復職；佑不僅以此爲由，而且更輔以乃母在堂之說，堅不赴任，終以改易他州始行。這種作風深合儒家信念，所以博得當時社會正面之評價，才記載流傳。

　　他在五十至七十歲之間，遠離中央政壇，沒有陷入裴延齡爲首的財經集團，與士大夫集團鬥爭的漩渦中。除了他的幸運之外，更可以說他免掉與裴延齡合作的困擾。佑省去與延齡的瓜葛，就能繼續維持士大夫眼光中的清白記錄。

　　他在七十一歲那年，適逢順宗卽位，以王叔文爲首的改革派（佑淮南節度使任內的書記劉禹錫爲其中一名健將。）謀革新政治，王黨賦予佑度支塩鐵等使之職，「時王叔文爲副使，佑雖總統，而權歸叔文。」（註162）叔文敗後，他才管事，並選拔一名財經專家李巽爲副使，「頗有所立」（註163）。這正是他從政生涯的又一危機，卻又使他轉危爲安，且更因禍得福。他死後，鄭餘慶、楊於陵、盧坦、王播等要官領銜所寫的祭文中說：「永貞之際，宮闈祕隔，順皇沈疾，奸臣竊職，公（卽杜佑）聽釐位，總己夕惕，躬宣誥旨，捧授金冊。一人出震，羣邪蕩滌，崇秩屬增，湛恩備賜。」（註164）不管佑於王黨究持何種態度，但結果顯示他在「永貞內禪」事件中，隱然爲士大夫集團主流派（卽保守派）之幕後重要支持者。後人儘管可以說他「持身有術」（註165）但當時士大夫集團是正面肯定他的貢獻。

　　舊唐書卷一四七杜佑傳說佑「始終之行，無所玷缺，唯在淮南時，妻梁氏亡後，升嬖妾李氏爲正室，封密國夫人，親族子弟言之不從，時論非之。」（註166）這簡直是斷定佑一生言行迹近完美，唯獨找到這麼一則小瑕疵。足證佑在士大夫集團心目中之聲望甚高。（註167）

註161：在頁五〇八七。

註162：見舊唐書卷一四七杜佑傳頁三九七九。

註163：同上。

註164：見文苑英華（臺北，華文出版社，民國五十四年五月）卷九八四頁六一四六。

註165：見舊唐書卷一四七杜佑傳頁三九八二。

註166：同上，頁三九八三。

註167：韓國磐於其「論柳宗元的≪封建論≫」（廈門大學學報1961年3期）、以及「隋唐五代時的階級分析」〔收在氏作隋唐五代史論文集（北京，三聯1979年10月）〕兩文中，言及杜佑以妾代妻位封爲夫人乙事，論斷爲不得士大夫社會圈之接受，故在實質意義上，佑無殊於庶族出身者。此一論點與作者不同。

　　綜上分析，第一節總結如下：第一，七人之門第，除裴均的略逞走下坡外，餘均明顯屬沒落之士族；就中，即使像定著房之中眷裴氏萬虎支的裴延齡，一生之奮鬥就相當艱辛，衰微的家族已無所蔭庇了。第二，就入仕途徑而言，在資料不詳的融、頎延齡三人中，融甚難論斷，另二人可能由幕僚而膺薦舉；至於有功名的四人中，均為明經，餘則為進士。第三，就士大夫集團眼光視之，他們（姚勗除外）受指責的焦點，集中於財經措施的誤國害民、以及依附權倖這等儒家信念所不允許之事。第四，及至姚勗時，演變成只要力能服財經（或司法）官，便被士大夫集團目為亟欲打倒之異類，而不管勗同他們一樣，有進士正途之功名、有士大夫之內涵。

　　在第二節方面，晏與佑之為士大夫集團所接納，不外乎理財措施上絕不越「增農民負擔」之雷池一步，以及私生活的謹飭自持，做到與傳統文化價值理念深相脗合的地步。不過，兩人還是略有差別，佑負實際財經要職甚短，而且甚至與士大夫公敵——盧杞為首之財經官們、以及王叔文改革派——有過摩擦，凡此均有利於佑與士大夫集團的相處。反觀晏就無此幸運了，一方面他在地方直接肩負財經重任達十七年之久，一方面又必需與中央元載妥為合作不可。在晏種種理財措施中，儘管力避違反儒家信念，但在改革常平法一事，終究是引起微詞。

五、結　論

　　在還未答覆緒論裡的四個問題之前，必須先澄清一事。此即財經專家在官僚體系當令並由此產生種種之困擾後，士大夫集團除了與財經官型人物由對立而明爭暗鬥之外，還涉及制度之變動。有人企圖改變這種人際衝突為職權之爭，這可舉士大夫集團中使命感頗重的李紳以為說明。他曾在穆宗長慶三四年間（八二三至二四），以戶部侍郎之身份向皇帝上奏，要求恢復安史之亂前戶部之運作方式，至少度支之權要收歸戶部，停止由諸軍使推薦人到戶部辦理度支之事，免得該部郎官並吏員「束手閒居」。（註168）實際上李紳所奏，不出大曆五年（七七〇）二月己丑敕書之範圍，

註158：見全唐文卷六九四頁九〇二三，李紳「請戶部分判度支奏」云：「南宮六曹皆有職分，各責官業，即事不因循。近者戶部度支多是諸軍奏請，本司郎吏束手閒居。今後請祇令本行分判，委中書門下簡擇公幹才器相當者轉授。」

該書計畫停掉一切財經諸使，回復亂前之建制。（註 169）原本一時權宜之措施如今成爲定制，且浸及原來建制機構之權，除了解釋作原先機構與人員無法適應變局之外，實在沒有其他更妥切的解釋了。（註 170）易言之，戰爭頻繁的時期，前線節帥爲使戶部保證糧秣的源源不絶，往往安排他們認爲可靠的人員責度支事宜。那也就是說循正規人事管道入戶部服務的官員不堪大任。這也就是善於理財者可於此當口應運而出也。

其次，士大夫集團對於財經官職的敏感，本身即令才堪其任，不免碍於儒家信念而加以推辭。像裴度有一次官拜度支使，聽了一位儒家信念甚強的官員的話，連忙辭職。以其有趣，兹錄原文如下：

> 路隋言於上（即文宗）曰：「宰相任重，不宜兼金穀瑣碎之務，如楊國忠、元載、皇甫鎛，皆奸臣所爲，不足法也。」上以爲然。於是裴度辭度支，上許之。（註171）

連勇於任事的裴度也畏憚物議（或是清議）之可怕，他人可想而知。

又次，有些士大夫乾脆明白表示，財經官之不易爲，即使皇帝有所任命，也力辭不已。韋澳（前述韋貫之之子。）就是一個很好的例子：

> 會判戶部宰相蕭鄴改判度支，澳於延英對。上（即宣宗）曰：「戶部闕判使」，澳對以府事，上言「戶部闕判使」者三，又曰：「卿意何如？」澳對曰：「臣近年心力減耗，不奈繁劇，累嘗陳乞一小鎮，聖慈未垂矜允。」上默然不樂其奏。澳甥柳玭知其對，謂澳曰：「舅之獎遇，特承聖知，延英奏對，

註169：見舊唐書卷一一代宗本紀頁二九五云：「魏晉有度支尚書，校計軍國之用，國朝但以郎官署領，辦集有餘。時艱之後，方立使額，參佐旣累，簿書轉煩，終無弘益，又失事體。其度支使及關內、河東、山南西道、劍南、西川轉運常平塩鐵等使宜停。……」

註170：據資治通鑑卷二二六建中元年三月條下，頁七二七九云：「楊炎罷度支、轉運使，命金部、倉部代之。旣而省職久廢，耳目不相接，莫能振舉，天下錢穀無所總領。癸巳，……皆如舊制。」；同書卷二三二貞元二年正月壬寅條下，頁七四六八云：「（崔）造久在江外，痛錢穀諸使罔上之弊，奏罷水陸運使、度支巡院、江淮轉運使等，諸道租賦悉委觀察使、刺史遣官部送詣京師。」同年十一月丁酉條下，頁七四七五云：「崔造改錢穀法，事多不集。諸使之職，行之已久，中外安之。……造所條奏皆改之。」可見欲恢復安史亂前唐代前期中央統籌的財經老辦法，不是一件易事。由楊炎與崔造兩位幹練大臣的努力失敗，益證其理。

註171：見資治通鑑卷二四四太和三年四月丙辰條下，頁七八六七。

恐未得中。」澳曰：「吾不爲時相所信，忽自宸旨，委以使務，必以吾他歧得之，何以自明？我意不錯。爾須知時事漸不堪，是吾徒貪爵位所致，爾宜志之！」（註192）

韋澳不願接任的理由，有明暗兩種。他跟宰相不和是不可言宣、只能關起門來對自己外甥講。而財經官爲「繁劇」之差事，既可引爲堂皇之理由，不管是否爲藉口，都可見此一理念甚具說服力。故爾皇帝只能不樂，卻無法反駁他。

至此總結全文於下：其一、士大夫集團基於儒家價值信念的立場排斥財經專家的新措施。其二、儒家信念保障了、也助長了官僚體系通才型的發展；易言之，間接妨碍官僚體系專業化。本文所述可作爲塑造官僚走向通才型的社會條件之一。其三、危機時代探求財經專才，無形中增長了通才型官僚體系專業率。若說通才型當指專業率甚低，但據拙作「唐代後期戶部侍郎人物的任官分析」一文分析，發現財經官專業率占百分之三十，扣除一部分碰巧的機率外，其他部分是危機時代對專才的需求，顯然助長其專業率。其四、從本文看，似乎出身寒微又無正途功名的人，走財經官路線，是其上達之途。至於士族出身者若也走財經官路線，則士大夫集團就要看他是否放棄之所以爲士大夫的那套操守、以及在財經措施上是否爲聚斂之臣；若是不能同時恪守這兩項，便被指爲罪人和異類。在士族之中，似乎沒落的士族在先天上競爭不過正興旺的士族，故比較敢於擺脫這套思想的束縛。興旺的士族早就取得仕宦優越地位，沒有必要走偏鋒，以致付出慘痛代價。其五，正途的功名如進士，對於立意仕進的士族而言，有「錦上添花」的作用，與本文人際衝突無大關聯。

以上五點中，本文尤其強調第二點。在中國，理財往往會蒙上聚斂的惡名。理財與聚斂的分際，究竟如何？南宋的葉適亦有此迷惑。（註173）還有，儒家一些屬於

註172：見舊唐書卷一五八韋貫之傳附韋澳傳頁四一七六。
註173：見氏作水心先生文集（韋貫黎諒編集本，中央研究院歷史語言研究所藏）第二冊卷四頁二四A至B，財計上，云：「理財與聚斂異，今之言理財者，聚斂而已矣。非獨今之言理財者也。自周衰而其義失。以爲取諸民而供上用，故謂之理財。而其善者則取之巧，而民不知。上有餘而下不困，斯其爲理財而已矣。故君子避理財之名，而小人執理財之權。夫君子不知其義，徒有仁義之意，以爲理之者，必取之也。是故避之而弗爲。小人無仁義之意，而有聚斂之資，雖非有益於己，而務以多取爲悅。是故當之而不辭，執之而弗置。而其上亦以君子爲不能也。故舉天下之計，屬之小人。雖明知其負天下之不義，而莫之邮。以爲固當然而不疑也。嗚呼，使君子避理財之名，小人執理財之權；而上之任用亦出於小人，而無愧民之受病，國之受謗，何時而已？」如果葉適的觀察還算可靠的話，他同樣指出，財經官職已變成類似「濁官」之性質，一般深具儒家信念的官僚（按：即文中所云之「君子」。）都賤視此種職位，本身更不會去擔任這種職位。

烏托邦主義的想法，是否會牢牢困住一些務實思想，而遲滯了我們的歷史進程？這一類的問題值得進一步探索，非本文所能解決。

此外，不論唐以後有無本文所論述之現象，如果儒家信念、通才型官僚體系、財政危機均依舊存在，或許還新增士族壟斷仕途的泯沒、以及皇權高漲等因素，官僚體系中的專業化問題，仍然值得研究；所不同的是在不同時空之下，各種因素有其特定意義而已。

附記：本文稿成後，先後蒙毛師漢光和陳鴻森先生惠賜意見，非常感激。又，寫作期間得「國科會」資助，謹致謝忱。

參 考 書 目

一、正史與古籍類

　　舊唐書　新唐書　（臺北，鼎文標點本）

　　資治通鑑　（臺北，世界版，1969年8月再版）

　　欽定全唐文　（臺北，滙文版，1961年）　唐文拾遺　（臺北，文海版，1962年11月）

　　通典　（上海，商務萬有文庫本，1935年9月）

　　唐　權德輿　權載之文集　（臺北，商務版，四部叢刊初編）

　　唐　蔣偕編　李相國論事集　（臺北，商務版，四庫全書珍本第四集）

　　唐　韋絢　嘉話錄　（清嘉慶十一年序刊本，收在唐代叢書初集第四冊）

　　唐　蘇鶚　杜陽雜編　（清嘉慶十一年序刊本，收在唐代叢書初集第三冊）

　　宋　王欽若編　冊府元龜　（臺北，中華版，據明崇禎十五年李嗣宗刊本影印，1972年）

　　宋　王讜　唐語林　（臺北，商務版，四庫全書珍本別輯）

　　宋　葉適　水心先生文集　（韋貢黎諒編集本，中央研究院歷史語言研究所藏）

　　宋　錢易　南部新書　（臺北，新興版，收在筆記小說大觀六編第二本）

　　宋　彭叔夏　文苑英華　（臺北，華文出版社，1965年5月）

　　明　姚鉉　唐文粹　（臺北，商務版，四部叢刊初編）

　　清　陳鴻墀　全唐文紀事　（臺北，世界版，1961年10月）

二、專書論文類

　　王仲犖　"唐代兩稅法研究"　歷史研究　1963年6期。

　　毛漢光　唐代統治階層社會變動　（博士論文未刊稿）1969年5月

　　毛漢光　"唐代大士族的進士第"　（中央研究院成立五十周年紀念論文集）1977年6月。

　　毛漢光　"中古山東士族著房著支之研究——唐代禁婚家與姓族譜"　中央研究院歷史語言研究所集刊五十四本第三分，1983年9月。

　　全漢昇　"唐宋時代揚州經濟景況的繁榮與衰落"中央研究院歷史語言研究所集刊十一本，1944年9月。

　　岑仲勉　"杜佑年譜補正"學原雜誌二卷四期，1948年8月。

　　朱子爽　"中國鹽政之史底概念"中法大學月刊九卷五期，1936年。

　　胡寄窗　中國經濟思想史　中冊，上海人民出版社，1963年。

商鴻逵　“中國茶事叢考”　中法大學月刊二卷五期，1933年。

陳　晉　“新唐書劉晏傳箋註”　史學年報二卷五期　1936年。

黃國樞　“劉晏的財政政策”思與言雜誌五卷五期，1968年1月。

黃永年　“唐代兩稅法雜考”歷史研究，1981年1期。

張榮芳　“從通典看杜佑的史學”臺大史原九期，1979年12月。

費孝通　“論「知識階級」”收在氏編「皇權與紳權」（上海觀察社，1948年12月）

鄭鶴聲　杜佑年譜，臺北，商務版，1977年7月臺一版。

鄭學檬　“唐代農民經濟的初步考察”收在中國經濟史論文集（福建人民出版社，1981年1月）。

傅築夫　中國經濟史論叢下冊，北京三聯書店，1980年。

鞠清遠　劉晏評傳附年譜，臺北，商務版，1970。

鞠清遠　唐代財政史，長沙　商務版，1940年。

顧學頡　“白居易與永貞革新”　文史第十一輯，1981年3月。

韓國磐　“唐朝的科舉制與朋黨之爭”　廈門大學學報，1954年1期。

韓國磐　“論柳宗元的《封建論》”　廈門大學學報，1961年3期。

韓國磐　“唐憲宗平定方鎮之亂的經濟條件”學術論壇，1957年3期。

韓國磐　“科舉制與衣冠戶”廈門大學學報，1965年2期。

韓國磐　“隋唐五代時的階級分析”收在氏作隋唐五代史論集（北京，三聯，1979年10月）

嚴耕望　唐僕尚丞郎表　中央研究院歷史語言研究所專刊之三十六，1956年。

盧建榮　“唐代通才型官僚體系之初步考察——太常卿、少卿人物的任官分析”收在許倬雲、毛漢光、劉翠溶編第二屆中國社會經濟史研討會論文集內，臺北，漢學研究資料暨服務中心，民國七十二年七月出版。

盧建榮　“唐代後期（西元七五六至八九三年）戶部侍郎人物的任官分析”　中央研究院歷史語言研究所集刊五十四本第一分，1983年3月。

Alvin W. Gouldner "Cosmopolitans and Locals—Toward on Analysis of Latent Social Roles" Administrative Science Quarterly December, 1957

Edwin G. Pulleyblank "Neo-Confucianism in T'ang Intellectual Life"收在Arthur F. Wright 編的 *The Confucian Persuasion* Stanford Univ. Press, 1960

Charles A. Peterson "The Restoration Completed: Emperor Hsientsung and the Provinces" 收在 Arthur F. Wright 編的 *Perspectives on the T'ang* Yale Univ.Press, 1973

An Analysis of Financial Experts in the T'ang Dynasty —— in Relation to Class Consciousness and Financial Thought of the Gentry in the T'ang Dynasty

Abstract

Lu Chien Lung

The service of financial experts in the non-professional bureaucracy and the problems concerning distributing the tax burden fairly are the two problems dealt with in this article. Written from a historian's point of view, the article looks at political, philosophical, social and financial aspects of the problem but concentrates on the class consciousness and financial thought of the gentry during the T'ang dynasty. These two concepts are the major influence on whether the gentry class and financial experts were in conflict or able to reach a compromise on financial policy. How the gentry resisted against and yet needed financial experts, how the conflicts arose and compromise accomplished between the experts and gentry, how the differences in social background played an important role, and how financial measures taken by the experts opposed the traditional value of Confucian belief in the gentry society are the topics covered in this article.

出自第五十四本第四分（一九八三年十二月）

唐代的文官考課制度

黃　清　連

一、前　　言

在古代政權或現代國家中，考課制度是官僚政治構成的一項要素。透過定期評定官吏考績等措施，考課旨在達到賢者在位、能者在職的目標。唐代的考課制，在內容上有詳盡規定，對官僚政治也有影響，是討論唐代文官制度時不可忽視的一環。

關於唐代考課制的史料，可說極其詳贍，相關的研究也不在少數[1]，但其與官僚政治的關係，仍有待深入探討。本文的目的在於對唐代的考課制度作稍微完整的重建，作爲日後解析唐代政治系統的基礎。基於這些考慮，本文準備討論的範圍包括以下三方面：

---

1. 有關唐代考課制度的史料，在正史（如新、舊唐書）、政書（如唐六典、通典、唐會要）、通鑑、冊府元龜及唐人文集中，數量甚夥。相對而言，近人著作（尤其是西文論著）在質和量上，稍顯貧乏。若干中、日學者對於唐代考課制的研究雖有貢獻，却多半是片面的制度內容描述，甚少把考課制放在官僚體制的架構中來討論，討論內容也稍嫌偏狹。本文主要參考有關中日文是類著作，包括以下專書與論文：曾一民，唐代考課制度研究（臺北：商務印書館，1978）；任育才，「唐代銓選制度述論」，收入氏著唐史研究論集（臺北：鼎文書局，1975），pp. 87-157；章羣，唐代考選制度考（臺北：中央文物供應社，1954），72 p.；蔡麗雪，唐代文官考選制度（未刊碩士論文，臺灣大學，1970），194 p.；根本誠，「唐代の勤務評定と人事管理」，早稻田大學大學院文學研究科紀要，11 (1965), pp. 97-111 。另外，在一些一般政治史著作中，也偶而可以看到零散的討論，如：築山治三郎，唐代政治制度の研究（大阪：創元社，1967）584 p.；楊樹藩，唐代政制史（臺北：正中書局，1969）， 446 p.；呂思勉，隋唐五代史（臺北：九思出版社，1977重印），1412 p.……等等。

　　一、考課的內容：唐代的考課官是那些？考課的對象、審核程序如何？考簿如何作成？考績如何評定？

　　二、考課的實際運作：考課官的權力界限如何？考績評定是否可能公平、客觀？

　　三、考課和官僚政治的關係：考績對唐代官僚的影響如何？在官僚組織的演變過程中，考課制度發生了那些因應的變化？

　　本文的討論對象，除非特別指明是武官等非文職官員，皆為唐代文官。由於史料性質的限制，本文並未依照政務官、事務官等分類，來區別唐代文官。更由於史料多寡有別，流內官的討論比流外官多。

　　唐代的考課制及若干政府制度，淵遠流長，本文無法一一加以討論。不過，有若干前代史實與唐代考課有關的，必需略加說明：

　　第一，「三考」一詞常常出現於唐代史料中；在很多場合中，唐人也多加援引。據尚書所載，「三考」在傳說中是舜時考校官吏的主要方法。但是三考只對官吏的能力加以考定，並非決定他們的昇遷，因此只稱作「小考」，三個小考加起來（也就是九年的考績）才是決定昇遷的依據，是為「大考」。[2] 唐代對「三考」（或者確切的說是「考數」）的規定屢有變更，但是這個名詞在唐代考課論議中，常被提及。

　　第二，戰國（475-222B. C.）、秦（221-206B. C.）、漢（206B. C. -A. D. 220）時期，由地方首長呈給中央政府的「計」或「計簿」之制，到唐時還存在，但唐時是項規定則比前代複雜。[3] 地方事務如賦稅、盜賊、司法、選士、農桑、災害、戶口、漕運等都是計簿登載的主要內容。呈獻計簿的時間，通常是在年底由地方首長或使者送至中央，或者是皇帝親巡地方時向地方政府索閱。就這點來說，秦漢之制與唐制並不兩異。但是唐令詳細規定人丁增加與耕地增闢，視為地方官重要考績，似較前代加詳。

---

2. 「三考」一詞，見尚書虞書「舜典」：「三載考績，三考黜陟幽明，庶績咸熙。」有關英譯及註釋，參見：James Legge, *The Book of Historical Documeuts*, in *Chinese Classics* (London: Oxford University Press), Vol. III, pt. II, Bk. 1, ch. V, 27, p. 50. 。「大考」與「小考」二詞，見：通典（上海：商務印書館，；臺灣：1935：新興書局重印，「十通」本），15, p. 86.

3. 關於上古、秦漢時期的考課制，參看：陶天翼，「考績源起初探——東周迄秦」，中央研究院歷史語言研究所集刊 54. 2(1983), pp. 113-127；大庭脩，「漢代における功次による昇進」，東洋史研究，12. 3 (1953), pp. 14-28；鎌田重雄，「漢代郡國の上計について」，史潮 12. 3-4 (1943)。另外，馬端臨，文獻通考（上海：商務印書館，1935；臺灣：新興書局重印，「十通」本），39, p. 370，也有一些漢代考課制的資料。

　　第三，中央政府對於考課與銓選制度是否能有效執行，必須視爲是否有效中央集權的重要指標。在理論上說，有效率的中央集權政府當能對於帝國境內各個角落的官僚行政績效，加以考核。在地方分權色彩極爲濃厚的魏晉南北朝時期（A. D. 221-580），考課之制未臻完美，並不意外。反之，唐代日趨完備的考課制，則可視爲是中央集權制較能有效推行的反映。魏晉南北朝時期，多次改革考課、銓選弊端所作的努力，都沒有獲得徹底的成功。例如：魏明帝（r. 227-239）時所定七十二條「都官考課之法」、晉武帝（r. 265-274）及北魏孝文帝（r. 471-499）對考課制的更張，都歸於失敗。以孝文帝的改革來說，他所推動的大規模「漢化」運動，在國史上頗引人注意。孝文帝嘗致意於建立漢人的官僚體系，對考課制尤其注意。但是他所努力的銓選士人、黜陟百官之制，並未收到預期效果，主要的原因是此時鮮卑貴族及代表地方大族勢力的州郡中正官仍然左右朝廷用官、任免之權。[4]

　　第四，北魏（386-534）的政府制度，尤其是考課與銓選之制，影響及于北齊（551-577）（注意：並非同時併立的北周〔557-580〕政權）及隋（581-618），至爲深遠。唐因其遺緒，始能建立中央集權的政府。以州郡辟署僚佐一事而論，地方長官自置掾屬，漢、魏以來，已甚普遍。中央與州郡對於地方人事權力的爭奪，歷代多有所聞。就中國政治史的演進過程看，漢魏以來的中央集權與地方分權相互衝突現象，殊堪留意。各種不同政府制度在北方異姓王朝間的因襲承繼，更是討論隋唐制度淵源的重要線索。根據陳寅恪先生的研究，他認爲北周刺史可以自署僚佐，但是後魏（534-550）、北齊的州郡僚佐已多爲吏部所授，到了隋代一切用人之權，都歸於中央政府。唐承隋制，再加以普遍化，遂成就其光彩燦爛的中央集權統治。[5] 這是中國政治史中

4. 有關曹魏的考課資料，參閱：通典，15, p. 86；文獻通考，39, pp. 370-371；西晉的考課資料，參閱：通典，15, p. 86；文獻通考，39, p. 371；有關北魏孝文帝時期的考課及政治改革資料，見：魏收，魏書（北平：中華書局，1974），21A, pp. 548-50；通典，15, p. 86；文獻通考，39, p. 371；另外又見：通典，14, p. 79；文獻通考，36, p. 343。近人著作中，有不少討論孝文帝的改革，參閱：孫同勛，拓跋氏的漢化（國立臺灣大學文史叢刊，1962）；逯耀東，從平城到洛陽（臺北：聯經出版公司，1979）；Le Kang（康樂），An Empire for a City: Cutural Reforms of the Hsiao-wen Emperor (A. D. 471-499) (Unpublished Ph. D. dissertation, Yale University, 1983)。康樂在上文（p. 107）中認爲：由於孝文帝無意分化自己的權力，因此他親自推動、督導許多改革計劃及考校官吏。

5. 陳寅恪，隋唐制度淵源略論稿，收入陳寅恪先生論文集（臺北：九思出版社，1977）pp. 76-81；嚴耕望，中國地方行政制度史，卷上「秦漢地方行政制度」，（臺北：中央研究院歷史語言研究所，1961, 1974），第十章、十二章；Patricia Ebrey, "Patron-client relations in the Later Han," Journal of the American Oriental Society, 103. 3 (1983), pp. 533-42, esp. p. 535.

央集權演進過程一項鉅大變革，所謂「大小之官悉由吏部，纖介之跡皆屬考功」[6]，因而確立。

二、考課的內容

唐代的考課內容，主要包括幾點：（一）考課官與考課對象，唐政府有明確規定。按照官階的高低，有的官吏由皇帝親考，有的由吏部考功司的主管考核。原則上，四品以下官，都由吏部考核；但州刺史則例外，前期由皇帝所派特使考核，中葉以後則由皇帝親考。（二）爲了審愼處理全國各機構呈送的考績，唐代有煩複的監校程序。從整個核校過程中，不難發現唐代政治系統中的制衡與分工精神。（三）考簿的呈送核校，有一定的時間與程序。考牒的頒發與考錢的課取，也都有所規定。（四）考第的評定，以流內文官說，分作上上、上中……到下下，共九等，主要是依據所謂四善、二十七最作爲評定其德與行的標準。流外文官則分作上、中、下、下下四等考第。從考第的評定，可以考察唐政府對官僚的品德、能力的要求標準。以上幾點，是本節討論的重點。

唐考課之法，是每年一小考，累積各年考績後，才行一大考。大考也就是決定官僚昇遷或黜降的關鍵時刻。但是幾年才行一次大考（即考數的問題），則因爲與官僚組織的演變有關，前後規定屢有變更。同時因爲要適當因應官僚組織的膨脹、解決職少官多的問題，官僚的昇遷，除了要靠優良的考績外，還必須再衡以年資。年資問題在公元 660 年代被裴行儉（619-682）、李敬玄（615-682）提出，到公元 730 年繼由裴光庭（675-732）推行所謂「循資格」之制，於是年資成爲影響官僚昇遷的另一因素。考績與年資是官僚昇遷的重要憑藉，但是泛階、超遷等破格錄用，却使得官僚的昇遷速度大大增加。因此，考數、年資、泛階、超遷等問題，必須從官僚政治的演進過程觀察，才具有意義。本文準備把這些問題與考課對官僚的懲罰及其他有關刑罰規定，留待第四節，再作通盤處理。

爲使本文以下各節、各項討論清楚，此處先簡單說明唐代官制中的一些問題。唐有職事官與散官之分，職事官指的是有職位的官僚而言；散官則是官僚獲得出身以後

---

6. 魏徵等，隋書（臺北：鼎文書局，1975），卷75，「儒林傳」「劉炫傳」p. 1721，

所得到的階，通常是官僚銓敍和考課、給祿米（此與俸料錢有別，參本文註75。）
的標準，不一定是眞正的官職。有官階的職事官分作九品，每品各有正、從的分別，
由一品到三品，每品中只有正、從，共爲六階；但在正四品以下，又分作上、下，如
正四品上、正四品下，至從九品下，共二十四階。因此，職事官的官階總共三十階。
散官則只有二十九階，由從一品至從九品下。但是文官、武官的散階，都有特定的稱
呼，如文散官從一品是開府儀同三司、從九品下是將仕郎，武散官從一品是驃騎大將
軍，從九品下是陪戎副尉。職事官即今人所謂官職或職位，散官略等於職級。在職事
官中，又有有官階與無官階之分，前者叫流內官，後者叫流外官。按照職事官服務地
區分類，又有京官與外官之別。下文所要討論的考課，其影響官僚的昇遷或黜降，主
要是官僚的散官，但因爲考課的對象是官僚的道德與行政能力，故所考的對象是職事
官，所銓敍或給祿米的標準則是散官。

1. 考課官與考課對象

唐代的文武百官都要經過考課，才能昇遷。這是常規，但也有例外。掌管全國文
武官僚考課，是由吏部（屬尙書省）負責。吏部又分四司：吏部司、司勳司、司封司
、考功司。考功司卽是負責唐代官僚組織中考課事宜的主要機構。[7]

負責考功司行政業務的職事官，包括考功郎中一人（從五品上）、員外郎一人（
從六品上）、都事一人（從七品上）、主事三人（從九品上）。此外還有一些負責文
書簿籍抄錄、整理的流外官，卽沒有官階的吏，包括：十五個令史、三十個書令史和
四個掌固。令史和書令史主要負責抄寫的文書工作，掌固則負責管理維護的事。[8] 考
功司的政策擬定主要是由上述六名職事官擔任，其餘大約五十名的流外官是充任文書
掌管、謄寫、登記的胥吏。

在理論上，考功郎中掌理內外文武官吏的考課，但因考功司僅爲吏部四司之一，

7. 吏部四司的組織及職事官的職掌，見：唐六典（近衛家熙考訂本，臺北：文海出版社影印，1974年，4
版），卷2；舊唐書（臺北：鼎文書局，重印標點本，1979), 43, pp. 1818-24；新唐書（臺北：鼎文書
局，重印標點本，1979), 46, pp. 1186-92；參閱：Robert des Rotours, *Traité des Fonctionnaires
et Traité de L'Armée* (Leyde: E. J. Brill, 1947；以下簡作 "*Fonctionnaires*"）p. 34.

8. 唐六典 2: 2b, 2: 14b；新唐書, 46, pp. 1185-88；舊唐書, 43, pp. 1816-23，必須注意，吏的人數
常有變化。另外，舊唐書稱主事官階爲從八品上，與唐六典、新唐書所作從九品上不同。參閱：Robert
des Rotours, "Fonctionnaire," p. 29 ff.

考功郎中自然需要向他的吏部上級主管負責。這些上級主管包括：吏部尙書（一人，正三品上）、吏部侍郎（二人，正四品上）和吏部郎中（二人，從五品上）。由於吏部尙書和吏部侍郎也同時負責銓選、任官事宜，從行政組織的立場看，考課與銓選在人事行政上有密切的關係。[9]

在實際上，考功郎中並不掌理「全部」內外文武官吏的考課，因爲從三品以上高官是由皇帝親考，而且唐代的考課還有監校程序。事實上，有更多的官員及其所代表的機構，與唐代的考課有關。吏部，或者確切的說是考功司，只負責唐代官僚體系中「部份」的考課作業，雖然這一「部份」是很重要的。

官員的官階或官職是決定他接受何人或何機構銓選、考課及享受特權的重要決定因素。以銓選而言，我們可以劃分唐代有品的流內官爲三個官階羣，各羣中的官僚爲了獲得再予授任的機會，必須參加三種不同的銓試：(1) 中銓──官階在八、九品內的官員必須參加由吏部侍郎主持的銓試；(2) 尙書銓──官階在六、七品內的官員必須參加由吏部尙書主持的銓試；(3) 官階在五品以上的官員則由其行政主管提名，再由皇帝認可。[10] 如果從官僚所享受的特權來說，另外三個官階羣更具有決定性：卽 (1) 從一品至從三品；(2) 正四品上至從五品下；及 (3) 正六品上以下。官階在從三品以上的官僚，傳統上被視爲是「卿」，官階在四、五品者是「大夫」。卿與大夫所屬的這二個官階羣享有較多的蔭、賦稅蠲免的特權。從銓選和特權的享有二事而論，在官階從五品下與正六品上中間的一條界線是相當明顯的。[11]

從考課制所劃分的官階羣，與上述略有不同。一般說，官階從三品與正四品上之間的界線是重要分水嶺。按照唐考課令，三品以上官（注意：是京官而非外官）及同中書門下平章事的考課，必須奏請皇帝裁注。[12] 這是因爲從三品以上的官僚，都是高

---

9. 參閱拙文："Struggling for Advancement: the Recruitment"（A chapter of my unfinished and unpublished dissertation, entitling, "Civil Service in T'ang China: The Reruitment and Assessment, A. D. 618-907."

10. *Ibid*, p. 23.

11. 池田溫，「律令官制の形成」，岩波講座世界歷史，（東京：岩波書店，1970），Vol. 5, pp.304-5.

12. 新唐書，46, p. 1191；仁井田陞，唐令拾遺（東京：東方文化學院東京研究所，1944），pp. 345-6；王溥，唐會要（北平：中華書局，1955；臺北：世界書局影印，1982，四版），81, p. 1505；王欽若等，册府元龜（北平：中華書局影 1642 明刊本；臺北：中華書局，1967，重印），636: 3b；王溥，五代會要（臺北：九思出版社，1978，重印），15, p. 245；又，册府元龜，636: 14a.

品的「清望官」，其考課並不經由尚書省的吏部，而是由皇帝親考。因此或稱「內考」，或稱「內校」。[13] 此外，五大都督亦由皇帝親考。皇帝親考的對象既然是那些品、位俱隆的大官，則在安史亂後，當各地節度使逐漸地、穩固地掌領地方大權後，他們也自然成爲皇帝親考的對象。貞元七年（791）十二月校外官考使奏：「今緣諸州觀察、刺史、大都督府長史，及上、中、下都督、都護等，有帶節度使者，方鎮既崇，名禮當異，每歲考績，亦請奏裁。其非節度、觀察等州、府長官，有帶臺省官者，請不在此限。」[14] 從考課制的角度來說，此事反映出節度使的勢力在安史亂後迅速擴張，他們之所以成爲皇帝親考對象，顯示出最少在行政法規上唐代君主有意「節制」這些桀傲不馴的節度使。

所有官階正四品上以下的官僚，都由他的本司（指中央政府的分支機構）或本州（指地方政府的州）長官來評定其考績。[15] 他們可分爲二類：京官與外官。京官是由構成中央政府的臺、省、寺、監的本司長官考核，外官則由州、縣政府首長負責。根據開元七年（719）及開元二十五年（737）的考課令，如果州、縣政府首長懸缺，則由次一級的長官負責考課。同時，縣令以下和關、鎮、戍官、嶽瀆令，都由州政府考核，津（渡口）如果不屬於中央的都水監管轄的話，也由州考。[16]

此外，還有若干關於刺史考課的其他規定。前文提到貞元七年（791）以後，凡刺史兼節度使職者，其考第需由皇帝親自評定。但從唐初到貞元七年，有關刺史的考課，也和其他大官的考課，略有差別。例如：開元三年（715）玄宗下勅規定以五等，而非九等，來評定刺史考績。其第一等考第又稱爲「最」；最後一等，則稱「殿」。刺史的考簿，通常是由按察使（多由尚書省六部的郎官及御史臺的御史組成）巡按各地後，攜帶回京。在考簿集中後，定日由監、校考使與尚書左丞（正四品上）、右丞（正四品下）及戶部長官詳細檢覆審查，並須在考限內錄奏，以作爲升黜的憑據。[17]

---

13. 唐會要，81, p. 1507；新唐書，118, p. 4284；關於「清望官」的討論，參拙文 "Struggling for Advancement: the Recruitment".

14. 唐會要，81, p. 1505.

15. 唐六典，2: 45a；册府元龜，636: 13b；唐令拾遺，pp. 327-82 p. 346；五代會要，15, p. 245.

16. 册府元龜，636: 13b-14a；五代會要，15, p. 245；唐令拾遺，p. 327.

17. 唐會要，81, p. 1501；册府元龜，635: 22b-23a.

刺史考績由這些中央高品官詳覆、評定，原因可能有二：第一，刺史的品階甚高（上州從三品，中州正四品上，下州正四品下），故尚書左右丞亦與監、校考使同加審查。第二，刺史的主要行政責任在監掌地方農桑、戶口及社會秩序，其有關農桑、戶口之事，自須徵詢戶部意見，故戶部長官亦列席參與刺史考績的評定。事實上，開元二十五年（737）所頒佈的考課令中有一條規定說：「諸每年尚書省諸司〔尚書有六部，每部有四司，共二十四司〕，得州牧刺史、縣令政，有殊功異行，及祥端、災蝗、戶口賦役增減、當界豐儉、盜賊多少，並錄送考司〔考功司〕。」[18] 這樣看來，考功司主要仍是負責蒐集地方官吏的政績資料，以作爲上述各級高品官審理刺史考績的憑據。

　　必需注意，從初唐開始，許多不同名稱的皇帝特使就經常奉命至各州，考察地方政治。例如，貞觀八年（634）發黜陟使十三人至各道，巡察四方，黜陟官吏。此後，在貞觀二十年（646）、開元二十九年（741）、天寶五載（746）、至德三載（758）和建中元年（780），同一名稱的特使也被派遣至地方，主持考課官吏的事。[19] 事實上，貞觀八年（634）太宗也同時派遣十三個觀風俗使至各地，「觀風俗之得失，察政刑之苛弊。」但貞觀八年以後，就不再派遣類似的觀風俗使了。[20]

　　此外，還有許多任務不一（如考察地方農耕、貶黜官吏、存撫賑濟、整頓吏治等等）、名目不同（如巡察使、按察使、巡撫使、九道大使、江南安撫使、十道存撫

18.　五代會要，15, p. 246；册府元龜，636: 14a；唐令拾遺，p. 348.

19.　唐會要，78, pp. 1419-20；舊唐書，3, p. 43；資治通鑑，194, p. 6105. 按：唐會要稱「貞觀八年將發十六道黜陟大使……。」，資治通鑑但作「上欲分遣大臣爲諸道黜陟大使」，通鑑考異更對此事作一詳考，曰：「實錄、舊〔唐書〕本紀但云：『遣蕭瑀等巡省天下。』按時止有十道，而會要、統紀皆云『發十六道黜陟大使』，據姓名止十三人，皆所未詳，故但云諸道。」然通鑑於同條下又云：「乃命〔李〕靖與太常卿蕭瑀等凡十三人分行天下。」本文據此而云十三人。又按：唐會要，78, p. 1419云：「〔貞觀〕二十年（646）正月，遣大理卿孫伏伽等，以『六條』巡察四方，黜陟官吏。」此條記載，又見於同書，卷 77, p. 1412. 按漢代刺史以所謂「六條」察二千石能否，馬端臨，文獻通考，（光緒 27 年，上海圖書集成局據武英殿聚珍本校印），卷 39, pp. 4b-5a，謂：「漢法，刺史以六條察二千石，歲終奏事，舉殿最。」原註云：「六條：一條，強宗豪右，田宅踰制，以強凌弱，以衆暴寡。二條，二千石不奉詔書，遵承典制，倍公向私，旁詔守利，侵漁百姓，聚斂爲姦。三條，二千石不邮疑獄，風厲殺人，怒則任刑，喜則淫賞，煩擾刻暴，剝截黎元，爲百姓所疾，山崩石裂，妖祆訛言。四條，二千石選署不平，苟阿所好，蔽賢寵頑。五條，二千石子弟，恃怙榮勢，請託所監。六條，二千石違公下比，阿附豪強，通行貨賂，割損正令也。」

20.　唐會要，77, pp. 1411-12.

使、十道安撫使、宣慰安撫使……等等)的特使，被分派到地方考察吏治。從貞觀十八年 (644) 到元和十四年 (819) 一百六十多年間，這一類特使經常可見。[21] 在安史之亂前後不久，又有一種皇帝特使叫「採訪處置使」(有時稱「十道採訪處置使」、「諸道採訪處置使」，有時但稱某道採訪處置使，如「河南道採訪處置使」等)，他們在開元二十二年 (734)，二十六年 (738)、二十九年 (741)、天寶九載 (750)、十二載 (753)、乾元元年 (758)、大曆十二年 (777)，頻頻被遣派至全國各地。他們或者是考課官人善績，或者是恤隱求瘼。對於地方政治常加干涉，與地方官之間遂有許多緊張關係存在。中央雖屢屢告誡採訪使「不須干及」地方政治，事實上「開元末置諸採訪使，許其專停刺史務，廢置由己。」[22] 唐代由中央派遣至地方考察政治的特使，資料極多、特使名目也混亂不堪。他們與地方政治的各種關係，實在值得進一步研究。[23] 簡單說，當唐朝中央政府力量強大，可以派遣特使干預地方政治的時候，正好是中央集權政治達到高峯的時期。在各種負有政治目的的特使顯著減少，並且逼使唐室只能派遣肩負經濟、財政任務的特使 (如塩鐵使、度支使等等) 到地方的時候，也正好是中、晚唐中央集權政治轉弱的時期。因此，貞元七年 (791) 當地方的刺史考第轉由皇帝親考以後，就無異透露出唐朝地方分權的消息。因為各種政治特使已經無法再與強悍的地方長官 (尤其是手握軍經政大權的節度使) 抗衡，如此則皇帝親考刺史，也只能代表李唐政權維繫中央集權的努力而已。事實上，當中、晚唐時期，藩鎮囂張，割地稱雄：辟置僚佐，貢賦不常，唐朝中央政府對地方行使銓選、考課的權力，是有一定程度的限制的。

---

21. 參閱：唐會要，卷 77. pp.1412-17，「巡察、按察、巡撫等使」部份。

22. 唐會要，78, pp. 1420-21；築山治三郎，唐代政治制度の研究，pp. 538-40、不過，築山治三郎謂州縣僚佐的考課不由州縣長官，而由中央所派諸使。事實上，諸使主要的任務在考察地方吏治、並考課州縣長官 (尤其是刺史)，決定黜陟。築山治三郎雖曾舉出一例，稱武后垂拱三年 (686) 李嶠 (c. 643-712) 上疏說：「竊見垂拱二年，諸道巡察使所奏科目，凡四十四件……而巡察使率是三月已後出都，十一月終奏事，時限迫促，簿書填委，晝夜奔走，遑以赴限期。而每道所察文武官，多至二千餘人，少者一千已下，皆須品監才行，褒貶得失，欲令曲盡才能也。」李嶠疏中所說察文武官千餘至二千餘人，當是一種檢覈工作如監、校外官考使所為，不是如當司長官必須考第所屬，作成單名或挾名。否則巡察使不可能作出公正而適當的考第。築山氏所論，似乎必需予以澄清。

23. 唐會要，77-79, pp. 1411-55，「諸使」一項，此類資料，頗為詳贍。他如兩唐書、冊府元龜等亦有豐富史料。日本學者松島才次郎有二篇討論唐代諸使的短文，亦可資參考：「唐代における『使』の頻用について」信州大學教育學部紀要，18 (1967), pp. 37-43；「唐代における『使』の本官について」，同上，19 (1968), pp. 53-68 但松島氏對唐代中央所派諸使與地方政治關係，並未深入討論。

2. 監校程序

爲了防止任何可能的成見或偏執介入考課，自貞觀初年以後，唐政府就指派四名監校官來督導全國的考課（特指正四品以下的官僚）。其中二人負責京官考課的監、校督導，稱監京官考使和校京官考使。另外二人負責外官考課，稱監外官考使和校外官考使。[24] 校京官或外官考使，通常由刑部或吏部的尚書、侍郎，及御史臺的御史大夫擔任。很明顯的，這是因爲他們原來的工作性質是司法、人事和監察，這些和核校考課的校考使，在工作性質以及業務聯繫上，關係較爲直接、密切。至於監京官或外官考使，通常是委派門下省的給事中和中書省的中書舍人來擔任。監督考課的工作，與門下省及中書省所掌的封駁、出令的工作性質，也比較接近。[25]

給事中與中書舍人介入考課的監督工作，是唐代精心設計的政治體制中，制衡精神的一項具體反映。在中國政治制度中，唐中央政府的三省制度所表現的權力制衡與功能分工，具有重要意義。[26] 按唐制，中書省承旨出命，參議表章；門下省掌封駁之任。是則中書主出命，門下主審查，政令決定由兩省負責，兩省屬官具有政務性質。至於尚書省，則負責實際行政工作的進行。這種權力制衡與功能分工，說明了唐代三省制的複雜性與合作性。就考課制的行政業務與監校工作的劃分看，尚書省主要負責考課的行政工作，中書舍人與給事中參與監督，也具體說明了一部份唐代政治體制的精神。

中書舍人的主要職責是「掌侍奉、進奏、參議表章」，所預都是軍國大事，其中包括「凡有司奏議、文武考課」。[27] 給事中的主要職掌是「掌侍奉左右，分判省事。凡百司奏抄，侍中審定，則先讀而署之，以駁正違失。」他們所參預的軍國大事也包括「凡文武六品已下授職，所司奏擬，則校其仕歷深淺，功狀殿最，訪其德行，量其材藝。若官非其人，理失其事，則白侍中而退量焉。」[28] 給事中所掌實際上包括唐人所謂「過官」[29] 及考課的監督。因此，討論唐代的考課與銓選制度，對於政治體系所

24. 唐六典，2: 45b–46a；新唐書，46, p. 1192；唐令拾遺，p. 347.
25. 唐六典，2: 45b–46a；新唐書，46, p. 1192；唐令拾遺，p. 347；唐會要，81, p. 1504.
26. 孫國棟，「唐代三省制之發展研究」，新亞學報，3.1 (1957), pp. 17–121.
27. 唐六典，9: 15a–b.
28. 唐六典，8: 14a–b.
29. 參拙文 "Struggling for Advancement: the Recruitment".

表現的制衡現象，必須給予相當程度的注意。

在實際的監校事例中，可以看出以上的規定，大概自貞觀初年即付諸行動；到了開元後，監校制度更趨成熟。根據唐會要的記載，有許多事例顯示出法規與實際間的一致性。[30] 例如：開元十四年（726）御史大夫崔隱甫（d. 736?）充任校外官考使，他召集天下朝集使，一日校考完畢，時人伏其敏斷。[31] 又如開元十七年（729）前，刑部尚書盧從愿（c. 635-737）頻年充校京官考使，當時御史中丞宇文融（d. 729）承恩用事，因其檢括戶口之功，宇文融的本司給他的考績是第三等（上下），從愿抑不與之，融頗以爲恨，遂在玄宗前密奏中傷，謂其廣占良田，至有百頃。玄宗當時正在選擇宰相，有薦從愿者，以此遂寢。[32]

監校考課之制，在安史亂後不久，似曾一度中止。建中二年（781）六月，門下侍郎平章事盧杞（d. 785?），援引六典稱「中書舍人、給事中充監中外官考使」的規定，奏請復置，至次年（782）閏正月，遂再置監考使。此事原因不詳，疑與刑部介入地方官的考課有關。因爲在大歷十三年（778）正月有一道詔勅說：「捉獲造僞及光大強盜等賊，合上考者，本州府當申刑部。」盧杞所奏在唐會要中即列於是條之下，兩者當有關連。[33] 無論如何，刑部負責審理地方重大司法案件，而地方官的捉獲重要盜賊也是他們的重要課績之一。

貞元八年（792），四名中央政府高級官員被任命爲監、校考使。從這份名單中四人原來官職看，與上文所述，頗相符合。是年十月，以刑部尚書劉滋（729-794）爲校外官考使，吏部侍郎杜黃裳（738-808）爲校京官考使，給事中李巽（739-809）爲監京官考使，中書舍人鄭珣瑜（738-805）爲監外官考使。[34]

這裏應該指出：唐代三省間的合作，隨著歲月，變化不小。尤其安史之亂以後，地方勢方抬頭，中央的官僚結構，也起了變動。早在開元之時，宰執合議的政事堂已

---

30. 新唐書，46, p. 1192 謂：「貞觀初，歲定京官望高者二人，分校京官、外官考。給事中、中書舍人各一人涖之，號監中外官考使。」此與唐會要，卷81，所載，多處相合。並詳下文。

31. 唐會要，81, p. 1502；舊唐書，185B, p. 4821；新唐書，130, pp. 4497-93.

32. 唐會要，81, p. 1502；舊唐書，100, p. 3124；參閱：新唐書，129, pp. 4478-79。宇文融傳，見舊唐書，105, pp. 3217-22；新唐書，134, pp. 4557-60.

33. 唐會要，81, p.1504.

34. 唐會要，81, p. 1505.

漸趨於獨立，不過三者權力相互制衡的原則，大體仍被維持。自天寶以後，權相李林甫、楊國忠先後擅政，三省制衡的體制，漸漸破壞。安史之亂後，從肅宗、代宗至德宗時期，權臣、宦官破壞相職，掌握兵權。中書、門下兩省組織隳墜，宰臣無所憑行，庶政任免，都出於君主權倖的私意，尚書省也淪為中央政府的執行機構，尚書省長官無法執行與中書、門下長官議政的權力。

安史之亂以前（尤其是武后末期以後），尚書省的地位與職權本已有逐漸降落之勢。安史亂後，尚書省各部的職權更普遍地被剝奪、分割與轉移。譬如：吏部所掌的銓選、考課之權，上為君主、權相所侵奪，下為諸司、諸使、諸道州府所分割；兵部所掌的軍政之權被強悍的禁軍將領與節度使攘奪；戶部所掌的財政經濟大權也被度支、鹽鐵、轉運等使分化、轉移。不過，當尚書省地位職權墜失之初，唐代君相還很惋惜，代宗及德宗初年，亂事稍平，屢次想要恢復舊章，但無成效。後來文宗也想舉舊章，力謀恢復吏部銓選、考課之權，也不能行。[35]

雖然如此，考課制度本身並沒有受到破壞。考課效率也似乎一直維持到九世紀中葉。前文所列貞元八年四名監校考使的名單，在年代上既與上述的三省職權墜失、體制破壞相合，似可反證出考課制度本身並未受到波及，所可注意的只是考課之權如何被剝奪、濫用而已。

在監校程序中，除了以上所述委派在京位望高者四人分別擔任監、校考使外，另外委派六部中的郎中判京官考、員外郎判外官考。此二判職，係與監、校考使共同執行實際的檢覆手續，多半係由考功郎中及考功員外郎擔任。[36]

3. 考簿、考牒與考錢

唐代官僚的功過行能是考課的主要內容。考課的結果都記載在「考簿」、「考狀」或「考解」之中。[37] 考課的登記必須公開宣佈，和銓選過程中所謂「三注」、「三唱」

35. 嚴耕望，「論唐代尚書省之職權與地位」，收入氏著歷史研究叢稿，（香港：新亞研究所，1969）pp. 1-101，尤其是 pp. 5-6; Denis Twitchett, "Introduction" to the *Cambridge History of China*, Vol. III (Cambridge University Press, 1979), p. 15.

36. 唐六典，2: 45b-46a，但云：「郎中判京官考，員外郎判外官考。」新唐書，46, p. 1192謂：「考功郎中判京官考，〔考功〕員外郎判外官考。」

37. 「考簿」一詞，見：五代會要，15, p. 245；冊府元龜，636: 14a；唐令拾遺，p. 345。「考狀」一詞，見唐會要，81, p. 1507。「考解」一詞見唐會要，82, p. 1510、所謂「考解」與「選解」類似，是地方政府所寫的正式公文書，必須解送吏部核定的。詳下。

類似。[38] 地方官的考簿是由刺史或其主要次官擔任的「朝集使」解送至京，呈尚書省吏部。解送限期在每年年底（通常在十月二十五日以前）。由於朝集使除了呈納地方貢、賦以外，還携帶考解，他們也被叫做「考使」。[39]

考解呈送期限的擬定，主要是根據各呈送機關（不論在首都或地方）與京師的里程距離。以在京各司而言，其公開宣佈過的考簿必須在九月三十日以前校定、編次完成，至於地方政府，則其與京師的距離，被慎重考慮：凡距京 1,500 里內，需在八月三十日以前校定；3,000 里內，在七月三十日以前校定；5,000 里內，五月三十日以前校定；7,000 里內，三月三十日以前校定；10,000 里內，正月三十日以前校定。由地方的各州政府或中央的各機構校定完畢的考簿，最後集中於吏部考功司。送簿的時間，也有期限：京官須在十月一日以前送達吏部（即京官考簿編纂完成期限的第二天），地方的考解，則由朝集使在十月二十五日前呈送。[40]

擬定送簿時間的理由，非常明顯。因為考績與每一官僚昇遷有關，關係重大。如果具錄一年功過的考簿，不能如期送京審查，自然影響各個官僚的權益。同時，功過若發生在編纂期限以後的同一年，也必須併入來年考績，一起計算。不過，唐政府有意迅速處理重大刑案及鼓勵有功人員，因此在考課令中特別規定：「若本司考訖以後，尚書省未校以前，犯罪斷訖，准狀合解〔謂解官〕及貶降者，仍即附校。有功應進者，亦准此。」[41] 這個規定有快賞速罰的意義在。

從各機關送來的考簿，最後集中在吏部。接着，考功司的官員及胥吏就開始進行審查、核對的文書工作。他們通常把這些充棟的文件按照京官、外官及不同官階的官僚分成三類。每一類用一本簿子登錄各官的功過。據此，考功司編成一種初奏本，叫做「單名」[42]；及一種複奏本，叫「挾名」[43]。以作為監、校官或者甚至是皇帝考核、

---

38. 參拙文 "Struggling for Advancement: the Recruitment"
39. 司馬光，資治通鑑（北平：中華書局，1956；臺北：世界書局，1962重印），197, p. 6205。注意：通鑑此條記載繫在643年，即唐初。參閱：唐六典，3: 42a-b; 2: 45b; 30: 22a 並有朝集使之有關資料。
40. 唐六典，2:45a-b, 3: 42a-b；；唐令拾遺，p. 327。
41. 册府元龜，636: 13a-14a；五代會要，15, p. 245；唐令拾遺，p. 327。
42. 唐會要，81, p. 1505；册府元龜，636: 3b；五代會要，15, p. 245；册府元龜，631: 14a；唐令拾遺，pp. 345-6.
43. 唐會要，81, p. 1503.

批示處理之用。京官的單名，必須在次年一月三十日以前送給監京官考使及校京官考使核定。一個月以後（即二月三十日以前），京官的挾名必須再送這二名監、校考使核定一次。很明顯的，「挾名」的擬定，是把經過監校考使批改、修正過後的初審「單名」，作修改、重錄後，所覆定的。至於地方官的「單名」，則須在次年二月三十日以前送監、校外官考使核定；地方官的挾名審定，則在三月三十日。這種重覆審定，旨在慎重考課百官。但是，為了減少作業上的麻煩，一道天寶八年（749）詔勅命令把初審和複審合而為一，只規定進呈挾名。挾名在經過必要的審查、認可的作業後，最後再予公開宣佈。每一位應考的官僚，都發給一種依照挾名製定的證明文件，稱為「牒」或「考牒」，作為將來昇遷、黜降的主要依據。[44]

開元二十五年（737）頒佈的一道考課令中，規定了考簿的登載內容與篇幅。它要求凡是官僚的行為、功過應該附在考簿上的，都必須詳實登錄。如果在前一任官職上犯私罪而未經舉發或判罪，後來經過確定並斷在現任，則以現任之職為考。如果應該一併記載前任考績，也要功過並附。考狀的篇幅不能超過兩紙；如果是州縣長官，則因必須記載戶口田地之事，必要時可以酌增一紙。這項考簿上，都要清楚記載考正之最。[45]

在唐代考課制中，有關考牒與考錢的規定，值得一提。唐代每一位接受考第的官僚，都可以獲得一份文件，上面記載該一官僚的考績等第。這份文件，稱之為「考牒」。[46] 考牒須經吏部正式認可，一如授官任職時發給告身者然。[47] 若干資料更指出唐代官僚需要支付一定數額的現錢作為付給考牒的費用，叫做「考錢」。不過，納考錢者，似有一定對象。

根據唐會要和冊府元龜的記載，貞元元年（785）德宗勅，凡是被考官僚官品在六品以下，由本州申報中上考者，必須納錢一千文，作為購買筆、墨、朱膠等文具之費用。這些費用原由政府基金（當時稱作「公廨本錢」或「食利本錢」，詳下）作為本

44. 唐會要，81, p. 1503；冊府元龜，636: 16b-17a。

45. 唐會要，82, p. 1509；五代會要，15, p. 2466；冊府元龜，36: 14b；唐令拾遺，pp. 330-1

46. 唐會要，82, pp. 1510-11。「考牒」當是正式名稱，語意明確。唐會要，82, p. 1510 又有作「符牒」者，則語義不確，僅能自上下文推得其意。

47. 參拙文："Struggling for Advancement: the Recruitment"

金，以（每月？）五分利息生利。由於吏部奏稱本利頗有餘裕，請茨停止課收外官和京官的考錢，德宗准其所奏。[48]

事實上，課收考錢之事，似在晚唐再度實施。大中六年（852）吏部考功司上奏疏一件，與考牒、考錢極有關係，疏曰：

> 從前以來，應得考之人，並給考牒，以爲憑據。近年考使容易，給牒不一，或一人考牒，數處請給；或數年之後，方使請來。自今以後，校考勅下後，其得「殊考」及上考人，省司便據人數一時與修寫考牒。請准吏部告身及禮部春關牒，每人各出錢收贖。其得殊考者，出一千文；上考者，出五百文。其錢便充寫考牒紙筆雜用。[49]

這個奏疏透過正規議事章程，由中書門下兩省完成立法程序，並公佈施行。奏疏所說，有三點值得注意：第一，所謂「殊考」者，似乎專指州府官吏可以覆驗寃獄，並且平反有功的官僚而言。[50] 第二，考牒是一種正式憑據。據唐會要及册府元龜，考牒上的等第文字（卽上、中、下三個字的組合）通常是以朱筆書寫。咸通十四年（873）考功員外郎王徽指出由於僚吏因緣爲奸，常常揩改朱書，奏請用墨書抄寫等第，從之。[51] 第三，唐政府素以善於處理公債著稱，這種從考牒收受者課來的考錢，或者其他由富商巨賈擔任的捉錢戶週轉過來的現錢，都集中到政府基金中，也就是「公廨本錢」或「食利本錢」。這些政府基金又提出舉債生息，並以所得極高的利息收入作爲官衙的行政費用，或者是官僚薪資的一部份。政府基金的舉債生息，通常由捉錢戶擔任的捉錢令史來經手。唐代公債利息的利率雖然有變動，一般說來，都在五分高利以上。唐初（c. 618-650）的利率是每月 8％，650-728 年間月息是 7％，728 年以迄唐末約爲月息 5％。[52] 前述貞元元年（785）勅令納考錢，並以之舉五分息一事，在時間上與這裏所說唐代利率的變動一致。

---

48. 唐會要，81, p. 1504；册府元龜，636: 1b.

49. 唐會要，82, pp. 1510-11；册府元龜，636: 12a-b.

50. 唐會要，82, p. 1509.

51. 唐會要，82, p. 1511；册府元龜，636: 13a.

52. Lien-sheng Yang（楊聯陞），*Money and Credit in China: A Short History* (Harvard University Press, 1952, 1971), pp. 95-96. Denis C. Twitchett, *Financial Administration Under the T'ang Dynasty* (Cambridge University Press, 1963), pp. 66-83.

4. 考課等第

按照官職的性質，唐代官僚的考績，劃分爲不同的等第。流內文官的考第定爲上上、上中、上下……下下九等；流外官則定爲上、中、下、下下四等；武官，尤其是三衞（親衞、勳衞、翊衞），則定爲上、中、下三等。[53]

上述三類官僚的考第評定，與其所屬機構性質，有密切關係。一般說，流內官的考第含有較濃厚的道德價値色彩，但也同時着重官僚處理公事的行政能力。流外官的考第，則比較注意實際工作表現。武官的考第，則偏重在軍事方面的成就。

唐代流內文官的考第，主要是根據所謂的「四善」和「二十七最」。四善較爲偏重個人的道德，二十七最較爲注意個人的行政能力。由於唐代流內文官，是官僚組織中的領導多數，[54] 其考第內容也當爲多數士大夫所關切。其偏重道德與能力的表現，也可以追溯其歷史淵源。[55]「善」與「最」，各有所偏，只是相對而言，但前者偏重道德，後者偏重行政能力，則多少可由實際的善、最分類與九等考第的評定推知。所謂「四善」，包括：1. 德義有聞，2. 清愼明著，3. 公平可稱，4. 恪勤匪懈。[56] 所謂「最」，是指官僚執行公務的能力。由於官僚組織龐大，各種不同的「最」也有其特定的意涵。「二十七最」是指二十七種不同類別的官僚，在其所屬機構中，執行公務的「最佳」表現。根據開元七年 (719) 的考課令，二十七最的內容如下：[57]

1. 獻可替否，拾遺補闕，爲近侍之最。

2. 詮衡人物，擢盡才良，爲選司之最。

3. 揚淸激濁，襃貶必當，爲考校之最。

53. 流內文官的考第等級，見：唐六典，2: 45a；舊唐書，43, p. 1822；新唐書，46, p. 1190；唐令拾遺，p. 327。流外官的考第等級，見：唐六典，2: 49a；新唐書，46, p. 1192；五代會要，15, p. 249；册府元龜，636: 18a。武官（尤其是三衞）的考第等級，見：唐六典，2: 49b；新唐書，46, p. 1191；唐令拾遺，p. 349.

54. 參拙文 "Struggling for Advancement: the Recruitment"

55. 關於道德觀念影響中國的官僚考第的一般討論，參閱：James T. C. Liu (劉子健) "Some Classifications of Bureaucrats in Chinese Historiography," in (David S. Nivison & Arthur F. Wright, eds.) *Confucianism in Action* (Stanford University Press, 1959), pp. 178-80. 又，參閱：毛漢光，「中國中古賢能觀念之研究——任官標準之觀察」，中央研究院歷史語言研究所集刊，48. 3(1977), pp. 333-373.

56. 新唐書，46, p. 1190；唐六典，2:46a；通典，15, p. 87；唐令拾遺，p. 332.

57. 唐六典，2: 46a-47b；新唐書，46, p. 1190；唐令拾遺，pp. 333-5；舊唐書，43, p. 1823.

4. 禮制儀式，動合經典，爲禮官之最。

5. 音律克諧，不失節奏，爲樂官之最。

6. 決斷不滯，與奪合理，爲判事之最。

7. 部統有方，警守無失，爲宿衞之最。

8. 兵士調集，戎裝充備，爲督領之最。[58]

9. 推鞫得情，處斷平允，爲法官之最。

10. 讎校精審，明於刊定，爲校〔校書郎〕正〔正字郎〕之最。

11. 承旨敷奏，吐納明敏，爲宣納之最。

12. 訓導有方，生徒充業，爲學官之最。

13. 賞罰嚴明，攻戰必勝，爲將帥之最。

14. 禮義興行，肅清所部，爲政教〔地方長官〕之最。

15. 詳錄典正，詞理兼舉，爲文史之最。

16. 訪察精審，彈舉必當，爲糾正〔御史〕之最。

17. 明於勘覆，稽失無隱，爲句檢之最。

18. 職事修理，供承強濟，爲監掌之最。

19. 功課皆充，丁匠無怨，爲役使之最。

20. 耕耨以時，收穫剩課，爲屯官之最。

21. 謹於蓋藏，明於出納，爲倉庫之最。

22. 推步盈虛，究理精密，爲曆官之最。

23. 占候醫卜，效驗居多，爲方術之最。

24. 譏察有方，行旅無壅，爲關津之最。

25. 市廛不擾，姦濫不行，爲市司之最。

26. 牧養肥碩，蕃息孳多，爲牧官之最。

27. 邊境肅清，城隍修理，爲鎮防之最。

以上這二十七最所考對象，涵蓋唐代中央與地方、軍職與文職的重要官僚組織。

---

58. 此處所引從唐六典（2: 46b）及唐令拾遺（p. 333），新舊唐書所載略有不同，謂：「兵士調習……」。
見舊唐書，43, p. 1823；新唐書，46, p. 1190。

二十七最內容的擬定，也是按照各類官職的不同性質而設。二十七最所考官僚，雖然不是「全部」官僚，却是最重要的部份。同時，由於措詞較具彈性，每一「最」所考的官僚，涵蓋面也很廣。例如：所謂「糾正」，是指御史臺中，各種不同官銜的御史；「政教」是泛指州縣政府的主要長官，尤指刺史、縣令。可以說，這二十七最是一種「按職設目」的安排，通典說得很清楚：「大唐考課之法……自近侍至於鎮防，並據職事目爲之最，凡二十七焉。」[59]

　　二十七最是根據二十七類職事而設目，日本學者根本誠 (Nemoto Makoto) 在一篇討論唐代考績評定和人事管理的論文中，指出他們是二十七種類似職能的一般化概念。他進一步把這種概念，劃分爲五種抽象的類別，以評估官僚的行政能力，即：對人能力、指導能力、判斷能力、管理能力和計算能力。[60] 從上引二十七最內容看，這五種抽象化的能力，似乎只能說是今人的解釋，其是否符合唐人概念，殊難得知。事實上，二十七最的每一項標準的意義，如果從傳統的道德倫理與唐人的政治理念推求，或許較爲近似。可以說，「四善」所考偏於「德行」，「二十七最」所考則偏重於「行政能力」。

　　「四善」、「二十七最」，是考績評定的主要標準。根據開元七年 (719) 及二十五年 (737) 的考課令規定，官僚的道德與行政表現的評定，第 1 等至第 5 等是「一最以上」與善的幾種不同組合，第 6 等以下則不含善或最，第 8 等和第 9 等甚至還牽涉到對於失職或犯罪流內官的懲罰。依照唐令，流內官的九等考第，可製成下表。[61]

表一　唐代流內官的九等考第

等第	資格
1. 上上	一最以上＋4 善
2. 上中	一最以上＋3 善；或，無最＋4 善
3. 上下	一最以上＋2 善；或，無最＋3 善
4. 中上	一最以上＋1 善；或，無最＋2 善

---

59. 通典，15, p. 87.
60. 根本誠，「唐代の勤務評定と人事管理」，早稻田大學大學院文學研究科紀要，11 (1965), pp. 97–111.
61. 唐六典，2: 47b–48a；五代會要，15, p. 246；通典，15, p. 87；册府元龜，636: 14b；唐令拾遺，pp. 336–7.

> 5. 中中　　　一最以上；或，無最＋1善
>
> 6. 中下　　　職事粗理，善最弗聞。
>
> 7. 下上　　　愛憎任情，處斷乖理。
>
> 8. 下中　　　背公向私，職事廢闕。
>
> 9. 下下　　　居官諂詐，貪濁有狀。

從上表，約略可以看出善與最在考第中所佔的地位。由於「一最以上」可以包括某一個別官僚的本職與兼職，其是否具有「一最以上」或「無最」，對等第高下的影響，似較「善」為小。流內官所擁有「善」的多寡，影響考第較大。「一最以上」到底指多少「最」，與官僚兼職多少有關，故需視個別情況而定。但是「四善」的評定，却使考官有權在這方面作出公正或不公正的處理。本文第三節第一項所引盧承慶(595-670) 考核官吏事例，可以具體說明。

唐政府對州縣官的考課規定，可以補充說明上引二十七最中第14條所說「禮義興行，蕭清所部，為政教之最。」根據一條開元二十五年 (737) 所頒考課令，如果州縣官能夠增益戶口、豐殖農田，則其考第可以按照法定標準而增加。它說：

> 諸州縣官人，撫育有方，戶口增益者，各准見在戶，為十分論。加一分，刺史縣令，各進考一等；每加一分進一等。（加戶口，謂增課丁，率一丁，同一戶法。增不課口者，每五口同一丁例，其有破除者，得相折。）其州戶不滿五千，縣戶不滿五百者，各准五千、五百法為分。若撫養乖方，戶口減損，各准增戶法，亦減一分降一等；每減一分降一等。（課及不課，並准上文。）其有勸課田農，能使豐殖者，亦准見地，為十分論。加二分，各進考一等；每加二分，進一等。（此為永業、口分之外，別能墾起公私荒田者。）其有不加勸課，以致減損者，損一分降考一等；每損一分降一等（謂永業、口分之外，有荒廢者。）若數處有功，並應進考者，亦聽累加。[62]

除了州縣官以外，唐政府對其他二十六種流內官的最，也可能有若干具體規定，但因史料限制，無法窺知。不過，從上引州縣官考課的內容看，其屬於偏重行政能力

---

62. 通典，15, p. 87；冊府元龜，635：20b-21a；唐令拾遺，pp. 339-42。通典與冊府元龜記載，睽有出入，本條所引從仁井田陞在唐令拾遺中之考訂。

的最，或可無疑。前文說「善」偏重道德，「最」偏重行政能力，也可用此條史料支持。

　　流外官的考績等第也由他們服務機構的長官評定，並依照他們的行政能力與表現，分爲四等。列表如下：[63]

表二　唐代流外官的四等考第

等第	資格
1. 上	清謹勤公，勘當明審。
2. 中	居官不怠，執事無私。
3. 下	不勤其職，數有愆犯。
4. 下下	背公向私，貪濁有狀。

　　如以表二與表一比較，則前者在內容上較爲簡單，也較偏重個人的能力與公務表現。流外官的下下等考第，事實上即流內官下中、下下兩等的混合。

　　唐代以三等來考第武官。按照所屬機構性質的不同，武官又被分作三類來評定考績：(1)十六衛親軍中的左右衛所屬的三衛(親衛、勳衛、翊衛)；(2)諸衛主帥，包括三衛以外的十六衛親軍、太子、諸王親軍，與府兵所駐守的地方軍事單位——折衝府；(3)左右監門衛的二種高級長官——校尉與直長。[64] 每一類中的武官考第都分作三等，但其資格各有不同，列表如下：[65]

表三　唐代武官的三等考第

等　第	資		格
	三　　　衛	諸　衛　主　帥	監門校尉、直長
1.　上	專勤謹慎，宿衛如法，便習弓馬。	統領有方，部伍整肅。清平謹恪，武藝可稱。	正色當官，明於按察。監當之處，能肅察姦非。

63. 唐六典，2: 49a-b；五代會要，15, p. 249；册府元龜，636: 18a；新唐書，46, p. 1192；唐令拾遺，p. 349，又參閱：舊唐書，43, p. 1824。舊唐書僅說分爲四等，但無具體內容。

64. 有關唐代的軍事組織與三衛，參考：谷霽光，府兵制度考釋(上海，1962), pp. 128-197；另參考：Swee-fo Lai, "The *Wei-Kuan* system: elite guards and official recruitment in the T'ang dynasty (Unpublished term paper, Princeton University, 1982).

65. 唐六典，2: 49b-50b；唐令拾遺，p. 349.

2. 中	番期不違，職掌無失。雖解弓馬，非是灼然。	居官無犯，統領得濟。雖有武藝，不是優長。	居官不怠，檢校無失。至於監察，未是灼然。
3. 下	番期不上，數有犯失。好請私假，不習弓馬。	在公不勤，數有愆失。至於用武，復無可紀。	不勤其職，數有愆違。檢校之所，事多踈漏。

　　武官不屬文官系統，其理甚明。但是必須注意，唐代文武官職可以互轉。同時，兵部所屬與上述親軍、諸衞，在體系上也不同。前文所列二十七最中的「將帥」（第13項）當係尙書省的兵部所轄，「鎮防」（第27項）當係地方的都督府、都護府所轄，與此處三類武官性質不同。

　　另外，值得注意的是：唐代考績的計算，有上下等相互抵消的辦法，稱作「覆」。這是按照考績、年勞作成昇遷、黜降的決定時，具體採用的步驟。新唐書百官志說：「計當進『昇遷』而參有下考者，以一中上（第4等）覆一中下（第6等），以一上下（第3等）覆二中下（第6等）。上中（第2等）以上，雖有下考，從上第。有下下考（第9等）者，解任。」[66] 實際上，第九等考績已經牽涉到罪刑。根木誠氏曾經設計五種算法，計算唐代的九等考第，其說雖誤，但仍可供間接瞭解唐人考第之助，已作成附錄，載於本文之後。

三、考課的實際運作

　　由於考第直接影響到官員的祿米、昇遷和黜降，無論中央或地方官員對考第都極為注意，也常有爭議，許多政治衝突甚至因考第而引起。如果說「善」是相對的「客觀標準」，「最」是較為具體的「客觀標準」，則最少「善」的評定，就必須接受考官的「主觀判斷」的挑戰。如上節第四項所述，「善」的多寡，影響考第極大，故而考官也多可有權秉公處理或上下其手。如以一般中國官僚行為的特色考察，[67] 則考第評定有時會因個人利益而淪為政治工具。本節的討論，旨在探討唐代考課官的權限及

66. 新唐書，46, p. 1192.
67. 參考：C. K. Yang (楊慶堃)，"Some Characteristics of Chinese Bureaucratic Behavior," in (David S. Nivison & Arthur F. Wright, eds) *Confucianism in Action* (Stanford University Press, 1959), pp. 134-164. 楊氏此文主要探討清代的官僚行為與官場風氣，但對我們瞭解唐代官僚，仍有幫助。又參看 James T. C. Liu, *op. cit.*

考績評定的一般現象。

1. 考課官的權限

如上所述，唐代的考課官包括各被考官僚的本司長官、考功司及吏部主要官員，以及監、校、判考使。他們都直接影響到考第的評定。官僚考績視其本身官品的高低，決定是否由上述大部份官員或者甚至是皇帝來裁決。不論如何，某一官僚所服務的機關，應該是最具有決定性的，因為所謂「當司長官」可以決定送審名單。當然這絕非暗示吏部或監校考使無權否決送審名單。剛剛相反，開元七年（719）及二十五年（737）頒佈的考課令，賦予吏部考課官一種可以作關鍵性決定的「臨時量定」之權。他們有權認可或否決送審名單，也可以根據法律條文，對於「善最之外，別有可嘉尚，及罪雖成殿，而情狀可矜，或雖不成殿，而情狀可責者」，在校考之日，臨時作出決定。[68] 如果吏部考課官認為送審名單中，有考績超過某一官僚所應得到的等第，有權加以削減，謂之「貶考」。[69]

若干具體事例，可以說明考課官的權力。有一則 670 年代晚期的逸史說到一個開明而仁慈的吏部尚書，正確地行使考課權力：

> 盧承慶（595-670）為吏部尚書，總章（668-669）初，校內外官考。有一官督運，遭風失米，承慶為之考曰：「監運損糧，考中下。」其人容止自若，無一言而退。承慶重其雅量，改註曰：「非力所及，考中中。」既無喜容，亦無愧詞，又改曰：「寵辱不驚，考中上。」眾推承慶之弘恕。

這則故事，首見於公元九世紀初的大唐新語（元和 2 年〔807〕序），[70] 再為九世紀中期的劉賓客嘉話錄（大中十年〔856〕序）[71] 所錄。此事的真實性，似為唐宋士大夫所接受，新唐書與資治通鑑都轉引這則故事，只作若干文字潤飾而已。[72]

---

68. 唐六典，2: 48a；通典，15, p. 87；五代會要，15, p. 246；冊府元龜，636: 14b；唐令拾遺，p. 337。

69. 冊府元龜，636: 2a.

70. 劉肅，大唐新語（稗海本），7: 9b. 本文所引，即據此本。

71. 韋絢，劉賓客嘉話錄（學海類編本），p. 24a-b.

72. 新唐書，106；「盧承慶傳」，p. 4087；資治通鑑，201, p. 6358。通鑑繫此事於總章二年（669）。南宋人卞圜在乾道癸巳（1173）所作劉賓客嘉話錄跋說：「韋絢所錄劉賓客嘉話，新唐書採用多矣。」新唐書編者歐陽修（1007-1072）與通鑑作者司馬光（1019-1086）素負精審之名，盧承慶考課事，似乎不應僅視為秘談或雜聞。

從這則故事，唐代考課官大權在握，似無疑義。吏部尚書盧承慶可以全權審查與改變考第。在唐代，也的確有許多考課官公平、明鑒、敏捷、核實，被後世所稱羨。

例如：建中三年（782）刑部侍郎（正四品下）班宏（720-792）為校京官考使，當時尚書右僕射崔寧（723-783）署兵部侍郎（正四品下）劉迺（c. 725-784）為上下考，班宏反對說：「夷荒靖難，專在節制，尺籍伍符，不校有司。夫上行宣美之名，則下開趨競之路；上行阿容，下必朋黨。」因削去之，迺知此事，向宏謝曰：「迺雖不敏，敢掠一美以徵二罪乎？」[73] 這種事有時可以構成激烈的政治衝突，因為崔寧是班宏的上司，劉迺的官品與班宏一樣，並握有兵權。如果崔或劉攻評班宏，也許會產生一場不大不小的政治風暴。此事因劉迺有雅量而告平息，班宏也因正直，尋除吏部侍郎。這不能不說是唐代考課理性的一面。

我們當然還可舉出更多的例子來說明唐代考課官正直可稱之處，並如元人朱禮在漢唐事箋所謂：「考績之法，唐、虞至於成、周未嘗一日廢也。秦、漢之興，此法亡矣。京房區區欲舉行之，卒不見效，而身死讒口。魏、晉而下，未有能得其餘緒者。惟唐興，獨有成法，是以始終行之，似有可稱者。」[74] 朱禮所論唐、虞至成、周，秦、漢以迄魏、晉一段，雖有可議之處，實非本文所欲探討。在這裏，我們寧願從另一角度來追問一個問題：所謂「主觀判斷」是否影響到唐代考課的實際運作？從上舉二例看，盧承慶與班宏被賦以「臨時量定」之權，可以全權處置考第的審核、貶考事宜，實在明顯。他們可以自由地（雖然盧、班二人都是公平地）決定被考官僚的考第。這表示如果考課官在性格上有偏見，在政治取向上有野心，則「臨時量定」之權，就可以被誤用，或者甚至是濫用。

2. 考績評定的一般現象

第四等考第（中中）是決定官祿增加或減少的主要關鍵。官祿的增加，即表示散階的昇進；反之亦然。唐政府規定：如果食祿之官的考第在第四等（中上）以上，則其官祿與考第成正比例增加，即每進一等考第，加祿一季。同樣原則應用到考第第六

---

73. 此事見兩唐書「班宏傳」，舊唐書，123, pp. 3518-19；新唐書，149, p. 4802。「崔寧傳」見：舊唐書，117, pp. 3397-3403：新唐書，144, pp. 4704-08.

74. 朱禮，漢唐事箋（1341序；粵雅堂叢書本），後集，2: 10b。又同書2: 11b-12b，朱禮蒐集兩唐書資料舉出孫逖、班宏、趙憬、盧承慶、崔隱甫、趙宗儒等著名唐代考課官，謂唐考課之法，六有可以稱讚之處。

等（中下）以下，即考第中下以下，每退一等，奪祿一季。但是，考第第八、九兩等，事實上表示該官僚觸犯刑章，定罪訖讞。按唐律區分罪名爲二：私罪與公罪。如果官僚觸犯私罪，考第在第八等（下中）以下，或者觸犯公罪，考第在第九等，則要解除現任職位、奪回當年官祿、追回擔任官職的正式證明文件（即告身）。過一年以後，才准依照官僚的本品（官僚的散階，即出身階，非官職的品階）銓敍，但是他必須依照唐代任官的出身法，再求甄試（主要是吏部試）、任職（有所謂三唱、三注、過官等程序）[75]。（關於考課與昇遷及法律處分與行政懲罰之關係〔亦即除免等〕，下文第四節將予討論。）既然奪祿與法律或行政處分爲官僚所不齒與不爲，那麼第四等（中上）以上的考第，自然是每一位官僚（此處當然是指流內官而言）所積極追求的目標。事實證明，第四等考第在唐代是最普遍的考第。這種現象，尤其是在政治局勢不穩或吏治不清的時候，更爲明顯。從唐代若干大臣的疏奏中，可以觀察出這種趨勢。

貞觀六年（632），監察御史馬周（601-648）上疏太宗，指出：第四等考第在唐初似乎成爲考績的上限，這可能是由於政府珍惜名器，不肯隨便考上第，這樣自然很難做到懲惡勸善，也大失九等考第的本意。馬周說得很激動，也很清楚：

> 臣竊見流內九品已上，令有等第。而自比年，入多者不過中上，未有得上下以
> 上考者。臣謂令設九等，正考當今之官，必不施之於異代也。縱朝廷實無好
> 人，猶應於見在之內，比校其尤善者，以爲上第。豈容皇朝之士，遂無堪上下

---

75. 唐六典，2: 49a。按：六典原文謂：「諸食祿之官，考在中上已上，每進一等，加祿一季。中下已下，每退一等，奪祿一季。若私罪，下中已下；公罪，下下；並解見任，奪當年祿，追告身。同年聽依本品敍。」本文此處對原典稍加詮釋，其中有關銓敍、任官部份，參拙文 "Struggling for Advancement: the Recruitment" 其有關法律罪名方面的解釋，見本文第四節。又按：唐代官僚，從政府取得的經濟來源，主要有職分田、永業田、祿米和俸料錢四項。有時又加上課及賜兩項。職分田、永業田的給與，係依職事官的品階爲準。至於俸料錢，在乾封元年（666）以前，可能是依其散階；是年以後，始依職事官品。（參：唐會要，91, p. 1652.）官祿因係以米發給，有時又稱祿米。官祿，課及賜，通常是依散階而給。本文對散階與考第的關係，已屢有論述，觀上引六典之文，也可發現考第、官祿與散階之關係。一般往往誤以唐代官僚俸給，當以職事官爲據，實則並不盡然。鄙意以爲討論唐代官僚的俸給，雖事涉多端，仍需自職事官與散官的性格着眼，詳加討論。此事與唐代文官制度中殊堪注意之階職分立現象，極有關連；他日有暇，當撰一專文論之。有關唐代官僚俸給制的初步討論，可參看：陳寅恪，「元微之遣悲懷詩之原題及其次序」，陳寅恪先生論文集，pp.1157-1168；及陳氏另文「元白詩中俸料錢問題」，同上，pp. 409-419；橫山裕男，「唐代月俸制の成立について——唐官僚俸祿考の一」，東洋史研究，27.3 (1968), pp. 1-25；閻守誠，「唐代官僚的俸料錢」，晉陽學刊，1982: 2, pp. 23-30；築山治三郎，唐代政治制度の研究，pp. 546-580。

考者？朝廷獨知貶一惡人可以懲惡，不知褒一善人足以勸善。臣謂宜每年選天下政術尤最者一、二人爲上上，其次爲上中，其次爲上下，次爲中上。則中人以上，可以自勸。[76]

從肅宗至德元年 (756) 到德宗貞元七年 (791) 的三十五年內，唐代政治秩序屢爲內戰、悍臣所侵擾。第四等考第，在這段期間似已成爲普遍的現象。貞元七年八月，吏部考功司上疏說：

准考課令，諸司官皆據每年功過行能，定其考第。又准開元、天寶以前勅，朝官每司有中上考，亦有中中考。自三十年來，諸司並一例申中上考。且課績之義，不合雷同，事久因循，恐廢朝典。自今以後，諸司朝官，皆須據每年功過行能，仍比類格文，定其昇降，以書考第，不得一例申中上考。應諸司長官書考不當，三品以上，具銜牒中書門下。四品以下，依格、令各准所失輕重降考。[77]

爲了徹底檢覆考第，懲其弊端，考功司在同一月又奏請審查考績，視官僚之能否，以定升降。整頓考課，似乎在這段時間曾經一陣雷厲風行。從諫議大夫、給事中、郎官以下，有許多人都只得到中中的考第。當時，尚書左丞趙憬奏請降果州刺史韋誕的考第，因爲誕犯坐贓之罪。校考使吏部尚書劉滋 (729–794) 以憬能言其過，奏中上考。[78]但是，致送被考官僚第四等考第的習慣，似已成爲當時考課官的普遍風氣（當時有所謂「送路考」的習慣，詳見本文結論），唐政府並不能有效扼止。此類事實的史料雖

76. 本段引文摘自：唐會要，81, p. 1500；册府元龜，635: 20a。按馬周 (601–648)，清河荏平人，少孤貧，出身不高，但卒能以一介草茅而言天下大事，與太宗相見恨晚。歷監察御史、侍御史、中書侍郎、中書令兼太子右庶子等官。卒時，太宗親爲之舉哀。馬周屢有建言，大抵皆爲太宗所深納，甚至撫疏每善久之。馬周對於任官擇人，頗爲留意，曾上疏曰：「致化之道，在於求賢審官，爲政之基，在於揚清激濁。孔子曰：『唯名與器，不以假人。』是言慎舉之爲重也。」又嘗論京官、外官輕重不一，上疏乞重外選。詳見兩唐書本傳（舊唐書，74, pp. 2612–19；新唐書，98, pp. 2895–2902），並參：吳兢：貞觀政要（臺北：河洛圖書出版社，1975），卷2, pp. 75–76.

77. 唐會要，81, p. 1504；册府元龜，63b: 26–3b.

78. 唐會要，81, pp. 1504–5；册府元龜，636: 2b–3b，又，新唐書，151「趙宗儒傳」，p. 4826亦謂「貞元六年 (790)，〔宗儒〕領考功事。自至德後，考績失實，內外悉考中上，殿最混淆。至宗儒，黜陟詳當，無所回憚。右司郎中獨孤良器、殿中侍御史杜倫，以過黜考，左丞裴郁、御史中丞盧佋降考中，凡入中上者，纔五十人。帝聲善之，進考功郎中，累遷給事中。」趙宗儒傳所述，與會要、册府之記載所述頗相符合。

不多見，且零星記載多在晚唐（850 年代）[79]，但是由於唐代的官職與入仕人數、尋求轉任官僚的人數相較，官缺一直顯得「求」過於「供」，頗有僧多粥少的現象，因此投機者尋求非法的考績，也一直普遍存在。

四、考課和官僚政治的關係

考簿上面所記載的考績，直接影響到唐代官僚的昇遷與貶降。雖然唐代有關考課的法令規定比前代加詳，外在的政治環境也大體可以讓考課制度維持運作，但是唐代官僚人數的擴充、待選官吏的增加等卻直接地促使考課制度本身起了因應的變化。唐代政府經常對考課內容加以修改，尤其是關於考數、年資等，以解決官僚機構所面臨的迫切問題。過去的研究較少注意到這一方面的探討，本文以下擬略加討論。

1. 官僚的昇遷與考課制的變化

從唐代官僚政治的實際情況，可以觀察年資與考數的意義。雖然唐代的官僚人數不斷增加，但尋求出身、入仕的人數也不斷地增加。入仕機會對幸運的初仕者來說，大約只有一與八或一與十之比。[80] 從七世紀中葉至十世紀初，這個嚴重的問題，一直存在着。公元 650 至 660 年代，可視爲是考課與銓選問題轉趨嚴重的濫觴時期。顯慶二年（657），劉祥道（596-666）曾經估計每年獲得出身的人數，大約是官職空缺的三倍。[81] 不數年之間，更多與考課有關的問題，相繼出現。

首先，是一種皇帝賜與內外流內官的一種加階的恩典，稱作「泛階」出現了。這

---

79. 唐會要，82, p. 1510；册府元龜，636: 11a-b，載有多項吏部考功奏疏，指出考課弊端在晚唐存在情形。從這些資料，略略可以看出唐政府在 790 年代至 850 年代之間，雖然曾對考課之制加以整頓，卻仍有許多弊病。大中六年（852）考功奏曰：「近日諸州府所申奏錄課績，至兩考、三考以後，皆重具從前功課申〔尚書〕省，以冀襃升。省司或檢勘不精，便有僥倖。自今以後，不得輒更具從前功績申上。」僥倖、投機者尋求高等考第，當然也會造成考解記載失實的情形。同年，考功又上奏說：「又近日諸州府所申考解，皆不指言善、最，或漫稱考秩，或廣說門資，旣乖令文，實爲繁弊。自今以後，如有此色，並請准令降其考第。又准考課令，在中上以上，每進一等，加祿一季。中者守本祿，中下以上〔當作「下」見註75〕，每退一等，奪祿一季。准令以此勸懲，事在必行。近年以來，與奪幾廢，或有申請之處，則申省隨近有處支給，又無者，聽以稅物及和糴、屯收等物充，令式昭然，不合隳廢。自今以後，每省司校考畢，符牒到州後，仰當時便具升降與奪事由申請。如違令式，不舉明者，其所由官，請奪俸祿一季，其已去任官，追奪祿事，並請准令式處分。」

80. 參拙文 "Struggling for Advancement: the Recruitment", pp. 73-74.

81. 同上，p. 100, note 83.

種泛階，促使唐代官僚的昇遷程序、考課制度起了一定程度的變化。所謂「泛階」，始見於乾封元年（666）正月十日的勅令。它規定凡是「內外官九品以下，加一階，七品以上，宜加一階，八品以下更加勳官一轉。」[82] 泛階的賜與是一種恩典，通常是在國家有慶典或大赦時，賞賜百官。它不是一種常態，但因唐代大赦甚為頻繁（詳下），而且得到泛階的官僚人數衆多，自然影響到官僚組織內部的人事問題。泛階的賞賜也與考數相關，並影響到官僚的昇遷速度。就考數說，宏道元年（684）十二年四月勅文規定：「見任內外官五品以上經四考，及守五品經三考，六品以上計滿三考，政有清勤，狀無私犯者，各加一階。」[83] 就昇遷速度說，有人因此得以超遷。簡單說，乾封元年以後，非正規的「泛階」成為一種新的因素，直接影響到官僚的昇遷。

其次，是 660 年代末期有關考課與銓選制的改革問題。總章二年（669）左右，史稱「參選〔指參加吏部銓選者〕者歲有萬人」[84]。為了有效處理日益繁重的選務及考課工作，（必須注意：從唐初至開元二十四年〔736〕共一百一十多年間，知貢舉是由吏部考功員外郎主持，是年後至唐末，才改由禮部主持。吏部各司的工作，在 736 以前頗為繁重。）總章二年，增置吏部侍郎（武后當時改是官名為司列少常伯）一人。此後，吏部侍郎一直維持二人，以迄唐亡。當時，李敬玄（615-682）和裴行儉（619-682）二人即擔任吏部侍郎一職。除了為親守喪三月外，李敬玄自總章二年（669）至上元二年（675）擔任吏部侍郎前後共六年，此後再昇為吏部尚書（675-676）及中書令。[85] 裴行儉擔任吏部侍郎一職更㞃，從總章二年至調露元年（679）共十年。[86] 裴、李二人就是這段期間，主持考課、銓選改革工作的主要推動者。更重要的是，裴行儉的改革計劃，並由他的兒子裴光庭（675-732）在開元十八年（730）繼續推行。

這個改革計劃最主要的建樹，是設置一種全國官吏的檔案或名單，當時叫做「長名牓」或「姓歷」。這二個名稱有時合併為一，被稱為「長名姓歷牓」，有時則簡稱

---

82. 關於「泛階」，見：唐會要，81, pp. 1493-94；資治通鑑，201, p. 6346. 本段引文引自會要。又，唐人蘇冕及宋人司馬光皆認為泛階始於乾封元年。

83. 唐會要，81, p. 1493.

84. 唐會要，74, p. 1344.

85. 參看：嚴耕望，唐僕尚丞郎表（臺北：中央研究院歷史語言研究所，1956），pp. 93-95.

86. 同上，pp. 93-96.

「長名」或「長牓」。

有關這項改革的史料，頗相矛盾。據唐會要和新唐書的說法，長名牓是由裴行儉依照銓選和任官條例（時稱「銓注期限等法」）首先倡設的，他更定出不同的州縣等級（共八級）和官資（卽年資或年勞）高下，作爲銓敍的主要標準。各職官在三京（長安、洛陽、太原）、五府、都護府、都督府等，都有一定昇調秩序，並依照官資深淺而授官任職。[87] 裴行儉並爲之撰譜十卷。[88] 其後（同年，卽 669）吏部侍郎李敬玄又委託幹練的吏部員外郎張仁褘（d. c. 669）依照吏部所藏的官狀和考狀而修改姓歷。張竟以工作過勞，死於斯事。[89] 但是，舊唐書[90] 和資治通鑑[91] 則稱是裴行儉個人，或裴與張二人合力，設置新的長名姓歷牓。舊唐書對長名牓作者記載，前後頗牴觸。[92] 比較之下，唐會要與新唐書對此事記載，似較可信。

長名姓歷牓設立之後，其執行情形如何？資治通鑑說：「其後遂爲永制，無能革之者。」[93] 如果作一些修正，這個說法可以接受。在開元十八年（730）以前，吏部選司注官，偏重個人的能力（尤其是學術方面的素養）。重要官職，多由這類能力較強的人擔任。武后、中宗、睿宗時期，大肆授與士人以員外、斜封等官，其所根據的標準，不僅是個人能力，也包括了人事關係、賄賂以及皇帝個人恩典。官僚在公職中服務的年限或年資，不被重視。既仕官僚「或不次超遷，或老於下位，有出身二十餘年不得祿者。又，州縣亦無等級，或自大入小，或初久〔近〕後遠，皆無定制。」[94] 換

---

87. 唐會要，74, p. 1347；新唐書，45, p. 1175；又見新唐書，108, p. 4086，「裴行儉傳」。關於新唐書，45，「選舉志」的一些譯文、解釋，參：Robert des Rotours, *Le Traité des Examens* (Paris: Librairie Ernest Leroux, 1932), pp. 243-245.

88. 唐會要，74, p. 1347.

89. 唐會要，74, p. 1348；新唐書，45, p. 1175；新唐書，106, p.4052，「李敬玄傳」；舊唐書「李敬玄傳」對此事記載與上述資料同，見舊唐書，81, pp. 2754-55。張仁褘在兩唐書中皆無傳。清人勞格與趙鉞所編唐尚書省郎官石柱題名考（月河精舍，1886), 4: 5b-6a, 有張仁褘小傳，取材自兩唐書李敬玄傳。關於「長名」與「長牓」，並參：封演，封氏聞見記（學海類編本），3: 6a.

90. 舊唐書，84, p. 2802「裴行儉傳」。

91. 資治通鑑，201, p. 6362.

92. 比較舊唐書，81, pp. 2754-55「李敬玄傳」與舊唐書，84, p. 2802「裴行儉傳」。

93. 同註 91.

94. 資治通鑑，213, p. 6789；Denis C. Twitchett, "Hsüan-tsung," in the *Cambridge History of China*, Vol. III, p. 393.

句話說，長名姓歷牓所設置的主要目的——按照官資及州縣等級來授官任職，在670-730 年間並沒有有效推行，其是否眞爲「永制」，很可懷疑。但到了開元十八年，裴行儉之子裴光庭繼續推行「循資格」之制後，所謂「資格」在考課評定與銓注方面，漸漸成爲定制，終唐之世，「無能革之者」。前文謂通鑑的說法如果作一些修正，可以接受，就是指這一點而言。

開元十八年 (730)，官僚人數膨脹（官與吏人數約爲隋的兩倍，流內官人數約比隋及顯慶二年〔657〕多出三分之一）[95]，玄宗也有意改革官僚政治的一些弊端，遂以宰相裴光庭兼吏部尙書，進行銓選與考課的改革計劃。裴光庭以其父在六十年以前推行的長名姓歷牓爲藍圖，定下所謂「循資格」之制。這個辦法以官吏的年資爲主要衡量標準，凡是官吏在某一官職任滿（稱罷官）離職之後，必須等待一定的期限（謂之待選。所待之選，就是吏部的銓選，所待的期間以「選數」來計算）以後，再集於吏部，參加再任的銓試。官品高的選數少，官品卑的選數多。「無問能否，選滿卽注，限年躋級，毋得踰越。」除非犯罪負譴，都是「有升無降」。甚至流外官也必需遵照這個辦法，並須通過門下省負責審核銓敍的「過官」手續。州縣官更必須依照不同的州縣等級，按級昇遷。 明顯的， 這個辦法特別強調官僚的年資 ， 並不重視個人的能力。此一辦法，大受個人能力不佳的「庸愚」之人，以及久沉下僚的「沉滯者」的歡迎，謂之「聖書」[96]。辦法公佈之後 ， 備受各方攻擊 ， 但所有抗議皆屬無效。[97] 此後，在唐的考課與銓選制中，年資成爲一項重要的標準，對於考績的評定與再任官職資格的獲得，有直接的影響。眞正地一如通鑑所謂「其後遂爲永制，無能革之者。」

上述總章二年 (669) 與開元十八年 (730) 兩次改革，表面上看來與銓選關係較爲密切，實際上其注重年資一點，與考課制中的年勞實爲一事。因爲任何官僚的年資，實際上都是經過若干考之後而獲得。當某一官僚任滿離職，並持有考牒證明其考績及

---

95. 參拙文：“Struggling for Advancement: the Recruitment", p. 73.

96. 唐會要，74, p. 1343；舊唐書，84, p. 2807；新唐書，108, p. 4090；册府元龜，630: 6b；資治通鑑，213, p. 6789；洪邁，容齋四筆（四部叢刊本），10: 5a-b; Denis C. Twitchett, "Hsüan-tsung," in the *Cambridge History of China*, Vol. III, p. 393.

97. 同上。值得注意的是開元二十一年 (733) 裴光庭死後，朝廷中對於裴氏的諡號有一番激烈的爭論，顯示裴光庭推行的「循資格」之制影響過大，以致正反雙方，仍各執一詞，餘波蕩漾。

官資，他也正好就是「待選」的官吏。就這一點來說，唐代官僚政治中的銓選與考課制，是關係密切，很難孤立討論的。

　　除上述之外，中、晚時期官僚政治中的許多變化，也影響到考課與銓選制。頭緒紛雜，將另文討論。

　　考績與年資是唐代官僚尋求轉任或加祿時，兩種重要的資格。前文討論過善、最是決定考績的主要標準。當考績決定之後，官僚的昇遷與黜降也因而決定。事實上，由於唐代官僚人數不斷地擴充，有限的官職，勢必不能滿足每年數千，甚至上萬，尋求「出身」的「新」待選人，以及尋求轉任昇遷的「老」官僚。唐政府為解決這個問題，不得不從選數、考數，或者年資上來對官僚昇遷加以規範。根據貞觀十一年(637)太宗所下勅令規定，凡入仕官僚官品在六品以下者，其遷代以「四考」(時間約四年，即每年一考，但因考數的計算，還有其他規定，事實上可能只有三年或三年多)為限。如果四考的考績都是第五等(中中)，則進「年勞」(即年資)一階，每一個第二等(上中)的考績可以再進年勞一階；第一等(上上)的考績，則進年勞二階。五品以上的官僚，則必需獲得皇帝所賜的「特恩」，才有機會轉任或昇遷。但全國為數超過三百以上的刺史，雖然官品在從三品至正四品下之間，却不遵循上述這種「遷代」的「進階之令」。[98]

　　這道勅令規定，有幾點需要加以解釋。首先，此處所謂的官品是指「散官」、「散位」或「散階」而言，不是依官職而定的「職事官」的官品。所謂「散官」是一個官僚的「本階」，它並未賦予「散官」擁有者真正的官職，不過它賦予官僚一種出身、資格，並有權利參加吏部的甄試，並獲得再任的機會。[99]貞觀十一年的勅令也清楚規定：「散位一切以門蔭結品，然後依勞進敍。」[100]雖然，散位的獲得，還有封爵、親戚、勳庸、秀孝、資蔭等其他途徑，但勞考與散位之間是有一定程度的關係的。許多事例顯示，唐代官僚在昇遷時，並不依循二十九個散階的秩序，往往可以越級「超

98. 唐會要，81, p. 1501；册府元龜，635: 20b-21a.

99. 參拙文："Struggling for Advancement: the Recruitment."

100. 唐會要，81, p. 1501；册府元龜，635: 20b-21a，舊唐書，42, p. 1715，略有不同，謂：「散位……然後勞考進敍。」

遷」，但必需注意的是他們超遷、越級的都是散官，而不是職事官。[101]

　　其次，此處所謂的「四考」，事實上只是一般性的、偶發性的原則而已。終唐一代，年資與考數的規定，常有變遷。這些變遷，與唐代官僚組織的實際情況有密切關係，本節以下將續作討論。

　　第三，貞觀十一年的規定，遷代以四考爲限，僅適用於散階在正六品以下的官僚，他們的考績與銓敍（指遷代以後的再任而言）都需要經過吏部的審核與認可。至於散階五品以上（刺史包括在內），則其銓敍必需經由皇帝裁可，散階從三品以上的大官甚至還必需由皇帝本人親考。

　　從上面所述，可以看出考數與官僚昇遷，有直接關係。考數的多寡，相當於擔任某一官職的年資。在理論上說，考數增加即表示昇遷速度減慢。當官僚組織內的官職無法滿足過多的謀職者時，相對的也將增加考數的要求，以減緩官職之間的相互塡遷。明顯的，這是要把某一官僚「冷凍」至一段相當長的時間，才開始「解凍」，以解決「冰箱」（此處指官僚組織）過度飽和的問題。否則，頻頻調動，勢將增加許多官僚組織內部作業的麻煩。從唐代的考數規定看，時間越早，考數越少，時間越晚，考數越多。

　　上文所論只是一般性的通則，實際上有許多例外存在。例如：二引貞觀十一年（637）勅謂散位六品以下官僚，遷代以四考爲限。但是開元二十五（737）、二十七年（739）玄宗屢申「考課官人善績，三年一奏，永爲嘗式」又引書經所謂「三載考績，黜陟幽明」的理想，說三考較適合當時官僚體制。[102] 但一年之後（開元二十八年，740），規定又改變了。又如：開元初，一般京官或外官都由吏部預先推薦一個「替人」（或稱「守闕」）來遞補他轉任後所留下的空缺，此制在開元初曾經推行，雖然開元三年（715）曾一度下令禁止，[103] 事實上，「替人」在「待替」者，大有人在。

---

101. 唐代散官與職事官，常易被混爲一談，不加區別。例如：薩孟武在批評唐之考課制時說唐進階之法太過呆板，並謂「唐之官階凡三十等，縱令孜孜愼修，九品之吏亦難昇爲三品以上之官。」見氏著：中國社會政治史，第三冊（臺北：三民書局，1975），p. 362。事實上，唐之職事官分三十階，散官則只有二十九階（文、武散官都沒有正一品），此處顯然混職事官與散官爲一談。

102. 册府元龜，635：25b-26a。

103. 唐會要，81, p. 1501；册府元龜，635：22b。

開元二十八年（740）三月二日玄宗所下勑令，清楚地說明這個現象：「先是，內外六品應補授官四考滿待替爲滿。是日制，令以歲爲滿，不待替。縣令、知倉庫、供奉、伎術及充綱領等，不在此限。」「至其年（740）十二月十六日勅，內外六品已下官，依舊待替。其無替者，五考滿後停。」[104] 如此，則如果六品以下官無法先由吏部尋得替人來遞補其空缺，其昇遷就可能減慢一年，即從四年變爲五年了。

　　中唐時期，有關考數的問題，經常被提出討論。例如：寶應元年（762）五月勑州縣官三考一替，但到同年十月吏部上奏，請有條件改爲四考。吏部奏說：「准今年五月勑，州縣官自今已後，宜令三考一替者，今數州申解，疑三考後爲復〔資〕，待替到爲復，便勅停請處分者。今望令已校三考官，待替到。如替人不到，請校四考後停。」[105] 這是說州縣官原則上准三年一替，但如果他們昇遷或轉任時，吏部尚未推薦適當人選（稱替人）時，則需延後一年昇遷或轉任。到了貞元四年（788）正月德宗又下勅說：「九品已上正員，及額內官〔指正常名額以內之官，唐代的員外官，或兼、知、權、判等官都非額內官〕得替者，委諸長吏聞薦，見任者三考勒停。」[106] 可見考數多寡，反反覆覆，貞元六年（790）德宗制曰：「守宰之任，弊在數更。自今刺史、縣令以四考爲限。」[107] 似乎德宗有意固定考數，減少待遷官僚的困擾。但是不到三年，貞元九年（793）七月又制稱：「縣令以四考爲限，無替者宜至五考。」[108] 次年（794）刑部奏請依舊例諸州府五品已上正員及額內佐，宜四考停。[109]

　　元和二年（807）五月，中書、門下上言，提出各官僚機構成員的考數與轉任的建議。這個建議，提供了有關昇遷速度與官僚機構的性質之間的重要資料。轉引如下：

　　　　國家故事，於中書置具員簿，以序內外庶官。爰自近年，因循逐廢。清源正本，莫急於斯。今請京常參官五品以上，前資見任，起元和二年，量定考數，置具員簿。應諸州刺史、次赤府少尹、次赤令、諸陵令、五府司馬，及東宮官除左右庶子、王府官四品已下，並請五考。其臺官先定月數，今請侍御史滿十

104. 唐會要，81, p. 1502；册府元龜，635: 26a.
105. 唐會要，81, p. 1503；册府元龜，635: 28a.
106. 唐會要，81, p. 1504；册府元龜，636: 2a.
107. 册府元龜，636: 2b.
108. 唐會要，81, p. 1505；册府元龜，636: 4a.
109. 唐會要，81, pp. 1505-06；册府元龜，636: 4a-b.

三月，殿中侍御史滿十八月，監察侍御史依前二十五箇月，與轉。三省官並三考外，餘官並四考外，其文武官四品已下，並五考商量與改。尙書省四品已上，餘文武官三品已上，緣品秩已崇，不可限以此例；須有進改：並臨時奏聽進止。其權知官須至兩考，然與正授；未經正授，不得用權知官資改轉。其中緣官闕要人，及緣事須有移者，卽不在常格敍遷之限。諸道及諸司副使、行軍司馬、判官、參謀、掌書記、支使、推官、巡官等，有勅充職掌，帶檢校五品已上官，及臺省官，三考與改轉，餘官四考與改轉。[110]

這個建議淸楚地指出：考數與各官僚機構的性質關係極爲密切，不但中央政府中的尙書、中書、門下與御史臺有別，京官與外官也有昇遷快慢之分。卽使同一機構中的官僚，也因官品的高低不同，而有考數的差異。大體而言，京官的昇遷速度較外官快，御史臺官僚的昇遷較三省官或其他京官快，權知、檢校之官也在二、三年間卽可正式甄除。

　　直到晚唐，考數的規定與轉任的機會，仍極具彈性。文宗太和六年（832）甚至有勅規定諸州五品長史、司馬、權知等官，需六考後才准予改轉。[111]但是考數的規定，似乎沒有嚴格執行。文宗開成四年（839）六月河陽節度使李執方「奏管內縣令有纔經一考已替者，失考績黜陟之義，請無犯者留至三考，從之。」[112]上古理想的三載考績問題，也一再被提出，譬如宣宗大中元年（847）正月制曰：「守宰親人，職當撫字，三載考績，著在格言。貞元之中，頻有明詔，縣令五考方待改移。近者因循，都不遵守。諸州或得三考，畿府罕及二年。以此字人，若爲成政，道途郡吏有迎送之勞，鄉里庶民無蘇息之望。自今須滿三十六箇月，永爲嘗式。」[113]必須注意，三十六個月理應卽爲三考，事實上卻有出入（詳下）。到了懿宗咸通四年（863）大赦節文

110. 唐會要，81, p. 1506。又，宋人洪邁（1123-1202）在容齋四筆（四部叢刊本），11: 8a-b，云：「唐御史遷轉定限」條謂：「唐元和中，御史中丞王播奏：監察御史舊例在任二十五月轉，準具員不加，今請仍舊。其殿中侍御史舊十二月轉，具員加至十八月，今請轉至十五月。侍御史舊十月轉，加至十三月，今請減至十二月，從之。案：唐世臺官，雖職在抨彈，然進退從違，皆出宰相，不若今之雄緊，觀其遷敍定限可知矣。」所述臺官改轉月數與本文所引會要，略有出入。另見：新唐書，45, pp. 1179-80，謂宰相李吉甫定考遷之格，定各種不同機構官僚之考數，所述較會要簡略。

111. 唐會要，81, p. 1507；册府元龜，636: 8a.

112. 册府元龜，636: 9b.

113. 册府元龜，636: 9b-10a.

中又規定地方郡守之官，必須三考滿才准改遷。[114] 此後四十年間至唐亡，有關考數問題，不見於史料。

　　唐代內外文武官吏原則上是一年一考，是爲「小考」；經考滿後才准昇遷、轉任，是爲「大考」。因此，所謂兩考、三考、乃至六考，是指考滿並在該一官職歷經二年、三年，乃至六年。不過，這個原則對「新任」官員（不論是新近進入官僚組織者，或自某一職位轉任至另一職位者）並不適用。這裏牽涉到所謂「成考」與「破考」的問題。關於前者，最初在開元四年 (716) 規定，准許初任官吏任滿 100 日，許其成考。其原因可在該年玄宗所下勅文裏看出：「選人旣多，比銓注過謝了，皆不及考，遂使每一年選人，卽虛破一年闕，在於公私，俱不利便。自今已後，官人初上年，宜聽年終以來滿一百日，許其成考。仍准遷考例，至來年考時併校，永爲常式。」[115] 案：唐代銓注時限，前後規定，屢有不同。一般說，參加吏部選試者，都在每年五月看到通知（中央頒「格」於州縣），十月會集於京師，吏部試或其他各種銓試（如：歲舉或常選，卽進士、明經等考試；制舉，稱諸科或制科等）通常在是年冬（十一月）至來年春（四月或三月）畢，眞正的銓注工作是在各種考試放榜，三省有關人員審查完畢，並經過三唱、三注等手續後，始告完成，時間通常在三月底或四月初。雖然規定如此，往往因爲選人太多，無法如期完成銓注、過官、任命等手續。[116] 因此有初任官不及參加是年考績的情形。上引開元四年勅規定初任官許百日成考，就是針對這個現象，所作的權宜措施。這個權宜措並且修正成爲具體的條文，開元七年 (719)、二十五 (737) 所頒佈的考課令中，就正式規定：「諸流內、流外、長上官，考前釐事不滿二百日者，不合成考。」[117] 所謂「不合成考」，就是「破考」。破考包括的對象不僅是初任官員，也可能牽涉到請假或「留職留薪」（按照唐人的說法應該是請俸祿停務之官）的官員，但計算的標準都是以任滿 200 天才算成考。這些規定，可以從天寶二年 (743) 八月五日吏部考功司所奏看出：

114. 册府元龜，636: 12b–13a.

115. 唐會要，81, p. 1501；册府元龜，635: 23b–24a.

116. 有關唐代銓注與各種銓試時間，見：新唐書。45, p. 1171, pp. 1174–75，並參拙文："Struggling for Advancement: the Recruitment," pp. 27–28.

117. 唐六典，2: 45b；唐會要，81, p. 1502；册府元龜，635: 26a–b；唐令拾遺，p. 345

准考課令（見上引719、737年令文）考前釐事，不滿二百日，不合成考者。釐事謂都論在任日，至考時有二百日，即成考。請假、停務，並不合破日。比來多不會令文，以為不入曹局，即為不釐事，因此破考。臣等參量，但請俸祿，即同釐事，請假不滿百日，停務不至解免，事須却上其考，並合不破。若有停務逾年，不可更請祿料，兼與成考。[118]

此事後經玄宗「勅旨，從之。」

應該指出：負責考課的唐代諸司長官並不一定嫻熟當時的行政法規，因此產生對「釐事與否」有違背令文規定的解釋，也因此牽引出成考、破考的問題。這個問題的癥結在於「考前釐事」一事，容易和請假、停務、解免官員的認定，混淆不清。[119]

如上所論，討論唐代的考數，乃至昇遷速度，必須注意到成考、破考問題。三考並不一定即為任滿三年，這是必需特別指出的。

前文提到，官僚的考績如果良好，可以昇遷其散階。乾封元年（666）所開始實行的賞賜「泛階」之制，事實上也是「散階」的一種額外昇遷。就這一點來說，當討論唐代官僚的昇遷問題時，泛階、超遷（詳下）與考績或考數，是必須一併考慮的。

永淳元年（682）有一條詔令指出：官僚的考績初上中央，往往被擱置，但是再上時，則隨例必升。這當然是官場惡習，有失考績之義。是年正月詔曰：「比來文武『官計』[120] 至三品〔因為三品以上官，例由皇帝親考，詳二節〕，一計至者，多未甄擢，再計至者，隨例必升。賢愚一貫，深乖獎勸。今後一計至已上，有在官清慎，材堪應務者，所司具狀錄奏，當與進階。若公正無聞，循默自守，及未經任州縣官，雖再經計至，亦不在加階之限。」[121] 這是要求所司一定要公平處理考績，詳細登錄，然後再審核，作為昇遷散階的依據。然而武后在位最初十年（684-695），每年逢赦或其他恩典，必賜百官泛階。唐代著名史家劉知幾（661-721）即曾在證聖元年（695）（時劉氏為懷州獲嘉縣尉）嚴厲批評：「臣聞君不虛授，臣無虛授……今皇家始自文明（684），迄於證

118. 唐會要，81, p. 1502；册府元龜，635: 26a-b.
119. 同上。
120. 「官計」即官吏功過之計簿，此襲周禮天官大宰之名。但需注意的是：官計並非考解，當是吏部送監校考使的考簿。
121. 唐會要，81, p. 1494.

聖 (695)，其間不過十餘年耳。海內具寮，九品以上，每歲逢赦，必賜階勳。無功獲賞，徼倖實深。其釐務當官，尸素尤衆。每論說官途，規求仕進，不希考第取達，唯擬遭遇便遷……望自今後，稍節私恩。使士林載清，人倫有敘。」[122] 然而，這種「虛授」的恩典此後不但沒有中止，反成廣大官僚尋求徼倖的良機。唐政府甚至縝密規定泛階的賞賜，要符合被賜官僚的考數。萬歲通天元年 (696) 七月四日武后制曰：

> 「文武官加階應入五品者，並取出身，歷十三考已上無私犯；進階之時，見居六品及七品已上清官者。應入三品，取出身，二十五考已上，亦無私犯；進階之時，見居四品者。自外，縱計階應入，並不在進階限。其奇才異行，別效殊功者，不拘此例。」[123]

明顯地，這是一條有關昇遷速度的規定。如果某一官僚沒有任何越級「超遷」的記錄，並且每次考滿都是服滿頭一年（即不是上文所謂初仕者，准 200 日成考），則一個散階五品之官至少要服滿十三年，三品官是二十五年。但事實不然，並且容許例外。第一，唐代官僚往往可以超遷，也可以得到泛階。同時每次考績是否皆為整年服務成績，頗成問題。第二，有關昇遷速度以考數計算的規定，並非一成不變。開元十一年 (723) 二月五日玄宗下勅規定：「自今以後，泛階應入五品，以十六考為定。及三品，以三十考為定。其名賢宿德，及異跡殊狀，雖不逢泛階，或應遷改之次，年考與節限同者，亦以名聞，仍永為常式。」[124] 這個規定，無異又把昇遷的資格更加嚴密規範，提高昇遷的服務年限。貞元六年 (790) 吏部再奏請准開元十一年的規定（已變為正式行政法規，即「格」）處理應入泛階者所限定的考數。[125] 從法令規定說：開元以後的昇遷速度比武后時要緩慢。官吏昇遷機會，似乎越來越困難了。

唐代州縣官昇遷時，所必需經過的階梯數，超越前代。這表示唐代地方官吏的昇遷機會，比前代減少。[126] 例如：唐代三百五十餘州，一千五百餘縣，各有七個不同的等級，[127] 約為漢代的二至三倍。[128] 前述開元十八年 (730) 裴光庭所設「循資格」，

122. 唐會要，81. pp. 1494-95.
123. 唐會要，81, p. 1494.
124. 同上。
125. 唐會要，81, p. 1496.
126. 錢穆，中國歷代政治得失（香港，1952），p. 34.
127. 薛作雲，唐代地方行政制度研究（臺北：商務印書館，1974），pp. 17. 26,
128. 錢穆，前揭書。

甚至更早的總章二年 (669) 所定長名姓歷牓，都規定州縣等級。凡州縣官昇遷，必須限年躡級，毋得踰越。中唐時，著名的政治家陸贄 (754-805) 也曾比較漢、唐州縣級數，並批評唐政府增列州縣等級，減緩州縣官昇遷速度，使得唐代官僚的昇遷較前代困難。（有關陸贄的批評，見本文「結論」）。

　　討論唐代官僚的昇遷速度，除了上述泛階、考數、州縣等級的問題，需要注意以外，「超遷」也必須予以考慮。事實上，「超遷」的存在，使得唐代官僚昇遷速度的通則，難以建立。在理論上，唐代官僚的散階，就是他的「本階」；「本階」或「散階」應該符合其「職事官」的官品。但在實際上，當「浩蕩」的皇恩幾乎二、三年必有一施，泛階以及皇帝個人對某一官僚的恩寵頻繁的時候，官僚們的本階或散階，往往高於其職事官的官階。貞元六年(790)六月吏部奏泛階之弊稱：自從建中元年(780)以來，「有司因循，以例破格，應試官敍階，並不限官品。其中或官是九品，階稱朝議郎；或官是六品，階稱正議大夫。加一泛階，並入三品、五品。」[129] 按：朝議郎是正六品上散階、正議大夫是正四品上散階。如果上文「官是九品」指的是正九品上的職事官，則其散階比官階高十二階。如果「官是六品」指的是正六品上的職事官，則其散階比官階高八階。官僚品級之制，因泛階而破壞既存的秩序，灼然可見。「超遷」之弊，與「泛階」類似。超遷通常是皇帝個人對某一官僚的表現特別滿意，所賜與的個別恩典，就這一點說，它與逢大赦或節慶時，「普遍」賜與百寮的「泛階」不同。但就「超遷」破壞「限年躡級」的年資或其他因功擢昇的體制而言，則與「泛階」殊無二致。例如：澧州刺史崔瑾（八世紀中）因為轄境「風化大行，流亡襁負而至，增戶數萬。有司以聞，優詔特加五階。」[130] 高宗龍朔二、三年 (662-3) 間，大將軍劉仁軌因為敗日本、百濟軍有功，高宗特予「超遷」散階六階。[131] 李義琛 (622 進士，七世紀中）因捕獲盜文成公主貢物之賊有功，太宗特予「超遷」散階七階。[132] 由此可見，「超遷」與「泛階」的存在，對於正常的唐代官僚昇遷速度的瞭解，大有影

---

129. 唐會要，81, p. 1496.
130. 舊唐書，115, p. 3375，「崔瑾傳」；新唐書，141, p. 4656，「崔瑾傳」。
131. 舊唐書，84, p. 2792「劉仁軌傳」；新唐書，108, p. 4033，「劉仁軌傳」；參閱：資治通鑑，201, p. 6336.
132. 新唐書，105, p. 4034.

響。

　　近人孫國棟先生曾對唐代「中央重要文官」（指清望官及臺省清官，共 101 種文官）的昇遷、轉任途徑研究，作出一定貢獻。他指出：經由吏部任命的六品以下官，每一職位的任期，在唐初四年，安史之亂以後是三年。[133] 這個說法，事實上只是一般原則，玄宗及以後各代有許多例外存在。尤其是五品以上官通常要經過門下省的「過官」手續，更因其職位不同，所處時代差異，而有變動。

　　孫氏認爲政府法令規定與實際情況頗有距離。要了解唐代官僚遷轉年限、任數的眞相，只有從兩唐書列傳中各人的官歷中去探尋。但因各人遷官情況不同，昇遷途徑有別，列傳中各人資料也詳略不一，因此昇遷模式極難重建。孫氏遂只好從 198 名唐代官僚中，作出不完全的統計。這 198 名官僚的昇遷，是透過唐人「最通常的遷官途徑」，卽由拾遺、補闕或各級御史升入員外郎、郎中、中書舍人、給事中，再遷丞郎，轉吏部侍郎、左丞，再進爲尚書或宰相。根據這項研究，孫氏獲得若干結論，如初仕至從五品的郎中，平均約十五年，歷六或七任等等。但其說法只能當作一種趨勢觀察，無法具探。[133a]

---

133. 孫國棟，唐代中央重要文官遷轉途徑研究（香港：龍門書店，1978), pp. 4-6, p. 229.

133a. 同上，「第四章）」，pp. 229-39，尤其是 pp. 238-39.，孫氏統計結果，獲得若干結論如下：

　　一、由初仕至從五品的郎中，平均約十五年，歷六或七任；至正三品的尚書，平均約二十五年，歷十三任。

　　二、由初仕至宰相平均約二十五年，歷十一任。

　　三、由初仕至員外郎平均約十四年餘，歷四至五任；至中書舍人、給事中，平均約十八年餘，歷七至八任；至丞郎平均約二十三年餘，歷九至十任；至左丞、吏侍平均約二十四年，歷十至十一任。

　　四、每任官的任期在升入員外郎以前每任平均約三年，自升入郎中以後，每任平均約二年半。

　　五、遷入各重要文官的年數長短，任數多寡，以及每任任期長短在三百年間變遷頗多。就年數言，初唐前期最短，晚唐次之，初唐後期及中唐時期則較長。就任數言，初唐擢遷的級數距離最大，所經歷的任數最少；愈近晚唐，擢遷的級數距離愈小，所歷經的任數愈多。就每任任期長短言，初唐最長，愈近晚唐，每任的任期愈短。

　　必需注意，上述論點，有其限制。孫氏承認這個統計「是一個不完整的統計。但是作爲觀察一種趨勢，依然極有價值，如果把這數字，配合制度條文，確可以看出唐代遷轉年期任數的輪廓」。（孫著 p. 232）他更承認這項統計的缺點，主要在以下幾點：㈠只選出 198 人作抽樣統計，稍嫌不夠充足。㈡每一官歷，或有有一二欄記載不明、資料太少，失去統計價值。㈢宰相資歷深淺不一，因此宰相遷轉年限、任數有很大距離。㈣計算遷轉年數，只能以年表示，不能計算月數，因此不能絕對精確。㈤198 人大部份雖循「最通常的遷官途徑」昇遷，但有例外。孫氏僅就有準確資料者列入統計，所以統計數字並不全面。㈥198 人中間有擔任「最通常的遷官途徑」以外的官職的，但在統計中無法列入。（孫著 p. 232）。的確，

2. 考課與官僚的懲罰

　　考績對一個唐代官僚來說，有其有利與不利的影響。優良的考績，使得官僚得以昇遷、加祿，是有利的部份。低劣的考績，使得官僚因而減祿、貶官、除名、免官、免所居官，是不利的部份。不利的部份，實卽對官僚的懲罰。由於這些懲罰，有時僅屬行政處分，有時更牽涉到刑法的處罰，因此下文所論各項，比前述昇遷部份，涉及稍廣。

　　唐律與唐令中，都有關於懲罰官僚的規定。就資料數量說，唐律比唐令超出甚多。開元七年 (719)、二十五年 (737) 頒佈的考課令中，只有一條這類規定。它說：

　　諸官人，犯罪負、殿者，私坐〔卽私罪〕計贖銅一斤爲一負，公罪二斤爲一負，各十負爲一殿。校考之日，負殿皆悉附狀〔卽考狀〕。當上上考〔第一等〕者，雖有殿不降（此謂非私罪），自上中〔第二等〕已下，率一殿降一等。卽公坐殿失應降，若當年勞劇，有異於常者，聽減一殿。[134]

明顯地，官僚若犯私罪或公罪，都以贖銅多少來計算其負、殿。負、殿是屬於刑事處罰，它一旦被記入考狀，並據而評定考績，再依法奪祿，或解免，則屬於行政處分。應該注意，唐代考績的上下等互相抵消辦法，在考績評定上，與這項規定，在立法精神上頗有相通之處。此卽：考課令規定，有第一等考績者，雖有公罪的殿，但並不降其考第；在考績抵消辦法中也規定「上中〔第二等〕以上。雖有下考，從上第。有下下考〔第九等〕者，解任。」（詳二節4項）其理由當是因爲第一等考績必須是「一最以

　　孫氏這項統計並不完全，除了以上的缺點外，可能還包括：㈠由於只有「最通常的遷官途徑」中的官職，才被列入統計，因此凡是外出擔任地方官（如刺史）、或使職等，則被忽略。在唐代官僚政治中，中唐以前，京官重，外官輕，可以不論。但代宗以後，使職愈重，正官愈輕，使職又經常設置。（孫著 p. 246）因此，孫氏統計似僅能代表「中央重要文官」中，循「最通常的遷官途徑」昇遷的 198 人中的大部份。不能代表上述「最通常的遷官途徑」以外的官僚，尤其是曾出任外官或使職的官僚。這種情形，當以唐代後半期爲普遍。㈡如本文上述，考數的變遷、「泛階」、「超遷」的存在，都負面或正面地影響到官僚的昇遷速度。在討論官僚的遷轉年限與任數時，這些因素都應列入考慮。孫氏所論，毋寧僅指若干中央的清望官和清官而言，這些官僚固然是「重要文官」，但只是整個官僚組織中的一部份而已。㈢孫氏統計中，最低品的職官從六品上的員外郎，其他職官品位更高，他們可以說都是見於兩唐書列傳中的成功官僚。事實上，久沉下寮，或者出身多年尚不得俸祿的官僚、士人，爲數更夥。因此，孫氏的統計似乎只代表成功官僚中最有成就的一小部份。

134. 唐六典，2: 48b。又，長孫無忌等，唐律疏議（四部叢刊本），「職制律」，9: 3b，「貢舉非其人」條，疏引考課令。參：唐六典，6: 25b；唐令拾遺，pp. 343-44.

上，有四善」，第二等考績必須是「一最以上有三善，或無最而有四善」，一、二等考績當是最有德行、行政能力者，法令規定亦卽加以保護，用表獎勸。至於第九等考第，實卽已是「居官諂詐，貪濁有狀」（參表一），牽涉到本節下文所討論的除免等懲罰。

　　唐律關於官僚懲罰的規定，比上述考課令詳盡。本節以下的討論，大部份援引唐律的規定，以作說明。

　　討論官僚懲罰的規定，需先解明二事：公罪與私罪的界限爲何？唐代官僚是否受到法律的保護？以前者言，唐律有淸楚規定，律疏謂「私罪」是「私自犯，及對制詐不以實，受請枉法之類。」律議解釋說：「私罪，謂不緣公事，私自犯者；雖緣公事，意涉阿曲，亦同私罪。對制詐不以實者，對制雖緣公事，方便不實情，心挾隱欺，故同私罪。受請枉法之類者，謂受人囑請，屈法伸情，縱不得財，亦爲枉法。」[135] 所謂公罪，律疏謂係「緣公事致罪，而無私曲者。」律議申釋爲：「私曲相須，公事與奪。情無私曲，雖違法式，是爲公坐。」[136]

　　唐代官僚享有若干減免刑罰的特權，也需要略加說明。唐律重視身分與罪刑的關係，因此唐律因罪犯的身分區別，而有個別化的刑罰。官僚在刑罰上，享受殊遇，並及於親屬。根據唐律，所謂議、請、減、贖和官當，是官僚在刑罰上，可以享受的特權。議、請、減主要是指刑罰的免除或減輕，贖是眞刑的易科。官當也是易刑，並且有從刑（行政懲戒）的性質。[136a] 唐代官僚（有時及於親屬）透過以上的殊遇，在法

---

135. 此處所引疏、議，見唐律疏議，2：15b-16a，「名例律」第十七條「以官當徒」。參考：Wallace Johnson, *The T'ang Code, Vol. I. General Principles* (Princeton University Press, 1979. 以下簡作 "*T'ang Code*"), pp. 112-13. Johnson 氏在書中註 91. 92 博引載於唐律中之其他實例，對「私罪」一義，詳加解釋。

136. 此處所引疏議，見唐律疏議，2：16a-b，「名例律」，第十七條，「以官當徒」。參考，Wallace Johnson, *T'ang Code*, 3. p. 11.

136a. 所謂「議」，在唐律中指「八議」，唐律疏議，卷一，「名例律」，第七條，「八議」，(pp. 1: 35b-38a)，稱：八議指：「一曰議親（疏：「謂皇帝袒免以上親，及太皇太后、皇太后緦麻以上親，皇后小功以上親」），二曰議故（疏：「謂故舊。」），三曰議賢（疏：「謂有大德行」），四曰議能（疏：「謂有大才業」），五曰議功（疏：「謂有大功勳。」）六曰議貴（疏：「謂職事官三品以上，散官二品以上，及爵一品者。」），七曰議勤（疏：「謂有大勤勞」），八曰議賓（疏：「謂承先代之後，爲國賓者。」）」唐律疏議，卷二，「名例律」，第八條，「八議者」條，(pp. 2:1a-1b)，對「八議」得減刑罰，有所說明：「諸八議者，犯死罪，皆所坐及應議之狀，先奏請議，議定，奏裁。流罪以下，減一等。其犯十惡

律上得到保護。　其最重要的一點，是免除身體的刑罰（體罰，謂免受奴辱及笞恥）。其理由，當是古來所謂「禮不下庶人，刑不上大夫」[137] 的具體化。　但是，唐代官僚在法律上享受特權，不能曲解作單向的特殊待遇。　事實上，任何官僚的身分、地位不能保證他們可以免於接受行政處分。如果他們犯了「十惡」之罪（詳下），也是法所不容。　行政處分對官僚來說，其刑責比一般百姓爲重。因此，所謂議、請、減是免除或減輕官僚的刑罰，但贖只是眞刑的易科罰金〔唐以銅納贖〕，使官僚在消極方面免於奴辱、笞恥；「官當」則是用法律配合行政法規加以處分，遂有積極的作用。[138]

　　唐代官僚懲罰的二大原則是：一、原則上不科以眞刑〔卽上述議、請、減、贖、官當〕，二是予以除免。所謂除免，主要是指除名、免官、免所居官。三者各有特定的內容與適用對象，但他們在刑律上的性質是從刑，從行政法規而言，則與官當一樣，屬於懲戒處分。

　　所謂「除名」的適用對象，包括：（1）該當五流之犯罪〔五流卽加役流、反逆

者，不用此律。」所謂「請」，其內容及對象，唐律「名例律」第九條，「皇太子妃」（見：唐律疏議，2:1b-3a），有這樣的規定：「諸皇太子妃大功以上親，應議者期以上親及孫，若官爵五品以上，上請。流罪以下，減一等。其犯十惡，反逆緣坐，殺人，監守內姦、盜、略人，受財枉法者，不用此律。」所謂「請」，其內容及適用對象，唐律「名例律」第十條「七品以上之官」（見：唐律疏議，2: 3a-b），有這樣的規定：「諸七品以上之官，及官爵得請者之祖父母、父母、兄弟姊妹、妻、子孫，犯流罪以下，各從減一等之例。」所謂「贖」，其內容較爲複雜，適用對象也甚多，唐律「名例律」第十一條「應議請減」、第十二條「婦人官品邑號」、第十三條「五品以上妾有犯」，第十四條「一人有議請減」、第十五條「以理去去官」、第十六條「無官犯罪」，等各條，對「贖」都有規定。見：唐律疏議，2: 3b-15b。「贖」的適用對象很多，例如「諸應議、請、減及九品以上之官，若官品得減者之祖父母、父母、妻子孫，犯流罪以下，聽贖。」（11條）又如婦人有官品及邑號（12條）、五品以上妾（13條）、假版官（15條）……等等，此處無法具引。至於「官當」，本節下文將予討論。關於唐代官僚及其親屬的殊遇，尤其是在議、請、減、贖方面的討論，參考：戴炎輝，唐律通論（臺北：國立編譯館，1964, 1977），第三章「議請減贖——官人官親之殊遇」，pp. 216-240。

137. 禮記曲禮，英譯，見：James Legge, tr., *Li Ki* (in *Sacred Books of the East*) (F. Müller ed., 1885). Vol. 27, p. 90.「大夫」一詞一般解作官品甚高的官僚，但根據 H. G. Creel 的說法，所謂「大夫」在周代時卽已可指品位不崇的一般官僚，參見：Herrlee Glessner Creel, "Legal institutions and procedures during the Chou dynasty," (Jerome A. Cohen, et. al.) *Essays on China's Legal Tradition* (Princeton University Press, 1980), p. 39. 又參閱：Wallace Johson, *T'ang Code*, p. 11. note 33.

138. Wallace Johnson, *T'ang Code*, pp. 25-28；戴炎輝，唐律通論 p. 220。

緣坐流、子孫犯過失流、不孝流及會赦猶流〕；[139] (2) 犯十惡、故殺人、反逆緣坐者。[140] 十惡即謀反、謀大逆、謀叛、惡逆、不道、大不敬、不孝、不睦、不義、內亂；[141] (3) 監臨主守，於所監守內犯姦、盜、略人，若受財而枉法者；[142] (4) 雜犯死罪，即在禁身死，若免死別配，及背死逃亡者；[143] (5) 私鑄錢者。[144]

139. 「除名」的內容，見唐律「名例律」第二十一條，「除名者」（見唐律疏議，3: 4b-5b）；參閱：Wallace Johnson, *T'ang Code*, pp. 94-96；戴炎輝，唐律通論, p. 254；戴炎輝，「唐律における除免當贖法」，法制史研究, 13 (1962), p. 64. 〔以下簡作「前揭文」〕，戴炎輝氏「前揭文」現已併入其所著唐律通論一書，並經過修改。按所謂「五流」，參：唐律「名例律」第十一條「應議請減」（唐律疏議, 2:4b-6a），律議解釋「加役流」說：「加役流者，舊是死刑。武德年中，改為斷趾。……貞觀六年 (632) 奉制改為加役流。」「反逆緣坐流」，律議說是：「謂緣坐反逆得流罪者。」「子孫犯過失流」，律議說是指：「謂耳目所不及，思慮所不到之類，而殺祖父母、父母者」，換句話說，即是意外殺祖父母、父母者，非故殺。「不孝流」，律議說：「不孝流者，謂聞父母喪，匿不舉哀，流。告祖父母、父母者，絞；從者流。呪詛祖父母、父母者，流。厭魅求愛媚者，流。」「會赦猶流」，律議說：「案賊盜律云：造畜蠱毒，雖會赦，並同居家口及敎令人，亦流三千里。……此等並是會赦猶流。」律文對以上「五流」說是「各不得減贖，除名配流如法」，易言之，犯五流之罪者，在行政處分上科以「除名」之罪，在刑法上則必須執行流配之眞刑。按：唐律規定的五刑，是指笞刑、杖刑、徒刑、流刑和死刑。所謂「流刑」有三等：二千里（贖銅八十斤）、二千五百里（贖銅九十斤）、三千里（贖銅一百斤）。見：唐律疏議：1: 21b; Wallace Johnson, *T'ang Code*, p. 59. 三等流刑，唐人亦謂之「三流」。「三流」與「五流」所指不同，不可混為一談。

140. 唐律，「名例律」，第十一條，「應議請減」，有「反逆緣坐流」，屬「五流」之一，律議說是「謂緣坐反逆得流罪者」，見註 139。唐律「名例律」，第十八條，「十惡反逆緣坐」（見唐律疏議, 2: 20a-b），律議謂：「反逆緣坐者，謂緣謀反、大逆人得流罪以上者」。同條，律文又說：「獄成者，雖會赦猶除名」，本處即據「十惡反逆緣坐」條引。又參：Wallace Johnson, *T'ang Code*, pp. 119-20。

141. 唐律「名例律」，第六條，「十惡」，（見唐律疏議, 1: 23b-35b），對十惡內容，疏、議各有說明，議的解釋尤詳。此處姑引疏及注文對十惡的說明，以見一斑。「謀反」疏謂謀危社稷；「謀大逆」疏謂謀毀宗廟、山陵及宮闕；「謀叛」注謂：謀背國從偽；「惡逆」注云：謂毆及謀殺祖父母、父母、殺伯叔父母、姑兄姊、外祖父母夫，夫之祖父母、父母者；「不道」，疏謂：殺一家非死罪三人，及支解人、造畜、蠱毒、厭魅；「大不敬」，疏云：謂盜大祀神御之物乘、輿服、御物；盜及偽造御寶；合和御藥，誤不如本方，及封題誤；若造御膳，誤犯食禁；御幸舟船，誤不牢固；指斥乘輿，情理切害，及對、捍制使而無人臣之禮；「不孝」，疏云：謂告言、詛詈祖父母、父母；及祖父母、父母在，別籍異財；若供養有闕，居父母喪，身自嫁娶，若作樂、釋服、從吉；聞祖父母、父母喪，匿不舉哀，詐稱祖父母、父母死；「不睦」，疏云：謂謀殺，及賣緦麻以上親，毆告夫及大功以上尊長、小功尊屬；「不義」，疏云：謂殺本屬府主、刺史、縣令、見受業師、吏卒殺本部五品以上官長；及聞夫喪，匿不舉哀，若作樂、釋服、從吉、及改嫁；「內亂」，疏云：謂姦小功以上親，父母妾，及與和者。參閱：Wallace Johnson, *T'ang Code*, pp. 61-83；戴炎輝，唐律通論, pp. 254-55，及戴氏，「前揭文」, pp. 64-66。

142. 見：唐律疏議, 2: 21a-23a, 「名例律」，「十惡反逆緣坐」條；參：Wallace Johnson, *T'ang Code*, pp. 121-23；戴炎輝，唐律通論 pp. 255-256，及戴氏「前揭文」，pp. 65-66。

143. 見：唐律疏議, 2: 23a-b, 「名例律」，「十惡反逆緣坐」條；參：Wallace Johnson, *T'ang Code*, pp. 123-4；戴炎輝，唐律通論, p. 256，及戴氏「前揭文」，pp. 66-67。

144. 戴炎輝，唐律通論, pp. 257, 326-327，按此係神龍元年（A. D. 705）散頒格。

　　所謂「免官」的適用對象，包括：(1) 監守內犯姦、盜、略人，若受財枉法而會降〔赦〕者；[145] (2) 犯姦、盜、略人，及受財而不枉法者；[146] (3) 犯流徒，獄成逃走者；[147] (4) 祖父母、父母犯死罪被囚禁而作樂及婚娶者。[148]

　　所謂「免所居官」的適用對象，包括：(1) 監守內犯姦、盜、略人，若受財枉法，獄成而會赦者；[149] (2) 府號、官稱犯父祖名而冒榮居之；[150] (3) 祖父母、父母老疾無侍，委親之官；[151] (4) 在父母喪，生子及娶妾；[152] (5) 居父母喪，兄弟別籍異財，冒哀求仕；[153] (6) 姦監臨內雜戶、官戶、部曲妻及婢。[154]

---

145. 見：唐律疏議，2: 21a-b，「名例律」，「十惡反逆緣坐」條；參：Wallace Johnson, *T'ang Code*, p. 121；戴炎輝，唐律通論，p. 257，及戴氏「前揭文」，pp. 67-68。

146. 見：唐律疏議，3: 1a，「名例律」，第十九條，「姦盜略人受財」。按所謂「受財而不枉法」，律議解釋說：「謂雖卽因事受財，於法無曲。」；參：Wallace Johnson, *T'ang Code*, pp 127-28。戴炎輝，唐律通論，p. 257，及戴氏，「前揭文」，p.68。

147. 見：唐律疏議，3: 1a-b，「名例律」，第十九條，「姦盜略人受財」。參：Wallace Johnson, *T'ang Code*, pp. 127-28p.；戴炎輝，唐律通論，257；及戴氏，「前揭文」，p. 68。

148. 見：唐律疏議，3: 1b-2b，「名例律」，第十九條，「姦盜略人受財」。參：Wallace Johnson, *T'ang Code*, pp. 128-29；戴炎輝，唐律通論，pp. 257-58，及戴氏，「前揭文」，pp. 68-69。

149. 參註 145，又參：戴炎輝，唐律通論，p. 258，及戴氏「前揭文」，p. 69。

150. 見：唐律疏議：「名例律」，第二十條，「府號官稱」，3:2b。此處正文所引是律文；律議對此點有詳盡說明，云：「府號者，謂省、臺、府、寺之類，官稱者謂尚書、將軍、卿監之類。假有人父、祖名堂，不得任太常之官；父、祖名卿，亦不合任卿職。若有受此任者，是謂冒榮居之。選司唯責三代，官名若犯高祖名者，非。」參：Wallace Johnson, *T'ang Code*, pp. 129-130；戴炎輝，唐律通論，p. 258，及戴氏「前揭文」p. 69，按：唐律，「職制律」，「府號官稱犯名」條（見唐律疏議，10: 9a-10b）謂此罪亦合徒一年。

151. 見：唐律疏議，「名例律」，第十二條，「府號官稱」，3: 2b-3a。律議解釋說：「老謂八十以上，疾謂篤疾。」此卽祖父母、父母若年在八十以上、或有篤疾者，委棄之而爲官之謂。參：Wallace Johnson, *T'ang Code*, p. 130；戴炎輝，唐律通論，p. 258，及戴氏，「前揭文」，p. 69。按：此罪亦合徒一年。見唐律「職制律」，「府號官稱犯名」條，見：唐律疏議，10: 9a-10b。

152. 見：唐律疏議，「名例律」，第十二條，「府號官稱」，3: 3b；參：Wallace Johnson, *T'ang Code* pp. 130-31；戴炎輝，唐律通論，pp. 258-59，及戴氏，「前揭文」，pp. 69-70。居父母喪生子亦合徒一年。見唐律「戶婚律」，「居父母喪生子」條，見唐律疏議，12: 8a-b。

153. 見：唐律疏議，「名律」，第二十條，「府號官稱」，3: 3b-4a；參：Wallace Johnson, *T'ang Code*, p. 131；戴炎輝，唐律通論，p. 259，及戴氏「前揭文」，p. 70，此罪亦合徒一年。見唐律，「戶婚律」，「居父母喪生子」條，見：唐律疏議，12: 8a-b。

154. 見：唐律疏議「名例律」，第十二條，「府號官稱」，3: 4a-5a，律議對於雜戶、官戶、部曲妻、婢，有進一步說明：云：「雜戶者，謂前代以來，配隸諸司職掌，課役不同百姓；依令：老免、進丁、受田，依百姓例，各於本司上下。官戶者，亦謂前代以來，配隸相生，或有今朝配沒，州縣無貫，唯屬本司。部曲妻者，通娶良人女爲之。及婢者，官私婢亦同。」參：Wallace Johnson, *T'ang Code*, pp. 131-33；戴炎輝，唐律通論，p. 259，及戴氏，「前揭文」，p. 70。

「除名」在以上三種懲戒處分中，是最嚴厲的一種。被除名者，其官職、爵號都被剝奪，即律議謂「出身以來，官爵悉除」。除名需滿六年，才可以再加銓敍。銓敍時，必須再依「出身法」，尋求出身。再敍時，依選舉令，其散階可能被降低十五階之多。其中文武三品以上，必需奏聞，得到皇帝許可。正四品〔上、下〕於從七品下敍〔此實即降 14 階或 15 階〕，從四品於正八品上敍〔此實即降 13 階或 14 階〕、正五品於正八品下敍〔此實即降 12 階或 13 階〕、從五品於從八品上敍〔此實即降 11 階或 12 階〕，六品、七品於從九品上敍〔如果是正六品上，即降 14 階；如果是從七品下，即降 7 階〕、八品、九品並於從九品下敍〔如果是正八品上，即降 7 階〕。[155] 同時，除名者在賦稅、徭役方面，必須是「課役從本色」。律議解釋說：「從本色者，無蔭同庶人，有蔭從蔭例。……又依令除名未敍人，免役輸庸，並不在雜徭及征防之限。」[156] 如果本犯不至免官，只予除名，其銓敍之法同免官例。

　　「免官」較除名的懲罰為輕，是指職事官、勳官及散官之剝奪，但其爵號仍可保留。如果被免官者有二個官職，則「聽依所降品敍」，亦即再敍時從高品者敍。通常，免官者在三年之後，降先品二等敍。比除名再敍的規定輕了很多。免官者也可免除賦役及雜徭，同時他們的「朝參」之權也被取消。[157]

　　「免所居官」在以上三種懲罰中最輕，並與「免官」僅略有不同。「免所居官」是指免除所居的一類官。唐律將官分作二類：職事官、散官與衞官為一類，勳官為另一類。「免所居官」即免除這二類官的其中之一，並不是指職事官中的職位之一（如本官、兼、校、領、守等職）。[158] 免所居官的再敍，是「期年之後，降先品一等敍」，懲罰比免官也輕了不少。於賦役、雜徭的免除、與朝參權之剝奪，則與免官的

155. 唐六典，2：20b-21a，謂「有除免而復敍者，皆循法以申之，無或枉冒。」註文中並有犯「除名」應敍之例，但未註明所據何法。按律議稱此係依選舉令，見唐律疏議，3：5a-6a，唐令拾遺，pp. 299-300，參考：Wallace Johnson, *T'ang Code*, pp. 27, 133-34；戴炎輝，唐律通論，pp. 259-60，及戴氏，「前揭文」，p. 71。

156. 唐律疏議，3：5a；參：Wallace Johnson, *T'ang Code*, p. 133；戴炎輝，唐律通論 p. 261，及戴氏，「前揭文」，p. 71；按：唐令拾遺，「賦役令」，p. 689，謂：「諸除者未敍人，免役輸庸，並不在雜徭，及點防之限。」

157. 唐律疏議，3：7b, 3：8b-9a，參：戴炎輝，唐律通論，pp. 261-62；及戴氏，「前揭文」，pp. 72-74。

158. 關於「免所居官」與「免官」的區別，見：唐律疏議，2：17a, 3：2a；參：Wallace Johnson, *T'ang Code*, p. 129。「免所居官」的再敍規定，見：唐律疏議，3：7b-8a。

待遇一樣。[159]

除了以上三種懲戒處分（除名、免官、免所居官）外，「官當」也是重要的一種法律規定。在性質上，它是一種與「贖」一樣的易科，但贖以銅來納，官當則以官職來抵當。在處分的輕重程度上，它又比免官、除名、免所居官要輕出許多。唐律，「名例律」第十七條「以官當徒」有詳細的規定：

> 諸犯私罪，以官當徒者，五品以上，一官當徒二年；九品以上，一官當徒一年。若犯公罪者，各加一年當。以官當流者，三流同比徒四年。其有二官〔律疏：謂職事官、散官同為一官，勳官為一官。〕，先以高者當，次以勳官當。行守者各以本品當，仍各解見任。若有餘罪及更犯者，聽以歷任之官當。其流內官而任流外職犯罪，以流內官當，及贖徒一年者，各解流外任。[163]

本條規定，有幾點值得指出：第一，公罪與私罪的區別，對官當的執行說，是一項先決條件。事實上，凡是連坐、同職犯公坐[161]、公事失錯[162]、遷官、免官[163]、考績評定等之執行，都需要對公、私罪先加以認定。第二，初犯與再犯〔唐律稱作更犯〕，其懲罰之執行，各有不同。本條規定說：「若有餘罪及更犯，聽以歷任之官當。」律疏解釋「歷任，謂降所不至者。」實際上即指見任官以外，以及降至以外，所歷任之官。[163a] 名例律第二十一條「除名者」也有類似規定：「即免官、免所居官及官當，斷訖更犯，餘有歷任官者，各依當免法。仍累降之；所降雖多，各不得過四等。」[164] 必須注意：此處所降之官階，是因再犯而累降，並且是屬於懲罰較輕的免官、免所居官和官當。若以前述之除名而言，則初犯即可一次被降階多至十五階。

---

159. 參：戴炎輝，唐律通論，pp. 262-63；及戴氏「前揭文」，pp. 74-75。

160. 唐律疏議，2：15b-20a；參：Wallace Johnson, *T'ang Code*, pp. 112-8。

161. 此見於唐律，「名例律」，第四十條，「同職犯公坐」，見：唐律疏議，5：176-196；參：Wallace Johnson, *T'ang Code*, pp. 216-222。

162. 此見於唐律，「名例律」，第四十一條，「公事失錯」，見：唐律疏議，5：176-196；參：Wallace Johnson, *T'ang Code*, pp. 222-25.

163. 此見於唐律，「名例律」，第十六條，「無官犯罪」。見：唐律疏議，2：13b-14a；見：Wallace Johnson, *T'ang Code*, p. 110。

163a.「降至」與「降所不至」之區別，詳見：戴炎輝，唐律通論，p. 274，註6. 簡單說：「降至」是指有罪官僚，其官品依例須降之官職，通常是見任官。「降所不至」，通常指「降至」以外之官。

164. 唐律疏議，3：8a-b；參：Wallace Johnson, *T'ang Code*, p. 138. 戴炎輝氏謂更犯時之官當為「再斷官當」，見氏著：唐律通論，pp. 268-70. 及「前揭文」，pp. 81-84。

　　第三，如果官職的品位高低與數量多寡，和罪刑判定輕重，不相符合時，則用官職來「抵當」罪刑的「交易」，如何「成交」？名例律第二十二條「以官當徒不盡」，有詳細補充規定：「諸以官當徒者，罪輕不盡其官，留官收贖。官少不盡其罪，餘罪收贖。」[165] 舉例說，如果有一個五品以上官，犯了私罪，被判徒刑二年。按照名例律第十七條「以官當徒」的規定，他可以用「一官當徒二年」。可是按照名例律第十條「七品以上文官」的減章規定，他享有依律在犯流罪以下（包括笞、杖、徒等刑）各從減一等的特權，[165a] 換言之，其應得之罪不必用一官來抵當，故他可以「留官、收贖。」易言之，即依照有關贖章以銅來易科，而不必用官職來抵當。上面這個例子是指「罪輕不盡其官，留官收贖。」至於「官少不盡其罪，餘罪收贖」，也可用一例說明：如果一個八品官，犯了私罪，被判一年半徒刑，假使按照贖章（名例律，第十一條，「應議請減」）他享有贖的特權。不過贖章有一款但書，即「若應以官當者，自從官當法。」現假設此官被判官當，但是按照上引「以官當徒」條的規定，「九品以上，一官當徒一年。」換言之，此官還有半年的「餘罪」。按照「以官當徒不盡」條的規定，這半年的「餘罪」，他可以用銅納贖。也就是說，官當與納贖有時可以同時併存在同一案例中。

　　以上所論除名、免官、免所居官和官當四項，在性質來說是一種「丟官」，並未迫使有罪官僚必須非離開其居住地，千里迢迢趕赴罪謫之所不可。事實上，流罪與貶官的執行，在唐代官僚中，頗為常見。他們往往被貶謫至蠻荒之地，老死異鄉；或者在逐放生活中，留下不朽著作；或者與當地人民，共同致力地方建設。但是有一點似乎可以肯定，被逐者多少總希冀皇帝開恩，使他們能夠重返京師，或者拾回過去的身分、地位。這些問題，與以下所要討論的「量移」問題有關。

　　根據一項對於唐代官僚貶官問題的研究，唐代史料所提供的官僚貶官原因，主要是政治上的權力鬥爭，失敗者往往以「坐與某親善」、「坐與某交通」、「坐朋黨」等理由，被逐出中央官僚機構。他如坐贓、選舉不正、漏泄禁中語、戰敗、職務上的不法行為被御史臺糾彈、責任連坐、故殺府吏、侵毀鄉人墓田、逗留不至官、不避

165.　唐律疏議，3：12a；參：Wallace Johnson, *T'ang Code*, pp. 141–42.

165a.唐律疏議，2：3a–b。

嫌、緣坐等，也都是在史料中所習見的。[166] 事實上，我們「不必要」、也「不可能」對「所有」唐代官僚的被貶原因作出有系統的歸納。個案的處理，當能更深入探討問題的癥結。此處所關心的是唐代官僚被貶逐後，是否有機會從放逐地重回中央官僚組織的情形。唐律及唐代詔勅，提供許多資料。

根據唐律的規定，如果官僚犯流罪，但又無法援引議、請、減、贖或官當的規定加以避免，就是「應配之人」。官僚若被判三流定讞，執行時俱役一年，妻妾從之；父祖子孫欲隨者，聽之。役滿時，即在配所，從戶口例，課役同百姓。應還者，需滿六年。故令云：流人至配所，六載以後聽仕。但是反逆緣坐流及因反逆免死配流，因為罪刑重大，不在此例。[167]

唐律規定流罪有三等，即流配二千里、二千五百里、三千里。[167a] 但實際執行流配時，可能「不限以里數，量配邊要之州。」[168] 不論流配之所與京師的距離，是否確如律的規定，流人總是被發配到荒涼的邊區。他們衷心不願前往，藉故延宕，企圖逃避等現象，是可以理解的。唐政府對這些貶降官或流人的啓程、至任邊有強制規定。譬如：長壽三年 (694) 武后勅：「貶降官並令于朝堂謝，仍容三、五日裝束。至任日，不得別攝餘州縣官，亦不得通計前後勞考。」[169] 唐公式令對於各種行程的速度都有規定（譬如：馬程一日七十里；步及驢程一日五十里；車程一日三十里；水程最複雜、有重船、空船、江水、河水、遡流、順流之分，各有不同里程）[170]，對於左降官行程及押領人員，也有規定，不許遲誤。天寶五載 (746) 玄宗所下勅書說得很清楚：「應流貶之人，皆負譴罪，如聞在路多作逗留，郡縣阿容，許其停滯。自今以後，左降官量情狀稍重者；日馳十驛以上赴任，流人押領，綱典晝時，遞相分付。如

---

166. 八重津洋平(Yaezu Yōhei)，「唐代官人の貶をめぐる二三の問題」，法と政治，18.2 (1967) 97–134。

167. 見：唐律，「名例律」，第二十四條，「犯流應配」（唐律疏議，3: 16a–17b），律文及註、疏、議，參：Wallace Johnson, *T'ang Code*, pp. 147–49.，又，唐會要，41, p. 734。貞觀十五年 (641) 勅：「犯反逆免死配流人，六歲之後，仍不聽仕。」

167a. 唐律疏議，1: 21b–22a。

168. 此為貞觀十四年 (640) 正月二十三日制的規定；見唐會要，41, p. 734。

169. 唐會要，41, p. 734。

170. 唐六典，3: 44a–b；唐律疏議，3: 18b，「名例律」，「流配人在道」，律議引公式令；唐令拾遺，pp. 602–4。

更因循，所由官當別有處分。」[170a]

　　由於州降官或流配人，都希望藉故延宕，以求在延宕期間內（包括啓程前的裝束及前往流配道上）適逢唐代大約平均三年一度的大赦[171]，並因而得以赦免或減刑。所以唐律特別規定，如果他們在道途上恰好有恩赦頒下，但若行程超過一定期限，則不得赦原；若在程限內到達配所，則可以得赦；若有病患死亡之類，不用此律。譬如：有左降官需配流二千里，準步程合四十日，如果未滿四十日，即在途中而遇赦，則可以赦原。但若行程違背公式令的規定，即不在赦限。[172]

　　實際上，唐代的左降或流配官僚，都熱切期待大赦，主要的原因是大赦文告中通常都有赦原和量移的恩典，准許他們減免罪刑，或者從流配所在地遷移到距離京師更近的地方。「量移」一事，最早似由玄宗於開元二十年（732）所宣佈。[173]「量移」是有限「量」的遷「移」，在德宗貞元十年（794）以前，一般左降官準赦量移，都不超過三、五百里。按：是年陸贄上言說：「郊禮赦下已近半年，而竄謫者尚未霑恩。」乃爲三狀擬進。上使謂之曰：「故事：左降官準赦量移，不過三、五百里，今所擬稍似超越，又多近兵馬及當路州縣，事恐非便。」[174]但陸贄不服，又愷切上言。此後量移是否超過五百里，待考。「量移」所允許的遷移里程雖然只有三、五百里，但對唐代左降官及流配人來說，已經是莫大恩典。白居易（772-846）貶江州司馬，再遷忠州刺史，有詩云：「流落多年應是命，量移遠郡未成官。」韓愈（768-824）自潮州刺史量移袁州，有「遇赦移官罪未除」之句。[175]唐代詔勅中，有關量移的史料極多，

170a.唐會要，41, p. 735。

171.　根本誠，「唐代の大赦について」，早稻田大學文學院文學研究科紀要，6 (1960), pp. 241-59., 並列表統計唐代大赦平均約每三年即頒佈一次。

172.　此爲唐律，「名例律」，第二十五條，「流配人在道」，律正文及議。見：唐律疏議，3: 18b-19a，參：Wallace Johnson, T'ang Code, pp. 150-51。

173.　此從顧炎武之說，見日知錄（臺北：明倫出版社，1975），卷32, p. 940，「量移」條。顧氏並謂：「唐朝人得罪貶竄遠方，遇赦改近地，謂之量移。……今人乃稱遷職爲量移，誤矣。」是條註並云：「用以自謙，如謂居官爲待罪之意，似無不可。」

174.　此處所引據資治通鑑，234, p. 7554，德宗貞元十年（794）五月條。按：陸贄所上三狀，即論左降官准赦合量移事三狀，收入：唐陸宣公翰苑集（四部叢刊本），20: 12a-16b；或陸宣公集（四部備要本），20: 6b-9a。

175.　白居易、韓愈事引自顧炎武，日知錄，見註173。

值得進一步研究。[176]

　　總結本節所論，並參照前文敍述，可試作圖說明犯罪官僚之行爲，與考績、除免、官當、奪祿、降等和量移等之關係如下：

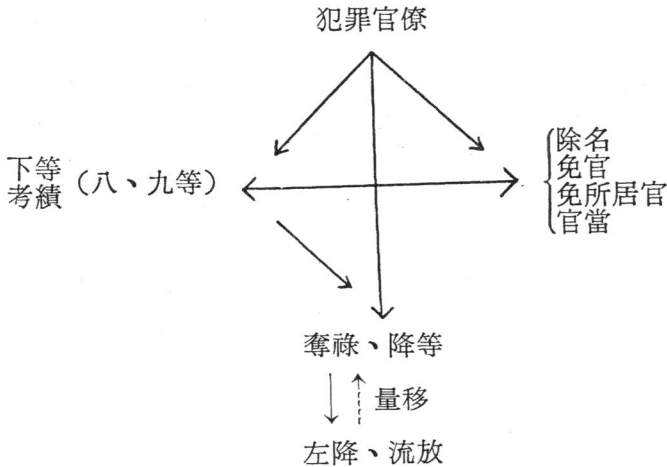

　　本圖所示僅其間的大致關係，至於其詳細內容，就必須視個別情況，分別討論。從本文各節的敍述，大體可以找到相關的資料。

五、結　　論

　　考課制度是否能有效執行，是中央集權政治有效與否的一項重要指標，也是官僚政治是否完善的一項主要關鍵。以前者說，唐代日趨完備的考課制，似乎說明中央政府確能一掃魏晉南北朝的積弊，從地方大族手中奪回考課與銓選的人事權力，構成中國中央集權演進過程中的一項鉅大變革。但以唐代中央政府對地方考課權力的轉變來看，唐代中央集權政治實非一成不變。中唐以前，各種不同名義的考使四出，說明中央確實具有集權的能力。中唐以後，考使罕再遣赴地方，節度使以「辟召」等壟斷地方用人之權，中央雖以皇帝親考來加強對於刺史、節度使的考課工作，實際上無疑爲

---

176. 「量移」的記載，如：唐會要，41, pp. 736-40，「左降官及流人」項；宋敏求編，唐大詔令集（北平：商務印書館，1959；臺北：鼎文書局，1978），卷二至卷五，卷九至卷十，等。參閱：Denis C. Twit-chett, "Lu Chih (754-805): Imperial Advisor and Court Official," in (A. F. Wright & D. C. Twitchett, eds.) *Confucian Personalities* (Stanford University Press, 1962), p. 99. 陸贄在建中四年（783）所撰大赦詔亦列有量移等恩赦。

中央集權制實行的有心無力作一腳註。以後者言,唐代的考課制已觸及到官僚政治中人事行政的主要環節。舉凡考課官與考課對象、監校程序、考簿與考狀、考第的評定、考績與昇遷、黜降等,唐代法令都有詳細的規定。這些似可說明唐代官僚政治在行政法規的制定過程中,實已積極邁向「理性」的目標。但是在考課的實際運作上,却也發現不少「非理性」的現象,諸如考官濫用權力、被考官僚四處奔走請託,而唐政府難以有效扼止。評述唐代官僚政治是否完善,必須再配合官僚組織的結構、權力關係、官僚的人格和社會關係……等研究,加以考察。本文無意遽執一端,妄下論斷。本文的目的,僅在於透過考課制的系統研究或重建,來觀察唐代官僚組織的人事管理;並企圖用制度史的研究,來討論若干官僚政治所面臨的問題。以下略將前文作一總結,並指出考課制本身及官僚政治面臨的難題。

　　唐代的文武官僚,不論流內或流外官,都受到考課制相當程度的規範。每位官僚都要照官品的高低,通過由其機構主管及吏部官員、監校考使、或皇帝,所主持的考課。考課的結果,就是考第或考績,必須記載在考簿之上。全國各機構的考簿,最後都集中到吏部保管,吏部並用以作為官僚的昇遷或降黜的重要依據。

　　有唐一代,考課制度本身經歷不少變遷。變遷的原因,多少與官僚政治的發展過程有關。譬如:當公元第七世紀下半期時,官職與選人的均衡狀態破裂,仕子不但在銓選方面有激烈的競爭,官僚在尋求優良考績時也四處奔走。為了緩和這種競爭,總章二年 (669) 和開元十八年 (730) 的行政改革,遂以「年資」作為官僚昇遷的主要標準。此後,唐代的考課制即以年資和考績為二大要素,與現代官僚政治在人事行政方面頗有相通之處。

　　由於考績直接影響官僚的昇遷,一般官僚都熱切追求第四等 (中上) 以上的考績。更由於考數的規定,直接影響到昇遷速度,考課之制無疑是唐代官僚關切的問題。唐代政府也透過縝密的法規,來界限、評定官僚的政治績效或制裁非法行為。其中,對於官僚非法行為的制裁,更是緊密地結合了司法和行政的種種努力。

　　唐代的考課制度,雖然是精心設計的結果,並且在考績評定方面,有其理性與客觀的地方。但它絕非像根本誠所嘗主張,用科學的方法可以尋找出考績計算的程式 (詳本文附錄)。反過來說,它在實際運作上,雖然也存有若干失實、不公之處,但也

絕非是「形同具文」。[177] 唐代的考官雖被賦予至大的權力，並有濫權瀆職的情形，事實上這個問題應該從官僚政治的行政效率或行爲、或社會關係來觀察，不應僅只歸咎制度的內容。唐代考課制度中監校程序，可以反映出「權力均衡」的政治技巧，幾乎可說是唐代政治體系中三省相互制衡的縮影。

　　當然，我們無意否認唐代考課制度存有不少的難題。唐人對考課與銓選的議論，經常批評唐代官僚政治的危機和緊張，是由於主事者不能適當執行法令規定。但是不要忘記，在討論實際的政治弊端時，官僚的因循與鑽營習氣，要先列入考慮，晚唐劉肅所作大唐新語（807 年序），提到所謂的「送路考」，可供參考：

> 裴景昇爲尉氏尉，以無異效，不居最課。考滿，刺史皇甫亮曰：「裴尉苦節若是，豈可使無上考，選司何以甄錄也？俗號考終爲『送路考』。省校無一成者，然敢竭愚思，仰申清德，當冀中也。」爲之詞曰：「考秩已終，言歸有日，千里無代步之馬，三月乏聚糧之資。食唯半菽，室如懸磬，苦心清節，從此可知。不旌此人，無以激勸。」時人咸稱亮之推賢，景昇之考，省知左最，官至青刺。[178]

　　唐人議論考課與銓選之制，往往反映出問題的癥結所在。姑以唐代名相陸贄（754-805）二篇議論，說明如下。陸贄是保守型儒家學者的代表，也是敏睿的思想家與博學通儒。[179] 貞元八年（792）至十年（794）之間出任宰相，輔弼專斷的德宗。贄爲相期間所推行的政策，往往都能高瞻遠矚，廣爲後人推崇。此一期間的撰述，也多半與國家政策有關。[180] 貞元八年四月，陸贄爲相不久卽奏陳二件疏狀，指出官僚政治的當務

---

177. 任育才，「唐代銓選制度述論」，p. 106. 任氏說：「唐代考課制度，雖然精密，但並未適當而嚴格地執行。初唐自太宗貞觀以來，卽『未有得上下以上考者』，加以天寶之亂以後，天下潰亂，考績制度，難以施行，故『自至德以來，考績之司，事多失實，常參官及諸州刺史未嘗分其善惡，悉以中上考襃之』。德宗時，雖稍加整飭，但終難挽回，考績制度遂形同具文。」細察這段文字，任氏謂整個唐代的考課制度，並未適當而嚴格地執行，大體可以接受，因爲任何一項制度要「適當」、「嚴格」地執行，似乎並不太可能。〔「適當」、「嚴格」與否，牽涉到執行「程度」的問題，如果沒有既定標準來衡量，很難討論。〕但若說晚唐（卽德宗以後），考績制度「形同具文」，恐須再加斟酌。晚唐考課制度也曾經歷憲宗、文宗時期各種改革的努力，並非只是一紙空文而已。

178. 劉肅，大唐新語（稗海本），6：12a-b。

179. Denis Twitchett, "Lu Chih (754-805): Imperial Advisor and Court Official," p. 84。

180. 同上，pp. 105-6。

之急，在於選拔、任命和考核有能力的士人與官僚。

在請許臺省長官舉薦屬吏狀[181] 中，陸贄指出當時「諸司所舉，皆有情故，兼受賄賂，不得實才。」任官、銓選的最後大權，往往集中到宰臣手中。解決的辦法，只有准許臺省長官薦舉屬吏。同時爲了達到朝中無曠職、海內無遺士的目標，官僚組織必須重視求才與考課。其原則是：「求才貴廣，考課貴精。求廣在於各舉所知，長吏之薦擇是也。考精在於責實，宰臣之序進是也。」

在論朝官闕員及刺史等改轉倫敍狀[182] 中，陸氏廣引前代史實，以評考課之失。他認爲當時議者多以爲「內外庶官久於其任」、「官無人則闕之」，都是老生常談、不推時變的論調。他說「久任」要看時勢需要與否，倒是遷轉等級過密，會使得官僚昇遷途徑閉塞，造成「高位者常苦於乏人，下寮每嗟於白首」的現象。他說漢代官秩六百石的部刺史昇到相國，只歷三、四轉，但是「近代建官漸多，列級愈密。今縣邑有七等之異，州府有九等之差。……悉有當資，各須循守。」他又批評代宗 (r. 763-779)以來，權臣用事，除授之際，類多循情。「有一月屢遷，有積年不轉。」

陸贄的批評與建議，雖未全爲德宗探納，却頗值得與本文所述的考課弊端，一併提出反省。主事者類多循情，並受賄賂，以致考課、銓選不公等現象，似乎只是單純的行政行爲，事實上如果以「行政生態學」(ecology of administration)角度看，必須再從公共行政與其環境的關係，或者說社會背景，去加以瞭解。[183]根據近人研究，中國社會關係的基本性質有四，第一：自我中心，即「社會關係是個人經由與他人直接或間接互動所建立含有特定相互的權利與義務之聯繫，每個人所擁有的全部社會關係即構成他的社會網絡。」第二，差序，即「每個人的社會網絡包含許多與他有不同

181. 唐陸宣公翰苑集 (四部叢刊本)，17: 1a-11a；陸宣公集 (四部備要本)，17: 1a-6a，「請許臺省長官薦舉屬吏狀」。此狀部份見於舊唐書，139, pp. 3801-03，「陸贄傳」。若干主要論點，亦爲通鑑所摘錄，見資治通鑑，234, pp. 7531-32. Denis Twitchett也討論一些與此狀有關的問題。見 "Lu Chih: Imperial Advisor and Court Official," p. 105。

182. 唐陸宣公翰苑集 (四部叢刊本)，21: 20a-31b；陸宣公集 (四部備要本)，21: 10b-16b，「論朝官闕員及刺史等改轉倫敍狀」。

183. F. W. Riggs, *The Ecology of Public Administration* (New Delhi: The Indian Institute of Public Administration, 1961) pp. 1-55. 並參：雷格斯 (Fred W. Riggs) 作，金耀基編譯，行政生態學 (臺北：商務印書館，1967, 1971，二版)，pp. 2, 9-28。

親密程度社會關係的人。」第三，多線與多向，即「每一個社會網絡的成長，非只是
單一性質的關係之量的增加，而是多面向的增加，前者提供相同性質社會牽絡的增
加，後者則在於不同性質社會牽絡的增加。」第四，互惠，即「社會關係的維持，需
賴雙方主動而繼續的對等反應而來。」[184] 如果考慮社會關係在唐代考課制度上運作
的特色，則考官或被考官僚的社會關係之直接或間接互動，似乎反映出上述四個特
性。在唐代官僚的社會關係中，「自我中心」的特質使得官僚枉法、自利；「差序」
的特質影響考課的徇情、不公；不公利益的獲得，是視其關係的親密程度而定，如親
屬或座主門生的關係；「多線與多向」的特質，使得各種鑽營百態雜陳；「互惠」的
特性，說明鑽營、賄賂所扮演的角色。因此，以現代西方行政學的標準來衡量唐代的
考課制度，其嚴密、理性的程度，未遑多讓。但從其運作所呈現的弊端來看，顯然
「非制度性因素」的作用，不可小視。這是中國歷代行政管理上的最大問題，值得深
思。

　　總而言之，唐代的考課制，在法令規定上雖然曾經作過慎密的設計與安排，並且
曾經因應官僚政治的變遷，作過適度的修正與改善，仍有許多弊端存在。凡此，與唐
代官僚體系、官僚行政行為和中國社會關係的特質，都有密切關係，值得進一步探
討。

---

184. 黃應貴，「農業機械化──一個臺灣中部農村的人類學研究」，中央研究院民族學研究所集刊，46期，
pp. 31-78，尤其是 pp. 67-75。本文是以臺灣中部的富貴村為對象所作的人類學研究。黃氏在討論富貴
村的社會經濟背景、共同經營的實驗，農業機械的接受過程等問題之後，歸納出中國社會關係的四種基本
性質，即：自我中心、差序、多線與多向及互惠。此為黃氏綜合前人研究的結果。譬如：費孝通在鄉土中
國 (1948；臺北：文俠出版社重印，1973) 中，早已提出自我中心主義與差序格局是中國社會結構的基本
特性。楊聯陞所提「報」的觀念是中國社會關係的基礎之一，是「互惠」特性的最好註解。〔見 Lien-
sheng Yang, "The Concept of Pao as a Basis for Social Relation in China," in (John K.
Fairbank, ed.) *Chinese Thought and Institutions* (Chicago: University of Chicago Press,
1957), pp. 291-309.〕另外，Barbara E. Ward 所提的多線關係 (mutiplex-stranded relationship)
則與多線與多向特性接近。此外，黃氏尚綜合他人研究成果，並據以檢討瞿同祖的清代地方政府一書
(*Local Government in China Under the Ch'ing*, Cambridge: Harvard Univ. Press, 1962)，
蕭公權的中國鄉村一書 (*Rural China: Imperial Control in the 19th Century*, Seattle: Univ. of
Washington Press, 1960) 及余英時的漢代的貿易與拓展一書 (*Trade and Expansion in Han China:
A Study in the Structure of Sino-Barbarian Economic Relations*, Chicago: Univ. of Chicago
Press, 1957).

附錄：評根本誠氏對唐代考績的算法

　　截至目前爲止，根本誠的討論是唯一用算術方法計算唐代考績的一篇論文。[185]根本誠以唐流內官九等考第爲基礎（參本文表一），推出五種算法。雖然他的最後結論是唐代考績評定無法用「科學方法」來計算，但是他的五種算法中，却有許多疏漏、誤導之處。以下卽一一檢討，間接作爲瞭解唐代考績評定之助。

1. 第一種算法：

　　根本氏假定「一最以上」的值是 a，1善的值是 b，則唐代流內官考第中第一等（上上）至第五等（中中）可以得出算式 A 如下：

$$a+4b \cdots\cdots\cdots\cdots 上上 \cdots\cdots\cdots (1)$$

$$a+3b=0+4b \cdots\cdots 上中 \cdots\cdots (2)$$

$$a+2b=0+3b \cdots\cdots 上下 \cdots\cdots (3)$$

$$a+b=0+2b \cdots\cdots\cdots 中上 \cdots\cdots (4)$$

$$a+0=0+b \cdots\cdots\cdots\cdots 中中 \cdots\cdots (5)$$

據此，a 的值等於 b，而且各等之間的考第呈等差級數的關係，因此根本氏假定第六（中下）至第九（下下）等的考第，也應該是依等差級數而遞減。如此則 1 至 9 等間的考第可由算式 B 到 E 得出，如下：

等　　第	算	式		
	B	C	D	E
1. 上上	$5a$	5	10	100
2. 上中	$4a$	4	9	90
3. 上下	$3a$	3	8	80
4. 中上	$2a$	2	7	70
5. 中中	$1a$	1	6	60

185. 根本誠，「唐代の勤務評定と人事管理」，早稻田大學大學院文學研究科紀要，11 (1965), pp. 97–111.

6. 中下	0	0	5	50
7. 下上	$-1a$	-1	4	40
8. 下中	$-2a$	-2	3	30
9. 下下	$-3a$	-3	2	20

附註：算式 B 假定各等的差別是等差級數；算式 C 假定 a 的值是1；算式 D 在 C 的各等的值上加5；算式 E 在 D 的各等的值上乘10。

這個算法，有幾個地方顯然是錯誤：(1) a 的值無法確知，因爲本文表一所述僅是「一最以上」，它可以是一最、二最或其再多一些（當然極不可能超過五最，卽使某一官僚有權、知、判、使等兼任職務），但無論如何，所謂「以上」無法求出其值。(2) $a=b$ 的假設容易引起誤解，如果這個等式成立，那就表示偏重道德的 b（善）等於偏重行政能力的 a（最），根本氏忽略此點。(3) 算式 B、C 是假定各等的差別呈等差級數，算式 D、E 則各加5和乘10，按本文表一所列，第6等（中下）至第9等（下下）只有抽象觀念，沒有具體數字，各等之間的差別是否眞爲等差級數，本甚可疑。根本氏隨意加、乘，所得結果，難以信服。

2. 第二種算法：

根本誠假定$1a=1b$，又某一特定官僚可以同時擁有「四善」、「二十七最」。因此，他計算各等考第的值如下：

等第	各　　　等　　　的　　　值
1	$27a+4b=27b+4a=31a$
2	1 最以上 $+3b=$ 1 善以上 $+3a=4$ 最以上，或 $0+4b=0+4a=4a$（評者按：如果 4 最以上 $=4$ 最，則「以上」的值，被忽略。）
3	$1a+2a=0+3a=3a$
4	$1a+1a=0+2a=2a$
5	$ab+0=0+1a=1a$
6	0
7	$-2a$

8	$-2a$
9	$-3a$

這個算法是完全沒有意義的數學遊戲。一個唐代官僚如何可以一次獲得27最？同時，我們也不知第7等與第8等的值如何是一樣（沒有呈等差級數的差別）？根本氏似誤以表示某種行政能力的「最」是一項普遍的資格，可用到唐代官僚組織的各個成員。

3. 第三種算法：

根本誠假定如果「最」的值是 a ，「善」的值是 b ，同時 27 最與 4 善的總值是 108 點（此值接近 100 滿點，而且 27 最 4 善各得 54 點），如此，則：

$$27a+4b=108 \qquad 27a=54 \qquad \therefore a=2; \qquad 4b=54 \qquad \therefore b=13.5$$

如果第 1 等是 $27+4b=108$ 〔註：按照根本氏的假定，此式應作 $27a+4b=108$〕

　　第 2 等是 $1a+3b=1a$ 以上 $+40.5$ 或 $0+4b=0+54$

因此 $1a$ 以上 $=13.5$；「以上」的值是6.75。則九等的值可以表示如下：

等第	點　　　　　　　　　　　　　數
1	$27a+4b=54+54=108$
2	$1a$ 以上 $+3b=1a$ 以上 $+40.5=13.5+40=54$ 或 $0+4b=54=$ $0+54=54$
3	$13.5+27=40.5$ 或 $0+40.5=40.5$
4	$13.5+13.5=27$　$0+27=27$
5	$13.0+0=13.5$ 或 $0+13.5=13.5$
	〔註：據根本氏的算法，第一算式 13.0 當作 13.5〕
6	-0
7	-13.5
8	-27
9	-40.5

在這個算法中，根本誠認為第 6 等以下呈等差級數變化，各等以13.5點依次遞減。這個算法，仍然不合理，因為 27 最＝4善的假定，無法令人接受。根本氏求出「以上」的值為6.75，也無意義。

4. 第四種算法：

根本誠瞭解到「一最以上」不能以 27 最來計算，因此如果「一最以上」算作 1 最，並假定 $a \neq b$，則 a、b 的值如下：

第 1 等　　$a + 3b$〔註：按照根本氏的算法，應該作 $a + 4b$〕

第 2 等　　$\left.\begin{array}{c} a + 3b \\ 0 + 4b \end{array}\right\} a + 3b = 0 + 4b$　∴ $a = b$　但此與 $a \neq b$ 的假定不合，

　　　　　故 $a = b$ 事實上成立。

所以，根本誠仍然認為 $a = b$，並求出各等的值如下：

等第	各　　　　等　　　　的　　　　值
1	$a + 4b = 5a$
2	$a + 3b$ 或 $0 + 4b = 4a$
3	$a + 2b$ 或 $0 + 3b = 3a$
4	$a + b$　或 $0 + 2b = 2b^*$〔注意：此處突然由 a 變為 b，但是根本氏既假設 $a = b$，則似與他自己的規則並不矛盾。只是符號表示，未免取捨由心而已。〕
5	$a + 0$　或 $0 + 2b = 1b$
6	0
7	$-2b$　〔註：根本誠認定第 1 第至第 5 等間呈等差變化，故第 6 等以下，可由遞減 a, b 的值而得。〕
8	$-2b$
9	$-3b$

根本誠看出這種算法與 $a \neq b$ 的假設之間的矛盾，並說如果 $a = b$，則這個算法與第一種算法無異。他相信這個算法應該是唐代考第的實際計算方式。但他附加一項按語：如果 $a = b$，就表示道德（b 的值）是被忽略了。但因 27 最既與 4 善相當，就是表示唐代的考課着重個人的能力（a 的值）。

　　雖然，這個算法與第 1 種算法略有不同，但有幾點還是相當奇怪：(1) 根本誠沒有說明為何 1～3 等的值用 a 表示，在 4 等以下則用 b 表示？(2) 據他自己的算法，第 5 等的值應為 $a + 0$ 或 $0 + b = 1b$，第 7 等的值應 $-1b$，(3) 據他自己的解釋，b 的值高於 a。如此則暗示唐代考課比較強調代表行政能力的「最」。a、b 的值怎樣評定高下，根本氏沒有提出說明。這個說法，沒有說服力。

5. 第五種算法：

　　根本誠假設：如果選定任一數值代表「1 最以上」（即 a），可能符合唐代考第的實際運作。譬如以 3 為基數，套入第 1 種算法，其結果為：

等第	各　　等　　的　　值
1	$3a+4b$
2	$\left.\begin{array}{l}3a+3b\\0+4b\end{array}\right\rangle 3a+3b=4b\quad\therefore 3a=b$

或者，可以算式 A 表示如下：

等第	各　　等　　的　　值	$\left(\dfrac{1}{3}\right)$	(+5)	(×10)
1	$3a+4b=4a+12a=15a$	5	10	100
2	$3a+3b=3a+9a=12a$	4	9	90
3	$\left.\begin{array}{l}3a+2b\\3a+3b\end{array}\right\rangle 3a+6a=9a$	3	8	80
4	$\left.\begin{array}{l}3a+b\\0+2b\end{array}\right\rangle 3a+3b=6a$	2	7	70
5	$\left.\begin{array}{l}3a+0\\0+b\end{array}\right\rangle 3a+0=3a$	1	6	60
6	0	0	5	50
7	$-3a$	-1	4	40
8	$-6a$	-2	3	30
9	$-9a$	-3	2	20

* 註：根本誠認為第 6 等以下呈等差變化，據本文表一，則 6～9 等的值可以求出。

　　在這個算式中，根本誠以 100 滿點表示第 1 等，並以基數 3 表「1 最以上」(a)，這似乎暗示唐代官僚的考第，很少超過三最以上的。根本誠認為這個算式是如此乾淨、漂亮，「可能」是實際的唐代考第計算方法。

　　據此，根本氏又推出另一種算式 B，以 3 組(上、中、下) 乘 3 等，得出 $3 \times 3 = 9$ 的九等等差級數，找到他的「理想算法」如下：

算式 B：

等第	各	等	的	值	
	(-0.5)	(-2)	(-5)	$(\times a)$	$(\times 5)$
1	5	10	5	$5a$	100
2	4.5	9	4	$4a$	90
3	4	8	3	$3a$	80
4	3.5	7	2	$2a$	70
5	3	6	1	a	60
6	2.5	5	0	0	50
7	2	4	-1	$-a$	40
8	1.5	3	-2	$-2a$	30
9	1	2	-3	$-3a$	20
	$\vdots$	$\vdots$	$\vdots$	$\vdots$	$\vdots$
	(1)	(2)	(3)	(4)	(5)

根本誠原註: 計算過程 (1) 至 (5) 全部以第一算法爲基礎，以等差級數求出。過程 (5) 是以 100 點爲滿點計算。由於此一算式較易計算，似乎比較接近實際。

這種算法是根本誠作出的五種算法中最複雜的一種，也是他感到最滿意的一種。但是，我們仍需指出其中若干疑點: (1) 在算式 A 中，根本認認爲 $a \neq b$，隨意除 3，加 5，乘 10，其所代表意義何在，他並未解釋。他的目的很可能在於得出 100 滿點作爲第 1 等的值。(2) 在算式 B 中，爲何在計算過程 (1) 裏減 0.5，根本誠誠也沒有提出說明。如果按照他的計算方法，那麼計算過程 (2) 應該作 ($\times 2$)，計算過程 (5) 應作 ($\times 10$)(即以 10 乘上計算過程 (2) 的結果)。(3) 所謂「相關的總和」$3 \times 3 = 9$ 在計算過程中，實在沒有意義可言，所謂 3 組與 3 等，也非唐代考第的實際採用方式。

我們不憚其煩，對根本誠所設計的五種算法，逐一檢查，主要是基於以下四點理由:

第一，第一眼看到根本誠的論文時，我們實在訝異於唐人的考第可以用「科學方法」考察得出。果如是，則唐人考第計算方法將可以用刻板的算術方法求出，對瞭解唐代考課，將有助益。因此，我們急於確知這種計算方法是否可以成立。經過仔細檢查，期望成爲失望。因爲根本誠所作的假設有時和常識牴觸(如 $a = b$，即表示行政

能力的「最」，等於表示道德水平的「善」），他使用的計算方法有時又不合計算程式，加減乘除隨心所欲。明顯地，這五種計算方法不是唐人考第的實際運作。根據根本氏自己評估，第一、四、五種計算方法以 100 滿點作爲第一等考績，似乎較合唐的實際考第。事實上，從上面對各項計算方法的檢討看來，各種計算方法的假設與計算過程都有疑問。如此，其結果如非不可靠，也是似是實非。

第二，我們檢討這五種計算方法，不是只要顯示它們的可信度甚低，而且也要指明高度抽象的觀念是很難用算術方法表達的。如前所述，所謂最、善的內容既然深受傳統意識型態的影響，各等考第很難由一種設定的點數來表示。

第三，唐代的考第可能有它的客觀標準，但是這樣說並不表示它可以避免主觀的判斷。根本誠努力要建立客觀標準的企圖是失敗了，至於主觀的判斷如何，這是本文關心的問題，本文第三節有較多的討論。

第四，在同篇論文中，根本誠企圖將屬於法律懲罰的刑杖（如 200, 150, 30, 10 杖等）與他所建立的「客觀標準」聯繫起來，但他最後不得不承認「法禁益煩，姦僞滋熾」[186]，兩者之間根本毫無關係（如果有的話，也是屬於本文第四節第 2 項所討論的考第與除免的範疇以內，與「考績點數」的計算無涉）。基於這項考慮，根本氏最後放棄用算術方法建立考第評定的法則的努力，並從其他現存唐代史料中尋找證據。雖然這個說法可以被接受，但它實在是基於多項的錯誤而提出。

簡單說，根本誠並沒有忽視唐代考課制度中的歷史事實，只是他挖空心思設計五種計算方法，實在毫無必要。這件事提供我們一項有趣的反面例證：正確的結論也可以由錯誤的前提得出。對於錯誤的前提，我們有理由反對。

---

186. 此句引文，根本誠摘自洪邁，容齋四筆（四部叢刊本），13: 1a。

Civil Service in T'ang China: A Study
on the Assessment System

(Abstract)

Ch'ing–lien Huang

An assessment system is an important prerequisite for the formation of bureaucracy, in ancient regimes and modern states alike. Our purpose here is to present a complete and thorough reconstruction of the T'ang assessment system, and to explain the relationship of this particular system to the whole bureaucacy.

The T'ang assessment system was basically a modification of the institutional heritage that previous dynastic governments had handed down. But the system itself was refined with regulations and practices more complicated than before. Through a well–defined system of evaluation, every T'ang official, civil or military, within or outside the current of promotion, was to a great degree under its influence. Depending on his rank, a T'ang official had to pass through repeated assessments conducted by his superiors in office. The result of assessment, most important, the official ratings, was written into an "assessment record" which was eventually sent to the central government. The latter then gave its final approval and decided whether the official deserved promotion and transfer, or demotion and banishment.

The assessment system underwent great change during the T'ang dynasty. This was more or less a reflection of broader change within the bureaucracy. When the equilibrium between the members of candidates for office and of available posts was broken after the second half of the seventh century, the excessively severe competition among candidates was not only noticeable in aspects of recruitment and Civil Service Examination, but also conspicuous in the field of assessment. In order to smooth such struggles, the issue of "seniority" was raised and made to outweigh merit first in 659, and then once again in 730. Subsequently, the T'ang assessment system was fixed in terms of merits and seniority which are also the basis of the "merit system" in modern bureaucracies.

Other changes such as the numbers of assessment and "jump in promotion" were directly related to the speed of promotion concerned by every official within the T'ang bureaucracy. The 4th grade and higher official ratings were eagerly sought because they offerred the official assessed an opportunity to increase both his emoluments and his rank.

To prevent illegal offenses by officials, T'ang law set forth intricate regulations on their demotion, exile and banishment. Punishments of such kinds were pertinent results for those officials with bad "assessments records."

However, the T'ang assessment was neither perfectly designed to the extent that its official rating could be formulated by an arithmetic method as Nemoto Makoto 根本誠 had once assumed (see Appendix), nor was it merely paper sham as one modern scholar has concluded. Although the assessment official was given unchallengeable power, one must see the whole system within the context of bureaucratic efficiency. A carefully designed system of checking procedures reflected a balance of powers which extended over most parts of the T'ang administrative machinery.

Of course, the system had its inherent problems. Almost every extant T'ang contemporary discussion on the recruitment and assessment systems shows that crises and tensions within the bureaucracy were caused by the improper conduct of these policies. Their criticisms of abuses and suggested solutions remind us that the reality of the T'ang assessment system has to be examined not only through the static regulations, but also in the context of dynamic changes within the bureaucracy. We will evaluate the assessment system from its dynamic perspective in the future.

出自第五十五本第一分(一九八四年)

唐代蔭任之研究

毛　漢　光

第一節　唐代官僚架構

新唐書卷四十六百官志一，卷首曰：

> 唐之官制，其名號祿秩雖因時增損，而大抵皆沿隋故。其官司之別，曰省、曰
> 臺、曰寺、曰監、曰衞、曰府，各統其屬，以分職定位。其辯貴賤、敍勞能，
> 則有品、有爵、有勳、有階，以時考覈而升降之，所以任羣材、治百事。

就唐代官僚架構而言，這幾句提綱挈領之詞，頗得其要旨。然而，本文研究的重點，置於社會人物在官僚大舞臺上的活動，架構的形式在舊唐書職官志、新唐書百官志、選舉志、兵志、唐六典、唐會要等典籍中已有詳細的陳述，本文不重作全面編排，僅在其制度本身有重大變動之時、或人物活動涉及制度之處，作進一步探討。就人物在官僚體系中活動而言，新舊唐書的列傳是重要的資料，中央研究院歷史語言研究所收藏之唐代拓片約有五千餘張，可補充低品官吏之記載，其重要性一如正史，使各種層面皆獲有取樣。以記載制度爲主的典籍、以及宋代若干大類書等，在字裏行間亦每每表露出社會人物在制度中活動的信息，至於唐人之作品亦收補闕之效。

九品中正制度有兩大內容，其一是將官吏的階級列爲九品，其二是設中正官並實施中正評品之法。隋廢九品中正制度乃是取消中正官及中正評品，仍保留九品作爲官階。唐及以後朝代亦沿用品階制度。在唐代的九品官階的架構之中，新唐書卷四十六百官志一載有散官、職事官、爵、勳官等四大類，然按舊唐書卷四十二職官志一，每

一官職之下皆注有類別，其注文除上列四類以外，六至九品階中還有衞官一項，故實際上有五大類（按衞官與職事官之關係，在舊唐書職官志、新唐書百官志、選舉志、兵志、諸列傳中皆無論及，本文在研究拓片時發現其中關係）。這五大類同時並列於九品之中，其實際運用時的關係則如下圖所示：

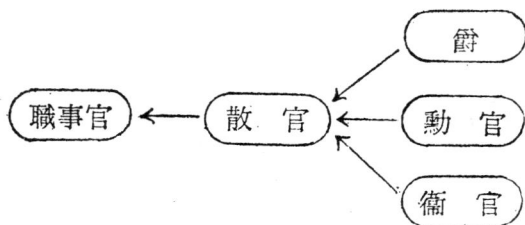

舊唐書卷四十二職官志一又載：

凡九品以上職事，皆帶散位，謂之本品。

（文）武散官[1]，舊謂之散位，不理職務，加官而已。……貞觀年，又分文武，入仕者皆帶散位，謂之本品。

---

1. 文散官有二十九敍階，唐六典卷二尚書吏部，吏部郎中之職掌（舊唐書卷四十二職官志一，新唐書卷四十六百官志一吏部，同。）

從一品曰開府儀同三司、正二品曰特進、從二品曰光祿大夫、正三品曰金紫光祿大夫、從三品曰銀青光祿大夫、正四品上曰正議大夫、正四品下曰通議大夫、從四品上曰太中大夫、從四品下曰中大夫、正五品上曰中散大夫、正五品下曰朝議大夫、從五品上曰朝請大夫、從五品下曰朝散大夫、正六品上曰朝議郎、正六品下曰承議郎、從六品上曰奉議郎、從六品下曰通直郎、正七品上曰朝請郎、正七品下曰宣德郎、從七品上曰朝散郎、從七品下曰宣義郎、正八品上曰給事郎、正八品下曰徵事郎、從八品上曰承奉郎、從八品下曰承務郎、正九品上曰儒林郎、正九品下曰登仕郎、從九品上曰文林郎、從九品下曰將仕郎。

武散階有二十九敍階，新唐書卷四十六百官志一兵部（唐六典卷五尚書兵部，兵部郎中之職掌；舊唐書卷四十二職官志一；略同。）

從一品曰驃騎大將軍；正二品曰輔國大將軍；從二品曰鎮軍大將軍；正三品上曰冠軍大將軍、懷化大將軍；正三品下曰懷化將軍；從三品上曰雲麾將軍、歸德大將軍；從三品下曰歸德將軍；正四品上曰忠武將軍；正四品下曰壯武將軍、懷化中郎將；從四品上曰宣威將軍；從四品下曰明威將軍、歸德中郎將；正五品上曰定遠將軍；正五品下曰寧遠將軍、懷化郎將；從五品上曰游騎將軍；從五品下曰游擊將軍、歸德郎將；正六品上曰昭武校尉；正六品下曰昭武副尉、懷化司階；從六品上曰振威校尉；從六品下曰振威副尉、歸德司階；正七品上曰致果校尉；正七品下曰致果副尉、懷化中候；從七品上曰翊麾校尉；從七品下曰翊麾副尉、歸德中候；正八品上曰宣節校尉；正八品下曰宣節副尉、懷化司戈；從八品上曰禦侮校尉；從八品下曰禦侮副尉、歸德司戈；正九品上曰仁勇校尉；正九品下曰仁勇副尉、懷化執戟長上；從九品上曰陪戎校尉；從九品下曰陪戎副尉、歸德執戟長上。

本圖散位「出身」之
史料根據，參見注2

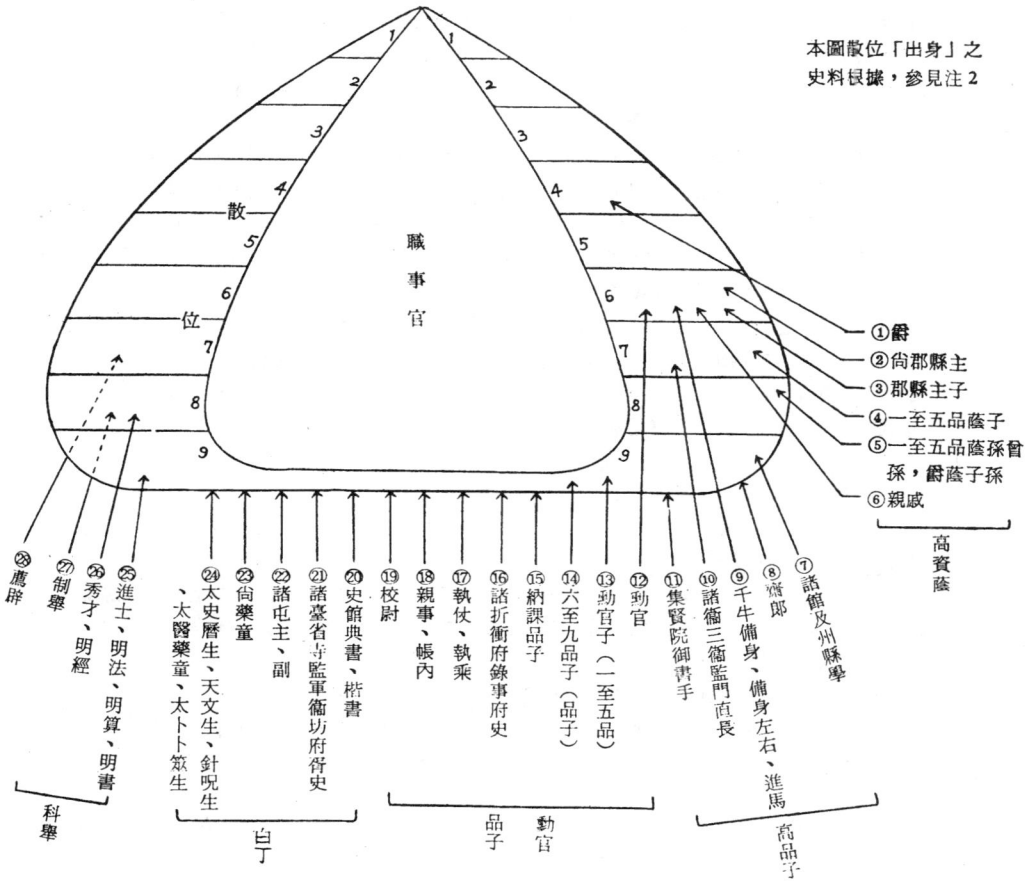

散

位

職事官

①爵
②尚郡縣主
③郡縣主子
④一至五品蔭子
⑤一至五品蔭孫曾孫、爵蔭子孫
⑥親戚

高資蔭

㉘鷹睽
㉗制舉
㉖秀才、明經
㉕進士、明法、明算、明書
太醫藥童、太卜筮生、太史曆生、天文生、針呪生
㉔尚藥童
㉓尚輦主、副
㉒諸屯主、副
㉑諸臺省寺監軍衞坊府胥史
⑳史館典書、楷書
⑲校尉
⑱親事、帳內
⑰執仗、執乘
⑯諸折衝府錄事府史
⑮納課品子
⑭六至九品子（品子）
⑬勳官子（一至五品）
⑫勳官
⑪集賢院御書手
⑩諸衞三衞監門直長
⑨齊郎
⑧千牛備身、備身左右、進馬
⑦諸館及州縣學

科舉

白丁

品子

勳官

高品子

高資蔭

圖 1

2. (1) 爵：舊唐書卷四十二職官志一（唐六典卷二尚書吏部，吏部郎中之職掌，封爵之注文略同）載：
「以門資出身者，諸嗣王郡王出身從四品下，親王諸子封郡公者從五品上，國公正六品上，郡公正六品下，縣公從六品上，侯正七品上，伯正七品下，子從七品上，男從七品下。」

(2) 尚郡縣主：諸娶郡主者出身正六品上，娶縣主者正七品上。（資料同上條）

(3) 郡縣主子：郡主子出身從七品上，縣主子從八品上。（資料同上條）

(4) 一至五品蔭子：新唐書卷四十五選舉志下載：「凡用蔭，一品子正七品上，二品子正七品下，三品子從七品上，從三品子從七品下，正四品子正八品上，從四品子正八品下，正五品子從八品上，從五品及國公子從八品下。」

(5) 一至五品蔭孫蔭曾孫、爵蔭子孫：「三品以上蔭曾孫，五品以上蔭孫。孫降子一等，曾孫降孫一等。贈官降正官一等，死事者與正官同。郡、縣公子，視從五品孫（卽正九品上出身）。縣男以上子，降一等。」（資料同上條）

(6) 親戚：新唐書卷四十五選舉志下載：「凡出身，……皇帝緦麻以上親、皇太后期親，正六品上；皇
太后大功、皇后期親，從六品上；皇帝袒免、皇太后小功緦麻、皇后大功親，正七品上；皇后小功
緦麻、皇太子妃期親，從七品上。（唐六典卷二尚書吏部，吏部郎中之職掌，親戚之注文略同。）

(7) 諸館及州縣學：新唐書卷四十四選舉志上：「凡學六，皆隸於國子監：國子學，生三百人，以文武
三品以上子孫若從二品以上曾孫及勳官二品、縣公、京官四品帶三品勳封之子爲之；太學，生五百
人，以五品以上子孫、職事官五品期親若三品曾孫及勳官三品以上有封之子爲之；四門學，生千三
百人，其五百人以勳官三品以上無封、四品有封及文武七品以上子爲之，八百人以庶人之俊異者爲
之；律學，生五十人；書學，生三十人；算學，生三十人；以八品以下子及庶人之通其學者爲之。
京都學生八十人，大都督、中都督府、上州各六十人，下都督府、中州各五十人，下州四十人，京
縣五十人，上縣四十人，中縣、中下縣各三十五人，下縣二十人。……凡館二：門下省有弘文館，
生三十人；東宮有崇文館，生二十人。以皇緦麻以上親，皇太后、皇后大功以上親，宰相及散官一
品、功臣身食實封者，京官職事從三品、中書黃門侍郎之子爲之。……每歲仲冬，州、縣、館、監
舉其成者送之尚書省。」同書選舉志下末謂：「諸館及州縣學六萬三千七十人。」

(8) 齋郎：唐六典卷四尚書禮部，禮部尚書侍郎之職掌：

「太廟齋郎亦試兩經，文義粗通然後補授，考滿簡試。

其郊社齋郎簡試，亦如太廟齋郎。」

新唐書卷四十五選舉志下云：

「凡齋郎，太廟以五品以上子孫及六品職事並清官子爲之，六考而滿；郊社以六品職事官子爲
之，八考而滿。皆讀兩經粗通，限年十五以上、二十以下，擇儀狀端正無疾者。」同卷末謂：
「齋郎八百六十二人。」

(9) 千牛備身、備身左右、進馬：唐六典卷五尚書兵部，兵部郎中之職掌：

「凡千牛備身、備身左右及太子千牛，皆取三品以上職事官子孫，四品清官子，儀容端正，武藝
可稱者，充五考，本司隨文武簡試聽選（注：如階應入武品，折其一考，四品謂諸司侍郎、左右
庶子）。

凡殿中省進馬，取左右衛三衛高蔭簡儀容可觀者補充，分爲三番上下，考第簡試同千牛例。僕寺
進馬亦如之。」

新唐書卷四十五選舉志下謂：「千牛備身八十人，備身左右二百五十六人，進馬十六人。」

(10) 諸衛三衛監門直長：唐六典卷五尚書兵部，兵部郎中之職掌：

「凡左右衛、親衛、勳衛、翊衛、及左右率府親勳翊衛、及諸衛之翊衛，通謂之三衛。

擇其資蔭高者爲親衛（注：取三品以上子，二品以上孫爲之）。

其次者爲勳衛及率府之親衛（注：四品子、三品孫、二品以上之曾孫爲之）

又次者爲翊衛及率府之勳衛（注：四品孫、職事五品子孫、三品曾孫、若勳官三品有封者、及國
公之子爲之）。

又次者爲諸衛及率府之翊衛（注：五品以上並柱國若有封爵兼帶職事官爲之）

又次者爲王府執仗執乘（注：散官五品以上子孫爲之）。

凡三衛皆限年二十歲以上。

凡左右衛之三衛分爲五仗……其五仗上下、及引駕細引，考以五。左右衛之他職掌及左右率府之
勳衛，考以六（注：左右率府之三衛帖五仗上下者，亦五考）。

諸衛及率府之翊衛，考以八。考滿兵部校試有文堪時務，則送吏部；無文則加其年階，以本色遷
授；若有才用，考內得補主帥及監門校尉直及（長）。凡左右衛左右率府三衛，經三考以上者，
得補引駕細引，考滿簡試如三衛。」

新唐書卷四十五選舉志下謂：「諸衛三衛監門直長三萬九千四百六十二人。」

(11) 集賢院御書手：唐六典卷九中書省集賢殿書院：「書直及寫御書一百人（注：開元五年十二月敕於

秘書省昭文館兼廣召諸色能書者充，皆親經御簡後又取前資常選三衞散官五品以上子孫，各有年限，依資甄敍）。」（唐會要卷六十四史館下集賢院條謂開元五年十一月敕，敕文則相同。）

(12) 勳官：唐六典卷二尚書吏部，吏部郎中之職掌，勳庸之注文（新唐書卷四十五略同）：

「謂上柱國正六品上敍，柱國以下每降一等至騎都尉從七品下，驍騎尉、飛騎尉正九品上，雲騎尉、武騎尉從九品上。」

(13) 勳官五品以上子：「從九品下敍。」（新唐書卷四十五選舉志下）

(14) 品子（即六品至九品子）：「凡品子任雜掌及王公以下親事、帳內勞滿而選者，七品以上子（即六品、七品），從九品上敍。其任流外而應入流內，敍品卑者，亦如之。九品以上（即八品、九品），及勳官五品以上子，從九品下敍。」（資料同上條）

(15) 納課品子：新唐書卷四十五選舉志下：「武選，凡納課品子，歲取文武六品以下、勳官三品以下五品以上子，年十八以上，每州為解上兵部，納課十三歲而試，第一等送吏部，第二等留本司，第三等納資二歲，第四等納資三歲；納已，復試，量文武授散官。」同書末載：「納課品子萬人。」

(16) 諸折衝府錄事府史：唐六典卷二十五折衝府末：「兵曹掌……每歲簿錄事及府史捉〔錢〕品于（子之課）補上年月姓名，以上於州，申考功兵部。」新唐書卷四十五選舉志下：「武選，……凡捉錢品子，無違負滿二百日，本屬以簿附朝集使，上於考功、兵部。滿十歲，量文武授散官。」同卷末謂：「諸折衝府錄事府史一千七百八十二人。」

(17) 執仗、執乘：唐六典卷五尚書兵部，兵部員外郎之職掌：「武貢之第者，勳官五品以上，並三衞執仗、乘若品子年考已滿者，並放選。勳官六品以上，並應宿衞人及品子五考以上者，並授散官，謂軍士職官，餘並帖仗，然後授散官。」

同卷兵部郎中之職掌：「王府執仗執乘（注：散官五品以上子孫為之）。」

新唐書卷四十五選舉志下謂：「執仗、執乘每府三十二人。」

(18) 親事、帳內：唐六典卷五尚書兵部，兵部郎中之職掌：

「凡王公以下皆有親事帳內（注：六品七品子為親事，八品九品子為帳內），限年十八以上舉諸州率萬人以上充之（注：親王嗣王郡王開府儀同三司及三品以上官帶勳者，差以給之，並本貫納其資課，皆從金部給付），皆限十周年，則聽其簡試，文理高者送吏部，其餘留本司，全下者退還本邑。」

新唐書卷四十五選舉志下謂：「親事、帳內萬人。」

(19) 諸折衝府校尉：舊唐書卷四十四職官志三諸府：「長史一人（正七品下至從七品下）、兵曹參軍一人（從八品下至從九品下）、錄事一人、校尉五人。每校尉，旅帥二人，每旅帥，隊正、副隊正各二人。」新唐書卷四十五選舉志下謂：「校尉三千五百六十四人。」

(20) 史館典書、楷書手：唐六典卷十秘書省：「典書八人（注：其職同流外，八考入流焉）。」

「楷書手八十人（注：隋煬帝秘書省置楷書員二十人、從第九品，掌鈔寫御書，皇朝所置職同流外也）。」

唐會要卷六十四史館下宏文館條：

「大中四年七月宏文館奏：當館楷書、典書等，與集賢史館楷書等，承流前例，並勒校成五考赴選，自大和八年以後，被吏部條流，更加授散三年，今集賢史館奏勞役年深，補召不得，已蒙敕下，免三年授散訖。今當館請准例處分。敕旨依奏。」

(21) 諸臺、省、寺、監、軍、衞、坊、府之胥史：新唐書卷四十五選舉志下謂：「六千餘人。」

(22) 諸屯主、副：新唐書卷四十五選舉志下謂：「千九百八人。」

(23) 尚藥童：唐六典卷十一尚藥局：「主藥十二人，藥童三十人。」

(24) 太史曆生、天文生、太醫藥童、針呪生、太卜筮生：唐六典卷十太史局：「曆生三十六人（注：同流外，八考入流。）」「天文觀生九十人（注：從天文生轉補，八考入流也）。」「天文生六十人（注：年深者轉補天文觀生）。」同書卷十四太常寺太醫署：「醫師二十人、醫工一百人、醫生四

獲得散位者在形式上已是官僚體系中的一員，但實際上散官並不任職。若欲自散官成
為職事官，還需再經吏部（或兵部）選授。

唐會要卷七十七貢舉下科目雜錄條：

> 大和元年十月，中書門下奏：凡未有出身未有官，如有文學，祇合于禮部應
> 舉。有出身有官，方合于吏部赴科目選。……

在其任散官期間，除開府及特進享有俸祿以外，其餘皆為無給之位，位低的散官其處
境不甚佳。舊唐書卷四十二職官志一載：

> 舊例，開府及特進（從一品及正二品散官），雖不職事，皆給俸祿，預朝會，
> 行立在於本品之次。光祿大夫（從二品）以下，朝散大夫（從五品下）以上，
> 衣服依本品，無祿俸，不預朝會。朝議郎（正六品上）以下，黃衣執笏，於吏
> 部分番上下承使及親驅使，甚為猥賤。每當上之時，至有為主事令史守局鑰執
> 鞭幞者。兩番以上，則隨番許簡，通時務者始令參選。一登職事以後，雖官有
> 代滿，即不復番上。

新唐書卷四十六百官志一兵部載，武散官（唐六典卷五尚書兵部略同）：

> 自四品以下，皆番上於兵部，以遠近為八番，三月一上；三千里外者免番，輪
> 資如文散官，唯追集乃上。六品以下，尚書省送符。懷化大將軍（正三品上）、
> 歸德大將軍（從三品上），配諸衛上下；餘直諸衛為十二番，皆月上。忠武將
> 軍（正四品上）以下、游擊將軍（從五品下）以上，每番，閱彊毅者直諸衛；
> 番滿，有將略者以名聞。

所謂輪資之法，新唐書卷四十六百官志一吏部載：

> 自四品，皆番上於吏部；不上者，歲輪資錢，三品以上六百，六品以下一千，

十人。……藥園師（注：取庶人十六以上、二十以下充藥園生，業成補藥師。）……鍼博士，掌教
鍼生。……呪禁博士掌教呪禁生。」同卷太卜署：「卜筮生四十五人。」

(25) 進士、明法、宏文崇文生：書算學生：新唐書卷四十五選舉志下：「進士、明法，甲第，從九品
上；乙第，從九品下。宏文崇文館生及第亦如之。……書算學生從九品下敘。」

(26) 秀才、明經：唐六典卷二尚書吏部，吏部郎中之職掌，秀孝：「謂秀才，上上第，正八品上；以下
遞降一等，至中上第，從八品下；明經降秀才三等（即上上第從八品下、上中第從九品上、上下第
正九品下、中上第從九品下）；……若本蔭高者，秀才、明經上第，加本蔭四階，以下遞降一等。
明經通二經以上，每一經加一階。」

水、旱、蟲、霜減半資。有文藝樂京上者，每州七人；六十不樂簡選者，罷輸。勳官亦如之。以征鎮功得護軍以上者，納資減三之一。

散官進階則以勞考，**唐六典卷二尚書吏部**，吏部郎中職掌，勞考條注文：

> 謂由六品以下，四考滿皆中中者，因選進一階；每二中上考又進兩階；每一上下考進兩階，若兼有下考，得以上考除之。

職事官雖皆帶有散位，謂之本品，然職事官之高低與散位之高低，其間不一定皆相符合，**舊唐書卷四十二職官志一**：

> 職事則隨才錄用，或從閒入劇，或去高就卑，遷徙出入，參差不定。……武德令，職事高者解散官，欠一階不至為兼，職事卑者，不解散官。貞觀令，以職事高者為守，職事卑者為行，仍各帶散位。其欠一階，依舊為兼，與當階者，皆解散官。永徽以來，欠一階者，或為兼，或帶散官，或為守，參而用之。其兩職事者亦為兼，頗相錯亂。咸亨二年，始一切為守。

但**舊唐書卷四十二職官志一**載：「五品以上非恩制所加，更無進之令。」

第二節　出身與職事官

舊唐書卷四十二職官志一載：

> 有唐以來，出身入仕者，著令有秀才、明經、進士、明法、書、算。其次以流外入流。若以門資入仕，則先授親、勳、翊衞，六番隨文武簡入選例。又有齋郎、品子、勳官及五等封爵、屯官之屬，亦有番第，許同揀選。

引文分為三大類，即科舉、流外、門資也。（實際上還有另一大類，薦辟是也）科舉與薦辟則屬另外途徑，將另文討論，本文以流外、門資入於職事官為討論主題。在實際實施的時候，職事官之任命，與其出身有極密切關連，此在清資官職更為顯著。**舊唐書卷四十二職官志一**載：

> 神功元年制：「勳官、品子、流外、國官出身，不得任清資要官。應入三品，不得進階。」

所謂「清資要官」，在現有的史書中無法得知其具體官名，亦可能是形容名詞，但**唐六典卷二尚書吏部**，吏部郎中職掌之中，有清望官和清官的詳細注文，如下：

　　清望官：謂內外三品以上官、及中書黃門侍郎，尚書左右丞，諸司侍郎，並太
　　常少卿，秘書少監，太子少詹事、左右庶子、左右率，及國子司業。

　　四品以下八品以上清官：四品，謂太子左右諭德，左右衛、左右千牛衛中郎
　　將，左右副率、率府中郎將；五品，謂御史中丞，諫議大夫，給事中，中書舍
　　人，贊善大夫，太子洗馬，國子博士，諸司郎中，秘書丞，著作郎，太常丞，
　　左右衛郎將，左右率府郎將；六品，謂起居郎、舍人，太子司議郎、舍人，諸
　　司員外郎，侍御史，秘書郎，著作佐郎，太學博士，詹事丞，太子文學，國子
　　助教；七品，左右補闕，殿中侍御史，太常博士，詹事司直，四門博士，太學
　　助教；八品，左右拾遺，監察御史，四門助教。

清資要官極可能包括上列之清望官和清官。此等官職，似不授予勳官、品子、流外、
國官出身者。按勳官、品子、流外、國官之間亦有高下之分。勳官之文散位可達六
品；「品子」一詞，在此處似指六品至九品子，新唐書卷四十五選舉志下：「凡品子
任雜掌及王公以下親事、帳內，勞滿而選者，七品以上子，從九品上敍。其任流外而
應入流內，敍品卑者，亦如之。九品以上及勳官五品以上子，從九品下敍。」同卷：
「武選，凡納課品子，歲取文武六品以下、勳官三品以下五品以上子……。」顯然
地，六至九品子、勳官本人、勳官五品以上子，雖然其職可能任流外之職，其本品皆
達流內散位。而流外與國官出身者，除了起初擔任流外職以外，其本品亦原屬流外
品。勳官、品子、流外、國官等，待其經過若干番考以後，銓選入流內職事，則皆不
能銓注清資要官，或許即如舊唐書卷四十三職官志二所謂：「凡出身非清流者，不注
清資官。」然而，在流內職事官之中，有一些姑且稱為「次清」的官職，亦不授予流
外出身者。如：

唐會要卷七十五選部下，雜處置條，神功元年閏十月二十五日，敕：

　　八寺丞，九寺主簿，諸監丞簿，城門（郎），符寶郎，通事舍人，大理寺司
　　直，（大理）評事，左右衛、千牛衛、金吾衛、左右率府、羽林衛長史，太子
　　通事舍人，親王掾、屬、判司、參軍，京兆河南太原判司，赤縣簿、尉，御史
　　臺主簿，校書，正字，詹事府主簿，協律郎，奉禮（郎），太祝等；出身入
　　仕，既有殊途，望秩常班，須從甄異。其有從流外及視品官出身者，不得任前

官。其中書主書、門下錄事、尚書都事，七品官中亦爲緊要，一例不許，頗乖

勸獎；其考詞有淸幹景行吏用文理者，選日簡擇，取歷十六考以上者，聽量擬

左右金吾長史及寺監丞。

引文中所列的「次淸」官職率皆寺監衞府中之僚屬，性質屬於事務官，較吏職稍爲重

要，吏職之中最受注目的厥爲：中書主書，從七品上，四人；門下錄事，從七品上，

四人；尚書都事，從七品上，六人。神功元年敕的主要用意乃是將主書、錄事、都

事，開放給流外出身者。換言之，亦卽流外出身者之上限止於此。在地方官系統上，

流外出身者另一條上限是赤縣錄事。封氏聞見記卷三詮曹條：

開元中，河東薛據自恃才名，于吏部參選，請授萬年縣錄事（新唐書卷三十七

地理志——關內道京兆府，萬年，赤）。吏曹不敢注，以諮執政，將許之矣。

諸流外共見宰相訴云：「醴泉丞（同書，次赤）等三官皆流外之職，已被士人

奪却。惟有赤縣錄事是某等淸要，今又被進士欲奪，則某等一色之人無措手足

矣。」于是遂罷。

但據德宗大曆十四年敕，似乎流外出身者仍不得授錄事之職，更不論縣令矣！如：

唐會要卷五十八吏部尚書條，大曆十四年七月十九日，勅：

流外出身人，今後勿授刺史、縣令、錄事參軍，諸軍諸使亦不得奏請。

然勳官、品子，則法典上規定可任縣錄事，唐六典卷三十上州中州下州官吏：

縣錄事通取部內勳官五品以上，若無堪任者，並佐史通取六品以下子及白丁充

之。

如果是伎術之職出身，在本司遷轉，唐六典卷二吏部尚書，吏部尚書侍郎之職掌：

凡伎術之官，皆本司銓注訖，吏部承以附甲焉。（注：謂秘書、殿中、太僕寺

等伎術之官，唯得本司遷轉，不得外敍；若本司無闕者，聽授散官，有闕先

授；若再經考滿者，亦聽外敍。）

其他機構中有：

唐六典卷十秘書省有：「典書、楷書手」。同卷太史局有：「太史歷生、天文觀生、

天文生」。同卷著作局有：「楷書手」。

唐六典卷十一殿中省有：「尚食局、尚藥局、尚衣局、尚舍局、尚乘局、尚輦局」

等。以尙藥局爲例，其組織爲：「尙藥局奉御二人，正五品下；直長四人，正七品上；侍御醫四人，從六品上；主藥十二人，藥童三十人；司醫四人，正八品下；醫佐八人，正九品下；按摩師四人；咒禁師四人；合口脂匠二人。」伎術職在此本局中遷轉。

唐六典卷十七太僕寺轄下伎術署監甚多，有：「乘黃署、典廄署、典牧署、車府署、諸上牧監、中牧監、下牧監、沙苑監」等。以典廄署爲例，其組織爲：「典廄署令二人，從七品下；丞二人，從八品下；主乘六人，正九品下；典事八人；府四人；史八人；執馭一百人；駕士八百人；掌固六人。」部份尙留有出身之記述，如：

唐六典卷十七太僕寺，丞：

> 丞掌判寺事，凡補獸醫生皆以庶人之子考試，其業成者補爲獸醫，業優長者進爲博士。

唐六典卷十七太僕寺，諸牧監：

> 羣有牧長牧尉（注：補長以六品以下子，白丁雜色人等爲之。補尉以散官八品以下子爲之，品子八考，白丁十考，隨文武簡試與資也。）

有關專業伎術的署監牧局甚多，如：太常寺的諸陵署、太樂署、鼓吹署、太醫署、太卜署、汾祠署。光祿寺的太官署、珍羞署、良醞署、掌醢署。衞尉寺的兩京武庫、武器署、守宮署。宗正寺的崇玄署。司農寺的上林署、太倉署、鈎盾署、導官署、太原永豐龍門等諸倉、司竹監、溫泉湯監、京都苑總監、京都苑四面監、諸屯監、九成宮總監。太府寺的兩京諸市署、平準署、左藏署、右藏署、常平署。少府監的中尙署、左尙署、右尙署、織染署、掌冶署、諸冶監、北都軍器監、甲坊署、弩坊署、諸鑄錢監、諸互市監。將作監的左校署、右校署、中校署、甄官署、百工監、就谷監、庫谷監、斜谷太陰監、伊陽監。都水監的的舟楫署、河渠署、諸津。太子詹事府的典膳局、藥藏局、內直局、典設局。太子家令寺的食官署、典倉署、司藏署。太子僕寺的廄牧署等等。這些大都是事務體系（按諸寺監乃唐朝之事務機構）的專業執行單位，其署令牧長大率不超過七品官，流外出身從事於伎術之職者，蓋以此爲最終之官職，卽令流外出身從事於令史之職者，亦大都以此等官職爲終極，因爲正如前文引神功元年敕令，諸寺丞、寺簿、諸監丞簿……諸衞長史、王府掾屬、州府判司、縣簿等「次

清」之事務職，明令不注流外出身者。所謂流外出身者，率指家世白丁、或勳官六品以下子。

唐會要卷六十七伎術官條（唐大詔令集卷一百政事官制上釐革伎術官制條，略同）：

> 故事，伎術官皆本司定，送吏部附申，謂秘書、殿中、太常、左春坊、太僕等伎術之官，唯得本司選轉，不得外敍，若本司無缺，聽授散官，有缺先授，若再經考滿者聽外敍。神功元年十月三日勑：自今以後，本色出身，解天文者，進官不得過太史令，音樂者不得過太樂鼓吹署令，醫術者不得過尚藥奉御，陰陽卜筮者不得過太卜令，解造食者不得過司膳署令。有從勳官、品子、流外、國官參佐親品等出身者，自今以後不得任京清要著望等官，若累階應至三品者，不須階進，每一階酬勳兩轉。

勳官及品子出身者，亦可能擔任吏職或署令牧長，但其最終之官職亦可能是「次清」之事務官，但不可注擬「清資要官」。

依據上文分析，對照圖1來看，⑳史館典書楷書、㉑諸臺省寺監軍衞坊府胥史、㉒諸屯主副、㉓尚藥童、㉔太史曆生、天文生、太醫藥童、針呪生、太卜卜筮生等，係流外出身，家世白丁或勳官六品以下子，幾經番考，從這幾條途徑爬進散位，在職事系統中最終極的官職大概是署令牧長。

⑫勳官、⑬勳官子（一至五品）、⑭六至九品子（品子）、⑮納課品子、⑯諸折衝府錄事府史、⑰執仗、執乘、⑱親事、帳內、⑲校尉等，係勳官、品子出身者之途徑，幾經番考，亦可能從事吏職，亦可能經歷署令牧長，以「次清」之事務官爲其終極，但不可詮授「清資要官」。

緣因進入散位以後，以勞考進階，而職事官則與出身有相應關係，上述流外和勳官品子出身者，其職事官有一定的上限，雖說職事與散位不必一致，但亦不能過於差距。舊唐書卷四十二職官志一（唐會要卷八十一階條，略同）載：

> 弘道元年，又普加一階。乃有九品職事及三衞階高者，並入五品。則天朝，泛階漸多，始令仕經八考，職事六品者許入。萬歲通天元年，勑：「自今以後，文武官加階應入五品者，並取出身，已歷十二考以上，進階之時，見居六品官。其應入三品人，出身已二十五考以上，進階見居三品官。」無幾，入五品

又加至十六考。

本節以圖說明之：

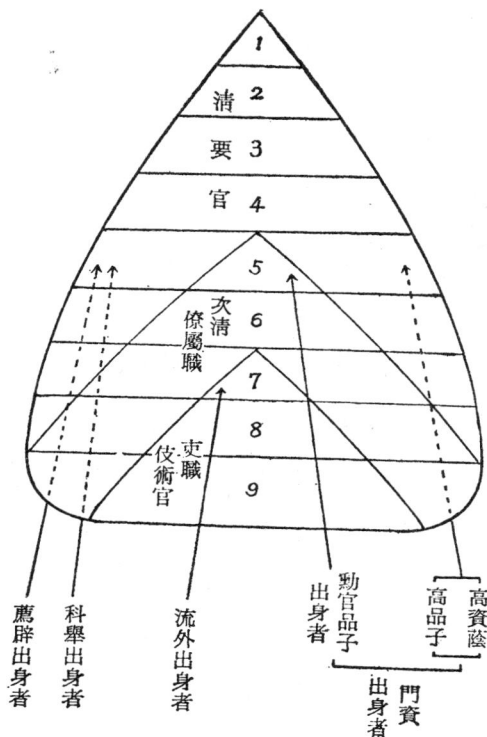

圖2　職事官出身圖

門資出身者的安排設計，在唐代較其他途徑尤為複雜，其在唐代官僚體系中的重要性，下節專論之。

第三節　蔭任與職事官

唐代門資的複雜性，不僅因為按照品位、職事、爵位、親戚等各色地位之高下而其出身亦隨之相對地高低，更由於門資與其他條件配搭在一起時所引起的變化。圖2所示，依門資出身者按其高下可分為三大類，即；高資蔭、高品子、勳官品子。入散位之途徑，據圖1所示，即自蔭至太史曆生凡有二十二小類，如以大類而言，即圖1及圖2的高資蔭、高品子、勳官品子、白丁（流外出身者）等四大類；舊唐書卷四十二職官志一載「散位則一切以門蔭結品，然後勞考進敍。」是指流內九品散位，白丁

或無門蔭者初敍無流內九品散位者，必待勞考進敍後才能進流內散位。

　　入職事官之途徑，據圖1所示，自諸館至太史曆生凡有十六小類，以大類而言，似乎僅包括高品子、勳官品子、白丁等三大類，實際上高資蔭者獲得職事官途徑與高品子類大致相同，只是地位略高些，下文各節行文中將有論及。入職事官之門戶在新唐書卷四十五選舉志下有載：

　　　唐取人之路蓋多矣，方其盛時，着於令者，納課品子萬人，諸館及州縣學六萬三千七十人，太史曆生三十六人，天文生百五十人，太醫藥童、針呪諸生二百一十一人，太卜筮三十人，千牛備身八十人，備身左右二百五十六人，進馬十六人，齋郎八百六十二人，諸衞三衞監門直長三萬九千四百六十二人，諸屯主、副千九百八人，諸折衝府錄事府史一千七百八十二人，校尉三千五百六十四人，執仗、執乘每府三十二人，親事、帳內萬人，集賢院御書手百人，史館典書、楷書四十一人，尚藥童三十人，諸臺、省、寺、監、軍、衞、坊、府之胥史六千餘人。凡此者，皆入官之門戶，而諸司主錄已成官及州縣佐史未敍者，不在焉。

　　高資蔭這一大類中有六項小類，即：爵、尚郡縣主、郡縣主子、一至五品蔭子、一至五品蔭孫曾孫爵蔭子孫、親戚，他們在散官階上有重要地位，但若欲任職事官仍與高品子這一大類一樣地透過若干途徑，當然，高資蔭者在透過入仕途徑之時，獲得較快速上達之優勢。

　　諸館及州縣學乃是高資蔭高品子入仕之重要途徑，然而，諸館生徒之資格極為複雜，其中以門下省的弘文館、東宮的崇文館地位最高，上文已有引述。唐會要卷七十七宏文崇文生舉條，有唐中期時之記載：

　　　貞元四年正月敕：應補宏文崇文學生，員闕至少，請補者多，就中商量，須有先後。伏請准建中三年十一月勑：先補皇帝緦麻以上親、及次幸輔子孫，仍于同類之內所用蔭，先盡門地清華、履歷要近者，其餘據官蔭高下類例處分。六年九月敕：本置兩館學生，皆選勳賢冑子，蓋欲令其講藝，紹襲家風，固非開此倖門，隳紊典教，且令式之內，具有條章，考試之時，理須精覈，比聞此色倖冒頗深，或假市門資、或變易昭穆，殊愧敎化之本，但長僥競之風，未補者

務取闕員，已補者自然登第，用蔭旣已乖實，試藝又皆假人，誘進之方豈當如此，自今以後，所司宜據式文考試，定其升黜，如有假貸，並准法處分。

按宏文崇文生旣爲貴冑子弟設一捷徑，自然極易及第，此在開元時已有記載，同卷：

開元二十六年正月八日敕文：宏文崇文生，緣是貴冑子孫，多有不專經業便與及第，深謂不然。自今以後，一依令式考試。至天寶十四載二月十日，宏文館學生自今以後，宜依國子監學生例帖試，明經進士帖經並減半，雜文及策皆須粗通，仍永爲恆式。

「粗通」爲其及第之標準，唐六典卷四尙書禮部，禮部尙書侍郎之職掌，亦云：

其宏文崇文館學生雖同明經進士，以其資蔭全高，試取粗通文義。

事實上，「粗通」的目標亦未必能達到，據上引貞元四年敕，「未補者務取闕員，已補者自然登第。」

　　國子監生徒的家世則略遜於宏文崇文生，國子監六學亦有差等。其四門學及州縣學之生徒則包括庶人之俊異者。嚴格而論，宏文崇文館、國子監、州縣學等並非入仕之直接通道，制度上仍需通過考試，或可屬科舉大類之中，事實上高資蔭者由於特殊地位而將其變成直接通道。當然，其中庶人子弟並不享有這種特權特惠，庶人子弟出身於四門學或州縣學者與鄉貢舉人同樣競爭常科考試。

　　高資蔭和高品子之直接入仕通道，以諸衞爲大宗，但亦最爲複雜，如圖：

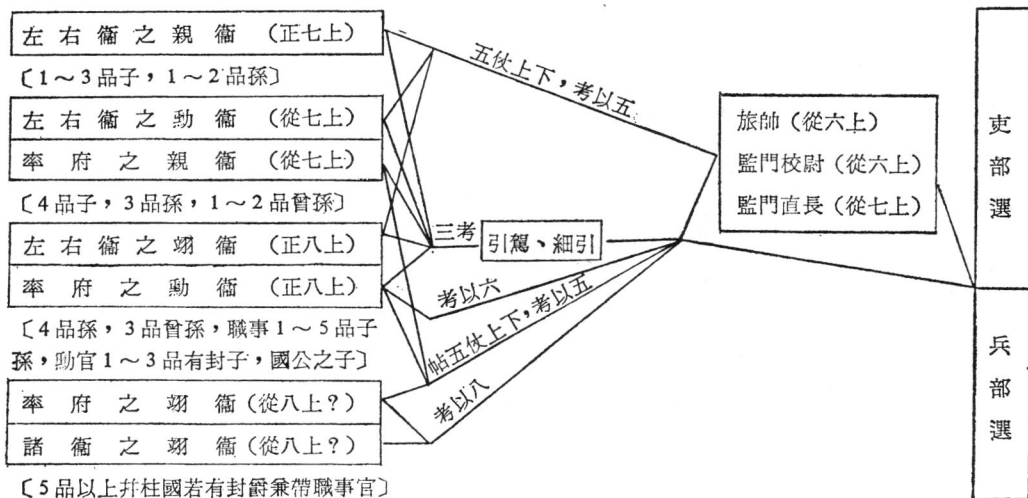

| 左　右　衞　之　親　衞　（正七上） |
| 〔1～3品子，1～2品孫〕 |
| 左　右　衞　之　勳　衞　（從七上） |
| 率　府　之　親　衞　（從七上） |
| 〔4品子，3品孫，1～2品曾孫〕 |
| 左　右　衞　之　翊　衞　（正八上） |
| 率　府　之　勳　衞　（正八上） |
| 〔4品孫，3品曾孫，職事1～5品子孫，勳官1～3品有封子，國公之子〕 |
| 率　府　之　翊　衞　（從八上？） |
| 諸　衞　之　翊　衞　（從八上？） |
| 〔5品以上幷柱國若有封爵兼帶職事官〕 |

五伎上下，考以五
三考　引駕、細引
考以六
帖五伎上下，考以五
考以八

旅帥（從六上）
監門校尉（從六上）
監門直長（從七上）

吏部選
兵部選

圖3

三衞番考滿後，有文則送吏部，升於何職不見於法典，新舊唐書列傳亦不常記載這一類官途，本文將於下列章節從墓誌拓片中追尋之。無文而有才用則屬兵部選，以監門直長、監門校尉、旅帥（唐六典卷五謂「主帥」，恐有誤）爲常調。其後之升遷轉任亦只能於墓誌銘中求之。

由宿衞入仕，使得高資蔭和高品子有極佳獲得職事官之機會，但此條途徑之重要與否，要看其將來升遷之官職性質而定。

　　高資蔭和高品子之另一條直接入仕通道，是千牛備身、備身左右、太子千牛、進馬。其品位似乎略高於三衞，但其名額較三衞爲少。

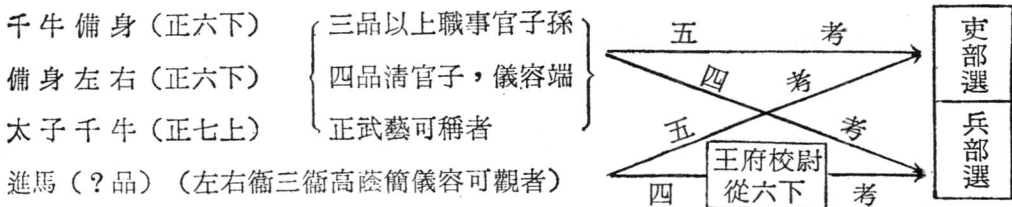

圖 4

<u>唐會要卷七十一十二衞條</u>：

　　開元十一年三月二十八日，准令，千牛二中上考始進一階，旣是衞官又須簡試，全依職事，頗亦傷淹滯，若五考滿者折爲四考，四考滿者折爲三考，三考折爲二考，二考折爲一考，更有臏考亦准此通折，出經一考不在折成，其進馬考旣稱第宜倍折。

<u>唐會要同卷同條又云</u>：

　　貞元七年十二月五日，兵部奏事條，取門地清華、容儀整肅、年十一以上十四以下試讀一小經，兼薄解弓馬。其蔭取嗣王任常品四品以上清資官宰輔及文武職事正二品以上官，御史大夫、諸司卿監、國子祭酒、京兆河南尹子孫、主男、見任左右丞、諸司侍郎及左右庶子，應前任幷身役蔭者。三品以上官仍須兼三品以上階，其見任官蔭並不須階，庶孽酗酒胘疾等並不應限，一蔭之下不得兩人應補，幷周親有見任千牛亦不在應限，所用蔭若是攝試檢員外兼官等，非正闕釐務者，並不在應補限。應用贈蔭者，須承前歷任清資，事兼門地，與

格文相當者，其贈蔭降品請準格處分。敕旨依奏。

唐六典卷五尚書兵部，兵部郎中職掌：

> 凡殿中省進馬，取左右衞三衞高蔭簡儀容可觀者補充，分爲三番上下，考第簡
> 試同千牛例，僕寺進馬亦如之。

舊唐書卷四十四職官志三殿中省尚乘局：

> 進馬六人，七品下。（進馬舊儀，每日尚乘以廐馬八匹，分爲左右廂，立於正
> 殿側宮門外，候仗下卽散。若大陳設，卽馬在樂懸之北，與大象相次。進馬
> 二人，戎服執鞭，侍立於馬之左，隨馬進退。雖名管殿中，其實武職，用資蔭
> 簡擇，一如千牛備身。天寶八載，李林甫用事，罷立仗馬，亦省進馬官。十二
> 載，楊國忠當政，復立仗馬及進馬官，乾元復省，上元復置也。）

新唐書卷四十七百官志二殿中省：

> 進馬五人，正七品上。掌大陳設，戎服執鞭，居立仗馬之左，視馬進退。（天
> 寶八載，罷南衙立仗馬，因省進馬；十二載復置，乾元復又省，大曆十四年
> 復。）

　　高品子還可從齋郎入仕。齋郎，後魏祀官，九品中（唐六典卷十四太常寺注文）
唐代齋郎不見於九品之中。任齋郎所需門資亦低於三衞、千牛備身、備身左右、太子
千牛、進馬，且需「粗通」兩經作爲考滿簡選之條件，兩種齋郎之門資與考別如下：

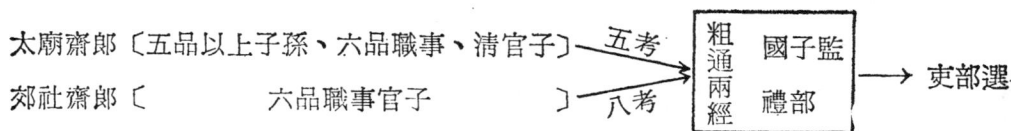

太廟齋郎〔五品以上子孫、六品職事、清官子〕──五考──┐　　　　　　　　　　　　　　　
　　　　　　　　　　　　　　　　　　　　　　　　　　　　粗通兩經｜國子監禮部├──→吏部選
郊社齋郎〔　　　　六品職事官子　　　　　〕──八考──┘　　　　　　　　　　　　　　　

圖5

唐會要卷五十九尚書省諸司下太廟齋郎條：

> 開元二十四年三月十二日勅：齋郎簡試並於禮部集。至二十五年正月七日勅：
> 諸陵廟並宜隸宗正寺，其齋郎遂司封補奏。至天寶十二載五月十一日，陵廟依
> 舊隸太常寺，齋郎遂屬禮部。至大曆二年八月二十五日勅：陵廟宜令宗正寺檢
> 校，其齋郎又司封收補聞奏。至貞元三年九月二十六日，禮部尚書蕭昕奏：

「太廟齋郎准式禮部補，大曆三年後，被司封官稱管陵廟，便補奏齋郎，亦無格勑文，准建中元年正月五日制，每事並歸有司，其前件齋郎合於禮部補奏。」勑旨依，付所司准格式處分。至今禮部員外郎補。

同上禮部尚書條：

大和七年八月勑：每年試帖經官，以國子監學官充，禮部不得別更奏請，其宏文崇文兩館生齋郎，並依令試經畢，仍差都省郎官兩人覆試。

宏文崇文兩館生及齋郎皆係文質路線，無勳官參與其中，皆請職之子孫，其敍銓應屬吏部而甚少流入兵部選，在日益文質化的中古士族子弟之中，若欲以門資入仕，則比較傾向於這兩條途徑，所以有營鑽現象與防備措施：

同上太廟齋郎條：

寶曆元年九月，禮部奏：「准今年四月制，當司合釐革條流兩館生齋郎資蔭年限等，據舊勑應補兩館生所用蔭第皆門地清華、勳賢胄裔，近者時有源流或異、支屬全疏、罔冒門資、變易昭穆，今請如有此色，自本司磨勘得實，坐其家長，所用蔭告身，用本司印印，郎官押署，更不在行用之限，保官具事由申上中書門下，請諸司官典檢，報不實，並請准法科處分；其太廟郊社齋郎亦並准此處分。若用蔭曾經流貶未復年資、或便身亡不曾申雪即用舊蔭，切恐非宜，請便駁放。其太廟齋郎亦准此處分。伏緣兩館生員闕不多，請補者衆，今請一家不得用兩蔭，許隔二年收補，每用蔭補人，請明置簿歷，具注所補人年名日月，用本司印，郎官押署，至補人數足後，給其告身，不在用限。太廟齋郎准開元六年九月勑：取五品以上子孫、六品清資常參官子補充；郊社齋郎用祖蔭官階並須五品以上、用父蔭須六品以上常參官、及兩府司錄判司、詹事府丞、大理司直幷有五品階者。所補齋郎皆用五保，其保請以六品以上清資官充，其一家不得周年保兩人，仍不得頻年用蔭，並請准兩館生例處分。」勑旨依奏。

集賢院御書手有百人，係親經御簡，取前資常選三衞散官五品以上子孫爲之，其升遷轉任路線不詳。

以上所述高資蔭和高品子出身者，當其進入職事官體系之後，法典上並沒有限制他們擔任何種性質的官職；這與勳官、品子、流外、國官等出身者不同，這四類人不

得任清資要官，而流外出身者甚至不許任「次清」官職。然則，高資蔭和高品子出身者的官歷如何？上文陳述各種途徑時僅謂吏部選或兵部選，唐代法典上對此層官歷並無記載，而正史列傳亦乏蔭任之下層官歷，今得史語所藏唐代墓誌拓片，大部分屬於居住兩京大士族之家塚，有不少記載大士族子弟蔭任之下層官蔭，以此與正史相啣接，以觀其脈絡，此在下列有關章節中細予討論。

　　以家世作為出身者，其高下依次為：高資蔭、高品子、勳官品子等，其入仕之途徑亦已見上述，除了入仕途徑之差異而影響其將來的官職以外，復由於門資之高下而增減其番考次數，上述三衛、千牛備身、齋郎諸項已有圖示。唐行多元條件銓選，門資亦屬重要條件之一，設若有門資者又具有科舉或武勳者，其資階較為提高。如：

唐六典卷二尚書吏部，吏部郎中之職掌，秀孝條注文：

　　若本蔭高者，秀才明經上第加本蔭四階，以下遞降一等。明經通二經以上，每一經加一階。

「以下遞降一等」之語意不明，因上文陳述進士明法，又同屬科舉之科目，故進士等亦應如秀才明經之法。武選則規定更為具體：

唐六典卷五尚書兵部，兵部員外郎之職掌：

　　員外郎一人，掌貢舉及諸雜請之事。凡應舉之人有謀略、才藝、平射（注：謂善能令矢發平直，十發五中，五居其次，為上第；三中，七居其次為下第。）、筒射（注：謂善及遠而中，十發四中，六居其次，為上第；三中，七居其次，為下第；不及此者為不第。）……皆試其高第者以奏聞，其科第之優劣（注：謂平射筒射之上第者，前資見任見選聽減一次上，與官勳散衛官五品以上官子孫帖仗，二年而選。次第者其應選則據資優直處分。應帖仗則三年而選；庶人之上第亦帖仗，其年比次第。庶人次第又加二年。武貢之第者，勳官五品以上，并三衛執仗乘若品子年考已滿者，並放選。勳官六品以上，并應宿衛人及品子五考以上者，並授散官，謂軍士戰官，餘並帖仗，然後授散官）。勳獲之等級（注：謂軍士戰功之等級。若牢城、若戰第一等，酬勳三轉；第二第三等差減一轉。凡破城陣，以少擊多，為上陣；數略相當為中陣；以多擊少為下陣。轉倍以上為多少，常據賊數以十分率之；殺獲四分以上為上獲，二分以上

為中獲，一分以上為下獲。凡上陣上獲第一等，酬勳五轉；上陣中獲、中陣上獲第一等，酬勳四轉；上陣下獲、中陣中獲、下陣上獲第一等，酬勳三轉；其第二第三等各遞降一轉；中陣下獲、下陣中獲第一等，酬勳兩轉，第二第三等，幷下陣下獲，各酬勳一轉；其雖破城陣殺獲不成分者三等陣，各酬勳一轉其跳盪功不在降限。凡臨陣對寇，矢石未交，先鋒挺入，賊徒因而破者為跳盪，其次先鋒受降者為降功；凡酬功者，見任前資常選為上資，文武散官衞官勳官五品以上為次資，五品子孫上柱國柱國子、勳官六品以下，諸色有番考人為下資，白丁衞士雜色人為無資。凡跳盪人，上資加兩階，即優與處分，應入三品五品不限官考；次資即優與處分；下資優與處分；無資稍優與處分。其殊功第一等上資加一階優與處分，應入三品五品減四考；次資優與處分；下資稍優與處分；無資放選。殊功第二等上資優與處分；次資稍優與處分；下資放選；無資常勳外加三轉。殊功第三等上資稍優與處分；次資放選；下資應簡日放選；無資常勳外加兩轉。若破國全勝事踰常格，或斬將搴旗，功效尤異，雖不合格，並委軍將臨時錄奏。）

皆審其實而授敍焉。

加階及減番考在循資格的辦法之下，甚具重要性，新唐書卷四十五選舉志下：

> 開元十八年，侍中裴光庭兼吏部尚書，始作循資格，而賢愚一概，必與格合，乃得銓授，限年躋級，不得踰越。於是久淹不收者皆便之，謂之「聖書」。及光庭卒，中書令蕭嵩以為非求材之方，奏罷之。乃下詔曰：「凡人年三十而出身，四十乃得從事，更造格以分寸為差，若循新格，則六十未離一尉。自今選人才業優異有操行及遠郡下寮名迹積著者，吏部隨材甄擢之。」

循資格雖然不久奏罷，但仍然是銓選的重要因素，尤其是吏職以及「次清」的事務官。唐會要卷七十四選部上論選事條：

> 會昌六年五月赦書節文：「吏部三銓選士，祇憑資考，多匪實才……。」

唐代並非每一位散官皆可銓選為職事官，其兩者間之比例如何，恐每一時期皆不相同，武德年間，唐方立國，乃用人之際，獲職事較易，至高宗時，散位與職事之比例已有差距。

同上引論選事條：

> 顯慶二年，黃門侍郎知吏部選事劉祥道上疏曰：「今之選司取士傷多且濫；每
> 年入流，數過一千四百人，是傷多也，雜色入流不加銓簡，是傷濫也。古之選
> 者不聞爲官擇人，取人多而官員少也。今官員有數而入流無限，以有數供無
> 限，遂令九流繁總，人隨歲積，謹約准所須人量支年別入流者。令內外文武官
> 一品以下九品以上一萬三千四百六十五員，舉大數當一萬四千人，壯室而任，
> 耳順而退，取其中數不過支三十年，此則一萬四千人支三十年而略盡，若年別
> 入流者五百人，三十年便得一萬五千人定數，頃者一萬三千四百六十五人足充
> 所須之數，況三十年之外在官者猶多，此便有餘不慮其少。今年當入流者遂踰
> 一千四百，計應須數外常餘兩倍，又常選者仍停六七千人，更復年別新加，實
> 非處置之法，望請釐革稍清其選。」中書令杜正倫亦言入流者多爲政之弊，公
> 卿以下憚於改作，事竟不行。（著者蘇氏議曰：今河西隴右虜盜其境，河北河
> 南關中止計官員大數，比天寶中三分減一，入流之人比天寶中三分加一，……
> 嗟乎士子三年守官，十年待選，欲吏有善稱，野無遺賢，不可得也。若比祥道
> 所述豈只十倍，不更弊乎！）

唐代明經進士等每年約一百二十餘人，制舉尤少；而薦辟一途；從其後詔令謂資考入
仕者多匪實才，令大臣聞薦試用而觀之，亦非每年傷多之原因。劉氏與蘇氏所謂入流
傷多者，實指流外出身者入流，以及憑門資入仕者而言。如：

唐大詔令集卷一百政事官制上誡勵吏部禮部掌選知舉官敕（開元年間）：

> 近者流外銓曹頗多踰濫，有塵清議，實紊彝章，胥吏之徒雖則微賤，仕進之路
> 終爲厥初，必澄源流，無雜涇渭……。自今以後，吏部選人三月三十日以前團
> 奏使畢。兵部二月內畢。其流外銓及武舉專委郎官，恐不詳悉，共爲取舍，適
> 表公平，每至留放之時，皆就尚書侍郎對定，既上下檢察，庶在得人，而覆車
> 尚存，殷鑒非遠，法不可廢，宜識朕懷。

流外出身者即令入於九品之中，亦僅吏職，最高爲監令牧長，並不涉及清要官，勳官
品子出身者最高亦僅爲「次清」之事務官，亦不涉及清要官。而高資蔭與高品子出身
者可擔任清要官，設若這一類人大量入仕，則可能侵佔清要官名額，事實上唐代另外

兩個大途——科舉與薦辟出身者，也一直頗受重視，門資、科舉、薦辟等三大途徑比重，科舉名額日多，門資出身至多名額不減，因此如門資候選人增加，徒增其內部競爭而減少入仕爲官之機會，以門資入仕者之大宗，厥爲衛官，故

新唐書卷四十九上百官志四上十六衛：

> 其後入官路艱，三衛非權勢子弟輒退番，杜國子有白首不得進者；流外雖鄙，不數年給祿稟。故三衛益賤，人罕趨之。

所謂「入官路艱」是指職事官的道路狹窄，三衛雖皆高品高資蔭之子孫，父祖是否在職當權成爲圈內競爭的重要因素，而杜國子原本是三衛之中門資最弱者，宜其白首尚不能獲得一職。按唐代吏職之數遠較政務官及事務官爲多，故流外出身者頗爲實惠也。唐代晚期尤爲嚴重。

唐會要卷五十九尚書省諸司下兵部尚書條：

> 廣明元年正月敕：入仕之門兵部最濫，全無根本，頗壞紀綱，近者武官多轉入文官，依資除授，宜懲僭倖，以辨品流。今後武官不得輒入文官選改，內司不在此限。

第四節　唐代拓片中衛官之分析

高資蔭和高品子等進入官僚體系者，以諸衛最多。衛官之設在唐代官僚體系中頗具地位，具有特殊意義，此在論及唐代蔭任時更爲顯著。舊唐書職官志中尚注明衛官，新唐書百官志已無明確注文。歷來史書對於衛官與職事官之關係從未見陳述，以致在研究門資入仕時斷絕了其間蛛絲馬跡。本文從唐代墓誌拓片中找到了許多實例，將衛官與職事官連接起來，才突破瞭解蔭任體系之困難。

緣因唐代繼踵於魏晉南北朝隋之後，當時政治社會中士族仍極爲興旺，唐雖繼承隋創的科舉制度，一則初期科舉名額不多，二則九品中正已廢，社會上龐大的士族子弟如何與政治體系結合，是一項重大問題。衛官是關鍵方法。

新唐書卷四十九上百官志四上十六衛條：

> 武德、貞觀世重資蔭，二品、三品子，補親衛；二品曾孫、三品孫、四品子、職事官五品子若孫，勳官三品以上有封及國公子，補勳衛及率府親衛；四品

孫、五品及上柱國子，補翊衞及率府勳衞；勳官二品及縣男以上、散官五品以上子若孫，補諸衞及率府翊衞。

此文所謂資蔭顯然是指品官之餘蔭，因魏晉南北朝以來門第與品官高度結合，因此唐初的門第大多又可藉此進入官僚體系了。三衞的名額甚多，約在四千人以上，據上引同條：

　　　親衞之府一：曰親府。勳衞之府二：一曰勳一府，二曰勳二府。翊衞之府二：一曰翊一府，二曰翊二府。凡五府。每府，中郎將一人，正四品下；左右郎將一人，正五品上；親衞，正七品上；勳衞，從七品上；翊衞，正八品上。總四千九百六十三人。

此外還有太子府中的親府、勳府、翊府等。按上文所述補入三衞之標準，高品子孫幾乎皆有宿衞資格。三衞似乎有一點像漢代的郎，但由於唐代科舉、薦辟等途的劇烈競爭，以及三衞名額之龐大，唐代三衞在政治社會中的重要性遠不及漢代之郎。其中契機要在唐代三衞出身者之官歷中求之，亦卽是衞官與職事官之關係是也。

　　有的人物雖出身三衞，但終其身未獲職事官，如下：

唐故右戎衞翊衞徐（買）君墓誌銘（No：14276）總章二年立。年 40。

　　齊郡歷城人。……祖犖，隋趙州刺史；父大，皇朝鄧州建安府左果毅都尉。君起家爲今職。

唐故左衞率府翊衞王（晟）君墓誌銘（No：13329）儀鳳四年立。年 22。

　　太原人。……祖道智，僞鄭驃騎大將軍；父玄觀，唐□上柱國鄭縣令。君任左衞率府翊衞。

唐司禦率府翊衞張（敬玄）墓誌銘（No：13959）開耀元年立。年 54。

　　洛陽人。（留侯之後，南陽人）。曾祖福，隋游擊將軍。祖幹，唐朝散大夫常州長史。父義，上柱國。（玄）起家東宮左禦率府翊衞。

大唐故左衞翊衞武騎尉王（行威）府君墓誌銘（No：05597）垂拱二年立。年 56。

　　太原晉陽人。祖金，朝議郎、益州司兵參軍事。父師保，朝散大夫。君起家以門蔭補充左衞翊衞。

大周故陳（崇本）府君墓誌銘（No：13931）天授二年立，年 34。

潁川許昌人。……祖酆，隋弘農縣令，唐肅州別駕。父瓚，使持節都督黔辰等州七州諸軍事、黔州刺史、許昌縣開國子。君資選勳門，起家任左衞翊衞。

唐故東宮左勳衞騎都尉宣義郎馮翊吉（懷惲）君墓誌銘（No：05600） 垂拱三年立，年45。

馮翊人。……祖昂，隋涼州總管府記室參軍、新安郡主簿。父義臣，唐驍騎尉、朝散大夫。君解巾東宮勳衞。

唐故至孝右率府翊衞清河崔（仲俊）府君墓誌銘並序（13208，14430）。 聖曆二年立。年25。

清河東武城人也。……君卽隋尙書右丞、太子右庶子、雍州長史、白水公至仁之曾孫；唐秦王府庫眞、上大將軍善福之孫；大周銀青光祿大夫、利州刺史、清河公玄藉之第二子也。……君……以門資授右率府翊衞……。

大周故前右衞翊衞褚（承恩）墓誌銘（芒洛冢墓遺文卷中） 久視元年立。年42。

河南陽翟人。……祖朗，唐幕州刺史。父黯，朝請大夫、郴縣令。公弱冠以門調任右衞翊衞。

大周故左衞翊衞和（克忠）君墓誌銘（No：19025） 久視元年立。年57。

汝南人。……祖君立。父□則，唐慈州司倉參軍事。君起家調補今職。

大周張（茂）君墓誌（No：13526） 長安三年立。年63。

其先南陽人，今爲河南合宮人。……祖成，唐荊王府執仗、上輕車都尉。公唐東宮率府翊衞、上柱國。

唐右衞率府親衞上騎都尉王傑墓誌銘（No：13477） 先天元年立（景雲二年卒）。年17。

河南人。曾祖積，唐刺史。祖鼎，刺史。父山輝，刺史。（傑）門資任率府親衞侍從。夫人京兆唐氏。

唐朱貞墓誌銘（No：13989） 開元五年立，年45。

吳郡人。祖保，縉紳相襲，父石，上柱國。（貞）志學明博，弱冠補宦承襲翊衞。

唐故崔守約墓誌銘（No：13641） 開元十五年立。年74。

其先清河，因遷于鄃，子孫居此。曾祖幾之，隋、州參軍。祖世師，隋、縣

丞。父弘規。（守約）以垂拱中宿衛入選，不仕。

按唐六典卷五尚書兵部、兵部郎中職掌：「諸衛及率府之翊衛考以八，考滿兵部校

試，有文堪時務則送吏部，無文則加其年階以本色遷授。」故考滿後能夠送到吏部者

比較受重視，在墓誌銘中常特別標明「吏部常選」字樣，如下：

大周故左衛翊衛天官常選梁（暾）君墓誌銘（No: 19023）萬歲通天元年立。年34。

　　河南溫人。……祖敏，唐饒州別駕。父幼成，遠安縣令。

大唐故右衛翊衛吏部常選寧（思眞）府君墓誌銘（No: 05707）神龍元年立。年70。

　　汝南人。……祖詮，隋任澤州長史。父信厚，唐游擊將軍、桐鄉府左果毅都

　　尉、上柱國、開國男。公起家右衛翊二府翊衛、吏部常選。

唐吏部常選鄭瑁墓誌銘（No: 13841）天寶元年立，（開元二十年卒）年39。

　　榮陽開封。曾祖仁恭，刑部侍郎。祖思賀，太廟令、州別駕。父觀藝，尚書

　　郎、州長史。（瑁）以祖蔭補左衛勳衛。

唐吏部常選王（元）墓誌銘（No: 13578）天寶四年立。

　　本瑯琊，今洛陽人，曾祖、祖、父，功書竹帛。（元）始以門蔭備宿衛，續以

　　戶選奉銓衛。

總括以上實例之中，大都屬於翊衛，親衛與勳衛各獲一例，親衛門資最高，王傑三世

祖皆拜刺史之職，設非十七歲而卒，可能不會終於親衛。在翊衛之中，卒年包括各層

年次。年歲最高者爲崔守約，銘文謂「宿衛入選，不仕」；年歲次高者張茂，崔守約

與張茂之父祖官宦皆不特高，可能以勳品入衛。以上諸例顯示出宿衛者並非必然可獲

授職事官，有可能終身未拜一職者。

　　玆從下列墓誌銘實例之中，觀察衛官之初仕職事官及其官歷：

　　1. 初仕州參軍（下州參軍，從九品下；中州，正九品下；上州，從八品下。）

唐故白水龍豪縣令呼延（章）府君墓誌銘（No: 13321）神功元年立。年85。

　　河南人。……祖貴，隋虎牙郎將；父裕，唐寧州司馬、朔州長史。公起家東宮

　　翊衛——沂州參軍——石門縣丞——湘陰縣令——零陵縣令——今職。

大唐中散大夫行淄州司馬鄭府君神道碑（張燕公集卷十八），神龍二年卒立。年79。

榮陽人也。華州刺史，襄域公偉之曾孫；蒲陽太守大濟之孫，荊州刺史乾奬之子。……君初以門子宿衞，解褐涼州參軍，轉嘉州司士，又宰鍾離當陽二縣……太子右清道長史，尋加中散大夫，行淄州司馬……。」

唐故陳州參軍事袁（景愼）君墓誌銘（No：17085）景龍二年立。年46。

陳郡人。……祖護，唐舒州錄事參軍事；父希範，朝散大夫、行石邑縣令。君起家左衞翊衞——今職。

唐中大夫安南都護府杜忠良墓誌銘（No：13468）開元三年立，年66。

京兆杜陵。曾祖伽郍，隋舉孝廉擢第，州司戶、縣令、武賁中郎將。祖天寬，隋舉孝廉第，州司兵、縣令。父仁則，唐正議大夫、刺史。（忠良）累承家襲，侍衞玉階，解褐州參軍——州司馬——副都護——（今職）。夫人榮陽鄭氏。

唐錦州參軍王庭芝墓誌銘（No：16650）開元七年立，年34。

太原人。曾祖素，隋司農少卿。祖贄，唐驍騎府果毅都尉。父哲，唐、州參軍。（庭芝）長安四年以宿衞考畢調補州參軍。

唐宋州虞城縣令李昕墓誌銘（No：16720）開元十四年立。

趙國栢仁。曾祖元吉，隋、州長史。父行偉，國子司業、光祿卿、弘文館學士、右領軍將軍，（昕）起家太子右率府親衞，襲樂平男——州參軍——司兵參軍——縣令。夫人榮陽鄭氏。

唐朝議郎行忻州定襄縣令張楚璋墓誌銘（No：13647）開元十七年立，年54。

其先南陽向人，今河南告人。曾祖全，隋驃騎將軍。祖君寬，唐右領軍郎將。父蓋，茂才擢第，不仕。（楚璋）因宿衞補州參軍——州錄事參軍——縣令——（今職）。

唐朝議大夫上柱國杭州長史姚翊墓誌銘（No：14093）開元二十四年立。年69。

吳興人。曾祖最，隋，王府司馬。祖思明，唐、縣令。父謙，縣令。（翊）弱冠以門子翊衞，解褐以地望參卿始自州參軍——縣丞——按察使判官——大理丞——縣令朝散大夫——州司馬——州長史。夫人范陽張氏，父知默、刑部郎中。

唐長河縣令盧全貞墓誌銘（No：05960）天寶十年立，年60。

　　　　范陽涿人。高祖思道，北齊黃門侍郎。曾祖赤松，唐太子率更令。祖承業，銀
　　　　青光祿大夫，尚書左丞，州長史。父□銀青光祿大夫、大都督長史。（全貞）
　　　　弱冠左衞左親衞出身——州參軍——縣令。夫人趙郡李氏。

唐秦州參軍張曒墓誌銘（No：05964）天寶十二年立，年36。

　　　　清河武城。曾祖淵，隋開府儀同三司、衞尉卿、上大將軍、公。祖孝雄，唐、
　　　　縣令、府司馬。父敬之，侍御史、司勳郎、縣令、刺史、太府卿。（曒）弱冠
　　　　以宿衞出身——州參軍。夫人瑯邪王氏。祖方茂，唐中書令同中書門下平章
　　　　事。

　　2. 州諸司參軍（下州諸司參軍，從八品下；中州，正八品下；上州，從七品
　　　　下。）

潭州都督楊志本碑（文苑英華卷九一二）神龍元年立。年77。

　　　　弘農華陰人也……大父林甫……皇朝營州總管、絳州刺史、上柱國、宜春郡公
　　　　……；烈考琮，皇朝秦王府庫直……歷茂梓二州長史、沔綏二州刺史、上柱
　　　　國。……公年三十以右親衞調補石州司法參軍——桂州都督府法曹參軍——始
　　　　州司法參軍——楊州高郵縣令加朝散大夫，遷雍州吳原令——雍州司士——卭
　　　　州司馬兼庫平軍靈關道支度運糧使——始州長史——檢校㮾州刺史——使持節
　　　　蘄州刺史——都督潭衡等七州諸軍事潭州刺史——長安四年卒，享年七十有七
　　　　……。

唐青州司倉參軍上柱國趙克廉墓誌銘（No：17656）先天元年立，卒年61。

　　　　天水人，今潁川長社。曾祖才，隋越府參軍、州功曹、縣令、上柱國。祖山
　　　　松，唐、州司□參軍、縣令。父福，朝議郎、府曹參軍。（克廉）侍衞丹墀而
　　　　勳唐厚績，制檢校州司戶參軍——（今職）。夫人彭城劉氏，父表、縣令。

大唐故游擊將軍守永嘉府右果毅都尉上柱國于（賁）府君墓誌銘（No：17088）景龍
二年立，年53。

　　　　東海郯人。……祖銓，隋長沙郡守、襄城郡公；父士俊，皇朝使持節延州諸軍
　　　　事、延州刺史、上柱國、東海郡公、贈瀛州刺史。公起家以門緒授左衞勳衞

——徐州司戶參軍——劍南道判官——游擊將軍行左武威衞左司階——今職。

唐故王（行果）府君墓誌銘（No: 13493）景龍三年立，年47。

太原人。……祖元季，本州大中正、開府儀同三司；父有方，岷州刺史。君以門調左勳衞，解褐潤州司兵參軍——宋州司戶參軍事——雍州長安縣尉。

大唐故朝散大夫行定王府掾獨孤（思敬）府君墓誌銘（唐長安郊區隋唐墓）景龍三年立。

河南人。……祖義順，唐戶部侍郎、太僕卿、光祿大夫；父元愷，吏部等三郎中、給事中、大理少卿。公初以門調任左親衞——慶州司戶參軍事——溧水縣丞——蜀州司倉參軍事——楚丘縣令——今職。

唐豪州定遠縣令楊高仁墓誌銘（No: 16730）開元十五年立。

弘農人，今河南洛陽。祖凱，父禮。（高仁）初宿衞調選，解褐州司倉——王府士曹——（今職）。夫人太原王氏。

唐檢校上陽宮內作判官房孚墓誌銘（No: 16759）開元十九年立。

清河人。曾祖獻，縣令。祖泰，州錄事參軍。父文絢，縣令。（孚）以翊衞選授朝請郎——州司法參軍——（今職）。夫人南陽張氏。

唐魏州冠氏縣令崔羨墓誌銘（No: 16737）開元十八年立。年69。

清河東武城。曾祖君肅，唐黃門侍郎、秦王府長史、刺史。祖思約，郎中、王府長史、刺史。父鸞，王府屬、左領軍衞長史。（羨）宿衞天朝，解褐州參軍，以秦府故吏子弟，改州司法參軍——王府功曹參軍——縣令。夫人滎陽鄭氏。

唐大中大夫定州長史上柱國李諒墓誌銘（No: 13650）開元十八年立，（景雲二年卒），年59。

趙郡贊皇。曾祖孝貞，隋內史侍郎。祖允王，唐、刺史。父崇德，給事中。（諒）少以門蔭宿衞，解褐州司戶參軍——司農寺丞加朝請大夫——州司馬——（今職）。夫人彭城劉氏。曾祖子將，隋大將軍。祖德威，唐禮部尚書。父審禮，工部尚書。

唐鄆州司戶參軍李睦墓誌銘（No: 17857）大曆三年立。年83。

其先趙人。曾祖瓆，隋郡丞、縣令。……，父昉，縣主簿。（睦）弱冠以宿衛授州司戶——縣丞——（今職）。夫人南陽張氏，父喜禮、縣令。

3. 州錄事參軍（下州錄事參軍，從八品上；中州，正八品上；上州，從七品上。）

大唐故封州司馬董（力）君墓誌之銘（14011，14316）　儀鳳三年立。年未詳。

隴西狄道人也。……祖諱剛，唐朝任石州刺史。父諱翼，唐朝任游擊將軍、上柱國、銀青光祿大夫、武邑縣公。……公，大唐初任左勳衛——牢州錄事參軍——太僕寺丞——交州龍編縣令——封州司馬。

唐兗州鄒縣尉盧仲容墓誌銘（No：13175）　乾元二年立。年49。

范陽人。曾祖承業，銀青光祿大夫、尙書左右丞、刺史。祖玢，銀青光祿大夫、刺史。父全操，太中大夫、刺史。（仲容）以門資列名宿衛，後以勤効論才授官秦州錄事參軍——縣尉。

唐故亳州錄事參軍任傪墓誌銘（No：14497）　太和四年。年68。

樂安人。曾祖正，縣令。祖貞愼，縣令。父胐，刺史。（傪）弱冠以門蔭上仗三衛出身，釋褐授州錄事參軍——節度從事——太常寺協律郎——縣令——（今職）。

4. 縣尉（諸州中下縣尉，從九品下；諸州上縣中縣尉，從九品上。）

大唐故肥鄉縣丞田（靈芝）府君墓誌銘（芒洛冢墓遺文四編卷五），開元十年卒。年61。

河南武臨人也。迺祖諶，定州長史；烈考嶠，滕王府記室參軍事。君……自勳衛授兗州瑕丘縣尉……尋授（公職）……開元十年卒。

唐泗州司馬苗善物墓誌銘（No：13667）　開元二十年立（開元十四年卒）年82。

曾祖筠，屬隋季亂，陪位義旗，拜正議大夫、本郡中正。（善物）宿衛出身，解褐縣尉，秩滿選縣尉，又轉縣丞，及轉縣令——（今職）。

唐潁州潁上縣尉朱歸浦墓誌銘（No：17769）　開元二十七年立。

吳郡人。曾祖懿，中郎將。祖慶，州別駕。父濟，縣令。（歸浦）年二十以翊衛調授縣尉。

5.　縣主簿（諸州中下縣主簿，從九品上；諸州上縣主簿，正九品下。）

慶王府司馬徐（堅）府君碑（李遐叔文集卷二）開元十六年卒。年68。

　　東海郯人也。……東莞男諱文遠有盛名於國朝；東莞生王屋令士安……王屋生
　　大理卿贈越州都督諱有功……君卽大理之元子……以蔭宿衞調臨郎主簿——歷
　　懷州參軍、郡王府戶曹、陝州司法——大理司直——恭陵令，除陳州別駕，改
　　陝州，入爲岐王府司馬，轉慶王府，階朝議大夫，襲封東莞侯。開元十六年
　　卒。

唐益州都督府曹參軍姚遷墓誌銘（No: 13664）開元二十年立，年59。

　　吳興郡人。曾祖昻，州別駕。祖節，著作郎。父囘，縣主簿，上柱國。（遷）
　　年三年起家宿衞，出身解褐初調縣主簿，二拜縣尉，三轉縣尉，四授奉天縣
　　丞，五遷（今職）。夫人京兆韋氏。

唐朝議郎守邛州司馬楊瑤墓誌銘（No: 13677）開元二十一年立。年67。

　　弘農華陰。曾祖權，刺史，公。祖師，刺史，公。父元亨，射策甲科，授王府
　　典籖左監門，縣尉。（瑤）左衞——縣主簿——縣丞——左羽林軍冑曹——縣
　　令。

唐開方府右果毅都尉李冲墓誌銘（No: 17808）天寶九年立。年64。

　　趙郡栢仁。曾祖義辯，唐右領軍將軍。祖行偉，國子司業。父昕，朝散大夫，
　　縣令。（冲）弱冠宿衞解褐縣主簿——（今職）。夫人清河崔氏。父融，右司
　　郎中。

大唐故吉州刺史隴西李（昊）府君墓誌銘（芒洛冢墓遺文卷中）乾元元年立。年73。

　　隴西成紀人……曾祖和州刺史綱；大父絳州別駕壽；烈考左羽林衞長上……。
　　萬歲登封元年以門子宿蘭錡，尋拜務州武義主薄——充海運判官——授太原府
　　交城縣尉——支度判官——授懷州司士——會寧郡長史——充朔方推覆判官加
　　朝散大夫——銀川郡司馬——靈武郡長史兼本道防禦使兼探訪判官——廬江郡
　　長史知郡事——黃州刺史——吉州刺史。……

大唐故曹州成武縣丞博陵崔（文修）氏府君改葬墓誌銘（京畿冢墓遺文卷中）大曆六
年立。

先父府君諱文修……博陵安平人也……高祖客王，皇朝夔州都督；大王父諱民英，皇襲封太中大夫、守汴州刺史、陳留縣侯；王父元周，皇宿衞出身，拜滄州景□縣主簿、蜀州晉原縣尉，勑授朝散大夫、蔡州吳房縣令……先府君……承先人餘蔭，宿衞出身，拜潤州參軍□，任曹州成武縣丞。

6. 縣丞（下縣丞，正九品下；中下縣丞，正九品上；中縣丞，從八品下；上縣丞從八品上。）

後周明威將軍梁（待賓）公神道碑（盈川集卷六）長壽二年卒立。年50。

安定臨涇人也。……祖海，隋沙州刺史、上柱國……。父贊，隋左千牛備身，驪山府上騎、柱國，唐朝豐王府諮議、雲州司馬、冀州長史、蔣國公。……公以麟德二年補左親衞，從資例也。……（以功）授上柱國，……起家拜朝議郎——伊州伊吾縣丞——昭節校尉——守右衞蒲州府佐果毅——仍令長上——兼上陽洛城等門供奉——游擊將軍——加威武將軍——守左玉鈐衞詡善府折衝都尉——依舊長上——封安定縣開國男。……

大周故朝議郎行邢州鉅鹿縣丞王（義）府君墓誌銘(No：05712)長壽二年立。年73。

太原人。祖貞，隋鄭州錄事參軍事。父朗，隋宗城縣令。君任左衞親衞——今職。

唐故騎都尉李通墓誌銘（No：13501）神龍二年立。年76。

其先趙郡。曾祖建，北齊縣令。今河南告成人。祖興，隋、王府參軍。父寬，唐、縣令、上柱國。（通）弱冠侍衞，縣丞。夫人渤海高氏。

唐泉州龍溪縣尉李君墓誌銘（No：13618）開元二十五年立。年23。

趙郡人。仕齊居鄴，世稱名家，在魏分祖，史標望族。高祖□，太守。父□，刺史。君幸得宿衞，授左衞親府長上，選舍次舍。弱冠調補縣丞——縣尉。

唐通議大夫守太子詹事源光乘墓誌銘（No：13010）天寶六年立，年77。

河南洛陽。故魏太尉宣貴于代，與魏同源。高祖□，隋刑部侍郎。曾祖崑王，唐比部郎中。祖翁歸，州司戶。父修業，刺史。（光乘）神龍中以門蔭自左親衞補縣丞——太常寺協律郎——太子中允加朝議大夫——左衞率府中郎——揚州大都督府司馬——刺史——太守——太子詹事。夫人天水姜氏。祖□，左衞

大將軍。父柔遠，兵部尚書。

7. 縣令（下縣令，從七品下；中下縣令，從七品上；中縣令，正七品上；上縣
   令，從六品下。）

杜袞州墓誌銘（全唐文卷 295）天授二年立。年 77。

　　京兆杜陵人。……祖良，周復州長史；父舉，唐易州司兵參軍事。公起家左翊
衛──咸安、長社、洛陽縣令──虢州司馬──朝散大夫婺州司馬──蘇州長
史加中散大夫──朝散大夫使持節袞州諸軍事守袞州刺史。

大唐故處士騎都尉李（通）君墓誌銘（No：13990）神龍二年立。年 76。

　　趙郡人。祖興，隋蜀王府騎曹參軍事；父寬，唐無極縣令。君弱冠侍衛──酸
棗縣令。

8. 王府參軍（正八品下）。

大唐故蘇州嘉興縣令燕（秀）君墓誌銘（No：17286）永淳元年立。年 61。

　　其先上谷人，今寓居河南偃師。曾祖貴，隋鷹揚郎將；父德林，唐河陽月城總
管。君以門蔭授右衛勳衛，釋褐蔣王府參軍──太府寺北市署令──今職。

大唐故朝散大夫護軍行黃州司馬陸（元威）府君墓誌銘（古誌石華卷八）。景雲二年
立。年 75。

　　吳郡吳人也……曾祖慶，梁官至蔞令，入陳三辟通直散騎侍郎皆不就；祖士
季，陳桂陽王府左常侍，隋越王府記室，皇朝太學博士、宏文館學士；父謀
道，皇朝周王府文學、詳正學士……君始以資宿衛，解褐韓王府參軍事──
婺州龍邱丞──遷睦州建德──和州歷陽二縣令──尋加朝散大夫除黃州司馬
──神龍三年卒……。

大唐故蔣王府參軍張（覽）府君墓誌銘（No：17429）垂拱二年立。年 79。

　　清河人。……祖載，陳度支郎中，隋資陽縣令；父讜，唐戶部刑部二郎中、交
泉二州長史。君任東宮右衛翊衛，文簡及第，隨牒蔣王府參軍。

9. 王府諸曹參軍（正七品上）。

大唐故銀青光祿大夫行揚州大都督長史魏縣子盧（承業）公墓誌銘（No：17251）咸
亨三年立。年 71。

范陽人。祖思道，齊黃門侍郎、隋武陽太守；父赤松，太子率更令、柱國、范陽公。公解巾左親衛——魏王府兵曹參軍事——太子舍人——縣州司馬——安州司馬兼吳王諮議——太子中允——雍州司馬——長史兼左丞——忠州刺史——雍州司馬、長史——兼邢州刺史——淮南道大使——同州刺史——銀青光祿大夫行右丞——左丞——封魏縣開國子——陝州刺史——今職。

大周朝議大夫使持節伊州諸軍事伊州刺史上柱國衡（義整）府君墓誌銘（No: 14373）天授二年立。

齊州全節人。……祖生，隋萊州別駕，本州大中正；父長孫，唐四州刺史、左監門將軍、長山縣開國公。公起家右勳衛——蔣王府兵曹參軍——寧朔、清宛縣令——朝散大夫行普州長史——勝州大都督府司馬——西州都督府長史——今職。

10. 執戟（諸率府左右執戟，從九品下；諸衛左右執戟，正九品下。）

唐宣德郎通事舍人高傭墓誌銘（No: 13573）天寶四年立。年 46。

渤海人。曾祖元彧，唐太守。祖立本縣令。父禮縣令。（傭）宿衛出身，解褐任右司禦執戟——左羽林司戈——通事舍人——內供奉。夫人范陽盧氏，父簡樓，縣主簿。夫人河南劉氏，父暄，郡司馬。

唐左武衛鄆州大同府折衝都尉公孫孝遷墓誌銘（No: 16807）開元二十三年立。年 73。

遼西人。曾祖恪，隋、州都督。祖亮，唐、刺史。父神儼，縣丞。（孝）年三十以左衛翊衛出身，調補右金吾衛左執戟，秩滿改右驍衛左司戈，尋遷左司禦率府右中府果毅——（今職）。夫人瑯琊王氏。

11. 司戈（諸率府左右司戈，從八品下；諸衛左右司戈，正八品下。）

唐左衛司戈劉景嗣墓誌銘（No: 16740）開元十七年立。年 42。

弘農人。曾祖朴，游擊將軍、同軌府折衝。祖祐，朝散大夫、縣令。父如璋，朝散大夫、州長史。（景嗣）以門子起為右衛翊衛——（今職）。

12. 左右司禦率府諸曹參軍（從八品下）。

唐東平郡鉅野縣令李璀墓誌銘（No: 14679）廣德元年立（天寶八年卒），年 72。

頓丘人。後魏武皇后之兄之後。曾祖宗儉，隋、刺史。祖文禮，唐、侍御史、

尚書刑部員外郎、州大都督府司馬。父明允，太中大夫、州長史。（瑾）以
門子宿衞出身，選授左司禦率府倉曹參軍——縣丞——秩滿州司士參軍——縣
令。夫人博陵崔氏。父悅，贈禮部尚書。

唐太常寺丞兼江陵府倉曹張銳墓誌銘（No: 01567）大曆九年立。

清河人。曾祖志，縣令。祖彥昇。父愔，朝議大夫、虢州長史。（銳）弱冠入
仕，以門蔭宿衞，解褐授右司禦率府兵曹——四鎮節度隨軍判官——王府掾加
朝散大夫——光祿丞——大中大夫——王府司馬。

13. 府別將（新唐書卷四十九上百官志四上，十六衞條，諸衞折衝都尉府項：別
　　　將各一人，上府正七品下，中府從七品上，下府從七品下。）

唐同州華池府別將李琦墓誌銘（No: 13880）開元十二年立。年43。

平棘人。曾祖師，隋、縣令。祖琛，朝散大夫、縣令。父敬忠，游擊將軍、府
果毅。（琦）以蔭子備衞天□，年考計登爰從朝選，每以勇過賈，府別將。

唐袁州別駕苑玄亮墓誌銘（No: 17743）天寶三年立。年70。

其先南陽。曾祖佽，唐、州長史。祖璋，刺史。父師，刺史。（玄亮）宿衞授
府別將——（今職）。夫人隴西李氏。

唐右龍武軍宿衞李獻墓誌銘（No: 17809）天寶十年立。年三十二。

贊皇人。祖福，贈郡司馬。父安樂，唐元功臣也，冠軍大將軍行左龍武軍將
軍、伯。（獻）弱冠補左衞翊府翊衞，未經番上，屬國家大禮，制賜殊恩，唐
元功臣特賜一子常選，則君其任也。解褐右驍衞馮翊郡興德府別將——（今
職）。夫人清河張氏。

唐河南府俱梁縣折衝都尉李渙墓誌銘（No: 13389）天寶十三年立。年59。

趙郡之著族。曾祖義辯，隋左領軍將軍。祖行偉，唐國子司業。父昕，朝散大
夫、縣令。（渙）弱冠宿衞補左衞長上，解褐府別將——（今職）。

14. 府果毅都尉（新唐書卷同上。左右果毅都尉各一人，上府從五品下，中府正
　　　六品上，下府正六品下。）

贈太尉益州大都督王（仁皎）公神道碑奉勅撰（張燕公集卷十四）開元七年卒。年69。

太原祁人也……曾祖景孝，隋屯田侍郎；祖詮，歙縣男、贈汾州刺史；考文

迫，贈右僕射……公初以詡衞，調回州參軍，換晉州司馬，應將帥舉，授甘泉府果毅，遷左衞中郎將——將作大匠——太僕正卿——特進——開府儀同三司，策上柱國，封祁國公……。

大唐故嶽嶺軍副使王（修福）府君墓誌銘（八瓊室金石補正卷五十一）開元九年立。年55。

其先太原人，因官今爲晉人矣！……曾祖暹，隋潞州司馬……祖忻，唐鄭州別駕……父朗，明經擢第。……君宿衞滿授慶州永業府右果毅……應舉及第，轉岐州洛邑府左果毅——本府折衝——（今職）……開元五年終……開元九年合葬。

左羽林大將軍臧（懷亮）公神道碑（李北海集卷五）。開元十七年卒，十八年立。年68。

東莞莒人也。……曾祖滿府君，隋銀靑光祿大夫、海州總管、東海公；祖竉府君，皇朝請大夫、靈州長史、襲東海公；考德府君，皇朝散大夫、原州司馬，贈銀州刺史、上柱國。君……自左衞勳，應穿葉附枝舉，登科，授左玉鈐府長上——鴻州長道府左果毅，仍長上——平狄軍都虞候總管，轉左衞陝州華望府左果毅長上——游擊將軍、本府折衝都尉，仍長上——懷州南陽府折衝都尉，仍長上——加遷寧遠將軍……。

唐右領軍果毅毛盛墓誌銘（No：17443）貞觀二十二年立。年68。

滎陽人。大業起家左親衞——右領軍果毅。

大周故冠軍大將軍上柱國褒信郡開國公馬（神威）府君墓誌銘（No：05689）久視元年立。年79。

扶風人。……祖勝，隋銀靑光祿大夫、二州刺史、絳郡公；父遷，唐金紫光祿大夫、西韓州刺史、褒信郡開國公。君初以翊衞簡充羽林飛騎，從班例也——二府左右果毅——馮翊府長上折衝——灃州長史——疊州刺史兼充露谷軍副使——洮松戎三州都督——露谷軍大使——兩衞將軍三品——左豹韜衞將軍充河源軍經略大使——今職。

大周故岷州刺史張（仁楚）府君墓誌銘（No：13261）長安三年立。年77。

南陽白水人。……祖業，隋驃騎將軍、辰州別駕；父矩，唐朝散大夫、疊州都督府兵曹參軍事。君起家東宮右率府翊衞——上柱國、游擊將軍——右衞定功府左果毅都尉——左金吾衞函谷府長上折衝押左羽林軍飛騎上下——寧遠將軍檢校庭州刺史兼營田大使——平狄軍副使——朝議大夫、依州刺史——中大夫岷州諸軍事、岷州刺史。

大周昭武校尉右鷹揚衞平原府左果毅都尉上柱國王（喜）公墓誌銘（No：24282）長安三年立。年61。

太原人。……祖陁，沂州司馬；父僧，隋安陽令。君釋褐右親衞——今職。

唐岐州岐山府果毅安思節墓誌銘（No：13407）開元四年立。年58。

其先長沙，家世西土，今河南人。曾祖贇，隋左衞大將軍。祖遷，左金吾衞府折衝。（思節）弱冠宿衞——（今職）。

　　　　　　＊　　　　　　　　　＊　　　　　　　　　＊

宿衞者考滿後，其初仕官職若爲：州參軍、州諸司參軍、州錄事參軍、縣尉、縣主簿、縣丞、縣令、王府參軍、王府諸曹參軍等，屬於文職途徑，歸吏部選，其品位在九品至七品之間，以九品八品爲大宗。

宿衞者考滿後，其初仕官職若爲：執戟、司戈、率府諸曹參軍、府別將、府果毅都尉等，屬於武職途徑，歸兵部選，其品位在九品至五品間。一般而論，宿衞考滿後若循武職途徑，其初仕官職之品位要高於文職途徑。

唐六典卷五尙書兵部，兵部郎中職掌條載：「（三衞）考滿，兵部校試有文堪時務則送吏部，無文則加其年階，以本色遷授，若有才用，考內得補主帥（應旅帥之誤）及監門校尉直及（應長之誤）。」按旅帥爲從六品上、監門校尉爲從六品上、監門直長爲從七品上，皆屬衞官，這是衞官系統內的升遷，宿衞在衞官系統內之升遷，品位較高。

宿衞經三考以上，有的經過引駕、細引之職，再經若干仗，考滿後送吏部兵部選，唐六典同卷同條續載：「凡左右衞左右率府三衞經三考以上者，得補引駕、細引，考滿簡試如三衞。」引駕、細引之職未見何級品位，恐怕尙未列入九品之中，拓片得引駕之例：

唐禾嘉府隊副張羊墓誌銘（No：13685）顯慶元年立。年 32。

> 南陽白水。祖榮，隋勇冠三軍。父勝，唐監門直長。（羊）起家宿衞親侍，加左武右府引駕——（今職）。

大唐故瀛州束城鄭（贍）明府君墓誌銘（No：17392）永昌元年立。年 60。

> 榮陽榮澤人。……祖子仁，齊通直郎；父植，唐左司郎中、長安縣令、將作少匠、檢校太常少卿。君以門蔭調授左衞翊衞——左金吾衞引駕——坊州司倉參軍事——右金吾衞兵曹參軍事——英王府法曹參軍事——太子詹事府主簿——貶今職。

唐新城府別將張翼墓誌銘（No：13444）開元二十一年立。

> 南陽西鄂。居於白水。曾祖約，中散大夫、州司馬。祖厔州司功參軍。父嗣元游擊將軍、府左果毅。（翼）年甫二十以門蔭調左親衞，轉左金吾引駕——（今職）。

細引在宿衞之後尚未見實例，細引在一般蔭任之後實例曾有數例，待討論一般蔭任時再引證。此外有「輦脚」之例一則，恐與引駕性質頗近，引證如下：

唐故朝散大夫行恆州石邑縣令袁（希範）君墓誌銘（No：17381）垂拱四年立。年58。

> 陳郡人。……祖崇業，陳駙馬都尉、黃門侍郎，隋鄒縣令；父弘讓，唐珍州錄事參軍事。君起家任州衞勳衞——輦脚——通直郎——潭州都督府戶曹參軍事——幽州都督府法曹參軍事——朝散大夫——今職。

從上列拓片資料以及新舊唐書有關志書、唐六典等記載，三衞與職事官關係如下：

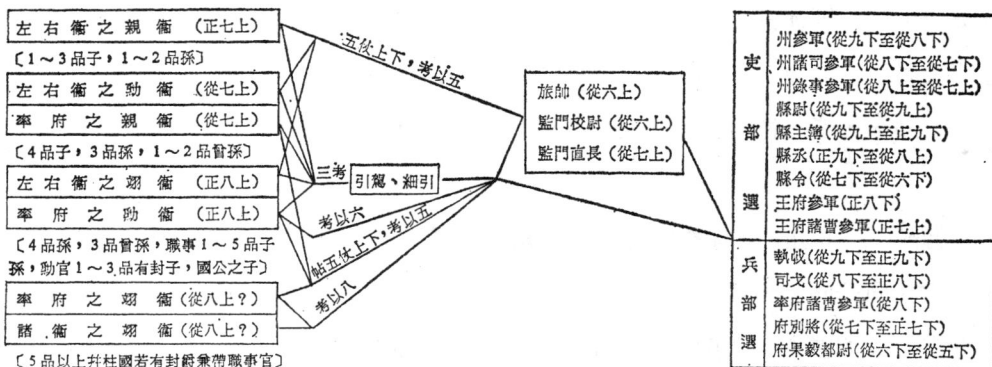

圖 6

　　　入兵部選者乃武職事，如初仕執戟、司戈等則比原衛官品階或相當或下降，如初仕爲府別將、府果毅都尉等則比原衛官品階或相當或上升。入吏部選者，一般皆比原衛官品階下降，其文職官品官職與科舉出身之初仕者相近。

　　　唐代還有比三衛門資選要高的蔭任途徑，即千牛備身、備身左右、太子千牛、進馬等，唯其名額較少，新唐書卷四十五選舉志下卷末：「千牛備身八十人，備身左右二百五十六人，進馬十六人。」太子千牛則名額不詳。資蔭條件較嚴，唐六典卷五尚書兵部，兵部郎中職掌條：「凡千牛備身、備身左右及太子千牛皆取三品以上職事官子孫、四品清官子……凡殿中省進馬取左右衛三衛高蔭簡儀容可觀者補充。」例如：

大周故致果校尉左千牛備身戴（希晉）君墓誌銘（No：19038）聖曆三年立。年21。

　　　　譙郡譙人。……祖至德，唐戶部尚書、尚書右僕射、襲道國公；父良紹，唐水
　　　　部員外郎、顯義陵署令。君授左千牛備身。

戴希晉卒年僅二十一，這可能是未及轉任職事官的主要原因。千牛、備身等之初仕宦，以及其官歷情形，可從下列拓片中推測：

大唐□左曉衛萬歲府折衝都尉上柱國韓（昭）府君墓誌銘（No：16963）咸亨三年立。年71。

　　　　洛州河南縣人。……祖□，周左衛大將軍、五州刺史、新義郡開國公，父擒，
　　　　隋二州刺史、四州總管、上柱國、新義郡開國公。公釋褐東宮千牛——上臺□
　　　　□——左衛翊□府校尉——右勳府校尉——陳王府典軍——東宮牽府郎將——
　　　　今職。

大唐故千牛岐州司戶參軍事楊（□哲）君墓誌銘（No：17224）上元二年立。年48。

　　　　華州華陰人。……祖達，隋黃門中書二侍郎、吏部尚書、納言、遂寧郡公，皇
　　　　朝贈尚書左僕射；父則，臨邛縣令、襲遂寧公。君千牛奉宸，後陞今職，

隰州縣令李（嘉）墓誌銘（全唐文卷195）宏道二年立。年72。

　　　　隴西成紀人。祖趙郡太守、雍州大中正、上開府永康公；父幽州都督、鎮軍大
　　　　將軍、上柱國。公起家爲太子左千衛——越王府戶曹參軍——今職。

常州刺史伯父東平楊（德裔）公墓誌銘（全唐文卷195）垂拱元年立。年85。

　　　　宏農華陰人。祖常州刺史華山公；父左衛將軍武安公。公始以父任爲太子左千

牛備身——四縣令，詔封東平公、上柱國——潁州幽州二州司馬——三州長史
——四州刺史。

大周故朝議大夫上輕車都尉行澤州司馬清河張（玄封）府君墓誌銘（No：14402）長
壽三年立。

汝州梁縣人。……祖仕達，隋唐州刺史、鄆城郡守、襲新平縣男；父義，唐夏
州都督、左監門將軍、夏邑縣公。擢公左千牛——尚舍直長——雅州司兵——
麟水縣令——合州司馬——渝州司馬——夏縣令——丹徒縣令——泗州司馬
——今職。

大周故朝議大夫行乾陵令上護軍公士獨孤（思貞）府君墓誌銘（唐長安城郊隋唐墓）
神功二年立。年 56。

河南洛陽人。……祖義順，唐右光祿大夫、太僕卿、涼州都督、二州刺史、洛
南郡公；父元康，金吾郎將、右衛中郎、左清道率。君解褐以門調補太子進馬
——左監門兵曹——隆州錄事參軍——同州司士——雍州司戶——奉天令——
今職。

皇朝故潞州司法秦（俗）君墓誌銘（No：24068）聖曆三年立。

齊國臨淄人。祖叔寶，佐命功臣，左武衛大將軍、上柱國、翼國公；父懷道，
太宗文皇帝左千牛——□州司士參軍——常州義興縣令、襲爵□城縣開國公。

皇朝故潞州司法秦（俗）君墓誌銘（No：24068）聖曆三年立。

齊國臨淄人。……祖叔寶，佐命功臣，左武衛大將軍、上柱國、翼國公；父懷
道，義興縣令、襲爵□城縣開國公。公解褐大行皇帝千牛——潞州司法參軍。

大唐故洛州司戶高（瓚）府君墓誌銘（No：17062）長安三年立。年 38。

渤海蓚人。……祖王臣，廣德將軍、通直散騎侍郎、藍田公；父敬言，唐刑部
郎中、給事中、四州刺史、吏部侍郎。君年十九，以公族補成均生，年二十授
右千牛備身——懷州司士——汾州司功——今職。

大周故秦州都督府士曹參軍顏（瑤）君墓誌銘（No：05722）景龍二年立。年 32。

河南洛陽人。祖根，唐鄭州刺史；父思貞，秦州都督府長史，君以門資解褐右
千牛——今職。

唐陳州刺史陶禹墓誌銘（No：16755）開元十九年立。卒年 54。

　　河南人。祖瓚，州司馬。父大舉，銀青光祿大夫、刺史。岳父姚崇，開府儀同三

　　司中書令。（禹）弱冠以資授右千牛轉尚食直長——家令丞——典籤——符璽

　　郎——州長史——太子中允——王府長史——國子司業（今職）。

唐監門衛長史皇甫愼墓誌銘（No：13657）開元十九年立。卒年 47。

　　其先安定朝那，四海望族。曾祖瑠羲，縣令、州長史。祖文亮，鸞臺侍郎、刺

　　史。父知常，刺史。（愼）以蔭授左千牛，秩滿廻補尚舍長曹。夫人博陵崔道

　　昭女。

唐岐州司倉參軍房宣墓誌銘（No：16795）開元二十七年立，年 52。

　　清河人。曾祖子曠，隋、州別駕。祖仁，唐、兵部尚書。父先質，銀青光祿大

　　夫。（宣）解褐千牛——州參軍——右武衛倉曹——尚乘直長——州司倉。

唐大中大夫上柱國魏縣開國子盧全操墓誌銘（No：13628）開元二十三年立。年 54。

　　范陽人。祖承業，唐銀青光祿大夫、尚書左右丞、州長史、使持節諸州軍事，

　　父玢，銀青光祿大夫使持節刺史、左右屯衛將軍。（全操）年十六解褐右千牛

　　備身，秩滿遷尚輦直長，擢通事舍人——縣令——州別駕——（今職）。夫人

　　弘農楊氏。

　　公出於北齊黃門之昭也，范陽公子立，及公五世從祖昆弟百人，衣冠半天下，

　　可謂積德矣！

唐銀青光祿大夫檢校太子賓客上柱國開國子兼監察御史盧翊墓誌銘（No：14634）貞

元二十年立。年 44。

　　范陽人。曾祖元莊，銀青光祿大夫、刺史。祖知遠，銀青光祿大夫、刺史、光

　　祿卿。父謙，正議大夫、州司馬兼左贊善大夫，六世祖思道，齊司徒。（翊）

　　年十四補右千牛備身——縣主簿——（今職）。

　　千牛、備身類所得拓片實例較少。且從上列有限資料以及新舊唐書、唐六典等有

關記載中擬繪其與職事官之關係，如下：

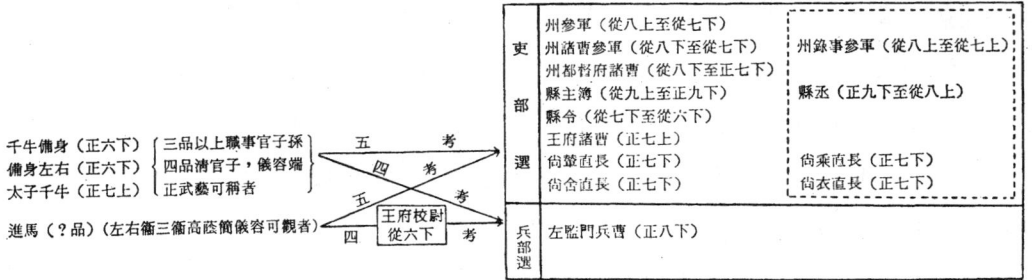

千牛備身（正六下）
備身左右（正六下）
太子千牛（正七上）
｛三品以上職事官子孫　四品清官子，儀容端　正武藝可稱者｝　五　考　四　考　五　考

進馬（？品）（左右衛三衛高蔭簡儀容可觀者）　王府校尉　從六下　四　考

吏部選：
州參軍（從八上至從七下）
州諸曹參軍（從八下至從七下）
州都督府諸曹（從八下至正七下）
縣主簿（從九上至正九下）
縣令（從七下至從六下）
王府諸曹（正七上）
尚輦直長（正七下）
尚舍直長（正七下）

（虛線框）
州錄事參軍（從八上至從七上）
縣丞（正九下至從八上）
尚乘直長（正七下）
尚衣直長（正七下）

兵部選：
左監門兵曹（正八下）

圖　　7

　　上圖虛線框框內的官職，並非錄自上列拓片之中，上列拓片實例太少，不足以充分說明千牛、備身類之初仕關係，本文按照三衛初仕官職、以及五例中官職性質推測之，增補於後，以便參考。

　　千牛、備身、進馬類的資蔭條件較三衛爲高，故其年考較短，從上列例子觀察，其初仕官職以尚輦直長、尚舍直長，及諸州諸府列曹參軍爲多，一般而論，其初仕職較三衛出身爲高。千牛、備身、進馬等資蔭條件中強調儀容端正可觀，常被授職尚輦、尚舍，頗有高品子孫入朝入侍之遺意。又絕大部分皆循吏部選，兵部選甚少，這與上述三衛出身重視「吏部常選」之精神相合。唯其官職性質大都以事務官、州郡僚屬爲主。

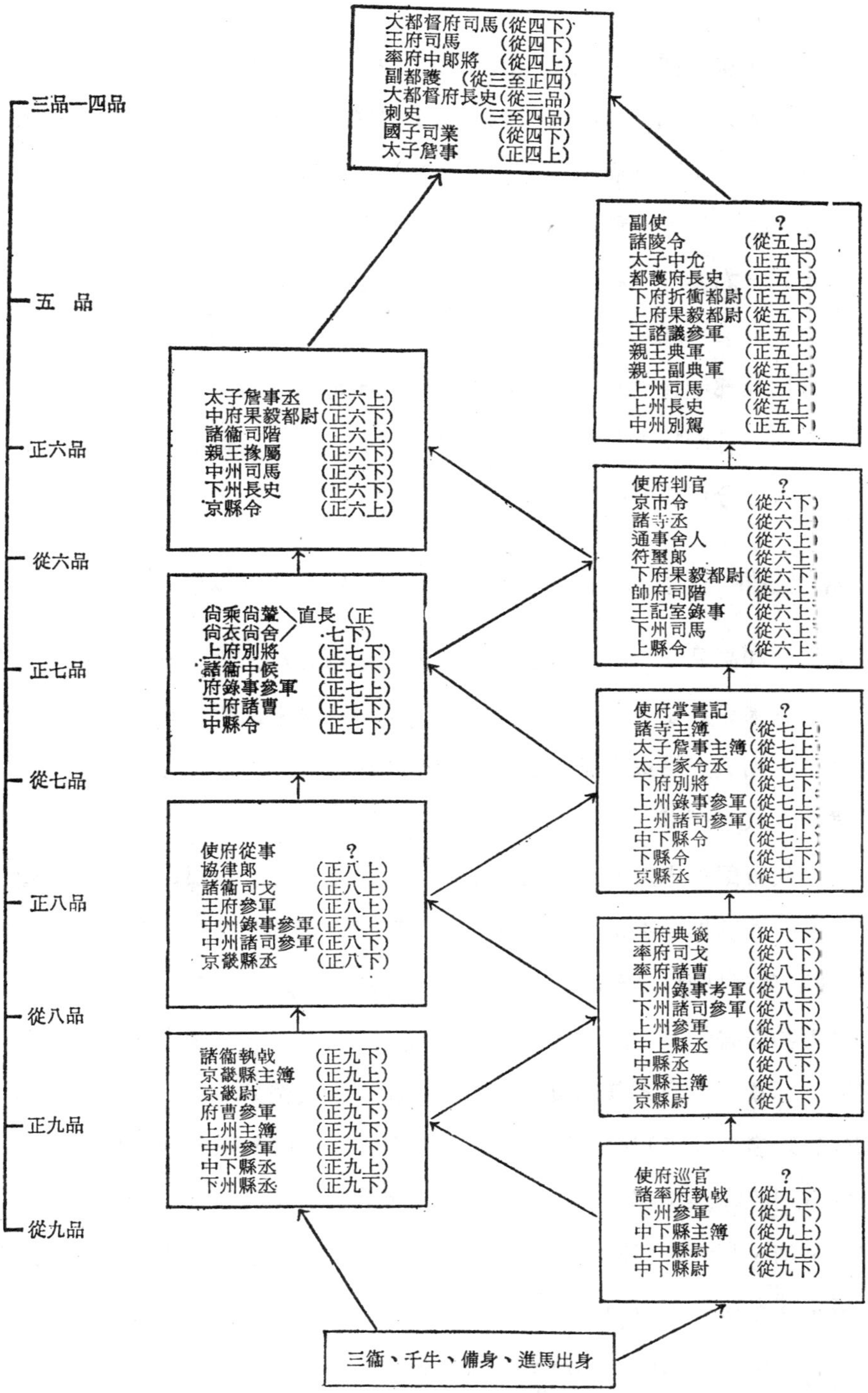

圖 8　唐宿衞出身官職升遷圖表

附記：

1. 上圖官職之來源主要出於上列墓誌拓片之中。凡同一類的官職若出現一、二，則將該類皆列入，如拓片中有執戟、司戈之職，本圖亦將中候、司階列入，按新唐書卷四十九上百官志四上十六衞條司階項下注文：「武后天授二年，置諸衞司階、中候、司戈、執戟，謂之四色官」。又如拓片中有大理丞、司農寺丞、光祿丞、右僕寺丞等，本圖則列入諸寺丞。再如拓片中有節度判官、觀察判官、節度從事，本圖則列入使府巡官、使府掌書記等職。

2. 宿衞出身循兵部選途徑者，其武職事官之初仕可能高於八、九品。

3. 上圖三、四品官職爲上列拓片中最高官職，並非每個宿衞齋郎出身者皆可達此高位，絕大部分止於低品官職。

第五節　唐代拓片中齋郎、門蔭、挽郎之分析

唐代以高資蔭和高品子身份進入官僚體系者，除衞官（三衞、千牛備身、備身左右、太子千牛、進馬等）以外，以齋郎爲大宗。齋郎之資格據新唐書卷四十五選舉志下：「凡齋郎，太廟以五品以上子孫及六品職事並清官子爲之，六考而滿；郊社以六品職事官子爲之，八考而滿。」衞官與齋郎間最重要差異，爲：其一，衞官本身具有散官階位，而唐代齋郎不入於九品官階之中；其二，衞官屬於兵部尚書，雖然衞官考滿有文送吏部選，而仍以兵部選爲其常態；而齋郎則以吏部選爲其常態，唐六典卷二尚書吏部，考功員外郎職掌條：「應簡齋郎準貢舉例帖試（注文：太常解申禮部勘責，十月內送考功帖論語及一大經，及第者奏聞。）」（舊唐書卷四十三職官志二吏部員外郎條略同）。齋郎出身者其門資、初仕、官歷等之實例如下：

1. 初仕縣尉者：（諸州中下縣尉，從九品下；上縣中縣尉，從九品上）

唐臨海郡樂安縣尉姚晅墓誌銘（No：17731）天寶二年立。年 50。

曾祖威，隋、州大都督府長史，金紫光祿大夫，開國公。祖寶，唐朝散大夫、公、縣令。父懷亮，殿中侍御史內供奉、少府監丞、太中大夫、司衞寺少監、開國男。（晅）襲宿蔭太廟齋郎，縉紳選授縣尉。

唐汝州司法參軍裴涓墓誌銘（No：17704）年 62。

河東聞喜。曾祖德超，唐銀青光祿大夫、刺史。祖思簡，金紫光祿大夫、司農大卿。父休英，縣令。（涓）以祖蔭知禮署爲太廟齋郎，六載考績，調授縣尉——縣丞——（今職）。

唐故湖州長城縣令贈戶部侍郎博陵崔（孚）府君神道碑銘（白氏長慶集卷六十）太和五年立。

今博陵人也……唐冀州武強令諱紹；曾祖也；監察御史諱預，王父也；常州江陰令育，皇考也。公幼以門蔭子補太廟齋郎，初調授汝州葉縣尉，再調改宋州單父尉——宋城尉——假漣水令——常州錄事參軍——越州餘姚令——湖州長城令——興元元年卒……。

唐信州玉山縣令盧公則墓誌銘（No: 19053）大中十三年立。

范陽人。曾祖允載，縣令。祖休，彩州司馬。父清，縣令。（公則）齋郎出身，解褐縣尉——州文學——（今職）。夫人太原王氏、父傅，刺史、員外。

2. 州郡參軍：（下州郡參軍，從九品下；中州，正九品下；上州，從八品上）

唐豫州鄾城縣丞張孚墓誌銘（No: 05903）開元二十八年立。年58。

范陽方城。曾祖玄弼，府功曹。祖柬之特進，中書令、王。父猗，朝散大夫、著作郎。（孚）年十八以門資齋郎常選——州參軍——縣丞。夫人呼延氏。父，縣令。

李韜崔夫人合祔墓誌銘（芒洛冢墓遺文補遺）天寶八年立。年55。

趙國人……東光令府君諱仁偉……生益府士曹參軍府君諱延祐，公卽士曹府君之仲子也……始以太廟齋郎出參亳州軍事，秩滿調補徐州司功參軍——轉壽王記室——調補棣王屬……天寶七年卒。

唐朝散大夫龍溪郡太守□令直墓誌銘（No: 14133）天寶十四年立。年67。

安定人。曾祖仁裕，唐金紫光祿大夫、鎮國大將軍、刺史。祖詵，朝散大夫、縣令。父知微，朝請大夫、縣令。（令直）以蔭爲太廟齋郎，擢解褐郡參軍——府別將——府右果毅都尉——郡長史——太守。

唐守永州司馬盧嶠墓誌銘（No: 08156）貞元八年立。年76。

范陽人。曾祖安壽，唐、州長史。祖正紀，州司馬。父抗，縣令。（嶠）弱冠

補齋郎，調陳州參軍——（今職）。夫人清河崔氏。

唐宋州碭山縣令鄭紀墓誌銘 （No: 14526） 會昌二年立。年50。

榮陽人。曾祖游，縣令。祖寵，尚書郎中。父正，縣主簿。母隴西李氏；父
敷，刺史。（紀）弱冠以蔭補太廟齋郎，釋褐州參軍——縣尉——縣主簿——
縣令。妻范陽盧氏；父士閱，縣令。

3. 州諸司參軍（下州諸司參軍，從八品下；中州，正八品下；上州，從七品下）

恒州刺史張（承休）府君墓誌（張說之文集卷二十二）開元九年立。年62。

吳郡人也。……曾祖沖，在陳爲文帝師，入隋爲漢王學士；祖後胤，授經太
宗，尊之以祭酒，既封新野，又贈以宗伯；考少師，……君以南郊齋郎，補克
州兵曹——再任始州司倉，應八科舉，改鄭州錄事參軍，又舉賢良方正，遷揚
州司錄參軍，移蘇州常熟令——加朝散大夫，入爲司農丞——濟源令——加朝
議大夫——上柱國——拜隆州司馬——轉恒州長史……。

并州太原縣令路（太一）公神道碑（文苑英華卷九三〇）開元二十三年立。年57。

陽平臨清人也。……曾祖襄，位至上儀同三司，大長秋令……大父文昇，仕至左
光祿大夫、秦州刺史。……考元哲，官至并州渝次縣令。……公以先蔭補太廟
齋郎，歷衢益齊三州司功參軍——太原縣令……春秋五十七……時開元五年。

4. 州錄事參軍（下州錄事參軍，從八品上；中州，正八品上；上州，從七品上）

唐故太子司儀郎盧（寂）府君墓誌銘（芒洛冢墓遺文四編卷六）貞元九年立。年81。

范陽涿人也，即北齊黃門侍郎思道之耳孫；曾祖承基，皇朝主客郎中，鄆州刺
史；祖元莊，沔普嘉三州刺史；父光遠，京兆府奉先縣丞……。公自太廟齋郎
歷濟、泗、臺三州錄事參軍，轉嘉興、常山二縣令，次授城門郎、司農寺丞、
太子司議郎，詔命致仕，凡八遷焉……貞元九年卒。

5. 左右司禦率府諸曹參軍（從八品下）

唐朝散大夫譙郡司馬王秦客墓誌銘（No: 13587） 天寶二年立。年73。

與太原同宗，分枝自瑯邪承緒。曾祖續，唐金紫光祿大夫、尚書吏部侍郎、開
府儀同三司。祖德素，銀青光祿大夫、太守。父豫，侍御史、屯田郎、正議大
夫、太守。（秦客）以門蔭太廟齋郎，解褐授左清道率府胄曹參軍——郡參軍

——縣令——郡司馬加朝散大夫。夫人河東薛氏。

下列兩例齋郎未及拜職事官：

大周故傅（思諫）君墓誌銘（No: 13404）聖曆二年立。年18。

　　北地泥陽人。……祖爽，唐右武衞倉曹、游擊將軍、長上果毅；父節，忠武將

　　軍、左衞翊一府郎將。君擢爲清廟臺齋郎。

唐吏部常選郭懌墓誌銘（No: 16766）開元二十年立。年20。

　　太原人。曾祖感，唐、州司馬。祖善，王府記室。父罄，朝議大夫、將作少

　　匠。（懌）年十二補太廟齋郎。

齋郎出身率皆以文途而仕，但本拓片中有一個特殊例子，卽齋郎出身而任衞官，

並終於武職事官，如下：

唐鶡臺府果毅扶風馬延徽墓誌銘（No: 13579）天寶四年立。年53。

　　馮翊扶風。曾祖安，隋、郡參軍。祖才，唐、郡錄事參軍，父逯，府右果毅都

　　尉。（延徽）太廟齋郎出身，解褐授右武衞翊府隊正長上——（今職）。夫人

　　隴西李氏。

從拓片資料以及新舊唐書有關志書，唐六典等記載，齋郎與職事官之關係爲：

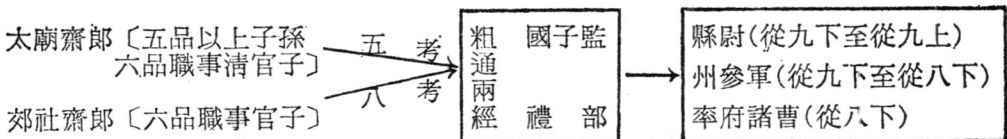

太廟齋郎〔五品以上子孫 六品職事清官子〕	五　考	粗國子監 通兩 經禮部	縣尉（從九下至從九上） 州參軍（從九下至從八下） 率府諸曹（從八下）
郊社齋郎〔六品職事官子〕	八　考		

圖 9

上表因拓片實例不多，故職事官僅得縣尉、州參軍、率府諸曹三種，若按此三種
官職之同類官職推論，亦可能包含縣主簿（從九上至正九下）、縣丞（正九下至從八
上）、州諸司參軍（從八下至從七下）、州錄事參軍（從八上至從七上）、王府參軍
（正八下）、王府諸曹參軍（正七上）等官職。

　　　　　　＊　　　　　　　　　＊　　　　　　　　　＊

唐代高品子孫之入仕途徑可分爲兩大類。其一是高品子，此類以三衞、千牛、備
身、齋郎等爲大宗，已如上述；此外還有監門直長、集賢院御書手、諸館及州縣學

等，諸館及州縣學亦屬重要途徑，然因館監學生在入學資格上雖與門資高低息息相關，唯館監生需經過若干年學習並通過考試後，才行放選，這一類的高品子應另行討論。其二是高資蔭，此類以大臣子孫之蔭任爲大宗；此外還有襲爵、尚郡縣公主、郡縣公主之子、皇家親戚等之蔭庇任職。唐六典卷二尚書吏部，吏部郎中職掌條：

> 凡敍階之法，有以封爵（注：謂嗣王郡王初出身，從四品下敍；親王諸子封郡王者，從五品上；國公，正六品上；縣公，從六品上；侯及伯、子、男並遞降一等；若兩應敍者，從高敍也）。

> 有以親戚（注：謂皇親緦麻以上、及皇太后周親，正六品上敍；皇太后大功親、皇后周親，從六品上；皇祖免親、皇太后小功緦麻、皇后大功親，正七品上；皇后小功緦麻親、皇太子妃周親，從七品上；其外戚各依本服降二等敍。娶郡主，正六品上；娶縣主，正七品上；郡主子出身，從七品上；縣主子，從八品上敍）。

> 有以資蔭（注：謂一品子，正七品上敍；從三品子遞降一等；四品五品有正從之差，亦遞降一等；從五品子，從八品下敍；國公子亦從八品下。三品以上蔭曾孫；五品以上蔭孫；孫降子一等，曾孫降孫一等。贈官降正官一等，散官同職事，若三品帶勳官者，即依勳官品同職事蔭，四品降一等，五品降二等。郡縣公子准從五品孫；縣男以上子降一等；勳官二品子又降一等。二王後子孫準正三品蔭）。

以上僅係散位敍階之蔭，若欲任職事官還需銓敍。銓敍自有注擬之法，不予贅述。在新舊唐書諸列傳中找到的蔭任，率多顯赫大臣子孫或大士族子孫之例，本文在最後再予討論。至於一般用蔭（指門望與父祖蔭而言）者通常不見於正史，今在唐代墓誌拓片中獲得甚多實例，這是研究蔭制的基本資料。且以初仕官職臚列於下：

1. 州參軍（從九下至從八下）

唐沂州丞縣令賈欽惠墓誌銘（No: 14153）天寶十二年立。卒年 41。

> 本武威人，後遷長樂。祖公彥，太學博士、崇文館學士。父玄贊，太學博士、詳正學士。叔大隱，禮部侍郎。（欽惠）以門戶解褐州參軍——縣令。夫人河東裴氏。父刺史、聞喜公。

唐朝請大夫段承宗墓誌銘（No：19082）天寶十三年立。卒年 68。

　　京兆人。曾祖志玄，輔國大將軍公。祖瑾，朝請大夫、符璽郎。父懷之，郡參
　　軍。（承宗）入仕州參軍——府倉曹——縣令——（今職）。雖出身榮蔭，而
　　入仕異能。

唐滑州司法參軍盧初墓誌銘（No：14494, 13138）太和三年立。卒年 44。

　　曾祖獻，黃門侍郎。祖翊，刺史。父晏，殿中進馬。刑部侍郎滎陽鄭少微之外
　　孫。內外甲族，宦婚俱美。（初）始以門蔭歷州參軍——州司法參軍。

唐登州刺史孫方紹墓誌銘（No：18092）咸通九年立。卒年 54。

　　魏郡武水人。曾祖逖，刑部侍郎。祖成，觀察使。父微仲，刺史。母隴西李
　　氏。（方紹）以門蔭補州參軍，秩滿州司戶參軍——（今職）。

　2. 河南府參軍（正八下）

唐河南府長水縣丞孫幼實墓誌銘（No：16592）廣明元年立。卒年 44。

　　曾祖宿，刺史。祖公器，邕管經略招討使。父簡，檢校司空、太子少師。（幼
　　實）竟不能用文進……俄以門蔭入仕，初授河南府參軍——縣尉——縣丞。

　3. 縣尉（從九下至從九上）

唐汴州浚儀縣尉梁煥墓誌銘（No：13471）開元二年立。

　　安定人。高祖毗，隋御史大夫、尚書、金紫光祿大夫。曾祖敬眞，隋尚永樂公
　　主、駙馬都尉。父咬，唐、州司功、左衞錄事。（煥）弱冠以門閥踐周行，初
　　授縣尉。

唐潭州衡山縣令鄭戎墓誌銘（No：05818）開元十四年立。卒年 71。

　　滎陽，今爲河南偃師人。曾祖頲，隋縣令。祖□，左衞郎將。父慈，縣丞，
　　（戎）以門蔭調補房州永清縣尉——（今職）。

唐潞州長子縣尉王怡墓誌銘（No：05887）開元二十年立。卒年 36。

　　太原人。曾祖繪，隋朝散大夫、州別駕。祖琰，唐縣令。父晉俗，以賢良射
　　策，價重一時，授益州蜀縣尉。（怡）以門資甫授長子也。

唐宋州單父縣尉李會昌墓誌銘（No：17964）長慶元年立。卒年 38。

　　隴西人。父□，曹國太師。（會昌）貞元年准詔受天蔭出身，元和二十七年選

補單父尉。

唐陝西度支院令狐絿墓誌銘 (No: 08873) 咸通八年立。

　　高祖□，贈太師。曾祖德，縣令、贈司空。祖簡之，太原府參軍。父□，刺
　　史。母博陵崔氏，父代州司馬誼。(絿)以門蔭解巾河內府虞鄉尉。

大唐故京兆府美原縣尉張昕墓誌銘(雍州金石記)開元二十四年立。卒年57。

　　京兆長安。曾祖宗，隋、郡守刺史。祖勛，朝散大夫、上柱國、縣令。父玄
　　禕，中大夫、州長史。(昕)君取父蔭授鴇舟瓜縣尉，秩滿(今職)。

唐嶺南觀察支使試大理評事崔恕墓誌銘 (No: 17712)。

　　清河東武城。曾祖隱甫，銀青光祿大夫檢校兵部尚書、御史大夫。祖徵，朝散
　　大夫、州司馬。父千里，州司士參軍。(恕)初以蔭調補縣尉──府從事──
　　(今職)。夫人鉅鹿魏氏，父正臣，監察御史。

　　4. 縣主簿(從九上至正九下)

唐韓遷墓誌銘 (No: 13682) 永徽六年立(仁壽四年卒)

　　洛陽人。父和高，齊、縣令。(遷)以蔭望隆重，門地清高，授縣主簿。

唐文安郡文安縣尉王之渙墓誌銘 (No: 17739) 天寶二年立。卒年55。

　　晉陽人。曾祖信，隋朝請大夫、縣令、著作佐郎。祖表、唐朝請大夫、縣令。
　　父昱，鴻臚主簿、縣令。(之渙)以門子調補縣主簿──(今職)。

唐汝州司馬孫審象墓誌銘 (No: 14523) 會昌元年立，卒年61。

　　其先樂安人，至魏居武水。曾祖嘉之，唐天冊中進士擢高第，久視中拔萃登甲
　　科，遷州司馬。祖逖當，三擅甲科、中舍人、刑部侍郎。父成，少以門子入
　　仕，刺史、觀察使、御史中丞。母范陽盧氏，山東冠族。(審象)弱歲以門蔭
　　出身，釋褐縣主簿──右龍武軍錄事參軍──縣尉──縣令──州司馬。

　　5. 縣丞(正九下至從八上)

唐金州參軍李侯墓誌銘 (No: 16767) 開元十九年立。卒年75。

　　趙郡贊皇。祖達，起家授右衛府別將。父知仁，縣令。(侯)君承門調為縣丞
　　──州司法參軍──(今職)。

唐黔州洪杜縣丞張善幷夫人上官氏墓誌銘 (No: 13117)。乾封二年立(貞觀十二年

卒）。

今爲洛陽人。祖吉，齊、縣令。父陁，隋參軍。（善）君門資素業，縣丞。

唐定州唐縣丞柳正確墓誌銘（No: 16791）開元二十二年立。卒年66。

河東解人。祖客居，州別駕。父明傑，縣令。（正確）初以門蔭爲（今職）。

唐我府君漢州刺史獨孤炫墓誌銘（No: 13620）開元二十四年立。卒年70。

河南洛陽。曾祖陁，隋上開府領左右將軍、上大將軍、開國公。祖延壽，唐光
祿大夫、太常卿、刺史。父道恭，朝散大夫、縣令。（炫）以門蔭出身補縣丞
——州參軍——（今職）。

6. 王府諸曹參軍（正七上）

大周故滄州弓高縣令杜（季方）君墓誌銘（No: 17394）天授二年立。年66。

京兆杜陵人。……祖舒，隋少府少監、左衛將軍。父舉，唐四州刺史。君始以
世資，弱冠爲密王府法曹參軍事——今職。

7. 計鐵官（從九下）

唐將仕郎守江陵縣尉崔芑墓誌銘（No: 13031）大中六年立。卒年64。

漢帝封伯基爲東萊侯居東武城，始稱清河，至後魏七兵尚書文貞公諱休，公七
世祖也，始稱大房。祖隱甫，唐刑部尚書、東都留守。父渙，縣令。（芑）弱
冠以族望門緒爲士友推援，拜計鐵官，釋褐太常寺——州經略判官——縣尉
——太子通事舍人。娶滎陽鄭氏，試大理評事恪之女也。

8. 率更寺主簿（正九下）

唐溫州刺史崔紹墓誌銘（No: 16583）乾符四年立。卒年44。

清河東武城。曾祖朝，刺史。祖稅，南昌軍副使、大理評事。父罕，觀察使、
御史中丞。（紹）皇太子太傅鄭澣之外孫。以蔭敘調補率更寺主簿，考滿參常
調太常寺協律郎——團練判官——試大理評事——縣令——州觀察使——左散
騎常侍——侍御史——大理正——刺史。

9. 公主府典籤（從八下？）

唐相州臨河縣令賈令琬墓誌銘（No: 17788）天寶四年立。卒年55。

雁門人。曾祖晁，隋、州司戶參軍。祖純，唐、縣令。父嘉賓，正議大夫、州

別駕。（令琬）以門子授金城公主府典籤——右威衞倉曹——左威衞倉曹——

左司禦率府長史——（今職）。夫人扶風馬氏。父元禮，朝散大夫、州司馬。

10. 太常寺協律郎（正八上）

唐河南府錄事參軍事李瑨墓誌銘（No：18019）會昌元年立。卒年 42。

趙郡人。曾祖崗，縣令。祖元善，州錄事參軍。父絳，贈司徒。（瑨）初爲御

史，入侍禁中，未勝冠以蔭任太常寺協律郎——大理司直——殿中侍御史——

府士曹參軍。夫人諸舅范陽盧公州錄事參軍佐之女。

11. 太常寺奉禮郎（從九上）

唐轂城縣令張曛墓誌銘（No：08013）元和八年立。卒年 67。

范陽方城。曾祖柬之，特進、中書令、上柱國。祖嶧，不仕。父愿，郎中、刺

史、太守、江南東道採訪黜陟使。（曛）起家以門蔭解褐補太常寺奉禮郎……

（今職）。

12. 諸衞列曹參軍（正八下）

唐左武衞兵曹孫筥墓誌銘（No：07485）大中十四年立。卒年 73。

樂安人。曾祖逖，刑部侍郎。祖宿，中書舍人、刺史。父公器，御史中丞。娶

河東裴氏。（筥）以蔭第再調（今職）。

唐河南府士曹參軍黎燮墓誌銘（No：17986）開成六年立。卒年 53。

壽春人。祖道弘，縣令。父幹，尚書侍郎。（燮）少以門第解褐授左千牛衞兵曹

參軍，特恩授縣尉——縣丞——水陸運判官——（今職）。

13. 監門衞錄事參軍（正八上）

唐宣德郎守孟州司馬孫君墓誌銘（No：14039, 16567）咸通十一年立。

樂安人。曾祖宿，刺史。祖公器，邕管經略使。父簡，太子少師、檢校司空。

（君）晚歲方用蔭緒調補解褐監門衞錄事參軍——協律郎充節度推官——縣尉

——府倉曹參軍——（今職）。

14. 衞官

唐揚州六和縣尉王則墓誌銘（No：17109）長安三年立。卒年 54。

太原祁人。（則）以資蔭補江王府隊正（從八下，衞官），解褐（今職）。

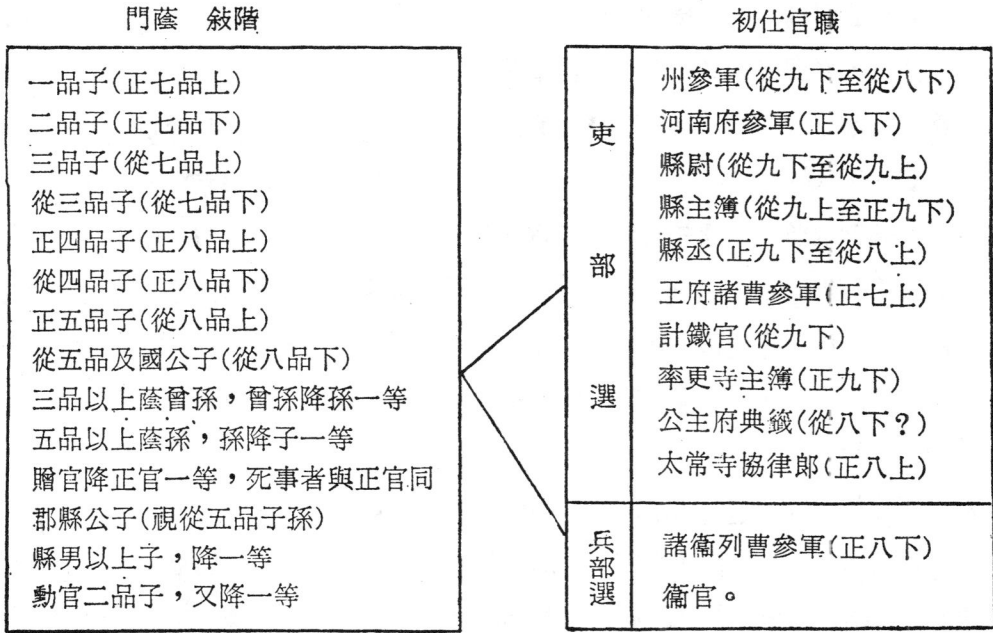

門蔭　敍階	初仕官職		
一品子(正七品上) 二品子(正七品下) 三品子(從七品上) 從三品子(從七品下) 正四品子(正八品上) 從四品子(正八品下) 正五品子(從八品上) 從五品及國公子(從八品下) 三品以上蔭曾孫，曾孫降孫一等 五品以上蔭孫，孫降子一等 贈官降正官一等，死事者與正官同 郡縣公子(視從五品子孫) 縣男以上子，降一等 勳官二品子，又降一等	吏 部 選	州參軍(從九下至從八下) 河南府參軍(正八下) 縣尉(從九下至從九上) 縣主簿(從九上至正九下) 縣丞(正九下至從八上) 王府諸曹參軍(正七上) 計鐵官(從九下) 率更寺主簿(正九下) 公主府典籤(從八下？) 太常寺協律郎(正八上)
	兵 部 選	諸衛列曹參軍(正八下) 衛官。

圖10

　　拓片中一般蔭任出身者，其歷官之官職性質與宿衛出身者類似，其官職為：州縣官、王府衛府僚屬、中央事務官等，唯拓片中一般蔭任出身者歷官中央事務官稍增，崔紹墓誌銘及李璆墓誌銘中已有侍御史、殿中侍御史等中央諫議官出現。

　　據本文圖一所示，高品子、勳官、品子等尚有若干途徑可進入職事官，由於資料不足而無法得悉詳細情形，下列諸例可作為參考：

　　甲、監門校尉：

大唐故左監門衛校尉武騎弘農楊(寶)公墓誌銘　(No: 17346)　垂拱四年立。年59。

　　　弘農仙掌人。祖武，隋廣平縣丞；父興，唐朝散大夫。公以父蔭，蒙除左監門校尉，從班例也。

本文圖一高品子項內有「諸衛三衛監門直長」，上引楊寶墓誌銘謂「以父蔭，蒙除左監門校尉，從班例也」，可見監門校尉與監門直長相似，乃蔭任出身之常例。

　　乙、書手：

登仕郎丁範墓誌銘　(No: 14352)　垂拱元年立。年49。

其先譙國譙人，今爲洛州河南人。……祖順，齊寧遠將軍；父君□，周州都、主簿。君弱冠知名，召補蘭臺書手，授登仕郎。

本文圖一高品子項內有「集賢院御書手」，按唐六典卷九中書省集賢殿書院有「書直及寫御書一百人（注：開元五年十二月勑於秘書省昭文館兼廣召諸色能書者充，皆親經御簡，後又取前資常選三衞散官五品以上子孫，各有年限，依資甄敍，至十九年，敕有官爲直院也」，上引丁範爲蘭臺書手，按蘭臺乃秘書省，唐六典卷十秘書省有「楷書手八十人（注：隋煬帝秘書省置楷書員二十人，從第九品，掌鈔寫御書，皇朝所置，職同流外也）。」丁範葬於垂拱元年，在開元改制之前，或可作爲御書手之例。

　　丙、執仗：

唐故吳王府執仗張（節）君墓誌銘（No：13102）咸亨二年立。年68。

　　　清河人。……祖猷，隋青州別駕。父略，唐涇州錄事。君弱冠授吳王府執仗。

大唐故韓王府記室參軍元（智威）君墓誌銘（No：05621）載初元年立。年58。

　　　河南洛陽人。……祖巖，周開府儀同三司，隋給事黃門侍郎、龍涸縣公。父德操，唐中大夫、普潤二州司馬、中山男。君爲鄧王府執仗——今職。

大周張（道）君墓誌銘（No：14018）長壽二年立。年68。

　　　幷州太原人。……曾祖仁，隋硤州別駕；父見，唐永泰縣令。君起家任趙王府執杖——江王府戶曹——滕王府法曹參軍事——武寧縣令。

本文圖一勳官品子項內有「執仗」，上引張節、元智威、張道三人皆執仗出身，然墓誌銘中並未明言蔭任，僅作參考。

　　丁、執乘：

大周故黔州石城縣主簿鄭（遘）君墓誌銘（No：14720）聖曆四年立。年62。

　　　滎陽開封人。祖達，汝南、彭城二郡守。父才，唐上儀同大將軍、滎陽縣開國侯。君解辟爲滕王府執乘——今職。

本文圖一勳官品子項內有「執乘」，上引鄭遘乃執乘出身，然墓誌銘未明言蔭任，僅作參考。

　　戊、親事：

天授二年趙王親事洛州故王（智通）君墓誌銘（No：13997）天授二年立。年70。

……祖多，隋齊州司馬。父達，唐上輕車都尉。

本文圖一勳官品子項內有「親事」，上引王智通乃親事出身，然墓誌銘未明言蔭任，僅作參考。

以上諸項之實例，有的未能進入職事官，有的雖任職事官，其官職性質與一般蔭任類似，並無特殊之處。

＊　　　　　　　　＊　　　　　　　　＊

還有一種挽郎，似乎與門資用蔭有關，不見於正史與典政書籍，但在墓誌拓片中為數不少。如唐左屯衞將軍盧玠墓誌銘（No：17681）「景龍元年立。父同州府君。上元中敬皇上儒，以門選為挽郎，復土之後，授州參軍……」云云。按敬皇即太子宏，唐書合鈔卷五高宗下：「（上元二年四月）己亥皇太子宏薨於合璧宮之綺雲殿（新書天后殺皇太子。后妃傳蕭妃女義陽宣城公主幽掖庭幾四十不嫁，太子宏言於帝，后怒酖殺宏）。………五月己亥（新書庚申）追諡太子宏為孝敬皇帝。」「儒」即仙字。「復土」辭源謂掘六下棺，而以土覆也，其史記注謂出土為陵，既成還復其土，故言復土。又「俛」即「輓」字。

下列兩例挽郎以散官及爵位卒：

唐故宣義郎周（紹業）君墓誌銘（No：13706）　**顯慶**三年立，年44。

> 汝南安城。曾祖靈起，梁散騎常侍、桂州刺史、保城肅侯；祖炅，陳南豫州刺史、儀同三司、車騎大將軍、杞部尚書、梁城郡忠壯公。父法尚，隋金紫光祿大夫、三十八州諸軍事、左武衞大將軍、衞尉卿、譙郡偦□。君起家為□□穆皇后挽郎。

大唐故昌平縣開國男天水趙（承慶）君墓誌銘（No：14100）　**垂拱**元年立。年23。

> 故豐州都督南康公；左司禦率之次子。君擢授挽郎，俄封昌平縣男。

但是，絕大多數的挽郎起家任職，其門資、初任、官歷之實例如下：

1. 州郡參軍（下州，從九品下；中州，正九品下；上州，從八品下）。

唐左屯衞將軍盧玠墓誌銘（No：17681）　**景龍**元年立。

> 父同州府君。上元中敬皇上儒，以門選為挽郎，復土之後，授州參軍——州都督府——功曹參軍——朝散大夫——通事舍人——刺史——右衞副率——右衞

中郎將——右監門衞將軍——（今職）。

　　2. 州諸司參軍（下州，從八品下；中州，正八品下；上州，從七品下）

大周故相州刺史袁(公瑜)府君墓誌銘（No: 14448）久視元年立。年72。

　　　陳郡扶樂人。……祖欽，周昌城太守、汝陽郡開國公。父弘，唐萬年令、舒州
　　　刺史。君年十九調補唐文德皇后挽郎——晉州司士——大理司直——晉陽縣令
　　　——大理寺丞——都官、兵部員外郎——兵部郎中——中書舍人——司刑少常
　　　伯——代州長史——西州長史——庭州刺史——安西副都護，贈相州刺史。

　　3. 州都督府諸曹參軍（上都督府諸曹參軍，正七品下；中都督府諸曹參軍，從
　　　　七品上；下都督府諸曹參軍，從七品下）

大周故滄州東光縣令許(行本)府君夫人清河崔氏合葬銘（No: 16993）證聖元年立。
年55。

　　　潁川人。……祖康，齊梁州刺史、江夏縣開國公。父緒，司農卿、瓜州都督、
　　　豫州刺史、眞定縣開國公。公起家太穆皇后挽郎——容州都督府功曹——霍王
　　　府兵曹——今職。

　　4. 州錄事參軍（下州，從八品上；中州，正八品上；上州，從七品下）

唐臨淮郡錄事參軍李詒墓誌銘（No: 05993）天寶十三年立。

　　　趙郡平棘。曾祖□，唐、郡守。祖□，郡守。父□，虞部。（詒）年二十二爲
　　　太子挽郎。

　　5. 縣尉（諸州中下縣尉，從九品下：上縣中縣尉，從九品上）

唐洛州肥鄉縣尉慕容昇墓誌銘（No: 16699）開元五年立。年35。

　　　昌黎棘城。曾祖三藏，隋金紫光祿大夫、郡公。祖正言，州都督府司馬、州長
　　　史。父知敬，州司戶。（昇）起家天皇大帝挽郎，解褐縣尉——（今職）。夫
　　　人京兆魚氏。

唐絳郡龍門縣尉沈知敏墓誌銘（No: 17734）天寶二年立。年48。

　　　吳興武康。曾祖叔安，唐光祿大夫、刑部尚書、開國公。祖導之，朝散大夫、
　　　左都督府司馬。父成福，通議大夫、刺史。（知敏）以門子補肅明皇后挽郎，
　　　解褐縣尉。

唐譙郡城父縣尉盧復墓誌銘（No：05953） 天寶九年立。年 36。

範陽人。高祖赤松，唐太子率更令、開國公。曾祖承基，主客郎、刺史。祖元莊，通議大夫、刺史。父知遠，朝議大夫、郡司馬。（復）起家太子挽郎——縣尉。

唐相州刺史袁公瑜墓誌銘（No：14448） 久視元年立。年 73。

陳郡扶樂。曾祖虬，魏車騎大將軍行臺大都督、開國公。祖欽，周、太守、開國公。父弘，唐、縣令、刺史。（公瑜）十九調補唐文德皇后挽郎，授州司士參軍——大理司直——縣令——大理寺丞——都官員外郎——兵部郎中——州長史——刺史——安西副都護——（今職）。夫人孟氏，祖陟，隋車騎將軍；父政，唐、刺史。

6. 縣主簿（諸州中下縣主簿，從九品上；諸州上縣主簿，正九品下）

唐商州上路縣主簿孔望回墓誌銘（No：13061） 開成三年立。年 21。

會稽人。父先之，諫議大夫。祖述睿，太子賓客。曾祖齊參，濮州寶鼎縣令。（望回）以門蔭補挽郎，授官（今職）。舅，朝請郎京兆府兵曹參軍韋承素。

7. 王府參軍（正八品下）

唐右曉衞倉曹參軍鄭齊閔墓誌銘（No：17771） 開元二十七年立。年 46。

榮陽開封。曾祖孝通，縣令。祖玄，尚書右丞。父玠，州別駕。（齊閔）以門蔭補挽郎，解褐王府參軍，秩滿補（今職）。夫人趙郡李氏，父悆，縣令。

8. 王府諸曹參軍（正七品上）

大唐故韓王府兵曹參軍延陵縣開國公陸（紹）墓誌銘（No：13002） 垂拱四年立。年 44。

吳郡人。……祖善宗，皇朝駕部郎中、使持節三左刺史、洛州長史、上柱國、延陵縣開國公；父仁徵，隋尚衣直長。君起家拜文德皇后挽郎——今職。

唐右衞中郎將兼右金吾將軍同安郡公鄭玄果墓誌銘（No：01517） 開元二年立。

其先祖仕魏，名高當世。祖德通，隋平州諸軍事平州刺史。父仁，隋、靈州都督左武衞將軍。（玄果）起家文德皇后挽郎，解褐曹王府兵曹——幽州錄事參軍——伊州長史——州司馬——右衞中郎將——右金吾將軍。夫人河南元氏，

父備，右曉衞郎將。

9. 太尉府參軍（正八品？）

唐金紫光祿大夫淮南郡太守慕容三藏墓誌銘（No：13817）咸亨四年立。年68。

其先昌黎棘城，前燕文明皇帝之第四子，太原王恪之七代孫。曾祖郁，魏昌黎郡公、刺史。祖遠，幷州大中正、公、刺史。父紹宗，尚書右僕射，東南道大行臺。（三藏）年十七擢齊孝昭帝挽郎，尋辟太尉府參軍，以軍功授開府儀同三司武衞大將軍——大將軍——刺史——（隋）檢校廣州都督。夫人李氏，齊武威王國妃。

```
                        州郡參軍（從九下至從八下）
                        州諸司參軍（從八下至從七下）
                        州都督府諸曹參軍（從七下至正七下）
                        州錄事參軍（從八上至從七上）
挽郎——吏部敍職         縣尉（從九下至從九上）
                        縣主簿（從九上至正九下）
                        王府參軍（正八下）
        圖11            王府諸曹參軍（正七下）
                        太尉府參軍（正八？）
```

另有太子細引，似乎與門資用蔭有關，不見於正史與典政書籍，今得墓誌銘二片，玆列於下以作參考。

大唐故右千牛府鎧曹參軍□（旦）墓誌銘（No：13132）調露元年立。

河南人。祖□，度支侍郎、御史中丞。父行莊，工部兵部員外郎、岐州司馬。君以蔭出身，補東宮細引——絳州參軍事——今職。

唐故東宮細引太原郭府君（冔）墓誌銘（西安郊區隋唐墓）證聖元年立。

太原人，……祖敬玄，唐幷州都督府司馬。父大寶，唐上輕車都尉、衞州長史。君起家東宮細引，隨門調也。

　　　　　　＊　　　　　　　＊　　　　　　　＊

比較上表中衞官、齋郎、門蔭、挽郎等四種資蔭入仕途徑，其官歷有下列現象：

一、文職官較爲普遍。衞官在唐六典中屬於兵部尚書管轄，考滿後原則上應兵部選，

但實際上有許多人謀求吏部選。齋郎、門蔭、挽郎之實例中皆以文職爲其常態。唐六典卷五尚書兵部，兵部侍郎之職掌：「其選人有自文資入者，取少壯六尺以上材藝超絕，考試不堪，還送吏部。」云云，唐代文武兩途之銓敍是相通的，但用蔭者自文途入武職者雖有其例，並非常事。

二、任地方官者甚多。唐代的官職數量，地方官及其僚屬遠超過中央官職。這是官歷過程中的重要蓄才庫，有的經此上達，有的幾番遷調止於此。不僅用蔭出身者如此，科舉或薦辟出身者亦有此現象；然科舉出身者經此上達者較多，而用蔭出身者據上列拓片所示，以輾轉終老於此者較多。

三、齋郎出身者甚少出任使府僚屬之職，門蔭出身者出任使府僚屬者稍多。

四、本文所謂門蔭係「門望」與「父祖蔭」而言，這一類蔭任並不經過衞官、齋郎等年考，直接憑其資蔭參加銓敍，故其父祖應稍有影響力，才能從班而任職。拓片資料顯示，門蔭入仕者任職範圍較廣，除地方官以外，有諸衞府、王府參軍僚屬之職，最特殊的是包括中央僚屬，如計事官、奉禮郎、太子率更寺主簿、協律郎、御史臺主簿、太子三寺丞、太子詹事主簿、太子通事舍人、通事舍人、符璽郎、諸寺丞、大理司直、大理正等。當然也包括使府僚屬。

五、以初仕官職而論，衞官出身者初仕武職頗普遍，然文職亦不少。一般而論，若以文職爲初仕，不論是出於衞官、齋郎、門蔭、挽郎，率以州縣僚屬及諸府參軍爲多，品階以八至九品爲常。若以衞官自文職入仕，其官職之品階一般皆低於其散位之敍階，因爲三衞散位可達七品，千牛、備身之散位有至六品者。同樣現象亦出現於門蔭者，門蔭者之散位可達七品，而初仕官職通常亦僅八、九品。唐代散位與職事官之設計，原本是將各種有資格的人先置於其官僚體系之中，再行甄選授職；而散位與職事之差距，一則可滿足士族以及達官貴人子弟之品位，二則又不會紊亂職事官體系。

六、本文所收九十六個衞官墓誌銘之中，八十八個立碑於安史亂前，其他八個如下：李昊立碑於乾元元年，年73；盧仲容立碑於乾元二年，年49；李珪立碑於永泰元年（天寶七年卒），年72；李睦立碑於大曆三年，年83；崔文修立碑於大曆六年；張銳立碑於大曆九年，年不詳；盧翊立碑於貞元二十年，年44；任儉立碑

於大和四年，年 68。其中除任傪以外，其他皆可能在安史亂前任衞官。

＊ ＊ ＊

唐會要卷七十一十二衞條：

> 大和四年五月，兵部奏：伏以三衞出入禁署，番署子弟期于恭恪，近日頑弊，
> 皆非正身，諸衞公然納資，訪聞亦不雇召，士庶假蔭，混雜搢紳，隙旣一開，
> 姦濫坌入，實宜杜絕，以序彝倫，其資蔭三衞，並請停廢，冀清流品，式茂皇
> 猷。勅旨依奏。

但在大和八年似又恢復，祇是員額已大量減少。

册府元龜卷六三一銓選部條制三：

> （大和八年正月）兵部奏：應管左右仗千牛、僕寺殿中省進馬、左右金吾仗長
> 上，共一百六十一員，今三色共請減六十七員。文簡武簡三衞，每年三銓都請
> 留六十人爲定。禮部奏：明經、弘文館生、太廟郊社齋郎掌坐等，共五百五十
> 二人，今六色共請一百三十八人。從之。

本文拓片資料所示，千牛、進馬、齋郎等，在中晚唐時以此入仕者較少，亦由於其員
額減少之故，齋郎復由於東都太廟及郊社之停祭，太廟齋郎、郊社齋郎停訖，如下：

唐會要卷十七緣廟裁制上

> ……貞元元年四月十三日勅，准建中三年二月二十三日勅，東都祠祭旣停，其
> 郊社齋郎不合更置並停者，其東都太廟齋郎室長，請准郊社例停廢。

唐會要卷六十五太常寺條：

> （貞元）八年四月，太常寺奏：……其東都太廟及郊社齋郎，先並准勅停訖，
> 惟禮生尙在，伏請下吏部，自今以後不得更有注擬……。

而一般門資用蔭則出現於全唐各期。

且以上表資蔭出身之官職再與前引唐會要卷七十五雜處置條，神功元年閏十月二
十五日勅文，相對照比較之，勅文如下：

> 八寺丞，九寺主簿，諸監丞簿，城門（郎），符寶郎，通事舍人，大理寺司
> 直，（大理）評事，左右衞、千牛衞、金吾衞、左右牽府、羽林衞長史，太子
> 通事舍人，親王掾、屬、判司、參軍，京兆河南太原判司，赤縣簿、尉，御史

臺主簿，校書，正字，詹事府主簿，協律郎，奉禮（郎），太祝等；出身入
仕，旣有殊途，望秩常班，須從甄異，其有從流外及視品官出身者，不得任前
官。……

文中所引官職與上表資蔭出身之官職幾乎大部份相合，這些官職凡流外及視品官出身
者不得出任；勳官品子出身者比流外及視品官出身（指白丁家世）稍高，但比高資蔭
高品子爲低，此在前節已有論及，勳官品子出身者其初仕可能是吏職或技術之官，最
後仍有可能達到上列各官職；但高資蔭、高品子出身者其初仕已是上列官職，而且大
部份終其身在此類官職轉升，亦卽以此類官職爲常任也。此類官職在唐代官僚體系中
尚非清要官，本文前節暫稱之爲「次清」官職，性質屬於事務官。從唐代墓誌拓片中
整理出資蔭出身者以「次清」之事務官爲其常任，是一項重要發現，因爲唐代正史
列傳中對於這些龐大的一般資蔭（正史列傳中只有特殊資蔭之人物紀傳，下文將有論
及）沒有記載，而志書典政之籍對於用蔭亦甚含糊，尤以用蔭以後的官歷更不清楚。
拓片資料使用蔭制度重建起來。

第六節　　新舊唐書中蔭任官歷之分類分析

入仕每個途徑出身在其官歷過程中都有實際影響。又在追索官歷過程之時，不僅
當作純政治現象視之，許多社會因素在官僚體系中交互影響着，就以門第因素而論，
唐代雖沒有像魏晉南北朝那樣地實施九品官人制度，最後使選舉制度變爲已用[3]，但
唐代社會門第觀念仍極濃厚[4]，我們若衡其實況，在實際資料中發現無法擺脫門第的
陰影。在入仕之時，尤其入仕以後的官吏升遷過程中，擁有社會力者透過種種方法獲

---

3. 討論九品中正制度與士族相結合的文章，有宮崎市定九品官人の研究、唐長孺「九品中正制度試釋」、
　拙文「從中正評品與官職之關係論魏晉南朝之社會架構」、拙書兩晉南北朝士族政治之研究、矢野主稅
　「魏晉中正制について一考察」、矢野主稅「魏晉中正制の性格について一考察——郷品と起家官品の
　對應を手掛りとして」等文論及。

4. 參見拙文：「中國中古社會史略論稿」及
　陳寅恪唐代政治史述論稿中篇「政治革命及黨派分野」。
　陳寅恪元白詩箋證稿
　陳寅恪讀鶯鶯傳

取許多有形無形的利益。門第有高低層次之分，此乃研究魏晉南北朝政治社會之主要內容，唐代門第因素雖非一支獨秀的條件，但仍極重要，尤其在研究唐代蔭仕之時，更為顯著。唐代選舉法典中並沒有明文以門第作為其蔭任標準，其蔭任標準率以父祖官職官品爵位等為主，此在選舉初仕之時是有其重要性。然唐蔭法涵蓋極廣，包括曾祖任官在內，一個大士族子弟率皆可含括在內，或任衛官、或自齋郎、或出門蔭、或為挽郎等皆可取得入仕資格，而襲爵、尚郡縣主、或郡縣主子、或親戚等皆可獲得散位。故唐代有敘階者甚多，拜職者較少，唐代復有科舉、薦辟等途，使官職之路更難矣！在獲得蔭任以後的官歷途中，門第之高低、父祖官位之高低及其官職之清要程度、個人之才能、個人之機緣等都是重要因素。一般而論，能夠收入列傳的人物，皆有些事蹟可資記載，其官職較拓片中蔭任人物為高為複雜。本文拓片中人物似可代表無其他因素者之蔭任歷官，而正史列傳中蔭任出身人物則包括門第之高低、父祖官位之高低及其官職之清要程度、個人之才能、個人之機緣等因素。個人才能、機緣非本文討論主題，在正史列傳中蔭任出身人物，其官職與門第、父祖官職有若干相應關係，這一點乃是本節分析之重點。

　　為了便於研究分析，除了原有九品高低劃分以外，本文按官職性質將唐代職事官大分為五類：即，所有外職事官列為一類，包括使、府、州、縣的長官與僚佐。內職事官分為四類；其一、中央政務官，皆出自三省，即：尚書令、僕射、列曹尚書、中書令、侍中、黃門侍郎、中書侍郎、尚書左右丞、尚書侍郎、中書舍人、尚書郎中、尚書員外郎，其他雖屬三省亦不列此類。其二、中央諫監官，包括散騎常侍、御史大夫、太子保師傅、太子賓客、太子諭德、太子庶子、御史中丞、諫議大夫、給事中、侍御史、左右補闕、殿中侍御史、左右拾遺、監察御史等凡性質含有諫議、諮議、監察之官職。其三、中央事務官，包括寺、監、尹、衛等長官及僚屬。其四、學官，除秘書監長官僚佐以外，還包括所有其他機構中與學業有關之官職。（官職性質之甄別、各類官職之員額等，詳見文末附記。）

　　茲將新舊唐書合鈔中所有以蔭任入仕者揀出，辨其士族，錄其父祖官職，追索其官歷。觀察較高層次蔭任之變化，以與上述拓片中蔭任相啣接，從而發掘唐代蔭任在官僚體系中之實際運作。

A. 山東郡姓大士族

李吉甫（唐書合鈔卷 199）。趙郡人，父栖筠，御史大夫。世系表二上，系出西祖。
　　以蔭補左司禦率府倉曹參軍，年二十七爲太常博士——屯田員外郎——駕部員
　　外郎——刺史——考功郎中知制誥——翰林學士——中書舍人——中書侍郎同
　　平章事——檢校兵部尚書平章事——淮南節度使、金紫光祿大夫——中書侍郎
　　同平章事——集賢殿大學士、國公。卒年57。

李德裕（唐書合鈔卷 225）。趙郡人，父吉甫，宰相。世系表二上，系出西祖。
　　以蔭補校書郎，累辟諸府從事、掌書記，以父再秉國鈞，避嫌不仕臺省——大
　　理評事——殿中侍御史——監察御史——翰林學士——屯田員外郎——考功郎
　　中知制誥——中書舍人——御史中丞——浙西觀察使——檢校尚書、兵部侍郎
　　——鄭滑節度使——成都尹——兵部尚書平章事——中書侍郎平章事、集賢大
　　學士——太子賓客——銀靑光祿大夫——左僕射——司空——守司徒——守太
　　尉——國公。卒年 63。

鄭　覃（唐書合鈔卷 224）。滎澤人，父珣瑜，宰相。世系表五上，系出北祖。
　　以父蔭補宏文校理——拾遺——補闕——考功員外郎——刑部郎中——諫議大
　　夫——給事中——御史中丞——權知工部侍郎——京兆尹——左散騎常侍——
　　翰林侍講學士——工部侍郎——工部尚書——御史大夫——戶部尚書——秘書
　　監——刑部尚書——尚書右僕射、兼國子祭酒——同平章事——太子太師——
　　左僕射——守司徒。

鄭裔綽（唐書合鈔卷 224）。滎澤人，父覃，宰相。世系表五上，系出北祖。
　　以蔭授渭南尉——直宏文館——諫議大夫——給事中——商州刺史——秘書監
　　——浙東觀察使——太子少保。

鄭允謨（唐書合鈔卷 209）。滎陽人，父瀚（世系表五上爲澣，節度使，系出北祖）
　　祖餘慶相德宗。允謨以蔭累官臺省——蜀彭濠晉刺史——太子右庶子。

崔　縱（唐書合鈔卷 159）。博陵人。父渙，門下侍郎、同中書門下平章事。祖璩，
　　侍郎。曾祖元暐，宰相。世系表二下，系出大房。縱初以蔭補協律郎——監察
　　御史——藍田令——京兆府司錄——金部員外郎——大理卿——御史中丞——

水運兩稅鹽鐵使——右庶子——京兆尹兼御史大夫——吏部侍郎——東畿觀察使——河南尹。卒年 62。

崔　佽（唐書合鈔卷 170）。博陵人，父儀甫，大理丞。從祖沔，大理卿，再從弟植，相穆宗。再從父祐甫，相德宗。世系表二下，系出第二房。佽以門蔭由太廟齋郎調授——太平東陽二主簿——宣州錄事參軍——副使——監察裏行——鹽鐵留後——侍御史——膳部員外郎——轉運判官——膳部郎中——兩稅使——蘇州刺史——湖南都團練觀察使——戶部侍郎判度支——檢校尚書——鳳翔節度使——河南尹。

盧　杞（唐書合鈔卷 186）。范陽人。父弈，東臺御史中丞。祖懷慎，宰相。世系表三上，系出第三房。杞以門蔭解褐清道率府兵曹——掌書記——試大理評事——監察御史——鴻臚丞——殿中侍御史——膳部員外郎——忠州刺史——刑部員外郎——金部、吏部郎中——虢州刺史——御史中丞——御史大夫——門下侍郎同中書門下平章事。

盧　慈（唐書合鈔卷 177）。范陽人，父子騫，王府諮議參軍。高祖義恭，工部侍郎。少以門蔭入仕，在職以幹局稱，閬州錄事參軍——監察御史——殿中侍御史——侍御史——金州刺史——左司郎中——京兆少尹——京兆尹——福建觀察史。

　　B．關中郡姓大士族

楊　損（唐書合鈔卷 227）。弘農人，父嗣復，宰相。祖於陵，左僕射。世系表一下，系出越公房。損以蔭受官爲藍田尉，三遷京兆府司錄參軍——殿中侍御史——戶部員外郎——吏部員外郎——絳州刺史——給事中——京兆尹——給事中——陝虢觀察使——青州刺史——御史大夫——淄青節度使。

裴　積（唐書合鈔卷 135）。河東聞喜人，父光庭，宰相。世系表一上，系出中眷。以蔭累遷起居郎——給事中（不拜）——祠部員外郎。

裴遵慶（唐書合鈔卷 164）。河東聞喜人，父悆，刺史、縣男。祖義弘，中書舍人、公。世系表一下謂系出中眷。代襲冠冕爲河東著族。遵慶以門蔭爲興寧陵丞——潞府司法參軍——大理寺丞——司門、吏部員外郎——郡守——給事中

——尙書右丞——吏部侍郎——黃門侍郎同中書門下平章事——太子少傅——
吏部尙書——尙書右僕。卒年 90 餘。

裴　向（唐書合鈔卷 164）。河東聞喜人，父遵慶，宰相。世系表一下，系出中眷。
以門蔭歷官至太子司議郎——同州從事——京兆府戶曹——渭南縣令——戶部
員外郎——太原少尹——行軍司馬兼御史中丞——汾州刺史——河南節度副使
——虢州刺史——京兆少尹——同州刺史、本州防禦使——大理寺卿——左散
騎常侍——吏部尙書。卒年 80。

裴　冕（唐書合鈔卷 164）。河東聞喜人，父紀，長安丞。祖陟州司馬，世系衷一上，
系出東眷河東冠族。冕天寶初以門蔭再遷渭南縣尉——京畿採訪判官——監察
御史——殿中侍御史——河西節度行軍司馬——員外郎——郎中——御史中丞
——肅宗即位以定策功遷中書侍郎同中書門下平章事——右僕射、國公——御
史大夫——成都尹——節度使——刺史。

裴　諝（唐書合鈔卷 221）。河東聞喜人，父度，宰相。世系表一上，系出東眷。
以蔭授官補京兆參軍——累大理少卿——累遷通議大夫——檢校右散常、壽州
刺史——本州團練使——上柱國、晉國公——潭州刺史——御史中丞——湖南
都團練觀察使——大理卿——鳳翔尹——隴右節度使。

裴　諗（唐書合鈔卷 221）。河東聞喜人，父度宰相。世系表一上，系出東眷。
藉蔭累官考功員外郎——翰林學士——工部侍郎——檢校右散騎常侍御史大夫
——宣州刺史——宣歙觀察使——河東男——刑（兵）部侍郎——太子少師。

裴　潾（唐書合鈔卷 222）。河東聞喜人。
以門蔭入仕，累遷右拾遺——左補闕——起居舍人——兵部員外郎——刑部郎
中——考功、吏部郎中——給事中——汝州刺史——御史中丞——左散騎常侍
充集賢殿學士——刑部侍郎——華州刺史——兵部侍郎——河南尹。

裴　茙（唐書合鈔卷 165）。（宰相世系表一上，系出洗馬房）
以門蔭入仕，累遷京兆府司錄參軍——陝州判官——行軍司馬——襄州刺史充
防禦使。

薛　嵩（唐書合鈔卷 175）。父楚玉，平盧節度使。祖仁貴，封平陽郡公。絳州萬泉

人。

少以門蔭，落拓不事家產，有膂力、善騎射、不知書。自天下兵起，束身戎伍，為相州刺史——充相衞洺邢節度觀察使、高平郡王。

薛　從（唐書合鈔卷 175）。絳州萬泉。父平，龍武大將軍、韓國公。祖嵩，節度使、高平郡王。高祖仁貴。

從以蔭授左清道率府兵曹參軍，累遷汾州刺史——將作監——左領軍衞上將軍。

薛　玨（唐書合鈔卷 240，舊唐書卷 185 下）。河中寶鼎人。父紘，蒲州刺史，祖寶胤，邠州刺史。卒年 74。

少以門蔭授懿德太子廟令——乾陵臺令——太子中允——渭南尉——昭德縣令——楚州刺史——本州營田使——硤州、陳州刺史——御史大夫——汴宋都統行軍司馬——河南尹——司農卿——京兆尹——太子賓客——嶺南節度觀察使。

韋　倫（唐書合鈔卷 189）。京兆人。父光乘，節度使。再從兄見素，相玄宗。世系表四上，系出南皮公房。倫少以蔭累授藍田縣尉——大理評事——監察御史——劍南節度行軍司馬兼置度使判官——屯田員外郎兼侍御史——商州、寧州刺史——充租庸使——衞尉卿——招討處置使——襄州刺史兼御史大夫——山東東道節度使——秦州刺史本州防禦使——忠州刺史——太常卿——銀青光祿大夫——太子少保加開府儀同三司。卒年 83。

韋　顗（唐書合鈔卷 159）。京兆人。父益，員外郎。祖見素，相玄宗。世系表四上，系出南皮公房。顗少以門蔭補千牛備身，自鄠縣尉——萬年尉——御史——補闕——尚書郎——累遷給事中——御史中丞——尚書左丞——戶部侍郎——吏部侍郎——大理少卿。

韋　宙（唐書合鈔卷 240，新唐書卷 197）。京兆人。父丹，武陽郡公。祖抱眞，刺史。世系表四上，系出郿公房。宙推蔭累調河南府司錄參軍——河陽幕府——侍御史——度支郎中——太原節度副使——吏部郎中——永州刺史——大理少卿——江西觀察使——嶺南節度使——檢校尚書左僕同中書門下平章事。

韋 韋（唐書合鈔卷 191）。京兆人。六世祖範有勳力周隋間。

以蔭調南陵尉，遷秘書郎——太子司議郎辟淮南府——太子右庶子。

杜 佑（唐書合鈔卷 198）。京兆人。父希望，鴻臚卿贈右僕射。祖慤，員外郎、詳

正學士。世系表二上，系出襄陽杜氏。佑以蔭入仕，補濟南郡參軍——剡縣丞

——潤州司法參軍——淮南節度從事——檢校主客員外郎——工部郎中——江

淮青苗使——撫州刺史——御史中丞——容管經略使——工部、金部郎中——

水陸轉運使——度支郎中——戶部侍郎——饒州刺史兼御史大夫——嶺南節度

使——尚書左丞——陝州觀察使——檢校禮部尚書——揚州大都督府長史——

淮南節度使——刑部尚書檢校尚書右僕——檢校左僕射同平章事——宏文館大

學士——司徒同平章事、公——司徒。卒年78。

杜從郁（唐書合鈔卷 198）。京兆人。父佑，宰相。世系表二上，謂出襄陽杜氏。

以蔭貞元末再遷太子司議郎——左補闕 ——左拾遺 ——秘書丞 —— 駕部員外

郎。

杜式方（唐書合鈔卷 198）。京兆人。父佑，宰相。世系表二上，系出襄陽杜氏。

以蔭授揚府參軍——晉陵縣尉——浙西觀察從事——太子通事舍人——太常寺

主簿——昭應令——司農少卿——正議大夫——太僕卿兼御史中丞——桂管觀

察都防禦使。

　　C. 代北胡姓大士族

竇 參（唐書合鈔卷 187）。洛陽人。父審言，聞喜尉。祖孝臻，刺史。世系表一下，

系出三祖房 。參少以門蔭累官萬年尉——奉先尉—— 大理司直 —— 監察御史

——佐曹王——殿中侍御史——金部員外郎——刑部郎中——侍御史——御史

中丞——戶部侍郎——中書侍郎同平章事——度支鹽鐵轉運使。

于 頔（唐書合鈔 207）。河南人，周太師燕文公謹之後也。父曼，州司馬。祖汪，

秘書監。世系表二下，系出蘭陵院房。頔始以蔭補千牛，調授華陰尉——黜陟

判官——櫟陽縣主簿——攝監察御史——司門員外郎——侍御史——長安縣令

——駕部郎中——湖州刺史——蘇州刺史——大理卿——陝虢觀察使——山南

東道節度使——左僕射平章事、燕國公——司空平章事。

　　D. 過江僑姓大士族

蕭　定（唐書合鈔卷 240，舊唐書卷 185 下）。蘭陵人。父恕，虢州刺史、贈工部尚
　　書。曾祖瑀宰相。世系表一下，系出齊梁房。年 77。

　　　　以蔭授陝州參軍──金城丞──黜陟使判官──萬年主簿──侍御史──考功
　　　　員外郎──左右司二郎中──秘書少監兼刺史──戶部侍郎──太常卿──太
　　　　子少師。

蕭　俶（唐書合鈔卷 223）。弘農人。父恒，殿中侍御史。祖華，宰相。曾祖嵩，宰
　　相。世系同上。

　　　　以蔭授官，累遷河南少尹──諫議大夫──楚州刺史──越州刺史──御史中
　　　　丞──浙東都團練觀察使──左散騎常侍──檢校尚書──太子賓客──兗州
　　　　刺史──兗沂海節度使──太子少保。

劉　滋（唐書合鈔卷 187）。彭城人。父旣，拾遺。祖子元，左散騎常侍。世系表一
　　上，系出沛國叢亭里主支。滋父子代爲史官，少以門蔭調授太子正字──漣水
　　縣令──左補闕──太常卿──左補闕──河南功曹參軍──屯田員外郎──
　　司勳郎中──給事中──太常少卿──吏部侍郎──左散騎常侍同中書門下平
　　章事──吏部尚書。卒年 66。

劉　贊（唐書合鈔卷 187）。彭城人。父彙，左散騎常侍。祖子元，左散騎常侍。世
　　系表一上，系出沛國叢亭里主支。贊以資蔭補吏，累授鄠縣丞──侍御史──
　　歙州刺史──常州刺史──御史中丞──宣歙池都團練觀察使。卒年 70。

　　E. 東南吳姓大士族

張　鎰（唐書合鈔卷 176）。吳郡人。父齊邱，朔方節度使。曾祖後胤，國子祭酒。
　　世系表二下，父府上，東京留守。祖義方，刺史。鎰以門蔭授左衞兵曹參軍、
　　節度判官──大理評事──殿中侍御史──屯田員外郎──濠州刺史──侍御
　　史──江南西道都團練觀察使──洪州刺史──御史中丞──吏部侍郎──汴
　　滑節度使──中書侍郎同平章事──集賢殿大學士──節度使。

陸景融（唐書合鈔卷 139）。吳郡人。父元方，相武后。世系表三下，系出太尉支。
　　以蔭補千牛，新鄭縣令──大理正──滎陽太守──河南尹──兵、吏部侍郎

——尚書左右丞——工部尚書——東都留守——陳留郡太守兼採訪使。

在新舊唐書中，以蔭任出身者屬山東郡姓大士族有：趙郡李吉甫、李德裕，滎陽鄭覃、鄭裔綽、鄭允謨，博陵崔縱、崔倰，范陽盧杞、盧慈。屬關中郡姓大士族有：弘農楊損，河東裴稹、裴遵慶、裴向、裴冕、裴識、裴諗、裴潾、裴茙，河東薛嵩、薛從、薛珏，京兆韋倫、韋顗、韋宙、韋聿，京兆杜佑、杜從郁、杜式方。屬代北胡姓大士族有：竇參、于頔。過江僑姓大士族有：蕭定、蕭俶。屬東南吳姓大士族有：張鎰、陸景融。又彭城劉氏亦極興盛，詳見拙文「中國中古社會史略論稿」之統計表，本文將劉滋、劉贊歸入東南僑姓大士族。以上諸類大士族之中，除盧慈、裴潾、韋聿三人失其詳細世系以外，其他諸人皆可自新唐書宰相世系表中一一查出，發現皆屬該族之盛支。

　　F．士族

張易之（唐書合鈔卷 129）。父希臧，州司戶。叔祖行成。（宰相世系表二下，中山張氏。）

　　　　初以門蔭累遷爲尚乘奉御——司衞少卿——奉宸令——麟臺監、恒國公。

蘇　震（唐書合鈔卷 139）。武功人。父詵，給事中。祖瓌，相中宗睿宗。世系表四上，系出武功杜陵蘇綽之裔。震以蔭補千牛，十餘歲強學有成人風，頲（震伯，相玄宗）曰：吾家有子。累遷殿中侍御史——長安令——御史中丞——文部侍郎——糧料使——河南尹——絳州刺史——戶部侍郎、國公——太常卿。

桓彥範（唐書合鈔卷 142）。潤州曲阿人。祖法嗣，王府諮議參軍、宏文館學士。（宰相世系表五上，譙國龍亢丹楊。）

　　　　慷慨俊爽，少以門蔭調補右翊衞，司衞寺主簿——監察御史——御史中丞——司刑少卿——左右羽林將軍，以功加銀靑光祿大夫 —— 納言上柱國、譙郡公——侍中、特進。卒年 54。

房　啓（唐書合鈔卷 162）。祖琯。（世系表一下，相肅宗。曾祖融，相武后。河南人。）

　　　　以蔭補鳳翔參軍事——萬年令——容管經略使——桂管觀察使——貶太僕少卿——貶虔州長史。

嚴　武（唐書合鈔卷 168）。父挺之，中書侍郎。

　　弱冠以門蔭策名，調太原府參軍事——隴右節度判官——侍御史——諫議大夫
　　——給事中——京兆少尹兼御史中丞——綿州刺史——劍南東川節度使——太
　　子賓客——成都尹兼御史大夫——劍南節度使——太子賓客——京兆尹——吏
　　部侍郎——黃門侍郎——檢校吏部尚書、鄭國公。

庾　準（唐書合鈔卷 169）。常州人。父光先，文部侍郎。

　　以門蔭入仕，職方郎中知制誥——中書舍人——御史中丞——尚書左丞——汝
　　州刺史——司農卿——荊南節度使——尚書左丞。卒年 51。

路嗣恭（唐書合鈔卷 173）。京兆三原人。

　　以世蔭爲鄮尉，歷仕郡縣有能名，蕭縣令——姑臧令——渭南令，爲縣令考績
　　上上爲天下最——工部尚書兼御史大夫——靈州大都督府長史、元師副使、知
　　朔方營田使——江南西道都團練觀察使——嶺南節度使、翼國公——兵部尚書
　　——東都留守——河陽節度使——東都畿觀察使。

張宏靖（唐書合鈔卷 180）。父延賞，宰相，祖嘉貞，宰相。世系表二下，晉司空華
　　之裔。宏靖少以門蔭授河南府參軍，調補藍田尉——東都留守從事——監察御
　　史——殿中侍御史——禮部員外郎——兵部郎中知制誥——中書舍人——工
　　部、戶部侍郎——河中節度使——刑部尚書同中書門下平章事——中書侍郎
　　——檢校吏部尚書同平章事——右僕射——宣武軍節度使——檢校司空——太
　　子賓客。

韓　滉（唐書合鈔卷 180）。昌黎棘城人。父休，相玄宗。世系表三上補。

　　少貞介好學，以蔭解褐左威衞騎曹參軍——青齊節度判官——監察御史——郡
　　司馬——山南採訪判官——通州長史——彭王府諮議參軍——殿中侍御史——
　　考功、吏部員外郎——吏部郎中——給事中——尚書右丞——戶部侍郎——太
　　常卿——晉州刺史——蘇州刺史——浙江東西都團練觀察史——檢校禮部尚書
　　兼御史大夫——鎮海軍節度使——檢校右僕射左僕射同平章事——江淮轉運
　　使。卒年 65。

韓　洄（唐書合鈔卷 180）。昌黎棘城人。父休，相玄宗。世系表三上補。

　　以蔭緒受任，蔭補宏文生，滿歲參調，吏部尚書達奚珣以地望抑之，除章懷太
　　子陵令，無慍容——睦州別駕——屯田員外郎——累遷諫議大夫知制誥——淮
　　南黜陟使——戶部侍郎——蜀州刺史——兵部侍郎——京兆尹加御史大夫——
　　國子祭酒。

趙元亮（唐書合鈔卷 189）。隴西天水人。父憬，宰相。高祖仁本，宰相。曾祖誼，
　　左司郎中。祖道先，洪州錄事參軍。世系表三下。
　　以門蔭授官，左司郎中——侍御史。

趙全亮（唐書合鈔卷 189）。隴西天水人。父憬，宰相。高祖仁本，宰相。曾祖誼，
　　左司郎中。祖道先，洪州錄事參軍。世系表三下。
　　以門蔭授官，侍御史——桂管防禦判官。

溫　璋（唐書合鈔卷 216）。河內溫人。父造，尚書。唐初溫大雅之裔。（宰相世系
　　表卷二中）
　　以蔭入仕，累佐使府——大理丞——侍御史——婺州刺史——宋州刺史——宣
　　州刺史——觀察使——徐泗節度使——京兆尹——貶振州司馬。

段成式（唐書合鈔卷 218）。父文昌（世系表五下，相穆宗，武威人。）五世祖志元
　　陪葬昭陵。曾祖德皎，贈給事中。祖諤，循州刺史。
　　以蔭入官爲校書郎，累遷尚書郎——江州刺史——太常少卿。

令狐緒（唐書合鈔卷 223）。燉煌人。父楚，宰相。楚自言國初十八學士德棻之裔。
　　曾祖崇亮，綿州昌明縣令。祖承簡，太原府功曹。世系表五下。
　　以蔭授官歷隨壽汝三州刺史——河南少尹加金紫光祿大夫。

權懷恩（唐書合鈔卷 239）。雍州萬年人。父知讓，博州刺史。祖宏壽，秦王府長史、
　　太僕卿、盧國公。其先自天水徙家焉。懷恩初以蔭授太子洗馬，咸亨初累轉尚
　　承奉御、襄國公、萬年縣令——慶萊衢邢四州刺史——益州大都督府長史。

孫　成（唐書合鈔卷 250）。武邑人。父逖，刑部侍郎知制誥。世系表三下，系出武
　　邑武逐盛支。以父蔭累授雲陽長安尉——監察御史——殿中侍御史——隴右掌
　　書記——屯田、司勳員外郎——洛陽令——長安令——倉部郎中——京兆少尹
　　——信州刺史——蘇州刺史——桂管觀察使。

以上十七人雖不是大士族，但亦屬士族之流。

　　G．唐代武族

劉仁實（唐書合鈔卷 109）。雍州池陽人。父宏基。

　　襲官至左典戎衞郎將。

魯　炅（唐書合鈔卷 165）。范陽人。年 57。

　　以蔭補左羽林長上。天寶六年，隴右節度使引爲別奏，左武衞將軍，以功爲右

　　領軍大將軍——南陽太守充防禦使兼御史大夫、充南陽節度使——御史大夫、

　　襄陽節度使——特進、太僕卿、南陽郡守——開府儀同三司兼御史大夫，封岐

　　國公——京兆尹——鄭亳節度使。

路　應（唐書合鈔卷 173）。父嗣恭（世系表五下，州都督、國公，平陽人）。

　　以蔭爲著作郎，出爲虔州刺史，嗣父封，加檢校屯田郎中——宣歙觀察使，封

　　襄陽郡王——左散騎常侍。

李　憑（唐書合鈔卷 184）。父晟（世系表二上，相德宗，京兆人）。

　　以蔭授諸衞將軍。

李　愿（唐書合鈔卷 184）。父晟（世系表二上，相德宗，京兆人）。

　　以父蔭起家授太常寺協律郎，遷衞尉少卿——右庶子——少府監——太子左庶

　　子——坊晉二州刺史加金紫光祿大夫——太子詹事——鄧州刺史——御史大夫

　　充隋唐鄧節度使——山南東道節度使——鳳翔隴右節度使——檢校尚書左僕射

　　同中書門下平章事——潞州大都督府長史——昭義節度使——太子少保。卒年

　　49。

李　聽（唐書合鈔卷 184）。父晟（世系表二上，相德宗，京兆人）。卒年 61。

　　七歲以蔭授太常寺協律郎，神策行營兵馬使——左驍衞將軍——蔚州刺史兼御

　　史中丞——安州刺史——夏州刺史、夏綏銀宥節度使——靈州大都督府長史

　　——靈鹽節度使——檢校工部尚書——太原尹、國公——北京留守、河東節度

　　使——滑州刺史、義成節度使——太子少師——河中尹——太子太保。

李　憇（唐書合鈔卷 184）。父晟（世系表二上，相德宗，京兆人）。祖、曾祖爲裨將。

　　以蔭至右龍武大將軍。

李　恕（唐書合鈔卷 184）。父晟（世系表二上，相德宗，京兆人）。
　　以蔭授太子洗馬──少府監。

渾　鐵（唐書合鈔卷 185）。父瑊（世系表五下，相德宗，代爲皋蘭都督，河南人）。
　　以父蔭起家爲諸衞參軍，歷諸衞將軍──豐州刺史、天德軍使──貶袁州司戶
　　──袁王傅──太子詹事──少府監──殿中監──金吾衞大將軍──歷諸衞
　　大將軍。

馬　暢（唐書合鈔卷 185）。父燧（世系表二下，相德宗，邯鄲人）。祖季龍，嵐州
　　刺史、幽州經略軍使。
　　以父蔭累鴻臚少卿──少府監。

馬繼祖（唐書合鈔卷 185）。父暢（世系表二下，少府監。祖燧，相德宗，邯鄲人）。
　　以祖蔭四歲爲太子舍人──殿中少監。

張　愔（唐書合鈔卷 191）。鄧州南陽人，客隱兗州。父建封，節度使。曾祖仁範，
　　縣令。父玠，豪俠。
　　以蔭授虢州參軍──右驍衞將軍──徐州刺史──御史中丞──充本州團練使
　　──武寧節度使──檢校工部尙書。

張茂昭（唐書合鈔卷 192）。父孝忠（本奚之種類，曾祖靖遜，代失部落酋帥。父謐，
　　開元中以衆歸國授鴻臚卿），節度使。茂昭以父蔭累居至檢校二部尙書──定
　　州刺史、左金吾衞大將軍──節度使──檢校司空、加同中書門下平章事──
　　加太子太保──加檢校太尉兼太子太傅──中書令充河中等節度觀察使。卒年
　　50。

李惟誠（唐書合鈔卷 193）。父寶臣，司空，范陽城旁奚族也（合鈔卷 193 李寶臣傳）。
　　宰相世系表五下柳城李氏，四代祖皆大將軍。
　　以父蔭爲殿中丞──檢校員外郎──營田副使──泗州刺史。

李景略（唐書合鈔卷 203）。幽州良鄉人，父承悅、祖楷固皆刺史、軍使。
　　以門蔭補府功曹──朔方節度幕府──大理司直──監察御史──靈武節度幕
　　府──殿中侍御史兼豐州刺史──貶袁州司馬──太原少尹──節度行軍司馬
　　──豐州刺史兼御史大夫──西受降城都防禦使。卒年 55。

王重榮（唐書合鈔卷 233）。河中人，本太原祁人。父縱，鹽州刺史。

　　以父蔭補軍校──河中牙將──行軍司馬──河中馬步軍都虞候──知河中留

後事──檢校司空──檢校太尉同平章事、瑯邪郡王──河中節度使。

周　寶（唐書合鈔卷 234）。平州盧龍人。父懷義，防禦使。祖光濟，左贊善大夫。

　　寶藉蔭爲千牛備身──部將──鎭使──金吾將軍──涇原節度使──檢校司

空──同中書門下平章事兼天下租庸副使、封汝南郡王。卒年 74。

　　以上十七人皆以蔭任拜職，但係唐代武族。

　　H．襲爵（官歷詳見本傳）

李安遠（唐書合鈔卷108）、劉元意（卷109）、柴哲威（卷109）、許智仁（卷110）、

姜慶初（卷110）、竇希玠（卷112）、楊睿交（卷113）、房遺直（卷117）、杜敬同（卷

117）、杜構（卷117）、李德褰（卷118）、李端（卷118）、李敬業（卷118）、尉遲寶琳

（卷119）、段瓚（卷119）、戴至德（卷121）、王崇基（卷121）、魏叔玉（卷122）、薛

元超（卷124）、蘇務（卷126）、崔神基（卷128）、楊宏禮（卷128）、劉審禮（卷128）、

韓瑗（卷131）、劉祥道（卷132）、盧承慶（卷132）、蘇慶節（卷134）、王及善（卷

141）、唐先慎（卷144）、張均（卷148）、李佐（卷160）、武承嗣（卷237）、武崇訓

（卷237）、武攸暨（卷237）、竇希瑊（卷237）。有職者共 35 人。

劉樹義（卷108）、屈突壽（卷110）、程處默（卷119）、王敬直（卷121）、武延基（卷

237）。不載官職者共 5 人。

　　I．尙公主、郡主。（官歷詳見本傳）

柴令式（卷109）、唐晙（卷109）、柴紹（卷109）、溫挺（卷112）、封言道（卷114）、

高履行（卷116）、房遺愛（卷117）、杜荷（卷117）、程處亮（卷119）、薛伯陽（卷

124）、薛元談（卷124）、張垍（卷148）、楊暄（卷157）、楊昢（卷157）、郭鏦（卷

171）、張茂宗（卷192）、王士平（卷193）、杜中立（卷197）、杜悰（卷198）、于琮

（卷200）、劉士涇（卷203）、李偹（卷213）、蕭銳（卷214）、長孫詮（卷237）、龐堅

（卷244）。有職者共 25 人。

溫曦（卷112）、竇逵（卷112）、于季友（卷207）。不載官職者共 3 人。

　　J．公主子（官歷詳見本傳）

蕭復（卷176）、郭釗（卷171）。共得 2 人。

　　K．親戚（官歷詳見本傳）

長孫順德（卷109）、長孫無忌（卷116）、紀處納（卷143）、楊國忠（卷157）、獨孤懷恩（卷237）、周仁軌（卷237）、竇覦（卷237）、武三思（卷237）、吳溆（卷237）、吳士矩（卷237）、吳湊（卷237）、長孫敞（卷237）。共得 12 人。

　　在新舊唐書合鈔之中，標明純以蔭任任職者凡得上列一百四十四人。除此以外，初由蔭任其後又以科舉者，另文討論；以父祖功勳而特拜子孫官職者，不在此限；宗室子弟具有特殊性，其蔭任亦不混爲一談。

　　上列一百四十四個實例又可分爲十一個小類，卽：A．山東郡姓大士族有九例；B．關中郡姓大士族有十九例；C．代北胡姓大士族有二例；D．過江僑姓大士族有四例；E．東南吳姓大士族有二例；F．士族有十七例；G．唐代武族有十七例；H．襲爵有三十五例；I．尚公主郡主有二十五例；J．公主子有二例；K．親戚有十二例。

　　爲了便於研究與比較，本文將上述諸大士族（從A類至E類）歸爲一類；士族（卽F類）爲一類；襲爵、尚公主郡主、公主子、親戚等歸爲一類，名曰「封爵親戚」；唐代武族（卽G類）另行討論。茲將大士族、士族、封爵親戚三大類蔭任出身者，將其官歷按學官、中央諫監官、中央政務官、中央事務官、地方官等五種性質統計於下：

	A 學官	B 中央諫監官	C 中央政務官	A＋B ＋C	D 中央事務官	E 地方官	D＋E	合計
大士族	20 (5.0)	88 (22.9)	112 (29.1)	220 (57.2)	66 (17.1)	99 (25.7)	179 (42.8)	385
士族	3 (2.5)	25 (17.3)	33 (22.9)	61 (42.7)	35 (24.3)	48 (33.0)	83 (57.3)	144
封爵親戚	5 (2.0)	28 (11.1)	69 (27.3)	102 (40.4)	90 (35.5)	61 (24.1)	151 (59.6)	253

附注：㈠、關中郡姓大士族之中，裴茂、薛嵩、薛從等之房支乃武將家承，該三人官歷未列入「大士族」項內。

　　　㈡、正史列傳中官歷未必完整，本表僅供參考，並未絕對數值。

　　　㈢、官職之分類請參考本文末附記甲、乙、丙、丁。

　　上表所示，若以A＋B＋C（學官、加中央諫監官、加中央政務官）而論，大士族之官歷該三項總和為57.2%；士族之官歷該三項總和為42.7%，封爵親戚之官歷該三項總和為40.4%。大士族在該三項任職之比例顯著比士族、封爵親戚為高。按該三項官職與唐六典卷二尚書吏部郎中職掌條中之常參官、供奉官、諸司長官、清望官、四品以下八品以上清官等大致相同，拙文「科舉前後（公元 600 年 ∓300）清要官型態之比較研究」中之唐代清要官也出於此三項官職，拙文曾過濾出唐代最清要之官職為：決策層——宰相；政務設計層——黃門侍郎、中書侍郎、尚書左右丞、尚書侍郎；政務督導層——中書舍人、尚書郎中、尚書員外郎；諫監羣——給事中、諫議大夫、御史中丞；備諮羣——翰林學士、起居郎；政務見習層——殿中侍御史、補闕、監察御史、拾遺等。從上文引錄唐書合鈔列傳人物蔭任官職而觀之，大士族蔭任出身似較有機會歷官清要之職，在諸類大士族之中，尤以山東郡姓大士族最具優勢，如趙郡李吉甫、李德裕，滎陽鄭覃，范陽盧杞等幾乎與清要官之理想型相似，其他大士族之例雖見其間任他職，但終究回到此一清要官路線，以上所述當然是指大士族高門第又兼具父祖任官朝廷要職而言，蓋因唐代之任官或官歷是以多項因素決定之，有利的因素愈多，其官歷愈順。如果門望稍減的士族，其父祖若皆為宰相，亦屬最佳條件，如張宏靖，父延賞、祖嘉貞皆宰相，宏靖之官歷幾與李吉甫、李德裕類似。一般而論，一般士族則要略遜於大士族，其略遜之程度約為 15%。封爵親戚出身者亦略遜於大士族，其程度約 17%。但封爵親戚任中央政務官之比例為 27.3%，與大士族任中央政務官之比例 29.1% 相差無幾，這是值得注意的現象，這說明唐代封爵親戚出身者並非完全養尊處優不涉政務。

　　若以D＋E（中央事務官，加地方官）而論，士族與封爵親戚皆接近60%，本文前段曾研究拓片中之蔭任官歷，絕大多數皆擔任地方官、間有少數擔任中央事務官，曾任中央政務官、中央諫監官、學官者極少，故拓片中之蔭任以擔任中央事務官暨地方官佔絕大比例。拓片中之人物，一般而論，其父祖官職不及列傳中蔭任為高，其門望大部分皆不及列傳中大士族門第，其間雖有高門，亦非望支，若無特殊才能或逢特殊機緣，則其官職常徘徊在「次清」官職類，這種現象正可以解釋新唐書宰相世系表中有大量人物停留在中下級「次清」官位上。同時也再度說明唐代蔭任之層次性。

若以Ｅ（地方官）而論，正史列傳中的三類蔭任，歷官地方官之比例在三分之一至四分之一之間，地方官之職位甚多，是所有出身者常歷之職，其轉遷極爲複雜，當有另文專任之。本文前段拓片中之蔭任，任地方官之比例更高，則顯示大士族及封爵親戚歷官地方官24％左右並非很高的比例。

若以Ｃ＋Ｄ（中央政務官、加中央事務官）而論，封爵親戚有62.8％，較大士族46.1％、士族47.2％爲高，此點說明皇親國戚有爵者率以中央官職爲其目標。

若以唐代武族十七例、加河東裴茂、薛嵩、薛從等三例而論，武將蔭任者絕大多數任職爲：將軍、中央事務官、地方長官等，甚少擔任中央政務官、中央諫監官。

第七節　結　　論

唐代蔭任制度之設計極爲複雜與巧妙。在散官階段，舉凡襲爵、尙郡縣主、郡縣主子、親戚、品官子孫、勳官子孫等，有各種各樣的辦法、按其親疏遠近、資蔭高下而納入文武散位。所以當時的舊族新貴子孫大多有機會在形式上進入官僚體系，因此散官員額龐大，然散官乃敍位之階，並不實際行使統治權，散官如想獲職事官仍需經過吏部（或兵部）銓選。散官的設計在唐代整個官僚體系中乃重要的一環，原不限於爲用蔭而設，但蔭任在這種架構之中顯得更爲靈活，緣因魏晉南北朝以來的士族後裔仍依附在大唐帝國龐大的官吏編制之中，如何妥於安排極不容易。從積極角度看，由用蔭而散位是儲備人才的方法之一，頗有漢代郎官之遺意，因爲蔭任者仍有機會拜命職事官；從消極角度看，雖然由用蔭而散位者，不一定拜官，亦不一定時時任職，但或多或少羈縻這羣人之人心。唐代的衞官制度與齋郎設計，更有具體連繫蔭任與職事官的作用。

本文的研究重心在於蔭任與職事官之關係。蔭任與散官之關係，在新唐書選舉志百官志、舊唐書職官志、唐六典、唐會要、通典等典籍中有所條陳，本文在首節曾按其脈絡、索其頭緒、並繪圖以明之。然而，蔭任與職事官之關係，志書典籍中語焉不詳，本文大部分幅面致力於從唐代拓片及正史列傳中的實際例子之中，發掘問題之眞象。蔭任者敍階爲散官，與其父祖官品官職有直接關連，一旦進入官僚集團，其任官拜職、以及其後的官歷等，不僅與其父祖政治地位高下有關，在唐代復與社會門第高

低有關，政治權職與家族聲望皆有層次差別，所以蔭任與職事官間的關係亦呈現出層
次性。按唐代官職若依清濁來劃分，約有三大類，即：吏職伎術官、次清僚屬職、清
要官；流外出身者（白丁）祇能做吏職伎術官；勳官及品子（六至九品子）出身者，
亦可能任吏職或署令牧長，但其最終之官職大都達到次清僚屬職，似不可注擬清資要
官；而高品子及高資蔭出身者，可能出任次清僚屬職，亦可以擔任清要官。流外出身
者不屬本文研究範圍，勳品及品子出身者在廣義的蔭制下屬於低層蔭任。本文重點在
高資蔭及高品子出身者。本文正文研究結果，蔭任之任職、若按其資蔭高下所構成的
層次而論，可綜合出下列幾種現象：

　　A．唐代拓片之中，蔭任出身的墓誌主大部分都屬小姓、或士族疏支、或士族父
祖品職非高級清要官者，蔭任者之歷官絕大多數爲地方官或中央事務官，擔任中央政
務官、中央諫監官者甚少。

　　B．新舊唐書列傳中之封爵、親戚、士族官吏子孫等以蔭入仕者，約有十分之六
歷官地方官或中央事務官，有十分之四歷官中央政務官、中央諫監官、學官。大士族
官吏子孫以蔭入仕者，則約有十分之四歷官中央事務官、地方官，有十分之六歷官中
央政務官、中央諫監官、學官。綜合拓片人物與正史人物比較之，門望愈高者其歷官
中央政務官、中央諫監官、學官之比例愈高，也就是愈接近清要官之理想型。父祖擔
任高級清要官也是蔭任出身之好條件，可使其子弟獲得較佳官職，此點尙需作進一步
研究。

　　C．衞官途徑大多適用於安史亂前，衞官出身者大都任職爲：地方官或中央事務
官，品位皆屬中下級。唐代武族之蔭任大都任職爲：將軍、中央事務官、地方長官，
其品位較高。不論衞官或唐代武族，其蔭任之歷官品位或有高有低，其任職之官類極
爲相似。

　　唐代官僚設計、一個人的任官拜職係由多種因素決定其前途，一般蔭任如非具有
其他因素（如高門第、父祖任高級清要官、特殊才能或機緣），雖極易獲得散官，
但其任職大都爲中下級地方官或中央事務官。若以此與進士出身者大都任職中央政務
官、中央諫監官[5]　作一對照，則顯著地成爲特色，這種特色對唐代政治社會的影響，
則要待研究比較蔭任、科舉、薦辟等官歷時，另文討論。

　　5. 參見拙文「科舉前後（公元600年∓300）清要官型態之比較研究」初宣讀於民國六十九年八月國際漢學
　　　會議。

附 記 甲

一、唐代官名及官職品級屢有變動，其中以大曆二年改動較多，大都是官職升品，與本文有關者如：中書令升爲二品、中書侍郎升爲三品、門下侍郎升爲三品、御史中丞（貞觀五年升爲二品，如意元年復爲五品，會昌二年，改爲四品）、侍御史（舊七品，垂拱改爲六品）、殿中侍御史（武德至乾封間爲八品）。　諫議大夫（貞觀四年至如意元年，以及會昌二年以後，皆列四品）、親王掾屬（武德時曾爲五品）。

二、學士、直學士：按唐六典卷八載門下省弘文館、卷九中書省集賢院、卷二十六太子府崇文館等，有學士直學士之職，「五品以上稱爲學士，六品以下爲直學士，……並無員數，皆以他官兼之」。本節姑且將學士列入五品，直學士列入六品。又唐初有秦府文學館學士、儒學傳上（合鈔卷 246）陸德明曾任此職。盛唐時相王府亦設學士，相王即睿宗李旦，嗣聖元年，則天立其爲皇帝，及革命改國號爲周，降帝爲皇嗣，後又封帝爲相王，文苑傳中（合鈔卷 250）邳悅「有學業，景龍中爲相王府掾，與文學韋利器、典籤裴耀卿俱爲王府直學士，睿宗在藩甚重之。」

秦王相王府設學士直學士是特殊特象。本節無人任翰林學士者，容後再論。

皇太子侍讀：不見於兩唐書職官志，按儒學傳中（合鈔卷 247）徐岱之官歷爲「員外郎、郎中充皇太子及舒王已下侍讀、擢拜給事中……。」另一例儒學傳（合鈔卷 248）侯行果「國子司業，侍皇太子讀。」這顯然是兼職，由於前例升遷顯明，故取其爲五品職。親王侍讀：亦不見於兩唐書職官志，按儒學傳（合鈔卷 246）李善之官歷爲「崇賢館直學士兼沛王侍讀，……除潞王府記室參軍轉秘書郎。」應爲六品職。

評事御史：可能是一種兼職，見於杜亞傳（合鈔卷 197），其前後官歷爲「校書郎、節度從事、評事御史、員外郎……。」本節定爲七品職。

集賢院修撰：唐六典未載其品級，但云「以他官兼之」，按儒學傳（合鈔卷 248）施敬本之官歷爲「以太常博士爲集賢院修撰。踰年遷右補闕……」應爲七品職。

三、官職性質之區別：

太子左右庶子：按唐六典卷二十六，「庶子之職，掌侍從、贊相、禮儀、駁正、啓奏、監省、封題，中允爲之貳。」，擬列諮議官類。

太子左右諭德：按唐六典卷二十六，「左諭德掌諭太子以道德也。皇太子朝宮臣則列侍於左階，出入則騎從於正道之左，其內外庶政有可爲規諷者，隨事而贊諭焉。」爲諮議官。

親王掾屬：按唐六典卷二十九諸王府公主邑司，謂掌通判列曹事，職務並不明確，唯在親王掾條之注中，謂「魏晉……江左……掾屬常敦明教義，肅清風俗，非禮不言，非法不行，以訓羣吏。」，擬列諮議官類。

親王府典籤：按唐六典卷二十九諸王府公主邑司，謂「典籤掌宣傳教令事。」，擬列諮議官類。

太子洗馬：按唐六典卷二十六，「洗馬掌經史子集四庫圖書刊輯之事。」擬爲學官類。

四、起居郎：按唐六典卷八門下省，起居郎條注：「（隋）始置起居舍人二員，皇朝因之，貞觀二年省起居舍人，移其職於門下，置起居郎二員。顯慶中又置起居舍人，始與起居郎分在左右。龍朔二年改爲左史。咸亨元年復故。天授元年又改爲左史。神龍元年復故。」

附　記　乙

唐 代 官 職 員 額 表

	四　　品		五　　品		六　　品		七　　品		八　　品	
學	國子司業	2	親王傅	?	親王侍讀	?	王府東西閣祭酒	?	府州博士	?
	秘書少監	2	太子侍讀	?	秘書郎	4			專業博士	8
			太子洗馬	2	國子丞	1	集賢修撰官	?	四門助教	3
			著作郎	2	起居郎(舍人)	4	王府司業	?	協律郎	2
			秘書丞	1			國子主簿	1		
			國子博士	2	太子文學	3	太學助教	3		
			學士	?	直學士	?	四門博士	3		

官		翰林學士　?	著作佐郎　4 國子助教　2 親王文學　? 太學博士　3	太常博士　4	
中央諫監官	太子庶子　4 太子諭德　2	親王友　? 太子中舍人 2 贊善大夫　10 太子中允　2 御史中丞　2 給事中　2 諫議大夫　4	親王掾屬　? 太子司議郎 4 侍御史　4	太子司直　2 殿中侍御史 6 左右補闕　4	王國常侍　? 王府典籤　? 大理評事　12 監察御史　10 左右拾遺　4
中央政務官	黃門侍郎　2 中書侍郎　2 尚書左右丞 2 尚書侍郎　9	中書舍人　6 尚書郎中　30	尚書員外郎31		
中央事	諸少卿監　24 少尹　6 太子率府率 6 太子中郎將21 太子僕家令 2 太子率更令 1 太子千牛　? 王府長史　? 王府司馬　?	列卿丞　30 大理正　2 都水使者　2 諸郎將　14 奉御　8 陵令　6 王府諮議　? 上牧監　1 王帳內典軍?	諸寺府丞　42 大理司直　6 城門郎　4 符寶郎　4 通事舍人　16 太子宮門郎2 太子典設郎8 王府主簿　? 王錄事參軍? 太子舍人　? 諸衛司階　? 率府司階　6 兩京市署令2 司農苑監　1 市牙監　2 藏署令　2 牧監副監　8 衛羽林長史16 武庫尚署令2	門下省錄事4 尚書都事　6 中書主書　4 諸寺府主簿19 都水丞　2 太子通事舍 　人　8 太子寺僕丞4 太子率長史6 率府司錄　? 率衛府中候36 太子親衛　? 太子監門直 　上　? 親王曹參　24 府錄事　? 尚衣、尚舍 尚乘、尚 輦直長　20 諸署令　20	門下主書　4 尚書主書　4 中書主事　4 都水主簿　1 太子備身　? 太子諸署令10 太子勳翊衛? 太子典膳藥 藏丞　4 太子率府錄 事、曹參? 王府參軍　? 諸衛率府司 戈　44 王府執仗執 乘親事32 諸衛、羽林 曹參軍56 王國大農　?

務　　官				太廟諸陵丞　6 司農苑監副　4 諸屯監　　　2 倉、冶、司 　竹溫湯監　? 京縣丞　　　? 京縣主簿　　?	諸下署令　　25 兩京市署丞　8 牧監丞　　　9 署丞　　　　35 寺市監丞　　9 京縣尉　　　?
地　方　官	刺史　　　　328 觀察防禦使12 折衝都尉　　? 副都護　　　?	府州別駕　328 府州長史　328 府州司馬　328 副使　　　　?	判官　　　? 府果毅　　? 鎮將　　　?	縣令　　　1573 掌書記（支使） 府別將長史? 州錄事參軍328 都督護諸曹? 折衝府校尉?	縣丞　　　1573 州諸司令宰? 節度從事　? 戍主　　　? 上關令　　?

附　記　丙

一、唐代官職員額表係根據唐六典、舊唐書職官志、新唐書百官志製成。作爲與正文
　　諸官歷統計表對照參考之用。

二、員額表分類標準及辦法可參照正文與附記甲。

三、員額表中「？」符號者爲不確定或著者無法確定之問額。

四、員額表中州郡縣數目係根據兩唐書地理志開元二十八年數字。

附　記　丁

　　學官類中官職甚多，以能接近皇權、預聞政務者較受重視，翰林學士、起居郎是
也。翰林學士的官品不定，有的時候是加職，然按唐六典卷八門下省弘文館學士條
（卷九中書省集賢殿學士略同）「註：故事五品以上稱爲學士，六品以下爲直學士」，
學士任職翰林院者稱翰林學士，本文暫且列入五品職。新唐書卷四十六百官志一載：

　　　　唐制，乘輿所在，必有文詞、經學之士，下至卜、醫、伎術之流，皆直於別
　　　　院，以備宴見；而文書詔令，則中書舍人掌之。自太宗時，名儒學士時時召以
　　　　草制，然猶未有名號；乾封以後，始號「北門學士」。玄宗初，置「翰林待

詔」，以張說、陸堅、張九齡等為之，掌四方表疏批答、應和文章；旣而又以中書務劇，文書多壅滯，乃選文學之士，號「翰林供奉」，與集賢院學士分掌制詔書敕。開元二十六年，又改翰林供奉為學士，別置學士院，專掌內命。凡拜免將相、號令征伐，皆用白麻。其後，選用益重，而禮遇益親，至號為「內相」，又以為天子私人。凡充其職者無定員，自諸曹尙書下至校書郎，皆得與選，入院一歲，則遷知制誥，未知制誥者不作文書。班次各以其官，內宴則居宰相之下，一品之上。憲宗時，又置「學士承旨」。唐之學士，弘文、集賢分隸中書、門下省，而翰林學士獨無所屬。〔文獻通考卷五十四職官八翰林學士條略同〕

參 考 書 目

三國志集解　晉書斠注　宋書　南齊書　梁書　陳書　魏書　北齊書　周書　隋書

新唐書　舊唐書　唐書合鈔　南史　北史　資治通鑑　唐六典　通典　文獻通考

通志　唐會要　唐律疏義　唐大詔令集　登科記考　初學記　北堂書鈔　玉海

太平御覽　冊府元龜　文苑英華　人物志　抱朴子　世說新語　顏氏家訓

中央研究院歷史語言研究所藏墓誌拓本　大英博物館館藏敦煌遺書照像本

唐摭言　唐語林　漢唐事箋　唐才子傳　翰林志　貞觀政要　翰林院故事

嚴耕望　唐僕尙丞郎表　史語所專刊之 36　1956

嚴耕望　「略論唐六典之性質與施行問題」　史語所集刊 24　1953

嚴耕望　中國地方行政制度史　史語所專刊之 45　1950-52

嚴耕望　「杜黃裳拜相前之官歷」　史語所集刊 26　1955

嚴耕望　「論唐代尙書省之職權與地位」　史語所集刊 24　1953

嚴耕望　「唐代府州僚佐考」　「唐代方鎮使府僚佐考」（唐史研究叢稿新亞研究所 1969）

薩孟武　中國社會政治史　第二、三冊　三民書局　1966

羅龍治　進士科與唐代的文學社會　國立臺灣大學文史叢刊　1971

錢　穆　「略論魏晉南北朝學術文化與當時門第之關係」　新亞學報 5-2　1963

錢　穆　　「唐宋時代的文化」　　大陸雜誌 4-8　1952

鄭欽仁　　北魏官僚機構研究　　臺北牧童出版社　1976

鄧嗣禹　　中國考試制度史　　臺灣學生書局　1967

楊樹藩　　唐代政制史　　正中書局　1967

楊筠如　　九品中正與六朝門閥　　上海商務　1930

勞　榦　　「漢代察舉制度考」　　史語所集刊 17　1948

傅樂成　　「唐型文化與宋型文化」　　國立編譯館館刊 1-4　1972

雷家驥　　「唐代中央權力結構及其演變」　　博士論文　1979

陳啓雲　　「兩晉三省制度之淵源特色及其演變」　　新亞學報 3-2

陳寅恪　　唐代政治史述論稿　　史語所專刊之 24　1944

陳寅恪　　元白詩箋證稿　　嶺南學報叢書第一種　1950 初版　1962 香港版

孫廷翰、吳頌亮　　通鑑綱目　　經策通纂後集史部　15-16 冊（清代）

孫國棟　　唐代中央重要文官遷轉途徑研究　　新亞研究叢書　1978

孫國棟　　「唐宋之際社會門第之消融」　　新亞學報 4-1　1959

唐長孺　　魏晉南北朝史論叢　　魏晉南北朝史續論叢「門閥的形成及其衰落」

岑仲勉　　唐史餘瀋　　隋唐史

周一良　　「南齊書丘靈鞠傳試釋兼論南朝文武官位及清濁」　　清華學報 4-2

李樹桐　　「唐代科舉制度與士風」　　華岡學報 6

何啓民　　中古門第論集　　臺灣學生書局　1978

任育才　　「唐代銓選制度略論」　　中興大學文史學報 4　1974

永　溶　　歷代職官表　　四庫備要本　廣雅叢書本

毛漢光　　兩晉南北朝士族政治之研究　　中國學術著作獎助出版委員會　1966

毛漢光　　「我國中古大士族之個案研究──瑯琊王氏」　　史語所集刊 37　1967

毛漢光　　「唐代統治階層社會變動」　　政治大學政研所博士論文　1969

毛漢光　　「五朝軍權轉移及其對政局之影響」　　清華學報新 8-1.2　1970

毛漢光　　「敦煌唐代氏族譜殘卷之商榷」　　史語所集刊 43-2　1971

毛漢光　「從中正評品與官職之關係論魏晉南朝之社會架構」　史語所集刊 46-4 1975

毛漢光　「中國中古社會史略論稿」　史語所集刊 47-3　1976

毛漢光　「中國中古賢能觀念之研究──任官標準之觀察」　史語所集刊 48-3　1977

毛漢光　「唐代大士族的進士第」　中央研究院成立五十周年紀念論文集　1978

毛漢光　「科舉前後（西元 600 年干 300）清要官型態之比較研究」　中央研究院國際漢學會議論文集歷史考古組（上冊）　1981

王壽南　「唐代文官任用制度之研究」（唐代政治史論集　商務　1977）

王伊同　五朝門第　金陵大學中國文化研究所叢刊乙種　1943

濱口重國　秦漢隋唐史の研究　1966

築山治三郎　唐代政治制度の研究　創元社　1967

橫山裕男　「唐の官僚制と宦官」　中國中世史研究　1970

愛宕元　「唐代における官蔭入仕について──衛官コ1スを中心として──」　東洋史研究第 35 卷第 2 號　1976

鈴木虎雄　「唐の進士」　支那學 4-3　1927

越智重明　「南朝の清官と濁官」　史淵 96　1966

根本誠　「唐代の勤務評定と人事管理」　早稻田大學大學院文學研究科紀要 11 1965

根本誠　「唐代の衛の發展に就いて」　早稻田大學大學院文學研究科紀要 9　1963

宮崎市定　九品官人法の研究　東洋史研究叢刊之一　1956

宮川尙志　六朝史研究　政治、社會篇　日本學術振興會刊　1956

池田溫　「唐朝民族志の一考察」　北大文學部紀要

竹田龍兒　「唐代士族の家法について」　史學 28-1　1955

竹田龍兒　「唐代選舉の一側面」　史學 20-2　1941

矢野主稅　門閥社會成立史　國書刊行會　1976

矢野主稅　「門閥社會史」　長崎大學史學會刊　1964

矢野主稅　「唐代に於ける翰林學士院について」　史學研究50紀念號　1953

仁井田陞　唐令拾遺　1933

上田早苗　「貴族的官制の成立──清官の由來とその性格」（「中國中世史研究」
　　　　　1970）

Balazs, Etienne: Chinese Civilization and Bureaucracy. Trans by H. M. Wright,
　　ed by Auther F. Wright, New Haven, Yale University Press, 1964.

Eisenstadt, S. N.: The Political System of Empires-The Rise and Fall of the
　　Historical Bureaueratic Societics. Free Press, N. Y. Paperback, 1969 First
　　Published, 1963.

Dalby, Michael and Werthman, Michael: Bureaucracy in Historical Perspective.
　　Scott, Forionan and Co. 1971.

Eisenstadt. S. N.: Essays on Comparative Institutions. John Weley & Sons Inc.
　　N. Y. 1965.

Kracke, Jr. E. A. "Region, Family, and Individual in the Chinese Examination
　　System"-Chinese Thought & Institution

Kracke, Jr. E. A. "Family vs. Merit in Chinese Civil Service Examination under
　　the Empire" H. J. A. S. X (No. 2 Sept. 1947)

Menzel, Johanna M.: The Chinese Civil Service-Career Open to Talent?. Heath
　　& Company 1963.

Merton, Robert K: Reader in Bureaucracy. Free Press, N. Y. 1952.

Nivison David S. & Wright Authur F.: Confucianism in Action. Stanford
　　University Press, 1959.

Young Michael: The Rise of the Meritocracy. Penguin Book, 1958.

出自第五十五本第三分(一九八四年)

唐代前期非常支出的籌措及其廻響

盧　建　榮

一、引　　論

　　秦漢以降，長期重農賤商思想籠罩、制約之下，[1] 中古的稅負結構始終呈現這種農本商末的形態。易言之，全國人口結構中居於絕大多數的農業人口，其所得稅被視為重要稅源或主要稅基，取得合法「正稅」的地位。但社會經濟情況正逐漸在蛻變當中，到了唐代，商品經濟的繁榮和城市運動的興盛，互為因果、互相激盪之下，[2] 不僅從事工商業的人口顯著激增，而且工商業界所得也日益可觀。可是主導稅制的農本

---

1. 有關重農賤商思想的理論與實踐，可參閱傅築夫中國經濟史論叢下冊（北京，三聯，1980）頁六〇八至六六八，在實踐方面，談到抑商政策三大支柱，卽禁權、士責、以及官工業等三大制度，最後尚論及對商品經濟的影響。

2. 參見黃淸連「唐代的雇傭勞動」（中央研究院歷史語言研究所集刊第四十九本三分，1978）頁三九五，列有城市運動這方面的重要參考書籍。至於商品經濟發達方面，可閱傅築夫中國經濟史論叢下冊，頁五八一至五八四，另有趙文銳「唐代商業之特點」（淸華學報三卷二期，1920）一文亦足資參考。

思想依然非常活躍，而以農業人口作爲設計重心的那套稅制，其地位依然穩如泰山，不爲搖撼分毫。

於此，中古時代政府的機能又如何呢？一言以蔽之，只不過維護政權存續優於照顧社會公益罷了，民脂民膏花費在君主個人及其有關人身上的，遠超過老百姓身上的不知多少倍。取之於民用之於民云云，充其量只是騰爲口說的政治口號而已。原本不豐的農民收入，在嚴重天災環伺、威脅之下，往往帶有高度的風險性質。固然政府訂定有逢災減稅甚至免稅的種種完備辦法，可是只局限在農民生產所得的範圍之內。農民本身的勞力，也算是政府的一項資產，可以隨時被動用的。儘管法令保障農民接受政府役使有其一定期限，然而在某種情勢之下，法令的保障形同具文。

配合農民收入偏低而且不穩定的情勢，另一稅制主導思想，即低稅理想應運而生，毋寧是極其自然不過的事。以政權利益爲導向的稅制，再加上低稅理想和農本思想，往往造成解決財政拮据的一道死結。解決之道無他，節約再節約而已。

依農業社會經濟設計出來的正稅，一直是政府年度平常用費的來源，所以唐人又稱作「常支」或「恒賦」。政府的支出項目上，萬一不愼有了超支，亦即政府的赤字，政府如何彌補呢？這個問題一直是困擾帝制中國的老問題，本文稱之爲「非常支出的籌措」。因爲節約政策無法稍戢此一問題的長期存在，也無法隨時解決此一問題。於是乎便產生這種局面：理論上不贊成開源，實際上又不得不開源。結果，這個開源雅不受歡迎之至，它在法定地位上不被承認，因此只能在整個稅負結構中，居於尷尬的地位，唐人則稱之爲「雜稅」。

就當時價值觀念看來，苛捐雜稅是殘民以逞的東西，而財經主管中有能主持此情事者，便被按上「聚歛之臣」的惡名。

政府在從事一項常支無法支付的工作時，逼不得已非動用非常支出不可，這時便會引來一場財經大辯論。既然非常支出爲貫穿整部帝制中國史的現象，財政上試圖由節流改爲開源，也是必然之歸趨。那麼，依理當好好發展開源之道，才是正辦。可是幾乎絕大多數的官員帶著有色的價值眼光，都將所有開源之舉，不分青紅皂白地視同邪惡的聚歛。唐代後期就在這種財經辯論之餘，轉生出財經專家以個人身份、抗衡整個士大夫社會的現象，已見拙作：「唐代財經專家之分析——兼論唐代士大夫的階級

意識與理財觀念」[3] 一文中。

　　該文解決的問題乃是唐代財經專家之出現、及其對通才型官僚體系之衝擊。文中將對財經專家以個人身份與士大夫社會之衝突此一獨特歷史現象，加以考索、揭發、並設法予以 合理解釋。 文中並言這種獨特現象 不產生在財經專家尚未問世的唐代前期。本文就在上篇文章的基礎上，想更進一步探討以下四個問題：其一，唐代前後期國家整體稅制（即撤開唐人觀念，將所謂「正稅」和「雜稅」一體對待，不爭高下之分。）的精神（性格）或形態，有何差異？其二，如果有的話，那麼前期中是否蘊含後期的因子？如果是的話，這些因子與主要稅制性格之間輕重地位如何？其三，前期有否如後期般發生個人與社會衝突之現象？如沒有，又是何種道理？其四，前期有否如後期般的財經專家，如果沒有，是何道理？

　　這種人際磨擦現象環繞在以低稅理想與農本思想爲主導綱領的稅制而起，那麼唐代稅制又是如何呢？有關唐代稅制的研究，一般都集中在前期租庸調的內容和崩潰原因，以及後期兩稅法的出現和內容，以及前後期這兩種稅法的優劣和利害。此外，戶稅、地稅、雜徭、以及資課，也有人觸及。

　　這類的研究自有其方便處和一定的貢獻，但也有其局限。實則這兩種稅法無法涵蓋前後期國家整體稅制的面貌。全國整年的收支實情，是無法端賴法定正式稅收管道的作業情況來掌握和理解的。純粹依賴這裏的資料或數據，是無法盡窺歲入收支的全豹。抑有甚者，非正式稅收管道的收支情況可能倍蓰正常或正式管道不知有多少。這是我們研究傳統中國財政所應深切注意的事。因此，全面而眞正的稅制，不能光靠當時法定稅制（在唐朝前期是租庸調法，後期是兩稅法。）去理解。有整體觀念去認識唐代稅制的人，至今我只發現吳章銓和唐耕耦兩人而已。[4] 至於前後期整體稅制之精神（性格）或形態及其差異，迄今無人研究。還有，財經辯論之餘轉生出個人與社會衝突的現象，也同樣沒人作過研究。

　　雖然本文的研究 採取不同的角度 ， 但如果沒有許多前人 致力唐代法定稅制的研

---

3. 見中央研究院歷史語言研究所集刊第五十四本四分，1983。

4. 見吳章銓唐代農民問題研究（臺北，中國學術著作獎助委員會，1963）頁八三；唐耕耦「唐代前期的戶等與租庸調的關係」（魏晉隋唐史論集第一輯，1981）頁一九三和一九五。

究，其困難將更甚於今日。在諸多研究中國財經制度和財經思想的學者中，胡寄窗首揭唐代在中國稅制演變史上，具有獨特、而且影響至深的地位。[5] 另外，張澤咸的「唐代的力役」[6] 一文，指出力役在國家稅制中占相當的比重，這一點亦值得表彰。誠如全漢昇所言，唐代是中古自然經濟時代邁向貨幣經濟時代的關鍵時刻，[7] 因此其中難免蘊涵許多變動和趨新的因素。

　　本文研究自有其一定的範圍，與本文有關的貨幣、租庸調法、均田制、籍帳、手實等種種涉及當時制度的問題，不在本文論內。這方面中外史學界研究者眾，結論漸趨一致且足供參考，也不需本人重複前輩方家的研究成果，甚至另起爐灶去作。此外，新稅目的從出現到建制，與社會經濟的變動，有密切關聯，本文受題目所限，不能逾題去深入談論這一點。客觀條件此一因素在本文中居重要地位，不容忽視。

　　在與本文有關的史料方面，不論是涉及稅制形態（性格）的，或財經辯論雙方的，固然已經湮滅不少，但對本題的解決，還差算充足，不虞匱乏。而且，就史料性質而言，這些史料都不是為解決本題而保存，而是無意中留存下來。充斥的是事實的報導，以及理由之陳述。彼此無謂之攻訐幾無一見。甚且脅如皇帝為增稅的自辯書，都被保存下來，這對本題之研究，助益甚大。

二、主要非常支出

　　唐代前期的財政最高指導原則大體是「量入為出」。有多少錢辦多少事，是這種財政體制下從事支出的金科玉律。當時經常支出項目，主要以㈠官僚俸給、㈡各種儀典、㈢國防經費、㈣官府工程費用、以及㈤社會救濟金等五項最為大宗。其中第一、二、五等三項，為士大夫官僚集團認係必不可省。至於國防和工程兩項，咸認能省則省，至少不可多。這也是基於這兩項經費使用無節，將造成入不敷出的赤字局面。然而工程開銷或許較能透過主觀意願予以節制，國防費用的撙節恐非主觀意願所能奏效，因為戰事並非片面想不打就不打，打了想停就停。戰爭是耗損金錢的無底洞，古

---

5. 見氏作中國經濟思想史簡編（北京，新華，中國社會科學出版社，1981）頁二八九、二九二等。

6. 該文發表於魏晉隋唐史論文集第一輯（1981）頁一五八至一八四。

7. 見氏作「中古自然經濟」（中央研究院歷史語言研究所集刊第十本，1948）。

今一例，唐朝自是不能例外。再者，工程建設，始終是古今帝王難以擺脫的誘惑，於此也成爲帝王的銷金庫。唐朝政府往往在這兩項費用方面超支（透支），於是乎非常支出就形成了財政不可避免的老問題。相應於國防和工程方面的支出，也就衍生出和雇與和市的支出問題。本章所述便是舉實例揭露唐政府如何面對這個老問題。

（一）國防支出

唐興，於政權甫建伊始，便飽受突厥之威脅；但因中國經隋末十餘年的兵燹，血戰方歇，國力尚未恢復，歷任宰相都從事盡量與民休養的節儉政策，[8] 根本談不上對付外患突厥。儘管唐朝無力對付，突厥可是侵逼不已，迫得唐朝非竭力抵禦不可。而一涉抵禦，連軍隊給養的糧秫都苦無著落，遑論其餘了。

當時首當其衝，擔負突厥敵對壓力的是幷州大總管府。該府主管爲府長史竇靜。他以職責攸關，既然中央無力支付軍糧，乃建議自行屯田。無如此舉不爲中央諸相贊同，靜乃不斷上書抗辯，中央不得已徵靜入朝參與廷議。幾經折衝，唐高祖贊成其計。此事見以下引文：

> 時突厥數爲邊患，師旅歲興，軍糧不屬，靜表請太原置屯田以省餽運。時議者以民物凋零，不宜動衆，書奏不省。靜頻上書，辭甚切至。於是徵靜入朝，與裴寂、蕭瑀、封德彝等爭論於殿庭，寂等不能屈，竟從靜議。歲收數千斛（按：册府元龜卷五〇三邦計部，屯田，頁二六五八下，云「數十萬斛」。）高祖善之，令檢校幷州大總管。[9]

雖然，現在已無法看到中央諸相反對的具體文字，但我們依然可以從「民物凋零，不宜動衆」這句話，揣摩個大概。邊地屯田需要從內地招募一批人力，儘管可享受全年免稅的優待，但無殊於充軍邊關。這樣的條件是很難招到樂於應募的人的，結果多半出於強制一途。這種狀況，是與中央決策階層揭櫫輕徭薄賦的低稅政策，大有牴牾。

---

8. 貞觀政要卷六論儉約第十八和論奢第二十五等兩節、以及卷八論務農一節，都是太宗和羣臣討論節儉政策之資料。近人有關這方面的研究成果，計有羅彤華：貞觀之治與儒家思想（師範大學歷史研究所專刊⑽，民國七十三年二月出版）第三章第一節中；李斌城「『讓步』政策與『貞觀之治』」（魏晉隋唐史論叢第一輯，一九八一年四月）；倉修良和魏得良「唐太宗治國施政經驗的總結──評『貞觀政要』」（中國歷史文獻研究集刊第二集，湖南人民出版社，一九八一年十二月）等書文可以參考。
9. 見舊唐書卷六一竇靜傳。頁二三六九。

何況此舉無形中使中央短少一批納稅人口，這對當時已經捉襟見肘的財政，無異火上添油，益發狼狽。由於最後高祖裁定，支持竇靜的屯田主張，這就使得爾後施行屯田，有了可以遵行的先例。此事的影響是相當深遠的。[10] 換另一個角度看，此處值得注意的是，可以視爲中央低稅財政策略在國防優先前提下的一個挫敗。

唐朝當面之敵的大患——東突厥，終於在貞觀三年（六二九）被一舉澈底解決，連帶使唐朝一躍而爲東亞霸主。有關這次之戰費不知其詳，以戰期甚短——因探奇襲戰——大體不至耗損太鉅。東突厥沉寂了一段時日之後，至高宗晚年及武則天當國期間，再度形成嚴重邊患。這時唐朝的國防策略轉爲全面性變被動爲主動。因此就有在西北面先後對高昌和吐蕃用兵，以及在東北面對高麗和契丹動武。終唐前期，唐朝不斷進行北西東三線作戰和經營。有關這三方面營戰之耗損，以及因此所反映的課稅方式，便是以下述論的重心。

先說西北方面。約莫貞觀十八、九年（六四四～六四五）之際，宰相褚遂良鑒於唐「既滅高昌，每歲調發千餘人防遏其地。」乃上書反對遣人遠戍高昌，其中提到當年征伐其國所動用的人力與物力來源：

　　……然則王師初發之歲，河西供役之年，飛芻輓粟，十室九空，數郡蕭然，五年不復。陛下歲遣千餘人遠事屯戍，終年離別，萬里思歸。[11]

再者，提到戍卒之悲慘境遇：

　　去者資裝，自須營辦，既賣菽粟，傾其機杼。經途死亡，復在其外。[12]

這還是身爲良家子弟之丁男，尚且自費當兵以致傾家蕩產，有的甚至獻出其寶貴之生命，這已是距滅高昌五年後的事。當初是否有人反對呢？有的。

貞觀十四年（六四〇）高昌國滅，太宗欲設州縣於其地，魏徵（時官特進、知門下省事，朝章國典，參議得失。）加以反對說：

　　……今若利其土地以爲州縣，則常須千餘人鎮守，數年一易，往來死者什有三

---

10. 唐代前期屯田主要在邊地，內地則在淮河流域一帶，見玉海卷一七七食貨，屯田，頁三三五三至五，收集有充分的資料。又舊唐書卷六八張公謹傳云：「貞觀元年，拜代州都督，上表請置屯田以省轉運……並見納用。」（頁二五〇七）新唐書卷八九本傳同。可見武德後建議屯田不見有阻礙。

11. 見舊唐書卷八〇褚遂良傳頁二七三六。

12. 同上。

四，供辦衣資，違離親戚，十年之後，隴右虛耗矣。陛下終不得高昌撮粟尺帛
以佐中國，所謂散有用以事無用，臣未見其可。[13]

攻下高昌國，戶口調查顯示，「戶八千四十六，口一萬七千七百。」[14]可見確有如魏
徵所說，攻占高昌除了涉及國家大戰略這一點意義外，尚不得忽略財政這一項誘因。

　　魏徵預估取下高昌國加以內地化，不僅財政上得不償失，而且十年後將賠上隴右
一地的人力和物力。如今不到十年，僅僅五年身為宰相之一的褚遂良還指出魏徵當年
預見已提前產生。褚遂良並不參與當年的決策，當年的決策小組計有楊師道、劉洎、
侯君集、高士廉、房玄齡、以及魏徵等人。

　　其實關於貞觀十四年，決策階層人物對於取高昌以利財政這一事，撇開三要為政
治外交這一點不談，有兩派意見。魏徵是反對的，其意見已如上述，是站在低稅理想
這一立場立說的；但這並不意味贊成的人是違反低稅理想。顯然他們只考慮將高昌人
口納入中國，從表面上看對沉重的財政是有所助益的。他們並沒發覺到魏徵所觀察到
的代價問題——此一代價可抵銷財政收入而有餘。而且這一代價可能危害低稅財經政
策，這是他們於事前無法確切預料的事。

　　舊唐書卷一九六上吐蕃傳於天寶十四載條下，突然插進一段回顧中國歷代與河西
關係的一段文字。內中提及滅高昌一事，有如下事實報導和評論：

　　　貞觀中，李靖破吐谷渾，侯君集平高昌，阿史那社爾開西域，置四鎮。前王之
　　　所未伏，盡為臣妾，秦、漢之封域，得議其土境耶！於是歲調山東丁男為戍
　　　卒，繒帛為軍資，有屯田以資糧糧，牧使以娩羊馬。大軍萬人，小軍千人，烽
　　　戍邏卒，萬里相繼，以卻於強敵。[15]……

似乎從國防觀點來肯定中國經營河西和西域之事。因此即令專從財政角度，來評估唐
朝取高昌的得失，都難以定論。此處，我們所強調的是，貞觀年間決策階層對經營河
西甚至西域，儘管意見不一，不過就財經著眼點還是相同的，也還是堅守低稅政策。

　　類似這種財政辯論發生於國防優先情況下之事，也出現在高宗和武則天時期。儀

---

13. 見資治通鑑卷一九五貞觀十四年秋八月庚午條下，頁六一五六。
14. 同上，頁六一五五。
15. 頁五二三六。

鳳三年（六七八）九月青海之役唐師十八萬慘敗於吐蕃之手，高宗爲此召開高階層緊急會議，席間出現三派意見：

> 上以吐蕃爲憂，悉召侍臣謀之，或欲和親以息民；或欲嚴設守備，俟公私富實而討之；或欲亟發兵擊之，議竟不決……。[16]

第一、二派意見都顧慮到財政情況下講的話，第三派意見雖未顧慮，但也無法就此斷言該派人士爲了以武力報復吐蕃，而不惜犧牲傳統低稅理想的財政政策。這種意見或有其時事背景刺激所致。我們知道永淳元年（六七〇）唐遣平高麗名將薛仁貴率大軍征吐蕃，結果大非川一役全師覆沒，僅以身免。不想經過八年的準備，竟又告失敗，有心之士激憤得想不待準備而立卽赴戰，是可以想像得到的。

觀唐朝爲發動此次戰爭，在兵力募集方面不可謂不周到，早在儀鳳二年（六七七）十二月，唐朝下令關西和河東諸州招募武勇之士：

> 令關內、河東諸州，廣求猛士。在京者，令中書門下於廟堂選試；外州委使人與州縣相知揀〔點〕。[17]

從募集工作京中由宰相主持，地方由中央遣使會同地方長官共同辦理，透露政府決心使工作落實。可能由於兵力仍嫌不足，於次年（儀鳳三年〔六七八〕）正月派人分往河南、河北兩地擴大募兵：

> 遣左金吾將軍曹懷舜、李知十等，分往河南、河北，以募猛士。[18]

而且募兵對象不分官民：

> 不問布衣及仕宦。[19]

最後，連劍南和山南兩道也在募兵範圍內：

> ……又令益州長史李孝逸、萬州都督拓王奉等發劍南、山南兵募以防禦之。[20]

這次募兵的優待辦法是免除各種勞役：

---

16. 見資治通鑑卷二〇二頁六三八六。
17. 見唐大詔令集卷一〇二頁二〇九二。
18. 見唐會要卷七八諸使雜錄上，頁一四三七；又見册府元龜卷一二四帝王部，修武備，頁六五六。
19. 見資治通鑑卷二〇二儀鳳三年正月癸未條，頁六三八四。
20. 見舊唐書卷一九六上吐蕃傳，頁五二二三。

　　　下詔募猛士，毋限籍役痕（按：「痕」疑作「恆」。）負，帝自臨遣。[21]

　　據上徵引，知唐朝這次帝國西半部全面性募兵工作，願意付出放棄所有募兵法定應負勞役的代價，來贏取這場戰爭。實則唐朝此番付出的代價不僅僅是這麼多勞役額量而已，募兵之裝備和糧餉尚未估計在內呢。這份開銷必不在少數，只是無從得知罷了，本文尤其關心的是這份開銷的籌措。我們只搜求到一則，這是太學生魏元忠鑑於大非川之敗，建議當局收取馬稅，以備下次報復性軍事行動所需之馬匹：

> ……又師行必藉馬力，不數十萬，不足與虜爭。臣請天下自王公及齊人挂籍之口，人稅百錢，又弛天下馬禁，使民得乘大馬，不為數限。官籍其凡，勿使得隱。不三年，人間畜馬可五十萬，卽詔州縣以所稅口錢市之，若王師大舉，一朝可用。且虜以騎為彊，若一切使人乘之，則市取其良，以益中國，使得漸耗虜兵之盛，國家之利也。[22]

元忠建議所徵馬稅，不分官民一體徵收，以口為準，每口百錢，作為買馬基金。馬的來源一為敵人，一為民間。因此須解除民間蓄馬之禁。我們不知元忠此議是否被決策階層所採納。我們只知以後是沒有馬禁了，卻不知購馬經費是否卽依此議，或是略有變通。假定這個議案被採行的話，那也是國防優先下的舉措，可就不知是否有人倚傍低稅理想，堅決反對了。

　　再假定唐朝參與青海之役的十八萬軍隊，全是騎兵的話，那麼就損失了十八萬匹馬，這是儀鳳三年（六七八）九月的事。再看全國四十牧馬場之一夏州牧馬場主管，於開耀元年（六八一）七月的一篇報告：

> 夏州羣牧使安元壽奏：「自調露元年（六七九）九月以來，喪馬一十八萬餘匹，監牧吏卒為虜（按：指突厥。）所殺掠者八百餘人。」[23]

可見至少在魏元忠建議大事蓄馬的五年內，唐朝在西北戰線總共損失了三十六萬匹馬。似乎可以印證元忠言：「不三年，人間畜馬五十萬」的當時國內馬市的預估。當

---

21. 見新唐書卷二一六上吐蕃傳，頁六〇七七；舊唐書卷一九六上吐蕃傳頁五二二三云：「不簡色役。亦有嘗任文武官者，召入殿庭賜宴，遣往擊之。」
22. 見新唐書卷一二二魏元忠傳，頁四三四二。
23. 見資治通鑑卷二〇二，頁六四〇二。

然這只是作爲推測元忠建議可行的資料。在官馬與民間孳養不太清楚情形下，本文無意於此妄下斷語。

　　青海之役後，唐朝再也不敢發動大兵團從事高原作戰，期望澈底殲滅吐蕃，改爲逐步進逼的穩紮穩打策略。此其間，突厥和契丹都起而與吐蕃互相策應，使得唐朝疲於奔命。

　　唐朝經過十年的休養生息，到垂拱四年（六八八）十二月，武則天計畫取下雅州生羌地盤，藉以向吐蕃進攻。秘書省正字陳子昂上書反對：

　　……蜀者國家之寶庫，可以兼濟中國。今執事者乃圖僥倖之利以事西羌，得其地不足以稼穡，財不足以富國，徒爲糜費，無益聖德，況其成敗未可知哉！夫蜀之所恃者險也，人之所以安者無役也；今國家乃開其險，役其人，險開則便寇，人役則傷財，臣恐未見羌戎，已有姦盜在其中矣。……今山東饑，關隴弊，而徇貪夫之議，謀動甲兵，興大役，自古國亡家敗，未嘗不由黷兵，願陛下熟計之。[24]

陳子昂一方面責備取下羌地，藉以征伐吐蕃的策略，是執政集團「圖僥倖之利」的舉措，另一方面批評持這種議論的人是「貪夫」。當時的執政集團成員是王本立、魏玄同、武承嗣、韋方質、岑長倩、以及裴居道等人。看來這一戰略佈署還兼有財政的設想在內，有開疆拓土賺取利益的況味。據載，這一計畫在陳子昂的提醒、警告下流產了。不過，這個計畫改變原本從隴西、河西一帶出擊吐蕃的舊例，改爲從蜀地。此中卻大堪玩味。唐蕃幾十年軍事衝突下來，唐朝一向以關隴爲前進基地兼補給大本營，結果關隴的人力和物力爲之空竭。在這種情形下，與吐蕃接壤的蜀地便成了唐朝的生力軍。

　　唐朝對西北用兵，人力與物力最直接且最方便派上用場的，是關隴地區，三十年用兵下來，誠如武則天時曾出使吐蕃的郭元振於歸國所述：

　　關、隴之人，久事屯戍，向三十年，力用竭矣。[25]

　　再過八年，契丹叛唐，從萬歲通天元年（六九六）五月起，至神功元年（六九

---

24. 見資治通鑑卷二〇四垂拱四年十二月辛亥條，頁六四五六。

25. 見舊唐書卷九七郭元振傳，頁三〇四三。

七）五月爲止，約有一年時間。唐朝於第一次討伐軍全軍覆沒後，發出如下募兵令：

> 天下繫囚及庶士家奴驍勇者，官償其直，發以擊契丹。[26]

這大概募不到兵的情況下，不得不如此。唐朝第二次討伐軍十七萬全軍覆亡下，迅速組成第三次討伐軍二十萬。這次兵是有了，馬卻不敷使用，於是下令募馬：

> 會發兵討契丹，敕京官出馬一匹供軍，酬以五品。[27]

這算是鬻官賣爵的籌款方式。契丹的平定，靠的是突厥有條件的支援。

契丹平定後這一年內，狄仁傑（時官幽州都督 、 鸞台侍郎 、 平章事）以坐鎮幽州、監視契丹的時機裏，向中央建議縮小國防線，理由如下：

> ……若乃用武方外，邀功絕域，竭府庫之實以爭不毛之地，得其人不足增賦，獲其土不可耕織，苟求冠帶遠夷之稱，不務固本安人之術，此秦皇、漢武之所行，非五帝、三王之事業也。……近者國家頻歲出師，所費滋廣，西戍四鎮，東戍安東，調發日加，百姓虛弊。今關東饑饉，蜀漢逃亡，江淮已南，徵求不息，人不復業，相率爲盜，本根一搖，憂患不淺……[28]

除了言及擴地無補財政之外，更及中國之殘破已從關隴地區，往內地深入，關東、蜀漢、江淮以南都有不幸事故發生。

聖曆元年（六九八）十月，蜀州刺史張柬之亦不以拓地爲是：

> 蜀州每歲遣兵五百人戍姚州，路險遠，死亡者多 。 蜀州刺史張柬之上言，以爲：「姚州本哀牢之國，荒外絕域，山高水深，國家開以爲州，未嘗得其鹽布之稅，甲兵之用，而空竭府庫，驅率平人，受役蠻夷，肝腦塗地，臣竊爲國家惜之。請廢姚州以隸巂州，歲時朝覲，同之蕃國。……」[29]

張柬之以爲拓地政策在財政上不僅無利，反而有害。

河西和隴右的殘破，一直延續到玄宗開元年間，猶是如此。這裏有兩則資料足以說明。一在開元十四年：

> 時中書令張說以吐蕃出入數十年，勝負略相當，甘、涼、河、鄯之人奉調發困

---

26. 見資治通鑑卷二〇五頁六五〇七。

27. 同上，神功元年五月癸卯條，頁六五一八。

28. 見資治通鑑卷二〇六神功元年閏十月條，頁六五二四。

29. 同上，頁六五三七至八。

甚，願聽其和。帝方寵（王）君㚟，不聽。[30]

一在開元十七年，皇甫惟明說玄宗：

> ……今河西、隴右貲耗力窮，陛下幸詔金城公主許贊普約，以紓邊患，息民之
> 上策也。[31]

既然對西北用兵和鎮戍，爲一經常性之舉，而一方面關隴之民力大見損耗，另一
方面端賴中央之給養又一時有困難。於是乎，許多方面大員採取戍卒屯田之策，以期
自給自足，如此一來亦間接有助於中央經費之節省。邊防軍或遠征軍自行屯田，於是
就有專責之差使，即「知營田事」或「營田使」的出現。如婁師德於上元初（六七
四）應募出征吐蕃，以「頻有戰功，遷殿中侍御史，兼河源軍司馬，并知營田事。」
[32] 師德到了天授初（六九〇）已積功至左金吾將軍、兼檢校豐州都督，仍依舊知營田
事。可以看出他以帶有中央禁衞軍將領之官銜，兼充邊區某鎮戍軍司令。即使職務已
繁重至此，武則天仍舊要他兼職「知營田事」，並爲此降書慰勞。這紙璽書中透露，
中央財政對邊防軍屯田的相當依賴：

> ……自卿（按：指師德。）受委北陲，總司軍任，往還靈夏，檢校屯田……不
> 煩和糴之費，無復轉輸之艱，兩軍及北鎮兵數年咸得支給。勤勞之誠……欣悅
> 良深。[33]

從上引文知，師德職司屯田之事，種植所得除自供外，尚支援其他友軍；致令中央不
僅不必向民間購買米糧以充軍糧，而且也省下千里運輸所需的人力與勞費。如此一
來，一則減輕中央財政負擔，二則有助於緩和關隴之逐年損耗與殘破。武則天似乎很
推重師德屯田之長才，即使於長壽二年（六九三）拜相後，尚於延載元年（六九四）
令充河源、積石、懷遠等軍營田大使，以及聖曆元年（六九八）依舊令檢校河西營田
事。[34]

師德死於聖曆二年（六九九），他那隴右諸軍大使以及部分屯田的大責重任，主

---

30. 見新唐書卷二一六上吐蕃傳，頁六〇八三。
31. 同上，頁六〇八四。
32. 見舊唐書卷九三婁師德傳，頁二九七五。
33. 同上。
34. 據新唐書卷六一宰相表上，頁一六五七及一六六一。

要就落在郭元振身上：

> 大足元年（七〇一），（元振）遷涼州都督、隴右諸軍州大使。……元振又令甘州刺史李漢通開置屯田盡其水陸之利。舊涼州粟麥斛至數千，及漢通收率之後，數年豐稔，乃至一匹絹糴數十斛，積軍糧支數十年。[35]

前述元振甚悉關隴殘破，有待徐圖恢復，故他當上西北方面統一指揮各軍之司令後，當然比較不會去動徵調關隴百姓之腦筋。

許是中央幾年獎勵政策奏效，流風所及朔方也行屯田之策：

> 景龍中（七〇八），（解琬）遷右臺御史大夫，兼持節朔方行軍大總管。琬前後在軍二十餘載，務農習戰，多所利益，邊境安之。景雲二年（七一一），復為朔方軍大總管。琬分遣隨軍要籍官河陽丞張冠宗、肥鄉令韋景駿、普安令于處忠等校料三城兵募，於是減十萬人，奏罷之。[36]

琬不僅少行屯田，而且於必要時尚知裁軍以減少公家開銷，已如上引文；不僅此也，他在估量可能有敵人行將入寇的時機，會向中央預支軍隊以為抵抗之用：

> ……琬言吐蕃必潛懷叛計，請預支兵十萬於秦、渭等州嚴加防遏。其年多，吐蕃果入寇，竟為支兵所擊走之。[37]

據舊唐書解琬傳云：「琬素與郭元振同官相善。」[38]

唐朝當吐蕃之衝的最前線一個據點是河源軍，要靠中國本部接濟，以補給線過長，困難實多，但從開耀元年（六八一）後七年，由於名將黑齒常之自行屯田，解決了補給困難的問題，從而節省中央勞費：

> ……常之以河源軍正當賊衝，欲加兵鎮守，恐有運轉之費，遂遠置烽戍七十餘所，度開營田五千餘頃，歲收百餘萬石。[39]

儘管歷任西北方面大員多能體恤關隴百姓，不令再事攻戰時充作徵發之對象，期望有恢復之時日。但至開元初年，上距郭元振所言，亦至少經過四十年，恢復情形又

---

35. 見舊唐書卷九七郭元振傳，頁三〇四四。
36. 見舊唐書卷一〇〇解琬傳，頁三一一二。
37. 同上，頁三一一三。
38. 同上，頁三一一二。
39. 見舊唐書卷一〇九黑齒常之傳，頁三二九五。

如何呢？以下一則資料正足以說明個中情況：

  ……（郭）虔瓘乃奏請募關中兵一萬人，往安西討擊，皆給公乘，兼供熟食，

敕許之。將作大匠韋湊上疏曰：

  臣聞兵者凶器，不獲已而用之。今西域諸蕃，莫不順軌。縱鼠竊狗盜，有

  戍卒鎮兵，足宣式遏之威，非降赫斯之怒。此師之出，未見其名。臣又聞

  安不忘危，理必資備。自近及遠，強幹弱枝，是以漢實關中，徙諸豪族。

  今關輔戶口，積久逋逃，承前先虛，見猶未實。屬北虜犯塞，西戎駭邊，

  凡在丁壯，征行略盡。豈宜更募驍勇，遠資荒服。又一萬行人（按：通鑑

  卷二一一，開元三年條下，「行人」作「征人」爲是。），詣六千餘里，

  咸給遞馱，並供熟食，道次州縣，將何以供？秦、隴之西，人戶漸少，涼

  州已去，沙磧悠然。遣彼居人，如何得濟？又萬人賞賜，費用極多；萬里

  資糧，破損尤廣。縱令必克，其獲幾何？儻稽天誅，無乃甚損！請令計議

  所用所得，校其多少，即知利害。況用者必賞，獲者未量，何要此行，頓

  空蟿甸。[40]

且排除韋湊的反對可能基於其職權的此一理由，從韋湊之奏阻止了虔瓘之建議，可知

湊言關隴殘破未復之景象，大概甚合實情。虔瓘不久改調中央，其安西鎮之遺缺由張

嵩繼位，他的方式就是循自給自足的屯田老路：

  ……（張嵩）及在安西，務農重戰，安西府庫，遂爲充實。[41]

  唐初以降，關隴地區之殘破，並不因歷任邊防軍司令善體民情而有所緩和，而是

根本迄未恢復，這是因爲兩地之人其兵役的負擔雖已減輕，但各種徭役的負擔仍然很

重的緣故，此見下述。

  於此，可以推知唐朝一方面中央財政並無應付征伐的常支費用，才會鼓勵各軍屯

田；另一方面採重複課稅方式，來徵調鄰近戰地地區所需勞力，馴至關隴地區不堪沈

重稅負，以致殘破。

  唐朝對版圖東北面的征伐和經營，先是遭逢高麗，後則面對突厥和契丹。茲綜合

---

40. 見舊唐書卷一〇三郭虔瓘傳，頁三一八八至九。

41. 同上，頁三一八九。

述之於後，藉以說明從事這種軍事活動其背後經費措籌等問題。早在貞觀十七、八年
起至二十二年止，太宗一再御駕親征高麗。

　　舊唐書卷七四崔仁師傳云：

　　　　……（仁師）遷民部（按：卽後之戶部。）侍郎。征遼之役，詔太常卿韋挺知
　　　　海運，仁師爲副，仁師又別知河南水運。仁師以水路險遠，恐遠州所輸不時至
　　　　海，遂便宜從事，遞發近海租賦以充轉輸。[42]

由上引文知，唐初征遼之役的經費，採以關東近遼各州分攤的辦法，尤其是從洛陽沿
黃河這條補給線附近河南各州，當爲徵集此一軍事行動特別捐的主要地區。無如崔仁
師恐這些地區距戰地過遠，乃便宜行事，將不列入計畫徵收國防特別捐的近海各州，
也作爲徵課對象，並且先行催課。可見唐初的戰費來源，乃是在原有稅負結構基礎
上，選局部地區，進行重複課徵的辦法。易言之，中央政府卽使無意爲戰爭而行增
稅，其實鄰近戰地的百姓往往受到騷擾，此舉無殊於予百姓加重稅負負擔。

　　上事在同書卷七十七韋挺傳中，更爲具體而且清晰，玆錄之於下：

　　　　（貞觀）十九年（六四五），將有事於遼東，擇人運糧，（馬）周又奏（韋）
　　　　挺才堪粗使，太宗從之。挺以父在隋爲營州總管，有經略高麗遺文，因此奏
　　　　之。太宗甚悅，謂挺曰：「幽州以北，遼水二千餘里，無州縣，軍行資糧無
　　　　所取給，卿宜爲此使。但得軍用不乏，功不細矣。」以人部侍郎（按：當爲
　　　　民部，以避太宗世民名諱而改。）崔仁師爲副使，……詔河北諸州皆取挺節
　　　　度，許以便宜行事。……挺至幽州，令燕州司馬王安德巡渠通塞。先出幽州庫
　　　　物，市木造船，運米而進。自桑乾河下至盧思臺，去幽州八百里，逢安德還
　　　　曰：「自此之外，漕渠壅塞。」挺以北方寒雪，不可更進，遂下米於臺側權貯
　　　　之。……[43]

由前一引文知河南爲征遼之役主要戰費供應地點，由這一引文知河北也列爲必要時財
政支援地區。近戰地的幽州在韋挺指揮下，其地方政府成爲擔負起本次戰役購製船舶
的職責，另一方面在崔仁師之擘畫下，該地人民無異又再繳了一次稅，以充國防特別

---

42. 頁二六二一。
43. 頁二六七〇至一。

捐。我們知道唐代州縣地方官握有徵發轄下雜徭之權，[44] 幽州政府所爲無非行使其公權力。

實則這次軍事行動，大有全國總動員之勢，擔負募兵工作以及與兵役相關的各種勞務，不止河南、河北而已：

> （貞觀）十九年，命刑部尚書張亮爲平壤道行軍大總管，領將常何等率江、淮、嶺、陝（按：新唐書作江、吳、京、洛。）勁卒四萬，戰船五百艘，自萊州泛海趨平壤。又以特進英國公李勣爲遼東道行軍大總管，禮部尚書江夏王道宗爲副，領將軍張仕貴等率步騎六萬趨遼東。兩軍合勢。[45]

尙擴及長江、淮河、嶺南、以及今四川三峽一帶。萊州是海路軍集結出海之處，軍人於此的需索，勢必令地方竭力供頓。太宗爲恐累及地方，還特別下詔說：

> ……今幸家給人足，只恐勞於轉餉，故驅牛羊以飼軍。[46]

不過觀民部尚書崔仁師和幽州刺史韋弘機所爲，似乎事先準備的牛羊還不足以瞻軍。

貞觀二十二年，太宗準備第二次親征高麗：

> ……太宗又命江南造大船，遣陝州刺史孫伏伽召募勇敢之士，萊州刺史李道裕運糧及器械，貯於烏胡島，將欲大舉以伐高麗。[47]

可見三年前的戰船五百艘連同這次的，都是由江南諸州負責督造；萊州政府單獨負責海路軍的後勤補給作業；海路軍的兵源似乎兩次都來自募兵，這就意味政府財政需負這種新出的額外負擔。募兵的優待辦法是免負各種勞役，換言之，即政府減少收益。不僅此也，有功戰士政府頒授勳官，百姓獲勳則在納稅義務上有所優待，又是使政府收益減少。

唐初河北一地，與高麗、突厥以及契丹等等各族接壤，唐帝國不論是派兵阻攔其入侵，或是出塞予以攻擊，均就近取給該地，這就造成該地人民不勝負荷之苦。唐高宗自顯慶二年（六五七）起，至總章元年（六六八）止，一有機會便繼續對高麗用

---

44. 參見唐耕耦：「唐代前期的雜徭」，文史哲，一九八一年四期。
45. 見冊府元龜卷一三五帝王部，好邊功，頁二七三。
46. 見新唐書卷二二○東夷列傳高麗部分，頁六一八九至九○。
47. 見舊唐書卷一九九上東夷列傳高麗部分，頁五三二六。

兵，終於獲得決定性勝利。有關唐朝征服高麗戰略的優劣得失問題。[48] 非關本題，可以不論。此處當留意財政問題，這十餘年間，河北一地勢必額外承受倍於其他各州所無的稅負負擔。有關這類資料很少，只有這麼一條：

> 顯慶中（六五八）韋機（按：新唐書作韋弘機。）爲檀州刺史……會契苾何力東討高麗，軍衆至檀州，而濡河泛漲，師不能進，供其資糧，數日不乏。何力全師還，以其事聞。高宗以爲能，超拜司農少卿，兼知東都營田，甚見委遇。[49]

契苾何力一軍人數雖不得知，然以他時官至左驍衞大將軍，以及他與薛仁貴和梁建方各領一軍共擊高麗事視之，人數當不在少數（按：事實上，乾封元年〔六六六〕平壤之役，何力領蕃漢兵達五十萬之衆，先統帥李勣而至。）韋機以檀州此等邊荒之州，竟能獨力供食遠征軍數日之久，地方百姓所擔負的，不可謂不重。中央認爲韋機必有料理糧政之才，才能成此非常之功，以致超拜他爲司農少卿。其實，從另一個角度看，他的非常之功可能建立在犧牲檀州一州民力基礎上。

唐朝對高麗相當長時期鍥而不捨的軍事征伐行動中，除了河北一地以鄰敵前，稅負重於他處之外，今天山東半島臨海州縣，更因與朝鮮半島一海之隔，在人力和物力接濟登陸朝鮮的唐軍方面，最爲便利，負擔也就不輕。以下一則資料多少說明了上述情事：

> （龍朔）二年（六六二）七月，……（劉）仁願乃奏請益兵，詔發淄、靑、萊、海之兵七千人，遣左威衞將軍孫仁師統衆浮海赴熊津，以益仁願之衆。[50]

戰爭進行期間，有些地方官趁機利用職權索賄、濫用公權力以役使人力：

> ……比王師薦發，戎務實繁，州縣官僚緣玆生過。力役無度，賄賂公行。憲政傷風，莫斯爲甚。前令三十六州造船已備東行者，卽宜並停。……[51]

高麗戰事如火如荼進行下去，愈陷愈深，唐朝投注下去的人力和物力日益增多。這時河北和靑萊等鄰敵各州，也不足以支應時，只有往內地擴大徵調人力：

---

48. 關此，可參閱康樂：唐代前期的邊防，臺大文史叢刊之五十一，民國六十八年六月。

49. 見舊唐書卷一八五上良吏列傳韋機傳，頁四七九五至六。

50. 見舊唐書卷一九九上東夷列傳百濟部分，頁五三三二。

51. 見全唐文卷一二高宗「罷諸州造船安撫百姓詔」，頁一六五至六。

　　　（龍朔元年〔六六一〕）正月乙卯，於河南、河北、淮南六十七州募得四萬四千六百四十六人，往平壤帶方道行營。[52]

愈到決定性勝負關鍵時刻，投下的人力和物力愈是驚人，只是這些旁午的軍書，事過境遷也就棄之如蔽履，後人看不到了。

　　唐朝征服高麗後，河北作爲支援前線作戰的糧倉與運輸的任務，仍未解除，因爲繼高麗之後，唐朝國防線的東北角上，突厥和契丹代之而起。武則天時期，曾主持過河北某州政府的狄仁傑入相後，主張「廢安東（都護府），復高（麗）氏君長，停江南之轉輸，慰河北之勞弊。」[53] 河北地近唐朝東北國防線上，歷任各州州長爲應付歷任統帥就近取給之便，通常都是極盡搜刮地方之能事。遠距東北國防線上五千里外的江南地方，除了供應糧食和器械之外，還得承擔轉輸之勞，可見唐朝爲支持東北邊境之戰事，受到徵收特別稅捐的地區相當遼濶，非僅僅黃河南北一帶之州縣而已。當然其中以河北所受之負擔，最爲沉重，可以想見。河北比起關隴，不同的是較有能力承受吃重的稅負，還不至淪爲殘破地區，這是因爲河北在唐朝前期是經濟發達區的緣故。

　　聖曆初（六九八），狄仁傑膺任河北道元帥，以應付突厥入侵河北一事。事後仁傑改任河北道安撫大使，以便宜處理戰後善後事宜。在他視察報告中，說到：

　　　　……近緣軍機，調發傷重，家道悉破，或至逃亡，剔屋賣田，人不爲售，內顧生計，四壁皆空。重以官典侵漁，因事而起，取其髓腦，曾無心媿。修築池城，繕造兵甲，州縣役使，十倍軍機。……[54]

從上引「州縣役使，十倍軍機」一語知，河北人民所受中央徵稅——正當的加上重複課徵的——之苦，尚遠遜於當地地方政府趁機之需索。固然河北經濟條件在全國算得上上佳的，但無端受到這種來自中央和地方的雙重增稅剝削，總是違背稅負公平這一原則的。

　　玄宗時對契丹也付出不少人力。先是恢復營州都督府，作爲唐朝主宰關外國際社會秩序的司令部：

---

52. 見舊唐書卷四高宗紀，頁八一。
53. 見舊唐書卷八九狄仁傑傳，頁二八九一。
54. 同上，頁二九九二。

（開元）五年（七一七），（李）大輔（按：爲奚族領袖。）與契丹首領松漠
郡王李失活咸請於柳城依舊置營州都督府，上從之。敕太子詹事姜師度充使督
工作，役八千餘人。[55]

這是玄宗恢復經營東北疆域的一個先聲而已。

後來契丹內部失和，不服唐朝支配，遂以武力向唐朝挑戰。最嚴重的要數開元十
八年（七三〇）那次：

十八年，可突于殺邵固，率部落幷脅奚衆降於突厥，東華公主走投平盧軍。於
是詔中書舍人裴寬、給事中薛侃等於京城及關內、河東、河南、河北分道募壯
勇之士，以忠王浚爲河北道行軍元帥以討之，師竟不行。二十年，……出塞擊
破之，俘獲甚衆。[56]

這次募兵行動範圍幾乎涵蓋黃河中下游各州縣，而且相當愼重地由中央遣使分赴地方
主持有關事宜。

綜上析論，唐代前期的戰事，大體集中在西北和東北國防線上，因此鄰近兩戰線
上的關隴和河北各州縣，其所承擔之稅負，較諸其他各州縣爲沉重多矣。鄰近戰地之
州縣，一遇戰事，大軍過境，就得應付兵將之需索，而地方官藉機歛財亦所在多有，
不在話下，遇到像韋弘機這類地方官，見到將領示以便宜行事之權狀後，盡力以供驅
使，期能如軍人意，這還算是幸運了。 要是逢到如狄仁傑所言那種地方官，從中取
利，竟至「十倍軍機」，如此地方還能不殘破者幾稀。

軍將對地方的索求，也不可一槪而論，或有儘量做到不騷擾地方，又能與地方合
作良好如王晙者流：

景龍末（七〇九），（王晙）累轉爲桂州都督。桂州舊有屯兵，常運衡、永等
州糧以饋之，晙始改築羅郭，奏罷屯兵及轉運。[57]

有如楊國忠之流的指揮官，視役兵如囚徒，並且沿途壓榨地方：

（天寶十三載〔七五四〕？）楊國忠任用之後 ， 卽與蠻王閣羅鳳結釁 ， 徵關

55. 見舊唐書卷一九九下東夷列傳奚國部分，頁五三五五。
56. 同上，契丹部分，頁五三五二至三。
57. 見舊唐書卷九三王晙傳，頁二九八五。

輔、河南京兆人討之。去者萬不一全，連枷赴役，郡縣供食；於是當路店肆，多藏閉以懼撓亂，驢馬車牛悉被虜奪，不酬其值。數年間因漸減耗。[58]

以上兩個不同類型作風的軍將例子，都發生在西南邊區。王睎的作法是經濟考慮，著眼點是替國家節省勞費。他只與建桂州羅郭，便使得一則兵力上不靠外來屯兵，二則糧食上無需鄰近兩州經常性接濟。楊國忠所為正好相反，所徵之兵可能乃率就他本人職務方便，而不顧徵兵的公平性這一點原則，因此可能為防止嚴重逃兵，便製造出一幕拉夫綁赴戰場的悲慘景象。他沿途需索形同盜匪。這對國家的損害，已超出財政上所能估計的範圍。

這兩個例子清楚告訴我們，唐代歲入常支中始終缺乏應付突如其來的國防經費這一項目。於是乎在軍隊給養方面往往由地方攤派，或有不識大體的軍將便大肆濫用公權力，藉以借用民宅、徵用民間代步兼運輸的獸力。而在徵調軍隊方面，似乎役政也有問題。如何做到各地役丁勞逸平均固然不容易，但是如果絲毫不考慮這方面，那麼勞逸不均的現象便至為嚴重。上引楊國忠挑選兩京人士，開赴西南邊陲去作戰，不說兵役公平問題，本身便是很不經濟的一件事。

再說軍隊給養交付地方攤派一事，另有一層財政意義。前述一再強調在唐代低稅政策之下，中央對國防軍費的籌措，是一道解不開的死結，徒然在高階層財經會議席上造成不勝其辯，又沒有結果之局。如此一來，一旦戰事發生了，甚至繼續昇高了，與這個軍事問題關係密切的財政問題，中央往往睜一隻眼閉一隻眼，乾脆視若無睹。中央只管調兵遣將，這支軍隊的給養，全部交付其統帥去傷神。如此作法，倒省卻不少場廟堂上財政決策辯論。

戰事發生，臨近戰地之州縣，負責協同作戰事宜，主要為後勤補給，其中包括構築防禦工事，運輸軍資物品，甚至製造兵器和航具。遇到戰事，有關地區除了出錢、出力、出糧以濟軍之外，必要時還要提供壯丁接受配額招募、去充軍夫。這些軍夫的下場都很慘。在遠征高麗之役，從著名的劉仁軌上高宗表中，對於募兵悲慘之情況可

---

58. 見通典卷七食貨七，頁四A。此事又見太平寰宇記（臺北，文海版，1963）㈠卷七九劍南西道八，姚州條下，頁六一〇云：「天寶末楊國忠用事，蜀帥撫慰不謹，蠻王閤羅鳳不恭，國忠令鮮于仲通興師一萬，渡瀘討之，大為羅鳳所敗。自是臣附吐蕃，侵寇西川。」

略窺一二：

> 臣（按：仁軌自稱。）看見在兵募，手腳沉重者多，勇健奮發者少，兼有老弱，衣服單寒，唯望西歸，無心展效。臣聞：「往在海西，見百姓人人投募，爭欲征行，乃有不用官物，請自辦衣糧，投名義征。何因今日募兵，如此儜弱？」皆報臣云：「今日官府，與往日不同，人心又別。貞觀、永徽年中，東西征役，身死王事者，並蒙敕使弔祭，追贈官職，亦有廻亡者官爵與其子弟。從顯慶五年以後，征役身死，更不借問。往前渡遼海者，即得一轉勳官；從顯慶五年以後，頻經渡海，不被記錄。州縣發遣兵募，人身少壯，家有錢財，參逐官府者，東西藏避，並即得脫。無錢參逐者，雖是老弱，推背即來。顯慶五年，破百濟勳，及向平壤苦戰勳，當時軍將號令，並言與高官重賞，百方購募，無種不道。泊到西岸，唯聞枷鎖推禁，奪賜破勳，州縣追呼，求住不得，公私困弊，不可言盡。發海西之日，已有自害逃走，非獨海外始逃。又爲征役，蒙授勳級，將爲榮寵；頻年征役，唯取勳官，牽挽辛苦，與白丁無別。百姓不願征行，特由於此。」……

> 臣又問：「見在兵募，舊留鎮五年，尚得支濟；爾等始經一年，何因如此單露？」並報臣道：「發家來日，唯遣作一年裝束，自從離家，已經二年。在朝陽甕津，又遣來去運糧，涉海遭風，多有漂失。」……[59]

以上將劉仁軌藉著與募兵的對話，向高宗建議：「兵士既有此議，不可膠柱因循，須還其渡海官勳及平百濟向平壤功效。除此之外，更相襃賞，明敕慰勞，以起兵募之心。」[60] 此一募兵心聲的資料是相當珍貴的，使當時地方官府辦理募兵種種圖像，清晰呈現在眼前。

　　武則天時期，在對付突厥和契丹入寇河北事上，我們也見到一則間接反映強迫募兵的記載：

> （李元紘）父道廣，則天時爲汴州刺史。時屬突厥及契丹寇陷河北，兼發河

---

59. 見舊唐書卷八四劉仁軌傳，頁二七九三至四。
60. 同上。又，有關唐代前期募兵的地位和重要性，可參閱唐耕耦「唐代前期的兵募」（歷史研究四期，1981）一文，分析至爲精彩。

南諸州兵募，百姓騷擾，道廣寬猛折衷，稱爲善政，存心慰撫，汴州獨不逃散。[61]

這次河南百姓又再一次遭到強迫募兵的命運。像李道廣會運用技巧處理強迫募兵的事，恐係鮮例，絕大多數的父母官爲了奉行中央命令，都是極盡強迫之能事。

總之，唐代前期爲鞏固東北國防線，其國防經費來源非取之於歲入常支，而是臨時向有關地方——大體是河北、河南、淮南、和江南這幾處，其中以河北一地負擔最重——徵集所需之錢財（如燕州司馬王安德出幽州庫物。）、租賦（如征軍將崔仁師發近海租賦。）、糧食（如檀州刺史韋機供大軍軍糧數日之久。）、勞力（如狄仁傑云河北州縣令民修城池和造兵器，以及募兵告訴劉仁軌牽挽之事。）以及被迫當兵。以上各項在在加重人民負擔，形同一種無止境的重複課稅！

至於唐代軍將對地方的需索，無論合理與否，基本上是反映財政常支中缺乏國防軍費之一端。而地方攤派軍隊給養一事，乃是超出低稅政策極限下不得已的辦法。

（二）官府工程支出

唐代前期人民在遭逢邊境戰事時，要超出法定範圍內出錢、出力、甚至奉獻生命，這一切無殊於國防特別捐，構成一種非法定稅的沉重負擔；可是即使沒有戰事，種種繁雜名目的徭役，也是多得驚人，爲此傾家蕩產，甚至累死於工役途中的亦所在多有，簡直比法定稅額高得更多——甚且多到付出社會成本的地步。

唐朝規定人民每年須爲公家服徭役若干天，算是法定課稅項目中的一環。可是政府對人民的役使幾乎是經年不斷的，往往基於一時的需要，便大事興役。譬如說，高宗總章二年（六六九）十一月，下令「發九州人夫，轉發太原倉米粟入京。」[62] 這道行政命令並沒說明理由，但可以想見時值天寒地凍，首都長安需糧孔急，便就近從京畿地區徵發九州的人力，將存於河東太原糧倉的米糧馱負入京。政府在下達這道命令時，恐怕沒考慮到當時天候和道路狀況的惡劣，以及百姓的體能和家庭況狀吧。在唐朝類似這種例子不勝枚舉。其實，公家的役使尚可令人民有喘息之機會，最可怕的是皇家的役使。

---

61. 見舊唐書卷九八李元紘傳，頁三〇七三。
62. 見舊唐書卷五高宗紀，頁九三。

皇家對於陵寢和宮室工程，以及宗教奉獻活動，特別感興趣，這麼一來就苦了百姓。站在皇家立場，普天之下的人民都是皇家的奴僕，教他們付出勞務，根本不算什麼。皇家沒顧慮到一般人民除了應付法定稅目之外，法定範圍以外公家的兵役和徭役（包括色役和雜徭。）已是不少。如今再加上為皇家服勞役，一般人民真不知何以為生了。其實陵寢和宮殿的興築和維護，政府也列有專人負責其事，很難說純粹屬皇家的事，這一點先須聲明。

1. 皇家陵寢

每逢新皇登基後幾年，新皇往往忙於為前皇大事建構陵寢，大體上，太宗貞觀和玄宗開元初年，可能因為皇帝勵精圖治，且有胸襟接受諫諍，故爾謀豪華建陵之事便遭到臣僚的出面勸諫，因此才留下一些蛛絲馬跡的言論，供後人研究，並非其他皇帝便沒有這類情事，或是問題較不嚴重，而是或因言禁較嚴，撲滅了這類言論，或因其他原因罷了。不過，我們還是搜求到一則中宗朝的例子。這些臣子反對陵工從奢的理由，千篇一律都是動用節用愛人的觀念，去勸阻皇帝。

高祖遺命切勿厚葬，但太宗為表人子孝思，執意不從。大臣卽羣起勸阻。其中虞世南出以折衷之言，始為太宗所接受。世南言及漢家造陵制度，為不求速成，以免在很短時間內大量耗損人力（其實物力何嘗不因此而耗損？）：

> 漢家卽位之初，便營陵墓，近者十餘歲，遠者五十年，方始成就。今以數月之間而造數十年之事，其於人力，亦已勞矣。又漢家大郡五十萬戶，郡國（按：唐會要卷二十陵議，頁三九四，作「卽日」，為是。）人衆未及往時，而功役與之一等，此臣所以致疑也。[63]

結果他的意見獲致臣僚的支持：

> 時公卿又上奏請遵遺詔，務從節儉，因下其事（按：指虞世南所提建議案。）付所司詳議，於是制度頗有減省焉。[64]

虞世南大概料準要太宗行薄葬既為勢所不許，但行低稅理想以照顧百姓利益的構想又不能不顧，因此提議延長工程時間，使太宗欲事厚葬的價值理念多少受到尊重，同時

---

63. 見舊唐書卷七二虞世南傳，頁二五六九。
64. 同上，頁二五六九至七○。

又不使百姓一時爲非法定勞役壓得喘不過氣來。要之,厚葬與低稅都是傳統價值體系內的重要成分,如今兩者有所衝突,欲擇一而適,就當時條件而論,確是進退兩難弔詭的事。最後決策小組裁決,只能對於太宗所提厚葬的構想稍事修正;易言之,徵調民力去修陵寢之事非爲加稅,實則形同加稅。

　　玄宗卽位第二年,靖陵(按:睿宗葬所。)工程已完成,工程進行前和進行中,都未遇到大臣潑以冷水之事,許許多多的百姓爲此工程所苦,可以想見。不想完工後竟爲立碑事,遭致抨擊:

　　　　開元二年(七一四)夏,敕靖陵建碑,徵料夫匠。(韋)湊(時官汝州刺史)以自古園陵無建碑之禮,又時正旱儉,不可興功,飛表極諫,工役乃止。[65]

汝州離長安近千里開外,可見只爲區區建碑事,竟如此大事鳩工選匠,整個陵寢所動用的力役,恐怕不在少數。此事中央決策集團沒有說話,反而勞動汝州的民父母官說話,顯示決策階層事先同意暫把低稅理想擺在一邊,用以成全玄宗的孝心。結果就導致局部地區的人民受到重複課稅的不公平待遇。

　　舊唐書卷九六宋璟傳載,開元七年(七一九),王皎卒,子守一奏請大事構築墳墓,上從之,宋璟等反對,主張薄葬。[66] 從王守一敢向玄宗提出厚葬其父之議,可見此議爲皇帝接受可能性甚大;而皇帝立予照准,又可見此事至爲平常之極。不想竟遭宋璟等大臣反對。配合開元二年建靖陵碑事,我們可以推知,玄宗早就做過大事建陵之事,如今臣子所請一如於己,又有何不准之理。足見爲建陵動用人力,並不在他考慮範圍內。大臣以他爲表孝思乃大建先帝陵寢,甚難反對,如今見他輕易批准臣僚爲其亡父大建墳墓,可就不能默然了。此事似可從此一角度,來理解宋璟等大臣反對之堅。

　　武則天死後,中宗皇帝擬將她與高宗合葬一起,如此就必須花費比獨造一墓更多的錢財和人工去完成。有位臣僚嚴善思(時官給事中)不惜使用危言聳聽的手法去勸阻:

---

65. 見舊唐書卷九一韋湊傳,頁三一四六。
66. 頁三〇三三。

……今乃動衆加功，誠恐多所驚黷。……今更改作，爲害益深，又以修築乾陵
之後，國頻有難，遂至則天皇后總萬幾二十餘年。其難始定，今乃更加營作，
伏恐還有難生。[67]

中宗疑惑，付百官詳議，結果決定不合葬。在此，我們要注意的是，他所動用的理由
不再是皇帝聽膩的愛惜民力之類的陳腔。亦即中宗放棄大肆興作，並非爲了百姓利
益。要之，合葬固需鉅款，然獨葬所費又何曾少。對百姓而言，横豎都要做許多可能
無償的苦工，所異者唯多做與少做而已。

綜觀以上太宗、中宗、玄宗三朝有關修築先皇陵寢的情事，在太宗朝，連同決策
階層在內的朝臣雖都竭力反對奢靡從事，但終究不成功；中宗和玄宗兩朝則似乎顯示
決策階層不再堅持低稅政策，因此才僅餘刺史和給事中兩位不參與決策的臣子微弱的
反對聲息。甚且我們可以推知其他高宗、武則天、睿宗等三朝，多半傾向不惜工本去
修陵，而決策階層則將低稅政策束之高閣。

皇帝看重傳位於己的先皇陵寢工程，乃意料中事，不值爲奇。然有的皇帝也很看
重所寵的妻兒，對他們墳墓之經營，也不掉以輕心。

高宗儀鳳年間（六七六～六七八），太子弘去世，爲了在緱氏縣替他建陵寢竟惹
出很大的一場風波：

太子弘薨，詔蒲洲刺史李沖寂治陵，成而玄堂陋，不容終具，將更爲之。役者
（按：屬於滑、澤等州丁夫。）過期不遣，衆怨，夜燒營去。帝詔（韋）弘機
（按：時官司農少卿，兼領將作，少府二司。）嗣作，弘機令開程左右爲四便
房，撙制禮物，裁工程，不多改作，如期而辦。[68]

李弘的恭陵（按：王子葬地應稱墓的，如今稱陵，這是逾制。）原由地方政府負責其
事，事成以細故欲變更工程計畫，無奈役工以過期不遣，怒而四散離去。此事才由中
央政府出面加以解決。這次有了上次經驗，主其事的李弘機嚴格執行規定役工役使期

---

67. 見唐會要卷二○陵議，頁三九六。
68. 見新唐書卷一○○韋弘機傳，頁三九四四；又見唐會要卷二一諸陵雜錄，頁四一七。又據李求是「談章
懷、懿德兩墓的形制等問題」（文物七期，1972）頁四五、五八云，李弘墓旁的乾陵，後來也陪葬了其弟
李賢（章懷太子）、其妹永泰公主、其姪李重潤（懿德太子）。在陵寢形制上大同小異，都是極盡奢靡之
能事。近來大陸對唐室諸陵挖掘甚多，其報告多載於文物，讀者可以覆按，此處不贅。

限內完工遣散，才沒有再出事。

　　陵寢建好之後，百姓的災難並未因此而結束。配居在諸陵旁的陵戶往往受到不合理的徵課：

　　　　景龍二年（七〇八）三月十一日勅：諸陵所使來往，宜令所支，預料所須，送
　　　　納陵署，仍令署官檢校，隨事供擬，不得差百戶私備支承。[69]

以上是條頗富參考價值的史料。太常寺下設有陵署，每年編列有一定的業務經費去管理諸陵。可是陵寢的開銷，官僚竟然一切以利用陵戶的私產爲正辦。更遑論陵戶的無償勞動了。以上引文，雖說下令嚴禁侵犯陵戶權益，恐怕禁不了吧？

　　總之，每建一陵時，工程愈大，所需工役就愈多，受害的百姓也就愈廣；陵成後，受害的百姓倒是縮小到只剩那數百戶的陵戶。而陵戶就代代受到官府予取予求的課徵。

　　我們從近年所挖掘的唐陵來看，其工程浩大，都令人歎爲觀止。這些工程背後的民脂民膏，可眞叫我們難以估計了。

２．皇家宮室

　　皇陵工程幾乎總是不因大臣的反對而停工，只是做工由多變少一點罷了。皇宮工程雖也是很少有節制地興建，但有些還是因爲大臣的反對而罷建。這是因爲皇帝缺少一道像建陵時的憑藉——孝思，因而一方面皇帝對皇宮工程比較有讓步的可能，另一方面大臣也敢於振振有詞。儘管如此，對百姓而言，爲此所服的勞役，依然爲數相當可觀。

　　早在貞觀四年（六三〇）六月，太宗爲興建洛陽乾陽殿，擬由軍隊承攬，[70] 卽已設想到百姓，不料仍遭到張玄素（時官給事中）的反對。茲擇要錄其理由如下：

　　　　惟當弘儉約，薄賦斂，愼終如始，可以永固。

　　　　諸王今並出藩，又須營構，興發漸多，豈疲人之所望。其不可一也。

　　　　每承音旨，未卽巡幸，此則事不急之務，成虛費之勞。國無兼年之積，何用兩

---

69. 見唐會要卷二一諸陵雜錄，頁四一八。

70. 見册府元龜卷一〇一帝王部，納諫，頁五三一。

都之好，勞役過度，怨讟將起。其不可三也。[71]

　　太宗欲大事修築兩京的計畫，由於戰亂方歇、國力未復，碍於大臣的羣起反對，不克如願，但等到高宗時，便與司農少卿韋弘機商量募集經費，而完成了宿羽、高山等宮：

　　　　上元二年（六七五），高宗將還西京，乃謂司農少卿韋機曰：「兩都是朕東西之宅也。見在宮館，隋代所造，歲序旣淹。漸將頹頓，欲修殊費財力，爲之奈何？」機奏曰：「臣曹司舊式，差丁採木，皆有雇直，今戶奴採斫，足支十年。所納丁庸，及蒲荷之直，在庫見貯四十萬貫（按：新唐書卷一〇〇韋弘機傳云三十萬。），用之市材造瓦，不勞百姓，三載必成矣。」上大悅，乃召機攝東都將作、少府兩司事，使漸營之。於是機始造宿羽、高山等宮。其後，……乃勅韋機造一高館，……卽令列岸修廊，連亙一里……儀鳳四年（六七九）……尚書左僕射劉仁軌謂侍御史狄仁傑曰：「……韋機之作，列岸修廊，在於闤闠之外，……此豈致君堯舜之意哉？」韋機聞之曰：「天下有道，百司各奉其職，輔弼之臣，則思獻替之事。府藏之臣，行詔守官而已，吾不敢越分也。」[72]

以上引文，有以下幾點值得注意：第一，高宗和韋弘機兩人均有不應爲建宮室而多方役人的觀念，因此弘機此番承皇帝旨意大建宮室，並非以徵集百姓服義務工的方式來完成，而是務用司農寺的積蓄雇工辦理的。第二，劉仁軌和狄仁傑反對的理由，是建築太過奢靡，對百姓說不過去。第三，韋弘機辯解之辭，是財經官可不同於一般外廷政府官員，他只對皇帝一人負責。第四，以上工程的修築時間，據冊府元龜卷一四，帝王部，都邑二，繫於顯慶五年（六六〇）五至九月顯有誤；通鑑卷二〇一，繫於調露元年（六七九）春正月，與上文所述合；知當爲上元二年（六七五）至儀鳳四年（六七九）。此外，弘機因此坐免官，然只是一時而已，不久又受到重用，而且仍膺財經官。

　　以上二例是唐朝宮室工程節制的一面，然亦有肆無忌憚的浪擲一面。

---

71. 見舊唐書卷七五張玄素傳，頁二六三九至四〇。
72. 見唐會要卷三十，洛陽宮條，頁五五二至三。

　　貞觀五年（六三一）在修九成宮的同時，太宗猶不死心，想修復洛陽宮，戴冑
（時官民部尚書，參朝政，即宰相兼財政首長。）上表勸說，其辭如下：

> ……比見關中、河外盡置軍團，富室強丁並從戎旅，重以九成作役，餘丁向
> 盡，去京二千里內，先配司農將作，假有遺餘，勢何足紀？亂離甫爾，戶口單
> 弱，一人就役，舉家便廢。入軍者督其戎伏，從役者責其糇糧，盡室經營，多
> 不能濟。以臣愚慮，恐致怨嗟。七月已來，霖潦過度，河南、河北厥田涝下，
> 時豐歲稔，猶未可量。加以軍國所須，皆資府庫，絹布所出，歲過百萬。丁既
> 役盡，賦調不減，費用不止，帑藏其虛。且洛陽宮殿足蔽風雨，數年功畢，亦
> 謂非晚。若頓修營，恐傷勞擾。[73]

從文中知，當時全國人力耗在兵役和徭役方面，大得驚人，且不提兵役，為了九成宮
的興作，唐政府所發動的民夫，在離京師兩千里內的都在徵集之列，足見不是件小工
程。而當年的軍費超過一百萬貫，從冑語氣判斷，衡之當時物力，當不是筆小數目。
在這種情形之下，太宗還想傾全力立即修築好洛陽宮。在此，尤當注意的是，政府使
用民力恐怕已超過法定程度了，按說早就該賦調全減了，竟然不減。很明顯，這就是
重複課徵了。

　　貞觀八年（六三四）十月，太宗又建永安宮（後改名大明宮），為給高祖皇帝避
暑用：

> 以備太上皇清暑，公卿百寮爭以私財助役。[74]

這次工程，在經費方面，有了臣僚的支助，政府財政負擔固可減輕一點，可是百姓的
負擔恐怕不得減輕。

　　貞觀十一年（六三七）正月，又有飛山宮興築之事，侍御史馬周建言道：

> ……今百姓承喪亂之後，比於隋時纔十分之一。而供官徭役，道路相繼，兄去
> 弟還，首尾不絕，遠者往來五六千里，春秋冬夏，略無休時。陛下雖每有恩詔
> 令其減省，而有司作既不廢，自然須人，徒行文書，役之如故。臣每訪問，四
> 五年來，百姓頗有嗟怨之言，以為陛下不存養之。……今京師及益州諸處，營

---

73. 見舊唐書卷七〇戴冑傳，頁二五三四。

74. 見冊府元龜卷一四帝王部，都邑二，頁六八。

> 造供奉器物，並諸王妃主服飾，議者皆不以爲儉。……往者貞觀之初，率土霜
> 儉，一匹絹纔得一斗米，而天下帖然。百姓知陛下甚愛憐之，故人人自安，曾
> 無謗讟。自五六年來，頻歲豐稔，一匹絹得粟十餘石，而百姓皆以爲陛下不憂
> 憐之，咸有怨言。又今所營爲者，頗多不急之務故也。自古以來，國之興亡，
> 不由積畜多少，唯在百姓苦樂。[75]

據上引文，知此一工程動用的人夫更多了，離長安五六千里外的人赫然也在其中。依
法，每一家庭有一男丁應役即列入不課口，如今打破此一規定，只要是成丁就要加入
勞役行列；而且經年累月沒有休工的時候，這是不合法的事。太宗雖然下詔愛惜民
力，然而工程不斷，這些詔書也就成了具文。同一件事另有兩條不同來源的史料，如
此說道：

> 恒差山東衆丁。[76]

> 懷洛以東，殘人不堪其命。[77]

前一條指此番應役的主力不在關內，而是山東夫役，印證了馬周所言：「遠者往來五
六千里。」；後一條則說明了應役人的慘狀。

貞觀十四年（六四〇），太宗爲了巡幸洛陽，特在汝水畔建了座避暑山莊，名曰
襄城宮，這也是利用龐大密集人力，於短期完成的大工程：

> （貞觀十四年八月）初帝將幸雒陽，遣將作大匠閻立德行可清暑之地，以建離
> 宮於汝州西山，前臨汝水，傍通廣城澤以置宮焉。役工一百九十餘萬，雜費稱
> 是。[78]

當時納稅人戶約爲三百多萬，爲了這個工程就發動了偌大的役工，如果這個記載沒有
誇張的話，就是說扣除婦孺老弱以及服兵役的人，剩下的可有不少人都投入這項工作
了。而花費的錢也是約略這個數字，這就將近前述九成宮工程費（主要是料費）的一
倍。

---

75. 見舊唐書卷七四馬周傳，頁二六一五至七。

76. 見唐王方慶：魏鄭公諫錄（畿輔叢書第一四五册）卷四，對懷州有上封事者，頁六A。

77. 見貞觀政要卷一〇論畋獵第三十八，頁四四五。

78. 見册府元龜卷一四帝王部，都邑二，頁六八。同玉海卷一五七宮室，宮三，唐襄城宮條，引閻立德傳，又
    唐會要，頁五六〇。

　　高宗早年時期一項宮殿建築的大手筆，要數建於龍朔二、三年（六六二、六六三）間的蓬萊、上陽、合璧等宮。舊唐書卷八五張文瓘傳云：

　　　　時初造蓬萊、上陽、合璧等宮，又征討四夷，廄馬有萬匹，倉庫漸虛。[79]

當時宰相之一的張文瓘爲此上書，不外乎不愛惜民力則將亡國的言論，無庸贅引。結果「上深納其言，於是節減廄馬數千匹。」[80] 換言之，高宗以減少蓄養廄馬作爲答覆，但這只表示對戰爭有所節制；並沒表示不停止工程。中央政府對廄馬萬匹的財政負擔到底有多大呢？有唐一代，馬價可能各個時期均有所不同。高宗龍朔年間的馬價爲何，史料有闕，不得而知。不妨以天寶時代的官馬價格來估計。一般認爲天寶年間是唐代物價最低的時期，以它爲準，雖不甚準確，但至少不至高估。據唐沈既濟（約七四一至八〇五）「任氏傳」載，天寶九年（七五〇）廄馬的官價是每匹六萬錢，[81] 一萬匹卽六億錢，亦卽六萬貫。這還只是馬本身的身價。每匹馬每年所消耗的馬料錢（卽芻粟之估），數額必相當可觀，[82] 所以引文才說，養馬也是導致「倉庫漸虛」的三大原因之一。

　　於造蓬萊宮的經費籌措方面，顯得非常特出：

　　　　（龍朔三年二月），稅雍、同、岐、幽〔豳〕、華、寧、邠、坊、涇、虢、絳、晉、蒲、慶等州，率口錢修蓬萊宮。又減京官一月俸，助修蓬萊宮。[83]

這幾州都是京畿諸州，是說這幾州納稅人以家中人口爲單位都要出錢若干。此外，京官出一月的俸錢以爲助。

　　高宗晚年在嵩山南邊修築了一座奉天宮，有人加以諫阻，不聽：

　　　　（永淳元年〔六八二〕）秋七月，作奉天宮於嵩山南。監察御史裏行李善感諫

---

79. 頁二八一五，
80. 同上。
81. 「任氏傳」最先見於唐陳翰（八七四年在世）所編的異聞集內，後收入宋人太平廣記卷四五二；近人王夢鷗：「唐人小說研究二集」（一九七三年藝文印書館版），亦有收錄，見該書頁一八六至一九二，馬價事見頁一九〇。
82. 據唐代宗時作品夏侯陽算經卷中云：「今有馬七千六百八十四，匹曰給料五升。問一日幾何？答曰：一日，三百八十四五石。」（錢寶琮校點算經十書，北京，中華，1963，頁五八〇）可知一萬匹馬日食五升，則一年費料一十八萬二千五百石。
83. 見册府元龜卷一四帝王部，都邑二，頁六九。又見唐會要卷三十，大明宮條，頁五五三，唯除上舉十四州外，尚有延州一州，爲册府元龜所缺，當補上。

曰：「……數年以來，菽粟不稔，餓殍相望，四夷交侵，兵車歲駕，陛下宜恭默思道以禳災譴，乃更廣營宮室，勞役不休，天下莫不失望。……」上雖不納……[84]

這則資料雖不明言勞力所從出，但大概逃不過超限役使人力這一格局，否則李善感不會如此鄭重其事。

武則天垂拱年間（七八七？）不知爲何工程，政府發動民夫到虢州採木：

時（按：垂拱以後）御史王弘義託附來俊臣，構陷無罪，朝廷疾之。嘗受詔於虢州採木，役使不節，丁夫多死（蘇）珦（時官右司郎中）按奏其事，弘義竟以坐黜。[85]

王弘義附從的酷吏來俊臣，是朝臣痛恨的公敵，他到虢州公幹所奉的詔旨，恐怕是武則天一人或其權倖的旨意，而非正式中書門下兩省的文書。他會使百姓工作致死，可見超過法定定額之負擔必甚多。此舉無異變相加稅於民，而且無法補償人民爲此所付出的代價——許多條生命！下文還會提到王弘義助武則天造白司馬坂大佛像事，此處的推論會更堅強。

武則天長安四年（七〇四），武三思建議毀三陽宮，以其材料再改建而爲興泰宮，舉朝唯獨一小官左拾遺盧藏用上疏反對：

正月丁未，毀三陽宮，以其材作興泰宮於萬安山。二宮皆武三思建議爲之，請太后每歲臨幸，功費甚廣，百姓苦之。左拾遺盧藏用上疏，以爲「左右近臣多以順意爲忠，朝廷具僚皆以犯忤爲戒，致陛下不知百姓失業，傷陛下之仁。陛下誠能以勞人爲辭，發制罷之，則天下皆知陛下苦己而愛人也。」不從。[86]

關於這兩宮工程的耗費，新唐書卷二〇六，武三思傳云：

工役鉅萬萬，百姓愁歎。[87]

耗費至上億錢，而且百姓爲此愁歎，多半超出百姓法定納稅的範圍不知有多少。

玄宗天寶六載（七四七），興築會昌羅城時：

84. 見資治通鑑卷二〇三頁六四一〇。
85. 見舊唐書卷一〇〇蘇珦傳，頁三一一五至六。
86. 見資治通鑑卷二〇七頁六五六九。
87. 頁五八四〇。

（十二月），發馮翊、華陰等郡丁夫，築會昌羅城，於溫陽置百司。[88]

天寶十二載（七五三），建興慶宮時：

　　（十月），城興慶宮，役京師及三輔人，凡一萬三千人，並以時估酬錢。[89]

以上兩條資料，都沒有政府佔百姓便宜的不利記載，相反地，後一條還說付與百姓工錢呢。可能是工程小，政府財力可以負擔時，便可有餘裕依法行事吧？

　　綜上析論，並將上舉片片段段的史實加以組織，可以獲致如下印象：唐代前期宮室工程的興築，有其節制面，亦有其舖張面。大體而言，太宗和高宗時期節制面和舖張面同時存在。而武則天朝似乎只見舖張面。玄宗時許是承襲列祖列宗大量建築的遺產，比較沒有再事修築的藉口，因而表現出一幅節制的景緻。此其一。第二，太宗朝人口寡少，每大動工程便幾乎需全國總動員來共襄盛舉，這對偏遠地區居民而言，利益的損失至為鉅大。第三，就經費籌措而言，多係不斷重複課徵，甚至有役工過重而致人於死的情事；唯一奇特的方式，要數高宗修建蓬萊、上陽、合璧等三宮那次，以人口為課征單位向京畿平民徵收現金之外，京官也得捐出一月的俸錢。第四，武則天朝，負有監造之責的不是有關官員，而是她的親倖如武三思，以及其附從分子如王弘義。可見這些工事並未透過正式而合法程序進行的。此可見正式管道中有阻力，這個阻力來自決策階層那方面的，未可輕忽。第五，即令有的合法，但決策階層中仍有人堅持反對，如戴胄和張文瓘兩人的例子即是。

3．皇家宗教奉獻

　　皇家從事宗教奉獻活動，本不關百姓，然為表示信教虔誠，往往大興土木，建造佛像或是寺觀。如此又使無辜百姓平白賠上錢財和勞力，去為皇家從事無償的義務勞役。茲檢取數例以明之。

　　唐代前期諸帝中，以武則天、中宗、睿宗母子三人信教成癡，不管大臣反對多厲害，兀自堅持非興建敬教建築物不可。垂拱四年（六八八）三月庚午，記載有云：

　　毀乾元殿，於其地作明堂，以僧（薛）懷義為之使，凡役數萬人。[90]

88．見册府元龜卷一四帝王部，都邑二，頁七〇。

89．同上。

90．見資治通鑑卷二〇四，頁六四四七。

以沒有任何官職和名義的嬖幸小人馮小寶（入僧籍，取名薛懷義，以便出入宮廷。）
來督造工程。此事甚堪注意。事成之後於垂拱四年（六八八）十二月辛亥，還「以功
拜左威衞大將軍、梁國公。」[91]

　　這時猶未見有人反對的資料，但工程並不因此而告結束，就在明堂的北面又興建
一座「天堂」，用來容納一尊超級大佛像——光它的小指就可裝進數十人之多，其大
可想而知。因此這個工程困難之大、花費之重、以及工時之長，一時無兩。茲引文以
求具體認識：

　　　　初，明堂既成，太后命僧懷義作夾紵大像，其小指中猶容數十人，於明堂北構
　　　　天堂以貯之。堂始構，爲風所摧，更構之，日役萬人，采木江嶺，數年之間，
　　　　所費以萬億計，府藏爲之耗竭。懷義用財如糞土，太后一聽之，無所問。每作
　　　　無遮會，用錢萬緡，士女雲集，又散錢十車，使之爭拾，相蹈踐有死者。[92]

這個工程幾年做下來，光有形的金錢花費已達數億緡之多，其他無償勞動徵調不知有
多少，更不在計算之中。建好後每次利用來開一次法會，便花費萬緡。而會後裝十車
的銅板悉數散予人揀拾，更是浪費！奇怪的是當時居然無人敢反對，至少在資料上未
之一見。

　　武則天造尊偌大佛像猶嫌不足，臨終前在白司馬阪又造了一座大佛：

　　　　（長安四年〔七〇四〕四月）太后復稅天下僧尼，作大像於白司馬阪，令春官
　　　　尚書武攸寧檢校，糜費巨億。[93]

請注意「復稅」的「復」字，可見同樣手法不止使用過一次。

　　據通鑑卷二〇七載，此事興念於久視元年（七〇〇）。時爲宰相並兼若干要職的
狄仁傑上疏勸誡，文中有謂：

　　　　……伏惟聖朝，功德無量，何必要營大像？而以勞費爲名。雖歛僧錢，百未支
　　　　一。尊容既廣，不可露居，覆以百層，尚憂未偏，自餘廊廡，不得全無。又

----

91. 同上，頁六四五五。
92. 見資治通鑑卷二〇五天册萬歲元年正月條，頁六四九八。
93. 見資治通鑑卷二〇七長安四年四月壬戌條，頁六五七一。

云，不損國財，不傷百姓，以此事主，可謂盡忠？……[94]

仁傑也認爲以募款之少，難當龐大工程百分之一用途。他更懷疑主持其事大臣的忠節。我們知道此事雖因大雲寺僧曇暢建議而起，[95]但負督造之責的不是別人，正是親倖武攸寧。仁傑對這兩位都不敢明言得罪。而經費屬宰相管轄，將來募款用罄，必動腦筋到稅收正當管道上，來搶用常支。身爲宰相之一的仁傑焉能不心急。

關於這件事，大臣反對者衆，先是監察御史張廷珪反對：

> 則天稅天下僧尼出錢，欲於白司馬坂營建大像。廷珪上疏諫曰：「……通計工匠，率多貧寠，朝驅暮役，勞筋苦骨，簞食瓢飲，晨炊星飯，飢渴所致，疾疹交集。……又營築之資，僧尼是稅，雖乞丏所致，而貧闕猶多。州縣徵輸（按：全唐文卷二六九頁三四五八，「輸」作「歛」。）星火逼迫，或謀計靡所，或鬻賣以充，怨聲載路，和氣未洽。……且邊朔未寧，軍裝日給，天下虛竭，海內勞弊。[96]

結果「太后爲之罷役，仍召見廷珪，深賞慰之。」[97]這次武則天建造佛像的經費來源，不是取之於一般社會大衆，而是一向具免稅特權的僧尼，似乎在政策上，已慮及一般課稅對象──普通百姓──的沉重負擔。不過，張廷珪於文中指出，僧尼中多係貧窮之輩，更何況百姓中有一種人，再怎樣體恤，也要派上用場，那就是工匠。此一事件，在經費籌措上，大有往稅負公平這條路邁進一步，至少它所顯現的結果是如此，至於當初是否有此存心，則待考。但是反對者並不重視這一有意義的萌芽。

時官國子祭酒的李嶠，亦言及此事。他認爲以只募得十七萬餘貫的款額，是無濟於事的，「然非州縣承辦不能濟，是名雖不稅而實稅之。臣計天下編戶，貧弱者衆，有賣舍、帖田供王役者。」[98]換言之，原先打僧尼主意的計畫，究其實質，是行不通的。其結果還是要讓納稅人民擔負龐大的不足之數。因此，李嶠建議壓根就打消此一

---

94. 見舊唐書卷八九狄仁傑傳，頁二八九四；又見全唐文卷一六九，頁二一七四；又見通鑑卷二〇七，頁六五五〇。

95. 見全唐文卷一七二頁二二一二，張鷟云：「大雲寺僧曇暢奏率僧尼錢造大像，高千尺助國爲福。諸州僧尼訴云：『像無大小，惟在至誠』聚歛貧僧，人多嗟怨，既違佛教，請爲處分。」

96. 見舊唐書卷一〇一張廷珪傳，頁三一五〇至一。

97. 見資治通鑑卷二〇七，頁六五七一。

98. 見新唐書卷一二三李嶠傳，頁四三六八至九。

工程計畫，那已徵集來的十七萬貫，建議充作社會救濟金，每戶若予一貫錢則可望救助十七萬戶。武則天猶是不爲所動。

工程依舊按計畫進行。但似乎沒有完工，因爲我們見到這麼一則資料：

> 時有詔白司馬坂營大像，糜費巨億（蘇）珦（按：時官左肅政臺御史六夫。）以妨農，上疏切諫，則天納焉。[99]

短短一句話，卻大堪玩味。蘇珦反對的內容爲何，雖不得知，但理由很清楚：「妨農！」其次，此一理由武則天不會在做了以後才想到，說不定早在做之前就想到了，否則也不會事先動到僧尼的頭上去。那麼，她接受蘇珦意見背後眞正的理由，想來實在是爲勢所迫：經費無著。一方面農忙時候調人民去服徭役，勢必影響政府該年的歲入——人民無租賦可繳；另一方面已向民間榨到巨億的錢，工程猶不知伊於胡底，而所能向民間搜刮的錢大概已到頂點了。在這種情勢下再不急流勇退，恐怕極不明智。這時最高言官的蘇珦也開口了，此時不停工，更待何時。這個面子賣給蘇珦，也是好的。

以上的忖度，似乎可以在張廷珪「諫白司馬坂營大像第二表」中，取得印證：

> 臣（按：卽廷珪。）奉勅河北道宣勞，今發都下，從白司馬坂所，遇見轉運材木顧役人夫。臣勘問檢校官左藏置監事馮道，得狀奉今月八日勅於坂所修營。臣竊以天后朝僧懷義營掫大像，並造天堂安置，令王宏義、李昭德等分道採斫大木，虐用威勢，鞭捶官僚，鑿山塡溪以夕繼畫。傷殺丁匠，不可勝言，費散錢數，動以億計。其時百姓愁苦，四海騷然。皇天孔明，實玆降鑒，凡所營構，並爲災火所焚。懷義之徒相次伏法而死。自此之後，停寢十年。近者狡豎張易之、昌宗、昌儀等，將欲潛圖大逆，爲國結怨下人，兼售私木以規官利。遂又與僧萬壽等設計，移此坂營建。今暨逆豎夷滅，皇運中興，陛下先發德音，頻下明制，除不急之務，罷土木之功。所以少監楊務廉遠徙屛黜，頒示天下，凡在中外，不勝抃躍。若此像闔重復修營，則與制書義殊乖越，尙（按：「尙」疑作「倘」。）令二逆遺惡未除，臣雖至愚，固知不可。……[100]

---

99. 見舊唐書卷一〇〇蘇珦傳，頁三一一六。

100. 見全唐文卷二六九，頁三四五八至九。

據新唐書卷一一八本傳云，疏上「帝不省。」[101] 廷珪此疏明顯作於中宗即位之年，即神龍元年（七〇五）。文中言：「停寢十年」，指從天册萬歲元年（六九五）起造明堂大像，至長安四年（七〇四）大建白司馬坂佛像止，恰好十年。武則天爲了築白司馬坂大佛像，扣除人員傷亡不計，金錢耗費達億計。結果，中宗朝時，張易之兄弟爲了賺取因動大工程而有大宗糧食買賣生意，不惜在已遭焚毀佛像原址，再事興作。這就是張廷珪路過該地，看到政府雇人興作，有感而寫的一篇文章。至於言及楊務廉之事，下文尚有討論。

武則天除了好建佛像之外，也濫興佛寺，據通典云：

> 武太后孝和朝，太平公主、武三思、悖逆庶人，恣情奢縱，造罔極寺、太平觀、香山寺、昭成寺，遂使農功虛費，府庫空竭矣。[102]

以上成果是武則天偕其女太平公主和其媳韋后共同締造出來的，非僅她一人而已。

武則天動輒興建寺觀和佛像的癖好，也傳給她兩個兒子，即中宗和睿宗。中宗時代的土木工程，似乎並未因武氏的去位而稍戢。新唐書卷四中宗紀云：

> （神龍二年十二月）〔七〇六〕，丙戌，以突厥寇邊、京師旱、河北水，減膳，罷土木工。[103]

從這條資料知，土木工程仍在進行，如今可是因事暫且罷工。易言之，皇帝在他認爲無事時，又會恢復土木工程的，舊唐書卷一〇一辛替否傳云：

> （辛替否）景龍年（七〇七～七〇九）爲左拾遺。時中宗置公主府官屬，安樂公主府所補尤多猥濫。又駙馬武崇訓死後，棄舊宅別造一宅，侈麗過甚。時又盛興佛寺，百姓勞弊，帑藏爲之空竭。[104]

所謂的「時又盛興佛寺」，殆指：「中宗神龍元年（七〇五）二月制天下諸州各置寺觀一所，咸以『大唐中興』爲名。」[105] 中宗的即位，意味推翻武則天所建的周朝，唐朝就此復國了。唐人稱之爲「中興」。中宗喜不自勝之餘，要普天同慶一番，

---

101. 頁四二六二。
102. 見通典（光緒二十七年八月上海圖書集成局據武英殿聚珍版校印）卷七食貨七，頁三Ａ。
103. 頁一〇九。
104. 頁三一五五。
105. 見册府元龜卷五一帝王部，崇釋氏，頁二五三。

象徵性命令各州各建一寺以爲慶賀，這就是他樂極，而百姓生悲了。

　中宗的宗教狂熱並不以建寺爲滿足，他學他母親也造尊大佛像：

　　（中宗神龍）三年（七〇七）七月丁酉，以所造長樂坡大像，工役稍廣，百姓
　　多怨嗟，制罷之。[106]

不過，這是一件未完成的作品。「制罷之」的背後可能包含多惱的反對以及實際的財
政困難。

　中宗神龍年間政府開銷（其中寺觀修築占一大部分。）過於龐大，百姓直接承受
其害，超額徵稅之舉也就成了很普遍的事。這可從李嶠（時官俸部侍郎）所上表，窺
出梗概：

　　（神龍二年〔七〇六〕）……山東病水潦，江左困輸轉。國匱於上，人窮於
　　下。如今邊場少婇，恐逋亡遂多，盜賊群行，何財召募？何來閑遏乎？又崇作
　　寺觀，功費浩廣。今山東歲饑，糠粃不厭。而投艱阨之會，收肩調之半，用吁
　　嗟之物，以榮土木，恐怨結三靈，謗蒙四海。又比緣征戍，巧詐百情，破役隱
　　身，規脫租賦。今道人私度者幾數十萬，其中高戶多丁，黠商大賈，詭作臺
　　符，羼名僞度。且國計軍防，並仰丁口，今丁皆出家，兵悉入道，征行租賦，
　　何以備之。……又太常樂戶已多……獨持大鼓者已二萬員……[107]

百姓受不住政府無窮的需索，只好爭相去充當不用負擔納稅義務的僧尼道士，甚至連
賤如太常樂戶也願意屈就。

　在中宗和睿宗兩朝短短幾年，最爲人詬病的是，人事費和工程費毫無止境動用下
去。本文對於當時公主府置吏以及大量引用非法官員——所謂的「斜封官」——不在
討論範圍內，以其動用的是常支經費而非非常支也。在此還是將討論的焦點集中在工
程費用方面去。以上引文爲以下辛替否上書陳言的張本。在此僅摘錄與本文有關的意
見：

　　……竭人之力，人怨也；費人之財，人怨也；奪人之家，人怨也。愛數子（
　　按：全唐文卷二七二頁三四九二「數子」，作「一女子」）而取三怨於天下，

---

106. 同上。
107. 見新唐書卷一二三李嶠傳，頁四三六九至七〇。

使邊疆之士不盡力，朝廷之士不盡忠，人之散矣，獨持所愛，何所恃乎？……
當今疆場危（按：全唐文「危」作「驚」）駭，倉廩空虛，揭竿守禦之士賞不
及，肝腦塗地之卒輸不充。（按：全唐文於此尚有「野多食草，人不識穀。」
一句。）而方大起寺舍，廣造第宅。伐木空山，不足立（按：全唐文「立」作
「充」）梁棟；運土塞路，不足充牆壁。……罷營構之直以給邊陲，……當今
出財依勢者盡度爲沙門，避役姦訛者盡度爲沙門；其所未度，唯貧窮與善人。
將何以作範乎？（按：於此全唐文尚有「將何以租賦乎？」一句。）將何以役
力乎？臣以爲出家者，捨塵俗，離朋黨，無私愛。今殖貨營生，非捨塵俗；拔
（按：全唐文「拔」作「援」。）親樹知，非離朋黨；畜妻養孥，非無私愛。
是致人以毀道，非廣道以求人。伏見今（按：全唐文此處有「日」字。）之
宮觀臺榭，京師之與洛陽，不增（按：全唐文「增」作「曾」，恐誤）修飾，
猶恐奢麗。陛下尚欲塡池湮，捐苑囿，以賑貧人無產業者。今天下之寺蓋無其
數，一寺當陛下一宮，壯麗之甚矣！用度過之矣！是十分天下之財而佛有七
八，陛下何有之矣！百姓何食之矣！……[108]

首先，從文中「大起寺舍，廣造第宅」，知中宗朝正如火如荼大興土木之中。其次，
他說，那些富戶與惡徒都擺脫民籍而入僧籍，就可以逃避租賦和力役。因而全國的納
稅人口依然是那羣善良且貧苦無依之輩。言下之意，大有爲窮苦大衆抱不平之意。又
次，他指出僧侶階級既擁有世俗之一切可以享受到的利益，又可以不必擔負世俗納稅
義務。最後，於慨嘆天下十之七八之財產屬於寺廟所有之餘，提醒皇帝注意人民生計
大受影響此一問題——皇帝利益受損更不在話下了。

　　同樣的意思，也見於呂元泰一再上疏的兩通奏議中，[109] 以其文繁，不引。

　　類似懷義的例子，中宗朝也有。太平公主的面首胡僧慧範所爲與懷義幾無二致：

（景龍元年〔七〇七〕九月庚子）銀青光祿大夫、上庸公、聖善、中天、西明
三寺主慧範於東都作聖善寺，長樂坡作大像，府庫爲之虛耗。上及韋后皆重
之，勢傾內外，無敢指目者。戊申，侍御史魏傳弓發其姦贓四十餘萬，請竟極

108.　見舊唐書卷一〇一辛替否傳，頁三一五六至八。
109.　見全唐文卷二七〇，頁三四六八及三四六至七〇。

法。上欲宥之，傳弓曰：「刑賞國之大事，陛下賞已妄加，豈宜刑所不及？」

上乃削黜慧範，放於家。[110]

總算這種小人還會貪汚，否則大臣還眞無法把他推倒。以當時政治氣壓之低，沒有人敢反對這種財政大浪費之舉。武則天時懷義的例子，似亦可作如是觀。

在大臣反對皇帝不愛惜民力，將民力浪擲於修建寺觀事件上，數睿宗爲其女玉眞和金仙兩位公主建寺觀，最稱嚴重。

睿宗於景雲元年（七一〇）十二月癸未日，開始起意爲他兩個女兒修築道觀，名義是說代爲其亡母——卽武則天——祈福。諫議大夫甯原悌便加以口頭勸阻，睿宗暫時隱忍不發。有關其詳見下引文：

> 上以二女西城、隆昌（按：後改稱金仙和玉眞。）公主爲女官，以資天皇太后之福，仍欲於城西造觀。諫議大夫甯原悌上言：以爲「先朝悖逆庶人（按：卽中宗之幼女安樂公主。）以愛女驕盈而及禍，新城、宜都以庶孽抑損而獲全。又釋、道二家皆以淸淨爲本，不當廣營寺觀，勞人費財。……不宜過爲崇麗，取謗四方。……」上覽而善之。[111]

甯原悌的意思是，最好別做，倘一定要做，則不要太講究。

新唐書卷五睿宗本紀云：

> 景雲二年（七一一）三月癸丑（按：册府元龜卷五三帝王部，尙黃老一，頁二五九，「癸丑」作「癸酉」爲是。），作金仙、玉眞觀。[112]

舊唐書卷一〇一韋湊傳云：

> 明年春（按：疑卽景雲二年。），起金仙、玉眞兩觀，用工巨億。（韋）湊（時官太府少卿、兼通事舍人。）進諫曰：「陛下去夏，以妨農停兩觀作，今正農月，翻欲興功。雖知用公主錢，不出庫物，但土木作起，高價雇人，三輔農人，趨目前之利，捨農受雇，棄本逐末。臣聞一夫不耕，天下有受其飢者，臣竊恐不可。」帝不應。[113]

110. 見資治通鑑卷二〇八，頁六六一六至七。
111. 見資治通鑑卷二一〇，頁六六五九。
112. 頁一一八。
113. 頁三一四五。

這次睿宗大概因前朝前車之鑒的指引，動工程的經費爲公主的私房錢。結果，還是有人反對。韋湊認爲於農忙之時用錢雇工，勢必吸引農人去應工，以致妨害農作。睿宗充耳不聞。

工程經費除了公主私房錢外，主其事者更向京畿地區罪犯的錢財動腦筋：

> 時御史大夫竇懷貞檢校造金仙、玉眞二觀，移牒近縣，徵百姓所隱逆人資財，以充觀用。[114]

睿宗於景雲二年（七一一）〔按：原誤寫成三年。〕三月，一度下詔停工：

> 營建創造必有所因，豈欲勞人，蓋不獲已。朕頃居諒闇，煢欬於懷；奉爲則天皇后，東都建荷澤寺，西京建荷恩寺；及金仙、玉眞公主出家，京中造觀報先慈也。豈願廣事營構，虛殫力役。朕每卑宮非食，夕惕宵衣，惟木從繩，虛心啓沃，所欲修營兩觀。外議不識朕心，書奏頻繁，將爲公主所置。其造兩觀並停，其地便充金仙、玉眞公主邑司。令竇懷貞檢校所有錢物。瓦木一事，以付公主邑司收掌，諸處供兩觀，用作調度，限日送納邑司。朕當別處創造，終不勞煩百姓。此度修葺，公私無損，若有干忤，當置於刑。[115]

睿宗除建兩觀外，文中提及尚建有荷澤和荷恩兩寺。類似這種皇帝答辯，一般殊爲少見。他先辯明建寺觀不是爲宗教信仰，而是爲發揚孝思，且以不得大臣諒解爲憾；其次，他轉爲賭氣的口脗說，一要另覓他地建觀，二要自籌經費，保證不動公私財物分毫。

在幾乎舉朝反對睿宗舉措聲中，唯獨竇懷貞（時官尚書左僕射）不僅力贊其謀，而且親自幫皇帝監工，令譽因而大損：

> 睿宗爲金仙、玉眞二公主創立兩觀，料功甚多，時議皆以爲不可，唯（竇）懷貞贊成其事，躬自監役。懷貞族弟詹事司直維鍫謂懷貞曰：「兄位極臺袞，當思獻可替否，以輔明主。奈何校量瓦木，厠跡工匠之間，欲令海內何所瞻仰也？」懷貞不能對，而監作如故。[116]

---

114. 見舊唐書卷一八五下，良吏列傳下，楊瑒傳，頁四八一九。
115. 見唐大詔令集卷一〇八，頁二二四五至六。
116. 見舊唐書卷一八三外戚列傳竇懷貞傳，頁四七二五。

竇懷貞「監作如故」，表示工程未因反對聲浪而中止。工程從春天開始，到了夏天依然不止，這時睿宗近侍官之一的魏知古（官散騎常侍），再也忍不住，除了同韋湊一樣，大談「不可興工以妨農」的道理外，尚言及兩觀之用地爲奪自民產：

> 今陛下爲公主造觀，將樹功德以祈福祐（按：全唐文作「佑」。）。但兩觀之
> 地，皆百姓之宅，卒然迫逼，令其轉移（按：全唐文作「徙」。）扶老携幼，
> 投竄無所，發剔椽瓦，呼嗟道路。……[117]

大概翌年兩觀作猶不停止，知古又上疏勸諫，以其文長不錄。[118]

　　士大夫集團勸解睿宗無效，有人就從護主情切，且主其事的竇懷貞身上，予以掣肘。與懷貞公然反目的不是別人，乃本當負監造之責的將作大匠尹思貞。有關其詳見下引文：

> 時左僕射竇懷貞興造金仙、玉眞兩觀，調發夫匠，思貞常節減之。懷貞怒，頻
> 詰責思貞，思貞曰：「公職居端揆，任重弼諧，不能翼贊聖明，光宣大化，而
> 乃盛興土木，害及黎元，豈不愧也！又受小人之譖，輕辱朝臣，今日之事，不
> 能苟免，請從此辭。」拂衣而去，闔門累日，上聞而特令視事。[119]

士大夫社會中，背地批評懷貞的話，到了極爲難聽的地步：

> （景雲二年）九月，庚辰，以竇懷貞爲侍中。懷貞每退朝，必詣太平公主第。
> 時脩金仙、玉眞二觀，羣臣多諫，懷貞獨勸成之，身自督役。時人謂懷貞前爲
> 皇后阿𡙡，今爲公主邑司。[120]

懷貞的命令到達縣令手上，也不見得人人遵從，麟遊令楊瑒便是其中之一：

> 瑒拒而不受，懷貞怒曰：「焉有縣令卑微，敢拒大夫之命乎？」瑒曰：「所論
> 爲人寃抑，不知計位高卑。」……[121]

　　尹思貞消極的抵制行動，以及士大夫集團的輿論，依然無法阻止此一工程的進行。當時宰相之一的李乂（時官黃門侍郎）也頻頻上疏切諫。睿宗一方面採取低姿態

---

117. 見舊唐書卷九八魏知古傳，頁三〇六二。
118. 見全唐文卷二三七，頁三〇三五。
119. 見舊唐書卷一〇〇尹思貞傳，頁三一一〇。
120. 見資治通鑑卷二一〇，頁六六六七。
121. 見舊唐書卷一八五下，良吏列傳下，楊瑒傳，頁四八一九。

「每優容之」，[122] 一方面工程照樣進行。

　　言官中的辛替否（時官左補闕）此番更是慷慨陳辭，無所廻避，以其文洋洋灑灑達數千言之多，今只能擇要說明。其中，他言及當時財政之危機，至如：

> 官爵非擇，虛食祿者數千人；封建無功，妄食土者百餘戶。造寺不止，枉費財者數百億，度人不休，免租庸調（按：全唐文卷二七二頁三四九三，無「調」字。）者數十萬。是使國家所出加數倍，所入減數倍。倉不停卒歲之儲，庫不貯一時之帛。

國家經費花在造寺工程方面，竟然高達數百億之多，而且使得擁有免稅優惠權的人突然增加數十萬人——即入僧籍。這對國家財政的打擊，何其嚴重！難怪辛替否以控訴的口脗說：

> 奪百姓之食，以養殘凶；剝萬人之衣，以塗土木。

到辛替否寫該文時，金仙和玉眞兩觀已花費多少了呢？辛氏說：

> 伏惟陛下愛兩女，爲造兩觀，燒瓦運木，載土填坑，道路流言，皆云計用錢百餘萬貫。

更無怪乎辛氏會如此沉痛地說：

> 而乃以百萬貫錢造無用之觀。

最後，他建議說：

> 伏惟陛下行非常之惠，權停兩觀，以俟豐年，以兩觀之財，爲公主施貧窮，填府庫，則公主福德無窮矣。[123]

　　辛替否這篇文章，受到睿宗的嘉許。但工程依然進行不已。明年太極元年（七一二年）時，工程仍未停止。中書舍人裴漼採用災異論來勸說睿宗：

> ……今自春至夏，時雨愆期，下人憂心，莫知所出。陛下雖降哀矜之旨，兩都仍有寺觀之作，時旱之應，實此之由。……伏願……兩京公私營造及諸和市木石等並請且停，則蒼生幸甚……[124]

---

122. 見舊唐書卷一〇一李乂傳，頁三一三六。
123. 見舊唐書卷一〇一辛替否傳，頁三一五八至六一。
124. 見舊唐書卷一〇〇裴漼傳，頁三一二八至九。

至此，這項大工程完工與否，已不重要。從以上之述論，可知早已所費不貲！當初經費說好是由公主自理，但是以工程浩大如斯，恐怕公主也無以爲繼。此處言及「和市木石」，可見另有經費來源。政府抑皇家自掏腰包，積極進行此一工程的記載，又見於韋湊另一奏疏中：

> 臣伏見勅停金仙、玉眞兩觀以救農時，可謂爲得矣。今仍使司市木仍舊，又大修觀內，所費不停，國用將空，何以克濟，支度一失，天下不安。[125]

這些工程經費是動用政府常支部分呢，抑是另有門路。以下一節便是討論此一問題。

皇帝好動工程，且撇開私慾誘因這點不談。陵寢有價值觀念中孝思的撐腰，遭致官僚的抵拒，無形中減輕不少。皇帝因信仰而建寺觀或造佛像，則價值觀念中無神論的抬頭（或是民族文化意識的煥發），使得臣僚反對的聲浪益形高張；相對地，皇帝因信仰虔誠的驅使，執意不惜耗費鉅資。這兩股針鋒相對的力量都各有其源源不絕的泉源，是以相持不下，難以善罷甘休。無如皇帝採取變通辦法，專門役使親信，使不經正式管道進行斂財，俾投注工程建設。至於宮室工程，價值觀念中有不利興築華屋美廈的因素，皇帝在這方面表現得有其節制的一面。

總之，對皇帝意欲大事興築而言，價值觀念中所提供的助力或阻力，構成一幕幕君臣之間的拉鋸戰。價值觀念中互相矛盾的一面，便在喪葬一事上，臣僚力主從儉爲美，而君主則爲發揚孝思而堅持從奢，雙方互不相讓。價值觀念中就宮室不事華麗這一點而言，臣僚不時取以約束君主，君主不能說因此不受到相當的規範和節制。信仰是可以與價值相頡頏的東西，君主在依傍信仰的情形下，爲奉獻或禮敬神祇而動的工程，卽使臣僚獲得價值觀念中無神論的強大奧援，反對再烈，聲勢再猛，依然註定雙方各行其是，難於妥協。結局往往不出君主憑其專制威權，犯法行事，臣僚徒呼負負而已。

（三）和雇與和市

唐代前期稅制主要是租庸調法，另外配合收取現金的戶稅、繳納糧食的地稅、以及爲官僚服傭工的資課等三種。[126] 租庸調對絕大多數貧民而言，是徵收實物和勞役

---

125. 見全唐文卷二〇〇，頁二五五六。

126. 參見吳章銓唐代農民問題研究（中國學術著作獎助委員會，民國五十二年十二月）第二章租稅問題。

的一種徵稅辦法。（按：後來演變成富人可將勞役折算成實物給付。）儘管法令規定納稅人每年繳定額的實物和服定期的勞役，可是在國家財政窘迫的時候，定額和定期的規定全部淪爲具文。以服役期限說，是規定最多不超過五十天，從前述知唐政府不管是進行對外戰爭，或是興建工程，幾乎很難恰好在五十天內完成。按說，可以採取各地輪調的辦法。於此，要注意的是，第一，實際上無法做到無遠弗屆的大調動，譬如將嶺南民眾調到京畿地區去做工，或是調到西北和河北去支援作戰；似乎調到江南人已是最大的極限——這或許是因爲從江南至京畿或河北的交通，賴有運河聯繫，算是較爲方便的緣故，其他等量距離的地區，可沒這等便利。第二，一再易人做工，在工作的連續、銜接上是一種妨害。第三，政府做事大抵傾向於給自己方便。由於上述三個因素使然，往往會出現以下一種情況：愈是接近京城或西北和東北戰線地區的民眾，其負擔就會比他處的民眾來得大，而且大得多。[127] 不錯，政府也不是沒有看到這層勞逸不均的問題，補償辦法是對服役人停止該年的實物課徵，儘管如此，我們認爲百姓仍然得不償失。

　　既然在唐朝法定差役的制度下，一定的人工工時無法適應，隨時發生、且卽令發生也無從控制時間的戰爭和工程期限，那麼補救的辦法就應運而生了，那就是「和雇」。「和」者，政府向人民情商，得到當事人的許可，自願接受政府雇用。如此一來，政府可於工程進度未了，或是戰事膠著仍需役夫駝運軍資，適遇役夫期限已屆的情況下，設法辦理「和雇」的法定手續，以一種給付工錢的雇傭方式，將參與其事的民眾「截留」下來，繼續未完成的工作。

　　政府不管是從事土木營建或是維持戰事，除了人力資源外，還需各種相關物資或材料。因人工役期有限以致影響公務遂行的問題，可透過「和雇」辦法獲致解決。因而倘遇材料短缺時，也就順理成章藉諸舊有「和市」的辦法，取得各種所需之材料或

---

127. 京師的情形，由於京官百目所視，自然有人看了於心不忍，便代爲建言，例如舊唐書卷七八高季輔傳云：「關河之外，徭役全少，帝京三輔，差科非一，江南河北，彌復優閒，須爲差等，均其勞逸。」；再如新唐書卷九七魏徵傳云：「比者疲於徭役，關中之人，勞弊尤甚。」；又如冊府元龜卷一一三，巡幸云：「咸京天府，⋯⋯百役所歸。」同書卷八六，赦宥，天寶十載正月赦云：「京兆府及三輔三郡，百役殷繁」；又，唐大詔令集卷三，改元光宅詔云：「兩京之所，徭賦實繁。」同書卷四，改元載初赦云：「洛州聲轂，徭賦繁多。」至於唐帝國西北和東邊疆，由於離京過遠，天高皇帝遠，當地軍政大員平時多方役使百姓的情況，京中要員很難發現，便少建言了。

物資。就像「樂捐」一樣，行之既久，不免變質爲「不樂之捐」。「和雇」與「和市」也不例外。和雇辦法初行時，百姓中情願賺取工資的人不是沒有。[128] 這對於貧苦農民而言，在農閒時分賺取一些額外工錢，或是農作所得低於工錢時，這一點驅使的誘因還是蠻有效力的。可是這種政府以利誘來刺激百姓的自願行爲，畢竟有其一定條件的限制。當這些條件消失時，卽使百姓不願，政府還名之爲自願的「和雇」，那就跡近半強迫，甚至強迫了，何「和」之有？

　　唐代和雇，早在太宗時代就有了。可能耗時經年的玉華宮之經營，據云該項大工程單單花在和雇一項費用上，便高達一億貫（緡）之多。[129] 此一建築偉構除具備滿足皇帝治遊的園囿和殿宇之外，更將中央政府各辦公廳亦設計在內。可惜完工後太宗於興奮之餘僅使用過一次便去世了。二年後，高宗或許爲示人節儉而廢棄，原屬百姓的田產都予以歸還，耗資起碼數億貫的大工程，就這樣浪費掉了！

　　舊唐書卷七八高季輔傳云：

　　　　竊見聖躬，每存節儉，而凡諸營繕，工徒未息。正丁正匠，不供驅使；和雇和
　　　　市，非無勞費。……[130]

這是貞觀十七年以前，高季輔對太宗勸諫的一段話。話中，透露出政府役使人民超過年度一定量，只好動用和雇和市的辦法。但此舉站在政府立場，是財政上有所損耗。所以說「非無勞費」。這則資料，我們看不出政府與受僱人民之間，有沒有兩和之處。就姑算它是吧。

　　舊唐書卷四高宗紀上云：

　　　　（永徽）五年（六五四）春三月戊午，……以工部尚書閻立德領丁夫四萬築長
　　　　安羅郭。[131]

128. 參閱傅筑夫：中國經濟史論叢下册（北京三聯書店，一九八〇年一月初版）頁六六二。傅氏認爲和雇之產生，是因應徭役和奴役等無償勞動的效果不彰而來。其次，和雇工匠在官工業工匠中只占地很少的部分。並引以下一條資料，暗示和雇於官民雙方均有好處：「（天寶十一載）內作判官韋倫，請厚價募工，繇是役用減而鼓鑄多。」（新唐書卷五四食貨志）類似意見亦見於更早的黃淸連「唐代的雇傭勞動」（中央研究院歷史語言研究所第四十四本二分，1978），頁四〇一。
129. 見册府元龜卷一四帝王部，都邑二，頁六八。
130. 頁二七〇一。
131. 頁七二。

沒有說築多久，也沒說這批丁夫有沒有做過法定應役期限。又說：

> （同年）冬十一月（按：册府元龜卷十四，帝王部，都邑二，作十月。）癸酉，
> 築京師羅郭，和雇京兆百姓四萬一千人，板築三十日而罷，九門各施觀。[132]

根據以上兩則引文看來，唐政府爲了修築長安羅郭，先是發動四萬人於法定服役期限
無法完工，只好趁著農閒的冬天再多募一千人，以一個月時間將工程趕完。唐朝規定
丁夫應役二十天爲限，倘續作三十天，則免一年租調。這四萬人這次的催傭勞動，獲
得的代價是，以一人一日三尺絹法定標準算，按說三十日每人各得九十尺絹才對。

册府元龜卷一四，帝王部，都邑二，云：

> （天寶十二載〔七五三〕十月）城興慶宮，役京師及三輔人，凡一萬三千人，
> 並以時估酬錢。[133]

同一件事不同的記載是說天寶十三載，人數是多五百人，還補充有工作時日是四十九
天。[134]

這是和雇另一例。從字面上看，似乎此番公私交易彼此尚稱愉快，沒有失和情
事。實際奉命執行官吏是否依規定償付百姓應得之工資，很可能有問題。爲何會有此
種疑慮呢？因爲與和雇有關的和市，聲名狼籍之甚（見下分析），以及和糴也流爲與
當初設想背道而馳。據盧開萬研究指出：「和糴穀物價格由政府單方面硬性規定，和
糴估價低於當時五穀時價，這正是唐代前期和糴帶強制性的體現。」[135] 再加上在我
們所能看到的有限資料，尤其僅從上舉數件和雇之例，便妄下論斷，謂唐代前期政府
辦和雇之事大致合理，是很危險的。

以上從理論上、以及相關事務上推測，頂多只是旁證。本文搜羅到一則證明和雇
流爲秕政的資料。這是高宗「申理冤屈制」文中透露出來的，當眞是彌足珍貴，甚具
參考價值，玆引錄有關者如下：

> ……或營造器物，耕事田疇，役卽伍功，雇無半值。又境內市買，無所畏憚，

---

132. 同上，頁七三；又見唐會要卷八六城郭，頁一五八三至四。
133. 頁七〇。
134. 見唐會要卷八六城郭，頁一五八四。
135. 見氏作：「唐代和糴制度新探」（武漢大學學報，一九八二年六期。）頁五九。

虛立賤價，抑取貴物，實貪利以侵人，乃據估以防罪。……[136]

這是高宗責備地方官種種不法情事的一篇制文，內中言及民夫從事工程、屯田等工役，已達法定極限的「伍功」了，官吏竟然將該付的工資折半給付；其次，則以低於市價購買民間貴物，而在公事上做手腳。這就表示和雇與和市，都授以官吏從中舞弊的機會。相信這不是一紙行政命令，便可撲滅的事，而且也不可能是整個唐代前期的孤立現象。[136a] 這是一則和雇滋生弊端的直接證據，另有一則較不清楚，亦一併在此說明。

唐玄宗在修大明宮時，便很警覺到和雇於民不利之處，因此他在「緩修大明宮詔」書中，如此說到：

> ……雖復尼徒所須，止於蓄匠，補葺所擬，無煩外力。……其修大明宮宜即待閒月方使畢功，宣示具僚，使知予意。所有先役工匠，即優還價值，勿令懸欠，仍即放散。[137]

既言「優還價值，勿令懸欠」，可見往往有不優還價值、以及懸欠之情事，因此才須如此鄭重叮囑。

接著我們探討一下和市的情形又是如何。

武則天長安四年（七○四）為擴充國防經費，有人（雖不知是否為近倖，然既出之以詔書，可見至少已為皇帝和諸相所同意。）謀以「和市」的辦法來解決：

> 會詔（和）市河南河北牛羊、荊益奴婢，置監登萊，以廣軍資。[138]

此一措施受到監察御史張廷珪的反對。廷珪的意見中提到倡議此事的背景：

> 竊見國家於河南、北和市牛羊，及荊益等州市奴婢，擬於登萊州置監牧。此必有人謂，頃歲以來，軍裝所資，國用不足，或將見陶朱公、公孫宏、卜式之事，而為陛下陳其策耳。[139]

再從他所述五大反對意見，反映出百姓「和市」所付出的代價，至為驚人：

> 今河南牛疾甚處，十不一存，農傷豈徒百姓而已？又今牧童取其牛在犢者，下

---

136. 見全唐文卷一一高宗「申理冤屈制」，頁一五○至五一。
136a. 見大唐詔令集卷二頁二二四，「中宗即位赦文」云：「若要和市和雇，先依時價付錢。」
137. 見全唐文卷二六頁三五一。有關大明宮之富麗堂皇，可從近年挖掘知悉一二，見吳永江「唐大明宮遺址」（文物七期，1981）。
138. 見新唐書卷一一八張廷珪傳，頁四二六一。

俚尤要，一則利其孳產，二則不廢營農。家家保之，豈願輕賣？今雖和市，甚
於抑奪！百姓之望，是牛再疫，而農重傷。此則有損無利一也。頃者諸州雖定
估價，旣緣併市，則雖平準，如其簡擇，事須賄求，侵刻之端，從此而出。牛
羊踴貴，必倍於常。百姓私陪（按：據唐會要卷六二御史臺下諫諍，「陪」當
作「賠」。）則破家業，雖官得一牛一羊，而百姓已失兩牛兩羊價矣。此則有
損無利二也。登萊之境，是稱海隅，因之水氣，加以風廻，秋則早寒，春則晚
煦，深山大澤，咸生蛟蛇。若置羣牧，必多死損。此則有損無利三也。高原之
田，百姓耕植，下濕之地，不堪放牧，若奪百姓高處，兩州皆失丁田，至於牛
羊復相踐暴，久長如此，闔境不安，非直百姓被侵，蓋失國家租賦，則有損無
利四也。且又荊益等州和市奴婢，多是國家戶口，姦豪掠來，一入於官，永無
雪理。況南北旣遠，風土非宜，乍到登萊，必生疾疫，此則有損無利五也。[140]

此外，廷珪還說：

況和市遞送，所在騷然，公私煩費，不可勝計。[141]

綜觀廷珪的意見，他認爲政府和市所得的經濟效益，抵不過社會成本所付出的代價。
最有意思的是廷珪此疏竟然發生作用，中央放棄了此一財政決策，此中意義爲何，容
後分析。

此事後三個月，中宗即位，下了一道赦文，內中肯定張廷珪有關和市的意見：

（神龍元年〔七〇五〕二月五日）頃者戶口逃亡，良由差科繁劇，非軍國切要者，
並量事停減。若要和市和雇，先依時價付錢，自非省支敕索，不得輒有進送。[142]

皇帝的就職演說，多半言大而誇，中宗的講解中，並沒說廢止和市或和雇制度，
而是說使它合理化——依時價償付百姓使不吃虧。然而不出幾年，言猶在耳，等到睿
宗即位，爲建金仙和玉眞兩觀時，便將前任皇帝的話，當成耳邊風了。從前述裴漼主
張且停「和市木石」看來，恐係百姓蒙受鉅大損失之下講的話。

睿宗在位不到兩年，百姓苦於和市之事，史不絕書，景雲二年（七一一）監察御

139. 見全唐文卷二六九，頁三四六〇。
140. 同上。
141. 同上。
142. 見唐大詔令集卷二，頁二二四。

史韓琬上陳時政疏中，關於和市之事有如下數語：

> 頃年國家和市，所由以剋剝爲公，雖以和市爲名，而實抑奪其賈，殊不知百姓
> 足，君孰與不足矣。[143]

儘管有像裴耀卿這種愛民如子的官員，在辦理和市事宜時，能合理對待百姓：

> 長安舊有配戶和市之法，百姓苦之。（裴）耀卿到官（按：指開元初官長安
> 令），一切令出儲蓄之家（按：新唐書卷一二七本傳云：「豪門坐賈」。）預
> 給其直，遂無奸僞之弊，公私甚以爲便。在職二年，寬猛得中，及去官，縣人
> 甚思詠之。[144]

但畢竟這種官員乃屬鳳毛麟角，否則他的去留不至引起百姓的關懷。從上引文知，本
來不論貧富按戶都得賣給政府所需之物，如今耀卿加以改革，只限長安富戶與政府交
易，而且政府付價在先，如此一則富戶的損失不至太大，二則貧戶也就談不上損失。

唐政府針對和市之弊，於開元十六年（七二八）下達勅令，要求改進：

> 年支和市，合出有處，官旣酬錢，無要率戶。如聞州縣不配有家，率戶散科，
> 費損尤甚，設令給假，亦慮隱藏。宜令所司，更申明格勅，應欲反配，須審料
> 度。所有和市，各就出處。[145]

這裏點出是否配戶攤派的兩難。前述裴耀卿是反對配戶辦法，可能因此改而不配戶。
不配戶欲求百姓主動或自動與政府交易，那是緣木求魚。於是地方官爲了辦事方便，
索性硬性要求各家各戶都要賣與政府所需之物。這就又走回配戶之路。政府這條勅令
只是要求執行單位，依循和市定規秉公辦理，勿使百姓有所損失。等於是重申中宗神
龍元年的前令。問題是此一制度先天就決定了百姓非蒙受重大損失不可。

天寶二載（七四三），王鉷以戶部員外郎充和市和糴使，可能因績效良好而升任
戶部郎中。[146] 這就顯示和市原屬地方官承辦的業務，如今變成由中央特派宮員專管
其事。近年大陸考古挖掘，發現天寶十載（七五一）的宣城郡和市銀鋌和天寶十二載

---

143. 見唐會要卷六二御史臺下，諫諍，頁一〇七七。
144. 見舊唐書卷九八裴耀卿傳，頁三〇八〇。
145. 見冊府元龜卷四八四邦計部，經費，頁二五四七。
146. 見舊唐書卷一〇五王鉷傳，頁三二二九。

（七五三）安邊郡和市銀鋌各一塊。[147] 這是楊國忠統籌和市事宜的傑作。

從制度角度看，關於王銶和楊國忠兩人負責主管和市事宜的意義，可以作出如下兩種猜測：其一便是皇室搶奪國庫此一生財之路；其二，是中央政府收回地方政府經營和市之權。

對於兩唐書記載戶部有專官職掌和市之事，本文也有兩種忖度。一種是和市原本就是唐代開國以來的定制，中央與地方在權限分際上，是中央督導、地方執行。另一種是和市雖係舊制，[148] 但玄宗朝時予以「舊瓶裝新酒」，制度名稱不變，實施的內容已有所不同。如果本文對於上述兩項推測都採取第二種線索的話，那麼其歷史意義見下析論：

和市事宜之權由地方收歸中央——其原因或許出於不讓地方官吏層層剝削以致中央所得不多——不說；中央又從而將主其事者由臨時性的差遣官改為正式的建制官。兩唐書職官志和百官志所載之官制，一般認為滲有玄宗改制後之新制。[149] 有關職掌和市之官員，新唐書卷四六百官志一歸之於金部郎中和員外郎：

> 金部郎中、員外郎各一人，掌天下庫藏出納、權衡度量之數，兩京市、互市、和市、宮市交易之事。[150]

舊唐書卷四三職官志二則屬度支郎中和員外郎：

> 度支郎中一員……郎中、員外郎之職，……凡和糴和市，皆量其貴賤，均天下之貨，以利於人。[151]

表面上看，兩者敍述歧出，不過很可能是度支管規劃，金部管依度支符出納。或是金部之權後由度支司所取代。本文較傾向後一種推測。無論如何，中央專官專管和市之事，已是新的趨勢。以上兩組可能性，本文並不堅持任一組，因為都不影響本文立論的基礎。

---

147. 見朱睿根：「唐代的和市銀鋌與和市」（史學月刊，一九八三年四期）。

148. 和市辦法初見於南朝，參閱萬繩楠：魏晉南北朝史論稿（合肥，新華，1983）頁二二一。

149. 參見金毓黻「敦煌寫本唐天寶官品令考釋」（說文月刊三卷十期）、以及趙呂甫「讀金毓黻《敦煌寫本唐天寶官品令考釋》書後」（西北史地一期，1985）。

150. 頁一一九三。

151. 頁一八二七。

　　復從上引舊唐書語句看來，和市原意與漢平準法無殊，政府為保障百姓權益，以價值政策干預市場供需機能。然而從以上分析看來，政府基於財政的需要，往往利用這個良法美制達到它斂財的目的。

　　一般而論，和雇也好，和市也罷，可以說是在百姓不情願與政府交易情況下進行的。退一步說，其中如僅僅是償價不公、百姓略有損失，也還罷了。多半的情形恐怕是負責執行的基層官吏減量給付，甚或不予給付。只是這種貪墨不法的證據，在當時都難以追查了，何況史料大量湮滅的今天。這對百姓而言，何異於又一種變相的加稅！

　　至於王鉷和楊國忠以和市使名義，將和市銀鋌徵回朝的事件，似乎就是藉和市之名，行斂財之實了。

三、籌措方式及其所激起的迴響

（一）籌措新法

　　唐政府既然不時從事戰爭以及重大工程之興作，其支出之龐大又非法定正常歲入所能支持；逼得非設法籌款應付不可。多數官員從節流方面去設想，所能想到的無非是勿輕啓戰端，以及停止興作。然而，許多戰事是出於保疆和自衞，許多工程在皇帝主觀意願裏是非作不可。易言之，節流是辦不到的。那麼開源呢？我們從上一節的述論中，得知唐政府在應付戰爭時，一如歷朝政府然，很自然地便動用國家緊急處理權，透過軍令系統或是戰地指揮官，可以全權徵發地方夫役和糧食。其次在工程營繕方面，政府對人力和材料的掌握，可以利用既有的和雇和和市的舊制，變更其創制的精神，充分獲得所需。嚴格說來，上述兩種辦法，很難說成是想出來的開源之道。比較談得上有想法的開源之道，有兩種，一是關市之稅，另一是権鹽之稅。這兩種稅源在唐朝前期尚在爭論中，並未完全定制；從唐朝後期以迄清期，這兩項稅源在國家稅負結構中地位益形重要。

　　對於和市所衍生的變相加稅、以及關市和鹽課之稅，唐政府內部有人如何持反對的立場，是本節討論的重點。

1．關市之徵

　　早在武則天長安三年（七○三）（按：冊府元龜卷五○四邦計部，關市，作二

年），有關單位建議收取關市之稅，鳳閣舍人崔融上疏反對，該文關係本節之討論至
鉅，故儘量予以詳錄：

伏見有司稅關市事條 ，不限工商 ，但是行人（按：冊府元龜「行人」作「行
旅」。）盡稅者。臣謹按周禮九賦，其七曰「關市之賦」。竊惟市縱繁巧，關通
末遊，欲令此徒止抑，所以咸增賦稅。臣謹商度今古，料量家國，竊將為不可
稅。謹件事跡如左，伏惟聖旨擇焉。古往之時，素樸未散，公田籍而不稅，關
防譏而不征。中代已來，澆風驟進……各徇通財，爭趨作巧，……遂使田萊（
冊府元龜「萊」作「萊」。）日荒……蠶織休廢……饑寒很臻，亂離斯瘼（按：
兩唐書「瘼」作「起」）。先王懲其若此，所以變古隨時。依本者恒科，占末
者增稅。夫關市之稅者，謂市及國門、關（按：舊唐書，「關」作「關」。）
門者也。惟欽出入之商賈，不欽來往之行人。今若不論商人，通取諸色，事不
師古，法乃任情。悠悠末代，於何瞻仰；……臣知其不可一也。臣謹按易繫稱
（按：冊府元龜「稱」作「稱」。）「……神農氏作，日中為市，致天下之人，
聚天下之貨，交易而退，各得其所。」班志亦云；「財者，帝王聚人守位，養
成羣生，奉順天德，理國安人之本也。士農工商，四人有業，……聖王量能授
事，四人陳力就職。」然則四人各業久矣 ，今後安得動而搖之 ！蕭何有云：
「人情一定，不可復動。」班固又云：曹參相齊，齊國安集，大稱賢相。參去
屬其後相曰：「以齊獄市為寄，慎勿擾也」。……夫獄市者，所以並容也。今
欲擾之，姦人無所容竄，久且為亂，秦人極刑，而天下叛；孝武峻法，而刑獄
繁。此其效也。老子曰：「我無為，而人自化，我好靜，而人自正。」參欲以
道化其本，不欲擾其末。臣臣知其不可二也。四海之廣，九州之雜，關必據險
路，市必憑要津。若乃富商大買，豪宗惡少，輕死重義，結黨成羣，喑鳴則彎
弓，睚眦則挺劍。少有失意且猶如此，一朝變法，定是相驚。乘茲困窮，或致
駭（按：「駭」當作「騷」。）動，便恐南走越，北走胡。非惟流逆齊人，亦
自擾亂殊俗。又如邊徼之地，寇賊為鄰，興胡之旅，歲月相繼，儻因科賦致有
猜疑，一從散亡，何以制禁，求利雖切，為害方深。而有司上言，不識文（
按：「文」疑作「大」。）體，徒欲益府藏，助軍國，殊不知軍國益擾，府藏

逾空。臣知其不可者三也。孟軻又云：「古之爲關（按：「關」當作「關」，下同。）也，將以禦暴，今之爲關也，將以爲暴。」今行者皆稅，本末同流。且如天下諸津，舟航所聚。旁通蜀漢，前指閩越，七澤十藪，三江五湖，控引河洛，兼包淮海。弘舸巨艦，千軸萬艘，交貿往返，憧憧永月。今若江津河口，置舖納稅，納稅則檢覆，檢覆則遲留。此津纔過，彼舖復止。非惟國家稅錢，更遭主司儳略，舡有大小，載有多少，量物而稅，觸途淹久。統論一日之中，未過十分之一。因止擁滯，必致吁嗟。一朝失利，則萬商廢業……民不聊生。其間或有輕薄任俠之徒，斬龍刺蛟之黨……居則藏鑊，出便挾劍。加之以重稅，因之以威脅，一旦獸窮則搏，鳥窮則攫。執事者復何以安之哉？臣知其不可四也。五帝之初，不可詳矣，三王之後，厥有著云；秦漢相承，典章大備。至如關市之稅，史籍有文。秦政以雄圖武力，捨之而不用也；漢武以覇略英才，去之而勿取也。何則……稅市則人散，稅關則暴興，暴興則起異圖。人則散懷不軌。夫人心……易動而難安。一市不安，則天下之市必搖矣；一關不安，則天下之關必動矣。況澆風久扇，變法爲難。徒欲禁末遊、規小利，豈知夫（按：依冊府元龜「夫」當作「失」。）玄默、亂大倫……臣知其不可者五也。今之所以稅關市者何也，豈不以國用不足，邊寇爲虞，一行斯術，冀有股贍然也。微臣敢借前箸以籌之。伏惟陛下當聖朝（按：冊府元龜與舊唐書「朝」均作「期」）……神化廣洽，至德潛通。……比爲患者，唯苦二蕃。今吐蕃請命，邊事不起……獨有默啜，假息孤恩，……覆亡不暇。征役日已省矣，繁費日已稀矣。然猶下明制，遵大樸，愛人力，惜人財。……所有支料，咸令削減。此陛下以躬率先，堯舜之用心也。且關中、河北水旱數年，諸處逃亡，今始安輯，倘加重稅，或慮相驚。況承〔平〕歲積，薄賦日久，俗荷深恩，人知自樂。卒有變法，必多生怨。生怨……則不安，中既不安，外何能禦？……古人有言：「帝王藏於天下，諸侯藏於百姓，農夫藏於庾，商賈藏於篋。」惟陛下詳之。必若師興有費，國儲多窶，卽請倍算客商（按：冊府元龜與舊唐書作「商客」。）加歛平人。如此則國保強富，人免憂懼，天下幸甚。

臣知其不可六也。……[152]

在未討論崔融此文之前，我們得先回顧一下前此關市稅的歷史。唐初關市即廢置不常，這從太宗貞觀元年（六二七）十月勅：「五品以上，不得入市。」，以及七年（六三三）七月二十日「廢州縣市印」[153] 可知。不過，高宗時一度置關市：

> 高宗顯慶二年（六五七）十二月十九日，雒州置北市，隸太府寺，並不須禁，雒州南面北面各置關。[154]
>
> 准（洛陽）東西市，隸太府寺。[155]

其後廢置情形如何，容後討論。此處當留意者，爲武則天在位晚年，紛紛停止關市之徵：

> ──武后天授二年（六九一）七月九日勅：其雍州已西安置潼關，即宜廢省。[156]
>
> ──（天授）三年（六九二）四月十六日，神都置西市尋廢。[157]
>
> ──長安元年（七〇一）十一月二十八日，廢京中市。[158]

十年來這一連串的廢關市之稅，稱之爲運動似乎不爲過。在這種強大趨勢之下，有人提恢復關市的意見，不免就會遭到像崔融輩的堅決抵制。這是討論崔融一文的重要背景，不可不知。至於武則天時代何以會放棄關市收入，這點待考。

崔融此文基本上不脫傳統中國政治哲學的藩籬，充滿著濃厚的價值判斷色彩。其中包括農本商末（即農優於商）、法家治術末路（即無爲而治高於法治）、崇儉低稅（即得民心重於得錢財）、變法禍國（即安定勝於變革）等思想。這些想法是他文內第一、二、三、五等四大反對理由的理據。

綜合這四種想法，我們試著依循他的理路，將他長篇大論加以簡化勾勒如下：商人在整個經濟結構中以勞少獲多（甚至可說成不勞而獲），因而只可將增稅的矛頭指

---

152. 見文苑英華卷六九七，頁四三三九至四一。

153. 見唐會要卷八六，市，頁一五八一。

154. 同上；又見冊府元龜卷五〇四邦計部，關市，頁二六六三。

155. 見冊府元龜卷一四帝王部，都邑二，頁六九。

156. 見冊府元龜卷五〇四邦計部，關市，頁二六六三。

157. 同上。

158. 同上。

向他；政府立法管事最爲不智，法律乃危險之物，切勿觸碰；變法更是令人厭惡，其結局往往逼迫奸小之徒和地方豪強鋌而走險，造成社會動亂；何況政府稅收一多，勢必大失人心。

此外，他的第四反對理由是說執行官吏可從中營私舞弊，第六反對理由則爲原先增稅的條件——抵禦外患——消失了；這兩點倒是全基於現實的考慮。崔融此文其他細節仍多，以不在本文論內，可免贅述。

平情而論，關市之稅的課徵對象若只限商人（特別是出售奢侈品的商人），是合理的。崔融反對不論商旅與否一律課稅的看法，站在稅負公平這一點上，是說得過去的。不過，他因囿於時代、援引傳統價值理念倚爲理據，雖難以說服今天的我們，但在當時卻非常有效！他的反對說辭，在當時人看來，不無兼顧理想和現實兩種層面的況味。武則天最後爲之心動而暫時接受他的看法，想來亦不外乎此。

抑有甚者，崔融文末的建議關係本文論點至鉅，不可不注意。崔融反正認爲新立稅目如同變法一般邪惡，那麼解決之道無他，回頭走老路就是了：「倍算商人，加歛平人。」原來他對稅務的認識有其局限，也和當時絕大多數人一樣，對如何達成眞正的稅負公平，缺乏堅強的工具理性。他的思考線索依然陷於重農抑商的窠臼。總之，他講了半天，他的結論居然是，他可以忍受的是在原來稅負結構上的重複課稅，不能忍受的是逸出既有稅負範圍之外，另闢稅源！他的本意是爲低收入者的農民說話，希望減輕他們負擔，結果竟然說成，主張就現有課稅體制多向他們課稅也無妨。這就令人不禁要懷疑，他究竟是有心使稅負做到眞正公平呢，抑只對維護官僚現存體制，包括稅制在內，有興趣？

事實上武則天對增稅新法（到底她對增稅有興趣，抑對尋求更合理的課稅之道懷抱熱誠？不得而知。）沒有放棄，她只不過暫避一下以崔融輩爲代表的反對聲浪而已。翌年——長安四年（七〇四）——十一月，唐政府「又置神都西市。」[159] 此後歷經中宗（在位七〇五至七一〇）、睿宗（在位七一〇至七一二）、玄宗（在位七一二至七五五）等三朝，逾五十年，關市之稅似乎往定制之途，邁進一大步，未見有人

---

159. 見册府元龜卷五〇四邦計部，關市，頁二六六四。

唱反調。而關市之稅也就在實質上自然成爲政府歲入的一項恆常稅目。

關市之徵的課徵對象想係商人，這時商品經濟異常活躍，[160] 政府這分稅源相當充足，爲了不使此項稅源有所逃漏，政府必須禁止一些非法市集的存在。中宗景龍元年（七〇七）十一月的一道敕令，就反映此一趨勢：

> 諸非州縣之所，不得置市，其市當以午時擊鼓二百下，而衆大會，日入前七刻，擊鉦三百下，散。其州縣領務少處，不欲設鉦鼓，聽之。[161]

唐朝開國若從武德元年（六一八）算起，到玄宗天寶十四載（七五五），一共一三八年。此其間有關市之徵的時間可能有以下兩個階段：前一階段是從高宗顯慶二年（六五七）起到武則天垂拱二年（六八六）爲止共三十年；後一階段從武則天長安四年（七〇四）起到玄宗天寶十四載（七五五）止，共五十一年。兩個階段合計長達八十五年之久。後一階段比較能肯定年年課徵關市之稅；前一階段則很難說，也許僅止顯慶二年那一年也說不定，或者是其間不定期課徵。還是說同樣是關市之稅，卻前後有別；前一階段的課徵只限商人，後一階段的課徵則不限商人。易言之，有關唐前期關市之徵，後一階段已知是年年課徵，前一階課徵情形如何，值得進一步探討。

一切的疑惑都因顯慶二年那一年徵關稅此一條資料而起。如果說是長安四年以前的一個特例，一個偶發因素導致的話，就可以對上述疑惑迎双而解。剛巧我們可以找到一條證據以支持我們的推測：

> 武后革命（按：疑指西元六九〇年，武則天改國號爲周一事。）張知泰（按：時官洛州司馬？）奏置東都諸關十七所，譏斂出入。百姓驚駭，樵米踊貴，卒罷不用，議者羞薄之。[162]

革命時期情勢緊張，有司嚴設關卡，可能主要爲軍政目的，然連帶也盤查出入物品也

---

160. 商品經濟發達到白天設市猶不足，還須輔以夜市。關此，參閱張邰：「唐代的夜市」（中華文史論叢第一輯1983）又見胡寄窗中國經濟思想史簡編，頁二八九至二九〇。見宋晞：「宋代的商稅網」（學術季刊二卷三期1953）。

161. 見唐會要卷八六，市，頁一五八一。又，關於唐代市的資料，出現最早的記載，便是這一則，在加藤繁「唐宋時代的市」（福田德三博士追憶論錄文集，1933）一文中，所引市的資料除這一條外，餘均出現在安史之亂以後。

162. 見新唐書卷一〇〇張知泰傳，頁三九四七。

是有的。由上引文可見關卡課徵的多係民生必需品，[163] 所以才會立卽轉嫁一般升斗小民，馴致引起遽烈物價波動。如果這條講的眞是武則天初卽帝位時事的話，那麼可見之前並未收關稅，而且也與前述從六九一至七〇一年的十年廢關運動聯起來看。以是知顯慶二年乃一孤立事件。究竟那年發生什麼大事，非如此急於用錢以致徵關稅不可？我們知道顯慶二年是唐朝欲傾全國之師遠征高麗的前夕，[164] 可能需財孔亟有以致之。

2. 鹽　課

討論完關市稅收問題，接著處理鹽課問題。玄宗開元九年（七二一）左拾遺劉彤首先倡議政府課鹽，這事的直接起因，據舊唐書卷四八食貨志上云：

> 開元元〔九〕年十一月，河中尹姜師度以安邑鹽池漸涸，師度開拓疏決水道，置爲鹽屯，公私大收其利。[165]

這個地方政府的新興事業遂激發了劉彤全國普遍課鹽、從而開發山海（澤）之利的靈感。他便在當月五日，上表說道：

> 臣聞漢孝武爲政，廐馬三十萬，後宮數萬人，外討戎夷，內興宮室，殫費之甚，實百當今，而古費多而貨有餘，今用少而財不足，何也？豈非古取山澤，而今取貧民哉！取山澤，則公利厚而人歸於農；取貧民，則公利薄而人去其業。故先王作法也，山海有官，虞衡有職，輕重有術，禁發有時，一則專農，二則饒國，〔濟人盛事也。臣實爲今疑（按：全唐文卷三〇一，頁三八六一，「疑」作「宜」，爲是。）之。〕（按：以上十一字，册府元龜卷四九三邦計部，山澤一，頁二五九六上，漏刻。）夫煮海爲鹽，採山鑄錢，伐木爲室，農餘之輩。寒而無衣，饑而無食，傭賃自資者，窮苦之流也。若能以山海厚利，資農之餘人，厚斂重徭，免窮苦之子，所謂損有餘而益不足，帝王之道，可不謂然乎？臣願陛下詔鹽鐵木等官收興利，貿遷於人，則不及數年，府有餘儲

---

163. 有關當時市場的性質，可參見李延：「略論唐代的『錢帛兼行』」，該文是討論唐代貨幣商品經濟的扛鼎之作。

164. 參見康樂唐代前期的邊防（臺大文史叢刊之五十一，1979）。

165. 頁二一〇六。據嚴耕望「舊唐書奪文拾補」（中央研究院史語所集刊二十八本上册，1956）第二十八條的考證，知「元」年爲「九」年之形誤，見該書頁三五一至四。

矣。然後下寬貸之令，鰥寡孤獨之徒，可以惠羣生，可以柔荒服。雖戎狄猾夏，

堯湯水旱，無足虞也。奉天適變，惟在陛下行之。[166]

通觀劉彤的意見，他對他所想的新稅目——鹽課——冀望甚深。他的終極目標是
希望有朝一日可以達到「鰥寡孤獨之徒，可以惠羣生，可以柔荒服。」那已經不是完成
稅負公平使命而已，而是兼及社會福利和國防目的了。他清楚他的建議——雖然師法
漢武帝富國強兵故技——對唐人（不僅僅是他同時人而已）而言，是劃時代的革新創
舉；因而他解釋此舉是「奉天適變」。推求其意可能是說形勢已發展到不能不變的時
刻。無奈漢武富強模式，不合中國三皇五帝的理想的軌轍，皇帝與諸相敵不過傳統根
深蒂固的價值理念，當時並未實行。關於此，舊唐書有云

其後頗多沮議者，事竟不行。[167]

千百年來只有清聖祖了解類似劉彤這種建議無關傳統價值理念，而是確實有益國計民
生。[168]

當時玄宗皇帝本人和幾位宰相（按：可能是張說、劉幽求、姚元之、郭元振等
人。）是非常支持劉彤的意見的，這可從決策單位已將施行其事的細節問題都研擬妥
當，可以看出：

上令宰臣議其可否，咸以鹽鐵之利，甚益國用，遂令將作大匠姜師度、戶部侍
郎強循俱攝御史中丞，與諸道按察使檢責海內鹽鐵之課。「比令使人勾當，除
此外更無別求。在外不細委知，如聞稱有侵刻，宜令本州刺史上佐一人檢校，
依令式收稅。如有落帳欺沒，仍委按察使糾覺奏聞。其姜師度除蒲州鹽池以
外，自餘處更不須巡檢。」[169]

---

166. 見舊唐書卷四八食貨上，頁二一〇六至七。

167. 見舊唐書卷一八五下良吏列傳下，姜師度傳，頁四八一七。

168. 見章梫纂：康熙政要（臺北，華文版，中華文史叢書十一輯）卷二一貢賦，頁一〇一六云：「聖祖閱史至
魏甄琛請罷鹽池之禁曰：『鹽之產稚甚厚。不操之自上。則豪強互相漁奪，閭閻之間，必紛囂多事矣。況
取山澤之資。以薄田疇之賦。使民力寬然有餘。其爲益不已多乎。若不審度時勢，輒弛其禁，則南畝之農
夫，不獲治毫末之利，而國用旣絀，稅歛漸加，亦必至之勢也。凡爲政者，祇求實惠及民而已，何必以美
名自託哉？』」足見清聖祖不僅主鹽課實有益國計民生，而且也認爲反對者爲自託美名。「美名」云云，
正是本文所謂價值觀念中所肯定的那套東西。

169. 見舊唐書卷四八食貨上，頁二一〇七。

　　唐代全國實施鹽課遲至開元二十五年（七三七）才付諸實現。從某一方面看，其中不能說沒有反對勢力的阻撓。

　　開元元年以前唐政府將鹽立為稅目的興趣還不大。但也不至如朱子伋所言，從隋開皇三年（五八三）至唐景雲二年（七一一），「其間一百二十八年，都是中國無稅主義的鹽政時期，這也就是中國鹽政史的黃金時代。」[170]

　　大抵在高祖和太宗時代，確如朱氏所言，任民採鹽，官府不與民爭利。太平寰宇記卷八三劍南東道二，縣州鹽泉縣條下云：

　　　　武德二年……鹽泉縣以地有鹽井，民得採漉，為四價售之地。[171]

又，同書卷八八劍南東道七，富順監條下云：

　　　　富順監，晉富世縣，以縣下有鹽井，人獲厚利，故曰：「富世」。貞觀二十三年

　　　　改為富義縣。按井深二十五尺，鑿石以達鹽泉口，俗謂之玉女。華陽國志云：

　　　　「江陽有富義彊井，以其出鹽最多，商旅輻輳，百姓得其富饒，故名也。」[172]

當然文中未明言貞觀時是否課鹽稅，暫置勿論，以為參考即可。又，同書卷九五江南東道七，秀州海鹽縣條下云：

　　　　又按吳郡記云：「海濱廣斥，鹽田相望，卽海鹽，與鹽官之地同也。隋初置，

　　　　唐武德七年廢。[173]

這是一條講海鹽縣廢置的資料，因當地產鹽，如不置縣的話，便意味官府力量管理不到此地。故可推知當地鹽產乃任民採製。

　　據上舉三例，似乎可證高祖和太宗時代並不課鹽。但是這種情況因為一項思想因素的介入，而有了變化。太平寰宇記卷一〇七江南西道五，饒州德興縣條下云：

　　　　本饒州樂平之地，有銀山出銀及銅。唐總章二年（六六九），邑人鄧遠上列銀

　　　　之利。上元二年（六七五）因置場監，令百姓任便採取，官司什二（按：疑「

---

170. 參見朱子伋「中國鹽政之史底概念」（中法大學月刊九卷五期，1936）頁四五。朱文是篇甚具參考價值的
　　　文章，小錯雖不可免，然瑕不掩瑜。
171. 見該書（臺北，文海版，1963）第一冊，頁六三八。
172. 同上，卷八八，頁六六五。
173. 同上，卷九五，頁七一九。

　　　　　　　　　　　　　　　　　　　　　　　　　　　　　　　　　— 195 —

二」當作「一」。）稅之。其場卽以鄧公爲名，隷江西鹽鐵都院。[174]

鄧遠的上書如今已見不到，內容無法揣測。在事隔六年後，他的建議才付諸實現，如果不是官僚行政效率過低，便是政府有所徘徊瞻顧，或是一時體認不淸，尚不大感到興趣。

政府對設場監以開發利源的闌珊意態，從武則天時陳子昂建議開山澤之利的上書中露出端倪：

臣聞古者富國彊兵未嘗不用山澤之利。臣伏見西戎未滅 ，兵鎮用廣 ，內少資儲，外勤轉餉。 山澤之利，伏而未通。 臣愚不識大體，伏見劍南諸山多有銅礦，採之鑄錢，可以富國。今諸山皆閉，官無採鑄，軍國資用，惟斂下人，乃使公府虛竭，私室貧弊，而天地珍藏委廢不論。以臣所見諸〔請〕依舊式，盡令劍南諸州，準前採銅於益府，鑄錢其松潘。諸軍所須用度，皆給以資給；用有餘者，然後使緣江諸州遞運，散納荊、衡、沔、鄂諸州。每歲使以和糴，令漕運委神都太倉。此皆順流乘便無所勞擾，外得以事西山諸軍，內得以實中都倉廩。蜀之百姓免於賦斂，軍國大利，公私所切要者。……[175]

文中言「今諸山皆閉，官無採鑄」，可見當時政府對山中礦產並無開採之計畫。 至此，總算知道唐人主張開發山澤（海）之利以課稅，劉彤並非第一人。在他之前有鄧遠和陳子昂兩人。子昂於此只是泛泛肯定開採之利，涉及具體的部分是開採劍南諸山銅礦。從他所言「諸〔請〕依舊式」、「準前採銅於益府」看來，益州府舊有採銅之例。

上舉鄧遠和陳子昂二例，講的雖不是鹽，可是都屬山海之特產，且徵課方式是一律相同的，故可取以互相參證。

武則天時期蜀地鹽課情形，尚有線索可尋，故可談一談。太平寰宇記卷八五劍南東道四，陵井監條下云：

其井煎水爲鹽，歷代因之，唐萬歲通天二年（六九七）右補闕郭文簡奏賣水一日一夜得四十五函半 ，百姓貪利失業。 長安二年（七○二）停賣水，依舊稅

---

174. 同上，第二册，頁五四。
175. 見全唐文卷二一一陳子昂「上益國事書」，頁二七○○。

鹽。[176]

文中所云「失業」，意指農民棄農就商。郭文簡主鹽課的理由是重農賤商思想，不是本文重點，不去談它。此一資料透露，唐政府對取山澤利源的政策搖擺不定，所以才會一度開放民營。

武則天聖曆元年（六九八）十月，在蜀州刺史張柬之反對派兵遠戍姚州的條陳中，又似乎看到蜀地的鹽課設置的時候還是長於廢棄的時候：

> 姚州本哀牢之國，荒外絕域，山高水深，國家開以爲州，未嘗得其鹽布之稅，甲兵之用，而空竭府庫，驅率平人，受役蠻夷，肝腦塗地，臣竊爲國家惜之。……[177]

既云：「未嘗得其鹽布之稅」，可見鹽稅常在徵收之列，故取以喻解。

蜀地的情形是否可以涵蓋全國的情形呢？按說是不行的。因爲一個制度尚在廢置不定之時，是比較不會出現整齊性和一致性的。連唐六典都不做硬性規定了，可見一斑。唐六典卷三○士曹司士參軍條下注云：

> 凡州界內有出銅鐵處，官不採者，聽百姓私採。煮（按：「煮」誤作「者」。）鑄得銅及白蠟，官爲市取。如欲折充課役，亦聽之。其四邊無問公私不得置鐵冶（按「冶」誤作「治」。）及採銅，自餘山川藪澤之利，公私共之。[178]

此舉銅鐵和白蠟以爲說明，可是其他山澤之產都可援例而行。唐六典雖作於玄宗時代，有些制度講的是玄宗一朝之變制，但並非所有制度到寫此書時，已屆丕變階段，其中不無唐代前期的制度。像此處所述課徵山澤物產稅的制度，似乎在總远行之數十年的制度。銅關係到貨幣，鐵則關係到武器，所以政府要特別管制，而鹽其他礦產，似乎官民共利。且讓我們舉實例來印證。以下金、鐵、鹽的例子，全出於太平寰宇記一書中：

（一）

梁載言十道志……漢書地理志云：「鍾陵出黃金。」又云：「鄱陽縣武陽鄉有

---

176. 見該書第一册，頁六四八。
177. 見資治通鑑卷二○六頁六五三七至八。
178. 見唐六典（臺北，文海版，1962）頁五一三。

黃金采。」顏師古曰：「采者，採取金之處也。」按：鄱陽縣記曰：「界內之
山出銅及鉛鐵者，有玉山及懷玉山。」梁氏所謂，山鬱珍奇。蓋此類也。[179]
鍾陵產黃金，從漢朝以迄北宋依舊。而上引唐初顏師古所言，卽令出於註漢朝之書，
唐初其地產金當係事實。此其一。其次，如此不論官探或是民探，不同課稅情形便產
生了。惜顏師古吝於一言。

　　　　（二）

　　　鐵山在（上饒）縣東南七十里，又名丁溪山，先任百姓開採，官收什一之稅。
　　　後屬永平監，今（按：指北宋。）廢。[180]

此引文乃緊接前一引文而來，講的全是信州的礦產。從文意看，在設永平監之前，政
府課稅方式是「任百姓開採，官收什一之稅。」，因此，鍾陵（鄱陽縣）的金礦，其
稅收方式理應大體相仿，否則一地兩制的情形，是很難想像的事。

　　　　（三）

　　　上平井（按：爲貴平縣中一井。）……唐時日收鹽一石七斗五升，與百姓分
　　　利。[181]

所謂「與百姓分利」，可能有種種情況，不定就是官收什一稅。不過依法，鹽鐵情形
理當不同的。待考。

　　　制度的分歧性在新唐書卷五四食貨四有載：

　　　唐有鹽池十八，井六百四十，皆隸度支。蒲州……歲得鹽萬斛，以供京師。
　　　……（鹽、靈、會）三州皆輸米以代鹽。安北都護府有胡落池，歲得鹽萬四千
　　　斛，以給振武、天德。……山南西院……劍南西川院……劍南東川院（所領鹽
　　　井）……皆隨月督課。幽州大同橫野軍有鹽屯，……歲得鹽二千八百斛，下者
　　　千五百斛。負海州歲免租爲鹽二萬斛以輸司農。青、楚、海、滄、棣、杭、蘇
　　　等州，以鹽價市輕貨，亦輸司農。[182]

---

179. 見該書第二册卷一〇七江南西道五，信州上饒縣條，頁五五。
180. 同上。
181. 同上，第一册卷八五劍南東道四，陵井監，頁六四九。
182. 頁一三七七。

據上引文，種種情形都有，這還是接近變制的情形呢，更早的時候恐怕更難以見其全國一致的制度了。當然這也反映度支司處理國家資源複雜之一面。

礦產可抵充農產的實物正稅，這可見於上引文：「負海州歲免租爲鹽二萬斛以輸司農」。此外，還有一個例子。一九六三年長安縣發現一塊「采丁課」銀鋌，一面刻：「天寶十三載采丁課銀每鋌五十兩」，另面刻：「朝議郎行司士參軍李□。」[183]這不僅令我們想起前引唐六典司士參軍條那則注文，居然可找到法令施行的證據；而且得知探銀工人可以所探銀抵繳正稅。此外，前述顏師古的探金，亦可由此發生聯想。

從開元元年至二十五年期間，有若干跡象顯示，政府在努力促成自行開發山澤（海）之利以充新稅源。

在一次科考時，出過一道「鹽池賦」的試題，我們從當年應試者之一的閻伯璵留傳下來的作品，不難窺出當時行鹽課的一些消息。茲擇要引錄於下：

> ……靚茲池兮，荷上天之報，靚茲鹽兮，恤下人之食。意者以爲季布鎭乎股肱，黄覇蘊其輔翊，不爾，何魚鹽川澤之用？饒士潤鹹醨之利，飭天人之繁列，則有典有孚，百姓之攸迷，而不知不識。粲矣，……[184]

從充滿歌頌和贊同之意，似乎顯示政府想透過考試以達其政令宣導的意圖。一般而言，考生對時局是很敏感的，往往投主政者之所好而下筆爲文。閻伯璵內心卽使不贊成其事，然爲錄取計多半也要筆不應心地敷衍一番。閻伯璵之類的與試者，其內心是否支持主政者之新政策，不是本文重點。此處值得我們注意的是，透過政令宣導的試題，以及與試者呼應主政者之心意等事，可以約略窺知當時決策者宣傳和推銷其政策的本意。要之，我們從閻伯璵此文，可以推知執政集團對鹽課，甚至擴而大之的山澤（海）之利的課稅計畫，尚未放棄。

政令宣導的配合之下，幾件試探性的舉動，也在逐步推行（也許當說試辦。）之

---

183. 參見秦波「西安近年出土的唐代銀鋌、銀板和銀餅的初步研究」（文物七期，1972）頁五七。文中亦舉唐六典卷三十士曹司士參軍條，可是卻斷章取義，另外天寶十三載所行制度，恐與唐六典所述不同，甚難取以印證。
184. 見全唐文卷三九五頁五〇八七至八。

中。太平寰宇記卷一三〇淮南道八，海陵監條下云：

　　唐開元元年置。[185]

　　唐會要卷八八鹽鐵條下云：

　　　　至（開元）十年八月十日勅：諸州所造鹽鐵，每年合有官課。比令使人勾當，
　　　　除此更無別求，在外不細委知，如聞稍有侵剋，宜令本州刺史上佐一人檢校，
　　　　依令式收稅，如有落帳欺沒，仍委按察糾覺奏聞。其姜師度除蒲州鹽池使以
　　　　外，自餘處更不須巡檢。[186]

此條可知中央將課鹽（鐵）督導之責授付地方，並注意稅務稽征行政過程的貪墨問
題，此外將蒲州鹽課加以定制。

　　同書同卷，鹽池使條下又云：

　　　　開元十五年（七二七）五月，兵部尚書蕭嵩除關內鹽池使，自是，朔方節度常
　　　　帶鹽池使也。[187]

可見對全國鹽產漸行分區責任制，關內區總負責的職務也制定出來了。

　　新唐書卷五四食貨四云：

　　　　（開元十五年七月）初稅伊陽（今河南嵩縣東）五重山銀錫。[188]

大陸近年在西安近郊掘出一銀鋌，上刻：「河南府伊陽縣天寶十三載窟課銀一鋌伍十
兩」[189]可見此一銀鋌來自伊陽五重山礦坑。證實此坑至少在天寶十二載（七五三）仍
在生產中，也表示唐廷雷屬風行開發山澤之利的政策。

　　一九五六年西安大明宮遺址出土的一塊天寶年間銀鋌，上刻：「信安郡專知山官
丞（承）議郎行錄事參軍智庭上」[190]信安郡即衢州（在今浙江省境內。），是有銀
礦坑。分屬河南和江南兩個礦坑的銀鋌，無獨有偶地被楊國忠進獻給玄宗，可見全國
至少在天寶年間，肯定還在續行開元十五年以來開山澤之禁的政策的。

185. 見該書第二冊，頁二〇九。
186. 見該書頁一六〇三至四。
187. 同上，頁一六〇八。
188. 頁一三八八。
189. 參見秦波「西安近年出土的唐代銀鋌、銀板和銀餅的初步研究」（文物七期1972）
190. 見萬斯年「關予西安市出土唐天寶間銀鋌」（文物參考資料五期，1958）頁三三。

　　由上舉諸例知，由於政府意識到山澤（海）方面蘊藏豐富的稅源，又有決心開闢此一新稅源，因此才有以上一連串的舉動。雖然這些舉動可能由於史料大量塑滅，只留下上述蛛絲馬跡，不過，我們若取以配合開元二十五年開始正式全面課征鹽稅一事，則不難窺知其間的關連性。如此，才不至對開元二十五年始稅鹽一事感到過分突兀，嚴格說，此事跟開元元年前行鹽課不同。

　　此外，開元元年前幾年，已開始蘊釀求變，可視爲變革的序幕。首先：

　　　　唐景龍二年（七〇八）採銅利害，使西臺侍御史奏稱：梓州元武縣、簡州金水
　　　　縣競銅官坑，按兩縣圖經，其銅官山合屬元武縣，請徙銅於山南二里。[191]

如果不是銅產受到地方重視，兩縣如此在意銅坑主權誰屬，而且事情鬧大到由中央派人專案處理。這可是官僚體系開始吹奏起重視山澤之利的第一聲號角。

　　其次，開元元年前一年，卽景雲二年（七一二），政府發布「鹽池使」一職的任命，值得關心鹽課問題的人注意：

　　　　睿宗景雲二年以蒲州刺史充關內鹽池使。鹽鐵之有使，自此始也。[192]

册府元龜在這句話下注云：

　　　　其後朔方節度常帶鹽鐵使。[193]

我們認爲這是中央有意直接控制地方鹽務的表示。

　　開元元年的同一年——先天二年，也有兩條資料，不容忽視。其一，劍南東道的陵井監：

　　　　先天二年加課利，有三千六百二貫。[194]

這就稅率比以前增多了。其二，加強鹵州鹽州池的管理：

　　　　九月，強循除鹵（？）州刺史，充鹽池使，此池卽鹽州池也。[195]

3．變造和資課

　　唐代前期政府不管是爲了彌補正當支用的虧空，或是臨時起意大肆浪用，在籌措

---

191. 見太平寰宇記（臺北，文海版，1963）第一册卷八二劍南東道一梓州銅山縣，頁六三七。
192. 見册府元龜卷四八三邦計部，總序，頁二五四〇上。
193. 同上。
194. 見太平寰宇記第一册卷八五劍南東道四陵井監條，頁六四八。
195. 見唐會要卷八八鹽鐵，頁一六〇八。

經費方面，除了前述利用社會福利措施加以變更運用，而成了籌措非常支出工具，諸如和雇、和市，以及和糴，以及再事起用前朝臨時性的雜稅（卽非正稅）措施，諸如關市和鹽課，之外，尙有變造和資課兩種，亦與本文有關，玆一一論述於下。

　　講到變造，便得涉及義倉。唐政府爲了籌措經常性救災糧食，設立了義倉。徵集義倉存糧的辦法是這樣的：課徵對象不分官民；而施行範圍遍及全國甚至邊疆；課徵標準則前後有所變化，先是依墾田畝數，後則依戶等，最後更演成兩種標準雜用，藉以適應不同的情況。這就是所謂的地稅，[196] 是從貞觀二年（六二八）起徵的。原本規定義倉除了救災不許雜用，然而這個規定毀於中宗之手。中宗動用義倉糙米去換取各種所需，這叫「變造」。[197] 如此行之殆逾十年之久。到了玄宗開元四年（七一六），才嚴令禁止。中宗的理財作爲，衡之今日眼光，是一種政府挪用社會福利金，去平衡財政赤字的作法。打個比方，假定政府是保險公司的話，那就是保險公司吞沒被保人的保險金。這是中宗時代時代財政敗壞到離譜的地步，一時情急想出來的變通救急辦法，實則不通之極。玄宗下令禁止，是正確的。不過，到了開元二十一年（七三三）玄宗解除禁令，下詔全面實施變造，這就又流於變相加稅了，而福利措施也就變質了。

　　再說開元二十二年（七三四）下令收取資課。資課是一種類似財產稅也好，或是代役金也罷，[198]具備有新稅源的架勢則一。這年李林甫任戶部尙書，兼宰相。這是整個唐代前期政府在財政上所想出來、純粹的新稅源，而且未遭反對或抵制。這一點與本文論點牴觸。本文的解釋是，開天之際，尤其是從李林甫以宰相兼任財政首長起，在財政制度上開始起了新的變革。此其間新舊制雜陳。在這過渡時期，我們既無法看到清一色前期的舊制，也無法發見如同後期般波瀾壯潤的新制。同樣道理，三年後卽

---

196. 關於畝田肥瘠等級之評第，參閱黃永年「唐代籍帳中『常田』『部田』諸詞試釋」（文史第十五輯，1983）頁五七至五八。

197. 關於變造，參閱俞大綱：「讀高力士外傳釋『變造』『和糴』之法」（中央研究院歷史語言研究所集刊第五本一分，1935）

198. 關於資課，吳伯梓於其中國財政金融年表上冊（北京，新華版，1981）中，認爲是色役，見其所列 632、653、685、693、718、745、750、752、760、736、766等各條資料；李春潤「略論唐代的資課」（中華文史論叢第二輯，1983）則認爲是色役的代役金；范文瀾中國通史簡編修訂本第三編第一冊，頁二二四，認係財產稅。

開元二十五（七三七）開始徵收鹽稅，也不見有人反對，似亦可作如是觀。

（二）抵制新法

長安三、四年（七〇三、四）之際正是唐朝忙於應付西突厥勢力之時，此其間另覓稅源之舉，從史料上得知有張廷珪和崔融兩人分別加以反對。復從他們反對的字裏行間，得知反對的是執政團體（卽諸相）和皇帝，可是都不指名道姓——崔融文中稱「有司」，張廷珪文中指「有人」。就此而論，倘取以衡諸唐代後期的情形，[199] 殊爲不同。尤有進者，這可以清楚看出純粹出於一種就事論事的態度，因而就不至如後期般大肆牽扯有關被反對者人品道德、甚至文化品類之情事。換言之，前期反對者不做興作人身攻擊。至如開元九年（七二一）擬行鹽課不成那次，雖然修史者明白指出皇帝和諸相受到反對，但是，由於在史料上缺乏反對者之文字，使我們不能妄自猜測其內容。卽令其反對的理由無法測知，不過，想來也是出於就事論事，攻訐諸相甚至皇帝的事，在一般情況下恐不易發生。就我們所能看到的資料顯示，數落執政團體最嚴重的一次，要數前章陳子昂目之爲「貪夫」；卽令如此，主要指涉的是財政舉措，也非諸相品德。

與此有關的，尚有一事值得一提。就現有史料看，看不到主張新立稅目的宰相和皇帝的答辯之辭。這種情形假定是眞無其事，而非有其事而史料湮滅的話，那麼不答辯背後的意義就耐人尋味了。這是意味著他們的主張大悖一般主流見解，而且自知無法與之作爭鋒相對地答辯？

接著我們要比較一下前述造明堂，以及天堂、白司馬坂、長樂坡等造像事件，加上金玉兩觀修築事件，在籌款問題上與以上三事（卽張廷珪反對和市、崔融反對關〔市〕徵，以及大家反對劉彤鹽課等）的差異：第一、其所籌集的款項供作皇帝私用，而非國用；第二、款項的籌措未經官僚體系正式財政管道（部門）且至少未獲執政團體（諸相）的全體同意和支持；第三、主持人是皇帝特派的親倖〔近倖〕，如馮小寶（沒有職銜）、慧範（沒有職銜）武攸寧（時官春官尙書，而非工務官）和竇懷

---

199. 參閱拙作：「唐代財經專家之分析——兼論唐代士大夫的階級意識與理財觀念」（中央研究院歷史語言研究所集刊第五十四本四分，1983）

貞（時官左僕射，而非工務官）；第四、反對者似乎人多勢衆，如今尙可追查出若干位（按：或可看成修史者重視此事）。

　　以上只第四點有必要稍加說明。反對白司馬坂造像的人，可以稽考的，計有張廷珪（時官監察御史）、李嶠（時官國子祭酒）、蘇珦（時官御史大夫）、以及狄仁傑（時官宰相並兼若干要職）等人；其中張、蘇兩人代表監察機構的反對；李的反對，不能僅從表面看，認係代表一位高級淸望官的反對而已，而當列入與狄一樣，屬於很有分量且有影響力的人看待。

　　反對修築金玉兩觀的人，可以考知的則略多，卽李乂（時官宰相）、尹思貞（時官將作大匠）、韋湊（時官太府少卿）、魏知古（時官散騎常侍）、裴漼（時官中書舍人）、辛替否（時官左補闕）等人；李乂的唱反調，至少表示執政團中不能齊一步調，與皇帝立場一致；尹、韋兩人的反對，意味著直接承辦其事的兩個有關單位的抗命；其餘三人屬於監諫官，其中魏、裴兩人尙是皇帝的近侍官呢。將整個反對力量滙集起來看，可以說環繞皇帝周遭的一些重要官員，合力予皇帝一種類似衆叛親離的強大壓力。

　　此外，此一事件，居然遺有睿宗皇帝的出面答辯，此一史料彌足珍貴。我們從其文所顯示的低聲下氣，可以反映反對聲浪相當可觀，以致連尊貴如皇帝都要爲此紆尊降貴向臣下自我表白一番，希望獲致同情的諒解。於此，我們看到，傳統理財觀念在價值理念的強有力支撐下，對控遏帝王私慾相當成功的一面。

　　關（市）徵和鹽課（其實可擴大說成國營民生重要資源）作爲一種彌補正稅收入不足的新稅源，卻遭受強烈抵制，其中歷史意義爲何，頗值得探究。論者咸知唐代人民眞正稅負超過法定課徵範圍甚多，[200]但卻不知這是無法發掘非常支出稅源的結果。其實說「無法發掘」不無言過其實，惟當說早有人提出對策，以礙於官僚體系主流派人士的掣肘，難以付諸實現。爲何如此？這牽涉到唐代前期稅制的性格或形態，及其背後所支撐的一套價值體系。

　　唐代前期稅制性格或形態，約而言之，就是只容許在正稅稅負結構內進行課徵的

---

200. 參見張澤咸「唐代的力役」（魏晉隋唐史論文集第一輯，1981）

一套稅制，萬一國用不足，則可以本此結構重複課徵，不可逾越此一結構別出心裁，設計出一些新稅目，從而締造出新的稅負結構。就中可與不可的依據：無他，傳統價值理念也。於此，我們與其說保守官僚勢力堅主既有官僚體制（稅制包括其中）之神聖不可變更，勿寧說傳統價值理念制約之下，試圖追求稅負更公平之努力——雖然這是因緣國用不足而起——受到抑制。然而話得說回來，保守官僚之所以抬出價值理念此一法寶，且越俎代庖（用現在眼光）去管到課稅合理性問題，其中不無政治智慧，我們不能一味輕視他們，認爲他們爲保守而保守。實際上，他們耽心新稅目例子一開，各種苛捐雜稅可能援例紛紛出籠，橫徵暴斂之局不免於焉形成。屆時，國君無窮慾望的閘門一開，再也關不住，天下百姓必將淹沒在國君慾望的洪流中。因此他們不免借重傳統價值理念，使之作爲一種社會安全瓣，藉以稍殺國君貪得無厭之心。他們都清楚，國君多多少少懷有這種念頭：天下的子民都是他的財產，他有權任意使用。

由於唐代前期在反對尋覓新稅源的言論中，只單純就事論事，沒有出之於人身攻擊，所以就沒有後期所謂的階級意識此一因素作祟其間。若問前期爲何不作人身攻擊，可就與官僚體系內官制變革有關了。財經決斷權握在諸相抑或財政首長手中，除了有其制度上不同之意義外；就反對財政決策事務的人而言，還有另一番意義。反對言論之激烈與否，可能就與被反對者其官位高低大有干係。一般而言，財政首長比起宰相甚至皇帝，受到攻擊的機會與程度都要來得大。此外，失去財經決策權之宰相，在官位上高於財政首長，如果也在反對之列的話，其所發生的作用，是相當可觀的。財政首長之決策如果只得皇帝而不得諸相同意的話，是會遭遇很大麻煩和阻撓的。財經決斷權的誰屬問題，是本文論點的關鍵，不可不查，當另文處理。

綜合二、三兩章的分析與討論，唐代前期非常支出籌措方式，一言以蔽之，大體不出在原有稅負結構基礎上，稅上加稅的重複課徵辦法。能夠跳出原有稅負結構的藩籬，謀尋求稅負更公平的新稅源之舉，如關（市）稅和鹽課，則遭致強烈抵制，難以實行。關（市）稅主要從中宗以後逐漸趨向定制，才實行開來。鹽課到玄宗開元末年才開始有新的轉機，同時，挪用義倉糧食變質的地稅，以及變更使用的資課，也才順利付諸實現。

四、結論與衍論

本文從軍事行動、以及宮室和陵寢工程用度等方面種種例子，證明唐代前期國家整體稅制性格（形態）乃是，就原有稅負結構中重複課徵的普徧實施。不僅此也，特別以下幾件事，諸如長安四年和市河南、北牛羊事件，「天堂」、白司馬阪、長樂坡等造像事件，還有造金仙和玉眞兩觀事件等，更是重複課徵得厲害，而且除了長安四年和市乙事外，其餘都有未經官僚體系正當且合法的管道就進行課徵的紀錄。

對於皇帝爲宗敎奉獻行重複課稅，官僚的抵制有如排山倒海般之聲勢，官僚的忍受程度遠遜於宮室和陵寢工程。此其一。其次，皇帝即使爲陵寢工程所費不貲，由於有發揚孝思此一護身符，官僚的反對力量無形中減輕不少。又次，在價值觀念作用之下，傾向奢靡的宮室工程，不容易見容於社會，因此帝王在這方面較受牽制。要之，同樣是工程，官僚比較不能忍受宗敎奉獻的花費；相反地，較能接受陵寢的花費；而宮室的花費，帝王因同受價值觀念的薰陶，自有他節制的一面。

撇開帝王窮奢極慾這一點不談，皇帝信敎的虔誠，其所產生的驅使力量是相當驚人的。而另一方面，官僚受到傳統價值理念中排斥宗敎信仰這一點的強力支援，它的力量也不可小視。這兩股劇烈的力量針鋒相對地碰撞起來，自是形勢格外壯觀。而價值理念對陵寢和宮室工程的一可一否，便使得帝王承受的輿論壓力有一輕一重之別。

唐代前期非常支出籌措方面，除了就原有稅負結構重複課征之外，另外還有兩種迥然不同性質的辦法。其一從現存體制的社會福利措施中，諸如地稅、和雇與和市等，以及資課，加以變制，其二從前期舊有變制（屬於一種非常制）中，如鹽課和關市之徵，加以援用。和雇與和市恐怕是在武則天時期變質，地稅則在中宗時期變質，資課是在玄宗時期變質。資課問題另見他文探討，此處不贅。

鹽課問題，一般以爲玄宗開元九年（七二一）左右才開始。實則不然，大抵唐朝肇建，礦產中除了銅鐵之外，其他礦產包括鹽在內，是許民自由開採，官或收其什一稅，或以若干產值抵充租稅，或是其他辦法，不得而知，可能這項收益在全國總收益中不居重要地位，或者是其他原因，不管怎樣，總未引起中央的注意。大抵從武則天晚年以迄中宗和睿宗之世，中央開始打這筆收入的主意，於是揭起了制度變革的序

幕。此其間思想因素，卽鄧遠和陳子昂的倡議的介入，不無推動、促進之功。玄宗朝有關新式鹽稅政策性的辯論事件，步驟如下：第一中央決定伸管地方鹽課的經營，第二中央要加強稽徵，以確保此項逐漸可觀的稅源，第三中央直接遣俀經管重要鹽產地。這些行動都是奠定爾後國營鹽業之基礎。然而玄宗開始這麼做，並未一蹴可幾的，而是經過二十五年的努力，化解層層阻撓，到了開元二十五年，眼見時機成熟，才正式公布實行新制鹽課的。

　　關於關市之徵，高宗試行過一次，便告夭折，武則天時有十年的廢關（市）運動，直到在位最後一年（七〇四）才付諸實現。中宗和睿宗兩朝（七〇五至七一一），沿襲不替，此制才正式宣告定制。長安三年（七〇三）——武氏在位最後第二年——崔融於反對徵收關市之稅之餘，特別建議，必不得已不妨向農民多方課稅。此中意義殊不尋常。反映想逸出原有稅制體系外另闢稅源，簡直難以暢通無阻。

　　因此，唐朝前期在援用前朝舊有變制方面，計有鹽課和關市之徵這兩項，大體是在玄宗卽位前八年以及卽位後二十五年，這三十三年期間陸續完成的。其前約有九十年是不做與援用前朝變制的。由於變制出現的晚，以及尚不成氣候，所以本文才又說前期稅制精神（性格）或形態，主要是就原有稅負結構中重複課徵的辦法。這與後期多方另闢稅源以另行建立一套新的稅負結構，誠然大異其趣。有沒有違背這主要形態的例外呢？有的！不過只發現兩件。一是高宗顯慶二年突徵關稅，另一是高宗建蓬萊、上陽、合璧三宮時，以民收口算、官徵月俸。不過都似乎是偶發爲之的例子，以後又都銷聲匿跡了，畢竟與一般經常性的定制，有其明顯的差別。

　　附帶一提的是，鹽課和關市之徵，就課徵對象和課徵地點而言，是有所不同的，前者在產地向生產者征稅，後者是在全國交通要衝的關卡和人口密集的聚落所在，向商人徵稅。所以一種是類似貨物生產稅，另一種是貨物流通稅。這兩者都算是蘊含後期成爲定制的因子。兩者在後期不僅成爲定制，而且在稅負結構中可與農業人口稅收所得分庭抗禮。尤有進者，這個趨勢以迄清朝爲止，大體都是唐代後期的翻版。

　　在非常支出的需求、富饒低稅理想的理財觀念（按：以下簡稱理財觀念。）士大夫階級意識、財經權獨立於相府、以及君主專制等五個因素中，究竟何者爲首要因素，決定了本文所說個人與社會衝突此種現象？在未解答之前，我們把這五個因素置

於整部帝制國史流變中，以觀其地位和演變大勢：

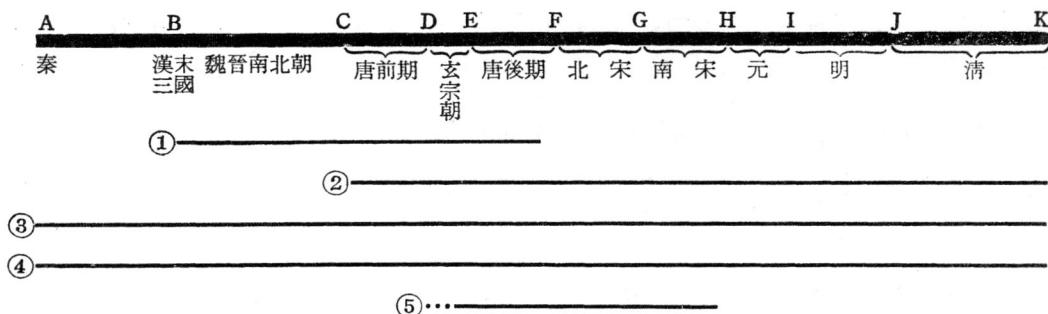

A	B		C	D	E	F	G	H	I	J	K
秦	漢末三國	魏晉南北朝	唐前期	玄宗朝	唐後期	北　宋	南　宋	元	明		清

① ————

② ————

③ ————

④ ————

⑤…————

說明：（一）最上一條粗線，表從秦迄清的時間之流，朝代的時間段落以Ａ、
　　　　　　Ｂ、Ｃ……表之。
　　　　（二）表①的細線，指門閥士大夫階級意識活躍時期。
　　　　　　表②的細線，指君主專制時期，愈往後愈甚的情況，線上無法表
　　　　　　示。
　　　　　　表③和④的細線，分別是非常支出的需求以及價值觀念浸潤下的
　　　　　　理財觀念，全是貫串整部帝制國史的要素。
　　　　　　表⑤的細線，指財經權獨立於相府，至於線頭部分由幾點構成的
　　　　　　虛線，表此事的蘊釀時期，恰值玄宗朝。
　　　　（三）所有細線只表示趨勢的存在，無法表示程度之大小。

因此幾個時代各自擁有不同的要素組合如下：

一、秦漢時期（Ａ—Ｂ）：計有③非常支出的需求、以及④理財觀念等兩項。

二、魏晉南北朝時期（Ｂ—Ｃ）：計有①士大夫階級意識、③非常支出的需求、
　　以及④理財觀念等三項。

三、唐前期（Ｃ—Ｄ）：計有①士大夫階級意識、②君主專制、③非常支出的需
　　求、以及④理財觀念等四項。

四、宋迄清時期（Ｆ—Ｋ）：計有②君主專制、③非常支出的需求、以及④理財
　　觀念等三項。

五、唐後期至南宋（Ｅ—Ｈ）：計有②君主專制、③非常支出的需求、④理財觀
　　念、以及⑤財經權獨立於相府等四項。

六、唐後期（E─F）：計有①士大夫階級意識、②君主專制、③非常支出的需
　　求、④理財觀念、以及⑤財經權獨立於相府等五項。

如果說唐後期發生財經專家以個人身分抗衡士大夫社會的現象，是因一至五項因素全
部具備的緣故。我們就可推知只差財經權獨立於相府這一因素的唐代前期，爲何沒有
發生類似情事了。而且也就是這一項因素是個首要因素。

　　唐代前期主要因財經決斷權不在戶部而在相府，所以名教罪人的罪名很難編派到
宰相甚至皇帝身上。在所有反對增稅──不論合理與否──的言論中，多係就事論
事，不作人身攻擊。

　　戶部權力日增、業務日擴，是唐代前期末年的事，即玄宗朝。不過，距離完全財
經決斷權的取得，恐怕還有一段路。類似本文所述個人與社會衝突就無由發生。關
此，將另文處理。

　　至於宋代三司使取得完全財經決斷權，爲何沒有發生本文所說的現象，又是另一
篇文章的事了。

　　在前期（玄宗朝除外）想要找幾位類似後期般的財經專家，確有其困難。原因是
戶部正副主管不能自由行使財經權。有自由行使獨立財經權的官員，只限九卿之類的
官。他們理財的範圍當然無法跟後期的戶侍判度支和鹽鐵轉運使相比。大司農一府、
以及太府、少府、將作等三監，分別掌管皇家分類資產，支配並統籌運用皇家糧食、
各色匠工、以及錢帛等物。來自這四機構的正副首長，多少自以爲只對皇帝一人負責
即可，文中所述韋弘機振振有詞即屬之，此即他膽敢反唇相譏批評他的狄仁傑和劉仁
軌兩位大臣。

　　　　　　　　　※　　　　　　　　　　※　　　　　　　　　　※

　　韋弘機的話，無關創見，而是有所本而云然。早在太宗朝大興土木之時，宰相房
玄齡有一次只不過想稍微與聞宮中工程，便遭太宗斥責：

　　　房玄齡、高士廉遇少府少監竇德素於路，問北門近何營繕。德素奏之，上怒責
　　　玄齡等曰：「君但知南牙政事，北門小營繕，何預君事？」玄齡等拜謝。[201]

───────────────────────────────────────
201. 見宋　葛洪　涉史隨筆（臺北，廣文版，1968）頁四三。同宋王讜唐語林（四庫珍本別輯）卷一頁二十一
　　 B，唯房玄齡作房喬，係同一人。

尋繹太宗話意，便是日後韋弘機那番話的原版：宰相但管好政府之事，宮中事無勞過問。

　　類似韋弘機般生財有術的宮中財經官，尚有幾位，最有名的當推裴匪躬其人。有一次他廢物利用，賣宮裏馬糞得錢二十萬貫，卻又遭劉仁軌的譏斥：

> 少府監裴匪舒（按：「舒」疑爲「躬」之誤。），善營利，奏賣苑中馬糞，歲得錢二十萬緡。上以問劉仁軌，對曰：「利則厚矣，恐後代稱唐家賣馬糞，非嘉名也。」乃止。[202]

劉仁軌反對的理由，是與價值理念有關的體面問題。

　　這是高宗開耀元年（六八一）的事，到武則天當權的垂拱三年（六八七），裴匪躬又想到賣蔬果的勾當，也同樣遭致大臣的譏斥：

> 時尚方監（按：即少府監所改。）裴匪躬檢校京苑，將鬻苑中蔬果以收其利。
> （蘇）良嗣（時任西京留守。）曰：「昔公儀休相魯，猶能拔葵、去織婦，未聞萬乘之主鬻蔬果也。」[203]

裴匪躬又一次的生財計畫再遭挫折。

　　以上裴匪躬生財之事，以所關匪鉅，尚不至釀成如後期財經官以個人身分跟士大夫社會對抗之事。在此，我們看到唐代前期大臣在價值觀念奧援之下，順順利利地一一將宮廷財經官生財計畫，有效封殺。在這個關口上，使即有如後期般財經專家，恐怕也將如裴匪躬一樣，產生無力感吧？試看裴匪躬所有生財手段全歸枉然，即可思過半矣。

　　　　　　　　　※　　　　　　　　　※　　　　　　　　　※

　　最後，前期稅制，就思想觀念而言，主導思想是低稅理想。這在當時政府機能比較忽視社會福利（公益）這一方面而論，是有遏阻皇帝私慾過度膨脹的作用的。但低稅理想在政府平常財政用度不足以應付非常時變時，表現的方法卻是，在主要以農民收入爲稅基的稅負結構中重複課徵。此舉無疑反而違反低稅理想的中心思想——照顧低收入的農民。質言之，低稅理想無形中也變成剝削農民的幫凶！

---

202. 見資治通鑑卷二〇二開耀元年三月辛卯條，頁六四〇〇至一。

203. 同上，卷二〇四，頁六四四三至四。舊唐書卷七五頁二六三〇蘇世長傳附子嗣良傳亦同。

　　以上是就整體國家財政、和整部帝制國史流變的眼光，來看待並處理本文所提的問題。

　　（本文蒙「國科會」獎助，特此致謝。又，本文倘無范毅軍之催迫，或永無問世之日，謹此向遠在天涯的他，誌申謝忱。）

參 考 書 目

一、正史與古籍類

舊唐書　新唐書　（臺北，鼎文標點本）

資治通鑑　（臺北，世界版，1969年8月再版）

欽定全唐文　（臺北，滙文版，1961年）

通典　（清光緒二十七年八月，上海圖書集成局遵武英殿聚珍版校印）

貞觀政要　（臺北，河洛版，1975年12月初版）

大唐六典　（臺北，文海版，1962年）

唐　夏侯陽算經（北京，中華，收在錢寶琮校點算經十書，1963）

唐　王方慶編　魏鄭公諫錄　（畿輔叢書，第一四五冊）

宋　王溥　唐會要　（上海，商務版，叢書集成初編，據聚珍版排印，1936年12月）

宋　王讜　唐語林　（臺北，商務版，四庫全書珍本別輯）

宋　王欽若編　册府元龜　（臺北，大化版，據景明崇禎十五年刻本影印，1984年10月）

宋　王應麟　玉海　（臺北，大化版，1977年）

宋　宋敏求編　唐大詔令集　（臺北，華文版，據明刻本適園叢書影印，1969年）

宋　彭叔夏　文苑英華　（臺北，華文版，1965年）

宋　葛洪　涉史隨筆（臺北，廣文版，1968）

宋　樂史　太平寰宇記　（臺北，文海版，1963年）

清　章梫纂　康熙政要　（臺北，華文版，清光緒刊本影印）

二、專書論文類

王夢鷗　唐人小說研究二集　臺北　藝文　1973

王　者　「『量入爲出』？『量出爲入』？──從歷史事實比較兩種不同的財政思想」　中國社會經濟史論叢　第一輯　山西　人民　1981

白文固　「試論唐前期的寺院經濟」　蘭州大學學報四期　1983

全漢昇　「中古自然經濟」　中央研究院歷史語言研究所集刊　第十本　1948

────　「唐代物價的變動」　中央研究院歷史語言研究所集刊　第十一本　1944

────　「唐宋政府歲入與貨幣經濟的關係」　中央研究院歷史語言研究所集刊　第二十本上册　1948

朱子仞　「中國鹽政之史底概念」　中法大學月刊九卷五期　1936

朱睿根　「唐代的和市銀鋌與和市」　史學月刊四期　1983

宋晞　「宋代的商稅網」　學術季刊二卷三期　1953

宋家鈺　「唐代的手實、戶籍與計帳」　歷史研究六期　1981

────　「唐代的手實初探」　魏晉隋唐史論集第一輯　1981

何維凝　中國塩政史上册　臺北　作者家人自行印行　1966

何　烈　釐金制度新探　臺北　中國學術著作獎助委員會　1972

汪征魯　「隋唐之際地主階級的局部更新」　歷史研究一期　1983

李劍農　魏晉南北朝隋唐經濟史稿　臺北　華世　1981

李求是　「談章懷、懿德兩墓的形制等問題」　文物七期　1972

李春潤　「略論唐代的資課」　中華文史論叢第二輯　1983

　　　　「唐開元以前納資納課初探」　中國史研究三期　1983

李　埏　「略論唐代的『錢帛兼行』」　歷史研究一期　1964

李斌城　「『讓步』政策與『貞觀之治』」　魏晉隋唐史論集第一輯　1981

周伯棣　中國財政史　上海　人民　1981

吳兆華　中國財政金融年表上册　北京　新華　中國財政經濟出版社　1981

吳章銓　唐代農民問題研究　臺北　中國學術著作獎助委員會　1963

吳江永　「唐大明宮遺址」　文物七期　1981

吳　克　「百姓足，君孰與不足——經濟思想中的管制與放任」　臺北　聯經　中國文化新論思想篇——理想與現實　1982

金毓黻　「敦煌寫本唐天寶官品令考釋」　說文月刊三卷十期

俞大綱　「讀高力士外傳釋『變造』『和糴』之法」　中央研究院歷史語言研究所集刊第五本一分　1935

胡寄窗　中國經濟思想史中册　上海　人民　1963

　　　　中國經濟思想史簡編　北京　新華　中國社會科學出版社　1981

　　　　中國古代經濟思想的光輝成就　北京　新華　中國社會科學出版社　1981

倉修良⎫
魏得良⎭「唐太宗治國施政經驗的總結——評『貞觀政要』」　中國歷史文獻研究集刊第二集　1981

唐長孺　「均田制度的產生及其破壞」　歷史研究二期　1956

　　　　「關於武則天統治末年的浮逃戶」　歷史研究六期　1961

　　　　「敦煌所出唐代法律文書兩種跋」　中華文史論叢第五輯　1964

唐耕耦　「唐代前期的兵幕」　歷史研究四期　1981

　　　　「唐代前期的雜徭」　文史哲四期　1981

　　　　「唐代的資課」　中國史研究三期　1980

　　　　「唐代前期的戶等與租庸調的關係」　魏晉隋唐史論集第一輯　1981

　　　　「唐代課戶、課口諸比例釋疑」　歷史研究三期　1983

秦　波　「西安近年來出土的唐代銀鋌、銀板和銀餅的初步研究」　文物七期　1972

陳寅恪　隋唐制度淵源略論稿　臺北　商務　1967

　　　　唐代政治史述論稿　臺北　商務　1967

陶希聖　「唐代管理『市』的法令」　食貨半月刊四卷八期　1936

萬斯年　「關於西安市出土唐天寶間銀鋌」　文物參考資料五期　1958

萬繩楠　魏晉南北朝史論稿　合肥　新華　1983

康　樂　唐代前期的邊防　臺大文史叢刊之五十一　1979

郭道揚　中國會計史稿　湖北　中國財政經濟出版社　1982

張澤咸　「唐代的寄庄戶」　文史第五輯　1978

　　　　「唐代的力役」　魏晉隋唐史論集第一輯　1981

張　鄰　「唐代的夜市」　中華文史論叢第一輯　1983

傅築夫　中國經濟史論叢下册　北京　三聯　1980

黃清連　「唐代的雇傭勞動」　中央研究院歷史語言研究所集刊第四十九本三分　1978

黃君默　「唐代租稅論」　食貨半月刊四卷十二期　1936

黃盛璋　「唐代戶口的分布與變遷」　歷史研究六期　1980

黃永年　「唐代籍帳中『常田』『部田』諸詞試釋」　文史第十九輯　1983

雷家驥　李靖　臺北　聯鳴　1980

楊志玖　「論均田制的實施及其相關問題」　歷史教學四期　1962

楊　遠　「唐代的人口」　中國文化研究所集刊第十卷下冊　1979

楊聯陞　國史探微　臺北　聯經　1983

黎仁凱　「關於唐代的逃戶」　文史哲四期　1982

鄭學檬　「唐代農民經濟的初步考察」　中國經濟史論文集　福建　人民　1981

趙文銳　「唐代商業之特點」　清華學報三卷二期　1926

趙呂甫　「讀金毓黻《敦煌寫本唐天寶官品令考釋》書後」　西北史地一期　1985

劉翠溶　順治康熙年間的財政平衡問題　臺北　嘉新研究論文第一二七種　1969

鞠清遠　唐代財政史　長沙　商務　1940

盧開萬　「唐代和糴制度新探」　武漢大學學報（社會科學版）六期　1982

羅彤華　貞觀之治與儒家思想　臺北　師範大學歷史研究所專刊（10）　1984

嚴耕望　唐僕尚丞郎表　臺北　中央研究院史語所專刊之三十六　1956

────　「舊唐書奪文拾補」　臺北　中央研究院歷史語言研究所集刊二十八本上冊　1956

盧建榮　「唐代通才型官僚體系之初步考察──太常卿、少卿人物的任官分析」　收在許倬雲、毛漢光、劉翠溶編第二屆中國社會經濟史研討會論文集內　臺北　漢學研究資料暨服務中心　1983

────　「唐代後期（西元七五六至八九三年）戶部侍郎人物的任官分析」　中央研究院歷史語言研究所集刊第五十四本二分　1983

────　「唐代財經專家之分析──兼論唐代士大夫的階級意識與理財觀念」　中央研究院歷史語言研究所集刊第五十四本四分　1983

松本文三郎　「則天武后の白司馬坂大像に就いて」　東方學報（京都）五期　1934

加藤繁　中國經濟史考證　臺北　華世　1976

曾我部靜雄　宋代財政史　大安株式會社　1966

吉田虎雄　魏晉南北朝租稅的研究　大安株式會社　1966

Denis Twitchett: *Financial Administration under the T'ang Dynasty*, Cambridge Univ. Press 1963

──────── "Merchant, Trade and Government in Late T'ang" *Asia Major* XIV Part 1 1968

六朝會稽士族

劉　淑　芬

一、前　言

　　門閥貴族——又稱爲士族，[1] 是中國中古史上重要而熱門的研究主題之一，迄今中、外學者已做了許多深入的研究，其中大部分是就綜合性的觀點，探討門閥貴族制，並且對當時的政治、社會提出若干解釋，[2] 這類的研究使我們對中古的門閥制及政治社會，能有整體性的了解。此外，就門閥中個別家族的討論，也是一個很好的研

---

1. 唐長孺，「門閥的形成及其衰落」，武漢大學人文科學學報，一九五八年八月。史書中關於中古門閥貴族的稱呼不一，據毛漢光統計，共有二十七種。（毛漢光，兩晉南北朝士族政治之研究，中國學術獎助委員會，一九六六，頁一）近代學者的論述亦各有所取，一般說來，日本學者多用「貴族」，中國學者多用「士族」，如毛漢光（前引書）、范文瀾，中國通史簡編第二本（人民出版社，一九四九）、韓國磐，南北朝經濟試探（上海人民出版社，一九六三）皆然，但亦有用其他名詞者，如王仲犖稱「世族地主」（魏晉南北朝隋切唐史，上海人民出版社，一九六一），呂思勉或稱「士族」或稱「世族」（兩晉南北朝史，上海開明書店，一九四八）。
2. 凡是研究六朝史無可避免地會涉及這個問題，因此有關這方面的論文、專書很多，在此無法一一列舉，比較重要的有：王伊同，五朝門第（一九七三，臺北文海出版社影印出版），宮崎市定，九品官人法の研究（京都大學文學部東洋史研究會，一九五六），矢野主稅，門閥社會成立史（東京：國書刊行會，一九七六）。

究視角，對於進一步了解複雜的門閥制的內涵及其實際上的運作，乃至於中古的政治社會情況，都有很大的助益。可惜的是，這方面的研究可能受史料的限制，多偏重活躍於中央政壇北方大族的討論，[3] 而少有關於地方性士族的探究，不能不說是一項缺失。本文討論的主題——會稽士族，在六朝前半期是中央性的士族，但在劉宋以後則大都退回地方，成為地方性的士族。[4] 會稽士族性質的轉變，不惟提醒我們注意六朝四百年間，士族的地位並不是那樣固定而無所改變，若干士族的政治地位及其影響力曾經是有所升降；而且在有關地方性士族資料匱乏的情況下，對退為地方性士族的會稽士族的研究，也有助於我們認識地方性士族及其作用。

東晉南朝士族有北方大族的「僑姓」與南方大族的「吳姓」，吳姓首要的大族是吳郡士族朱、張、顧、陸，此外，會稽士族在六朝史上也有相當的份量。首先，會稽士族固然不是吳姓中第一等大族，[5] 但他們是僅次於吳郡士族的吳姓，其重要性直追朱、張、顧、陸。次則，吳郡士族在政治上的作用與會稽士族在經濟上的影響力，是東晉南朝南方大族兩項突出的表現。會稽士族在政治上雖然不及吳郡士族活躍，可是他們多數重視個人或家族在經濟方面的發展，會稽士族的產業及其從事經濟活動的範圍主要在浙東地區，一方面因為他們有雄厚的財力及家族聲望，故在地方上有很大的

---

3. 關於個別家族的研究有：毛漢光「我國中古士大夫之個案研究——瑯邪王氏」，中央研究院歷史語言研究所集刊第三十七本第二分，一九六七。竹田龍兒「弘農楊氏にっいての一考察」，史學，第三十一卷，一九五八。矢野主稅「張氏研究」、「鄭氏研究」、「韋氏研究」、「裴氏研究」，分別刊於社會科學論叢，第五卷，一九五五，第八卷，一九五八；第十一卷，一九六一；第十四卷，一九六四）。丹羽兒子「魏晉時代の名族——荀氏の人々について」（中國中世史研究會編，中國中世史研究，東京，東海大學出版會，一九七〇）守屋美都雄，六朝門閥の一研究—太原王氏系譜考（東洋大學學術叢書，一九五一）。
Ebrey, Patricia. B., *The Aristocratic Family of Early Imperial China: A Case Study of the Po-ling Ts'ui Family* (Cambridge University Press, 1978).
Hans. H. Frankel, "The K'ung Family of Shan-Yin", *Tsing Hua Journal of Chinese Studies*, New Series II, No. I. Ch'en Chi-Yün, "The Rise and Decline of Hsun Family (Ca. 100~300 A.D.): A Case Study of One of the Aristocratic Family in the Six Dynasties", *International Conference on Asian History* (University of Hong Kong, 1964).
Johnson, David, "The Last Years of A Great Clan: The Li Family of Chao Chun in Late T'ang and Early Sung", *Harvard Journal of Asiatic Studies*, Vol. 37, No. 1.
4. 漢時士人無中央性士族、地方性士族的區分，魏晉南朝才有中央士族與地方士族的區分，見越智重明，魏晉南朝の貴族制（東京，研文出版社，一九八二），第二章第八節「中央士人層の出現とその實態」。
5. 新唐書卷一九九，儒學中，柳冲傳載柳芳論氏族云：「吳姓以朱、張、顧、陸為大」，而未提到會稽士族。

影響力；另一方面，浙東是六朝政府的財賦要地之一，[6] 會稽士族在此地擁有大量不納賦稅的土地和不負擔賦役的蔭附人口，嚴重地影響政府賦役的徵發；爲了因應此一情況，東晉南朝政府遂在此地施行特別的法律。由上可知，在六朝史的研究上，無論就門閥制而言，或就浙東區域，乃至於整個南朝的社會、經濟、政治而言，都不可忽略會稽士族的研究。

本文主要研究六朝會稽士族。雖然門閥一直要到唐末方湮沉消滅，但隋代的統一是以北朝併兼南朝，唐室繼隋朝而立，其政權仍以關隴集團爲核心，南朝的吳姓不再佔有重要地位，[7] 入唐以後，吳姓幾乎完全退出政治舞臺，吳姓出現於史書者寥若晨星。不過，爲了討論的完整性，本文的敍事也及於唐代。又迄今我們對士族的了解仍屬有限，一般認爲士族的特性，如宗族強大、經學傳承等，都是北方大族的特性，至於其他地區的士族是否皆是如此，則很難說。本文於普遍檢視會稽士族後，意圖歸納出其特性。另外，爲了闡明會稽士族的特性及其政治地位的升降，本文也特別著重會稽士族和吳郡士族的比較對照，惟吳郡士族只居附從地位，將來再以專文討論。

本文首先要交代的問題是找出會稽士族到底包含那些家族？可能的話，並探明其譜系。史書上並沒有關於會稽士族特別的記載，而前此六朝史研究者也未對會稽士族做過全面的討論；[8] 因此，會稽士族包括那些家族，尚未有一致的看法。其次，會稽士族具有那些特性，是本文關切的第二個問題。孫吳西晉時，會稽士族與吳郡士族同爲吳地大族，其地位相當，[9] 然東晉以後，吳郡士族便自吳姓中突顯出來，會稽士族則退居次要的地位，以致於後來談吳姓幾乎專指吳郡朱、張、顧、陸而言。究竟是什麼因素使會稽士族地位下降？本文以爲這個問題可從會稽士族本身的特性找到部分的答案。第三，本文要討論的是會稽士族在政治上的升降。漢末以降，士族由地方性趨於中央化，[10] 會稽士族中的幾個家族累世出仕，和中央政權有密切的關連；但東晉劉

6. 見拙著，「六朝建康的經濟基礎」，食貨月刊，復刊第十二卷第十一、十二期合刊。
7. 舊唐書卷六十五高士廉傳：「太宗曰：『……祇緣齊家惟據河北，梁、陳僻在江南，當時雖有人物，偏僻小國，不足可貴，至今猶以崔、盧、王、謝爲重。……』」
8. 傅漢思（Hans. H. Frankel）只做山陰孔氏之研究。
9. 左思吳都賦云：「其居則有高門鼎貴，魁岸豪傑虞、魏之昆，顧、陸之裔。」將會稽虞、魏二氏與吳郡的顧、陸並列。
10. 毛漢光，「中國中古社會史略論稿」，歷史語言研究所集刊，第四十七本第三分，頁四〇九。

宋以後，有些家族從政壇上逐漸消失或完全隱沒，呈現回歸地方的傾向。此處除討論此一現象外，並探討其地方化的緣由。第四，本文擬探討會稽士族的經濟力及其對浙東行政的影響。

二、會稽士族的譜系及其家族的興衰

（一）會稽士族

六朝各地皆有士族、豪族的地方勢力。不論中央方面是否承認，他們各有其門第順序，[11] 華陽國志列有巴、蜀、漢中、南中郡、縣大姓一百四十五氏，卽是一證。但是只有和中央政權較爲接近的郡望家族，才會見於歷史的記載。由於柳芳的氏族論沒有提到會稽士族，加上劉宋以後部分會稽士族自中央政壇消退，少見於記載，所以「會稽士族」究竟何所指，學界還沒有一致的看法。一般提及會稽士族的學者大都比照「吳郡四姓」，提出「會稽四姓」之說，而「會稽四姓」包含那些家族也無定說，有的認爲是虞、魏、孔、賀，[12] 有的以爲是孔、魏、虞、謝。[13]

事實上，有關會稽士族的資料都稱「四族」，而不稱「四姓」。「會稽四族」當指孔、魏、虞、謝。世說新語賞譽第八：

> 會稽孔沈、魏顗、虞存、謝奉，並是四族之儁，于時之傑，孫興公目之曰：「沈爲孔家金，顗爲魏家玉，虞爲長（虞存字長）、林（虞球字林）宗，謝爲弘道（謝奉字弘道）伏。」[14]

宋書卷四十二王弘傳提到會稽士族也說「四族」：「弘議曰：『……己未間，會稽士人云十數年前，亦有四族坐此被責，以時恩獲停。』……」這裏提到的會稽四族當指孔、魏、虞、謝。

---

11. 九品官人法の研究，頁五四一。

12. 川勝義雄，「貴族社會と孫吳政權下の江南」，中國中世史研究，頁一六一。楊耀坤，「略述南朝庶族地主的發展」，四川省史學會編，四川史學論文集（四川人民出版社，一九八二），頁一〇二。唐長孺「東漢末期的大姓名士」，唐長孺：魏晉南北朝史論拾遺（北京，中華書局，一九八三）‧頁二五。

13. 王仲犖，魏晉南北朝史（上海，人民出版社，一九八〇），頁一五七、四〇一。

14. 晉書卷七十八孔愉附孔沈傳：「是時，沈與魏顗、虞求、虞存、謝奉，並爲四族之儀。」晉書的記載可能本於世說新語。

　　會稽士族除了四族之外，還有丁、鍾離和賀氏。不過，他們的地位有高低的差別。在九品官人法的體系下，鄉品二品以上的是高門，也可以稱爲上級士人；鄉品二品以下則是寒門，其中鄉品三品至五品者爲下級士人，鄉品六品至九品者爲上級庶民。[15] 會稽四族和丁、鍾離氏爲高門，賀氏則屬下級士人。

　　吳姓以吳郡四姓朱、張、顧、陸爲首，而會稽四族具有和其相當的地位品級。左思吳都賦云：「其居則有高門鼎貴，魁岸豪傑虞魏之昆，顧陸之裔。」劉良注：「虞、魏、顧、陸，吳之舊姓也。」李善注：「虞，虞文秀；魏，魏周；顧，顧榮；陸，陸遜；隆吳之舊貴也。」[16] 虞文秀、魏周並不見於史傳，但李善稱其爲隆吳舊貴。孫吳的建國，其功臣名單裏除了北方人士外，還有吳郡和會稽的大族，今已知顧、陸爲吳郡大族，那麼虞、魏可能就是會稽大族。虞文秀當與虞翻有關，[17] 吳志卷十二陸績傳云：「虞翻舊齒名盛」；而魏氏則可能和漢末「八俊」之一的魏朗有關連。[18] 虞、魏既和顧、陸等列並稱，其等第地位應是相當的。至於孔、謝二氏地立的考察，則須借助前此學者研究的成果。綜合他們的研究，判定士族地位的高下可依下列四個標準：第一，鄉品和起家官品的對應關係，通常士人是以大約低於其鄉品四級的官品爲其起家官，因此從士人的起家官可以推知其鄉品等第。[19] 第二，鄉品高者，其起家官，乃至於歷仕之官都是清要之職，如侍中、散騎侍郎、黃門侍郎等。[20] 第三，九品官人法下所置的中正官都是上級士人的特權，郡小中正以上的中正官都是普通鄉品以上的士人爲之，州大中正則是鄉品二品以上的上級士人擔任的。[21] 第四，鄉品高者，年少卽出仕，不數年卽可遷至高位；而鄉品低的下級士人容或有位至清顯眞位，但必

---

15. 九品官人法の研究，頁一二五～一二六，魏晉南朝の貴族制，頁一〇三～一〇五。
16. 吳都賦引文見：文選（臺北，藝文印書館據宋淳熙本重雕鄱陽胡氏臧版），卷五，頁九〇。增補六臣注文選（臺北，華正書局）作：「其居則有高門鼎貴，魁岸豪桀虞魏之昆，顧陸之裔。」頁一〇七。劉注見增補六臣注文選。李善注見：文選（臺北，石門圖書公司據宋淳熙八年尤袤刻本），卷五，頁一四，總頁八九。
17. 虞翻父虞文繡（文選卷四十四陳孔璋檄吳將校部曲文張銑注），未知是否和虞文秀是同一人。
18. 後漢書，卷六十七，黨錮列傳，魏朗傳。
19. 九品官人法の研究，頁一一〇。兩晉南北朝士族政治之研究，頁八六。
20. 上田早苗，「貴族的官制の成立——清官の由來とその性格」，中國中世史研究，頁一一八～一二六。毛漢光，「科舉前後（公元600±300）清要官型態之比較研究」，中央研究院國際漢學會議論文集，一九八一，頁三八五～三八七。
21. 魏晉南朝の貴族制，第三章第一節，「州大中正の制定」，頁一〇三。

經長期陞遷，至高位時，年事已高。以這些標準考察，孔、謝二氏的門第很高。孔沈
的先世可追溯至漢代 ， 其父羣爲御史中丞 ， 叔父倫爲黃門侍郎，都是清顯之職。[22]
而孔沈本人初爲王導辟爲司徒掾，[23] 琅邪王氏、陳郡謝氏多人皆以此爲初仕之官。[24]
從起家官品和鄉品的對應關係，及與王、謝地位較量，孔氏屬於高門應該是沒有疑問
的。謝奉的先世可能和東漢荊州刺史謝夷吾有關，[25] 謝奉之祖端官散騎常侍，謝奉本
人亦官至吏部尚書，其弟聘仕至侍中，亦皆高品清職。又在門閥社會中，士族以其門
第自矜，門第不相值者甚至不等列同席，而謝氏則是足以和僑姓大族王、謝周旋的南
方大族，世說新語雅量第六：

> 謝安南免吏部尚書還東，謝太傅赴桓公司馬出西，相遇於破岡；既當遠別，遂
> 停三日共語。太傅欲慰其失官，安南輒引以他端 ， 雖信宿中塗 ， 竟不言及此
> 事。太傅深恨在心未盡，謂同舟曰：「謝奉故是奇士！」

從謝安與謝奉的親善相與，可見山陰謝氏亦是高門。

　　根據晉書卷七十八丁潭傳的記載，山陰丁氏也是高門。孫吳時，丁固爲司徒，晉
時丁彌爲梁州刺史，丁潭官至左光祿大夫，丁話爲散騎侍郎。其家系及仕宦的資料盡
於此，似難以判定其家族地位，然而從丁潭歷仕侍中、散騎侍郎等清職，及曾任會稽
國大中正二事，可知其門第不低，爲上級士人。

　　自漢以降，山陰鍾離氏即爲會稽望族。[26] 漢時鍾離意爲魯相；孫吳時，鍾離氏多
人仕於吳，[27] 與山陰謝氏、吳郡顧氏等列齊名。[28] 其族在東晉南朝仕宦不顯，然迄唐

---

22. 晉書，卷七十八，孔愉附孔嚴、孔沈傳。
23. 同前註，然孔沈未應王導之辟召。
24. 九品官人法の研究，頁二三六。
25. 後漢書卷八十二上，方術列傳：「謝夷吾字堯卿，會稽山陰人也。少爲郡吏，學風角占候。太守第五倫擢
　　爲督郵。」注引謝承後漢書：「倫甚崇其道德，轉署主薄，使子從受春秋，……」。注重經學是會稽士族
　　的特色之一，因此謝奉的先世可能和謝夷吾有關。
26. 魯迅，會稽郡故事雜集（魯迅三十年集之一，香港，新藝出版社，一九七〇），鍾離岫會稽後賢傳記序，
　　頁七一。
27. 吳志，卷十五，鍾離牧傳並裴注引會稽典錄，鍾離牧父緒爲樓船都尉，兄駟，上計吏。長子禕，代牧領
　　兵，次子盛爲尚書郎，盛弟徇拜偏將軍。
28. 同前註，注引會稽典錄：「（鍾離）牧父緒，樓船都尉，兄駟，上計吏，少與同郡謝贊、吳郡顧譚齊
　　名。」

初復躍爲會稽大姓。[29]

　　山陰賀氏自東漢以來，即爲經學名家，但一直到南朝末年爲止，賀氏的門第始終不高，僅能算是下級士人而已。漢末賀純以儒學顯名，歷官侍中、江夏太守，[30]嗣後孫權引吳、會士人爲輔佐，建立霸業，賀齊、賀邵皆仕於吳。[31]兩晉南朝，賀氏累世仕宦不輟，然其所任之官多非高品清職；東晉南朝賀氏任官少有超出六品以上者，（見表七）惟東晉賀循、梁朝賀琛是例外。賀循官至太常、司空，賀琛仕爲御史中丞、散騎常侍，[32]然而仔細分析此二人仕宦的時代背景及其仕宦的歷程，卻恰可證明賀氏非屬高門。首先，就其所處的時代觀之，賀循、賀琛官至三品清官，實係特殊因素的造就。西晉初年，賀循爲武康令，因「無援於朝，久不進序」，[33]而入東晉後，一則因西晉末年陳敏作亂江南，賀循是少數不肯從亂的江南士人之一，又以討伐不願擁戴元帝的江州刺史華軼有功，[34]元帝對其優遇，多少有些酬庸的性質。二則係東晉王朝在江南建立，拉攏江南士人的結果。[35]而賀琛之見重於梁朝，是因梁武帝注重學術之故。第二，賀循、賀琛雖以當時客觀環境推助，得以超擢清職高位，但也受到相當程度的限制，即二人仕至高位時，年事已高。建武初年，元帝任命賀循爲中書令、加散騎常侍，賀循「以老疾固辭」，未獲准許，遂以羸老之身出仕。[36]至於賀琛則年近三十，猶在鄉里敎授，尚未釋褐，及湘東王繹爲會稽太守，才欲延之爲郡曹史，賀琛不應辟命；至年四十餘，方初仕爲祭酒從事。[37]第三，以其起家官而言，當在鄉品二品

---

29. 北京圖書館藏位字七九號天下姓望氏族譜殘卷，會稽郡七姓「越州虞、孔、賀、榮、盛、鍾雛」，見岑仲勉「校貞觀氏族志殘卷」，史學專刊第一期，頁三二四。 另見唐耕耦，「敦煌四件害寫本姓望氏族譜殘卷」，北京大學中國中古史研究室編，敦煌吐魯番文獻研究論集第二輯（北京大學出版社，一九八三），頁二一三。
30. 吳志，卷一五，賀齊傳，裴注引虞預晉書。
31. 晉書，卷六十八，賀循傳。
32. 同前註。並梁書，卷三十八，賀琛傳。
33. 同註三一。
34. 同前註。
35. 陳寅恪，「述東晉王導之功業」，陳寅恪先生論文集二（臺北，里仁書局，一九八一）。
36. 同註三一。
37. 梁書，卷三十八，賀琛傳。

以下。賀循初爲會稽郡五官掾，[38] 係郡之上綱，當時郡縣上綱都由大族出任，[39] 但和
會稽四族孔、虞二氏的起家官相較，則遜於孔、虞。東晉孔愉初爲司徒掾，虞潭起家
揚州從事，[40] 賀氏皆不如，可知賀氏門第不能與孔、虞相提並論。第四，梁書賀琛與
吳郡寒門朱异同傳，梁書的作者姚察以深諳譜學著稱，他在賀琛傳末論曰：「朱异、
賀琛並起微賤，以經術逢時，致於貴顯。」[41] 一語點出賀氏亦屬寒門士人。

　　入隋以後，迄於唐初，因賀德基一系的累代仕宦，賀知章中進士，賀氏的地位
大爲提高。[42] 記載隋末唐初士族概況的敦煌天下姓望氏族譜殘卷，[43] 所列越州（會稽
郡）大族卽包括了賀氏。不過，這已是隋唐時代的情況，若論六朝會稽高門，顯然不
宜把賀氏計算在內。

（二） 會稽士族的譜系

　　前面我們已經找出會稽士族的高門及下級士人，此處擬就可見資料，建立其譜
系，藉此對會稽士族作更進一步的分析。因所據的資料都是史書，其記載本偏重於政
治人物，特別是和中央政府有關者的記錄，所以這樣建立起來的譜系有它的限制，卽
它只能反映某個家族在政治上的參與及顯達的狀況，而甚少能顯示其在社會、經濟、
文化上的重要性和影響力。下列諸表中，四族中的孔、虞二氏資料較爲完整，魏、
丁、鍾離氏在東晉以後仕宦不顯，完全沒有資料。而會稽下級士人賀氏則因累代爲
官，其譜系反而能自漢世下續至唐代。

---

38. 晉書，卷六十八，賀循傳。
39. 嚴耕望，中國地方行政制度史上編，卷中，魏晉南北朝地方行政制度（中央研究院歷史語言研究所專刊之
　　四十五，一九六三），上冊，第八章「任用雜考」上綱多用士族條，頁三九七～四○三。
40. 晉書，卷七十六，虞潭傳。
41. 梁書，卷三十八，賀琛傳。
42. 陳書，卷三十三，儒林，賀德基傳。
43. 唐耕耦，「敦煌寫本天下姓望氏族譜殘卷的若干問題」，中國社會科學院歷史研究所魏晉南北朝隋唐史研究
　　室編，魏晉隋唐史論集第二輯（中國社會科學出版，一九八三），認爲殘卷部分底本編撰年代在唐武德五
　　年以後，武周長安以前，或開元天寶時期。其所載郡姓主要是唐朝以前的郡姓，這些郡姓中，有的在唐代
　　以前早已沒落，有的在唐代仍有相當大的政治勢力和影響力。以此觀之，則殘卷大致上可代表隋末唐初士
　　族的狀況。

表三：山陰謝氏

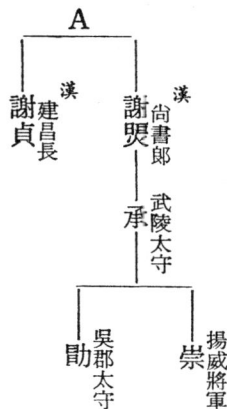

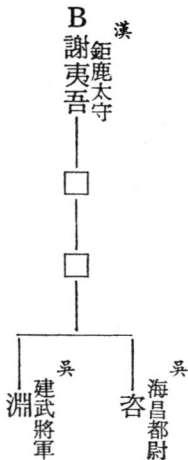

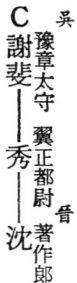

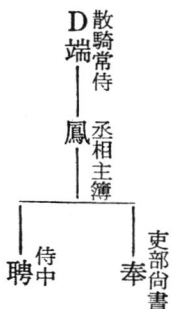

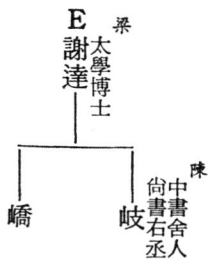

A
漢　尚書郎　謝暻
武陵太守　承
吳郡太守　勖
揚威將軍　崇
漢　建昌長　謝貞

B
漢　鉅鹿太守　謝夷吾
□
□
吳　建武將軍　淵
吳　海昌都尉　咨

C
吳　豫章太守　謝斐
翼正都尉　秀
晉　著作郎　沈

D
散騎常侍　端
丞相主簿　鳳
侍中　聘
吏部尚書　奉

E
梁　太學博士　謝達
嶠
陳　尚書右丞　中書舍人　岐

資料來源：

吳志卷十三陸遜傳注引會稽典錄。晉書卷八十二謝沈傳。世說新語校箋雅量第六，頁二八五，引謝氏譜；品藻第九，頁三九四，引謝氏譜。晉書卷十安帝紀。陳書卷十六謝岐傳。太平御覽卷五百十六，宗親部六，引會稽典錄。

表四：上虞魏氏

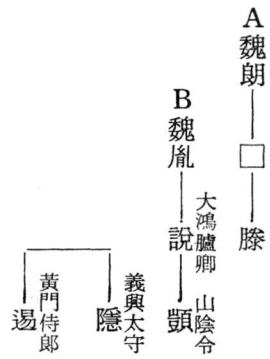

```
A 魏朗 ── □ ── 滕

B 魏胤 ── 說 ── 義興太守 顗
        大鴻臚卿 山陰令    黃門侍郎 逷
                          隱
```

資料來源：
世說新語校箋賞譽第八，頁三六○，引魏氏譜；排調第二十五，頁六一二，引魏氏譜。晉書卷十安帝紀；卷七十九，謝琰傳。

表五：山陰丁氏

```
吳 始寧長 丁覽 ── 司徒 固 ── 梁州刺史 彌 ── 侍中 左光祿大夫 潭 ── 散騎侍郎 話
晉
```

資料來源：
吳志十二虞翻傳注引會稽典錄。
晉書卷七十八丁潭傳。

表六：山陰鍾離氏

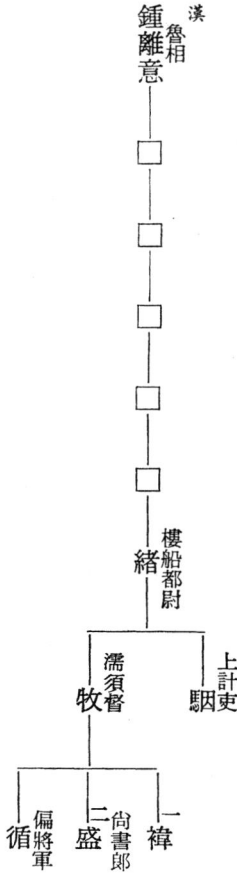

```
漢 魯相 鍾離意 ── □ ── □ ── □ ── □ ── 樓船都尉 緒 ── 濡須督 牧 ── 一 褘
                                                     上計史 駰      二 尚書郎 盛
                                                                   偏將軍 循
```

資料來源：
吳志卷十五鍾離牧傳並注引會稽典錄。

表七：山陰賀氏

漢　江夏太守　賀純

永寧長　賀輔

吳　徐州牧　齊①

達

質　虎牙將軍

滅賊校尉　景

中書令　邵

太常司空　循

臨海太守　隰

宋　建康令　道力

道養

損

步兵校尉　瑒

南郡太守　革

徽

尚書祠部郎　文發　—　尚書祠部郎　淹　—　尚書祠部郎　德基

著作郎　季

御史中丞散騎常侍　琛

□　翊

巴山太守　□

□

□

散騎常侍　朗

唐　趙王友太子洗馬　德仁

太子洗馬崇賢館學士　紀

太子侍讀崇賢館學士 / 率更令太子賓客　數

秘書監銀青光祿大夫太子賓客會稽郡司馬　知章

曾

資料來源：

吳志卷十五賀齊傳，注引虞預晉書，會稽典錄；卷二十賀邵傳，注引吳書。晉書卷六十八賀循傳。梁書卷三十八賀瑒傳。南史卷六十二賀瑒傳。舊唐書卷一九〇上，文苑傳賀德仁傳；一九〇文苑傳賀知章傳。新唐書卷二百零一，文藝上賀德仁傳。岑仲勉元和姓纂四校記卷九，頁八三六～八三七。陳書卷三十三儒林賀德基傳。

附　註：

①〈吳志賀齊傳云：「（齊）子達及弟景皆有令名。」賀邵傳注引吳書：「邵，賀齊之孫，景之子。」岑仲勉元和姓纂四校記已作考證，此不冗述。兩個記載不同。

（三）會稽士族的興衰

由上述諸表，很明顯地可以看出，孔、賀二氏自漢迄唐世系連貫不輟，但就其仕宦的情況而言，孔氏一族的各支迄於陳朝，都有仕至三品高官者；而賀氏一族則除了賀循、賀琛外，皆未至顯位，可顯示其非高門。虞氏家族龐大，支屬分散，就中以A支自漢迄南齊，最爲完整，又此支多人爲侍中、黃門侍郎等清職；另F支虞玩之爲黃門侍郎，可知其家族終南齊世皆屬高門；而梁、陳迄隋代，G支代興。

孔、魏、虞、謝同爲會土高門，何以魏、謝淹沉不彰？而孔、虞仕宦較顯？有幾個理由可以解釋此一現象。第一，孔、虞這兩個家族在西晉末、東晉初年時，或是對晉室維持忠誠的態度，或是建有軍功，而得到晉室的重視。西晉末年，江南有張昌、陳敏的亂事，孔愉不應陳敏，逃隱於新安山中；[44] 虞潭則討伐張昌有功，賜爵都亭侯。[45] 嗣後孔愉又因討伐江州刺史華軼之功，封餘不亭侯。[46] 他們除了以軍功致貴外，又因其爲會稽士族，立國江南的元帝欲得到他們的支持，故予以優厚的仕宦待遇，世代相繼。前面提到賀循在西晉末東晉初立也有軍功，然因其門第不高，超擢僅止一世。

第二，孔、虞二氏都曾以資財結交有前途的政治人物，而獲得回報。如東晉末年，孔季恭以財物瞻給劉裕，劉裕建國後，便以會稽太守的職位酬庸他。[47] 劉宋末年，虞悰資助初仕的蕭賾（蕭道成長子），蕭賾後即帝位，是爲齊武帝，遂授虞悰侍中清職。[48]

第三，孔氏和吳郡張、顧氏的聯婚，[49] 對其仕宦可能有所幫助。吳郡士族在政治上較會稽士族活躍，雖然我們沒有任何關於孔氏聯婚張氏於其仕宦有助的證據，但一

---

44. 晉書，卷七十八，孔愉傳。
45. 同前書，卷七十六，虞潭傳。
46. 同註四四。
47. 宋書，卷五十四，孔季恭傳。
48. 南史，卷四十七，虞悰傳。
49. 南齊書卷四十八孔稚珪傳，吳郡張融爲孔稚珪之外兄；梁書卷十六張稷傳，吳郡張稷之女楚瑗適會稽孔氏；則似乎吳郡張氏與會稽孔氏世代聯婚。又，南史卷三十五顧琛傳云「顧琛母孔氏」，殆係會稽孔氏。此外，嘉慶山陰縣志（民國二十五年紹興縣修志委員會排印本）卷十七，頁一：「謝夫人，孔琳之妻。」無法斷定其爲陳郡謝氏，或爲山陰謝氏。

直到唐代，婚姻都是仕宦的輔助，[50] 唐代山陰賀知章就從賀氏和吳郡陸氏的聯婚中，得到了好處。舊唐書卷一九〇文苑傳中賀知章：「工部尙書陸象先，卽知章之族姑子也，與知章甚相親善。……（知章）舉進士，初授國子四門博士，又遷太常博士，皆陸象先在中書引薦也。」會稽士族之間不能充分合作，（見下文）也許是促成孔氏尋求吳郡士族之助，以期在政治上有較佳的機會的因素之一。

第四，孔氏之所以迄唐代仍仕宦相繼，和其家族注重仕宦有關。到了唐代其家有以科舉晉身者，如孔敏行舉進士，官至諫議大夫。[51]

第五，人才因素。魏、謝二氏在東晉以後仕宦不顯，可能是由於缺乏才行俱佳的子弟，故仕進不繼。漢代謝夷吾以儒學知名，孫吳以後因人才不繼，遂致淹沉，太平御覽卷五一六引會稽典錄云：

> 謝淵字休德，山陰人。其先鉅鹿太守夷吾之後也。世漸微替，仕進不繼，至淵兄弟一時俱興。兄杳，字休度，少以質行自立，幹局見稱，官至海昌都尉。淵起於衰末，兄弟脩德，貧無戚容，歷位建威將軍。

而魏氏的衰微也是因人才寥落之故，世說新語排調第二十五：

> 魏長齊（顗）雅有體量，而才學非所經；初宦當出，虞存嘲之曰：「與卿約法三章：談者死，文筆者刑，商略抵罪。」魏怡然而笑，無忤於色。

又同書賞譽第八：

> 魏隱兄弟，少有學義，總角詣謝奉；奉與語，大說之，曰：「大宗雖衰，魏氏已復有人。」

可知魏氏主支由於缺乏才行突出的佳子弟，已經衰落了。由此觀之，九品官人法雖然給予士族仕宦的保障，但士族本身亦須具備相當的條件，方能位至顯宦；又士族亦須世代有佳子弟，累世仕宦，才能維持其門第的興盛。[52]

---

50. 陳寅恪，「讀鶯鶯傳」，陳寅恪先生論集（中央研究院歷史語言研究所專刊之三）。
51. 舊唐書，卷一九二，隱逸，孔述睿傳。
52. 以僑姓而言，王、謝累代仕宦不絕，亦因其世代有佳子弟之故，南史王氏諸傳中，莫不言及此點，如卷三十一王弘傳論稱王弘及其弟僧達「並舉棟梁之任，下逮世祀，無虧文雅之風，其所以簪纓不替，豈徒然也。」卷二十四王准之傳論曰：「觀夫晉、宋以來，諸王冠冕不替，蓋亦人倫所得，豈惟世祿之所專乎！」以吳姓而言，吳郡四姓中以張氏在政壇上最爲活躍，南史卷三十一張裕傳論：「……諸子並荷崇搆，克舉家聲，其美譽所歸，豈徒然也。」卷三十二張邵傳論：「有晉自宅淮海，張氏無乏賢良，及宋齊之間，雅道彌盛，其前則敷、演、鏡、暢，蓋其尤著者也。」

中古士族雖自漢末六朝延續至唐代，但隋唐以後，其家族社會地位便有升降，東晉南朝會稽四族孔、魏、虞、謝為高門，而敦煌發現隋末唐初天下姓望氏族譜殘卷記越州大族則為：虞、孔、賀、榮、盛、鍾離。[53] 魏、謝二氏已不在大姓之列，而六朝會稽下級士人賀氏上升，與孔、虞同為大族。漢末盛孝章為名士，曾任吳郡太守，盛氏應為會稽士族，惟六朝無聞於世。迄於唐代，自孫吳以後長久湮沈的鍾離、盛氏復為大族，至於榮氏殆為新興家族。太平寰宇記一書亦有各地大族的記載，由於其大約取材於中唐以後的資料，故其記越州大族虞、孔、夏、榮、鍾、茲、謝，大致是唐代後期的情況。由此看來，到唐代後期，大族的地位又有升降；賀氏又不在大族之列，謝氏在唐初時一度衰落，至唐末又列名於大族。就整個中古時期而言，會稽四族中的孔、虞、謝三氏迄唐末，都能維持其家族地位不墜，始終為高門大族。

三、會稽士族在政治上的沒落

秦漢以降，會稽郡即有相當程度的開發，[54] 西漢末年北方戰亂，許多人士遂至此避難，致使「會稽頗稱多士」，[55] 文化以此發達。至漢末其地學風已盛，大族虞、謝、賀氏皆以儒學著名；較之吳郡，會稽人才似更為興盛。然孫吳以後，會稽士族在政治上不如吳郡士族顯赫，本節擬描述此一狀況，並探討其緣由。

（一）沒落的情況

漢末會稽人士頗盛，而其地位與吳郡士族並無明顯的差別，文選卷四十四陳孔璋檄吳將校部曲文云：

> 丞相深惟江東舊德名臣，多在載籍，近魏叔英秀出高峙，著名海內，虞文繡砥礪清節，耽學好古，周泰明當世儁彥，德行修明，皆宜膺受多福，保又子孫。而周盛門戶，無辜被戮，遺類流離，湮沒林莽，言之可為愴然。聞魏周榮、虞仲翔各紹堂構，能負析薪。及吳諸顧、陸舊族長者，世有高位，當報漢德，顯祖揚名。

---

53. 北京圖書館藏位字七九號天下姓望氏族譜殘卷。
54. 關於浙東地區的開發問題，另文討論。
55. 後漢書，卷七十六，循吏，任延傳。

文中吳、會士人並提，其中周泰明、周盛二人身份、氏族不詳，魏叔英、魏周榮史傳沒有記載，文選張銑注云：「魏周榮，叔英子也；虞仲翔，文繡子也。」[56] 按，虞翻字仲翔，仕於吳，[57] 則虞文繡爲虞翻之父；魏叔英無可考查，很可能是漢末八俊之一山陰魏朗（字少英）之族；[58] 卽此二人屬會稽大族虞、魏之族。由此可知，會稽人士頗盛，但會稽人士在政治上的機遇卻不及吳郡士族，如陳琳（孔璋）所稱揚的魏叔英、虞文繡、魏周榮著名海內，卻未能顯宦於當世，留名史傳。

孫吳建國是吳郡及會稽士人在政治上機會差別的分野。吳郡士族囙吳地係孫吳起事之地，早參霸政，而得以接近權力中心，且分享政權。孫策和孫權以吳郡爲基地，以吳兵爲其軍隊的中堅，建立霸業，[59] 故不得不結好有強宗部曲地方勢力的吳郡士族。吳郡士族大都擁有部曲，如朱桓有部曲萬口，[60] 陸遜有部曲五千人；[61] 孫皓之世，陸凱一族同時有一相、五侯，將軍十餘人，[62] 將軍領有兵，而其餘亦皆擁有私人部曲，世代相傳。[63] 由於吳郡士族有宗族部曲的力量，孫氏卽使對其不滿，亦不敢嚴加處置，世說新語規箴第十劉孝標注引吳錄云：「時後主暴虐，（陸）凱正直彊諫，以其宗族強盛，故不敢加誅也。」而會稽士族則未擁有私人部曲，吳志虞翻傳中沒有提到其家族有部曲之事，又賀氏賀齊、賀景、賀達三人皆爲將，按孫吳領兵制，應領有兵，代代相傳，但吳志賀邵傳（邵爲賀景之子）也沒有這方面的記載。因此，孫吳領兵制的實施是否及於會稽士族，是很值得懷疑的。會稽士族仕於吳較著名的虞、賀二氏皆沒有部曲，孔、魏、謝氏可能也沒有部曲。會稽士族沒有部曲，以及孫吳領兵

---

56. 增補六臣注文選，頁八二九下。
57. 吳志，卷十二，虞翻傳。
58. 後漢書卷六十七黨錮列傳：「魏朗字少英，會稽上虞人也。……從博士卻仲學春秋圖緯，又詣太學受五經，京師長者李膺之徒爭事之。」，又見吳志卷十二虞翻傳注引會稽典錄，虞翻云：「河內太守上虞魏少英，遭世屯蹇，忘家憂國，列在八俊，爲世英彥。」
59. 王鳴盛，十七史商榷（臺北，大化書局，一九八四再版），卷四十二，「策、權起事在吳」條：「魯肅傳云：『孫策薨，權住吳。』案：項梁與羽，策與權，起事之處皆在吳，卽今蘇州府冶吳、長洲、元和三縣地，蓋自闔廬、夫差以來，吳兵甚強，漢、魏時尚有遺風，非如今日吳人之柔脆，不足爲用武地也。」頁三七一～三七二。
60. 吳志，卷十一，朱桓傳。
61. 同前書，卷十三，陸遜傳。
62. 世說新語校箋，頁四一七。
63. 唐長孺，「孫吳建國及漢末江南的宗部與山越」，唐長孺：魏晉南北朝史論叢（北京，三聯書店，一九五五），頁一九～二三。

制度可能未推行於會稽士族，使會稽士族的重要性大打折扣；在政治上會稽士族不但受到冷落，而在忤犯當權者時，更遭到嚴厲的處罰。漢末名滿天下的魏叔英、魏周榮、虞文繡皆未被援引重用；又虞翻雖見引用，然因其忠言直諫，觸怒孫權，孫權竟將「舊齒名盛」的虞氏家族流放交州。[64] 另外，賀氏三代仕於吳，至賀邵以忤孫皓意，慘遭酷刑屠戮，其家屬亦被流徙臨海。[65]

西晉時，吳郡士族和會稽士族的地位並無差別。晉武帝平吳，在晉人眼中，吳郡和會稽士族同屬亡國之人，而無高下之分，故左思下吳都賦中就將吳郡、會稽士族相提並論。由於當時南方士人在政治上備受壓抑，[66] 吳郡、會稽士族在政治上同樣地受到冷落。

東晉在江南建國，形勢略同於孫吳，故較重視吳郡士族。東晉是北方政權在南方的重建，政權操之於北方大族之手，當時吳郡士族是唯一能與北方大族共享政權的南方士族，會稽士族則被摒於其外。晉明帝病危時，吳郡陸曄與北方大族王導、卞壼、庾亮、溫嶠、郗鑒共奉遺詔，同受顧命。[67] 對於這樣的差別待遇，會稽士族未免心懷怨懟，晉書卷七十八孔愉附孔坦傳云：

> 及蘇峻平，……王導、庾亮並欲用坦爲丹陽尹。時亂離之後，百姓凋弊，坦固辭之。導猶未之許。坦慨然曰：「昔肅祖臨崩，諸君親據御床，共奉遺詔。孔坦疏賤，不在顧命之限。既有艱難，則以微臣爲先。今由俎上肉，任人膾截耳！」乃拂衣而去。導等亦止。

由於會稽士族不滿此等差別待遇，加上吳郡士族因政治上的優勢而自覺高出會稽士族一等，使會稽士族和吳郡士族之間有一種緊張的關係存在。世說新語政事第三：

> 賀太傅（邵）作吳郡，初不出門，吳中強族輕之，乃題府門云：「會稽雞，不能啼。」賀聞，故出行，出門反顧，索筆足之曰：「不可啼，殺吳兒。」於是至諸屯邸，檢校諸顧、陸役使官兵，及藏逋亡，悉以事言上，罪者甚衆。陸杭

---

64. 吳志，卷十二，虞翻傳。
65. 同前書，卷二十，賀邵傳；晉書，卷六十八，賀循傳。
66. 晉書卷六十八賀循傳載西晉初年，陸機上書薦賀循云：「至於荊、揚二州，戶各數十萬，今揚州無郎，而荊州江南乃無一人爲京城職者，……」
67. 晉書，卷七十七，陸曄傳。

時爲江陵都督，故下請孫皓，然後得釋。

因爲兩地士族有這樣微妙對立的關係，所以，東晉孔坦以「吳多賢豪，而坦年少，未宜臨之。」爲理由，辭卻吳郡太守的任命。[68] 此外，兩地士族的緊張關係也顯現在其他方面，晉書卷九十四隱逸傳：

> 謝敷字慶緒，會稽人也。性澄靖寡欲，入太平山十餘年。……初，月犯少微，少微一名處士星，占者以隱士當之。譙國戴逵有美才，人或憂之。俄而敷死，故會稽人士以嘲吳人云：「吳中高士，便是求死不得死。」

按，戴逵原隱於會稽剡縣，後居於吳。[69] 這種緊張的關係可能也影響及會稽士族仕進的機會，吳郡士族能與北方大族分享政治權益，而因會稽和吳郡士族之間有此緊張關係，致兩者難以充分合作，相互援引。

孫吳東晉以後，會稽士族較不受重視，除了孔氏之外，他們亦無法得到吳郡士族的引薦，致使其政治地位不斷滑落。劉宋以後，魏、謝、丁、鍾離幾乎不曾出現於史傳。而仕宦情況最好的孔、虞二氏的地位亦逐漸降低，甚至沒落。以起家官而言，梁、陳時孔、虞二族的起家官都不如晉、宋時期。南齊虞玩之解褐東海王行參軍，烏程令，[70] 孔稚珪以宋安成王車騎法曹行參軍起家，[71] 梁朝虞荔解褐西中郎行參軍，[72] 虞寄起家宣城王國常侍，[73] 陳朝虞世基以建安王法曹參軍事起家，[74] 都是八、九品官，較之東晉孔、虞家子弟起家官都爲六、七品官的情形，已經有明顯下降的趨勢。再就孔、虞二氏任吳興、吳郡、會稽三名郡太守在時代上分佈的情形而論，[75] 東晉南朝孔、虞氏計有十八人出任此三名郡太守，其中十七人任職的時代都在晉、宋時期。

---

68. 晉書，卷七十八，孔愉附孔坦傳。
69. 同前書，卷九十四，隱逸，戴逵傳。
70. 南齊書，卷三十四，虞玩之傳。
71. 同前書，卷四十八，孔稚珪傳。
72. 陳書，卷十九，虞荔傳。
73. 同前註。
74. 隋書，卷十七，虞世基傳。
75. 六朝士族多出任名郡太守，會稽士族任吳興、吳郡、會稽三名郡太守的名單如下：吳興太守：孔愉、孔坦、孔嚴、虞潭、虞嘯父、虞騊、孔琇之、孔琳之、孔廞、孔季恭。（晉書卷七十六、七十八；宋書卷五十四、五十六；南齊書卷五十三）吳郡太守：虞潭、虞嘯父。（晉書卷七十六）會稽太守（內史）：孔愉、孔季恭、孔安國、孔山士、孔靈符。（晉書卷七十八，宋書卷五十四）。

（見表一、表二）由此可知，劉宋以後孔、虞二氏在仕宦上急遽地衰頹。如虞氏在南齊時已漸沒落了，齊武帝以虞悰爲侍中，謂之曰：「我當令卿復祖業。」[76] 虞悰的先世均是二、三品清要官，祖父嘯父爲侍中，其父秀之爲黃門侍郎，官位略減，然亦是清職。（見表二）齊武帝此言殆非指虞悰一支，而是暗示劉宋以後整個虞氏家族的沒落。

（二）沒落的原因

劉宋以後，會稽士族在政治上的地位日益削弱，有主觀的因素，也有客觀的因素。

就客觀的因素而言，第一，東晉立國江左，形勢和孫吳相似，亦藉孫吳舊規，以維持其統治，故於南方士人中較重視吳郡士族。劉宋取代晉室政權，其後朝代更迭，以迄於陳，形勢皆同於東晉，因此吳郡士族始終有較好的機會。孫吳政權主要掌握在北方大族之手，其政治地位最高；而吳郡士族是南方士族中和北方大族差距較小者，至於會稽士族則和其他各地大族一樣，和北方大族的差距較大；而隨著時間的推移，此一情形愈加明顯。如晉宋時期出現「會稽四族」之稱，其後則未見此類的記載。可見會稽士族由於和中央關係的弱化，而逐漸沒落。

第二是地緣性的因素。吳郡距東晉南朝的都城建康較近，交通亦稱便捷，吳郡士族因而對中央有較大的影響力，在政治上也有較佳的機會；會稽郡則距建康較遠，交通路線也不很順暢，比起吳郡士族，其機會就差了。自孫權開鑿破崗瀆（二四五年）後，[77] 吳郡至建康的交通極爲便利，從三吳水運網西經破崗瀆，由秦淮河，可抵建康城南。[78] 而會稽至建康雖有內陸水運及海運兩條路線，但此二路線都不是很平順的。

---

76. 南史，卷四十七，虞悰傳。
77. 建康實錄（光緒二十八年甘氏校刻本，中央研究院傅斯年圖書館藏），卷二，頁一四～一五：「（赤烏八年）八月，大赦，使校尉陳勳作屯田，發屯兵三萬鑿句容中道至雲陽西城，以通吳、會紅艦，號破崗瀆，上下一十四埭，通會市，作邸閣，仍於方山南截淮立埭，號曰方山埭，今在縣東南七十里。」太平御覽卷七十三堰埭部：「吳錄：句容縣，大皇使陳勳開鑿水道，立十二埭，以通吳、會諸郡，故船行不復由京口。」世說新語及晉書中有許多東晉人利用水道往來建康、吳會，並且出現了破崗埭之名（晉書卷六十八賀循傳），可見破崗瀆在孫吳時代就完成了。而岡崎文夫「六代帝邑考略」，岡崎文夫，南北朝における社會經濟制度（東京，弘文堂，一九三六）一文依吳志卷二吳主傳的記載，認爲孫權時所開雲陽中道係陸路，非破崗瀆水道，破崗瀆水道至少到劉宋時代才完成，此說顯然不確。
78. 見拙著，六朝時代的建康（臺灣大學博士論文，一九八二），中篇、一、交通，頁九八～九九。

以內陸水運而言，自會稽北渡浙江，經三吳水運網、破崗瀆、秦淮河，而抵建康。然而「浙江風猛，公私畏渡」。[79] 再說海運路線，自會稽出海，沿今浙江、江蘇省海岸北行至長江口，再溯江而上，至石頭城處，轉入秦淮河東行，抵建康城南。而溯長江而上這一段路，古有「京（京口）、江之險」之稱。孫權之所以鑿通芝山山脈，開鑿破崗瀆人工運河，即是爲了免除吳、會至建康「行京江之險」的不便。[80] 雖然六朝會稽和建康仍有頻繁的交通，但和吳郡相比，會稽和建康的交通是來得較遠及不便，故會稽士族對建康政治的影響也相對地減弱。

六朝有一些大族即因地緣性的因素，而在政治上完全消聲匿跡。宋高僧傳卷十五唐杭州靈隱山道標傳云：「釋道標，富陽人也，俗姓秦氏，……世爲汙瀧大族，及晉東渡，衣冠隨之，後爲杭人也。其高曾至王父，皆沿以儒素，不甘爲吏，故州里尊奉之。」又如今福建地區的大族幾乎不曾出仕，清陳雲程閩中撫聞云：「晉永嘉時，中原板盪，衣冠入閩者八族：林、陳、黃、鄭、詹、邱、何、胡是也。以中原多事，無復北嚮，故六朝間仕宦名迹，鮮有聞者。」會稽士族比入閩大族的情況好，但亦因距建康較遠，和中央的連繫較差，在政治上便不如吳郡士族活躍。

就主觀因素而言，會稽士族也有四個不利於自身的因素。首先，會稽士族以儒學著名，終六朝之世，他們始終保持漢代經學的傳統，和僑姓士族的重文學清談迥異，而使得他們在士族羣中的地位日益低落。

會稽四族與賀氏都以儒學知名，世代相傳。孔安國以儒素顯名，[81] 孔坦通左氏傳，[82] 孔奐「好學，善屬文，經史百家，無不通涉」，[83] 孔僉、孔元素皆長於三禮，[84] 孔子袪尤善古文尚書。[85] 東晉南朝於經學中最重禮學，朝廷禮樂與服儀注爲其注重的

79. 南齊書，卷四十，文十七子，竟陵王子良傳。
80. 建康實錄，卷二，頁一五。
81. 晉書，卷七十八，孔愉附孔安國傳。
82. 同前註，孔愉附孔坦傳。
83. 陳書，卷二十一，孔奐傳。
84. 南史，卷七十一，儒林傳，孔僉傳。
85. 梁書，卷四十八，儒林傳，孔子袪傳。

項目之一，[86] 孔逷「好典故學」，[87] 孔休源深解朝儀，諳練故實，晉、宋起居注略上口，有「孔獨誦」之稱；[88] 孔奐「博物強識，甄明故實。」[89] 由上可知，孔氏一族甚重經學，一直到唐代孔若思猶長於經學，以明經見擢。[90]

虞氏亦以儒學著稱，虞翻爲易學名家，其所著易注亟爲名士孔融稱美，此外，他還有老子、論語、國語訓注，且講學不輟，門徒常有數百人。[91] 晉時虞喜「專心經傳，兼覽讖緯」，著安天論、毛詩略，並注孝經；[92] 其弟虞預亦好經史。[93] 劉宋虞愿著有五經論問，[94] 南齊虞通之以言易知名，[95] 梁虞僧誕精通左傳。[96]

賀氏早自漢代卽以禮學著名，晉書卷七十八賀循傳：「賀循字彥先，會稽山陰人也。其先慶普，漢世傳禮，世所謂慶氏學。」漢時慶氏學並且立於學官。[97] 漢代賀純以儒學知名，晉賀循精於禮傳，爲當世儒宗。[98] 劉宋賀道力善三禮，其子損、孫瑒、曾孫革、季、琛皆傳家業，其中尤以瑒及琛最爲出色。[99] 南史卷六十二賀瑒傳稱他在會稽聚徒教授，四方雲集，受業者至三千餘人，「所著禮、易、老、莊講疏，朝廷博士議數百篇，賓禮儀注一百四十五卷。瑒於禮尤精，館中生徒常數百，弟子明經對策至數十人。」賀琛著有三禮講疏、五經滯義及諸儀法凡百餘篇。[100] 梁世賀文發及其子淹、孫德基，也是三代皆傳禮學，[101] 曾孫紀、敳亦以博學聞名，唐高宗時，賀紀爲太子洗馬，參與修訂五禮的工作。由上可知，賀氏禮學傳承世代相續，幾乎不曾中

---

86. 錢穆，「略論魏晉南北朝學術文化與當時門第之關係」，新亞學報，第五卷第二期，頁二七～二八。
87. 南史，卷四十九，王諶傳。
88. 梁書，卷三十六，孔休源傳。
89. 南史，卷二十七，孔靖附孔奐傳。
90. 新唐書，卷一九九，儒學中，孔若思傳。
91. 吳志，卷十二，虞翻傳。
92. 晉書，卷九十一，儒林，虞喜傳。
93. 同前書，卷八十二，虞預傳。
94. 南史，卷七十，循吏，虞愿傳。
95. 同前書，卷七十二，文學，丘巨源附虞通之傳。
96. 同前書，卷七十一，儒林，崔靈恩傳。
97. 漢書，卷三十，藝文志。
98. 晉書，卷六十八，賀循傳。
99. 南史，卷六十二，賀瑒傳。
100. 梁書，卷三十八，賀琛傳。
101. 陳書，卷三十三，儒林，賀德基傳。

斷，較之孔、虞二氏，其儒學家傳的特性更爲明顯。

　　雖然關於魏、謝二氏的資料不夠完整，但從間歇出現於史傳的人物事蹟，可知這兩個家族亦是注重儒學的。漢時謝夷吾明春秋，晉謝沈明練經史，熟諳典章故實，朝廷禮儀有所疑義，輒以諮詢。[102] 梁朝謝達爲太學博士，謝岐以好學見稱，謝嶠以通儒聞名。[103] 至於魏氏，漢末魏朗習春秋圖讖、五經，著有魏子，[104] 其家族可能也是儒學家傳，只不過人才不繼，所以謝奉說魏氏「大宗已衰」，虞存嘲弄魏顗才學粗疏。

　　如前所述，世傳經學是會稽士族共通的特色，而在東晉南朝注重玄學清談（卽所謂的「文義」）的環境下，他們仍繼續經學的傳承，同時漠視、甚至反對清談的作風，對於他們在士族羣中的評價及仕進方面都有不利的影響。錢賓四略論魏晉南北朝學術文化與當時門第之關係一文，指出當時經、史爲同類，與老莊玄學對立。[105] 而會稽士族是注重經史的，虞預好經史，並著晉書，[106] 謝沈明練經史，著後漢書、晉書，[107] 孔奐「通涉經史百家」，[108] 因此會稽士族不重視清談，太平御覽卷四九一引會稽典錄云：

> 邵員字德方，餘姚人。與同縣虞悰隣居。員先不知悰，十餘年，悰至吳，與張溫、朱據等會，清談干雲，溫等敬服，於是吳中盛爲悰談。員聞而愧曰：「吾與仲明游居比屋，曾不能甄其英秀，播其風烈，而令他邦稱我之傑。」

正因爲會稽士人的社會中沒有清談的環境，故長於清言的虞悰只有到業已染習清談之風的吳郡，方能一顯才華，播名揚聲。又有些會稽士族，更提出反對清談的言論，晉書卷八十二虞預傳云：「預雅好經史，憎疾玄虛，其論阮籍裸袒，比之伊川被髮，所以胡虜遍於中國，以爲過衰周之時。」

　　東晉南朝文義成爲品評士人的標準，也關係著仕宦的機會；會稽士族謹守經學、

102. 晉書，卷八十三，謝沈傳。
103. 陳書，卷十六，謝岐傳。
104. 後漢書，卷六十七，黨錮列傳，魏朗傳。
105. 錢著，前引文，頁三二。
106. 晉書，卷八十二，虞預傳。
107. 同註一〇二。
108. 陳書，卷二十一，孔奐傳。

反對玄談，是以時人對他們的評價因而降低，仕宦機會亦相對地減少。文選卷四任彥昇（昉）爲蕭揚州薦士表云：

> 臣位任隆重，義兼家邦，實欲使名實不違，徼倖路絕。勢門上品，猶當格以清談；英俊下僚，不可限以位貌。竊見秘書丞王暕，年二十一，字思晦，七葉重光，海內冠冕。神清氣茂，允迪中和，叔寶理遣之談，彥輔名敎之樂，故以暉映先達，領袖後進，居無塵雜，家有賜書。辭賦清新，屬言玄遠，室邇人曠，物疎道親。養素丘園，台階虛位，庠序公朝，萬夫傾望，豈徒荀令可想，李公不亡而已哉？……

蕭揚州卽齊始安王遙光，時任揚州刺史，他曾說：「文義之事，此是士大夫以爲伎藝欲求官耳！」[109] 故任昉爲其作表薦士，其所選用人才的原則之一是「勢門上品，猶當格以清談」，而其所薦舉的王暕亦是清談中人，可見當時論斷人才皆以此爲標準。會稽士族世守經學，明於禮儀法度，雖然有少數士族也因當政者的重視及實際上的需要而見用，但一般而言，對會稽士族在士族羣中的評價和地位，以及仕宦方面，卻是不利的因素。

東晉南朝時吳郡士族模仿、接受了僑姓大族注重文義的標準，是他們有較多參與政治的機會關鍵性的原因之一。我們的問題是：何以吳郡士族能轉向文學清談，適應新的社會政治情勢，保持門第不墜，而會稽士族卻仍沿續經學傳統，不能有所轉變，以致於日趨式微？川勝義雄對江南士族的看法，對於上述問題有一些幫助。他認爲西晉末年中原淪陷，造成激烈的社會流動，面對此一巨大的衝擊，江南士族分化成政治家和土地經營者兩種類型，吳郡士族熱中於關係江南安定的政治活動，會稽士族則傾向於土地的經營。[110] 川勝義雄對江南士族的觀察基本上是很正確的，而可進一步申論。

永嘉以後吳郡士族和會稽士族的分途發展，實緣於兩者性格不同之故。就吳郡四姓而言，他們都不是經學家傳的家族，所以在孫吳滅亡後仍有意於仕途的情況下，就

---

109. 南史，卷四十一，齊宗室，始安王遙光傳。
110. 川勝義雄，「孫吳政權の崩壞から江南貴族制へ」，東方學報，四十四卷，頁九二～九三。

比會稽士族更容易轉向文學清談。吳郡四姓原是「張文、朱武、陸忠、顧厚」，[111] 各
具特色，雖然顧、陸也有習經學者，但他們不像會稽虞氏易學家傳，賀氏世代傳禮，
故入晉以後，他們很快地趕上新的潮流，沾染玄風，[112] 世說新語賞譽第八：

> 有問秀才，吳舊姓如何？答曰：「吳府君，聖王之老成，明時之雋乂；朱永
> 長，理物之至德，清選之高望；嚴仲弼，九皋之鳴鶴，空谷之白駒；顧彥先，
> 八音之琴瑟，五色之龍章；張威伯，歲寒之茂松，幽夜之逸光；陸士衡士龍，
> 鴻鵠之裴回，懸鼓之待槌。凡此諸君，以洪筆為鉏耒，以紙札為良田，以玄默
> 為稼穡，以義理為豐年，以談論為英華，以忠恕為珍寶，著文章為錦繡，蘊五
> 色為繒帛，坐謙虛為席薦，張義讓為帷幄，行仁義為室宇，修道德為廣宅。」

可見西晉時吳郡四姓已經以文章談論為其教養，至東晉南朝時吳四姓以文義著稱者甚
多。[113] 再就會稽士族而論，會稽士族世傳經學，因而具有相當的保守性，使得他們
不易拋棄舊學，轉趨清談文學。晉室南渡，玄學開始在江南發展，而南方士人猶有保
守舊業者，其中以會稽士族特為明著，他們不但謹守經學舊業，且在治學上也遵守漢
儒的途徑。[114] 經、律並重是漢代儒學的特色之一，[115] 會稽士族也保存了這個傳統，
劉宋孔淵之對「張江陵罵母案」的議論，[116] 南齊孔琇之「有吏能」；[117] 而孔稚珪更
參與南齊律法的修訂，[118] 可知孔氏猶明習律法。又虞氏則虞玩之「少閑刀筆」，[119]
虞愿「儒史學涉」，[120] 可見虞氏也是經、律兼修的。

會稽士族保守經學舊業，原已使他們在注重清談文學的社會中地位大為低落，而

---

111. 世說新語校箋，賞譽第八，頁三六九。
112. 唐長孺，「讀抱朴子推論南北學風的異同」，魏晉南北朝史論叢，頁三六八～三七一。
113. 如張裕「辭義清玄」，張緒善談玄，有正始遺風，張嶷能清言。（南史卷三十一張裕等傳）張敷「好讀玄
    言，兼屬文論」，張融、張玄父子俱「能清言」（南史卷三十二張邵等傳）。陸倕、陸厥、陸雲公、陸從
    典皆善屬文。（南史卷四十八）
114. 同註一一二，頁三六四～三七〇。
115. 邢義田，「秦漢的律令學——兼論曹魏律博士的出現」，歷史語言研究所集刊，第五十四本第四分。
116. 宋書，卷五十四，孔季恭傳。
117. 南齊書，卷五十三，良政，孔琇之傳。
118. 同前書，卷四十八，孔稚珪傳。
119. 同前書，卷三十四，虞玩之傳。
120. 同前書，卷五十三，良政，虞愿傳。

經、律兼習的傳統，更令他們遭人輕賤。東晉南朝士族多重玄學，輕實務，因此對習律法者甚爲輕視，重視律學的孔稚珪在上齊武帝表表中就指出這一點：

> 尋古之名流，多有法學，故釋之、定國，聲光漢臺；元〔帝〕〔常〕、文惠積映魏閣。今之士子，莫肯爲業，縱有習者，世議所輕。良由空勲永歲，不逢一朝之賞，積學當年，終爲閭伍所蚩。

孔稚珪同時奏請依五經之例，於國學內設律助教，獎勵士人習律。[121] 在那一個輕視實務律學的時代，此一建議自然不可能付諸實行。總而言之，除了朝廷在禮儀典章和律法方面欲藉重會稽士族的家學素養少數的情況之外，會稽士族的經學世業對於他們在整個士族羣中的地位，以及政治上的發展，大都是負面的影響。

　　會稽士族不利於自身的第二個因素是：會稽士族之間不能協合一致，從而削弱他們在政治上的作用。會稽士族不能團結合作，同時表現在婚姻和仕宦上。六朝士族爲了標榜自己的門第族望，避免和寒門庶族混淆，因此高門望族之間相互聯婚，僑姓大族如此，吳郡士族亦然。[122] 文獻上有不少吳郡四姓聯婚的記載，卻不見會稽士族間有聯婚之事。會稽士族婚偶可考者惟有山陰孔氏，孔氏似與吳郡張氏世代爲婚，也和顧氏聯姻，[123] 而不是和虞、魏、謝、賀諸族聯婚。會稽大族何以不像吳郡士族彼此聯姻呢？可能有下列兩個因素：一則，如前所述，會稽士族中有沒落的家族，另有的家族子孫愚駿，故本地士族不願與之婚配，全三國文卷六十八虞翻與弟書云：

> 長子容當爲求婦，其父如此，誰肯嫁之？造求小姓，足使生子。天其福人，不在舊族，揚雄之才，非出孔氏之門，芝草無根，醴泉無源，家聖受禪，父頑母嚚，虞家世法出痴子。[124]

又，太平御覽卷九百七十四果部十一甘蔗條虞翻與弟書云：

> 有數頭男皆如奴僕，伯安雖痴，諸兒不及。觀我所生，有兒無子，伯安三男，阿思似父，思其兩弟，有似人也。去日南遠，恐如甘蔗，近杪卽薄。

虞翻之子與小姓爲婚，雖然也受他在吳末被貶交州一事的影響，所以說「其父如此，

121. 南齊書，卷四十八，孔稚珪傳。
122. 五朝門第，下編，頁四八～五七。王仲犖，魏晉南北朝史，頁四〇一。
123. 南齊書四十八孔稚珪傳，梁書卷十六張稷傳，南史卷三十五顧琛傳。
124. 嚴可均輯，全上古三代秦漢三國六朝文（臺北，中文出版社），頁一四二一。

誰肯嫁之」，但最主要的因素還是虞氏諸子多愚痴，故難與大族聯姻。然而以士族社會的標準而言，像虞氏之與小姓聯婚，係婚配失偶，會導致其地位的貶抑。會稽士族彼此不爲婚姻的另一個原因，可能是會稽士族經濟利益上的衝突，[125] 致使他們之間的關係難以和諧。

六朝士族每以婚、宦相聯結，但會稽士族不惟不藉婚姻以相聯結，在仕宦上亦不能相互提携。宋書卷五十四孔季恭傳云：「虞嘯父爲征東將軍，會稽內史，季恭初求爲府司馬，不得。」孔、虞二氏不但不能交相引薦，反而相互排擠，這或許也和他們在地方上經濟利益的衝突有關。不論如何，會稽士族間不能如吳郡士族在婚、宦上緊密的結合，確實降低了他們在政治上的影響力。

第三個不利於會稽士族的因素，是會稽士族的晉身之階受到當地富人、豪族的挑戰。六朝州郡縣佐史、綱紀是士族出仕的起步，嚴歸田先生認爲：自東漢中葉以後郡縣掾史卽出於世族，迄晉朝郡綱紀更爲世族所把持。[126] 六朝之世，郡縣綱佐大吏原則上須由士族出任，[127] 然而當時政治上貪賄聚歛習爲常事，有些豪族富室遂以財賂求爲地方佐吏，梁書卷十楊公則傳：

> 湘州單家以賂求州職，公則至，悉斷之，所辟引皆州郡著姓，高祖班下諸州以爲法。

像這樣以賂求州郡縣之職的情形可能很多，所以梁武帝於楊公則的作法特別讚賞，特班下諸州以爲法則。在經濟富裕的地方，以賂求職的情形尤其嚴重；自東漢以降，會稽郡的農業和製造業都很發達，因此造就了一批富人財主，他們雖然有鉅額的資財，但在此門閥社會中根本沒有出仕的機會，然而他們卻常運用其資財求爲郡縣之職，或爲士人的門生，以爲仕進之路。[128] 另外，東漢達宦主要的途徑是舉孝廉、除郎中，[129] 六朝孝廉雖不是第一等士族如王、謝者流出仕的途徑，[130] 但仍爲次一等士族的重要

---

125. 關於會稽士族之間經濟利益上的衝突，將在「三至六世紀浙東地區的發展」一文討論。
126. 嚴著，前引書，頁三九九～四〇一。
127. 新唐書卷一九九，儒學中，柳沖傳，記柳芳論氏族云：北齊仍元魏之制「舉秀才、州主簿、郡功曹，非四姓不在選。」按，魏孝文帝定姓族係以中國士人差第閥閱爲之制，故江左的情形亦同。
128. 川勝義雄，「魏晉南朝の門生故吏」，東方學報，二十八輯，一九五八，頁一八七～一九三。
129. 嚴著，前引書，頁三九九。
130. 九品官人法の研究，頁三六〇。

出身，士族通常先爲郡縣綱紀大吏，再爲州舉爲秀才或郡察爲孝廉，而後正式進入仕途。[131] 孝廉也是會稽士族重要的出身之一，宋書卷九十一孝義郭世道傳云：「會稽貴重望計及望孝，盛族出身，不減秘、著。」然而一些寒門富人也常經由此途徑進入仕途，如劉宋時袁粲就曾收取山陰平民丁彖文的賄賂，舉他爲會稽郡孝廉。[132]

　　豪族富人以賄賂求得郡縣綱紀佐吏，或被察爲孝廉之事，在經濟富厚的會稽郡相當嚴重，妨及士族的出路，致使士族不得不爲之謀略，晉書卷八十二虞預傳云：

　　　　餘姚風俗，各有朋黨，宗人共薦預爲縣功曹，欲使沙汰穢濁。預書與其從叔父曰：「近或聞諸君以預入寺，便應委質，則當親事，不得徒已，然預下愚，過有所懷，邪黨互瞻，異同蜂至，一旦蹉跌，衆鼓交鳴。毫釐之失，差以千里，此古人之炯戒，而預所大恐也。」率如預言，未半年，遂見斥退。

按，餘姚士族僅虞氏一族，「餘姚風俗，各有朋黨」當是指虞氏和當地豪族富室一種對立的狀況。功曹的職責是掌選舉，虞氏宗人所以推薦虞預出任縣功曹，其目的也就在於防止豪族富人寒門以賂求爲綱紀佐吏，或被察爲孝廉，所以說「欲以沙汰穢濁」，以免妨害虞氏之清塗。但從虞預上任不及半年即見斥退的事實，可知虞氏在和當地豪族富人的抗爭中，徹底地失敗了；由此亦可見餘姚富人豪家勢力之大。會稽四族中，虞氏的宗族勢力似最爲龐大，[133] 而猶不敵富人豪族，其他諸族就更不用說了。

　　會稽郡的豪族富人因賂求爲郡縣之職，一方面減少了會稽士族經由此途徑出身的機會，同時也減少了會稽士族在地方政治上的影響力；另一方面，在此一士庶天隔、嚴別貴賤的社會裏，豪族富人與會稽士族並仕爲郡縣掾史，不僅降低會稽士族在整個士族羣中的地位，並且導致會稽士族身份的混淆。會稽士族面臨地方上經濟勢力雄厚的富人地主豪族的挑戰，是其日益隱沒不彰的原因之一。

　　第四個不利於會稽士族的因素是，東晉以降會稽士族並不是當地唯一有力量的集團。一則由於東漢以後會稽地區經濟的發展，商人、地主早已是此地一股很大的勢力，他們代表一種經濟勢力。二則永嘉亂後一些北方大族在此定居，他們位居顯宦，

---

131. 嚴著，前引書，頁三五一～三六四。
132. 宋書，卷八十九，袁粲傳。
133. 南齊書卷三十四虞玩之傳，虞玩之云其「大功兄弟，四十有二人」。

所以代表一種政治勢力。另外，在門閥政治下沒有出路的寒門、富人常透過投靠權貴
爲門生的途徑，入爲近習倖臣，[134] 他們雖然位微人輕，但因受帝王寵信親近，故威
權十足，也代表著另外一種政治勢力。各種勢力在此地盤結交錯，使得會稽郡號爲難
治，宋書卷五十七蔡廓傳：

> 會稽多諸豪右，不遵王憲。又幸臣近習，參半宮省，封略山湖，妨民害治。興
> 宗皆以法繩之。會土全實，民物殷阜，王公妃主，邸舍相望，橈亂所在，大爲
> 民患，子息滋長，督責無窮。興宗皆啓罷省。

會稽士族固然有很高的社會地位、及相當的政治地位，亦有雄厚的經濟力量，但以政
治地位而言，不及僑姓的優勢顯宦；以社會地位而言，又不如僑姓，而在吳姓中又居
於吳郡士族之次；以經濟勢力而言，又非一枝獨秀，獨佔當地的經濟利益，而是和當
地的地主、商人及北方大族分享其利益。綜而言之，會稽士族在政治、社會方面的居
於次位，使其難以達到中央顯宦，因此對中央政治的影響日微。

四、會稽士族在經濟上的強化

由於上述諸客觀及主觀因素，使得會稽士族在士族羣中的仕宦機會較差，對中央
政治的影響力減低；但部分在政治上失意的士族退回地方，從事經濟上的發展，造成
他們在地方上的經濟勢力。這種勢力卻影響中央在此地的行政處分。

（一）會稽士族經濟活動的傾向與豪強化的過程

會稽士族仕宦者減少，其性質遂由中央的士族漸趨於地方豪強。所謂「豪強」，
係指勢力強橫者，他們或是因宗族強大，或是因經濟力富厚，而凝結成一股不可輕侮
的勢力；又緣於財富和土地有關，宗族亦聚居某一地區，故豪強的勢力是地方性的。

先就宗族勢力而言，餘姚虞氏、山陰孔氏都是宗族強盛者。東晉初年，王敦叛
亂，圍攻首都建康，當時虞潭、孔坦各在本縣招合宗人，及郡中大姓，聚衆萬人，
建旗討伐；[135] 又據梁書記載，其時餘姚虞氏有千餘家。[136] 而這些士族不僅宗族強

---

134. 川勝義雄，「魏晉南北朝の門生故吏」，頁一八七～一九三。

135. 晉書卷七十六虞潭傳，卷七十八孔愉附孔坦傳。

136. 梁書卷五十三良吏傳，沈瑀爲餘姚令：「縣大姓虞氏千餘家，請謁如市。」

大，更擁有大批蔭附的人口、賓客、奴僮。東晉初年，山遐爲餘姚縣令，上任八旬，
卽料出私附人口萬餘人。餘姚是大族虞氏所居地，虞喜卽藏有私附人口。[137] 會稽士
族宗族龐大，加上爲數不少的蔭附人口，遂形成一股強大的地方勢力。

　　再就經濟勢力而言，會稽士族大都是大地主，從事土地的經營是會稽士族的特色
之一。此一特色自漢代卽已顯現，這和會稽的地理環境，以及其地係屬開發較遲的區
域有關。會稽土地沃腴，宋書卷五十四孔季恭傳論有這樣一段描述：「會土帶海傍
湖，良疇亦數十萬頃，膏腴上地，畝直一金，鄠、杜之間，不能比也。」又會稽郡在
西漢時開發有限，迄東漢以後才大量開發，一般而言，開發較遲的地區，其經濟活動
最先表現在土地開發方面，會稽士族自始卽是土地經營者。以最晚定居會稽的孔氏來
說，孔氏是在漢末因逃避北方的戰亂才移居山陰，[138] 而經幾代的發展，到劉宋孔靈
符不僅在山陰有產業，還向鄰縣擴展，擁有爲數可觀的田園：「靈符家本豐，產業甚
廣，又於永興立墅，周回三十三里，水陸地二百六十五頃，含帶二山，又有果園九
處。」[139] 而早在漢末以前卽已居於會稽的魏、虞、謝、丁、鍾離諸氏大概也都有廣大
的田產。[140] 大土地必須有衆多的勞動力與之配合，六朝大土地和人口蔭附其實是一
體之兩面。東晉虞喜、虞亮皆挾藏大量私附人口，[141] 可見虞氏必領有廣袤的田土；
又南齊書卷三十七虞悰傳說他「治家富殖，奴婢無遊手」，六朝時人云「耕當問奴，
織當訪婢」，可知其亦是從事大土地經營者，虞氏家族大抵皆是富有的。[142] 其他諸
族因東晉以後在政治上的沒落，少見諸記載，故難以明瞭其經濟狀況，但從他們在漢
末以前卽已居於會稽這點看來，在經濟上他們應該屬於土地開發型態者，故可能也都
闢有或多或少的土地。

　　由於會稽士族在其本籍地有很好的經濟基礎，故東晉以後在政治上沒有出路的士
族便退回地方，從事經濟方面的發展。如會稽士族中仕宦情形最佳的孔氏，其家族中

---

137. 晉書，卷四十三，山濤附山遐傳。

138. 同前書，卷七十八，孔愉傳。

139. 宋書，卷五十四，孔季恭附孔靈符傳。

140. 會稽士族貧者殆惟賀氏，見晉書卷六十八賀循傳，梁書卷三十八賀琛傳。

141. 宋書卷二武帝紀中：「……至是會稽餘姚虞亮復藏匿亡命千餘人，……」

142. 虞氏亦有貧者，如虞蘇、虞玩之（南史卷七十二文學傳，南齊書卷三十四虞玩之傳），但這是少數。

才能較差者往往將其目標由承續仕宦家業，轉向以財富自立。晉書卷七十八孔愉附孔安國傳云安國「羣從諸兄並乏才名，以富強自立。」魏、謝、丁、鍾離氏在政治上的沒落，很可能導致他們退回地方，轉以經濟方面的發展爲主。雖然並無直接的證據證明這一點，然而從東晉以後朝廷對會稽行政的特別處分（詳下文）看來，會稽士族的經濟力顯然難以忽視和壓制，因此，這個推論應該不會過於離譜。

　　會稽士族在政治上的沒落，以及他們轉向土地經營經濟方面的發展，使其面貌漸近於純以財力雄覇地方的地方豪強，而會稽士族的豪強化又更進一步地加速其在政治上的沒落，以致於唐代以後提起「吳姓」幾乎專指吳郡士族，而不及於會稽士族。

（二）浙東地區的特別行政處分

　　東晉南朝浙東地區的賦役特別繁重，並且在此地實施吏民亡叛制，這都是因爲會稽士族經濟勢力強大，影響政府對此地賦役正常的徵發，故政府不得不謀求補救之道，而在此區採行殊制。

　　所謂「浙東地區」係指今浙江省浙江以南的地區，東晉南朝大部分的時期，在此地設會稽、永嘉、臨海、新安、東陽五郡，合稱「浙東五郡」；又因會稽郡是此區首要之地，故常以會稽太守兼督五郡軍事，本區因此又稱爲「會稽五郡」。

　　東晉南朝浙東地區的賦役特別繁重，緣於當時浙東在賦稅及力役的徵發上有異於他處所致；而浙東在賦役上的特殊化則是由於其地士族經濟力強盛所導致的結果。六朝政府在財政上主要仰賴揚州地區的供給，而其最主要財賦的來源是三吳（太湖流域）和浙東的會稽郡。[143] 前述會稽郡的經濟勢力有三：會稽士族、僑姓大族及本地豪族。僑姓大族大都從事商業或製造業的經濟活動，而僅有少數人經營大土地；[144]至於會稽士族和地方豪強都擁有廣大的田園。[145] 六朝士族無賦役之征，而豪族則不

---

143. 拙著，「六朝建康的經濟基礎」。
144. 少數僑姓大族也從事大土地的經營，如謝靈運（宋書卷六十七謝靈運傳）；而多數僑姓則從事商業或製造業，宋書卷五十七蔡廓附蔡興宗傳：「會土全實，民物殷阜，王公妃主，邸舍相望，橈亂所在，大爲民患，子息滋長，督責無窮。」
145. 宋書卷五十四孔季恭附孔靈符傳：「山陰縣土境編狹，民多田少，靈符表徙無貲之家於餘姚、鄞、鄮三縣界，墾起湖田。上使公卿博議，太宰江夏王義恭議曰：『……尋山陰豪族富室，頃畝不少，貧者肆力，非爲無處，……』」

能免，所以會稽地區眞正影響政府賦役徵收者是會稽士族及一小部分僑姓大族。他們不但佔有廣大不須繳納田賦的土地，而蔭附在其土地上勞動的人民也可以逃過政府力役、兵役的徵調，因而嚴重地影響政府在此地賦役的徵發。對於此一情形，政府不得不謀求對策，其解決辦法是限制官員佔有過多的土地，以及庇蔭人口的數目。西晉和劉宋都曾明令規定各級官員佔田數及蔭客數，違反規定者科以重刑，但並未收到效果，[146] 其原因在於：第一，既得利益者的官員不肯放棄其利益。六朝原係門閥社會，其政治的基礎在於士族，以此之故，自然不能雷厲風行地徹底查禁，開罪士族，自毀根基。第二，官品占田制及蔭客制的原意是承認官員佔有大土地及擁有部曲賓客之事實，並且謀求補救，給予一個限定。然而這個限定非但無法奏效，反而出現一個漏洞，卽這個法令只規定了官員的占田和蔭客數，因此對於不具有官員身份者，就不可限定其占田數。非官員身份的大土地所有者，如其非士族，政府猶可徵課其田賦；但若其爲士族，則可免稅。一部分會稽士族退回地方，從事經濟的發展，他們因有士族的身份，故從事大土地的經營是很有利的；然而對政府而言，則是損失大量田賦的收入，更何況會稽士族任官者也不從限田之令。如孔靈符仍是田園逾制，而礙於其地方勢力強固，政府亦不敢加以處置，孔靈符仍然保住了他廣大的產業，也不致於影響其仕宦前途。[147] 因此，會稽士族朝大土地經營的發展愈演愈烈，今所見六朝大土地的記載幾乎都是這個地區的記載。

此外，會稽士族經濟上的發展同時也影響政府對此地區力役的徵調。士族擁有廣大的土地，需要大量的勞動力以從事生產，因此這些土地上通常有一批蔭附人口爲之從事生產。而這些蔭附人口因托庇於士族，得以逃避政府力役之征，值是之故，有些百姓也託名附隸，以避徭役。南史卷五東昏侯紀云：「又先是諸郡役人，多依人士爲附隸，謂之『屬名』。……凡屬名多不合役，止避小小假，並是役蔭之家。」由是會稽郡的課戶就大爲減少。以山陰縣而言，宋書卷九十三良吏傳上說「山陰民戶三萬」，而事實上南齊時山陰縣的課戶只有兩萬，[148] 劉宋與南齊時代相去不遠，其人口數目

---

146. 韓國磐，南朝經濟試探（上海人民出版社，一九六三），頁七一～七四。
147. 宋書卷五十四孔季恭附孔靈符傳，孔靈符以田園逾制，「爲有司所糾，詔原之，而靈符對答不實，坐以免官。後復舊官，……」
148. 南齊書，卷四十六，陸慧曉附顧憲之傳。

不致於相差太多，以上述二則資料比對，則山陰縣約有一萬人不是課戶，這一萬人當
包括士族及其蔭附人口，還有商人。關於會稽士族非法蔭戶的情形，政府對之亦無可
如何，東晉山遐懲治餘姚虞氏藏戶的失敗，就是最好的例子。晉書卷四十三山濤附山
遐傳：

> 遐字彥林，為餘姚令。時江左初基，法禁寬弛，豪族多挾藏戶口，以為私附。
> 遐繩以峻法，到縣八旬，出口萬餘。縣人虞喜以藏戶當棄市，遐欲繩喜。諸豪
> 強莫不切齒於遐，言於執事，以喜有高節，不宜屈辱。又以遐輒造縣舍，遂陷
> 其罪。遐與會稽內史何充牋曰：「乞留百日，窮窮逋逃，退而就罪，無恨也。」
> 充申理，不能得，竟坐免官。

虞喜為餘姚虞氏之族，終身隱居不仕，但卻擁有一批蔭附人口。[149] 上述事件一方面
顯示了會稽士族地方勢力的強固，政府的禁令在此地竟難以施行；另一方面，山遐的
免官也反映了東晉政府對會稽士族的寬容和讓步。

東晉南朝浙東地區因為負擔賦役課戶的減少，所以課戶的負擔由是加重。東晉以
後的賦稅基本上承繼西晉分田租、戶調徵收的辦法，惟收取的標準不同，田租先是「
按田收租」，後改為「度口稅米」，戶調則徵綿、絹、布，各時期所徵數額不等，今
不詳述，和本文討論有關的是戶調。東晉以後徵收戶調，是以資產多寡決定戶等，再
根據戶等制定其戶調課徵的準則。[150] 而浙東地區因為賦稅人口減少，所以在評定課
戶貲產時，遂不得不採取較為嚴苛的標準。南齊書卷四十竟陵王子良傳載竟陵王啟
云：

> 三吳奧區，地惟河、輔，百度所資，罕不自出，宜在蠲優，使其全富，而守宰
> 相繼，務在裒剋，圍桑品屋，以准貲課。致令斬樹發瓦，以充重賦，破民財
> 產，要利一時。

竟陵王子良曾任會稽太守，他上啟言吳、會人民賦役繁重，文中所說的雖是三吳的情

---

149. 晉書，卷四十三，山濤附山遐傳。
150. 王著，魏晉南北朝史，頁四二四～四二七。

況，然會稽的情形亦復相同。而因吳郡士族較不熱衷於經濟活動，[151] 會稽士族則多致力於土地的經營，故會稽一地蔭戶的情形必較三吳爲嚴重，由是評定貲產嚴苛的程度可能也超過三吳。

　　會稽大土地制特別發達，廣大的莊園裏並且有大量蔭附人口從事生產，致使會稽從役之人大爲減少，所有的力役遂需由課戶來分擔，因此其地的力役十分繁重，故竟陵王啓云「東郡使民，年無常限」，[152] 所謂「東境」係指浙東，[153] 會稽爲浙東首要大郡，此語主要還是指會稽郡而言。會稽力役嚴苦，而富民又得以錢代役，故貧苦的百姓每不堪命，他們想出各種辦法避役，或是自殘軀體，以避役命；[154] 或是注籍詐病，亦爲普遍現象，南史卷五齊廢帝東昏侯紀云：「東境役苦，百姓多注籍詐病。」甚至逃離本鄉，會稽近海，百姓多逃往廣州。晉書卷七十三庾亮附庾翼傳云：「時東土多賦役，百姓乃從海道入廣州。」

　　由於浙東人民逃亡避役者衆，政府遂在此地施行「吏民亡叛制」，以期有效地防止人民逃亡及緝捕逃亡者。吏民亡叛制亦卽什伍連坐制，根據杜正勝的研究，什伍制原是軍制，連坐也出於軍法，早在春秋中期迄戰國時代，各國政府爲掌握兵源而清查戶口，先後在閭里中編組什伍，以約束人民。此制的目的除了察姦之外，最重要的是穩定戶籍，禁止逃亡，而其主要精神在於連坐——包括閭里以上官員縱的連坐，以及同伍橫的連坐。秦朝統一後，仍行此制，直到西漢閭里什伍制都很活躍，也一直保留什伍連坐之法。[155]

　　六朝什伍制並不是普遍地施行於各地，什伍連坐的內容在各地亦有所出入。宋書卷四十五百官志下有什伍的記載：「五家爲伍，伍長主之。二五爲什，什長主之。十什爲里，里魁主之。」似乎什伍爲通行全國之制；又宋書卷四十二王弘傳記錄了當時

---

151. 吳郡士族有莊園者，今僅見顧氏一人而已，世說新語校箋簡傲第二十四：「王子敬自會稽經吳，聞顧辟疆有名園，……」。何啓民「南朝門第經濟之研究」，何啓民，中古門第論集（臺北，學生書局，一九七八），認爲吳四姓除了仕宦之外，別無生產。

152. 南齊書，卷四十，竟陵王子良傳。

153. 王著，魏晉南北朝史，頁三五九。

154. 同註一五二。

155. 杜正勝，「周代封建解體後的軍政新秩序——編戶齊民的研究之二」，歷史語言研究所集刊，第五十五本第一分，頁一○二～一○九。

大臣對「同伍犯法，士人應否連坐」問題的辯論，則什伍連坐似又爲各處皆行之法；
其實六朝什伍制實施的情況和程度各地不一。因爲什伍制或什伍連坐制的用意原是要
穩定戶籍，禁止逃亡，而戶籍的穩定主要關涉到賦、役兩個問題，六朝各地是否實施
什伍制，以及實施的程度如何，大抵都和其地賦役的情形有關。如首都建康一直到南
齊時都未有什伍制，南史卷二十二王儉傳：

> 建元元年，改封南昌縣公，時都下舛雜，且多姦盜，上欲立符伍，家家以相檢
> 括，儉諫曰：「京師翼翼，四方是湊，必也持符，於事既煩，理不成曠，謝安
> 所謂：『不爾，何以爲京師』。」乃止。

此因建康的居民爲士族官員、商人、士族之部曲賓客、營戶、僧尼，[156] 他們皆無賦
役之責的緣故。又什伍連坐也只是實施於某些地區之法，宋書卷五十三謝方明傳：

> （謝方明）轉會稽太守。江東民戶殷盛，風俗峻刻，強弱相陵，姦吏蜂起，符
> 書一下，文攝相續。又罪及比伍，動相連坐，一人犯吏，則一村廢業，邑里驚
> 擾，狗吠達旦。方明深達治體，不拘文法，澗略苛細，務存綱領。……除比伍
> 之坐，判久繫之獄。

謝方明得以除會稽的比伍之坐，可見比伍連坐不是國家常法，而是僅在某些地區實施
的殊制。而在實施什伍連坐的地區間，同坐之罪的範圍亦有差別，如丹陽郡的什伍有
糾告之責，而無連坐之罪。[157] 歷陽則伍遭扺不赴救者有同坐之科。[158]

　　六朝吏民亡叛制只在少數地區短暫地實施過，是一種殊制，不過，在會稽它卻是
常制。吏民亡叛制是什伍連坐制中最深刻的一種，即凡百姓避役，稽捕不得，符伍里
吏同其罪，即實行縱向與橫向的連坐。宋書卷五十四羊玄保傳云：

> （羊玄保）善奕棊，棊品第三，太祖與賭郡戲，勝，以補宣城太守。先是，劉
> 式之爲宣城，立吏民亡叛制，一人不禽，符伍里吏送州作部，若獲者賞位二

---

156. 見拙著，「六朝時代的建康——市廛民居與治安」，大陸雜誌，第六十八卷第四期。
157. 宋書卷六十四何承天傳：「時丹陽丁況等久喪不葬，承天議曰：「……丁況三家，數十年中，葬無棺槨，
　　　實由淺情薄恩。同於禽獸耳。竊以丁寶等同伍積年，未嘗勸之以義，繩之以法。……因此附定制旨，若民
　　　人葬不如法，同伍當即糾言，三年除服之後，不得追相告列，於事爲宜。」
158. 宋書卷一〇〇沈約自序：「世祖出鎮歷陽，（沈亮）行參征虜軍事。民有盜發冢者，罪所近村民，與符伍
　　　遭扺不赴救同坐。……」

階。玄保以爲非宜，陳之曰：「臣伏尋亡叛之由，皆出於窮逼，未有足以推存而樂爲此者。今立殊制，於事爲苦。……又尋此制，施一邦而已，若其是邪，則應與天下爲一，若其非邪，亦不宜獨行一郡。民離憂苦，其弊將甚，臣忝宋所職，懼難遵用，致率管穴，冒以陳聞。」由是此制得停。

從羊玄保所言，可知吏民亡叛制並非全國皆行之制，而是僅施行於一郡的殊制。又此制嚴苛，劉宋郢州刺史沈攸之曾將此制用於軍隊中，實施「將吏亡叛制」，史稱其爲政苛暴。[159] 然而此嚴苛之制在會稽郡似乎是常制，從東晉迄南朝都行此制。晉書卷八十王羲之傳載會稽內史王羲之遺尚書僕射謝安書云：

自軍興以來，征役及充運死亡叛散不反者衆，虛耗至此，而補代循常，所在凋困，莫知所出。上命所差，上道多叛，則吏與叛者席卷同去。又有常制，輒令其家及同伍課捕。課捕不擒，家及同伍尋復亡叛。百姓流亡，戶口日減，其源在此。

其書云「又有常制」，並非全國之常制，而係會稽一地之常制。一直到南齊時，會稽郡皆行此制。南齊書卷四十六陸慧曉附顧憲之傳，憲之議曰：

山陰一縣，課戶二萬，其民貲不滿三千者，殆將居半，刻又刻之，猶且三分餘一。凡有貲者，多是（土）〔士〕人復除。其貧極者，悉皆露戶役民。三五屬官，蓋惟分定，百端輸調，則又常然。比衆局檢校，首尾尋續，橫相質累者，亦復不少。一人被攝，十人相追；一緒裁萌，千葉互起。……又被符簡，病前後年月久遠，具事不存，符旨既嚴，不敢闇信。……兼親屬里伍，流離道路，時轉寒涸，事方未已。其士人婦女，彌難厝衷。……

會稽郡始終施行吏民亡叛制，推其根源，實和當地士族經濟勢力有關；而因士族勢力龐大，根深盤固，吏民亡叛制事實上未影響及士族。吏民亡叛制的原則是符伍里吏同其罪，而什伍係以居宅爲準。中國自古以來皆是士、庶雜居，什伍中士庶混雜，因此士族本應在同坐之列，而由於士人的社會地位和地方勢力而言，士人同什伍之坐的付諸實施，委實有困難。劉宋時，在一場有關士人是否應同什伍之坐的辯論中，王

---

159. 宋書，卷七十四，沈攸之傳。

弘與八座丞郎疏中，就提到了這一點：「同伍犯法，無士人不罪之科，然每至詰謫，
輒有請訴。」他並且舉出士人同什伍之坐，而未付諸實施的實例：

> 尋律令既不分別士庶，又士人坐同伍罪罹謫者，無處無之，多爲時恩所宥，故
> 不盡親謫耳。吳及義興適有許、陸之徒，以同符合給，二千石論啓丹書。己未
> 間，會稽士人云十數年前，亦有四族坐此被責，以時恩獲停。而王尙書云人舊
> 無同伍坐，所未之解。恐莅任之日，偶不值此事故邪？[160]

王尙書係指王准之，他曾任山陰令。他提及山陰縣等地士人根本不司什伍之坐的情
形：

> 昔爲山陰令，士人在伍，謂之押符。同伍有愆，得不及坐，士人有罪，符伍糾
> 之。……於時行此，非惟一處。[161]

二人皆言之鑿鑿，到底會稽士人是否同什伍之坐？我們認爲士人同於什伍之坐雖有其
科，但可能由於會稽士人地方勢力過於龐大，故此科很少執行，甚或從未付諸實行。
王准之曾做過山陰令，對於當地的情況自然較爲清楚，故他所說會稽士人不坐同伍之
罪，應該比較接近實情。至於王弘所提出來的例子是多年前會稽士人的傳言，又如果
士人須同什伍之坐，不可能從東晉末年迄宋初二十餘年內，都無此例。[162] 這場辯論
的結果，由宋文帝裁奪：士人可不受同伍之坐，而罪其奴客；無奴客者，得以輸贖。
[163] 自此士人得以名正言順地置身於什伍連坐之外；士人既可不同什伍之坐，吏民亡
叛制自然也不及於士人。

　　東晉南朝政府爲解決浙東會稽賦役徵收方面的問題，爲穩定戶籍，防止課戶逃
亡，不得不在此地實施吏民亡叛制，然而政府只能消極地防止人民逃亡，而對部分課
戶逃亡所投靠的士族地主，卻是無可如何。又，吏民亡叛制施行的結果，卻是造成更
多百姓的逃亡，前引王羲之與謝安書中已經說得很明白了。而政府爲從此地收取賦

---

160. 宋書，卷四十二，王弘傳。

161. 同前註。

162. 這場辯論發生在宋文帝元嘉六年（四二九），王弘稱「己未間，會稽士人云十數年前，亦有四族坐此被
　　責」，己未年係晉恭帝元熙元年（四一九），卽在此辯論之十年前。因此「四族坐此被責」事當在此辯論
　　二十餘年前。

163. 同註一六○。

稅，徵發從役之人，又不能廢去此制，因而人民的逃亡不止，甚至釀成東土的動亂，孫恩、盧循之亂有衆十萬，其中有很多是避役之人。[164]

　　此外，從吏民亡叛制的實施上也可看出吳郡、會稽士族的異途發展。三吳、會稽同是六朝政府的財賦要地，爲了確切掌握戶籍之故，三吳地區可能也有什伍制及什伍連坐制，如前引王弘討論士人是否同什伍之坐，所提的例子是吳郡、義興及會稽。但是三吳是否也實施兼及於縱向連坐的吏民亡叛制，則不得而知。然吏民亡叛制是一種苛政，如曾在一地實施，多少會激起一些回響，如它在宣城、郢州、會稽的實施，都留下了記錄。而在現存資料中，三吳並沒有這方面的記載，所以我們懷疑吏民亡叛制可能不曾在三吳實行過，或者僅是短暫地實施過。吳、會同爲政府財賦要地，而有此差別待遇，實係吳郡士族和會稽士族異途發展所致。吳郡士族仕宦的機會較佳，他們多居於建康，從事政治活動，而仰賴官祿爲生，[165] 也就是說吳郡士族比較少從事經濟活動，吳郡士族擁有田園而見於記載者，僅顧辟疆一人而已。[166] 因吳郡少有大土地制的生產經營方式，故人口逃亡、蔭附於士族的情形亦較不嚴重，以此毋需行吏民亡叛制以遏止課戶的逃亡。

五、結　論

　　六朝係一門閥社會，在史書中我們常見到活躍於中央政治舞臺的僑姓大族和吳郡士族，至於其他未能進入中央政治的各地士族之情況則晦微不明。幸而有像會稽士族這樣原本活躍於中央的士族羣，後來逐漸隱沒衰微，退回地方者，可以提供我們了解那些未能進入中央政壇各地士族一些線索，俾能於六朝社會有更廣泛的認識。

　　會稽士族包括上級士人：四族孔、魏、虞、謝，和丁、鍾離氏，以及下級士人賀氏。他們具有下列三個特色：強烈的經學傳統，經濟力雄厚，宗族強盛，使他們在東漢以後崛起於地方，進入中央政壇，而成爲中央性的士族。然而東晉以後這些模鑄會

---

164. 晉書，卷一○○，孫恩、盧循傳。
165. 隋書卷三十一地理志下云：「丹陽舊京所在，人物本盛。小人率多商販，君子資於官祿，⋯⋯」又，顏氏家訓卷四，涉務第十一：「江南朝士，因晉中興，南渡江，卒爲羈旅，至今八、九世，未有力田，悉資俸祿而食耳。」六朝在建康從事政治活動者，大抵皆仰賴官俸生活。
166. 見世說新語校箋簡傲第二十四，頁五八五。

稽士族的特色卻未必完全對其有利，東晉政權建立後，僑姓大族居於政治高位，重視清談文學，而在此一環境中，會稽士族保守家風，傳習經史，使他們在士族羣中的評價減損，並且阻碍他們在政治上的發展。又會稽士族可能由於經濟利益上的衝突，使他們不能如同吳郡士族一般地相互聯婚，以及在仕途上彼此援引，集結成一股地方士族的政治勢力；相反地，會稽士族之間極少通婚，在仕途上並且互相排擠，因而削弱了會稽士族在政治上的影響力。

政治上，會稽士族的機會不如吳郡士族，這不僅和孫吳建國的基礎和東晉南朝的形勢有關，亦由於地緣性的因素，使會稽士族和中央的關連較吳郡士族為隔閡之故。又，傳統上認為九品官人法保障了士人出仕的機會，而從會稽士族中魏、謝、丁、鍾離氏在東晉以後幾乎從政壇消失的情形觀之，則士族雖然有九品官人法作為仕宦的保障，但士族的才能亦是決定其政治上發展的因素之一，士族如不能有佳子弟世代相承，亦不能免於政治上的沒落。

由於會稽士族有不利其在政治上發展主觀及客觀的因素，劉宋以後部分在政治上沒有出路的士族遂由中央退回地方，以其在地方上固有的基礎，從事經濟方面的發展。其結果是一方面使會稽士族豪強化，會稽士族和地方豪強的區分漸小，而導致其士族身份的隱晦，使會稽士族在士族羣中的地位降低及對中央政壇的影響力日微。另一方面，會稽士族在政治上的衰頹及其轉向經濟上的發展，反而有助於他們鞏固其地方勢力。東晉南朝在會稽郡實施吏民亡叛制，係因會稽士族經濟勢力的膨脹，擁有廣大不納賦稅的土地及庇蔭大量蔭附人口，影響政府在此地賦役的徵發，政府為了防止課戶逃亡，以期在此地能徵發足夠的賦稅力役，不得已而採行此一殊制。由此可見，會稽士族雖不能活躍於中央政壇，但他們在地方上經濟的發展，卻影響中央對於會稽的行政處理。因此，我們不免要懷疑：六朝時代各個地區在地方士族的影響下，是否也有不同於中央的律動？

參考書目

1. 史記
2. 漢書
3. 後漢書

4. 三國志

5. 晉書

6. 宋書

7. 南齊書

8. 梁書

9. 陳書

10. 魏書

11. 隋書

12. 南史（以上新校標點本，鼎文書局）

13. 盧弼，三國志集解（臺北，新文豐出版公司）

14. 吳士鑑、劉永幹、晉書斠注（臺北，新文豐出版公司）

15. 王鳴盛，十七史商榷（臺北，大化書局）

16. 常璩，國陽國志（世界書局）

17. 劉義慶撰，劉孝標注，楊勇校箋，世說新語校箋（臺北，文光出版社，一九七三）

18. 蕭統，文選（宋淳熙八年尤袤刻文選李善注，臺北，石門圖書公司）

19. 蕭統，文選（宋淳熙本重雕鄱陽胡氏藏版，臺北，藝文印書館）

20. 增補六臣注文選（臺北，華正書局）

21. 嚴可均輯，全上古三代秦漢三國文（臺北，中文出版社）

22. 岑仲勉，元和姓纂四校記（中央研究院歷史語言研究所專刊之二十九）

23. 魯迅，會稽郡故事雜集（魯迅三十年集之一，香港，新藝出版社，一九七〇）

24. 太平御覽（臺北，大化書局）

25. 王伊同，五朝門第（臺北，文海出版社影印本，一九七三）

26. 王仲犖，魏晉南北朝史（上海，人民出版社，一九八〇）

27. 王瑤，中古文學史論（臺北，長安出版社）

28. 毛漢光，兩晉南北朝士族政治之研究（臺北，中國學術獎助委員會，一九六六）

29. 呂思勉，兩晉南北朝史（臺北，開明書店）

30. 何啓民，中古門第論集（臺北，學生書局，一九七八）

31. 李劍農，魏晉南北朝隋唐經濟史稿（臺北，華世出版社）

32. 唐長孺，魏晉南北朝論叢（北京，三聯書店，一九五五）

　　　　魏晉南北朝史論叢續編（北京，三聯書店，一九七八年二版）

　　　　魏晉南北朝史論拾遺（北京，中華書局，一九八三）

　　　　三至六世紀江南大土地制所有制的發展（上海，上海人民出版社，一九五七）

33. 林瑞翰，魏晉南北朝史（臺北，至大圖書有限公司，一八七七）

34. 勞榦，魏晉南北朝史（臺北，華岡出版部，一九七一）

35. 陳寅恪，陳寅恪先生文集（臺北，里仁出版社，一九八二）

36. 韓國磐，南北朝經濟試探（上海，人民出版社，一九六三）

　　　　魏晉南北朝史綱（北京，人民出版社，一九八〇）

37. 嚴耕望，中國地方行政制度史，上編，卷中，魏晉南北朝地方行政制度（中央研究院歷史語言研究所專刊之四十五，一九六三）

38. 王仲犖，「新集天下姓望氏族譜考釋」，敦煌吐魯番文獻研究論集第二輯（北京大學中國中古史研究中心編，北京大學出版社，一九八三）

39. 毛漢光，「我國中古大夫之個案研究——琅邪王氏」，中央研究院歷史語言研究所集刊，第三十七本第二分。

「敦煌唐代氏族譜殘卷之商榷」，歷史語言研究所集刊，第四十三本第二分。

「從中正評品與官職之關係論魏晉南朝之社會架構」，歷史語言研究所集刊，第四十六本第四分。

「中國中古社會史略論稿」，歷史語言研究所集刊，第四十七本第三分。

「中國中古賢能觀念之研究——任官標準之觀察」，歷史語言研究所集刊，第四十八本第三分。

「科舉前後（公元600±300）清要官型態之比較研究」，中央研究院國際漢學會議論文集，一九八一。

40. 王霜媚，「孫吳政權的成立與南北勢力的興替」，食貨月刊，復刊第十卷第三期。

41. 牟潤孫，「敦煌唐代氏族譜殘卷之商榷」，文史哲學報，第三期。

42. 杜正勝，「周代封建解體後的軍政新秩序——編戶齊民的研究之二」，歷語言研究所集刊，第五十五本第一分。

43. 邢義田，「秦漢的律令學——兼論曹魏律博士的出現」，歷史語言研究所集刊，第五十四本第四分。

44. 唐耕耦，「敦煌唐寫本天下姓望氏族譜殘卷的若干問題」，魏晉隋唐史論集第二輯（中國社會科學出版，一九八三）。

「敦煌四件唐寫本姓望氏族譜殘卷」，敦煌吐魯番研究論集第二輯（北京大學出版社，一九八三）。

45. 唐長孺，「門閥的形成及其衰落」，武漢大學人文科學學報，一九五九。

46. 許倬雲，「三國吳地的地方勢力」，歷史語言研究所集刊，第三十七本上冊。

47. 楊耀坤，「略述南朝庶族地主的發展」，四川史學會史學會論文集（四川人民出版社，一九八二）。

48. 劉淑芬，「六朝建康的經濟基礎」，食貨月刊，復刊第十二卷，十一、十二期合刊。

「六朝時代的建康——市廛民居與治安」，大陸雜誌，第六十八卷第四期。

49. 錢穆，「略論魏晉南北朝學術文化與當時門第之關係」，新亞學報，第五卷第二期。

50. 中國中世史研究會編，中國中世史研究（東京，東海大學出版會，一九七〇）

51. 矢野主稅，門閥社會成立史（東京，國書刊行會，一九七六）

52. 宮川尚志，六朝史研究——政治、社會篇（京都，平樂寺書店，一九七七年複製第一刷）

53. 宮崎市定，九品官人法の研究——科舉前史（京都，京都大學東洋史研究會，一九五六）

54. 越智重明，魏晉南朝の貴族制（東京，研文出版社，一九八二）

「什伍制をめぐつて」，東方學，第四十一輯。

55. 川勝義雄，「貴族社會制の成立」，岩波講座世界歷史 5（東京，岩波書店，一九七〇）

「魏晉南朝の門生故吏」，東方學報，第二十八卷。

「孫吳政權の崩壞から江南貴族制へ」，東方學報，第四十四卷。

56. 增村宏，「晉、南朝の符伍制」，鹿大史學第四號。

57. Ebrey, Patricia B., *The Aristocratic Families of Early Imperial China: A Case Study of the Po-ling Ts'ui Family*, (London, Cambridge University Press, 1978)

58. Hans. H, Frankel., "The K'ung Family of Shan-Yin", *The Tsing Hua Journal of Chinese Studies*, New Series II, No. 2.

59. David Johnson, "The Last Years of A Great Clan: The Li Family of Chao Chün in Late T'ang and Early Sung", *Harvard Tournal of Asiatic Studies*, vol. 37, No. 1, 1977.

唐代前期財政決斷權的轉移
及戶尚選拔問題

盧　建　榮

一、前　言

　　本文想經由官僚體系內部官制設計與實際運作方面，來進一步說明，何以在表面上低稅理想於唐代前期較諸後期，甚或唐以後各朝，更能付諸實現。

　　本人曾先後草成「唐代後期財經專家之分析」和「唐代前期非常支出的籌措及其廻響」兩文，在在說明唐代財經專家的出現及其對通才型官僚體系的衝擊。這個衝擊表現在財經專家以個人身分，抗衡整個士大夫社會的現象。所以造成此一現象的原因非一，其中官制的變革，實居於樞紐之關鍵地位。這一方面值得進一步探討，俾有助於掌握問題之全貌。

　　本文想了解的是，從官制設計看，唐代前期掌管全國財政庶務的戶部其職權為何？是否獲得財政決斷權？若否，則該權操於何部門之手？其次，此一權限是否有變化；若有，變化起於何時？財政決斷權一旦從都省轉移至部堂，此後大致趨勢如此，永難回頭。因此，安史之亂前夕，乃國史上財經官獨自擁有財經決斷權之濫觴！於此，有三個問題亦需一併處理。變制前主管全國財經事宜的戶部首長此一職位，除

開其職權性質爲掌理例行性庶務這一點之外，它在通才型官僚體系中具有何種功能？其次，爲適應通才型官僚體系的特點——不重專業，該職選才標準爲何？復次，履任斯職人員中不乏拜相者，這些人是否因曾有過理財經驗、而持論異乎傳統低稅理想？

　　本文於時間斷限上，唐代前期按說當從高祖李淵開國至玄宗天寶十四年爲止，惟其中有幾處基於討論問題的完整性，會降及代宗朝。

二、財政決斷權原先不在戶部

　　在君主專制政體之下，軍、政、財大權理論上握於君主之手，實際上因種種原故旁落在宰相之手。君主或是宰相操持財政大權，出現於從漢代到隋代（西元前三世紀至西元六世紀間）。唐代前期尚書省爲最高政策執行機構，下轄財經專責機構的戶部。這種情形到唐代後期有所轉變，全國最高財經專責官員——戶部侍郎判度支——取得財經決策權。這種轉變，就通才型的唐代官僚體系看來，是不適當的。轉變前的戶部正副首長——尚書和侍郎，據舊唐書卷四三職官志二云：「掌天下田戶、均輸、錢穀之政令，……」[1]　無殊唐六典所載，看不出是擬定還是執行財經決策。關此，本文寧願藉著一些實例來加以解答。

　　唐代前期非常支出的愈發龐大，似乎始於武則天當權時代，這從睿宗慰勞大臣畢構的一封璽書上，透露此中消息：

　　　　……咸亨、垂拱之後，淳風漸替。征賦將急，調役頗繁，……[2]

新唐書卷五一食貨志一亦云：

　　　　及中書令李義府、侍中許敬宗既用事，役費並起。永淳以後，給用益不足。加以武后之亂，紀綱大壞，民不勝其毒。[3]

所謂「役費並起」，是指國家向百姓課徵勞務和財物；在可能大量超額課徵之下，仍不敷支出。這種大量超額的花費，此處歸咎於李義府和許敬宗兩位宰相。但這是指兩

---

1. 頁一八二四。
2. 見舊唐書卷一〇〇畢構傳，頁三一一四。
3. 頁一三四四至五。

人個人之因素，抑宰相權限之因素，尚不易辨別，得看其他例子，才能斷定。

舊唐書卷一〇一王求禮傳云‥

> 契丹陷幽州，饋輓不給，左相豆盧欽望請輟京官兩月俸料以助軍，（王）求禮（按：據本傳時官監察御史，通鑑卷二〇五作拾遺，不知孰是。）謂欽望曰：「公祿厚俸優，輟之可也。國家富有四海，足以儲軍國之用，何藉貧官薄俸？公此舉豈宰相法邪？」欽望作色拒之，乃奏曰：「秦、漢皆有稅算以贍軍，求禮不識大體，妄有訟辭。」求禮對曰：「秦皇、漢武稅天下，虛中以事邊，奈何使聖朝則效？不知欽望此言是大體耶？」事遂不行。[4]

這是發生於武則天朝的事，宰相豆盧欽望針對外患入侵、政府財政卻括据得無以應付此一問題，提出停京官俸兩月以助軍的解決方案。這個方案不僅在歷史上有前例可循，而且有唐一代也有前例：

> 霍王元軌，高祖子，高宗調露二年（六八〇）二月，率文武百官詣闕上表，請各出一月俸料，供軍以討突厥。詔從之。[5]

但卻建立在犧牲京官利益的基礎上。難怪引起官僚的不滿，不消說王求禮乃是代表多數官僚吐露心中怨懟。在王求禮駁斥豆盧欽望的話中，且不去管他無的放矢的話，值得注意的是「國家富有四海，足以儲軍國之用，何藉貧官薄俸？」這一句話。他認為整個國家都是唐政府的產業，足夠應付任何軍國開銷。換言之，他是一位稅源無限論者。這種人的觀念是，政府永遠不會窮的，沒有錢再向百姓徵稅就是了，何難之有？此處明白顯示唐政府應付非常支出，其決斷權在宰相。這是一例。此處據通鑑卷二〇五，責備王求禮不識大體的，不是豆盧欽望，而是另一宰相姚璹。顯見這是決策階層之決議，非欽望一相之意思。

再看一例，舊唐書卷八七李昭德傳云：

> 長壽中（六九三），神都改作文昌臺及定鼎、上東諸門，又城外郭，皆（李）昭德創其制度，時人以為能。（按：以下言司農卿韋機將若干橋重新配置，一則效果更佳，一則經濟。）然歲為洛水衝注，常勞治葺。昭德創意積石為腳，

---

4. 頁三一五四至五。
5. 見册府元龜卷四八五邦計部，輸財，頁二五五五上。

銳其前以分水勢，自是竟無漂損。[6]

在此，我們需留意，李昭德以位居宰相之尊，對重大工程的規畫不遺餘力。當注意的
是他何以儘可能要使工程一勞永逸，無非是節省不必要的開支。這是宰相有財政決斷
權的又一例。

舊唐書卷九一袁恕己傳云：

將作少匠楊務廉素以工巧見用，（中宗）中興初（按：卽神龍元年〔七〇五〕），
（袁）恕己（按：時官行中書侍郎、同中書門下三品）恐其更啓遊娛侈靡之
端，言於中宗曰：「務廉致位九卿，積有歲年，苦言嘉謀，無足可紀。每宮室
營構，必務其侈，若不斥之，何以廣昭聖德？」由是左授務廉陵州刺史。[7]

對於工程，帝王多半傾向愈華麗愈好，而以人民利益為依歸的宰相，往往為百姓控遏
帝王那無窮的慾望。皇家高級工務官的將作大匠、少匠，其所扮演的角色難免就是執
行滿足皇帝慾望的工具。因此控遏帝王無窮慾望的關鍵，與其打帝王的主意，毋寧從
皇家高級工務官的人選上面下手。上述就是袁恕己先行下手，設法將皇帝慾望工具的
楊務廉調職。袁恕己所為不脫為國家財政大計精打細算的表示。此為財政決斷權在宰
相的又一例。

中宗時代類似這種例子，還可找到兩則。玆一一說明於下。其一：

時武三思先有實封數千戶在貝州，時屬大水，刺史宋璟議稱租庸及封丁並合捐
免；（韋）巨源（按：時官侍中、中書令。）以為穀稼雖被湮沉，其蠶桑見
在，可勒輸庸調，由是河朔戶口頗多流散。[8]

在此，我們且不論韋巨源決定的是非曲直，以及其行為背後動機的善良與否。他處置
該年水災地區的稅收，是租可免，庸調不可免。

其二：

初，（崔）湜（按：時官吏部侍郎、中書侍郎、同中書門下平章事。）景龍中
（七〇八）獻策開南山新路，以通商州水陸之運，役徒數萬，死者十三四。仍

---

6. 頁二八五四。
7. 頁二九四二至三。
8. 見舊唐書卷九二韋巨源傳，頁二九六四。

嚴錮舊道，禁行旅，所開新路以通，竟爲夏潦衝突，崩壓不通。[9]

於此，清楚看到宰相決定動用多少人力，在何處開鑿一條新路，這不是宰相具有財經決斷權是什麼？

睿宗朝亦有一則資料，透露宰相具有財政決斷權。那就是營建玉眞和金仙兩觀事上，[10] 韋湊力表反對。睿宗將韋湊意見提交羣臣詳議。會後：

> 中書令崔湜、侍中岑羲謂湊曰：「公敢言此，大是難事。」湊曰：「叨食厚祿，死且不辭，況在明時，必知不死。」[11]

這件事，崔、岑兩相決定默爾而息，自是表示縱容，甚至支持皇命。要注意韋湊時官太府少卿，屬於財經官，多少可爲錢的事，提出意見。兩位宰相言下之意，此番連他們都扭不動聖意，不想韋湊竟如此大膽陳言。由此可略微推知，對於這類決定經費的情事，最有權力的仍是宰相。這一則資料尚不太清楚。以下兩則發生於玄宗朝的，就較爲清楚了。

舊唐書卷九七張說傳云：

> ……（開元十年〔七二二〕）先是，緣邊鎭兵常六十餘萬，（張）說（按：時官兵部尚書、同中書門下三品。）以時無強寇，不假師衆，奏罷二十餘萬，勒還營農。玄宗頗以爲疑，說奏曰：「臣久在疆場，具悉邊事，軍將但欲自衞及雜使營私。若禦敵制勝，不在多擁閑冗，以妨農務。陛下若以爲疑。臣請以闔門百口爲保。以陛下之明，四夷畏伏，必不慮減兵而招寇也。」上乃從之。[12]

張說奏罷二十萬邊防軍，除了講求精兵主義之外，另有它財政上積極的意義。這在政府一方面解除了二十萬邊防軍的消耗，另一方面又增加了二十萬農業從業人口，用以擴充稅收。這是宰相擁有最高財政處置權的又一明證。

玄宗時又一例，見以下一則載記：

> ……時（按：開元十四年〔七二六〕）初廢京司職田，議者請於關輔置屯，以實倉廩。（李）元紘（按：時官中書侍郎、同中書門下平章事。）建議曰：

9. 見舊唐書卷七四崔仁師傳附孫湜傳，頁二六二三。

10. 參見拙作：「唐代前期非常支出的籌措及其廻響」（史語所集刊五十六本一分，1985）頁一七五至一七九。

11. 見舊唐書卷一〇一韋湊傳，頁三一四六。

12. 頁三〇五三。

「軍國不同，中外異制。若人閑無役，地棄下墾，發閑人以耕棄地，省餽運以實軍糧，於是乎有屯田，其爲益多矣。今百官所退職田，散在諸縣，不可聚也；百姓所有私田，皆力自耕墾，不可取也。若置屯田，卽須公私相換，徵發丁夫，徵役則業廢於家，免庸則賦闕於國。內地置屯，古所未有，得不補失，或恐未可。」其議遂止。[13]

這是各級中央官其職田取消後補救措施的一個會議。會中有人建議於京畿地區設置屯田，以收穫所得替代以前職田之機能。宰相李元紘反對這個提議，其所持理由與本文無關，故不予申論。值得注意的是李氏並沒有提出其他解決辦法。（按：職田是在開元十年一度遭廢止，十八年又再恢復。）職田是官僚俸祿的重要成分之一，此一成分的有無，一出一入之間差別甚大。無怪乎一般官員著急。易言之，職田不恢復，意味官僚薪給變相減薪。我們不禁要問：中央收回這些京司職田作何他用呢？據新唐書卷五五食貨志五云：

　　　　開元十年（七二二），……籍內外職田，賦逃還戶及貧民……[14]

李元紘以宰相身分，在大家提不出可行辦法的情況下，決定以官員減薪來解決逃戶問題。足見宰相擁有財政最後審定權。

此外，不容我們忽略開元九年劉彤建議徵鹽鐵等山海（澤）之利的稅乙事。[15] 他的建議獲得諸相同意之後，下令戶部侍郎和將作大匠負責執行。這就更清楚看到財政決斷權在宰相府，而非戶部。

綜合以上諸例，有關國防經費計有兩則，卽豆盧欽望和張說兩人的例子屬之；有關重大工程支出計有四則，卽李昭德、袁恕己、崔湜、岑羲等人例子屬之。至於韋巨源之例，乃是決定災區人民該年減稅辦法，李元紘的例子是籌謀如何解決逃戶生計以及藉以增加稅源。凡此均牽涉國家重大財經決策，而主其事並作最後裁定的是宰相，而非其他各種財經官。

或許有人會懷疑，難道在唐代前期找不出一則重大財經決策是由戶部（或其他財

13. 見舊唐書卷九八李元紘傳，頁三〇七四。又見玉海卷一七七食貨屯田，東都營田條下，頁三三五四；官職分田條下，頁三三六六。

14. 頁一三九八。

15. 參見拙作「唐代前期非常支出的籌措及其廻響」（史語所集刊五十六本一分，1985）頁一九三至一九四。

經部門）負責的嗎？有的，勉強找到以下這麼一則：

> （開元）二十年〔七三二〕，上幸北都，拜（杜）暹（按：時官太原尹。）爲
> 戶部尚書，便令扈從入京。行幸東都，詔暹爲京留守。暹因抽當番衞士，繕修
> 三宮，增峻城隍，躬自巡檢，未嘗休懈。上聞而嘉之，……[16]

對於這一條，我的解釋是這樣的。杜暹當時是以戶部尚書兼京留守。他調動衞士充工役去修築宮殿和城池，這個權力源自留守，而非戶部尚書。雖然這麼作，誠如玄宗於獎辭中所云：「不疲人力」，是一種很具經濟效益的作法；不過，杜暹運用權力是以留守的地位，而非戶部尚書。

三、戶部業務日廣、權力日增起於玄宗朝

戶部職權的變化發生在安史之亂前後約莫六十多年之間，即從玄宗開元元年（七一三）算起，至德宗建中元年（七八〇）兩稅法創制爲止。這是一種不具前瞻性和整體性的制度變革，非成於一朝一夕，也非成於一人之手。

戶部下轄戶部、度支、倉部、以及金部等四司，這四個部門的職掌，在未變制前主要根據唐六典，再配合新唐書百官志和舊唐書職官志的說法，大體如下：

戶部司：管天下戶政，涉及各色納稅人的納稅資料以及各種繁雜稅務管理，並各
　　　　級官僚之田產和僕役之給與，以及公廨田產之等級畫分。

度支司：管帳務收支的平衡和出納業務，以及國有產物和交通收益事宜；此外還
　　　　辦理中央政府有關單位與地方軍府對於土產所有權之畫分。

倉部司：管官僚糧食配給和糧食貯積、維護、以及支用事宜。

金部司：管錢財（金銀銅錢和布帛）進出之登錄，度量衡標準之測定，以及各種
　　　　採購業務；此外還兼管賞賜事宜。

其中度支司這個部門的主管業務內容，發生新的變化。在建中元年以前，我們從以下所搜尋到的幾位財經特派官都主管或兼管度支司業務，可以約略發現其中變動的跡象：

1. 開元二十二年（七三四），蕭炅（按：「炅」原作「景」，據唐會要卷五十九

別官判度支條，改。）以太府少卿知度支事，充江淮處置轉運使。

2. 開元二十三年（七三五），李元祐以太府少卿知度支使。

3. 天寶六載（七四七），楊釗以度支郎中充諸道鑄錢租庸轉運使。

4. 天寶七載（七四八），楊釗以給事中加判度支，仍充使。

5. 天寶九載（七五〇），楊釗以兵部侍郎判度支，仍充使。

6. 天寶十載（七五一）楊釗以度支使奏請自勾當陝郡水陸運使。

7. 至德元載（七五六），第五琦以虞部員外郎任山南（按：一云河南，誤。）等五道度支使。

8. 乾元元年（七五八）， 第五琦以度支郎中充諸色轉運使， 兩京司農太府出納使，河南五道度支使，諸道鹽鐵使。

9. 乾元二年（七五九），呂諲以兵部侍郎，平章事，充勾當度支使，並轉運使。

10. 上元元年（七六〇），劉晏以戶部侍郎，勾當度支使，充鹽鐵鑄錢等使。

11. 上元元年（七六〇）建子月，元載以戶部侍郎勾當度支使，充江淮轉運及鹽鐵使。

12. 寶應元年（七六二）又以通州刺史劉晏爲戶部侍郎、京兆尹，勾當度支並轉運使，兼充勾當鑄錢使。

13. 廣德二年（七六四）第五琦爲戶部侍郎、專判度支，諸道轉運使。

14. 大曆六年（七七一）韓滉以戶部侍郎兼判度支。

上列諸條資料出處： 1、2、4、6、8、9、10、11、12等條，見冊府元龜卷四八三邦計部，總序，頁二五四〇；13條見同書卷五〇二邦計部，常平，頁二六五二；3條見嚴耕望唐僕尚丞郎表，頁七八六；5條見唐會要卷五九別官判度支條，頁一〇一八；7條見兩「唐書」第五琦傳；14條見註16。

以上第2、6、7、8等四條，已出現「度支使」的職務，第9、10等兩條則稱「勾當度支使」，第4、5、13等三條則爲「判度支（使）」，唯獨第一條名爲「知度支事」；第9條是宰相兼領度支事務，這一條至爲重要，如果度支業務在層次上不提升，重要性上分量不足的話，是很難勞動宰相來兼領的。

尤其重要的是第14條，居然韓滉的任命狀還留傳至今，不單如此，它還保留了當

時度支司興革前期一些重大消息。其中有關選才標準的部分留待下節探討，現將其他部分，抄錄於下：

> 今戶版不實，地征未均，每歲經費以之匱竭。廼者命使以總領，且非典故；擇郎以專掌，又慮權輕；歸於有司，期在折衷。昔杜元凱之處斯職，內以利人，外以救邊。法可施行者，五十餘條，以資當時之急，委注煩重，宜熟計之。可行尚書戶部侍郎專判度支，散官如故。主者施行。[17]

引文中提到此一任命狀發佈的財政背景，便是戶口不實（按：會影響戶稅的徵收，此稅依戶等高下作爲課征標準。），地稅錢（按：此稅依畝田肥沃程度作爲課征標準。）課征得不公平，每年國家歲收因此甚爲短缺。接著提到近年戶部的官制變革，先是差遣「使」職之官來統籌戶部全盤業務，但這不合舊例；繼則從戶部中挑選（度支）郎中此一官員專門管理新設業務，又顧慮到該職權力過輕；如今把所有業務歸還戶部，交由戶部侍郎負責，目的在求其折衷。最後更參考西晉時杜預創立的五十餘款財政救急辦法，以爲行事依據。

　　有趣的是，下達這則任命狀的前一年，即大曆五年（七七〇），中央政府打算停止立使和加重度支權責之事：

> 魏晉有度支尚書，校計軍國之用，國朝但以郎官署領，辦集有餘。時艱之後，方立使額，參佐既累，簿書轉煩，終無弘益，又失事體。其度支使及關內、河東、山南西道、劍南、西川轉運常平鹽鐵等使，宜停。……[18]

這是肯定舊制度支郎中原有業務，以及反對度支等財經使職新制的一段文字。反對的理由之一，是違反官僚正常體制，之二是這些財經差遣官不見得能有效解決新問題，反而使戶部業務益趨繁重，而至中下級幹部不勝負荷。

　　結果有沒有廢止新制呢？有的，不過只是部分廢止：

> （大曆）五年（七七〇）停諸鐵錢監，監以所在州府，都督、刺史判之。副監以上佐判之。是年停水（按：「木」誤作「水」。）炭使。又詔停關內河東三川轉運常平鹽鐵使。[19]

---

17. 見全唐文卷三〇八，頁三九五七。
18. 見舊唐書卷一一代宗本紀，頁二九五。
19. 見册府元龜卷四八三邦計部，總序，頁二五四〇下。

而且，戶部度支部門膨脹的業務仍舊在。受影響的是在地方主持國有事業的**鹽鐵鑄錢使**。然而度支使曾在大曆末年一度停廢：

> 先是大曆末（七七九）罷判度支，併其務令轉運使劉晏兼領之。……[20]

恢復舊制運動雷厲風行的結果，連轉運使也遭停掉的處分。可是沒多久（大概不出幾個月時間吧。）不僅度支，連同轉運和**鹽鐵**使又告確立：

> 德宗建中元年（七八〇）言事者稱轉運之職可罷。乃罷劉晏為右僕射，天下錢穀皆歸金倉兩部，委中書門下簡兩司郎官准格式條理。於時天下錢穀歸尚書省，本司職事久廢，無復綱紀。徒收其名而莫總其任。國用出入，無所統之。是年三月以戶部侍郎韓洄判度支，金部郎中杜佑權勾當江淮水陸運使，行劉晏、韓滉舊制。[21]

從大曆五年（七七〇）至建中元年（七八〇）這十年間，度支新興繁雜業務僅很短時間停頓過，然因大勢所趨如此，想走回頭路走不通，只好面對現實，益發順應度支業務日趨繁劇此一潮流。從上引一般官僚面對新業務「莫總其任」以及「無所統之」看來，約莫窺知度支司其專業性擡頭的消息。抑有進者，用戶部侍郎取代郎中之官，來加強督導度支業務。大曆六年那則任命狀所反映的時代意義似可作如是觀。

此一任命狀所言戶部官職變革，有謂經過兩道轉折，才演變出戶部侍郎總管全國財經事宜的折衷案，不想爾後終不再改，而成為中晚唐的定制。然而揆諸上述所列1至13條，並無引文所述那麼整齊的兩道轉折。度支郎中出掌全局，有第3和第8兩則，可是本身還兼帶若干財經差遣使職；此外，在試驗摸索的時期，不僅度支郎中一職試過，甚且給事中（如第4條）、太府少卿（如第1、2兩條）、虞部員外郎（如第7條），以及兵部侍郎（如第5、第9兩條）等職也都試過。

儘管有關第14條的任命狀所言，與實際情形略有出入，但作為說明戶部機構內職權已在改變之中，尤其是四司中的度支一司其職權性質變化幅度相當大，是無庸置疑的事。再者，財政職官新制的定制時間，可能還要移前一點，因為我們看到第10、11兩條，早在劉晏和元載就皆以戶部侍郎管度支事務了。當時從上元元年至大曆六年，

---

20. 見冊府元龜卷四八三邦計部，選任，頁二五四三中。
21. 見冊府元龜卷四八三邦計部，總序，頁二五四〇下。

其間達十二年之久，也許另有別的官員管度支事務，但至少在廣德二年這一年第五琦也以戶侍身分，專判度支。

有關度支職務的日趨沉重，其前後的變化，宋人則從各種不同稱呼該司主管來觀察：

> 度支自貞元以前，他官未判者甚衆。自後多以尚書侍郎主之。別官兼者希矣。故事：度支案郎中判入，員外判出，侍郎總統案而已，官銜不言專判度支。開元以後，時事多故，遂有他官來判者；或尚書侍郎專判，乃曰度支使；或曰判度支使，或曰知度支，或曰知度支事，或曰勾當度支使。雖名穆（按：「穆」爲「目」之誤。）不同，其事一也。[22]

此一引文多少可以印證本文此處的分析。

戶部職權性質的變化，表現在組織結構的調整，以及職務分配的更動，除了管轄業務範圍倍蓰從前這一點之外，更重要的一點是權力的提高——提高至足以取代宰相、握有財經決斷權的地步！這點在拙作：「唐代財經專家之分析——兼論唐代士大夫的階級意識與理財觀念」[23]一文中，提供許多代、德、憲、穆、文等諸朝具體實例，此處不贅。後面的情勢是很明顯，但前面剛開始的情況呢？關於戶部度支部門權威漸增之萌芽跡象，我們試從以下三個事件來加以考察。首先我們從戶部開始擁有戶籍册這一點講起。

我們知道在開元十八年之時，全國的戶籍造册尚停留在三册，而且尚書省內僅保有一份的階段：

> （開元十八年）〔七三〇〕是月（按：即十一月。）又敕：諸戶籍三年一造，起正月上旬。縣司責手實計帳，赴州依式勘造，鄉別爲卷，總寫三通。其縫皆注某州某縣某年籍。……三月三十日納訖，竝裝潢一通，送尚書省、州、縣，各留一通。……[24]

然而到了以後情況卻有所改變：

22. 同上，貞元十二年條注云。
23. 中央研究院歷史語言研究所集刊第五十四本四分，1983。
24. 見册府元龜卷四八六邦計部，戶籍，頁二五五八下。

（開元）二十九年〔七四一〕二月勅：……仍寫兩本送戶部。[25]

此一資料顯示尚書省比以前多一份，才會說仍寫兩本送戶部，這是跟以往不同的；不僅此也，注意「仍」一字，可見此事不從二十九年才開始，如果書寫是很謹嚴的話，早在二十九年之前已開始，惟不知確定何年罷了。不過，該不會早於十八年，否則便與上一則引文牴牾。

後來情形似乎又有變化：

天寶三載（七四四）二月二十五日制：「天下籍造四本：京師、東京、尚書省、戶部，各貯一本。[26]

册府元龜卷四八六邦計部，戶籍，在天寶四載（七四五）七月條下云：

……是載制天下籍造四本，京師、東京、尚書省、戶部，各貯一本。」[27]

現在我們所欲探討的，不是多存長安和洛陽這兩本的意義，而是從先是尚書省存一本，到演成日後省內再多存一本於戶部的意義。本文認為，這與戶部權力膨脹萌芽之事，不能說沒有關係。退一步說，現在戶部擁有一册籍册，跟以往只擁有一册的差別總是有的吧。多造一分籍册便多耗許多人力和財力，如果說毫無作用，是說不過去的。至於其間的差別是否如我們所說，涉及戶部權力消長的事，當然還得收集更多的資料作進一步考索。

其次我們從戶部度支司機構的擴建，來看待此事：

（天寶）八載（七四九）廢帳坊為戶部員外廳，次北為戶部郎中廳，皆至宏麗。又於省街東取都水監地以諸州籍帳錢造考堂，制度又過於省中。移都水監於省西北，割右武衞園地置之。[28]

內中云，戶部員外廳（管支出）和戶部郎中廳（管收入）這兩個衙門擴建得「皆至宏麗」，此其一；其二動用籍帳錢造一間「考堂」比省（按：為唐朝中央三省制之省，非後代地方三級制之省。）級衙門還來得大。恐怕一般辦公廳重建，都不是這樣的情

---

25. 同上，頁二五五九上。
26. 同上。
27. 同上，頁二五五九中。
28. 見册府元龜卷四八三邦計部，總序，頁二五四〇中；見唐會要卷五九，頁一〇一八至一九，戶部郎中條下同，唯多時郎中為張傳濟。

況吧。戶部度支司的擴建很不尋常，這只有從權力增高和業務增多這方面去想，才比較合情理吧？要之，司級比起省級是低二級的，如今司級官廳居然超過省級官廳，此中權力升降之跡象，或可由此求出。當然衙門擴建與權力增長無必然邏輯關係，本文看待此事是置於日後度支司權力增長的明顯脈絡中。

又次，下面一則引文就比較直接，可以清楚看到戶部的權威：

> （廣德）二年〔七六四〕二月制：寇戎以來，積有年歲，徵求數廣，凋弊轉深。自今已後，除正租稅及正勑並度支符外，餘一切不在徵科限。[29]

這是一則重新規定征稅權的制文。唐政府課征正稅，朝野不會有意見；問題是正稅以外的雜征，自從戰爭以來不分中央與地方，已到了濫征的地步，而且有些官吏往往未經合法程序就進行課稅了。是以本制文強調，有關官吏必須取得「正勑」或「度支符」這兩樣東西，才可以進行課稅。易言之，官吏向百姓行使徵稅權時，特別聲明需要皇命或度支符令，才算數。這裏顯示度支的權威是不容忽視的。固然這則資料時間距離玄宗朝開天之際有十年之久，度支權威之增強不是一朝一夕之事，毋寧是開天之際已告增進，至此水到渠成宣布了度支的權威。也唯其如此才一點也不突兀。

最後，綜合以上的引證和分析，我們要鄭重指出的是，配合爾後財經決斷權從中書門下兩省移至戶部，也即是財經權從相府獨立出來此一歷史趨勢，是可以溯源到玄宗朝的。以上三個證據依時序作討論，其證據之堅強要數第三個事件，第一和第二事件為搭配性質的證據。再者，依據前述分析財經決斷權在相府時，最後兩條時間分別是開元十年和二十年，也能與此處論點脗合。

這一點我們又可以取開元二十四年依李林甫議、頒行「常（長）行旨符」連在一起看。關於這一件重大財經改革事件，所據資料如下：

> 開元二十四年三月六日，戶部尚書同中書門下三品李林甫奏，租庸丁防，和糴雜支，春綵稅草諸色旨符，承前每年一造，據州府及諸司計，紙當五十餘萬張，仍差百司抄寫，事甚勞煩。條目既多，計檢難遍。緣無定額，支稅不常，亦因此涉情，兼長奸偽。臣今與採訪使、朝集使商量，有不穩便於人，非當土所出者，隨事沿革，務使允便，即望人知定準。政必有常，編成五卷以為常行

---

29. 見冊府元龜卷四八七邦計部，賦稅一，頁二五六七下。

旨符。省司每年但據應支物數，進書頒行，每州不過一兩紙，仍附驛送。 勅

旨：依。[30]

依引文所述，知尚未頒行「常行旨符」之前的稅政，其缺失有三：第一、全國各種稅

目收入帳册，耗紙五十餘萬張，需要大量人力抄寫；其二、政府年度所需稅入報表採

全國一式，並未因地制宜以求簡化，以致表格繁複到統計和檢索困難的地步；其三、

各地稅收額不定，容易予官吏上下其手的機會。現在改成：中央依據當年用度多少，

隨各地稅收條件之差異而派與不同數額和不同稅目的報表，估計每州不過一兩紙。這

在稅務行政上，達到亞當・史密斯（Adam Smith, 1723~1790）揭櫫租稅四原則中

的方便和經濟兩原則，而且還較能杜絕官吏貪污之情事。胡寄窗先生稱之爲中國稅制

史上行使概算的濫觴！[31] 由於本資料是附於度支員外郎條下，員外郎是管藏入，因此

可以推知這種概算權操在戶部（甚至可以縮小範圍爲度支部門）手上。李林甫時官宰

相，他只是提出他的決策性財政改革罷了，並不一定表示當時宰相握有財政概算權。

「常行旨符」之設置，原先或許只是基於一時行政之方便而設，後來在度支司權力增

長演變事上，不無有其一定的作用。

　　戶部早在握有概算權之前，就握有免稅審查權，玆錄有關資料於下：

開元四年五月二十九日勅：蠲符，每年令當州取緊厚紙，背上皆書某州某年，

及紙次第，長官勾當同署印記。京兆、河南六百張，上州四百張，中州三百

張，下州二百張，安南道廣桂容等五府，准下州數，管內州蠲同，此紙不別書

題州名。並赴朝集使，送戶部本判官掌納，依次用之。[32]

---

30. 見唐會要卷五九尚書省諸司下，頁一〇二〇，度支員外郎條下。胡寄窗之作與本文岐異處有三：其一，
時間斷作開元二年，疑係抄錯；其二，自行添加軍縣，本文是以中央有關部門和地方府州等稅稽單位爲範
圍；其三，以爲是審查報表，本文除係中央規定各地徵稅項目和數額之依據。本文除據唐會要外，尚據玉
海宋人的註。如玉海卷一七九食貨貢賦頁三三九五，唐賦役法條下，注云：「二十四年戶部條長行旨條五
卷；以租庸、丁防、和糴、春綵、稅草無定法也。」又卷一八五，食貨會計，頁三四九三，唐計帳開元戶
部帳三司條下，注云：「開元二十四年三月六日，戶部奏州府諸司計紙五十餘萬，會編成五卷，每州不過
一兩紙。」

31. 胡寄窗：中國經濟思想史簡編（北京，新華版，中國社會科學出版社，1981）頁二九三，將「常行旨符」
的頒布，繫於開元二年，不知何據。又同頁胡氏還說：「這是我國歷史上最早的有關年度封建財政收支的
長期指導原則，也是國家預算制度的發軔。」

32. 見唐會要卷五九頁一〇一九，戶部員外郎條下。

　　原先免稅審查權操在宰相手上，此據本文第二章述及中宗朝宰相韋巨源處理貝州該年免稅事宜，可以看出。

　　這則資料陳述相當清楚，無庸多作說明。唯當注意者，此一資料當與前述戶部開始擁有一份全國戶口籍冊一事合觀，便知：既然戶部於開元四年即擁有全國免稅察查權，那麼至遲在開元二十九年始存有一本籍冊，這件事便不能不與戶部權力提升有關了。而前述廣德二年所標示的「度支符」權威乙事，可以推知所謂「度支符」殆指「常行旨符」。

　　綜上分析，本文從戶部開始於尚書省內獨自擁有全國戶籍冊，戶部度支司大事擴建成富麗堂皇超過省臺衙門，以及戶部擁有免稅審查權和概算權等三事，確悉戶部權力正在逐漸增長之中，也正逐漸快速往獲得全面性財經決斷權這一途邁進。最重要的是，唐代戶部這種變化發生在前期行將結束的玄宗朝，亦即唐代前期逾百餘年，戶部處理的是日常行政庶務，而且較不繁雜，戶部的權限止於仰承三省長官鼻息的行政執行權而已。

　　以上的結論，符合舊唐書食貨志上所述：

　　　　高祖發跡太原……徵斂賦役，務在寬簡……其後掌財賦者，世有人焉。開元已前，事歸尚書省，開元已後，權移他官。由是有轉運使、租庸使、鹽鐵使、度支鹽鐵轉運使、常平鑄錢鹽鐵使、租庸青苗使、水陸運鹽鐵租庸使、兩稅使，隨事立名，沿革不一。[33]

到了德宗時兩稅法創立，度支部門的情況已迥然不同於玄宗朝以前，宋王應麟綜合陸贄的奏議，和楊炎傳的記載，勾勒出變制後度支權責的一番話，甚中肯綮，茲錄於下：

　　　　唐制總制邦用，度支是司，出納貨財，太府攸議。凡是太府出納，皆稟度支文符。太府依符以奉行。度支憑桉以勘覆。互相關鍵，用絕姦欺。出納之數，每旬申開見在之數，每月計奏，皆經度支勘覆，又有御史監臨。（注云：陸贄奏議。）舊制天下財賦皆入左庫藏，而太府四時以數聞。尚書比部覆出納。（注云：楊炎傳。）[34]

---

33. 頁二〇八五至六。

34. 見玉海卷一八五食貨會計，頁三五〇一。

四、戶尙職位、選拔標準、以及所選人物財經思想取向

本節的重點有三，其一、唐前期戶部主腦爲戶部尙書，是否如後期的戶部侍郎一樣較重專才的選拔；[35] 其二、唐前期戶部尙書此一職位，在官僚體系的人事運作程序上究居何種地位，及其所顯示的意義；其三、唐代前期戶尙人物的理財觀念究竟作何取向。茲依序一一處理如下。

（一）財經首腦任官標準無關專業

唐代前期遺下有關戶部尙書的任命狀，計有蘇頲寫畢構、孫逖寫裴寬等兩則，以及掛名中宗和玄宗兩位皇帝分別寫的除授李承嘉和李尙隱的制文。爲免資料過少，並設法增強論斷的周延性，無妨往下借取戶部侍郎的任命狀，經翻檢書籍結果，傳世的只有蘇頲寫源乾曜，以及孫逖寫韋濟和韓滉（按：滉此文有問題，見下說明。）等三則。

我們注意的重點是，任命狀中選拔該人任財經首長的條件爲何，庶幾可以推知唐代前期唐人在思想觀念中，任命財經首長是否具備專業才能的認識。

先看李承嘉這一紙任命狀：

> 門下：紫極八座，非德勿居，丹屛六曹，惟賢是擇。金紫光祿大夫李承嘉，靈襟岐嶷，識宇嚴明。早聞通德之名，夙有大臣之望。雄才逐日，共騏驥而齊驅；迅翼搏風，與鶩鴻而並鶱。柏臺憲府，高膺弄印之榮；芝甸神州，獨著題輿之任。堅同白玉，直若朱繩。臺閣風生，權豪氣慴。洪才可重，茂秩須崇。宜加曳履之班，式獎從橋之對。[36]

先是講承嘉從小聰明，氣度上表現出精明嚴正的模樣；次言操守之良好和具備大臣風骨之聲望，早有所聞；復次又以比喻的口脗肯定他的能力；然後提及歷官表現，說他在監諫官和地方官兩方面所在稱職，所以一些不法官員和地方豪強都有所畏懼於他。總之，不論是聰明、操守（偏正直方面），或是大臣風範都獲得激賞，然都與財經專

---

35. 唐代後期戶部侍郎一職的選任，已傾向注意專業條件，但在人事命令的文書作業上，依然流露對專業毫無認識，這是思想落後實際作爲的例子之一。見拙作：「唐代後期（西元七五六至八九三年）戶部侍郎人物的任官分析」（中央研究院歷史語言研究所集刊第五十四本二分，1983），頁一五九，註6。
36. 見全唐文卷一六中宗「授李承嘉戶部尙書制」，頁二二五。

業無涉。卽令他適任監諫官或地方官，也不必然就證明他具備財經專才。李承嘉於兩唐書無傳，實情如何甚難稽考，本文發表於中宗朝。[37]

發表於開元四年（七一六）的這一紙任命狀，有關肯定畢構才能的部分如下：

> 達識鴻才，調高學贍。器無不綜，含清明以見微；言有可觀，負忠讜以居直。百郡仰其成績，三臺推其故事。頃者任殷河尹，聲滿洛師。姦豪懼秋霜之威，孤老懷多日之愛。[38]

所謂「達識鴻才，調高學贍」一語，乃是對畢構的總評，屬於陳腔爛調，不必細究。以下才具體說出構的各種任官條件：發表言論顯示忠誠和正直的質性，各任地方官績效良好，在中央三省留下許多辦事典範可供採行，最近河南尹任上一面打擊豪強、一面照顧貧民等，凡此均與財經首長一職所需之專業性無涉。實際上當時財經首長一職已開始專業化，因此擁有一般通才屬性的官員，就難以勝任愉快了。畢構任上罹患重病，爲此中央核心階層緊急開會，決議請皇帝立予更調他職，以期治癒其病。[39] 無奈構染病已重，卽使已改調爲太子詹事，都來不及挽救其命了。

我們從當時認爲户尚一職是個凶險官職此一事實，似乎見出該職職權性質改變的端倪。不論如何，該職已變成一吃重的職位。所謂吃重，意味著過去通才官型人物難於適任，非改換專才官型人物不可。易言之，此一職位在通才型官僚體系中，已特殊化爲一專業性的職位，等閒人任之，只有不堪重負的份。甚至連皇帝屬意的強幹型官員如畢構者流，都因繁重公務而致命。其他非如畢構優秀的官員，想要生出此職，最好是怠忽職守一途了。如此，遑論求其適任了。户尚淪爲凶官，或可從此一角度去理解。畢構曾兩度任户尚，前一次在睿宗景雲二年（七一二）（按：事見下節。），未見出事。不意事隔四年重履斯職，便不堪負荷而嬰疾致死，益見户尚一職前後性質有所不同。

李尚隱的任命狀發表於開元二十二年左右，茲全予抄錄如下：

> 門下：司徒之職，事殷九賦，連帥之任，寄重十州，兼而統之，其在能者。銀

---

37. 據嚴耕望：唐僕尚丞郎表册三，頁六三四至五，繫於神龍二、三年間。

38. 見唐卷文全二五〇，頁三二〇四。

39. 見舊唐書卷一〇〇畢構傳，頁三一一五。

青光祿大夫、守太子詹事、上柱國、高邑縣開國子李尙隱，長才致用，直道爲
謀。大任亟登，晚節彌厲。臨事克斷，不敢於煩苛；去邪勿疑，無避於強禦。
必能內均土壤，外撫華戎。保息萬人，俾修夏官之典；澄淸三屬，仍總使臣之
務。可守戶部尙書，兼益州大都督府長史、持節劍南節度營田副大使，兼節度
採訪處置使。散官勳封如故。[40]

狀中提到尙隱正直本性（按：暗指他長於任監諫官。），虛講其長才（按：當時政壇
似皆知其長才爲地方官，可能因此未予明言。）。以下講他「臨事克斷，不敢於煩
苛。」同樣是指他地方官行政幹練之才。接著講他「大任亟登，晚節彌厲。」上半句
乃指他有任中央淸要官職的資歷，下半句仍是強調他正直本性，跟以下講「去邪勿
疑，無避於強禦」也是同一個條件。總之，此處涉及李尙隱的條件有三：卽正直本性
一也，地方行政長才二也，資歷輝煌三也。

　　揆諸正史尙隱的本傳知，確實長於監諫官和地方官，所以他在這兩方面非常稱職。
此外，他非常曉得照章辦事，故爲一理想的行政官，而非政務官。吾人當知有地方官
長才者重其行政能力，有監諫官氣質者重其正直天性，喜其淸廉，這是合理的想法。
兼具這兩種才能的人，於前期財經官職著重行政庶務的情況下，是適合當任財經首腦
的。這就顯示出戶尙一職選才標準重點在於行政能力和廉潔操守，是相當合理的事。
　　裴寬的任命狀發表於天寶三載，內中關其才能部分如下：

　　……器識高明，風規端肅。審諤之用，累鷙鳥而莫當；操割之能，斷犀革而何
　　有。亟登臺閣，嘗擁旌旄。禮樂爲從政之文；德刑是戢兵之武。雖地卿所掌，
　　實佇通才……[41]

第一句「器識高明，風規端肅。」意指決策智慧和恪守政治倫理兩方面都具備有充足
的條件。以下是說他歷任表現優異，如擔任監察官和司法官（按：曾任刑部員外郎、
御史中丞、陳留郡採訪使、河北採訪使），敢於直言而不惜開罪權貴；如主持地方政
務（按：曾任蒲州刺史、河南尹、太原尹、陳留太守），則守正不阿；在中央淸要官
資歷方面，歷任中書舍人、兵部和戶部侍郎；所謂「嘗擁旌旄」，指他任過范陽節度

---

40. 見全唐文卷二三玄宗「授李尙隱戶都尙書益州長史、劍南節度採訪使制」，頁三二〇。

41. 見全唐文卷三〇八頁三九五五。

使，掌握兵符、主宰一方。揆諸其生平，裴寬有兩項專才，任命狀中沒有提到，一為禮學，二為財經之學。禮學可以不論。他曾在玄宗朝兩位大理財家宇文融和裴耀卿底下任過副手。戶部尚書一職已變成需要專才始能適任之官，而在思想觀念上，唐人——至少是這位孫逖——沒能配合上此一趨勢。不僅此也，他在文中還說：「雖地卿所掌，實佇通才。」足見他認為此一職位需要的是各方面通達的人。孫逖不是還未能了解像裴寬般在財經方面有過人之能的人，便是對此項才能不予重視。

　　源乾曜戶侍任命狀（按：殆發表於開元二、三年。）中，有關其才能部分徵引如下：

　　　　……思總事端，言思政要。外則經通成務，內則周密知微。其識也清，以文守
　　　　法，尚方愛費，已稱寶玉之府。……[42]

這個任命狀就講得較為空泛，不夠具體。現挑其中尚稱具體的勉強解說如下：有關決策智慧的大體見識的「識」，是條理「清」楚的；一切公事文書依法規辦理；崇尚正直而愛惜公家費用。在在都與財經職務兜攏不上。實則乾曜之任此職，得力於玄宗從龍之士姜皎的力薦，他本人是否具有此種專門才具，尚值存疑。或許由於乾曜任戶侍一職前的經歷尚不夠輝煌，也就造成制誥官蘇頲寫此狀時，只得語出空泛一途。

　　再看有關韋濟的：

　　　　……衣冠吉士，文雅清才。蘊忠信於身謀，傳孝友於門德。明而克允，遇理必
　　　　通；剛則近仁，臨事能斷。自升華省，迨佐神州，皆有令名，咸歸雅望。地官
　　　　之亞，朝選尤難。……[43]

本文作於開元二十四年。首二句講的是他出身士族，操守佳可以光耀門楣。次則說他聰明足以通理，個性剛正足以斷事。末則泛泛地說他有過中央清要官和京畿地方官的履歷，且聲譽都不錯。也都是無關當時財經副首長一職的專業性。有趣的是文中還說：「地官之亞，朝選尤難。」這就透露出當時選擇戶部侍郎人選為難的一絲訊息了。

　　又如韓滉的任命狀，茲錄其有關本節者如下：

42. 見全唐文卷二五一頁三二〇七。
43. 見全唐文卷三〇八頁三九五六。

……惟先臣左右列祖，格於皇天濟美之盛，中朝所重。好學師古，潔其清純；文不流放；言無枝葉。素練成式，用推至公；所更之任，事可垂遠。久司臺轄，嘗亦官人；姦吏無竄其情，羣才各序其位。……[44]

首揭其父輔佐歷朝的貢獻，而且爲朝廷重視；次言其本人在治學和爲文方面，都能謹守尺度（按：顯示其保守性格）；繼則言熟悉法規，因此遇事可以秉公處理，而歷任職務所爲就成了接任者處事追循的範例；末則言其主管人事官任上，不循私用人。以上種種陳述，實在都看不出他能勝任新式財經副首長一職的跡象，而且還要他專管新興的度支事務，就更令人疑惑了。關此，以下會加以探討。

綜合以上對七紙任命狀的分析，大抵可以看到思想觀念落後於制度改變的情勢。儘管戶部尚書和侍郎的職權性質到了玄宗朝改變了，然而政府的人事任命作業程序還停留在「率由舊章」的田地；大致只要其一品格（道德）高尚——偏向正直清廉的政治倫理——；其二歷任各種官職表現傑出，特別是能照章辦事這一點；其三具備決策智慧的見識；以及其四有過若干清要官的資歷等。符合上舉四項條件的便是上佳人選。這四項條件卻與已經趨向專業化的全國財經主腦職務，比較沒有相當直接的關係。

以上七人，李承嘉和韓滉分別任職於中宗和代宗朝，其餘五人都仕於玄宗朝。前述已知玄宗朝以前（不包括玄宗朝）的戶部職權性質，以及戶尚和戶侍兩職的職官性質，都沒有變化。以上四項選才標準該是這種時代氛圍下的產物，可惜迄今我們只能看到有關這個階段的一紙文書資料而已。不過，玄宗朝甚至代宗朝所標榜的這四個條件的選才標準，我們說他尚保留前一個時代人事命令慣例的遺跡，當不爲過吧？

假定這個推論是正確的話，那麼就在這個人事選拔標準運作之下，所挑選出來的

---

44. 韓滉任命狀，全唐文收在孫逖所寫文章部分中，然孫逖卒於上元中（七六〇至七六一），而韓滉任戶侍，時爲代宗大曆六年（七七一），因此不可能爲孫逖所寫。據兩唐書孫逖本傳云，「掌誥八年」，即開元二十四、二十五、二十九，以及天寶元年至五年。因此，嚴耕望：唐僕尙丞郎表一書中，頁六九四，推測並判斷此文誤記爲孫逖所寫。除此之外，尚有一種可能，即此文確係孫逖所寫，唯講的不是韓滉，而是另有其人，或許是滉父休也說不定。不過，本人重點在於文中所言戶部職權變化的情勢。不管是指開天之際，或是大曆初年，都還在戶部職權演變關鍵時期內。究竟此文的錯誤，是作者誤記，還是所寫人物姓名傳寫錯，就不是那麼重要了，因兩者都無關本文所論，也不妨害本文論點。然本文爲討論方便計，仍舊繫於大曆六年。

戶尚人物其財經專才的機率，應當是偏低才對。換言之，唐代前期的戶尚人物不至出現像後期般財經專家屢屢出現的狀況。這並不意味前期的財經選才標準可以有效控制，不令擁有財經專才的官員擔任戶尚之官，而是說前期的選才標準不利於懷有專才屬性的人。而且前期卽令有專才屬性的人任上此職，看重他的倒非這項專才，而係外於專才的其他條件。實際上，前期的戶尚（排除玄宗朝）只要擁有普通行政庶務之才就可以勝任了。這點我們從前述分析戶部組織和職務分配的改變，以及財經決斷權不在戶部，可以約略窺知。

再假定前期戶尚人物的選才標準真是側重行政能力的話，那麼衡諸以上四個條件，其中以照章辦事一項較有關連；而遵守清廉和正直的政治倫理，也有助於財經官某種程度的適任，如此說來，這一項也算得上是有關了。具備清要官的資歷這一項，乃是配合戶尚為一高品階之官這一點。至於有關決策智慧的見識的要求，在通才型官僚體系中，乃是對身為可望執政的高級政務官的正當要求吧。在唐代前期財經制度尚未變革之時，以上對財經主腦人選標準的設計，是很能運作裕如的。

（二）政治風暴邊緣並進陞決策圈的重要接駁站

唐代前期的戶尚人物中，本文排除武德年間和開元十年以後的歷任官員，只取以上兩個時間段落中的人物。理由是武德期間為革命用武時期，而開（元）天（寶）之際是新制孕育、舊制過渡的時期，兩者都可能逸出唐代前期戶尚一職及其用人的軌道。此其間，本文就所選三十九人（四十三人次）中，採得三十八個遷出，和四十個遷入的個案，作為此處分析的依據。茲表列如下：

人 名	遷 入	遷 出	任戶尚兼宰相
1．韓仲良	大都督	刑部尚書	
2．戴 胄	左丞	卒官	檢校吏尚、參朝政(1)
3．唐 儉	都督	免官	
4．劉 洎	侍中	賜死	侍中(2)
5．李 緯	司農卿	刺史	
6．高季輔	右庶子、兼吏侍	中書令、檢校吏尚	同掌機務(3)

7.	楊　纂	太僕卿、檢校雍州別駕	卒官	
8.	高履行	衛尉卿	都督府長史	
9.	唐　臨	兵部尚書	吏部尚書	
10.	杜正倫	黃門侍郎、同中書門下三品	中書令、兼太子賓客	黃門侍郎、同中書門下三品中書令(4)
11.	盧承慶	光祿卿	參知政事	
12.	竇德玄	刑部尚書、兼戶部尚書	？	
13.	戴至德	中書侍郎、同中書門下三品	右僕射、同三品	中書侍郎、同中書門下三品(5)
14.	許圉師	尚書左丞	卒官	
15.	崔知悌	尚書左丞	卒官	
16.	薛元超	？	？	中書令(6)
17.	李　晦	？	都督府長史	
18.	魏玄同	中書侍郎、同中書門下三品	被殺	檢校納言〔侍中〕(7)
19.	韋方質	中書侍郎	流放	同中書門下三品(8)
20.	王本立	御史大夫	被殺	同中書門下三品(9)
21.	格輔元	御史大夫	被殺	同中書門下三品(10)
22.	狄仁傑	？	縣令（流放）	同中書門下三品(11)
23.	楊執柔	兵部尚書、同中書門下三品	？	
24.	姚　璹	都督府長史	工部尚書、西京留守	
25.	韋巨源	納言〔侍中〕	留守	
26.	李　嶠	成均祭酒、同中書門下三品	刺史（遭貶）	
27.	楊再思	內史〔中書令〕	都督府長史	同中書門下品(12)
28.	楊再思	都督府長史	侍中	中書令(13)
29.	蘇　瓌	尚書左丞	侍中、京師留守	
30.	韋安石	中書令	卸職	
31.	蘇　珦	御史大夫	太子賓客	
32.	鍾紹京	中書令	刺史（遭貶）	

33.	姚 珽	秘書監	太子賓客	
34.	劉幽求	尙書右丞、知政事	吏部尙書	
35.	畢 構	大都督府長史	？	
36.	李日知	侍中	？	
37.	岑 羲	刑部尙書	侍中	
38.	魏知古	散騎常侍	侍中	同中書門下三品(14)
39.	鍾紹京	刺史	太子詹事	
40.	王 琚	中書侍郎	中書侍郎	
41.	姚 珽	太子賓客	卒官	
42.	尹思貞	史大夫御	工部尙書	
43.	畢 構	河南尹	太子詹事	

（本表據嚴耕望先生唐僕尙丞郎表一書製作。）

據上表所列資料顯示，在遷入戶部尙書一職前的各人職位，計算所得，可以簡寫如下：

一、清要官：

    1．宰相…………十二位，佔　30％

    2．監諫官…………九位，佔22.5％　} 合計為67.5％

    3．部堂官…………六位，佔　15％

二、清望官（即清而不要）：

    1．九卿官…………四位，佔　10％　} 合計為15％

    2．東宮官…………二位，佔　5％

三、地方官：…………七位，佔17.5％

其中值得進一步探討的是地方官一項。七個官人次中，韓仲良和唐儉均任大都督，姚璹、楊再思，以及畢構等三人均任都督府長史，而畢構還有一次是由河南尹遷入；唯獨鍾紹京一人由京畿刺史遷入。唐代前期，都督和督府長史權力較府州官為高，是一種軍政合一的官職。因此由這兩職入遷戶尙，超遷的成分少了許多。鍾紹京個案倒是

個特例。他之所以能作三級跳式的超遷，緣於陰助玄宗傾太平公主集團，乃玄宗的翊戴功臣之一，所以才獲得不次之拔擢。

　　整體看來，首先除了從宰相遷入當戶尚爲明顯降級，以及部堂官之平行互轉之外，其餘各類官爲明顯升級，其中依比例多寡序列如下：監諫官（佔百分之二十二點五）、地方官（佔百分之十七點五）、九卿官（佔百分之十）、以及東宮官（佔百分之五）。合計爲佔百分之五十五，超過一半。此一序列恰好是略依職官重要性、作階梯性的排列。質言之，在人事作業程序上，這超過半數的人任職戶尚，爲合理的升遷。

　　其次，原任宰相遷入戶尚，究其實質，也不算很重大的降級處置，唐代宰相慣常是很難久任的，降級他調毋寧是很平常的事。而由其他部堂官平行遷入戶尚，這在升遷上也是合譜的。因此，不論由宰相或是由其他部堂官遷入戶尚，對個人官途而言，還算是如人意的。總之，從入遷戶尚前一職位看，就本文所集資料顯示，大體是有一半人「升」任愉快，有一半人屬於官運平平之時。戶尚一職是觸及權力核心的一個高官，能有一半人從它下一級職攀上，有接近三分之一的人從權力峯頂下達，剩下有百分之十五的人同級轉入，這在傳統官僚體系人事運作程序上，屬於合理的情況。

　　至於絕大多數入遷戶尚的官爲清要官，這點極値注意，可見戶尚一職爲高級政務官履任的一個重要職位，屬於決策核心圈的位置。

　　再看從戶尚一職遷出的各種職位，可以約略歸納如下：

　　　一、清要官：

　　　　　1．宰相……十一位。

　　　　　2．部堂官……六位。

　　　二、清望官（卽清而不要）：全爲東宮官，三位。

　　　三、卒於任上：……六位。

　　　四、任上致仕：……一位。

　　　五、受到行政制裁：

　　　　　1．免官……一位。

　　　　　2．處死……四位。

　　　３．放逐……四位。

　　　４．遭貶……二位。

據上陳列數字和項目，有幾點值得注意：其一、比起遷入官來，少了監諫官和九卿官這兩類，兩者原是履任高級政務官的歷練要站，監諫官是政務見習官；九卿官是高級行政官；其二、任上受到行政處分的多達十一人次，與安老於位（包括卒於任上和任上致仕兩項）的七人次，形成有趣對比，而兩者合計幾佔三十八人次的一半；其三、如果宰相一職代表一個人仕官的最高成就，那麼部堂官和東宮官都是攀登此一榮職的有利階梯，這三類官加起來，爲數多達二十人次，比起總數的三十八人次一半略多，似乎代表戶尚一職所蘊藏的政治良機甚高；其四、以上第一、三、四、五等項數字合計爲三十五人次，佔總數的百分之九十二點一，此一數據顯示的意義是，戶尚一職充滿良好的機會和高度的危機，政治上的投資，原就利益愈大而風險也愈大，兩者爲一物之兩面，原是密不可分的。

　　從以上戶尚一職諸多個案遷出和遷入的分析中，可以看出戶尚一職居於官僚進出權力核心圈的交通要衝位置，反映了一定程度政治風暴的所在。復從人事看來，它大體屬於元老級重臣官職遷轉途上的一個接駁站。

（三）低稅理想籠罩決策階層

　　按說從前述知戶尚一職不具財經決斷權，那麼本節所問的第三個問題，在此就不是問題。因爲卽令唐代前期戶尚人物像極後期有些財經專家一樣，具有違反傳統價值理念的理財心態，在這個位置上也無「用武之地」，遑論不具備此一心態了。

　　可是我們如果不分遷入和遷出的話，以上四十三人次中，於任戶尚的同時，又兼充宰相者，或反過來說於任宰相之同時，又兼任戶尚者，多達十四人次之多，佔百分之三十二點五，亦卽約有三分之一的戶尚人次，以當宰相爲主。假若財經決斷權確在宰相而非戶尚的話，則約有三分之一人次的戶尚，有權策畫更兼執行財經事宜。所以，爲求愼重，第三個問題不容我們置之不理。

　　因此這十四人次的十三個人的財經作爲及其所顯示的財經思想，值得細究。這十三人是戴冑、劉洎、高季輔、杜正倫、魏玄同、戴至德、薛元超、韋方質、王本立、格輔元、狄仁傑、楊再思、以及魏知古等。

戴胄據舊唐書卷七〇本傳載：「性貞正，有幹局，明習律令，尤曉文簿。」可見他是位能吏型官員，熟悉法律和財政兩方面的業務，尤其是財政。但熟悉財政業務，不必然保證他採取以百姓利益爲依歸的節儉政策。幸而我們從他建議太宗設立義倉，以及反對付與百姓繁重的工役和兵役雙重負擔，掃除了我們的疑慮。他是位低稅理想的能吏型官員，是可以確定的。

劉洎據舊唐書卷七四本傳云 ：「性疏峻敢言。」 太宗認係魏徵之流亞 ， 太宗曾說：「自徵云亡，劉洎、岑文本、馬周、褚遂良等繼之。」貞觀年間，這些大臣都是力主節儉政策的健將，爲清一色傳統低稅理想的服膺者。劉洎自是不能例外[45]， 無庸多論。

高季輔據舊唐書卷七八本傳載曾上書太宗 ， 云：「杜其利欲之心 ， 載以清淨之化。」又云：「人主所欲，何事不成，猶願愛其財而勿殫，惜其力而勿竭。」可見他富饒愛惜民力之思想，這種人多半也是節儉政策的忠實守護神。

杜正倫爲魏徵推薦的人，可以推知正直當相類。據舊唐書卷七〇本傳載，太宗曾對他說：「朕於宗親以及勳舊無行能者，終不任之。以卿忠直，朕今舉卿，卿宜勉稱所舉。」「非朕獨私於行能者，以其能益於百姓也。」細思太宗的話，意思是說他選拔官吏重視「行能」此一條件，理由是這類人具有以民利爲依歸的行事作風，杜正倫正是此類；而皇族、功臣中人就缺乏這種人選，所以他無意借重。換言之，太宗器重的是視民利爲已利的官吏。可見杜正倫的財經政策當偏向節儉一途才對。

狄仁傑據舊唐書卷八九本傳載，建議中央停江南之增稅，並罷外戰，結果「事雖不行，識者是之。」足見他是位標準低稅理想的大臣。類此行徑尚有，不煩多舉。

格輔元和韋方質分見舊唐書卷七十和卷七五本傳，兩人都以正直爲武承嗣所害。而魏玄同亦爲武則天酷吏周興所害，事見舊唐書卷八七本傳。大臣爲皇帝親屬和酷吏所害，意味著他們不是唯皇命是從的臣僚。這三人可以正直到不惜獻身，在財經決策上採行低稅政策當係輕易之舉，殆可想見。

---

45. 關於唐初因低稅理想所行之節儉政策，請參見拙作：「唐代前期非常支出的籌措及其廻響」一文，頁一四一至一四三，頁一五九至一六〇，頁一六二至一六五等處；特別是頁一四一的註8中，列有近人研究成果。劉洎的言論一向偏重傳統價值理念的維護，這可從貞觀政要一書中窺出。

魏知古事見舊唐書卷九十八本傳。從他於景雲二年上書睿宗反對造作金仙、玉眞兩公主寺觀[46]，以及他反對奢侈的言論看，他不至反對低稅政策。

從以上九人的析論知，全是採行低稅政策的宰相。

楊再思於舊唐書卷九〇本傳云：「爲人巧佞邪媚，能得人主微旨，主意所不欲，必因而毀之，主意所欲，必因而譽之。」王本立正史無傳，新唐書卷一一五狄仁傑傳云：「王本立怙寵自肆，仁傑劾奏其惡，有詔原之。」本立時官左司郎中，有這種個性的人當不至任宰相時會翻然省悟吧？戴至德於舊唐書卷七〇本傳載他爲官「愼密」，有人請敎他，他說：「夫慶賞刑罪，人主之權柄，凡爲人臣，豈得與人主爭權柄哉！」反映他也是位唯皇命是從的人物。

以上三人全是標準奉旨辦事的人，敎他們在低稅主義思想與滿足皇帝慾望之間擇一而適，毫無疑問寧採後者了。因此他們三人能否行低稅理想，決定於皇帝是否是位愛惜民力的人。戴至德仕於高宗朝，較諸仕於武則天朝的楊王兩位，恐怕較能行低稅政策。

最後，薛元超於舊唐書卷七三本傳云：「好學善屬文。」，「既擅文辭，兼好引寒俊。」，「又重其文學政理之才，（高宗）曾謂元超曰：『長得卿在中書，固不藉多人也。』」，「（永隆二年）高宗幸東都，……臨行謂元超曰：『朕之留卿，如去一臂。但吾子未閑庶務，關西之事，悉以委卿。所寄既深，不得默爾。』」足見在高宗心目中，元超不僅是位優秀的制誥官，也是位極具決策才能的宰相。沒有直接資料可以判斷他是否是位低稅理想者。只能從他執政期間當時的財經狀況來判斷。他從儀鳳元年（六七六）任宰相，至弘道元年（六八三）以致仕罷相。這幾年內唐代財政似乎未聞有橫征暴斂之事。至此，我們才敢判斷他是位低稅理想者。

綜上所論，十三位宰相中只有楊再思和王本立最有可能做出違反低稅理想之事，但這主要是被動地聽從皇帝囑咐才做的，本人還不至主動去犯忌諱，去挑起衆怒；其餘戴冑、劉洎、高季輔、杜正倫、狄仁傑、魏玄同、格輔元、韋方質、魏知古、以及薛元超等十人，則是徹頭徹尾低稅理想的奉行者；至於戴至德，則因高宗皇帝本人多

---

46. 參見拙作：「唐代前期非常支出的籌措及廻響」（中央研究院歷史語言研究所集刊第五十六本一分，1985）頁一七五至一七九。

少也是低稅理想的信徒，因此他行事多半不至與低稅主義背道而馳。總之，依據這一小撮宰相的個案研究，大體推知唐代前期是低稅理想思潮籠罩下的時代，絕大多數的宰相恐也是該思潮的服膺者，其財經決策當不脫節儉的格局。

雖然還有二十六人沒有進行個案研究，但因大多數未任過宰相，僅憑專門處理行政、不與決策的戶尚一職，即令富饒財經專才，也派不上用場。在這個角度上，就無需浪費篇幅一一窮究這二十六位戶尚了。

五、結　語

綜上析論，獲知以下數事：

其一、在唐代前期，君主專制政體下的通才型官僚體系限閾了最高財政專責機構之戶部，其權限往例行庶務行政之途邁進，戶部無緣親與財政決斷之權，毋寧是順理成章之事。從理論上說，此爲戶部權限的必然歸趣。事實又如何呢？於是本文搜集若干實例來強調，原先財政決斷權並不在戶部，而是在諸相，甚或是皇帝之手。

其二、戶部四司之一的度支司，乃轉變之所繫，情勢演變成該司業務範圍益增，以及權威日盛，需要特派官員去管領。特別是其權威日盛，可從以下三方面看出端倪：（一）戶部獨自擁有一部戶籍帳冊，（二）另闢官署而規模凌越上兩級單位的都省，遑論上一級的戶部，以及（三）建立「常行旨符」的權威，獲得免稅審查權和概算權。因此，與其說財政決斷權從君相下移至戶部，不如說是下移至，從戶部獨立而出的度支司新衙門。

其三、透過七紙戶部正副首長任命狀的分析，歸納出當時財政首腦選拔四項標準，即照章辦事、廉正政治倫理、清要官資歷、以及決策通識等，不論是前二項偏重一般行政能力，還是後兩項注重政務官能力，都顯示適應通才型官僚體系的需求，而與專業無涉。

其四、就官僚官運言，檢視三十九人遷出（入）案例，約略窺出戶尚一職以密邇中樞，隱藏無限機會和危機，可以令履斯職者大起大落。此外，就職官階梯本身位置功能而言，在安排元老重臣方面，該職於權力核心位置一時擁擠之時，可以借資緩衝。

其五、根據十三位兼帶相職的戶尚人物思想分析，顯示有十位可以肯定是低稅理想的服膺者，有一位可能也不違背此一理想；有兩位因言聽計從於皇帝，推斷可能奉行不力，然亦僅止於推斷。總之，在以上從事財政決策的選樣人物中，顯示低稅理想之風盛行於決策階層中；須從此一趨勢看，低稅理想於唐代前期財政決策事上可望取得主導的地位。

參 考 書 目

一、正史與古籍類

舊唐書　新唐書　（臺北，鼎文標點本）

資治通鑑　（臺北，世界版，1969年8月再版）

欽定全唐文　（臺北，滙文版，1961年）

大唐六典　（臺北，文海版，1962年）

宋　王欽若　册府元龜　（臺北，大化版，1984年）

宋　王溥　唐會要　（上海，商務版，叢書集成初編，據聚珍版排印，1936年12月）

宋　王應麟　玉海　（臺北，大化版，1977）

宋　彭叔夏　文苑英華　（臺北，華文版，1965）

二、專書論文類

胡寄窗　中國經濟思想簡編，北京，新華，中國社會科學出版社，198:

陳寅恪　隋唐制度淵源略論稿，臺北，商務，1967

郭道揚　中國會計史稿，湖北，中國財政經濟出版社，1982

劉遜　「試說《唐六典》的施行問題」，

嚴耕望　唐僕尚丞郎表，臺北，中央研究院史語所專刊之三十六，1956

＿＿＿＿　「論唐代尚書省之職權與地位」，臺北，中央研究院史語所集刊二十四本，1953

＿＿＿＿　「唐代六部與九寺諸監之關係」，臺北，大陸雜誌二卷十一期，1951

＿＿＿＿　「略論唐六典之性質與施行問題」，臺北，中央研究院史語所集刊二十四本，1953

盧建榮　「唐代通才型官僚體系之初步考察——太常卿、少卿人物的任官分析」，收在許倬雲、毛漢光、劉翠溶編第二屆中國社會經濟史研討會論文集（臺北，漢學研究資料暨服務中心）1983

＿＿＿＿　「唐代後期（西元七五六至八九三年）戶部侍郎人物的任官分析」，臺北，中央研究院史語所集刊五十四本二分，1983

＿＿＿＿　「唐代財經專家之分析——兼論唐代士大夫的階級意識與理財觀念」，臺北，中央研究院史語所集刊五十四本四分，1983

＿＿＿＿　「唐代前期非常支出的籌措及其廻響」，臺北，中央研究院史語所集刊五十六本一分，1985

Denis Twtchett, *Financial Administration under the T'ang Dynasty*, Cambridge Univ. Press, 1963

中古大族著房婚姻之研究

——北魏高祖至唐中宗神龍年間五姓著房之婚姻關係——

毛　漢　光

第一章　緒　論

第一節　研究目的

　　在我國中古時期，有兩次重申禁婚之詔令，一次是在北魏孝文帝太和二年（478），[1]另一次是在唐中宗神龍年間（705-707）。[2] 這兩次詔令的內容並不相同。太和初的詔令乃重申皇族、貴戚及士民之家，不得與百工伎巧卑姓為婚；而神龍年間的詔令乃重

---

1. 見魏書卷七上高祖紀第七上太和二年（478）五月，詔曰：「……又皇族貴戚及士民之家，不惟氏族，下與非類婚偶。先帝親發明詔，為之科禁，而百姓習常，仍不肅改，朕今憲章舊典，祗案先制，著之律令，永為定準，犯者以違制論。」此處「先帝親發明詔」，可能指魏書卷五高宗紀第五和平四年（463）十二月壬寅詔。禁婚之事，似在太和二年成為定準，嚴格執行。
2. 唐禁婚令首次頒布於高宗顯慶四年，見資治通鑑卷二百唐紀十六顯慶四年（659）冬十月壬戌詔。但文苑英華卷九百唐贈太子少師崔公神道碑中特重視神龍（705～7）中申明舊詔。恐顯慶四年並未認眞執行，本文以神龍年為詔令有效起點。

申山東大士族五姓七望十家四十四子之間，禁相爲姻。但孝文帝禁非類婚偶，旨在導引出元氏及其集團與中原大士族大量婚姻，乃元魏加速漢化的重要原因之一；而神龍詔令則旨在打散山東大士族間的內凝力。這兩則詔令皆反映出崔盧李鄭王等大士族在當時社會中之重要地位；並且承認婚姻不僅是社會人物間的重要問題，也是國家政治上的重要問題。著者在二十餘年前撰寫碩士論文時已注意門第婚姻，[3] 由於資料缺乏，這方面的研究雖時刻在心，卻難有進展，最近四五年間著者彙編考釋唐代墓誌銘，不僅在拓片中尋找到新的婚姻關係資料，同時在參考二百餘種前人石刻書籍中之跋尾考釋之餘，再度興起婚姻關係領域的研究興趣。再者，著者最近一二十年來撰寫許多篇有關中古時期的社會變動、門第現象、選舉官制、官僚政治等論文，尚未有專文討論婚姻問題，政治社會受多元因素影響，各個因素之間又有密切的關聯，如能各個因素分頭並進去研究才能正確地了解全貌；婚姻關係正是目前亟需了解的因素。著者對於婚姻關係的研究，有整套看法，內容包括魏晉南北朝、隋、唐等各時期婚姻關係的演變，山東、關中、南方等地區士族婚姻關係之差異，大士族著房、大士族次房、一般士族、小姓等階層婚姻關係，以及由於兩族婚姻關係而產生政治社會之影響等，這整套構想應分成若干篇次第展開撰寫。在門第社會時期，婚姻關係最後常形成一圈圈的婚姻圈，崔盧鄭李王是當時大士族，各朝宗室是當時最貴盛的政治家族，本文以此作爲研究婚姻關係的起點，探討自北魏中晚期至唐代前期間，政治社會中最高層次間的婚姻關係，卽：

　　　一、五姓著房與列朝王室間之婚姻關係；

　　　二、五姓著房間婚娶型態之變動；

　　　三、檢討隋、唐初婚姻集團之衝突。

　　婚宦是門第社會中的兩大重要課題，有關中古時期的論文，或多或少都會涉及士族之婚姻關係，專以婚姻爲論題的論文則有逯耀東「拓拔氏與中原士族的婚姻關係」，該文對於北魏時期婚姻關係討論甚詳，本文重點乃在北魏分裂以後以迄唐代中宗神龍時期，但爲了要比較二百多年來婚姻關係之演變，本文亦涉及北魏中晚期之婚姻關

---

3. 拙著「兩晉南北朝士族政治之研究」第七章第一節門第婚姻。

係，關於北魏部份如果與逯文觀點類似者，則不予贅述，如果與逯文論點不同或研究設計方式不同者，則依本文體例書寫出，以與隋唐部份作一比較。

第二節　研究範圍、研究資料

魏分東西以迄神龍禁婚令之頒布乃本文之主要論述時期，由於士族在中古居於優勢地位，[4] 且士族人口日益膨脹，[5] 圈內競爭劇烈，士族與士族之間亦有高低大小之分，不獨此也，「每姓第其房望，雖一姓中，高下懸隔」，[6] 如果在研究士族間婚姻關係時未考慮房支之高下，將產生極大偏差。為了要明瞭大士族著房著支的情形，著者在研究婚姻關係之前，撰寫一篇「中古山東大族著房之研究——唐代禁婚家與姓族譜」，先將大士族著房著支之定義固定，然後再研究其間婚姻關係，該文考證唐神龍禁婚令中指明之五姓七望十家四十四子，凡得四十二子如下：[7]

　　隴西李氏：李寶之六子，姑臧六房：承、茂、輔、佐、公業、沖。

　　太原王氏：王瓊之四子，「四房王氏」：遵業、廣業、延業、季和。

　　滎陽鄭氏：鄭溫之三子，北祖曄、南祖簡、中祖恬。

　　范陽盧氏：盧子遷之四子，「四房盧氏」：陽烏大房、敏二房、昶三房、尚之四房。

　　　　　　　盧輔之六子。

　　　　　　　盧渾。

　　清河崔氏：清河大房、清河小房、清河青州房、清河鄭州房、清河鄢陵房、南祖。

　　博陵崔氏：崔懿之八子，連、琨、格、邈、殊、怡、豹、侃。（怡、豹、侃為一房）

　　趙郡李氏：李楷之四子，東祖叡、西祖芬勁、南祖晃。

---

4. 參見拙文「中國中古社會史略論稿」頁三七三。
5. 參見新唐書宰相世系表。
6. 新唐書卷九十五高儉傳。
7. 拙文「中古山東大族著房之研究——唐代禁婚家與姓族譜」頁四九至五七，如博陵崔懿以八子（實為六房）計，則共得四十二子。

上述著房之房名係參照新唐書宰相世系表，本文亦常予引用。本文卽以這些禁婚家作為研究婚姻關係的主體，而本文行文之中所謂「著房」亦卽指這些禁婚家而言。文苑英華卷九〇〇唐贈太子少師崔公神道碑（全唐文卷三一八同）中，指上述五姓七望皆為山東士大夫，而隴西李氏亦包括在內，甚為奇怪，按隴西李氏自北魏末其著房已陸續東遷洛陽，拙文「從士族籍貫遷移看唐代士族之中央化」已有論及，是否在隋唐時士大夫已將隴西李氏看為山東士大夫，將另文討論之。

　　本文資料來源除正史以外，特別注意墓誌銘中之記載，如：漢魏南北朝墓誌集釋、史語所藏墓誌銘拓片、千唐誌齋藏誌、芒洛冢墓遺文、全唐文、金石萃編、八瓊室金石補正等。由於要考證墓誌主是否屬於著房著姓，著者除清查新唐書宰相世系表以外，還參考引用前人金石書中之跋尾、注釋。本文藉著墓誌銘所載之補充，增加不少資料，但在整個婚姻關係中，本文所獲得之實例仍然只占極有限的比例，再由於許多人物無法明確知其世系，雖云某姓某望而不能確定屬於著房著支者亦不能計入四十四子之內，因此本文所能獲得的資料僅能建立架構而已，這個架構或許可因新墓誌的不斷發掘而隨時修正。

第三節　　北魏高祖前五姓著房婚姻關係

　　在北魏太武帝崔浩事件以前，中原大士族之中以清河崔氏最為興盛，崔玄伯是關鍵人物。崔玄伯父潛仕慕容暐為黃門侍郎，玄伯少有「冀州神童」之稱，為慕容垂之吏部郎、尚書左丞、高陽內史，拓拔氏建國時，「（北魏）太祖征慕容寶，次於常山，玄伯棄郡，東走海濱。太祖素聞其名，遣騎追求，執送於軍門，引見與語，悅之，以為黃門侍郎，與張袞對總機要，草創制度。」[8] 太祖非常重視崔玄伯之意見，大魏國號亦出於玄伯之議。「遷吏部尚書，命有司制官爵，撰朝儀，協音樂，定律令，申科禁，玄伯總而裁之，以為永式。及置八部大夫以擬八坐，玄伯通署三十六曹，如令僕統事，深為太祖所任。勢傾朝廷。……太祖常引問古今舊事，王者制度，治世之則。玄伯陳古人制作之體，及明君賢臣，往代廢興之由，甚合上意。」[9] 有一

---

8. 魏書卷二十四崔玄伯傳。
9. 魏書卷二十四崔玄伯傳。

段故事頗影響北魏前期皇室與大士族間婚姻關係，魏書卷二十四崔玄伯傳載：

> 太祖曾引玄伯講漢書，至婁敬說漢祖欲以魯元公主妻匈奴，善之，嗟歎者良久。是以諸公主皆釐降於賓附之國，朝臣子弟，雖名族美彥，不得尚焉。

觀乎魏書及北魏前期墓誌銘所載，元魏皇室婚嫁大都以賓附之國爲對象，這在草創時期頗能達到敦睦各邊國部落之作用，逯耀東文曾作初步研究，[10] 因非本文討論範圍，不予贅述。

與清河崔氏同享才藝之名者，有范陽盧氏，當時人重視書法藝術，前書同卷：

> 玄伯自非朝廷文誥，四方書檄，初不染翰，故世無遺文。尤善草隸行押之書，爲世摹楷。玄伯祖悅與范陽盧諶，並以博藝著名。諶法鍾繇，悅法衛瓘，而俱習索靖之草，皆盡其妙。諶傳子偃，偃傳子邈；悅傳子潛，潛傳玄伯。世不替業，故魏初重崔盧之書。

崔玄伯子浩，襲爵，「浩母盧氏，諶孫也」，[11] 崔浩似乎頗能承繼清河崔氏與范陽盧氏之長，魏書卷三十五崔浩傳載：

> 崔浩……白馬公玄伯之長子，少好文學，博覽經史，玄象陰陽，百家之言，無不關綜，研精義理，時人莫及……太祖以其工書，常置左右。……襲爵白馬公。朝廷禮儀，優文策詔，軍國書記，盡關於浩……。

崔玄伯曾任吏部尚書，此職主管人事任用、升遷、罷黜等，而崔浩主政，「薦冀、定、相、幽、幷五州之士數十人，各起家郡守」，[12] 崔玄伯、崔浩父子在北魏前期儼然是中原士大夫之領袖，清河崔氏也成爲當時大士族婚姻中心，玆臚列北魏前期五姓著房婚姻關係資料如下：（引文前之阿拉伯數字是本文所蒐婚姻關係編號）

魏書卷三十五崔浩傳（北史卷二十一崔宏傳附浩傳同）

> 1 范陽盧氏、太原郭氏、河東柳氏，皆浩之姻親。……
>
> 　浩母盧氏，諶孫也。

魏書卷三十八王慧龍傳（北史卷三十五王慧龍傳同）

> 2 崔浩弟恬聞慧龍王氏子，以女妻之。

---

10. 參見逯耀東「拓拔氏與中原士族的婚姻關係」。

11. 魏書卷三十五崔浩傳。

12. 魏書卷四十八高允傳。

魏書卷三十六李順傳（北史卷三十三李順傳略同）

　　　　李順，字德正，趙郡平棘人也。父系……。世祖將討赫連昌……浩對曰：「順
3.4　智足周務，實如聖旨，但臣與之婚姻……。」初浩弟娶順妹，又以弟子娶順
　　　女，雖二門婚媾，而浩頗輕順，順又弗之伏也。由是潛相猜忌，故浩毀之。

魏書卷三十八王慧龍傳（北史卷三十五王慧龍傳同）

5　子寶興……尚書盧遐妻，崔浩女也。初寶興母及遐妻俱孕，浩謂曰：「汝等將
6　來所生，皆我之自出，可指腹為親。」及婚，浩為撰儀……及浩被誅，盧遐後
　　妻，寶興從母也，緣坐沒官。……

魏書卷五十三李孝伯傳（北史卷三十三李孝伯傳同）

7　孝伯妻崔賾女……崔氏卒後納翟氏，不以為妻。

魏書卷五十六鄭羲傳（北史卷三十五鄭羲傳同）

8　尚書李孝伯以女妻之。

　　范陽盧氏與清河崔氏之婚姻關係，除上述崔玄伯妻盧諶孫女外，還有盧遐妻崔浩
女，盧度世妻崔賾女。盧度世乃「四房盧氏——淵、敏、昶、尚之」之父，「盧度世
坐與崔浩親通，逃命江表。」[13]

　　太原王慧龍乃「四房王氏——遵業、廣業、延業、季和」之曾祖，自南朝北奔，
有文武才，[14]崔浩弟恬聞慧龍王氏子，以女妻之，前引書「及魯宗之子軌奔姚興，後
歸國，云慧龍是王愉家豎僧彬所通生也。浩雖聞之，以女之故，成贊其族。慧龍由是
不調。」

　　北魏初期趙郡李順、李孝伯亦屬重要人物，浩弟娶順妹，又以弟子娶順女，然崔
浩似與李順有政治上恩怨，雖有婚姻，兩族關係並不融洽。[15]李孝伯在世祖之時，
「自崔浩誅後，軍國之謀，咸出孝伯，世祖寵眷有亞於浩，亦以宰輔遇之。」[16]孝伯
妻崔賾女，崔賾乃逞之子，為崔密之胤。[17]

---

13. 魏書卷四十七盧玄傳附子度世傳。
14. 魏書卷三十八王慧龍傳。
15. 魏書卷三十六李順傳。
16. 魏書卷五十三李孝伯傳。
17. 參見拙文「中古山東大族著房之研究」頁二九，清河崔氏房支表。又，崔頤、崔賾之辨見北史卷二十四校
　　勘記㈠，今引文各仍其舊。

　　李孝伯不僅與清河崔逞爲婚姻，其子女亦與范陽大房盧淵、滎陽北祖七房鄭羲、博陵崔氏爲婚姻。李孝伯出自趙郡東祖、李順亦出自趙郡東祖，趙郡東祖在北魏高祖以後亦有人物，其婚姻關係下文論之。

　　當北魏前期之時，清河崔氏有若干房支皆甚興盛，其中以崔玄伯、崔浩父子最有名，「始浩與冀州刺史（崔）矇、滎陽太守（崔）模等年皆相次，浩爲長，次模、次矇。三人別祖，而模、矇爲親。浩恃其家世魏晉公卿，常侮模、矇。」[18] 崔浩乃南祖寓之後，寓七世孫悅有三子：湛、潛、渾。湛孫蔚爲鄭州房，此房與崔浩家系最爲接近，至隋唐時仍爲著房，崔浩乃潛之宗。崔模乃密子覇之後，[19] 崔矇乃密另子琰之後，[20]「（太平）眞君十一年六月誅浩，清河崔氏無遠近，范陽盧氏、太原郭氏、河東柳氏，皆浩之姻親，盡夷其族」，[21] 以清河崔氏而言，因崔浩「常侮模、矇，……世祖頗聞之，故誅浩時，二家獲免。」[22] 無論如何，崔浩事件對清河最盛著支的確造成很大打擊。清河崔氏還有一次重大打擊，發生在密子琰的子孫，琰四世孫逞，「（魏）帝怒其失旨……遂賜逞死……逞子毅、諲、禕、嚴、頤。……頤少子叡以交通境外，伏誅。自逞之死，至叡之誅，三世，積五十餘年，在北一門盡矣！」[23]

　　根據上引資料，查證其郡望房支，製作成〔北魏高祖前五姓著房婚姻關係表〕（圖表一）。

附記：

　　一、箭頭爲嫁娶方向。

　　二、斷線表示：其一查明爲五姓著房，另一方很可能爲五姓著房。

　　三、箭頭上的阿拉伯號碼是本文資料中婚姻關係編號。

　　從本文〔北魏高祖前五姓著房婚姻關係表〕（圖表一）所示，清河崔氏、范陽盧

---

18. 魏書卷三十五崔浩傳。
19. 魏書卷二十四崔玄伯傳附崔模傳。
20. 魏書卷三十二崔逞傳。
21. 魏書卷三十五崔浩傳。
22. 魏書卷三十五崔浩傳。
23. 北史卷二十四崔逞傳。

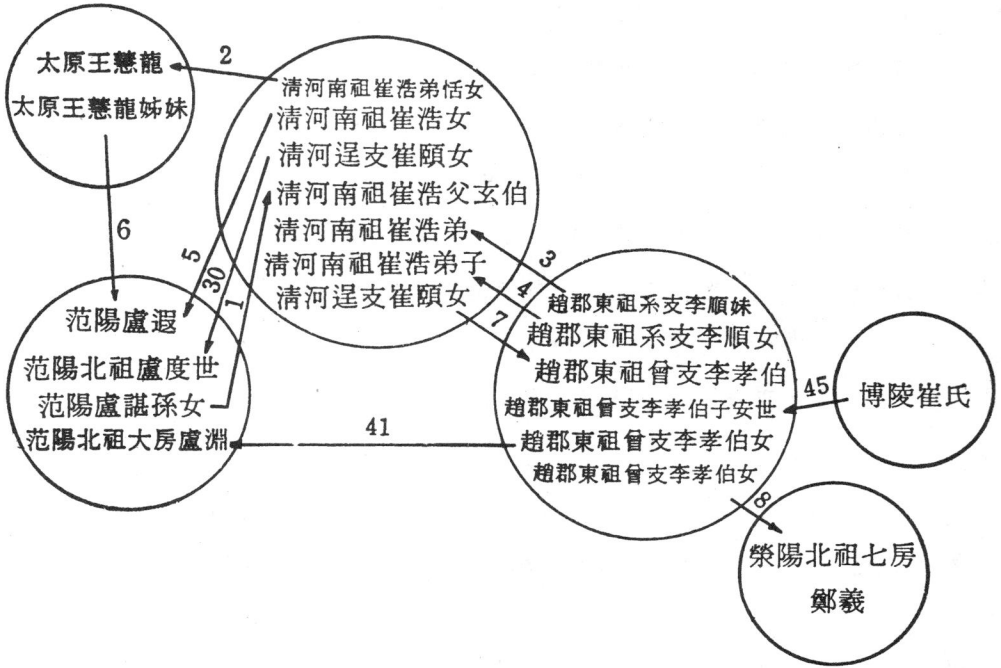

北魏高祖前五姓著房婚姻關係表（圖表一）

氏、趙郡李氏等乃當時大士族婚姻之重心，如果沒有意外，當由此而發展出五姓大士族間更密切的婚姻圈，但由於清河崔氏遭受兩次重大打擊，其他大士族在新的形勢下，又有新的組合，此在後文論之。

第二章　宗室與五姓著房婚姻關係

　　宗室是最高貴的政治家族；大士族著房是社會上最崇高的家族，由於中古大士族與政治密不可分，所以大士族著房弟子拜官的比例甚高。宗室與大士族著房之聯姻，不僅僅是兩者之間的婚姻關係，同時也意味著政治與社會最高階層之結合。從宗室立場而言，與大士族著房聯姻將可獲得社會領袖對政權之支持；從大士族著房而言，與宗室聯姻將可因此分享部分政權，或更穩固地保持其官僚體系中的地位。如果這個宗室是異族征服者，聯姻的意義還加上統治者與被統治者的同化；如果宗室與大士族著房屬於不同的人羣，聯姻的意義是兩個集團融洽的指標。本文所謂的大士族著房是五

姓七望十家四十四子，而本文涉及的宗室有魏之元氏、北齊之高氏、北周之宇文氏、隋之楊氏、唐之李氏；各朝宗室與五姓著房婚姻關係分節討論於下。

第一節　元氏宗室與五姓著房婚姻關係

由於北魏太祖有感於崔玄伯講述漢朝公主和親政策，故北魏諸公主多釐降於賓附之國，同時也甚少有元魏宗室迎娶中原大士族女子之事，故就北魏前期的婚姻圈而論，北魏宗室與中原大士族並無十分明確地結合。這種現象至高祖時有了重大的變化。

北魏高祖孝文帝重申禁非類婚偶，僅是消極的詔令，他進一步為其諸弟娶大士族女為妻，影響甚為深遠，魏書卷二十一上獻文六王列傳咸陽王禧傳：

> 咸陽王禧，字永壽。太和九年（485）封。……於時，王國舍人應取八族及清修之門，禧取任城王隸戶為之，深為高祖所責。詔曰：「夫婚姻之義，曩葉攸崇，求賢擇偶，縣代斯慎，故剛柔著於易經，鵲巢載於詩典，所以重夫婦之道，美尸鳩之德，作配君子，流芳後昆者也。然則婚者，合二姓之好，結他族之親，上以事宗廟，下以繼後世，必敬慎重正而後親之。夫婦既親，然後父子君臣、禮義忠孝，於斯備矣！太祖龍飛九五，始稽遠則，而撥亂創業，日昃不暇。至於諸王娉合之儀，宗室婚姻之戒，或得賢淑，或乖好逑。自玆以後，其風漸缺，皆人乏窈窕，族非百兩，擬匹卑濫，舅氏輕微，違典滯俗，深用為歎。以皇子茂年，宜簡令正，前者所納，可為妾媵。將以此年為六弟娉室。長弟咸陽王禧可娉故潁川太守隴西李輔女，次弟河南王幹可娉故中散代郡穆明樂女，次弟廣陵王羽可娉驃騎諮議參軍滎陽鄭平城女，次弟潁川王雍可娉故中書博士范陽盧神寶女，次弟始平王勰可娉廷尉卿隴西李沖女，季弟北海王詳可娉吏部郎中滎陽鄭懿女。」

這一段記載常常被人引證，是治中古史者很熟悉的文章，本文再次引述，是因為文中有若干點內容尚應作進一步解說。按孝文帝為其六弟娉娶士族女子，未言在太和幾年，但咸陽王禧受封於太和九年，故娉娶之事當在太和九年之後。北魏建國於道武帝拓跋珪登國元年，即公元386年；而孝文帝太和九年乃公元485年；故拓跋氏與中原

大士族較大規模聯姻，已是北魏建國百年之時，在這一百年內，元氏宗室罕有中原大士族著房婚娶的記載，這一點在上述引文中也承認元魏自開國迄今未注意及宗室婚姻。孝文帝爲六弟娉娶大士族女子之事，可視爲空前壯舉，這六大士族之中，除代郡穆明樂女以外，其他五女皆屬中原大族。查證如下：

　　隴西李輔女：新唐書卷七十二上宰相世系表二上隴西李氏條姑臧大房載：「寶七子：承、茂、輔、佐、公業、沖、仁宗。」[24] 輔乃第三房。

　　隴西李沖女：同上條，沖乃隴西姑臧第六房。

　　滎陽鄭懿女：魏書卷五十六鄭羲傳載：「鄭羲，字幼驎，……父曄。（羲）長子懿……尙書吏部郎……。」又新唐書卷七十五上宰相世系表五上滎陽鄭氏條載：「（曄）七子：白麟、胤伯、叔夜、洞林、歸藏、連山、幼麟，因號『七房鄭氏』。」懿乃滎陽北祖第七房鄭氏。

　　滎陽鄭平城女：魏書卷五十六鄭羲傳載：「胤伯弟平城，太尉諮議。廣陵王羽納其女爲妃。」

　　范陽盧神寶女：魏書卷四十七盧玄傳載：「盧玄……子度世。……度世從祖弟神寶，中書博士。太和中，高祖爲高陽王雍納其女爲妃。」又新唐書卷七十三上宰相世系表三上范陽盧氏條載：「……偃居北，號『北祖』。偃仕慕容氏，營丘太守。二子：邈、闡。邈，范陽太守。生玄，字子眞，後魏中書侍郎、固安宣侯。二子：巡、度世。度世字子遷，靑州刺史、固安惠侯。四子：陽烏、敏、昶、尙之，號『四房盧氏』。」盧神寶在四房盧氏之前，應同屬北祖著支。

以上人物皆屬隴西李氏、滎陽鄭氏、范陽盧氏之著房著支。

　　自北魏高祖孝文帝開始，元氏宗室與五姓著房婚姻關係甚爲密切，茲列舉於下：
魏書卷六十九崔休傳：

　　14　崔休，字惠盛，淸河人。……高祖納休妹爲嬪。

　　15　（休）子仲文納丞相（元）雍第二女。

---

24. 拙文「中古山東大族著房之研究」頁三七已有考證李寶乃六子。

16　（休）女妻領軍元叉長庶子秘書郎稚舒。

17　休弟寅……妻，安樂王長樂女晉寧主也。

〔案：新唐書卷七十二下宰相世系表二下清河崔氏清河大房條：休……〕

魏故使持節侍中假黃鉞都督中外諸軍事太師領司徒公彭城武宣王墓誌銘（漢魏南北朝墓誌集釋185）：

王諱勰，……太妃長樂潘氏；祖猛青州治中、東萊廣川二郡太守；父彌，平原
18　樂安二郡太守。妃隴西李氏；祖寶……；父沖……。

〔案：新唐書卷七十二上宰相世系表二上隴西李氏姑臧房：沖爲第六房。〕

魏故使持節侍中驃騎大將軍儀同三司尚書令冀州刺史江陽王元公之墓誌銘（漢魏南北朝墓誌集釋78）

公諱乂，字伯儁，河南洛陽人……孝昌二年三月二十日……遇害，春秋四十有
19　一。……妃安定胡氏，父珍，相國、太上秦公。息亮，字休明，……亮妻范陽
20　盧氏，父聿，駙馬都尉、太尉司馬。子穎，字稚舒，……舒妻清河崔氏，父
休，尚書僕射。女僧兒，年十七適瑯邪王子建，父散騎常侍、濟州刺史。

〔漢魏南北朝墓誌集釋：元乂墓誌並蓋：「……誌稱：『乂子亮，妻范陽盧氏，
父聿，駙馬都尉、太尉司馬』案盧元聿傳（附盧玄傳）『元聿尚高祖女義陽長公
主，拜駙馬都尉，位太尉司馬、光祿大夫』與誌合，惟元聿誌省作聿爲異耳。
又稱『子穎，字稚舒，秘書郎中，妻清河崔氏，父休，尚書僕射』案崔休傳
『休女妻領軍元叉長庶子秘書郎稚舒』……又稱『女僧兒，年十七適瑯邪王子
建，父散騎常侍、濟州刺史』而不名。案王翊傳（附王肅傳）『翊頗銳於榮
利，結婚於元叉，超拜左將軍、濟州刺史，子淵，武定中，儀同開府記室參
軍』，則濟州刺史即翊，翊傳『結婚於元乂』，乃乂女僧兒嬪於翊子之謂矣！」
又本文案：新唐書卷七十三上宰相世系表三上范陽盧氏，北祖偃之後有：陽
烏、敏、昶、尚之，號「四房盧氏」。又魏書卷四十七盧玄傳：「昶子元聿」。新
唐書卷七十二下宰相世系表二下清河崔氏清河大房：休。〕

魏故侍中驃騎大將軍儀同三司尚書令徐州刺史太保東平王元君墓誌銘（漢魏南北朝墓
誌集釋139）：

　　君諱略，字僑興，司州河南洛陽都鄉照文里人也。……春秋四十有三，大魏建

21　義元年歲次戊申四月丙辰朔十三日戊辰、薨於洛陽之北邙，……妃范陽盧氏，

　　字眞心，父尙之，出身中書侍郎、皇子趙郡王諮議參軍事、司徒府右長史，俄

　　轉左長史，……贈……使持節都督靑州諸軍事、安東將軍、靑州刺史。……

　　　〔漢魏南北朝墓誌集釋：元略墓誌釋云：「……略妃盧眞心，父尙之。誌敍尙

　　　之歷官與盧玄傳合，惟左將軍傳作前將軍爲異。」又本文案：新唐書卷七十三

　　　上宰相世系表三上范陽盧氏，北祖偃之後有：陽烏、敏、昶、尙之，號「四房

　　　盧氏」。〕

元寶建墓誌（漢魏南北朝墓誌集釋192）：

　　曾祖高祖孝文皇帝；曾祖母淸河王太妃、河南羅氏，父雲，使持節侍中、鎭東

　　將軍、靑州刺史。祖相國、淸河文獻王；祖母河南羅氏，父蓋，使持節撫軍將

　　軍、濟兗二州刺史。父相國、淸河文宣王；母安定胡氏，父寧，使持節散騎常

　　侍、右將軍、都督岐涇雍三州諸軍事、雍州刺史、臨涇公、諡曰孝穆。王諱寶

　　建，字景植，河南洛陽人也……，興和三年七月九日，薨於位……。姊河南長

　　公主，適潁川崔祖昂，散騎常侍、光祿勳、武津縣開國公。妹馮翊長公主，適

22　渤海高澄，侍中、尙書令、領軍開府儀同三司、渤海王世子。……妻武城崔

　　氏，父悛，驃騎大將軍、徐州刺史。

　　　〔漢魏南北朝墓誌集釋：元寶建墓誌釋云：「妻武城崔氏；父悛（小注：見北

　　　齊書本傳、及魏書崔休傳）名位。凡所婚媾，皆一時巨族，北朝門閥之盛，

　　　可於此見之。」又本文案：新唐書卷七十二下宰相世系表二下淸河崔氏淸河大

　　　房：休──悛……。〕

魏書卷六十六崔亮傳：

23　崔亮，字敬儒，淸河東武城人也。父元孫……。（世宗）後納其（亮）女爲九嬪。

　　　〔案：新唐書卷七十二下宰相世系表二下淸河崔氏淸河靑州房：脩之──元孫

　　　──亮。〕

魏書卷八十九酷吏傳崔暹傳（北史卷八十七同）：

　　崔暹，字元欽，本云淸河東武城人也。世家於滎陽、潁川之間……子瓚，字紹

24　珍，……瓚妻，莊帝妹也，後封襄城長公主。

　　　〔案：新唐書卷七十二下宰相世系表二下清河崔氏鄭州崔氏條戩：蔚——遑——瓚。〕

魏故使持節侍中太保大司馬錄尚書事司州牧城陽王墓誌銘（漢魏南北朝墓誌集釋145）：

　　　王諱徽，字顯順，河南洛陽人也……春秋四十一，永安三年歲次庚戌十二月五

25　日薨於洛陽之南原。……太妃河南乙□，廣川公之孫女。妃隴西李氏，司空文

26　穆公之孫女。……妹適滎陽鄭氏。……

　　　〔雪堂金石文字跋尾二：「徽字顯順，見魏書景穆十二王傳，乃城陽康王之

　　　孫，懷王之子……傳譏徽不能防其妻于氏，遂與廣陽王淵姦通。又云『徽後妻

　　　莊帝舅女，侍中李彧，帝之姊婿。』誌載妃李氏，司空文穆公孫女，而不及

　　　于，殆諱而不書也。」〕

魏書卷四十七盧玄傳：

27　李彧尚莊帝姊豐亭公主。

　　　〔案：新唐書卷七十二上宰相世系表二上隴西李氏姑臧房：沖為第六房。又魏

　　　書卷八十三下外戚傳下李延寔傳謂沖子延寔，延寔子彧。〕

魏書卷三十六李順傳（北史卷三十三李順傳附子敷傳同）：

28　（孝昌）三年秋，憲女婿安樂王鑒據相州反。

　　　〔案：新唐書卷七十二上宰相世系表二上趙郡李氏東祖系支：系——順——式

　　　——憲。……〕

魏書卷十四神元平文諸帝子孫列傳元丕傳：

29　初，李沖又德望所屬，既當時貴要，有杖情，遂與（丕）子超娶沖兄女，即伯

　　　尚妹也。

　　　〔案：新唐書卷七十二上宰相世系表二上隴西李氏，沖兄弟屬姑臧房。〕

魏書卷五十三李沖傳：

30　高祖初依周禮，置夫、嬪之列，以沖女為夫人。

　　　〔案：新唐書卷七十二上宰相世系表二上隴西李氏姑臧房：沖為第六房。〕

魏書卷八十三下外戚傳下李延寔傳：

31　李延寔，字禧，隴西人，尚書僕射沖之長子……莊帝即位，以元舅之尊……。

32　長子彧，字子文，尚莊帝姊豐亭公主（北史卷一百序傳謂莊帝妹豐安公主）

　　〔案：新唐書卷七十二上宰相世系表二上隴西李氏姑臧房：沖爲第六房。故沖

　　子延寔，延寔子彧，皆屬姑臧第六房。〕

魏故寧遠將軍燉煌鎮將元君墓誌銘（漢魏南北朝墓誌集釋73）：

　　君諱倪，字世弼，司州河南郡洛陽縣都鄉照明里人。……太和二十一年二月寢

33　疾卒於洛陽照明里宅。……祖親南安姚氏。……母太原王氏……。

　　〔漢魏南北朝墓誌集釋：元倪墓誌釋云：「倪母太原王氏……疑王慧龍後。」〕

魏書卷二十二孝文五王列傳廢太子恂傳：

34　初，高祖將爲恂娶司徒馮誕長女，以女幼，待年長。先爲娉彭城劉長文、榮陽

　　鄭懿女爲左右孺子。……

　　〔案：榮陽鄭懿女，魏書卷五十六鄭羲傳載：「鄭羲，字幼驎，……父曄。

　　（羲）長子懿。」又新唐書卷七十五上宰相世系表五上榮陽鄭氏條：「（曄）

　　七子：白驎、胤伯、叔夜、洞林、歸藏、連山、幼驎，因號『七房鄭氏』。」

　　懿乃榮陽北祖第七房鄭氏。〕

魏書卷四十七盧玄傳：

35　（盧敏），高祖納其女爲嬪。

　　〔案：新唐書卷七十三上宰相世系表三上范陽盧氏北祖：敏爲四房盧氏之一。〕

魏故使持節侍中驃騎大將軍開府尚書左僕射雍州刺史司空公始平文貞公國太妃盧氏墓

誌銘（漢魏南北朝墓誌集釋118）：

36　太妃諱蘭，幽州范陽涿縣人也……侍中盧毓。……祖興宗，范陽太守。父延

　　集，幽州主簿。……（太妃）春秋六十有七，魏大統十七年十月、權瘞同州武

　　鄉郡之北原。

魏故使持節侍中司徒公都督雍華岐幷楊靑五州諸軍事車騎大將軍雍州刺史章武王妃盧

墓誌銘（漢魏南北朝墓誌集釋150）：

37　祖爛，燕太子洗馬，魏建將軍、良鄉子；祖母魯郡孔氏。父延集，幽州主簿；

38　母趙郡李氏。太妃姓盧，諱貴蘭，范陽涿縣人也。魏司空毓之九世孫……。春

秋五十有四，以武定四年十一月八日薨於鄴都。

〔漢魏南北朝墓誌集釋：元融妃盧貴蘭墓誌釋云：「……以元壽安妃盧蘭墓

誌證之，蘭與貴蘭當爲同父姊妹……唐書宰相世系表所謂『范陽盧氏居北號北

祖』者是也。惜史佚其名，末由詳考矣！」〕

魏故充華嬪盧氏墓誌銘（漢魏南北朝墓誌集釋37）：

39　嬪諱令媛，范陽涿人……正光三年……卒於京室……。曾祖度世，……夫人清

40　河崔氏，父暐，散騎常侍、大鴻臚卿……清河侯。祖諱淵，……夫人趙郡李

41.42　氏，父孝伯，散騎常侍……宣城公。父道約，……妻滎陽鄭氏，父道昭，國子

祭酒……文恭侯。

〔案：魏書卷四十七盧玄傳：「玄子度世，度世子淵，字伯源，小名陽烏。」

新唐書卷七十三上宰相世系表三上范陽盧氏北祖四房盧氏：陽烏，字伯源。盧

令媛乃盧淵之孫女。又盧度世夫人清河崔氏，父暐；本文案：魏書卷三十二崔

逞傳：「（逞）子暐」，逞另子諲乃清河大房、清河小房之曾祖。又盧淵夫人

趙郡李氏，父孝伯；本文案：新唐書卷七十二上宰相世系表二上趙郡李氏東祖

曾支：曾——孝伯。又盧道約妻滎陽鄭氏，父道昭；新唐書卷七十五上宰相世

系表五上滎陽鄭氏：「七房鄭氏」第七房幼麟；魏書卷五十六鄭羲傳：「鄭羲

字幼驎……長子懿……懿弟道昭。」〕

魏書卷四十七盧玄傳（北史卷三十盧玄傳附玄孫思道傳同）：

43　（盧）道裕……尚顯祖女樂浪長公主。

44　（盧）道虔……尚高祖女濟南長公主。

〔本文案：魏書卷四十七盧玄傳載玄子度世，度世子淵，字伯源，小名陽烏，

淵子道裕、道虔等八人。新唐書卷七十三上宰相世系表三上范陽盧氏北祖「四

房盧氏」有陽烏房。〕

魏書卷五十三李孝伯傳（北史卷三十三李孝伯傳附兄子安世傳同）：

45,46　趙郡人……子安世，……安世妻博陵崔氏……又尚滄水公主。

〔案：新唐書卷七十二上宰相世系表二上趙郡李氏東祖曾支：曾——祥——

安世。〕

魏博陵元公故李夫人墓誌銘（漢魏南北朝墓誌集釋578）：

47　夫人字艷華，隴西狄道人。武昭王皓之五世孫，……祖蓯，司農、豫州刺史。

48　父詼，散騎常侍、濟廣二州刺史。夫人……以興和三年大梁之歲應鐘之月二日
庚子卒於家，於黃鐘之月十七日乙酉窆於鄴城之西北十有五里。

　　〔案：元公即元子邃，見同書 577 。又漢魏南北朝墓誌集釋：元子邃妻李艷
華墓誌釋云：「……子邃與孝莊母族爲婚（小注：莊帝母李媛華與蓯爲同族姊
妹）。」本文又案：李艷華祖蓯、曾祖承，新唐書卷七十二上宰相世系表二上
隴西李氏姑臧大房：承──蓯。〕

魏故懷令李君墓誌銘（漢魏南北朝墓誌集釋243）：

　　君諱超，字景昇 …… 秦州隴西郡狄道都鄉華風里人也 …… 正光五年八月十八
日、卒於洛陽縣之永年里宅，時年六十一……越六年正月丙午朔十六日辛酉、

49　葬洛陽縣覆舟山之東南……。妻恒農楊氏，父談爲郟州主簿。息女孟宜，年三
十六，適恒農王始、僑郡中正。息女媛姿，適遼西常彪，侍御史。息女仲妃，
適武威賈子譆，涼州治中。

　　〔漢魏南北朝墓誌集釋：李超墓誌釋云：「誌不著超先世名位，但稱『隴西郡
狄道縣都鄉華風里人』，與近出李蓯、李媛華二誌稱『隴西郡狄道縣都鄉和風
里人』籍貫正同。魏書李沖傳『沖葬覆舟山，近杜預冢』。王肅傳『杜預之
殁，窆於首陽，司空李沖，覆舟是託』（小注：李蓯（沖之姪）墓誌稱『窆
於覆舟之北原』，李彰（沖之孫）墓誌稱『殯於覆舟山之陽』均同沖傳。）
超葬洛陽覆舟山之東南，與沖同葬一地，沖與蓯皆李寶後人，疑超亦寶之裔
也。〕

李挺墓誌（漢魏南北朝墓誌集釋592）：

　　公諱挺，字神儁，隴西狄道人也……高祖涼武昭王……曾祖酒泉公……祖侍
中、使持節征西大將軍開府儀同三司、沙州牧、幷州刺史、燉煌宣公。……父
尚書、昭侯。……公……補侍中……興和三年六月十七日、薨於位，春秋六十
四……興和三年歲次辛酉十二月二十三日、葬於鄴城之西南七里豹祠之東南二

50　里半……。元妻侍中、太常、文貞公、彭城劉芳第二女，字幼妃……。又娶丞

51　相、江陽王繼第三女，字阿□。……又娶太傅、清河文獻王第三女，字季聰。

　　〔漢魏南北朝墓誌集釋：李挺墓誌釋云：「挺字神儁，以字行，附見魏書李寶
　　傳及北史序傳。魏書以字爲名，序傳出自李氏家牒，名與字並舉，與誌合。傳
　　誌互校多異……據傳：則武昭王謂西涼主李嵩，酒泉公謂嵩子酒泉太守翻，宣
　　公謂翻子寶，昭侯則寶第四子佐也。……傳稱：『神儁喪二妻，又欲娶從甥鄭
　　嚴祖妹，盧元明亦將爲婚，二家鬩於嚴祖之門，鄭卒歸元明……』據誌：神儁
　　元妻爲文貞公彭城劉芳第二女幼妃，未期而亡，又娶江陽王繼第三女阿妙，卒
　　於穰城。傳云喪二妻，當指劉芳女與江陽王女。誌又稱又娶清河文獻王第三女
　　季聰，當是鄭氏女已歸盧門，故又娶靜帝姑爲妻。又本文案：李挺屬隴西李氏
　　姑臧房第四房。〕

魏書卷五十六鄭羲傳附胤伯傳（北史卷三十五鄭羲傳同）：

52　高祖納其女爲嬪。

53　幼儒，……高陽王雍以女妻之。

　　〔案：新唐書卷七十五上宰相世系表五上滎陽鄭氏北祖：「七房鄭氏」有第七
　　房幼麟，魏書卷五十六鄭羲傳：「鄭羲，字幼驎。」又「七房鄭氏」第二房胤
　　伯，子幼儒。〕

鄭夫人墓誌（漢魏南北朝墓誌集釋122）：

54　夫人諱令妃，滎陽中牟人也。齊州使君鄭寶之女。濟北府君元籠之妻。範則魏
　　景穆皇帝之曾孫，汝陰王、司空公之二子……。（夫人）以大隋開皇九年歲次
　　己酉七月十一日，終於洛陽欽政里，春秋八十有三。……

　　〔案：新唐書卷七十五上宰相世系表五上滎陽鄭氏南祖：簡——白虬——尚仁
　　——次珍——寶。〕

北史卷十四后妃列傳下齊馮翊太妃鄭氏傳：

55　馮翊太妃鄭氏，名大車，嚴祖妹（女）也。初爲魏廣平王妃。遷鄴後，神武納
　　之……。

　　〔校勘記㈡按本書卷三五鄭羲傳，大車是嚴祖女，此誤。又本文案：魏書卷五

十六鄭羲傳:「鄭羲,字幼麟,……子道昭,……道昭子嚴祖。」新唐書卷七
十五上宰相世系表五上滎陽鄭氏:幼麟為「七房鄭氏」第七房。〕

北史卷三十五鄭羲傳附小白傳:

56　希儁弟幼儒,……丞相、高陽王雍以女妻之……。

57　伯猷,……節閔帝初,以舅氏超授征東將軍……,妻安豐王元延明女。

58　譯從祖文寬,尚周文帝元后妹魏平陽公主,……譯尚梁安固公主。

〔案:新唐書卷七十五上宰相世系表五上滎陽鄭氏北祖:「七房鄭氏」第二房
胤伯,子幼儒。又北史卷三十五鄭羲傳謂胤伯弟平城,平城長子伯猷。……羲
兄洞林,洞林,孫子瓊瓊子道邕,道邕子譯,譯從叔文寬。〕

魏書卷三十八王慧龍傳(北史卷三十五王慧龍傳同):

59　子寶興,……(寶興子)瓊,字世珍,……(太和)十六年,……高祖納其長
女為嬪。

〔案:新唐書卷七十二中宰相世系表二中太原王氏:瓊乃「四房王氏」之父。

北史卷三十二崔挺傳:

60　孝文以挺女為嬪。

〔案:新唐書卷七十二下宰相世系表二下博陵崔氏第二房挺支。〕

北史卷三十二崔挺傳附子孝芬傳:

61　孝芬將發,入辭。靈太后謂曰:「卿女今事我兒,與卿是親……。」

〔案:新唐書卷七十二下宰相世系表二下博陵崔氏第二房挺支:挺──孝芬。〕

北史卷十四后妃列傳下齊高陽太妃游氏傳附李娘傳:

62　李娘者,延寔從妹也,初為魏城陽王妃。

〔案:北史卷一○○序傳:延寔,字禧。……莊帝即位,以母舅之舅,超授侍
中、太保。又本文案:新唐書卷七十二上宰相世系表二上隴西李氏姑臧房:沖
為第六房,沖子延寔。〕

北史卷三十盧柔傳:

63　柔字子剛。……司徒、臨淮王彧見而器之,以女妻焉。

北史卷三十盧玄傳附玄孫潛傳:

64　度世從祖弟神寶，……孝文爲弟高陽王雍納其女爲妃。

〔案：度世從祖弟神寶，新唐書卷七十三上宰相世系表三上范陽盧氏：「偃居
北，號『北祖』……二子邈、闡，……（邈）生玄，……二子巡、度世，……
（度世）四子……號『四房盧氏』。」盧神寶在四房盧氏之前，應同屬北祖著
支。〕

北史卷三十盧玄傳附孫昶傳：

65　（昶）子元聿，字仲訓……尙孝文女義陽長公主。

〔案：新唐書卷七十三上宰相世系表三上范陽盧氏北祖：昶爲「四房盧氏」之
一。〕

北史卷十四后妃列傳下齊文襄敬皇后元氏傳附琅邪公主傳：

66　琅邪公主名玉儀，魏高陽王斌庶生妹也。……玉儀同產姊靜儀，先適黃門侍郎
崔括。

　　本文根據上引資料，查證大士族著房出處，製作成〔元氏宗室與五姓著房婚姻關
係表〕（圖表二）

　　根據圖表二所示，元氏宗室與五姓著房間婚姻關係共得五十四例，此皆始於北魏
高祖孝文帝之時。元氏宗室與五姓著房間婚姻甚爲密切。

　　如以各大族著房個別與元氏宗室婚姻關係而論，如下：清河崔氏著房七例（嫁元
氏加娶元氏：４＋３＝７，下同），博陵崔氏著房二例（２＋０＝２），范陽盧氏著房十一
例（７＋４＝11），趙郡李氏著房五例（３＋２＝５），隴西李氏著房十五例（12＋３＝15），
滎陽鄭氏著房十例（６＋４＝10），太原王氏著房二例（２＋０＝２），另有崔括似應屬著
房，但不知何房。

　　隴西李氏與元氏宗室婚嫁最多，有十五例，以姑臧六房李沖、姑臧大房李承最
多；姑臧三房、四房亦有。范陽盧氏有十一例，中以北祖爲最多；滎陽鄭氏有十例，
亦以北祖爲最多。以上隴西李氏、范陽盧氏、滎陽鄭氏等著房是與元氏宗室通婚最密
者。博陵崔氏與太原王氏各有二例，其數較少；太原王氏常被排五姓之末，其房支又
極爲分散，王瓊之子「王氏四房」是其主要著房，人物似不及其他諸姓茂盛。博陵崔
氏在北魏時似乎族望不很高，魏書卷二十一上獻文六王列傳上高陽王雍傳：

清河大房崔休妹 —14→ 高祖（嬪）　　　　　　　元雍女 —15→ 清河大房崔仲文
清河小房崔亮女 —23→ 世宗（嬪）　　　　　　　安樂王女晉寧主 —17→ 清河大房崔禽
清河大房崔休女 —16.20→ 元穎　　　　　　　　莊帝妹襄城長公主 —24→ 清河鄭州房崔瓚
清河大房崔懷女 —22→ 元寶建　　　　　　　　高陽王斌庶生妹 —66→ 崔括
博陵第二房挺支崔挺女 —60→ 高祖（嬪）　　　顯祖女樂浪長公主 —43→ 范陽北祖陽烏房盧道裕
博陵第二房挺支崔孝芬女 —61→ 靈太后子　　　高祖女濟南長公主 —44→ 范陽北祖陽烏房盧道虔
范陽北祖敏房盧敏女 —35→ 高祖（嬪）　　　　臨淮王彧女 —63→ 范陽盧柔
范陽北祖盧神寶女 —11.64→ 潁川王雍　　　　高祖女義陽長公主 —65→ 范陽北祖昶房盧元聿
范陽北祖盧延集女蘭 —36→ 元壽安（妃）　　　滄水公主 —46→ 趙郡東祖曾支李安世
范陽北祖盧延集女貴蘭 —38→ 元融（妃）　　　元孟和女 —107/27.82/154→ 趙郡東祖系支李憲孫長鈞
范陽北祖陽烏房盧令媛 —39→ 元（充華）　　　莊帝姊豐亭公主季瑤 → 隴西姑臧六房李彧
范陽北祖昶房盧聿女 —19→ 元亮　　　　　　　江陽王繼女 —50→ 隴西姑臧四房李挺
范陽北祖尚之房盧尚之女 —21→ 元略　　　　　文獻王女季聰 —51→ 隴西姑臧四房李挺
趙郡東祖系支李憲女季嬪 —105→ 武城王銓　　高陽王雍女 —53.56→ 滎陽北祖二房鄭幼儒
趙郡東祖系支李憲女 —28→ 安樂王鑒　　　　　安豐王延明女 —57→ 滎陽北祖二房鄭伯猷
趙郡東祖曾支李叔讓女 —75→ 靜帝（嬪）　　　平陽公主 —58→ 滎陽北祖鄭文寬
隴西姑臧六房李沖妹稚華 —152→ 元季海　　　元徽妹 —26→ 滎陽鄭氏
隴西姑臧房李沖兄女（伯尚妹）—29→ 元超
隴西姑臧六房李沖女 —30→ 高祖（夫人）
隴西姑臧六房李沖女 —12.18→ 始平王翩（妃）
隴西姑臧三房李輔女 —9→ 咸陽王禧（妃）
隴西姑臧六房李沖孫女 —25→ 元徽
隴西姑臧房李沖子延寔從妹 —62→ 城陽王（妃）
隴西姑臧六房李延寔女 —31→ 莊帝
隴西姑臧大房李媛華 —41,155→ 元顥
隴西姑臧大房李艷華 —47→ 元子邃
隴西姑臧六房李述蘩女 —153→ 元子訥
隴西姑臧房李超女孟宜 —49→ 恒農王始
滎陽北祖七房鄭羲女 —52→ 高祖（嬪）
滎陽北祖「七房鄭氏」鄭平城女 —10→ 廣陵王羽（妃）
滎陽北祖七房鄭懿女 —13→ 北海王詳（妃）
滎陽北祖七房鄭懿女 —34→ 高祖太子恂（孺子）
滎陽南祖鄭寶女令妃 —54→ 元範
滎陽北祖七房鄭嚴祖女 —55→ 廣平王（妃）
太原「四房王氏」之父王瓊女 —59→ 高祖（嬪）
太原王慧龍裔女 —33→ 元倪父

元氏宗室與五姓著房婚姻關係表（圖表二）

元妃盧氏（卽范陽北祖盧神寶女）薨後，更納博陵崔顯妹，甚有色寵，欲以爲妃。世宗初以崔氏世號「東崔」，地寒望劣，難之，久乃聽許。延昌以後，多幸妓侍，近百許人，而疏棄崔氏，別房幽禁，不得關豫內政，僅給衣食而已。至乃左右無復婢使，子女欲省其母，必啓聞，許乃得見。未幾，崔暴薨，多云雍噎殺之也。

崔顯房支不可查，可能並非著房，但世宗所謂「東崔」，當指博陵崔氏一族而言。博陵崔氏至隋唐時才日益興盛。[25]

　北魏高祖爲六弟娉娶名族女爲妃，他自己也娉娶名族女爲嬪，資料所示，清河崔氏、博陵崔氏、范陽盧氏、榮陽鄭氏、太原王氏等著房女，高祖娉爲嬪；隴西李氏著房女，高祖娉爲夫人；趙郡李氏失載。

　五姓著房女嫁入元氏宗室者有三十六例，五姓著房娶元氏宗室女者有十七例，前者爲後者之一倍有餘。本文第一章第三節曾論及魏初「以諸公主皆釐降於賓附之國，朝臣子弟，雖名族美彥，不得尙焉。」魏中葉以後，已有尙主委著房子弟之例，這種改變的意義當然非常重大，其在政治社會上的影響要待比較元氏宗室女下嫁賓附之國、及尙五姓著房子弟之數量演變，以及實例中重要個案比較，才能徹底明瞭，其複雜性與重要性應以專文論之。又元氏宗室大量迎娶五姓著房女，則是兩者間結合的主要方式，這種方式使元氏宗室注入五姓著房子弟之血統，並由於五姓著房女子嫁入元氏宗室後所引起教育文化方面的改變，牽涉及下一代文化、政治、社會的融合，這種質變現象亦應另文專論。

第二節　高氏宗室與五姓著房婚姻關係

北齊高氏宗室與五姓著房婚姻關係列舉於下：

北齊書卷二十三崔悛傳：

67　崔悛字長孺，清河東武城人也。父休，魏七兵尙書。……（崔）暹外兄李愼……。婁太后爲博陵王納悛妹爲妃。

---

25. 參見拙文「中古山東大族著房之研究」第二章㈠氏族志與崔幹之地位，及㈡博陵崔氏之分析兩節。

〔案：新唐書卷七十二下宰相世系表二下清河崔氏清河大房：休——悵。〕

北齊書卷三十崔暹傳：

崔暹，字季倫，博陵安平人……世爲北州著姓。父穆，州主簿。暹少爲書生，

68 避地渤海，依高乾，以妹妻乾弟愼。……初世宗欲以妹嫁暹子，而會世宗崩，

遂寢。……顯祖……於坐上親作書與暹曰：「賢子達拏，甚有才學。亡兄女

69 樂安主，魏帝外甥，內外敬待，勝朕諸妹，思成大兄宿志。」乃以主降達拏。

……天保時，顯祖嘗問樂安公主：「達拏於汝何似？」答曰：「甚相敬重，唯

阿家憎兒。」顯祖召達拏母入內，殺之，投屍漳水。齊滅，達拏殺主以復讐。

〔案：新唐書卷七十二下宰相世系表二下博陵崔氏第三房：天護——穆——暹

——達拏。〕

北齊書卷四十二盧潛傳：

盧潛，范陽涿人也。祖尚之，魏濟州刺史。父文符，通直侍郎。……（潛從祖

70 弟思道）思道父兄正達、正思、正山，魏右光祿大夫道約之子，……兄弟以后

舅，武平中並得優贈。

〔案：新唐書卷七十三上宰相世系表三上范陽盧氏北祖：「四房盧氏」尚之

房：尚之——文甫。陽烏房有道將等，魏書卷四十七盧玄傳：道約爲陽烏八子

之一。〕

北齊書卷四十二盧叔武傳：

71 盧叔武，范陽涿人，青州刺史文偉從子也。父光宗。……叔武族孫臣客……其

（臣客）姊爲任城王妃。

北齊書卷四十八外戚列傳李祖昇傳（北史卷三十三李順傳附子敷傳同）：

72 李祖昇，趙國平棘人，顯祖李皇后之長兄。父希宗，上黨守。……弟祖勳，顯

73 祖受禪，除秘書丞。及女爲濟南王妃，除侍中，封丹陽王，……妻崔氏。……

〔案：新唐書卷七十二上宰相世系表二上趙郡李氏東祖系支：系——順——式

——憲——希宗——祖昇、祖勳。〕

魏書卷三十六李順傳（北史卷三十三李順傳附子敷傳，北史卷十四后妃列傳下齊文宣

皇后李氏傳同）：

74　希宗，字景玄，……（齊）獻武王擢為中外府長史，為齊王納其第二女。……

　　〔案：新唐書卷七十二上宰相世系表二上趙郡李氏東祖系支：系——順——式
　　——憲——希宗。〕

北史卷十四后妃列傳下齊武成皇后胡氏傳附弘德李夫人傳：

75　弘德夫人李氏，趙郡李叔讓女也。初為魏靜帝嬪，武成納焉。……姊為南安王
76　思好妃。

　　〔案：新唐書卷七十二上宰相世系表二上趙郡李氏東祖曾支：曾——孝伯——
　　豹子——叔讓。〕

北史卷三十三李順傳附孝貞傳：

77　孝貞從姊則昭信皇后，從兄祖勳女為廢帝濟南王妃，祖欽女一為後主娥英，一
78　為琅邪王儼妃，祖勳叔騫女為安德王延宗妃。諸房子女，多有才貌，又因昭信
　　后，所以與帝室姻婦重疊，兄弟並以文學自達，恥為外戚家。於時黃門侍郎高
　　乾和親要用事，求婚於孝貞，孝貞拒之，由是有隙……。

　　〔案：新唐書卷七十二上宰相世系表二上趙郡李氏東祖系支：系——順——式
　　——憲——希宗——祖勳、祖欽。又同書同卷同支：系——順——弈——慶業
　　——希騫。〕

北史卷十四后妃列傳下齊後主馮淑妃傳：

79　後主以李祖欽女為左昭儀……

80　二李夫人……一李即孝貞之女也。

　　〔案：新唐書卷七十二上宰相世系表二上趙郡李氏東祖系支：系——順——式
　　——憲——希宗——祖欽。又同書同卷同支：系——順——弈——慶業——希
　　禮——孝貞。〕

北齊書卷四十八外戚列傳鄭仲禮傳（北史卷三十五鄭羲傳同）：

81　鄭仲禮，滎陽開封人，魏鴻臚嚴庶子也，……高祖嬖寵其姊。（北史：齊神武
　　嬖寵其姊火車。）

　　〔案：魏書卷五十六鄭羲傳：「鄭羲，字幼驎，……（子）道昭。……道昭……
　　子嚴祖。」新唐書卷七十五上宰相世系表五上滎陽鄭氏北祖：幼麟為「七房鄭

氏」第七房。〕

北齊書卷二十九鄭述祖傳（北史卷三十五鄭羲傳同）

82　鄭述祖，字恭文，滎陽開封人。祖羲，魏中書令。父道昭，魏秘書監。……

83　述祖女為趙郡王叡妃……妃薨後，王更娶鄭道蔭女……

〔案：魏書卷五十六鄭羲傳：「鄭羲字幼驎……（子）道昭……（道昭子）述
祖。……羲從父兄德玄……（德玄）子道蔭。……」新唐書卷七十五上宰相世
系表五上滎陽鄭氏：「溫四子：濤、曅、簡、恬。濤居隴西。曅……為北祖。
簡為南祖。恬為中祖。曅……七子：……幼驎（等）。」羲字幼驎，道蔭為羲
從父兄德玄之子，應屬溫之子孫。〕

北史卷三十五鄭羲傳附孫述祖傳：

清河大房崔悛妹	——67——→齊博陵王	
博陵第三房崔暹妹	——68——→高乾弟慎	
范陽北祖尚之房盧道約女	——70——→（齊皇后）	
范陽盧臣客姊	——71——→齊任城王（妃）	齊樂安公主——69——→博陵第三房崔暹子達拏
趙郡東祖系支李祖昇妹祖娥	——72,73,117——→齊文宣（后）	齊浮陽長公主——85——→隴西姑臧大房李諶子
趙郡東祖系支李祖勛女	——73,118——→齊濟南王（妃）	
趙郡東祖曾支李叔讓女	——75——→齊武成	
趙郡東祖曾支李叔讓女	——76——→齊南安王思好（妃）	
趙郡東祖系支李騫女	——113——→齊安樂王延宗（妃）	
趙郡東祖系支李祖欽女	——77,79——→齊後主（娥英，後為左昭儀）	
趙郡東祖系支李祖欽女	——78——→齊瑯邪王儼（妃）	
趙郡東祖系支李孝貞女	——80——→齊後主（夫人）	
趙郡東祖系支李祖牧女	——112——→齊安樂王延宗（妃）	
趙郡東祖觸支李琮女六止	——124——→齊南安王子世才	
滎陽北祖七房鄭仲禮姊	——81——→齊高祖	
滎陽北祖七房鄭述祖女	——82——→齊趙郡王叡（妃）	
滎陽北祖鄭道蔭女	——83——→齊趙郡王叡（妃）	
滎陽鄭述祖族子雛女	——84——→齊文宣王為太子納為良娣	

高氏宗室與五姓著房婚姻關係表（圖表三）

84　述祖族子雛……初齊文宣爲皇太子納其女爲良娣。

北史卷一百序傳：

85　（李）諡子千學，齊武平中尚神武女浮陽長公主。

　　〔案：北史卷一百序傳載隴西李寶子承，承長子韶，韶長子瑒，瑒子諡。」新

　　唐書卷七十二上宰相世系表二上隴西李氏姑臧大房：承——韶——瑒。〕

　　本文根據上引資料，查證大士族著房出處，製作出〔高氏宗室與五姓著房婚姻關

係表〕（圖表三）

　　根據圖表三所示，高氏宗室與五姓著房間婚姻關係共得二十例，其中五姓著房女

嫁入高氏宗室者有十八例，五姓著房娶高氏宗室女者有二例。由於北齊高氏王朝國祚

並不很長，今得二十例，已能證明高氏與五姓著房婚姻關係頗爲密切。似乎高氏亦繼

承元氏之政策，以迎娶五姓著房女爲主要的結合方式。

　　如以各大士族著房個別與高氏宗室婚姻關係而論，如下：清河崔氏著房一例，博

陵崔氏著房二例，范陽盧氏著房二例，趙郡李氏著房十例，隴西李氏著房一例，滎陽

鄭氏著房四例，太原王氏著房則無。趙郡李氏十例皆屬東祖。

第三節　宇文氏宗室與五姓著房婚姻關係

　　北周宇文氏宗室與五姓著房婚姻關係僅得一例，資料如下：

周書卷二十五李賢傳：

　　李賢字賢和，其先隴西成紀人也。曾祖富……祖斌……父文保……。

86　（賢弟遠，遠子植）植弟基，字仲和，……太祖召見奇之，乃令尚義歸公主。

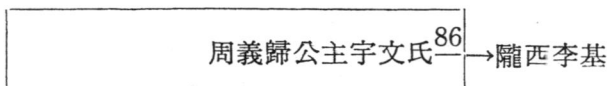

周義歸公主宇文氏——86→隴西李基

宇文氏宗室與五姓著房婚姻關係表（圖表四）

　　本文根據上引資料，製作成〔宇文氏宗室與五姓著房婚姻關係表〕（圖表四），

周義歸公主宇文氏尚隴西李基，本文案：李基地望屬隴西，但房支不詳。

第四節　楊氏宗室與五姓著房婚姻關係

隋楊氏宗室與五姓著房婚姻關係得有三例，資料如下：

隋書卷七十四酷吏列傳崔弘度傳、附弟弘昇傳（北史卷三十二崔辯傳附弘度傳同）：

> 崔弘度字摩訶衍，博陵安平人也。祖楷，魏司空。父說，周敷州刺史……。

87　弘度妹先適（尉）迥子為妻……。開皇初……納其（弘度）妹為秦孝王妃……。

88　復以其弟弘昇女為河南王妃。仁壽中，檢校太府卿。自以一門二妃……

> 〔案：新唐書卷七十二下宰相世系表二下博陵崔氏第二房楷支：楷——說——弘度、弘昇。〕

隋書卷五十李禮成傳：

> 李禮成字孝諧，隴西狄道人也……祖延寔，魏司徒。父巖，侍中。……

89　禮成妻竇氏早沒……遂聘高祖妹為繼室。……

> 〔案：魏書卷八十三下外戚傳下李延寔傳謂沖子延寔，延寔子巖。新唐書卷七十二上宰相世系表二上隴西李氏姑臧房：沖為第六房。〕

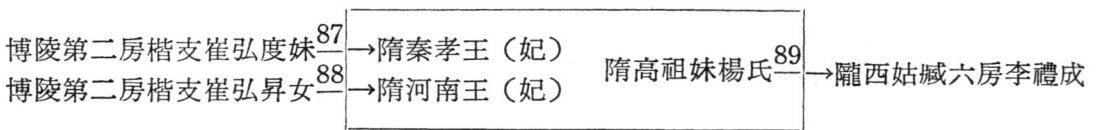

博陵第二房楷支崔弘度妹[87] →隋秦孝王（妃）　　　隋高祖妹楊氏[89] →隴西姑臧六房李禮成
博陵第二房楷支崔弘昇女[88] →隋河南王（妃）

楊氏宗室與五姓著房婚姻關係表（圖表五）

本文根據上引資料，查證大士族著房出處，製作成〔楊氏宗室與五姓著房婚姻關係表〕（圖表五）

根據圖表五所示，楊氏宗室與五姓著房間婚姻關係表，凡得博陵崔氏二例，隴西李氏一例，其他各族未見。

第五節　李氏宗室與五姓著房婚姻關係

唐李氏宗室與五姓著房間婚姻關係，在神龍年前僅得二例，資料如下：

大周故滦州司戶崔府君墓誌銘（12913）

> 君諱思古，字宜奴，博陵人也。因宦雍州，家焉。祖唐芮州刺史、散騎常侍奕

90 之孫；唐海州長史、陽信縣大方之嫡子。母曰隆山縣主。公鼎門演慶，貴胄逸

91 羣，唐益州都督、蜀王口，領口異才，奏娉長女寶安縣主。……以天授二年二
　月九日、卒於懷仁坊私第，春秋四十九。……

　〔案：新唐書卷七十二下宰相世系表二下博陵崔氏第二房楷支：楷（後魏殷州
　刺史、後將軍）——士謙（周江陵總管、武康郡公）——曠（隋浙州刺史）——
　奕（芮州刺史）——大方（海州刺史）。〕

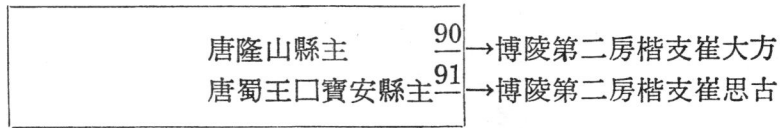

```
┌─────────────────────────────────────────────┐
│        唐隆山縣主      90  →博陵第二房楷支崔大方 │
│        唐蜀王口寶安縣主 91  →博陵第二房楷支崔思古 │
└─────────────────────────────────────────────┘
```
李氏宗室與五姓著房婚姻關係表（圖表六）

　　本文根據上引資料，查證大士族著房出處，製作成〔李氏宗室與五姓著房婚姻關
係表〕（圖表六）

　　根據圖表六所示，李氏宗室與五姓著房間關係，凡得博陵崔氏二例，其他各族未
見。

第六節　綜合比較

　　北魏自高祖以降，元氏宗室與五姓著房通婚甚為密切；北齊高氏與五姓著房通婚
亦頗為密切。為了方便比較，本文以各朝宗室為中心，環繞著清河崔氏、博陵崔氏、
范陽盧氏、趙郡李氏、隴西李氏、滎陽鄭氏、太原王氏等五姓七望著房著支，繪成
示意圖以資比較研究，如下：元氏宗室與五姓著房婚姻關係示意圖（圖表七）、高氏
宗室與五姓著房婚姻關係示意圖（圖表八）、宇文氏宗室與五姓著房婚姻關係示意圖
（圖表九）、楊氏宗室與五姓著房婚姻關係示意圖（圖表十）、李氏宗室與五姓著房
婚姻關係示意圖（圖表十一）等。

　　比較上述五個示意圖，很明顯發現元氏示意圖（圖表七）與高氏示意圖（圖表
八）非常相似，除太原王氏著房未見與高氏宗室通婚外，其他皆與元氏、高氏宗室有
婚姻關係，所以元氏自高祖以降及高齊宗室已與五姓著房結合成一個婚姻圈。

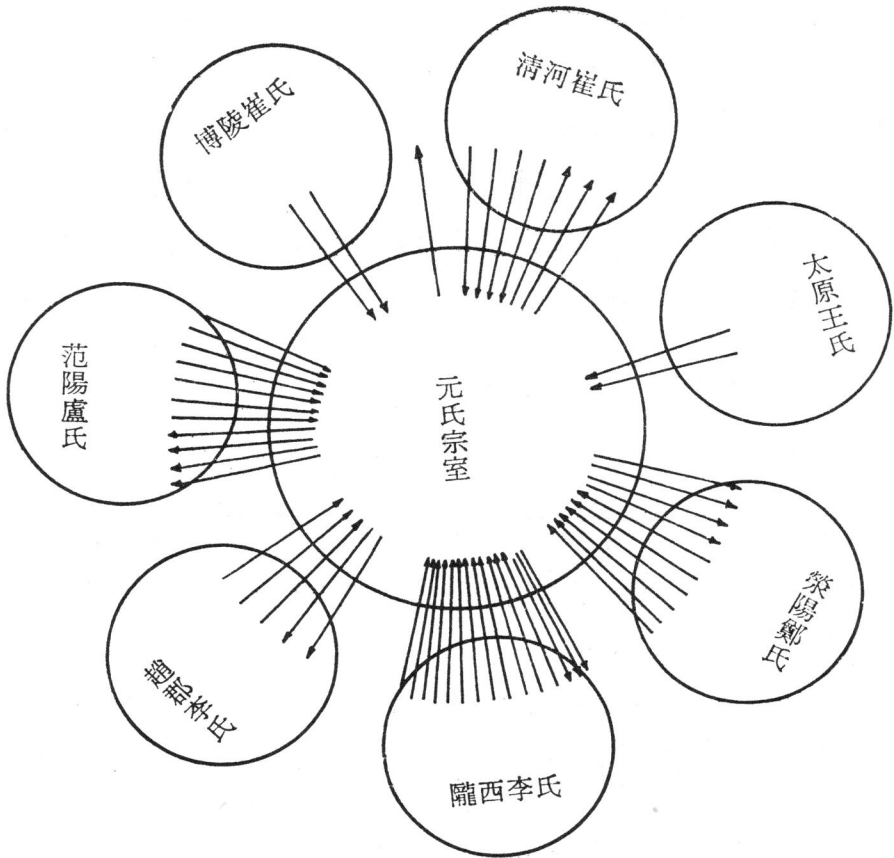

元氏宗室與五姓著房婚姻關係示意圖（圖表七）

　　另外方面，宇文氏示意圖（圖表九）中，宇文氏宗室僅見與隴西李氏通婚，且其例只有一起，這一個僅有例子隴西李基還不能明確地證明屬於隴西李氏的著房；宇文氏宗室與他大族間婚姻關係則未見記載。楊氏示意圖（圖表十）中，楊隋宗室僅見與隴西李氏、博陵崔氏通婚，楊氏宗室與其他大族間婚姻關係則未見記載。李氏示意圖（圖表十一）中，李唐神龍年以前其宗室僅見與博陵崔氏通婚，李唐宗室與其他大族間婚姻關係則未見記載。

　　案魏分東西以後，北周宇文氏、隋楊氏、唐李氏宗室乃屬同一系統人物，此卽陳寅恪先生所謂「關隴集團」，從本文上述資料所示，這個集團的共同特點乃是極少與五姓著房通婚，此點與北魏高祖以降，元氏宗室、北齊高氏宗室與五姓著房通婚密切

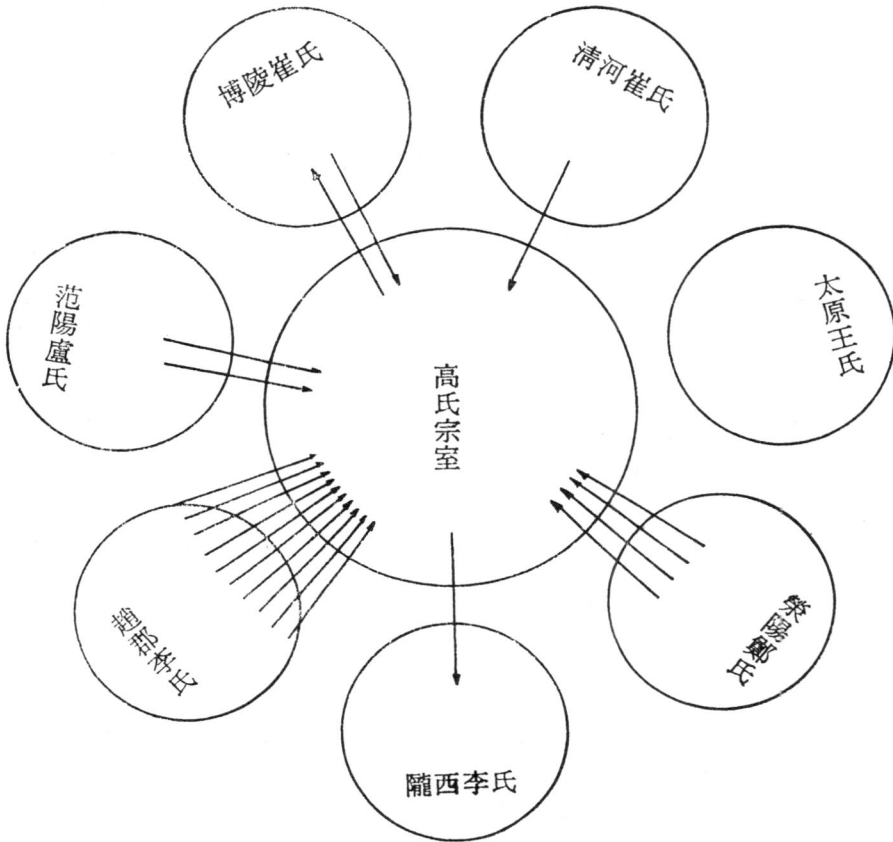

高氏宗室與五姓著房婚姻關係示意圖（圖表八）

的現象，形成強烈對比。

　　茲再分析與宇文氏、楊氏、李氏宗室通婚之人物如下：與宇文氏通婚之唯一例子隴西李基已分析於前；與楊隋宗室通婚者有隴西李氏一例及博陵崔氏二例。隴西李氏之例為李禮成尚隋高祖妹為繼室，李禮成乃隴西姑臧第六房李沖之曾孫，隋書卷五十李禮成傳載：

　　禮成年七歲，與姑之子蘭陵太守滎陽鄭顥隨魏武帝入關，……魏大統中，釋褐
　　著作郎，遷太子洗馬、員外散騎常侍。周受禪，拜平東將軍、散騎常侍。……
　　伐齊之役……加開府，進封冠軍縣公，拜北徐州刺史。未幾，徵為民部中大
　　夫。禮成妻竇氏早沒，知（隋）高祖有非常之表，遂聘高祖妹為繼室，情契甚

博陵崔氏

清河崔氏

范陽盧氏

宇文氏宗室

太原王氏

趙郡李氏

滎陽鄭氏

隴西李氏

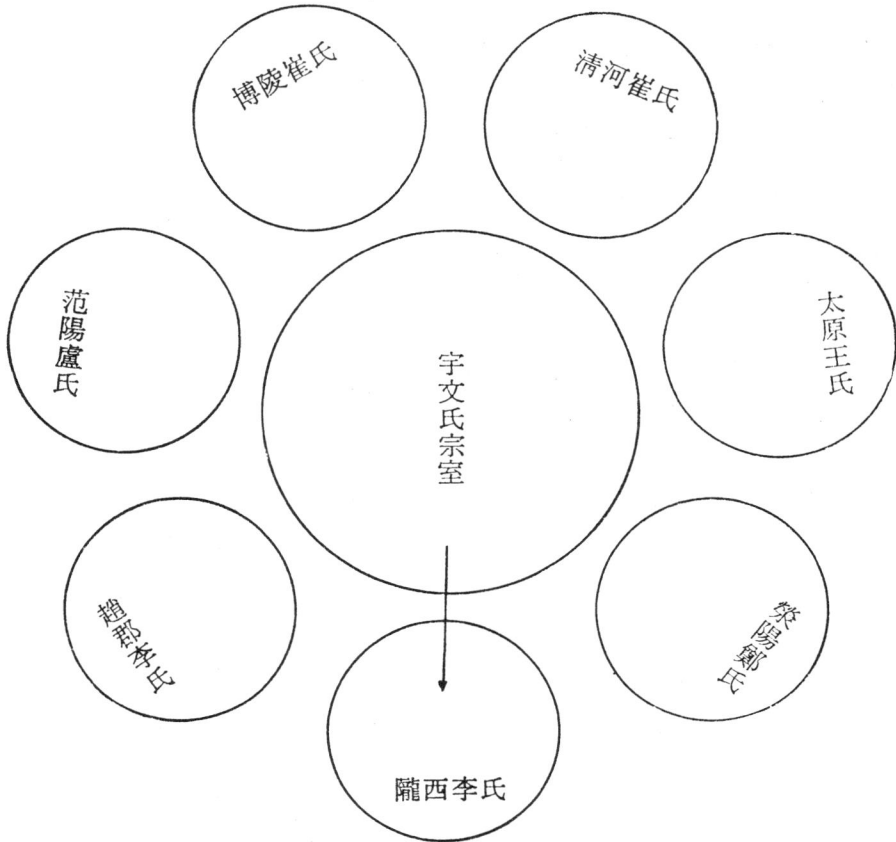

宇文氏宗室與五姓著房婚姻關係示意圖（圖表九）

歡。

李禮成七歲時隨姑之子滎陽鄭顥追隨西魏政權，隴西姑臧本房未見西入，故李禮成乃個人行為。李禮成妻竇氏，不知何房何支，案隋唐皇室與竇氏均有密切的婚姻關係，李禮成前妻竇氏，後妻隋高祖妹，極可能進入「關隴集團」之婚姻圈。

　　與楊隋宗室通婚還有博陵崔氏二例，卽崔弘度妹為秦孝王妃、弘度弟弘昇女為河南王妃。崔弘度、弘昇屬博陵第二房楷支，楷子孫當東西魏分裂時已悉數奔入西魏。[26] 這一支已加入「關隴集團」。

---

26. 參見拙文「中古山東大族著房之研究」第二章㈡博陵崔氏之分析⑵博陵崔氏第二房楷支。

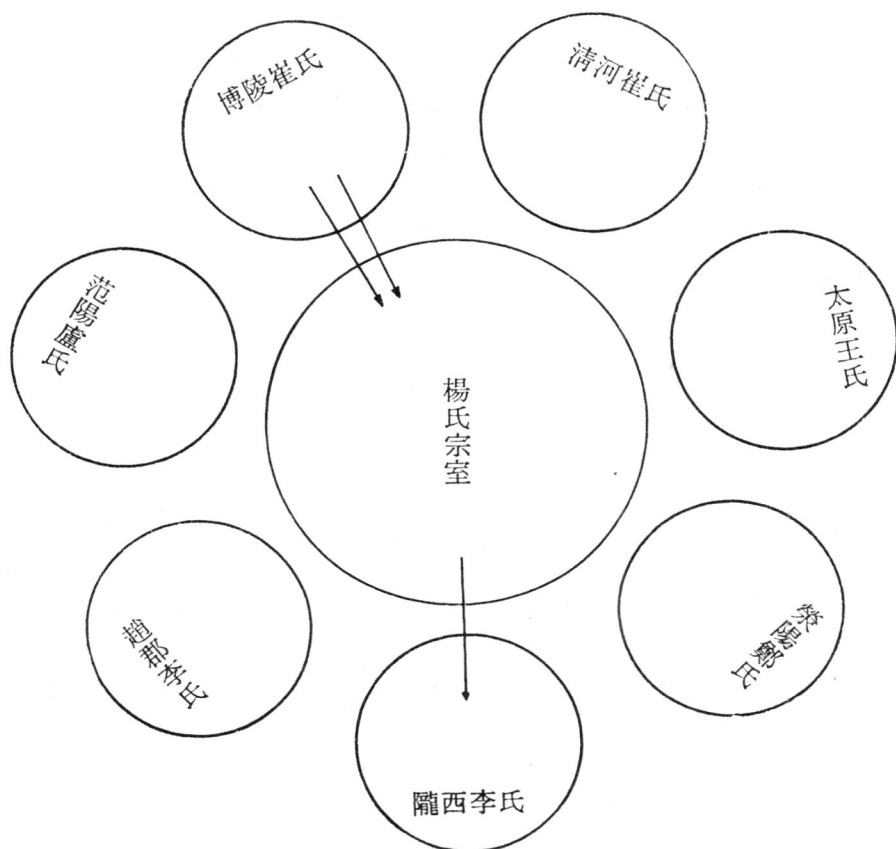

楊氏宗室與五姓著房婚姻關係示意圖（圖表十）

　　與李唐宗室通婚者，亦是博陵崔氏二例，同屬博陵第二房楷支後裔，崔大方尚隆山縣主，乃子崔思古尚寶安縣主，其世系為：楷（後魏殷州刺史、後將軍）——士謙（周江陵總管、武康郡公）——曠（隋浙州刺史）——弈（芮州刺史）——大方（海州刺史）——思古（滁州司戶）。

　　北周代西魏、楊隋代北周，這個集團自然形成其婚姻圈。當隋滅北齊之時，絕大多數居於東方的五姓著房，驟然間併入一個大帝國，這兩個婚姻圈並未能結合在一起，例如，隋書卷七十六文學列傳崔儦傳載：

　　　崔儦字岐叔，清河武城人也。祖休，魏青州刺史。父仲文，齊高陽太守。世為著姓，……少與范陽盧思道、隴西辛德源同志友善……齊亡，歸鄉里……開皇

博陵崔氏

清河崔氏

范陽盧氏

太原王氏

李氏宗室

趙郡李氏

滎陽鄭氏

隴西李氏

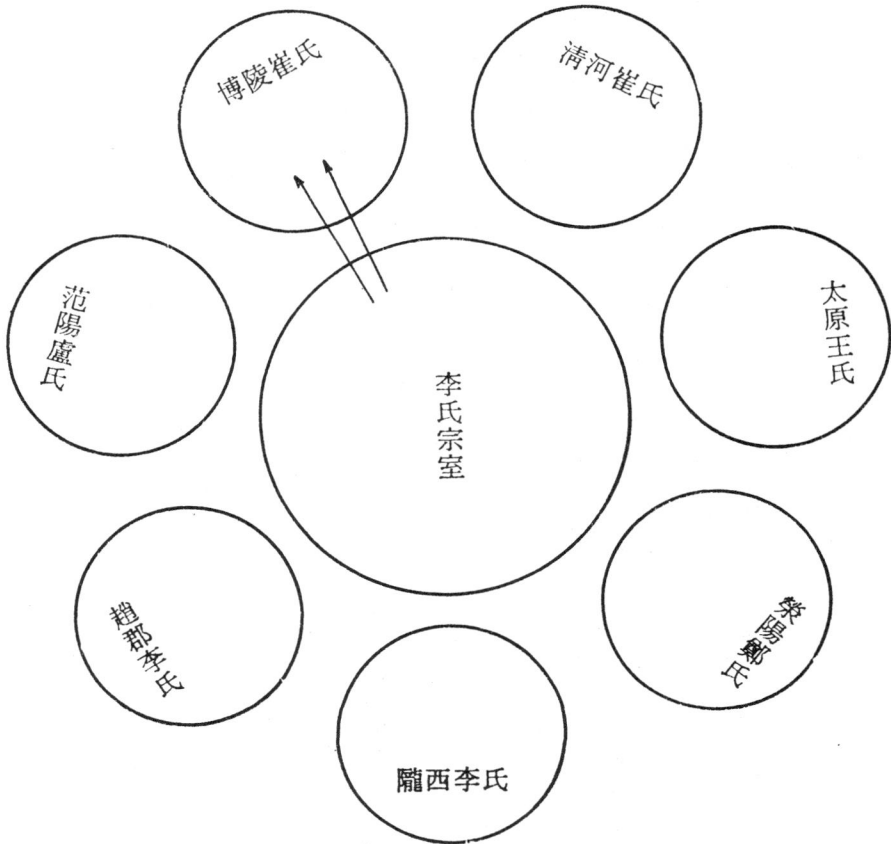

李氏宗室與五姓著房婚姻關係示意圖（圖表十一）

四年，徵授給事郎，尋兼內史舍人。後數年，兼通直散騎侍郎，聘於陳，還授員外散騎侍郎。越國公楊素時方貴倖，重儦門第，爲子玄縱娶其女爲妻，聘禮甚厚。親迎之始，公卿滿座，素令騎迎儦，儦故敝其衣冠，騎驢而至。素推令上座，儦有輕素之色，禮甚倨，言又不遜。素忿然拂衣而起，竟罷座。後數日，儦方來謝，素待之如初……。

從本文資料所示，至唐神龍年間，李唐宗室與五姓著房並未結合成一個婚姻圈。

第三章　五姓著房間婚姻關係

第一節　以博陵崔氏爲中心

自北魏高祖孝文帝始，至北齊止，博陵崔氏著房與其他四姓著房之婚姻關係，其資料列舉於下：

魏故持節龍驤將軍督營州諸軍事營州刺史征東將軍太中大夫臨清男崔公之墓誌銘（漢魏南北朝墓誌集釋223）：

92　祖秀才，諱殊，字敬異，夫人從事中郎趙國李休女。父雙護，中書侍郎、冠軍
93　將軍、豫州刺史、安平敬侯，夫人中書趙國李詵女。君諱敬邕，博陵安平人也。……熙平二年十一月二十一日，卒於位。……

　　〔懷岷精舍金石跋尾：「崔敬邕，魏書附崔挺傳，蓋亦挺之從祖弟也（挺從祖弟脩和，脩和弟敬邕）。……李休，附北史李士謙傳云『字紹則，纘次子。』詵，魏書附李順傳，云『靈族叔，字令孫，官京兆太守。』蓋卽其人也。」又本文案：新唐書卷七十二下宰相世系表二下博陵崔氏：殊爲第五房。又新唐書卷七十二上宰相世系表二上趙郡李氏西祖盛支：盛——纘——休——詵。〕

齊故中堅將軍趙州長史李妻崔氏墓誌銘（漢魏南北朝墓誌集釋329）：

94　夫人諱宣華，博陵安平人也。……祖定州恭公。父冀州儀同公。……夫人……以大魏永安元年六月二十四日、卒於滎陽鄭里，春秋二十有八。……

　　〔漢魏南北朝墓誌集釋：李夫人崔宣華墓誌釋云：「誌稱『祖定州恭公。父冀州儀同公』而不名。考魏書崔鑒傳『鑒子秉，薨贈定州刺史，謚曰靖穆。長子忻，莊帝初遇害於河陰，贈冀州刺史。』夫人蓋秉之孫，忻之女也。李憲墓誌『崔仲哲父秉，司徒靜穆公』靖、靜字通，誌則云恭公，未知孰是？夫人嬪於李氏，疑李憲之裔。」又本文案：新唐書卷七十二下宰相世系表二下博陵崔氏大房：（連）二子標、鑒……（鑒）三子舍、秉德、習，秉德……子忻、君哲、仲哲。又新唐書卷七十二上宰相世系表二上趙郡李氏東祖系支：系——順——式——憲。〕

北史卷三十二崔辯傳附子巨倫傳：

95 初，巨倫有姊，明慧有才行，因患眇一目，內外親族，莫有求者，其家議欲下

96 嫁之。巨倫姑，趙國李叔胤之妻，聞而悲感曰：「吾兄盛德，不幸早世，豈令此女，屈事卑族！」乃爲子翼納之。時人歎其義識。

〔案：新唐書卷七十二下宰相世系表二下博陵崔氏第二房：琨……二子經、鬱，經生辯。又新唐書卷七十二上宰相世系表二上趙郡李氏東祖緦支：緦——均——璨——叔胤。〕

本文根據上引資料，查證大士族著房出處，製作成〔北魏高祖至北齊間五姓著房婚姻關係表——以博陵崔氏爲中心〕（圖表十二）

圖表十二所示，博陵崔氏著房與其他四姓著房婚姻關係共得十一例，其中十例與趙郡李氏著房相婚，一例與滎陽鄭氏北祖七房相婚，與范陽盧氏、隴西李氏、太原王氏等著房相婚之資料未見。博陵崔氏第五房與趙郡李氏西祖盛支通婚者有二例，而博陵崔氏第二房與趙郡李氏東祖通婚者有五例，博陵崔氏大房與趙郡李氏東祖系支通婚者有二例。

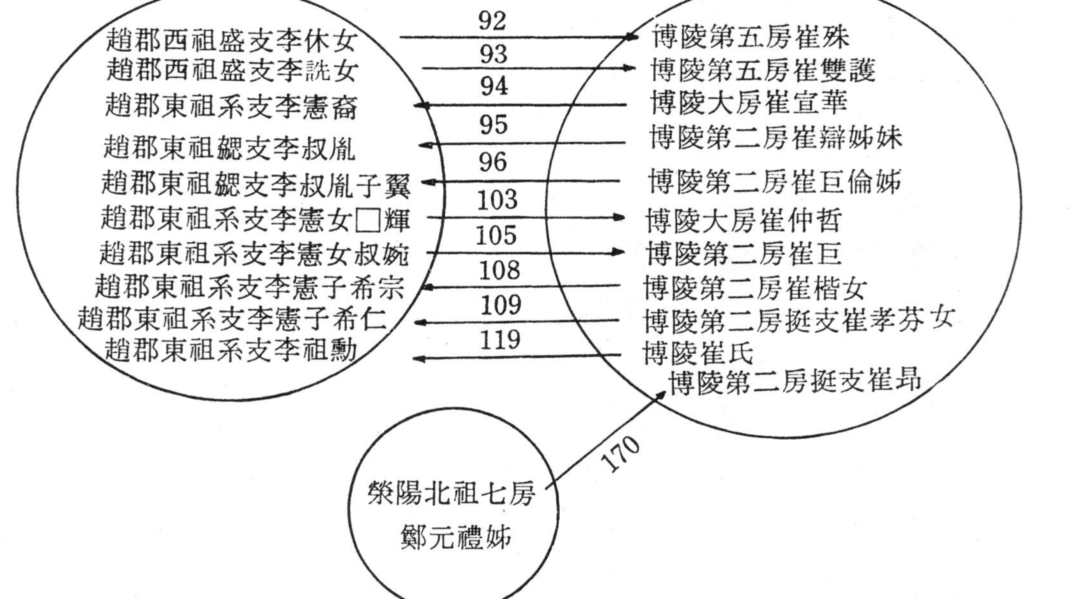

北魏高祖至北齊間五姓著房婚姻關係表

——　博陵崔氏爲中心（圖表十二）

自西魏、北周、隋，以迄唐神龍年間，博陵崔氏著房與其他四姓著房之婚姻關係，其資料列舉於下：

北史卷一百序傳：

97　（李）超字仲舉……鄴城平，仍將家隨例入關。仲舉以親故流離，情不願往，妻伯父京兆尹博陵崔宣猷留不許去。固辭，乃得還鄴。……

〔案：新唐書卷七十二下宰相世系表二下博陵崔氏第二房挺支：挺──孝芬──猷（字宣猷）。又新唐書卷七十二上宰相世系表二上隴西李氏姑臧大房：承──虔──曉──超。〕

舊唐書卷九十一崔玄暐傳：

98　崔玄暐，博陵安平人也。父行謹，為胡蘇令，……其母盧氏……。

〔案：新唐書卷七十二下宰相世系表二下博陵崔氏大房崔氏：當──伯謙──淵──綜──愼──玄暐（相武后、中宗）。〕

朝散大夫行鄆州司馬盧府君墓誌銘（千唐誌齋藏誌第 676 號）

99　公諱思莊，范陽人也。曾祖毅，隋兗州都督，……祖□□，皇朝朝散大夫、始州司馬、淮源侯；父知玄，殿中侍御史、襲淮源侯……（公）開元十三年十二月二十二日卒……春秋七十有二。夫人博陵崔氏，故房州刺史敬嗣之女也。……

〔案：新唐書卷七十二下宰相世系表二下博陵崔氏第三房：天護──纂──
畎──誠──儀表──敬嗣（房州刺史）……。

朝野僉載卷一（筆記小說大觀四編）：

99a　太常卿盧崇道，坐女壻中書令崔湜反。

〔案：新唐書卷七十三上宰相世系表三上范陽盧氏北祖尚之第四房：尚之──
文翼──士偉──義幹──眞惠──玄範──崇道（太常少卿）。又新唐書卷七十二下宰相世系表二下博陵崔氏安平房：昂──仁師──挹──湜（相中宗）。〕

大唐故揚州揚子縣令崔府君墓誌銘（千唐誌齋藏誌第 721 號）

君諱光嗣……博陵安平人。曾祖彭，隋銀青光祿大夫、利州刺史；祖知德，皇朝朝散大夫、果州長史；父景運，皇朝泉州龍溪令。……（君）春秋七十有

100 一，大唐開元二十年六月十六日卒……夫人范陽盧氏，皇朝太子洗馬悅之孫，

　　益州青城尉弘獎之女。……

　　　〔案：新唐書卷七十二下宰相世系表二下博陵第二房：楷——士謙——彭——

　　知德（絳丞、安陽男）——景運。〕

大唐故蘇州司馬輕車都尉崔君墓誌銘（17539）：

　　君諱泰，字元平，博陵安平人也。……高祖秉，後魏……侍中、尚書令、司

　　徒公、諡曰靜穆公。曾祖仲哲，後魏龍驤將軍、主客侍郎……安平男，諡曰忠

　　……。祖長瑜，浮陽郡守、太常卿，襲爵安平男。……父子博，隋尹部、虞部

　　侍郎、泗州刺史……。君……以貞觀十年十一月六日、終於官所，年六十有

101 一。夫人隴西李氏……粵以永徽六年十月一日、合葬於洛州河南縣平樂鄉華憲

　　里邙山之原。

　　　〔案：新唐書卷七十二下宰相世系表二下博陵安平崔氏大房崔氏：「鑒字神具，

　　後魏東徐州刺史、安平康侯。三子：含、秉德、習。秉德，驃騎大將軍，諡曰

　　靖穆。子忻、君哲、仲哲。」表中：「仲哲，後魏司徒行參軍、安平縣男——

　　長瑜，開府中兵參軍——子博，隋泗州長史。」〕

大唐前徐州錄事參軍太原王君故夫人博陵崔氏墓誌銘（千唐誌齋藏誌第 639 號）：

　　夫人諱金剛，……博陵安平人也。……曾祖仲方，隋虢州刺史、禮部尚書、太

　　常卿、國子祭酒、金紫光祿大夫，封固安郡開國公。……祖民令，隋朝請大

　　夫，榮州臨眞縣宰、通事舍人，襲封故國。……父承福，皇朝左司郎中、齊潤

102 等五州刺史、越廣二府都督，封博陵郡開國公。……（夫人）歸於王君，字庭

　　玉，太原人也。……（夫人）開元十二年（卒）……春秋六十有一……

　　　〔案：新唐書卷七十二下宰相世系表二下博陵崔氏第二房挺支：挺——孝芬

　　——猷——仲方——令——承福。〕

　　本文根據上引資料，查證大士族著房出處，由於西魏北周缺乏五姓著房間婚姻關

係資料，本文製作成〔隋至唐神龍時五姓著房婚姻關係表——以博陵崔氏爲中心〕

（圖表十三）

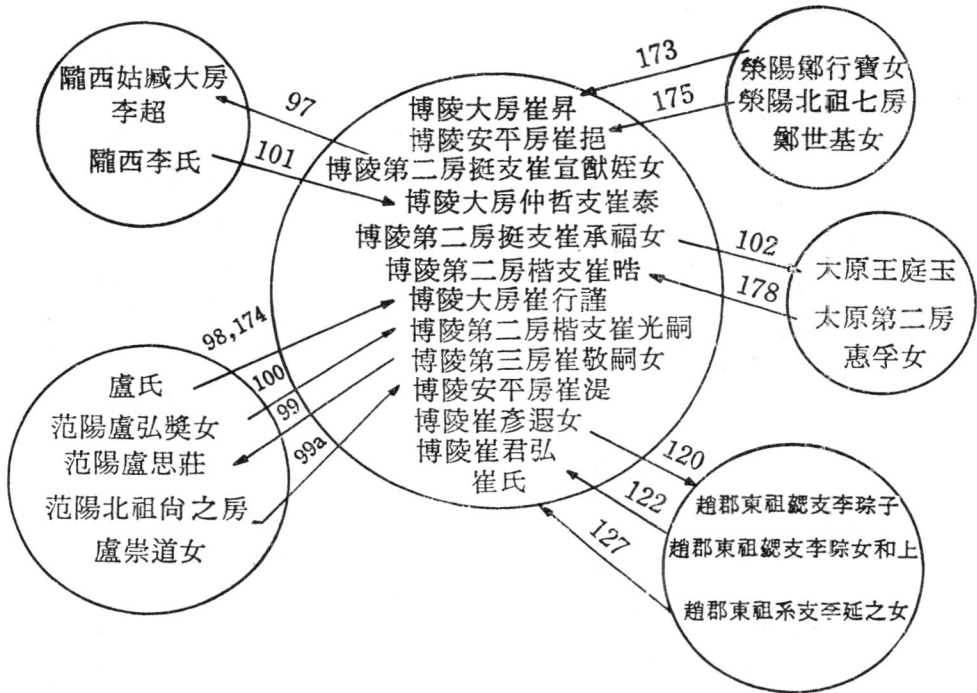

隋至唐神龍時五姓著房婚姻關係表
——以博陵崔氏為中心（圖表十三）

　　圖表十三所示，博陵崔氏著房與其他四姓著房婚姻關係共得十三例，由於隋唐史書對婚姻關係不如北朝史書記載多，墓誌銘拓片雖可補充一部份，復由於本文限定於其世系明確可證明為著房者才予收錄，這項查證工作大部份出自新唐書宰相世系表，但宰相世系表並不十分完整，故隋唐時期婚姻關係極難獲得。不得已，凡有婚姻關係之一方明確可查者，即收錄於本文資料之中，用斷線符號以資區別。博陵崔氏著房十三個婚姻關係中，與榮陽鄭氏著房通婚者二例，與趙郡李氏著房通婚者三例，與隴西李氏通婚者二例，與范陽盧氏通婚者四例，與太原王氏通婚者二例。其婚姻關係已較北魏、北齊時擴大，而且較為平均。

第二節　　以趙郡李氏為中心

　　自北魏高祖孝文帝始，至北齊止，趙郡李氏著房與其他四姓著房之婚姻關係，其資料如下：

　　□□持節侍中都督定冀相殷四州諸軍事驃騎大將軍定州刺史尚書令儀同三司文靜李公

墓誌銘（漢魏南北朝墓誌集釋292）：

公諱憲，字仲軌，趙國栢仁人也。……大父太尉 、 宣公。……考安南使君。
……（公）年五十八。……夫人河間邢氏，父肅州主簿。長子希遠，字景沖，
103 州主簿，少喪……。長女□輝， 適龍驤將軍、 營州刺史、 安平男、 博陵崔仲
104 哲；父秉，司徒、靜穆公。第二女仲儀，適冀州司馬渤海高□……。第三女叔
105 婉，適兗州刺史、漁陽縣開國男、博陵崔亘；父逸，廷尉卿。第四女季嬪，適
106 司空公，安樂王……錄尚書左僕射、武康王。第五女稚媛，適驃騎將軍、左光
祿大夫、滎陽鄭道邕；父□，青州刺史。希遠（長子）妻廣平宋氏；父弁，吏
107 部尚書。……長鈞（長孫）妻河南元氏；父孟和，司空公。……希宗（次子）
108.109 妻博陵崔氏；父楷，儀同三司……。希仁（第三子）妻博陵崔氏；父孝芬，儀
110 同三司……。騫（第四子）妻范陽盧氏；父文翼，開府諮議。……希禮（第五
111 子）妻范陽盧氏；父文符，正員郎。……

〔漢魏南北朝墓誌集釋：李憲墓誌釋云：「誌稱『憲長子希遠，妻廣平宋氏。
孫祖牧字翁伯，太尉外兵參軍。祖牧女阿範。』案魏書李憲傳『希遠子祖悛』，
112 而不數祖牧。惟北齊書魏收傳『安德王延宗納趙郡李祖收女為妃。後帝幸李宅
宴，妃母宋氏薦二石榴於帝前。』祖收蓋祖牧之譌。所云安德王妃，殆即阿範
矣！據誌，希遠妻為宋弁女。據收傳，則宋氏女又嬪於祖牧，當是弁之孫女。
一如憲第四女適安樂王鑒， 而憲子希宗女又適鑒之子之比。 當時中表互為婚
姻，蓋俗例耳。又考北史李孝貞傳小注：（附李順傳）『孝貞從兄祖勳，祖勳
113 叔騫女為安樂王延宗妃。』以誌稱『騫妻范陽盧氏，孫女寶信』證之，又似安
德王妃乃寶信而非阿範。與收傳不合，疑北史誤也。果如北史則妃母乃盧文翼
女，又安得云宋氏乎？或安德王前後俱婚於李，兩書所載皆得之。誌又稱『第
四女季嬪適安樂王（小注：下缺元鑒父三字）鈴尚書左僕射武康王。』案魏書
文成五王傳及近出元詮墓誌，鈴俱作詮。惟世宗紀稱定州刺史安樂王鈴，與誌
合。鈴詮字通，未知孰是？」求是齋碑跋一：「……憲第三子希宗之女，實為
北齊文宣帝后，諱祖娥，見北齊書后妃傳……據此則希宗實產子女十人，今此
三，豈未婚嫁者俱不列名……。」又本文案：新唐書卷七十二上宰相世系表二

誌僅列其上趙郡李氏東祖系支：系——順——式——憲。又李憲長女適博陵崔
仲哲，新唐書卷七十二下宰相世系表二下博陵崔氏大房：（連）二子標、鑒，
……（鑒）三子含、秉德、習。秉德……子忻、君哲、仲哲。又李憲三女適博
陵崔巨，新唐書卷七十二下宰相世系表二下博陵崔氏第二房：（琨）二子經、
鬱。經生辯，……二子逸、楷。魏書卷五十六崔辯傳：「（辯）長子景儁，
……高祖賜名爲逸。」又李憲第五女適滎陽鄭道邕，北史卷三十五鄭羲傳載羲
兄洞林，洞林子瓊，瓊子道邕。新唐書卷七十五上宰相世系表五上滎陽鄭氏北
祖：（曄）七子……因號「七房鄭氏」。洞林爲第四房。又李憲子希宗妻博陵
崔楷女，新唐書卷七十二下宰相世系表二下博陵崔氏第二房：（琨）二子經、
鬱。經生辯……二子逸、楷。又李憲三子希仁妻博陵孝芬女，新唐書卷七十二
下宰相世系表二下博陵崔氏第二房：（琨）二子經、鬱，……（鬱）生挺，挺
子孝芬。又李憲四子騫妻范陽盧文翼女、五子希禮妻范陽盧文符女。新唐書卷
七十三上宰相世系表三上范陽盧氏北祖「四房盧氏」尚之房：尚之——文甫、
文翼、文符。〕

北史卷三十三李孝伯傳附謐傳：

114　謐子士謙……其妻范陽盧氏。……

　　　〔案：魏書卷九十逸士傳李謐傳：「李謐，……趙郡人，相州刺史安世之子。」
　　　新唐書卷七十二上宰相世系表二上趙郡李氏東祖曾支：曾——祥——安世。〕

北史卷九十一列女傳魏貞孝女宗傳：

115　貞孝女宗者，趙郡栢人人。趙郡太守李叔胤之女，范陽盧元禮之妻也……母
崔……。

　　　〔案：新唐書卷七十二上宰相世系表二上趙郡李氏東祖勰支：勰——均——璨
　　　——叔胤。又北史卷三十盧玄傳：「（昶）子元聿，……元聿第五弟元明，
　　　……元明弟元緝。」新唐書卷七十三上宰相世系表三上范陽盧氏北祖「四房盧
　　　氏」昶房：昶子元隆、元德。疑盧元禮爲昶之子。〕

隋書卷七十七隱逸列傳李士謙傳（隋書卷七十七隱逸列傳崔廓傳同）

116　李士謙字子約，趙郡平棘人也。……有姊適宋氏……。其妻范陽盧氏。……

〔案：北史卷三十三李孝伯傳附謐傳：謐子士謙，字子約……其妻范陽盧氏。
查新唐書卷七十二上宰相世系表二上趙郡李氏東祖曾支 ： 曾——孝伯 。（ 北
史：謐乃孝伯兄祥之孫。）〕

北史卷三十三李順傳附子敷傳：

117 （憲子希宗）字景玄，……齊神武擢爲中外府長史。文宣帝納其第二女爲皇后。……

118 希宗長子祖昇，……祖昇弟祖勳……齊文宣以其女爲濟南王妃。……

119 （祖勳）妻崔氏。……

〔案：新唐書卷七十二上宰相世系表二上趙郡李氏東祖系支：系——順——式
——憲——希宗——祖昇、祖勳。祖勳妻崔氏，案李憲一系與博陵崔氏通婚頗
密，此處崔氏可能是博陵人，世系失載。〕

本文根據上引資料，查證大士族著房出處，製作成〔北魏高祖至北齊間五姓著房
婚姻關係表——以趙郡李氏爲中心〕（圖表十四）

圖十四所示，趙郡李氏著房與其他四姓著房婚姻關係共得十六例，其中以與博陵
崔氏著房相婚最多，得十例，上節已有陳述。其次與范陽盧氏相婚得五例，趙郡李氏
東祖系支、曾支、靦支與范陽盧氏北祖尙之房、昶房皆是婚姻對象，故這兩姓之婚姻
關係尙稱密切。另李氏東祖系支與滎陽鄭氏北祖第四房間亦得一例。

自西魏、北周、隋以迄唐神龍年間，趙郡李氏著房與其他四姓著房之婚姻關係，
其資料列舉於下：

□故李功曹墓銘（漢魏南北朝墓誌集釋347）：

120 君諱琮，字仲璵，趙國平棘人也……曾祖兗州史君，祖幽州史君，……父穎州

121 史君……。（公）武平二年五月丁未朔廿二日戊辰○於孝德里舍，時年五十有

122 五。……妻鉅鹿魏氏，父道寧 ， 安東將軍， 懷州驃騎府長史、曲陽男。……

123 子四人……，妻博陵崔氏，父彥遐。女七人，德相適太原王茂弘，丞相府行參

124 軍。和上適博陵崔君弘，開府參軍事。瓔兒適廣平段德諧 ， 直盪都督 ， 諧父
平原王。阿停適鉅鹿魏行堅，開府參軍。五男適滎陽鄭金剛。六止適渤海高世
才，才父南安王……〔漢魏南北朝墓誌集釋：李琮墓誌釋云：「誌稱『子妻博陵
崔氏，父彥遐。女和上適博陵崔君弘。』案魏書李孝伯傳『兄子安世妻博陵崔

博陵第五房崔淶
博陵第五房崔宣華
博陵大房崔雙護
博陵第二房崔崝姊妹
博陵第二房崔巨倫姊
博陵大房崔仲哲
博陵第二房崔巨
博陵第二房崔楷女
博陵第二房婭支崔孝芬女
博陵崔氏

趙郡西祖盛支李林女
趙郡西祖盛支李詵女
趙郡東祖禾支李憲蕃
趙郡東祖顗支李叔胤
趙郡東祖顗支李叔胤子翼
趙郡東祖顗支李憲女□輝
趙郡東祖禾支李叔宛
趙郡東祖禾支李憲女叔隅
趙郡東祖禾支李憲子希宗
趙郡東祖禾支李憲子希仁
趙郡東祖禾支李憲子祖勳

92
93
94
95
96
103
104
108
109
119

趙郡東祖禾支李憲子希禮
趙郡東祖禾支李憲子鷟
趙郡東祖曾支李士謙
趙郡東祖顗支李叔胤女
趙郡李氏
趙郡東祖禾支李憲女稚媛

106

榮陽北祖第四房
鄭道邕

111
110
114、116
115
37

范陽北祖尚之支盧文符女
范陽北祖尚之支盧文蕖女
范陽盧氏
范陽北祖昶支盧元禮
范陽北祖祖禮盧延集

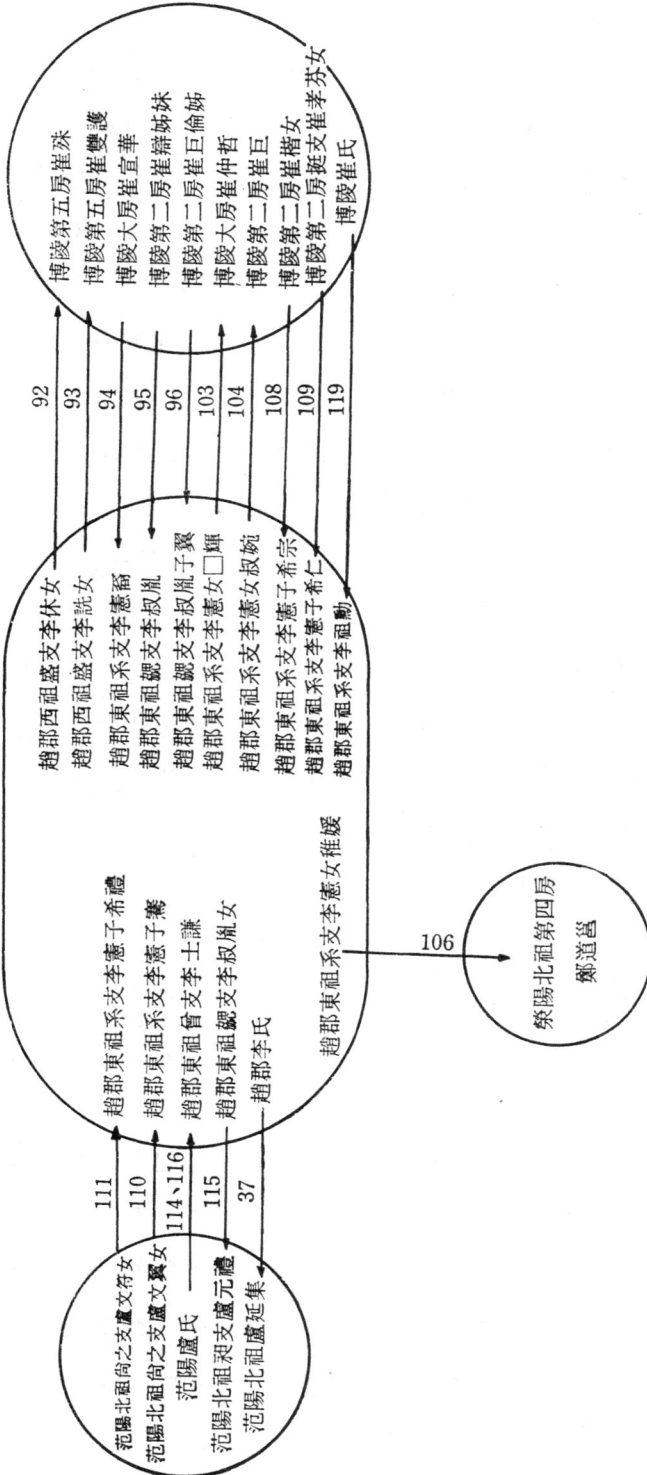

北魏高祖至北齊間五姓著房婚姻關係表
——以趙郡李氏為中心（圖表十四）

氏，以妬悍見出。』又崔辯傳『孫巨倫有姊，明慧有才行，因眇一目，其家議
欲下嫁之。巨倫姑趙國李叔胤之妻，聞而悲戚曰：吾兄盛德，不幸早世，豈
令此女屈事卑族？乃為子翼納之。』（小注：李憲墓誌，長女長輝適博陵崔仲
哲，三女叔婉適博陵崔巨，二子希宗妻博陵崔楷女，三子希仁妻博陵崔孝芬
女，皆崔李世為婚姻之證。）可知崔李互申婚姻，自昔已然，不自琮子始也。」
又常山貞石志三：「志有云：『瓌兒適廣平段德諧，直盪都督。諧父平原王。』
案北齊封平原王，惟段韶及懿父子二人，見北齊書段榮傳。……惟史稱榮為姑
臧武威人，而志云廣平……是史乃稱段氏之郡望，志言所居之地耳。……又志
載『君女六止適渤海高世才，才父南安王。』北齊書亦無世才名。據志稱其父
為南安王，當即高思好之子，思好本浩氏子，上洛王思宗養以為弟，事蹟具
北齊書思宗傳。』」又本文案：誌主李琮，字仲璵，趙國平棘人也，父祖名字
失載，唯載曾祖兗州史、祖幽州史、父潁州史。查新唐書卷七十二上宰相世系
表二上趙郡李氏東祖魏支：魏——均——璨（字世顯，恒山太守、始豐懿侯）
——宣茂（後魏幽州刺史，諡曰惠）——志之（鄆州刺史）——瑄（青州刺
史）、季璵、季略。誌主李琮，字仲璵，可能是李瑄、李季璵之兄弟，李瑄、
李季璵之祖父亦幽州刺史。又誌主李琮卒於北齊武平二年，年五十五，時已北
齊之末，故李琮子女已入隋朝。〕

大唐故使持節亳州諸軍事亳州刺史李府君墓誌銘（13514）：

125　公諱愻，字訥言，趙郡元氏人也。曾祖陽平郡守仲通，通生洛州司兵孝端，端
生晉陽府君知本。公即晉陽府君之第三子也。……亳州刺史……粵神龍元年、
國朝中興之始，公自亳還都……是歲四月二十七日遘疾終，春秋七十有二。二
年歲次景午正月二十一日、安厝於北邙山原之舊塋，禮也。夫人范陽盧氏，之
道之孫，元將之女。……子處厚、處實、處直、處沖、處恭、處盧等。……
〔案：新唐書卷七十二上宰相世系表二上趙郡李氏東祖條載：「仲通（陽平太
守）——孝端（隋獲嘉丞）——知本（夏津令）——愻（度支郎中）。」又同
書卷七十三上宰相世系表三上范陽盧氏第二房載：「敏——義惇——景開——
仲俊——之道（太子舍人）。」〕

大唐故朝議郎行益州大都督府士曹參軍事李君墓誌銘（17099）：

126　君諱延祜，字同心，趙國贊皇人也。……七代祖比部尚書、太常卿、秦梁雍益

四州諸軍事、征南將軍、開府太尉、高平宣王順；順生兗州刺史、秘書監、東

平將軍、濮陽康侯式；式生淮南大都督、驃騎大將軍、信州刺史、鴻臚卿、

文公希禮，（希）禮生明威將軍孝衡，……祖素王，隋左親侍……父仁緯，徐

州司戶……相州臨漳、滄州東光二縣令……。君……以大唐神龍元年十二月一

日、暴終于益州之廨舍，春秋五十有五。……粵以神龍二年歲在景午十一月辛

未朔二日壬申、葬于東都北邙山之舊塋，禮也。夫人清河崔氏；祖義玄，御史

大夫；父神基，大理卿……。

〔案：新唐書卷七十二上宰相世系表二上趙郡李氏東祖系支：系——順——弈

——慶業——希禮——孝衡——素王——仁緯。此與李延祜墓誌所述先世：系

——順——式——希禮——孝衡——素王——仁緯，略異。又新唐書卷七十二

下宰相世系表二下清河崔氏南祖琰支載琰生諒，諒生遇，遇生瑜，瑜生逞，逞

生緯，緯四世孫溉，溉子義玄。〕

大唐亳州錄事參軍博陵崔公趙郡李夫人墓誌銘（千唐誌齋藏誌第582號）：

127　夫人趙郡人，……曾祖素王，隋左親衛東宮千牛備身……，祖仁緯，皇朝滄州

東光縣令……，父延之，京兆府華原縣令……。嬪於崔氏……聖曆二年（卒）

……春秋廿三。……

〔案：新唐書卷七十二上宰相世系表二上趙郡李氏東祖系支：系——順——弈

——慶業——希禮——孝衡——素王——仁緯——延之。

唐故許州扶溝縣主簿滎陽鄭道妻李夫人墓誌文（17122）：

128　夫人李氏，趙郡贊皇人也。祖放之，隋開府行參軍，襲爵廣平伯；父公淹，唐

右司郎中、渭建二州刺史。……夫人……神龍三年十月，終于河南之私第，時

年七十七……景龍元年十二月二十六日，窆于北邙之平原。……嗣子履謙……。

〔案：新唐書卷七十二上宰相世系表二上趙郡李氏西祖：盛——纘——延——

建——○——○——○——○——公淹（右司郎中。）〕

本文根據上引資料，查證大士族著房出處，由於西魏北周缺乏五姓著房間婚姻關

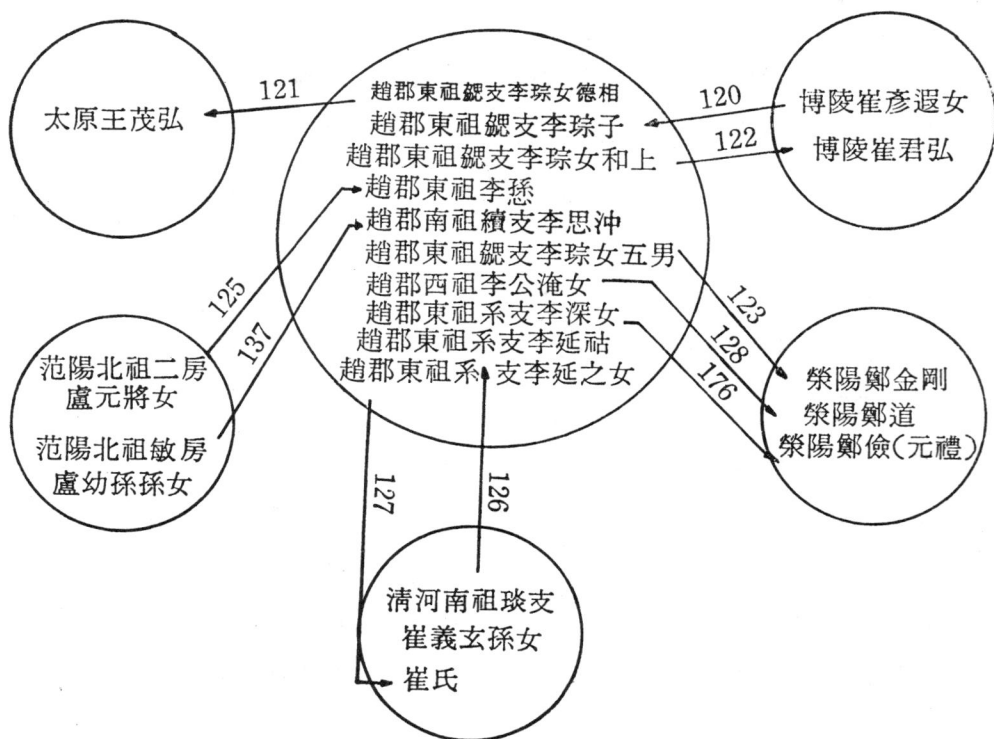

隋至唐神龍時五姓著房婚姻關係表
——以趙郡李氏為中心（圖表十五）

係資料，本文製作成〔隋至唐神龍時五姓著房婚姻關係表 —— 以趙郡李氏為中心〕
（圖表十五）

　　圖十五所示，趙郡李氏著房與其他著房婚姻關係共得十例，其中與滎陽鄭氏通婚
者三例，與范陽盧氏通婚者二例，與清河崔氏通婚者二例，與太原王氏通婚者一例，
與博陵崔氏通婚者二例。趙郡李氏與博陵崔氏在北魏高祖至北齊期間通婚凡得十例
（參見圖表十四），兩姓在隋至唐神龍間通婚資料有二例，該二例實際介於北齊、隋
之間，但兩姓在隋朝關係甚佳，下列資料可資證明。

隋書卷五十七李孝貞傳：

　　　　李孝貞字元操，趙郡柏人人也。父希禮，齊信州刺史，世為著姓。孝貞少好
　　　　學，能屬文。在齊，釋褐司徒府參軍事。簡靜，不妄通賓客，與從兄儀曹郎中
　　　　騊、太子舍人季節、博陵崔子武、范陽盧詢祖為斷金之契。後以射策甲科，拜

給事中。于時黃門侍郎高乾和親要用事，求婚於孝貞，孝貞拒之，由是有隙
……。

圖表十五所示，趙郡李氏與其他四姓五望（與隴西李氏同屬李姓，不可能通婚）
皆有通婚關係。

第三節　以范陽盧氏爲中心

自北魏高祖孝文帝始，至北齊止，范陽盧氏之著房與其他四姓著房之婚姻關係，
其資料列舉於下：

魏書卷四十七盧玄傳：

129 （盧）道約，（李）延寔之妻弟。

〔案：新唐書卷七十三上宰相世系表三上范陽盧氏北祖：「四房盧氏」陽烏房
有道將等，魏書卷四十七盧玄傳：道約爲陽烏八子之一。又新唐書卷七十二上
宰相世系表二上隴西李氏姑臧房：沖爲第六房。魏書卷八十三下外戚傳下李延
寔傳：「延寔，……沖之長子。」〕

隋故長陵縣令盧君墓誌銘（漢魏南北朝墓誌集釋403）：

君諱文構，字子康，涿郡涿人也……王父義僖，儀同、孝簡公……顯考瑟之，
贈鄆州刺史。……（君）開皇十八年十二月十五日，終於曹州冤句縣廨，春秋
六十有四……

〔漢魏南北朝墓誌集釋：盧文構墓誌釋云：「涿縣又出文構夫人李月相墓誌，
……略稱『曾祖韶，魏侍中，吏部尙書，贈司空、文宗公。祖瑾，魏通直散
騎侍郎、齊州刺史。父產之，齊散騎侍郎。夫人春秋八十有四，以大業十四
年十月，終於東都。唐武德八年十二月廿五日，合葬於幽州范陽縣永福鄉安陽
府君之墓。』又稱：『子君胤，陝東道大行臺尙書膳部郎中，思勒銘於大夜，
庶流芳於千祀。』是誌文乃思胤作。考北史序傳：『李寶子承，承子韶，拜侍
中，除吏部尙書，卒贈司空公，諡文恭。韶次子瑾，通直散騎侍郎，於河陰遇
害，贈齊州刺史。瑾子產之（小注：北齊書李璵傳作彥之，誤。）位北豫州司
馬。』（小注：魏書李寶傳不載產之官豫州司馬，餘同北史）傳敘韶瑾贈官與

誌合，惟<u>詔</u>謚<u>文恭</u>，誌則云<u>文宗</u>，又<u>傳</u>不載<u>產</u>之散騎侍郎爲異耳。<u>序傳</u>又稱：『<u>產</u>之撫訓諸弟，愛友篤至。其舅<u>盧道將</u>稱之曰：此兒風調，足爲<u>李</u>公家孫。<u>產</u>之弟<u>行之</u>風素夷坦，爲士友所稱。其舅子<u>盧思道</u>贈詩云：水衡稱逸人，<u>潘楊</u>有世親，形骸預冠蓋，心思出囂塵。時人以爲實錄。』可知<u>盧李</u>通婚，由來已久。（小注：案<u>盧李</u>通婚，自<u>盧淵</u>始。<u>盧玄傳</u>：「孫<u>淵</u>與<u>李沖</u>友善，<u>沖</u>重<u>淵</u>門風，而<u>淵</u>祇<u>沖</u>才官，故結爲婚姻。」可證。）以行輩推之：<u>思道</u>乃<u>道將</u>猶子，<u>產</u>之既稱<u>道將</u>爲舅，則<u>產</u>之、<u>行之</u>與<u>思道</u>當爲中表兄弟。又據<u>盧玄傳道將</u>與<u>文</u>

130　<u>構</u>祖<u>義僖</u>爲同祖昆弟，則<u>義僖</u>子<u>懸之</u>又當與<u>思道</u>同行輩，其與<u>產</u>之亦誼屬中表也。是<u>文構</u>與<u>月相</u>，一爲<u>懸之</u>子，一爲<u>產</u>之女，二人行輩正合，其結爲夫婦亦宜。<u>范陽</u>之<u>盧</u>與<u>隴西</u>之<u>李</u>，皆中原顯族，門第相當，故互申婚姻，累世不絕。

131　（小注：<u>北史序傳</u>：「<u>李瑾</u>與尚書郎<u>盧觀</u>典修儀注，<u>盧</u>卽<u>瑾</u>之外兄。」又「<u>李曉</u>自<u>河陰</u>家禍後無復宦情，外兄<u>范陽盧叔彪</u>勸令出仕。」<u>元勰</u>妃<u>李媛華</u>墓誌：「姊<u>令妃</u>，適<u>范陽盧道裕</u>。」皆<u>盧李</u>世通婚姻之證。）<u>盧潛傳</u>稱：「從祖兄<u>懷仁</u>，著<u>中表實錄</u>二十卷。」意其家與<u>李</u>氏通婚事，亦當在此實錄中，惜其書不傳，今僅賴史誌見其崖略耳。又本文案：<u>新唐書</u>卷七十三上<u>宰相世系表</u>三上<u>范陽盧氏北祖</u>「四房<u>盧氏</u>」第二房：<u>敏</u>──<u>義僖</u>──<u>懸之</u>──<u>文構</u>。又<u>新唐書</u>卷七十二上<u>宰相世系表</u>二上<u>隴西李氏</u>姑臧大房：<u>承</u>──<u>韶</u>──<u>瑾</u>──<u>產之</u>。）

<u>北史</u>卷三十<u>盧玄傳</u>附曾孫<u>元明傳</u>：

132　<u>元明</u>凡三娶，次妻<u>鄭</u>氏……

　　〔案：<u>北史</u>卷三十<u>盧玄傳</u>：「（<u>昶</u>）子<u>元聿</u>，……<u>元聿</u>第五弟<u>元明</u>。」<u>新唐書</u>卷七十三上<u>宰相世系表</u>三上<u>范陽盧氏北祖</u>：「四房<u>盧氏</u>」<u>昶</u>第三房。〕

<u>北史</u>卷一百<u>序傳</u>：

133　<u>神僑</u>，……<u>滎陽鄭伯猷</u>常云：「從舅爲人物宗主。」……喪二妻，又欲娶<u>鄭嚴祖</u>妹，<u>神僑</u>之從甥也。<u>盧元明</u>亦將爲婚。遂至紛競，二家鬩於<u>嚴祖</u>之門。<u>鄭</u>卒歸<u>元明</u>，<u>神僑</u>惆恨不已。時人以<u>神僑</u>爲鳳德之衰。

　　〔案：<u>北史</u>卷三十五<u>鄭羲傳</u>：「<u>鄭羲</u>字<u>幼麟</u>，……（子）<u>道昭</u>，……（<u>道昭</u>）子<u>嚴祖</u>。」<u>新唐書</u>卷七十五上<u>宰相世系表</u>五上<u>滎陽鄭氏北祖</u>：「七房<u>鄭氏</u>」<u>幼</u>

麟爲第七房。又北史卷三十盧玄傳載昶子元明。新唐書卷七十三上宰相世系表
三上范陽盧氏北祖：「四房盧氏」昶第三房。〕

北史卷一百序傳：

134　（孌）弟充，字德廣……妹夫盧元明。

〔案：新唐書卷七十二上宰相世系表二上隴西李氏姑臧大房：承——彥——孌。
又北史卷三十盧玄傳載昶子元明。新唐書卷七十三上宰相世系表三上范陽盧氏
北祖，「四房盧氏」昶第三房。〕

本文根據有關資料，查證大士族著房出處，製作成〔北魏高祖至北齊間五姓著房
婚姻關係表——以范陽盧氏爲中心〕（圖表十六）

圖表十六所示，范陽盧氏著房與其他四姓著房婚姻關係共得十六例，其中與趙郡
李氏著房通婚有五例，上節已有陳述；與隴西李氏著房通婚有七例，隴西李氏以姑臧
大房、姑臧六房爲主，而范陽盧氏則以北祖陽烏大房爲主，敏二房，昶三房也有實
例。隴西李氏、趙郡李氏著房是范陽盧氏著房的主要通婚對象。其次與滎陽鄭氏著房
通婚有二例，與清河崔氏、太原王氏著房通婚各得一例。

自西魏、北周、隋，以迄唐神龍年間，范陽盧氏著房與其他四姓著房之婚姻關
係，其資料如下：

隋故東宮左親侍盧君墓誌銘（17522）：

君諱萬春，范陽涿人也。……曾祖文翼，魏員外散騎侍郎、太中大夫，……祖
士昂，齊廣平郡守，……父義幹，永寧縣令，……君……以武德三年九月十六

135　日，遘疾卒於鄭州之密縣，春秋四十八。夫人崔氏，清河武城人，隋侍御史子
治之第二女也……以貞觀二十三年二月八日、卒於岐州之官舍，時年六十二。
嗣子子野……。粵以永徽六年歲次乙卯三月辛未朔三日癸酉、遷窆于芒山之陽
……。

〔案：新唐書卷七十三上宰相世系表三上范陽盧氏北祖「四房盧氏」尚之房：
尚之——文翼。〕

舊唐書卷一九三列女傳崔繪妻盧氏傳：

136　崔繪妻盧氏，幽州范陽人也，爲山東著姓。祖幼孫，常州刺史。父獻，有美

趙郡東祖系支李憲子希禮
趙郡東祖系支李憲子謙
趙郡東祖曾支李士謙
趙郡東祖媳支李叔祖亂女
趙郡李氏

滎陽北祖昭女鄭道昭
鄭北祖
滎陽北祖鄭嚴祖妹

范陽北祖尚之支盧文符女
范陽北祖尚之支盧文夔女
范陽盧氏
范陽北祖昶房盧元禮
范陽北祖昶房盧延祖
范陽北祖陽房盧道約
范陽北祖昶房盧元明

范陽北祖陽烏房盧思道
范陽北祖陽烏房盧道裕
盧觀
范陽北祖弼房盧道約姊
范陽北祖陽房盧道約妹
范陽北祖二房盧文構
范陽盧叔彪
范陽北祖昶房盧元明
范陽北祖陽烏房盧道亮

清河大房崔瞻

太原著房王瓊女

隴西姑臧六房李沖女令妃
隴西姑臧大房李季瑾
隴西姑臧大房李季瑾
隴西姑臧六房李延崇
隴西姑臧大房李月相
隴西姑臧大房李曠
隴西姑臧大房李充妹

111　110　114、116　115　37　42　132,133

140　150　159　160,161,162　129　130,167　131　134　177

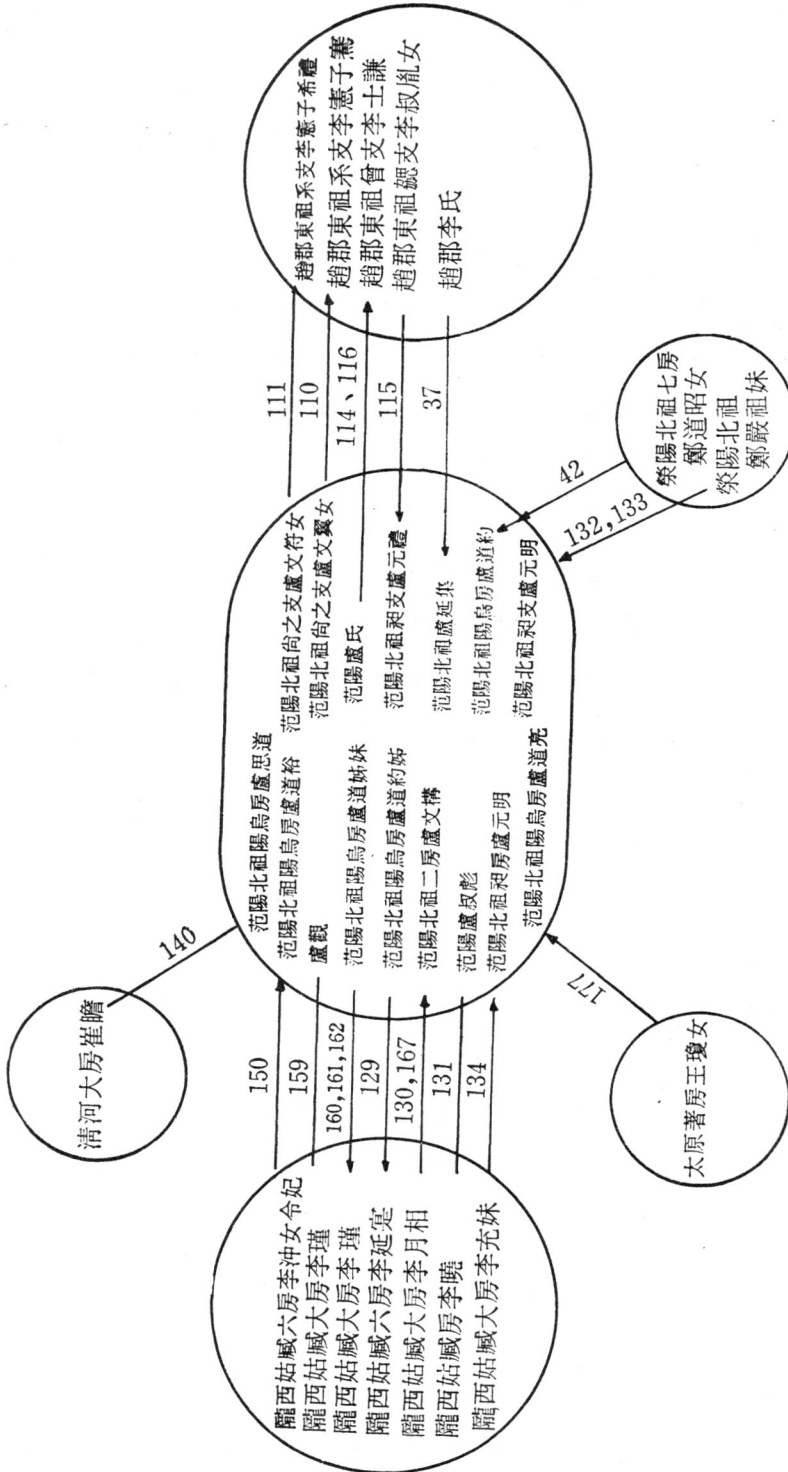

北魏高祖至北齊閭五姓著房婚姻關係表
——以范陽盧氏為中心(圖表十六)

137　名，則天時歷鸞臺侍郎、文昌左丞。……盧亡姊之夫李思沖，神龍初爲工部侍

郎，又求續親……

〔案：新唐書卷七十二上宰相世系表二上趙郡李氏南祖續支：續——顯達——

遷——孝卿——敬玄——思沖。新唐書卷七十三上宰相世系表三上范陽盧氏北

祖敏房：敏——義僖——懿之——文構——君胤——幼孫。〕

大唐故銀青光祿大夫尙書左丞盧君夫人李氏墓誌銘（11907）：

138　夫人諱灌頂，隴西成紀人……曾祖褒，齊驃騎將軍、東徐州刺史……祖子布，

齊陽平郡守，……父德倫，唐襄州荆山縣令。……年甫十七，嬪于盧氏。……

粵以永淳二年八月二十四日、遘疾薨於神都德懋里之第，時年六十有四。遂以

光宅元年歲次甲申十一月乙酉朔十三日辛酉、祔於邙山平樂鄉之先塋，禮也。

〔滿洲金石志別錄下盧夫人墓誌條：夫人曾祖褒，齊驃騎將軍、東徐州刺史。

祖子布，齊平陽郡守。父德倫，唐襄州荆山縣令。案新唐書宰相世系表李氏姑

臧大房，有褒，章武太守；孫德基，亳州法曹參軍。褒殆卽褒，德基當爲德倫

昆季行，表不載子布，當據誌補之，特不知德基、德倫，爲兄弟抑從兄弟耳。〕

舊唐書卷一九三列女傳盧甫妻李氏傳：

139　原武尉盧甫妻李氏，隴西成紀人也。父瀾，永泰元年春任蘄縣令……。

〔案：新唐書卷七十三上宰相世系表三上范陽盧氏北祖陽烏房：陽烏——道將

——懷仁——彥高——弘壽——友裕——相——甫。舊唐書原武尉盧甫與世系

表時代相近。〕

唐故中大夫口口國口州刺史盧府君神道碑（金石萃編卷八十五，史語所00963號）：

……口子左庶子。祖諱寶素，隋晉州別駕。考諱安口，綿州長史。……解褐冀

州信都主簿，改絳州太平丞，……恩除洛州新安宰，以犯諱更滎陽，……錦州

員外司馬，……以開元十四年，……卒於脩里之私第……。夫人滎陽郡君鄭氏

139a　……史，元度府君之息女……。

〔中州金石記卷二盧正道勅條：「宰相世系表正道鄂州刺史，今洛陽許家營有

鄂州刺史盧府君神道碑。」本文案：新唐書卷七十三上宰相世系表三上范陽盧

氏北祖陽烏房：陽烏——道虔——昌衡——寶素——安壽（綿州刺史）——正

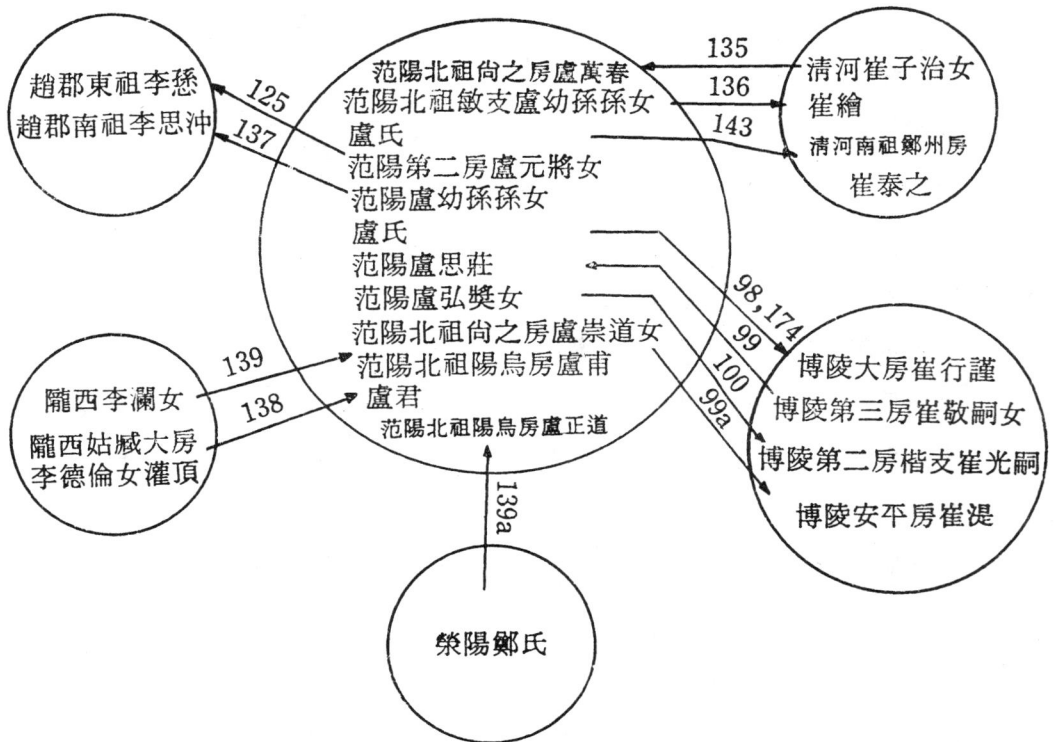

隋至唐神龍時五姓著房婚姻關係表
——以范陽盧氏為中心（圖表十七）

道（鄂州刺史）。又其夫人滎陽郡君，據史語所拓片第 00963 號，「君」之後似為一「鄭」字。〕

　　本文根據有關資料，查證大士族著房出處，由於西魏、北周缺乏五姓著房間婚姻關係資料，本文製作成〔隋至唐神龍時五姓著房婚姻關係表——以范陽盧氏為中心〕（圖表十七）

　　圖表十七所示，范陽盧氏著房與其他著房婚姻關係共得十二例，其中與趙郡李氏著房通婚有二例，與隴西李氏通婚有二例，與清河崔氏通婚有三例，與博陵崔氏通婚有四例，與滎陽鄭氏通婚有一例，未見與太原王氏婚。

第四節　以清河崔氏為中心

　　自北魏高祖孝文帝始，至北齊止，清河崔氏著房與其他四姓著房之婚姻關係，其資料列舉於下：

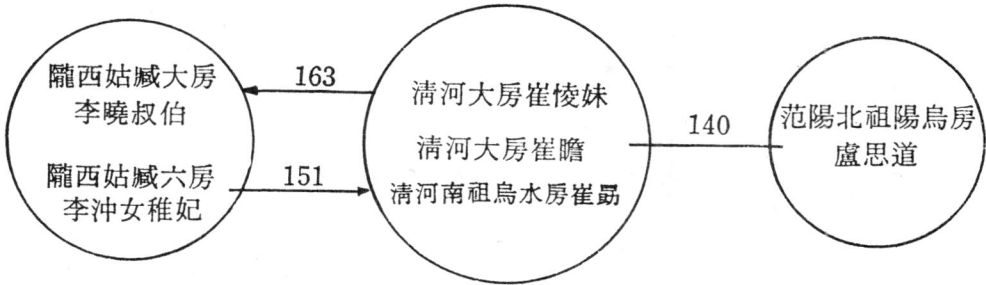

北魏高祖至北齊間五姓著房婚姻關係表
——以清河崔氏為中心（圖表十八）

北齊書卷二十三崔悛傳附子瞻傳：

140　天保初……楊愔欲引瞻為中書侍郎，時盧思道直中書省，因問思道曰：「我此
　　　日多務，都不見崔瞻文藻，卿與其親通，理當相悉。」……

　　　〔本文案：新唐書卷七十三上宰相世系表三上范陽盧氏北祖「四房盧氏」陽烏
　　　大房：陽烏——道亮——思道。又新唐書卷七十二下宰相世系表二下清河崔氏
　　　清河大房：休——悛——瞻。〕

　　　本文根據有關資料，查證大士族著房出處，製作成〔北魏高祖至北齊間五姓著房
婚姻關係表——以清河崔氏為中心〕（圖表十八）

　　　圖表十八所示，清河崔氏著房與其他四姓著房婚姻關係表僅得三列，其中與范陽
盧氏著房通婚一例，與隴西李氏著房通婚有二例。實例頗少。

　　　自西魏、北周、隋，以迄唐神龍年間，清河崔氏著房與其他四姓著房之婚姻關
係，其資料列舉於下：

大唐故巫州龍標縣令崔君墓誌銘（12986）：

141　君諱志道，字元閏，清河東武城人也。……曾祖公華，齊主客郎中……祖大
　　　質，隋復州司兵參軍事；父玄覽，皇朝相州錄事參軍事。……春秋七十有二
　　　……。夫人隴西李氏，……以大唐永淳元年十一月十七日、司遷窆於北邙舊
　　　塋……。

尚書兵部員外郎范陽盧獻製文。

　　　〔案：新唐書卷七十二下宰相世系表二下清河崔氏清河小房：公華——大質

——玄覽。〕

大唐故銀青光祿大夫守工部尚書贈荊州大都督清河郡開國公上柱國崔公墓誌銘（千唐誌齋藏誌第 630 號）

公諱泰之……清河東武城人也……曾祖世樞，皇朝上大將軍，散騎常侍司農卿，武城侯；祖義直……陝州刺史，嗣武城侯；父知溫，中書令……。開元十一年（卒）……

唐隴西郡君夫人墓誌銘（千唐誌齋藏誌第1008號）

142　夫人姓李氏，隴西成紀人，陳州南頓令元貞之女，工部尚書崔泰之之妻……。

143　窆於工部壽官之旁，不合葬者，以前夫人盧氏已同穴矣！

〔案：新唐書卷七十二下宰相世系表二下清河南祖崔蔚為鄭州房，蔚少子許州鄢陵房：璩——○——子今——樞——義直——知溫——泰之……。〕

唐岐州雍縣尉太原王君墓誌銘（14433）范陽盧□撰：

君諱慶祚，字嘉胤，太原晉陽人也。……曾祖劭，北齊太子洗馬，……隋通直散騎常侍、……秘書少監……。祖簡，隋揚州總管府司戶參軍。父子奇，唐青州司倉參軍……。君……以唐咸亨四年九月二十五日，遘疾終於洛州淳風里第，春秋三十有九。……粵以大周聖曆二年歲次己亥二月景戌朔十二日丁酉、

144　改葬於洛州北邙山河陰鄉之高原，禮也。夫人清河崔氏，魏中尉琰之末孫，唐朝散大夫寧州長史玄弼之季女……。

〔新唐書卷七十二中太原王氏大房條載：遵業——松年——邵（隋秘書少監）——孝京（揚州司馬）——子奇（青州司戶參軍）——慶祚。又同書卷七十二下清河崔氏，琰魏尚書，子孫有清河小房，世系為：寅——長謙——公華——大質——玄弼（延州刺史），夫人清河崔氏應即玄弼之女。〕

唐相州鄴縣尉王君墓誌銘（16984）：

君諱望之，字光旦，太原晉陽人也。……高祖邵……曾祖簡……；祖勗，字子奇……父慶祚……。君……以聖曆元年三月二十八日、終於相州嘉惠里之旅

145　舍，春秋二十有九。……夫人清河崔氏，唐寧州長史玄弼之孫，綿州顯武令道郁之女也。……以萬歲登封元年一月九日、終於合宮縣□俗坊之私第，時年二

十一……粵以聖曆二年歲在大口獻二月景戌朔十二日丁酉，祔葬於洛北邙山雍

縣府君（王慶祚）之新塋。……

〔按王望之即太原王氏大房王慶祚之子。本拓片所謂夫人清河崔氏乃清河小房

崔玄弼之孫、崔道郁之女。〕

大唐太原王曉故夫人崔氏墓誌銘（千唐誌齋藏誌第 662 號）

146 夫人諱淑，……清河東武城人，……曾祖公禮，皇泗州刺史；祖延慶，新安

令；父克昌，緯州萬泉尉，……開元十四年（卒），……春秋卅四。

〔案：新唐書卷七十二下宰相世系表二下清河崔氏南祖鄭州房：蔚——幼——

彥璋——○——公禮（泗州刺史）。〕

本文根據有關資料，查證大士族著房出處，由於西魏、北周缺乏五姓著房間婚姻

關係資料，本文製作成〔隋至唐神龍時五姓著房婚姻關係表——以清河崔氏為中心〕

（圖表十九）

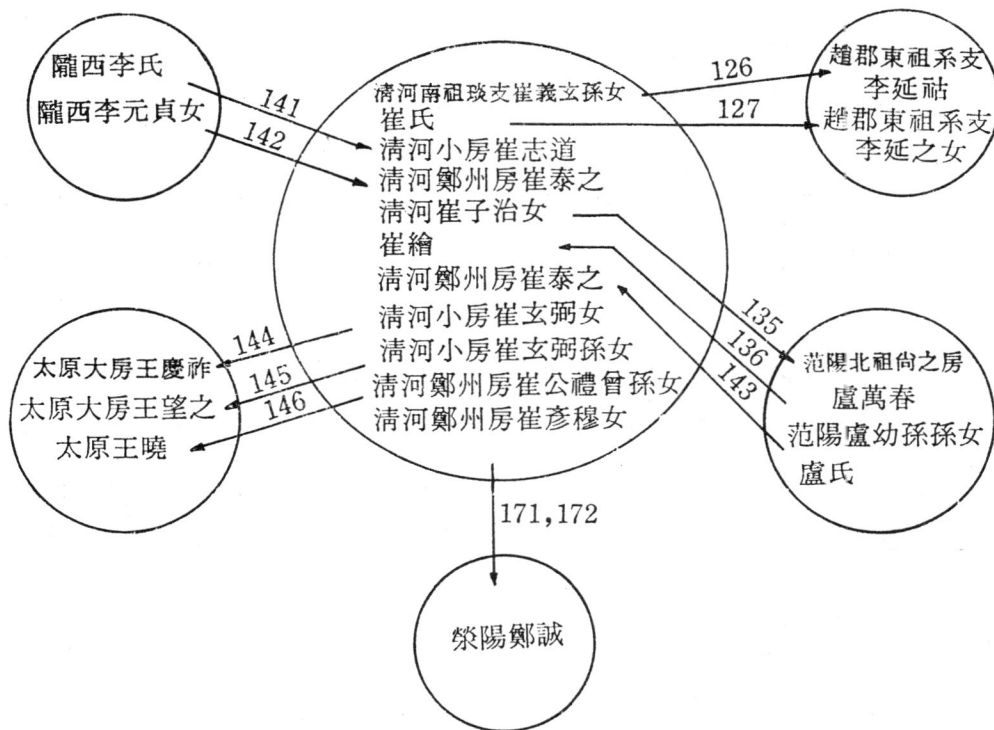

隋至唐神龍時五姓著房婚姻關係表

——以清河崔氏為中心（圖表十九）

　　圖表十九所示，<u>清河崔</u>氏著房與其他四姓著房婚姻關係有十一例，其中與<u>范陽盧</u>氏著房通婚有三例，與<u>太原王</u>氏著房通婚有三例，與<u>趙郡李</u>氏二例，<u>隴西李</u>氏二例，<u>滎陽鄭</u>氏一例。<u>清河崔</u>氏除與<u>博陵崔</u>氏同姓不婚外，與其他四姓五望皆有婚姻關係。

第五節　以隴西李氏爲中心

　　自<u>北魏</u>高祖孝文帝始，至<u>北齊</u>止，<u>隴西李</u>氏著房與其他四姓著房之婚姻關係，其資料列舉於下：

<u>魏</u>故使持節假黃鉞侍中太師領司徒都督中外諸軍事<u>彭城武宣王</u>妃<u>李</u>氏墓誌銘（<u>漢魏南北朝墓誌集釋</u>186）：

147　亡祖諱寶……。亡父諱沖，司空、<u>清淵文穆公</u>；夫人<u>滎陽鄭</u>氏，父<u>德玄</u>，字<u>文</u>
148　<u>通</u>，<u>宋</u>散騎常侍，<u>魏</u>使持節冠軍將軍 、 <u>豫州</u>刺史 、 <u>陽武靖侯</u>。……姊<u>長妃</u>，
149　適故使持節鎮北將軍、<u>相州</u>刺史、<u>文恭子</u>、<u>滎陽鄭道昭</u>。姊<u>仲玉</u>，適故司徒主
150　簿、<u>滎陽鄭洪建</u>。姊<u>令妃</u>，適故使持節撫軍、<u>青州</u>刺史、<u>文子</u>、<u>范陽盧道裕</u>。
151.152　妹<u>稚妃</u>，適前輕車將軍、尚書郎中、<u>朝陽伯</u>、<u>清河崔勗</u>。妹<u>稚華</u>，適今太尉參
153　軍事，<u>河南元季海</u>。子<u>子訥</u>，字<u>令言</u>，今<u>彭城郡王</u> ；妃<u>隴西李</u>氏 ， 父<u>述纂</u>。
　　　　……女<u>楚華</u>，今<u>光城縣主</u>，適故光祿大夫、<u>長樂郡開國公</u>、<u>長樂馮顥</u>；父<u>譙</u>，
154　故使持節侍中，司徒、<u>長樂元公</u>。女<u>季瑤</u>，今<u>安陽鄉主</u>，適今員外散騎侍郎、
155　<u>清淵世子</u>、<u>隴西李彧</u>；父<u>延寔</u>。妃諱<u>媛華</u>，<u>隴西狄道縣都鄉和風里</u>人。……以<u>正光五年</u>歲次甲辰正月癸未朔十五日丁酉、薨於第，春秋四十有二。……

　　　　〔<u>漢魏南北朝墓誌集釋</u>：<u>元勰妃李媛華墓誌</u>釋云：「……誌又稱『妹<u>稚華</u>，適今太尉參軍事、<u>河南元季海</u>。』案<u>季海</u>爲<u>常山康山素</u>（本文案：應作<u>常山王</u>諡<u>康</u>名<u>素</u>）之孫，<u>平城鎮</u>將<u>淑</u>之子，附見<u>北史平文子孫傳</u>。……妃女<u>季瑤</u>，適<u>李延寔</u>子<u>彧</u>，案<u>彧傳</u>：『<u>彧</u>尚<u>莊帝</u>姊<u>豐亭公主</u>』當卽<u>季瑤</u>，傳不載其名。（<u>延寔</u>乃妃<u>李媛華</u>之兄）……誌又載妃長姊<u>長妃</u>適<u>鄭道昭</u>、次姊<u>仲玉</u>適<u>鄭洪建</u>（小注：俱見<u>鄭羲傳</u>）、三姊<u>令妃</u>適<u>盧道裕</u>（小注：<u>盧玄傳</u>「<u>玄</u>曾孫<u>道裕</u>，尚<u>顯祖</u>女<u>樂浪長公主</u>」據誌知又娶<u>李沖</u>女爲繼配）、妹<u>稚妃</u>適<u>崔勗</u>（小注：見<u>崔光傳</u>），<u>滎陽</u>之<u>鄭</u>、<u>范陽</u>之<u>盧</u>、<u>清河</u>之<u>崔</u>，均中原顯族，<u>北朝</u>門閥之盛，可於此見之。

崔暹傳『子瞻，妻莊帝妹，後封襄城長公主』誌舉妃之女僅及楚華、季瑤，而
無襄城公主，疑公主亦如寧陵公主，非妃所出。……」又本文案：新唐書卷七
十二上宰相世系表二上隴西李氏姑臧房：沖為第六房。沖夫人滎陽鄭德玄女，
魏書卷五十六鄭羲傳：「羲從父兄（德玄）……德玄子（穎考）……穎考子洪
建。」新唐書卷七十五上宰相世系表五上滎陽鄭氏：「溫四子濤、曄、簡、
恬，濤居隴西，曄……為北祖，簡為南祖，恬為中祖。曄……七子……因號
『七房鄭氏』。」幼麟（羲字）為第七房，德玄為羲之從父兄，當屬鄭溫之後。
唯不知屬於濤、簡、恬何人之後。鄭溫之後皆著房。誌主李媛華姊長妃適滎陽
鄭道昭，北史卷三十五鄭羲傳：「鄭羲字幼麟……（子）道昭。」新唐書卷七
十五上宰相世系表五上滎陽鄭氏北祖：「七房鄭氏」幼麟為第七房。誌主李媛
華姊仲玉適滎陽鄭洪建，鄭洪建乃上引鄭德玄之孫。誌主李媛華姊令妃適范陽
盧道裕，魏書卷四十七盧玄傳載玄子度世，度世子淵，小名陽烏。淵有八子道
裕等。新唐書卷七十三上宰相世系表三上范陽盧氏北祖：「四房盧氏」陽烏大
房。誌主李媛華妹稚妃適清河崔勗，魏書卷六十七崔光傳：「光，本名孝伯，
字長仁，高祖賜名焉，東清河鄃人也。祖曠……父靈延。……光十一子：勵、
勗……」新唐書卷七十二下宰相世系表二下清河崔氏南祖：……曠隨慕容德度
河居齊郡烏水，號烏水房，生清河太守二子：靈延、靈茂。誌主李媛華。〕

魏故假節龍驤將軍豫州刺史李簡子墓誌銘（漢魏南北朝墓誌集釋205）：

君諱蓁，字延賓，隴西郡狄道縣都鄉和風里人也。……春秋四十二，以正始
二年太歲在乙酉十一月戊辰朔九日丙子，薨於洛陽之城東里……其年十二月廿
四日庚申、窆於覆舟之北原，祔葬季父司空文穆公神塋之左……。亡祖寶，字
156　懷素，儀同三司、燉煌宣公；夫人金城楊氏，父緯，前軍長史。亡父承，字
157　伯業，雍州刺史、姑臧穆侯；夫人太原王氏，父慧龍，荊州長史、長社穆侯。
君夫人太原王氏，諱恩榮，封晉陽縣君。合葬君墓，父洛成，太宰、中山宣
王。……

〔漢魏南北朝墓誌集釋：李蓁墓誌釋云：「魏書恩倖傳『王叡，字洛誠，女妻
李沖兄子延賓』，不作洛成為異耳」。又本文案：新唐書卷七十二上宰相世系

　　　表二上隴西李氏姑臧大房：承——莊（字延賓）。李承夫人太原王慧龍女，新

　　　唐書卷七十二中宰相世系表二中太原王氏：慧龍——寶興——瓊——遵業等

　　　「四房王氏」。王莊夫人太原王洛成女，世系不可查。〕

　　魏書卷三十九李寶傳：

158,159　　瑾，字道瑜……王（遵業）、盧（觀）卽瑾之外兄也。（肅宗時）

　　　　　〔案：新唐書卷七十二上宰相世系表二上隴西李氏姑臧大房：承——韶——

　　　　瑾。李瑾外兄王遵業，新唐書卷七十二中宰相世系表二中太原王氏「四房王

　　　　氏」遵業爲大房。李瑾另一外兄盧觀世系不可查。〕

　　北齊書卷二十九李璵傳附弟瑾傳：

　　160　李璵……隴西成紀人……弟瑾……瑾（子）行之……范陽盧思道是其舅子……。

　　北史卷一百序傳：

　　161　（瑾）子產之，字孫僑……其舅盧道將。

　　162　行之……其舅子盧思道。

　　　　　〔案：新唐書卷七十二上宰相世系表二上隴西李氏姑臧大房：承——韶——瑾

　　　　——行之。盧道將乃李行之舅，卽李瑾妻盧道將姊妹，新唐書卷七十三上宰相

　　　　世系表三上范陽盧氏陽烏大房：陽烏——道將。〕

　　北齊書卷二十九李璵傳附從弟曉傳（北史卷一百序傳）

　　163　李璵……隴西成紀人……從弟曉……從母兄崔悛（李曉從母兄崔悛）

　　　　　〔案：新唐書卷七十二上宰相世系表二上隴西李氏：寶七子……承——韶——

　　　　璵。璵之從弟曉，卽寶之另六子之後，屬姑臧著房。崔悛妹妻李曉伯叔，新唐

　　　　書卷七十二下宰相世系表二下清河大房：休——悛。〕

　　北史卷一百序傳：

　　164　（充）子士英，有文才，王遵業以女妻之。

　　　　　〔案：北史卷一百序傳載韶弟彥，彥子變，變弟充，充子士英。」新唐書卷七

　　　　十二上宰相世系表二上隴西李氏姑臧大房：承——彥——變。李士英妻王遵業

　　　　女，新唐書卷七十二中宰相世系表二中太原王氏「四房王氏」大房遵業。〕

　　隋書卷五十李禮成傳（北史卷一百序傳同）

165 李禮成字孝諧，隴西狄道人也。涼王暠之六世孫。祖延寶，魏司徒。父璨，侍中。禮成年七歲，與姑之子蘭陵太守滎陽鄭顯隨魏武帝入關。……

〔案：新唐書卷七十二上宰相世系表二上隴西李氏姑臧房：沖爲第六房。延寔之父乃李沖。李禮成姑之子滎陽鄭顯世系不可查。〕

北史卷一百序傳：

166 神儁……滎陽鄭伯猷常云：「從舅爲人物宗主。」

〔案：北史卷一百序傳載承弟佐，佐子弟挺，字神儁。」新唐書卷七十二上宰相世系表二上隴西李氏姑臧房：寶七子承、茂、輔、佐……。佐爲第四房。又李神儁從舅滎陽鄭伯猷，北史卷三十五鄭羲傳：「胤伯弟平城……（平城）子伯猷。」新唐書卷七十五上宰相世系表五上滎陽鄭氏北祖：「七房鄭氏」胤伯第二房，伯猷應爲「七房鄭氏」之一，唯不知屬何房。〕

唐李月相墓誌銘（01429）：

167 夫人諱月相，隴西狄道人也……曾祖韶，魏侍中、吏部尚書，贈司空、文宗公。……祖瑾，魏通直散騎侍郎、齊州刺史……父產之，齊散騎侍郎。……夫人……春秋八十有四，以大業十四年十月、遇疾終於東都。粤以大唐武德八年歲次乙酉十二月辛酉朔二十五日乙酉、合葬於幽州范陽縣之永福鄉安陽府君之墓。子君胤，陝東道大行臺尚書膳部郎中……

〔唐宋墓誌：遠東學院藏拓片圖錄引言：涿縣出土李夫人月相墓誌稱：「武德八年合葬於安陽府君之墓。子君胤，陝東道大行臺尚書膳部郎中。」安陽府君即盧文構，文構有墓誌云：「隋初，授衞州司兵參軍事，除徐州安陽縣令。」按隋徐州安陽縣即隋書梁郡之碭山縣，開皇十八年改名。（參楊守敬隋書地理志考證）。唐書世系表：盧懸生文構，文構之末子即爲君胤，官忠州刺史。據月相誌，君胤爲官蓋在武德末秦王時。李夫人爲盧文構室，李產之女。盧出范陽，李出隴西（李氏家世詳北史序傳，李產之見魏書李寶傳，爲李瑾子，北齊書李璵傳誤作彥之。）皆中原顯宦，累葉爲婚媾。（詳趙氏集釋八）。本文案：新唐書卷七十二上宰相世系表二上載：李韶——李瑾等屬隴西李氏姑臧大房。又新唐書卷七十三上宰相世系表三上載：盧文構——盧君胤等屬范陽盧氏第二

房。〕

　　本文根據有關資料，查證大士族著房出處，製作成〔北魏高祖至北齊間五姓著房婚姻關係表——以隴西李氏爲中心〕（圖表二十）

　　圖表二十所示，隴西李氏著房與其他四姓著房婚姻關係有十八例，其中與范陽盧氏著房通婚有七例，最多，與滎陽鄭氏著房通婚有五例，次之，與太原王氏著房通婚有四例，又次之，與清河崔氏著房通婚有二例。隴西李氏著房在北魏高祖至北齊期間，與其他諸姓著房通婚情形較爲密切。

　　自西魏、北周、隋以迄唐神龍年間，隴西李氏著房與其他四姓著房之婚姻關係，其資料列舉於下：

北史卷一百序傳：

168　大師字君威……從兄子同、妹夫鄭師萬、河東裴寂同以宿衞簡入文資……武德
　　九年，會赦，歸至京師。尙書右僕射封德彝、中書令房玄齡並與大師親通，勸
　　留不去，曰……

　　　　〔本文案：新唐書卷七十二上宰相世系表二上隴西李氏姑臧大房：承——虔
　　　　——曉——超——大師。李大師從兄子同（亦應屬姑臧大房）、妹夫鄭師萬，
　　　　新唐書卷七十五上宰相世系表五上滎陽鄭氏北祖「七房鄭氏」第二房：胤伯
　　　　——希儁——道育——子柔——師萬。〕

魏書卷五十六鄭羲傳附從父兄德玄傳：

169　（鄭）洪健，李沖女壻。

　　　　〔案：魏書卷五十六鄭羲傳：「羲從父兄德玄……（德玄）子穎考……（穎考
　　　　子）洪健。」新唐書七十五上宰相世系表五上滎陽鄭氏：「溫四子濤、曄、
　　　　簡、恬。濤居隴西，曄……爲北祖，簡爲南祖，恬爲中祖。（曄）七子……
　　　　因號『七房鄭氏』。」幼麟（羲字）爲第七房，德玄爲羲之從父兄，當屬鄭溫
　　　　之後，唯不知屬於濤、簡、恬何人之後。鄭溫之後皆著房。鄭洪建岳父李沖，
　　　　新唐書卷七十二上宰相世系表二上隴西李氏姑臧房：沖爲第六房。〕

　　本文根據有關資料，查證大士族著房出處，由於西魏北周缺乏五姓著房間婚姻關

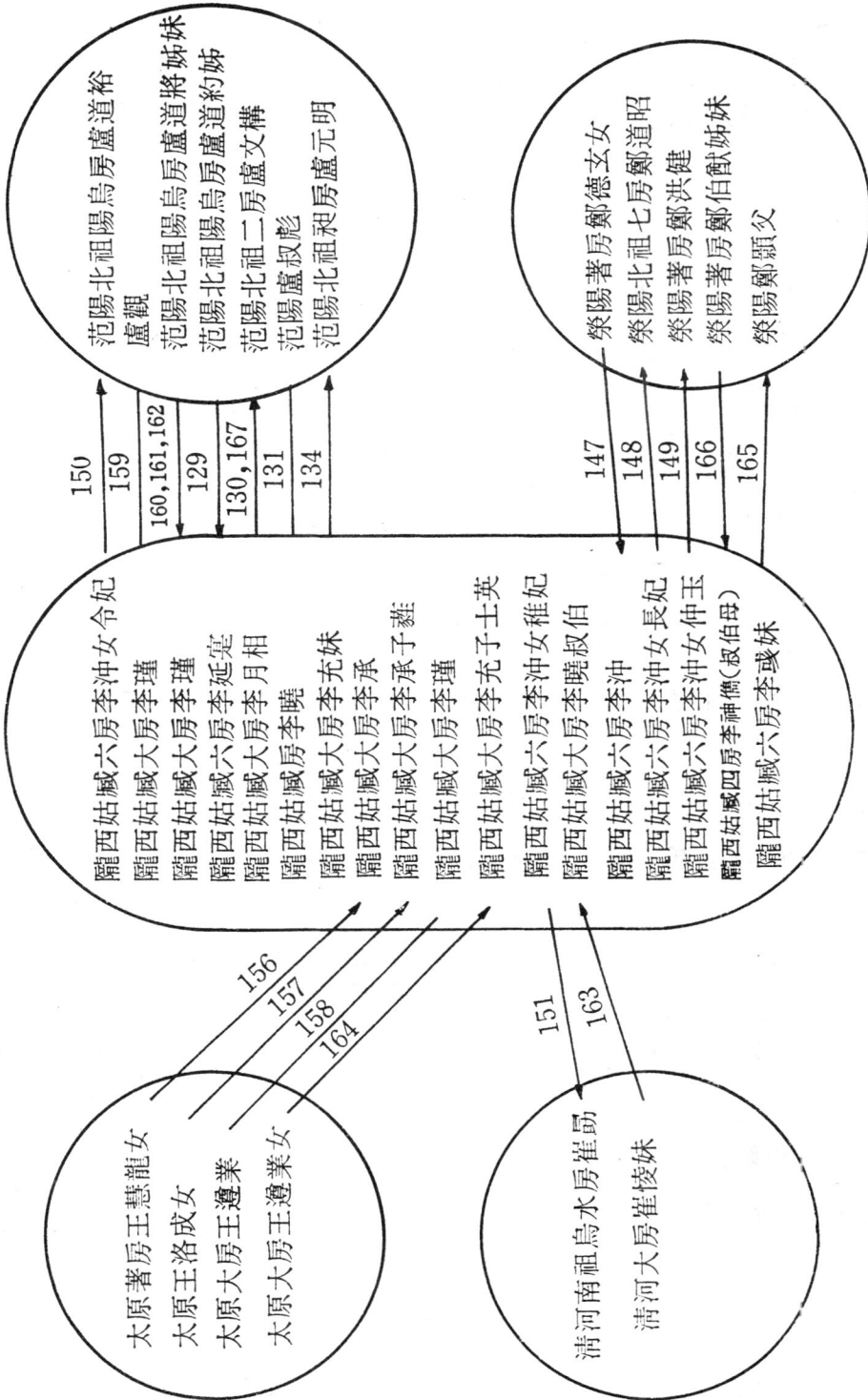

北魏高祖至北齊間五姓著房之婚姻關係表
——以隴西李氏為中心（圖表二十）

範陽北祖陽烏房盧道裕
盧觀
範陽北祖陽烏房盧道將姊妹
範陽北祖陽烏房盧道約姊
範陽北祖二房盧文構
範陽盧叔彪
範陽北祖昭房盧元明

滎陽著房鄭德玄女
滎陽北祖七房鄭道昭
滎陽著房鄭洪健
滎陽著房鄭伯猷姊妹
滎陽鄭顯父

隴西姑臧六房李沖女令妃
隴西姑臧大房李瑾
隴西姑臧大房李瑾
隴西姑臧六房李延寔
隴西姑臧大房李月相
隴西姑臧房李曉
隴西姑臧大房李充承
隴西姑臧大房李承子緄
隴西姑臧大房李承瑾
隴西姑臧大房李沖子士英
隴西姑臧六房李曉稚妃
隴西姑臧大房李曉叔伯
隴西姑臧六房李沖
隴西姑臧六房李沖女長英妃
隴西姑臧六房李沖女仲玉
隴西姑臧四房李神儁(叔伯母)
隴西姑臧六房李彧妹

太原著房王慧龍女
太原王洛成女
太原大房王遵業
太原大房王遵業女

清河南祖烏水房崔勗
清河大房崔㥄妹

150　159　160,161,162　129　130,167　131　134

147　148　149　166　165

156　157　158　164

151　163

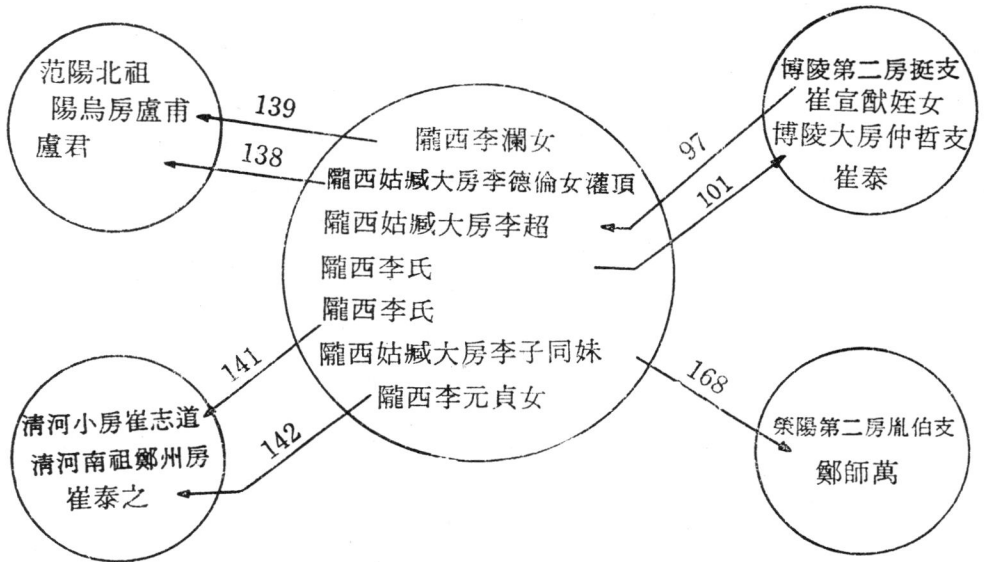

隋至唐神龍時五姓著房婚姻關係表

——以隴西李氏爲中心（圖表二十一）

係資料，本文製作成〔隋至唐神龍時五姓著房婚姻關係表——以隴西李氏爲中心〕

（圖表二十一）

　　圖表二十一所示，隴西李氏與其他四姓著房婚姻關係有七例，其中與博陵崔氏著

房通婚有二例，與范陽盧氏通婚有二例，與滎陽鄭氏一例，與清河崔氏著房有二例。

第六節　以滎陽鄭氏爲中心

　　自北魏高祖孝文帝始，至北齊止，滎陽鄭氏著房與其他四姓著房之婚姻關係，其

資料列舉於下：

北齊書卷二十九鄭述祖傳（北史卷三十五鄭羲傳同）：

　　　　鄭述祖，字恭文，滎陽開封人。祖羲，魏中書令。父道昭，魏祕書監。……子

170　元德……元德從父弟元禮，字文規。……崔昂妻，卽元禮之姊也，魏收又昂之

　　　妹夫。……

　　　〔案：新唐書卷七十五上宰相世系表五上滎陽鄭氏北祖「七房鄭氏」：幼麟爲

第七房，鄭元德曾祖羲（字幼麟），元德從父弟元禮，故鄭元禮應屬羲後。

又崔昻妻鄭元禮姊，新唐書卷七十二下宰相世系表二下博陵崔氏第二房挺支：

挺——孝暐——昻。

本文根據有關資料，查證大士族著房出處，製作成〔北魏高祖至北齊間五姓著房婚姻關係表——以滎陽鄭氏爲中心〕（圖表二十二）

圖表二十二所示，滎陽鄭氏著房與其他四姓婚姻關係有九例，其中與隴西李氏著房通婚有五例最多，與范陽盧氏著房通婚有二例，與趙郡李氏、博陵崔氏著房通婚各有一例。

自西魏、北周、隋，以迄唐神龍年間，滎陽鄭氏著房與其他四姓著房之婚姻關係，其資料列舉於下：

隋書卷八十列女傳鄭善果母傳（北史卷九十一同）：

171　鄭善果母者，清河崔氏之女也。年十三，出適鄭誠……母年二十而寡，父彥穆欲奪其志……。

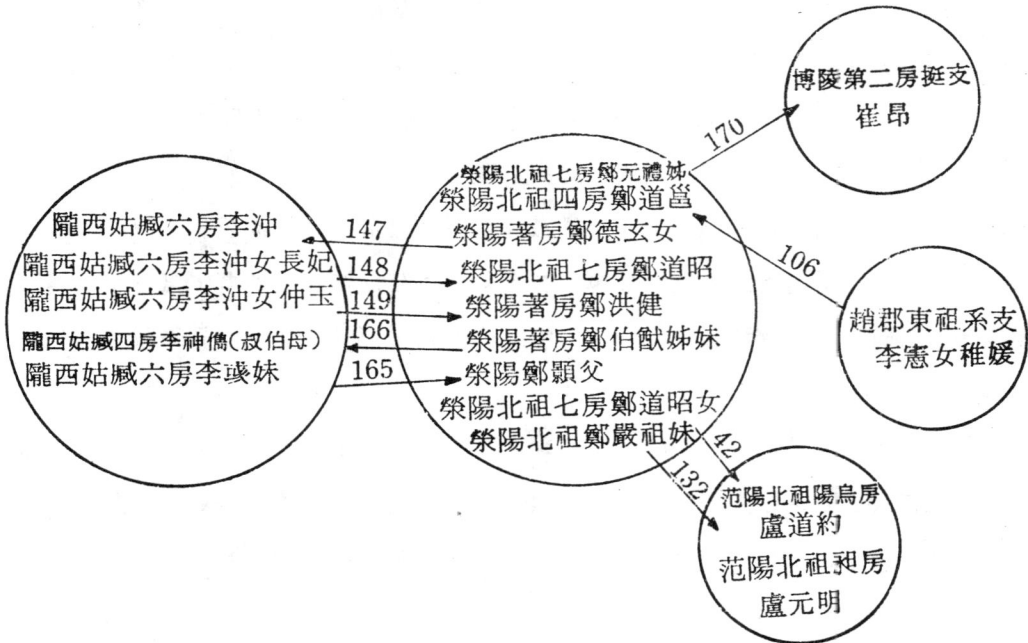

北魏高祖至北齊間五姓著房婚姻關係表
——以滎陽鄭氏爲中心（圖表二十二）

舊唐書卷六十二鄭善果傳：

172　鄭善果，鄭州滎澤人也。祖孝穆，西魏少司空、岐州刺史。父誠，周大將軍、
開封縣公……。（善果）母崔氏……

〔案：鄭誠、鄭善果世系不可查，清河崔彥穆女適鄭誠，新唐書卷七十二下宰
相世系表二下清河崔氏南祖鄭州房：蔚——幼——彥穆（後周少司徒）。〕

大唐大理卿崔公故夫人滎陽縣君鄭氏墓誌銘（常山金石志卷七）：

173　夫人……代爲滎陽郡人焉。曾祖子仁，齊通直郎；祖植，□朝司勳左司二郎
中、長安令、將作少匠、檢校太常少卿；父行寶，詹府司直、□勳員外郎。

174　……與長姒盧夫人深相友敬……長子司農丞璘、次子華州參軍璉。……春秋四
十有七，以長安三年八月二十四日終於京兆府永樂里之私第，以開元五年十月
二十五日□□窆於恒州之舊塋……。姪光祿寺主簿璆書。

〔常山金石志跋尾：……崔公列銜爲大理卿，而志不載其名，惟云長子司農丞
璘、次子華州參軍璉。又銘後有姪光祿寺主簿璆。考新唐書宰相世系表崔氏博
陵大房有元暐相武后中宗，弟昇字元樂、刑部侍郎。元暐第四子璆。昇長子璘
……次子璉，與碑相合。據此大理卿崔公即崔昇無疑。元暐即中宗時五王之一
也。……夫人曾祖子仁等皆無考，志敍夫人與長姒盧夫人深相友敬，案盧夫人
即元暐妻，傳載元暐母盧氏，盧夫人疑即其母兄弟之女。〕

博陵大房乃崔氏之著房，崔玄暐「以誅二張功爲中書令、博陵郡公……俄拜博陵郡王
……玄暐三世不異居，家人怡怡如也。貧寓郊墅，羣從皆自遠會食，無它爨，與昇尤
友愛，族人貧孤者，撫養教勵……」，[27]盧夫人或係范陽盧氏，世系失載。

滎陽夫人鄭氏墓誌銘（全唐文卷232）：

175　夫人諱某，字某，滎陽開封鄭氏之女也。有唐銀青光祿大夫、行少詹事博陵
侯崔氏之妻，中大夫、中書舍人湜之母也。高祖述祖，北齊吏部尚書、……平
簡公。曾祖武叔，北齊洛州刺史、中牟公。祖道援，隋宋城令。父世基，故吉
陽令；故左僕射、安吉公杜淹太夫人之外王父也。……舍人（湜）及三弟——

---

27. 新唐書卷一二〇崔玄暐傳，舊唐書卷九十一崔玄暐傳略同。

長安尉泌、藍田尉液、左千牛澟，咸有當代之名。……夫人……年六十四，神龍元年十一月九日遘疾終於洛陽之遵化里，其明年二月某日，葬於富平縣之某原……

〔案：夫人高祖滎陽鄭述祖，北齊書卷二十九鄭述祖傳：「祖羲……父道昭……」新唐書卷七十五上宰相世系表五上滎陽鄭氏北祖「七房鄭氏」：幼麟（羲字）為第七房。夫人乃博陵崔湜崔泌母，新唐書卷七十二下宰相世系表二下，博陵崔氏安平房：昂——仁師——挹——湜、泌。〕

大唐故通直郎行曹州濟陰縣尉鄭君墓誌（17751）：

176 君諱儉，字元禮，其先滎陽人。……曾祖挺、祖宣……父獻……。君……春秋八十一，以大足元年正月二十九日遘疾……夫人趙郡李氏，前綿州涪城縣令深之女……如意元年五月八日……春秋七十五，粵以開元二年歲次甲寅正月庚申朔二十三日壬午合葬於北邙平陰鄉之原也。……

〔案：滎陽鄭挺——宣——獻——儉。世系不可查，鄭儉妻趙郡李深女，新唐書卷七十二上宰相世系表二上趙郡李氏東祖系支：系——順——式——憲——希宗——祖揖（北齊）——德珪（隋）——行矩——玄起——守盧——深。〕

　　本文根據有關資料，查證大士族著房出處，由於西魏、北周缺乏五姓著房間婚姻關係資料。本文製作成〔隋至唐神龍時五姓著房婚姻關係表——以滎陽鄭氏為中心〕（圖表二十三）

　　圖表二十三所示，滎陽鄭氏著房與其他四姓著房婚姻關係有八例，其中與趙郡李氏著房通婚有三例，與博陵崔氏著房通婚者有二例，與隴西李氏、清河崔氏、范陽盧氏著房通婚各有一例。

第七節　以太原王氏為中心

　　自北魏高祖孝文帝始，至北齊止，太原王氏著房與其他四姓著房之婚姻關係，其資料列舉於下：

魏書卷三十八王慧龍傳（北史卷三十五王慧龍傳同）

177 太原晉陽人……。（慧龍）子寶興……（寶興）子瓊……。瓊女適范陽盧道亮。

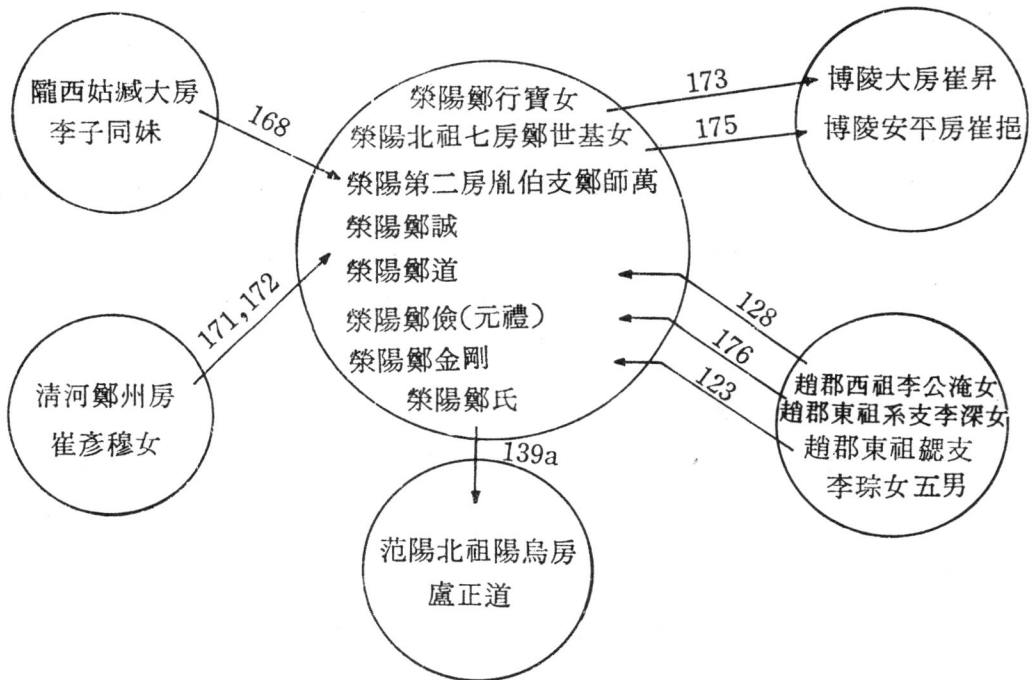

隋至唐神龍時五姓著房婚姻關係表
——以滎陽鄭氏爲中心（圖表二十三）

〔案：新唐書卷七十二中太原王氏：「四房王氏」之父乃瓊。又瓊女適范陽盧
道亮，新唐書卷七十三上宰相世系表三上范陽盧氏北祖陽烏大房：陽烏——道
亮。〕

本文根據有關資料，查證大士族著房出處，製作成〔北魏高祖至北齊間五姓著房
婚姻關係表——以太原王氏爲中心〕（圖表二十四）

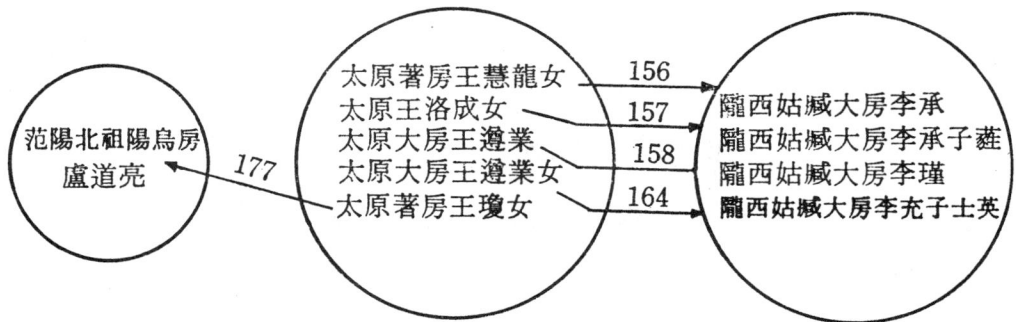

北魏高祖至北齊間五姓著房婚姻關係表
——以太原王氏爲中心（圖表二十四）

　　圖表二十四所示，太原王氏著房與其他四姓著房婚姻關係有五例，其中與隴西李氏著房通婚有四例，占大多數；與范陽盧氏著房通婚一例，其他諸姓則無資料。

　　自西魏、北周、隋，以迄唐神龍年間，太原王氏著房與其他四姓著房之婚姻關係，其資料見於前節，本節僅增一例，如下：

大唐故朝散大夫汝州長史安平縣開國男□□夫人安平縣君太原王氏墓□□（23855）：

178　夫人姓王氏諱媛……太原晉陽人也……夫人即後魏征虜將軍廣業之五世孫也。
　　　曾祖寶倫，北齊汾州司馬；祖仁緒，隋文林館學士；父惠子。……夫人乃歸我
　　　安平公博陵崔府君諱曖……。夫人次兄曰溫之……。長子監察御史渾……。以
　　　開元九年四月二十一日終於東都崇政里第。……

　　　〔案：新唐書卷七十二中宰相世系表二中太原王氏第二房：廣業——季貞——
　　　○——○——惠孚——溫之……。又新唐書卷七十二下宰相世系表二下博陵崔
　　　氏第二房楷支：楷——說——弘峻——儼——晧（安平公）——渾……。〕

　　本文根據有關資料，查證大士族著房出處，由於西魏北周缺乏王姓著房間婚姻關係資料，本文製作成〔隋至唐神龍時五姓著房婚姻關係表——以太原王氏為中心〕（圖表二十五）

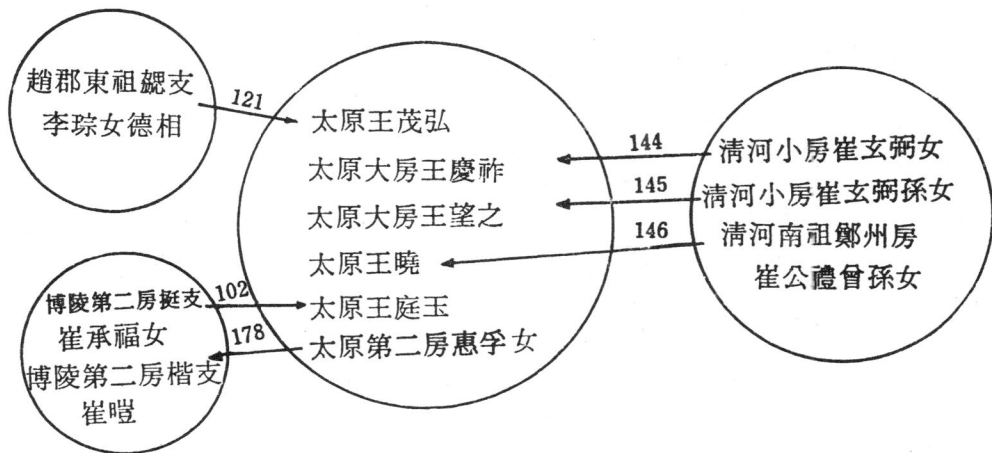

隋至唐神龍時五姓著房婚姻關係表

——以太原王氏為中心（圖表二十五）

圖表二十五所示，太原王氏著房與其他四姓著房婚姻關係僅得六例，其中與淸河
崔氏著房通婚有三例，與趙郡李氏通婚有一例，與博陵崔氏通婚有二例；其他諸姓則
無資料。

<h2 style="text-align:center">第八節　總　結</h2>

北魏初期時，淸河崔玄伯、崔浩父子是重要人物，因此淸河崔氏族望甚盛，從本
文前節圖表一所示，淸河崔氏以及趙郡李氏、范陽盧氏三者是大士族婚姻圈的主要核
心，自淸河崔氏崔浩、崔叡兩次大災禍以後，范陽盧氏亦因與崔浩姻親而波及，只有
趙郡李氏不受影響，李孝伯成為重要人物。北魏高祖以前大士族婚姻關係可由〔北魏
高祖前五姓著房婚姻關係示意圖〕（圖表二十六）表示之。這種型態至北魏高祖以後
開始轉變。

趙郡李氏成為博陵崔氏、范陽盧氏的重要婚姻對象，上節圖表十二、圖表十四、
圖十六所示，趙郡李氏與博陵崔氏通婚資料得十次，趙郡李氏與范陽盧氏通婚資料得

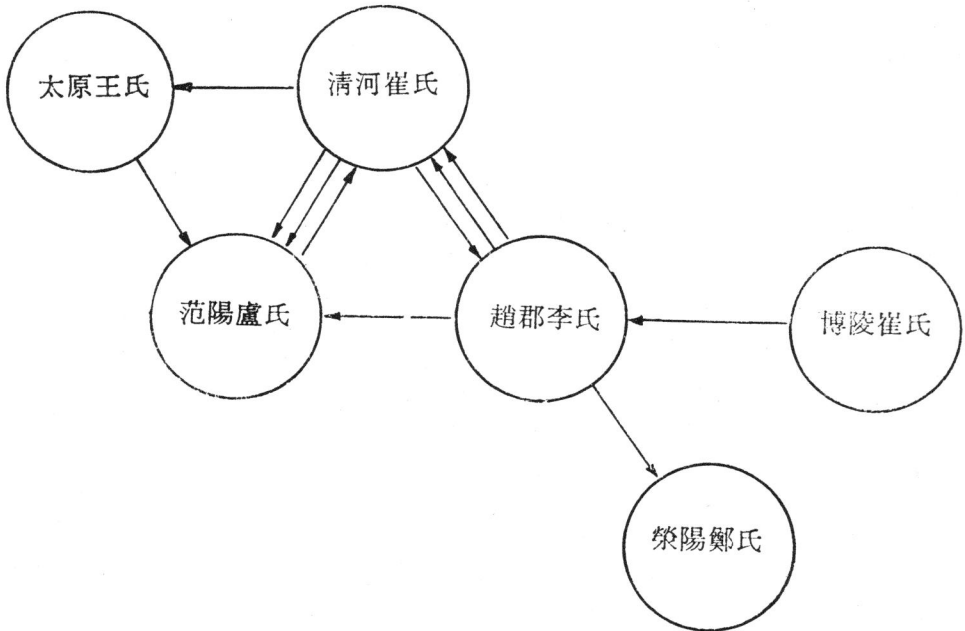

北魏高祖前（386-471）五姓著房婚姻關係示意圖（圖表二十六）

五次，非常特殊，茲綜合上節圖表十二、 圖表十四、 圖表十六、 圖十八、 圖表二十二、 圖表二十四， 繪成〔北魏高祖至北齊間五姓著房婚姻關係示意圖〕（圖表二十七），發現這種兩姓之間相互婚嫁的現象是另一種型態。這種型態或許是當時人所謂「中表」關係，北齊書四十二盧潛傳：

> 潛從祖兄懷仁，字子友，魏司徒司馬道將之子……撰中表實錄二十卷。

> 〔案：新唐書卷七十三上宰相世系表三上范陽盧氏北祖陽烏大房：陽烏——道將——懷仁。〕

　　北魏世祖太平眞君年中有二件大事，影響中古盛衰變動，其一是「（太平眞君）三年……夏四月……李暠孫寶據敦煌，遣使內附。」其二是「（太平眞君十一年）六月己亥，誅司徒崔浩。」[28] 誅崔浩使清河崔氏主支蒙受重大打擊，上文已有述及，而李寶內附使隴西李氏成爲中古政治社會中一個重要的大士族，拙文「中古山東大族著房之研究」[29] 李寶六子之中，以姑臧大房李承及六房李沖最盛，這兩房原本亦十分密切，[30] 北魏高祖時，文明太后及孝文帝皆極器重李沖，[31] 在李寶李沖之時，隴西李氏嚴格而言仍傾向於政治大族，與數百年發展而成的中原大士族尙有差異，[32] 此點在資治通鑑卷一四〇齊紀明帝建武三年（孝文帝太和二十年，公元 496 年）：

> 魏主雅重門族，以范陽盧敏、清河崔宗伯、滎陽鄭羲、太原王瓊四姓，衣冠所推，咸納其女充後宮。隴西李沖以才識見任 ， 當朝貴重，所結姻婣， 莫非清望，帝亦以其女爲夫人。

北魏由於政治目的，特別捧隴西李氏，「後魏太和中，定四海望族，以（隴西李）寶等爲冠」。[33] 從上文所引，隴西李氏亦刻意與中原大士族聯婚，例如范陽北祖著房「四房盧氏」之陽烏大房盧淵（字伯源，小名陽烏），「（盧）淵與僕射李沖特相友善。

---

28. 魏書卷四下世祖紀四下。
29. 拙文「中古山東大族著房之研究」第二章內隴西李氏（李寶——李沖）之分析。
30. 魏書卷五十三李沖傳：「李沖，字思順，隴西人，敦煌公寶少子也。少孤，爲長兄滎陽太守承所攜訓。承常言：『此兒器量非恒，方爲門戶所寄。』沖沈雅有大量，隨兄至官。……」
31. 參見魏書卷五十三李沖傳。
32. 朝野僉載卷一（筆記小說大觀四編）：「後魏孝文帝定四姓，隴西李氏大姓恐不入，星夜乘鳴馳，倍程至洛。時四姓已定訖，故至今謂之『李馳』焉。」
33. 新唐書卷九五高儉傳語。

沖重淵門風，而淵祇沖才官，故結爲婚姻，往來親密。至於淵荷高祖意遇，頗亦由沖。淵有八子。」[34] 亦標明兩族性質不同。隴西李氏與范陽盧氏及其他大姓之婚姻情況，可從圖表二十七〔北魏高祖至北齊間五姓著房婚姻關係示意圖〕中充分證明。該圖表所示，隴西李氏著房，與范陽盧氏著房通婚得七例，與滎陽鄭氏著房通婚得五例，與太原王氏著房通婚有三例，另與清河崔氏通婚有二例。原本在高祖以前，中原大族以清河崔氏爲中心的現象，由於清河崔氏遭受兩次重大打擊，以及隴西李氏的出現，在高祖以後，變成以隴西李氏爲中心。在同一時期，北魏宗室元氏、北齊宗室高氏等與五姓七房大量通婚，以及政治大族隴西李氏與其他著房之大量通婚，顯示出政治統治階層與社會高階層有良好的接觸與融合。

　　圖表二十七所示，北魏高祖至北齊間，大士族聯婚的型態以兩姓間中表關係爲常態，資料所示，當時似乎並未很成熟地發展成五姓相互之間的中表關係，其中原因之一可能是五姓之間族望並不平等，范陽盧氏、清河崔氏是北魏較孚盛名的大士族。范陽盧氏族望一直維持崇高的地位，清河崔氏崔浩近親受誅不振，其南祖系中鄭州房仍

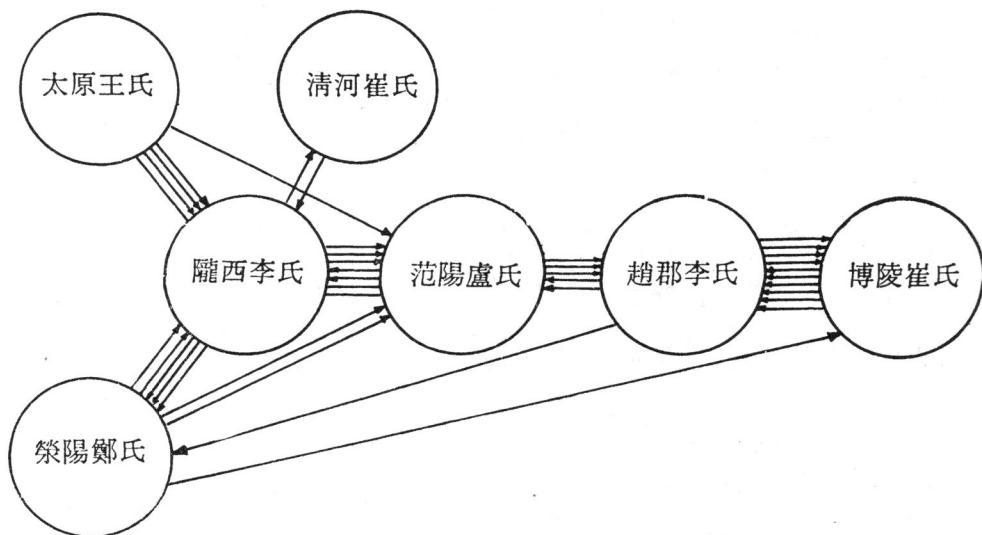

北魏高祖至北齊間（471-577）五姓著房婚姻關係示意圖（圖表二十七）

---

34. 魏書卷四十七盧玄傳附子度世傳。

然是著房，另崔逞之孫崔叡受打擊，崔逞另子崔諲南奔，「仕宋位青、冀二州刺史」，諲子「靈和，宋員外散騎侍郎」，靈和子宗伯「始還魏」，[35] 崔宗伯卽清河大房崔休、及清河小房崔寅之父，這一系在北魏末及北齊以降亦有人物，另有青州房則發達於隋唐，所以清河崔氏雖不如崔玄伯——崔浩時代興盛，仍屬重要大姓。博陵崔氏在北魏似乎門望稍低，前節引證北魏世宗謂博陵崔氏世號「東崔」地望低寒，這當然是比較而言。圖表二十七所示，北魏高祖至北齊期間，未見范陽盧氏、清河崔氏與博陵崔氏通婚之例，新崛起的隴西李氏以及太原王氏亦未見與博陵崔氏相婚，滎陽鄭氏則得一例，博陵崔氏絕大多數與趙郡李氏通婚，由此可見，趙郡李氏的族望可能介於范陽盧氏、清河崔氏、隴西李氏等高門望與博陵崔氏較低門望之間。當北齊之時，清河大房崔休之子崔懷嘗與范陽北祖昶房盧元明曰：「天下盛門，唯我與爾，博崔、趙李，何事者哉！」[36] 與本文圖表二十七頗能相互證明。

　　北魏高祖第一年為延興元年，卽公元 471 年；北齊亡於幼主高恒承光元年，卽公元 577 年；自北魏高祖至北齊約有一百餘年。自西魏文帝大統元年，卽公元 535 年，至唐神龍年間，卽公元 705-707 年；約一百七十餘年，西魏宗室與五姓著房婚嫁未獲資料，北周義歸公主嫁隴西李基，李基房支不詳，北周宗室與五姓著房婚嫁遠不及北齊宗室；自隋文帝開皇元年，卽公元 581 年，至唐神龍年間，約有一百二十餘年，這段時期中國復歸統一，但由於東西分裂，各自結合成不同的政治社會團體，西魏、北周系統的人物，卽所謂「關隴集團」人物，很成功地培養成一股統治集團，對於北齊系統而言，關隴集團是勝利的一方，隋在政治上統一中國，在社會上並不能立刻使分裂的雙方完全結合在一起。在另一方面，居於東方的大士族們，由於關隴集團的勝利，其政治前途並不十分光明，東方士大夫們以相互婚姻的方式維護其社會地位極為自然。

　　茲綜合上節圖表十三、圖表十五、圖表十七、圖表十九、圖表二十一、圖表二十三、圖表二十五，繪成〔隋至唐神龍時五姓著房婚姻關係示意圖〕（圖表二十八），以作為比較研究。如果暫且不計入太原王氏，該圖所示，趙郡李氏、隴西李氏、清河

---

35. 北史卷二十四崔逞傳。
36. 北史卷二十四崔逞傳附懷傳、北齊書卷二十三崔懷傳。

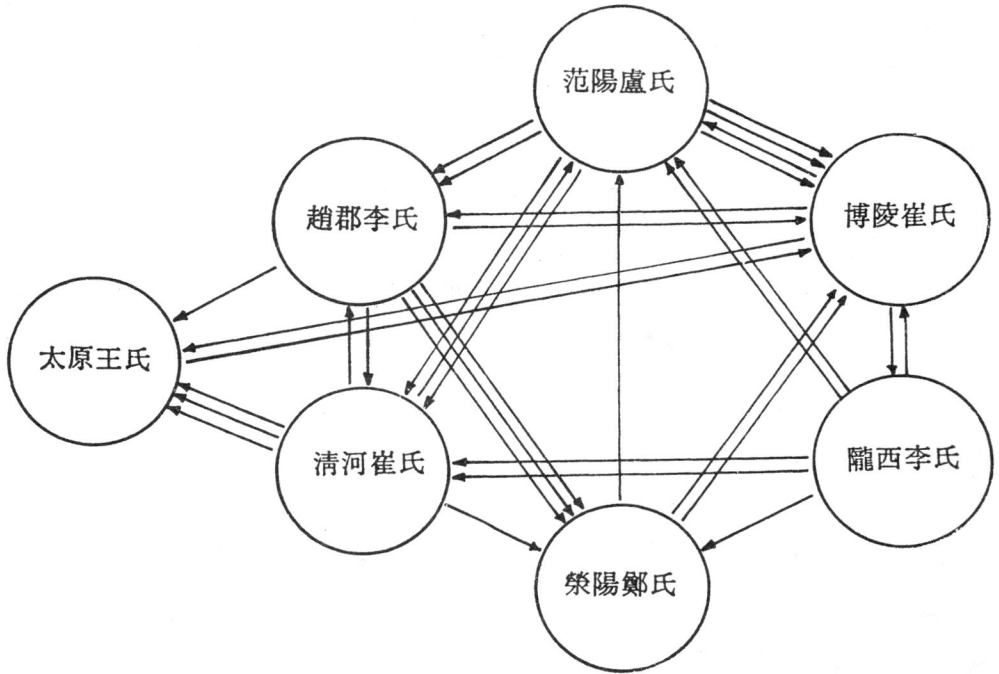

隋至唐神龍時（581-707）五姓著房婚姻關係示意圖（圖表二十八）

崔氏、博陵崔氏等，皆有與其他四姓通婚之記錄，由於同姓不婚，這是崔李兩姓婚姻
關係的最大可能性。范陽盧氏、滎陽鄭氏則有與其他四姓五望通婚記錄，則也是盧、
鄭二姓的最大可能性。如以趙郡李氏、隴西李氏、清河崔氏、博陵崔氏、范陽盧氏、
滎陽鄭氏等四姓六望而論，除同姓不婚以外，皆有相互通婚記錄；其中范陽盧氏與博
陵崔氏通婚得四則，博陵崔氏在北朝時族望略低，自隋至唐已顯著上升，[37] 故而與名
列前茅的范陽盧氏婚嫁增加。范陽盧氏與滎陽鄭氏婚嫁得一例，這恐怕與滎陽鄭氏在
四姓之中族望略低有關。太原王氏僅見與趙郡李氏、清河崔氏、博陵崔氏等有婚嫁記
錄，此姓在新唐書宰相世系表中「四房王氏」僅記載二房，人數不多，故雖有許多墓
誌主謂太原王氏，因無法在宰相世系表中查到而放棄。

---

37. 參見拙文「中古山東大族著房之研究」第二章㈢博陵崔氏之分析。

第四章　結　論

第一節　綜合比較

　　本文從一百七十八個婚姻關係資料中，繪製成二十八個圖表，並綜合出下列若干事實：

一、北魏宗室元氏與五姓著房間婚姻關係共得五十三例，其中五姓著房嫁入元氏宗室者有三十六例，五姓著房娶元氏宗室女者有十七例；此皆始於北魏高祖孝文帝之時，自此以還，元氏宗室與五姓著房間婚姻關係甚爲密切。

　　北齊宗室高氏與五姓著房間婚姻關係共得二十例，其中五姓著房女嫁入高氏宗室者有十八例，五姓著房娶高氏宗室女者有二例；高氏宗室與五姓著房間婚姻關係尚稱密切。

　　北周時僅得周義歸公主宇文氏適隴西李基一例，李基是否屬著房，尚未能確定。

　　隋宗室楊氏與五姓著房間婚姻關係有三例，其中五姓著房女嫁入楊氏宗室者有二例，五姓著房娶楊氏宗室女者有一例。

　　唐宗室李氏與五姓著房間婚姻關係有二例，二例皆唐宗室女適博陵第二房崔氏。

　　茲將上列婚嫁數與各朝年數對照於下：

宗　　室　（朝代起迄）	朝代年數	五姓著房與宗室婚嫁數
元氏（孝文帝至東魏亡，公元471-550年）	80年	53例
高氏（北齊，公元550-577年）	28年	20例
宇文氏（北周，公元557-581年）	25年	1例
楊氏（隋，公元581-618年）	38年	3例
李氏（唐武德至神龍，公元618-707年）	90年	2例

元氏宗室、高氏宗室與五姓著房婚嫁的頻率較高，宇文氏宗室、楊氏宗室、李氏宗室與五姓著房婚嫁的頻率極低。

二、元氏宗室與清河崔氏著房、博陵崔氏著房、范陽盧氏著房、趙郡李氏著房、隴西李氏著房、滎陽鄭氏著房、太原王氏著房等五姓七望皆有婚嫁關係；其中尤其與隴西李氏、范陽盧氏、滎陽鄭氏較為密切。

高氏宗室除未見與太原王氏著房婚嫁以外，與其他上列四姓六望皆有婚姻關係，其中與趙郡李氏著房通婚有十例，占五姓著房與高氏宗室婚嫁數之半。

宇文氏宗室、楊氏宗室、李氏宗室與五姓婚嫁之例甚少，在這些少數例子之中，僅與博陵崔氏著房、隴西李氏著房通婚，其他諸姓著房則未見通婚之例。

北魏自高祖以降，元氏宗室與五姓著房通婚甚為密切，北齊高氏宗室也沿襲這個傳統，故元氏及高氏宗室已與五姓著房結為一個婚姻圈。

魏分東西以後，北周宇文氏、隋楊氏、唐李氏宗室乃屬同一系統人物，此即陳寅恪先生所謂「關隴集團」。資料所示，這幾個宗室很少與五姓著房通婚，即使隋、唐統一局面下亦不例外，這一點與元氏、高氏宗室形成強烈對比。

三、清河崔氏、范陽盧氏兩族自魏晉以降皆為北土著姓，兩族又以文學書法聞名，又皆籍貫河北地區，兩姓通婚是極自然之事。北魏前期，由於崔玄伯、崔浩父子相繼居高官、受重用，尤其主管人事任用，起用許多中原士人，因此崔玄伯、崔浩父子在北魏前期儼然是中原士大夫領袖，清河崔氏著房也成為當時大士族著房的婚姻中心，除了與范陽盧氏婚嫁外，還與趙郡李氏通婚，趙郡李氏在社會地位上與崔盧接近，當時李順之政治地位僅略遜於崔浩，故北魏前期時，清河崔氏、范陽盧氏、趙郡李氏是大士族著房的婚姻中心，其間除了原本是社會上大士族以外，因政治地位而門當戶對也是重要因素。及清河崔氏遭受到崔浩、崔叡兩次打擊以後，婚姻秩序有了變動，趙郡李氏較為活躍。

自北魏高祖至北齊，由於隴西李氏之出現，政治社會階層有很大改變，按李寶是西陲一個具有相當獨立性的勢力，自李寶歸附北魏，使北魏在帝國西方政治、軍事、疆域諸方面獲益良多，隴西李氏原非中原社會領袖，加入北魏政權以後，含有濃厚的官僚性質，可評為政治型的大士族。李寶六子才學頗盛，是謂姑臧房，

其中大房李承、六房李沖最有名，李沖更是當時政治上極有權勢者。故自北魏高祖至北齊，隴西李氏取代了清河崔氏，而范陽盧氏、趙郡李氏等成爲這時期的婚姻中心。

綜合而論，自北魏至北齊時期，社會上大士族與政治界有高度的融合，除了上文提及五姓著房與元氏宗室、高氏宗室婚姻關係密切外，政治型大士族與社會上大士族常常結合，社會上大士族亦大幅度地加入官僚體系，居高官而光大門第。以元氏、高氏宗室與五姓著房婚嫁而論，似乎宗室是主動者，以政治型大士族與社會上大士族婚嫁而言，似乎是互動的。所以當此之時，從婚嫁角度而言，政治領袖與社會領袖並不相互對立而排斥，兩者間的結合關係乃具有高度的彈性。

然而，以大士族爲主體的社會領袖與以宗室及官僚爲主的政治領袖，究非完全合而爲一，尤其自崔浩事件以後，牽連清河崔氏之姻親；著者以爲自北魏高祖至北齊期間，大士族著房以兩姓間相互「中表」嫁娶關係爲主要的婚姻型態，崔浩事件的影響是原因之一。社會領袖如果迅速發展成龐大的婚姻圈，無形中造成與政治統治階層之對立，可能會引起再次打擊，兩姓間「中表」婚姻型態可以減少這種對立的心理，如果某一姓牽涉政治案件，亦減低被蔓及的可能性。其中只有隴西李氏廣泛地與范陽盧氏、滎陽鄭氏、太原王氏、清河崔氏等大士族著房聯婚，正如上文所述，隴西李氏含濃厚的官僚性質，立場頗站在政治統治階層，與大士族普遍聯婚，事涉政治階層與社會階層之融合，類似宗室與大士族著房之結合，隴西李氏在隋唐時期，其性質與其他中原大士族相同，這是隴西李氏與其他大士族相互間內部質變之結果，此處不予贅述。北魏高祖至北齊期間，大士族兩姓間相互「中表」婚姻型態之另一原因，可能與族望高低有關，按此時期清河崔氏、范陽盧氏門第最高，趙郡李氏次之，其下是博陵崔氏，滎陽鄭氏常列四姓之末，太原王氏則稱五姓時才附驥尾。清河崔氏自崔浩、崔叡事件以後，人數大減；本文圖表二十七所示，兩姓相互「中表」婚姻型態是：范陽盧氏與趙郡李氏互爲中表，趙郡李氏與博陵崔氏互爲中表，但門望較高的范陽盧氏並不見與門望較低的博陵崔氏婚嫁。隴西李氏是官僚性質的大士族，在這段時期，廣泛地與范陽盧氏、滎陽鄭氏、太原王氏、清河崔氏聯婚，其「中表」是多角度的，頗爲例

外。

北魏高祖至北齊間五姓著房關係示意圖多少還顯示出地緣因素影響到婚姻關係，博陵崔氏、趙郡李氏、范陽盧氏地望皆屬河北地區；太原王氏在河東地區，滎陽鄭氏在河南地區，隴西李氏本望隴右，後遷中原。[38] 地緣接近者似乎婚嫁較多，由於士族中央化的趨勢，地緣因素對婚姻關係的影響力愈來愈小。

從五姓著房與元氏、高氏宗室大量通婚，及中原大士族在北魏高祖以降接納官僚性質濃厚的隴西李氏等現象觀察，這段時期社會上的高門大族並不是那樣僵化，也可能在階層高低方面已趨僵化，但社會高層與政治高層之關係並未僵化。

四、隋至唐前期時，五姓七望著房似乎已均衡地相互通婚，其中尤其范陽盧氏、趙郡李氏、清河崔氏、滎陽鄭氏、隴西李氏、博陵崔氏等，除同姓不婚外，似已成熟地發展完成相互間的婚姻圈。從北魏高祖至北齊的兩姓相互「中表」關係，發展成隋至唐神龍時期的五姓婚姻圈，著者初步的解釋是：原本門望較低的博陵崔氏在隋唐之際地位驟升，拙著「中古山東大族著房之研究」結語中三：「唐太宗詔修氏族志，初奏稿評崔幹為第一等，按崔幹屬博陵崔氏第二房，該房自崔孝芬以降，在西魏北周系統發展，既是山東舊族，又屬關中本位集團人物，具有雙重身分，因此被高士廉等撰者評為第一。」而清河崔氏在北魏時由於崔浩、崔叡事件，深受打擊，經隋唐時期發展，清河崔氏其他著房如清河大房、清河小房、清河青州房、清河鄢陵房等，皆日益茂盛，五姓七望除太原王氏仍附驥尾外，其他四姓六望族望之高低已不過於懸殊，易於自兩姓「中表」進而成多姓「中表」關係。其次，自北魏高祖遷都洛陽以後，為了任官方便，大士族多在洛陽城內或洛陽附近購置住所，此在魏齊墓誌銘屢見，當此時也，大士族在京有住所，原籍亦有房地產，卽 Eberhard 所謂城鄉雙家型現象。[39] 至隋唐之時，許多大士族漸漸自住所而定籍，拙文「從士族籍貫遷移看唐代士族之中央化」一文，發現在墓誌銘中大士族著房子弟大都定葬在兩京附近，其中三分之二在洛陽附近，這表示

38. 參見拙文「從士族籍貫遷移看唐代士族之中央化」頁四五三至四五六。

39. 參見 Eberhard Wolfram: Conquerors & Rulers——Social Forces in Medieval China 導論，1965 年修正版，p. 44-46。

原本散居在各地的大士族，已長期居住在京都地區，這個因素能促進相互間通婚。其次，北魏時大士族著房子弟不僅大量進入官僚體系，並且常居政治階層之高位，如果大士族著房相互間形成堅強的婚姻圈，透過姻親集團的影響，將對統治者構成嚴重的威脅，其理甚明。隋唐之時，五姓著房子弟雖亦在其官僚體系之內，但這些魏齊舊姓在隋唐政權中的地位遠不如前，掌握隋唐政權的核心人物是關隴集團，當五姓著房漸漸凝結爲一個婚姻圈時，並非隋唐統治者全無戒心，但其程度已不至嚴重威脅政權之生存，其處置辦法是禁婚令。在另一方面，由於隋唐宗室並不像元氏、高氏宗室那樣與五姓著房接近，亡國之餘的政治地位又不如前，欲保其社會地位，只有凝結嚴守其婚姻圈，以達到保持門望的地位。

圖表二十八所示，趙郡李氏、隴西李氏、清河崔氏、博陵崔氏、范陽盧氏、榮陽鄭氏等，每姓望皆與其他異姓望有通婚記錄，實際上在隋及初唐已形成很完整的婚姻圈，太原王氏則亦屬這個婚姻圈的近圈。本文所能獲得實例雖然不多，但若視爲機遇選樣，再證之唐神龍禁五姓七望互婚之詔令，似乎這個圖形與當時事實相去不遠。隋唐五姓七望互結爲婚姻圈，與北魏高祖至北齊間五姓以兩姓相互中表關係爲主，顯然是兩種型態，也顯示社會上大族著房的結合日趨強化與成熟。

第二節　論唐代之婚姻集團與禁婚令

兹根據本文資料及所獲得的諸條事實，再觀察中古時期有關婚姻的事件，可得到更明確的了解：

舊唐書卷八十二李義府傳（新唐書卷二百二十三上姦臣傳上李義府傳）：

> 關東魏、齊舊姓，雖皆淪替，猶相矜尚，自爲婚姻。義府爲子求婚不得，乃奏隴西李等七家，不得相與爲婚。（新唐書：自魏太和中定望族，七姓子孫迭爲婚姻，後雖益衰，猶相夸尚。義府爲子求婚不得，遂奏一切禁止。）

所謂「魏齊舊姓」，是指太和至北齊發展而成的七姓，七姓子孫自爲婚姻，是關東人物的特色，這與關隴集團顯然是不同的婚姻圈。實際上從唐中宗神龍中申明舊詔，禁相爲婚的內容看，乃具體地指「隴西李寶之六子，太原王瓊之四子、榮陽鄭溫之三子、范陽盧子遷之四子、盧輔之六子、公（清河崔景晊）之八代祖元孫之二子、博陵

崔懿之八子、趙郡李楷之四子，士望四十四人之後。」[40] 因此關東魏、齊舊姓之中，相互矜尚的乃指七姓著房而言，「（李）義府既貴之後，又自言本出趙郡，始與諸李敘昭穆，……給事中李崇德初亦與同譜敘昭穆，及義府出為普州刺史，遂即除削。義府聞而銜之，及重為宰相，乃令人誣構其罪，竟下獄自殺。」[41] 李崇德望出趙郡東祖系支，[42] 竟因此而死。李義府不屬趙郡李氏著房甚明，李義府為子想與魏齊七姓著房求婚而不得，其婚姻關係今得二例，其一是「（義府）子婿少府主簿柳元貞」，[43] 柳元貞不見於宰相世系表，但可能屬於河東柳氏；其二出自墓誌銘資料，如下：

大唐太原王君故夫人趙郡李氏墓誌銘（17106）：

　　夫人諱清禪，趙郡人也。曾祖德盛，隋西城郡守，皇朝贈魏州刺史，諡獻公。祖義府，皇朝中書令、右相、河間郡公，周贈揚州都督，皇朝贈太子少保。父澤，周朝任桂坊司直。……嬪于太原王昕……以神龍三年三月二十九日、遘疾終于私第，春秋二十有五，以其年四月六日、權殯于邙山之高原。……

查新唐書卷七十二中宰相世系表二中烏丸王氏：「……食邑祁縣……北齊亡，徙家萬年，（世系為）：神念——僧辯——顗——玼——閡——思泰——美暢（司封郎中、薛公）——昕（司農卿、薛公）。」以時代推論，李義府孫女婿與宰相世系表中王昕甚適合。從上述資料所示，李義府子孫婚姻層次為太原王氏烏丸房，[44] 河東柳氏。

　　在中古士族時代，出現高低層次不同的婚姻圈甚易理解。本文收集五姓七望著房婚姻資料，於此上層婚姻圈作具體分析；較次層次的婚姻圈要視實際資料是否足夠才能建立架構，再行研究。居於較次層次婚姻圈的李義府，由於官居宰相，希望高攀上層社會，以提升其家族社會地位，合譜敘昭穆之法並不牢靠，通婚是較好的辦法，這個希望又告落空，遂有報復之念，不足為怪。然禁止上層社會通婚之事，是一件大

---

40. 參見文苑英華卷九百「唐贈太子太師崔公神道碑」。
41. 舊唐書卷八十二李義府傳（新唐書卷二百二十三上姦臣傳上李義府傳略同）。
42. 新唐書卷七十二上宰相世系表二上趙郡李氏東祖系支：「系——順——弈——慶業——希禮——孝貞——尢王——崇德（給事中）。
43. 舊唐書卷八十二李義府傳（新唐書卷二百二十三上姦臣傳上李義府傳略同）。
44. 新唐書卷七十二中宰相世系表二中之末載：王氏定著三房：一曰琅邪王氏，二曰太原王氏，三曰京兆王氏。案烏丸王氏屬於太原王氏，是定著房，但非禁婚家，太原王氏之中王瓊四子「四房王氏」乃禁婚家。

事，一個人的私怨不足以形成政策，其所以有詔令，是因爲當時同屬上層社會有兩個

婚姻集團，其一是五姓七望著房，另一是關隴集團人物，這兩集團自隋統一以來至唐

初，仍未充分融合，故李義府才能一奏奏效。

　　陳寅恪先生在「三論李唐氏族問題」時已注意到李唐先世的婚姻關係，氏在唐代

政治史述論稿上篇「統治階層之氏族及其升降」中，於討論關隴集團時也強調該集團

之婚姻，雖然在這個題目尚可進一步蒐羅有關婚姻資料，作進一步研究，但陳先生的

架構方向，殆無問題，其後陳先生又寫了一篇「記唐代之李武韋楊婚姻集團」，對唐

代前期統治階級人物的婚姻關係有較詳細的引證。該文云：

　　　　李唐皇室初期婚姻之觀念及其婚姻締搆之實況必帶有深重之地域色彩，卽關中

　　　　地方性，又可證明矣！高儉傳言「王妃、主壻皆取當世勳貴名巨家，未嘗尚山

　　　　東舊族」，今王妃氏族不易詳考，但取高祖、太宗、高宗、中宗諸女之夫壻姓

　　　　名觀之，可以知唐皇室之婚姻觀念實自武曌後而一變也。所謂變者，卽自武后

　　　　以山東寒族加入李唐皇室系統後，李唐皇室之婚姻關係經武氏之牽混組織，遂

　　　　成爲一牢固集團，宰制世局，達百餘年之久。……

　　　　〔文首云〕李、武爲其核心，韋、楊助之黏合，宰制百年之世局。

自隋楊統一中國，以迄唐代前半期，關隴集團一直努力維持其集團利益，這個集團的

最高層宗室、王妃、主壻等並未與五姓七望著房結合，隋唐集團高階層如與五姓七望

著房結合，卽意味著與其共享政權利益，立刻傷害到關隴集團功臣的利益，當爲隋唐

統治者不能爲、不願爲之事。唐太宗在詔修貞觀氏族志時，其崇尚今朝冠冕，貶抑魏

齊以來無官宦之舊族的心理表露無遺。[45]

　　在另一方面，五姓七望著房並非全然不可妥協，北魏高祖時，魏運已行百年，魏

室發動大規模與中原舊姓通婚運動，本文曾獲五十四例婚姻關係資料，北齊高氏承襲

之，案隋楊氏乃中原大族，唐李氏亦漢姓，元氏乃胡族耳。五姓七望著房能與元氏宗

室大規模通婚，集團利益似已超越種族因素。元魏前一百年並非沒有自己的婚姻集

團，其轉移婚姻圈換取遷洛後中原大士族的支持，這種轉移因而冷落了邊區部落，也

---

45. 拙文「中古山東大族著房之研究」第三章。

因此付出重大的代價。婚宦乃士族之一體兩面，此乃研究中古政治社會之常識。北魏北齊時五姓七望著房在政治上亦屬高宦權臣，北齊覆亡，許多著房子弟官宦失序。隋唐統治者以勝利者的姿態與心理，（同註45）自不會犧牲集團功臣利益而發動一個與五姓著房通婚的運動。

　　隋唐初時，山東五姓著房子孫官宦較以前下降，隋唐統治者的心理是提高其集團功臣之政治社會地位，而大臣當權者如有欲與五姓著房聯婚者，僅希望藉此提高其社會地位，自非五姓著房所願，兩個集團婚姻圈無法大規模溝通，其緊張關係表露在婚姻關係之稀少及修撰氏族譜標準之爭同，也出現以政權之力干涉五姓著房相互婚姻的詔令，並且在中宗神龍年間再度重申此項禁婚令。

一九八六年九月十五日初校畢

參　考　書　目

一、正史與古籍類：

晉書斠注　魏書　北齊書　周書　宋書　南齊書　梁書　陳書　舊唐書　新唐書　唐書合鈔　北史　南史　胡注資治通鑑　通典　通志　文獻通考　冊府元龜　太平御覽　太平廣記　玉海　文苑英華（臺灣華文書局影印明隆慶元年刻本）　全唐文（清嘉慶十九年刻本）　顏氏家訓　洛陽伽藍記　貞觀政要　朝野僉載（筆記小說大觀四編，臺北新興版）

二、譜牒類：（宰相世系表見新唐書，氏族略見通志）

元和姓纂四校記　唐林寶撰　岑仲勉校　民三十七年史語所專刊第二十九
古今姓氏書辨證附校勘記　宋鄧名世撰　民二十五年商務叢書集成初編
風俗通姓氏篇　漢應邵纂　清張澍輯補注　知服齋叢書
南北史世系表　清周嘉猷撰　廣雅叢書
萬姓統譜　清凌迪知輯　汲古閣藏板

三、石刻類：

史語所　傅斯年圖書館藏墓誌銘拓片
漢魏南北朝墓誌集釋　趙萬里撰　民四十二年
千唐誌齋藏誌　張鈁編　1983
金石萃編　王昶著　清嘉慶十年
八瓊室金石補正　陸增祥撰　清同治四年
芒洛冢墓遺文附補遺　續編附續編　三編　四編附四補　羅振玉輯　民初
京畿冢墓遺文　羅振玉輯　民初
東都冢墓遺文　羅振玉輯　民初
西安郊區隋唐墓　1965
唐長安城郊隋唐墓　1980

唐宋墓誌：遠東學院藏拓片圖錄　饒宗頤編著　民七十年
唐代墓誌銘彙編附考　毛漢光撰　史語所專刊之八十一，第一、二、三冊
石刻史料新編第一輯、第二輯　新文豐出版社
石刻史料叢書　嚴耕望編　藝文印書館

四、專書論文類：

王伊同　五朝門第　金陵大學中國文化研究所叢刊乙種　1943
王伊同　崔浩國書獄釋疑　清華學報新一卷二期　1957
毛漢光　兩晉南北朝士族政治之研究　中國學術著作獎助委員會　1966
毛漢光　敦煌唐代氏族譜殘卷之商榷　史語所集刊第四十三本第二分　1971
毛漢光　中國中古社會史略論稿　史語所集刊第四十七本第三分　1976
毛漢光　唐代大士族的進士第　中央研究院成立五十週年紀念論文集　1978
毛漢光　從士族籍貫遷移看唐代士族之中央化　史語所集刊第五十二本第三分　1981
毛漢光　中古山東大族著房之研究——唐代禁婚家與姓族譜　史語所集刊第五十四本第三分　1983
牟潤孫　敦煌唐寫姓氏錄殘卷考　臺大文史哲學報第三期　1951
沈炳震　唐書宰相世系表訂偽　鼎文書局
何啓民　唐朝山東士族的社會地位之考察　簡牘學報勞貞一先生七秩榮慶論文集
何啓民　中古門第本質的探討　第一屆歷史與中國社會變遷　1982
何啓民　柳芳氏族論中的一些問題　國際漢學會議論文集歷史考古組　37
岑仲勉　校貞觀氏族志殘卷　文學專刊第一期　1936
姚薇元　北朝胡姓考　1962
唐長孺　論北魏孝文帝定姓族　魏晉南北朝史論拾遺　1982
孫同勛　拓拔氏的漢化　臺大文史叢刊　1962
孫同勛　北魏初期政治的衝突與崔浩之獄　幼獅學報四卷一期　1959
陳寅恪　李唐氏族之推測　李唐氏族之推測後記　三論李唐氏族問題　史語所集刊第三本第一分、第四分，第五本第一分。1931、1933、1935
陳寅恪　唐代政治史述論稿　史語所專刊之二十　1944
陳寅恪　記唐代之李武韋楊婚姻集團　1954
勞　榦　關東與關西的李姓與趙姓　史語所集刊第三十一本　1960
智次君　西晉以下北方宦族地望表　禹貢三卷四期　1935
逯耀東　拓拔氏與中原士族的婚姻關係　新亞學報七卷一期　1965
逯耀東　從北魏前期的文化與政治形態論崔浩之死　新亞學報七卷二期　1966
蘇慶彬　元魏北齊北周政權下漢人勢力之推移　新亞學報六卷二期　1964
今堀誠二　唐代士族の性格素描(一)(二)　歷史學研究第九卷第十一期、第十卷第二期
布目潮渢　唐初の貴族　原刊東洋史研究第十卷第三號，又載隋唐史研究，1948、1968
井上晃　後魏姓族分定考　史觀第九期　1936
矢野主稅　鄭氏研究　社會科學論叢　8
矢野主稅　門閥貴族の系譜試論　古代學一至七　1952
竹田龍兒　唐代士人の郡望について　史學二四至四　1951
竹田龍兒　貞觀氏族志の編纂に關する一考察　史學二五至四　1952
守屋美都雄　六朝門閥の一研究——太原王氏系譜考　法制史研究四　1951
池田溫　唐朝氏族念の一考察　北海道大學文學部紀要一三至二　1965

池田温　唐代の邸牒表（上、下）　東洋學報第四十二至三、第四十二至四　1959、1960

Dien, Albert E.: "Elite Lineage and the T'o-Pa Accommodation: A Study of the Edict of 495"—Journal of Economic and Social History of the Orient, Vol XIX, Part I

Dien, Allbert E.: "The Bestowal of Surnames under the Western Wei-Northern Chou" T'oung Pao, Vol. LXIII, 1977

Eberhard, Wolfram: The Conquerors and Rulers—Social Forces in Medieval China. Leiden First Edition 1952, Second Edition 1965

Elbrey, Patricia Buckly.: "The Aristocratic Families of Early Imperial China—A Case Study of the Po-ling Ts'ui Family. Cambridge University Press, 1978

Johnson, David G.: The Medieval Chinese Oligarchy. Westview Press Boulder, Colorado 1977

出自第五十六本第四分（一九八五年）

北魏東魏北齊之核心集團與核心區

毛 漢 光

第 一 節　緒　　論

　　三國鼎立，西晉統一宇內祇維持短暫時期，又陷入混亂局面。自永嘉亂後，晉室南遷，東晉保有南方半壁江山，垂百有餘年；在同一時期，北方有匈奴、鮮卑、羯、氐、羌諸族人民，如水銀瀉地，混雜在廣大地區的漢族之間，先後出現幾近二十個國家，鐵騎穿梭，離合相繼，大者幾乎統一北方，飲馬長江，小者不及一省，在一百餘年之間，沒有一股勢力能够成爲穩定的重心。在這種複雜的環境之中，鮮卑拓拔氏終於統一了中國，建立一個穩定的政權，與南方對峙垂百年之久，包括草原地帶在內，拓拔魏是當時最大的帝國。本文分爲十節，主要的研究內容有三大段落：其核心集團如何孕育而成，核心區如何建立，以及如何利用這些人力、物力、戰略環境等，是本文前段研究的目標。遷都洛陽以後，其政治中心與軍事中心之分離，核心集團中漢化與不漢化之分裂等種種現象，以及核心集團對核心區之獨占性如何，是本文中段討論的內容。北魏末葉，社會經濟發生嚴重問題，在國內動盪不已的局面之下，核心集團

的領導人自元氏而尔朱氏、自尔朱氏而高氏，其間之轉移關係如何，及核心區在北魏末、東魏、北齊政權中的地位等現象，是本文末段研究的主題。

本文討論的時間主要是從北魏之始登國元年（公元 386 年）至北齊之亡承光元年（公元577年），凡一百九十年，這段時期的核心集團與核心區有明顯的共同點。但拓拔氏集團與核心區之孕育，在什翼犍建國時期（公元338—376年）已有雛型，所以本文亦上溯拓拔氏的發展時期。

本文資料除正史以外，還利用考古發掘報告、石刻碑誌、水經注、洛陽伽藍記等原始資料及當時人著作。由於北朝出現於歷史舞臺的種族甚多，其間又相互混雜，人文地理改變亦多，文化、生態、語言等差異巨大，當時史家對於這些因素並不一定頭等重視，即令重視亦未必能十分瞭解，所以今日我們認爲重要的重點，當時史家並無專書專志陳述，僅在歷史大事件發生時，在字裏行間提及，因此這一段有異於兩漢魏晉經驗的先民歷史，一直存在著若干啓人疑竇之點，近年來對於北朝研究之專書專論稍多，一篇小文章的考證，或一個事件的闡明，漸漸地使某些疑點有了較清晰的看法，本文對於這些前人成果很謹愼地引用，以增强正史及實物資料之不足。

核心集團與核心區，以及戰爭工具馬匹等是貫穿本文的線索，它不僅是這二百年來歷史發展的關鍵因素，並且也是瞭解隋唐統治集團的淵流。

第 二 節　拓拔氏核心集團之孕育與核心區之建立

拓拔氏的先世居住地，據1980年鮮卑石室的發現，可能在「位于內蒙古自治區呼倫貝爾盟鄂倫春自治旗里河鎭西北十公里。地當大興安嶺北段頂巔之東麓，屬嫩江西岸支流甘河上源」，[1]石室內找到石刻祝文，即北魏拓拔燾太平眞君四年（公元443年）派遣中書侍郎李敞至此祭祀祖先時所刻，以當地的遺物及生態環境而論，東胡族的鮮卑支在遠祖時期過著狩獵生活，魏書序紀謂，拓拔氏祖先其後「南遷大澤，方千餘里，厥土昏冥沮洳」，由於鮮卑石室之定位，這個大澤，應當是呼倫湖，[2] 所以鮮卑人

1. 米文平「鮮卑石室的發現與初步研究」p.1。
2. 米文平「鮮卑石室所關諸地理問題」p.36。

之遷移是從東北而西南，其生態環境之改變促使其生活方式由狩獵而遊牧。

    1975年在科左后旗茂道吐公社舍根大隊發現了有圖紋的陶片和陶器，可能是東部鮮卑文化遺存，其時間也可能是北魏上推至漢，「鮮卑是以畜牧、狩獵爲主的民族，其畜牧業主要是養馬。而舍根文化的直接繼承者契丹人舊俗也是『其富以馬』。在我們發現的舍根文化的陶器文飾中，除大量的幾何圖案之外，還有一些馬的圖案。鮮卑人以畜馬爲主的經濟特點也反映到陶器的裝飾。在我們發現的馬紋裝飾中有六種不同姿態的馬紋圖案，或萬馬奔騰，或漫步草地，或人馴馬，或以馬爲主的複合圖案，馬的體態也或肥或瘦。」[3]

    在漢朝時，東胡最著的種族有烏丸及鮮卑。烏丸居於漢族與鮮卑族之間，受兩族勢力的壓迫而蒙受不利地位，[4] 曹操嘗大伐烏丸，[5] 其烏丸部落分離四散，在歷史上不再扮演重要角色。東漢初期東胡的另一支鮮卑族人，由於匈奴內部分裂，匈奴族在中國北疆塞外勢力轉弱，原本居住於東北的鮮卑人乘虛而南下，其間亦結合匈奴餘種。後漢書卷九十鮮卑傳：

> 和帝永元中（公元89—92年），大將軍竇憲遣右校尉耿夔擊破匈奴，北單于逃走，鮮卑因此轉徙，據其地。匈奴餘種留者尙有十餘萬落，皆自號鮮卑，鮮卑由此漸盛。[6]

後漢末葉，塞外出現了一個強大的盟主，取代了西漢以來的匈奴勢力，其領袖屬於鮮卑族，後漢書卷九十鮮卑傳：

> 桓帝時（公元147—167年），鮮卑檀石槐者……勇健有智略……由是部落畏服。乃施法禁，平曲直，無敢犯者，遂推以爲大人。檀石槐乃立庭於彈汗山歠仇水上，去高柳北三百餘里，兵馬甚盛，東西部大人皆歸焉。因南抄緣邊，北拒丁零，東卻夫餘，西擊烏孫，盡據匈奴故地，東西萬四千餘里，南北七千餘里，網羅山川水澤鹽池……乃自分其地爲三部，從右北平以東至遼東，接夫餘、濊貊二十餘邑爲東部；從右北平以西至上谷十餘邑爲中部；從上谷以西至敦煌

3．張柏忠「哲里木盟發現的鮮卑遺存」文物1981—2，p.14。

4．白鳥庫吉「東胡民族考」p.36。

5．三國志魏志卷三十烏丸傳，建安十一年。

6．王沈魏書「匈奴及北單于遁逃後，餘種十餘萬落，詣遼東雜處，皆自號鮮卑兵。」

、烏孫二十餘邑爲西部，各置大人主領之，皆屬檀石槐。

將塞外廣大草原沙漠地帶分爲三部分統治，原是匈奴舊法，但鮮卑檀石槐分其地爲三
部，雖有大人領之，每部之中皆有許多邑，實際上是具有更多獨立性部落的結合，這
種情況，馬長壽稱之爲「軍事大聯盟」，這個聯盟包括：

㈠東部——從右北平以東至遼東；接夫餘、濊貊，爲東部，二十餘邑。其大人曰：彌
　伽、闕機、索利、槐頭。

㈡中部——從右北平以西至上谷，爲中部，十餘邑。其大人曰：柯最、闕居、慕容等
　，爲大帥。

㈢西部——從上谷以西至敦煌，西接烏孫，爲西部，二十餘邑。其大人曰：置鞬、落
　羅、日律、推演、宴荔游等，皆爲大帥。（以上摘引歸類於三國志卷三十魏書三十
　鮮卑傳注引王沈魏書。）

此處的「推演」，可能是北魏聖武皇帝詰汾，魏書卷一序紀：

　　　聖武皇帝諱詰汾，獻帝命南移，山谷高深，九難八阻，於是欲止。有神獸，其
　　　形似馬，其聲類牛，先行導引，歷年乃出，始居匈奴之故地。其遷徙策略，多
　　　出宣、獻二帝，故人並號曰「推寅」，蓋俗云「鑽研」之義。

檀石槐所建立的「軍事大聯盟」在其死後不久便漸次瓦解，可值得注意者有二事，其
一：塞外東西雖廣達萬里，但其間生態環境，人民生活方式，便捷的交通等，與近在
咫尺的塞內地帶相比較，他們共同點甚多，如有一股勢力突然崛起，塞外東西向的發
展或聯盟，並不十分困難，匈奴帝國、檀石槐大聯盟是兩個很好的先例，北魏在平城
時代就先向東西發展，這是原因之一。其二，匈奴將大帝國分爲左賢王、右賢王、王
庭等三大部分，檀石槐亦分爲三個較帝國鬆懈的部落聯盟，以部落爲單位分而治之，
在草原上有其歷史及生態理由。

　　鮮卑拓拔氏在草創時期也承繼了這種政治社會組織，拓拔氏草創時期的重要人物
是神元皇帝力微，在力微以前祇能說傳說時期，[7] 玆將草創時期的力微至建國時期拓
拔珪之間的世系列舉於下，以便行文參考：

---

7. 田朴實造「北魏開國傳說の背景」p.104—113。

```
                              ┌─⑧普根─⑨○              〔附記：沒有
          ┌─沙漠汗─⑥猗㐌─┤                            編號者並未
          │  （文帝）  （桓帝）├─⑪賀傉                  正式登位〕
          │                   │  （惠帝）
          │                   └─⑫紇那
          ├─②悉鹿              （煬帝）
          │  （章帝）
          │            ┌─⑦猗盧──六脩
          │            │  （穆帝）
①力微─────┤
（神元）   ├─⑤祿官
          │  （昭帝）
          │                        ┌─⑬翳槐
          │                        │  （烈帝）
          └─③綽──④弗─⑩鬱律──┤
             （平帝）（思帝）（平文帝）└─⑭什翼犍─寔─⑮珪
                                        （昭成帝）（獻明帝）（道武帝
```

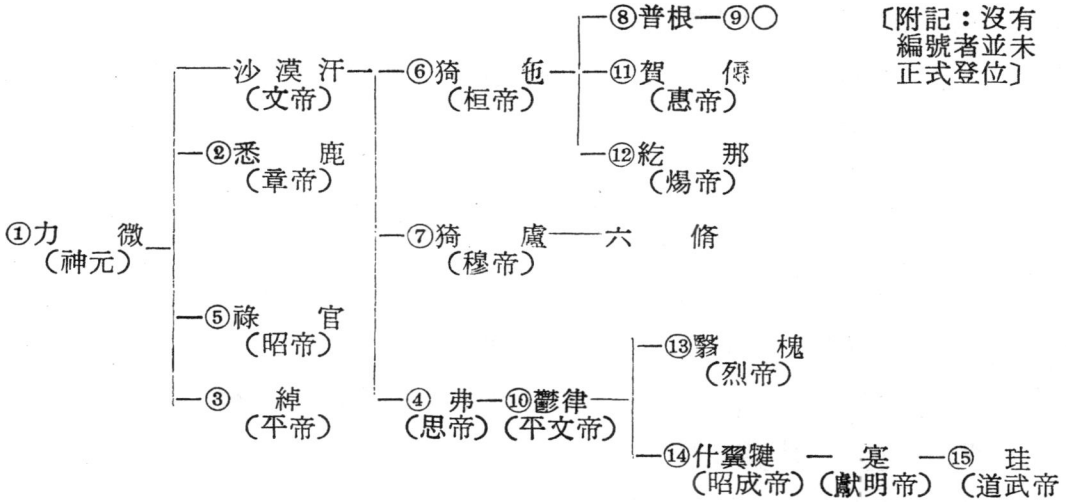

力微之子昭皇帝祿官分國爲三部，魏書卷一序紀：

> 昭皇帝諱祿官立，始祖（力微）之子也。分國爲三部：帝自以一部居東，在上谷北，濡源之西，東接宇文部；以文帝之長子桓皇帝諱猗㐌統一部，居代郡之參合陂北；以桓帝之弟穆皇帝諱猗盧統一部，居定襄之盛樂故城。

這種組織甚至反映在北魏帝國初期的大人制度上，[8] 但北魏雖然以部落爲單位，其結構有所改進，此即北魏建立拓拔氏的核心制度，環繞著此核心向外依親疏、婚姻、功勳等因素，有一圈圈的同心圓，此核心人物的組成，與核心地區之選定，是拓拔氏能在複雜的民族、環境之中，其勢力綿延將近二百年之主因。塞外東西萬里的地理中心是陰山一帶，乃匈奴帝國的王庭所在地，也是鮮卑拓拔氏發跡之處。

　按鮮卑族有許多分支，[9] 其中以慕容氏及拓拔氏最著。慕容氏南遷較早，居於遼東河北省北部一帶，拓拔氏遷徙稍遲，且往西南方向，建安二十年（215年）曹操罷省雲中、定襄、五原、朔方等四郡，[10] 漢人勢力南退，又予鮮卑族拓拔氏向塞外擴充的良機，魏書序紀謂「歷年乃出，始居匈奴之故地」，按匈奴故地應屬陰山一帶，即今內蒙古河套東部地區。近年來在內蒙古河套以東的烏蘭察布盟曾發現兩處較大的鮮

8.　山崎宏「北魏の大人官に就いて」上、下。

9.　白鳥庫吉「東胡氏族考」中，鮮卑種族中有慕容氏、宇文氏、吐谷渾氏、乞伏氏、禿髮氏、拓拔氏等，其中宇文氏、周一良認爲並非鮮卑後，見氏著「論宇文周之種族」。

10.　三國志魏志卷一武帝紀建安二十年。

卑墓羣，[11] 也證實了拓拔氏所謂「居匈奴之故地」的位置。

在這「匈奴故地」之中，自盛樂至桑乾河流域一帶漸漸成為拓拔部落之核心地區，此點在穆帝時已極明顯，穆帝統合三部，遂有城郭觀念，其都城有三，皆設於此核心地區之內，魏書卷一序紀云：

> 城盛樂以為北都，修故平城以為南都，帝登平城西山，觀望地勢，乃更南百里，於㶟水之陽黃瓜堆築新平城，晉人謂之小平城，使長子六脩鎮之，統領南部。昭帝崩後，穆皇帝猗盧遂總攝三部，以為一統。

西晉惠帝末，桓帝猗㐌助晉并州刺史司馬騰解晉陽匈奴之圍，穆帝猗盧時遂向當時并州刺史劉琨求樓煩等五縣，劉琨有賴於穆帝之援助，乃上書晉室予五縣，宋書卷九十五索虜傳載：

> 索頭虜姓託拔氏……晉初，索頭種有部落數萬家在雲中，惠帝末，并州刺史東嬴公司馬騰於晉陽為匈奴所圍，索頭單于猗㐌遣軍助騰。懷帝永嘉三年（公元309年），㐌弟盧率部落自雲中入雁門，就并州刺史劉琨求樓煩等五縣，琨不能制，且欲倚盧為援，乃上言：「盧兄㐌有救騰之功，舊勳宜錄，請移五縣民於新興，以其地處之。」琨又表封盧為代郡公。愍帝初，又進盧為代王，增食常山郡。[12]

魏書卷一序紀云：

> （穆皇帝）三年，晉并州刺史劉琨遣使，以子遵為質。帝嘉其意，厚報饋之。白部大人叛入西河，鐵弗劉虎舉衆於雁門以應之，攻琨新興、雁門二郡。琨來乞師，帝使弟子平文皇帝將騎二萬，助琨擊之，大破白部；次攻劉虎，屠其營落。虎收其餘燼，西走度河，竄居朔方，晉懷帝進帝大單于，封代公，帝以封邑去國懸遠，民不相接，乃從琨求句注陘北之地。琨自以託附，聞之大喜，乃徙馬邑、陰館、樓煩、繁畤、崞五縣之民於陘南，更立城邑，盡獻其地，東接代郡，西連西河、朔方，方數百里。帝乃徙十萬家以充之。[13]

---

11. 宿白「東北內蒙古地區的鮮卑遺跡」。

12. 晉書卷五孝懷帝紀永嘉五年十一月、六年八月，略同。這段內容小節異同見日人志田不動麿「代世王系批判」及內田吟風「魏書序紀特に其世系紀事に就で」。

13. 資治通鑑卷八十七晉紀九懷帝永嘉四年十月考異謂三萬餘家散在五縣間：「（猗）盧新并塵官，國甚強盛，從琨求陘北地，並遣三萬餘家散在五縣間。」

拓拔族移民這五縣，表示已實際占有該地區，作爲其後太祖拓拔珪所制定之畿內，而成爲北魏之核心地區。

其後鮮卑拓拔氏一度失國，依附他族，至昭成皇帝什翼犍才得復國，什翼犍卽位於繁畤之北，稱建國元年，魏書卷一序紀云：

> （建國）二年，始置百官，分掌衆職，東自濊貊，西及破洛那，莫不款附。夏五月，朝諸大人於參合陂，議欲定都灅源川，連日不決，乃從太后計而止……三年春，移都於雲中之盛樂宮。四年秋九月，築盛樂城於故城南八里。……

太后反對定都的理由載於魏書卷十三皇后列傳第一平文皇后王氏傳內：

> 昭成初欲定都於灅源川，築城郭，起宮室，議不決。后聞之曰：「國自上世、遷徙爲業。今事難之後，基業未固，若城郭而居，一旦寇來，難卒遷動。」乃止。

築城是遊牧走向定居生活發展過程中的現象，定都易授予敵人攻擊目標，當時鮮卑拓拔氏復國未久，沒有把握能避免敵人攻擊首都，定都則遷徙不易，損害較大，但拓拔氏在盛樂、平城一帶仍然多方築城。自東漢以降，鮮卑拓拔族卽居住在匈奴故地陰山一帶，魏晉以降，拓拔氏之重心顯然在雲中地區至桑乾河流域一帶。這個核心地區有兩個較大的都市，其一是盛樂，其二是平城。

北魏建國以後的政治組織，初期仍有分部而治的傳統，魏書卷一百一十三官氏志載：

> 建國二年……分爲南北部，復置二部大人以統攝之。時帝弟觚監北部，子寔君監南部，分民而治，若古之二伯焉，太祖登國元年，因而不改，南北猶置大人，對治二部。

帝國漸漸成熟時，尙書制度漸漸替代舊制，這屬於政制發展課題，暫不贅述，值得注意的是人羣組合的社會層面，魏書卷一百一十三官氏志後半段載：

> 魏氏本居朔壤，地遠俗殊，賜姓命氏，其事不一，……。初安帝[14]統國，諸部有九十九姓。至獻帝時，七分國人，使諸兄弟各攝領之，乃分其氏，自後兼幷他國，各有本部，部中別族，爲內姓焉。年世稍久，互以改易，興衰存滅，間有之矣！今舉其可知者：

---

14. 應爲成帝，魏書卷一序紀：「成皇帝……統國三十六，大姓九十九……。」

獻帝以兄爲紇骨氏，後改爲胡氏。

次兄爲普氏，後改爲周氏。

次兄爲拓拔氏，後改爲長孫氏。

弟爲達奚氏，後改爲奚氏。

次弟爲伊婁氏，後改爲伊氏。

次弟爲丘敦氏，後改爲丘氏。

次弟爲侯氏，後改爲亥氏。七族之興，自此始也。

又命叔父之胤曰乙旃氏，後改爲叔孫氏。

又命疏屬曰車焜氏，後改爲車氏。

凡與帝室爲十姓，百世不通婚。太和以前，國之喪葬祠禮，非十族不得與也。

高祖革之，各以職司從事。

至神元皇帝力微時，時值魏晉之際，鮮卑拓拔氏已遷至定襄之盛樂，國力頗強，據魏書官氏志記載，餘部諸姓內入者有一百一十個，諸部其渠長皆自統衆，與拓拔氏的關係是「歲相朝貢」，一百一十個部落包含各種種族，居住在塞外四方。姚薇元考北朝胡姓，又得七十五個，合一百一十個，加上帝室八姓，凡一百九十三姓，玆引文如下：

　　　爰就魏書官氏志所載一百十八姓，依據舊史紀傳、姓氏諸書所載，參以文集說
　　　部、碑銘石刻、方志圖譜，與夫近世中外學人之論著，校核推求，一一夷考其
　　　原義、種族、居地，以及改姓之人證。扶隱鈎沈，觸類旁通，間有得於官氏志
　　　之外者：上自漢魏之降胡質子，下及隋唐之蕃將胡商，靡不包涉。計所得凡七十
　　　五姓，彙爲外篇，合內篇一百十八姓，共得一百九十三姓，都二十餘萬言。[15]

　　「拓拔族的姓氏關係構成一個部落關係網，在網的中央是宗室八姓，八姓之內又以拓拔氏爲核心，其它七姓拱衞在它的周圍，輔佐拓拔氏的子孫對內繁榮世代，對外統治各族各姓，以及各部落之內的牧民。」[16]

　　這些部落對於拓拔氏而言，也有親疏之分，隨著時代推移，這種親疏之分也有變化，力微至拓拔珪之時，諸部與拓拔部親疏已不可考，拓拔珪以降，有八個部落特別

---

15. 姚薇元，北朝胡姓考緒言p.4—5。
16. 馬長壽，烏桓與鮮卑p.254。

被提及，魏書卷一百一十三官氏志末段：

> 其穆、陸、賀、劉、樓、于、嵇、尉八姓，皆太祖已降，勳著當世，位盡王公，炳然可知者，且下司州，吏部勿充猥官，一同四姓。

其他部落大人或部落成員，按照其在北魏政權中的官職定其族姓，也就是按照其對於北魏政權之貢獻而決定關係層次，官氏志繼載：

> 原出朔上，舊爲部落大人，而自皇始已來，有三世官在給事已上，及州刺史、鎮大將，及品登王公者爲姓。若本非大人，而皇始已來，職官三世尚書已上，及品登王公而中間不降官緒，亦爲姓。諸部落大人之後，而皇始已來官不及前列，而有三世爲中散、監已上，外爲太守、子都，品登子男者爲族。若本非大人，而皇始已來，三世有令已上，外爲副將、子都、太守、品登侯以上，亦爲族。……

上述所謂姓族，看不出層次性，若對照新唐書卷一百九十九柳沖傳的膏粱、華腴、甲、乙、丙、丁四姓看，則其高下差異立顯，定姓族在當時是重大事件，因爲在九品官人法之下，這是選舉標準的憑據。

　　以官位姓族反映各部落人士與拓拔氏之親疏遠近關係，這是拓拔氏正式建立北魏王朝後之事，上述一百一十個部落，「登國初，太祖散諸部落，始同爲編民。」（官氏志）是將部落打散，依其貢獻吸收成爲政權一份子，同時也成爲社會階層中的一份子，上述引文中除了部落大人以外，「若本非大人」而任官三世者亦可得姓族，便是具體的安排。長期參加拓拔氏集團者漸漸成爲「內入諸姓」，擴大了其統治集團。除了建立科層節制的官僚體系以外，由於「凡與帝室爲十姓，百世不通婚。」這帝室十姓得與其他部落姓族通婚，通婚有婚姻圈，婚姻圈的遠近也代表與拓拔氏統治核心之遠近，「魏舊制，王國舍人皆應娶八族及清修之門」，[17] 八族即上述穆、陸、賀、劉、樓、于、嵇、尉八姓。

　　再者，拓拔氏在政治社會一直採取雙軌制，除了太祖建國以來，漸漸採用魏晉官制而將部落打散納入官僚體系以內，還有許多部落仍未被打散，論者常舉高車爲代表，北史卷九十八高車傳載：

---

17. 資治通鑑卷一百四十齊建武三年（公元497年）。

道武時分散諸部，唯高車以類粗獷，不任使役，故得別爲部落。

據周一良研究，自北魏初至魏齊之際，領民酋長之號甚多，在其二十餘例子之中，「領民酋長皆鮮卑之勅勒，匈奴、契胡族。」[18] 所以高車不是唯一不被打散的部落，按柔然與高車[19] 是北魏北方最重要的敵人，拓拔氏在長期的戰爭中雖然屢屢打敗這二族，但並不能使其完全臣服，其後安置降附者於陰山一帶，設六鎮以鎮壓之，最後仍然反叛，後文另有討論。舉高車爲例，是其「粗獷」反對分散諸部之代表，實際上不被打散的還有許多是拓拔氏的擁護者，如尔朱氏、叱列氏、斛律氏等。本人以爲魏初按生態環境及生活方式有雙軌制，能「分土定居」漸趨農業者，則盡量將其部落打散，正如魏書卷八十三上賀訥傳云：

> 其後離散諸部，分土定居，不聽遷徙，其君長大人皆同編戶。

無法農耕地區，或被賜予畜牧之地，則任保有部落制度，而有「領民酋長」之號，所以正史上擁有領民酋長者皆在長城內外地區。魏書官氏志對於這一系統官職全然沒有記載，隋書卷二十七百官志中，齊制末段載：

> 流內比視官十三等。第一領人（卽民）酋長，視從第三品。第一不領人酋長，視第四品。第二領人酋長，第一領人庶長，視從第四品。諸州大中正，第二不領人酋長，第一不領人庶長，視第五品。諸州中正，畿郡邑中正，第三領人酋長，第二領人庶長，視從第五品。第三不領人酋長，第二不領人庶長，視第六品。第三領人庶長，視第六品。第三不領人庶長，視第七品。

按北齊制度承襲北魏。領民酋長之中與拓拔氏關係良好者，卽魏遷洛之後所謂「雁臣」是也，如尔朱氏、厙狄氏、斛斯氏等（見後文）如果領地在北魏之樞紐地帶，則更接近拓拔氏之核心，其間也可能發生婚姻關係。

「內入諸姓」或樞紐地區的領民酋長等，皆表現拓拔氏統治集團由核心向外發展的層次性。

鮮卑族拓拔氏原在東北地區，沿蒙古高原，幾經遷徙至陰山一帶，至拓拔珪時建

---

18. 周一良「領民酋長與六州都督」p.82。
19. 志田不動麿「南北朝時代に於ける勅勒の活動」＜上＞＜下＞。

都於盛樂，盛樂在雲中地區，北與白道甚近，白道是自古塞外民族南下牧馬之重要通路之一，而爲中古中國通漠北第一要道；[20] 西通五原，可達靈州、涼州；東達平城一帶，盛樂可說是一個重要通道，對於遊牧民族而言，通道上設立首都有其便利，但居於四戰之地，則時時有烽火之警。

自從苻秦瓦解以後，北中國長城以南以慕容燕爲最強，長城以北以拓拔氏最強。公元 395 年，這兩大勢力戰於參合陂，[21] 魏主拓拔珪大敗慕容燕太子寶，[22] 在二年之內，拓拔氏擁有慕容燕之大部分地區，而成爲北中國的霸主。

初，慕容燕強於拓拔氏，拓拔珪且嘗質弟觚於慕容垂。魏卒能破燕，原因固多，魏擁有大量良馬是重要原因，當公元 391 年「秋，七月，壬申，燕主垂如范陽，魏主珪遣其弟觚獻見於燕，燕主垂衰老，子弟用事，留觚以求良馬，魏主珪弗與，遂與燕絕。」[23] 同年十一月拓拔珪滅衛辰國，十二月「誅衛辰宗黨五千餘人，……獲馬三十餘萬匹，牛羊四百餘萬頭，國用由是遂饒。」[24] 參合陂之役次年，魏已擁有幷州，將進攻中山，時「中書令睦遂曰：『魏多騎兵，往來剽速，馬人齎糧，不過旬日……』。」[25] 由於戰爭之勝利，公元 396 年珪建天子旌旗，出警入蹕，改元皇始。於是有進取中原之意，上谷張恂勸珪進取中原，珪善之。[26]

公元 398 年七月，魏王珪遷都平城，始營宮室，建宗廟，立社稷。是年「十二月己丑，魏王珪即皇帝位，大赦，改元天興。……徙六州二十二郡守宰豪傑家于代都，東至代郡，西及善無，南極陰館，北盡參合，皆爲畿內，其外四方四維，置八部師以

---

20. 嚴耕望，唐代交通圖考第五冊篇伍參「北朝隋唐東北塞外東西交通線」㈠北魏六鎮東西交通線 p.917—918「武川正當白道嶺，爲中古時代中國通漠北之第一要道，北魏北伐亦常以白道爲中軍主力路線。」又參見前田正名平城の歷史地理學的研究，p.145—150白道の重要性。

21. 嚴耕望，唐代交通圖考第五冊附篇八「北魏參合陂地望辨」。

22. 魏書卷二太祖紀第二登國十年十一月及資治通鑑卷一百八晉紀三十孝武帝太元二十年（公元 395 年）冬十一月。

23. 資治通鑑卷一百七晉紀二十九孝武帝太元十六年（公元 391年）。

24. 魏書卷二太祖紀二登國六年（公元 391）十二月及同書卷九十五衛辰傳。

25. 資治通鑑卷一百八晉紀三十孝武帝太元二十年（公元 395年）冬十一月。

26. 魏書卷八十八張恂傳：「……參代王軍事，恂言於太祖曰：『金運失御，劉石紛紜，慕容竊號山東，苻姚盜器秦隴，遂使三靈乏響，九域曠君。大王樹基玄朔，重明積聖，自北而南，化被燕趙。今中土遺民，望雲冀潤。宜因斯會，以建大業。』太祖深器異，厚加禮焉。

監之。」[27]

　　馬長壽統計從天興元年（公元398年）至皇興三年（公元469年）的十四次向代京移民，「以部落成分而言之，徙往代都的人口以漢人為最多，徒何鮮卑次之、匈奴、高麗、濊貊、稽胡、吳蠻居于少數。……移民對代都貢獻最大的是從各地徙來大量漢族和徒何鮮卑的農民和手工業。」[28]魏書卷一百一十食貨志亦證實這個看法：

> 既定中山，分徙吏民及徒何種人，工伎巧十萬餘家以充京師，各給耕牛，計口授田，天興初，制定京邑……勸課農耕，量校收入，以為殿最。又躬耕籍田，率先百姓，自後比歲大熟，匹中八十餘斛。是時戎車不息，雖頻有年，猶未足以久贍矣！[29]

1975年七月發現了一座北魏墓，位於盛樂故城北四十里，該墓的時代理應於北魏拓拔珪定都平城的前後。

> 這座北魏墓規模不大，隨葬品均為陶質，也不算精緻，但隨葬品的組合還是比較齊全的，不僅有一套與庖廚有關的生活用具明器，而且有成羣的牲畜模型，特別是各種陶俑的出土，這在內蒙古地區還是首次。估計墓主人可能是小官吏或地主。陶俑有武士俑、男俑、女俑和女舞樂俑，說明當時這個地區的統治階級亦有出則作戰，入則被役使的部曲，從造型及服裝看，有鮮卑人也有漢人。這座墓出土了倉、井、磨和碓等與農業生產相關的器物，反映了這個時期在呼和浩特地區農業已占主導地位，而出土眾多和駝、馬、羊等牲畜，又反映了畜牧業仍占一定的比重。這都是北魏時期呼和浩特地區經濟狀況的真實寫照。[30]

拓拔氏的組織與檀石槐軍事大聯盟最大的差異，乃是拓拔氏建立一個核心組織，環繞著核心向外有一層層的人員組合，愈接近核心愈與拓拔氏共享禍福，所以不會因為某一領袖死亡而人亡政息。除了皇室八族十姓以外，其他部落與拓拔氏之親疏隨時有變遷，功勳與婚姻是變遷的重要因素，在這種由親而疏一層層同心圓的組織體系之

---

27. 資治通鑑卷一百一十晉紀三十二隆安二年（公元392年）。

28. 馬長壽，烏桓與鮮卑p47—49。

29. 魏書卷二太祖天興元年（公元398年）正月，「徙山東六州民吏及徒何、高麗雜夷三十六萬，百工伎巧十萬餘，以充京師。」

30. 郭素新「內蒙古呼和浩特北魏墓」p.41。

中，最重要的界線是所謂「國人」。

魏書卷一序紀：

> 煬皇帝復立，以七年爲後元年，烈帝出居於鄴……三年，石虎遣將李穆率騎五千納烈帝於大寧，國人六千餘落叛煬帝，煬帝出居於慕容部。

資治通鑑卷一百二十六宋紀八元嘉二十八年（公元451年）正月，魏正平元年：

> 魏主遣（臧）質書曰：「吾今所遣鬥兵，盡非我國人，城東北是丁零與胡，南是氐羌……。

狹義的國人，似乎是指拓拔氏同族而言，但對這個統治集團而言漸漸地應包括與拓拔氏同一婚姻圈者，以及長期追隨拓拔氏的功勛姓族。魏書卷四十陸凱傳載：

> 初高祖將議革變舊風，大臣並有難色，又每引劉芳郭祚等密與規謀，共論時政，而國戚謂漸疏己，快快有不平之色。乃令凱私喩之曰：「至尊但欲廣知前事，直當問其古式耳，終無親彼而相疏也。」國戚舊人意乃稍解。

資治通鑑卷一百一十七晉紀九義熙十一年（公元415年）九月，魏神瑞二年載：

> 乃簡國人尤貧者，詣山東三州就食……（胡三省注：「國人」謂與拓拔氏同出北方之子孫也。又注：拓拔氏起于漠北，統國三十六，大姓九十九。道武旣幷中原，徙其豪傑于雲代，與北人雜居，以其北來部落爲「國人」。）

隋書卷三十三經籍志史部譜系類後序云：

> 後魏遷洛，有八氏十姓，咸出帝族，又有三十六族，則諸國之從魏者；九十二姓，世爲部落大人者，並爲河南洛陽人。

顯然比帝室八國的範圍爲大是廣義的國人，也就是本文所謂核心集團。

蒙思明認爲「國人是居住在畿甸以內的」，[31] 應指上述「東至代郡、西及善無、南極陰館、北盡參合」及「其外四方四維」而言。

資治通鑑卷一百一十晉紀三十二隆安二年（公元398年）八月，魏天興元年載：

> 魏王珪命有司正封畿（元和郡縣圖志卷十四，雲州目：「……後魏道武帝又於此建都，東至上谷軍都關，西至河，南至中山隘門塞，北至五原，地方千里，

---

31. 蒙思明「元魏的階級制度」p.90—92。

以爲甸服。）

魏書卷一百一十三官氏志載：

　　置八部大人……于皇城四方四維，面置一人，以擬八座，謂之八國。

皇城四方四維比擬八座，實際上也比擬拓拔氏之八國，居住在國內的人當然是國人，

以平城爲首都而言，畿甸的大小如何，胡三省說：「近畿，謂環平城千里之地。」[32]

第 三 節　北魏平城時期核心區的軍事優勢與核心集團之成就

　　北魏帝國以拓拔氏爲核心，吸收各種種族、部落、人羣，環繞著核心，構成一個

一圈圈由親而疏的同心圓，其中「國人」界線最爲重要，它的含義自北魏建國以後應

包含帝室、功勛姓族、國戚等，在平城時代，雲代及幷州北部是國人主力所在，成爲

北魏的核心區，在此核心地區中有顯著的階級制度，國人當然是社會階級之上層人物

，然後又從其他征服區移入大批百工伎巧農民等，爲其提供人力與生產技術，所以核

心區內也有其他種族者，但大多數是工農生產者，並不會構成國人之安全威脅，在另

方面這些工農生產者還提供統治者的物質基礎，增强其統治力量，上引 1975 年 7 月

北魏墓可能是一個國人單位的寫照，墓主可能爲一國人。統治者出則作戰，入則役使

部曲。由於這個區域位居沙漠南緣的草原地帶，[33] 所以適宜於畜牧生活，雲中川一帶

畜牧甚盛[33a]而鹽池、桑乾水、㶟水[34] 流域支流甚多，部份地區亦適宜農耕，所以這個

地區是農牧兼宜的重複地帶，在北魏時，畜牧民族居於統治地位，而農耕者居於被統

---

32. 資治通鑑卷一百二十六宋紀七元嘉二十八年（公元451年）。

33. 宋書卷九十五索虜傳：「陰山去平城六百里，深遠饒樹林。」

33a. 雲中川即今大黑河流域。太平寰宇記卷四十九雲州雲中縣同引冀州圖：「……自晉陽以北地勢漸寒，平城
　　馬邑凌原二丈，雲中五原積水四五十尺，唾出成冰，牛凍角折，而畜牧滋繁。」又魏書卷二十四燕鳳傳：
　　「（燕鳳對苻堅曰）：『雲中川自東山至西河二百里，北山至南山百有餘里，每歲孟秋，馬常大集，略爲滿
　　川。』」又通鑑卷一百九十三貞觀四年春正月，胡注引宋祁曰：「古定襄城，其地南大河，北白道，畜牧廣
　　衍，龍荒之最壞。」宋白曰：「朔州北三百餘里，定襄故城，後魏初之雲中也。」以上諸條皆嚴耕望先生
　　提示。

34. 酈道元撰楊敬之纂疏、熊會貞參疏、水經注疏卷十三㶟水條：「守敬按：『㶟水之上源爲桑乾水，其下流
　　爲㶟水，非桑乾水與㶟水有二也。』」

治地位，國人主要的任務是服官和從軍。[35] 核心區是國人之根本基地，在核心區之外，國人也被派爲官吏，如果是在草原地帶便成立鎮以統治當地遊牧民族，如果是農業地區則立州郡縣而統之，魏書卷一百一十三官氏志載：

> 又制諸州置三刺史，刺史用品第六者：宗室一人，異姓二人，比古之上中下三大夫也。郡置三太守，用七品者。縣置三令長，八品者。

將首都放在草原與農業的重疊地區，這種適合遊牧民族「春山秋水」式打獵的生活，是超乎中原人士所想像和理解之外，[36] 如果大帝國要兼顧這兩種不同生活方式的民族，這是折衷辦法。除此之外，平城還有軍事形勢上的優點。

平城位於恒山山脈以北，北有長城與蠕羊山，西北卽雲中地區，再北有陰山山脈，是四塞地形，中有桑乾水主支流蜿蜒其間，平城約略居其中央。適宜牧畜及部分農耕，當時北魏道武帝南面還擁有現今山西、河北兩省之地，平城出居庸關可達幽州，出飛狐關可達定州、易州；南出雁門關可達代州、幷州。

關於以平城爲首都，作爲軍事中心以控制中古時期所謂山東地區，可在遷都平城後十八年的一次御前會議辯論中得知。這次會議之起因是雲代地區饑荒，缺乏糧食，有人建議遷都南方，當時洛陽地區並非北魏穩定控制區，故建議遷都鄴。按平城的戰略價值雖高，其經濟條件如若作爲該地區局部首都尚可，如果帝國領土擴大及山東地區，平城附近要維持中央政府文武官員之物質基礎頓感不足，稍有饑荒，卽捉襟見肘，[37] 但戰略價值仍然是北魏初期的重要考慮，其議論如下：

資治通鑑卷一百一十七晉紀三十九義熙十一年（公元 415 年）九月，魏神瑞二年載：

> 魏比歲霜旱，雲代之民多飢死。太史令王亮、蘇坦言於魏主嗣曰：「案讖書：魏當都鄴，可得豐樂。」嗣以間羣臣，博士祭酒崔浩，特進亰兆周澹曰：「遷都於鄴，可以救今年之饑，非長久之計也。山東之人，以國家居廣漠（魏書崔浩傳作漠）之地，謂其民畜無涯，號曰牛毛之衆，今留兵守舊都，分家南徙，不能滿諸州之地，參居郡縣，情見事露，恐四方皆有輕侮之心。且百姓不便水

---

35. 蒙思明「元魏的階級制度」p.92—97。
36. 勞榦「論北朝的都邑」p.3。
37. 魏書卷一百一十食貨志：「（太和）十一年（公元 487 年），大旱，京師民飢，加以牛疫，……詔聽民就豐，行者十五六……。」

土，疾疫死傷者必多。又舊都守兵既少，屈丐、柔然將有窺窬之心，舉國而來，雲中、平城心危。朝廷隔恒代千里之險，難以赴救，此則聲實俱損也。今居北方，假今山東有變，我輕騎南下，布濩林薄之間，孰能知其多少？百姓望塵攝服，此國家所以威制諸夏也。來春草生，渾酪將出，兼以菜菓，得及秋熟，則事濟矣。」嗣曰：「今倉廩空竭，既無以待來秋，若來秋又饑，將若之何？」對曰：「宜簡饑貧之戶，使就食山東，若來秋復饑，當更圖之；但方今不可遷都耳。」嗣悅曰：「唯二人與朕意同。」乃簡國人尤貧者，詣山東三州就食，遣左部尚書代人周幾，帥衆鎮魯口，以安集之。嗣躬耕籍田，且命有司勸課農桑，明年大熟，民遂富安。

以平城為首都，國家軍事中心在此地區，如若北方屈丐柔然南侵，則有捍衛屏障之功；如果亂起山東，則輕騎南下，有高屋建瓴之效；其攻守之戰爭資源除了騎兵外，馬匹肆應尤為重要，此點後文還會論及。顯然，當時北中國的軍事中心在平城地區。其經濟問題之解決乃遷移饑民就食山東地區，而龐大的中央文武仍居平城首都。倘北方柔然南侵，拓拔魏首都設在平城，重兵亦安置在此地區，立刻可發兵出擊，以攻為守，此一軍事重心實隔絕北方敵人南侵之大本營，避免中原遭受北方敵人之威脅與破壞，而魏主坐鎮平城首都，是重兵聚集運用的重要條件，例如：

資治通鑑卷一百二十宋紀二元嘉元年（公元 424 年）、魏始光元年八月載：

柔然紇升蓋可汗（即大檀）聞魏太宗殂，將六萬騎入雲中，殺掠吏民，攻拔盛樂宮。[38] 魏世祖自將輕騎討之，三日二夜至雲中。紇升蓋引騎圍魏主五十餘重，騎逼馬首相次如堵。將士大懼，魏主顏色自若，衆情乃安。紇升蓋以弟子於陟斤為大將，魏人射殺之，紇升蓋懼，遁去。尚書令劉絜言於魏主曰：「大檀自恃其衆，必將復來，請俟收田畢，大發兵為二道，東西並進以討之。」魏主然之。[39] ……十二月，魏主命安集將軍長孫翰、安北將軍尉眷北擊柔然，魏主自將，屯柞山。柔然北遁，諸軍追之，大獲而還。翰，肥之子也。

柔然循白道入雲中，竟攻拔盛樂宮，魏世祖自平城三日二夜至雲中，賴君臣立刻採取

---

38. 北史卷九十八蠕蠕傳及魏書卷一百三蠕蠕傳未載「殺掠吏民，攻拔盛樂宮」。
39. 魏書卷二十八劉潔傳，北史卷二十五劉潔傳皆作「潔」字，其言詞略同。

軍事行動而擊退敵人，劉潔更建議採取主動追擊。

　　按自雲中東向有長城等作為平城之近北屏障，再北有陰山山脈，綿互甚長，在陰山山脈的北坡，北魏亦設有軍隊戍防，此即稍後所設六鎮是也。[40] 無論雲中平城線，或六鎮沃野至懷荒鎮線，在這一帶塞外地區，其東西交通路線甚為流暢，嚴耕望先生敍述自平城向東之塞外交通路線如下：[41]

　　北魏前期都平城，君主屢屢東幸大寧、濡源，且向更東方之庫莫奚與北燕馮氏用兵。跡其行幸與用兵，可略識當時之交通路線：

　　其一，由平城東行經參合陂（今陽高東）、蟠羊山，又東至大寧，即廣寧（今張家口），有長川。又東北蓋循黑城川河谷東北行，經去畿陂（今沽源西克勒湖或西南），至濡源（今灤河源），蓋駐禦夷故城，……其後孝文帝太和中置禦夷鎮……亦以鎮濡源地區也。又折南行至赤城，太武帝時見置鎮。又南至魏上谷郡（今延慶縣）……又循清夷水河谷下行，西至秦漢上谷郡治沮陽故城（今懷來舊縣），又西至涿鹿縣（今縣東南四十里，縣舊名保安），有黃帝廟，又西北還至大寧。其二，由濡源北魏前期所置禦夷故城東北經松漠，即所謂平地松林（今經棚以西、西喇木倫河上源），東至庫莫奚衙帳（今巴林橋），道武帝伐庫莫奚即取此道。……庫莫奚衙帳，東沿潢水河谷下行至契丹衙帳，地在營州東北約五百里，潢水南約今庫倫旗處（小庫倫……），再東北行，則通室韋、渤海諸部。

　　其三，由濡源禦夷鎮東南行九十（？）里至西密雲戍（約今大閣鎮地區）。又東蓋經安州（今隆化），三藏口（今承德北），安東縣（今承德、平泉之間），又東經建德郡治白狼城（今凌源南），東至和龍，即營州柳城也。若不經安州、三藏口，則當東南取唐代墨斗嶺而東，此並塞外近地之東西道也。

自平城向西的發展路線，據日人前田正名研究，[42] 主要是沿著陝北毛烏素沙漠之南緣向西至薄骨律鎮（即靈州），當時的統萬城居於這條路線的中間；這條路可達河西走

---

40. 六鎮之設，有很多學者考證，嚴耕望先生總其成，見中國地方行政制度史上編卷中：魏晉南北朝地方行政制度p.692—704。

41. 嚴耕望唐代交通圖考第五冊篇伍參「北朝隋唐東北塞外東西交通線」㈡大寧東北經濡源通奚契丹道 p.918

42. —927 。前田正名「北魏平城時代のオルドス沙漠南緣路」。

廊、隴右地帶，亦可南下長安。另一條路線自平城出雲中、五原，沿陰山山脈而西達居延海地區。這兩條路線的自然地形對於人類活動並不構成如何困難。

　　當北魏的初期，北魏北有柔然，南有劉宋，關中有後秦，陝北有夏，隴右有西秦，河西走廊有北涼、青海東部有南涼，幽州遼東一帶有北燕，膠州半島黃河出海口有南燕。以北中國而言，「約可分爲兩個集團，北魏與後秦爲一集團，北燕、夏、柔然爲另一集團」。[43] 據司馬光分析，北魏太武帝是一位雄才大略、冒險犯難、不以守成爲已足的君主，其評如下：

> 魏主爲人壯建、鷙勇，臨城對陣，親犯矢石，左右死傷相繼，神色自若，由是將士畏服，咸盡死力，性儉率，服御飲膳，取給而已。羣臣請增峻京城及修宮室，曰：「易云：『王公設險以守其國。』又蕭何云：『天子以四海爲家，不壯不麗，無以重威。』」帝曰：「古人有言：『在德不在險』。屈丏蒸土築城，而朕滅之，豈在城也？今天下未平，方須民力，土功之事，朕所未爲，蕭何之對，非雅言也！」每以爲財者，軍國之本，不可輕費，至於賞賜，皆死事勳績之家，親戚貴寵，未嘗橫有所及；命將出師，指授節度，違之者多致負敗；明於知人，或拔士於卒伍之中，唯其才用所長，不論本末，聽察精敏，下無遁情；賞不遺賤，罰不避貴，雖所甚愛之人，終無寬假。常曰：「法者，朕與天下共之，何敢輕也？」然性殘忍，果於殺戮，往往已殺而復悔之。[44]

北魏明元帝是一個守成之君，太武帝拓拔燾却充份發揮其人力、物力、馬匹等作戰資源向外擴張，他的積極進取政策又與平城的地理條件有密切關係，擴張的優先次序見於一次御前會議的辯論之中。

　　北史卷二十二長孫嵩傳（魏書卷二十五長孫嵩傳略同）載：

> 詔問公卿：「赫連、蠕蠕，征討何先？」嵩與平陽王長孫翰、司空奚斤等曰：「赫連居土，未能爲患，蠕蠕世爲邊害，宜先討大檀。及則收其畜產，足以富國，不及則校獵陰山，多殺禽獸，皮肉筋角以充軍實，亦愈於破一小國。」太常崔浩曰：「大檀遷徙鳥逝，疾追則不足經久，大衆則不能及之。赫連屈丏土

---

43. 王吉林「統一期間北魏與塞外民族的關係」p.70。

44. 資治通鑑卷一百二十宋紀二元嘉四年（公元427年）、魏始光四年七月。

宇不過千里，其刑政殘虐，人神所棄，宜頓討之。」尚書劉潔、武京侯安原請

先平馮跋。帝默然，遂西巡狩。

從其後歷史發展而觀之，北魏之擴張順序是：先西征、再北伐，次東討，次南侵。這

次御前會議不久，夏世祖去世。

　　資治通鑑卷一百二十宋紀二元嘉三年，（公元426年），魏始光三年載：

　　魏主聞夏世祖殂，諸子相圖，國人不安，欲伐之。長孫嵩等皆曰：「彼若城守

　　，以逸待勞，大檀聞之，乘虛入寇，此危道也。」崔浩曰：「往年以來，熒惑

　　再守羽林，鉤已而行，其占秦亡，今年五星并出東方，利以西伐，天人相應，

　　不可失也。」嵩固爭之，帝大怒，責嵩在官貪污，命武士頓辱之。於是遣司空

　　奚斤帥四萬五千人襲蒲阪，宋兵將軍周幾帥萬人襲陝城，以河東太守薛謹爲鄉

　　導。謹，辯之子也。[45]

　　（十一月），魏主行至君子津，會天暴寒，冰合。戊寅，帥輕騎二萬濟河襲統

　　萬。壬午，多至，夏主方燕羣臣，魏師奄至，上下驚擾。……魏軍夜宿城北，

　　癸未，分兵四掠，殺獲數萬，得牛馬十餘萬。[46]

　　（奚）斤遂克蒲阪。……十二月，斤入長安，秦雍氐羌皆詣斤降。[47]

魏始光四年（公元427年）六月，魏主破統萬城，冒奔上邽，「虜昌羣弟及諸母、姊

妹、妻妾、宮人萬數，府庫珍寶車旗器物不可勝計，擒昌尚書王買、薛超等及司馬德

宗將毛修之、秦雍人士數千人，獲馬三十餘萬匹、牛羊數千萬。」[48]拓拔氏占領陝北

地區，由此可以向關隴、河西發展，同時也屏障雲代并核心地區的西翼，河西地區又

是畜牧良地，其後爲北魏良馬的供應地，後文再論。

　　神䴥元年（公元428年）魏破上邽，擒夏主赫連昌，[49]雖仍有殘餘勢力「夏大將

軍領司徒平原王定收其餘衆數萬奔還平涼，卽皇帝位」，[50]陝北一帶大致底定。神䴥

45．魏書卷二十五長孫嵩傳略同。

46．魏書卷九十五鐵弗劉虎傳附昌傳略同。

47．魏書卷二十九奚斤傳同。

48．魏書卷四下世祖紀始光四年（公元427年）六月乙巳。

49．魏書卷四下世祖紀神䴥元年（公元428年）二年。

50．資治通鑑卷一百二十一宋紀三元嘉五年（公元428年）魏神䴥元年二月。魏書卷九十五鐵弗劉虎傳附定傳

　　、北史卷九十三僭偽附庸夏赫連氏傳定傳皆載：「昌敗，定奔於平涼，自稱尊號，改年勝光。」

二年（公年 429 年）魏主將擊柔然，朝內有激烈辯論，大部分大臣及太后都不贊成北伐之舉，獨崔浩力主此事。當時有人提出南方勢力對北魏之威脅以詰難北伐，魏書卷三十五崔浩傳載：

> 或有尤浩者曰：「今吳賊南寇而舍之北伐。行師千里，其誰不知，若蠕蠕遠遁，前無所獲，後有南賊之患，危之道也。」浩曰：「不然，今年不摧蠕蠕，則無以禦南賊。自國家并西國以來，南人恐懼，揚聲動衆以衞淮北。彼北我南，彼勞我息，其勢然矣。比破蠕蠕往還之間，故不見其至也。何以言之？劉裕得關中，留其愛子，精兵數萬，良將勁卒，猶不能固守，舉軍盡沒，號哭之聲，至今未已。如何正當國家休明之世，士馬强盛之時，而欲以駒犢齒虎口也？設令國家與之河南，彼必不能守之。自量不能守，是以必不來。若或有衆，備邊之軍耳。……且蠕蠕恃其絕遠，謂國家力不能至，自寬來久，故夏則散衆放畜，秋肥乃聚，背寒向溫，南來寇抄。今出其慮表，攻其不備，大軍卒至，必驚駭星分，望塵奔走。壯馬護羣，牝馬戀駒，驅馳難制，不得水草，不過數日則聚而困敝，可一舉而滅。暫勞永逸，長久之利，時不可失也。[51]

崔浩在這次辯論中力主先伐柔然，崔浩屢屢勸阻拓拔魏與宋交戰，或許有王猛勸阻苻堅南討之心理，[52] 但崔浩秉執先北伐柔然的理由亦非常適宜於當時之形勢，按柔然雄據北方沙漠草原地帶，亦以騎兵爲主，其南下牧馬首先攻擊雲中平城地區，直接影響北魏國本，如先伐柔然，劉宋以步兵爲主，渡淮、渡河，再入山西地區，其補給線無法維持，劉裕克關中而不能守，前桓溫北伐亦僅至枋頭，此皆與補給有密切關係，故北魏北伐柔然，劉宋實無法發揮南方突擊之功效。自建康至北魏核心平城地區之路線不僅遙遠，並且有多重山河之隔，非一朝一夕之事。但若北魏先南討劉宋，并州是其控制地區，騎兵直達黃河並無困難，南渡黃河以後，騎兵功效不顯，而補給線拉長，如要威脅建康地區，其遭遇之困難一如劉宋之北伐，如若北魏與劉宋陷入鏖戰情

---

51. 資治通鑑卷一百二十一宋紀三元嘉六年（公元429年）魏神麛二年四月略同。
52. 魏書卷三十五崔浩傳，浩在對太宗話中誇獎王猛，曰：「若王猛之治國，苻堅之管仲也。」崔浩是否心向南朝，在魏書中無明確記載，但宋書卷七十七柳元景傳載：「元景從祖弟光世，先留鄉里，索虜以爲折衝將軍、河北太守，封西陵男。光世姊夫僞司徒崔浩，虜之相也。元嘉二十七年，虜主拓拔燾南寇汝潁，浩密有異圖，光世要河北義士爲浩應，浩謀泄被誅，河東大姓坐連誅夷滅者甚衆，光世南奔得免。」

況，則北方柔然可立刻威脅平城心臟地區。

　　再者，寒暑季節性變化對遊牧民族集散有密切關係。遊牧民族最脆弱的時刻是夏季，「夏則散衆放畜，秋肥乃聚」。一般中原士大夫論及與遊牧民族和戰問題時，無法洞察遊牧民族弱點之所在，認爲採取討伐策略時，遊牧民族飄忽不定，敵來則走，敵走則追，勞師動衆而無法消滅其主力。實際上遊牧民族亦需要生長滋養，當此時也，必須散牧在廣大地區，如果突然攻擊某一點，廣大的牧場上無法防守，其酋長如果逃匿，則大批牛羊等主要資財，將被虜獲。崔浩久居位處草原的平城，宜其有此卓識。[53] 然而，要採取主動出擊，自己也必須具有相當的機動力，這一點拓拔魏是有的。平城盛樂核心區附近是產馬之地，新得河西夏國馬匹三十餘萬，而其國人亦是馬上英雄，所以崔浩說「夫以南人進之，則患其輕疾，於國兵則不然。何者？彼能遠走，我亦能遠逐，與之進退，非難制也。」[54]

　　果然，魏主於神䴥二年（公元429年）「夏四月，治兵于南郊……庚寅，車駕北伐，以太尉、北平王長孫嵩，衞尉、廣陵公樓伏連留守京師，從東道與長孫翰等期會於賊庭，五月丁未，次于沙漠，舍輜重，輕騎兼馬，至栗水，蠕蠕震怖，焚燒廬舍，絕跡西走。」[55] 其結果一如當初崔浩之判斷，「大檀衆西奔。弟匹黎先典東落，將赴大檀，遇翰軍，翰縱騎擊之，殺其大人數百。大檀聞之震怖，將其族黨，焚燒廬舍，絕跡西走，莫知所至。於是國落四散，竄伏山谷，產畜布野，無人收視。」[56]

　　這次軍事行動勝利之後，魏軍的搜索範圍很廣，在搜索過程中又收納很多降附的高車部落以及馬、牛、羊等。北史卷九十八蠕蠕傳載：

> 太武緣栗水西行，過漢將竇憲故壘。六月，車駕次於菟園水，去平城三千七百餘里。分軍搜討，東至瀚海，西接張掖水，北度燕然山，東西五千餘里，南北三千里。高車諸部殺大檀種類前後歸降三十餘萬，俘獲首虜及戎馬百餘萬匹。

53. 魏書卷三十五崔浩傳載，這次戰爭之後：「又召新降高車渠帥數百人，賜酒食於前。世祖指浩以示之，曰：「『汝曹視此人，尪纖懦弱，手不能彎弓持矛，其胸所懷，乃踰於甲兵。朕始時雖有征討之意，而慮不自決，前後克捷，皆此人導吾令至此也。』」
54. 魏書卷三十五崔浩傳語。
55. 魏書卷四上世祖紀神䴥二年（公元429年）夏四月。
56. 北史卷九十八蠕蠕傳，魏書卷一百三蠕蠕傳同，資治通鑑卷一百二十一宋紀三元嘉六年（公元429年）、魏神䴥二年略同。

八月，太武聞東部高車屯巳尼陂，人畜甚衆，去官軍千餘里，遂遣左僕射安原等
往討之。暨巳尼陂，高車諸部望軍降者數十萬。大檀部落衰弱，因發疾而死。[57]
降民、牛羊馬匹等，都是草原民族主要資產，於是魏之國力大增，資治通鑑卷一百二
十一宋紀三元嘉六年（公元 429 年）魏神䴥二年多十月載：

> 魏主還平城。徙柔然、高車降附之民於漠南，東至濡源，西暨五原、陰山三千
> 里中，使之耕牧，而收其貢賦，命長孫翰、劉絜、安原及侍中代人古弼同鎮撫
> 之。自是魏之民間，馬、牛、羊及氈皮爲之價賤。

北史卷九十八高車傳亦載：

> 高車諸部望軍而降者數十萬落，獲馬牛羊亦百餘萬，皆徙置漠南千里之地。乘
> 高車、逐水草，畜牧蕃息，數年之後，漸知粒食，歲致獻貢。由是國家馬及牛
> 、羊遂至于賤，氈皮委積。

在陰山北坡，魏設立六鎮以鎮撫降俘，嚴耕望先生謂：

> 有六鎮東西一線排列，自西而東數之，曰沃野，曰懷朔，曰武川，曰撫冥，曰
> 柔玄，曰懷荒。其建置在世祖太武帝時代，蓋以鎮撫邊疆高車降俘也。[58]

按北魏國本在平城雲中地區，統治階層核心部落居住在這一帶。在陰山北坡漠南一帶
，「東至濡源，西暨五原」的三千里之中，則安置初附之高車柔然人，[59] 設鎮使大將
鎮撫之。魏未見將高車、柔然降人混入平城雲中地區，顯然甚爲重視其國本地區。同
時對待新附之民而言，鮮卑拓拔氏是統治階級，故六鎮地區與平城雲中地區自始便不
相同，六鎮是平城對北之屏障，鎮本身就具有軍事統治之意，[60] 六鎮內部統治者與被
統治者有高度的對立現象，一直有賴於北魏強大軍力鎮壓之，平城雲中地接六鎮，北
魏都平城時期其控制六鎮一帶是直接而有效的，有關北魏在六鎮之統治，下舉懷荒鎮
爲例：

---

57. 魏書卷一百三蠕蠕傳同，資治通鑑卷一百二十一宋紀三元嘉六年（公元 429 年），魏神䴥二年略同。
58. 嚴耕望唐代交通圖考第五冊篇伍參「北朝隋唐東北塞外東西交通線」㈠北魏六鎮東西交通線 p.918。
59. 魏書卷四上世祖紀神䴥二年（公元 429 年），自五月始以伐蠕蠕爲主，「多十月，振旅凱旋于京師，告於
　　宗廟。列置新民於漠南，東至濡源，西暨五原、陰山，竟三千里。」其中應有蠕蠕降民，蠕蠕即柔然。
60. 俞大綱「北魏六鎮考」p.2「魏書廣陽王元彧傳，載其論北鎮之文曰：『皇始以移防爲重，盛簡親賢，擁
　　麾作鎮』，按魏皇始三年移都平城，其所謂『移防』『作鎮』，即所以拱衞平城者也。」

資治通鑑卷一百二十二宋紀四元嘉十年（公元 433 年）、魏延和二年載：

　　魏主徵陸俟爲散騎常侍，出爲懷荒鎭大將，未期歲，高車諸莫弗訟俟嚴急無恩，復請前鎭將郎孤。魏主徵俟還，以孤代之。俟旣至，言於帝曰：「不過期年郎孤必敗，高車必叛。」帝怒，切責之，使以建業公歸第。昍年，諸莫弗果殺郎孤而叛。帝大驚，立召俟問之，曰：「卿何以知其然也？」俟曰：「高車不知上下之禮，故臣臨之以威，制之以法，欲以漸訓導，使知分限，而諸莫弗惡臣所爲，訟臣無恩，稱孤之美。臣以罪去，孤獲還鎭，悅其稱譽，益收名聲，專用寬恕待之，無禮之人，易生驕慢，不過朞年，無復上下，孤所不堪，必將以灋裁之，如此，則衆心怨懟，必生禍亂矣！」[61]

　　當神䴥二年（公元 429 年）北魏大勝柔然高車之後，次年，魏南邊諸將建議伐劉宋，崔浩再度諫止。[62] 當時的國際局勢爲「義隆（宋文帝）與赫連定同惡相招，連結馮跋（北燕），牽引蠕蠕，規肆逆心，虛相唱和。」[63] 北燕乃東北一小隅，不足構成威脅。南界則採取守勢，「詔冀、定、相三州造船三千艘，簡幽州以南戍兵集于河上以備之。」[64]「詔大鴻臚卿杜超假節、都督冀定相三州諸軍事、行征南大將軍、太宰，進爵爲王，鎭鄴，爲諸軍節度。」[65] 魏一度損失滑臺、虎牢、洛陽，數月後又收復，[66]

---

61. 魏書卷四十陸俟傳略同。
62. 魏書卷三十五崔浩傳云：「俄而南藩諸將表劉義隆大嚴，欲犯河南。請兵三萬，先其未發逆擊之，因誅河北流民在界上者，絕其鄉導，足以挫其銳氣，使不敢深入。詔公卿議之，咸言宜許。浩曰：『此不可從也。往年國家大破蠕蠕，馬力有餘，南賊震懼，常恐輕兵奄至，臥不安席，故先聲動象，以備不虞，非敢先發。又南土下濕，夏月蒸暑，水潦方多，草木深邃，疾疫必起，非行師之時，且彼先蹍有備，必堅城固守。屯軍攻之，則糧食不給，分兵肆討，則無以應龉。未見其利，就便能來，待其勞倦，秋涼馬肥，因敵取食，徐往擊之，萬全之計，勝必可克。在朝羣臣及西北守將，從陛下征討，西滅赫連，北破蠕蠕，多獲美女珍寶，馬畜成羣。南鎭諸將聞而生羨，亦欲南抄，以取資財，是以披毛求瑕，妄張賊勢，冀得肆心。旣不獲聽，故數賊動，以恐朝廷。背公存私，爲國生事，非忠臣也。』世祖從浩議。」資治通鑑卷一百二十一宋紀三元嘉七年（公元 430 年）魏神䴥三年同。
63. 魏書卷三十五崔浩傳中崔浩對世祖語。
64. 魏書卷四上世祖紀神䴥三年（公元 430 年）三月。
65. 魏書卷四上世祖紀神䴥三年（公元 430 年）七月。
66. 南史卷二十五到彥之傳：「元嘉七年，遣彥之制督王仲德、竺靈秀、尹沖、段宏、趙伯符、竺靈眞、庾後之、朱脩之等北侵，自淮入泗。泗水淺，日裁行十里。自四月至七月，始至東平須昌縣，魏滑臺、虎牢、洛陽守兵並走。彥之留朱脩之守滑臺，尹沖守虎牢，杜驥守金鏞。十月，魏軍向金鏞城，次至虎牢，杜驥奔走，尹沖象潰而死。魏軍仍進滑臺……初遣彥之，資實甚盛，及還，凡百蕩盡，府藏爲空。文帝遣檀道濟北救滑臺，收彥之下獄，免官。……」

實際上當是魏宋之軍事策略，魏雖採守勢，宋亦僅是牽制戰略，[67] 雙方並無決戰之意。北魏主力仍向西拓展，在西征之前，預留「壯兵肥馬」令大臣輔助太子戍守平城地區，柔然乘魏太武帝西征之際，發兵南侵，至善無山，於是北魏平城大駭，賴大臣奮力驅之，可見北魏之威脅仍然在北方，而平城地區是雙方交戰必爭之地。

資治通鑑卷一百二十三宋紀五元嘉十六年（公元 439 年）、魏太延五年載：

> （九月）魏主之西伐也，穆壽送至河上，魏主敕之曰：「吳提與牧犍相結素深，聞朕討牧犍，吳提必犯塞，朕故留壯兵肥馬使卿輔佐太子，收田既畢，卽發兵詣漠南，分伏要害以待虜至，引使深入，然後擊之，無不克矣！……」……不爲之備。……柔然敕連可汗聞魏主向姑臧，乘虛入寇……自帥精騎深入，至善無七介山。平城大駭，民爭走中城。穆壽不知所爲，欲塞西郭門，請太子避保南山，竇太后不聽而止。遣司空長孫道生、征北大將軍張黎拒之於吐頹山，會稽敬、建寧王崇擊破乞列歸於陰山之北，擒之，並其伯父他吾無鹿胡及將帥五百人，斬首萬餘級，敕連聞之，遁去，追至漠南而還。[68]

北魏西征頗爲順利，赫連定失鄜城、失安定，「神䴥三年（公元 430 年）十二月丁卯，定弟社于、度洛孤面縛出降，平涼平，收其珍寶。安定、長安、臨晉、武功守將奔走，關中平。」[69]

北魏自道武帝至太武帝時期，軍事發展頗爲順利，以平城爲基地，向北、西、東三方面採取攻勢，獲得重大進展，南方則採守勢，故劉宋元嘉期間，雖與北魏在黃河一帶有小規模衝突，却並非雙方主力戰，此乃劉宋文帝元嘉之治的國際背景。這一段時期北魏最有效的控制區是：北以六鎮爲線，南以洛陽地區爲點，所繪成的等邊倒三角形內，如圖：[70]

此三角形之核心卽平城地區，這個地區是北魏的軍事中心，也是政治中心，由於平城地區東西線交通之便捷，憑藉着騎兵快速行動，每次北伐西討皆表現出高速的機動，而平城地區之馬匹，以及（陰山以南）掠奪柔然高車而得的牛羊馬等，構成北魏

---

67. 魏書卷三十五崔浩傳載：「……後冠軍將軍安頡軍還，獻南俘，因說南賊之言云，義隆（宋文帝）敕其諸將，若北國兵動，先其未至，徑前入河，若其不動，住彭城而勿進。如浩所量。」
68. 北史卷九十八蠕蠕傳、魏書卷一百三蠕蠕傳略同。
69. 魏書卷四上世祖紀神䴥三年（公元 430 年）十二月。
70. 本圖之國界參考郭沫若主編「中國史稿地圖集」上冊p.65—66。

敦煌鎮

吐

白

党

的經濟資財與戰爭所需工具。北魏統治階層亦由平城爲核心，除移入工匠及生產者以外，具有威脅性的民族皆安置在平城地區之外圍，尤以陰山以北爲最顯著，北魏並派大將設鎮以鎭撫之。

第 四 節　北魏洛陽時期政治中心與軍事中心之分離

北魏自世祖太武帝死後，在北、西、東三方面未再有大規模的行動，對於南方却較以前略爲積極，原來劉裕滅南燕以後，[71] 領土包括黃河下游之南岸，經北魏文成帝、獻文帝以及孝文帝初期之蠶食，[72] 南朝宋齊損失黃河下游至淮河流域一帶大片土地，屬於黃淮平原的重要部份之一，尤以獻文帝在位六年間南侵最多，所以獻文帝在逝世前一個月曾謂「天安以來，軍國多務，南定徐方，北掃遺虜。」[73]

新形勢的出現使得統治階層對於政治中心作新的考慮，有關北魏孝文帝遷都問題

---

71. 宋書卷一東晉安帝義熙四年（公元408年）六月。

72. 魏書卷五高宗紀太安二年（公元456年）十一月，「劉駿（宋孝武帝）濮陽太守姜龍駒、新平太守楊伯倫、各棄郡率吏民來降。」

魏書卷六顯祖紀和平六年（公元465年）九月，「劉子業（宋前廢帝）征北大將軍、義陽王劉旭自彭城來降。」

魏書卷六顯祖紀天安元年（公元466年）九月，「劉彧（宋明帝）司州刺史常珍奇以懸瓠內屬。……劉彧徐州刺史薛安都以彭城內屬，彧將張永、沈攸之擊安都。詔北部尙書尉元爲鎮南大將軍、 都督諸軍事，鎮東將軍、城陽公孔伯恭爲副，出東道救彭城；殿中尙書、鎮西大將軍、西河公元石都督荊、豫、南雍州諸軍事；給事中、京兆侯張窮奇爲副，出西道救懸瓠。冬有一月壬子，劉彧兗州刺史畢衆敬遣使內屬。

魏書卷六顯祖紀皇興元年（公元467年）閏正月，「劉彧青州刺史沈文秀、冀州刺史崔道固並遣史請舉州內屬……三月甲寅，沈文秀、崔道固復叛歸劉彧，白曜同師討之，拔劉彧肥城、垣城、麋溝三戍。夏四月，白曜攻升城，戍主房崇吉遁走。」

魏書卷六顯祖紀皇興二年（公元468年）二月，「崔道固及劉彧梁鄒戍主、平原太守劉休賓舉城降。三月，白曜進圍東陽。」

魏書卷六顯祖紀皇興三年（公元469年）春正月乙丑，「東陽潰，虜沈文秀。」

魏書卷七下高祖紀上太和三年（公元479年）十一月癸丑，「進假梁郡公元嘉爵爲假王，督二將出淮陰；隴西公元琛三將出廣陵；河東公薛虎子三將出壽春。」

魏書卷七上高祖紀太和四年（公元480年）正月，「隴西公元琛等攻克蕭道成（齊高祖）馬頭戍。……蕭道成徐州刺史崔文仲寇淮北，陷茌眉戍。……七月，蕭道成角城戍主請舉城內屬。……九月，蕭道成汝南太守常元眞、龍驤將軍胡靑茍率戶內屬。」

魏書卷七上高祖紀太和八年（公元484年）冬十月，「蕭賾（齊武帝）雙城戍主王繼宗內屬。」

73. 魏書卷六顯祖紀皇興五年（公元471年）春三月乙亥詔。

論者多矣！有的認爲是政治因素，有的認爲是文化因素，有的認爲是經濟因素，有的認爲是心理因素，或者是若干因素的組合，本文重點不在於此，不予贅述。本文希望從另一個角度觀察，分析反對遷都者的原因，從而襯托出平城地區在遷都洛陽之際，以及遷都以後的價值何在。下列一段記載是反對遷都之理由：

> 資治通鑑卷一百三十九齊紀五建武元年（公元 494 年）〔卽魏太和十八年〕載：
>
> （三月），（魏主）使羣臣更論遷都利害，各言其志。燕州刺史穆羆曰：「今四方未定，未宜遷都，且征伐無馬，將何以克？」帝曰：「廐牧在代，何患無馬？今代在恒山之北，九州之外，非帝王之都也。」尚書于果曰：「臣非以代地爲勝伊洛之美也，但自先帝以來，久居於此，百姓安之，一旦南遷，衆情不樂。」…帝曰：「…王者以四海爲家，或南或北，何常之有？朕之遠祖，世居北荒，平文皇帝始都東木根山，昭成皇帝更營盛樂，道武皇帝遷于平城，朕幸屬勝殘之運，而獨不得遷乎？」羣臣不敢復言。

鮮卑族拓拔氏本居東北地區，後遷至陰山以南，都盛樂，又遷都平城，安土重遷的觀念，並沒有農業民族強烈，所以首都固定不遷的說法，雖有人提出，很輕易地被駁回，其他大臣似亦不再以萬世不遷的理由反對遷都。而穆羆所提未宜遷都理由是「征伐無馬，將何以克」，河南地區並非不能養馬，但若要豢養大規模良馬，平城一帶遠勝於河南地區；又當時河南地區已發展成農業生產，大規模養馬將剝奪農民耕地，影響漢人利益，北魏帝國之安穩勢必需與人數衆多的漢人關係良好，在中原大量養馬甚不可能，所以當時大臣說南遷之後「征伐無馬」，這個理由在當時是很重要的，拓拔氏以「馬上得天下」，沒有大騎兵無法四出征戰，恐亦無法守住旣有領土，孝文帝的答覆是：「廐牧在代，何患無馬？」這便顯露出，如果首都南遷，軍事資源與政治中心分離。孝文帝對於馬匹之安排，在同年十一月卽已着手進行，同書同卷載：

> （十一月），魏主敕後軍將軍宇文福行牧地，福表石濟以西，河內以東，距河凡十里。魏主自代徙雜畜置其地，使福掌之，畜無耗失，以爲司衛監。[74]

魏書卷一百一十食貨志載：

---

74. 魏書卷四十四宇文福傳略同。

世祖之平統萬，定秦隴，以河西水草善，乃以爲牧地，畜產滋息，馬至二百餘萬匹，橐馳將半之，牛羊則無數。高祖卽位之後，復以河陽爲牧場，恒置戎馬十萬匹，以擬京師軍警之備，每歲自河西徙牧於幷州，以漸南轉，欲其習水土，而無死傷也，而河西之牧彌滋矣。正光以後，天下喪亂，遂爲羣寇所盜掠焉。對於馬匹的生態環境，學者不甚注意，上文中顯示：生態環境對馬匹影響甚大，河西涼州一帶良馬要先徙幷州，稍後南徙，欲其漸習水土，不致死傷，所以北魏自平城遷都洛陽以後，平城晉陽地區實際上成爲馬匹供應的重要地區。

　　人對於生態環境的適應也是反對南遷重大的理由。按鮮卑拓拔氏自東北地區而遷至陰山一帶，都雲中之盛樂，又遷平城，皆在草原地帶上，其生態環境相差不大，但自平城遷都洛陽，進入了農業地區，而氣候亦差異甚大。北魏建都平城，至孝文帝遷都洛陽，其間已有百年，在這一個世紀之中，有一部分上層人士漸漸漢化，但是生態環境畢竟是影響生活方式的重要因素，並沒有因爲時間因素而使大部份人改變。這種生態環境對人畜的健康影響甚大，例如反對遷都的重要人物之一穆泰，「爲定州刺史，辭以疾病，土溫則甚，請恒州自效。」[75] 因遷都而引發一場家庭悲劇的主角——太子恂，「不好書學，體貌肥大，深忌河洛暑熱，意每追樂北方」[76] 一個鮮卑人自幼生長在中原，學習漢文化，並非難事；但如這樣一個人同時又是馬上英雄、兼具草原文化，那就難了。另一方面，一個鮮卑人自幼生長在塞外，熟悉草原文化，亦非難事；但如果這樣一個人同時又能適應中原氣候，兼通漢人文化，那就難了。這種兩難情況不是當時科技所能解決，遷都洛陽先使國人居地分開，時間一久，又引發其他方面的裂痕，這點後文再論。

　　北魏孝文帝畢竟於太和十八年（公元 494 年）將首都遷至洛陽，茲以該年爲準，繪畫北魏疆界及其域內之政治、軍事中心如下：

　　北魏的有效控制區在正方形框框內，北以六鎭爲界，東以海爲界，南以淮河爲界、襄樊是雙方爭奪區，西則包括關隴靈州。河西走廊時時受柔然騷擾，並不如四方形框框內穩定，在此四方形框框中，出現兩個核心區，一個是雲代幷區，另一個是洛陽

---

75. 魏書卷二十七穆崇傳附泰傳。

76. 魏書卷二十二孝文五王列傳慶太子傳。

地區。雲代幷區是戰爭工具良馬的養畜之地，上文已有論及，同時也是未南遷國人聚集之區。未南遷國人包括朝廷中不願南遷的舊貴，及統領遊牧的酋長。北魏連繫這兩區國人的辦法是：命雲代幷區的國人每年多則居南，夏使居北。魏書卷十五昭成子孫列傳常山王傳附暉傳：

> 初，高祖遷洛，而在位舊貴皆難於移徙，時欲和合衆情，遂許多則居南，夏便居北。

魏書卷七十四尔朱榮傳：

> 北秀容人也。……高祖羽健，登國初爲領民酋長，率契胡武士千七百人從駕平晉陽，定中山。論功拜散騎常侍，以居秀容川，詔割方三百里封之，長爲世業。……及遷洛後，特聽冬朝京師，夏歸部落。

北史卷五十四厙狄干傳：

> 善無人也。曾祖越豆眷，魏道武時，以功割善無之西臘汙山地方百里以處之。後率部落北遷，因家朔方。……魏正光初，除掃逆黨，授將軍，宿衞於內。以家在寒鄉，不宜暑，多得入京師，夏歸鄉里。[77]

北史卷五十四斛律金傳：

> 朔州敕勒部人也。高祖倍侯利，魏道武時內附，位大羽眞，賜爵孟都公。祖幡地斤，殿中尚書。父那瓌，光祿大夫，贈司空。……詣雲中，魏除爲第二領人酋長，秋朝京師，春還部落。號曰雁臣。仍稍引南出黃瓜堆。[78]

尔朱榮、厙狄干、斛律金等三人籍貫皆在雲代幷區內，可見在道武帝內附時將其部落安置在核心區內。高歡曾指尔朱氏契胡人爲國人，[79] 厙狄干、斛律金雖無直接資料明言爲國人；但厙狄干爲宿衞將軍；斛律金之祖幡地斤爲殿中尚書，北魏初期，殿中尚書「典殿內禁衞兵馬，宿衞左右，最爲重要職守。」[80] 故厙狄干、斛律金皆極可能是國人。以上三人是率領部落的領民酋長型。

---

77. 北齊書卷十五厙狄干傳同。
78. 北齊書卷十七斛律金傳，無「秋朝京師，春還部落，號爲雁臣」字句。又黃瓜堆卽黃花堆，見嚴耕望「唐代太原北塞交通圖考」p.108，在桑乾水旁。
79. 北齊書卷一神武紀下魏普泰元年四月。
80. 嚴耕望「北魏尚書制度考」p.274—280，引文出於p.279。

另有舊貴型，最能作爲代表的人物是元丕，魏書卷十四神元平文諸帝子孫列傳高涼
王傳附丕傳云：

> 丕聲氣高朗，博記國事，饗讌之際，恒居坐端，必抗言大言，敘列既往成敗。
> 帝（孝文帝）后（文明太后）敬納焉。……及車駕發代（南遷），丕留守，詔
> 曰：「中原始構，須朕營規，在代之事，一委太傅。」……丕雅愛本風，不達
> 新式，至於變俗遷洛，改官制服，禁絕舊言，皆所不願。……丕父子大慝不樂
> 遷洛……時丕以老居幷州……高祖崩，丕自幷州來赴……尋敕留洛陽……丕仕
> 歷六世，垂七十年，位極公輔……景明四年薨，年八十二。

元丕死於宣武帝景明四年，卒年八十二，應生於明元帝泰常六年，生命過程歷經明元
帝、太武帝、（南成王）、文成帝、獻文帝、孝文帝、宣武帝等，是草原文化的守護
神。孝文帝遷洛時有意請丕主持代都之事，由於涉及太子恂案，廢居於幷州，他一直
居住在雲代幷區，至高祖死後，在其生命的晚期才至洛陽。他是北區國人的核心份子
，另一個核心份子陸叡，[81] 不欲南遷，被任命爲「使持節、都督恒肆朔三州諸軍事、
本將軍（原爲征北將軍）、恒州刺史，行尙書令」，以孝文帝舅太師馮熙薨於代郡，
「叡表請軍駕還代，親臨太師馮熙之葬，坐削奪都督三州諸軍事，尋除都督恒朔二州
諸軍事，進號征北大將軍。」[82] 雲代幷區一直被北魏當政者視爲核心區之一，宣武帝
景明二年，元禧乘帝出獵北邙，謀發動政變，竊據洛陽，爲河南天子，他判斷「天子
必北走桑乾。」[83] 桑乾川是貫穿舊京畿的主要河流，可見當時人心理上洛陽、平城仍
然是兩大中心。

洛陽既成爲首都，當然是政治中心；而以平城爲中心的雲代幷區則是軍事中心，
孝文帝亦承認「此間（平城）用武之地」。[84]

---

81. 陸叡祖俟，魏書卷四十陸俟傳：「代人也。曾祖幹，祖引，世領部落。父突，太祖時率部及隨從征伐，數
有功，拜龍驤將軍、離石鎭將。」「叡，其母張氏，字黃龍，本恭宗宮人，以賜麗，生叡，麗之亡也，叡
始十餘歲，襲爵撫軍大將軍、平原王。」
82. 魏書卷四十陸俟傳附叡傳。
83. 資治通鑑卷一百四十四齊紀十中興元年（公元501年），魏宣武帝景明二年：（五月）……（元）禧益慍
，乃與妃兄給事黃門侍郎李伯尙、氐王揚集始、楊靈祐、乞伏馬居等謀反。會帝出獵北邙，禧與其黨會城
西小宅，欲發兵襲帝，使長子通竊入河內，舉兵相應。乞伏馬居說禧「還入洛城，勒兵閉門，天子必北走
桑乾，殿下可斷河橋，爲河南天子。」……
84. 魏書卷十九中景穆十二王列傳任城王澄傳，孝文帝對澄語。

第 五 節　　北魏洛陽時期核心集團漢化與不漢化之分裂

　　北魏遷都洛陽以後，一部分統治階層隨中央政府南下爲官，其國人之下階層人物亦有至洛陽地區者，其中尤以宿衞武士最值得注意。魏書卷七下高祖紀太和十九年（公元 495 年）八月乙巳詔：

　　　　詔天下武勇之士十五萬人爲羽林、虎賁，以充宿衞。

同書太和二十年（公元 496 年）冬十月戊戌謂：

　　　　以代遷之士皆爲羽林、虎賁。[85]

宿衞的主要職責是防衞政治首都洛陽城，但防衞京師的防衞圈是四中郎將，魏書卷十九景穆十二王列傳任城王傳附澄傳載：

　　　　時（肅宗）四中郎將兵數寡弱，不足以襟帶京師，澄奏宜以東中帶滎陽郡，南中帶魯陽郡、西中帶恆農郡，北中帶河內郡，選二品、三品親賢兼稱者居之，省非急之作，配以強全，如此則深根固本，強幹弱枝之義也。靈太后初將從之，後議者不同，乃止。

元澄奏請增益四中郎將強兵，未被准許，但四中郎將是設立的，[86] 中郎將所領之兵士爲羽林虎賁，水經注疏卷五河水五首段載：

　　　　又東過平縣北，湛水從北來注之。……河北側岸有二城相對，置北中郎府，徙諸隸府戶，幷羽林虎賁領隊防之。

羽林[87] 中由宗子組成者，稱宗子羽林，改稱爲宗士，宗士乃取「肺腑之族有武蔭者」

85.　資治通鑑卷一百四十齊紀建武三年（公元 496 年）、魏太和二十年稱：「冬，十月戊戌，總詔軍士自代來者皆以爲羽林、虎賁。」

86.　魏書卷一百六中地形志中、北豫州條註：「……治虎牢，太和十九年罷，置東中府，天平初罷，改復。」按滎陽郡亦屬北豫州。
　　　魏書卷五十八楊播傳附津傳：「除北中郎將，帶河內太守。」又北史卷十五高涼王孤傳附其傳：「爲北中郎將，帶河內太守。」
　　　魏書卷四十陸俟傳：「清都……轉南中郎將，帶魯陽太守。」

87.　魏書卷二十一上獻文六王列傳高陽王雍傳：「武人本挽上格者爲羽林，次格者爲虎賁，下格者爲直從。」

[88] 任之，其主要職責當然是宿衞京師，另有高車羽林虎賁，[89] 高車騎兵聞名，[90] 對於北魏而言，這相當於外籍兵團，可能用於京師以外軍事行動之中[91]。

隨着孝文帝南遷洛陽地區的國人，史稱爲：「代遷戶」、[92]「代遷民」。[93] 他們的家產是在洛陽周圍，魏書卷八世宗紀：

> （正始元年），十有二月丙子，以苑牧公田分賜代遷之戶。

> （延昌二年），閏二月辛丑，以苑牧之地賜代遷民無田者。

魏書對於這些人受田情形並無記載，但東魏、北齊之制度多承襲北魏，其辦法或許可以作爲參考。隋書卷二十四食貨志北齊部分、河清三年定令：

> 京城四面，諸坊之外三十里內爲公田。受公田者，三縣代遷戶執事官一品以下，逮于羽林虎賁，各有差。其外畿郡，華人官第一品以下，羽林虎賁以上，各有差。

代遷戶實際受田畝數已不可詳，有一則神話故事或許可反映當時羽林虎賁之家業概況，洛陽伽藍記卷三城南大統寺條：

> 虎賁駱子淵者，自云洛陽人。昔孝昌年，戍在彭城。其同營人樊元寶得假還京師，子淵附書一封，令達其家，云：「宅在靈台南，近洛河，卿郎是至彼，家人自出相看。」元寶如其言，至靈台南，了無家人可問，徒倚欲去。忽見一老翁來問：「從何而來，徬徨於此？」元寶具向道之。老翁云：「是吾兒也。」取書，引元寶入。邐見館閣崇寬，屋宇佳麗。坐命婢取酒，須臾，見婢抱一死小兒而過，元寶初甚怪之。俄而酒至，色甚紅，香美異常。兼設珍羞，海陸具

88. 魏書卷一百十三官氏志：「永平四年（公元511年）七月，詔改宗子羽林爲宗士，其本秩付尚書計其貲集，紱從七以下、從八以上官。孝昌二年十月，詔宗士、庶子二官各增二百人。置望士隊四百人，取肺腑之族有武藝者。」

89. 魏書卷一百十三官氏志太和二十三年前百官部分載有：「高車羽林郎將（從第四品上）、高車虎賁將軍（從第四品下）、高車虎賁司馬、高車虎賁將、高車羽林郎（皆從第五品下）、高車虎賁（從第六品下）。……」

90. 魏書卷三十五崔浩傳，浩曰：「高車號爲名騎，非不可臣而畜也。」

91. 魏書卷四十四宇文福傳：「（太和）二十二年（公元498年），車駕南討，……高祖指麾將士，敕福領高車羽林五百騎出賊南面，奪其橋道，遏絕歸路。」

92. 盧開萬首作這方面的研究，見「代遷戶」初探。

93. 盧開萬「"代遷戶"初探」p.50。

備。飲訖辭還，老翁送元寶出，云：「後會難期。」以爲悽恨，別甚殷勤，老翁還入，元寶不復見其門巷，但見高崖對水，淥水東傾。唯見一童子可年十四五，新溺死，鼻中出血，方知所飲酒，是其血也。及還彭城，子淵已失矣！元寶子淵同戌三年，不知是洛水之神也。

從上引律令及神話來看，羽林虎賁應該有田，田在京畿附近，羽林虎賁本人是防衞政治中心京師，有的派遣至亘鎭戌守，正如同有許多國人在平城附近有一些人被派至六鎭戌守一樣。所以「遷洛時"代遷之士皆爲羽林虎賁"仍是部落兵制的反映。」，[94] 神話中顯示羽林虎賁的田及其家事似由奴婢擔任。

在孝文帝決定遷都洛陽前二月，曾至陰山一帶六鎭巡視，魏書卷七下高祖紀太和十八年（公元 498 年）載：

（八月）甲辰，行幸陰山，觀雲川。丁未，幸閱武臺，臨觀講武。癸丑，幸懷朔鎭。己未，幸武川鎭。辛酉，幸撫冥鎭。甲子，幸柔玄鎭。乙丑，南還。……多十月，戊申，親告太廟，奉遷神主。辛亥，車駕發平城宮。……（十一月）已丑，車駕至洛陽。

自此以後，即未聞魏帝再巡陰山六鎭一帶，而與以前都平城時代魏帝屢至陰山成爲強烈對照。都平城時代六鎭與京師勢如唇齒；而都洛陽時，平城已屬遙遠，更遑陰山矣！這種形勢的改變，促使北魏對北疆六鎭一帶採取守勢措施。

資治通鑑卷一百四十五梁紀一天監三年（公元 504 年）、魏正始元年載：

（九月）柔然侵魏之沃野及懷朔鎭，詔車騎大將軍源懷出行北邊，指授方略，隨須徵發，皆以便宜行事。懷至雲中，柔然遁去。懷以爲用夏制夷，莫如城郭，還至恒代，按視諸鎭左右要害之地可以築城置戌之處，欲東西爲九城，及儲糧積仗之宜，犬牙相救之勢，凡五十八條，表上之，曰：「今定鼎成周，去北遏遠，代表諸國，頗或外叛，仍遭旱飢，戎馬甲兵，十分闕八，謂宜準舊鎭，東西相望，令形勢相接，築城置戌，分兵要害，勸農積粟，警急之日，隨便翦討。彼遊騎之寇，終不敢攻城，亦不敢越城南出，如此北方無憂矣！」魏主從

---

94. 魏書卷四十一源賀傳附懷傳，行文甚長，含義相同。

之。所謂「用夏制夷，莫如城郭」的戰略思想乃農業民族的守勢觀念，與北魏原先主動出擊有不同，此處與六鎮之設精神有所差異，六鎮主要精神是鎮壓管制降附之柔然、高車族人，隨時以此爲基地向外出擊，而此處「令形勢相接，築城置戍，分兵要害，勸農積粟，警急之日，隨便剿討，彼遊騎之寇，終不敢攻城，亦不敢越城南出，如此北方無憂矣！」等語，純粹是農業民族的守勢觀念。

孝文帝遷都以後二三十年內，適逢北方柔然、高車兩大勢力相互攻戰，所以沒有像北魏早期那樣大規模南侵之舉，因此北魏在六鎮一帶自遷都洛陽以後採守勢措施，並無發生因外寇而引起的挫折。[95] 六鎮之動亂是由於政治中心之南遷而引起內部問題，下節再予討論。

孝文帝遷都以後，在南方的疆界雖然略有推進，大體而言，並無太大變動。在其領土之內，出現兩個中心，洛陽地區是政治中心，國人之上層人物在朝居高官，國人之下層人物爲羽林虎賁，戍守京畿，另外派遣將領率部分羽林虎賁在彭城、河北等大鎮作重點鎮守。在雲代并地區是大部分國人居住之地，亦包括上層與下層，所以是北魏拓拔氏的國本，加以該地區盛產作戰工具馬匹，以及該地區在北中國、草原地帶是「用兵之地」，所以在人力、馬匹、地理等重要因素上仍具有軍事中心之地位，在此中心之北線布置六鎮以爲屏障，而派遣一些國人到各鎮作重點鎮守。兩個中心將帝國撕裂爲二，歷史之發展在地理距離之中再加上文化、政治等裂痕。在洛陽之上層國人由於在朝廷中禁胡語、[96] 胡服，[97] 禁歸葬北土、代人改籍洛陽等，[98] 大步邁向漢化，在北魏前半期「諸公主皆釐降于賓附之國，朝臣子弟，雖名族美彥，不得尚焉。」[99]並大量鼓勵宗室與中原漢大士族子女通婚，[100]其與洛陽之下層國人，在雲代并區及派

---

95. 魏書卷六十九袁翻傳：「自卜惟洛食，定鼎伊瀍，高車、蠕蠕迭相吞噬。始則蠕蠕長微，高車強盛，蠕蠕則自救靡暇，高車則僻遠西北。及蠕蠕復振，反破高車，主喪民離，不絕如幾。……得使境上無塵數十年中者，抑此之由也。」

96. 魏書卷七下高祖紀太和十九（公元495年）六月己亥，詔「不得以北俗之語言於朝廷，若有違者，免所居官。」

97. 魏書卷七下高祖紀太和十八年（公元494年）十二月壬寅，「革衣服之制。」

98. 魏書卷七下高祖紀太和十九年（公元495年）六月丙辰，詔「遷洛之民，死葬河南，不得還北，於是代人南遷者，悉爲河南洛陽人。」

99. 魏書卷二十四崔玄伯傳。

100. 參拙文「中古大族著房婚姻之研究」第二章宗室與五姓著房婚姻關係。

遣在六鎮鎮守之國人等，在文化、政治、婚姻關係諸方面之差距，更愈來愈遠矣！這種緊張關係首先爆發在洛陽地區之下層國人身上。魏書卷六十四張彝傳載：

> 第二子仲瑀上封事，求銓別選格，排抑武人，不使預在清品。由是衆口喧喧，謗讟盈路，立榜大巷，剋期會集，屠害其家，彝殊無畏避之意，父子安然。神龜二年（公元519年）二月，羽林虎賁幾將千人，相率至尚書省詬罵，求其長子尚書郎始均，不獲，以瓦石擊打公門。上下畏懼，莫敢討抑。遂便持火，虜掠道中薪蒿，以杖石爲兵器，直造其第，曳彝堂下，捶辱極意，唱呼蹩蹩，焚其屋宇。始均、仲瑀當時踰北垣而走。始均回救其父，拜伏羣小，以請父命。羽林等就加毆擊，生投之於烟火之中。……彝臨終……上啓曰：「……臣第二息仲瑀所上之事，益治實多，既曰有益，寧容默尔。……」……官爲收掩羽林凶強者八人斬之，不能窮誅羣豎，即爲大赦以安衆心，有識者知國紀之將墜矣！

張彝父子之選格中，官吏有清濁之分，武人被列爲濁官，此乃兩晉南朝漢人政治社會中之通則，[101]並非獨創以排斥拓拔氏國人之羽林虎賁，所以張彝至死不認爲自己此事有何錯誤。但一步一步地探取漢人文物典章，終於影響到下層國人的政治前途了。沒有漢化、或漢化程度較少的拓拔氏國人，包括洛陽地區之下層國人，雲代并區之上下層國人、派遣至六鎮之國人等，大都以武途出身，武人不預清流其影響所及甚廣，這些國人是一致的。魏書卷八十一山偉傳載：

> 時天下無事，進仕路難，代遷之人，多不霑預，及六鎮、隴西二方起逆，領軍元叉欲用代來寒人爲傳詔以慰悅之。

另外一個例子也能證明洛陽地區下層國人與雲代并區國人有同類心理，而與中央政府中胡漢上層人物距離較遠。當尔朱榮揮兵南下進擊首都洛陽時，朝中大臣有人認爲宿衞仍可制之，[102]並且調兵遣將，實際布防。[103]待尔朱榮逼近，「北中不守」[104]諸將逃

---

101. 參見周一良「南齊書丘靈鞠傳試釋兼論南朝文武官位及清濁」。
102. 資治通鑑卷一百五十二梁紀八大通二年（公元528年）、魏武泰元年三月：「徐紇獨曰：『尔朱榮小胡，敢稱兵向闕，文武宿衞，足以制之，但守險要，以逸待勞，彼懸軍千里，士馬疲弊，破之必矣！』太后以爲然。
103. 同上註，繼載：「以黃門侍郎李神軌爲大都督，帥衆拒之，別將鄭季明，鄭先護將兵守河橋，武衞將軍費穆屯小平津。」
104. 魏書卷六十六李崇傳附神軌傳語。

的逃、降的降。[105]按京畿北面防禦重鎮是設在河內的北中郎府，據上文引水經注文，「置北中郎府，徙諸隸府戶，并羽林虎賁領隊防之」。顯然是禁衞北中郎府的羽林虎賁不戰而降，諸將不得不崩潰，這些羽林虎賁是居住在洛陽地區的下層國人，與尔朱榮軍士為同氣連枝，當然不會互相殘殺，所以尔朱榮得輕易地進入洛陽，實際上尔朱榮所領南下部隊不滿萬人，[106]如遭士兵強烈對抗，可能陷入暴師於外的情況。

從尔朱榮屠殺一二千朝中羣臣來看，當時雲代并區的國人對於中央胡漢大臣（包括洛陽地區上層國人）懷恨程度，實不亞於羽林虎賁毆打張彝父子事件。

六鎮動亂之爆發，以及迅速蔓延，經濟問題是最重要因素，陰山一帶是草原地區，「對自然變化——尤其雨量的多寡——極為敏感。草地對牲畜的包容力隨氣候而增減的幅度之大，實超出我們農耕社會人民想像力之外。換句話說，在一定面積的牧地上，如遇氣候良好水豐草美，幾年之內畜羣便可增殖一倍以上。如雨量減少，牲畜死亡率往往高達百分之五十至八十。」[107]「正光二年（公元 521 年）五月丁未，月蝕。占曰『旱，饑。』」三年（公元 522 年）六月「帝以炎旱，減膳撤懸。」[108]又載「正光後，四方多事，加以水旱，國用不足。」[109]上引天象志食貨志文中，北魏境內當已發生災荒，但災荒在何地區，從那一年到那一年，則並無詳載，魏書卷九蕭宗紀正光元年（公元 520 年）：

> 夏四月丙辰，詔尙書長孫稚巡撫北藩，觀察風俗。五月辛巳，詔曰：「……災旱為災……。』癸未，詔曰：「……況今炎旱歷時，萬姓彫弊……。」

災區應該包括六鎮地區，且可能自正光元年（公元 520 年）開始，連續四五年旱災。六鎮一帶在北魏前期也發過災荒之事，由於當時都平城，雖然平城本身要負擔龐大文武官員之食糧，但各方資源不斷地輸向此一地區，使災荒不致於過度惡化，六鎮也可

105. 資治通鑑卷一百五十二梁紀八大通二年（公元 528 年）、魏武泰元年四月：「李神軌至河橋，聞北中不守，即逃還。費穆棄家，先降於榮。徐紇矯詔夜開殿門取騶騮廄御馬十匹，東奔兗州，鄭儼亦走還鄉里。」
106. 魏書卷四十四費于傳附穆傳：「穆潛說榮曰：『公士馬不出萬人……。』」
107. 蕭啓慶「北亞遊牧民族南侵各種原因的檢討」p.609 氏並引證 E. Huntington, The Rules of Asia（Boston, 1919）p.382—383 在 New South Wales 的牧場報告。
108. 魏書卷一百五之二天象志二正光二年（公元521年）五月、三年（公元522年）六月。
109. 魏書卷一百一十食貨志。

連帶受到中央政府的關懷。例如世祖太武帝太平眞君七年（公元446年），「詔高平
、安定、統萬及臣所守四鎮（刁雍，薄骨律鎮），出軍五千乘，運屯穀五十萬斛付
沃野鎮（六鎮最西端之鎮），以供軍糧。」[110]又如高祖太和十一年（公元487年）「
大旱，京都（平城）民飢，加以牛疫。……時承平日久，府藏盈積，詔盡出御府衣服
珍寶，太宦雜器、太僕乘具、內庫弓矢刀鉾十分之八，外府衣物繒布絲纊諸所供國用
者，以其太半班賚百司，下至工商皂隸，逮于六鎮邊戍，畿內鰥寡孤獨貧癃者，皆有
差。」[111]都洛陽時期，六鎮是遙遠的邊區，中央政府雖然也會派人救濟災荒，但這種
救濟遠較以前間接，其關懷程度也較輕。例如當「神龜（公元818—519年），正光（
公元520—524年）之際，府藏盈溢，靈太后曾令公卿以下任力員物而取之，又數賚禁
內左右，所費無貲，而不能一丐百姓也。」[112]

　　遷都洛陽以後對六鎮地區另一項重大的影響是官吏素質之下降。鎮府之組織有「
都大將、副將、監軍、長史、司馬、錄事參軍、功曹史、省事、戶曹史、獄隊尉、門
士、外兵使、函使、統軍、別將、軍主、隊主、軍將、戍將」[113]等。鎮「既統治一廣
大地區，則鎮下必尚有分置之機構，此卽軍、戍是也。」[114]上述軍主是軍之領兵官，
統軍則是派遣府外領兵者，軍將是鎮下置軍如州之有郡，[115]戍將則爲戍之領主，隊乃
軍以下更小的單位。上述引文中其他官職則是鎮府府內之官職。「北邊六鎮，自西而
東數之，爲沃野、懷朔、武川、撫冥、柔玄、懷荒，懷荒更東則爲禦夷，沃野更西南
則爲薄骨律，……六鎮亦或分爲東西兩區，每區三鎮，而以中間一鎮之都大將督本區
之三鎮。又或以沃野鎮將兼督更西南之薄骨律鎮，或以懷荒鎮與禦夷鎮併爲一區而以
平城鎮將都督之也。」[116]鎮都大將或鎮將乃一鎮之長，副將輔之，監軍則中央特派從

110. 魏書卷三十八刁雍傳語。
111. 魏書卷一百一十食貨志。
112. 魏書卷一百一十食貨志語。
113. 嚴耕望中國地方行政制度史上編一卷中：魏晉南北朝地方行政制度史下冊p.784—793。
114. 嚴耕望中國地方行政制度史上編一卷中：魏晉南北朝地方行政制度史下冊p.772—774。嚴先生之考證。
115. 嚴耕望中國地方行政制度史上編一卷中：魏晉南北朝地方行政制度史下冊p.791，軍將條，又云：「軍將
　　 、戍將則統地方如太守縣令，又兼治軍事如統軍軍主也。」
116. 嚴耕望中國地方行政制度史上編一卷中：魏晉南北朝地方行政制度史下冊p.785—786。

事監察者，這三種官吏顯然是外派而並非內升；長史、司馬則可能外派內升皆有，然已不可詳；自司馬以下，可能內升者爲多。北魏「前期鎮都大將往往以諸王任之，出爲諸鎮大將，入爲三都大官，此見觀景穆十二王傳可知梗概。」[117]初期鎮的地位原較州爲重，[118]太和以後，去消許多邊鎮，州爲重要單位，鎮將地位也不如前。皇親國戚皆喜在洛陽中央爲朝官，派至「北邊鎮將，選帶彌輕」，[119]因此鎮將水準也愈來愈差，「或用其左右姻親，或受人貨財請屬，皆無防寇禦賊之心，唯有通商聚歛之意」[120]受納者如沃野鎮將于祚，貪穢狼藉者如懷朔鎮將元尼須[121]甚至如中央權臣劉騰也「剝削六鎮，交通互市。」[122]最嚴重的是六鎮地區中下層官吏的士氣問題，這些中下層官吏的組成份子是國人及初期派在北邊的中原強宗子弟，北魏遷都洛陽以後，對這些人婚宦前途影響太大了。魏書卷十八太武五王列傳廣陽王傳附深傳載：

> 昔皇始以移防爲重，盛簡親賢，擁麾作鎮，配以高門子弟，以死防遏，不但不廢仕宦，至乃偏得復除。當時人物，忻慕爲之。及太和在歷，僕射李沖當官任事，涼州土人，悉免斯役，豐沛舊門，仍防邊戍。自非得罪當世，莫肯與之爲伍。征鎮驅使，但爲虞候白直，一生推遷，不過軍主。然其往世房分留居京者得上品通官，在鎮者便爲清途所隔，或投彼有北，以御魑魅，多復逃胡鄉。乃峻邊兵之格，鎮人浮遊在外，皆聽流兵捉之。於是少年不得從師，長者不得遊宦，獨爲匪人，言者流涕。

北齊書卷二十三魏蘭根傳載：

> 正光末，尚書令李崇爲本郡都督，率眾討茹茹，以蘭根爲長史。因說崇曰：「緣邊諸鎮，控攝長遠，昔時初置，地廣人稀，或徵發中原強宗子弟，或國之肺腑，寄於爪牙。中年以來，有司乖實，號爲「府戶」，役同廝養，宦婚班齒，致失清流。而本宗舊類，各各榮顯，顧瞻彼此，理當憤怒。

---

117. 嚴耕望中國地方行政制度史上編——卷中：魏晉南北朝地方行政制度史下冊p.787。
118. 魏書卷一百十三官氏志：「舊制，緣邊皆置鎮都大將，統兵備禦，與刺史同。城隍，倉庫皆鎮將主之，但不治，故爲重於刺史。」
119. 魏書卷十九中景穆十二王列傳任城王傳附澄傳語。
120. 魏書卷六十九袁翻傳，袁翻表中之語。
121. 魏書卷四十一源賀傳。
122. 魏書卷九十四閹官傳劉騰傳。

所謂「國之肺腑」、「豐沛舊門」即國人之意；所謂「寄以爪牙」即統治階層之執行者，這些中下層官吏不能內遷，在邊鎮「一生推遷，不過軍主」。其瓦世房在洛陽下層國人如羽林虎賁之類「多不霑預」，所以邊鎮中下層官吏之國人與洛陽地區下層國人、及雲代幷地區之上下層國人，其精神上仍然是一體的，北魏政權是以這些人建立起統治架構，除非北魏徹底改變其政權基礎，否則將面臨重重危機，在六鎮之亂以前十年左右，已有人指出「兵徒懷怨」「爪牙不復爲用」，[123]原本派遣在北鎮鎮守的上層官吏貪墨不法，中下層官吏心中怨恨不平，而被統治的各族各類人民遭受災荒，如此一有事故，其勢一發不可收拾。

　　六鎮動亂是在天光五年（公元524年）三月，[124]沃野鎮人破落汗拔陵首先發難，如火燎原，徧及所有六鎮，六鎮的高級長官逃至幷州[125]或洛陽，六鎮的中下級官吏在此洪流之中載沈載浮，或戰或降，大部分最後也歸附雲代幷區的尔朱氏，後文另論。

　　六鎮地區的軍民，有：元魏國人後裔、徙居邊鎮的少數民族如高車柔然等、遷徙邊鎮的中原豪族後裔、發配邊區的罪人等，[126]份子極爲複雜，原本設鎮並派一些國人鎮守，以作爲防禦柔然高車等族之南侵，不料六鎮內部反叛，掀起北魏晚期北中國大動亂的先聲，當此中央政治力無法有效控制之形勢中，更突出了北魏罝事中心之所在，亦成爲影響北魏末年政治發展的焦點。

---

123. 魏書卷七十八孫紹傳，延昌（公元512年—515年）中，紹表中語。六鎮之亂爆發在正光五年（公元524年）。

124. 魏書卷九肅宗紀第九載正光五年（公元524年）三月破落汗拔陵聚象反，資治通鑑謂發生在梁武帝普通四年，即正光四年（公元523年）四月。朱大渭曾有考證，認爲魏書正確，見氏「北魏末年人民大起義若干史實的辨析」p.一9，載於中國農民戰爭史論叢第三輯。

125. 魏書卷四十四費于傳附穆傳載雲州刺史費穆逃至秀容。

126. 濱口重國綜合出四類，即以拓拔氏爲主體的貴族子弟、漢人豪族子弟、流罪人、高車柔然等降民，「正光四五年の交に於ける後魏の兵制に就いて」＜三＞鎮の將兵，p.49—58，1935。谷川道雄亦同意濱口氏之意見，「北魏末の內亂と城民」＜下＞，p.68，1958。陳學霖綜合出四類，即中原強宗和鮮卑貴胄後裔、徙居邊鎮的少數民族、遷徙邊鎮豪族的後代、謫戍邊鎮爲兵以代罪之刑徒，「北魏六鎮之叛變及其影響」三、六鎮的軍人，p.29—33，1962。唐長孺、黃惠賢認爲：第一類是拓拔部族的成員，即畿內民、國人、內民等，第二類是被遷徙的漢族、以及其他各族人，第三類是高宗以後繼續配發的罪犯，「試論魏末北鎮之民暴動的性質」p.97，1964，楊耀坤認爲：＜1＞鮮卑拓拔部族的成員、＜2＞被遷徙的漢族和其他少數族人、＜3＞徙邊的罪犯等，「北魏末年北鎮暴動分析」p.63，1978。萬繩楠認爲：高門弟子、鐵勒等人、配邊罪犯，「魏晉南北朝史論稿」第十三章第一節六鎮起兵的性質問題，p.289，1983。

第 六 節　北魏核心集團對核心區之獨占性

雲代并地區自北魏建國以來，一直被視爲國家的重心所在，[127]這個區域是國人聚集之所在，是北中國戰略要地，也是漢化浪潮中草原文化之保留地，更是鮮卑武士戰馬的供應地。[128]拓拔氏將這地區視爲國本，凡有侵略性，或反叛性的民族，決不輕易遷移這個地區，除了上節引證世祖太武帝大破柔然，收降高車，徙其民於漠南，設六鎮以鎮守之例以外，如魏書卷四下世祖紀下載：

> （太平眞君）五年（公元444年）六月，北部民殺立義將軍、衡陽公莫孤，率五千餘落北走。追擊于漠南，殺其渠帥，餘徙居冀、相、定三州爲營戶。

魏書卷七上高祖紀：

> （延興元年）（公元471年）多十月丁亥，沃野、統萬二鎮敕勒叛，詔太尉、隴西王源賀追擊，至枹罕，滅之，斬首三萬餘級；徙其遺迸於冀、定、相三州爲營戶。

魏書卷七上高祖紀：

> （延興二年）（公元472年）三月，連川敕勒謀叛，徙配青、徐、齊、兗四州爲營戶。

六鎮叛亂之初期，有二十萬叛兵降附，魏中央政府之處置方式極爲明顯，魏書卷十八太武五王列傳廣陽王傳附深傳：

> 及李崇徵還，深專總戎政。（破六韓）拔陵避蠕蠕，南移渡河。先是，別將李叔仁以拔陵來逼，請求迎援，深赴之，前後降附二十萬人。深與行臺元纂表求恒州北別立郡縣，安置降戶，隨宜賑賚，息其亂心。不從，詔遣黃門侍郎楊昱分散之於冀、定、瀛三州就食。[129]

---

127. 魏書卷十九中景穆十二王列傳任城王傳附順傳：「順謂（元）義曰：『北鎮紛紜，方爲國梗，桑乾舊都，根本所繫，請假都督，爲國捍屏。』」。
128. 太平寰宇記引冀州圖云：「自晉陽以北，地勢漸塞，平城、馬邑、淩源二丈，雲中、五原積水四五十尺，唾出口成冰，牛凍角折而畜牧滋繁。」
129. 魏書卷五十八楊播傳附昱傳載：「孝昌初，除征虜將軍、中書侍郎，遷給事黃門侍郎。時北鎮饑民二十餘萬，詔昱爲使，分散冀、定、瀛三州就食。」

魏書卷一百一蠻傳：

> （宣武帝景明）三年（公元 502 年），魯陽蠻魯北燕等聚衆攻逼潁川，詔左衞
> 將軍李崇討守平之，徙萬餘家於河北諸州及六鎮。

北魏拓拔氏亦曾遷徙非國人入雲代并區，唯以遷入生產者爲主，上文曾引魏書食貨志
謂太祖時「旣定中山，分徙吏民及徒何種人、工伎巧十萬餘家以充京師，各給耕牛，
計口授田。」除此以外，魏書卷四下世祖紀下載：

> （太平眞君七年）（公元 446 年）三月，徙長安城工巧二千家於京師。

魏書卷七上高祖紀載：

> （太和元年）（公元477年）二月丙寅，漢川民泉會、譚酉等相率內屬，處之并州。

流民如進入此核心區，必遭屠殺或逐出，北齊書卷一神武紀上載：

> 葛榮衆流入并、肆者二十餘萬，爲契胡陵暴，皆不聊生，大小二十六反，誅夷
> 者半，猶草竊不止。（尔朱）兆患之，問計於神武（高歡）。神武曰：「六鎮
> 反殘，不可盡殺，宜選王索腹心者私使統焉。若有犯者，直罪其帥，則所罪者
> 寡。」兆曰：「善，誰可行也？」……兆以神武爲誠，遂以委焉。神武以兆醉
> ，恐醒後或致疑貳，遂出，宣言受委統州鎮兵，可集汾東受令。乃建牙陽曲川
> ，陳部分。……居無何，又使劉貴請兆，以并、肆頻歲霜旱，降戶掘黃鼠而食
> 之，皆面無穀色，徒污人國土，請令就食山東，待溫飽而處分之。兆從其議。

雲代并區內的國人，保留驍勇善戰的尚武精神，但亦不脫凶殘的手段，高歡卽利
用山東流民集團懼怕國人之殺戮或虐待，奉高歡爲主，有一段生動的記載描述當時的
情形，北齊書卷一神武紀上載：

> 神武自向山東，養士繕甲，禁侵掠，百姓歸心。乃詐爲書，言尔朱兆將以六鎮
> 人配契胡爲部曲，衆皆愁怨。又爲并州符，徵兵討步落稽。發萬人，將遣之，
> 孫騰、尉景爲請留五日，如此者再。神武親送之郊，雪涕執別，人皆號慟，哭
> 聲動地。神武乃喻之曰：「與爾俱失鄉客，義同一家，不意在上乃爾徵召。直
> 向西已當死，後軍期又當死，配國人又當死，奈何！」衆曰：「唯有反耳。」
> 神武曰：「反是急計，須推一人爲主。」衆願奉神武。神武曰：「爾鄉里難制

，不見葛榮乎，雖百萬衆，無刑法，終自灰滅。今以吾爲主，當與前異，不得欺漢兒，不得犯軍令，生死任吾則可，不爾不能爲取笑天下。」衆皆頓顙，死生唯命。神武曰若不得已，明日，椎牛饗士，喻以討尔朱之意。

孝文帝遷都洛陽，其國人之上層人物與漢人之世家大族組成統治階層，達到新的階段，隨行之上層國人是傾向於或不反對漢化者，[130]「從太和十二年（公元488年）到遷都洛陽的前一年，孝文帝在平城大興土木，並且在改建的過程中，進行了一連串有關禮儀、祭祀問題的討論與決定。他似乎有意從有形的建築工程的拓建，更進一步促進意識形態的轉變。他最初的希望，祇是利用平城現有的基礎，將它轉變爲一座典型的中國文化式的都城，並沒有積極南遷的意念。後來所以匆匆南遷，乃由於北方保守勢力對他所作的改革有一種難以排除的壓力。[131]不遷至鄴而遷至洛陽，則乃是正統與文化因素。[132]洛陽旣成爲首都，上層國人要在政治上謀求高官厚祿，自當以隨從南遷最爲有利，所以留在平城者乃是對鮮卑文化傾向者，如元丕等人；又雲代幷區的部落酋長等則因生態環境而不能南遷，這一類國人具有濃厚的草原英雄氣息。遷洛者成爲洛陽人，未遷者仍爲原籍，至肅宗熙平二年（公元517年）遷與不遷遂成定局。[133]時至六鎭亂起（公元524年）約七年。

六鎭本是雲代地區的北疆屏障，六鎭動亂，雲代反而成爲首當其衝，魏先派臨淮王彧「都督北征諸軍事以討之。……敗於五原。」[134]旋又「詔尚書令李崇爲大都督，率廣陽王淵等北討……都督崔暹失利于白道，大都督李崇率衆還平城……免除官爵。」[135]

北魏不再向六鎭大規模主動出擊，雲代地區進入防禦戰階段，不久，雲州亦淪陷

---

130. 孝文帝南遷途中經比干墓，曾用爲文，樹碑而刊之，碑文中列隨從隨祭者官名姓名，是其遷都集團，見金石萃編卷二十七孝文弔比干墓文條。

131. 逯耀東「北魏孝文帝遷都其家庭悲劇」，p.128，逯氏並引證太和十二年至十七年間孝文帝對平城之經營。

132. 勞榦「北魏後期的重要都邑與北魏政治的關係」p.237及p.239。

133. 魏書卷九肅宗紀熙平二年（公元517年）冬十月乙卯，詔曰：「北京根舊，帝業所基，南遷二紀，猶有留住。懷本樂故，未能自遷者，悉可聽其仍停，安公堵永業。……」

134. 魏書卷九肅宗紀：「正光五年（公元524年）三月，沃野鎭人破落汗拔陵聚衆反，殺鎭將，號眞王元年。詔臨淮王彧爲鎭軍將軍、假征北將軍，都督北征諸軍事以討之。……五月，臨淮王彧敗於五原。」

135. 魏書卷九肅宗紀：「正光五年（公元524年）五月壬寅詔」「秋七月都督崔暹失利于白道。」

。[136]孝昌二年（公元 526 年）七月戊申，恒州陷。[137]自此以後，遭受尒朱氏之抗拒，未能再向南方擴張，流民逯向東、東南大弧度進展，囊括河北地區，後文另論。雲代在二年內淪陷，主要是因爲在此地區國人有一部份南遷洛陽，有一部份北戍六鎮之故，而肆并地區之國人則是數世養精蓄銳，其中以尒朱氏爲力量之核心人物。

第 七 節　六鎮動亂時期之尒朱氏集團

魏書卷七十四尒朱榮傳：

> 尒朱榮，字天寶，北秀容人也。其先居於尒朱川，因爲氏焉。常領部落，世爲酋帥，高祖羽健，登國初爲領民酋長，率契胡武士千七百人從駕平晉陽，定中山，論功拜散騎常侍。以居秀容川，詔割方三百里封之，長爲世業。太祖初以南秀容川原沃衍，欲令居之，羽健曰：「臣家世奉國，給侍左右。北秀容既在剗內，差近京師，豈以沃埌更遷遠地。」太祖許之。……曾祖鬱德，祖代勤，繼爲領民酋長。代勤，世祖敬哀皇后之舅。以外親棄數征伐有功，給復百年，除立義將軍。……高宗末，假寧南將軍，除肆州刺史。高祖賜爵梁郡公。……父新興，太和中，繼爲酋長。家世豪擅，財貨豐贏。……自是之後，日覺滋盛，牛羊駝馬，色別爲羣，谷量而已。朝廷每有征討，輒獻私馬，兼備資糧，助裨軍用。高祖嘉之。除右將軍、光祿大夫。及遷洛後，特聽多朝京師，夏歸部落。每入朝，諸王公朝貴競以珍玩遺之，新興亦報以名馬。轉散騎常侍、平北將軍、秀容第一領民酋長。新興每春秋二時，恒與妻子閒畜牧於川澤，射獵自娛。肅宗世，以年老啓求傳爵於榮，朝廷許之。

秀容川位於平城之南不遠，屬肆州。世業有三百里，尒朱氏屬於國人，前引北齊書神

---

136. 魏書卷四十四費于傳附穆傳：「及六鎮反叛，詔穆爲別將，隸都督李崇北伐。都督崔暹失利，崇將班師，會諸將議曰：『朔州是白道之衝，賊之咽喉，若此處不全，則并肆危矣！今欲選諸將一人，留以鎮捍，不知誰堪此任？』僉曰：『無過穆者。』崇乃請爲朔州刺史，仍本將軍，尋改除靈州刺史。穆招離聚散，頗得人心。時北境州鎮，悉皆淪沒，唯穆獨據一城，四面抗拒。久之，援軍不至，兼行通阻塞，糧仗俱盡。穆知勢窮，乃棄城南走，投尒朱榮於秀容。」
137. 魏書卷九肅宗紀孝昌二年（公元526年）七月條。

武紀中已提及。又尔朱氏與拓拔氏是一個婚姻圈,與中央朝臣維持某些來往,但顯然保持畜牧射獵生活方式。第一領民酋長為「視從三品」,約與四方郎將、中州刺史品位相當。肆州在雲代之南,從未遭受戰禍,尔朱榮高祖羽健與北魏始祖同時,積五世滋長,又獲給復百年,其牛羊駝馬,數量繁殖極多,該地區是良馬產地,國人不改其草原英雄之習,很容易成為一支勇敢善戰的騎兵軍團。魏末肅宗以來,天下浮動之跡象已明,中央政府控制力日衰。[139]

是時尔朱氏大家長尔朱榮雖然「性好獵,不舍寒暑」,[139a]遂放棄數世以來「每春秋二時,恒與妻子閱畜牧於川澤,射獵自餘」的安逸生活,積極步入政治軍事舞台,其勢力之發展如下:

魏書卷七十四尔朱榮傳:

　　榮襲爵後,除直寢、游擊將軍。正光中,四方兵起,遂散畜牧,招合義勇,給其衣馬。蠕蠕主阿那瓌寇掠北鄙,詔假榮節,冠軍將軍、別將,隸都督李崇北征,榮率其新部四千人追擊,度磧,不及而還。

　　秀容內附胡民乞扶莫于破郡,殺太守;

　　南秀容牧子萬子乞眞[139b]反叛,殺太僕卿陸延。

　　并州牧子索和婆崙嶮作逆。榮並前後討平之。

　　內附叛胡乞、步落堅胡劉阿如等作亂瓜[139c]肆;

　　敕勒斛律洛陽作逆桑乾西,與費也頭牧子迭相掎角,榮率騎破洛陽於深井,逐牧子於河西……加使持節、安北將軍、都督恒朔討虜諸軍、假撫軍將軍,進封博陵郡公……乃署其從叔羽生為刺史……自是榮兵威漸盛。……

　　　鮮于修禮之反也,榮表東討……都督并肆汾廣恒雲六州諸軍事,進為大都督。

并肆汾廣恒雲六州已包含北魏開國以來國人聚集的核心區,尔朱榮兵勢強盛,在洛陽

---

139. 北齊書卷一神武紀上:「及自洛陽還,傾產以給客,親故怪問之。答曰:『吾至洛陽,宿衞羽林相率焚領軍張彝宅,朝廷懼其亂而不問,為政若此,事可知也,財物豈可常守邪!』」

139a. 魏書卷七十四尔朱榮傳中語。

139b. 據魏書卷七十四校勘記<一>「萬子」乃「万于」之誤。

139c. 據魏書卷七十四校勘記<二>「瓜」當是「汾」之訛。

的北魏中央政府亦畏懼之。[139d]

　　尒朱榮除了本身武力以外，當此天下大亂之際，有許多國人、或與國人有密切關係者，投入此核心區，使尒朱氏的陣營更爲壯大。玆從正史列傳中查出投入尒朱氏集團之人物，列表於下：

139d. 資治通鑑卷一百五十二梁紀八大通二年（公元 528 年）、魏武泰元年：「二月，是時，車騎將軍、儀同三司、并、肆、汾、廣、恒、雲六州討虜大都虜尒朱榮兵勢強盛，魏朝憚之。」

附　說：㈠ 箭頭爲歸屬方向。

　　　　㈡ ☆符號表示爲酋長、鎮將、豪族或其後裔。

　　　　㈢ △符號表示一般官吏，或其後裔。

　　　　㈣ ○符號表示止於該集團。

　　　　㈤ 姓名之上的地名乃居住地， 詳細記載參考各人物之注、 及其列

　　　　　傳。

140. 周書卷二十九高琳傳。
141. 周書卷十九豆盧寧傳。本昌黎徒何人，父爲柔玄鎮將。
142. 周書卷十九宇文貴傳。其先昌黎大棘人，徙居夏州。
143. 周書卷二十七常善傳。世爲豪族，父以杭軍北征。
144. 周書卷二十七厙狄昌傳。
145. 周書卷三十竇熾傳。祖先爲部落大人，後魏南遷，子孫因家於代。
146. 周書卷二十六長孫儉傳。魏之枝族。
147. 周書卷二十八賀若敦傳，父㧑。
148. 周書卷二十七梁椿傳。祖屈朱，魏昌平鎮將；父提，內三郎。
149. 北史卷五十九趙貴傳附善傳。貴祖仁，天水南安人，以厎家子鎮武川，因家焉。善，貴之從祖兄。
150. 周書卷十九王盟傳。明德皇后之兄也。其先樂浪人。父羆，伏波將軍，以厎家子鎮武川，因家焉。
151. 周書卷二十七宇文測傳附深傳。太祖之族子，祖、父仕魏並顯達。
152. 周書卷一文帝紀上。代武川人。
153. 周書卷十九侯莫陳順傳。崇之兄，按崇傳（見下）代郡武川人，世爲渠帥。
154. 周書卷十七王德傳。代郡武川人。
155. 周書卷十七若干惠傳。代郡武川人，其先與魏氏俱起，以國爲姓。父樹利周從魏廣陽王深征葛榮，戰沒，贈冀州刺史。
156. 周書卷十七梁禦傳。其先安定人，後因官北邊，遂家於武川。高祖俟力提，位揚武將軍、定陽侯。
157. 周書卷十六侯莫陳崇傳。代郡武川人，其先魏之別部，世爲渠帥。
158. 周書卷十六獨孤信傳。雲中人，魏氏之初，有三十六部，其先伏留屯者，爲部落大人，與魏俱起。祖俟尼，和平中以厎家子自雲中鎮武川，因家焉。父庫者，爲領民酋長。
159. 周書卷十六趙貴傳。天水南安人。曾祖達，魏庫部尚書、臨晉子。祖仁，以厎家子鎮武川，因家焉。
160. 周書卷十五寇洛傳。上谷昌平人，累世爲將吏。父延壽，和平中以厎家子鎮武川，因家焉。
161. 周書卷十四賀拔岳傳。神武尖山人，其先與魏氏同出陰山，祖以厎家子鎮武川，因家焉。父度拔爲武川軍主。
162. 同上註。
163. 魏書卷八十買顯度傳。中山無極人，父道監，沃野鎮長史。
164. 魏書卷八十斛斯椿傳。廣牧富昌人，父敦，肅宗時爲太牧令。
165. 魏書卷八十侯淵傳。神武尖山人。
166. 魏書卷八十朱瑞傳。代郡桑乾人，父惠，行太原太守。
167. 魏書卷八十叱列延慶傳。代西部人也，世爲酋帥。
168. 魏書卷八十樊子鵠傳。代郡平城人，其先荊州蠻酋，被遷於代，父興，平城鎮長史、歸義侯。
169. 魏書卷八十侯莫陳悅傳。代郡人，父婆羅門爲駝牛都尉。

170. 北齊書卷四十一元景安傳。高祖虔，魏陳留王；父永，代郡公、持節南幽州刺史。

171. 北齊書卷四十一綦連猛傳。代人，父元成，燕郡太守。

172. 北齊書卷二十五張纂傳。代郡平城人，父烈，桑乾太守。

173. 北齊書卷二十慕容儼傳附厙狄伏連傳，代人。

174. 北齊書卷二十慕容儼傳附范舍樂傳，代郡人。

175. 北齊書卷二十叱列平傳。代郡西部人，世爲酋帥，襲第一領民酋長、臨江伯。

176. 北齊書卷二十慕容晃第四子太原王恪後也。曾祖騰，歸魏，遂居於代。祖都，岐州刺史。父遠，恒州刺史。紹宗，尓朱榮卽其從舅子也。

177. 北齊書卷十九張保洛傳，代人。

178. 北齊書卷十九厙狄廻洛傳，代人。

179. 北齊書卷十五尉景傳。善無人。

180. 北齊書卷十五厙狄千傳。善無人。曾祖越豆眷，魏道武時以功割善無之西臘汗山地方百里以處之，後率部落北遷，因家朔方。

181. 北齊書卷十九高市貴傳。善無人。

182. 北齊書卷二十張瓊傳。代人。魏世自盪寇將軍，爲朔州征虜府外兵參軍。

183. 南史卷八十賊臣傳侯景傳。懷朔人。

184. 北齊書二十七可朱渾元傳。自云遼東人，世爲渠帥，魏時擁家內附，曾祖護野肱終於懷朔鎮將，遂家焉。

185. 北齊書一神武紀上。渤海蓚人，祖坐法徙居懷朔鎮。

186. 北齊書卷十七斛律金傳、及弟平傳。朔州敕勒部人。高祖倍侯利，道武時率戶內附，賜爵孟都公。父大那瓌，第一領民酋長。按朔州後改爲懷朔鎮。

187. 北齊書卷十九蔡儁傳。廣寧石門人。父普，寧朔將軍。

188. 北齊書卷十九韓賢傳。廣寧石門人。

189. 北齊書卷十五潘樂傳。廣寧石門人，本廣宗大族，魏世分鎮北邊，地家焉。父永，襲爵廣宗男。

190. 北齊書卷十八司馬子如傳。河內溫人，出奔涼州，魏平姑臧，徙居於雲中。父興龍，魏魯陽太守。北齊書卷一神武紀上「與懷朔省事雲中司馬子如……爲奔走之友。」

191. 北齊書卷二十五王紘傳。太安狄那人，爲小部酋長。按太安是朔州屬郡，朔州後改爲懷朔鎮。

192. 北齊書卷二十步大汗薩傳。太安狄那人，父居，龍驤將軍、領民別將。按太安是朔州屬郡，朔州後改爲懷朔鎮。

193. 北齊書卷十五竇泰傳。大安捍殊人。祖羅，魏杭萬鎮將，因居北邊。按大安是朔州屬郡，朔州後改爲懷朔鎮。

194. 北齊書卷二十七破六韓常傳。附化人，匈奴單于之裔，世領部落，其父孔雀，世襲酋長。按附化是朔州屬郡，朔州後改爲懷朔鎮。

195. 北齊書卷二十七万俟普傳附洛傳。太平人，其先匈奴之別種也。普第二領民酋長，子洛。按太平是代郡屬縣。

196. 北齊書卷十六段榮傳。姑臧武威人。祖信，仕沮渠氏，後入魏，以豪族徙北邊，仍家於五原郡。父連，安北府司馬。按五原卽懷朔鎮。

197. 北齊書卷十九賀拔允傳。神武尖山人。見賀拔岳註條。按神武是朔州屬郡。

198. 北齊書卷二十宋顯傳。燉煌効穀人。

199. 北齊書卷二十慕容儼傳附牒舍樂傳。武威人。

200. 北齊書卷二十六平鑒傳。燕郡薊人。父勝，安州刺史。

201. 北齊書卷十九劉貴傳。秀容陽曲人。父乾，魏世贈前將軍、肆州刺史。

202. 北齊書卷十八孫騰傳。咸陽石安人。祖通，仕沮渠氏爲中書舍人，沮渠滅，入魏，因居北邊。北齊書卷一神武紀上：「懷朔戶曹史孫騰、外兵史侯景亦相友結。」

從上表分析，投入尔朱氏集團者是：

一、絕大多數其家世屬部落酋長、鎮將、豪族。

二、絕大多數其居住地是北部邊疆地區。

三、絕大多數是胡人或已胡化漢人。

對於核心區而言，被派遣或留居於北疆的「强宗子弟」、「國之肺腑」等，「寄以爪牙」之任，當局勢無法控制時，又逃向核心區。這些人或人羣有的是國人，有的是與國人有密切關係者，在中古時期北方民族混雜得很厲害，僅從血統單一因素研究，一者資料不可能記載如此詳細，二者亦不合當時實際情形。除了血統單一因素以外，還有許多很重要的因素影響人羣之組合，如生態環境所孕育的生活方式、心理歸屬感、共同語言等。北中國沿沙漠邊區是廣大草原地帶，構成草原文化生活方式，上文討論國人時已有述及；心理歸屬感在無法親自調查的情況下，似應在危難時視其聚集方向觀察之；共同語言則由於鮮卑拓拔氏主宰長城內外一二百年，其語言已成爲各部落的共同語言，除了日益漢化的洛陽地區上層份子以外，在當時北邊、以及北中國境內軍中宣達政令，皆用鮮卑語。[203]唐長孺認爲「在代京及其附近的拓拔部族中留住集團仍然保持著鮮卑風習，而且使那些地區裏出現了這樣一種傾向，即是拓拔留住集團和若干部落鮮卑化的加強。」[204]

表中也顯示出東魏集團與西魏集團中的主要人物，也是由尔朱氏集團中分裂出來。西魏集團在投奔尔朱氏集團以前大都是來自武川地區人物，[205]作者認爲史書上記載侯莫陳崇、若干惠、王德、侯莫陳順、宇文泰、宇文深等人之籍貫爲「代武川人」「代郡武川人」，可能是核心區派遣外鎮之一種表示，西魏集團入關以後還有若干家屬滯留在幷州，[206]其出於核心地區之跡象甚明。東魏集團在投奔尔朱氏集團以前或謂來

---

203. 北齊書卷二十一高乾傳附昂傳云：「（高歡）每申令三軍，常鮮卑語，昂若在列，則爲華言。」
　　　北齊書卷二十四孫搴傳：「又能通鮮卑語，幷宣傳號令。」
　　　隋書卷三十二經籍志一：有鮮卑號令一卷，周武帝撰。國語號令四卷。所謂國語一詞，經籍志謂：「後魏初定中原，軍容號令皆以夷語，後染華俗，多不能通。故錄其本言，相傳教習，謂之『國語』。」
204. 唐長孺「拓跋族的漢化過程」p.147。
205. 谷川道雄「武川鎮軍閥の形成」p.46—47。
206. 周書卷十一晉蕩王護傳。宇文護乃泰兄之子，其母及姑當東西魏分裂時還留居晉陽。

自懷朔地區，[207]按東魏集團之首腦人物高歡係來自懷朔，然其岳父婁內干乃代郡平城人，「家僮千數，牛馬以谷量」[208]，婁內干另二女，其一妻竇泰、[209]另一妻段榮，[210]竇泰、段榮皆東魏集團內實權人物，亦皆屬懷朔地區出身，所以此懷朔集團與代郡人士關係甚為密切，北齊書卷十九之末史臣曰：「高祖(高歡)世居雲代，以英雄見知。後遇尔朱，武功漸振，鄉邑故人，彌相推重。」[211]證以上表，東魏集團中懷朔與代郡人較多。這一羣國人、或與國人有密切關係者，既與洛陽地區漢化的上層國人不同，也與北疆被統治之各部落下層階級不同，他們聚集在雲代幷核心區，而當時尔朱氏是這個核心區之首領，這種脈絡在上頁表中顯示得甚清楚。

六鎮亂起，使尔朱氏集團日益壯大，同時尔朱榮又與元宗室青年才俊元天穆結為兄弟，天穆後為幷州刺史，尔朱氏集團更如虎添翼，魏書卷十四神元平文諸帝子孫列傳高涼王傳附六世孫上黨王天穆傳：

> 天穆，性和厚，美形貌，善射，有能名。年二十，起家員外郎。六鎮之亂，尚書令李崇、廣陽王深北討，天穆奉使慰勞諸軍。路出秀容，尔朱榮見其法令齊整，有將領氣，深相結託，約為兄弟。未幾，榮請天穆為行台，朝廷不許，改授別將，令赴秀容。是時，北鎮紛亂，所在蜂起，六鎮蕩然，無復蕃捍，惟榮當職路衝，招聚散亡。天穆為榮腹心，除幷州刺史。

元天穆一直與尔朱榮維持親密戰友關係，「及榮赴洛，天穆參其始謀，乃令天穆留後，為之繼援。」(同上傳)尔朱榮揮兵入洛，沉太后及幼主於河[212]，並殺皇弟、皇兄、王公卿士一千三百餘人於河陰[213]。立莊帝，幾乎「欲遷都晉陽」[214]，因事情過於突然，人情駭震而未成。尔朱榮不久還晉陽，實際上「榮身雖居外，恒遙制朝廷，廣布親戚，列為左右，伺察動靜，小大必知。或有僥倖求官者，皆詣榮承侯，得其啟請，

---

207. 萬繩楠「魏晉南北朝史論稿」p.295—297。

208. 北史卷五十四婁昭傳。

209. 趙萬里「漢魏南北朝墓誌銘集釋」圖版三二二。

210. 北齊書卷十六段榮傳：「榮妻，皇后姊也。」

211. 北齊書作者唐李百藥，是繼他父親李德林的齊書擴充改寫的。李德林在北齊官至中書侍郎。

212. 魏書卷九肅宗紀第九武泰元年（公元528年）夏四月庚子。魏書卷十三皇后列傳宣武靈太后胡氏傳傳末。

213. 魏書卷七十四爾朱榮傳。魏書卷十孝莊紀載：「二千餘人。」

214. 魏書卷七十四爾朱榮傳中語。

無不逮之。」[215]原本日漸衰微的洛陽政治中心，至此更加軟弱乏力。

自六鎮亂起以後，反抗洛陽政權及雲代并統治階層之人四方雲湧，其人數如滾雪球般地擴充，其領袖輾轉合併，最後在太行山以東的葛榮成爲最大的一股集團，「衆號百萬」。[216]

這兩個集團終於爆發一場決定性之戰。

武泰元年（公元528年）六月辛亥，詔曰：「朕當親御六戎，掃靜燕代，大將軍、太原王尔朱榮率精甲十萬爲左軍，上黨王天穆總衆八萬爲前軍，司徒公湯椿勒兵十萬爲右軍，司空公穆紹統率八萬爲後軍。」[217]實際上參與作戰的是尔朱榮及元天穆，「九月乙丑，詔太尉公、上黨王天穆討葛榮，次於朝歌之南，……壬申，柱國大將軍尔朱榮率騎七萬討葛榮於滏口，破擒之，餘衆悉降。」[218]尔朱榮與元天穆的聯軍，據元天穆墓誌銘載：「天柱（尔朱榮）驅率熊羆而出釜口，（天穆）勒猛虎北赴漳源，兩軍雲會，三十餘萬。」[219]兩人聯軍究竟有多少兵馬，上引五月詔「太原王尔朱榮率精甲十萬爲左軍」，可能是尔朱氏集團之總兵力，討葛榮時，留一小部分兵馬給留守根據地的尔朱天化，[220]故九月詔「尔朱榮率七萬騎討葛榮於滏口」[221]應屬實際參戰者，五月詔「上黨王天穆總衆八萬爲前軍」，魏書元天穆傳載：「尔朱（榮）之討葛榮，詔天穆爲前軍都督，率京師之衆以赴之」，[222]元天穆擁有八萬之衆，似亦可信。尔朱榮率領的是雲代并地區之軍力，而天穆則率領京師部隊，兩者約共十五萬兵力，[223]元天穆墓誌銘誇大一倍。尔朱榮率領「騎七萬」全屬騎兵，「馬皆有副，告道兼行，東出滏口。」[224]戰鬥力甚強，是這次戰役中之主力。尔朱氏集團戰鬥力在與葛榮之戰

---

215. 魏書卷七十四尔朱榮傳中語。
216. 魏書卷七十四尔朱榮傳中語。
217. 魏書卷十孝莊紀武泰元年（公元528年）六月。
218. 魏書卷十孝莊紀武泰元年（公元528年）九月。
219. 趙萬里漢魏南北朝墓誌銘集釋圖版四十六之二。
220. 魏書卷七十四爾朱天化傳：「（爾朱）榮將討葛榮，留天光在州，鎭在根本。謂之曰：『我身不得至處，非汝無以稱心。』」
221. 魏書卷七十四爾朱榮傳謂：「九月，乃率精騎七千，馬皆有副，倍道兼行，東出滏口。」七千恐七萬之訛。
222. 魏書卷十四神元平文諸帝子孫列傳高涼王傳附六世孫上黨王天穆傳中語。
223. 朱大渭估計約二十萬人左右，見「北魏末年人民大起義若干史實的辨析」p.14—16。
224. 魏書卷七十四爾朱榮傳中語。

中並無詳細描述，但洛陽伽藍記中曾載尔朱氏集團軍士善戰。[225]

第 八 節　北魏末東魏北齊時期核心區之僑州

　　六鎮大動亂，雲代首當其衝，盛樂平城相繼淪陷，雲代地區大部分皆被侵入，尔朱氏集團擋住這股洪流，北邊國人、或與國人相關者大量投靠尔朱氏集團，尔朱氏集團將這些人安置在幷肆汾境內，據近人王仲犖考證，「北魏東魏先後于幷肆汾僑置六州，以居六州鮮卑軍士」，[226]如下：

恒州　寄治秀容郡城，今山西原平縣西南樓板寨。

燕州　寄治今山西壽陽縣西二十五里南燕竹。

雲州　寄治今山西文水縣西南雲周村。

朔州　寄治今山西介休縣界。

蔚州　寄治幷州鄔縣界，今山西平遙縣西北二十五里。

顯州　寄治汾州六壁城，今山西孝義縣西南十五里。

雲代地區還有一部分仍未淪陷，尔朱氏集團爲時甚短，缺乏這方面記載，高歡承襲這個地區的勢力，北齊在雲代未淪陷地區僑置北邊六州，[227]卽：

北朔州　治馬邑城，今山西朔縣城關。

北燕州　治懷戎，今河北涿鹿縣西南七十里。

北蔚州　治靈丘，今山西靈丘縣城關。

北恒州　治平城，今山西大同市。

北顯州　治石城，今山西原平縣北崞陽鎮。

北靈州　治武州城，今山西繁時縣城關。

　　以上爲北齊分割六州鮮卑更于陘北別立之六州。

---

225. 洛陽伽藍記第一章城內，陳述尔朱那律歸爲榮報仇時之戰鬥力。

226. 王仲犖「東西魏北齊北周僑置六州考略」p.24。

227. 同上註p.26—27。

似乎北魏末年東魏北齊時期，尚能控制桑乾河流域地區。長城以北是交戰地區。[228]尔朱氏集團核心區之東線是太行山；[229]西邊原以黃河為界，但汾州西半部是山胡聚集區，並不能完全控制，[230]南邊為并州，但不能包括上黨郡[231]。尔朱氏集團之核心區參見上圖。（附記：圓圈為僑州。又西夏州在并州境內，確切位置不考）

這個核心區內的鮮卑國人，或與其關連者，乃是北魏末、東魏、北齊時期禁旅之所出。魏書卷一百六上地形志上卷末謂：

前自恒州以下十州，（莊帝）永安（公元 528—529 ）以後，禁旅所出。

所謂恒州以下十州卽：

恒州　天興中置司州，治代都平城，太和中改。孝昌中陷，天平二年置，寄治肆州秀容郡城。

朔州　本漢五原郡，延和二年置為鎮，後改為懷朔，孝昌中改為州。後陷，今寄治并州界。

雲州　舊置朔州，後陷，永熙中改，寄治并州界。

蔚州　永安中改懷荒、禦夷二鎮置，寄治并州鄔縣界。

顯州　永安中置。治汾州六壁城。

廓州　武定元年置。治肆州敷城界郭城。

武州　武定元年置。治雁門川，武定三年始立州城。

---

228. 北齊書卷四文宣紀天保四年（公元553年）：「十二月己未，突厥後攻茹茹，茹茹舉國南奔。癸亥，帝自晉陽北討突厥，迎納茹茹。乃廢其主庫狄，立阿那瓌子菴羅辰為主，置之馬邑川，給其稟餼繒帛。親追突厥於朔州，突厥請降，許之而還。於是貢獻相繼。」

同卷天保五年（公元554年）：「夏四月，茹茹寇肆州。丁巳，帝自晉陽討之。至恒州黃瓜堆，虜騎走。」

同卷天保六年（公元555年）：「秋七月己卯，帝頓白道，留輜重，親率輕騎五千追茹茹。壬午，及於懷朔鎮。帝躬當矢石，頻大破之，逐至沃野，獲其俟利菴焉力妻阿帝、吐頭發郁久閭狀延等，並口二萬騎，牛羊數十萬頭。茹茹俟匿郁久閭李家提舉部人數百降北齊書卷六孝昭紀皇建元年（公元560年）：「冬十一月，帝親戎北討庫莫奚，出長城，虜奔道，分兵致討，大獲牛馬，括總入晉陽宮。」按此處所謂長城當是雲州、代州之間長城。

229. 魏書卷七十四尔朱榮傳云「東塞井陘」按井陘乃太行山之重要關隘。

230. 魏書卷七十四尔朱榮傳曾云：「回軍之際，因平汾胡。」然陝西省、山西省黃河左右岸山胡問題，一時並未徹底平定，應另文討論之。

231. 上黨郡乃丁零族聚集地，參見周偉洲「敕勒與柔然」p.55并州丁零條。又魏書卷三十三公孫表傳附軌傳記載上黨丁零反叛之事。

西夏州　　寄治并州界。

寧州　　興和中置，寄治汾州介休城。

鹽州　　太延二年置薄骨律鎮，孝昌中改，後陷關西。天平中置，寄治汾州隰城縣
界。

根據孫澤成朱大渭編魏晉南北朝農民戰爭史料彙編　收集一般人民，少數民族、奴隸等動亂實例，從皇始元年（公元 396 年）至正光五年（公元 524 年）沃野鎮民破六韓拔陵反，共一百二例。自正光五年至北齊承光元年（公元 577 年），共八十例[232]從北魏建國至六鎮亂起這一百二十八年間的一百二個動亂實例之中，雲代并核心區未見一例。自六鎮亂起，經北魏末、東魏、至北齊亡，五十四年間的八十個動亂實例之中，雲代并核心區共有四例，[233]即：

例 430　　恒州敕勒劉崙　　孝昌初（公元 525 年）

例 437　　平城民　　獻文帝時（公元 465—471 年）

例 458　　晉州柴覽　　天平四年（公元 537 年）

例 463　　晉州李小興　　天平元象間（公元 534—538 年）

在北魏建國至北齊亡這一百八十二年間的一百八十二個動亂實例之中，核心區僅有四例，其比例甚低。這個現象所反映出的意義是：其一，核心區是國人聚集地區，其控制力較強，又前文論及北魏遷徙人口時，具有威脅力的少數民族或人羣不遷入核心區，遷入核心區者大都是農民工伎等生產者。其二，核心區的國人也有不滿中央政府之時，那就出現政潮政變，如前述穆泰、元丕、陸叡、尔朱榮、元天穆等與朝廷之糾葛，無論是那一方面勝利，是一種內部之爭，這與其他地區反叛中央政府的性質有極大的差異。

---

232. 孫澤成朱大渭「魏晉南北朝農民戰爭史料彙編」下冊，p.445—785。

233. 另有一例并州丁零、六例汾州山胡，前文已提及，在核心區之外，即：

例 407　　并州丁零　　太安二年（公元 456 年）

例 425　　汾州胡劉龍駒　　永平四年（公元 511 年）

例 427　　汾州山胡　　正光五年（公元 524 年）

例 480　　汾州胡王迢觸　　天平三年（公元 536 年）

例 481　　汾州山胡　　武定二年（公元 544 年）

例 482　　汾州山胡　　天保四年（公元 553 年）

　　自正光五年破六韓拔陵反叛至建義元年（公元524—528年）這五年間，動亂多起，且規模甚大，是北魏最困難的時期，北魏亦因此一蹶不振，茲從魏書本紀中臚列大動亂於下：

一、「正光五年（公元 524 年）三月，沃野鎮人破落汗拔陵聚衆反，殺鎮將，號眞王元年。」[234]

二、「正光五年（公元 524 年）夏四月，高平酋長胡琛反，自稱高平王，攻鎮以應拔陵。」[235]

三、「正光五年（公元 524 年）六月，秦州城人莫折太提據城反，自稱秦王，殺刺史李彥。……南秦州城人孫掩、張長命、韓祖香據城反，殺刺史崔遊以應太提。太提遣城人卜朝襲克高平，殺鎮將赫連略、行臺高元榮。太提尋死，子念生代立，僭稱天子，號年天建，置立百官。」[236]

四、「正光五年（公元 524 年）七月，涼州幢帥于菩提、呼延雄執刺史宋穎據州反。」[237]

五、「正光五年（公元 524 年）八月丁酉，南秀容牧子于乞眞反，殺太僕卿陸延。別將尔朱榮討平之。」[238]

六、「正光五年（公元 524 年）冬十月，營州城人劉安定、就德興據城反，執刺史李仲遵。……德興東走，自號燕王。」[239]

七、「孝昌元年（公元 525 年）三月，齊州清河民崔畜殺太守董遵，廣川民傅堆執太守劉莽反。」[240]

八、「孝昌元年（公元 525 年）八月，柔玄鎮人杜洛周率衆反於上谷，號年眞王，攻沒郡縣，南圍燕州。」[241]

234. 魏書卷九肅宗紀正光五年（公元524年）三月。
235. 魏書卷九肅宗紀正光五年（公元524年）夏四月。
236. 魏書卷九肅宗紀正光五年（公元524年）六月。
237. 魏書卷九肅宗紀正光五年（公元524年）七月。
238. 魏書卷九肅宗紀正光五年（公元524年）八月。
239. 魏書卷九肅宗紀正光五年（公元524年）冬十月。
240. 魏書卷九肅宗紀孝昌元年（公元525年）三月。
241. 魏書卷九肅宗紀孝昌元年（公元525年）八月。

九、「孝昌元年（公元 525 年）十二月，山胡劉蠡升反，自稱天子，置官僚。」[242]

十、「孝昌二年（公元 526 年）正月，五原降戶鮮于脩禮反於定州，號魯興元年。」[243]

十一、「孝昌二年（公元 526 年）三月甲寅，西部敕勒斛律洛陽反於桑乾，西與河西牧子通連，別將尔朱榮擊破之。」[244]

十二、「孝昌二年（公元 526 年）四月，朔州城人鮮于阿胡，庫狄豐樂據城反。」[245]

十三、「孝昌二年（公元 526 年）六月，絳蜀陳雙熾聚眾反，自號始建王。」[246]

十四、「孝昌二年（公元 526 年）九月，（葛榮）自稱天子，號曰齊國，年稱廣安。」[247]

十五、「孝昌三年（公元 527 年）二月庚申，東郡民趙顯德反，殺太守裴烟，自號都督。」[248]

十六、「孝昌三年（公元 527 年）三月辛未，齊州廣州民劉鈞執清河太守邵懷，聚眾反，自署大行臺。」[249]

十七、「孝昌三年（公元 527 年）七月，陳郡民劉獲、鄭辯反於西華，號年天授。」[250]

十八、「建義元年（公元 528 年）六月，幽州平北府主薄河閒邢杲，率河北流民十餘萬戶反於青州之北海，自署漢王，號年天統。」[251]

以上十八次頗具規模的反叛實例之中，發生在核心區者有二起，即南秀容牧子于乞真反，及西部敕勒斛律洛陽反於桑乾，這兩次規模其實不大，立刻被尔朱榮撲滅。對於北魏最具威脅的有三大集團，其一是北邊的六鎮反叛集團，其二是太行山以東的杜洛周、鮮于修禮、葛榮集團，其三是關隴一帶的莫折父子、胡琛萬俟丑奴集團。北邊集

---

242. 魏書卷九肅宗紀孝昌元年（公元525年）十二月。
243. 魏書卷九肅宗紀孝昌二年（公元526年）春正月。
244. 魏書卷九肅宗紀孝昌二年（公元526年）三月。
245. 魏書卷九肅宗紀孝昌二年（公元526年）四月。
246. 魏書卷九肅宗紀孝昌二年（公元526年）六月。
247. 魏書卷九肅宗紀孝昌二年（公元526年）九月。
248. 魏書卷九肅宗紀孝昌三年（公元527年）二月。
249. 魏書卷九肅宗紀孝昌三年（公元527年）三月。
250. 魏書卷九肅宗紀孝昌三年（公元527年）七月。
251. 魏書卷十孝莊紀建義元年（公元528年）六月。

團曾陷盛樂、平城，受阻於尔朱氏集團而未能再南下，這個集團其後受到蠕蠕等夾擊[252]而漸漸分離，但北魏再未能收復雲州地區，恒州亦僅能保留一半。東方的集團最後歸於葛榮，聲勢最大，武泰元年被尔朱榮元天穆擊潰，上文已有論及。關隴反叛集團亦是尔朱天光所擊潰。[253]當反叛勢力最强盛的時候，亦祇能環繞著核心區推移（參見地圖），核心區是北魏國家重心所在地，甚爲明顯。

第 九 節　東魏北齊時期之核心區與鄴都

建義三年九月戊戌（公元 530 年）莊帝殺尔朱榮元天穆於洛陽，[254]同年十二月甲辰尔朱度律破洛陽，甲寅尔朱兆遷帝於晉陽並殺之，[255] 乃立前廢帝廣陵王恭 （公元 530年 2月至531年 4月），軍政大權實出於尔朱氏之手，「尔朱兆之在晉陽，天光之據隴右，仲遠鎭捍東南，世隆專秉朝政，于時立君廢主易於弈棊，慶賞威刑咸出於己。」[256]尔朱氏之間並不團結，授于高歡機會，公元 531 年三月，「齊獻武王敗尔朱天光等於韓陵，[257]元恭被廢，自此軍政大權歸高歡。初，高歡「推渤海太守元朗卽皇帝位於信都」，[258]史稱後廢帝（公元530年10月至531年 4月）；元朗亦被廢，立元脩，是爲出帝，[259]又稱孝武帝。[260]公元 531 年魏帝廢立者有三，所謂「一年三易換」[261]也。同年七月，高歡討平尔朱兆於幷州[262]，「神武以晉陽四塞，乃建大丞相府而定居焉。」[263]

高歡的軍事中心仍在晉陽，原擬將政治中心自洛陽遷至鄴，因孝武帝反對而未成

252. 魏書卷九肅宗紀孝昌元年（公元 525 年）六月：「蠕蠕主阿那瓌率衆大破拔陵。」
253. 參見魏書卷七十五尔朱天光傳。
254. 魏書卷十孝莊紀建義三年（公元 530 年）九月、魏書卷七十四尔朱榮傳。
255. 魏書卷十孝莊紀建義三年（公元 530 年）十二月、魏書卷七十四尔朱兆傳。
256. 魏書卷七十五尔朱氏列傳末，史臣曰。
257. 魏書卷十一前廢帝廣陵王紀、北齊書卷一神武紀上。
258. 魏書卷十一前廢帝廣陵王紀、同卷後廢帝安定王紀。
259. 魏書卷十一出帝平陽王紀。
260. 北齊書卷一神武紀上：「旣而神武至洛陽，廢節閔（元恭）及中興主（元朗）而立孝武（元脩）。」，西魏書卷一孝武帝紀。
261. 魏書卷十一前廢帝廣陵王紀失帝位時賦詩。
262. 魏書卷十一出帝平陽王紀。
263. 北齊書卷一神武紀上。

，北齊書卷二神武紀下孝靜帝天平元年（實際上是孝武帝永熙三年，公元 534 年）六月：

> 初，神武自京師將北，以爲洛陽久經喪亂，王氣衰盡，[264]雖有山河之固，土地褊狹，不如鄴，請遷都。魏帝曰：「高祖定鼎河洛，爲永永之基，經營制度，至世宗乃畢。王既功在社稷，宜遵太和舊事。」神武奉詔，至是復謀焉。

是年七月，孝武帝西就關中，遷都遂行。同書同卷是年九月：

> 遂議立清河王世子善見⋯⋯是爲孝靜帝。魏於是始分爲二。神武以孝武既西，恐逼崤、陝，洛陽復在河外，接近梁境，[265]如向晉陽，形勢不能相接，乃議遷鄴，護軍祖瑩贊焉。詔下三日，車駕便發，戶四十萬狼狽就道。神武留洛陽部分，事畢，還晉陽，自是軍國政務，皆歸相府。

不論高歡是否是渤海高氏；[266]高歡屬於胡人婚姻圈；[267]「累世北邊，故習其俗，遂同鮮卑」；[268]能鮮卑語，稱漢人爲「漢兒」，[269]在心理已自居鮮卑人。李德林、李百藥父子曰：「高祖（高歡）世居雲代，以英雄見知。後遇尒朱，武功漸振，鄉邑（懷朔）故人，彌相推重。」[270]高歡成爲懷朔集團之領袖。六鎮之衆，最後併入葛榮集團，葛榮爲尒朱榮元天穆所敗，葛榮衆流入幷、肆者二十餘萬，爲契胡誅夷者半，這些「六鎮反殘」，尒朱兆皆「遂以委焉（高歡）」，[271]高歡集團進一步擴張。及獲河北大族李元忠、高乾等支持，遂有勇氣公開向尒朱氏挑戰。[272]又破尒朱兆於幷州，遂

---

264. 洛陽伽藍記序記載武定五年（公元 547 年）著者重覽洛陽時之景象，甚爲殘破。
265. 蕭梁支持的元顥曾自考城、滎陽陷洛陽，見魏書卷十孝莊紀武泰二年。
266. 北齊書卷一神武紀上稱係渤海高氏。日人濱口重國「高齊出自考一高歡の制霸と河北の豪族高乾兄弟の活躍」1938，認爲高歡不屬渤海高氏，其聯譜的時機當在與高乾兄弟聯手對抗爾朱兆之時。又蘇文青亦作「高歡家世考證」1969，唯其論點未逾濱口氏之文。
267. 平城婁內干三女分別妻段榮、竇泰、高歡，參見上文分析及註文。
268. 北齊書卷一神武紀上語。
269. 北齊書卷一神武紀上有「不得欺漢兒」語。北齊書卷二十一高乾傳附昂傳亦有：「高祖曰：『高都督純將漢兒⋯⋯。』」語
270. 北齊書卷十九史臣曰。又參照上文爾朱氏集團圖表及其分析文。
271. 北齊書卷一神武紀上。
272. 北齊書卷一神武紀上：「魏普泰元年（公元 531 年）六月庚子，建義於信都，尚未顯背尒朱氏。及李元忠與高乾平殷州，斬尒朱羽生首來謁，神武撫膺，曰：『今日反決矣！』乃以元忠爲殷州刺史。是時兵威既振，乃抗表罪狀尒朱氏。」

併有其大部分人馬（見上文尔朱氏集團圖表）。魏孝武帝西走長安，魏分東西，東魏遷都鄴，原本洛陽地區的禁衞軍，「是時六坊之衆從武帝而西者不能萬人，餘皆北徙。」[273]高歡顯然獲得六坊之大部分軍士。

高歡擁有非常龐雜的軍隊，但其主力仍然是舊鮮卑國人[274]及其相關者，至文宣時更加精簡，謂之「百保鮮卑」。[275]其國家軍事中心仍然是舊北魏的雲代并地區，北齊書卷十三趙郡王琛傳：

> 及斛斯椿等釁結，高祖將謀內討，以晉陽根本，召琛留掌後事，以爲并、肆、汾大行臺僕射，領六州九酋長大都督，其相府政事，琛悉決之。

此處所謂「六州」即上文引王仲犖考證之僑置并、肆、汾之內的恒、燕、雲、朔、蔚、顯等六州，「九酋長」應指領民酋長而言。上文又引北齊於北邊僑置，即北朔州、北燕州、北蔚州、北恒州、北顯州、北靈州等六州，此六個僑州雖正式成立於北齊，但在北魏末葉顯然亦屬於北魏、東魏之控制區，大都在桑乾河流域，這六州東魏北齊亦非常重視。北齊書卷十二文宣四王傳范陽王紹義傳載：

> 此地（北朔州）齊之重鎮，諸勇士多聚焉。

魏書地形志上謂：恒、朔、雲、蔚、顯、廓、武、西夏、寧、靈等十個僑州（僑寄地皆在并、肆、汾三州內，上文已有陳述），永安（公元529年）以後，禁旅所出。按禁旅即六坊。魏書卷十二孝靜帝紀天平元年（公元534年）十一月：

> 徙鄴舊人西徑百里以居新遷之人，分鄴置臨漳縣，以魏郡、林慮、廣平、陽丘、汲郡、黎陽、東濮陽、清河、廣宗等郡爲皇畿。

六坊禁旅羽林虎賁之授田，即在此畿內，隋書卷二十四食貨志云：

> 至河清三年（公元564年）定令……京城四面，諸坊之外三十里內爲公田。受公田者，三縣代遷戶執事官一品以下，逮于羽林虎賁，各有差。

---

273. 隋書卷二十四食貨志中語。
274. 北齊書卷二十一高乾傳附昂傳：「高祖曰：『高都督純將漢兒，恐不濟事，今當割鮮卑兵千餘人共相參雜，於意如何？』」又魏書卷十二孝靜紀天平三年（公元536年）丁酉：「詔加齊文襄王（澄，歡之長子）使持節、尚書令、大行臺、大都督，以鮮卑、高車酋庶皆隸之。」
275. 隋書卷二十四食貨志：「及文宣受禪，多所創革。六坊之內徙者，更加簡練，每一人必當百人，任其臨陳必死，然後取之，謂之百保鮮卑。」

東魏北齊遷都於鄴，鄴是政治中心，雲代幷地區仍然是其國家之軍事中心。正如同北魏時洛陽是其政治中心，而雲代幷是其軍事中心一樣。所不同的是北魏溝通此二中心的辦法是令雲代幷地區的重臣夏去冬來，是謂雁臣。而東魏北齊溝通此二中心的辦法是執政者（東魏時爲大丞相高氏，北齊時爲皇帝高氏）帶着禁旅穿梭於晉陽與鄴都之間。從東魏天平元年（公元534年）至北齊承光元年（公元577年）的四十三個實足年數之中，高氏執政者共穿梭三十七次，駐在晉陽的時間約二十九年，在鄴都的時間約十四年，在晉陽時間爲在鄴都時間之倍，所有的高齊皇帝皆在晉陽卽位，如果繼承者原不在晉陽，亦趣赴晉陽登基。[276]

鄴是首都，龐大的政府機構都設在此，是政治中心，軍事中心在雲代幷區，而執政者大部分時間駐在晉陽，遂引起制度上的變化。出納王命的中書舍人必須隨侍在側，又掌管軍士的訓練、調撥者，掌管戰馬之飼養、徵集者亦須侍從左右。按中書舍人由於地居機要，在北魏太和十七年以後已設舍人省，[277]在靈太后當政時，中書舍人奪中書令、中書侍郎草詔之權，[278]東魏北齊時又常以黃門侍郎兼中書舍人（見下文引唐邕傳），是則中書舍人實兼門下、中書兩省的出納王命之權。東魏大丞相高氏當政，丞相府外兵曹、騎兵曹分掌兵馬，最爲重要，按「後齊制官，多循後魏。其六尚書，分統列曹。……左外兵（掌河南及潼關已東諸州丁帳，及發召征兵等事）、右外兵（掌河北及潼關已西諸州，所典與左外兵同）。」[279]

北齊書卷四十唐邕傳載：

> 齊朝因高祖作相，丞相府外兵曹、騎兵曹分掌兵馬。及天保受禪，諸司監咸歸尚書，唯此二曹不廢，令唐邕白建主治，謂之外兵省、騎兵省。其後邕、建位望轉隆，各爲省主，令中書舍人分判二省事，故世稱唐、白云。

將外兵曹、騎兵曹獨立於尚書省之外，而成爲外兵省、騎兵省；別掌機密，[280]是北齊之新創制度，也適應於高齊皇帝長駐晉陽之形勢。唐邕白建各爲省主，並以中書舍人

---

276. 以上統計皆出自北齊書本紀，高齊統治者穿梭行程極爲繁瑣，不予贅列。

277. 鄭欽仁，北魏中書省考p.91。

278. 鄭欽仁，北魏中書省考p.96。

279. 隋書卷二十七百官志中。

280. 北齊書卷四文宣紀：「天保元年（公元550年）十月壬辰，罷相國府，留騎兵，外兵曹，各立一省，別掌機密。」

身份分判二省事，二人在高齊政權中之地位顯得十分重要，故世稱唐、白。如下：北齊書卷四十唐邕傳：

唐邕字道和，太原晉陽人，其先自晉昌徙焉。父靈芝，魏壽陽令。邕少明敏，有治世才具。太昌初，或薦於高祖，命其直外兵曹，典執文帳。

邕善書計，強記默識，以幹濟見知，擢爲世宗大將軍府參軍。及世宗崩，事出倉卒，顯祖部分將士，鎮壓四方，夜中召邕支配，造次便了，顯祖甚重之。顯祖頻年出塞，邕必陪從，專掌兵機。識悟閑明，承受敏速，自督將以還，軍吏以上，勞効由緒，無不諳練，每有顧問，占對如響。或於御前簡閱，雖三五千人，邕多不執文簿，暗唱官位姓名，未嘗謬誤。七年，於羊汾堤講武，令邕總爲諸軍節度。……顯祖又嘗對邕白太后云：「唐邕分明強記，每有軍機大事，手作文書，口且處分，耳又聽受，實是異人。」……十年，從幸晉陽，除兼給事黃門侍郎，領中書舍人。

肅宗作相，除黃門侍郎。……天統初，除侍中、并州大中正，又拜護軍，餘如故。邕以軍民敎習田獵，依令十二月，月別三圍，以爲人馬疲蔽，奏請每月兩圍。世祖從之。……遷右僕射，又遷尚書令，封晉昌王，錄尚書事。屬周師來寇，丞相高阿那肱率兵赴援，邕輒劃不甚從允，因此有隙……車駕將幸晉陽，勑（斛律）孝卿總知騎兵度支，事多自決，不相詢稟。邕自恃從霸朝以來常典樞要，歷事六帝，恩遇甚重，一旦爲孝卿所壓，負氣鬱泱，形於辭色。帝平陽敗後，狼狽還鄴都……（邕）遂留晉陽……崇樹安德王爲帝。信宿城陷，邕遂降周。……

邕性識明敏，通解時事，齊氏一代，典執兵機。凡是九州軍士、四方勇募，強弱多少，番代往還，及器械精粗，糧儲虛實，精心勤事，莫不諳知。自大寧以來，奢侈靡費，比及武平之末，府藏漸虛。邕度支取捨，大有裨益。

北齊書卷四十白建傳：

白建，字彥舉，太原陽邑人也。初入大丞相府騎兵曹，典執文帳，明解書計，爲同局所推。天保十年，兼中書舍人。肅宗輔政，除大丞相騎兵參軍。河淸三年，突厥入境，代、忻二牧悉是細馬，合數萬匹，在五台山北栢谷中避賊，賊

退後，勅建就彼檢校，續使人詣建間領馬，送定州付民養飼。建以馬久不得食，瘦弱，遠送恐多死損，遂違勅以便宜從事，隨近散付軍人。啟知，勅許焉。戎乘無損，建有力焉。武平末，歷特進、侍中、中書令。

建雖無他才，勤於在公，屬王業始基，戎寄爲重，建與唐邕俱以典執兵馬致位卿相。晉陽，國之下都，每年臨幸，徵詔差科，責成州郡……武平七年卒。唐邕從霸府以來常典樞要，歷事六帝；所謂「九州軍士」，乃指并、肆、汾及僑置於此三州內之六州，合而爲九州，是核心區內齊高氏之精英。白建則掌騎兵及馬匹。在武平末年，外兵、騎兵省的職務被斛律孝卿取代，[281]引起唐邕極大不滿，但那已是北齊政權末年了。

在此核心區內有并、肆、汾及桑乾河流域的舊國人部落，有僑置於此境內的十州居住著北鎮移入之人，有騎兵所需的馬匹，有執政者親領的禁旅，這些都是戰鬥力極強者，所以東魏北齊在核心區之軍力非常可觀。北齊之亡於北周，是由於北齊自廢帝殷、孝昭帝演、武成帝湛、後主緯、幼主恒等即位時年齡甚小，在位時間短，朝政極爲荒誕，所以北齊之亡，可謂人謀不臧。[282]

北齊後主武平七年（周武帝建德五年，公元 576 年）十二月，周師進攻晉陽，北齊後主出奔，但北齊安德王紹宗與周武帝大戰，周師敗，次日，周師發動突擊而取勝。[283]初，「帝（北齊後主）意猶豫，欲向北朔州，乃留安德王延宗、廣寧王孝珩守晉陽。若晉陽不守，即欲奔突厥。」[284]北齊後主危難時仍力主北走北朔州而不走鄴都，可見北朔州一帶仍有一些強兵；後因大臣諫阻而奔鄴，但鄴都顯然在沒有抗拒力的情況下失陷了，北齊亡。自北魏以降的核心區亦隨之瓦解。

第 十 節 結 論

鮮卑拓拔氏可能發源於東北嫩江西岸支流甘河上源，輾轉西南遷移而至陰山之南

---

281. 北齊書卷二十斛律羌舉傳附子孝卿傳：「孝卿……武平末（公元 576 年），侍中、開府儀同三司，封義寧王，知內省事，典外兵、騎兵機密。」
282. 北齊朝政之荒誕，國史上罕與匹比，詳見北齊書本紀。
283. 參見北齊書卷十一文襄六王傳安德王延宗傳。
284. 北齊書卷八後主紀武平七年（公元576年）十二月。

匈奴故地,生活形態也從狩獵而畜牧,善養馬、工騎射,乃是草原英雄之一。當永嘉亂起,天下失御,各族逐鹿中原,栖栖遑遑百有餘年,而拓拔氏逐步擁有雲中、桑乾河流域、及并州以北之地,其國人穩固地占據這個地區而成爲拓拔政權的核心基地。

在多民族聚散無常的狀態之下,拓拔氏將一叢一叢的部落建立在一圈圈的同心圓體系上,同心圓的最內圈是帝族八國十姓,是爲狹義國人;其次是功勛、國戚之族,是爲廣義國人,這是拓拔政權的核心集團。統治集團之建立,將多變性的草原部落由親而疏地置於一個網中,又將核心集團置於核心基地之中,這種核心集團之孕育與核心區之建立,至北魏道武帝拓拔珪時大致完成。

核心區居於東西萬里草原地帶的中間,大戈壁以南,東西方向的交通十分便捷,而平城適在遊牧生產與農業生產的重疊區內,北魏以平城爲首都的時期約有百年,時其政治中心與軍事中心合一。核心集團利用平城的戰略地位、配合核心區內的名騎,屢屢征戰,光芒四射,成爲北中國以及草原一帶的大帝國。

對於黃河流域農業地區而言,核心區內的大騎兵團有高屋建瓴之勢,但核心區亦是四戰之地,最大的威脅來自沙漠地帶的遊牧民族,故在核心區以北的陰山一帶設置六鎮,派遣國人鎮壓,並在此安置歸附的遊牧民族,其中尤以白道附近的武川鎮、懷朔鎮最爲重要,派遣在這兩鎮的「國之肺腑」後來成爲東西魏的主要領袖。

　　　　　　＊　　　　　　　　＊　　　　　　　　＊

拓拔魏蠶食黃淮平原,漢人、漢文化、農業生產方式等比重日益增強,北魏建國百年以後,終於自平城遷都於中原地區的洛陽。

北魏都洛陽時期,其政治中心與軍事中心分離,連繫首都洛陽與國人聚集地核心區的方式是令北方重要國人每年冬則居南、夏則居北,是爲雁臣。戰馬的畜養地仍在核心區,即令河西出產的良馬,亦先徙養并州,漸習水土,再撥給洛陽地區使用。

政治中心南遷,洛陽地區之上層國人日漸漢化,而洛陽地區之下層國人、核心區內的上下層國人、以及派遣在六鎮等地之「國之肺腑」等,不但未染漢化,在心理上、生活方式上、實質利益上,均與洛陽地區漢化國人差距愈來愈遠。京師禁衞軍發生毆擊張彝父子之事,北邊六鎮失去以往關懷而使官吏水準大降,核心區內大宗國人維持著原來的生活方式,國人原本與京師人士同姓手足、因居住在核心區及六鎮一帶而

婚宦失序，皆顯露出核心集團內部的危機。

　　六鎮亂起，洛陽派出幾批大軍鎮壓，皆潰敗而歸。洛陽上層國人影響力衰退，而核心區的國人其地位更加提高。自北魏建國以來，核心區一直是國人聚集之所，拓拔氏遷徙歸附之徒的原則是：具有反叛性的民族置於六鎮一帶或幽定地區，遷入核心區者大都是生產者或工伎之人。如有侵略性的民族入侵其核心區，必遭國人逐出或屠殺。在如火如荼的狂風暴雨之中，更顯得核心區之存在及其實力。

　　　　　　＊　　　　　　　　　＊　　　　　　　　　＊

　　六鎮動亂以後，尔朱氏成為當時國人的領袖。尔朱氏自魏初因功封於肆州秀容川，有三百里地，屬於拓拔氏婚姻圈，積五世滋長，百年給復，生畜谷量，該地盛產良馬，子弟世襲領民酋長，一直維持國人草原英雄的習性，極容易成為一支勇敢善戰的騎兵軍團。至尔朱榮時開始自秀容擴張勢力，由於大亂之際，許多國人或與國人有密切關係者大量投入尔朱氏集團，尔朱榮遂成為幷、肆、汾、恒、廣、雲六州大都督。河陰之變以後，洛陽亦受其控制，尔朱氏集團承襲了元氏核心集團，大破反叛軍葛榮百萬之眾，而成為當時霸主。

　　尔朱氏本身之不團結，授予高歡良機，高歡勢力之建立又迫使魏分東西，高歡所控制的東魏擁有北魏的大部分領土。自尔朱氏至高氏，在幷、肆、汾以及桑乾河流域的恒州，僑置十餘個原設在北邊的州鎮，安置鮮卑軍士，他們是魏末東魏北齊禁旅之所出，很顯著地承襲了北魏以來核心集團，並擁有核心區。

　　東魏北齊都鄴，其軍事中心仍在幷、肆、汾、恒及十餘僑州，其軍事中心與政治中心分離的形勢，一如北魏遷都洛陽時的形勢，所不同的是北魏都洛陽時期，其溝通兩者的辦法是令北方大臣多來夏回，是為雁臣；而東魏北齊溝通軍事中心與鄴都的辦法是：統治者高氏本人穿梭在兩者之間。在四十三年之中，穿梭來回凡三十七次，在晉陽的時間約二十九年，在鄴都時間為十四年，在晉陽時間為在鄴都時間之倍。

　　如果以一般人民、少數民族、奴隸等動亂次數計，自北魏皇始元年至北齊亡這一百八十二年間凡得一百八十二個實例，發生在核心區者祇有四例。如果以正光五年破六韓拔陵起至建義元年這五年間出現於魏書本紀的大動亂計，凡得十八個，而核心區有二起，且規模最小，立刻遭到尔朱氏撲滅，絲毫沒有影響。當六鎮亂起，反叛勢力

風起雲湧，最大者有三股，其一是北邊六鎮反叛集團，其二是太行山以東的杜洛周、鮮于修禮、葛榮集團（也吸收了很多六鎮之衆），其三是關隴一帶的莫折父子、胡琛萬俟丑奴集團，這三個集團在最盛的時候也祇能環繞著核心區推移。這皆表示核心集團在核心區的控制力甚強。核心區的國人也有不滿中央政府之時，那就出現了政潮政變，如穆泰、元丕、陸叡及尔朱榮、元天穆等與朝廷之糾葛，這是一種內部之爭。

北齊高氏擁有「百保鮮卑」長駐在晉陽，爲使幷、肆、汾、恒以及十餘僑州的鮮卑軍士調集方便，將七兵尚書內的外兵曹、騎兵曹，脫離鄴都的尚書省，而與文職的舍人省同樣直隸高齊皇帝，以便發揮效能。北齊之亡，由於連續五個皇帝卽位年幼、在位不長，而朝政荒誕，國史中罕有其例，可謂人謀不臧。

＊　　　　　　　＊　　　　　　　＊

拓拔氏所凝結的核心集團及其建立的核心區，歷經北魏東魏北齊，主宰北中國及草原一帶約二百年。北齊覆亡，核心區轉爲「關中本位」取而代之；核心集團則又衍生出「關隴集團」，成爲隋唐統治階層之主幹。

附記：本文承蒙嚴耕望先生賜正多處，謹此致謝。

參　考　書　目

史記斠注　漢書補注　後漢書集解　三國志集解　晉書斠注　魏書　北齊書　西魏書　周書　宋書　南齊書

陳書　梁書　隋書

北史　南史　胡注資治通鑑

通典　文獻通考　通志　唐六典

世說新語　顏氏家訓

洛陽伽藍記（楊衒之撰。周祖謨洛陽伽藍記校釋1956。范祥雍洛陽伽藍記校注1958。王伊同英譯並注釋　A

Record of Buddhist Monas teries in Lo-Yang 1984。）

水經注（酈道元撰。楊敬之纂疏熊會貞參疏水經注疏1955）　元和郡縣圖志

太平寰宇記　中國歷史地圖集（1975）　中國史稿地圖集（郭沫若主編1979）

中央研究院歷史語言研究所藏石刻拓片

金石萃編（王昶1805）　漢魏南北朝墓誌集釋（趙萬里1953）

王吉林　「統一期間北魏與塞外民族的關係」　史學彙刊10 1980

王伊同　「魏書崔浩傳箋注」　華岡學報 7 1973

王仲犖　魏晉南北朝史　1979

毛漢光　兩晉南北朝士族政治之研究　中國學術著作獎助出版委員會 1966

毛漢光　「從中正評品與官職之關係論魏晉南北朝之社會架構」　中央研究院歷史語言研究所集刊 46：4 1975

毛漢光　「中國中古社會史略論稿」　中央研究院歷史語言研究所集刊 47：3 1976

毛漢光　「中古大族著房婚姻之研究」　中央研究院歷史語言研究所集刊 56：4 1985

米文平　「鮮卑石室的發現與初步研究」　文物 1981：2

米文平　「鮮卑石室所關諸地理問題」　民族研究 1982：4

朱大渭、劉精誠　「論葛榮」　中國農民戰爭史論叢 2 1980

朱大渭　「北魏末年人民大起義若干史實辨析」　中國農民戰爭史論叢 3 1981

朱師轍　「北朝六鎮考辨」　輔仁學誌 12：1.2　1944，1945

岑仲勉　「六鎮餘譚」　中外史地考證上冊 1962

何茲全　「府兵制前的北朝兵制」　中華文史論叢 1980：2

周一良　「論宇文周之種族」　中央研究院歷史語言研究院集刊 7：4 1938

周一良　「論宇文周之種族」　中央研究院歷史語言研究所集刊 20上冊 1948

周一良　「南齊書丘靈鞠傳試釋兼論南朝文武官位及清濁」　清華學報 4：2

周一良　「北朝的民族問題與民族政策」　燕京學報 39 1950

周一良　魏晉南北朝史論集 1963

周偉洲　敕勒與柔然 1983

周偉洲　「貲虜與費也頭」　文史23　1984

俞大綱　「北魏六鎮考」　禹貢半月刊 1：12 1934

姚薇元　北朝胡姓考 1962

唐長孺　魏晉南北朝史論叢 1955

唐長孺　魏晉南北朝史續論叢 1959

唐長孺、黃惠賢　「論魏末北鎮鎮民暴動的性質」　歷史研究 1964：1

唐長孺　「北魏沃野鎮的遷徙」　華中師院學報（哲學社會科學）1979：3

唐長孺　魏晉南北朝史論拾遺 1980

馬長壽　烏桓與鮮卑 1962

孫同勛　拓拔氏的漢化 1962

孫澤成、朱大渭　魏晉南北朝農民戰爭史料彙編 1980

宿白　「東北內蒙古地區的鮮卑遺跡」　文物 1977：5

宿白　「盛樂、平城一帶的拓跋鮮卑—北魏遺迹」，文物 1977：11

郭素新　「內蒙古呼和浩特北魏墓」　文物 1977：5

郭沫若　中國史稿地圖集上冊 1979

張柏忠　「哲里木盟發現的鮮卑遺存」　文物 1981：2

陳寅恪　唐代政治史述論稿，中央研究院歷史語言研究所專刊 20 1944

陳連開　「鮮卑史研究的一座丰碑」　民族研究 1982：6

陳學霖　「北魏六鎮之叛變及其影響」　崇基學報 2：1 1962

黃烈　「拓拔鮮卑早期國家的形成」　魏晉隋唐史論叢第二輯 1983

勞榦　「北魏後期的重要都邑與北魏政治的關係」　中央研究院史語所外篇第四種慶祝董作賓先六十五歲論
　　　文集 1960

勞榦　「論北朝的都邑」　大陸雜誌 22：3 1961

逯耀東　「北魏平城對洛陽規建的影響」　思與言 5：5 1968

逯耀東　「北魏孝文帝遷都與其家庭悲劇」　新亞學報 8：2 1968

逯耀東　從平城到洛陽　聯經出版社 1979

楊耀坤　「北魏末年北鎮暴動分析」　歷史學報 1978：11

萬繩楠　魏晉南北朝史論稿　安徽教育出版社 1983

蒙思明　「元魏的階級制度」，史學年報 2：3　1936

鄭欽仁　北魏中書省考　臺大文史叢刊 1965

盧開萬　「"代遷戶"初探」　武漢大學學報 1980：4

蕭文青　「高歡家世考證」　華岡學報第五期 1969

蕭啓慶　「北亞遊牧民族南侵各種原因的檢討」　食貨月刊　復刊 1：12 1972

韓國磐　北朝經濟試探 1958

韓國磐　魏晉南北朝史綱 1983

蘇慶彬　兩漢迄五代入居中國之蕃人氏族研究一兩漢至五代蕃姓錄 1967

嚴耕望　「北魏尚書制度考」　中央研究院歷史語言研究所集刊 18 1948

嚴耕望　中國地方行政制度史一魏晉南北朝地方行政制度　中央研究院歷史語言研究所專刊之卅十五 1963

嚴耕望　「北朝隋唐澄口盡關道考」　中央研究院歷史語言研究所集刊 51：1 1980

嚴耕望　「唐代太原北塞交通圖考」　新亞學報 13 1980

嚴耕望　唐代交通圖考　第一冊 1985，第二冊1985，第三冊 1986，第五冊 1986

山崎宏　「北魏の大人に就いて」＜上＞＜下＞　東洋史研究 9：5.6　10：1 1947、1950

內田吟風　「北朝政局中鮮卑及北族系貴族之地位」　東洋史研究 2：3 1936

內田吟風　「魏書序紀特に其世系記事に就て一志田不動磨學士『代王世系批判』を讀む一」史林 22：3 1937

田村實造　「北魏開國傳說の背景」　東方學論集第二卷 1954

白鳥庫吉　「東胡民族考」　史學雜誌 22：1 明治44年 1919

志田不動磨　「代王世系批判」　史學雜誌 48：2 1937

志田不動磨　「南北朝時代に於ける敕勒の活動」＜上＞＜下＞　歷史學研究 8：12 9：2 1938

谷川道雄　「北魏末の內亂と城民」＜上＞＜下＞　史林 41：3 1958

谷川道雄　「武川鎮軍閥の形成」　名古屋大學東洋史研究報告 8 1982

河地重造　「北魏王朝の成立とその性格について」　東洋史研究 12：4 1953

前田正名　「北魏平城時代のオルドス沙漠南緣路」　東洋史研究 31：2 1972

前田正名　平城の歷史地理學的研究 1979

宮川尙志　「北朝にわける貴族制度」＜上＞＜下＞東洋史研究 8：4 8：5.6 1943

濱口重國　「正光四五の交に於ける後魏の兵制に就いて」　東洋學報 22：2 1935

濱口重國　「東魏之兵制」　東洋學報 24：1 1936

濱口重國　「高齊出自考」　史學雜誌 49：78 1938

Eberhard, Wolfram：The Rules and Conguerors：Social Forces in Medieval China. Leiden first
　　　　　　Edition 1952, Second Edition 1965

Wang, Yi-t'ung："Slaves and Other Comparable Social Groups during the Northern Dynasties"
　　　　　—Harvard Journal of Asiatic Studies XVI, Nos, 3—4, 1953.

唐 代 散 官 試 論

黃 清 連

　　唐代文武職事官，都有散位，亦卽散官，是爲其本品。散官的品階，也就是散階，是官僚銓敍、考課、昇遷、黜降、薪俸、服章等等規定的重要標準之一。唐代繁多的散官名稱，或因襲前代，或出於自創。但兩漢以迄南北朝的「散官」，或由實職淪爲冗散，或僅爲加官榮銜，與唐代散官作爲人事行政管理的標準有異。散官之制經過初唐不斷的修正、補充，至開元之世大抵定制。本文主要是從人事制度的角度，討論有關唐代散官的問題，包括：㈠隋以前的「散官」，㈡散階的設立與變遷，㈢散官與職事官的分別，㈣散官的獲得，㈤散官的番上義務，㈥散官的待遇等。其中「散官的待遇」一節，是從薪俸、給田免課、刑罰、班序、車輿、衣服等六項，提出說明。

一、前　　言

　　唐代文武職事官，「皆帶散位，謂之本品。」[1]這種散位，唐人多稱爲散官或散階，是政府對文武官僚銓敍、考課及規定百官薪俸、給田、班序、服章等的重要標準之一。唐時散官與職事官原有清楚劃分，後人却多混淆。自宋以降，史家論述又常以歷代制度比附唐制，或者未經詳考卽加論斷，反使散官性質轉而不明。譬如，有人以唐散官比爲漢代加官[2]、或宋代宮觀[3]；有的批評唐代散官是「假之又假，實不勝虛」；[4]有的以爲勳官、散官都是古之高官，隋時仍貴，至唐則止於服色、資蔭而已，

1　劉昫等，≪舊唐書≫（北京：中華書局，1975；臺北：鼎文書局，1979；點校本），卷42，＜職官志㈠＞，頁1785。

2　洪邁，≪容齋隨筆≫（四部叢刊續編本），≪五筆≫，卷2，頁 2b—3a，＜西漢以來加官＞條。

3　岳珂，≪愧郯錄≫（四部叢刊續編本），卷7，頁 11a，＜散階勳官寄祿功臣檢校試衞＞條。馬端臨，≪文獻通考≫（景印文淵閣四庫全書本），卷64，頁35a 以下，＜職官考（十八）、勳官＞條，亦引岳氏之說。

4　朱禮，≪漢唐事箋≫（道光二年〔1822〕山陰李氏影鈔元至正刊本），≪後集≫，卷2，頁6a以下，＜階勳封爵＞條。

更由於散官必須番上，「殊爲困辱，無實利而徒有虛名，未有使人重之者也；」⁽⁵⁾有的視散官爲名譽官位或職位。⁽⁶⁾同時，唐代文武散階實際歷經一百多年的發展，到開元、貞元時期才逐漸定制。但今人論述唐代散官，往往忽略遞嬗過程，僅以開元之制爲據。⁽⁷⁾

　　唐代散官制度的設計，與政府的人事行政頗有關連。一方面，散官是唐人獲得出身以後敍階的標準，也是政府對官僚考課後予以遷黜的一項憑藉。另一方面，在某些時期散官用來作爲唐政府規範官僚薪俸、服章的依據。散官有番上的義務，實際上具有培育官僚，使其見習候差的重要意義。散官享有官僚的權利，從本文所舉一些特定範圍，似可推論他們在唐代各類官僚中的地位，雖比職事官遜色，但常在勳官、封爵之上。凡此種種，都是有待深入探討的問題。但歷來詳實討論唐代散官者並不多見⁽⁸⁾，本文乃不避繁瑣，嘗試釐清唐代散官制度與前代之制的差異，以及這項制度在唐代的遞嬗過程，並說明職事官與散官的分別、散官如何獲得，略論散官的義務和待遇。必須說明，本文所論，主要在於制度的重建，至於這項制度的實際運作，擬另文處理。另外有關唐代官僚的權利問題，牽涉廣泛，本文第七節所舉只是其中犖犖大端者而已。

二、隋以前的「散官」

　　漢代以後，唐文武散官名稱逐漸出現，此後歷經魏、晉、南北朝時期，散官似乎仍未定制。到了隋代，散官制度規模略具。及至唐代，此制才成爲政府人事行政制度

5　呂思勉，《隋唐五代史》（臺北：九思出版社，1977），下冊，頁1101。

6　施逢雨，〈唐代道教徒式隱士的崛起〉，《清華學報》，16卷1—2期（1984），頁28，註4；頁32。

7　試舉二例：沈任遠，《隋唐政治制度》（臺北：商務印書館，1971），頁303，沈氏認爲《舊唐書・職官志》所載唐敍階二十九，「或係三十之誤」。實則如以開元之制而論，《舊・志》無誤。又，楊樹藩，《唐代政制史》（臺北：正中書局，1967，1974），頁378—388，及《中國文官制度史》（臺北：黎明文化事業公司，1982），上冊，頁304—313，所述唐代散官之制多屬開元制度。

8　鄙意以爲當以清人黃定宜所論，最稱詳實。見：氏著，《考辨隨筆》（道光丁未年〔1847〕刊本），卷1，頁27b—34b，〈散階考〉。專題式論述則未見。

中體系較密的一環。以此言之，隋唐以前個別出現的「散官」名稱，
系的一部份，或因某項特點與唐制略合，遂爲後人誤以爲卽唐的散官；或因某一官稱
前後相同，而被認爲就是同一制度。在討論唐代散官制度以前，實有必要簡略敍述兩
漢以迄魏晉南北朝時期「散官」的發展及後人評論，以見諸說紛紜，及唐制與前代的
差異。

漢代加官常被視爲唐代散官的源起，更有人說漢已有「散官」，實際上與唐的散
官，不盡相同。以漢的加官比作唐的散官，有南宋洪邁（1123～1202）≪容齋隨筆≫
所稱：

> ≪漢書・百官表≫云：侍中、左右曹、諸吏、散騎、中常侍，皆加官。……**案
> ：漢世除授此等稱謂，殆若今〔宋〕之兼職者，不甚爲顯秩。……晉、〔劉〕
> 宋以來，又有給事、黃門侍郎、散騎常侍、通直散騎常侍、散騎侍郎等，皆爲
> 兼官，但視本秩之高下，已而復以將軍爲寵。……唐有檢校官、文武散階、憲
> 銜，乃此制也。**[9]

時代略晚於洪氏的岳珂（1183～1240），則將漢代優遊祿秩的光祿大夫等官，視爲「
散官」，並比作宋代的宮觀。岳氏≪愧郯錄≫說：

> ……散官之名，肇見於是（隋）。還考漢制，光祿大夫、太中大夫、郎、議郎
> 、中郎、侍郎、郎中，皆無員，多至數十人。特進、奉朝請，亦皆無職守，優
> 遊祿秩。則官之有散，自漢已有之矣。然當時之仕于朝者，不任以事，則置之
> 散，正如今日宮觀設官之比。未有以職爲實，以散爲號，如後世者也。[10]

洪、岳二說，似爲陶希聖、沈任遠所承。陶、沈二氏說漢代的「加官是在原官上特加
某種榮銜，以便行使某種權利。所加的官只是虛銜，沒有秩俸。散官是有官有俸，而
無實職的，遇缺外放，類似今時見習或候差的性質。下述的郎〔按：卽光祿勳屬下的
郎中、侍郎、中郎〕可說是散官，其他『特進』、『奉朝請』等是加官。」[11] 事實

9　同註2。
10　同註3。
11　陶希聖、沈任遠，≪秦漢政治制度≫（1936；臺北：商務印書館，1964），頁251—256，＜加
　　官與散官＞一節。另外，曾資（資生），≪中國政治制度史≫（1943，臺北：啓業書局，1973
　　），第二册，頁280—281，300—303，則以百官印綬之有無，來分別治事官與不治事之官，故

上，清人黃定宜對上引岳、洪二說早有批評，認爲「以宋之宮觀、漢之加官，比唐之散階，雖近似而實不同。」[12] 黃氏雖未明言其中實際不同所在，但從下文所論唐代散官制度看，則唐的散階是一種與職事官相對的資格與標準，與漢的加官、宋的宮觀，自有不同。若更細考上引岳氏之說，則其所稱郎官等漢之「散官」，是指位居冗散、無員額屬官、優遊祿秩者而言。徵諸嚴歸田所論秦漢郎吏制度，可知漢代郎官性質歷經數變：秦及西漢武帝前，郎吏是宮官，是家臣，宿衞宮闈，給事近署；西漢末及東漢，郎吏是府官，是朝臣，專供行政人才之吸收與訓練，不以宿衞給事爲要務。[13] 故秦漢郎官本有職任，特因其後（尤其東漢）郎署位置外移，職任漸爲他官所奪，以致淪爲疏遠、冗散。嚴格說，位居冗散的漢官，與下文所論的唐代散官，相異處多於相似處。值得注意的是若干官名，如特進、光祿大夫之類，爲唐襲用作爲散官之階，但漢、唐特進、光祿大夫，在人事行政體系上實居於不同地位。譬如：兩漢、魏、晉的特進是加官，唐的特進則是文官散階。[14] 至於兩漢時期光祿大夫雖無員，無

　　曾氏所說秦漢「散官」，實際上是指「無印綬、不治事」之官，包括大夫、博士、御史、謁者、郎官之類。換言之，這種「散官」是指「冗散之官」，與唐代散官不盡相同。

12　黃定宜，≪考辨隨筆≫，卷１，頁27b，＜散階考＞。

13　嚴耕望，＜秦漢郎吏制度考＞，≪中央研究院歷史語言研究所集刊≫，23本上冊（1951），頁89—143。

14　自漢迄唐，特進一官的主要演變如下：兩漢以迄魏晉，特進似屬加官或榮銜，隋唐定散官之制，才將特進納入文官散階之中。≪後漢書≫（臺北：新文豐出版公司，1975），卷28，頁13a，＜百官志㊄・列侯＞條說：「武帝元朔二年（127 B.C.），令諸王得推恩分衆子土，國家爲封，亦爲列侯。舊列侯、奉朝請在長安者，位次三公。中興以來，唯以功德賜位特進者。」按：≪漢書≫（臺北：新文豐出版公司，1975），卷67，頁6a，＜朱雲傳＞說：「至成帝時，丞相故安昌侯張禹以帝師位特進，甚尊重。」≪漢書≫，卷81，頁12a，＜張禹傳＞說：「河平四年〔25 B.C.〕〔張禹〕代王商爲丞相，封安昌侯。爲相六歲，鴻嘉元年（20 B.C.）以老病乞骸骨。上〔成帝〕加優再三，迺聽許。賜安車駟馬、黃金百斤。罷就第，以列侯朝朔望，位特進，見禮如丞相。置從事史五人，益封四百戶。天子數加賞賜，前後數千萬。」≪唐六典≫（臺北：文海出版社，1974年四版；影1724年刊日本近衞家熙據明正德、嘉靖本校訂），卷2，頁10b—11a，＜吏部郎中員外郎＞條，更敍述兩漢以迄隋唐特進一官的演變如下：「（唐制）凡敍階二十九……正二品曰特進。兩漢及魏晉以爲加官，從本官服，無吏卒，品第二，位次諸公下，在開府、驃騎上。進賢兩梁冠、黑介幘，五時朝服，無章綬。又≪漢朝雜事≫云：『諸侯功德優盛，朝廷所敬異，有賜位特進，在三公下。平冕、玄衣、侍祀郊廟。』宋百官階次江左，皆兼官。晉傅咸奏特進品第二，執皮帛，坐侍臣之下。梁班第十七（原註：據≪隋・志≫，七當作五）。北齊特進第二品。隋特進爲第二品散官，皇朝〔唐〕因之。」另外，

常事，仍有掌弔諸國嗣之喪的職任，似可視爲冗官；如果用唐制的標準來說，仍是「職事官」，而非「散官」。魏晉南北朝時期，光祿大夫似已變爲一種加官，到了隋唐才納入散官系統之內。[15]

魏晉南北朝沿襲秦漢以來加官之制，但侍中、散騎、中常侍、給事中等各類加官，其性質却發生不少轉變與分化。譬如以侍中而論，「秦取古名，置侍中，漢因之。秦、漢俱無定員，以功高者一人爲僕射。魏、晉以來，置四人，別加官者則非數，掌儐贊威儀。」[16] 這種在秦、漢時期無常員的侍中，到魏、晉時已一變而爲實職，門下省並因此而形成。到南北朝時期，諸王與州牧刺史遠在外司者，也輒加侍中。[17]可見侍中一官，由秦漢時的加官，到魏晉時轉爲實職，以至南北朝時期趨於濫授，其中轉變幅度不小。曾謇（資生）論魏晉南北朝時期的加官、散官，以是否無實職、不

《文獻通考》，卷64，頁5b—6a，＜職官考（十八）、文散官、特進＞條，更舉例說明特進是兩漢迄魏晉加官的情形：「太僕羊琇遜位，拜特進，加散騎常侍，無餘官，故給吏卒車服。其餘加特進者，唯食其祿，賜列其班位而已，不別給特進吏卒車服。」馬端臨在此條下作注說晉惠帝元康中定令，並詳列特進的俸賜。

15　兩漢時，光祿大夫屬光祿勳，有職任。《後漢書》，卷25，頁 6a—b，＜百官志㈠·光祿勳＞條說：「光祿大夫，比二千石，本注曰無員。凡大夫、議郎皆掌顧問應對，無常事，唯詔命所使。凡諸國嗣之喪，則光祿大夫掌弔。」此條王先謙《後漢書集解》說：「惠棟曰：《漢官儀》曰：『光祿大夫屬光祿勳，門外特施行馬以旌別之。』荀綽《晉百官表》曰：『光祿大夫，古官也。職掌言議，毗亮論道，獻可替否，贊揚德化。』」《集解》又說：「李祖楙曰：『元和三年（A.D. 86），楚王（劉）英母薨後，遣光祿大夫持節弔祠，是光祿掌弔之證。』又＜安桓紀＞：『會稽大疫，遣光祿大夫將大醫循行疾病。』＜順紀＞：『周舉傳遣八使，巡行風俗。以杜喬等皆守光祿大夫。』是唯詔命所使，無常事之證。」《唐六典》卷 2，頁11b—12b，＜吏部郎中員外郎＞條，對秦漢以迄隋唐光祿大夫一官，更有扼要敍述：「秦郎中令屬官有中大夫，漢氏因之。武帝太初元年（104 B.C.）更名光祿大夫，秩比二千石，掌論議，無員。後漢因之。自魏以來，諸公卿告老，多加其位。晉太始初，分爲左右光祿大夫，皆無員；若致仕，又給六尺牀帳簟辱[褥]。宋氏因之。齊光祿勳府有左右光祿大夫，皆銀章青綬。若加金章紫綬者，爲金紫光祿大夫〔按：唐文散官亦有此階，正三品。〕。王晏乞一片金，乃啓轉金紫。梁、陳因之，光祿大夫十三班。後魏左右光祿大夫，從第一品。太和二十六（原註：六當作三〔A.D. 499〕）年，第二品。北齊因之。後周左右光祿大夫，正八品（原註：據＜後周書·盧辯傳＞品當作命）。隋爲正一品（原註：據＜隋·志＞一當作二）散官。煬帝改光祿大夫爲從一品，左光祿大夫正二品，右光祿大夫從二品。皇朝初，猶有左右之名。貞觀之後，唯有光祿大夫。」

16　《晉書斠注》（臺北：新文豐出版公司，1975），卷24，頁 15b，＜職官志·侍中＞條。

17　參看：曾謇，《中國政治制度史》，第三册，頁418。

親吏事作爲是否爲散官的標準。曾氏所說特進、開府儀同三司、光祿大夫、太中大夫、中大夫等官，在這個時期中只能說是一種加官；如果稱作「散官」，也只具有「冗散」之官的意義，與唐代之作爲文官散階，用來作爲官僚銓敍、考課、薪俸、服色等規定的一項標準，實有差異。⁽¹⁸⁾

必須提出，北魏時正式出現「散官」之名，但是當時的散官與唐代散官，仍有不同。北魏道武帝天賜元年（404）九月定了所謂「散官五等」之制：「五品散官比三都尉，六品散官比議郎，七品散官比太中、中散、諫議三大夫，八品散官比郎中，九品散官比舍人。」⁽¹⁹⁾　這種可能屬於「比況之官」性質的「散官」，與唐代的散官，有實質差異。＜魏書‧官氏志＞說道武帝「欲法古純質，每於制定官號，多不依周、漢舊名，或取諸身、或取諸物、或以民事，皆擬古雲鳥之義。……自餘之官，義皆類此，咸有比況。」⁽²⁰⁾　鄭欽仁以爲這種「比況」之官，有一部份是北魏原來部族制的遺留；一部份是隨著部族國家的軍事擴充而增置；還有一部份用中國的官號來比況傳統官制，實際並未設置。上述天賜元年所置「散官五等」，或卽此種「比況之官」。⁽²¹⁾　另外，北魏職官中不少以「散」字爲名，恐仍僅依中國文字意義而取，並非漢制。譬如「中散」一官，是直宿禁中的文武職官，可能源自胡制。⁽²²⁾　這種中散官既非中散大夫（唐文散官中有此階，正五品上），也與曾謇所說「散官」不同。⁽²³⁾　至於＜魏書‧高陽王〔拓跋〕雍傳＞有「散官」之稱，是指「閑冗之官」，他們「本非虛置」，因未任事，遂被稱作散官。今人楊樹藩說北魏已逐漸發展出「散階」，散官並已正名，且與任事之職官分途，恐仍有疑義。⁽²⁴⁾　北齊官制，多循北魏，雖有散官

18　同上，頁418—421。
19　＜魏書＞（臺北：新文豐出版公司，1975），卷113，頁3b，＜官氏志＞。
20　同上，卷113，頁3b—4a。
21　鄭欽仁，＜北魏官僚機構研究＞（臺北：牧童出版社，1976），頁189—190。按：楊樹藩，＜中國文官制度史＞，上冊，頁174—175，認爲北魏散官五等之制，卽文官「散階」，並說天賜元年之制，是「『散官』固已正名，但惟云幾品散官，未有名稱。」楊說恐誤，茲依鄭說。
22　鄭欽仁，＜前揭書＞，第二編＜中散官＞，頁163以下，有專編討論。
23　同上，頁183—188。
24　楊樹藩，＜中國文官制度史＞，上冊，頁174—175。楊氏在此處引用兩條＜魏書＞上的材料，一是卷113，＜官氏志＞所說天賜元年散官五等之制，此或卽比況之官，源自拓跋部族制，已

之名，也仍未定出類似唐代散官之制。[25] 北周太祖宇文泰別據關內，官名多循**魏**號。其後太祖以漢、**魏**官繁，思革其弊，大統中（535～551），命蘇綽、盧辯改創，至**魏**恭帝三年（556），初行周禮，建六官，此後世有損益。當時雖行周禮，但內

詳上文。另一條資料是卷21上，＜高陽王〔拓跋〕雍傳＞，楊氏節引其文如下：

　世宗行考陟之法，雍（高陽王托〔拓〕跋雍）表曰：……令任事上中者，三年升一階，散官上第者，四年登一級。

從楊氏所引，似乎北魏散官一如唐代散官之制。實際上，北魏散官主要是指閑冗之官，是職官不任事後才轉爲散官。茲更詳引＜雍傳＞（頁21a—23a），以明北魏散官之義：

　世宗（宣武帝，r.500—515）行考陟之法，雍表曰：「竊惟三載考績，百王通典。今任事上中者，三年升一階；散官上第者，四載登一級。閑冗之官，本非虛置，或以賢能而進，或因果勤而舉。如其無能，不應忝茲高選。既其以能進之朝伍，或任官外戍，遂使絕域；催督逋懸，察檢州鎮，皆是散官，以充劇使。及於考陟，排同閑伍。檢散官之人，非才皆劣；稱事之輩，未必悉賢。……又尋考級之奏，委於任事之手，涉議科勤，絕於散官之筆。遂使在事者得展自勤之能，散輩者獨絕披衿之所。抑以上下之閑，限以旨格之判，致使近侍禁職，抱槃屈之辭，禁衞武夫，懷不申之恨。……又散官在直，一玷戍尤，衝使愆失，差毫卽坐，徽纆所逮，未以事優之。……考陟之機，推年不等。……又任事之官，吉凶請假，定省掃拜，動歷十旬，或因患重請，動輒經歲。征役在途，勤泰百倍。苦樂之勢，非任事之倫。……復尋正始（504—507）之格〔按指＜停年格＞〕，汎後任事上中者，三年升一階；汎前任事上中者，六年升一級。三年一考，自古通經。今以汎前六年昇一階，檢無愆犯，倍年成級。以此推之，明以汎代考，新除一日，同霑階榮。下第之人，因汎上陟。上第之士，由汎而退。……

杜佑≪通典≫（臺北：新興書局，1963），卷15，頁86c—87a，＜選舉典㈢・考績＞，也錄有高陽王雍上表，與≪魏書≫本傳略同。拓跋雍上表，主要在討論考陟任事之官與閑冗的散官時，有不公平的現象。從這篇表看，北魏散官既可「催督逋懸，察檢州鎮……以充劇使」，又被視爲「高選」，則其所謂「散」，當指不稱事、不任事、或不任要事，所以拓跋雍說北魏散官，「本非虛置」。如此說來，北魏散官與唐代散官性質不同，恐不能相提並論。至於北魏任事之官升階或散官登級，是按照推年之制而來，他們所升的階、級當爲職官的品階（詳北魏太和二十三年〔499〕＜職令＞，見≪魏書≫，卷113，＜官氏志＞）。日人福島繁次郎，＜北魏世宗宣武帝の考課と考格＞，收入氏著≪中國南北朝史研究≫（東京：名著出版株氏會社，1962，1979），頁33—56，「附錄」，對宣武帝時期的考課制度有深入探討。據福島氏所論，則當時官僚因考課而昇遷者，似爲「職階」，此與唐之「散階」有別。關於北魏其他時期的考課制，見福島氏，≪前揭書≫，第二編，＜北魏の考課と停年格＞，頁209—282；＜北魏孝文帝の考課と俸祿制＞，「附錄」，頁3—14；＜北魏孝文帝中期以後の考課＞，「附錄」，頁15—31。唐代官僚因勞考而昇遷的是散階，而非職事品，前已略作討論，詳：拙文，＜唐代的文官考課制度＞，≪中央研究院歷史語言研究所集刊≫，55本1分，（1984），頁139—200。

25 有關北齊官制，參見：≪隋書≫（臺北：鼎文書局，1975；標點本），卷27，頁751—770，＜百官志（中）＞。

外衆職，又兼用秦、漢等官。[26] 北周仍存漢、魏散官之名，似乎僅指冗職而已。
[27]

　　南朝職官，多循漢、魏、晉系統，漸次演進而成。當時具有冗散之義的「散官」
，有的是從前代的加官和冗官轉化。譬如：≪宋書‧百官志≫說：「特進，前漢世所
置，前後二漢及魏、晉以爲加官，從本官車服，無吏卒。晉惠帝元康中（291～299）
定位。今〔劉宋〕在諸公下、驃騎將軍上。」[28] 有的是從無員但有職任的職官轉爲
冗官，譬如≪宋書‧百官志≫又說：「中散大夫，王莽所置，後漢因之。前漢大夫皆
無員，掌論議。後漢光祿大夫以下，養老疾，無職事。」[29] 有時則廢除不置，如梁
武帝時，以「特進、奉朝請，是特引見之稱，無官定體，於是革之。」[30]

　　綜上所述，隋以前的「散官」，一般具有閑散、冗置、加官的意義。多半是遵循
秦、漢、魏、晉職官系統漸次演化。北魏雖已正式出現「散官」一辭，但其義是指任
事的職官淪爲閑散，與唐代散官的意義及作用不同。大體言之，隋以前仍未發展出以
散官作爲散階，並以散階作爲官僚銓敍、考課、薪給、服色等規定的一項標準。到了
隋代，才開始整理前代職官體系，逐漸發展出散官之制。唐代更進一步整理、補充，
使得政府官僚機構的組織及人事制度，更加完備。

三、散階的設立與變遷

　　陳寅恪嘗論隋唐制度，認爲主要有三個來源：一爲北魏、北齊；二爲梁、陳；三

26　≪周書≫（臺北：新文豐出版公司，1975），卷2，頁14a—b，＜文帝（太祖）紀（下）＞；
　　及卷24，頁 1b—4b，＜盧辯傳＞；司馬光，≪資治通鑑≫（臺北：世界書局，1962），卷166
　　，頁5140，「太平元年（566）春正月丁丑」條；≪隋書≫，卷27，頁770—771，＜百官志（
　　中）＞。

27　楊樹藩，≪中國文官制度史≫，上冊，頁 180，說：「後周之文官稱呼，周、秦、漢混用，未
　　見有『散官』之稱號。」按：在史料中後周固未出現「散官」一辭，但有若干冗職名稱爲唐所
　　襲用。≪周書≫，卷24，頁 1b—4b，＜盧辯傳＞中列有北周官僚名號及命數，其中正九命有
　　開府儀同三司，八命有金紫光祿大夫、七命有左右銀青光祿大夫等，皆爲漢以來之冗職或加官
　　，唐散階沿用之，詳下文。

28　≪宋書≫（臺北：新文豐出版公司，1975），卷39，頁8b，＜百官志（上）＞。

29　同上，卷39，頁16a—b。

30　≪隋書≫，卷26，頁721，＜百官志（上）＞。

爲西魏、北周。[31]　以職官制度而論，他認爲有二事甚爲重要，是隋唐制度淵源系統之所繫。其一卽北周「宇文泰所以令蘇綽、盧辯等摹倣周官之故及其制度非普遍於全體，而僅限於中央文官制度一部分。」其二卽「唐代職官乃承附北魏太和、高齊、楊隋之系統，而宇文氏之官制除極少數外，原非所因襲。」陳氏並認爲開元時所修≪六典≫，並不依託周官體裁，唐代職官也與周禮無關。[32]　從隋唐散官名稱來看，陳氏所指隋唐制度三源，都有跡可尋，卽使北周「散官」名稱，也被因襲。[33]　隋唐散官名稱，是就秦、漢、魏、晉以來各種加官、冗號加以整理。北周的六官制度，施行僅二十五年（556～581），而且其官制改革只限於政府行政組織的主要「結構」部份，似乎還未擴及人事行政的運作。散官制度的逐步系統化，實有待於隋、唐。

　　北周六官之制，在隋文帝卽位第一年就廢止了。開皇元年（581），高祖受命，立卽革六官，依漢、魏之舊，建臺置官。[34]　這是隋文帝爲統一天下，所亟需推動的中央政府結構及人事行政改革的一部份。[35]　當時主要的改革是：「置三師、三公及尙書、門下、內史、秘書、內侍五省，御史、都水二臺，太常等十一寺，左右衞等十二府，以分司統職。又置上柱國至都督十一等勳官，以酬勤勞；特進至朝散大夫七等散官，以加文武官之有德聲者。改侍中爲納言。」[36]　其中有關文武散官與執事官的規定如下：

　　　　又有特進、左右光祿大夫、金紫光祿大夫、銀青光祿大夫、朝議大夫、朝散大
　　　　夫，並爲散官，以加文武官之德聲者，並不理事。六品已下，又有翊軍等四十
　　　　三號將軍，品凡十六等，爲散號將軍，以加汎授。居曹有職務者爲執事官，無

31　陳寅恪，＜隋唐制度淵源略論稿＞，收入≪陳寅恪先生論文集≫（臺北：九思出版社，1977）
　　，上冊，頁1。
32　同上，頁77。
33　北周「散官」名稱，及其所具加官性質，參見：王仲犖，≪北周六典≫（1979；臺北：華世出
　　版社，1982影印），卷9，頁581—593，＜散官＞。
34　≪隋書≫，卷1，頁13，＜高祖紀（上）＞，「開皇元年二月甲子」條；≪隋書≫，卷28，頁
　　773，＜百官志（下）＞；≪資治通鑑≫，卷175，頁5432—5433，「太建十三年二月」條。
35　隋文帝更易周氏官儀，取消六官，依漢、魏之舊，可能有宣稱「正統」之意。參：Arthur F.
　　Wright, *The Sui Dynasty* (New York: Alfred A. Knopf, 1978), p. 91.
36　≪資治通鑑≫，卷175，頁5433—5434，「太建十三年二月」條。

　　　　職務者爲散官。戎上柱國已下爲散實官，軍爲散號官。[37]

從這裡看不出隋初的散官是否一如唐制，作爲官僚銓敍、考課、服色、薪俸等各種規範的一項標準，也無法肯定散官是否爲執事官之「本品」。但隋制清楚界定執事官（唐稱職事官）與散官的分野，在於居曹是否有職務，這一點與上文所述秦漢以來之加官、冗職，或有職務或無職務，或由任事職官淪爲閑散，已經略有不同。至於設置七等散官的目的，似乎只在對五品以上官僚的加銜，卽所謂「以加文武官之德聲者」。設置十六等不同品階、四十三號的散號將軍，則是對六品以下官僚，「以加汎授」。此點若與下文所論唐制詳分文、武散階比較，並不相同。至於上柱國已下的「散實官」，恐卽爲勳官。按照下文所述唐制，散官與勳官絕不相同，但開皇之制並未清楚劃分。[38]「散號官」疑卽指「散號將軍」，唐制並沒有這種稱號，而是以不同的文、武散官來稱呼。

　　　　開皇六年（586），「吏部又別置朝議、通議、朝請、朝散、給事、承奉、儒林、文林等八郎，武騎、屯騎、驍騎、游騎、飛騎、旅騎、雲騎、羽騎等八尉。其品則正六品以下，從九品以上。上階爲郎、下階爲尉。散官番直，常出使監檢。」[39]如果以這項制度與開元之制比較，在唐二十九階文散官（參＜附表一＞）中，自正六品上（6a）至從九品下（9d），共十六階，其中朝議郎正六品上（6a）、朝請郎正七品上（7a）、朝散郎從七品上（7c）、給事郎正八品上（8a）、承奉郎從八品上（8c）、儒林郎正九品上（9a）、文林郎從九品上（9c），這些明顯地是唐制襲用隋開皇低品散官的稱呼，而且除通議郎在唐作奉議郎（6c）外，也保留七種不同名稱的郎作爲六至九

37　≪隋書≫，卷28，頁781，＜百官志（下）＞。

38　≪隋書≫，卷28，頁781，＜百官志（下）＞說：「高祖又採後周之制，置上柱國、柱國、上大將軍、大將軍、上開府儀同三司、開府儀同三司、上儀同三司、儀同三司、大都督、帥都督、都督，總十一等，以酬勤勞。」本文上引≪資治通鑑≫文（見註36）更明白稱爲「上柱國至都督十一等勳官」。按：唐制，開府儀同三司爲文散官最高階，從一品。上柱國是勳官，正二品；柱國也是勳官，從二品。其他如上大將軍、大將軍、柱國及下文所引驍騎尉、武騎尉、雲騎射，在武德初，爲唐所雜用，作爲勳官。見：≪舊唐書≫，卷42，頁1808，＜職官志(一)＞。但是，上開府儀同三司、上儀同三司、儀同三司、大都督、帥都督、都督，則不在唐代文武散官或勳官之列。從這裡也可以看出唐制雖雜用隋制，却有不少損益。

39　≪隋書≫，卷28，頁792，＜百官志（下）＞。

品各正、從品的上階。但是唐文散官之制，並未承襲隋以下階爲尉的規定。上述八尉中，只有一部份（如驍騎尉、武騎尉、雲騎尉），爲唐所沿用，作爲勳官的名號。[40] 至於散官有番直的義務，唐制更有清楚規定。（詳第六節）從以上簡單的分析，似乎可說隋文帝開皇元年及六年對散官的建置，已經逐漸脫離漢、魏以至南北朝時期的加官、冗職性質，但其規定仍未詳盡，散官、勳官往往雜混，只能視爲唐制的雛型。

隋煬帝卽位後，對政府行政組織與人事制度，作了許多興革。 大業三年（607），重新調整中央政府組織，有的機構省置，有的裁倂，有的更名，有的增設。譬如：置諸總管，廢三師、特進官；置殿內省，與尙書、門下、內史、祕書爲五省；增謁者、司隸臺，與御史爲三臺；分太府寺爲少府監，與長秋、國子、將作、都水爲五監；又增改左、右翊衞等十六府。當時在人事制度方面所作的更張，主要是官品及散官制度方面。譬如：官品自第一至第九，只置正從，廢除上、下階。並以品的高卑，訂定朝參班序。[41] 在散官制度上，也對開皇之制，多所釐革。≪隋書・百官志（下）≫說：

> 舊都督已上，至上柱國，凡十一等〔勳官〕，及〔散官〕八郎、八尉、四十三號將軍官，皆罷之；並省朝議大夫。自一品至九品，置光祿（從一品）、左右光祿（左正二品、右從二品）、金紫（正三品）、銀靑光祿（從三品）、正議（正四品）、通議（從四品）、朝請（正五品）、朝散（從五品）等九大夫；建節（正六品）、奮武（從六品）、宣惠（正七品）、綏德（從七品）、懷仁（正八品）、守義（從八品）、奉誠（正九品）、立信（從九品）等八尉，以爲散職。開皇中〔按：元年，581〕，以開府儀同三司爲四品散實官，至是改爲從一品，同漢、魏之秩，位次王公。[42]

比較大業與開皇散官之制，可以發現出入甚大。開皇時期的低品散官與武散官，

40　參註38。

41　≪隋書≫，卷28，頁793—794，＜百官志（下）＞；≪資治通鑑≫，卷180，頁5629，「大業三年四月壬辰」條。

42　≪隋書≫，卷28，頁794，＜百官志（下）＞；參：≪舊唐書≫，卷42，頁1807—1808，＜職官志㈠＞。

至大業都取消了，另立九大夫、八尉之名。如果以大業一品至五品的九大夫及六品至九品的八尉等稱號，與開元文散官比較，兩者最大的不同是，唐制在六品以下一律稱「郎」（參＜附表一＞）。不過，大業九大夫之稱，則多爲唐沿用，只是品階不盡相同。至於大業八尉之名，則不見於唐代文、武散官之列。如果以階數比較，大業散階十七，開元文官散階二十九，相差十二階。隋、唐散官制度不同，還有一點最值得注意的是，唐代文散官中的承議郎（6c）、通直郎（6d）、宣德郎（7b）、宣義郎（7d）、徵事郎（8b）、將仕郎（9d）等，在隋大業官制中却屬於正員，是執事官，不但「得祿當品」，也有固定員額。另外，大業正員之外，還有一批數目不詳的散員郎，無員無祿。(43)

　　如上所述，隋代官制主要有三次變動，即開皇元年、六年及大業三年。煬帝在大業三年定令以後，往往突有制置，旋又改易。(44) 大體說來，隋代散官之制設置的主要目的，似乎仍在「以加文武官之德聲者」。換句話說，是表功德、示榮寵。可能尚未成爲體系精密、規模持久的人事制度的一環。隋祚短促，散官制度進一步的整理與運用，是由李唐完成。

　　唐代散官制度經高祖、太宗、高宗逐步整理，至開元時期已大體完備，成爲精密的體系了。以下略依時代先後，敍述文武散官名稱及品階的主要變遷。

　　唐散官是官制的一環，它的各項發展，自然也隨著行政組織、人事制度的興革，有所變動。「（唐）高祖發迹太原，官名稱位，皆依隋舊。及登極之初，未遑改作，隨時署置，務從省便。」(45) 到武德七年（624）三月，唐政府第一次定令，四月頒行＜武德令＞(46)，正式頒佈主要行政組織及人事制度中的散官之制。這次定令，在行

43　＜隋書＞，卷28，頁796—797，＜百官志（下）＞。
44　同上，頁803。
45　＜舊唐書＞，卷42，頁1783，＜職官志㈠＞。
46　武德七年（624）定令時間，依＜資治通鑑＞，卷190，頁5978，是該年三月。＜舊唐書＞，卷1，頁14，＜高祖紀＞，頗爲簡略，只說：「三月戊寅，廢尚書省六司侍郎，增吏部郎中秩正四品，掌選事。」＜舊唐書＞，卷42，頁1783，＜職官志㈠＞，並未標出月份。＜武德令＞在三月擬定後，於同年四月庚子與律同時頒行。見＜舊唐書＞，卷1，頁15，＜高祖紀＞；＜資治通鑑＞，卷190，頁5892，「武德七年四月庚子」條。參看：仁井田陞，＜唐令拾遺＞（東京：東方文化學院東京研究所，1933），頁12—13，＜序說第一：唐令の史的研究＞。

政組織方面，主要在界定三公、一臺、九寺、將作監、國子學、十四衞府、十率府等
的組織及成員，以及京職事官、外職事官的區別，可以從略。至於＜武德令＞對文、
武散官制度的規定，則需稍加說明。

　　如前所述，唐散官與隋及隋以前散官之不同，主要是在「階」與「職」是否分立
，以及「本品」是否作爲文武官僚銓敍、考課、薪俸、服色等規定的衡量標準之一。
從＜武德官品令＞中，可以清楚看出文散官各階已經明白規定：

　　　　（又）以開府儀同三司（從一品）、特進（正二品）、左光祿大夫（從一品）
　　　　、右光祿大夫（正二品）、散騎常侍（從三品）、太中大夫（正四品）、通直
　　　　散騎常侍（正四品）、中大夫（從四品上）、員外散騎常侍（從四品下）、中
　　　　散大夫（正五品上）、散騎侍郎（正五品下）、通直散騎侍郎（從五品上）、
　　　　員外散騎侍郎（從五品下）、朝議郎、承議郎（正六品）、通議郎、通直郎（
　　　　從六品）、朝請郎、宣德郎（正七品）、朝散郎、宣義郎（從七品）、給事郎
　　　　、徵事郎（正八品）、承奉郎、承務郎（從八品）、儒林郎、登仕郎（正九品
　　　　）、文林郎、將仕郎（從九品），並爲文散官。[47]

自從一品的開府儀同三司至從九品的將仕郎（參＜附表一＞），共二十九階。[48] 如
以＜武德令＞所定文散官各階的名稱及總階數與隋制比較，可以發現它比開皇元年所
定六種高品散官，多出二十三種。也比開皇六年所加置六品以下的八郎、八尉的總和
（連同前述六項高品散官，共二十二種）爲多。大業散階十七，也在武德散階之下。
當然，散官階數的多寡，與人事行政制度之是否精密，兩者是否有必然關係，仍然值
得商榷。重要的是，＜武德令＞所定散官之制，已經開始視散官爲散位，謂之本品，
並且作爲敍官的標準（詳第四節），這才是唐散官制度與前代最大區別所在。換句話
說，＜武德令＞所定文散官是綜合前代之制，並加入新的稱謂，納入敍官等人事系統
，在中國政府行政制度史上，具有重要意義。

　　與文散官相比，＜武德官品令＞所定武散官制度，似仍未周延。當時規定大抵如下：

47　此條＜武德令＞條文復舊，見：《唐令拾遺》，頁 101。又見：《舊唐書》，卷42，頁1784，
　　＜職官志㈠＞。

48　《資治通鑑》，卷190，頁5978，「武德七年三月」條作「自開府儀同三司至將仕郎，二十八
　　階，爲文散官。」恐誤。本文已略作辨正，見＜附表一＞註。

輔國（正二品）、鎮軍（從二品）二大將軍，冠軍（正三品）、雲麾（從三品
）、忠武、壯武、宣威、明威、信遠、游騎、游擊（自正四品上至從五品下）
十將軍，爲散號將軍，以加武士之無職事者。……其散官文騎尉爲承議郎、屯
騎尉爲通直郎、雲騎尉爲登仕郎、羽騎尉爲將仕郎。[49]

據此，〈武德令〉所定武散官包括二大將軍、十將軍、四騎尉，共十六階。但據〈舊
唐書・職官志〉所載永泰二年（766）官品注[50]，〈武德令〉中實際上還包括天策上
將府五種武散官（參〈附表二〉），惟天策上將府於武德九年（626）六月卽罷[51]，
這五種天策府散官，也隨之省置。如以〈武德令〉所置武散官與下文所述貞觀、開元
、永泰、貞元諸時期比較，可說仍未周全。

　　〈武德令〉是唐政府參酌前代典章制度，取合時宜，第一次集大成而頒行的唐令
。但三年後，卽貞觀元年，蜀王法曹參軍裴弘獻就指出〈武德律・令〉數十條缺陷奏
聞，太宗遂令中書令房玄齡等刪定，於貞觀十一年（637）正月，頒行〈貞觀律〉十
二卷五百條、〈令〉三十卷千五百九十條。[52]〈貞觀官品令〉中除加置三師外，其
他中央政府行政組織（如六省、九寺之類），多襲用武德舊制。但對文武散官的品階
及名稱，却作了許多更動。譬如：文散官中，「又改以光祿大夫爲從二品、金紫光祿
大夫爲正三品、銀青光祿大夫爲從三品、正議大夫爲正四品上、通議大夫爲正四品下
、太中大夫爲從四品上、中大夫爲從四品下、中散大夫爲正五品上、朝議大夫爲正五
品下、朝請大夫爲從五品上、朝散大夫爲從五品下。其六品下，唯改通議郎爲奉議郎

49　此條〈武德令〉條文復舊，見：〈唐令拾遺〉，頁101。又見：〈舊唐書〉，卷42，頁1784，
　　〈職官志㈠〉。引文中，「十將軍」疑爲「九將軍」之誤，或漏列某一將軍名號。惟〈新唐書〉
　　，卷46、〈通典〉卷34等，「明威」下有「定遠、寧遠」四字，無「信遠」。見標點本〈舊唐書〉
　　，卷42，頁1811，〈校勘記〉。如據〈新唐書〉等，則「十將軍」無誤。但〈新唐書〉、〈通
　　典〉所載，恐非武德之制。茲暫依〈舊唐書〉及〈唐令拾遺〉之說。

50　〈舊唐書〉，卷42，頁1791—1803，〈職官志㈠〉。本文以〈舊唐書・職官志㈠〉所載正一品
　　至從九品下官品，爲永泰二年（766）之制。此據志文（頁1786）所說：「今錄永泰二年官品
　　，其改易品秩者，注於官品之下。若改官名及職員有加減者，則各附於本職云。」

51　〈舊唐書〉，卷42，頁1785，〈職官志㈠〉，未繫月日。〈資治通鑑〉，卷191，頁6016，「
　　武德九年六月乙酉」條，則有月有日。

52　〈貞觀律・令〉頒行經過，參見：仁井田陞，〈唐令拾遺〉，頁14，〈序說第一：唐令の史的
　　研究〉。

，自餘依舊。」[53] ＜貞觀令＞對＜武德令＞所定文散官的修正，主要是從五品以上至從二品的高階散官名稱，而且一律以「大夫」名之。自正六品以下，仍維持「郎」的稱呼。（參＜附表一＞）至於武散官，則＜貞觀令＞中，「更置驃騎大將軍，爲從一品武散官；輔國、鎮軍二大將軍，爲從二品武散官；冠軍將軍加大字；及雲麾已下、游擊已上，改爲五品已上武散官。又置昭武、振威、致果、翊麾、宣節、禦武、仁勇、陪戎八校尉、副尉（自正六品至從九品，上階爲校尉，下階爲副尉），爲六品已下武散官。」[54] 據此，＜貞觀令＞對武散官的修正，主要在六品以下設置排列整齊的各階校尉和副尉。（參＜附表二＞）

　　＜武德令＞和＜貞觀令＞是唐代散官名稱和品階定制的兩大基礎，此後歷經高宗、武后、中宗、睿宗時期，只作局部修正。到開元《六典》定制，大抵爲唐代後半期所遵循。不過，武散官的名稱和品階，還歷經貞元年間一次較大的增補。茲分文、武散官，略述其發展如下。

　　先說文散官。《通典》所載文散官沿革，在年代斷定上，較《唐六典》爲詳。據《通典》所載，高宗顯慶五年（660），唐因隋制置朝議郎、承議郎，並「制郡公出身正六品下敍」。[55] 實際上這二階文散官在＜武德令＞及＜貞觀令＞中都已設置，只是作正六品敍，未分上、下階。（參＜附表一＞）另外，＜武德令＞作通議郎爲正六品，＜貞觀令＞改通議郎爲奉議郎，六品下。但《通典》說：「通議郎，隋置散官。大唐改通議郎爲奉議郎。」原註說：「顯慶制縣公出身，從六品上敍。」又說宣德郎、朝散郎爲「顯慶制伯出身，正七品下敍；子出身，從七品上敍。」宣義郎是「顯慶制男出身，從七品下敍。」[56] 顯慶之制實際上是對＜武德令＞、＜貞觀令＞作了

53　＜貞觀令＞的復舊條文，見：《唐令拾遺》，頁102；又見：《舊唐書》，卷42，頁1785，＜職官志(一)＞。

54　同上，但本文與《唐令拾遺》所作斷句、標點，略有不同。又按：＜貞觀令＞已置驃騎大將軍，爲從一品武散官。但王溥，《唐會要》（臺北：世界書局，1982），卷81，頁1491，＜勳＞項下說：「顯慶元年（656）九月二十二日，置驃騎大將軍，爲武官散位，從一品。」《舊唐書》，卷42，頁1786，＜職官志(一)＞也說：「顯慶元年……又置驃騎大將軍員，從一品。」不知顯慶元年爲何又再置驃騎大將軍？是臨時改制或史料有誤？待考。

55　《通典》，卷34，頁194a—b，＜職官志（十六）、文散官、光祿大夫以下＞條。

56　同上。

局部修正，主要是更改品階，及規定封爵（縣公、伯、子、男）出身的初敘散階。（參＜附表一＞、＜附表三＞）高宗龍朔二年（662），在改定官號，重定格、式的同時[57]，對文散官之制也略作補充。規定中大夫是諸王嫡子封郡王者出身的初敘散階，從四品下敘；朝請大夫是諸王眾子封郡公者出身的初敘散階，從五品上敘。[58]

顯慶、龍朔以後，武后、中宗、睿宗諸朝對文散官名稱及品階，未見改動，但頒佈不少關於官僚升遷（如加階、進階）的規定。及至開元≪六典≫書成，「以開元時代現行官制為綱領，以現行令式為材料，其沿革則入註中，故其性質為一部開元時代現行職官志。」[59]＜唐六典≫一書自開元十年（722）著手編纂，至二十六年（738）書成奏上。其所據法令，主要是開元七年（719）的＜開元前令＞及二十五年的＜開元令＞。[60]≪六典≫（卷二）所錄開元二十九階文散官名稱及品階，是綜合整理唐代前期的制度而定的。它與＜武德令＞、＜貞觀令＞及顯慶、龍朔增列規定，最大的不同是在六品以下每一種郎，都賦予特定品階。譬如：＜武德令＞中定給事郎與徵事郎為正八品，≪六典≫則區別給事郎為正八品上、徵事郎為正八品下。（餘參＜附表一＞）如以≪六典≫所載文散官名稱與品階，與≪舊唐書‧職官志≫及≪新唐書‧百官志≫所載相較，全部相同。但因前已論及≪舊唐‧志≫所錄代表永泰二年（766）官品，則≪六典≫所據之＜開元前令＞及＜開元令＞至少仍維持到永泰二年，或無可疑。≪新唐書‧百官志≫多據≪六典≫纂成[61]，與≪六典≫所載相合，自然不足為異。不過，開元之制是否仍維持至唐代後半期，則需留意。「卽中央官司組織表面

57　參見：仁井田陞，≪唐令拾遺≫，頁15—16，＜序說第一：唐令の史的研究＞。

58　≪通典≫，卷34，頁194a，＜職官典（十六）、文散官、光祿大夫以下＞條。

59　嚴耕望，＜略論唐六典之性質與施行問題＞，≪中央研究院歷史語言研究所集刊≫，24本（1953），頁74。

60　≪六典≫成書時間，主要根據：仁井田陞，≪唐令拾遺≫，頁61—65，＜序說第二：唐令拾遺採擇資料に就いて＞；玉井是博，＜大唐六典及び通典の宋刊本に就て＞，收入氏著≪支那社會經濟史研究≫（東京：岩波書店，1941），頁429—461。關於≪六典≫編纂起迄年代，間有異說，參玉井，上引，頁429—436，≪六典≫所據法令，依仁井田氏說法是開元七年的＜開元前令＞及開元二十五年的＜開元令＞。池田溫氏近謂≪六典≫主要的法令依據是開元七年令，至開元二十六年成書時隨時補入新制。與仁井田氏說法，略有不同。見：池田溫，＜天長節管見＞，未刊稿，頁329—330。池田氏當有所據，惜此文未加說明。茲暫依仁井田氏之說。

61　徐浩，≪廿五史述要≫（臺北：世界書局，1966），頁177。

上、形式上雖一切仍舊，很少變動，但運用體系則大有變化。……故元和時代之現行制度與≪六典≫不同。」[62] 從現有資料看，唐代文散官名稱及品階，在開元、永泰以後未經變動，但在整個散官制度的「運用體系則大有變化」，值得注意。

　　再說武散官。<武德令>沿用一些前代的武散官名稱，<貞觀令>更加斟酌損益，又詳定六品以下各尉的名稱及品階（以各品的上階為校尉、下階為副尉），二者全部為開元之制所襲。≪六典≫所依據的<開元前令>與<開元令>，及≪舊唐書・職官志≫所載永泰二年官品，二者所舉武散官名稱及品階，除正三品有冠軍大將軍與懷化大將軍、從三品有雲麾將軍、歸德將軍，及分從二品的輔國與鎮軍大將軍為正二品（輔國）及從二品（鎮軍）以外，≪六典≫所載與<貞觀令>相同；≪舊唐書・職官志≫所載則除「游騎」與「游擊」、「禦武」與「禦侮」有文字出入外，也全部相同。（參<附表二>）如此看來，自<貞觀令>頒行後，武散官名稱與品階的變動，較文散官為小。但設置懷化大將軍與歸德將軍一事，却值得注意。據≪舊唐書・職官志≫所載永泰官品注，這二種武散官都是「顯慶三年（658）置，以授初附首領，仍隸諸衛也。」[63] ≪六典≫與≪通典≫則說設置這二種武散官的目的，是「以授蕃官」，但沒有明言設置年代。[64] 懷化大將軍與歸德將軍的設置，與唐帝國軍事勝利後，運用政治手腕羈縻外族的政策有關。≪舊唐書・高宗紀（上）≫說，顯慶三年二月，「蘇定方攻破西突厥沙鉢羅可汗賀魯及咥運、闕啜。賀魯走石國，副將蕭嗣業追擒之，收其人畜前後四十餘萬。甲寅，西域平，以其地置濛池、崑陵二都護府。復於龜茲國置安西都護府，以高昌故地為西州。置懷化大將軍正三品、歸化〔德？〕將軍從三品，以授初附首領，仍分隸諸衛。」[65] ≪舊唐書≫<高宗紀>與<職官志>都說設置這二種武散官在顯慶三年，與當時史事相合，似無疑義。但是，≪舊唐書・迴紇傳≫說，早在貞觀中太宗以迴紇部為瀚海府，拜迴紇酋帥吐迷度為懷化大將軍兼瀚海都

62　嚴耕望，<略論唐六典之性質與施行問題>，頁75。

63　≪舊唐書≫，卷42，頁1792，<職官志㈠>。

64　≪唐六典≫，卷5，頁8b—9a，<兵部郎中>條；≪通典≫，卷34，頁195a，<職官典（十六）・武散官・鎮軍將軍以下>條。

65　≪舊唐書≫，卷4，頁78，<高宗紀（上）>「顯慶三年二月」條。置懷化大將軍及歸德將軍年代，≪新唐書・高宗紀≫及≪資治通鑑≫均未及之。

督，[66]《新唐書・回鶻傳》略同，並繫此事於貞觀四年（630）。[67] 考武德七年的
＜武德令＞及貞觀十一年的＜貞觀令＞，武散官中並無懷化大將軍一階（參＜附表二
＞），吐迷度所受懷化大將軍，是否就是《舊唐書》＜職官志＞及＜高宗紀＞所說顯
慶三年始置的武散官懷化大將軍，仍需存疑。

　　類似上述懷化大將軍名稱相同，但性質可能前後有異的問題，可以再舉「陪戎副
尉」一例說明。貞觀十一年的＜貞觀令＞明定陪戎副尉爲從九品下，是武散官最低階
。但據＜唐故陪戎副尉張（伯通）君墓誌并序＞說，張伯通「以貞觀十年（636）四
月十五日蒙授陪戎副尉，賞勞閱也。」[68] 又＜唐故弘農楊府君（士漢）墓誌銘并序
＞說，楊士漢也在貞觀十年蒙授陪戎副尉。[69] 以上二例都在＜貞觀令＞頒佈之前，
頗疑此陪戎副尉，只是因襲隋的官名，作爲賞勞閱之用；或者如張才的例子，在「隋
曆告終，唐皇〔高祖〕啓聖，隋官例降，准當陪戎副尉，謹從班例。」[70] 在＜貞觀
令＞頒佈施行以前，陪戎副尉是否正式納入武散官制度中運作，實可存疑。

　　顯慶三年（658），以武散官懷化大將軍與歸德將軍，授予歸附外族酋帥之制，
仍爲開元、永泰時期承襲。開元以後，外族武官人數大量增加，[71] 爲了安置更多中
、低品蕃官，貞元十年（794）以後，遂增置四品以下以「懷化」、「歸德」爲名的
中郎將、郎將、司階、中候、司戈、執戟長上，「以授四夷歸附者，仍定懷化大將軍
已下俸錢。」[72] 比較《新唐書・百官志》所載貞元四十五階、與《六典》所載開元

66　《舊唐書》，卷195，頁5196，＜迴紇傳＞。

67　歐陽修等，《新唐書》（北京：中華書局，1975；臺北：鼎文書局，1979，影印；標點本），
　　卷217上，頁6112—6113，＜回鶻傳（上）＞。

68　誌文見：毛漢光，《唐代墓誌銘彙編附考》，第五冊（臺北：中央研究院歷史語言研究所，
　　1986），頁293—95；又見：饒宗頤編，《唐宋墓誌：遠東學院藏拓片圖錄》（香港：中文大
　　學出版社，1981），圖錄編號99。

69　毛漢光，《前揭書》，第一冊（1984），頁303—305。

70　見＜唐故張（才）君墓誌銘并序＞，收入毛漢光，《前揭書》，第三冊（1985），頁287—289。

71　章羣，《唐代蕃將研究》（臺北：聯經出版公司，1986），頁27,35—37，又頁90—95有「蕃
　　將人數表」，統計甚詳，惜未再依時代區分。

72　置四品以下以懷化、歸德爲名的各階武散官，比較可能的年代是貞元十年（694），但因有一
　　些史料作貞元十一年，茲略考如下：《舊唐書》，卷13，頁380，＜德宗紀（下）＞、「貞元
　　十年七月」條說：「欽州守鎮黃少卿叛，攻邕管經略使孫公器。又陷欽、橫、潯、貴四州。吐
　　蕃大將論乞髯陽沒藏悉諾硉〔標點本斷作三人，恐誤，參下引〕以其家內附，授歸義〔德？〕

及≪舊唐書・職官志≫所載永泰二十九階（實際上是三十一階，參＜附表二＞註）的
武散官名稱與品階，除上述十二階新置懷化中郎將以至歸德執戟長上外，另析原爲正
三品的懷化大將軍爲懷化大將軍（正三品上）及懷化將軍（正三品下），並析原爲從
三品的歸德將軍爲歸德大將軍（從三品上）及歸德將軍（從三品下；以上參＜附表二
＞）。貞元武散階實比開元、永泰多十四階，增加的部份就是用來授予不同品階的歸
附外族的。在制度運作上，歸附外族循著以歸德、懷化爲名的各武散階而昇黜，當與
適用於一般武官的武散階，爲二個不同體系。

以上所述文散官在開元、永泰以後，以及武散官在貞元以後，其名稱和品階，都
沒有歷經明顯的變化，以迄唐亡。

四、散官與職事官的分別

品與階的設置，是唐代官僚政治中人事行政運作的重要憑藉。≪新唐書・百官志
㈠≫說：「唐之官制……其辯貴賤、敍勞能，則有品、有爵、有勳、有階，以時考覈

將軍，因置四品已下武官，以授四夷歸附者，仍定懷化大將軍已下俸錢。」≪新唐書・德宗紀
≫不載設懷化大將軍事，但說是年七月西原蠻叛，八月陷欽、橫、潯、貴四州。≪資治通鑑≫
也不載設武散階事，但繫黃少卿陷四州於貞元十年七月後（卷235，頁7562）。不過，≪舊唐
書≫，卷196下，頁5258，＜吐蕃傳（下）＞說：「（貞元）十一年八月，黃少卿攻陷欽、橫
、潯、貴四州。吐蕃渠帥論乞髯湯沒藏悉若律以其家屬來降。明年，並以爲歸德將軍。」另外
，≪册府元龜≫，卷976，頁6a─b，＜外臣部、褒異＞條說：「（貞元）十一年正月甲申，
以降吐蕃論乞髯湯沒藏悉諾硨爲歸德將軍。…十二年（796）七月壬申，贈故降吐蕃歸德將軍
論乞髯湯沒藏悉諾硨懷化大將軍。又以論乞髯子湯忠義爲起〔歸？〕德將軍。」≪新唐書≫，
卷216下，頁6098─99，＜吐蕃傳（下）＞，敍此事頗簡略，亦未繫年，僅說「（韋）皋俘馘
三萬，降首領論乞髯湯沒藏悉諾硨。」≪新・舊唐書・吐蕃傳（下）≫及≪新唐書・德宗紀≫
都未記載貞元十二年贈論乞髯父子爲懷化大將軍及歸德將軍事，但≪舊唐書・德宗紀（下）≫
（卷13，頁384）則載貞元十二年八月癸酉，以論乞髯子湯忠義爲歸德將軍。按：唐置懷化、
歸德等四品以下武散官，當在論乞髯湯沒藏悉諾硨之同時或稍後，其事又當稍晚於黃少卿叛陷
欽、橫、潯、貴四州。茲暫依≪舊唐書・德宗紀（下）≫記載黃少卿叛、論乞髯降及置四品以
下武散官事，以及≪新唐書・德宗紀≫與≪資治通鑑≫載黃少卿事，繫置四品以下武散官事於
貞元十年。≪舊唐書・吐蕃傳（下）≫及≪册府元龜≫所載貞元十一年說暫不取。至於吐蕃大
將論乞髯湯沒藏悉諾硨之名，各書所載，文字頗有出入，俟別考之。又，章羣，≪唐代蕃將研
究≫，頁27，亦採≪舊唐書・德宗紀≫之說繫於貞元十年。但章氏於同書，頁626─627，＜唐
代蕃將表＞，則列論乞髯湯沒藏悉諾硨授歸德將軍在貞元十一年，雖略註其重要事跡及材料出
處，但未進一步說明與其正文（頁27）年代牴牾之處。

而升降之,所以任羣材、治百事。其爲法則精而密,其施於事則簡而易行。」[73] 這裡所謂「品」,是指職事官的九品(依開元之制有三十階);「爵」是指王、嗣王以至開國縣男九等封爵;「勳」是指十有二轉的上柱國以至一轉的武騎尉等勳官;「階」是指散官的品階。文武散官各有不同名稱及品階,而且前後多有變遷,已詳上節。透過品、爵、勳、階的設置,其主要的目的雖然是在「辯貴賤、敍勞能」,但是品、階、勳、爵與官僚的銓敍、薪俸、服色、班位、考課等有密切的運作關係存在。至於所謂「以時考覈」,主要就是在敍勞能,其法就是考課制度,其據以決定陞遷或黜降的標準是散階,但所考課的對象則是職事官。[74]

　　討論散官的性質,首先要釐清散官與職事官的界限。≪舊唐書‧職官志㈠≫說:「凡九品已上職事,皆帶散位,謂之本品。職事則隨才錄用,或從閑入劇,或去高就卑,遷徙出入,參差不定。散位則一切以門蔭結品,然後勞考進敍。」[75] 這條資料至遲當是貞觀十一年改令時所定的;[76] 如果按照開元二十五年(737)<公式令>的規定,則「有執掌者爲職事官,無執掌者爲散官。」[77] 所謂「有執掌」,就是在政府機構中有實際職位及職務,所以≪舊唐書‧職官志㈠≫對職事官有這樣的解釋:「職事者,諸統領曹事,供命王命,上下相攝,以持庶績。近代已來,又分爲文武二職,分曹置員,各理所掌。」[78] 每一位職事官,都帶有散位,當時稱作「本品」。所謂「散位」,在魏晉南北朝時期原指加官或不理職務的冗散之官,後者可能是由任事

73　≪新唐書≫,卷46,頁1181,<百官志㈠>。

74　參:拙著,<前揭文>。

75　≪舊唐書≫,卷42,頁1785,<職官志㈠>。

76　≪唐令拾遺≫,頁 102,所復舊<貞觀官品令>,錄「凡九品」以下至「本品」。若參照下文所引<武德令>、<貞觀令>對守、行等任用形式的規定,則此條資料至遲可視爲<貞觀令>所定,最早可能是<武德令>。(又參照註79)

77　長孫無忌等,≪唐律疏議≫,卷1,<名例律‧八議>條,(四部叢刊三編影涵憙齋本;以下簡稱「涵憙齋本」,頁37b;又劉俊文點校,北京:中華書局,1983;臺北:弘文館出版社,1986,影印;以下簡稱「點校本」;頁18)。參: Wallace Johnson, tr., *The T'ang Code: Vol. I. General Principles* (Princeton Uinersity Press, 1979), p. 86. 據≪唐令拾遺≫,頁 590,上引<律疏>所依之令爲開元二十五年<公式令>。令文原作:「諸內外諸司,有執掌者爲職事官,無職掌者爲散官。」

78　≪舊唐書≫,卷42,頁1804,<職官志㈠>。

的職官轉化而來。到了唐代，散位改稱本品，並且正式納入人事行政制度中運作。≪舊唐書・職官志㈠≫對這一點有簡要說明：「〔文〕武散官，舊謂之散位，不理職務，加官而已。後魏及梁，皆以散號將軍記其本階，自隋改用開府儀同三司已下。貞觀年，又分文武，入仕者皆帶散位，謂之本品。」[79] 對這條記載，必需指出幾點。第一，兩漢、魏晉南北朝時期的「散官」，是指位居冗散、不理職務之官，與「加官」不盡相同，與唐代散官也頗有差別，已詳二節的討論。第二，後魏及梁恐仍未發展出品、階分立，並用「本階」或「本品」作爲官僚銓敍、考課等之標準，並詳上文。第三，唐代文武官僚入仕，帶有散位，並用本品指稱散官，恐非始自貞觀十一年之令，從下文所引＜武德令＞規定，已可略窺其中訊息。

　　唐代文武職事官既然都帶散位，具有本品，也就是擁有散官之銜。那麼表示職事官的九品三十階（依開元之制爲正一品至從九品下）與散官的品階（各時期不同，文武散階數也不同，但文武散階都沒有正一品），是否符合或一致呢？從許多資料看，唐代文武職事官與其散官的品階，往往不一致；法令也允許二者不必一致。揆其原因，是要使職事官可以靈活地隨時調動；但散官既是用來作爲銓敍、考課、服色、薪俸等規定的一項標準，則散官就必須維持按步就班的固定陞遷程序。這就是前引≪舊唐書・職官志≫所謂「職事則隨才錄用，或從閑入劇，或去高就卑。」但結果却產生「遷徙出入，參差不定」的繁雜任用形式。難怪後世常有「學者讀史，於＜新・舊唐書＞及≪宋史≫所最苦者，官名之混淆、累墜、眩瞀心目」[80] 之嘆。

　　職事官與散官品階不必一致，是由不同的任用方式而導致，有唐一代法令也常更定職事官的任用方式。以唐代前期而論，有如下規定：

　　＜武德令＞（624），職事高者解散官，欠一階不至爲兼；職事卑者，不解散官。＜貞觀令＞（637），以職事高者爲守，職事卑者爲行，仍各帶散位。其欠一階，依舊爲兼。與當階者，皆解散官〔≪通典≫：官階相當，無行無守。〕永徽（650～655）已來，欠一階者，或爲兼，或帶散官，或爲守，參而用之。其兩職事者亦爲兼，頗相錯亂。咸亨二年（671），始一切爲守。

79　同上，卷42，頁1805。點校本註云：「≪十七史商榷≫卷八一云：『武』字上脫『文』字。」
80　王鳴盛，≪十七史商榷≫（廣雅書局，1893刊本），卷81，頁19b。

(81)

　　從上引，可見兼、守、行等任用方式的不同，是根據職事官的品階是否高於、低於或與散官品階一致而定。茲從≪唐代墓誌銘彙編附考≫，第一至第五冊（自武德元年至龍朔三年，618～663）中，得到上述守、行、兼等三種任用的例子，其中有「行」與「兼」一例，「守」一例，「行」十例。(82) 姑舉其中三例，用來印證上述＜武德令

81　≪舊唐書≫，卷42，頁1785—1786，＜職官志㈠＞；參：≪通典≫，卷34，頁194b，＜職官典（十六）、文散官＞。引文中有關＜武德令＞及＜貞觀令＞，另見：≪唐令拾遺≫，頁 285—286，＜選舉令＞。

82　除正文所舉三個例子外，其餘九例，見毛漢光，≪唐代墓誌銘彙編附考≫，第一冊至第五冊。茲列舉各墓誌銘名稱、冊頁數及事實如下：

　　a．＜大唐故上護軍朝議郎行邛州蒲江縣令蕭府君墓誌銘并序＞，第五冊，頁75—79。墓主蕭慎卒於顯慶五年（660）以前，卒時爲「上護軍〔勳官〕、朝議郎〔文散〕行邛州蒲江縣令〔文職〕。」

　　b．＜大唐故特進尙書右僕射上柱國虞恭公溫公墓誌＞，第一冊，頁 266，有「又遣銀靑光祿大夫〔文散〕行中書侍郎〔文職〕杜正倫持節弔祭。」

　　c．＜唐故壯武將軍行太子左衞副率段府君墓誌銘并序＞，第一冊，頁289—293。墓主段元哲於貞觀十年（636）「授壯武將軍〔武散〕行太子左衞副率〔武職〕。」

　　d．＜唐故行愛州司馬騎都尉李君墓誌銘并序＞，第三冊，頁241—245。碑誌主李強（599—653）卒前「勅授朝議郎〔文散〕行朔方右二監〔文職〕；秩滿，轉授行愛州司馬〔文職〕。」

　　e．＜大唐太子左衞杜長史故妻薛氏墓誌銘并序＞，第四冊，頁 249—253。墓主薛氏（632—657）之父元瑕，唐初爲「通事舍人〔文職〕、朝散大夫〔文散〕、行益州晉陽令〔文職〕。」

　　f．＜大唐故司徒公幷州都督上柱國鄂國公夫人蘇氏墓誌銘＞，第四冊，頁279—283。墓主蘇氏（589—613）顯慶四年（659）遷葬，其子寶琳時爲「銀靑光祿大夫〔文散〕行衞尉少卿〔文職〕、上柱國〔勳官〕。」

　　g．＜大唐故開府儀同三司鄂國公尉遲公墓誌銘并序＞，第四冊，頁 285—292。墓主尉遲融（585—658）於貞觀初「拜光祿大夫〔文散〕行同州刺史〔文職〕。」貞觀十一年（637）至十四年（640）間又曾「拜光祿大夫〔文散〕行鄜州都督〔文職〕、鄜口幷口四州諸軍事〔文職〕鄜州刺史〔文職〕。」

　　h．＜大唐故朝散郎〔文散〕騎都尉〔勳官〕行太常寺永康陵令〔文職〕侯君墓誌銘并序＞，第五冊，頁145—147，墓誌題款官名當爲墓主侯忠（601—660）卒時所帶散官、勳官及職事官之銜。

　　i．＜大唐故鄭州滎陽縣令上騎都尉張府君墓誌銘并序＞，第五冊，頁 285—290，墓主張楚賢（585—661）於貞觀「十八年（644）遷通直郎〔文散〕行鄭州滎陽縣令〔文職〕，加上騎都尉〔勳官〕。」

＞、＜貞觀令＞等諸項規定：

　　(1)＜唐故上輕車都尉澄州長史眞定郡公許府君墓誌幷序＞[83]　說：許行師「釋褐通直郎〔＜武德令＞、＜貞觀令＞，皆從六品；開元、永泰時爲從六品下〕行徐王府戶曹〔＜六典＞，29：12b，親王府戶曹參軍事，正七品上〕兼徐州倉曹〔≪舊唐書≫，38，p.1447，＜地理志＞，徐州，上州；≪六典≫，30：17a，上州司倉參軍事，從七品下〕。」按：＜武德令＞親王府功曹、倉曹、戶曹、兵曹，從五品下，至開元、永泰已改爲正七品上。[84]據上引墓誌，許行師卒於顯慶二年（657），則親王府戶曹品階當已改爲正七品上。分析許氏的任用形式，大抵符合＜貞觀令＞及永徽以後之制，即許氏所帶散官通直郎（從六品或從六品下）較其所任徐州府戶曹（正七品上）高，符合＜貞觀令＞「職事卑者爲行，仍各帶散位」的規定。至於許氏又「兼」從七品下的徐州倉曹，則其所欠至少四階，並不符合武德令「欠一階不至爲兼」或貞觀令「其欠一階，依舊爲兼」的規定，但並不違背「永徽已來……其兩職事者亦爲兼」之旨。

　　(2)＜吳劉氏誌＞[85]謂誌主吳劉氏於貞觀四年（630）卒，其夫吳景達爲立墓銘。景達時爲「中散大夫〔文散，依＜武德令＞爲正五品上〕行尚藥奉御〔文職，≪六典≫，11：10a-b，正五品下〕永安男〔爵，≪舊唐書・職官志≫，從五品上〕。」立此碑石的時間是貞觀四年，當時＜貞觀令＞仍未頒佈。故吳氏任用形式，當依＜武德令＞來解釋，但＜武德令＞無「行」的任用方式。現不妨假設＜貞觀令＞的頒行，實際上是對當時已行制度予以承認，如此則符合＜貞觀令＞「職事卑者爲行」的規定。茲引此例，一方面說明唐代法令固曾實行，另一方面則可見實行事例不一定可在法令中尋得答案。原因不外有二：第一，實際事例不必完全遵照令式規定；第二，書缺有間，如有更多事例，或許可以補足。

　　(3)＜大唐故左驍衛將軍上柱國安山縣侯羅君副墓誌銘幷序＞[86]，墓主羅氏卒於

83　毛漢光，≪前揭書≫，第五冊，頁103—105。

84　≪舊唐書≫，卷42，頁1797，＜職官志㈠＞；≪唐六典≫，卷29，頁12b，＜親王府＞條。

85　毛漢光，≪前揭書≫，第一冊，頁127—129。

86　同上，頁255—257。

貞觀十一年（637）七月，其卒時或稱前蒙「授壯武將軍〔武散，＜武德令＞、＜貞
觀令＞皆正四品下〕、守左驍衞將軍〔武職；≪六典≫，24：13a，正三品；≪舊唐
書≫，42，p.1791，正三品〕。」＜武德令＞中未見關於「守」的規定，若依＜貞觀
令＞「以職事高者為守」，則羅氏武職事官高於武散官，正符合規定。今姑且假定＜
武德令＞或許有此規定，但為史料所遺；或者羅氏卒時，是年正月頒行的＜貞觀令＞
已施行。

從以上所舉三例看，唐文武職事官皆帶散位，二者品階不必一致，因此產生兼、
守、行等不同任用方式。但是，＜武德令＞「職事高者解散官」、＜貞觀令＞「其欠
一階，依舊為兼。與當階者，皆解散官。」等規定，則無法從上述三例看出，亦未發
現這些事例。如果考慮散官還被用作銓敍、考課、致薪、服色等的一項標準，則所謂
「解散官」似乎可作「解散官之衞」解釋。其作為「本品」以為官僚陞黜等之標準，
當仍存在。永徽、咸亨以後，不再規定職事官高於散官者解散官，可能就是散官制度
已逐漸納入政府人事制度中運作，對於若干牴牾條款或不必要規定，已予刪除。這裡
必須指出，咸亨以後，「兼」與「行」隨處可見，並未一切改為「守」。開元七年（
719）的＜開元前令＞就規定：「諸任官，階卑而擬高則曰守，階高而擬卑則曰行。
」[87] 另外，唐代官僚的任用方式中，除在兼、守、行等情況下，對職事官與散官的
品階是否一致或高低有所規定外，其餘所謂試、攝、檢校、知、權知、判、權判、充
、領、監、同、員外、勾當、裏行、版授等各種任用方式，[88] 似乎不以職事官與散
官品階是否呼應為區分標準。

---

87 ≪唐令拾遺≫，頁 286，＜選舉令＞。仁井田陞斷定此令為開元七年之令。按：≪唐六典≫，
    卷 2，頁7b，＜吏部尚書＞條，略同。又，≪通典≫，卷19，頁106c—107a，＜職官典㈠＞，
    於天授二年（691），武后大置試官條下註云：「試者，未為正命。凡正官皆稱行、守。其階
    高而官卑者稱行，階卑而官高者稱守，官階同者，並無行守字。」此制雖未必即為武后時期之
    法，但當為開元以迄德宗時期杜佑生前之法。茲採仁井田陞之說。
88 參見：王壽南，＜唐代文官任用制度之研究＞，≪唐代政治史論集≫（臺北：商務印書館，
    1977），頁 22—46；楊樹藩，≪唐代政制史≫，頁 388—398；Ch'ing-lien Huang, *The
    Recruitment and Assessment of Civil Officials under the T'ang Dynasty* (unpubl-
    ished Ph. D. dissertation; N. J.: Princeton University, 1986), pp. 86-93.

五、散官的獲得

　　唐代文武職事官既然都帶散官，那麼散官的階是怎樣**獲得**的呢？**換句話說**，他們的「敍階之法」是怎樣呢？≪舊唐書・職官志㈡≫說：「凡敍階之法，有以封爵，有以親戚，有以勳庸，有以資蔭，有以**秀孝**，有以**勞考**。有除免而復敍者，皆循法以申之，無或枉冒。」[89] 這裏所指的敍階之法，是以文散官為對象，事實上武散官中，「將軍之階〔從五品下以上〕凡敍階之法，一如文散官之制。」[90] 六品以下武散官，似乎也是比照文散官的敍階辦法。[91] 除免復敍，要依≪出身法≫重行敍階，所以上述敍階之法，實際上共有六種，卽封爵、親戚、勳庸、資蔭、秀孝、**勞考**。茲先分別敍述如下，再討論其他敍階途徑。

(1)封爵：

　　開元七年（719）≪公式令≫、≪唐六典≫、≪唐會要≫對於封爵的敍階之法，有下列規定：

> 諸〔≪六典≫、≪會要≫作謂〕嗣王、郡王初出身，從四品下敍；親王諸子封郡王者，從五品上；國公，正六品上；縣公，從六品上；侯及伯、子、男，並通〔≪會要≫作遞〕降一等。若兩應敍者，從高敍。[92]

關於此令的規定，可以略加說明。唐代對男性皇族及功臣的封爵有九等，由吏部司封郎中、員外郎掌理。九等封爵包括：(1)王，正一品，食邑一萬戶；(2)郡王，從一品，食邑五千戶；(3)國公，從一品，食邑三千戶；(4)郡公，正二品，食邑二千戶；(5)縣公，從二品，食邑一千五百戶；(6)縣侯，從三品，食邑一千戶；(7)縣伯，正四品，食邑

89　≪舊唐書≫，卷43，頁1819，＜職官志㈠・吏部郎中＞條。

90　同上，卷43，頁1833，＜兵部郎中＞條。

91　≪唐六典≫，卷5，頁11b，＜兵部郎中員外郎＞條只說：「凡敍階之法，一如文散官之制。」此條載於各品武散官之後，並且未如≪舊唐書≫一樣，特別標明「將軍之階……」，似可視為指全部武散官。

92　開元七年＜公式令＞封爵敍階規定條文的復原，見：≪唐令拾遺≫，頁590；又見：≪唐六典≫，卷2，頁18b，＜吏部郎中＞條；≪唐會要≫，卷81，頁1493，＜階＞條。但≪會要≫無「若兩應敍者，從高敍。」另外，仁井田陞以為敍階之法原屬＜選舉令＞、＜考課令＞範圍，但參照日本＜公式令＞中亦有類似條文，故≪唐令拾遺≫以之列入＜公式令＞。

七百戶；(8)縣子，正五品，食邑五百戶；(9)縣男，從五品，食邑三百戶。[93] 以上九等封爵的王以至縣男，有一定的品階，是其本人依封爵的敘階法取得本品以後，再循序按官僚昇遷程序所能達到的最高品階。當他們的子孫要襲爵時，就要降階銓敘，取得出身，亦即嗣王、郡王及親王諸子封郡王者適用「封爵」敘階法，但國公子以下則必須依後文所述「資蔭」敘階法。

其次，必須說明封爵者的身分及承襲者的範圍。《唐六典》對親王、嗣王、郡王、郡公、國公的身分以及各等爵子孫承襲規定說：「皇兄弟、皇子皆封國，謂之『親王』；親王之子承嫡者爲『嗣王』；皇太子諸子並爲『郡王』；親王之子承恩澤者亦封『郡王』；〔親王嫡子以外〕諸子封『郡公』；其嗣王、郡王及特封王子孫承襲者，降授『國公』。諸王、公、侯、伯、子、男，若無嫡子及罪疾，立嫡孫；無嫡孫，以次立嫡子同母弟；無母弟，立庶子；無庶子，立嫡孫同母弟；無〔嫡孫同〕母弟，立庶孫。曾、玄已下，亦同此。無後者，國除。」[94] 上引規定就是說明那些人可以由封爵及資蔭來敘階。在依封爵敘階時，就是按照前引開元七年＜公式令＞辦理。封爵敘階，最高的是嗣王、郡王，其初出身階是從四品下；最低的是縣男，其出身階是從七品下。（參＜附表三＞）

從實際例子看，唐政府對功臣及其子孫的封爵規定，往往因人因時而異。有時在封爵之外，更有額外恩典。[95] 有時除對功臣本人封爵外，也准許其子孫依敘階之法

93　《唐六典》，卷2，頁 33b—34a，＜司封郎中＞條；《舊唐書》，卷43，頁1821，＜職官志㈡・司封郎中＞條；《新唐書》，卷46，頁1188，＜百官志㈠・司封郎中＞條。但《新唐書》說第二等封爵，除郡王外，也包括嗣王；又縣公作「開國縣公」，縣侯作「開國縣侯」，縣伯作「開國縣伯」，縣子作「開國縣子」，縣男作「開國縣男」。與《六典》、《舊・志》不同。

94　《唐六典》，卷2，頁 35a—b，＜司封郎中＞條；《新唐書》，卷46，頁1188，＜司封郎中＞條，較《六典》簡略，又參：《唐令拾遺》，頁304—305，仁井田陞斷爲開元七年及二十五年的＜封爵令＞。其內容與《六典》同，但僅敘至「降授國公」止。

95　譬如：高祖於武德元年（618）對太原元謀裴寂、劉文靜等加恕二死，對長孫順德等，並恕一死。見《唐會要》，卷45，頁799，＜功臣＞項；又見是年八月頒＜裴寂等恕死詔＞，收入宋敏求編，《唐大詔令集》（北京：商務印書館，1959），卷64，頁353，＜大臣・鐵券＞項下。武德九年（626），八月甲子，太宗即帝位，於九月二十四日詔封長孫無忌齊國公、房玄齡邢國公、尉遲敬德鄂國公、杜如晦萊國公，給食邑各三千戶。（見《唐會要》，卷45，頁800。）長孫無忌、杜如晦、魏徵等二十四人，更於貞觀十七年（643）被圖形於凌煙閣，紀其功

襲爵。這種情形也常因個別的恩寵，而有額外的待遇。譬如：「永徽三年（652）十二月二十八日勅：『功臣貞觀二十三年（649）已來簡退者，特宜同致仕例。其太原元從及秦府左右，仍各加階。先有正四品者，不在此例。」(96) 太原元從及秦府左右，多半早已封爵，此勅准許再加散階，是表示對開國元勳的恩寵。總章二年（668），更分太原元從、西府舊臣爲二等，明定對其子孫加散階及加爵的辦法。(97) 又如：李晟（726—793）因破吐蕃、擊藩鎭，赴難奉天有功，卒後，貞元十二年（796）德宗還召見其子李愿等，同日拜其兄弟九人爲官。(98)

唐政府對男性皇族的封爵規定，相當繁複，實際例證也多，可另題討論，姑從略。(99) 對女性皇族則有所謂「內、外命婦之制」，雖然沒有正式納入九等封爵之內，但比照其制，封長公主、公主、郡主、縣主、妃、國夫人、郡夫人、郡君、縣君、鄉君等，授視品官，則屬於另一體系的運作。(100)

(2)親戚：

開元七年（719）＜選舉令＞、≪唐六典≫、≪唐會要≫對於親戚的敍階之法，有下列規定：

　　諸〔＜六典＞、＜會要＞作謂〕皇親〔親，＜會要＞作帝〕緦麻已上，及皇太后周親，正六品上敍；皇太后大功親、皇后周親，從六品上；皇〔＜會要＞皇下有帝字〕祖免親〔＜會要＞無親字〕、皇太后小功緦麻、皇后大功親，正七

　　　續。（＜唐會要＞，卷45，頁801。）此外，諸如贈職事官、加實封，賜謚、賜號、賜鐵券、歲賜等，更不一而足。並見：≪唐會要≫，卷45，頁799—813，＜功臣＞項；又見：≪唐大詔令集≫，卷64，頁353—354。

96　≪唐會要≫，卷45，頁801—802，＜功臣＞項。

97　同上，頁802。

98　李晟事迹見：≪舊唐書≫，卷133，頁3661—76，＜李晟傳＞；≪新唐書≫，卷154，頁4863—73，＜李晟傳＞。李愿見：≪舊唐書≫，卷133，頁3676，＜李晟傳附李愿傳＞。又見：≪唐會要≫，卷45，頁808，＜功臣＞項下。

99　參：≪唐會要≫，卷46，頁815—823，＜封建＞項；卷46，頁823—828，＜封建雜錄（上）＞；卷47，頁829—833，＜封建雜錄（下）＞。≪唐大詔令集≫，卷33，頁134—138；卷38，頁167以下。

100　開元七年及二十五年＜封爵令＞中有關內外命婦之制，見：≪唐令拾遺≫，頁316—318。又見：≪唐六典≫，卷2，頁37b—38b，＜吏部尚書＞條；≪舊唐書≫，卷43，頁1821—22，＜職官志㈡＞；≪新唐書≫，卷46，頁1188—89，＜百官志㈠＞。

品上；皇后小功緦麻親、皇太子妃周親，從七品上。其〔《會要》無其字〕外戚，各依本服降二等敍。娶郡主者出身〔《六典》無者出身三字〕，正六品上。娶縣主者〔《六典》無者字〕，正七品上。郡主子出身，從七品上。縣主子，從八品上敍。[101]

以上是皇帝、皇太后、皇后、皇太子妃親族及其外戚、娶郡主、縣主者、郡主子及縣主子等的敍階之法。其中漏列尚公主者，按唐對尚公主者只授駙馬都尉，為從五品下武散官，[102]並詳〈附表三〉。

(3)勳庸：

《唐六典》、《唐會要》對勳庸的敍階之法，有如下規定：

謂上柱國，正六品上敍；柱國已下，每降一等〔每，《會要》作遞。又，此句以下引文，《會要》無。〕。至騎都尉，從七品下，驍騎尉、飛騎尉，正九品上；雲騎尉、武騎尉，從九品上。[103]

以上是勳庸敍階之法。按：「勳官者，出於〔北〕周、〔北〕齊交戰之際，本以酬戰士，其後漸及朝流。階爵之外，更為節級。」[104]唐勳官十二等，由「轉」數表示等級。轉數多者，品階高；也有「比」職事官、散官品階的辦法。開元七年（719）〈軍防令〉規定，十二轉為上柱國，比正二品〔勳品，以下同〕；十一轉為柱國，比從二品；十轉為上護軍，比正三品；九轉為護軍，比從三品；八轉為上輕車都尉，比正四品；七轉為輕車都尉，比從四品；六轉為上騎都尉，比正五品；五轉為騎都尉，比從五品；四轉為驍騎尉，比正六品；三轉為飛騎尉，比從六品；二轉為雲騎尉，比正七品；一轉為武騎尉，比從七品。[105]依勳庸敍階法，上柱國自正六品上敍，實際上比其所能達到的最高品階（正二品）低出很多，柱國在正六品下敍，上護軍以下也類

101　此條開元七年〈選舉令〉條文復舊，見：《唐令拾遺》，頁299；又見《唐六典》，卷2，頁18b—19a，〈吏部尚書〉條；《唐會要》，卷81，頁1493，〈階〉。

102　《舊唐書》，卷42，頁1795，〈職官志㈠・官品〉項下。

103　《唐六典》，卷2，頁19a—b，〈吏部尚書〉條；《唐會要》，卷81，頁1493，〈階〉。

104　《舊唐書》，卷42，頁1807，〈職官志㈠〉。

105　《唐六典》，卷2，頁41a—43b，〈司勳郎中〉條；《舊唐書》，卷43，頁1822，〈職官志㈡〉；《新唐書》，卷46，頁1189，〈百官志㈠〉。參照仁井田陞復舊開元七年〈軍防令〉，見：《唐令拾遺》，頁375—376。

似（參＜附表三＞）。這種情形和封爵敍階法一樣，即以勳庸取得出身後，需再循序
升遷，才能達到其所受勳官的最高法定品階。

必須指出，唐初勳名和散官名稱，常有雷同，年月久後，漸相錯亂。例如：武德
七年（624）定令，十二等勳官名稱與上述開元七年勳名有些不同，爲上柱國、柱國
、上大將軍、大將軍、上輕車都尉、輕車都尉、上騎都尉、騎都尉、驍騎尉、飛騎尉
、雲騎尉、武騎尉。＜貞觀令＞改上大將軍爲上護軍、大將軍爲護軍。其餘不改，維
持至開元、永泰，以迄唐亡。[106]與＜附表二＞比較，發現＜武德令＞武散官中正九
品有雲騎尉，與勳名同。另外，＜武德令＞中還有一些類似勳名的武散官，如文騎尉
、屯騎尉、羽騎尉。這些武散官，都已在＜貞觀令＞中改爲各種校尉、副尉了。同時
，自咸亨五年（674）以後，「戰士授勳者動盈萬計。〔勳官〕每年納課，亦分番於
兵部及本郡。當上省司，又分支諸曹。身應役使，有類僮僕。據令乃與公卿齊班，論
實在胥吏之下，蓋以其猥多，又出自兵卒，所以然也。」[107]至開元天寶之際，更
大量濫賜百姓勳官，[108]則勳庸敍階法在高宗、玄宗以後是否嚴格執行，值得懷疑
。

(4)資蔭：

開元七年＜選舉令＞、《唐六典》、《唐會要》對於資蔭敍階之法，有下列規定：
　　諸〔《六典》、《會要》作謂〕一品子，正七品敍，〔敍下，《會要》有至字
　　〕從三品子，遞降一等。四品、五品〔品下，《會要》有各字〕有正從之差，
　　亦遞降一等。從五品子，從八品下敍。國公子，亦從八品下。〔從五品子以下
　　，《會要》作「從五品子並國公子，八品下敍。〕三品已上蔭曾孫，五品已上
　　蔭孫，孫降子一等。贈官降正官一等〔贈官已下，《唐令拾遺》P.298，另列
　　一條〕，散官同；職事若三品〔品，《唐令拾遺》作等，恐誤。〕帶勳官者〔
　　者，《會要》無〕，即依勳官品，同職事蔭；四品降一等，五品降二等。郡縣

106　《舊唐書》，卷42，頁1808，＜職官志(一)＞。

107　同上。本段標點承嚴歸田先生指正，特此致謝。此處斷句與標點本有異，似可指出勳官分番到
　　　兵部或所在之州服務，其當上本司（兵部）者，又分別到本司諸曹服務。

108　日野開三郎推測開元末天寶年間天下勳官總數，超過百萬。見：氏著，＜唐代租庸調の研究＞
　　　（福岡：作者自印，1975），＜Ⅱ：課輸篇，上＞，頁111,116。此數可能過高。

公子，準從五品孫；縣男已上子，降一等；勳官二品子，又降一等。二王後子孫，準正三品蔭。⁽¹⁰⁹⁾

以上是職事官、散官、贈官、勳官、封爵的子孫依資蔭的敍階法。（參＜附表三＞從這裏約略可以看出，在唐代官僚組織中，散官所享受的資蔭權利當與贈官相同，並比職事官低，也可能與勳官略同。大致說，透過蔭任制度，舊族新貴子孫有機會在形式上進入官僚體系。但是，蔭任「與其父祖官品、官職有直接關連，一旦進入官僚集團，其任官拜職，以及其後的官歷等，不僅與其父祖政治地位高下有關，在唐代復與社會門第高低有關。」⁽¹¹⁰⁾

(5)秀孝：

開元七年＜選舉令＞、《唐六典》、《唐會要》對於秀孝的敍階之法，有下列規定：

諸〔《六典》、《會要》作謂〕秀才上上第，正八品上。已下遞降一等；至中上第，從八品下。明經降秀才三等；進士、明法甲第，從九品上；乙第降一等。若本蔭高者，秀才、明經上第，加本蔭四階；已下遞降一等。明經通二經已上，每一經加一階。及官人通經者，後敍加階，亦如之。凡孝義旌表門閭者出身，從九品上敍。〔凡孝義以下，《唐令拾遺》別作一條。〕⁽¹¹¹⁾

以上是秀才、明經、進士、明法及其帶本蔭者、官人通經者、孝義等，以秀孝取得出身的敍階法。（參＜附表三＞）開元七年的另一條＜選舉令＞，對上述部份符合授予散官者，亦曾加以界定：「諸貢舉人，有博識高才、強學待問，無失俊選者，為秀才。通二經已上者，為明經。明閑時務，精熟一經者，為進士。通達律令者，為明法。

109　開元七年＜選舉令＞中資蔭敍階法的條文復舊，見：《唐令拾遺》，頁300—301；《唐六典》，卷2，頁19b—20a，＜吏部郎中＞；《唐會要》，卷81，頁1493，＜階＞。本段引文，自「贈官降正官一等」以下之標點，承毛漢光先生惠賜意見，已與仁井田陞所標有出入，可能更符合唐代蔭任制度的運作體系。毛先生也對本段引文之後所作散官享受資蔭權利與其他各類官僚的比較，提供意見，謹致謝忱。

110　毛漢光，＜唐代蔭任之研究＞，《中央研究院歷史語言研究所集刊》，55本3分（1984），頁459—542，引文見頁533—534。

111　開元七年＜選舉令＞秀孝敍階法的復舊條文，見：《唐令拾遺》，頁297—298；《唐六典》，卷2，頁20a—b，＜吏部郎中＞條；《唐會要》，卷81，頁1493，＜階＞。

其人正直清修，名行孝義，旌表門閭，堪理時務，亦隨賓貢，爲孝弟力田。」[112] 開元二十五年（737）的＜選舉令＞對開元七年所規定的秀才敍階法作了一些修正，卽「秀才上下等，正九品上〔原從八品上敍〕；中上第，正九品下〔原從八品下敍〕。」[113] 至於秀才、明經、進士、明法等科的考試內容及評判通過等第的標準，開元七年的＜考課令＞中，另有規定，不贅。[114]

關於秀孝敍階法，有幾點值得提出：第一，一般通謂秀才科考試廢於永徽二年（651），但據近人研究，秀才科可能維持至代宗之世（763—779）。[115] 不論如何，秀才科出身者人數不多，並非唐代士人出身主要途徑。第二，除了明法以外，唐令並未規定明書（明字）、明算等通過專業考試者的敍階法，其出身極可能比照明法。第三，唐代科舉中，明經、進士二科較爲士人所重。據＜登科記考＞統計，有唐三百年通過進士考試者，總計3,917人；年平均出身人數，在八世紀時約20人，九世紀時約30人。明經出身者，每年人數約爲進士的四至五倍，文宗太和九年（835）明定每年明經總數以100人爲限。[116] 進士科出身者，在唐代官僚集團中所佔人數比例並不高，當在5％以下，[117] 但常有機會身居顯職，比明經出身較爲士人所重，故唐人有「五十少進士，三十老明經」的說法。[118] 不過，如果依照秀孝敍階法，則明經敍授散官的出身階，比進士高。所以每年從明經出身者，也大有人在。問題是，進士科出身

---

112 ＜唐令拾遺＞，頁295。

113 同上，頁297。

114 各項規定的復舊條文，見：＜唐令拾遺＞，頁353—356。

115 張榮芳，＜隋唐秀才科存廢問題之檢討＞，＜食貨月刊＞，10卷12期（1981），頁5—17。關於秀才科，另參：勝又憲治郎，＜秀才の辨＞，＜東方學報＞，6期（1936），頁347—354。

116 以上參見：Ch'ing-lien Huang, *op. cit.*, pp. 28-30.

117 Denis Twitchett, "Introduction", *Cambridge History of China*, Vol. 3, *Sui and T'ang China*, Part I (D. C. Twitchett, ed.; Cambridge University Press, 1979), p. 21. Twitchett 認爲在整個唐代官僚機構中，科舉出身者可能略多於10％，Twitchett 此處並未細分進士、明經等出身。但 Twitchett 另文，"The Bureaucracy," (Draft for the *Cambridge History of China*, Vol. 3, pt. II), pp. 49-50, 推測進士與制舉出身者，在680s至770s之間，約400人至500人之間，換言之，在全部官僚中所佔比例僅2.5％左右。在九世紀初，其總數約800人至900人左右，卽佔全部官僚的4％至5％左右。若扣除制舉出身，則進士出身者佔全部官僚比例，在680s至770s之間低於2.5％；至九世紀初，亦低於5％。

118 王定保，＜唐摭言＞（臺北：世界書局，1975），卷1，頁4，＜散序進士＞條。

者，往往因座主門生之制形成一股政治勢力，蔚爲唐代官僚政治中值得注意的現象，可另文討論。

(6)勞考：

　　＜唐六典＞、＜唐會要＞對於勞考的敍階之法，有下列規定：

　　　謂由〔＜會要＞作內，較合〕外六品已下，四考滿皆中中考者，因選〔＜會要＞無因選二字〕進一階。每二〔＜會要＞無二字〕中上考，又進兩〔兩，＜會要作一〕階。每一上下考，進兩階。若兼有下考，得以上考除之。(119)

關於這項規定，有幾點值得注意。第一，勞考的對象是流內或流外官，他們早已取得出身，授以職任，與上述透過封爵、親戚、勳庸、資蔭、秀孝五種方式取得出身，敍以散階者，有所不同。第二，考績與年資是唐代官僚尋求轉任或加祿時，兩種重要資格。但因官僚人數不斷擴充，僧多粥少的情形常困擾政府及待選、待遷官僚。爲解決這個問題，唐政府經常重新規定選數、考數及年資等各項規定。上述「四考」進階辦法，實際上只是一般原則。終唐一代，年資與考數的規定，屢有變化。(120) 第三，上引規定中「若兼有下考，得以上考除之。」一項，是唐代考績上下等相互抵消的辦法，當時稱作「覆」，已另文考之，不再贅述。(121)

　　以上所論六種敍階之法，其所敍的階，就是散階，所得官銜是散官，所得官品是散官的品階。不過，在六種敍階法中，實際上只有封爵、親戚、勳庸、資蔭、秀孝五種，可視爲初出身階。至於勞考，是對已仕者任職表現的考察、進階之法。這也就是貞觀十一年（637）的勅令所明白規定的辦法：「散位一切以門廕結品，然後依勞進敍。」(122) 但是，如果官僚因爲犯罪或其他原因，而被除名、免官或免所居官，則必需在一定期限後，才可以再加銓敍。再敍時，就要再依唐律所稱的＜出身法＞，尋求出身，降散階而改敍。所降階數，通常在七階至十四階之間。(123)

119　＜唐六典＞，卷2，頁20b，＜吏部郎中＞；＜唐會要＞，卷81，頁1493，＜階＞。

120　拙著，＜唐代的文官考課制度＞，頁168—173。

121　同上，頁159。

122　＜唐會要＞，卷81，頁1501，＜册府元龜＞，卷635，頁20b—21a。＜舊唐書＞，卷42，頁1715，略有不同，謂：「散位……然後勞考進敍。」

123　關於除名、免官、免所居官的規定及討論，參見：拙著，＜前揭文＞，頁179—183。

　　除了以上所論，是否還有其他取得散位的方法或途徑呢？首先，從實際例子看，由於功績、高才、異行等獲贈散官、或者沒有職事官位而特授散官以待終、或死後贈致散官的情形，似較常見。譬如：初唐時，洛陽人元勇（589—655），因從戎有功獲授散官，居從五品下的朝散大夫而終。元氏墓誌並說：「是知爵以褒德、勳以報功，遂授朝散大夫，以隆榮貴。」[124]這裏所說致贈爵、勳、階〔散階〕的分別，似乎只是一般原則，在實際封爵、授勳及賜階的時候，是否僅以「褒德」、「報功」、「隆榮賞」來區分，頗成疑問。在一些獲贈散官的例子中，有的因為率義來歸而獲贈散官，如王元則（587—626）唐初以隋代王府典籤來歸，「以勳授朝請大夫〔文散，從五品上。〕」[125]有的是因為軍功等而獲得散官，如安度（582—659）於唐初授陪戎副尉〔武散，從九品下〕；[126]尉遲融（585—658）於武德年間因軍功分別授過朝散大夫〔文散，從五品下〕、正議大夫〔文散，正四品上〕等。[127]有的是隋官入唐，按照班例而授予散官，如張才（588—655）於隋末仕至上柱國、大將軍，「既而隋曆告終，唐皇啓聖，隋官例降，准當陪戎副尉，謹從班例。」[128]有的是唐官僚制度運作漸趨正常後，援例或班例而授散官，如王孝瑜（582—655）於貞觀十三年（639），「例加陪戎副尉」。[129]值得注意的是，從班例授官不一定是散官，也有勳官之例，如閻志雄於貞觀二十三年（649）獲授騎都尉。[130]因軍功而授也不一定是勳官，也可能是散官，而且也可能是文散官，如上述尉遲融的例子。

　　其次，從唐代入仕途徑來說，上述六種敍階之法，顯然並未包括所有出身管道。唐時入仕途徑很多，封爵、親戚、勳庸、資蔭、秀孝可說是較常見的正途。其他如以衞官、捉錢戶、恩選、薦舉、辟召等入仕，在若干時期中，也頗為常見。至於從流外

124　<大唐故朝散大夫元府君墓誌之銘并序>，收入毛漢光，≪唐代墓誌銘彙編附考≫，第三冊，頁259—261。

125　<唐故開府右尙令王君墓誌銘并序>，同上，第一冊，頁393—395。

126　<大唐故陪戎副尉安君墓誌銘>，同上，第四冊，頁367—369。

127　<大唐故開府儀同三司鄂國公尉遲公墓誌銘并序>，同上，第四冊，頁285—292。

128　<唐故張君墓誌銘并序>，同上，第三冊，頁287—289。

129　<唐故朝散大夫晉陽府鷹揚王君并夫人孫氏墓誌并序>，同上，第三冊，頁281—285。

130　<唐故騎都尉幽州新平縣丞閻君墓誌并序>，同上，第三冊，頁37—39。

官轉入流內，則常是構成低品職官一項主要來源，也不容忽視。[131] 這些不同出身的人，在理論及實際上都可獲得品階有別的職事官和散官，只是唐出身法中，沒有詳細規定他們獲得散官的辦法罷了。

六、散官的義務

獲得散官之後，在名義上就是官僚了。六品以下文武散官，雖然還需要經過由吏部主持的文選、或兵部主持的武選，才能授任職事官。[132] 但散官實際上已經必須盡番上的義務，可以享受若干官僚的權利了。散官盡義務與享權利，和他們的品階高低有關。本節先分析他們該盡的義務。

開元七年（719）＜選舉令＞，對四品以下文散官的當番義務，有下列規定：

　　諸〔≪六典≫、≪舊唐書≫作凡〕散官四品已下、九品已上，並於吏部當番上下。（〔原注：其應當番四十五日。若都省須使〔≪舊唐書≫無使字〕人送符，及〔≪舊唐書≫無及字〕諸司須使人者，並取〔≪舊唐書≫無取字〕兵部、吏部散官上，〔逗點，≪唐令拾遺≫標在上前〕經兩番已上，聽簡入選。不第者依番，多〔≪舊唐書≫作名〕不過六〔≪舊唐書≫六之前有五字〕也。）

　　　　　　[133]

關於這條令文，必須作一些解釋。第一，在吏部當番上下的四品以下散官，當指文散官，這可由≪唐六典≫及≪舊唐書≫繫此條於吏部郎中之下推知。武散官另有當番規定，詳下。第二，註文所指「都省」，就是尚書都省。唐的尚書都省，置尚書令一人，左、右丞相各一人，左右丞相卽左右僕射。事實上唐代前期任尚書令的只有太宗一人，兩僕射卽尚書省的長官。因為吏部、兵部都直屬於都省，所以在都省當番者，除吏部主使的文散官外，也包括兵部所使的武散官。第三，所謂「諸司」，到底指那些

131　Ch'ing-lien Huang, *op. cit.*, pp. 22-34。

132　有關文、武散官應文、武選的應試資格、考試內容及通過考試以後的銓敘過程，參：Ch'ing-lien Huang, *op. cit.* pp.35ff.

133　開元七年＜選舉令＞有關散官當番規定的條文復舊，見：≪唐令拾遺≫，頁 290；又見：≪唐六典≫，卷 2，頁18a，＜吏部郎中＞條；≪舊唐書≫，卷 43，頁 1819，＜職官志㈡・吏部郎中＞條。

機構？按：「諸司」有時是指「寺監等中央行政機關」，有時是指「九寺、諸監、諸衛及東宮官屬」，[134] 有時指稱對象更廣，如≪唐六典≫，卷二，「吏部侍郎、員外郎」條（頁23b-24a，27b-29a）所稱，還包括三省、一台、諸監及東宮官屬。此條所記「諸司」，可能是泛指中央各行政機關而言。文武散官旣已被納入官僚系統，則在「諸司須使人」時，卽使主要在吏部當番的文散官，或大部分時間在兵部當番的武散官（詳下），都有被調派至其他諸司當番的可能。第四，據上引，文散官每次當番四十五日，而且必須當番至少二次以上，才有資格入選。所謂「入選」，就是參加吏部的文選，通過後才可以擔任職事官。依照註文，如果入選不第，則當番次數不能超過六次。換言之，文散官盡六次當番義務後，就有資格擔任職事官。如果當番兩次就入選上第，自然可以縮短他們盡義務的期限。

文散官如果不盡番上義務時，必須輸資。≪新唐書≫，卷46，頁1187，＜百官志(一)＞「吏部郎中」條說：「自四品，皆番上於吏部。不上者，歲輸資錢。三品以上〔疑當作「三品以下」或「五品以上」〕六百，六品以下一千，水、旱、蟲、霜減半資。有文藝樂京上者，每州七人。六十不樂簡選者，罷輸。勳官亦如之，以征鎭功得護軍〔勳官，從三品〕以上者，納資減三之一。」此條列於文散官各種品階之後，可知是指文散官。

武散官須盡番上義務的辦法，除輸資的規定，略同於文散官外，又規定以武散官所居地至番上地點（主要是兵部）的里程遠近，訂定番數。≪新唐書≫，卷 46，頁1197，＜百官志(一)＞，「兵部郎中」條說：「自四品以下，皆番上於兵部，以遠近爲八番，三月一上。三千里外者免番，輸資如文散官，唯追集乃上。六品以下，尙書省送符。懷化大將軍〔正三品〕、歸德大將軍〔從三品〕，配諸衛上下。餘直諸衛爲十二番，皆月上。忠武將軍〔正四品上〕以下、游擊將軍〔從五品下〕以上，每番，閱彊毅者直諸衛；番滿，有將略者以名聞。」這裏明白指出各個不同品階武散官的番上地點：四品以下在兵部，也有可能被檢選入直諸衛；六品以下，更有可能被分派至尙書都省送符（參上文散官義務）；但是授給外族歸附酋帥的懷化、歸德大將軍，則在

---

134 嚴耕望，＜論唐代尙書省之職權與地位＞，收入氏著≪唐史研究叢稿≫（香港：新亞研究所，1969），頁45、56。

諸衛上番。

　　武散官應盡番數和道里遠近，是否有關呢？≪唐六典≫，卷5，頁11a，＜兵部郎中＞條說，番數是由兵部統一規定：「五百里內七番，一千里內八番，二千里內十番，二千里外十二番，並一月上。四品已下，九品已上，於兵部上下，五百里內四番，一千里內五番，二千里內六番，二千五百里（里下脫內字）七番，三千里內八番，各一季上。三千里外免番，隨須追集也。」對於這個規定，可以提出三個問題：第一，每次上番時間到底多久？第二，遠近里程不同的武散官，上番次數是否也不同？每年要上番幾次？第三，各個不同品階的武散官要上番幾年才算番滿，完成該盡義務？在這三個問題中，只有第三個問題，可從≪唐六典≫及≪舊唐書≫的另文規定得到確切答案；其餘則無直接資料可尋，只能從府兵上番規定，略作說明。當然，武散官與府兵地位有別，其上番辦法是否相同，不無疑義。試推論如下：

　　按照上引≪唐六典≫條文，開頭所謂「五百里內七番……並一月上。」和緊接的下文所謂「五百里內四番……各一季上。」二者所指須盡上番義務的武散官，對象不同。前者是指懷化、歸德兩將軍，因為上引條文是注於「凡懷化、歸德將軍配於諸衛上下。其餘並兵部定其番節」一條之下；後者則明指四品至九品的武散官。這兩者的番數，依里程有所不同。問題是，這些「番」數，究竟指什麼？按：≪新唐書≫，卷50，頁1326，＜兵志＞與≪唐六典≫卷5，頁17a，＜兵部郎中＞條，對府兵上番有類似規定。兩書所載略有不同，這裏姑以≪新唐書・兵志≫為據：「凡當宿衛者番上，兵部以遠近給番。五百里為五番，千里七番，一千五百里八番，二千里十番，外為十二番，皆一月上。」據谷霽光研究，這裏所謂五番，是指一個折衝府的兵分作五組，輪流上番；七番是分作七組，上番期限一個月。「例如上府1,200人，五番則每次派出240人，七番為171人，八番為150人。那麼五百里內五番，據計算五年中有十一次承番。……」[135] 假定唐政府對武散官與府兵上番規定原則相同（即幾百里內分幾組上番），只是里程、番數與每年上番次數有別。那麼一個上折衝府的府兵有1,200人可以輪番宿衛，一個州或一個縣的武散官會有多少人可以輪番去盡番上的義務呢？

135　谷霽光，≪府兵制度考釋≫（上海，1962），頁166。

是以什麼行政單位爲準輪流分組派人去上番呢？這些都得不到答案。假使一個州、縣
的武散官人數遠低於一個上折衝府的人數1,200人（這樣似乎較有可能。唐初天下360
州，如每州有1,000個武散官，則全國將近360,000人，似乎不太可能？），雖然是一
季上（四至九品），實際番上的時間，就可能比府兵多（谷氏估計一個距京城五百里的
府兵，每年兵役負擔約114天）。[136] 然而如果考慮武散官有見習性質，而且其番上
義務，只是在尚書省送符，或在諸衛宿直（詳下），與府兵以征防爲主的上番，[137]
自然有輕重之別。卽使武散官每年番上時間比府兵多，似乎並非不盡合理。茲因史料
限制，對上舉第一、第二個問題，只能略作說明如上。

武散官要番上幾年，才算番滿（上舉第三個問題）？≪唐六典≫，卷5，頁13b
，＜兵部郎中＞條和≪舊唐書≫，卷43，頁1833，＜職官志㈡＞「兵部郎中」條，有
如下規定：「〔武散官〕五品已上四年〔≪舊唐書≫「已上」作「已下」，且無「四
年」二字〕，七品已上五年，多至八年。年滿簡送吏部，不第者，如初。無文，聽以
武選。」另外，≪唐六典≫，卷5，頁11a-b，＜兵部郎中＞條又說：「番滿者，六
品已下，並聽預簡，量其才能，或留本司，或送吏部；五品已上則奏聞。」這兩項規
定，比文散官番期的規定詳細。比較文、武散官的最高及最低上番期限，可明顯地看
出，文散官該盡兩番至六番，每番只有四十五日的義務，但武散官則最少四年，最多
至八年。

文武散官番上各有不同規定，已略作討論如上。這裏必須追問，唐代政府要求散
官番上的項目和目的是什麼？這是解明散官性質的關鍵之一，再討論如下。

上文引開元七年的＜選舉令＞說四品至九品文散官須在吏部當番上下，或在尚書
都省送符；如果中央各行政諸司「須使人」時，也可以調派文、武散官擔任。另外，
上引≪新唐書·百官志≫也說武散官六品以下，要在尚書省送符；正三品的懷化大將
軍及從三品的歸德大將軍、正四品上到從五品下共有八階的武散官，都要入直諸衛。
這裏所謂「送符」，是指傳送公文。按：唐代的公文程式，法規詳密。其中規定公文

---

136 同上，頁166—167；Swee-fo Lai, *The Military and Defense System Under the T'ang Dynasty* (Ph. D. dissertation; Princeton University, 1986), p. 49.

137 關於府兵的任務，參看：谷霽光，同上，頁165—176；康樂，＜唐代前期的邊防＞（臺北：臺灣大學，1979），頁151—153；Swee-fo Lai, *Ibid*, pp. 48-52.

的種類、名稱的，有「凡上之所以逮下，其制有六，曰：制、敕、冊、令、教、符。凡下之所以達上，其制亦有六，曰：表、狀、牋、啓、辭、牒。諸司自相質問，其義有三，曰關、刺、移。」[138] 各類公文都有一定用法，「符」必遣於都省乃下，「尙書省下於州，州下於縣，縣下於鄉，皆曰符。」又，「上官向下皆曰符」，故尙書省行諸寺文書亦曰符。[139] 從〈敦煌發見經卷紙背開元公式令殘卷〉，更可以看出符式的內容和格式。[140] 文武散官番上時，可能被調派至尙書省送符。所送的符，當卽尙書省下達州縣或諸寺之符，而不是有時也單獨存在的文書，如告身、過所也算一種符。[141] 至於文武散官要在其所屬本司（吏部或兵部）、或其他諸司上番，或者武散官也可能被調派至諸衞宿直，這些都是對於初得出身、獲得散官者，所給的見習機會。等到他們將來擔任職事官以後，再以散官資格待選，就不必再番上了。但是唐代職事官還是有分番宿直的義務，則與散官番上性質不同。

從現有資料，只能稍微知道一些初敍散官者，上番傳送公文或宿直時，被諸司使喚的一般情形。例如：《舊唐書》，卷42，頁1807，〈職官志㈠〉說：「舊例……朝議郎〔文散，正六品上〕已下，黃衣執笏，於吏部分番上下，承使及親驅使，甚爲猥賤。每當上之時，至有爲主事〔如以吏部司而論，有主事四人，從八品下〕、令史〔流外胥吏，吏部司有三十人〕守局鑰，執鞭帽者。兩番以上，則隨番許簡，通時務者，始令參選。一登職事之後，雖官有代滿，卽不復番上。」另外，從敦煌發現的開元二十五年（737）《水部式》殘卷，可以看出武散官有時也有巡檢津梁任務，《水部式》說：

138　《唐六典》，卷1，頁25a—26a，〈尙書省左右司郎中〉條。

139　同上，卷1，頁25b。《新唐書》，卷46，頁1185，〈百官志㈠・尙書令〉條又說：「凡符、移、關、牒，必遣於都省乃下。天下大事不決者，皆上尙書省。凡制、敕計奏之數，省符宣告之節，以歲終爲斷。」又，「上官向下皆曰符」，故尙書省行諸寺文書亦曰符。見：嚴耕望，〈論唐代尙書省之職權與地位〉，頁52,57。

140　《唐令拾遺》，頁558—559；又參：仁井田陞，〈唐宋法律文書の研究〉（東京：東方文化學院東京研究所；1937,1967），頁839—842，第三編第五章〈符〉。

141　仁井田陞，〈唐宋法律文書の研究〉，頁840；內藤乾吉，〈敦煌出土の唐騎都尉秦元告身〉，〈東方學報〉（京都），第三册（1933），又收入氏著〈中國法制史考證〉（東京：有斐閣，1963），頁26—63。

京兆府灞橋、河南府永濟橋差應上勳官，幷兵部散官，季別一人，折番檢校。

仍取當縣殘疾及中男，分番守當。灞橋番別五人，永濟橋番別二人。[142]

兵部所指揮調度的武散官，被差遣擔任檢校灞橋和永濟橋的詳情，已不可知。但是，這種任務在協助原來負責津梁行政事務的職事官（令一人，正九品上；丞二人，從九品上），似乎可以確定。

從以上文武散官番上內容看，唐政府規定他們在正式參選前一段不算短的時期內（文散官番期二至六番，每番四十五日；武散官較長，四至八年），先到尚書都省、吏部、兵部或其他諸司、諸衞，甚至一些特定的津梁，去協助職事官處理行政業務，或供差遣，傳送公文等等，可說是一種見習候差的性質。雖然他們很可能要作一些猥賤的工作，但是等到日後他們通過文選或武選，正式派任職事官後，已經見習到一些行政經驗了。如果他們在番上期間有所表現，則出任原來番上機構職事官的機會應當不小。這一點可從前文所說正四品上到從五品下武散官，如忠武將軍、游擊將軍入直諸衞，在番滿時，「有將略者以名聞」一事，略見端倪。可以說，散官見習候差的制度，是唐代官僚政治設計上較爲合理、精妙的一面。

爲了防止散官當番不到或無故不上番，唐代法律更詳定罰則。≪唐律疏議≫，卷

---

142 敦煌開元二十五年≪水部式≫殘卷首由光緒三十四年（1908）伯希和〔Paul Pelliot, 1878-1945）發見，民國二年羅振玉出版其影本於：≪鳴沙石室故佚書≫，此卷現藏巴黎圖書館（Bibliothéque Nationale），編號 MS No. 2507。本段引文見≪羅雪堂先生全集≫，第三編第五册；又同書，第四編第五册，除影卷外，更有羅氏跋，對≪水部式≫殘卷略加考證。≪水部式≫殘卷影本又見：Yamamoto Tatsuro, et. el. *Tun-huang and Turfan Documents Concerning Social and Economic History*, I (Tokyo: The Toyo Bunko, 1978), pp. 79-85，本段引文在同書 p. 84。歷來研究≪水部式≫的學者，人數頗多。如：仁井田陞，＜敦煌發見唐≪水部式≫の研究＞，≪服部先生古稀祝賀記念論文集＞（1936），頁761—88；Denis Twitchett, "The Fragment of the T'ang Ordinances of the Department of Waterways Discovered at Tun-huang," *Asia Major*, New Series, 6:1, (1967), pp. 23-79。此外，瀧川政次郎、那波利貞也都曾利用此一殘卷進行研究，俱見 Denis Twitchett 文。仁井田陞在上引文中斷定此卷爲開元二十五所頒。Twitchett 對≪水部式≫殘卷全文翻譯成英文，並作詳細註解。本段引文之英譯及註釋，見 Twitchett 文，pp. 61—62。按：≪新唐書·百官志㈢＞＜諸津＞條（卷48，頁1277）說：「諸津，令各一人，正九品上；丞二人，從九品下。掌天下津濟舟梁。灞橋、永濟橋，以勳官、散官一人蒞之……」文字過省，所以羅振玉＜水部式跋＞評說：≪唐·志≫節省其文，義乃全晦。」

9，＜職制律＞說：「諸官人無故不上，及當番不到（原註：雖無官品，但分番上下，亦同），若因暇而違者，一日笞二十，三日加一等，過杖一百，十日加一等，罪止徒一年半。邊要之官，加一等。」[143] 關於這條律文，＜律疏＞進一步解釋說：「官人者，謂內外官人。『無故不上，當番不到』，謂分番之人，應上不到。注云：『雖無官品』，謂但在官分番者，得罪亦同官人之法。」[144] 唐律中有所謂「二官」，計階等而得官者如職事官、散官、衞官，同為一官，視為一類；勳官因為是「從勳加授」，被視作另一類。[145] 這條律文所指官人，應當包括散官在內。至於一些武散官另有宿直諸衞義務，如果不盡時，唐律也定有罰則：「諸在官應直不直，應宿不宿，各笞二十；通晝夜者，笞三十。若點不到者，一點笞十。」[146] 依照上述唐律的「二官」分類，「諸在官者」應該也包括散官在內。

七、散官的待遇

　　唐代散官既已被納入官僚體系，除了盡他們該盡的義務外，也可以享受一些官僚的權利。但散官與職事官到底有執事與否的差別，他們所能享受的權利也比職事官為少。又因散官性質與勳官、封爵有異，各類官僚在權利方面，也都有不同待遇。有關唐代官僚的權利問題，牽涉廣泛，本文無法一一探討。以下試以散官為中心，從㈠薪俸，㈡給田、免課，㈢刑罰，㈣班序，㈤車輿，㈥衣服等六項，略加探討。其中㈠至㈢項，對唐代官僚的權利而言，較具實質意義；㈣至㈥項，則含有較多的象徵意義。至於散官在致仕、封爵、置媵、營繕、喪葬、謚議等等方面，所能享受待遇的研究，只有俟諸異日。

㈠薪俸：

　　唐代官吏從政府取得的經濟來源，依照官僚種類（如職事官、散官、勳官、封爵

143　＜唐律疏議＞，涔憙齋本，卷9，頁6a-b；點校本，頁186。

144　同上。

145　＜唐律疏議＞，涔憙齋本，卷2，頁17a；點校本，頁45。參：Wallace Johnson, tr. *The T'ang Code*, pp.114—115。

146　＜唐律疏議＞，涔憙齋本，卷9，頁5a—6a；點校本，頁185—186。

），而有不同。一般認為有職分田、永業田、祿米、俸料錢四項，[147] 實際上只適用於職事官。另外，普通認定官僚的薪給是依職事官品而定，也不是毫無疑問。這裏先討論散官的薪俸及散階與薪俸的關係，再於第（二）項討論給田。

唐代前期的官僚俸給制度，相當雜亂，也很難估計出各品官僚實際支領多少薪俸。至開元二十四年（736），成立「月俸制」，規定百官的料錢，全都合為一色，以「本官」為據，隨月給付。[148] 此後，官僚的薪俸按職事官品支給，似無疑問。但開元二十四年以前，官僚薪俸支給是否也依照職事官品呢？《唐會要》及《册府元龜》有一條記載：

> 乾封元年（666）八月十二日，詔京文武官應給防閤、庶僕、俸料，始依職事品；其課及賜，各依本品。[149]

防閤、庶僕及撥交職事官支使的白直、執衣等，唐時統稱為「仗身」，有時也稱作「色役」。色役撥付的人數及俸料，依官僚品階的高低而有不同。據此條所稱，是乾封元年以後才開始以職事品而定；換言之，乾封元年以前當以散官或本品而定。事實上，色役撥付人數，至調露元年（679）以後，才有詳細規定。[150] 此條又說，乾封以後，官僚的課及賜，「各依本品」。所謂「課」，或稱「資課」、「手力資課」，是由於力役施行不便，逐漸改成納錢代役，一般丁男為避免差科而納的代役錢就是「課」。[151] 所謂「賜」，即帝王的賞賜，可以包括色役及俸祿等。乾封以前，官僚的課、賜，依本品而定，例如：永徽四年（653），張士貴（586—657）上表請退，高宗

---

147 閻守誠，〈唐代官吏的俸料錢〉，《晋陽學刊》，1982:2，頁23—30。

148 《唐會要》卷91，頁1654，〈內外官料錢（上）〉條：「開元二十四年六月二十三日敕，百官料錢，宜合為一色，都以月俸為名，各據本官，隨月給付。」此條後並詳列職事官一至九品的月俸，食料，防閤，雜用等給付。又見：《册府元龜》，卷506，頁3b，〈邦計部・俸祿（三）〉。參：橫山裕男，〈唐代月俸制の成立についこ——唐代官僚俸祿考の一——〉，《東洋史研究》，27：3（1968），頁1—25。

149 《唐會要》，卷91，頁1652，〈內外官料錢（上）〉條；《册府元龜》，卷505，頁21a，〈邦計部・俸祿（一）〉。

150 《通典》，卷35，頁201b，〈職官（十七）・祿秩〉；參：築山治三郎，《唐代政治制度の研究》，頁552，據《通典》所作內外職事官色役表。

151 日野開三郎，《唐代租庸調の研究：II・課輸篇（上）》（作者自印，1975），頁27以下。

授從二品武散官鎮軍大將軍，「封如故祿，賜防閤等，一同京官職事。」[152]乾封以後，則未發現其例。但若此條記載可信，則官僚的課賜，仍依散階而定。

　　如果說乾封以後官僚薪俸才開始依職事品而定，可以成立，[153]對高品散官來說，可能仍有例外。≪舊唐書≫，卷42，頁1807，＜職官志㈠＞說：「舊例，開府〔文散，從一品〕及特進〔文散，正二品〕，雖不職事，皆給俸祿，預朝會，行立在於本品之次。光祿大夫〔文散，從二品〕已下，朝散大夫〔文散，從五品下〕已上，衣服依本品，無俸祿，不預朝會。」這裏沒有明言「舊制」到底是何時之例，但極可能是指乾封以後、開元七年（719）以前〔參本節㈣班序項〕之制。因為如果官俸是依本品而定，則散官沒有有俸、無俸之分。乾封以後改依職事品定俸，可能是政府基於財政方面的考慮。如此似可刪除大部分只有散官資格但未任職事官者的俸祿，只有最高品的散官開府及特進，仍給俸祿。

　　散官品階和官僚薪俸的關係，除以上所述之外，最值得注意的是，官僚的本品是考績評定後，加祿或奪祿的一項依據。開元七年及二十五年的＜考課令＞中，有下列規定：

　　　　諸食祿之官，考在中上〔第四等〕已上，每進一等，加祿一季；中中〔第五等〕者守本祿，中下〔第六等〕已下，每退一等，奪祿一季。若私罪下中〔第八等〕已下、公罪下下〔第九等〕，並解見任，奪當年祿，追告身，周年聽依本品敍。[154]

此制是開元所定，事實上早在貞觀二年（628）時，太宗即詔「官人得上考者，給一季祿。」次年（629），又詔「官人得上下考，給一年祿。」[155]開元之制，當是修正唐代前期各種法規後，所作規定。從上引＜考課令＞，可以發現各等考績與加祿、

152　＜大唐故輔國大將軍荊州都督虢國公張公墓誌銘＞，見：毛漢光，≪唐代墓誌銘彙編附考≫，第四冊，頁143。

153　閻守誠和橫山裕男都曾據≪唐會要≫，卷九十一，＜內外官俸料（上）＞「乾封元年」條，認定乾封以前官僚薪俸是依本品來發給，但未引≪册府元龜≫。（≪册府元龜≫此條可能源自≪會要≫）見：閻守誠，＜前揭文＞，頁24；橫山裕男，＜前揭文＞，頁5—6。

154　此條＜考課令＞的復舊，見：≪唐令拾遺≫，頁344；又見≪唐六典≫，卷2，頁49a，＜考功郎中＞條。

155　≪册府元龜≫，卷505，頁18b，＜邦計部‧俸祿㈠＞。

奪祿的關係。唐代官僚的考績，是依在職事官任內的行政績效加以考察，但因考績良窳而昇遷或黜降則依散官的品階而定，官僚除免以後再敍或初得出身，也都是依照本品來銓敍。[156] 乾封元年以前，官僚的薪俸依本品給，不致引起問題。但乾封以後，官僚薪俸依職事官品而給，惟因官僚的考績影響本品的昇降，則在因考績的優劣而導致加祿、奪祿時，就可以發現加祿、奪祿與散官品階仍有一定關係。當然，考績與加祿或奪祿，唐後期是否嚴格執行，頗有可疑之處。大中六年（852），考功司上奏說，所謂加祿、奪祿事，「近年以來，與奪幾廢。或有申請之處，則言無本色可支，徒掛簿書，實無給與。」[157] 唐代中、晚期的考課制度，已逐漸產生弊端，不必諱言。[158] 但無論加祿、奪祿是否確實執行，其與官僚散階的關係，終唐之世，並未改變。

㈡給田、免課：

　　北魏以迄隋唐時期施行的均田制，仍然有許多疑而未決的問題，諸如實行的地域是否遍及全國或只限於某些地區，均田法規是否嚴格執行、或部分實行、或僅為具文，是否曾經實行土地還受等等問題，都曾引起學界熱烈討論。[159] 這裏只預備檢討，唐代散官在均田制下，可以得到什麼田地和多少田地。

　　唐代的職田（或稱職分田）是授給職事官，公廨田是充作行政機構的開銷之用，這些和散官都沒有關係。但是一般農民也有權利得到的口分田和永業田（或稱世業田），散官則因具有官僚身分，而可以得到遠較百姓為多、通常也不比勳官為少的田地。依據武德七年（624）的＜武德令＞規定：「諸丁男、中男，給田一頃，篤疾、廢疾給四十畝，寡妻妾四十畝，若為戶者加二十畝。所授之田，十分之二為世業田，八為口分。世業之田，身死則承戶者便授之，口分則收入官，更以給人。」[160] 這是一

156　以上各點，詳拙著，＜前引文＞，頁161—162；168—169。

157　《唐會要》，卷82，頁1510，＜考（下）條＞；《册府元龜》，卷636，頁12b，＜銓選部・考課㈡＞；又引文中開元二十五年＜倉庫令＞條文復舊，見：《唐令拾遺》，頁93。

158　關於這個問題，參：拙著，＜前引文＞，頁187—191。

159　有關均田制的討論，眞可說是汗牛充棟。截至目前為止，最為近出而有系統的討論，應推日人堀敏一，見氏著，《均田制の研究—中國古代國家の土地政策と土地所有制》（東京：岩波書店，1975），485頁，有關實施均田制的問題討論，參見該書頁153—158。

160　此條武德七年＜田令＞的復舊，見：《唐令拾遺》，頁609—610；又見：《唐六典》，卷31，頁31b，＜戶部郎中員外郎＞條；《舊唐書》，卷48，頁 2088，＜食貨志（上）＞；《唐會要

般百姓受田的情形。

均田制是代表身分階層制下的土地所有秩序，官僚所得田地比百姓爲多，並不足異。但在官僚之中，則又依其種類及品階分給永業田。此制自隋出現，至唐時更有清楚的給授額。開元七年及二十五年的＜田令＞中，對有爵者、職事官、勳官、散官所受永業田數額，有下列規定：

> 諸永業田，親王〔爵，從一品〕百〔百上，＜唐六典＞有一字〕頃，職事官正一品六十頃，郡王〔爵，從一品〕及職事官從一品各五十頃，國公〔爵，從一品〕若職事官正二品各四十頃，郡公〔爵，正二品〕若職事官從二品各三十五頃，縣公〔爵，從二品〕若職事官正三品各二十五頃，職事官從三品二十頃，侯〔爵，從三品〕若職事官正四品各十四頃，伯〔爵，正四品上〕若職事官從四品各十一〔一，＜通典＞、＜册府元龜＞並無〕頃，子〔爵，正五品上〕若職事官正五品各八頃，男〔爵，從五品上〕若職事官從五品各五頃。上柱國〔勳官，正二品〕三十頃，柱國〔勳，從二品〕二十五頃，上護軍〔勳，正三品〕二十頃，護軍〔勳，從三品〕十五頃，上輕車都尉〔勳，正四品上〕十〔十上，唐六典有一字〕頃，輕車都尉〔勳，從四品上〕七頃，上騎都尉〔勳，正五品上〕六頃，騎都尉〔勳，從五品上〕四頃，驍騎尉〔勳，正六品上〕、飛騎尉〔勳，從六品上〕各八十畝，雲騎尉〔勳，正七品上〕、武騎尉〔勳，從七品上〕各六十畝。其散官五品以上，同職事給。兼有官、爵及勳俱應給者，唯從多，不並給。[161]

關於這條＜田令＞，有幾點值得提出。第一，令中對職事官、散官受田額，只說到從五品爲止。據堀敏一研究，六至九品職事官受田額在令中當有記載，只是因故脫落，或在開元七年（719）以後取消。其六、七品受田額爲二頃半，八、九品爲二頃。[162]

　　　　＞卷83，頁1530—31，＜租稅（上）＞。

161　此條＜田令＞復舊，見：＜唐令拾遺＞，頁617；又見：＜唐六典＞，卷3，頁 32b—33a，＜戶部郎中員外郎＞條；＜通典＞，卷2，頁15c—16a，＜食貨㈡・田制（下）＞；＜唐會要＞，卷92，頁1671，＜內外官職田＞；＜册府元龜＞，卷495，頁 21b—22a，＜邦計部・田制＞。

162　堀敏一，＜前揭書＞，頁211—212及表七＜唐代官吏永業田＞，但表中所列有爵者官品與其實

第二，仔細比較各類官僚品階與受田額，除散官與職事官相同（但散官無正一品）外，在品階相同時，有爵者受田額與職事官、散官相比，互有高低；但職事官、散官則比勳官高出甚多。譬如以從三品一階來說，其有爵者爲侯，受田十四頃，職事官、散官爲二十頃，同階的勳官則是十五頃。又如正一品的親王受田百頃，職事官僅六十頃，散官無正一品，在此不能比照職事官。第三，對官僚永業田授給的實行狀況，所知有限。但唐代官僚往往「籍外占田」，踰越令式，藉各種機會，如在一定年限中借公田和荒廢地（後者稱「借荒」）、或侵奪民田等，成立大莊園。[163] 第四，由於高宗、玄宗、肅宗以後，授勳極濫，一般得勳者或繼承父祖勳官之蔭者，也常可以得到勳田。從敦煌戶籍和差科簿中，則發現受勳田的例子不多，有勳官之銜而無法受勳田的比例很高，而且他們實際所受勳田，也遠比法定田額爲少。[164] 第五，散官所受永業田（屬於私田），雖與職事官相同，但因職事官還可依官品而受不同數額的職分田（屬於公田），[165] 所以散官所得法定田額，明顯地比職事官少。

唐代一般百姓的基本稅役，在中唐以前施行均田制時期，主要包括租、庸、調、雜徭。[166] 建中元年（780）以後施行的兩稅法，是依戶等定夏、秋兩稅，把過去的租庸調歸併到戶稅，並以青苗頃畝爲基礎，徵收地稅，實際上卽青苗錢。[167] 但唐代法令對官僚另有免課的規定，多屬均田制時期的制度。以下試略述唐前期官僚免課的情形。

在與均田制有關的基本稅役法中，有課戶與不課戶的分別。開元二十五年 （737）有二條＜戶令＞，其中一條規定：「諸戶主，皆以家長爲之，戶內有課口者爲課戶

際品階略有出入。

163 堀敏一，《前揭書》，頁213—214；加藤繁著，吳杰譯＜唐代莊園的性質及其由來＞，《中國經濟史考證》（北京：商務印書舘，1959，1962；臺北：華世出版社，重刊本，1976），頁180—200。

164 堀敏一，《前揭書》，頁214—217。

165 開元二十五年＜田令＞規定諸京官文武職事職分田的條文復舊，見：《唐令拾遺》，頁 645；開元七年及二十五年＜田令＞規定諸州及都護府、親王府官僚職分田的條文復舊，見：《唐令拾遺》，頁647—648。

166 唐代農民稅役負擔包括內容，過去有許多爭議。茲從堀敏一氏之說。堀氏之說及其他相關討論，見：堀敏一，《前揭書》，頁228—232。

167 鞠清遠，《唐代財政史》（臺北：食貨出版社，1978，影印1934上海版），頁28—38。

，無課口者爲不課戶。」另一條規定，「諸視流內九品以上官，及男子二十以上，老
男、廢疾、妻妾、部曲、客女、奴婢，皆爲不課戶。」[168] 這裏提出二點討論，第一
，課的內容是什麼？第二，「視流內九品以上官」，是否包括散官、職事官，甚至勳
官？在討論官僚的免課時，這兩個問題互有關連，一併檢討如下。

以往學者對「課」的內容，有過兩種截然不同的解釋。一種是認爲它原來只包括
租調，有時也包括庸在內；另一種則認爲在六朝時期指一般力役，到唐代則特指雜徭
。從敦煌開元四年（716；＜P. 3877文書＞）及大曆四年（769；＜S 514文書＞戶籍
實例看，不課或免課，當以免除租、調爲主。[169] 至於「視流內九品以上官」所指對
象，據日野開三郎的說法，包括職事官、散官、勳官與封爵。[170] 但勳官是否可以免
除雜徭，仍有疑義。池田溫曾自天寶時期敦煌縣的差科簿（綜合＜P. 3559＞、＜P.
2657＞、＜P. 3018＞、＜P. 2803＞文書）所登載 591 人分析，發現現任職事官與散
官未見登錄，但勳官、衞官、品子、白丁佔多數，另有前任官四件。[171] 若依一條年
代不詳的＜軍防令＞規定：「准貢人得第未敍，而免徭役耳。」[172] 似指貢舉人得第
，依出身法敍階得散官，但未敍職事官期間，仍可免除徭役。另外，有二條開元七年
及二十五年的＜賦役令＞規定，則皇親、后親、文武職事官三品以上等，甚至內外六
品以下官及京師諸色職掌人，也都免課役。[173] 綜合上述，職事官既皆帶散位，又許
得第貢人取得散階後免徭役，則散官在租調方面所得待遇，似與職事官略同，並且可
能不必像敦煌差科簿所載勳官一樣服雜徭。

㊂刑罰：

168　這二條令文復舊，見：≪唐令拾遺≫，頁223；又見：≪通典≫，卷 7，頁42a，＜食貨典㈦・
　　　丁中＞條。

169　堀敏一，≪前揭書≫，頁256─257，參見：松永雅生，＜唐代の課について＞，≪史淵≫55（
　　　1953），頁71─96。

170　日野開三郎，≪唐代租庸調の研究・Ⅱ・課輸篇（上）≫（福岡，1975，作者自印），頁 109
　　　─115。

171　池田溫著，龔澤銑譯，≪中國古代籍帳研究≫（北京：中華書局，1984；臺北：弘文館出版社
　　　，1985，影印本），頁279─290；306─315。

172　此條令文復舊，見：≪唐令拾遺≫，頁389。

173　這二條＜賦役令＞復舊條文，見：≪唐令拾遺≫，頁686─687。

　　唐代法律重視身分與罪刑的關係，因此常以罪犯的身分為區別標準，施以個別化的刑罰。除了犯「十惡」重罪外，官僚在刑罰上，享受殊遇，並且擴及於親屬。原則上，他們可以免除奴辱和笞恥等肉體刑罰，也就是可以根據律的規定，以議、請、減等來免除或減輕刑罰，有時候也可以用銅納贖，亦即真刑的易科罰金。但是，官僚如果犯罪，另需受到行政法規的懲戒處分，也就是適用除免（除名、免官、免所居官）和官當的規定。關於這些問題，過去曾略作討論，這裏主要根據前論，稍加補充官僚監禁規定，摘要敍述散官及其親屬在刑罰方面所享受的特權。[174]

　　據＜名例律＞規定，凡「八議」所特指對象，除犯十惡外，其中死罪需奏請定裁，流罪以下，減一等。在「八議」中有「議貴」一項，特指職事官三品以上，散官二品以上及爵一品者。從這裏約略可以看出，散官在依據「議」而減刑中的地位，比職事官低，但比封爵高。

　　以「請」而論，＜名例律＞規定如果官爵五品以上者犯死罪，得上「請」；流罪以下，減一等。「請」是指「條其所犯及應請之狀，正其刑名，別奏請。」＜律疏＞對「官爵五品以上者」的解釋是，「謂文武職事四品以下，散官三品以下，勳官及爵二品以下，五品以上。」[175] 從這裏也可看出散官在依「請」而減刑的規定中之地位，比職事官低，但比勳官及封爵者高。

　　根據＜減章＞的規定，凡七品以上之官及官爵得請者之直系親屬，包括祖父母以至子孫，犯流罪以下，各從減刑一等。＜律疏＞對「七品以上」的解釋是，「謂六品、七品文武職事、散官、衛官、勳官等身。」[176] 據此，六品至七品散官本人及三品至五品散官的直系親屬，都獲得＜減章＞所列減刑優遇。以六至七品散官所得待遇而言，與同品職事官及衛官、勳官，似乎相同。

　　再根據＜贖章＞的規定，凡適用議、請、減以及九品以上之官，及七品以上散官的直系親屬自祖父母以至子孫，犯流罪以下，得聽贖。＜律疏＞對九品以上之官的解

174　拙作，＜前揭文＞，頁177—187。

175　《唐律疏議》，卷二，＜名例律＞（滂憙齋本，卷 2 ，頁 2a—b ；點校本，頁 33 ）；參 Wallace Johnson, tr., *op. cit.*, p.90

176　同上，（滂憙齋本，卷 2 ，頁 3a—b ；點校本，頁 34 ）；參 Wallace Johnson, tr. *op. cit.*, pp.92—93。

釋是，「謂身有八品、九品之官。」[177] 據此，無法比較八、九品官僚，在＜贖章＞中的待遇高低。但若依上述＜減章＞之例，則八、九品散官與職事官，在＜贖章＞中所得待遇，似乎不應有別。

除名、免官與免所居官，屬於行政處分，各有適用對象。不論除或免，官僚必需在一定年限後，才准依照＜出身法＞的規定再敍。再敍時是依照官僚的本品，即散官的品階，重新改敍。

官當也是一種行政處分，在性質上與「贖」類似，是一種易科。但贖以銅來納，官當則是以官職來抵當。唐律分官僚爲二類，職事官、散官與衞官爲一類，勳官爲另一類。適用官當處分的原則是，如果官僚兼有上述二類官，就「先以高者當，次以勳官當。行、守者各以本品當，仍各解見任。」[178] 但勳官既與職事官、散官、衞官爲二類官，在適用官當規定時，也先以散官、職事官的品階爲考慮。

唐代官僚如果犯了謀反、謀大逆以至內亂等「十惡」，或者像十惡反逆緣坐等「雜犯」，不能適用議、請、減、贖及除免、官當，或者尚有流、徒以上的餘罪，法令規定仍給予優遇。開元七年及二十五年＜獄官令＞規定：

> 諸應議、請、減，犯流以上，若除、免、官當者，並鏁禁。公坐流、私罪徒（
> 並謂非官當者），責保參對。其九品以上，及無官應贖者，犯徒以上，若除、
> 免、官當者枷禁，公罪徒並散禁，不脫巾帶款定，皆聽在外參對。[179]

鎖（鏁）和枷都是刑具名稱，鎖長八尺以上，一丈二尺以下；枷則長五尺以上，六尺以下。[180] 鎖禁、枷禁或散禁等監禁，視罪刑種類如流、徒之刑或公罪、私罪而定。譬如以鎖禁爲例，≪唐六典≫，卷 6，頁 29b-30a，＜刑部郎中員外郎＞條說：「官員及勳、散之階，第七已上，鎖而不枷。（原註：勳官武騎尉及散官宣義郎，並七品

---

177 同上（滂憙齋本，卷 3，頁 3b—4a；點校本，頁 34—35）；參 Wallace Johnson, tr. *op. cit.*, p.93。

178 拙作，＜前揭文＞，頁183，引＜名例律＞，第十七條，「以官當徒」。

179 這條＜獄官令＞的條文復舊，見：≪唐令拾遺≫，頁783。

180 ≪唐六典≫，卷 6，頁 36a—b，＜刑部郎中員外郎＞條；又參：沈家本，＜刑具考＞，收入氏著≪沈寄簃先生遺書·甲編≫（臺北：文海出版社，1964），下冊，頁513—514，516—517。

階。……）」在監禁的程序上，也依官僚品階的高低及罪刑種類，而有先奏後禁及先禁後奏的分別。開元二十五年另一則＜獄官令＞規定：「諸職事官五品以上，散官二品以上，犯罪合禁，在京者皆先奏。若犯死罪，及在外者，先禁後奏。其職事官及散官參品以上有罪，敕令禁推者，所推之司，皆覆奏，然後禁推。」[181] 從監禁程序看，散官所享受先奏後推的待遇，比職事官為低。

㈣班序：

唐代官僚的朝參，儀制繁縟。這裡只簡單敍述那些官僚有資格朝參、官僚朝參的頻率，以及朝參時的班序到底如何，以便看出散官在官僚體系中的地位。

唐職事官九品以上都有資格朝參，但依照官僚品階及職務性質，在朝參頻率上有所不同。一般來說，除了節日、慶典之外，有資格每日到宣政殿朝參的官僚，包括：⑴常參官：文官、武官五品以上及監察御史、員外郎、太常博士；⑵供奉官：侍中、中書令、左右散騎常侍、黃門侍郎、中書侍郎、奉議大夫、給事中、中書舍人、起居郎、起居舍人、通事舍人、左右補闕、拾遺、御史大夫、御史中丞、侍御史、殿中侍御史等。此外，文武官五品以上，每月五日、十一日、二十一日、二十五日，一定要朝參；三品以上，每月九日、十九日、二十九日又參。在上述官僚之外，在京的文武職事官九品以上，每月朔、望朝參兩次。長上折衝果毅、文武散官五品以上在諸司當直（即第六節所述番上義務），及長上者，都依職事官之例朝參。另外還有三個月朝參一次的，稱「季參」，包括弘文館、崇文館、國子監學生及諸縣令。如果遇雨霑服失容及泥潦，則停參。[182] 事實上，中唐軍事倥傯時期，每日朝參之制，曾一度改為分日朝參。[183]

唐代文武百官朝參班序，大抵依開元七年及二十五年所頒＜公式令＞為據，當是整理唐前期之制後修正完成。此令又經天寶三載（744）禮部詳定，再於貞元二年（

181 這條＜獄官令＞的條文復舊，見：≪唐令拾遺≫，頁784。
182 以上所述主要根據開元七年及二十五年＜儀制令＞，其條文復舊，見：≪唐令拾遺≫，頁473—474；又見：≪唐會要≫，卷25，頁484，＜文武百官朝謁班序＞；≪唐六典≫，卷2，頁23a—b，＜吏部郎中員外郎＞條；≪大唐開元禮≫（東京大學東洋文化研究所大木文庫本；東京：汲古書院，1972，1981），卷3，頁9b，＜序例（下）·雜制＞。
183 ≪通典≫，卷75，頁4086，＜禮（三十五）·天子朝位＞；≪唐會要≫，卷25，頁484—485，＜文武百官朝謁班序＞。

786） 頒爲「文武百官朝謁班序」。但開元儀制，仍大體爲貞元班序所遵循。從令文
所定班序看，除官僚的品階、年齡是班序地位的重要標準外，官僚的種類也是一項主
要憑藉。譬如在階品相同時，一般是依封爵、職事官、散官的順序；但有爵者如果不
任職事官，則多半降階在職事官之下。這條＜公式令＞說：

　　諸文武朝參行立，二王後位在諸王侯上，餘各依職事官品爲序。職事同者以齒
　，致仕官各居本品〔品，＜唐六典＞、＜通典＞並作色〕之上。若職事官與散
　官、勳官合班，則文散官在當階職事者之下，武散官次之，勳官又次之。官同
　者，異姓爲後。若以爵爲班者，爵同者亦准此。其男以上，任文武官者，從文
　武班。若親王〔正一品〕、嗣王〔從一品〕任卑官職事者，仍依王〔王，＜通
　典＞、＜唐會要＞並作本〕品，郡王〔從一品〕任三品以下職事官，在同階品
　上。自外無文武官者，嗣王在太子太保〔從一品〕下，郡王次之，國公〔從一
　品〕在正三品下，郡公〔正二品〕在從三品下，縣公〔從二品〕在正四品下，
　侯〔從三品〕在從四品下，伯〔正四品上〕在正五品下，子〔正五品上〕在從
　五品上，男〔從五品上〕在從五品下。郎〔＜唐六典＞作若〕前資〔資，＜唐
　六典＞無〕官被召見及赴朝參，致仕者在本品見任上。以理解者，在同品下。
　其在本司參集者，各依職事。諸司散官三品以上，在京者，正多朝會，依百官
　例。自餘朝集及須別使，臨時聽敕進止。(184)

令文中所指散官可能包括五品以上散官（詳下貞元二年班序）的朝參，以及諸司散官
三品以上的正多朝會。此令清楚說明了百官班序的擬定原則及區分標準，值得注意。
這個規定，也可以幫助說明＜舊唐書＞，卷42，頁1807，＜職官志㈠＞所說：「舊例
，開府〔從一品〕及特進〔正二品〕，雖不職事，皆給俸祿，預朝會，行立在於本品
之次。光祿大夫〔從二品〕已下，朝散大夫〔從五品下〕已上，衣服依本品，無俸祿

184　開元七年及二十五年＜公式令＞規定百官班序條文復舊，見：＜唐令拾遺＞，頁 591，又見：
　　＜唐六典＞，卷2，頁 21b—23a，＜吏部郎中＞條；＜通典＞，卷75，頁 408b，＜禮（三十
　　五）・天子朝會＞；＜唐會要＞，卷25，頁483—484，＜文武百官朝謁班序＞。又參：＜舊唐
　　書＞，卷43，頁1819—20，＜職官志㈡・吏部郎中＞條，＜舊唐・志＞所述較簡。此令經天寶
　　三年禮部詳定，見：＜唐會要＞，卷25，頁483；經貞元二年再頒，見：＜通典＞卷75，頁407c；
　　＜唐會要＞，卷25，頁480。

，不預朝會。」≪舊‧志≫所謂「舊例」，極可能是指乾封元年（666）（參本節㈠薪俸項）至開元七年（719）之例。至開元七年及二十五年＜公式令＞對這項舊例已稍作修正，准許五品以上散官朝參及三品以上散官預朝會。

貞元二年（786）所定「文武百官朝謁班序」中，還依照官僚品階，詳列文、武各五班的朝參官僚種類（封爵、職事官、散官、勳官）及官稱。散官的地位似在職事官之下，但通常在爵、勳官之上。文、武散官被列入班序中者，如文班中一品班有開府儀同三司，二品班是特進、光祿大夫，三品班是金紫光祿大夫，四品班是正議大夫、通議大夫、太中大夫、中大夫，五品班是中散大夫、朝請大夫、朝散大夫。武班中的散官，有一品班的驃騎大將軍，二品班的輔國大將軍，三品班的冠軍大將軍、雲麾將軍，四品班的忠武將軍、壯武將軍、宣威將軍、明威將軍，五品班的定遠將軍、寧遠將軍、游騎將軍、游擊將軍。[185] 詳細對照本文＜附表一＞和＜附表二＞，發見文武各品班所列的散官，和他們原來的品階全部相合，只是其中有些散官被漏列了，如文班三品班漏列銀青光祿大夫，五品班漏列朝議大夫。武班中只有三品班漏列了授予外族歸附酋帥的懷化大將軍及歸德將軍。漏列是否為有意的安排，無法詳知。

唐代文武百官朝謁班序的規定，所代表的意義，不止在端正朝儀而已，還象徵著官僚品秩、身分與各類官僚地位的高低。但在唐代中、晚期，因為官僚任用形式（如兼、領、檢校、同知等）日益龐雜後，就引起班序的問題。會昌二年（842）十月，尚書右丞孫簡就上奏，指出：「伏以班位等差，本係品秩。近者官兼臺省，立位稍遷，頗紊彝制，理亦未通。」孫氏舉例說，一個正四品下的戶部侍郎，如果兼從三品的御史大夫時，則其班序反在他的上司正四品下的尚書左丞之上，極不合理。他又認為不宜僅據散官品階來定同品班序，說：「今據散官自將侍〔仕〕郎上至開府、特進，每品〔正〕從上下名級各異，則〔正〕從上下，又不得謂之同品。」[186] 孫氏提出一些建議，經過朝臣詳議四個月後，於次年（843）二月敕旨仍依舊例，並未被採納。

185　≪通典≫，卷75，頁 407c—408a，＜禮（三十五）‧天子朝位＞；≪唐會要≫，卷25，頁480
　　　—482，＜文武百官朝謁班序＞。

186　以上見：≪唐會要≫，卷25，頁486—487，＜文武百官朝謁班序＞。孫氏建言又見：≪新唐書
　　　≫，卷202，頁 5761—62，＜孫簡傳＞。≪新‧傳≫與≪會要≫所載略有出入，今以≪會要≫
　　　為主，據≪新‧傳≫補正。

(187) 這個事例，說明班序規定，由於兼官、檢校等任用形式日趨複雜，而發生法令的適用以及是否合理的問題。從其討論依據及最後結果看，開元、貞元時期對班序所作規定，大體仍被嚴格遵守。

(五)車輿：

車輿之制，是中國帝制時期表明身分貴賤、等級的一種象徵。唐代車輿之制的規定，極爲繁複，這裡只討論散官在車輿之制中，可以享受到什麼待遇。

唐代車輅之制，有天子、皇后、皇太子、王公已下至五品等，四種不同等級。散官車輅如何，並不太清楚，這裡根據一些零散材料，略加說明。≪舊唐書≫，卷45，頁1935，＜輿服志＞說：「王公已下車輅，親王及武職一品，象飾輅。自餘及二品、三品，革輅。四品，木輅。五品，軺車。」輅是車前橫木，按照官僚品階高低，使用不同質料及裝飾。各種輅車，都使用朱質、朱蓋、朱旂櫜。旂櫜上有旂作爲裝飾，也依品階高低而增減其數目。譬如，一品之櫜九旒，四品只有六旒。馬勒上裝飾的珂，依品階而不同。軺車及五品官所乘輕車（即軺車），都有車幔，稱作通幰。六品以下不准使用通幰及珂。五品官以上的車輅，都有太僕寺製造、貯掌，只有在受制行册命及二時巡陵、婚葬等場合才給，此外都要乘馬。(188) 散官是否有資格乘輅車，從上面的敍述，無法看出。不過，有一條開元七年（719）的＜儀制令＞，規定三品散官以上，也可以和五品以上的職事官、及爵從一品的國公以上一樣，使用緤。(189) 據此，三品以上散官，似乎也可在巡陵、婚葬等場合，也有輅車可乘。這一點，似可以由下述王公以下鹵簿之制得到旁證。(190)

漢代以後，帝王、太子、后妃、王公、大臣、都有鹵簿，用來規定其車駕次第。唐＜鹵簿令＞中規定，二品以上散官可以得到鹵簿。在巡陵、婚葬等場合中，一、二品散官可以和同品有爵者及職事官一樣，得到鹵簿，包括數目不同的清道、幰弩、靑

187　≪唐會要≫，頁 487—488；≪新唐書≫，卷202，頁5762，＜孫簡傳＞謂「武宗詔兩省官詳議，皆從簡請。」據＜會要＞則不然。今從＜會要＞。

188　以上俱見：≪舊唐書≫，卷45，頁1935，＜輿服志＞；≪新唐書≫，卷24，頁513—514，＜車服志＞。

189　見≪唐令拾遺≫，頁501—502；≪唐六典≫，卷4，頁28b，＜禮部郎中員外郎＞條。

190　見：≪唐令拾遺≫，頁520；又見：≪唐會要≫，卷38，頁691，＜葬＞。

衣、革輅一駕及各種鼓吹等等。(191)

　　如上所述，輅車、軺車只有在若干特定場合，才准職事官、散官及有爵者使用。在朝參及一般場合中，唐代在京官僚只能使用馬匹，甚至櫓子。唐代的商賈、庶人、僧道，按規定是禁止乘馬的。(192)禁止工商不得乘馬，早在乾封二年（667）卽已明令規定。(193)但終唐之世，這個規定能否嚴格執行，實在可疑。太和六年（832）禮部奏：「商人乘馬，前代所禁。近日得以恣其乘騎，雕鞍銀鐙，裝飾煥爛，從以童騎，最爲僭越，請一切禁斷，庶人準此。師僧、道士，除綱維及兩街大德，餘並不得乘馬，請依所司條流處分。……依奏。」(194)另外，太和六年也曾詳定在京各類官僚的導從騎數，這個規定是根據開元時期的《六典》及〈禮部式〉，而略加修正完成的。譬如：開元之制規定，一品職事官及散官開府七騎，二品及特進五騎，三品及當品散官三騎，四品、五品二騎，六品已下一騎。散官及以理去官者，五品已上，不得超過兩騎，京城外不在此限。太和之制則規定職事官一品七騎、二品五騎、三品三騎、四品兩騎、六品一騎，散官及以理去官者，五品已上不得超過一騎。太和之制也詳定馬鞍的裝飾（有銀裝、烏漆裝之分）及馬匹種類的限制，如「非常參官、周親未任者、聽乘馬。餘未仕者，聽乘蜀馬、小馬，鞍用烏漆裝。其胥吏雜色人，不在此限。」(195)太和之制，同時也規定一般胥吏，依照任務性質的差別，而許乘或不許乘蜀馬、小馬，馬鞍頂多只能使用烏漆鐵踏鐙。不許乘馬的，只許乘驢車，出塞時可以乘驢牡馬。(196)

　　官僚若因身體不適、無法騎馬時，又該如何？《新唐書》，卷24，頁532，〈車服志〉說：「開成末，定制：宰相、三公、師保、尚書令、僕射、諸司長官及致仕官

191　王公以下鹵簿之制有四種，自第一品至第四品，詳見：《大唐開元禮》，卷2，頁14a—15a，〈序例（中）・王公以下鹵簿〉條。

192　《新唐書》，卷24，頁532，〈車服志〉。

193　《唐會要》，卷31，頁572，〈雜錄〉。

194　同上，頁575。

195　以上參見：同上，頁573—574。按：《新唐書》卷24，頁531—532，〈車服志〉只說：「一品導從以七騎；二品、三品以五騎；四品以三騎；五品以二騎；六品以一騎。」記載過略，且與開元及太和之制都不合，不知代表那一期的制度。

196　《唐會要》，卷31，頁576，〈雜錄〉。

，疾病許乘檐，如漢、魏載輿、步輿之制。三品以上官及刺史，有疾暫乘，不得舍驛
。」關於這條規定，有幾點可以說明：第一，據≪唐會要≫，開成末是指開成五年（
840）。[197] 第二，據≪唐六典≫，所謂「諸司長官」，指三品以上長官，可能並不
包括二品以上的散官，即開府、特進及光祿大夫。[198] 第三，唐代致仕官多仍保有散
官銜。第四，唐代有很多形制有別的座車、步輿，大抵皆爲婦女所用。譬如：＜少府
式＞規定公主、郡主、縣主可以使用犢車，開元二十五年＜鹵簿令＞規定外命婦一品
得乘厭翟車〔馬車〕、犢車，二品至四品得乘白銅飾犢車。[199] 此外，還有兜籠、奚
車、葦軬車及檐子等等。[200] 檐子原來只許外命婦使用，並按品階，而有金銅、白銅
裝飾及舁者人數多寡的區別。一般胥吏及商賈妻女不許使用檐子，如有老病，只能使
用葦軬車及兜籠。[201]

　　朝官出使，須乘驛馬或驛驢。上述疾病時許乘檐子，只是特許。關於朝官出使的
傳符、給驛之制，開元二十五年（737）＜公式令＞，有如下規定：

　　諸給驛馬〔馬，≪唐律疏議≫無〕、給銅龍傳符，無傳符處，爲紙券。量事緩
　　急，注驛數於符契上。職事三品以上若王〔爵，正一品〕四疋，四品及國公〔
　　爵，從一品〕以上三疋，五品及爵三品以上二疋，散官、前官各遞減職事官一
　　疋，餘官爵及無品人各一疋，皆數外別給驛子。此外須將典吏者，臨時量給。
　　其銅龍傳符，使事未畢之間，使納所在官司。[202]

197　同上，卷31，頁577。
198　≪唐六典≫，卷2，頁23b，＜吏部郎中＞條。
199　＜少府式＞及＜鹵簿令＞俱見：≪唐會要≫，卷31，頁 574，＜雜錄＞。另外，＜鹵簿令＞條
　　文復舊見：≪唐令拾遺≫，頁 522—523；又見≪大唐開元禮≫，卷2，頁 16b—17b，＜序例
　　（中）・外節婦鹵簿＞條。
200　兜籠，又作筼籠，原爲巴、蜀婦人所用，便於擔負，乾元以後逐漸普遍於京師，見：≪舊唐書
　　≫，卷45，頁1957，＜輿服志＞；≪新唐書≫，卷24，頁531—532；＜車服志＞。奚車，契丹
　　塞外用之，開元、天寶中傳入京師。見≪舊唐書≫，卷45，頁1957，＜輿服志＞。葦軬車又作
　　葦鞘車，見≪新唐書≫，卷24，頁532，＜車服志＞。≪唐會要≫，卷31，頁574，＜雜錄＞有
　　上述各種座車及步輿的資料。
201　≪唐會要≫，卷31，頁 574，＜雜錄＞。劉肅批評唐宮人乘檐子是「過於輕率，深失禮容。」
　　見：≪大唐新語≫（稗海本），卷10，頁4a—b，＜釐革＞。
202　開元二十五年＜公式令＞關於給驛規定的條文復舊，見：≪唐令拾遺≫，頁 579；此令又見：
　　≪唐律疏議≫，濬儀竇本，卷10，頁14b—15a；點校本，頁210—211，＜職制律・疏議＞；＜

官僚如果不遵從這項規定而增乘驛馬，或應乘驛驢而乘馬時，唐律所定的罰則是，增乘一匹徒一年，再增一匹加罪一等。[203] 使用驛馬或驛驢的區分，是依＜駕部式＞規定：「六品以下前官、散官、衞官，省司差使急速者，給馬。使廻及餘使，並給驢。」[204] 對於不應入驛而入者；或者雖可以入驛，但不應受供給而受者；唐＜雜律＞也定有笞、杖等罰則。[205] 對於「不應入驛而入者」，或「不合受供給而受者」的罰則，主要是依開元二十五年＜雜令＞的規定：「諸私行人，職事五品以上、散官二品以上、爵國公〔從一品〕以上，欲投驛止宿者，聽之。邊遠及無村店之處，九品以上、勳官五品以上及爵，遇屯驛止宿，亦聽。並不得輒受供給。」[206] 官僚不出任公務而出遊，就是「私行人」，他們在特定場合中或依品階，可以投驛止宿。但不能受供給，否則計臟，準盜論。據此條＜雜令＞，散官開府、特進及光祿大夫，可隨處投驛止宿。但對「邊遠無村店之處」，令文沒有指明是否也包括散官，若以地位一般較散官為低的勳官五品以上，也能止宿，則假定散官五品以上亦能得到同等待遇，並非不盡合理。這是指五品以上散官未任職事官而言，若以九品以上職官皆帶散位而論，則兼有散官、職事官者自可遇屯驛止宿。惟僅有散官品階，是否亦視同職事官，則不得而知。

㈥衣服：

　　士庶冠冕、服飾等第，是區別貴賤的另一項重要標準。這裡主要討論唐代散官在服章制度中的法定地位。

　　宋儒朱熹（1130～1200）屢嘆先王衣冠掃地，曾說：「中國衣冠之亂，自晉五胡，後來逐相承襲。唐接隋、隋接周、周接元魏，大抵皆胡服。」[207] 這是著重胡制影響先王衣冠所作之論。陳寅恪認為隋制禮服不襲周而因齊，「齊又襲魏太和以來所採

　　　　唐會要≫，卷61，頁1060，＜館驛＞條。

203　≪唐律疏議≫，涔憙齋本，卷10，頁14b—15a；點校本，頁210—211，＜職制律＞。

204　同上。

205　≪唐律疏議≫，涔憙齋本，卷26，頁16b—17a；點校本，頁492，＜雜律＞。

206　開元二十五年＜雜令＞，見：同上；其條文復舊，見：≪唐令拾遺≫，頁857。

207　（宋）朱熹撰，黎靖德編，≪朱子語類≫（臺北：華世出版社，1987），91，頁2327，＜禮（八）‧雜儀＞。

用南朝前期之制，而江左之制源出自晉，上溯於漢。」[208]二說有所不同，但隋唐衣冠一方面重新釐定古代漢族服制，另一方面也雜揉胡制，並對後代有深遠影響，則或可臆言。唐初＜武德令＞已詳定侍臣冠服，[209]貞觀四年（630）又頒「定三品至九品服色詔」，[210]其後經高宗、武后時期的演變，至玄宗時大抵定制，但中葉以後官僚服飾形制，仍有一些改變。

以唐代官僚一般的冕、冠、弁、幘、服之制來說，其中冕的形制有五種：袞冕（一品服）、鷩冕（二品服）、毳冕（三品服）、繡冕（四品服）、玄冕（五品服），都是用羅作成。各種冕的區別，主要在裝飾用的垂青珠使用旒數、大帶使用的顏色、章的使用數等。冠有六種：進賢冠、法冠（一名獬豸冠）、遠遊（三梁）冠、高山冠、委貌冠、却非冠。弁有二種：爵弁、武弁。幘有四種：介幘、平巾幘、黑介幘、平巾綠幘。依照官僚品階的高低，冠、弁、幘等之使用，也有質料、顏色、形制、尺寸、佩飾等之不同，使用的場合也有異。除常服外，官服有二種，一是朝服（又名具服），是陪祭、朝饗、拜表等大事時穿用的。另一種是公服（又名從省服），在謁見東宮及其餘公事時使用。依照官僚的品階高低，朝服、公服在質料、形制、佩飾等方面，都有一定的區分。[211]

唐代官僚的冠冕、服飾是依據品階而定，其形制極為複雜，這裡無法一一細考。但是官僚服章等第所依據的品階，到底是職事品，還是散官階？這個問題雖然牽涉較廣，但因與散官的性質與地位有關，故不憚煩瑣，試論如下。

根據武德七年（624）＜衣服令＞的規定：「諸勳官及爵，任職事官者（散官、散號將軍同職事），王〔王，殿本、點校本＜舊・志＞作正〕衣本服，自外各從職事

208　陳寅恪，＜隋唐制度淵源略論稿＞，收入≪陳寅恪先生論文集≫（臺北：九思出版社，1977），上冊，頁53—56。

209　＜武德令＞詳定侍臣衣服之志，見≪舊唐書≫，卷45，頁1942以下，＜輿服志＞。

210　≪唐大詔令集≫，卷100，頁505，＜定三品至九品服色詔＞。

211　唐代侍臣冕、冠、弁、幘、服之制，≪舊唐書・輿服志≫（卷45，頁1942—1945）與≪新唐書・車服志≫（卷24，頁519—522）所載，略有不同。此處綜合≪新・舊唐書≫整理而成。又參：原田淑人，≪唐代の服飾≫（東京：東洋文庫，1970），頁36—48；周錫保，≪中國古代服飾史≫（北京：中國戲劇出版社，1984；臺北：丹青圖書公司，1986；重排本），頁186—188。

服。」(212) 換言之，此令所定似乎是以職事官品爲官僚章服等級的主要依據，文武散官同職事；除王以外（據≪舊‧志≫則爲「正衣本服」，此處「除王以外」四字應刪），爵及勳官也從職事服。關於衣服等第是否依職事官品而定，從冠冕的形制說，較難看出；但若以服色等第來看，如非上文對此條＜武德令＞解讀有誤，就是武德以後衣服之制經歷改變。先以六種不同的冠來說，遠遊（三梁）冠是諸王使用的；進賢冠是九品以上的職事官、散官和封爵都可使用的，同時進賢冠也依品階而有三梁、二梁、一梁的分別；法冠是御史臺流內九品以上使用；高山冠是內侍省內謁者及親王下司閣使用；卻非冠是亭長、內僕使用；委貌冠是郊廟文武郎使用的。(213) 這六種冠的使用，主要是依爵、流內官、流外官及職掌而分別。但是武德七年另一條＜衣服令＞說：「諸州大中正進賢一梁冠，絳紗，公服，若有本品者，依本品，參朝服之。」(214) 此條稱諸州大中正之冠服，是依本品，卽散官品。除大中正外，其餘官僚所戴進賢冠，是否依散官品階而定其梁數，則無法論定。

如果從唐代官僚的服色、章服等第觀察，則上述武德七年＜衣服令＞所稱官僚衣服依職事品而定一事，就有疑問。使用衣服顏色來區別官品高卑，漢時雖曾以靑紫爲貴官之服，但服章品第的定制，似乎到隋、唐才逐漸完成。(215) 不過，唐代的服色差

---

212 ：此條＜衣服令＞復舊，見：≪唐令拾遺≫，頁 452；又見：≪舊唐書≫，卷45，頁1945，＜輿服志＞。

213 ≪舊唐書≫，卷45，頁1943—1944，＜輿服志＞；≪新唐書≫，卷24，頁 521，＜車服志＞。另外，有關「進賢冠」之規定，仁井田陞斷爲開元七年及二十五年之＜衣服令＞，見：≪唐令拾遺≫，頁436；又見：＜大唐開元禮＞，卷 3，頁 4b，＜序例（下）‧衣服＞；≪唐六典≫，卷 4，頁27b—28a；＜禮部郎中員外郎＞條。

214 此條令文復舊，見：≪唐令拾遺≫，頁459；又見≪舊唐書≫，卷45，頁1946，＜輿服志＞。

215 朱熹曾說：「今朝廷服色三等，乃古間服，此起於隋煬帝時。然當時亦只是做戎服。當時以巡幸煩數，欲就簡便，故三品以上服紫，五品服緋，六品以下服綠。」又說隋煬帝「令百官以戎服從，二品紫，五品朱，六品青。」見：≪朱子語類≫，卷91，頁2324，＜禮（八）‧雜儀＞，與馬端臨所說隋唐服色之制略合。≪文獻通考≫（卷112，頁33b—36a）＜王禮考（七）‧君臣冠冕服章＞條說：「初隋文帝聽朝之服以赭黃……至唐高祖以赭黃袍巾帶爲常服，旣而天子袍衫稍有赤黃，遂禁臣民服。親王以三品二王後服……色用紫……，五品以上服……色用朱……，六品、七品服用綠……，八品、九品，服用青……太宗時又命七品服……色用綠……，九品服……色用青。其後以紫爲三品之服……緋爲四品之服……淺緋爲五品之服……深綠爲六品之服，淺綠爲七品之服……深青爲八品之服，淺青爲九品之服。」馬氏更在這一條下註云：「按此紫、緋、綠、青爲命服，昉於隋煬帝巡遊之時，而其制遂定於唐……（然）漢時青紫亦貴

等，前後也經歷不少變動。譬如以朝服（具服）而論，貞觀四年（630）規定三品已上服紫，四品、五品服緋，六品、七品服綠，八品、九品服青。婦人從夫之色，仍許通服黃。次年（631），又再申前詔。永徽二年（651）＜衣服令＞也規定六、七品着綠，八、九品着青。龍朔二年（662），孫茂道奏稱：「深青亂紫，非卑官所服。」於是改六品、七品着綠；八品、九品着碧；朝參之處，聽兼服黃。到了上元元年（674），更進一步規定：文武三品已上服紫，四品服深緋，五品服淺緋，六品深綠，七品淺綠，八品深青，九品淺青。官僚朝參及視事，聽兼服黃。乾封三年（668）＜衣服令＞又重申聽兼服黃的規定。文明元年（684）詔改舊服青爲碧。[216] 此後，在服色方面，似乎只有少許變更。上述服色之制，若以唐代中期詩文印證，往往相合。明人胡震亨（1569～1644／45）說：

　　白樂天爲中書舍人，六品着綠，其詩有「白頭猶未着緋衫」。後與元微之同加朝散〔大夫〕，登五品，始易緋，贈元詩有「青衫脫早差三品，白髮生遲校二年。」其自江州司馬除忠州刺史，借服色緋魚，有詩「魚綴白金隨步躍，鵲銜瑞草繞身飛。」後除尚書郎，復有脫刺史緋詩云：「便留朱紱選銓閣，却着青袍待玉除。無奈嬌癡三歲女，繞腰啼哭覓銀魚。」唐百官服色，視階官之品，宋視職事官，此爲異。（原註：蔡寬夫）[217]

白居易喜歡用官袍服色入詩，除了胡氏上引之外，＜白居易集＞律詩＜初着刺史緋，答友人見贈＞有「徒使花袍紅似火，其如蓬鬢白如絲？」＜又答賀客＞中有「似掛緋衫衣架上，朽株枯竹有何榮？」[218] 長慶元年（821），白居易五十歲，這年夏天自

　　　　官之服。……」

216　以上參看：＜唐會要＞，卷31，頁569—570，＜章服品第＞；＜舊唐書＞，卷45，頁1952—1953，＜輿服志＞；＜新唐書＞，卷24，頁529，＜車服志＞；＜通典＞，卷61，頁350a，＜君臣服章制度＞，又，＜永徽令＞及＜乾封令＞關於服色規定，見：＜唐令拾遺＞，頁461。

217　胡震亨，＜唐音癸籤＞（臺北，世界書局，1977，四版），卷18，頁159，＜詁箋㈢・緋魚＞條。按：胡氏註引蔡寬夫。頗疑蔡寬夫卽北宋蔡居厚，字寬夫者；居厚，大觀（1107—10）初拜右正言，＜宋史＞（卷356）、＜宋史新編＞（卷123）有傳。南宋胡仔＜苕溪漁隱叢話＞（臺北：世界書局，1961）屢屢引用＜蔡寬夫詩話＞，胡氏所引蔡寬夫或卽＜蔡寬夫詩話＞，今不見。

218　白居易著，顧學頡校點，＜白居易集＞（北京，中華書局，1979），卷17，頁372。

主客郎中（從五品上）加朝散大夫，始着緋。白時在＜聞〔白〕行簡恩賜章服，喜成長句寄之＞一詩中說：

> 吾年五十加朝散，爾亦今年賜服章。齒髮恰同知命歲，官銜俱是客曹郎。（原註：予與行簡俱年五十始著緋，皆是主客都官。）榮傳錦帳花聯萼，彩動綾袍雁趁行。（原註：緋多以雁銜瑞莎爲之也。）大抵著緋宜老大，莫嫌秋鬢數莖霜。[219]

如果只從白氏這首詩看，著緋與加散官朝散大夫（從五品下）有密切關係。前引胡震亨所論也以爲唐百官服色以階官（即散官）爲定，到宋代才依職事官。今人瞿蛻園也有類似說法：「唐代……服色的區別是按階官而定的，三品以上紫衣，五品以上緋衣。假如階官不到五品而所任郎中的職務雖是五品，仍然不能著緋，除非以特別的敕命加賜。所以宰相的官銜往往有賜紫金魚袋字樣，就是爲此。只有作刺史的，即使階官未到五品，也照例借緋。但罷任以後，還須著他的本品服色——青袍。」[220]但是，從現有資料，可以再找出十條左右，有關官僚服章等第是否依散官品階而定的正反兩種說法。現在略加考訂，用來說明唐代官僚服章等第到底是依散官或職事官而定。

先談（甲）反面的說法，也就是官僚服章品第依職事官而定。除了上引武德七年＜衣服令＞的規定外，另有三條資料。第一，≪唐會要≫，卷31，頁570，＜章服品第＞條說：

> 元和十二年（817）六月九日，太子少師鄭餘慶奏：「內外官服朝服入祭服者，其中五品，多有疑誤。約職事宜，自今已後，其職事官是五品者，雖帶六品已下散官，即有劍、佩、綬；其六品已下職事官，縱有五品已下散官，並不得服劍、佩、綬。」

這條資料，是否解釋爲元和十二年以後，內外官朝服入祭服者是依職事官品而定，主要的關鍵在於劍、佩（珮）、綬之有無。據開元七年（719）及二十五年（737）＜衣

---

219 同上，卷24，頁535—536。

220 瞿蛻園，≪歷代官制概述≫，附入黃本驥，≪歷代職官表≫（上海：中華書局，1965；臺北：國史研究室，1973，影印本），頁19。又，近人徐師中亦稱唐代「服色以散官爲準，不以現職爲據。」見氏編：≪歷代官制兵制科舉常識≫（澳門：爾雅出版社，1977），頁 222。徐氏未註資料出處，可能是以≪新・舊唐書≫＜車服志＞及＜輿服志＞爲據。

服令＞規定：「朝服，亦名具服。冠幘纓簪導、絳紗單衣……烏劍、雙珮、雙綬。一品以下，五品以上，陪祭、朝饗、拜表大事，則服之。六品以下，去劍、珮、綬，餘並同。」[221]據此，五品以上有劍、珮、綬，六品以下則去之。鄭餘慶所奏是因元和十二年以前，「其中五品，多有疑誤」，散官品階可能也被用來作為五品服飾的依據，所以建議以職事官為準，凡職事官已達五品，不論散官品階是否已至五品，就服五品之服。為什麼五品之服會有疑誤，下文當再討論。但須指出，此條雖暫時列為依職事官品為定，實際仍暗示有時也以散階為定。

　　第二，≪唐會要≫，卷31，頁573，＜雜錄＞條說：

（太和）六年（832）六月敕，詳度諸司制度條件等，＜禮部式＞：「親王及三品已上，若二王後，服色用紫，飾以玉；五品已上，服色用朱，飾以金；七品已上，服色用綠，飾以銀；九品已上，服色用青，飾以鍮石。應服綠及青人，謂經職事官成，及食祿者。其用勳官及爵，直司依出身品，仍聽佩刀礪紛帨。流外官及庶人，服色用黃，飾以銅鐵。其諸親朝賀宴會服飾，各依所準品。」……又服青碧者，許通服綠，餘依＜禮部式＞。

這條＜禮部式＞年代不詳，可能以武德四年（621）的敕令為依據，經過增補，在開元之後，太和六年（832）之前頒佈。[222]此式既規定六品至九品服綠、青，必需「經職事官成及食祿者，則其服應當是依職事官品而定。但「其用勳官及爵，直司依出身品」，則是指依官僚初出身所敍的品階，也就是散階（見第五節）。這條資料所指依職事官品而定的服章是六品以下，至於五品以上是否也依職事官品，則需再從下引一條資料看出。

　　第三，≪通典≫，卷63，頁359b，＜天子諸侯玉佩劍綬璽印＞條、≪舊唐書≫，卷45，頁1954，＜輿服志＞說：「久視元年（700）十月，職事三品以上龜袋，宜用

221　此條令文復舊，見：≪唐令拾遺≫，頁444。又見：≪大唐開元禮≫，卷3，頁5a，＜序例（下）・衣服＞；≪唐六典≫，卷4，頁26a—b，＜禮部郎中員外郎＞；參：≪唐會要≫，卷31，頁568，＜章服品第＞；≪舊唐書≫，卷45，頁1944，＜輿服志＞；≪新唐書≫，卷24，頁522，＜車服志＞。

222　武德四年改用紫、朱、綠、青及流外用黃等服色的規定，見≪通典≫，卷61，頁350b，＜君臣服章制度＞。但此處武德敕中無「應服綠及青人……」等規定。

金飾，四品用銀飾，五品用銅飾。上守、下行皆依官給。」這裡所謂「龜袋」，就是唐代五種符節之一的「隨身魚符」（另四種為銅魚符、傳符、木契、旌節），是用來「明貴賤、應徵召」的。高祖武德元年（618）改銀菟符為銀魚符，高宗永徽二年（651）並給散官開府及京師文武職事四品、五品隨身魚。咸亨三年（672）賜五品以上新魚袋，並用銀飾。垂拱二年（686）諸州都督、刺史，並准京官帶魚袋。天授元年（690）改佩魚作龜。神龍元年（705）內外官五品以上，又改佩魚袋。唐初只許正員帶闕官才佩魚袋，武后以後方許員外、判試、檢校佩魚，但正員官在去任、致仕須解去魚袋。開元九年（721）開始許致仕官終身佩魚。此後恩賜緋紫，例兼魚袋，謂之章服。[223] 這條資料說五品以上官僚隨身魚，「上守、下行皆依官給」，據前文（第五節）所說官僚任用方式，「守」是散階低於職事官品，「行」是散階高於職事官品，因此這條資料是說不論散階是否高（行）、低（守），都是「依官給」。所依之官，自然是職事官，用金、銀、銅的區別，也依職事官品而定。

其次，再看（乙）正面的說法，也就是官僚服章品第是依散官品階而定。有下列幾條資料：

第一，≪舊唐書≫，卷42，頁1807，<職官志(一)>說：「舊例，開府及特進，雖不職事，皆給俸祿，預朝會，行立在於『本品』之次。光祿大夫已下，朝散大夫已上，衣服依『本品』，無俸祿，不預朝會。」前文（參本節(一)薪俸，(四)班序項）已推測所謂「舊例」可能是指乾封元年（666）至開元七年（719）間之例。至於這裡所說的兩處「本品」，與≪舊・志≫（頁1785）所說：「凡九品已上職事，皆帶散位，謂之本品。」是否相同？以第一處「本品」說，當指散官與職事官若品階相同時，則散官的班序在職事官之後，此處之「本品」或指各品班序之品班。以第二處「本品」說，

223　以上主要據≪舊唐書≫，卷45，頁1954，<輿服志>。有關唐代魚符之制，資料很多；開元七年、二十五年<公式令>中有關魚符、傳符之令文復舊，見：≪唐令拾遺≫，頁581—589；參：≪唐六典≫，卷8，頁37a—40b；<符寶郎>條；≪通典≫，卷63，頁359b—c，<天子諸侯玉佩劍綬璽>；≪舊唐書≫，卷43，頁1846—1847，<符寶郎>條，卷45，頁1954及<輿服志>；≪唐會要≫，卷31，頁579—580，<魚袋>等等。按：高宗始給五品以上隨身魚袋，開元初百官賞緋紫必兼魚，謂之章服。馬端臨有詳細考論，見<文獻通考>，卷112，頁38b—39b，<王禮考（七）・君臣冠冕服章>。岑仲勉更謂玄宗先天元年（712）已有兼賞魚袋之制。見：≪唐史餘瀋≫（上海：古籍出版社，1960，1979），頁266，<賞魚袋>條。

當卽散官之品階。這條資料，可能顯示前引武德七年＜衣服令＞所定官僚衣服依職事品，已略有改變。但因＜武德令＞也規定散官之服同職事，所以在職事官與散官品階沒有出入時，並不會引起「疑誤」。下引第二條資料的性質與此類似。

第二，＜通典＞，卷61，頁350a，＜禮典（二十一）・嘉禮（六）・君臣章服制度＞及＜唐會要＞，卷31，頁570，＜章服品第＞說：「神龍二年（706）九月二十七日勅，停京官六品已下著緋袴褶令，各依本品而定。」

第三，＜通典＞，卷63，頁359b，＜禮典（二十三）・嘉禮（八）・天子諸侯玉佩劍綬璽印＞說：「至開元初，九月敕文：嗣王、郡王有階卑者，特許佩金魚袋。」[224] 按：嗣王、郡王的初出身散階是從四品下，職事三品以上始准佩魚袋，飾用金。此條敕令說「特許」，則或可認定佩魚之制，逐漸改變，從唐初只許正員官佩用，至武后時已經轉濫，並可看出散階的高低是重要標準。

第四，＜唐會要＞，卷31，頁571，＜內外官章服＞說：「舊制，凡授都督、刺史，皆〔階？〕未及五品者，並聽著緋、佩魚，離任則停之。若在軍賞緋紫、魚袋者，在軍則服之。」按：前文說垂拱二年（686）諸州都督、刺史，並准京官帶魚袋。則此處所說「舊制」，當爲垂拱以後之制。著緋、佩魚是五品以上章服，前文已述。但垂拱以前並不許外官使用魚袋，則都督、刺史雖然其職事官品都在正四品下以上，仍不許佩魚。原因可能就是其散階未及五品。換句話說，這條資料可以解釋爲官僚章服（尤其是著緋、佩魚）是依散階而定。

第五，＜通典＞，卷63，頁359b，＜禮典（二十三）・嘉禮（八）・天子諸侯玉佩劍綬璽印＞及＜唐會要＞，卷31，頁571，＜內外官章服＞說：「（開元）八年（720）二月〔月下，＜會要＞有「二十日」三字〕勅，都督、刺史品卑者，借緋及魚袋，永爲常式。」這條資料的性質，與上述第四條近似。

第六，＜唐會要＞，卷31，頁572，＜內外官章服＞說：「大中元年（847）中書門下奏：『幕府遷授章服，貞元元年（785）之間，使府奏職至侍御史，然後許兼省

224　此條據＜舊唐書＞卷45，頁 1954，＜輿服志＞，謂在神龍二年（706）。＜唐會要＞，卷31，頁580。＜魚袋＞條說：「神龍元年（705）六月十七日敕文，嗣王、郡王有階級者，許佩金魚袋。至開元元年（713）八月二十日，諸親王長子，先帶郡王官階級者，亦聽著紫，佩魚袋。」以上三種資料，在時間上略有出入。

官。至章服皆計考效。……』」章服如何以考計算，可以再從下引第七條資料看出。

這裡必須指出：唐代官僚因考績而進階或降級、轉敍等等，所依據的品階是散階，不是職事官品。[225]

第七，《唐會要》，卷31，頁572，＜內外官章服＞說：

> （大中）三年（849）五月，中書門下奏：「……諸使奏請，或資品尚淺，卽請章服，或賜緋未幾，又請賜紫。準令：『入仕十六考職事官、散官皆〔階？〕至五品，始許著緋。三十考職事官四品、散官三品，然後許衣紫。』除臺省清要，牧守常典，自今已後，請約官品爲例，判官上檢校五品者，雖欠階考，量許奏緋，副使行軍，俱官至侍御史已上者，縱階考未至，亦許奏緋。如已檢校四品官，兼中丞，先賜緋，經三周年已上者，兼許奏紫。……」依奏。

這條資料指出，官僚的考數及其所憑藉的散階，是大中三年以前章服等第的重要標準。這裡特別提出「請約官品爲例」，就是又開始以職事官爲準，在「雖欠階考」、「縱階考未至」時，而允許奏緋。

從以上所舉唐代官僚服章等第，是否依照散階而定的正反兩類資料看，或許可以推論如下：唐初服章等第，依＜武德令＞規定原以職事官品爲定，但在高宗、武后以後，由於官僚任用方式增多，官僚的本品與職事官品階差距漸增，於是服章等第有時又不得不以散階或階考而定，這種情形尤以特許、恩賜較爲常見。散官與職事官品階有差距時，自然會引起制度執行時的困擾，其表現在服章方面的，如上引鄭餘慶所謂「其中五品，多有疑誤。」（上述（甲）反面說法第一條資料）太和六年（832），規定六品以下服色須「經職事官成及食祿者」（甲．第二條）、大中三年（849）以後「約〔職事〕官品爲例」（乙．第七條），但勳官及爵則仍依出身散階（甲．第二條），可能是中唐以後，濫賞勳、爵情形嚴重，官僚人數膨脹，散官待選者往往比職事官多出八至十倍，[226] 因此不得不規定六品以下服色要以職事服爲定，用來限制過多的勳爵使用官僚服章。但有爵、勳者，若無職事官品，只有以散階定其章服等第，

225　拙著，＜唐代的文官考課制度＞，頁168—169等。

226　同上，頁164，又拙著 *The Recruitment and Assessment of Civil Officials under the T'ang Dynasty*, pp.96—98。

則又爲不得不承認既存事實。如以佩魚、賜緋說，其演變趨勢，也是如此。唐初原只許京官正員職事官五品以上，佩隨身魚袋，後來只有最高二階的散官才許佩魚，如永徽二年（651）開府給魚袋，景龍三年（709）又令特進佩魚。[227]垂拱二年（686）以後，外官都督、刺史也許著緋、佩魚。（乙．第四、五條）降及開元，賞緋、借緋的對象更多、更濫，連軍人也在其列，[228]如此服章品第若要全依職事官品而定，不免會產生執行上的困難，於是考數、職事官品、散階都在唐代後期被摻雜使用，作爲官僚服章的標準。（甲．第二條、乙．第七條）

必須提出，按照唐律的規定，車輿、衣服之制如果違背令式，都要「杖一百，雖會赦，皆令改去之。」[229]這條罰章所代表的意義，是在維持士庶有別、貴賤有差的身分秩序。但這種身分秩序，往往也會由於服用逐漸流於奢侈，而遭受破壞。所以唐政府也常一再申令，並嚴禁所司禁斷官僚百姓車服逾令。[230]

八、結　　論

散官在唐代政府行政管理制度上，扮演相當重要的角色。散官的品階，也就是散階，是官僚敍階、考課、昇遷、黜降、薪俸、服章等規定的重要標準之一。討論唐代官僚政治的實際運作，散官制度是不容忽視的一環。

唐代繁多的散官名稱，或因襲前代，或出於自創。但兩漢以迄南北朝的「散官」

227　《唐會要》，卷31，頁580，謂「景龍三年八月，令特進佩魚。」原註「散職佩魚，自茲始也。」《舊唐書》，卷45，頁1954，＜輿服志＞略同。實則永徽二年既給開府隨身魚，則散職佩魚當不自景龍三年始。

228　參註223。

229　《唐律疏議》，涝熹齋本，卷26，頁11b—12a；點校本，頁488，＜雜律・舍宅車服器物違令＞條。

230　在《大唐詔令集》中，有兩則規定服色不得逾式的詔令，一爲貞觀四年（630）＜定三品至九品服色詔＞（卷100，頁505），另一爲咸亨五年（674）＜官人百姓衣服不得逾令式詔＞。從這兩則詔令都可以清楚看出，唐代政府用衣服之制作爲維持貴賤有差的身份秩序的一種方式。另外在同書中有三則開元二年（714）的敕令，一爲＜禁珠玉錦繡敕＞（卷108，頁562—563），一爲＜禁奢侈服用敕＞（卷108，頁563），一爲＜禁斷錦繡珠玉敕＞（卷109，頁564—565），另有一則大曆六年（771）＜禁大花綾錦等敕＞（卷109，頁566），以及兩則年代不詳的＜禁車服第宅踰侈敕＞（卷109，頁566—567）及＜申禁公私車服踰侈敕＞（卷109，頁567）。這些敕令都透露出一些服章制度遭受破壞的原因之一，在於服用逐漸奢侈。

，或由實職淪爲冗散，或僅爲加官榮銜，與唐代散官作爲人事行政管理的標準迥異。只是唐代散官有時兼具隆榮賞、別貴賤的意義，與隋以前的「散官」，也有近似的地方。整體說來，唐代散官制度是人事行政體系的一部份，與前代「散官」，已經有所不同。

唐因隋制，對散官制度加以擴充整理與運用。隋祚短促，遺留有關散官史料不多，無法詳知其制是否一如開元之制精密。開元制度常被視爲唐制典型，是綜合唐前期制度，補充、修定完成。以散階名稱說，實是經過武德、貞觀、顯慶、龍朔等時期的逐漸演變，至開元之世才大抵定制。但開元散官之制在唐代後期也非一成不變，最明顯的例子是貞元時期加置以懷化、歸德爲名的武散官，共計十四階。唐代文武散階不但彼此有別，前後也有變遷，不能一概而論。

散官與職事官，不但名稱不同，性質也相異。唐代一般職事官都帶散位，或稱本品，也就是散官。職事官有職掌，是政府機構中的官僚主體。散官沒有職掌，其品階是官僚由封爵、親戚、勳庸、資蔭、秀孝等途徑出身的敘階的重要憑藉。官僚進入行政體系，正式擔任職事官後，再以考績、年資、拔擢或其他方式，循散階逐步或快速昇遷。這正是≪新唐書≫，卷46，頁1181，＜百官志㈠＞所說唐代官制，「其爲法精而密，其施於事則簡而易行」的地方。

散階與職事官品不一定相符，導致遷徙出入、參差不定，是唐代官制中常令後人「眩瞀心目」之所在。品、階不一致，主要是由不同任用方式使然。所謂上守、下行與兼官，都以散階與職事品是否相符爲準。但兼、守、行的任用方式，使得職事官的選任，可以作適度的靈活調配，也可使當權者上下其手。一般來說，官僚依散階循序而升進，階、品相差，不至過分懸殊。不過，唐諸帝、后往往有泛階、加階之恩，雖不免造成人事行政體系的混亂，實際上也有利於「破格用人」。譬如：「常衮爲相，階纔朝議郎（正六品上）……李珏以朝議郎、陳夷行以將仕郎（從九品下）並守侍郎同平章事、王叔文亦以將仕郎守戶部侍郎充度支及諸道鹽鐵轉運等副使。」[231] 可以說，以散階作爲人事行政標準，如果屬於正常運作，能嚴格規範官僚在行政體系中的

231　黃定宜，≪考辨隨筆≫，卷1，頁33a，＜散階考＞。

昇退，使他們在宦海浮沉時有所依據。另一方面也容許帝王、將相，可以不次擢才。當然，制度是否良窳，仍需視人如何運作，「破格用人」有時可以傳爲美談，有時不免爲世詬病。

　　唐代散官既已被納入官僚系統，自然也可以享受一些官僚的權利。但相對於權利的享受時，散官須先盡番上的義務。通常，文散官要盡兩番至六番、每番四十五日的義務；武散官較長，按規定是在四年至八年之間。文散官由吏部統一調派，武散官則由兵部或諸衞指揮。他們多半被遣派至尚書都省傳送公文，或由中央各行政諸司臨時差遣，有時也協助職事官處理行政業務，或者甚至可能做一些猥賤的工作。番滿之後，散官可以參加吏部主持的文選或兵部武選，通過後就取得銓敍資格，可以擔任職事官。文、武散官如果不願盡番上義務，必須歲輸資錢。從番上的目的來說，唐政府當在期許待選散官見習候差。這是唐代官僚政治制度設計上合理的一面，與今日所謂「黑官」或「空降部隊」相比，眞不可同日而語。

　　從散官在薪俸、給田、刑罰、班序、車輿、衣服等方面所得待遇觀察，散官在唐代各類官僚中的地位，僅比職事官低，但常在勳官或封爵之上。乾封元年（666）以前，唐代官僚薪俸依散階而定，乾封以後官僚的課賜仍依本品。官僚因考績優劣而加祿或奪祿，也根據散階而給。乾封以後，高階散官如開府、特進，雖無職事品，仍然可以支領薪俸。其他散官則據職事品之高低、有無，以定薪俸。從各類官僚所受永業田額數來看，散官與職事官相同，所得都比勳官爲多；與封爵相較，則各品之間，互有高低。但因散官不能像職事官一樣受職田，其實際所得法定受田數總和，仍比職事官爲少。以免課待遇而論，散官與職事官略同，都可免除租、調，並且可能不必像勳官一樣服雜徭。在刑罰殊遇方面，散官與其他官僚一樣，可以透過議、請、減、贖、除免、官當等規定而減刑、易科或接受行政處分。以實際減刑等內容說，散官地位也比職事官低，但比勳官高。從象徵官僚身分秩序之一的朝參班序看，在職事官、散官、勳官合班時，則文散官在當階職事之下，武散官次之，勳官在後。車輿之制，也是明身分、表貴賤的一種象徵。在若干特定場合中，散官與職事官一樣，可以使用輅車，或有鹵簿。大部份場合，則可使用馬匹。出使時，也可使用驛馬。散官在車輿之制中的地位，也是介於職事官與勳官之間。至於散官在服章制度上，可以享受到的象徵

性的身分地位，除少數差別外，往往與職事官並無二致。

　　散階不但是銓敍、考課等的重要標準，更常被作爲分別官僚待遇等差的依據。從這裡不難看出散階在唐代政府人事行政管理上，具有實際的作用。乾封以前，官僚薪俸以散階而定；乾封以後，官僚課賜，仍依本品。＜武德令＞原規定服章等第，依職事官品而定，散官同職事官，但是後來也常摻雜使用散階、考數等作爲標準。其中遞嬗之跡，正是唐代官僚政治演進上值得留意的地方。簡單說，由於高宗、武后、玄宗以至肅宗、德宗時期的濫賞勳爵，以及官僚任用方式的日益龐雜，促使官僚結構發生變化，也造成政府人事行政法規執行的困難，更影響到政府部份財政收支，於是散階或職事官品交相更迭作爲官僚敍薪、服章等第的標準，可以視爲是因應官僚結構變化所採取的措施。從敍階到服章等第，却可看出唐代散官在行政管理上的積極意義。雖然，散官之制在宋代以後逐漸淪爲虛文，但若據宋、元、明以下之制說唐代散官是「假之又假，實不勝虛」、視散官爲「名譽官位」或「無實利而徒有虛名」（參第一節），都是有待商榷的。

　　散官是唐代政府人事行政上一項重要的標準，但因前人注意較少，本文乃試圖先勾勒出這個制度的輪廓。至於它的實際運作以及和唐代官僚政治演進的關係，牽連較廣，仍有待進一步探討。

附表一：唐代文散官品階名稱表

品階＼各朝名稱	武德七年（624）	貞觀十一年（637）	顯慶五年（660）	龍朔二年（662）	開元七年（719）二十五年（737）永泰二年（766）
正一品（1a）					
從一品（1b）	開府儀同三司 左光祿大夫				開府儀同三司
正二品（2a）	特進 右光祿大夫				特進
從二品（2b）		光祿大夫			光祿大夫
正三品（3a）		金紫光祿大夫			金紫光祿大夫

從三品（3b）	散騎常侍	銀青光祿大夫		銀青光祿大夫
正四品上（4a）	太中大夫 通直散騎常侍 （正四品）	正議大夫		正議大夫
正四品下（4b）		通議大夫		通議大夫
從四品上（4c）	中大夫	太中大夫		太中大夫
從四品下（4d）	員外散騎常侍	中大夫	中大夫	中大夫
正五品上（5a）	中散大夫	中散大夫		中散大夫
正五品下（5b）	散騎侍郎	朝議大夫		朝議大夫
從五品上（5c）	通直散騎侍郎	朝請大夫	朝請大夫	朝請大夫
從五品下（5d）	員外散騎侍郎	朝散大夫		朝散大夫
正六品上（6a）	朝議郎（正六品）	朝議郎	朝議郎（正六品下）	朝議郎
正六品下（6b）	承議郎	承議郎	承議郎	承議郎
從六品上（6c）	通議郎（從六品）	奉議郎（六品下）	奉議郎（6c）（改通議為奉議）	奉議郎
從六品下（6d）	通直郎	通直郎		通直郎
正七品上（7a）	朝請郎（正七品）	朝請郎		朝請郎
正七品下（7b）	宣德郎	宣德郎		宣德郎
從七品上（7c）	朝散郎（從七品）	朝散郎	宣德郎（7c） 朝散郎（7c）	朝散郎
從七品下（7d）	宣義郎	宣義郎	宣義郎（7d）	宣議（義）郎
正八品上（8a）	給事郎（正八品）	給事郎		給事郎
正八品下（8b）	徵事郎	徵事郎		徵事郎

	承奉郎〔從八品〕承務郎				
從八品上（8c）	承奉郎	承奉郎			承奉郎
從八品下（8d）	承務郎	承務郎			承務郎
正九品上（9a）	儒林郎〔正九品〕登仕郎 儒林郎	儒林郎			儒林郎
正九品下（9b）	登仕郎	登仕郎			登仕郎
從九品上（9c）	文林郎〔從九品〕將仕郎 文林郎	文林郎			文林郎
從九品下（9d）	將仕郎	將仕郎			將仕郎
總　計　階　數	29（舊唐書）（資治通鑑作28）				29
主要資料來源	＜舊唐書＞卷42，頁1784（附註）	＜通典＞，卷34，頁193—194	＜通典＞，卷34，頁194	＜通典＞，卷34，頁194	＜唐六典＞卷2，頁10a—18a；＜舊唐書＞卷42，頁1791—1803；＜新唐書＞卷46，頁1187；＜唐令拾遺＞頁103—114

附註：本表所列武德七年欄名稱及品階依照＜舊唐書＞，卷42，＜職官志㈠＞。表中，有左光祿大夫、右光祿大夫名稱，且朝議郎、承議郎以下，至文林郎、將仕郎，均爲兩散官爲一組，分屬正六品以至從九品，各正、從品無上、下階之分。但＜資治通鑑＞，卷190，頁5978—79，「武德七年三月」條謂：「自開府儀同三司至將仕郎，二十八階，爲文散官。」胡三省注此條僅列「光祿大夫，從二品」，且謂朝議郎爲正六品上，承議郎爲從六品下，以下至將仕郎爲從九品下。按：溫公所據不知爲何？若以開元時期所修＜六典＞爲據，則從二品爲光祿大夫，且無左右光祿大夫之分。朝議郎以下至將仕郎分屬正六品上至從九品下，品各有正從及上下階之分。溫公所據，可能是開元之制。但＜六典＞明謂文散官「凡敍階二十九」，不知溫公爲何作「二十八階」？胡注可能取開元之制作解釋，但比較胡注所列二十八階與＜六典＞所列二十九階，則將「正四品上正議大夫、正四品下通議大夫」省作「正議大夫，正四品」，至於「光祿大夫」在貞觀以前有左右之分，則＜六典＞，卷2，＜吏部郎中＞條「光祿大夫」項下，早已指出：「皇朝猶有左右之名，貞觀之後唯有光祿大夫。」＜通典＞也有同樣說法。（卷34，頁194a）。另外，必須指出：＜通鑑＞胡注所列二十八階名稱，其在「金紫光祿大夫、正三品」至「朝散大夫從五品下」（參本表開元欄），各階官名稱多依開元之制，與本表所列不同。

附表二：唐代武散官品品階名稱表

品階　各朝名稱	武德七年（624）	貞觀十一年（637）	開元七年二十五年（719，737）	永泰二年（766）	貞元十年（794）
正一品（1a）					
從一品（1b）		驃騎大將軍	驃騎大將軍	驃騎大將軍	驃騎大將軍
正二品（2a）	輔國大將軍	輔國大將軍	輔國大將軍	輔國大將軍	輔國大將軍
從二品（2b）	鎮軍大將軍	鎮軍大將軍	鎮軍大將軍	鎮軍大將軍	鎮軍大將軍
正三品（3a）	冠軍將軍	冠軍大將軍	冠軍大將軍 懷化大將軍（顯慶三年置）	冠軍大將軍 懷化大將軍	冠軍大將軍（正三品上） 懷化大將軍（正三品下）
從三品（3b）	雲麾將軍	雲麾將軍	雲麾將軍 歸德將軍（顯慶三年置）	雲麾將軍 歸德將軍	雲麾將軍 歸德大將軍（從三品上） 歸德將軍（從三品下）
正四品上（4a）	忠武將軍	忠武將軍	忠武將軍	忠武將軍	忠武將軍
正四品下（4b）	壯武將軍	壯武將軍	壯武將軍	壯武將軍	壯武將軍 懷化中郎將
從四品上（4c）	宣威將軍	宣威將軍	宣威將軍	宣威將軍	宣威將軍
從四品下（4d）	明威將軍 天策上將府從事中郎（九年省）	明威將軍	明威將軍	明威將軍	明威將軍 歸德中郎將
正五品上（5a）	信遠將軍	信遠將軍	定遠將軍	定遠將軍	定遠將軍
正五品下（5b）	天策上將軍諮祭酒（九年省）	寧遠將軍	寧遠將軍	寧遠將軍	寧遠將軍 懷化郎將

品階	職事官	散官	散官	散官	散官
從五品上（5c）	遊騎將軍	遊騎將軍	遊騎將軍	遊擊將軍（＜通典＞作遊騎）	遊騎將軍
從五品下（5d）	遊擊將軍　天策上將府主簿、記事、參軍（九年省）	遊擊將軍	遊擊將軍	遊擊將軍〔騎馬都尉、奉車都尉〕	遊擊將軍〔歸德郎將〕
正六品上（6a）	文騎尉（正六品）	昭武校尉	昭武校尉	昭武校尉	昭武校尉
正六品下（6b）	天策上將府諸曹參軍事（九年省）	昭武副尉	昭武副尉	昭武副尉	昭武副尉〔歸化司階〕
從六品上（6c）	屯騎尉（從六品）	振威校尉	振威校尉	振威校尉	振威校尉
從六品下（6d）		振威副尉	振威副尉	振威副尉	振威副尉〔歸德司階〕
正七品上（7a）		致果校尉	致果校尉	致果校尉	致果校尉
正七品下（7b）	天策上將府參軍事（九年省）鹽池鹽井監、諸王百司閤事謁者	致果副尉	致果副尉	致果副尉	致果副尉〔歸化中候〕
從七品上（7c）		翊麾校尉	翊麾校尉	翊麾校尉	翊麾校尉
從七品下（7d）		翊麾副尉	翊麾副尉	翊麾副尉	翊麾副尉〔歸德中候〕
正八品上（8a）	天策上將府典籤（九年省）	宣節校尉	宣節校尉	宣節校尉	宣節校尉
正八品下（8b）		宣節副尉	宣節副尉	宣節副尉	宣節副尉〔歸化司戈〕
從八品上（8c）		禦武校尉	禦武（侮）校尉	禦侮校尉	禦侮校尉

品階					
從八品下（8d）		禦武副尉	禦武（侮）副尉	禦侮副尉	禦武副尉 歸德司戈
正九品上（9a）	雲騎尉（正九品）	仁勇校尉	仁勇校尉	仁勇校尉	仁勇校尉
正九品下（9b）	武騎尉（從九品）	仁勇副尉	仁勇副尉	仁勇副尉	仁勇副尉 懷化執戟長上
從九品上（9c）	羽騎尉（從九品）	陪戎校尉	陪戎校尉	陪戎校尉	陪戎校尉
從九品下（9d）		陪戎副尉	陪戎副尉	陪戎副尉	陪戎副尉 歸德執戟長上
總計階數	*31（《資治通鑑》卷190，頁5979）		**29（實際為31）	**29（實際為31）	45
主要資料來源	《舊唐書》卷42，頁1784，《唐令拾遺》，頁101	《舊唐書》，卷42，頁1785《唐令拾遺》，頁102	《唐六典》卷5，頁7a—10b，《唐令拾遺》，頁102—114	《舊唐書》，卷42，頁1791—1803	《新唐書》，卷46，頁1197

附記

＊ 武德七年武散階，《舊唐書》、《資治通鑑》，卷190，頁5979，「武德七年三月」條謂：「罷驃騎將軍至陪戎副尉三十一階」，為武散官。「丁溫公所據恐混開元及貞觀元制為」，參〈附表一〉註及本文有關唐代武散階發展的討論。又本欄「冠軍將軍」以下「丁十將軍」名號之歧異，參見正文註49。

＊＊《六典》及《舊唐書》所載永泰二年武散階數皆作二十九階，此當未將懷化大將軍及歸德將軍列入，《新唐書》所載　永泰元年之制，則將此二階及其他新置品階列入，故得四十五階。

附表三：開元敍階表（封爵、親戚、勳庸、資蔭、秀孝）

品　　階	封爵出身階	親戚出身階	勳庸出身階	資蔭出身階	秀孝出身階
正一品					
從一品					
正二品					
從二品					
正三品					
從三品					
正四品上					
正四品下					
從四品上					
從四品下	嗣王、郡王				
正五品上					
正五品下					
從五品上	親王諸子、封郡王者				
從五品下		娶公主者 （尉馬都尉）			
正六品上	國公	｛皇親緦麻已上親 　皇太后周親 　娶郡主者	上柱國		
正六品下	郡公		柱國		
從六品上	縣公	｛皇太后大功親 　皇后周親	上護軍		

從六品下			護軍		
正七品上	縣侯	皇祖免親 皇太后小功緦麻 皇后大功親 娶縣主者	上輕車都尉	一品子	
正七品下	縣伯		輕車都尉	一品孫 二品子 三品上柱國子 三品柱國子	
從七品上	縣子	皇后小功緦麻 皇太子妃周親 郡主子	上騎都尉	一品曾孫 二品孫 正三品子 三品上柱國孫 三品柱國孫 四品上柱國子 四品柱國子	
從七品下	縣男		騎都尉	二品曾孫 正三品孫 從三品子 三品上柱國曾孫 三品柱國曾孫 四品上柱國孫 四品柱國孫 五品上柱國子 五品柱國子 四品上護軍子	
正八品上				正三品曾孫 從三品孫 正四品子 五品上柱國孫 五品柱國孫 四品上護軍孫 五品護軍子 五品上護軍子	秀才上上第
正八品下				從三品曾孫 正四品孫 從四品子 四品護軍孫 五品上護軍孫 五品護軍子	秀才上中第
從八品上		縣主子		從四品孫 正五品子 五品護軍孫	秀才上下第

從八品下				正五品孫 從五品子 國公子	秀才中上第 明經上上第（甲）
正九品上			驍騎尉 飛騎尉	從五品孫 郡公子 縣公子	明經上中第（乙）
正九品下				縣侯子 縣伯子 縣子子 縣男子	明經上下第（丙）
從九品上			雲騎尉 武騎尉	上柱國子	孝義 |明經中上第（丁）| 進士甲第 明法甲第
從九品下				柱國子 諸品子	|進士乙第| 明法乙第 明書、明算

附記：

1. 本表之繪製，參考：池田溫，＜中國律令と官人機構＞，≪仁井田陞博士追悼論文集・第一卷・前近代アジアの法と社會≫（東京：勁草書房，1967），頁160—3，表Ⅲ。並酌參下列史料（本附記2.4.兩項所列），略加修改。

2. 上表所列五種敍階之法，係開元七年之制。參見：≪唐六典≫，卷2，頁18b—20b。＜吏部尙書＞條下「敍階之法」；≪唐會要≫，卷81，頁1493，＜階＞條；「封爵」出身階，又見開元七年＜公式令＞，收入≪唐令拾遺≫；頁590。

3. 開元敍階之法中的「勞考」，較爲繁複，參：拙著，＜唐代的文官考課制度＞，＜中央研究院歷史語言研究所集刊≫，55本1分（臺北，1984），頁139—200。

4. 開元二十五年＜選舉令＞對秀才敍階的規定，與開元七年之制，略有出入，並詳正文。

三至六世紀浙東地區經濟的發展

劉 淑 芬

　　本文主要討論三至六世紀浙東地區的經濟發展，並藉此檢討北方移民爲促進南方開發主要的動力這個觀念的正確性。因此，本文探尋的問題爲：在漢末北方移民來到之前，浙東地區經濟的狀況如何？北方人士避亂移居此地後，對浙東經濟的發展有那些貢獻？由此評估北方移民在此地經濟發展中所佔的地位。又本文也討論北方移民和浙東土著之間的關係，在政治層面上，由於機會的不均等，北方移民和浙東土著之間始終有着某種緊張的關係。在經濟層面上，北方移民和浙東土著是否有利益上的衝突？如有衝突，則對此地經濟的發展有什麼影響？

　　綜合文獻及考古發掘資料，顯示漢末大批移民南來之前，浙東地區的經濟已有相當程度的發展，尤其在製瓷業和銅鏡鑄造業方面，成績斐然。至於農業方面，也已進入精耕細作的階段。因此傳統上認爲北方移民帶來先進的技術，促進廣大江南的開發這個說法，至少在浙東地區而言，須作某些修正。浙東地區經濟發展有其自發性，不過，漢末及永嘉時期北方的移民潮在農業勞動力的提供、製造業和商業方面有一些貢獻。而在經濟利益上，北方大族和南方土著大族似乎沒有嚴重的衝突。

一、前　　言

　　長久以來，歷史學界都以中國文明發源於黃河流域，而後向四周擴散的一元論，來解釋中國歷史的發展；然而，這種說法在一九七〇年代末期以後，面臨考古新發現的挑戰。其實，以一元論解釋中國歷史的發展，是因爲受到文獻記載的主觀性，以及一九七〇年代以前考古工作主要限於黃河流域導引的緣故。在考古學方面，七十年代後期以來，考古工作在地域上的拓展及其發現，學者已修正其「黃河中游文化一元論」，逐漸傾向於中國文明起源多樣性的看法。[1]　而就歷史學方面來說，也不一定有足夠、具體的資料，充分支持一元論的解釋。因此，一元論的歷史解釋實有重新檢討的必要。

---

[1]　杜正勝：〈導論——中國上古史研究的一些關鍵問題〉，杜正勝編：《中國上古史論文選集》（臺北，華世出版社，一九七九）。
　　佟柱臣：〈中國新石器時代文化的多中心發展論和發展不平衡論〉，《文物》，一九八六年第二期。嚴文明：〈中國史前文化的統一性與多樣性〉，《文物》，一九八七年第三期。

　　今日我們所知道的中國史中，有許多一元論的歷史解釋，江南地區的開發就是其中一個明顯的例子。從來學者都認爲：江南地區的開發是漢代以後才漸次展開的，漢末和永嘉前後是兩個關鍵性的階段。這兩個時期，由於北方的動亂，大量人士向南方遷徙，帶來北方先進的農業和技術，從而促進江南的開發。[2] 甚至有人以唐代的標準來看，認爲六朝時江南的開發仍是有限的，要到了唐代，江南才大規模地開發。[3] 上述的看法，是基於北方文化優於江南的前提下發展出來的，包含兩個層面：一、漢末以前，江南地區仍是落後的。[4] 二、強調移民的貢獻。這樣的觀點是否正確呢？

2　三十餘年來，魏晉南北朝史的專著、論文，屢以此觀點解釋江南的開發：唐長孺《三至六世紀江南大土地所有制的發展》（上海，人民出版社，一九五七），頁二：「特別是三世紀以後，大批北方人民帶著他們的先進生產技術流徙南方，江南的生產力獲得迅速的提高。……」。
　　何茲全在《魏晉南北朝史略》一書中談及漢末移民時說：「人口南移總是帶著他們的財富、知識和生產技術，所以人口的南移，就是南方的開發。」又述東晉移民潮：「這次北方人口的大量南移，對於南方說，起了很大的開發作用。南下的勞動人民把北方進步的農業技術和農業生產工具都帶到南方去，把南方前此未墾的荒地繼續開墾起來。」（上海，人民出版社，一九五八），頁一九及七七。
　　韓國磐《南朝經濟試探》（上海人民出版社，一九六三），頁八四：「南渡流民中固然包括地主階級中的豪門大族，但是絕大多數是勞動人民。這些勞動人民帶著比較進步的生產技術和生產工具來到江南，這就不僅大大增加了江南地區的勞動力，並且推動了生產技術的發展。」又，他在《魏晉南北朝史綱》（北京，人民出版社，一九八三）頁一九七～二○三，也重申這個說法。
　　王仲犖：《魏晉南北朝史》（上海，人民出版社，一九七九）中論及江東的開發說：「他們（北方移民）不僅給江南帶來了進步的農業生產工具和先進的生產技能，同時也擴大了江南的耕地面積。……」，頁一○○。
　　傅築夫：《中國封建社會經濟史》（北京，人民出版社，一九八四），頁四○：「中原人民移居江南之後，把他們先進的技術和經營管理經驗帶到了江南，遂大大提高了江南地區的農業生產技術，使農業生產由粗耕迅速地轉變爲精耕，從而徹底改變了江南地區火耕水耨的落後面貌。」
　　羅宗眞：〈六朝時期全國經濟重心的南移〉，《江海學刊》，一九八四年第三期，頁七五：「北方人民的不斷南下，帶來了許多先進的生產技術，……」。許輝：〈東晉南朝時期南方經濟發展的原因〉，《史學月刊》，一九八五年第五期，頁三一一，也同此說。
　　王志邦：〈東晉南朝浙江農業生產的發展〉中國魏晉南北朝學會編：《魏晉南北朝史研究》（四川省社會科學院出版社，一九八六），頁九五。
　　童超：〈東晉南朝時期的移民浪潮與土地開發〉，《歷史研究》，一九八七年第四期。
3　史念海：〈隋唐時期長江下游農業的發展〉，載史念海：《河山集》（北京，三聯書店，一九七八年二版）。
4　萬繩楠：《魏晉南北朝史論稿》（安徽教育出版社，一九八三），頁二二三：「在魏晉時期，江南眞正得到開發的，只有吳郡。」

　　近三十餘年來的考古發掘與研究指出：在漢末北方移民到來之前，江南某些地區已有相當程度的發展。如東漢的會稽郡就是一個製造業的中心，在製瓷業方面，還領先北方。此外，關於北方移民對江南開發的貢獻方面，北方的旱地農田的技術和經驗，是否能對江南水鄉澤國的水稻栽培有所助益？這一點也是值得考慮的。由此，我們覺得前述觀點似乎應該再作檢討。

　　本文主要討論魏晉南北朝浙東地區的發展，藉以檢討上述看法的正確性。在時間上，以漢獻帝建安元年（一九六），迄隋煬帝大業五年（六〇九）爲斷限，[5] 涵括了漢末、永嘉兩次移民潮。在空間上，浙東地區包括今日浙江省浙江以南的地區，是漢末、永嘉時期許多北方人士避亂南來擇地定居的地區。因此，有利於檢討這個說法。

　　本文除了就農業、商業、製造業、都市與人口方面，檢視此一時期浙東地區發展的情況之外，並將討論下列三個問題。第一，六朝時期江南開發有限說，是否眞確？第二，北方移民對浙東地區發展的貢獻如何？他們是否爲促進浙東開發的主要因素？第三，探討北方移民和浙東土著之間的關係。土著和移民間是否有利益上的衝突？如果有的話，他們如何解決這些衝突？

　　在章節的安排上，本文先討論都市與人口，再次爲製造業與商業，而後討論農業，最後談北方大族與浙東的經濟發展。農爲國本，本來應先討論農業，而一般討論江南開發的文章，也幾乎都以農業爲主，[6] 不過，衡量農業開發的尺度是耕地面積的擴大，與單位面積生產量的成長，六朝的文獻在這方面沒有數字可據以討論，僅是隻言片語的零散資料，很難對此時土地開發有具體明晰的理解。因此本文從郡縣的設置、城市的增加，輔以人口資料，希望能夠大致反映土地開發的情況。因歷代郡縣的設置基本上是中央政治勢力的伸張，部分反映人口與經濟的狀況。再配合製造業和商業的發展情況，期望能勾勒出六朝浙東經濟發展的面貌。至於第三節農業部分，主要是從土地的耕作方式及經營方法，討論當時農業生產力。最後討論北方大族和土著之

5　通常三國時代自西元二二〇年，曹丕代漢這一年算起。不過，早在建安元年（一九六），曹操挾漢獻帝遷許，事實上漢室是名存實亡了。而在此前一年（一九五，獻帝興平元年），孫策據吳。次年（一九六），更取得會稽郡，自此浙東地區即在孫吳控制下。故本文的討論自建安元年始。

6　見2。

間的關係，以及北方大族對浙東經濟發展的貢獻。

　　另外，在此必須說明本文遭遇的困難及其導致的限制，第一，六朝時浙東的海岸線和今日的海岸線可能有若干程度的差異，但因無資料可據，在討論沿海地區的發展時，便無法將這一點考慮在內。第二，六朝的史料並不是很豐富，大部分六朝史的論著都儘量利用所有的材料，泛論當時的狀況。然而，中國幅員廣大，各地之間頗有差異，實在不宜一概論之，因此本文嘗試作六朝的區域研究，只討論浙東地區。不過，因六朝史料原本有限，若再將討論範圍宿小到一個區域，相關的資料就更少了，所以在本文某些地方的討論中，資料稍嫌不足。關於這一點，我們也只能期待新資料的發現，再隨時加以補充或修正。

二、城市與人口

　　六朝浙東地區是一個完整的行政單位。在東漢時，浙東有十九個城市，大部分屬於會稽郡的轄域，[7] 到孫吳時析爲四郡三十二城，至東晉又增置一郡，成爲五郡三十五縣。自此時到梁朝，此地都稱爲「浙東五郡」。整個六朝時期，揚州是一個文治區域，不設軍府。[8] 東晉以後，凡是揚州有緊急事故，每臨時開府設督，以浙江以南的會稽、臨海、永嘉、東陽、新安五郡爲一個行政單位，以會稽太守兼督五郡，稱爲「浙東五郡」，或叫「會稽五郡」。[9]

　　本節以東漢到南朝末年，浙東地區郡縣城的增加，討論浙東各地的發展在空間上的推衍。另外，又以東漢迄隋的戶口數作爲輔助資料，以探討各地在不同時期的發展。

（一）城　市

　　雖然本文的範圍是浙東地區，但基於下列兩個原因，本節的討論兼及今日的福建

　　7　其中歙縣及黟縣屬丹陽郡，孫吳以後，以其地爲新都郡。東晉改稱新安郡，爲浙東五郡之一。

　　8　見拙著：〈建康與六朝歷史的發展〉，《大陸雜誌》，卷六十六第四期。

　　9　《晉書》，卷七十九，〈謝安附謝琰傳〉。

省地區。第一，漢時會稽郡涵蓋的範圍很廣，大致上包括了浙東地區和今日的福建省。第二，浙東地區的發展和福建省的開發也有關連，故爲顧及討論的完整性，此處也談福建省地區的城市與人口。以下是東漢迄南朝末年浙東地區及福建省地區郡縣設置，列作一表說明：

表一　浙東及福建地區郡縣設置表

東漢（建安元年）	孫吳	東晉	宋、齊	梁	陳
會稽郡：山陰 上虞 始寧 餘姚 句章 鄞 鄮 剡 永興 諸暨	會稽郡：山陰 上虞 始寧 餘姚 句章 鄞 鄮 剡 永興 諸暨	會稽國 同左	會稽郡 同左	會稽郡 同左	會稽郡 同左
章安 寧海	臨海郡257：章安 寧海 臨海 南始平	臨海郡：章安 寧海 臨海 始豐 樂安347	臨海郡 同左	臨海郡 同左	臨海郡 同左
永寧	永寧 松陽203 安陽	永嘉郡323：永寧 松陽 安固 樂成 橫陽	永嘉郡 同左	永嘉郡 同左	永嘉郡 同左
烏傷 長山192	東陽：烏傷 長山 永康246 吳寧195 豐安195	東陽 同左	東陽 同左	東陽 同左	金華：烏傷 長山 永康 武義 豐安

會稽郡	後漢縣	三國	晉	宋	齊	梁·陳	隋
會	太末　新安192	郡266：太末、定陽218、新安、平昌239	信安、遂昌　郡	同左　郡	同左　郡	同左　郡　建德	郡：太末、建德；信安郡：信安、定陽
會	歙　黝	新都郡208：歙、始新208、黝、黎陽、海陽、新定	新安郡：同左、海寧、遂安	新安郡：同左	新安郡：同左	新安郡：梁安535、始新、遂安、壽昌；新寧郡：黝、歙、海寧、黎陽	新安郡：始新、遂安、壽昌、黝、歙、海寧、新安
稽	侯官	建安郡260：建安、吳興、東平、建平、將樂260、昭武、南平、侯官、東安	建安郡：建安、吳興、東平、建陽、將樂、邵陽、延年、綏安399	建安郡：建安、吳興、東平、建陽、將樂	建安郡：吳興、邵武、建陽、將樂、綏成、沙村	建安郡：建安、吳興、邵武、建陽、將樂、沙村	建安郡：同左、綏成
郡		晉安郡-282：侯官、晉安、原豐282、溫麻283、宛平、同安、新羅	晉安郡：侯官、晉安、原豐、溫麻、宛平、同安、羅江	晉安郡：侯官、晉安、原豐、溫麻	晉安郡：侯官、晉安、原豐、溫麻；南安郡：龍溪、蘭水、晉安	晉安郡：侯官、原豐、溫麻；南安郡：龍溪、蘭水、晉安	晉安郡：東侯官、原豐、溫麻；南安郡：龍溪、蘭水、南安、蒲田

說明：①見於表中的阿拉伯數字是郡、縣設置年代。
資料來源：①後漢書郡國志，晉書地理志、宋書州郡志、南齊書州郡志、隋書地理志。
②三國郡縣表附考證（吳增僅、楊守敬），三國疆域表（謝鍾英），補三國疆域志補注（洪亮吉、謝鍾英），三國疆域志疑（謝鍾英）。晉書地理志新補正（畢沅），新校晉書地理志（方愷），東晉疆域志（洪亮吉），宋州郡志校勘記（成孺）、補梁疆域志（洪齮孫）、補陳疆域志（臧勵龢），以上均收入：《二十五史補編》（開明書店）。

如上表所示，以郡縣城市增加的情形而言，孫吳是浙東郡縣遽增的時期，東晉次之。漢末浙東有十九城，孫吳析其他，新設臨海、東陽、新都三郡，增置十三個縣；即較漢代增加了百分之六十八·四。東晉時期，分臨海郡之地，設立永嘉郡，又增置三縣；成長率僅有百分之八·五七。

在地形上，浙東可分爲包括以今日紹興市（六朝的山陰）爲中心的寧紹平原、金衢盆地、浙南山地、和除了寧紹平原之外沿海的河口小平原如靈江、甌江等河川的下游。從各個時期城市的分佈，看浙東地形區開發的先後順序，則寧紹平原是最早開發的地區，金衢盆地（相當於孫吳以後的東陽郡）次之。

孫吳時期，浙東城市大幅度的成長，有兩個原因。一是移民的因素。漢末的移民潮，數以萬計北方避難南來的人士移入此地，[10] 人口遽增，使得爾後控制此地的孫吳政權不得不析土設縣，以利於統治。二是政治因素。浙東地區是孫吳建國的基礎，[11]而當時的浙東地區除了寧紹平原和靈江、甌江、飛雲江的河口平原之外，其餘廣大的山區大多是越人散居之處。孫吳一方面爲平息山越的寇擾，以鞏固其在此地的統治；另一方面，也爲了充實軍力軍實，以越人爲兵，或將他們納入郡縣編戶，以徵收賦稅力役，於是展開一連串討伐山越的軍事行動。孫吳在對山越作戰的過程中，或是將越人編入軍隊；或是將越人移居平地，增置郡縣以安置和管理他們。

東晉時期，浙東郡縣增加數不多，但值得注意的是，福建省地區郡數有較多的成長。東漢時，福建爲會稽郡的南部，只設冶縣。[12] 孫吳時，在此地設建安郡，置有九縣。東晉時析建安郡，設晉安郡，又增置五縣。相較之下，東晉時浙東城市的增加有遲緩下來的現象，下列兩個原因可以解釋此一情況。一是浙東的平原和盆地已經充分開發了，所以南來的移民往福建地區定居。另一個因素是東晉時浙東的亂事，促使浙東居民移住福建，關於這一點，在戶口部分再加以討論。

10　《魏志》十四，〈蔣濟傳〉，建安十四年：「江淮間十餘萬眾，皆驚元吳。」《吳志》二，〈孫權傳〉，建安十八年：「初，曹公恐江濱郡縣爲權所略，徵令內多。民轉相驚，自廬江、九江、蘄春、廬陵戶十餘萬皆東渡江，……」。

11　孫吳以江東六郡起家，《吳志》四，〈劉繇傳〉裴注引袁宏漢紀：「劉繇將奔會稽，許子將曰：『會稽富實，策之所貪，……』」

12　勞榦：〈漢晉閩中建置考〉，《中央研究院歷史語言研究所集刊》，第五本。

　　從郡縣城市的增加，看浙東各地開發的狀況，則東漢時寧紹平原已經充分開發了，而金衢盆地要到孫吳時才完全開發。東漢浙東十九個郡縣城中，有十城集中在寧紹平原上，它們是：山陰、上虞、始寧、餘姚、句章、鄞、鄮、剡、永興、諸暨。六朝時代此一地區不曾再增置郡縣，可見此地已經充分發展，這和東漢寧紹平原上製造業發達的事實（見本文第三節），是頗為一致的。東漢金衢盆地上只有六城：烏傷、太末、長山、新安、歙、黟，比起浙東其他地區，此地也算是開發較早的地區。不過，因為盆地四周山地環繞，多越人，所以山地尚未充分開發，一直要到孫吳征伐山越，此地的開發方深入山區。吳將賀齊討伐歙、黟二縣境內的越人，在其地新設四縣，置新都郡（東晉改稱新安郡）。[13] 另外，孫吳在金衢盆地東部增設五縣：永康、吳寧、豐安、平昌、定陽，至孫皓寶鼎元年（二六六），更在這裏設東陽郡。孫吳以後，金衢盆地上不曾再增置郡縣。

　　東晉時期，浙東沿海河口平原和福建地區在開發上有顯著的成績。漢代只在沿海口岸的寧海、章安、永寧（今溫州市）設縣，孫吳時在河口平原上增設四縣，倂前三縣，成立臨海郡。西晉永嘉以後，此地新置三縣，[14] 又析臨海郡南部，置永嘉郡。

　　從城市在空間上的分佈看來，東漢三國浙東的城市大都沿著河流發展，包括新安江、浦陽江、曹娥江、靈江、甬江、甌江；東晉以後增加的城市則多在沿海地帶。會稽郡、新安郡、東陽郡的城市大都依傍河岸，而此三郡也是浙東較早開發的地區。臨海郡和永嘉郡的城市最先在海口出現，而後向內陸推進。東漢此一地區僅有三城：寧海（今海寧）、章安（今臨海或台州）、永寧（今永嘉或作溫州），章安瀕台州灣，永寧臨溫州灣，都是近海的港口城市。臨海、永嘉二郡的城市都以章安、永寧為基點，向河流上游及海岸平原擴展，前者如臨海、始豐、樂安；後者有樂成、安固、橫陽。

　　西漢的浙東還沒有大的商業都會，[15] 東漢時寧紹平原上製造業很發達，其中心都

13　《吳志》一五，〈賀齊傳〉：「（建安）十三年，遷威武中郎將，討丹陽黟、歙。時武彊、葉鄉、東陽、豐浦四鄉先降，齊表言以葉鄉為始新縣。……齊復表分歙為新定、黎陽、休陽。幷黟、歙凡六縣，權遂割為新都郡，齊為太守，立府於始新，加偏將軍。」

14　西晉太康四年（二八三），新設橫陽縣。

15　據《漢書》卷二十八下〈地理志〉的記載，西漢江浙最大的商業都會是吳。而沒有提到浙東的商業都會。

市山陰成爲浙東地區最大的都市，到劉宋時代，山陰已經是南朝境內的大都市。當時，山陰著籍人口有三萬戶，[16] 而劉宋會稽郡十個縣著籍戶數爲五萬二千二百二十八戶，[17] 則山陰著籍戶數佔了會稽郡的百分之五十七‧四，可見這是浙東的超級城市。而值得注意的是，有許多士族、豪族、皇戚、貴臣寓居山陰，他們多擁有大批蔭附人口，因此山陰的實際人口數其實較著籍戶口數，超出了許多。山陰不但人口眾多，而且商業非常興旺，宋書上說此地「王公妃主，邸舍相望」，[18] 因爲商業的蓬勃發展，使得傳統縣城中市區的管理和秩序難以維持。[19] 此外，浙東也有其他商業都市的興起，如金衢盆地上的長山（今金華市，六朝的東陽郡治）。[20]

（二）人口

　　中國歷史上戶口數的記錄，在很多時期呈現若干疑點，因此不能作爲估量發展絕對的標準。六朝因大族擁有大批蔭附人口，所以正史所載的著籍戶口數，並不能代表實際的戶口數。今將漢書、後漢書、晉書、宋書、隋書所記載浙東諸郡戶口數，列表如下，並嘗試從六朝的政治、社會情況，來理解各時期浙東諸郡戶口數的變化。

　　表二所列西晉戶口數，係太康元年（二八〇），也就是晉武帝滅掉孫吳那一年的戶口數，因此可視之爲孫吳末年的戶口數。至於永嘉南渡所增加的人口，則只能參考宋書所提供的資料。二、隋書地理志所載是隋煬帝大業五年（六〇九）的戶數，由於隋文帝平陳之後，即採蘇威的建議，蠡清江南戶口，[21] 所以大業五年的戶數按理應該比較接近實際戶口數。三、以隋代較爲確實的戶數，和晉書、宋書所記不包括許多隱匿人口的著籍戶口數作一比較，如戶口數略無增減者，很可能表示人口的減少；戶口

16　《宋書》，卷九十二，〈良吏，江秉之傳〉。
17　同前書，卷三十五，〈州郡志一〉。
18　同前書，卷五十七，〈蔡廓附蔡興宗傳〉。
19　《全晉文》（收入嚴可均輯：《全上古三代秦漢三國六朝文》，中文出版社），卷二十一，總頁一五七五，會稽太守王彪之「整市教」：「近檢校山陰市多不如法，或店肆錯亂，或商估沒漏，……」。
20　《隋書》，卷三十一，〈地理志下〉：「京口東通吳、會，……宣城，毗陵、吳郡、會稽、餘杭、東陽，其俗亦同。然數郡川澤沃衍，有海陸之饒，珍異所聚，故商賈並湊。」
21　《北史》，卷六十三，〈蘇綽附蘇威傳〉。

表二　東漢迄隋浙東、福建地區著籍戶口表

時代	會稽郡	東陽郡	新安郡	臨海郡	永嘉郡	浙東總戶數	平均每戶口數	建安郡	晉安郡	福建總戶數	平均每戶口數
東漢 140A.D	戶123,090　口481,196						3.9				
西晉 280	戶30,000	戶12,000	戶5,000	戶18,000		戶65,000		建安部 戶4,300	晉安部 戶4,300	戶8,600	
宋	戶52,228 口348,014	戶16,022 口107,965	戶12,058 口36,651	臨海郡 戶3,961 口24,626	永嘉郡 戶6,250 口36,680	戶90,519 口553,936	6.12	戶3,041 口17,686	戶2,843 口19,838	戶5,884 口37,524	6.38
隋 609	戶20,271	戶19,805	新安 戶6,164　遂安 戶7,342	戶10,542		戶53,582				12,420	

最減少者，則其實際上減少的數目比此數還大；戶口數增加者，也不一定表示此地人口確實有增加，而須視其地戶口隱匿情況的嚴重、及人口增加數的大小，再行斟酌。不過，因為沒有各地人口隱匿的數據，所以很難判斷其地人口是否確實有所增加。

　　就整個浙東地區而言，漢末迄梁朝這個地區的人口是不斷地增加的。雖然如表二所列，西晉太康元年的戶數較東漢為少，但這是由於戶籍登錄不實的緣故。後漢的會稽郡（包括浙東和福建地區）戶數為十二萬三千零九戶，太康元年上述地區的戶數總計為七萬三千六百戶，比後漢約少了五萬戶。後漢迄孫吳末年，這個地區非但沒有戰亂，而且還有大批避難南來的北方人士到此定居，因此人口必然大增，不可能減少。史書上出現這樣不合理的數字，其實正顯示戶口隱匿情況的嚴重。根據虞玩之估計，在劉宋泰始三年到元徽四年（四六七～四七六）之間，揚州等九郡卻籍的戶數為七萬一千餘。[22] 揚州計有八郡，其中包括浙東五個郡。因此卻籍的七萬一千餘戶中，有一部分是屬於浙東地區的。

　　以劉宋的著籍戶口和太康元年著籍戶口比較，則浙東的會稽、東陽、新安三郡戶數都有增加，只有沿海的臨海郡城市增加，但戶口卻顯著地減少，這是由於戶口逃亡，托庇於大族的結果，而非人口減少。東漢會稽郡每戶平均口數為 3.9，劉宋時浙東各郡每戶平均口數為6.12，由此似乎可以看出戶口隱匿的一些蛛絲馬跡。

　　以西晉至劉宋各地著籍戶口作一比較，則以會稽郡、新安郡增加的幅度較大，除了會稽郡製造業發達的原因之外，這可能還和交通因素有關。會稽郡增加了二萬二千二百二十八戶，增加率為百分之七十四；新安郡增加了七千零五十八戶，百分比為一四一·一。東陽郡人口也有增加，增加了四千零二十二戶，增加率為百分之三十三·五。自東漢以來，會稽郡轄域寧紹平原製造業發達，其繁榮自然是吸引移民的因素；另外，也和此地海上交通便利有關。關於這一點，將在第五節中再討論。以郡縣設置而言，東陽郡開發的次序僅次於會稽郡，但在此時人口增加，反不如新安郡，究其原因，可能和交通條件有關。東陽郡和新安郡分別是金衢盆地和新安江流域，都處於內

22　《南齊書》，卷三十四，〈虞玩之傳〉，玩之上表云：「自泰始三年至元徽四年，揚州等九郡四號黃籍，共卻七萬一千餘戶。……」揚州只有八郡，包括浙東五郡及丹陽、吳、吳興三郡。另外一郡，當屬他州，故曰揚州等九郡。

陸，對外交通主要靠浙江水系的聯繫。從北方至東陽郡，須經三吳水運系統到杭州灣，溯浦陽江和衢江，至金衢盆地各處，其路線比較迂迴。從北方至新安郡，有一條路線是由杭州灣溯浙江、新安江；和北方至東陽郡的路線相似。但新安江西北通長江支流青弋江，西南可通鄱陽湖水系，就新安郡對西南、西北向的交通，可說比東陽郡對外交通來得順暢便利。永嘉前後，避亂而來的北方人士移往新安郡，可能多循青弋江及鄱陽湖水系，進入新安江流域。[23]

　　梁朝末年，部分浙東沿海居民移往福建和廣東，是大業五年浙東著籍戶口數較劉宋時銳減的原因。早在東晉時，就有浙東人民遷居廣東，[24] 但這僅是少數避役百姓。浙東人民真正大批移民福建、廣東，始於梁末。一因侯景之亂（五四八～五五二），戰事擴及三吳、會稽，此時不僅浙東本地居民向南遷徙，就連剛從建康、三吳到會稽避難的人士，不暇喘息地又向更南方遷移。[25] 他們或遷往福建，或移住廣東。[26] 二則伴隨著侯景亂事而來的浙東大饑荒，以會稽郡最為嚴重，死者十之七、八，存活者多逃往福建。[27] 陳文帝曾下詔書，允許梁末遷到福建的晉安、建安、義安諸郡的人還歸本鄉，但還歸鄉土者恐怕也很有限。[28] 隋代福建戶數比劉宋時顯著地增加。[29] 而這些避難移住福建、廣東的人，多沿海道，這也可以解釋此時瀕海的會稽、臨海二郡著籍戶口的銳減。

23　《隋書》，卷三十一，〈地理志下〉：「新安、永嘉、建安、遂安、鄱陽、九江、臨川、廬陵、南康、宜春，其俗又頗類豫章。」新安風俗和九江、鄱陽相近，可見此數郡關係密切。

24　《晉書》，卷七十三，〈庾亮附庾翼傳〉：「時東土多賦役，百姓乃從海道入廣州，……」

25　《資治通鑑》（臺北，明倫出版社，一九七三），卷一六二，梁紀十八，武帝太清三年，總頁五〇三二：「於是三吳盡沒於景，公侯在會稽者，俱南渡嶺。」

26　《陳書》，卷三，〈世祖紀〉：「（天嘉六年）三月乙未，詔侯景以來遭亂移在建安、晉安、義安郡者，並許還本土，……」

27　同前書，卷三十五，〈陳寶應傳〉：「侯景之亂，……是時東境饑饉，會稽尤甚，死者十七八，平民男女，並皆自賣，而晉安獨豐沃。（陳）寶應自海道寇臨安、永嘉及會稽、餘姚、諸暨，又載米粟與之貿易，多致玉帛子女，其有能致舟乘者，亦並奔歸之，由是大致貲產，士眾彊盛。」

28　見26。隋代靜清戶口，料出蔭附人口後，遭侯景之亂的會稽、永嘉、臨海諸郡人口不是未見增加，就是減少，可見亂後返回鄉土者少。

29　隋唐地理志記福建地區人口僅錄建安郡戶數，雖然如此，光是建安郡的戶數便超過劉宋整個福建地區的戶數甚多。

對於表二所列浙東、福建的戶口數,雖然可以六朝的政治、社會情況,作上述的理解,但仍存著一個疑問;即至隋朝浙東及福建的戶口數反較東漢及西晉時爲少,如果這個的記載可信的話,該作如何解釋?除了前述梁末這兩個地區有大量人民移往廣東的原因之外,是否還有其他的理由?

三、製造業商和業

六朝以前的史書中,很少有關於製造業方面的記載,因此要了解當時的經濟情況,有很大一部分要靠出土文物提供資料。史記貨殖列傳、漢書地理志記各地的產業,都只列舉農、畜、漁、牧的產品,以及礦產,而沒有提到製造品,根據此二書的記載,固然可以知道一地經濟約略的狀況,和其發展的潛力;但卻不足以理解其經濟發展的全貌。近數十年來考古的發掘成果,指出漢代的四川和浙東製造業非常發達,六朝浙東的製瓷工業、銅鏡鑄造業也都很興盛。另外,從少數文獻的記載,可知浙東的紡織業、製紙業也有很好的發展。

從東漢開始,浙東製造業的發達,雖然和當地原料的供應不虞缺乏有關,但也和此地自春秋戰國以冶鑄著名,及早有製作陶瓷的基礎,有一脈相連的關係。春秋時代,浙東爲越國領地,以冶鑄聞名,尤其擅長兵器的製作。[30] 東漢時浙東的會稽和首都洛陽、四川廣漢,並列爲三大銅鏡鑄造中心,[31] 這應是承繼前代的鑄造技術及繼續發展的結果。又,在浙東紹興富盛發掘的戰國窯址,得知其時此地已能製印紋陶和原始青瓷,[32] 已開啟兩漢浙東瓷器製造獨步一時的先聲。

(一) 製瓷業

迄今所知,從東漢迄六朝,浙東的製瓷業在中國瓷器製造史上,佔有特殊而重要的一頁。本節主要就瓷窯遺址的分佈,看浙東各地製瓷業的發展,並且從出土瓷器,

---

30 中國社會科學院考古研究所編:《新中國的考古發現和研究》(北京,文物出版社,一九八四),頁三一四。

31 王仲殊:〈關於日本三角緣神獸鏡的問題〉,《考古》,一九八一年第四期。

32 紹興縣文物管理委員會:〈浙江紹興富盛戰國窯址〉,《考古》,一九七九年第三期。

探討浙東瓷製品的貿易網絡。

　　雖然在長江以南大部分的地區，都有東漢瓷窰遺址的發現，但卻以浙江的數量最多。[33] 浙江甚至被認爲是包括靑瓷、黑瓷製作的發源地。[34] 浙東陶、瓷土礦產豐富，爲此地陶器和瓷器的製造業提供必備的原料，寧紹平原、金衢盆地和甌江流域都有陶、瓷土的蘊藏，而以以寧紹平原的藏量最豐。此地原始瓷器可溯至戰國時代；至於瓷器和黑瓷，則從東漢時就已開始生產。[35] 寧紹平原一帶的瓷窰稱爲「越窰」，越窰靑瓷製作精美，在六朝以期，獨步全國。另外，永嘉一帶的「甌窰」，金衢盆地的「婺州窰」，也都是六朝靑瓷的重要產地。

　　從窰址的發現，可知漢代浙東部分地區製造業已經很發達了；而從窰址的分佈看各地區開發的先後次序，兩者似乎也有相應的關係。考古工作者在寧紹平原發現了許多漢代的窰址，分佈在上虞、鄞、慈溪，而僅僅上虞一地，到一九七七年的統計，就已經發現三十六處東漢窰址。[36] 寧紹平原是浙東開發最早的地區，東漢時此地製造業已經相當蓬勃興盛，這可能成爲它吸引北方避難的人民到此定居的因素之一。東漢金衢盆地的發展，僅次於寧紹平原，然而迄今尚未在此地發現漢代窰址，不過從出土的瓷器判斷，得知婺州窰在漢代業已開始生產了。[37] 又，在開發較晚的河口平原也有漢代窰址的發現，永嘉附近有三處窰址，都分佈在甌江支流楠溪兩岸；[38] 其地近海口，可知永嘉一帶的發展和海運路線有關。

　　三國、西晉，寧紹平原的製瓷業在技術上仍然領先各地；雖然浙東其他地方也有窰址的發現，但在數量和窰址的集中方面，都和寧紹平原無法相比。寧紹平原上，三國窰址分佈在曹娥江中游兩岸的山腳下，僅在上虞就已經發現三十餘處。西晉的窰址在上虞、山陰都有發現，上虞有六十餘處遺址。[39] 另外，在金衢盆地的武義縣發現三

33　中國硅酸碱學會：《中國陶磁史》（北京，文物出版社，一九八二），頁一三〇、一三七～八。

34　朱伯謙、林士民：〈我國黑瓷的起源及其影響〉，《考古》，一九八三年第十二期。

35　同前。

36　《中國陶磁史》，頁一二六。

37　貢昌：〈談婺州窰〉，收入：文物編輯委員會編：《中國古代窰址調查發掘報告集》（北京，文物出版社，一九八四）。

38　浙江省文物管理委員會：〈溫州地區古窰址調查紀略〉，《文物》，一九六五年第十一期。

39　《中國陶磁史》，頁一三九～一四〇。

國窯址一處。[40] 至於永嘉一帶，則尚未發現三國、西晉的瓷窯遺址。由此可見，迄於西晉，金衢盆地、永嘉製瓷業的發展仍然有限，還不是瓷器主要的產地。

東晉以後，瓷窯遺址的分佈較廣，顯示浙東製瓷業有由點向面擴散的跡象。寧紹平原上，窯址不再只集中於上虞、山陰二地，在永興（今蕭山上董、石蓋村）、鄞縣（小白市）、餘姚（今餘姚上林湖）都有東晉窯址的發現。而在鄞縣（今奉化縣白杜）、餘姚上林湖，也有南朝窯址的遺存。[41] 永嘉郡則在永寧（今永嘉縣）發掘了三處東晉窯址，在樂成（今樂清縣白象鄉）有南朝瓷窯遺址。[42] 至於金衢盆地上，在其第一大城長山發現東晉窯址一處，[43] 而此地雖然沒有南朝瓷窯的遺址發掘，但從迄今所發掘的唐代窯址看來，十三處窯址分佈金衢盆地各處：包括今日的東陽、金華、蘭溪、武義、永康、衢州、龍游、江山，[44] 南朝時期上述某些地方可能就已開始生產瓷器，顯示金衢盆地的製瓷業有由點向面的擴散的傾向。

從東漢開始，寧紹平原就是一個製瓷業的中心，其製瓷技術逐漸向浙東各地，甚至北向浙西，南向福建輸出。從出土瓷器看，自西晉時始，越窯對於均山窯（六朝時義興郡陽羡縣，今江蘇省宜興縣）有若干影響，[45] 而對和其相鄰的德清窯（吳興郡），無疑有更密切的關係。今已發現四處德清窯遺址，[46] 另外，在德清西南方的餘杭，也發現兩處窯址。[47] 福建地區製瓷業發展較遲，大約自東晉才開始；此地製瓷業的發展可能和浙東人民的移居福建有關。目前在閩侯洪塘懷安村發現有南朝的瓷窯。[48]

東漢迄西晉間，是越窯一枝獨秀的時期，其產品製作優良，不但遍及三吳、建康，更遠銷長江中游地區。東漢末年，寧紹平原所產的黑瓷就已經流傳到浙江以外的

40　金華地區文管會：〈浙江武義北公社管湖三國窯〉，《考古》，一九八三年第六期。

41　《中國陶磁史》，頁一四一。

42　同 38。

43　同 37，頁二二。

44　同前註。竝見《中國陶磁史》，頁一四四。

45　同 41。

46　汪揚：〈德清窯調查散記〉，《文物參考資料》，一九五七年第十期。王士倫：〈德清窯瓷器〉，《文物》，一九五九年第十二期。

47　《中國陶磁史》，頁一四四。

48　同前書，頁一四八～一四九。文物編輯委員會編：《文物考古工作三十年》（北京，文物出版社，一九七九），頁二五七。

地區，安徽省亳縣曹操宗族墓葬出土的黑釉瓷器，即是越窰的產品。[49] 江蘇省三國西晉的墓葬中，有越窰的青瓷作爲陪葬品，如南京趙士崗吳墓出土的青瓷虎子，[50] 吳縣獅子山西晉傅氏家族墓出土的兩件青瓷穀倉，[51] 江蘇金壇縣白塔公社惠羣大隊磚室墓出土的青瓷扁壺，[52] 可見當時越窰產品在揚州地區是很普遍的商品。又，浙東的瓷器不但銷售至三吳和今安徽省地區，也及於長江中游。專家認爲，安徽出土的兩晉青瓷是屬於越窰系統，可能是由浙江運來的。[53] 而在長江中游發現六朝黑釉或醬色釉瓷器，從造型、裝飾和燒成各方面判斷，它們可能是浙江的產品。[54] 在湖北武羲等地出土的青瓷，也多屬越窰系統。[55] 越窰產品行銷各地，一方面說明其產品優良，和浙東製瓷業的發達；另一方面，也顯示了浙東因製造業興盛，而有活躍的商業活動。

（二）銅鏡鑄造業

　　東漢會稽是銅鏡主要的製造地之一；三國兩晉南北朝時，它成爲中國最重要的銅鏡鑄造中心。

　　會稽銅鏡鑄造業的發達，不只緣於原料供應不虞缺乏，[56] 也還因爲它有此地早先發展的鑄造業作爲基礎。[57] 中國很早就發明了銅鏡鑄造，但到了戰國時代，銅鏡才普

49　同 34。並見安徽省博物館：〈亳縣曹操宗族墓葬〉，《文物》，一九七八年第八期。

50　江蘇省文物管理委員會：〈南京近郊六朝墓的清理〉，《考古學報》，一九五七年第一期，頁一八八～一八九。

51　龜碑上分別刻有「元康二年潤月十九日超（造）會稽」，及「元康出始寧，用此霤，宜子孫，作吏高，其樂無極」的字樣。見張志新：〈江蘇省吳縣獅子山西晉墓清理簡報〉，《文物資料叢刊》，第三期。

52　其上刻有「紫（此）是會稽上虞范休可作坩者也」的字樣，見鎮江市博物館：〈介紹一件上虞青瓷扁壺〉，《文物》，一九七六年第九期。

53　王業友：〈略談安徽出土的六朝青瓷〉，收入中國考古學會編：《中國考古學會第三次年會論文集》（北京，文物出版社，一九八一），頁一五三～一五四。

54　蔣贊初：〈長江中游六朝墓葬的分期和斷代——附論出土的青瓷器〉，收入：《中國考古學會第三次年會論文集》，頁一四六。

55　羅宗真：〈江蘇東吳青瓷工藝的成就〉，收入：《中國考古學會第三次年會論文集》，頁一六二。

56　《漢書》〈地理志〉記江南只有丹陽（今安徽省宣城縣）有銅官的設置，但《水經注》中提到山陰銅牛山上設有銅官，見《永樂大典本水經注》（中文出版社，一九八三），總頁七一三。

57　《越絕書》（樂祖謀校，上海古籍出版社，一九八五），外傳記地傳卷十：「姑中山者，越銅官之山也，越人謂之銅姑瀆，……」又：「六山者，句踐鑄銅。」

遍被使用，[58] 今日沒有文獻或出土文物，可以證明當時會稽已經開始鑄造銅鏡。不過，春秋時代的越國以冶鑄聞名，其冶鑄技術對於東漢此地銅鏡鑄造業的發達，應該有直接或間接的促進作用。

從出土的紀年銅鏡銘文，可知漢末建安年間，會稽山陰已發展成一鑄鏡中心。[59] 漢末以後，中國北方因戰亂及銅料缺乏的緣故，銅鏡鑄造業明顯地衰退；而浙東未受戰禍波及，製造業得以在原有基礎上，繼繼成長。三國至西晉，會稽郡的山陰縣在銅鏡鑄造業方面，有特異的成績；不只其產品遠銷各地，還對國內、外作技術上的輸出。東漢，山陰和都城洛陽、四川廣漢（今四川梓橦縣），同為銅鏡主要的製造地。[60] 東漢中期以後，山陰的銅鏡鑄造在形制和技術上有所創新，它打破漢代以來以線條構成平面的紋樣，開始生產以神仙、瑞獸作為文飾浮雕的鏡，即所謂的「神獸鏡」和「畫像鏡」，[61] 開啟了三國時代此地銅鏡製造業的鼎盛。孫吳境內的吳縣和江夏（今武昌市），也有銅鏡鑄造業，但無論在製造業的興盛程度或鑄造技術方面，都不如山陰。[62] 三至四世紀時，會稽所製的神獸鏡不只輸入曹魏統治下的華北，亦輸入也有銅鏡鑄造業的武昌，更遠輸日本。[63] 同時，會稽不僅對外銷售成品，也對外輸出技術和工匠。在湖北省和日本出土的銅鏡銘文，都顯示了會稽工匠的輸出，如：湖北鄂城出土一枚黃武六年（二二七）的重列神獸鏡上的銘文為：「會稽山陰作師鮑唐」、「家在武昌思其少」；日本大阪府國分茶臼山古墳出土的三角緣神獸鏡的銘文為：「吾作明竟眞大好，浮由天下（敖）四海，用靑同（銅）至海東」。王仲殊認為，以上二者分別證明會稽工匠到武昌、及渡海到日本去作鏡。[64] 俞偉超認為前者也說明了武昌的鑄鏡業是由於引進了會稽山陰著名的匠師而發展起來的。[65] 東渡日本的孫吳工匠並且

58　孔祥星、劉一曼：《中國銅鏡》（北京，文物出版社，一九八四），頁三～九。

59　湖北省博物館，鄂州市博物館編，《鄂城三國六朝銅鏡》（北京，文物出版社，一九八六），俞偉超序，頁二。

60　同 31。

61　同前，頁三四八～三四九。

62　徐蘋芳：〈三國兩晉南北朝的銅鏡〉，《考古》，一九八四年第六期，頁五五八。

63　王仲殊：〈日本三角緣神獸鏡綜論〉，《考古》，一九八四年第五期。

64　同 53，頁三五一～三五二，三五四。

65　同 59，頁三。

有所新創，鑄造出鏡緣部分有異於中國神獸鏡的「三角緣神獸鏡」。[66]

　　東晉以後，山陰的銅鏡製造業有明顯衰退的現象，這是因爲隨著佛教信仰在江南的興盛，愈來愈多的銅料用在佛像和佛寺建造的緣故。從出土的銅鏡來看，東晉以後的銅鏡文樣簡陋，銅質低劣，鑄工不精，而且銅鏡愈做愈小。東漢三國西晉的神獸鏡直徑一般爲十餘公分，[67]至南朝末期梁、陳銅鏡的直徑一般爲五公分，有的甚至只有三・二公分，[68]顯示銅鏡的退化和銅料的缺乏有很大的關係。有學者認爲銅料缺乏的原因，是東晉以後長江中、下游銅礦大量減產之故，[69]本文認爲，製造銅鏡銅料的缺乏，主要的原因不在於銅產量的減少，而是因爲東晉以後大量地建造佛寺和佛像之故，使得鑄鏡銅料來源不足。當時不只以銅鑄佛像，連佛塔上的露盤也以銅打造；此外，銅更普遍地作爲裝飾品，點綴佛寺的莊嚴華麗。建造佛寺、佛像所用銅料數量甚爲可觀，梁武帝賜簡文帝銅一萬斤，助他建造天中天寺，又賜一萬三千斤銅，供造善覺寺塔露盤。[70]如果把三國迄梁、陳時代的寺院數目作一比較，[71]就更可了解銅鏡製造業的「銅荒」其實不完全是因銅產量減少的緣故。

（三）製紙業

66　在中國沒有三角緣神獸鏡的出土，見前引王仲殊文。

67　同 61，頁五五二。

68　同 62，頁五六一。

69　同前。

70　《全梁文》（收入《全上古三代秦漢三國六朝文》），卷十，簡文帝〈謝敕賚相刹柱幷銅萬斤啟〉：「臣綱啟：傳詔呂文強奉宣敕旨賚臣柏刹柱一口，銅一萬斤，供起天中天寺，…」又，〈謝敕賚銅供造善覺寺塔露盤啟〉：「臣綱啟：主書陳僧聰奉宣敕旨，垂賚銅一萬三千斤，供造善覺寺塔露盤，……」

71　據法琳：《辯正論》卷三，〈十代奉佛篇上〉的記載，東晉南朝的寺院數目如左：

　　　　東晉　　　一七六八
　　　　宋　　　　一九一三
　　　　齊　　　　二〇一五
　　　　梁　　　　二八四六
　　　　陳　　　　一二三二

　　見《大藏經》（臺北，中華佛教文化館大藏經委員會影印，一九五七）第五十二册，史傳部。

　　根據文獻的記載，最遲在三國時代，浙東就有造紙業了，主要生產楮紙（穀皮紙）和藤紙。吳末晉初，陸機曾指出江南人搗楮桑木以爲紙，[72] 西晉張華在他所著的《博物志》一書中說：「剡溪古藤甚多，可造紙，故即名紙爲剡藤。」[73] 剡溪位於寧紹平原曹娥江上游，溯溪而上四、五百里，都有製紙業。[74] 其實從寧紹平原到餘杭、及金衢盆地的山區多產藤，也是藤紙的產地。[75] 東晉浙東的藤紙已是優良的紙製品，范寧任地方官時下令：「土紙不可以作文書，皆令用藤角紙。」[76] 浙東的藤紙以剡溪兩岸的產品最佳，唐人皮日休「二游」詩：「宣毫利若風，剡紙光與月。」[77] 又李肇也說：「紙之妙者，越之剡藤。」[78]

　　六朝浙東製紙業發達，不僅紙好，而且產量亦大，因此成爲此地向外銷售的產品之一。東晉王羲之任會稽太守時，曾把庫藏九萬枚紙送給謝安。[79] 由於浙東紙產品優良，所以是當時往來浙東、建康謀利者携帶的貨品。[80]

　　迄今學者對於浙東造紙業的發展，也還是本著一元論的解釋，認爲：三國江南的造紙業屬於初級階段，晉室南渡後，把北方先進的造紙技術帶到南方來，南方的造紙業才迅速發展。[81] 或認爲東晉南遷後，江南才發展製紙業。[82] 這種看法還有待商榷。

72　潘吉星：《中國造紙技術史稿》（北京，文物出版社，一九七九），頁四四。

73　造紙史話編寫組：《造紙史話》（上海，科學技術出版社，一九八三）

74　《全唐文》，第八冊，卷七二七，頁二十，總頁七四九五，舒元輿〈悲剡溪古藤文〉：「剡淡（溪）上綿四、五百里，多古藤，……遂問溪上人，有道者言：「溪中多紙工，……」。

75　《元和郡縣圖志》（中文出版社，一九七三），卷二十五，江南道一，總頁三三七，餘杭縣條：「由拳山，晉郭文舉所居，傍有由拳村，出好藤紙。」

76　《初學記》（臺北，鼎文書局，類書彙刊之一，一九七六），卷二十一，紙第七，總頁五一七。又見《中國造紙技術史稿》，頁五八。

77　《全唐文》〈北京，中華書局，一九六〇標點本），卷六〇九，總頁七〇二八。

78　李肇：《唐國史補》（上海古籍出版社，一九七九新一版），卷下，頁六〇。

79　《太平御覽》（臺北，大化書局），卷六〇五，文部二一，紙，總頁二七二四，引《語林》：「王右軍爲會稽，謝公乞牋紙，庫中唯有九萬枚，悉與之。」

80　《宋書》，卷八十四，〈孔覬傳〉：「覬弟道存，從弟徽，頗營產業。二弟請假東還，覬出渚迎之，緇重十餘船，皆是紙席綿絹之屬，……」。按：孔覬係會稽山陰人，請假東還，謂自會稽還建康。

81　《造紙史話》，頁一六七。

82　同 72，頁五五。

關於三國以前造紙的文獻資料極少，因此很難說東漢浙東沒有製紙業，而且以當時浙東製造業的水準和當地對紙張的需求兩方面而言，浙東發展造紙業是很有可能的事。[83] 東漢浙東會稽經學很盛，西漢末有一些士人避難南遷，東漢初年時「會稽頗稱多士」；[84] 而迄於漢末三國，此地經學有豐碩成果：山陰賀氏的禮學、餘姚虞氏的易學，皆爲世所矚目欽重。[85] 以其地文化發展，對紙張的需求，加上此地原料供應沒有問題，又有相當高的技術水準，東漢時此地可能就有造紙業，但這一點只是推測，正確與否尚有待新資料的發現來證明。

（四）紡織業

六朝浙東的紡織業有麻、葛織業和絲織業。早在漢代，麻、葛製品卽是此地著名的手工業產品；而絲織業則南方本較北方落後，要到漢末及永嘉兩次移民潮之後，浙東的絲織有方有長足的進展。

至遲在春秋時代，浙東已有麻、葛紡織業，[86] 東漢時，其產品極爲精美，成爲貢品，[87] 也是北方上層社會歡迎寶貴的物品。[88] 六朝麻、葛織業就在此基礎上繼續發展。三國時代，浙東的麻布、葛布是具有地方特色優良的紡織品，魏文帝曾說：「江東爲葛，寧可比羅紈綺縠也。」[89] 又說：「代郡黃布爲細，樂浪練爲精，太末（末）布爲白。」[90] 太末屬會稽郡。寧紹平原是浙東紡織業最發達的地區，山陰的葛布，[91]

83　見 81，其基本觀點是從造紙與文化發展的關係言之。

84　《後漢書》，卷七十六，〈循吏‧任誕傳〉。

85　見拙著：〈六朝會稽士族〉，《中央研究院歷史語言研究所集刊》，第五十六本第二分。

86　樂祖謀點校：《越絕書》（上海古籍出版社，一九八五），卷八，越絕外傳記地傳第十，頁六一：「葛山者，句踐罷吳，種葛，使越女織治葛布，獻於吳王夫差。去縣七里。」

87　《後漢書》，卷八十一，〈獨行傳〉，記陸續之祖父閎：「美姿貌，喜著越布單衣，光武見而好之，自是常勅會稽郡獻越布。」

88　《後漢書》，卷十，〈馬皇后傳〉記馬皇后曾以白越三千端賜諸貴人，注云：「白越，越布。」

89　《太平御覽》，卷八一六，布帛部三，羅，總頁三六二七，〈魏文帝詔〉。

90　同前書，卷八二〇，布帛七，布，總頁三六四九，引《魏略》。

91　《嘉泰會稽志》（宋元地方志叢書之十，臺北，大化書局），卷十七，布帛，總頁六四八七：「葛之細者，舊出葛山。」葛山在山陰縣境。

諸暨、剡縣的麻布，[92] 都是其中的精品。而整個浙東都產麻布，[93] 唐開元中，婺州、衢州（以上二地在金衢盆地，相當於六朝的東陽郡地）、處州、溫州（以上相當於六朝的永嘉郡地），皆貢紵布。[94] 東晉南朝時一般人的穿著都是麻、葛織品，因此這類產品是紡織品中的大宗。[95]

　　江南本非主要蠶桑地區，浙東絲織業的發展是北人南遷的影響和技術移植的具體結果；三國時此地的絲織業已有相當程度的發展，東晉南朝時更有長足的進展。孫吳的絲織業雖然不如蜀漢，但仍出產絲織品，孫吳向曹魏稱臣時，貢獻曹魏的紡織品之中，除葛布之外，還有大量的絲織品。[96] 當時浙西的武康（今永安）、和浙東的諸暨都生產高級的絲織品，其產品及生產技術可能還由海道傳至日本。[97] 六朝浙東絲織業主要在寧紹平原和沿海河口平原，《永嘉郡記》稱其地有「八熟之蠶」，[98] 而唐代越州（六朝會稽郡地）的貢品是寶花羅和吳綾。[99]

　　北方紡織技術南移最明顯的一個例子是織錦業。劉宋武帝北伐，滅後秦，將關中的百工遷到首都建康，江南才開始發展織錦業。[100] 到了南齊時，南方的織錦業已馳名遠方異域，芮芮國的使臣曾至建康，要求派遣錦工至其國。[101] 我們相信，北方的絲織技術對於浙東的紡織業，有相當的影響和作用。

92　同前，又：「苧之精者，本出於苧羅山。」苧羅山在諸暨縣。又：「強口布以麻為之，出於剡機。織殊廳，而商人販婦往往競取，以與吳人為市。強口者去剡十五里，其溪水尤紺澈可愛。」

93　新安郡也是苧麻產地。《梁書》卷五十三〈良吏傳〉，伏暅為新安太宋「郡多苧麻，家人乃至無以為繩，其屬志如此。」又，《晉書》卷六十五〈王導傳〉云蘇峻亂後「帑藏空竭，庫中惟有練數千端」。

94　《元和郡縣圖志》，卷二十六，江南道二，總頁三四六～三四七。

95　李仁溥：《中國紡織史稿》（湖南，岳麓書社，一九八三），頁七五～七六。

96　同前書，頁七一。

97　同前書，頁七二～七三。

98　繆啟愉校釋，繆桂龍參校：《齊民要術校釋》（北京，農業出版社，一九八二），卷五，〈種桑柘第四十五〉，引鄭輯之《永嘉記》，總頁二三三。

99　《元和郡縣圖志》，頁三四五。

100　《太平御覽》卷八一五，〈布帛二〉，錦，引《丹陽記》：「鬬場錦署，平關右遷其百工也，江東歷代尚未有錦，而成都獨稱妙，故三國時，魏則布於蜀，而吳亦資西道。」總頁三六二四。

101　《南齊書》，卷五十九，〈芮芮虜〉。

（五）手工業者

上述浙東的製瓷、銅鏡鑄造、製紙和紡織業，是屬於官府工業？或者其中也有一些私人手工業？

自漢末開始，南、北手工業有著異途的發展。黃巾之亂以後，北方陷於長期的戰爭與混亂，城市受到嚴重的破壞，導致城市中手工業的衰落；而戰火並未波及長江流域，南方的手工業遂得以在原有的基礎上，繼續發展。唐長孺認爲，在漢末大混亂過去之後，三國時北方首先恢復官府手工業，亦卽把手工業者聚集在官府作坊中工作。其後迄北朝末期，政府都將手工業者置於官府嚴密的控制下。他也以爲，南方的情形和北方類似，雖然南方並沒有像北朝那樣禁止私家藏匿手工業者，但要到南朝以後，才逐步放鬆對手工業的控制。[102] 其實，自三國以後，南方的私人手工業就很發達。

出土浙東製造的青瓷器和銅鏡上標記工匠姓名的銘辭，雖然沒有說明是官府工匠或私人工匠，但從後來此地私人畜有大量工匠的事實看來，這些可能都是私人工匠。三國浙東似乎有極興旺的私人手工業。南京趙士崗吳墓出土的青瓷虎子腹部刻有：「赤烏十四年（二五一）會稽上虞師袁宜作」的字樣，[103] 江蘇省金壇縣白塔公社磚室墓出土的青瓷扁壺腹部刻：「紫（此）是會稽上虞范休可作坿者也」。[104] 在銅鏡方面，紹興出土的神獸鏡上分別有下列的銘辭：「建安二十二年（二一七）十月辛卯朔四日甲午太歲在丁酉時加未，師鄭豫作明鏡，……」，和「天紀元年（二七七）歲在丁酉，師徐伯所作明鏡，……」。[105] 又在浙江衢州出土的重列式神獸鏡的銘辭爲：「黃武五年（二二六）太歲在丙午，五月辛未朔七日，天下太平，吳國孫王治□□，太師鮑唐而作；……」。[106] 另外，在湖北省出土的許多銅鏡，在銘文中指出是會稽山陰的工匠所作的。如鄂城五里坂出土的同向式神獸鏡的銘辭爲：「黃初二年（二二一）十

---

102 唐長孺：〈魏晉至唐官府作場及官府工程的工匠〉，收入：唐長孺：《魏晉南北朝史論叢續編》（北京，三聯書店，一九七八年二版）

103 同 50。

104 同 52。

105 梅原末治：《漢三國六朝紀年鏡圖說》（京都，桑名文星堂，一九四三），頁三七、九七。

106 王仲殊：〈吳縣、山陰和武昌──從銘文看三國時代吳的銅鏡產地〉，《考古》，一九八五年，第十一期。

一月丁卯朔廿七日癸巳，揚州會稽山陰師唐豫命作鏡，……」，鄂城鋼廠六三〇工地
出土的對置式神獸鏡，銘辭爲：「黃初四年（二二三）五月丙午朔十四日，會稽師鮑
作明鏡，……」，鄂城西山鐵礦出土的重列式神獸鏡銘辭爲：「黃龍二年（二三〇）
七月丁未朔七日癸丑，大師鮑豫而作明鏡，……」。[107] 這些工匠可能都是私人手工業
者。其中山陰鮑氏和唐氏顯然是兩個作鏡的家族，其中有至武昌作鏡者，他們是被征
調至武昌作鏡？或者是被遷徙至武昌？[108] 還是在客觀情勢的需要下，自願前往武昌
作鏡？不得而知。不過，前述會稽至日本作鏡者，由於沒有文獻記載三國孫吳和日本
使節往來，所以這些渡海至東瀛的鑄鏡工匠可能是自行前往的，也可見孫吳對私人手
工業者的控制還不是很嚴格的。當然，孫吳政府也擁有一定數量的冶鑄和造船等官府
作坊。[109]

　　三國以後，南方銅鏡和青瓷器上幾乎不再出現工匠姓名的銘辭，這可能和東晉以
後士族豪強勢力的發展有關；由於士族、豪族控制了製造業的原料，使得許多私人手
工業者投入士族、豪族的私門。製造業的發展和原料的供應息息相關，前述諸項製造
業的原料：瓷土、銅、籙、楮木，以及作爲動力來源的薪炭，都是山林水澤的出產
品。六朝的川澤林木原來是國有的，而當時在政治、社會上佔絕對優勢的士族，和在
地方上有強固經濟勢力的豪族，他們爲追求自身的利益，常侵奪政府的公田山澤，將
之佔爲己有。自東晉以降，不斷地有詔令禁止私人屯封山澤。[110] 梁武帝在大同七年頒
下的一道詔書中，提到了原是國家專利的傳、屯、邸、冶四大企業，已有私人勢力的
侵入。[111] 在此四大企業中，屯經營山澤屯封，冶從事礦冶，[112] 都和製造業有關。屯

---

107 同前。

108 同前。「徵調」與「被徙」是兩種不同的情況。

109 同 102，頁三七～三八。

110 《宋書》，卷六，〈孝武帝紀〉，元嘉三十年七月甲寅詔：「其江海田池公家規固者，詳所
　　開弛。貴戚競利，悉皆禁絕。」又，大明七年七月丙申詔：「前詔江海田池，與民共利。歷
　　歲未久，浸以弛替。名山大川，往往占固。有司嚴加檢糾，申明舊制。」

111 《梁書》，卷三，〈武帝紀下〉，大同七年十二月壬寅詔：「又復公私傳、屯、邸、冶，爰
　　至僧尼，當其地界，止應依限守視；乃至廣加封固，越界分斷水陸採捕及以樵蘇，遂致細民
　　措手無所。……若是公家創內，止不得輒自立屯，與公競作，以收私利。至百姓樵探以供煙
　　爨者，悉不得禁；及以採捕，亦勿訶問。若不遵承，皆以死罪。」

112 韓國磬：《南朝經濟試探》（上海，人民出版社，一九六三），頁三五四。

封山澤的士族豪強掌握了製造業的原料，一方面自行招攬私人手工業者，在其屯封處所從事生產。另一方面，獨立的小製造業者可能因於原料來源有困難，不得不投入士族豪強私門的作坊中工作。近年六朝青瓷窰址的發現與研究，指出製瓷業的發展和士族豪強有密切的關連，陽羨（今江蘇宜興）均山窰（南山窰）的興廢，恰與其地豪族周氏一門的盛衰相終始。[113]

東晉以後，浙東是南、北士族豪強滙集地之一，因此也是私人屯封最嚴重的地區，其地製造業和當地的士族豪強有密切的關係。浙東原來就有本地士族、豪族的勢力，[114]永嘉前後，更有一批北方士族來此定居，他們挾著政治上的優勢，在此發展其經濟勢力。南、北士族豪強在此競逐經濟利益，使得浙東諸郡有很多私人屯封的山澤別墅。劉宋時的會稽郡是：「會稽多諸豪右，不遵王憲，封山略湖，妨民害治。」[115]南、北士族豪強屯封山澤，掌握了多數製造業的原料，他們很可能就是上虞、山陰、餘姚瓷窰的主人。伴隨著私人屯封中手工業作坊的發展，獨立的小製造業者面臨原料來源的缺乏，以及私人屯封的招誘，其人數逐漸減少，這也許是爲什麼三國以後的器物不再有工匠署名的原因。《南齊書》卷五十二〈崔慰祖傳〉說：「父梁州之資，家財千萬，散與宗族，漆器題爲日字，日字之器，流乎遠近。」製造品上的標記代之以家族的標記。

又，南朝後期出現的百工番役和工匠雇借制度，都和私人屯封中手工業的發展有關。首先，私人屯封的作坊成爲在官府作坊中勞動的「百工」逃亡的去處，使得政府控制的手工業者人數逐漸減少。爲防止百工的逃亡，托庇於士族豪強的屯封，必須從改善百工的待遇著手，南齊明帝於建武元年（四九四）下令：官府作坊工匠可「悉開番假，遞令休息」，亦即調整官府工匠的工作時間，給予休假。[116] 然而，這個命令

---

113 蔣贊初：〈關於宜興陶瓷發展史中的幾個問題〉收入：《中國古代窰址調查發掘報告集》，頁六六。均山窰的時代在東吳後期到西晉，見《中國陶磁史》，頁一四二。

114 同 85。

115 《宋書》，卷五十七，〈蔡廓附蔡興宗傳〉。

116 《南齊書》，卷六，〈明帝紀〉。唐長孺認爲此詔的用意，是使百工在上番服役之外，獲得一定的時間，爲自己進行生產。（唐長孺前引文）但此詔所說的是「細作中署、材官、車府」的官府作坊工匠，原是受政府嚴密控制的官府工匠，不可能讓他們有自行生產之情事。

充其量只能緩和官府百工的逃亡，並不能防止獨立製造業者為逃避政府的調發，而投入私人屯封的生產。梁武帝頒布雇借工匠的辦法，即是針對後者而設計的：「凡所營造不關材官及以國匠，皆資雇借。」[117] 即凡政府諸種營造不屬於材官將軍所掌管的工程，以及國家工匠負責的工事之外，都向民間購買材料及僱用工匠。[118] 當然，工匠僱借的辦法施行的原因之一是缺乏徵發的對象，[119] 由於官府百工的逃入私人屯封，政府能控制的百工人數不足以應付營造的人力，欲徵調民間工匠，又恐民間工匠為逃避徵調而投入私門，於是採行雇借的辦法。此一「亡羊補牢」之法，顯示政府和士族豪強爭奪戶口人力資源競爭中的失敗。

浙東的製造業主要操之於當地的士族豪強和北方大族之手，獨立的手工業者可能只佔一小部分。梁武帝頒佈的雇借工匠制，正反映了私人工匠投入私人屯封情況的嚴重。

（六）商業

由於浙東農業的發展和製造業發達，有許多農產品及製造品可與外地交易；而此一地區錯綜縱橫的水運網和海運，提供良好便利的運輸路線，使浙東的商業蓬勃興旺。因地形的緣故，浙東的交通以水運和海運為主。寧紹平原到處是河川湖澤，自然可以舟楫往來；金衢盆地有新安江、衢江、浦陽江分佈其間，水運也很便利。又寧紹平原和沿海的河口平原，則海運發達，北到山東半島、江蘇省北部、長江口，南經福建沿海，抵達廣西、廣東、越南中、北部及南海諸國。此外，浙南山地對內、外的聯繫，則以陸運為主。

在國內貿易方面，除了浙東各城市間有某種程度的貿易往來之外，[120] 浙東的農產品向北銷售至杭州灣一帶及太湖流域，製造品則更遠銷建康、安徽及長江中游地區。

---

117 《梁書》，卷三十八，〈賀琛傳〉，梁武帝答賀琛奏。
118 照唐長孺之說，此一詔令指「當時營造所用的材料和工匠」，（唐文頁五九），但材官一詞當指材官將軍。按六朝時材官將軍有時屬少府，有時屬尚書起部。梁時屬少府（《隋書》卷二十六，〈百官志〉）而其職掌魏時材官校尉主天下材木，後兼掌工徒。（陶希聖編校《中國政治制度史》第三冊，頁一二三）
119 同 102。
120 如《宋書》卷九一〈孝義傳〉，會稽永興人郭世道及其友人共至山陰市貨物。

會稽郡和太湖流域間有米糧貿易，其渡口之一的西陵戍（在會稽郡永興縣西北），平時一日收稅的定額是三千五百，[121]可知此二地間商旅往來相當頻繁。另外，也有其他農產品的交易，如會稽永興人邵原平運瓜至錢唐販賣。[122]浙東的青瓷器製作精美，因此有許多成品運銷太湖流域及首都建康。吳縣獅子山傅氏家族墓出土兩件的青瓷的穀倉刻辭，指出其製造地分別是會稽和始寧；[123]南京趙士崗吳墓出土的青瓷虎子、江蘇金壇白塔公社出土的青瓷扁壺上的銘辭，也都註明是會稽的產品。此外，在湖北、安徽等處也有越窯青瓷的出土。又除了會稽郡的製造品外，浙東各郡的製造品也運銷至建康、三吳等地。[124]在貿易項目上，除農產品之外，浙東對外輸出的製造品有銅鏡、瓷器、紙、布、綿、絹等。

在海外貿易方面，浙東沿海的城市因係廣州和建康海路交通的中介站，故得以和外國船舶貨易。從漢代以後，交、廣二州即是南海貿易的前哨，六朝外國船舶抵達廣州後，常沿著海岸北行，經過今福建、浙江、江蘇省海岸，至長江口，西向溯江至建康；甚至更往上行至長江中游地區。[125]浙東的永嘉、臨海、鄞縣、鄮縣等傍海的城市，因此有外國船舶泊碇；更因爲住居會稽的大族是南海貿易貨品主要的銷售對象之一，所以南海商船可能在北航建康途中，在浙東稍作停留，出售部分的商品。西晉陸雲形容鄮縣「北接青徐，東洞交廣，海物雜錯，不可稱名」。[126]

又，自漢朝開始，浙東和東南海上的夷洲、亶洲有所接觸；[127]六朝浙東與東北的

121　《南齊書》卷四十六，〈陸慧曉附顧憲之傳〉，西陵戍主杜元懿啟：「吳興無秋，會稽豐登，商旅往來，倍多常歲，官格日三千五百，元懿如卽所見，日可一倍。盈縮相兼，略計年長百萬，……」

122　《宋書》，卷八十一，〈孝義，郭原平傳〉。

123　張志新：〈江蘇吳縣西晉墓清理簡報〉，《文物資料叢刊》第三輯。

124　《南史》，卷二十三，〈王誕附王螢傳〉，王實爲新安太守：「實從兄來郡，就求告。實與銅錢五十萬，不聽於郡及道散用，從兄密於郡市貨，還都求利。……」新安郡產苧布等，王實從兄在新安所買回建康販賣的貨品，大約是此類製造品。

125　拙著：〈六朝南海貿易的開展〉，《食貨月刊》，第十五卷第九、第十期。

126　《全晉文》，卷一〇三，頁五，陸雲〈答車茂安書〉。

127　《後漢書》，卷八十五，〈東夷列傳〉：「會稽海外有東鯷人，分爲二十餘國。又有夷洲及亶洲，……人民時至會稽市。」《吳志》，卷二，〈吳主傳〉：「（亶洲）在海中，……世承有數萬家，其上人民，時有至會稽貨布，會稽東縣人海行，亦有遭風流移至亶洲者。」

高句麗、百濟、倭國（日本）都有貿易往來。上述諸國都有遣使來華的記錄，[128]近年又有出土文物可資證明。吉林長川二號墓及山城下三三二號墓，發掘江南織綿殘片和模擬織錦的壁畫，[129]以及日本出土孫吳渡海工匠所造的三角緣神獸鏡，都顯示六朝江南政權和此諸國有經濟上的交流。

四、農　　業

本節主要想從浙東田園別墅的經營和水利的興修，討論此時的農業。

在土地的形態上，六朝江南最突顯的特色是「大土地所有」，[130]即有很多的士族豪強佔有面積廣濶的田園別墅；此外，當然也存在著一些小自耕農，及其擁有的小塊耕地。浙東自然也不例外。此處主要討論田園別墅多元化的經營，多數的史家認為，田園別墅是一種自給自足的莊園經濟，[131]本文想要討論的是：田園別墅果真是不求經濟效益的莊園經濟？其多元化經營方式有沒有其他的因素？

（一）大土地所有

浙東是江南大土地所有最發達的地區之一。這些莊園別墅的主人可分為三類：浙東本地的士族與豪族，避亂而來的北方大族，以及在政治上嶄露頭角的本地寒人。浙東的士族以會稽孔、魏、虞、謝四族最為著名，他們都擁有廣大的田產土地；其中，尤以孔、虞二氏的產業最為可觀。文獻上找不到虞氏有田園的直接史料，不過，自東晉初年迄劉宋，虞氏都有挾藏戶口的記錄。[132]當時田園別墅的生產需要大批的勞動力，有許多為逃避政府賦役徵發的人們，往往投靠大土地的主人，為其從事生產。因此，大土地所有和挾藏戶口其實是一體的兩面。從虞氏藏戶口的事實，可以推知這個

---

128 《南史》，卷七十九，〈夷貊傳下〉。

129 吉林文物工作隊：〈吉林集安市長川二號封土墓發掘紀要〉，《考古與文物》，一九八三年第一期。

130 唐長孺，《三至六世紀江南大土地所有制的發展》。

131 同前書，頁六九～～七○，九九～一○○。又，韓國磐《南朝經濟試探》，頁七七～七九。

132 《晉書》，卷四十三，〈山濤附山遐傳〉，記虞喜挾藏戶口。《宋書》卷二，〈武帝紀中〉，虞亮藏亡命千餘人。

家族必擁有廣大的田土。而孔氏不僅在其本籍地有田產，更向鄰近的縣份拓展經濟勢力。孔氏原籍會稽郡山陰縣，劉宋時，孔靈符又在永興縣立墅闢田園，面積廣闊，周圍三十三里，包括：「水陸地二百六十五頃，含帶二山，又有果園九處。」[133]除了本地士族外，地方豪族原本以經濟立足，自是擁有眾多田產；又從劉宋始在政治上嶄露頭角的本地寒人，也常利用其權勢，在鄉里開闢田園。劉宋時任會稽太守的蔡興宗，至當地所見的情況是：「會稽多諸豪石，不遵王憲，又幸臣近習，參半宮省，封略山湖。」[134]永嘉前後，有許多北方人士避亂江南，其中部分定居浙東的北方大族也擁有廣大的田墅，如琅邪王氏、陳郡謝氏、濟陽江氏等。王羲之在山陰、諸暨、郯縣都有田園。[135]而謝靈運的田墅中山嶺綿亙，園苑相接，其範疇東西、南北各有二～三里寬；[136]又謝混在會稽也有產業。[137]至於江氏，則自東晉迄南朝末年，一直都保有山陰的田墅。[138]

　　從來史家多認為六朝大土地所有田園別墅多元化的經營，是一種自給自足的莊園經濟；其實，田園別墅產品大部分是用以出售求利的。認為此時田園別墅是自給自足式的經濟看法，主要是基於下列兩個理由：一、引用謝靈運「山居賦」一文的描述：「供糧食與漿飲，謝工商與衡牧」，[139]以資證明。二、六朝商業不很發達，商品流通有限的觀點。[140]在六朝史研究中，謝靈運「山居賦」一文常被廣泛地徵引，用以理解農作物的栽種和莊園的生產。然而，「山居賦」一文雖係寫景之文，但其間也夾雜抒情之語；前述那句話多少有自矜其田墅生產豐足之意，因此不宜以此認為其係莊園經濟。否則，謝靈運一家那能完全消耗「綿亙田野」所產的穀物？「北山二園，南山三苑」所出的蔬果？田園別墅的產品並不如有些史家所說，只有一小部分用來出售，[141]

---

133 《宋書》，卷五十四，〈孔季恭附孔靈符傳〉。
134 同 115。
135 《晉書》，卷八十，〈王羲之傳〉。《嘉泰會稽志》，卷六，頁二九。
136 《宋書》，卷六十七，〈謝靈運傳〉，「山居賦」。
137 同前書，卷五十八，〈謝弘微傳〉。
138 《陳書》，卷二十七，〈江總傳〉，江總「修心賦」稱山陰龍華寺係江總之祖先舊業，其寺域含江帶湖，兼有果園藥苑。
139 同 136。
140 同 131。
141 同前。

相反地，田園別墅本來就是大規模地生產各項農產品，以出售求利。梁朝徐勉在建康附近東田經營一小園，尚且極力辯稱他不是追求經濟利益：「非在播藝，以邀利入，正欲穿池種樹，少寄情賞。」[142] 建康地狹人稠，徐勉東田小園的規模想必不大，而仍然可以獲利，那麼浙東連山接苑、跨湖越澤的田園別墅，其收益就更可觀了。關於六朝商業不發達的理由，近年來已不被認為是正確的，而由本文第四節商業部分的討論，也可為此作一佐證。

田園別墅採多元化生產的經營，並不是基於莊園經濟自給自足的需要，而是由於大土地所有者的產業零散分佈，以及浙東地形多變化所導致的結果。學者多認為：自漢末以後，產業的經營有走向單一作物種植的趨勢，三國李衡種橘千株，西晉石崇金谷園雜果萬株。[143] 然而，由於江南的田園別墅主人的產業通常不是一大片完整的土地，而是零散的分佈，[144] 所以很難採取單一作物栽植的經營方式。浙東多河湖丘陵，故田園別墅中常包含複雜的地形，除平疇田野外，還涵括山丘、湖澤。如謝靈運、孔靈符的田墅中就有山，也有湖。像這樣具有多種地形的田墅，自然不可能從事單一作物的種植，而是為了適應不同的地形，走向多元化的經營；在一個田墅中，稻田、麥田、蔬圃、果園、林場、魚池兼而有之。當然，多元化的經營方式也使得田墅的景緻顯得豐富而有變化，在追求經濟效益之餘，另外也有滿足士族豪家遊賞怡情的功能。

有些史家以水利的興修作為衡量農業發展的標準，認為六朝江南農業並不是很發達，而有其局限性。[145] 這個看法還值得商榷。誠然，六朝四百年間，浙東只有兩件官修漢代舊陂的例子，[146] 似乎此一時期在水利事業方面少有進展。不過，我們必須注意士族豪家的封山占澤和田園別墅廣泛地存在，田墅主人投資興修水利可能是更為

142 《梁書》，卷二十五，〈徐勉傳〉，載徐勉「誡子書」。

143 村上嘉實《六朝思想史研究》（京都，平樂寺書店，一九七四），頁三六〇。又，唐長孺《至六世紀江南大土地所有制的發展》，頁六八～六九。

144 渡邊信一郎：〈漢六朝期にすける大土地所有と經營（上）〉，《東洋史研究》，第三十三卷，第一號。

145 同 3。

146 《晉書》，卷七十八，〈孔愉傳〉，孔愉於會稽內史任內，修漢句章舊陂。《嘉泰會稽志》卷十，頁三九，會稽太守謝輶築山陰縣古塘。

普遍的情況。如謝靈運在上虞縣的田莊中就有私人修建的水陂。[147] 又浙東多水澤，
固然有利於灌溉耕作，但也易生水潦，築塘修陂的水利事業和當地人民的生活息息相
關，因此六朝會稽郡的百姓便自行負擔地方上水利的興修，即所謂的「塘役」。塘役
是會稽百姓在地方官的領導下，每年依所需修築湖塘或橋路所需的人力，平均共同分
擔的力役。[148] 前面提到六朝所以少有官修水利的記載，除了田園別墅的主人自己投
資其產業中的水利設施之外，地方居民自行負擔地方上的水利興建，也是一個重要的
原因。

　　關於北方移民帶來先進的農業技術，促進江南的發展之說，實需斟酌。此說原本
沒有具體的例證可資證明，再則，北方的旱地農法恐怕不適合江南水鄉澤國的稻作栽
培。陳文華據出土文物研究漢代長江流域的水稻栽培，認為「至遲到了東漢時期，長
江流域的水稻種植已經擺脫了『火耕水耨』的落後狀態，而已經走上了精耕細作的道
路。」[149] 可知漢末北方移民大批南來之前，江南的農業已經相當進步了。但此處要特
別提出來說明的是，史書及一般魏晉南北朝史的論著，都把「火耕水耨」視為一種落後
的耕作方法，日本學者西嶋定生、天野元之助、米田賢次郎從技術的層面探討此種耕
作方法，都認為把火耕水耨貶抑為原始而落後的技術，是不恰當的看法。[150] 到西晉、
劉宋時，在浙東農業最發達的會稽郡，這種耕作方法還是非常普遍。[151] 迄南朝末年，
廣東省境仍採此法。[152] 根據出土文物研究所得到的結論，證明東漢長江流域已採精耕

---

147 《嘉泰會稽志》，卷十，總頁六三三一：「謝陂湖，在（上虞）縣北三十五里，舊之謝靈運
莊也，自湖至謝氏西莊一十餘里。」

148 《南齊書》，卷二十六，〈王敬則傳〉：「會土邊湖帶海，民丁無士庶皆保塘役。」又同傳，
竟陵王子良上疏云：「塘丁所上，本不入官。良由陂湖湮壅，橋路須通，均夫定直，民自
為用，若甲分毀壞，則年一脩改；若乙限堅完，則終歲無役。」

149 陳文華，〈中國漢代長江流域的水稻栽培和有關農具的成就〉，《農業考古》，一九八七年
第一期。

150 米田賢次郎，〈漢六朝間の稻作技術についてー火耕水耨の再檢討を併せて〉，《鷹陵史學》，
第七號。

151 《全晉文》，卷一○二，頁五，陸雲〈答車茂安書〉中描述鄮縣風土：「遏長川以為陂，燔
茂草以為田；火耕水種，不煩人力。」又，《宋書》，卷八十，〈豫章王子尚傳〉裏說「鄮
縣多畽田」。畽田即火耕水耨之田。見李劍農：《魏晉南北朝隋唐經濟史稿》，頁五。

152 《全陳文》，卷十一，徐陵〈廣州刺史歐陽頠德政碑〉中提及東衡州（治所在廣東曲江）
「火耕水種，彌亘原野」。

細作，然而六朝迄於隋代的文獻，仍然以火耕水耨形容江南的農業生產，很可能「火耕水耨」只是用來形容異於北方旱地農耕水田耕作方式的詞語。

宋書記載揚州的情況：「地廣野豐，民勤本業，一歲或稔，則數郡忘饑。會土帶海傍湖，良疇亦數十萬頃，膏腴上地，畝值一金，鄠、杜之間，不能比也。」[153] 可知此時浙東農業是非常發達的。浙東和太湖流域是江南主要的糧食產地，其生產力提高，使得糧食價格下跌，如梁武帝天監四年（五〇五）大豐收，米斛才三十錢。[154] 六朝在錢唐設立倉儲，「錢塘倉」是京師以外三大糧倉之一，[155] 由此亦可見浙東農業對於六朝政權的重要性。

五、北方大族與浙東的發展

永嘉前後，很多避亂南來的北方人士至浙東定居，並且從事經濟活動。因此，討論六朝浙東地區的發展就不能忽略北方人士對此地的影響。本節主要探討北方人士對浙東地區的發展有何影響？由於缺乏有關平民的資料，[156] 此處的討論僅限於北方的大族。

（一）北方大族移居浙東的原因

關於永嘉亂後許多北方大族至浙東從事經濟活動的原因，陳寅恪曾提出解釋。隨著晉室政權在江南的重建，北方大族佔據了政治上的高位，一些北方大族雖然在都城建康從事政治活動，但卻在浙東從事經濟活動。陳寅恪認為，這是因為鄰近建康的三吳地區已為吳人大族所佔，所以北方大族只好渡過浙江，到會稽求田問舍。[157] 其實，

---

153 《宋書》，卷五十四，〈孔季恭等傳論〉。
154 《梁書》，卷二，〈武帝紀中〉。
155 《隋書》，卷二十四，〈食貨志〉記南朝倉貯，除京都諸倉之外「在外有豫章倉、釣磯倉、錢唐倉，並是大貯備處。」
156 可見到的北方移民活動的資料，就我所知，僅有《嘉泰會稽志》，卷十，頁六三三七，傖塘條：「舊經云：昔傖楚共築此塘，堰水溉用，營居室於此，故名。」按余嘉錫〈釋傖楚〉一文指出：「傖楚之名，大要起於魏晉之間，蓋南朝大夫鄙夷江、淮以北之人，而為之目者也。」（見余嘉錫：《余嘉錫論學雜著》（臺北，河洛出版社，一九七六）這可能是一批北方平民所築的。
157 陳寅恪：〈述東晉王導之功業〉，收入：陳寅恪：《陳寅恪先生文集二》（臺北，里仁書局，一九八一年），頁六〇～六一。

浙東的會稽郡也是較早開發之地,自漢末以後業有本地士族、豪族勢力的興起,而且早已在此佔有廣大的土地。假若北方大族只是因為要避開吳人勢力所在的三吳,而到會稽從事經濟活動,則在會稽也會碰上本地士族豪家。又,北方大族不僅僅在此殖產興利而已,他們甚至定居於此,渡江以後歷代的墳塋也在此安厝。因此,北方大族在此定居及從事經濟活動,應該還有其他因素。

　　晉室南渡後,移居浙東的北方大族多集中在會稽郡。我們認為,探討北方大族定居會稽的因素,了解其在地域上的分佈,及其從事的經濟活動,都是討論北方大族對浙東地區發展的影響必須先理解的問題。

　　首先,為明瞭北方大族在浙東的分佈,今將定居於此北方大族田園廬墓所在,及其和浙東地區的關連,卽視其是否曾經擔任浙東的守宰?是否渡江卽定居此地?抑或渡江後先居他處,後徙居於此的資料,列表說明如下:

表三　定居浙東北方大族田園廬墓表

姓　　名	園宅所在	廬墓所在	其人或先世曾為浙東守宰	資料來源	備　　註
1. 謝　安	上虞	①		晉書79 會志9 ②	渡江卽居此
2. 王羲之 王獻之	山陰 山陰	諸暨 剡	會稽內史	晉書80 會志13、6 會志13	自為會稽內史始居於此
3. 謝　玄 謝　奐	剡	始寧 始寧		宋書67 會志9	謝玄為謝安之族,故同
4. 江　彪	山陰		長山令、會稽內史	晉書56 陳書27	
5. 山　遐		蕭山	餘姚令、東陽太守	晉書43	
6. 郗　愔	章安 餘姚	山陰	臨海太守、會稽內史	晉書67 會志9	

7.	許 旼 許 詢	山陰 永興	蕭山		會志6、13 會志13、9	
8.	阮 裕	剡	剡		晉書49 會志6	渡江即居此
9.	支 遁		剡		世說6 會志6	
10.	戴 逵	剡			晉書94	後徙居
11.	傅 敷 傅 晞	會稽	·	上虞令	晉書47	永嘉亂避地會稽
12.	孫 統 孫 綽	會稽 會稽		鄞令、吳寧令、餘姚令 章安令、永嘉太守	晉書56 晉書56	渡江即居此
13.	何 充	山陰		東陽太守、會稽內史	晉書77	
14.	王隨之 王鎮之	上虞	上虞	上虞令 剡令、上虞令	宋書92	可能自隨之為上虞令始居此
15.	王弘之	上虞 始寧			宋書93	
16.	阮萬齡	剡		東陽太守	宋書93	阮氏有一支晉時已居於剡
17.	戴 顒	剡 桐廬	剡		宋書93 會志6	
18.	謝靈運	始寧 上虞 山陰	山陰	永嘉太守	宋書67 會志6、9	祖父謝玄
19.	孔淳之	剡			宋書93	可能渡江即居此地
20.	傅 隆	上虞			宋書55	曾祖傅晞
21.	辛普明	會稽			南齊55	

22. 江　　淹	永興			會志13	其先世可能早定居會稽

註①《嘉泰會稽志》卷六云，謝安墓在上虞縣西北四十里，而《建康實錄》稱
　　謝安墓在建康梅崗。
　②《嘉泰會稽志》。

　　如上表所示，我們所能掌握定居浙東北方大族的資料，顯示北方大族幾乎都集中
在會稽郡。除了21、22條之外，北方大族定居會稽的情況可分爲兩類：第一類是永嘉
前後南來時，就直指浙東定居者。如陳郡謝氏一族，包括謝安、謝玄、謝奐、謝靈
運，北地傅氏的傅敷、傅晞兄弟，太原孫氏，陳留阮氏，即上表中第3、5、8、11、12、16、
18、19，皆屬此類。第二類是永嘉南來先居於他處，而後因本人或親族擔任浙東的地方
官，於任官期間在此購置產業；或卸任後定居於此者。如琅邪王氏「烏衣王」的王羲
之家族，王羲之爲王導之姪，王導隨元帝渡江，居於建康，自王羲之任會稽內史後，
王氏方定居會稽。又陳留江彪（江統之子）渡江後本非直奔浙東，一直到穆帝永和年
間擔任會稽內史時，才卜居山陰。[158]而琅邪王氏的一支也因王隨之爲上虞令後，方定
居會稽。高平郗愔因任臨海太守職，卸任後定居章安（今浙江省臨海縣）。高陽許玖
因任會稽內史後，舉家遷居會稽。上表中 2、4、6、7、10、13、14、17，都屬此類。至
於21、22的辛普明、江淹，因爲沒有資料可以判斷其屬於那一類，故暫且不論。

　　屬於第一類定居浙東的北方大族，其所以定居會稽可能和海運路線有密切的關
係。即他們在永嘉前後避亂南移時，或許大都經由海路，直航會稽。前此學者研究漢
末、永嘉之際中原人士流徙的路線，都沒有提到海路。[159]事實上，漢代沿海交通已經
相當頻繁，[160]從今日山東省、江蘇省北部的海岸航行至浙東、交州，是其中最重要的
一線。今雖無直接證據可說明漢末北方人士經由海道至會稽避亂，但從三國時魏將王

158　《晉書》，卷五十六，〈江統附江彪傳〉。

159　陳嘯江：〈三國時代人口的移動〉，《食貨》，第一卷，第三期。賀昌群：〈漢末大亂中原
　　人民之流徙與文化之傳播〉，姚季農編：《三國史論集》（臺北，古籍史料出版社，一九七
　　二年），譚其驤：〈晉永嘉亂後之民族遷徙〉，《燕京學報》，第十五期。

160　勞榦：〈論漢代之陸運與水運〉，《中央研究院歷史語言研究所集刊》，第十六本。

稚由海道至句章，略長吏、貲財及男女二百餘口之事，[161] 可知由北方到浙東的海道是很便利。西晉末，大量北方人士避亂南遷，其中一部分是經由海路至浙東定居，如僧人釋僧璩的先世就是在永嘉時代自清河徙居臨海的。[162]

　　上述由海路而來的北方大族，他們之所以選擇會稽郡作爲目的地，也和其天師道的信仰有關。陳寅恪在「天師道與濱海地域的關係」一文中指出，天師道起源於東方濱海的燕、齊之地，而傳播於吳、會，靑、徐諸州；吳、會諸郡爲天師道的傳教區。[163] 漢末的會稽已是天師道信仰中心之一，《三國志》上說道士于吉活躍於吳會地區，[164] 晉朝許邁也說：「自山陰至臨安，多有金堂玉室，仙人芝草，左放元之徒，漢末諸得道者皆在焉。」[165] 可見漢末杭州州灣南岸是道教徒活動頻繁的地區。又自漢末以降，許多高門大族世代崇奉天師道，而他們的信仰又和其居住的瀕海地域有關，如琅邪王氏、陳郡謝氏、高平郗氏等皆然。[166] 因此，在北方陷於戰火紛亂之時，他們遷徙避難所採取的路線，就由於其居處近海，而走海路；又緣於其信仰之故，而選擇南方天師道信仰最盛的會稽郡爲其去處。如漢末遷居會稽山陰的孔氏，即是信奉天師道的家族；[167] 永嘉前後陳郡謝氏南渡，也以會稽爲定居之所。

　　又第二類型——即南渡後先居他處，再移居會稽者，也多半和天師道信仰有關。如琅邪王氏先至建康，至王羲之爲會稽內史後，遂在會稽定居，《晉書》說王羲之「雅好服食養性，不樂在京師，初渡浙江，便有終焉之志。」[168] 高平郗氏的情況也和王氏類似，郗愔南渡後也先在他處安置，及他任臨海太守時，與住在會稽的姊夫王羲之，及名士許詢遊處，三人皆醉心於道術；及郗氏辭官退隱後，便定居於章安。[169]

---

161 《吳志》，卷三，〈嗣主傳〉，孫休。
162 《續高僧傳》，收入：《大藏經》第五十二册，卷十九，總頁五八五中，習禪四，〈唐天臺國淸寺釋智璩傳〉。
163 陳寅恪：〈天師道與濱海地域的關係〉，收入《陳寅恪先生論文集二》。
164 《吳志》，卷一，〈孫破虜討逆傳〉，注引《江表傳》。
165 《晉書》，卷八十，〈王羲之附許邁傳〉。
166 同 163。
167 《晉書》，卷七十八，〈孔愉傳〉：「吳平，愉遷于洛。……東還會稽，入新安山中，改姓孫氏，以稼穡讀書爲務，信著鄉重。後忽捨去，皆謂爲神人；而爲之立祠。」《南齊書》卷四十八，〈孔稚珪傳〉，稱他「有隱遁之懷，於禹井山立館，事道精篤。……」
168 同前書，卷八十，〈王羲之傳〉。
169 同前書，卷六十七，〈郗鑒附郗愔傳〉。

　　浙東地區農業發達，以及東漢以降會稽郡製造業的發達，是吸引北方移民至此定居的原因之一；而一些北方大族的移居浙東，也有海路交通和宗教的因素在內。

(二)北方大族在浙東的經濟活動

　　自東漢以降，浙東地區就有士族、豪族勢力的興起；永嘉以後，一些北方大族先後在浙東定居，並且從事經濟活動，北方大族在此從事何種經濟活動？他們和土著大族、豪族之間是否有任何經濟利益方面的衝突？以及北方大族對於浙東經濟的發展有何貢獻？都是饒有興味的問題，也正是本節所要探討的課題。

　　如第四節所述，一些北方大族在浙東擁有田園別墅，從事農業的經營；不過，或許爲了避免和土著大族豪族的衝突，[170]他們如欲購置田產，大都避免在浙東土著大族勢力強固的地區殖產興利。自漢末以來，浙東土著士族、豪族最主要的經濟活動是農業的經營，他們通常在其本籍地及其鄰近的地區有廣大的田產。[171]因此，北方大族若要在浙東土著士族豪族的經濟勢力範圍之內開闢田園，勢必遭到土著大族的干涉與抵制。如劉宋時謝靈運請決湖爲田而不能行，就是一例。謝靈運請將山陰回踵湖、始寧縣的蚯蟥湖決爲湖田，朝廷應允了，但卻遭到會稽太守孟顗的堅決反對，而未能付諸實行。《宋書》上說，孟顗拒絕執行朝廷命令的理由，是因此二湖爲百姓採捕水產之所，爲了百姓利益著想，故不惜抗命。其實，其間可能還有土著大族干涉的成分。六朝各地皆有士族、豪族勢力的存在，而郡太守、縣令自辟掾史，都以本地的大族擔任。[172]這固然是順應當時情勢，取得地方大族的合作，有利於政令的推行；[173]但它同時也增強了地方大族對地方行政的影響力。孟顗之所以敢違抗朝廷命令，堅拒謝靈運在山陰、始寧二縣占澤以廣湖田，擴張土地，其背後實有會稽士族、豪族強固的勢

170　《三至六世紀江南大土地所有制的發展》，頁五七：「江南豪門只有在不觸動他們既得權益的基礎上才支持這個政權，而寄人國土的僑人政權也不敢觸動他們。」

171　同85。

172　嚴耕望：《中國地方行政制度史》，卷中，《魏晉南北朝地方行政制度》(中央研究院歷史語言研究所專刊之四十五)，頁三九七～四〇二。

173　朝廷也鼓勵地方官辟大族爲掾史大吏。《梁書》，卷十，〈楊公則傳〉，楊公則爲湘州刺史「所辟引皆州郡著姓，高祖班下諸州以爲法。」

力做為倚仗聲援。此事意謂著土著大族的杯葛北方大族在浙東封占山澤，而朝廷亦無可如何，不了了之。以此之故，北方大族如欲求田間舍，通常避開浙東土著勢力強固之域。

　　如表三所示，北方大族的田園廬墓主要分佈在山陰、上虞、剡、始寧、永興、蕭山縣，顯示其有意避開土著大族的勢力範圍。浙東大族中，以會稽四族的勢力最是強固，他們擁有廣袤的田產，從事大土地的農業經營。[174] 他們的產業主要分佈在山陰、永興和餘姚，如山陰孔氏在山陰、永興都有田墅，[175] 餘姚虞氏宗族勢力強大，[176] 自然在本籍地佔有廣大田土。從北方大族田園在浙東的分佈看來，他們確實避開了土著大族的勢力範圍，只有郗愔一人曾居餘姚，餘無他例。至於北方大族雖然也在會稽大族勢力最大的山陰活動，不過因為山陰的土境褊狹，田地有限，早已為本地的士族豪強所佔，[177] 北方大族在此大概只能從事製造業或商業。

　　北方大族中固然有如謝靈運者，在浙東有田園別墅，從事土地的經營；不過，這是少數，[178] 而多數北方大族在浙東主要參與的經濟活動是製造業、商業、運輸業。由北方大族在浙東活動地點而言，除山陰外，大都集中在曹娥江流域的上虞、始寧、剡縣，而這些地區正是浙東製造業最發達之地，可知他們主要的經濟活動之一是製造業。由於浙東自東漢以來，製造業就很發達，部分浙東土著大族也從事製造業，但東晉南渡後，北方大族挾著政治上的優勢，侵佔國有的山澤，可能比土著大族更易掌握製造業的原料。又定居山陰的北方大族通常只有住宅和商店，而少擁有廣大的田園。因山陰肥腴的土地早為土著大族孔、魏、謝三族所佔，故後來者的北方大族幾乎不可能在此開闢田園，如謝靈運欲在山陰擴張土地，也只能請求決湖為田。因此，北方大族大都在此經營邸店，放高利貸營利，宋書蔡興宗傳說：「會土全實，民物殷阜，王

174　同 171。

175　同 133。

176　同 174。

177　《宋書》，卷五十四，〈孔季恭附孔靈符傳〉：「山陰縣土境褊狹，民多田少，靈符表徙無貲之家於餘姚、鄞、鄮三縣界，墾起湖田。上使公卿博議，太宰江夏王義恭議曰：『……尋山陰豪族富室，頃畝不少，……』」可見山陰的土地已被當地的士族豪強所佔。

178　《三至六世紀江南大土地所有制的發展》，頁六〇，舉例說明了有很多一直沒有獲得土地的僑人士族。

公妃主，邸舍相望，燒亂所在，大爲民患，子息滋長，督責無窮。」[179]就把北方大族的活動描繪得很生動。「邸」店一方面是放高利貸的場所，[180]另一方面也是貨物的堆置場所，是以又和運輸業有關。而運輸業其實和商業、製造業又不可分。梁朝徐勉在「誡子書」中提到其門人故舊勸他經營產業的方法之一是：「又欲舳艫運致，亦令貨殖聚斂。」[181]北方大族在浙東從事舳艫運致的項目主要是浙東的製造品，如瓷器、銅鏡、紙、紡織品等。

北方大族雖然在浙東也有田墅，但他們主要從事的經濟活動是商業、製造業和運輸業，因此多少可以減少和熱衷於土地經營的會稽大族之間的衝突；同時，又因會稽大族田園別墅中農產品的運銷，必須借助邸店和運輸業的運作，故北方大族和土著大族在經濟上甚至有合作的可能。而綜觀北方大族在浙東的經濟活動，則他們對於此地農業進一步的發展似乎沒有很多有貢獻，但對於此地原已甚爲發達的製造業和商業，則有推波助瀾的作用，而使山陰成爲一大商業都會。

六、結　語

基於以上的討論，可知以一元論解釋江南開發的觀點，須作相當程度的修正。以浙東地區爲例，首先，此一地區在漢末移民潮來到之前，大部分的地區業已開發，寧紹平原製造業的發達及其所帶來經濟上的繁榮，甚至成爲吸引北方移民來此定居的因素。再則，六朝時期水利的建設多出於私人之力，如士族豪強致力於田園別墅的經營，投資興修水利，以及山陰居民自行負擔水利設施等；因此以少數見諸於史籍記載的官修水利來衡量此一時期農業的發展，而得到六朝江南開發有限的結論，也是不恰當的看法。又，此一時期由於北人南來，引進許多北方作物，也是值得重視的。[182]六朝浙東農業應該是頗有進展的。從城市的增加、內陸山區的開發，製造業由寧紹平原向各地的擴散，以及浙東首要都市山陰的繁榮，都是此四百年間經濟發展具體的

179 同 115。
180 《南朝經濟試探》，頁一七〇。
181 同 142。
182 《南朝經濟試探》，頁八九～九一。

成果。

　　自來論江南開發者多強調北方移民的因素，而從浙東發展的歷程看來，則孫吳在江南建國更是一個重要而不可忽略的因素。雖然漢末大量中原人士避亂而來，孫吳的開發浙東中，自然也有移民的因素在內，但我們所要強調的是，孫吳透過軍事行動討伐山越、設置郡縣，以政治力量深入浙東各地，其對促進浙東深入開發的貢獻之大，實非一小羣一小羣移民團體私人力量可與之相比的。然而，北方移民潮對於浙東地區經濟的發展也確有貢獻，只是其貢獻主要是在於勞動力的提供方面，而甚少有技術方面的貢獻。漢末浙東製造業發達，製瓷業還領先各地，因此北方移民對此地製造業技術水準提昇上的貢獻恐怕有限，惟有在絲織方面較爲顯著。

　　六朝兩次大移民潮中，以永嘉移民潮對浙東地區造成的震撼較大；不過，北方大族和浙東土著大族在經濟利益上似乎沒有嚴重的衝突，又北方大族對浙東發展的貢獻主要是在商業和製造業方面。浙東土著大則族大都從事大土地的農業經營和製造業，而北方大族則大多在此經營商業、製造業和運輸業，雙方因此得以避免經濟利益上尖銳的衝突。同時，由於農產品、製造品的運銷和運輸業、商業密不可分，北方大族和土著大族甚至有携手合作的可能，共同促進浙東的繁榮。此外，北方大族避亂南來，帶來大量的資金，對於此地資金的流通，也有某種程度的貢獻。

　　在中國濱海地域的開發中，海路交通是一個重要的因素。漢末、永嘉移民潮遷居浙東者，有一部分是經海道而來；又東晉南朝時浙東居民或爲避戰禍，或爲逃避賦役，常由海路移往福建、廣東，從而促進此二地的開發。此外，漢末、永嘉移民潮直指浙東爲目的地者，也和其天師道的信仰有關。在六朝史研究的各個層面，宗教都是一個不可忽略的因素。

　　中國疆域遼濶，包含好幾種不同的地形和氣候區，各地風土人情有程度不等的差異，也有地區各自的發展。因此，以一元論貫穿過去數千年各地的發展，是過於簡化的解釋。我們希望更多的學者能對不同時期的各個區域做個別的研究，以期能夠對中國歷史有更完整而透澈的了解。

Abstract

The Economic Development of Che-tung Area
from the Third to Sixth Centuries
Shufen Liu

It has long been taken for granted that Chinese civilization originated in North China. Now a number of archaeological discoveries challenge this. More and more evidence indicates that Chinese civilization may have had several simultaneous starting points, making it necessary to review and revise the monistic interpretation.

This article deals with a typical monistic interpretation that South China was highly cultivated until the late second century. We have been told that from the late second century to the sixth century large bands of immigrants coming from North China played an important role in the development and prosperity of the South. This article focuses on the development of the Che-tung area from the third century to the sixth centuries. The discussion comprises two major parts: a survey of the development of Che-tung; and an examination of the question of whether the immigrants from the North China did make such contributions to the agriculture and manufacturing industry of this area. A related question concerns conflict between these immigrants and the natives, and if any conflict did exist, whether it interfered to any extent with the development of this area.

The evidence shows that the Che-tung area had been well-developed before the northerners immigrated there. Che-tung had developed advanced techniques in the manufacturing of pottery and bronze mirrors before other areas; therefore the prosperity of this area cannot be totally attributed to the influx of immigrants. Furthermore, as the extensive cultivation of this land occurred no later than the late second century, its agricultural improvement during these four hundred years cannot be wholly attributed to the northern immigrants. Nevertheless, immigrants did invigorate commercial activities and supply manpower to farming.

There was tension between the immigrants and the natives in terms of political opportunity, but they both shared the same economic interests, making it possible for them to cooperate in developing this area.

My conclusion is that the monistic interpretation of the origin of civilization cannot fully explain the development of South China during this period. One can also infer that the historical interpretations of other periods based on monism also need to be examined carefully.

出自第五十八本第三分（一九八七年九月）

西 魏 府 兵 史 論

毛 漢 光

（一）西魏時期，宇文政權中有宇文泰親信、賀拔勝集團、侯莫陳悅餘部、魏帝禁衞軍、魏帝追隨部隊、賀拔岳餘部等勢力集團。（二）六柱國各統二大將軍，其軍府轄區擬定如下：宇文泰，督中外軍，華州；元欣，從容宮闈；李弼，統豆盧寧楊忌，洛水流域；李虎，統元育元贊，長安一帶；獨孤信，統宇文導元廓，隴右；趙貴，統宇文貴王雄，岐雍至秦嶺；于謹，統達奚武賀蘭祥，渭水下游；侯莫陳崇，統李遠侯莫陳順，涇水流域。宇文泰將地方勢力按其大小編入中央軍之中，同時也按親疏將軍府自心臟地帶句外作輻射設計。（三）大統九年以前參與宇文政權者，北鎮將領五十五人，非北鎮將領六十一人。大統九年「廣募關隴豪右以增軍旅」，最主要的是收服涇洛之間羌族並編入府兵，鞏固了雍州至華州之心臟地區。（四）關河一帶的北鎮軍士、漢豪族、羌氐豪右等，其社會組織以城坊、塢壁、部落爲單位，是府兵制度成立之社會背景。（五）府兵制度在大統十六年以前是職業軍人時代，十六年至開皇十年是職業軍人與「兵農合一」並存時代，開皇十年至唐代廢除府兵制度爲止，是「兵農合一」時代。

第一章 前 言

有關府兵制前期的研究，發軔於陳寅恪〈府兵制前期史料試釋〉一文；[1] 岑仲勉《府兵制度研究》對於府兵之起源、《周書》、《北史》、《鄰侯家傳》史料之辨正、東魏北齊府兵等，提出獨到的觀點；[2] 唐長孺〈魏周府兵制度辨疑〉提出南北朝軍府皆影響府兵之說，並辨明《鄰侯家傳》郎將主府恐不正確；[3] 谷霽光《府兵制度考釋》是頗具功夫之作，對於資料及名詞之詮釋，極爲詳盡。[4] 日人濱口重國〈西魏の二十四軍と儀同府〉純於軍制上作有系統地排列；[5] 谷川道雄〈武川鎮軍閥の形成〉更將

---

1 陳寅恪：〈府兵制前期史料試釋〉民國 26 年 12 月刊於《中央研究院歷史語言研究所集刊》第七本第三分；該文略增訂後，復收入《隋唐制度淵源略論稿》六〈兵制〉，民國 33 年歷史語言研究所專刊之二十二。
2 岑仲勉：《府兵制度研究》，第一、二、三章，p. 1-27, 1957.
3 唐長孺：〈魏周府兵制度辨疑〉載於《魏晉南北朝史論叢》，p. 250-288, 1955.
4 谷霽光：《府兵制度考釋》第一、二、三章，p. 1-95。上海人民出版社，1962 年 7 月。
5 濱口重國：〈西魏の二十四軍と儀同府〉上 p. 347-400，下 p. 347-393。刊於《東方學報》8, 1938。

宇文泰集團之源頭，上溯至六鎮之武川；[6] 菊池英夫〈北朝軍制に於ける所謂鄉兵について〉指出府兵制與鄉兵之關係。[7] 中國學者自史料之考釋、名詞之界定，進而探索府兵制度之意義；日本學者則自府兵之武川源頭、鄉兵結合、兵制本身系統等角度探索府兵制度之凝成。半個世紀以來，中日前輩學者對於府兵制度之輪廓與內涵已有相當程度之釐清。唯近年來嚴耕望《唐代交通圖考》之問世，[8] 使中古交通路線及地理方位獲得較清晰之脈絡；王仲犖《北周地理志》重建西魏北周地理志，[9] 其中尤以〈東西魏北齊北周僑置六州考略〉最為扼要；[10] 馬長壽《碑銘所見前秦至隋初的關中部族》是運用石刻資料探討關中居民結構的最佳範本。[11] 這幾部著作看起來與府兵制度並無直接關連，但由於對關中地區地理及部族之闡明，開拓了史學研究領域，作者去年所撰寫〈晉隋之際河東地區與河東大族〉一文，[12] 即嘗試結合地理、人群而探討地方勢力，今細細拜讀前輩著作，發現可進一步研究關中地區，按關中乃西魏北周朝廷所在地，性質上已非一隅之州郡，因而激起強烈的意志研究府兵制度，所以本文研究府兵制度仍非常重視地緣關係、居民結構、社會勢力等因素；復由於府兵制是西魏北周中央朝廷的重要制度，各主要軍事集團在此制度中之結合也是重要的關鍵。故本文的主旨如下：宇文政權中的軍事集團、西魏社會勢力之分析、六柱國十二大將軍之統屬及其轄區、西魏府兵制成立之分析等。

　　本文以研究西魏時期府兵制度及其相關之政治社會為主，凡歷史事件需上溯至北魏末期或下及北周、隋、唐者，在章節中亦一併討論，本文以研究西魏域內有關府兵

　6　谷川道雄：〈武川鎮軍閥の形成〉p. 35-63，《名古屋大學東洋史研究報告》8, 1982, 12。
　7　菊池英夫：〈北朝軍制に於ける所謂鄉兵について〉刊於《重松先生古稀紀念・九州大學東洋史論叢》p. 91-139, 1957；其後谷川道雄亦有〈北朝末期の鄉兵について〉《東洋史研究》20-4, p. 60-91, 1962；及〈北朝鄉兵再論〉《名古屋大學文學部研究論集》（史學19），p. 51-68, 1972。
　8　嚴耕望：《唐代交通圖考》中央研究院歷史語言研究所專刊之八十三，現已出版五冊，第一冊為〈京都關內區〉，民國 74 年 5 月。
　9　王仲犖：《北周地理志》中華書局，1980 年 8 月。
　10　王仲犖：〈東西魏北齊北周僑置六州考略〉，《文史》第五輯，p. 23-29
　11　馬長壽：《碑銘所見前秦至隋初的關中部族》中華書局，1985 年 1 月。
　12　毛漢光：〈晉隋之際河東地區與河東大族〉宣讀於中央研究院第二屆國際漢學會議，民國75年 12 月。

制度之人、地、事爲主，但若需要與東魏對應比較時，亦陳述兩者間之異同，以闡明府兵制度之特性。

第二章　宇文泰政權中的軍事集團

一、宇文泰親信

于謹，「河南洛陽人也，小名巨彌。曾祖婆，魏懷荒鎮將。祖安定，平涼郡守、高平郡將。父提，隴西郡守，荏平縣伯。」[13] 當破六韓拔陵首亂北境之時，謹已從軍平亂，其後征鮮于脩禮，南伐梁境，升爲都督。討葛榮，平邢杲，拜征虜將軍。從尔朱天光破万俟醜奴，又隨天光平宿勤明達，別討夏州賊賀遂有伐等，授大都督。又從天光與高歡戰於韓陵山，天光旣敗，謹遂入關。賀拔岳以爲咸陽郡守。于謹與宇文泰有較深厚的關係，在「太祖臨夏州，以謹爲防城大都督、兼夏州長史。」在眾多資深將領之中，于謹是宇文泰未掌權之前唯一的追隨者。其時賀拔岳爲「都督二雍二華二岐豳四梁三益巴二夏蔚寧涇二十州諸軍事、大都督。」[14] 侯莫陳悅爲「開府儀同三司、都督隴右諸軍事，兼秦州刺史。」[15] 宇文泰本爲賀拔岳關西大行臺之左丞，領岳府司馬。[16] 賀拔岳擴張其勢力，任命宇文泰爲「使持節、武衞將軍、夏州刺史」[17] 夏州卽五胡亂華時西夏國赫連勃勃之統萬城，戰略地位重要，唯四周部落複雜，[18] 是一旣危險又富於機會之所，從史書載「太祖至州，（紇豆陵）伊利望風款附」而言，夏州之派遣，宇文泰儼然成爲當時關內的第三勢力，而于謹是其第一號副手。于謹向宇文泰進言定關中、迎魏帝之策，幾乎與宇文泰向賀拔岳進言，定關中、匡魏帝之策雷

13　《周書》卷十五〈于謹傳〉。于謹本姓万紐于，北魏勳臣八姓之一，見《北朝胡姓考》p. 54。

14　《周書》卷十四〈賀拔勝傳〉附〈岳傳〉，魏孝武帝永熙二年（533）時。

15　《周書》卷十四〈賀拔勝傳〉附〈侯莫陳悅傳〉，魏孝武初。

16　《周書》卷一〈文帝〉上，太昌元年（532）。《通鑑》卷一百五十五〈梁紀〉十一，武帝中大通四年亦載：「岳以泰爲行臺左丞，領府司馬，事無巨細，皆委之。」

17　《周書》卷一〈文帝〉上。

18　《周書》卷一〈文帝〉上：「太祖還謂兵曰：『……今費也頭控弦之騎不下一萬，夏州刺史斛拔彌俄突勝兵之士二千餘人，及靈州刺史曹泥，並持其僻遠，常懷異望，河西流民紇豆陵伊利等戶口富實，未奉朝風。今若移軍近隴，扼其要害，示之以威：服之以德，卽可收其士馬，以實吾軍……。』」

同。[19] 在聯繫魏帝方面，當初賀拔岳曾派遣宇文泰詣闕請事。[20] 宇文泰主持關中軍政之後，于謹負起這項連繫任務，「會有敕追謹爲閣內大都督，謹因進都關中之策，魏帝納之，尋而齊神武逼洛陽，謹從魏帝西遷。」[21] 按當時魏帝受逼於高歡，其行止有多種選擇，[22] 而建議西遷入關者，亦有多人，[23] 唯于謹是宇文泰之第一號副手，謹之建議對魏帝而言應該甚具影響。魏帝入關對於宇文泰聲望提高極爲重要。魏廷立基關中，宇文泰得以順利地發展中央軍——府兵制度。

賀蘭祥。《周書》卷二〇本傳載：

> 其先與魏俱起……其後有以良家子鎮武川者，遂家焉。父初眞，少知名，爲鄉閭所重。尙太祖姊建安長公主。……祥年十一而孤，居喪合禮。長於舅氏，特爲太祖所愛。……太祖初入關，祥與晉公護俱在晉陽，後乃遣使迎致之。……尋擢補都督，恒在帳下。從平侯莫陳悅，又迎魏孝武……從擊潼關……又攻回洛城，拔之。還，拜左右直長……

宇文泰爲賀蘭祥之舅，[24] 且祥自幼長於泰家，泰視祥爲子姪，祥追隨泰參加大小戰役。

宇文導。《周書》卷一〇〈邵惠公顥傳〉附〈導傳〉載：

> 導（泰長兄顥之子）字菩薩。少雄豪，有仁惠，太祖愛之。初與諸父在葛榮軍中，榮敗，遷晉陽。及太祖隨賀拔岳入關，導從而西，常從征伐。太祖討侯莫

19　《周書》卷一〈文帝〉上，接上注：「西輯氐羌，北撫沙塞，還軍長安，匡輔魏室，此桓文舉也。」同書卷十五于謹傳：「謹對曰：『關右，秦漢舊都，古稱天府，將士驍勇，厥壤膏腴，西有巴蜀之饒，北有羊馬之利。今若據其要害，招集英雄，養卒勸農，足觀時變。且天子在洛，逼迫羣兇，若陳明公之懇誠，算時事之利害，請都關右，帝必嘉而西遷。然後挾天子而令諸侯，奉王命以討暴亂，桓、文之業，千載一時也。』太祖大悅。」

20　《周書》卷一〈文帝〉上，宇文泰進言賀拔岳之後，「岳大悅，復遣太祖詣闕請事，密陳其狀。魏帝深納之。加太祖武衞將軍，還令報岳。」

21　《周書》卷十五〈于謹傳〉：于謹語宇文泰以後，繼載之文。

22　《通鑑》卷一百五十六〈梁紀〉十二，武帝中大通六年 (534) 七月：「魏主問計於羣臣，或欲奔梁，或云南依賀拔勝，或云西就關中，或云守洛口死戰，計未決。……」

23　《通鑑》卷一百五十六〈梁紀〉十二，武帝中大通六年 (534) 六月載，主張西遷入關者有：中軍將軍王思政、散騎侍郎河東柳慶、閣內都督宇文顯和、東郡太守河東裴俠等。

24　參見谷川道雄〈武川鎮軍閥の形成〉p. 42 婚姻關係表。

陳悅，以導爲都督，鎮原州，及悅敗，北走出故塞，導率騎追之，至牽屯山及悅，斬之，傳首京師。……（大統）三年（537），太祖東征，導入宿衞，拜領軍將軍、大都督。齊神武渡河侵馮翊，太祖自弘農引軍入關，導督左右禁旅會於沙苑，與齊神武戰，大破之，進位儀同三司。明年，魏文帝東征，留導爲華州刺史。及趙青雀、于伏德、慕容思慶等作亂，導自華州率所部兵擊之，擒伏德，斬思慶，進屯渭橋，會太祖軍。事平，進爵章武郡公……尋加侍中、開府、驃騎大將軍、太子少保。高仲密以北豫降，太祖率諸將輔魏皇太子東征，復以導爲大都督，華、東雍二州諸軍事，行華州刺史。導治兵訓卒，得守捍之方，及大軍不利，東魏軍追至稠桑，知關中有備，乃退。

宇文導是宇文泰鍾愛之姪，按宇文泰大部分時間長駐於華州一帶，宇文導則在雍州一帶，大統之初曾經宿衞，東魏兵至沙苑，導亦曾領禁旅參戰，宇文泰出關東征，則將導調至華州。本傳末評曰：「導性寬明，善於撫御，凡所引接，人皆盡誠。臨事敬慎，常若弗及。太祖每出征伐，導恒居守，深爲吏民所附，朝廷亦以此重之。」按宇文泰長子毓，永熙三年（534）生，母曰姚夫人。[25] 毓即北周第二任皇帝明帝，唯宇文泰屬意於第三子覺，覺生於大統八年（542），母曰元皇后，[26] 覺即北周第一任皇帝孝閔帝。由於宇文覺年幼，宇文泰培養兄顥之子導、護扶助幼君，顥有三子，即什肥、導、護。什肥留晉陽爲高歡所殺。[27] 無論就年齡、聲望、才能各方面而言，宇文導是泰最信任者，泰出征或巡防時，皆令導領重兵居守。導卒於魏恭帝元年（554）十二月，年四十四，乃弟護遂替代導之角色。

宇文護。《周書》卷一一〈晉蕩公護傳〉載：

太祖之兄邵惠公顥之少子也。……普泰初（531）自晉陽至平涼，時年十七，太祖諸子並幼，遂委護以家務，……從征侯莫陳悅，破之……從太祖擒竇泰，復弘農、破沙苑、戰河橋，並有功。遷鎮東將軍、大都督。八年（542），進車騎大將軍、儀同三司……十二年（546）加驃騎大將軍、開府儀同三司……十五

---

25 《周書》卷四〈明帝紀〉。
26 《周書》卷三〈孝閔帝紀〉。
27 《周書》卷十〈邵惠公顥傳〉附〈什肥傳〉。

年，出鎮河東，遷大將軍。與于謹征江陵。……太祖西巡至牽屯山，遇疾，馳
驛召護，護至涇州，而太祖疾已綿篤，謂護曰：「吾形容若此，必是不濟。諸
子幼小，寇賊未寧，天下之事，屬之於汝，宜勉力以成吾志。」護涕泣奉命，
行至雲陽，而太祖崩，護秘之，至長安乃發喪。時嗣子沖弱，強寇在近，人情
不安，護綱紀內外，撫循文武，於是眾心乃定。

宇文護於大統十二年（546）爲開府，十五年（549）至征江陵間，升爲大將軍，征江陵
在魏恭帝元年（555），[28] 是年乃兄導卒，按大統十六年時未見護爲大將軍，所以護任
大將軍應在大統十七年（551）至恭帝元年（555）之間。 無論如何， 護在十六年雖未
列名大將軍， 但其權力迅速上升， 恭帝三年（557）十月乙亥， 宇文泰卒，「護尋拜
柱國」，[29] 其年十二月庚子，宇文護即扶助覺纂魏立周，並誅柱國大將軍趙貴及其黨
羽，逼死獨孤信[30] 等，宇文護是北周初期眞正掌權者。

王盟。《周書》卷二〇本傳載：

明德皇后之兄也……父熙，伏波將軍，以良家子鎮武川，因家焉……及尔朱天
光入關，盟出從之。隨賀拔岳爲前鋒，擒万俟醜奴，平秦隴，……太祖將討侯
莫陳悅，徵盟赴原州以爲留後大都督，鎮高平。悅平，除原州刺史。魏孝武至
長安，封魏昌縣公邑一千戶。大統初（元年，535），復加車騎大將軍、儀同三
司。三年（537），徵拜司空，尋轉司徒。……遷太尉。 魏文帝東征，以留後大
都督行雍州事，節度關中諸軍。盟與開府李虎輔魏太子出頓渭北，……賜姓拓
拔氏……遷太保。九年（543）進位太傅，加開府儀同三司。

王盟亦屬武川軍系，且是宇文泰之舅。[31] 他在魏廷遷轉於列公之間，但其軍階比李虎
爲低，大統四年（538）時虎爲開府，盟是儀同，盟至九年（543）才加開府銜。盟甚受
魏帝之敬重，本傳又載：

盟姿度弘雅，仁而汎愛，雖位居師傅，禮冠羣后，而謙恭自處，未嘗以勢位驕

28　《周書》卷四十八〈蕭詧傳〉。

29　《周書》卷十一〈晉蕩公護傳〉。

30　參見《周書》卷十六〈趙貴傳〉及〈獨孤信傳〉。

31　參見谷川道雄〈武川鎮軍閥の形成〉p. 42 婚姻關係表。

人。魏文帝甚尊重之，及有疾，數幸其第，親問所欲，其見禮如此。大統十一
年（545），薨。

王盟是魏主與宇文泰雙方所信賴之人。盟之子勵曾領禁兵，「沙苑之役，勵以都督領
禁兵從太祖。」[32] 傷重而亡。盟另子懋，官至「……開府儀同三司、侍中、左衞將
軍、領軍將軍。懋性溫和，小心敬慎。宿衞宮禁，十有餘年，勤恪當官，未嘗有過。
魏文帝甚嘉之。廢帝二年（553），除南岐州刺史……」[33] 這樣安排，維持了魏帝與宇
文泰間十八年和睦。

尉遲綱。《周書》卷二〇本傳載：

蜀國公迥之弟也。（按《周書》卷二一〈尉遲迥傳〉載：「代人也，其先，魏
之別種，號尉遲部，因而姓焉。父俟兜，……尚太祖姊昌樂大長公主，生迥
及綱」。）少孤，與兄迥依託舅氏。太祖西討關隴，迥、綱與母昌樂大長公
主留於晉陽，後方入關。從太祖征伐，常陪帷幄，出入臥內。……大統元年
（535），授帳內都督，從儀同李虎討曹泥，破之。又從破竇泰。……仍從復弘
農，克河北郡，戰沙苑，皆有功。……太祖甚寵之，委以心膂。河橋之戰，太
祖馬中流矢，因而驚奔。綱與李穆等左右力戰，眾皆披靡，太祖方得乘馬……
八年（542），加……太子武衞率、前將軍、轉帥都督。東魏圍玉壁，綱從太祖
救之。九年（543）春，太祖復與東魏戰於邙山，大軍不利，人心離解，綱勵將
士，盡心翊衞。遷大都督。十四年（548），拜車騎大將軍、儀同三司……。俄
遷驃騎大將軍、開府儀同三司……。十七年（551），出為華州刺史。魏廢帝二
年（553），拜大將軍，兼領軍將軍，及帝有異謀，言頗漏泄，太祖以綱職典禁
旅，使密為之備。俄而帝廢，立齊王，仍以綱為中領軍，總宿衞。

尉遲綱兄弟是宇文泰家中養育長大的外甥，[34] 及長，常隨泰出征，亦曾任華州刺史，
這是泰常居之地。大統十七年（551），李虎卒，義陽王元子孝繼虎任柱國。[35] 廢帝

32　《周書》卷二十〈王盟傳〉附子〈勵傳〉。
33　《周書》卷二十〈王盟傳〉附子〈懋傳〉。
34　參見谷川道雄〈武川鎮軍閥の形成〉p. 42 婚姻關係表。
35　據陳寅恪考證，見《隋唐制度淵源略論稿》六「兵制」，p. 95

二年（553）十一月，魏室有一次政變，元氏失敗，起因於「安定公宇文泰殺尙書元烈」，[36]是年王盟之子王懋解領軍將軍，宇文泰更親信、且視爲子姪的尉遲綱受命新職「拜大將軍、兼領軍將軍」，他的任務還刺探魏帝之言行，「及帝有異謀，言頗漏泄，太祖以綱職典禁旅，使密爲之備。」因此導致廢帝，而綱自此總領宿衞，卽所謂「俄而帝廢，立齊王，仍以綱爲中領軍，總宿衞」，[37]經過這次事件，綱必撤換禁衞軍，元室剩餘的一點力量也可能自此退出京闈。未三年而周代西魏。

　　尉遲綱之兄迥，其母爲宇文泰姊昌樂大長公主，迥本人則「尙魏文帝女金明公主，拜駙馬都尉。從太祖復弘農，破沙苑，皆有功。累遷尙書左僕射，兼領軍將軍。迥通敏有幹能，雖任兼文武，頗允時望，太祖以此深委仗焉。後拜大將軍。」[38]迥任領軍將軍之時間未詳，按行文推測，應在魏文帝大統年間。迥與王盟，盟子勵、懋等相同，是宇文泰與魏文帝雙方共信之人物。廢帝二年以後，顯然是乃弟尉遲綱任領軍將軍。迥在西魏之末，拜大將軍之職，宇文泰付予伐蜀之大任，「令迥督開府元珍、乙弗亞、俟呂陵始、叱奴興、綦連雄、宇文昇等六軍，甲士一萬二千，騎萬疋，伐蜀。以魏廢帝二年春，自散關由固道出白馬。……」（同上注，此時每開府有甲士二千人）平蜀是宇文政權之重大勝利。於是「詔迥爲大都督、益潼等十八州諸軍事、益州刺史。以平蜀功，封一子爲公。自劍閣以南，得承制封拜及黜陟。……孝閔踐阼，進位柱國大將軍」。（同上註）

　　宇文泰之親信還有叱列伏龜。《周書》卷二〇本傳載：

　　　代郡西部人，世爲部落大人。魏初入附，遂世爲第一領民酋長。……嗣父業，
　　　復爲領民酋長。……遂爲齊神武所寵任，加授大都督。沙苑之敗，隨例來降。
　　　太祖以其豪門，解縛禮之，仍以邵惠公女妻之。大統四年（538），封長樂縣
　　　公，邑一千戶。自此常從太祖征討，亟有戰功。八年（542），出爲北雍州刺
　　　史，加大都督。尋進位車騎大將軍、儀同三司、散騎常侍。十四年（548），徵
　　　拜侍中，加驃騎大將軍、開府儀同三司，除恆州刺史……十七年（551）卒。

36　《北史》卷五〈西魏廢帝〉二年（553）十一月。

37　《周書》卷二十〈尉遲綱傳〉廢帝二年（553）事。

38　《周書》卷二十一〈尉遲迥傳〉。

又有閻慶。《周書》卷二○本傳載：

> 河南河陰人也。曾祖善，仕魏，歷龍驤將軍、雲州鎮將，因家於雲州之盛樂
> 郡。祖提，使持節、車騎大將軍、燉煌鎮都大將。父進，……正光中拜龍驤將
> 軍……以功拜盛樂郡守。……（慶）以大統三年（537），自宜陽歸闕……邙山
> 之戰……拜撫軍將軍、大都督。……累遷使持節、車騎大將軍、儀同三司、散
> 騎常侍、驃騎大將軍、開府儀同三司、雲州大中正，加侍中，賜姓大野氏……
> 孝閔踐阼，出爲河州刺史……拜大將軍……除雲州刺史，轉寧州刺史。……晉
> 公護母，慶之姑也。……慶第十二子毗尚帝（高祖）女清都公主。

叱列伏龜、閻慶[39]皆聯姻宇文氏，叱列伏龜在大統十七年（551）以前曾仕恆州刺史，
而閻慶在西魏末任雲州大中正，在北周初任雲州刺史，按恆州、雲州是西魏北周六僑
州之一，安置北族部人，是禁旅之所出，很受宇文泰之重視，于謹在大統九年（543）
以前亦曾任「恆幷燕肆雲五州諸軍事、大將軍、恆州刺史」[40]之職。

宇文貴。《周書》卷一九本傳載：

> 其先昌黎大棘人也。徙居夏州……正光末（524），破六汗拔陵圍夏州，刺史源
> 子雍嬰城固守，以貴爲統軍救之，前後數十戰，軍中咸服其勇。…… 元顥入
> 洛，貴率鄉兵從爾朱榮焚河橋，力戰有功……除郢州刺史，入爲武衞將軍、閤
> 內大都督。從魏孝武西遷，進爵化政郡公。大統初，遷右衞將軍。貴善騎射，
> 有將率才，太祖又以宗室，甚親委之，……十六年，遷中外府左長史，進位大
> 將軍……

按夏州應有宇文族，宇文貴能救夏州刺史源子雍，應與宇文貴在該地鄉兵有關，其後
貴又率鄉兵轉河洛，與魏室接近，在魏孝武西遷以前任右衞將軍、閤內大都督，大統初
爲魏帝之右衞將軍。宇文泰在夏州時或與該地宇文鮮卑人同種，故宇文泰以宇文貴爲
宗室，甚親委之。宇文貴亦是魏帝與宇文泰雙方信任之人，故任禁衞軍之右衞將軍。

綜上所述，宇文泰親信有于謹、賀蘭祥、宇文導、宇文護、王盟、尉遲綱、尉遲

39　參見谷川道雄〈武川鎮軍閥の形成〉 p. 42 婚姻關係表 ；叱列伏龜妻郢惠公顥女，即宇文
　　導、宇文護之姊妹，谷川表中未列。

40　《周書》卷十五〈于謹傳〉。

迴、叱列伏龜、閻慶、宇文貴等，以宇文泰爲中心，包括宇文泰之宗室、姻親及最親信之部將。

二、賀拔勝集團

賀拔勝是武川軍人系統之中的重要人物，《周書》卷一四本傳載：

> 神武尖山人也。其先與魏氏同出陰山。有如回者，魏初爲大莫弗。祖爾頭，驍勇絕倫，以良家子鎮武川……父度拔，性果毅，爲武川軍主。……後（勝）隨度拔與德皇帝（宇文泰之父，名肱）合謀，率州里豪傑輿珍、念賢、乙弗庫根、尉遲眞檀等，招集義勇，襲殺（賊僞署王衞）可孤。朝廷嘉之。

其後追隨尔朱榮，破葛榮軍，尔朱榮死後，勝與尔朱氏同謀，立節閔帝，拜右衞將軍、車騎大將車、儀同三司、左光祿大夫。本傳繼載：

> 太昌初（532），以勝爲領軍將軍，尋除侍中。孝武帝將圖齊神武，以勝弟擁眾關西，欲廣其勢援，乃拜勝爲都督三荊、二郢、南襄、南雍七州諸軍事，進位驃騎大將軍、開府儀同三司、荊州刺史，加授南道大行臺尙書左僕射。

勝弟岳死後，魏孝武入關，勝本欲西赴關中，見阻於高歡，復敗於東魏侯景，南奔蕭梁，居南朝三年始得回長安。[41] 時在大統二年（536），隨賀拔勝自梁歸國之人馬不多，[42] 故勝親領軍馬甚少，但勝乃當時名將，成名甚早，本傳載：

> 初，勝至關中，自以年位素重，見太祖不拜，尋而自悔，太祖亦有望焉。後從太祖宴于昆明池，時有雙鳧游於池上，太祖乃授弓矢於勝曰：「不見公射久矣！請以爲歡。」勝射之，一發俱中，因拜太祖曰：「使勝得奉神武，以討不庭，皆如此也。」太祖大悅。自是恩禮日重，勝亦盡誠推奉焉。

41　《通鑑》一五六〈梁紀〉十二，武帝中大通六年（534），即魏永熙三年九月，記賀拔勝兵敗來奔。《通鑑》一五七〈梁紀〉十三，武帝大同二年（536），即大統二年（536），記勝於七月離梁。前後三年，實計二年。

42　《通鑑》一五六〈梁紀〉十二，武帝中大通六年（534），即魏永熙三年九月，「勝兵敗，帥數百騎來奔。」又《通鑑》一五七〈梁紀〉十三，武帝大同二年（536），即大統二年七月：「上（梁武帝）許勝、（史）寧及盧柔皆北還，親餞之於南苑……行至襄城，東魏丞相高歡遣侯景以輕騎邀之，勝等棄舟自山路逃歸（胡注：勝等舟行，蓋自淮入潁，自潁入汝，沂流而西，入山路，自三鵶取武關也）。從者凍餒，道死者大半。」

本傳中雖云恩禮日重，從種種事實觀察，勝之地位雖然崇高，但並無實權，從太祖
擒竇泰時，加授中軍大都督，救玉壁時，勝以前軍大都督從太祖追之於汾北，戰邙
山時，宇文泰乃募敢勇三千人配勝軍，勝雖然參加大小戰役，如弘農、沙苑之戰，又
與李弼別攻河東，又參與河橋之役等，似乎皆非獨當一面。在西魏廟堂之上，賀拔勝
自大統三年（537）五月以迄十年（544）卒，皆位居太師。[43] 其時大丞相是宇文泰，太
宰是元欣，地位崇高。宇文泰之所以優渥勝，一方面勝乃武川軍系中之資深長者，一
方面因爲宇文泰陣營中有許多出身荆州之軍人，賀拔勝居梁三年，且追隨北返之人甚
少，但當初在勝荆州刺史任內之軍士，或直接進入關中，或先赴魏孝武帝再入關中，
其數甚多。在賀拔勝返入關中以後，這個軍系的名義領袖是勝，實際領導者是獨孤
信、[44] 楊忠等人。

獨孤信。《周書》卷一六本傳載：

> 雲中人也……。祖俟尼，和平（460-465）中，以良家子自雲中鎮武川，因家
> 焉。父庫者，爲領民酋長，少雄豪，有節義，北州咸敬服之。……賀拔勝出鎮
> 荆州，乃表信爲大都督……遷武衞將軍。及勝弟岳爲侯莫陳悅所害，勝乃令信
> 入關，撫岳餘眾。屬太祖已統岳兵，信與太祖鄉里，少相友善，相見甚歡。因
> 令信入洛請事，至雍州，大使元毗又遣信還荆州。尋徵信入朝，魏武雅相委
> 任，……時荆州雖陷東魏，民心猶戀本朝。乃以信爲衞大將軍、都督三荆州諸
> 軍事，兼尚書右僕射、東南道行臺、大都督、荆州刺史以招懷之……東魏又遣
> 其將高敖曹、侯景等率眾奄至，信以眾寡不敵，遂率麾下奔梁，居三載，梁武
> 帝方始許信還北。……尋拜領軍，仍從太祖復弘農，破沙苑……（戰）洛陽……
> （大統六年，540）尋除隴右十州大都督、秦州刺史……。

當賀拔岳被害時，勝命獨孤信入關，撫岳餘眾，然宇文泰已安定關中局勢，信與泰乃
同鄉里，少相友善。泰命信入洛陽請事，魏孝武帝甚爲欣賞。及荆州淪陷，賀拔勝南
奔梁，魏帝以「荆州雖陷東魏，民心猶戀本朝，乃以信爲衞大將軍、都督三荆州諸軍

43　《北史》卷五〈西魏文帝〉，大統三年（537）五月及大統十年（544）五月。

44　《通鑑》一五六〈梁紀〉十二，武帝中大通六年（534），即魏永熙三年閏十二月，「魏賀拔
　　勝之在荆州也，表武衞將軍獨孤信爲大都督。」

事，兼尚書右僕射、東南道行臺、大都督、荊州刺史以招懷之，……士庶既懷信遺
惠，信臨陣喻之，莫不解體。因而縱兵擊之，（東魏刺史辛）纂大敗，奔城趨門，未
及闔，信都督楊忠等前驅斬纂，語在〈忠傳〉，於是三荊遂定。」[45] 獨孤信在荊州所
拜之官職，相當於稍前賀拔勝在荊州所拜之官職，信雖恢復荊州之控制權，不久，
「東魏又遣其將高敖曹、侯景等率眾奄至。信以眾寡不敵，遂率麾下奔梁。居三載，
梁武方始許信還北。」（同上注）獨孤信在關東仍然有些影響力。大統三年（537），
信「率眾與馮翊王元季海入洛陽。潁、豫、襄、廣、陳留之地，並相繼款附。」（同
上注）如《周書》卷三六〈鄭偉傳〉載：

> 滎陽開封人也。……詔先護（偉父）以本官假驃騎將軍、大都督，率所部與行
> 臺楊昱及都督賀拔勝同討之（尔朱仲遠）……大統三年（537），河內公獨孤信
> 既復洛陽，偉乃謂其親族曰：「今嗣主中興鼎業，據有崤、函。河內公親董眾
> 軍，克復瀍、洛，率土之內，孰不延首望風。況吾等世荷朝恩，家傳忠義。誠
> 宜以此時効臣子之節，成富貴之資。豈可碌碌為儒夫之事也！」於是與宗人榮
> 業，糾合州里，建義於陳留。信宿間，眾有萬餘人。遂攻拔梁州，擒東魏刺史
> 鹿永吉及鎮城令狐德，並獲陳留郡守趙季和。乃率眾來附，因是梁陳之間相次
> 降款。

又《周書》卷三六〈劉志傳〉：

> 弘農華陰人……大統三年（537），太祖遣領軍將軍獨孤信復洛陽，志糾合義
> 徒，舉廣州歸國。

《周書》卷三七〈趙肅傳〉：

> 河南洛陽人也。……大統三年（537），獨孤信東討，肅率宗人為鄉導。授司州
> 治中，轉別駕。監督糧儲，軍用不匱。太祖聞之，謂人曰：「趙肅可謂洛陽主
> 人也。」

《周書》卷三八〈柳虯傳〉：

> 大統三年（537），馮翊王元季海、領軍獨孤信鎮洛陽。于時舊京荒廢，人物罕

45　《周書》卷十六〈獨孤信傳〉。

極，唯有蚪在陽城，裴諏在穎川，信等乃俱徵之，以蚪爲行臺郎中，諏爲都督府屬，並掌文翰。時人爲之語曰：「北府裴諏，南省柳蚪。」時軍旅務殷，蚪勵精從事，或通夜不寢，季海嘗曰：「柳郎中判事，我不復重看。」

《周書》卷四三〈韓雄傳〉：

> 河南東垣人也。……雄還鄉里，更圖進取。雄乃招集義眾，進逼洛州。東魏洛州刺史元湛委州奔河陽，其長史孟彥舉城款附。俄而領軍獨孤信大軍繼至，雄遂從信入洛陽。

《周書》卷四三〈陳忻傳〉：

> 宜陽人也。……及獨孤信入洛，忻舉李延孫爲前鋒，仍從信守金墉城。

按李延孫伊川人，是當地地方豪族，「每以剋清伊、洛爲己任。」[46] 朝士受其助得以西入者甚多。

《周書》卷四三〈魏玄傳〉：

> 任城人也，……及獨孤信入洛陽，隸行臺楊琚防馬渚，復與高敖曹接戰。自是每率鄉兵，抗拒東魏。

大統四年（538），在東魏的大軍壓力之下，信等退出洛陽，但「大統六年（540），侯景寇荊州，太祖令信與李弼出武關。景退，以信爲大使，慰撫三荊。」[47] 所以在大統三年（537）至大統六年（540）之間，獨孤信領導賀拔勝之餘部，在關東與東魏鏖戰於河南及荊州一帶，至大統六年（540）宇文泰有一次重大的軍事調動，即任命獨孤信爲「隴右十州大都督、秦州刺史。」[48]

楊忠。《周書》卷十九本傳載：

> 弘農華陰人也。……高祖元壽，魏初，爲武川鎮司馬，因家於神武樹頹焉。祖烈，龍驤將軍、太原郡守。父禎，以軍功除建遠將軍。……（忠）從獨孤信破梁下溠戍，平南陽，並有功。及齊神武舉兵內侮，忠時隨信在洛，遂從魏孝武西遷，進爵爲侯。仍從平潼關，破回洛城……以東魏之逼，與信奔梁……大統

46　《周書》卷三三〈李延孫傳〉。
47　《周書》卷一六〈獨孤信傳〉。
48　《周書》卷一六〈獨孤信傳〉。

— 537 —

三年 (537)，與信俱歸關，太祖召居帳下。……從擒竇泰，破沙苑……河橋之役。

楊忠屬於賀拔勝獨孤信系統，荆州原是他們之地盤，其後與魏帝有某些關係。荆州受逼於高歡，信與忠曾南奔梁，居三年，回關中，忠自此與宇文泰日密。除了皆出身於武川以外，忠亦參與泰之大小戰役，在河南及荆州一帶功績最多，可能因爲忠對荆州熟悉之故，曾派任爲洛州刺史及都督三荆……十五州諸軍事。

賀拔勝、獨孤信部屬之中有史寧者，《周書》卷二十八本傳載：

> 建康袁氏人也……寧少以軍功，拜別將。遷直閤將軍、都督，宿衞禁中，……賀拔勝爲荆州刺史，寧以本官爲勝軍司……及勝爲大行臺，表寧爲大都督……寧隨勝奔梁……大統二年 (536)，寧自梁歸闕……

賀拔勝、獨孤信、楊忠、史寧等這一系軍人自始與荆州地區有密切關係。賀拔勝于大統二年 (536) 自梁入關以後，位高而無實權，至大統十年卒。[49] 獨孤信自大統六年 (540) 調至隴右以後，長期駐此西疆，宇文泰與其關係是敬而遠之。信是府兵制度完成時之八大柱國大將軍之一，史寧乃其手下之開府，宇文泰在世時尚能控制，及泰卒，宇文護當政，發生一次極大的政潮，「（柱國）趙貴誅後，信以同謀坐免。居無幾，晉公護又欲殺之，以其名望素重，不欲顯其罪，逼令自盡於家，時年五十五。」[50]

賀拔勝集團有賀拔勝、獨孤信、楊忠、史寧等，由於賀拔勝位高權輕，實際領袖是獨孤信，統領原荆州部隊。

三、侯莫陳悅集團餘部

李弼。《周書》卷一五本傳載：

> 遼東襄平人也。六世祖根，慕容垂黃門侍郎。……（尔朱）天光赴洛，弼因隷侯莫陳悅，爲大都督，……太昌初 (532)，授清水郡守，恆州大中正。尋除南秦州刺史。隨悅征討，屢有剋捷。及悅害賀拔岳，軍停隴上，太祖自平涼進軍討悅，……弼知悅必敗，乃謂所親曰：「宇文夏州才略冠世，德義可宗，侯莫

49　《周書》卷一四〈賀拔勝傳〉。
50　《周書》卷一六〈獨孤信傳〉。

陳公智小謀大，豈能自保，吾等若不爲計，恐與之同至族滅。」會太祖軍至，悅乃棄秦州南出，據險以自固。翌日，弼密通使太祖，許背悅來降。夜，弼乃勒所部云：「侯莫陳公欲還秦州，汝等何不束裝？」弼妻，悅之姨也，特爲悅所親委，衆咸信之，人情驚擾，不可復定，皆散走，爭趣秦州。弼乃先馳據城門以慰輯之，遂擁衆以歸太祖，悅由此遂敗。

李弼，是侯莫陳悅之部將，與悅有姻親關係，「特爲悅所親委，衆咸信之。」由於弼之歸向宇文泰，使泰順利擊敗悅，「時南秦州刺史李弼亦在悅軍，乃間道遣使，請爲內應。其夜，悅出軍，軍中自驚潰，將卒或相率來降。太祖縱兵奮擊，大破之，虜獲萬餘人，馬八千匹。悅與其弟子及麾下數十騎遁走。」[51]「太祖討侯莫陳悅，以（宇文）導爲都督，鎮原州，及悅敗，北走出故塞，導率騎追之，至牽屯山及悅，斬之，傳首京師。」[52] 宇文泰與侯莫陳悅之戰，實際上雙方死傷軍士不多，悅部眾大部分皆歸降於泰，按當時關中主要軍力，以賀拔岳最多，侯莫陳悅次之，[53] 宇文泰又次之。岳卒後，其部眾支持泰以伐悅，及泰併吞悅之大部份部隊，使關中部隊得以保持元氣。李弼成爲侯莫陳悅部隊之領導人，所以宇文泰在平定悅之後，「太祖謂弼曰：『公與吾同心，天下不足平也。』」[54] 關中兵馬在宇文泰之統領下，已形成一股比賀拔岳時代更爲統一的強大力量，而「齊神武（高歡）聞秦隴克捷，乃遣使於太祖，甘言厚禮，深相倚結。太祖拒而不納。時齊神武已有異志，故魏帝深仗太祖。」[55]

豆盧寧。《周書》卷一九本傳載：

昌黎徒河人。其先本姓慕容氏，前燕之支庶也。高祖勝，以燕皇始初，歸魏，

---

51 《周書》卷一〈文帝〉上，魏永熙三年（534）四月。《通鑑》卷一五六〈梁紀〉十二，武帝中大通六年（534）略同。

52 《周書》卷十〈邵惠王顥傳〉附子〈導傳〉、《通鑑》卷一五六〈梁紀〉十二，武帝中大通六年（534）載：「宇文泰使原州都督賀拔穎追之，悅望見追騎，縊死於野。」《周書》卷一〈文帝〉上「魏永熙三年（534）四月，太祖乃令原州都督導邀其前，都督賀拔穎等追其後。導至牽屯山追及悅，斬之。」

53 朱大渭估計賀拔岳有五萬之眾（包括宇文泰），侯莫陳悅有三萬之眾，見〈北魏末年人民大起義若干史實的辨析〉p. 23-25

54 《周書》卷十五〈李弼傳〉。

55 《周書》卷一〈文帝〉上，魏永熙三年（534）四月。

授長樂郡守，賜姓豆盧氏，或云避難改焉。父長，柔玄鎮將，有威重，見稱於時。……太祖討悅，寧與李弼率眾歸太祖。……大統元年（535）……，遷顯州刺史、顯州大中正……從太祖擒竇泰，復弘農，破沙苑，除武衞大將軍，兼大都督……拜北華州刺史。……七年（541），從于謹破稽胡帥劉平伏於上郡，及梁仚定反，以寧爲軍司，監隴右諸軍事，賊平……開府儀同三司。九年（543）……戰於邙山。……十六年（550），拜大將軍。

李弼與豆盧寧之五、六世祖與慕容政權有密切關係，更重要的是，當賀拔岳與侯莫陳悅在關中時，弼與寧皆隸屬於悅，且爲悅之重要部將，而當「太祖討悅，寧與李弼率眾歸太祖。」

　　侯莫陳悅集團餘部有李弼、豆盧寧，領有原侯莫陳悅剩餘之部隊。李弼是其首領。

四、魏帝禁衞軍

　　魏孝武帝入關，帶來了一些禁衞軍，而當府兵制度完成的前後，元氏宗室任柱國大將軍者有元欣、元子孝；任大將軍者有元廓、元贊、元育。入關的禁衞軍很可能由這些人統領。然元欣其人「從容宮闈而已」，元子孝在大統十七年（551）繼李虎爲柱國大將軍，亦「深自貶晦，日夜縱酒」。元廓、元贊、元育可能是眞正統領者。

　　元廓。有關元廓之記載很少，《西魏書》卷一載（《北史》卷五同）：

　　　恭皇帝諱廓，文皇帝之第四子也，大統十四年（548）封齊王。廢帝三年（554）正月，卽皇帝位，改元。

在「齊氏稱帝（550），太祖發關中兵討之，魏文帝遣齊王廓鎮隴右，徵（宇文）導還朝。」[56] 所以元廓應是實際領兵者。

　　元贊。元贊的記載僅得自《西魏書》卷一〈帝紀〉中扒梳一些：

　　　永熙元年（530）十有二月丁亥，以侍中廣平王贊爲驃騎大將軍、開府儀同三司，……大統三年（537）六月，以司徒廣平王贊爲太尉，……大統九年（543）七月，以太尉廣平王贊爲司空。……

56　《周書》卷十〈邵惠公顥傳〉附〈導傳〉。

元育。《西魏書》卷一二〈長湖公定傳〉附〈育傳〉僅載一句：

> 育，大將軍、淮南王。

元贊與元育應當是隨魏帝自洛陽入關中之宗室，魏帝入關時極爲狼狽，且損失很多軍士，至關中後「遂入長安，以雍州公廨爲宮。」[57]軍士隨魏帝入關者之人數，據《隋書》卷二十四〈食貨志〉謂：「是時六坊之眾從武帝入關者，不能萬人。」坊是指軍士居住之所，六坊是洛陽附近禁衞軍居住之所。不滿萬人之數或可相信，因爲當魏帝入關之次月，「九月己酉，(高)歡東還洛陽，帝親督眾攻潼關，斬其行臺薛長瑜。又克華州。」[58]按魏帝對高歡大軍自不可抗衡，不滿萬人之禁旅或可斬其潼關守將，及恢復華州，其中或許有宇文泰部隊參加，史書既載魏帝有此項軍事行動，自以魏帝之禁衞軍爲主，其後魏帝長居長安城宮內，這些軍士自應亦在長安城內，或長安附近。八大柱國之中的元欣既然「從容宮闈而已」，並不領軍士，這些禁衞軍極可能分屬十二大將軍之「使持節、大將軍、大都督、少保、廣平王元贊。使持節、大將軍、大都督、淮安王元育。使持節、大將軍、大都督、齊王元廓。」

五、魏帝追隨部隊

王思政。王思政與其他關隴人物有許多地方不相同，他自始與魏皇室有關係，《周書》卷一八本傳載：

> 太原祁人……屬万俟醜奴、宿勤明達等擾亂關右，北海王顥率兵討之，啟思政隨軍。軍事所有謀議，並與之參詳。時魏孝武在藩，素聞其名。顥軍還，乃引爲賓客，遇之甚厚。

王思政與魏孝武帝關係尤爲密切，《北史》卷五〈孝武皇帝傳〉：

> 中興二年(532)……諸王皆逃匿，帝在田舍……高歡使斛斯椿求帝。椿從帝所親王思政見帝……歡再拜，帝亦拜……帝令思政取表，曰：「覿，便不得不稱朕矣。」於是假廢帝安定王詔策而禪位焉。

57　《北史》卷五〈魏孝武帝〉，永熙三年(534)八月。

58　《北史》卷五〈魏孝武帝〉，永熙三年(534)九月己酉。又《通鑑考異》《北齊書》《太平御覽》引《後魏書》等對於薛長瑜有不同說法。

及元脩即位，甚受重用，帝與高歡爭執之中，思政忠心魏帝，《周書》卷十八本傳：

> 及登大位，委以心膂，遷安東將軍，預定策功，封祁縣侯。俄而齊神武潛有異
> 圖，帝以思政可任大事，拜中軍大將軍、大都督，總宿衞兵。

《北史》卷五〈孝武皇帝〉：

> 永熙三年（534）五月，……帝內圖高歡，乃以斛斯椿爲領軍，使與王思政等統
> 之，以爲心膂。（《通鑑》卷一五六〈梁紀〉一二，梁武中大通五年（533）：
> 正月……王思政密勸魏主圖丞相歡。）

元脩西入關中，王思政也是建議人之一。入關不及半年，因與宇文泰有隙，遇酖而
殂。[59] 王思政既是元脩之支持者，此事自當影響王思政與宇文泰之關係，《周書》卷
一八傳載：

> 大統之後，思政雖被委任，自以非相府之舊，每不自安，太祖嘗在同州，與羣
> 公宴集，出錦罽及雜綾絹數段，令諸將樗蒱取之，物既盡，太祖又解所服金
> 帶，令諸人遍擲，曰：「先得盧者，即與之。」羣公將遍莫有得者，次至思
> 政，乃歛容跪坐而自誓曰：「王思政羈旅歸朝，蒙宰相國士之遇，方願盡心効
> 命，上報知己。若此誠有實，令宰相賜知者，願擲即爲盧；若內懷不盡，神靈
> 亦當明之，使不作也。便當殺身以謝所奉。」辭氣慷慨，一坐盡驚。即拔佩
> 刀，橫於膝上，攬樗蒱，拊髀擲之。比太祖止之，已擲爲盧矣！徐乃拜而受。
> 自此之後，太祖期寄更深。

本傳中云王思政出身「非相府之舊，每不自安」，這當然也是一項重要因素，但在大
統之後，亦即魏孝武帝遇酖之次年後，思政之「不自安」極可能與元脩事有關，不
然不必爲了樗蒱而以生死賭之，以博取宇文泰之信任，宇文泰雖然「自此之後，太
祖期寄更深」，而從其種種事實而論，王思政奉命守河東地區之玉壁，「（大統）八
年（542），東魏來寇，思政守禦有備，敵人晝夜攻圍，卒不能克，乃收軍還。以全城
功，受驃騎大將軍。」（本傳）玉壁是東魏西魏交戰點，東魏屢以大軍相壓，[60] 思政

59　《北史》卷五〈孝武皇帝〉及《通鑑》卷一五六〈梁紀〉十二武帝中大通六年（534）皆載元
　　脩與宇文泰有隙之原委。

60　參見拙文〈北朝東西政權之河東爭奪戰〉。

亦以此功拜驃騎大將軍，此職通常加「開府儀同三司」，亦即「開府」之意，僅次於「大將軍」銜，「大統十二年(546)加特進、荆州刺史」（本傳）而大統十三年(547)發生一件重大事情，即侯景叛東魏，王思政接應侯景妥當，「思政分布諸軍，據景七州十二鎮，太祖乃以所授景使持節、太傅、大將軍、兼中書令、河南大行臺、河南諸軍事，回授思政，思政並讓不受，頻使敦喩，唯受河南諸軍事。」（本傳）按「河南諸軍事」即都督河南諸軍事之意，[61] 應是責任之加重，並非地位之驟升。不過著者以爲王思政在此時還接受「大將軍」銜，或時已有「大將軍」銜，[52] 亦未可知。王思政督河南諸軍事，使其戍守地潁川更接近東西魏之前線。果然，在東魏一波一波主力的進攻之下，而「思政初入潁川，士卒八千人，城既無外援，亦無叛者」（本傳），終於被俘。按東魏大舉圍攻潁川時在大統十四年(548)四月甲戌。[63] 至大統十五年(549)春，宇文泰「遣大將軍趙貴帥軍至穰，兼督東南諸州兵以援思政。（東魏將）高岳起堰，引洧水灌城，自潁川以北皆爲陂澤，救兵不得至。」[64] 是年六月，潁川陷。這是東西魏之爭的一件大事，緣由「侯景之南叛也，丞相泰恐東魏復取景所部地，使諸將分守諸城，及潁川陷，泰以諸城道路阻絕，皆令拔軍還。」[65] 王思政雖降，極獲東魏之敬重，[66] 史家評曰：「作鎮潁川，設縈帶之險，修守禦之術，以一城之眾，抗傾國之師，率疲乏之兵，當勁勇之卒，猶能亟摧大敵，屢建奇功。」[67] 綜觀王思政在西魏政權中之拜職，皆在關隴地區之外，如玉壁、荆州、潁川等地，而其軍旅，乃「令募精兵」，[68] 所以王思政所領之兵極可能是荆州、河南等地所募之兵及州郡兵，並非關隴集團軍府之兵，《北史》卷六十末載：「……每一團，儀同二人。自相都率，不編

---

61 《通鑑》一六〇〈梁紀〉十六，武帝太清元年(547)載：「都督河南諸軍事。」

62 清萬斯同〈西魏將相大臣年表〉大統十三年(547)大將軍項下載：王思政鎮潁川。按王思政在侯景來歸時才鎮潁川。

63 《通鑑》卷一六一〈梁紀〉十七，武帝太清二年(548)，即大統十四年，四月甲戌，《周書》卷二〈文帝〉下，祇載年，無月。

64 《周書》卷二〈文帝〉下，大統十五年春，《通鑑》卷一六二〈梁紀〉十八，武帝太清三年(549)繫於四月。

65 《通鑑》卷一六二〈梁紀〉十八，武帝太清三年(549)，即大統十五年。

66 《通鑑》卷一六二〈梁紀〉十八，武帝太清三年(549)，即大統十五年六月。

67 《周書》卷十八〈王思政傳〉史臣曰。

68 《周書》卷十八〈王思政傳〉中語。

戶貫。都十二大將軍，十五日上，則門欄陛戟，警畫巡夜，十五日下，則教旗習戰，無他賦役。每兵唯辦弓刀一具，月簡閱之，甲槊戈弩，並資官給。自大統十六年（550）以前，十二大將軍外，念賢及王思政亦拜大將軍。然賢作牧隴右，思政出鎮河南，並不在領兵之限。……」按大統十六年（550）公布之十二大將軍之一賀蘭祥之官銜是「使持節、大將軍、大都督、荊州諸軍事、荊州刺史」顯然王思政出鎮河南並未列入之最大原因乃是：王思政所領之兵不是上述軍府之兵。若如此，則王思政在關隴地區亦未轄有軍府，又府兵系統大備於大統十六年（550），王思政於十五年（549）六月降東魏，原可不作解釋，史書之所以有此解釋，正因為王思政大將軍不屬於府兵系統之中也。

　　念賢。念賢出身於武川，可能是宇文泰之長輩，至少亦較泰年長。《周書》卷十四〈賀拔勝傳〉載：

　　　　（勝）後隨度拔（勝父）與德皇帝（宇文泰父肱）合謀，率州里豪傑輿珍、念
　　　　賢、乙弗庫根、尉遲眞檀等招集義勇，襲殺（衞）可孤。

所以《周書》卷一四本傳云：

　　　　賢於諸公皆爲父黨，自太祖以下，咸拜敬之。

但念賢一直在關東發展，先後「招慰雲州高車、鮮卑」、「鎮井陘」，爲「黎陽郡守」，「及尔朱榮入洛，拜車騎將軍、右光祿大夫、太僕卿、兼尚書右僕射、東道行臺」，其後又爲「瀛州刺史」「第一領民酋長，加散騎常侍，行南兗州事，尋進而號驃騎大將軍，入爲殿中尚書，加儀同三司。」（皆本傳）按北魏之殿中尚書頗有參與調動軍隊之權，[69] 所以念賢似乎與魏朝廷相當密切，而當魏孝武帝與高歡鬧翻時，念賢是元修之擁護者，「魏孝武帝欲討齊神武，以賢爲中軍北面大都督，進爵安定郡公，增邑一千戶，加侍中、開府儀同三司。」（本傳）所以念賢與其他關隴集團諸將不同，其他諸將乃是跟隨尔朱天光、賀拔岳、侯莫陳悅等入關者，而念賢跟隨尔朱榮，其後與魏孝武帝甚爲密切，所謂「中軍北面大都督」復因高歡軍自北方晉陽而來，此職應甚受魏帝重視。及魏孝武帝入關不及半載卽遭酖殺，念賢心中之尷尬應該一如王思政，

　69　嚴耕望：〈北魏尚書制度考〉，《史語所集刊》第十八本。

但念賢到底是武川集團的長者，在元修死後七個月，賢被任命爲太尉，[70]「出爲秦州刺史，加太傅，給後部鼓吹。」（本傳）任秦州刺史之時間未詳，但應在太傅之前，或與其同時，念賢自太尉轉太傅在大統元年（535）十二月[71]「大統三年（537），轉太師，都督河涼瓜鄯渭洮沙七州諸軍事、大將軍、河州刺史。久之還朝，兼錄尚書事。河橋之役，賢不力戰，乃先還，自是名譽頗減。」（本傳）念賢轉太師之月日不詳，唯梁景叡於大統三年（537）六月，自太尉轉太傅，故萬斯同將念賢自太傅轉太師繫月於大統三年（537）五月，[72]萬斯同也將念賢被任命爲大將軍、都督河……七州諸軍事、河州刺史等繫月於同時，頗爲合理。又按河橋之役在大統四年（538）八月，念賢此時已經還朝。河橋之役時，「開府李虎、念賢等爲後軍，遇信等退，即與俱還，由是乃班師，洛陽亦失守。」[73]虎與賢引軍還，可能與洛陽失守有重要關係，《周書》〈念賢傳〉形容爲「賢不力戰，乃先還，自是名譽頗減。」李虎與念賢同爲後軍，同引軍還，李虎亦應被形容爲「虎不力戰，乃先還，自是名譽頗減。」唯唐人對李虎記載甚爲簡略，後人謝氏撰錄《西魏書》〈李虎傳〉未載河橋之役事，虎提早引軍還長安，亦未能平趙青雀之亂。念賢於「（大統）五年（539），除都督秦渭原涇四州諸軍事、秦州刺史，薨於州。」（本傳）該職不知起於大統五年（539）何月，然賢卒於大統六年（540）十一月，[74]繼任秦州刺史者即獨孤信。

　　《北史》卷六十，卷末謂：「……念賢及王思政亦拜大將軍。然賢作牧隴右，思政出鎭河南，並不在領兵之限……。」按獨孤信自大統六年（540）繼賢之後出牧隴右，一直至大統十六年（550）府兵制度完成之時，皆坐鎭於隴右，並不因此有損於柱國大將軍之位，況念賢出鎭隴右在大統五年（539）至六年（540），時值府兵制度發展時期，所以出鎭隴右並非眞正原因，眞正原因與王思政一樣，念賢所領之兵非府兵之兵。按念

70　《通鑑》卷一五七〈梁紀〉十三，武帝大同元年（535），即大統元年，秋，七月，甲戌。

71　《通鑑》卷一五七，〈梁紀〉十三，武帝大同元年（535），即大統年（535），十二月「魏以念賢爲太傅，河州刺史梁景叡爲太尉。」

72　萬斯同：〈西魏將相大臣年西〉，大統三年（537），太傅項下：五月遷大將軍。

73　《周書》卷二〈文帝〉下，大統四年（538）八月。

74　《通鑑》卷一五八〈梁紀〉十四，武帝大同六年（540），即大統六年，「冬，十一月，魏太師念賢卒。」

賢自始在關東發展之時，與賀拔岳等早先入關中者關係日遠，賢入關前最後任魏武帝之中軍北面大都督，很可能是追隨魏帝之關東人馬。入關以後念賢戍守地區是河州、秦州一帶，這比王思政防守玉壁、弘農、荊州、潁川居於關東較具重要性，但仍不是宇文泰之核心區——雍州至華州一帶。大統六年（540）以前隴右一帶仍未穩定，借重念賢以鎮壓之，但念賢兵力可能並不雄厚，及賢卒後，獨孤信繼任，信所領是軍府之兵，可能此時已將隴右納入軍府轄區之內，這個柱國轄區還包括雍州一帶的宇文導及元廓，隴右的兵力自然雄厚多了。這種安排也表示宇文泰對隴右地區控制力之加強。

侯莫陳順。《周書》卷一九本傳載：

> 從魏孝武入關，順與太祖同里閈，素相友善，且其弟崇先在關中，太祖見之甚歡。……大統元年（535）……與趙貴討破之（梁仚定），即行河州事。後從太祖破沙苑……四年（538），魏文帝東討，與太尉王盟、僕射周惠達等留鎮長安。時趙青雀反，盟及惠達奉魏太子出次渭北，順於渭橋與賊戰，頻破之，賊不敢出。

侯莫陳順並非爾朱天光、賀拔岳、侯莫陳悅等之部屬，他「初事爾朱榮為統軍，後從賀拔勝鎮井陘。武泰初，討葛榮，平邢杲，征韓婁，皆有功。拜輕車將軍、羽林監。又從破元顥……閤內大都督。」（本傳）隨魏孝武入關後，因與宇文泰同鄉，乃弟崇是泰之支持者，所以與宇文泰日益親善，他在大統之初曾征隴右羌人，並曾行河州事，這與賀拔勝集團之獨孤信、史寧等人相似，當大統四年（538）長安趙青雀反亂，危及魏太子時，順於渭橋奮戰破敵，這也是其與魏室有密切關係之故。

魏帝禁衛軍將領有元欣、元廓、元育、元贊、元子孝等。魏帝追隨部隊之將領有王思政、念賢、侯莫陳順等，前者統領洛陽西遷之禁衛軍；後者統領關東効忠西魏之部隊。魏帝是他們的領袖。這些軍隊其後皆編入府兵。

六、賀拔岳餘部

趙貴。《周書》卷一六本傳載：

> 天水南安人也。曾祖達，魏庫部尚書、臨晉子。祖仁，以良家子鎮武川，因家焉。……從賀拔岳平關中……及岳為侯莫陳悅所害，將吏奔散，莫有守者。貴

謂其黨曰：「吾聞仁義豈有常哉！行之則爲君子，違之則爲小人。朱伯厚、王
叔治感意氣微恩，尚能蹈履名節，況吾等荷賀拔公國士之遇，寧可自同衆人
乎？」涕泣歔欷。於是從之者五十人。乃詣悅詐降，悅信之。因請收葬岳，言
辭慷慨，悅壯而許之。貴乃收岳屍還，與寇洛等糾合其衆，奔平涼，共圖拒
悅。貴首議迎太祖，語在〈太祖紀〉。

趙貴是賀拔岳之追隨者，並隨其討曹泥，岳被侯莫陳悅所殺，貴在岳部將之中首唱擁
護宇文泰。

侯莫陳崇。《周書》卷一六本傳載：

代郡武川人。……其後世爲渠帥。祖允，以良家子鎭武川，因家焉。父興，殿
中將軍、羽林監。……（崇）年十五，隨賀拔岳與爾朱榮征葛榮……別從岳破
元顥於洛陽……後從岳入關，破赤水蜀……崇從岳力戰破之（尉遲菩薩）……
破賊帥侯伏侯元進……擒（万俟）醜奴。……及岳爲侯莫陳悅所害，崇與諸將
同謀迎太祖……

李虎。《魏書》、《周書》、《北史》等皆無專傳，《通鑑》卷一五六〈梁紀〉
一二武帝中大通六年（534）載：

初，（賀拔）岳以東雍州刺史李虎爲左廂大都督，岳死，虎奔荊州，說賀拔勝
使收岳衆，勝不從。虎聞宇文泰代岳統衆，乃自荊州還赴之，至閿鄉，爲丞相
（高）歡別將所獲，送洛陽，魏主方謀取關中，得虎甚喜，拜衛將軍，厚賜
之，使就泰。虎，歆之玄孫也。

《新、舊唐書》本紀皆謂李虎乃李暠後裔，陳寅恪對此說法存疑，其癥結在虎祖熙與
李暠之世系銜接是否恰當，但熙屬於武川集團應無疑問。李虎與賀拔岳之關係遠在入
關以前，入關後爲岳之左廂大都督。這個職位實際職掌不詳，應該是衆將之中較爲重
要的督將，岳被侯莫陳悅所殺，李虎第一個反映是至荊州請賀拔勝「收岳衆復讎」，
未成。虎在洛陽爲魏帝所賞識，拜衛將軍，此職在北魏末葉乃從一品，魏帝「使就
泰」。

達奚武。《周書》卷一九本傳載：

代人也。祖眷，魏懷荒鎭將。父長，沂城鎭將。……（賀拔）岳征關右，引爲

別將，武遂委心事之。以戰功拜羽林監、子都督。及岳爲侯莫陳悅所害，武與趙貴收岳屍歸平涼，同翊戴太祖。

王雄。《周書》卷一九本傳載：

太原人也。……永安末（530）從賀拔岳入關。

寇洛。《周書》卷一五本傳：

上谷昌平人也。累世爲將吏，父延壽，和平中（460-465），以良家子，鎮武川，因家焉。洛性明辨，不拘小節，正光末，以北邊賊起，遂率鄉親避地於幷、肆，因從爾朱榮征討，及賀拔岳西征，洛與之鄉里，乃募從入關。破赤水蜀，以功拜中堅將軍、屯騎校尉、別將，封臨邑縣男，邑二百戶。又從岳獲賊帥尉暹菩薩於渭水，破侯伏侯元進於百里細川，擒万俟醜奴於長坑。洛每力戰，並有功。加龍驤將軍、都督，進爵安鄉縣子，累遷征北將軍、衞將軍。於平涼，以洛爲右都督。侯莫陳悅旣害岳，欲幷其眾。時初喪元帥，軍中惶擾，洛於諸將之中，最爲舊齒，素爲眾所信，乃收集將士，志在復讎，共相糾合。遂全眾而反。旣至原州，眾咸推洛爲盟主，統岳之眾。洛復自以非才，乃因辭，與趙貴等議迎太祖。

梁禦。《周書》卷一七本傳：

其先安定人也。後因官北邊，遂家於武川，王姓紇豆陵氏。高祖俟力提，從魏太祖征伐，位至揚武將軍、定陽侯。……爾朱天光西討，知禦有志略，引爲左右，授宣威將軍、都將。共平關右，除鎮西將軍、東益州刺史……後從賀拔岳鎮長安。及岳被害，禦與諸將同謀翊戴太祖。……

若干惠。《周書》卷一七本傳載：

代郡武川人也。其先與魏氏俱起，以國爲姓。父樹利周，從魏廣陽王深征葛榮，戰沒，贈冀州刺史。惠年弱冠，從爾朱榮征伐，定河北，破元顥，以功拜中堅將軍。復以別將從賀拔岳西征，解岐州圍，擒万俟醜奴，平水洛，定隴右……及岳爲侯莫陳悅所害，惠與寇洛、趙貴等同謀翊戴太祖。

怡峯。《周書》卷一七本傳載：

遼西人也……高祖寬，燕遼西郡守，魏道武時，率戶歸朝，拜羽眞，賜爵長蚫

公。曾祖文，冀州刺史。峯……從賀拔岳討万俟醜奴……及岳被害，峯與趙貴
等同謀翊戴太祖。

劉亮。《周書》卷一七本傳載：

> 中山人也……祖佑連，魏蔚州刺史。父持眞，鎭遠將軍、領民酋長。……亮…
> …普泰初（531）以都督從賀拔岳西征，解岐州圍，擊侯伏侯元進、万俟道洛、
> 万俟醜奴、宿勤明達及諸賊，亮常先鋒陷陣，以功拜大都督……侯莫陳悅害
> 岳，亮與諸將謀迎太祖。

王德。《周書》卷一七本傳載：

> 代郡武川人也……魏永安二年，從爾朱榮討元顥，攻河內，……又從賀拔岳討
> 万俟醜奴，平之……加龍驤將軍……及侯莫陳悅害岳，德與寇洛等定議翊戴太
> 祖。

賀拔岳餘部有趙貴、侯莫陳崇、李虎、達奚武、王雄、寇洛、梁禦、若干惠、怡
峯、劉亮、王德等。在賀拔岳生前，事實上宇文泰本人也屬於賀拔岳集團，岳卒後，
眾部將擁泰爲首領，上述賀拔岳餘部皆是泰之擁護者，其支持程度視人而異，所以賀
拔岳卒後之餘部並未產生新的小集團，這些部將漸爲宇文泰吸收，編入府兵體系之
中，本文第四章、第五章另有討論。

第三章   西魏社會勢力之分析

一、西魏前期大戰役參戰者之分析

西魏府兵制度之形成與其兵源擴充有密切關係「（大統）十六年（550）籍民之有才
力者爲府兵」[75] 徵兵之出現當然使其軍士人數較爲增多，這是府兵制度完成之時。在
此之前，西魏亦募兵，谷霽光認爲：「西魏大統八年（542）『初置六軍』，大統九年
（543）『廣募關隴豪右以增軍旅』，是府兵制度形成中的重大事件，也是研究府兵制
初期階段一個關鍵問題。」[76] 按大統八年（542）初置六軍是府兵制度形成演進的重要
階段，而廣募關隴豪右以增軍旅卻是府兵制制度形成過程中實質成長的重要階段。召

---

75 《玉海》卷一三七〈兵制〉引《後魏書》。
76 谷霽光：《府兵制度考釋》p. 27-28。

募豪右加入軍旅是府兵制度演進的重要因素，但召募豪右加入軍旅在大統初期已經進行。[77] 大統九年（543）或許加速推動罷了。茲從大統九年（543）以前西魏幾次大會戰參加者觀察之。

在大統三年（537）至大統九年（543）邙山之戰，東西魏有六次較大規模戰爭，即大統三年（537）正月斬東魏大將竇泰之戰、大統三年（537）八月宇文泰領十二將東征、大統三年（537）十一月沙苑之戰、大統四年（538）七月洛陽之戰、大統八年（542）十月玉壁之戰、大統九年（543）三月邙山之戰。從史書中找出在參與宇文泰方面之戰將凡九十四人（見文末附表），除四人身份不詳外，其中四十九人系出北鎮人士，而四十一人非北鎮人物。另外在大統九年以前已加入宇文政權，雖未參加上述六大戰役，但亦涉及軍事者，又得二十六人，其中北鎮人士五人，非北鎮人士二十一人。如果將上述參與者相加，則出於北鎮人士有五十三人，非北鎮人士有六十三人，非北鎮人士大都是漢人豪族，及少部份方隅豪強。系出北鎮者其軍階地位顯然比較高，一般而論，絕大多數的儀同三司及開府儀同三司之階皆屬北鎮人士，而非北鎮人士軍階較低，絕大多數是都督或其他將軍號。這些北鎮人士及非北鎮人士在其後西魏北周政權中是重要人物。北鎮人士是宇文政權之骨幹，茲分析非北鎮人士於下：

王羆。《周書》卷一八本傳：

> 京兆霸城人……世為州郡著姓。……太祖徵兵為勤王之舉，請前驅效命，遂為大都督，鎮華州。魏孝武西遷，拜驃騎大將軍，加侍中、開府。嘗修州城未畢，梯在外。齊神武遣韓軌、司馬子如從河東宵濟襲羆……（羆）合戰破之，軌眾遂投城遁走。時關中大饑，徵稅民間穀食，以供軍費。……唯羆信著於人，莫有隱者，得粟不少諸州，而無怨讟。沙苑之役，齊神武士馬甚盛，太祖以華州衝要，遣使勞羆，令加守備。羆語使人曰：「老羆當道臥，狸子安得過。」太祖聞而壯之。及齊神武至城下，謂羆曰：「何不早降！」羆乃大呼曰：「此城是王羆家，生死在此，欲死者來。」齊神武遂不敢攻。時茹茹渡河

77　《周書》卷一〈文帝〉上，魏永熙三年（宇文泰迎魏帝時）：「太祖乃傳檄方鎮曰：『……其州鎮郡縣，率土人黎，或州鄉冠冕，或勳庸世濟，並宜捨逆歸順，立效軍門。封賞之科，已有別格。凡百君子，可不勉歟！』」

南寇，候騎已至豳州……熊曰：「若茹茹至渭北者，王熊率鄉里自破之，不煩
國家兵馬……」

韋孝寬。《周書》卷三一本傳：

京兆杜陵人……世爲三輔著姓……從擒竇泰，兼左丞，節度宜陽兵馬事，仍與
獨孤信入洛陽城守。復與宇文貴、怡峯應接潁州義徒，破東魏將任祥、堯雄於
潁川……又從戰於河橋……八年轉晉州刺史，尋移鎮玉壁……

韋瑱。《周書》卷三九本傳：

京兆杜陵人……世爲三輔著姓。……從復弘農、戰沙苑……加衞大將軍……又
從戰河橋……以望族，兼領鄉兵，加帥都督。

王子直。《周書》卷三九本傳：

京兆杜陵人。世爲郡右族。父琳，州主簿、東雍州長史。……大統初，漢熾屠
各阻兵於南山，與隴東屠各共爲脣齒。太祖令子直率涇州步騎五千討破之，南
山平，……四年，從太祖解洛陽圍，經河橋戰……

王悅。《周書》卷三三本傳：

京兆藍田人也。少有氣幹，爲州里所稱……太祖初定關隴，悅率募鄉里從軍，
屢有戰功……四年，東魏將侯景攻圍洛陽，太祖赴援。悅又率鄉里千餘人，從
軍至洛陽。將戰之夕，悅罄其行資，市牛饗戰士，及戰，悅所部盡力，斬獲居
多。……

梁昕。《周書》卷三九本傳：

安定烏氏人也。世爲關中著姓。其先因官，徙居京兆盩厔焉。……太祖迎魏孝
武，軍次雍州。昕以三輔望族上謁。太祖見昕容貌瓌偉，深賞異之，……從復
弘農、戰沙苑，皆有功。……

楊寬。《周書》卷二二本傳：

弘農華陰人也。祖恩，魏鎮遠將軍、河間內史。父鈞……累遷，歷洛陽令、左
中郎將、華州大中正、河南尹、廷尉卿、安北將軍、七兵尚書、北道大行臺、
恆州刺史、懷朔鎮將，卒於鎮。……寬……屬鈞出鎮恆州，請從展効，乃改授
將軍、高闕戍主。……魏孝莊時爲侍中，與寬有舊……孝武與齊神武有隙，遂

召募騎勇，廣增宿衞，以寬爲閤內大都督，專總禁旅。……大統初，遷車騎大
將軍……五年（539），除驃騎大將軍、開府儀同三司、都督東雍州諸軍事、東
雍州刺史，即本州也。……

按弘農楊氏與爾朱氏、高歡等處於敵對狀態，[78] 楊寬及寬兄儉乃魏帝、宇文泰之
支持者。〈楊寬傳〉中未載參加戰役，但楊儉卻參加沙苑之戰，《周書》卷二二〈楊
寬傳〉附〈儉傳〉：

孝武西遷，除侍中、驃騎將軍、大統初，以本官行東秦州事，加使持節、當州
大都督。從破齊神武於沙苑，封夏陽縣侯，邑八百戶。七年，領大丞相府諮議
參軍，出爲都督東雍、華二州諸軍事、驃騎大將軍、開府儀同三司、華州刺
史。八年，卒於家。

華州、東雍州即楊氏之本州。這一支爲越公房，與楊忠房支不同。

李遠。《周書》卷二五〈李賢傳〉載：

其先隴西成紀人也。曾祖富，魏太武時以子都督討兩山屠各歿於陣……祖斌，
襲領父兵，鎮於高平，因家焉。父文保，早卒。

李賢、李遠兄弟，在原州一帶頗具地方勢力，同書同卷附〈李遠傳〉：

魏正光末（524），天下鼎沸，敕勒賊胡琮侵逼原州，其徒甚盛，遠昆季率勵鄉
人，欲圖拒守……

因賊勢太盛，乃潛至洛陽，〈李遠傳〉繼載：

魏朝嘉之，授武騎常侍。俄轉別將，賜帛千四，並弓刀衣馬等。及爾朱天光西
伐，乃配遠精兵，使爲鄉導。天光欽遠才望，特相引接，除伏波將軍、長城郡
守、原州大中正。

在平亂過程之中，「（李）賢間道赴雍州，詣天光請援，天光許之，賢乃返。」（〈李
賢傳〉）所以李賢兄弟是爾朱天光入關平亂的東道主，天光也曾以精兵配之。

李賢、李遠兄弟與宇文泰交往密切，始於賀拔岳死後，「太祖見遠，與語悅之，
令居麾下甚見親遇……」（〈李遠傳〉）另一弟李穆，「太祖入關，便給事左右，深

78　參見竹田龍兒〈門閥としての弘農楊氏につての一考察〉p. 634-635

被親遇。」（《周書》卷三〇〈于翼傳〉附〈李穆傳〉）

《周書》卷二五〈李賢傳〉附弟〈遠傳〉載：

其先隴西成紀人也……祖斌，襲領父兵，鎮高平，因家焉。……從征竇泰，復弘農，並有殊勳。授都督、原州刺史。太祖謂遠曰：「孤之有卿，若身體之有手臂之用，豈可暫輟於身。本州之榮，乃私事耳。卿若述職，則孤無所寄懷。」於是遂令遠兄賢代行州事。沙苑之役，遠功居最，除車騎大將軍、儀同三司……尋從獨孤信東略，遂入洛陽……及河橋之戰，遠與獨孤信為右軍……從太祖戰於邙山。……

田弘。《周書》卷二七本傳：

高平人……及太祖初統眾，弘求謁見，乃論世事，深被引納，即處以爪牙之任……大統三年，轉帥都督……從太祖復弘農，戰沙苑，解洛陽圍，破河橋陣，弘功居多……

辛威。《周書》卷二七本傳：

隴西人……祖大汗，魏渭州刺史。父生，河州四面大都督。……威……初從賀拔岳征討有功，假輔國將軍、都督。及太祖統岳之眾，見威奇之，引為帳內……從擒竇泰，復弘農，戰沙苑，並先鋒陷敵，勇冠一時……從于謹破襄城。又從獨孤信入洛陽……

權景宣。《周書》卷二八本傳：

天水顯親人也。父曇騰，魏隴西郡守，……景宣少聰悟，有氣俠，宗黨皆歎異之……景宣曉兵權，有智略。從太祖拔弘農，破沙苑皆先登陷陣。從開府于謹援洛陽……

梁台。《周書》卷二七本傳：

長池人也，父去斤，魏獻文時為隴西郡守。……從援玉壁，戰邙山，授帥都督。……

王傑。《周書》卷二九本傳：

金城直城人。……太祖奇其才，擢授揚烈將軍、羽林監，尋加都督，……復潼關，破沙苑，爭河橋，戰邙山，皆以勇敢聞。……

以上所舉關隴人物曾參加大統元年至九年戰役，參與戰役表示對宇文政權積極支持。此外，還有許多關隴人物雖然未直接參戰，但在大統九年以前已加入宇文政權者，如：

蘇綽、蘇椿。《周書》卷二三本傳：

> 武功人……累世二千石，父協，武功郡守。

蘇綽是文人，爲宇文泰制定政典，但有時亦參與軍機，如擒寶泰之事。而綽弟椿「大統初，拜鎮東將軍……四年，出爲武都郡守，改授西夏州長史，除帥都督，行弘農郡事。」（資料同上）

皇甫璠。《周書》卷三九本傳：

> 安定三水人也。世爲西州著姓，後徙居京兆焉。父和，本州治中，……璠……永安中，辟州都督。太祖爲牧，補主簿……大統四年，引爲丞相府行參軍……

韋祐（法保）。《周書》卷四三本傳：

> 京兆山北人也……世爲州郡著姓……及魏孝武西遷，法保從山南赴行在所。除右將軍……配兵數百人，以援（李）延孫……未幾，太祖追法保與延孫率眾還朝，賞勞甚厚。乃授法保大都督。四年，除河南尹。及延孫被害，法保乃率所部，據延孫舊柵……九年，拜車騎大將軍、儀同三司，鎮九曲城。

令狐整（延保）。《周書》卷三六本傳：

> 燉煌人……世爲西土冠冕。曾祖嗣、祖詔安，並官至郡守，咸爲良二千石。父虬，早以名德著聞，仕歷瓜州司馬、燉煌郡守、鄯州刺史……整……魏孝武西遷，河右擾亂，（刺史元）榮仗整防扞，州境獲寧。……太祖嘉其忠節，表爲都督……整以國難未寧，常願舉宗効力。遂率鄉親二千餘人入朝，隨軍征討……

辛慶之。《周書》卷三九本傳：

> 隴西狄道人也。世爲隴右著姓……大統初，加車騎將軍，俄遷衞大將軍……後太祖東討，爲行臺左丞，時初復河東，以本官兼鹽池都將……

李和。《周書》卷二九本傳：

> 其先隴西狄道人也。後徙居朔方。父僧養，以累世雄豪，善於統御，爲夏州酋長。和……爲州里所推……大統初，加車騎將軍……都督，累遷使持節、驃騎

大將軍、開府儀同三司、夏州刺史……

其他如天水西人趙文表（《周書》卷三三），臨洮子城劉雄（《周書》卷二九）等皆參與宇文泰軍旅，唯未能確定在大統九年之前或之後。

河東地區之人士參加大統九年以前大戰役者有薛端、裴俠、楊檦、裴果等，而實際上參與宇文政權者甚多，這個地區人士之政治取向大多倒向西魏，著者另有專文〈北朝東西政權之河東爭奪戰〉[79] 詳細分析。其中尤其值得注意的是西祖瀵上五門薛氏大房之長子洪阼，《周書》卷三五〈薛端傳〉載：

> （洪）隆兄洪阼尚魏文（成）帝女西河公主，有賜田馮翊，洪隆子驎駒徙居之，遂家於馮翊之夏陽焉。

另外有太原郭氏徙居馮翊者，《周書》卷三七〈郭彥傳〉載：

> 太原陽曲人也。其先從宦關右，遂居馮翊。

河南地區人士參加大統九年以前之大戰役者有陽雄、陳忻、趙剛、司馬裔、馮遷、楊儉、王雅、泉元禮、泉仲遵、鄭偉、韓雄等，其他參與宇文泰政權者有李延孫[80]、楊紹、[81] 韓盛、[82] 韓褒、[83] 趙肅[84] 等。其中有兩例代表兩種型態，其一是司馬裔，《周書》卷三六本傳：

> 河內溫人也。晉宣帝弟太常馗之後，……大統三年，大軍復弘農，乃於溫城起義，遣使送款。與東魏將高永洛、王陵等晝夜交戰。眾寡不敵，義徒死傷過半。及大軍東征，裔率所部從戰河橋……六年，授河內郡守……八年，率其義眾入朝。太祖嘉之，特蒙賞勞。頃之，河內有四千餘家歸附，並裔之鄉舊，乃授前將軍……領河內郡守，令安集流民……

這是河南地區歸附之典型，另有一種地方豪強，其歸向何方影響東西勢力之進退，如泉氏，《周書》卷四四〈泉企傳〉附：

---

79 〈北朝東西政權之河東爭奪戰〉刊於臺灣大學《文史哲學報》第 35 期，1987

80 《周書》卷四三〈李延孫傳〉。

81 《周書》卷二九〈楊紹傳〉。

82 《周書》卷三四〈韓盛傳〉。

83 《周書》卷三七〈韓褒傳〉。

84 《周書》卷三七〈趙肅傳〉。

泉企，……上洛豐陽人也，世雄商洛……世襲本縣令……（企）服闋襲爵。年
十二，鄉人皇平、陳合等三百餘人詣州請企爲縣令，州爲申上……令企代之…
…（孝昌初）及蕭寶夤反，遣其黨郭子恢襲據潼關。企率鄉兵三千人拒之，連
戰數日，子弟死者二十餘人，遂大破子恢。……及齊神武專政，魏帝有西顧之
心，欲委企以山南之事，乃除洛州刺史、當州都督。未幾，帝西遷，齊神武率
眾至潼關，企遣其子元禮督鄉里五千人，北出大谷以禦之。齊神武不敢進。…
…子元禮……遂率鄉人襲州城，斬（東魏刺史杜）窋，傳首長安，朝廷嘉之，
拜鎭將軍、車騎大將軍，世襲洛州刺史。從太祖戰於沙苑，爲流矢所中，遂
卒。……（企子）仲遵……十四，爲本縣令，……及元禮於沙苑戰沒，復以仲
遵爲洛州刺史。仲遵宿稱幹略，爲鄉里所歸。及爲本州，頗得嘉譽。東魏北豫
州刺史高仲密舉成皋入附，太祖率軍應之，別遣仲遵隨于謹攻栢谷塢。仲遵力
戰先登，擒其將王顯明，栢谷旣拔，復會大軍戰於邙山……

在河南西部一帶地方豪族還有李延孫、韓雄、陳忻等，他們傾向宇文氏，增強西
魏與東魏爭奪洛陽地區的力量，又影響宇文氏攫取荊州、漢中之地。李延孫由於地理
環境之故，成爲西魏初期接濟關東人士入關之重要角色。《周書》卷四十三本傳：

伊川人……自魏孝武西遷之後，朝士流亡。廣陵王欣、錄尙書長孫稚、潁川王
斌之、安昌王子均及建寧、江夏、隴東諸王並百官等攜持妻子來投延孫者，延
孫卽率眾衞送，並贈以珍玩，咸達關中。齊神武深患之，遣行臺慕容紹宗等數
道攻之。延孫獎勸所部出戰，遂大破之，臨陣斬其揚州刺史薛喜。於是義軍更
振。乃授延孫京南行臺、節度河南諸軍事、廣州刺史。尋進車騎大將軍、儀同
三司、大都督，賜爵華山郡公。延孫旣荷重委，每以剋淸伊、洛爲己任。頻以
少擊眾，威振敵境。

山東大士族依附宇文政權者不多，立軍功者有崔悅、崔猷、崔謙，皆博陵安平崔
氏第二房。崔悅、崔謙乃賀拔勝之追隨者，而崔猷之父孝芬爲吏部尙書，被高歡所
殺，子孫奔西魏。[85] 崔彥穆是淸河東武城崔氏，屬鄭州房。[86] 而王思政史書載太原

85　參見拙文〈中古山東大族著房之研究〉p. 22-28。

86　《新唐書》卷七十二下〈宰相世系表〉二下淸河崔氏鄭州房表。

人，房支不詳，思政軍功甚巨，前節已有分析。

上文所示，在大統九年邙山之戰以前，關隴地區參加宇文氏軍旅者有京兆霸城王羆、京兆杜陵韋孝寬韋瑱、京兆杜陵王子直、京兆藍田王悅、京兆山北韋祐、安定烏氏徙居京兆鷔厔梁昕，安定三水徙居京兆皇甫璠、武功蘇綽蘇椿、河東徙馮翊薛氏、太原徙馮翊郭氏、隴西狄道辛慶之辛威、隴西狄道李和、天水顯親權景宣、長池梁台、金城直城王傑、高平田弘、隴西成紀徙高平李遠李賢李穆、燉煌令狐整、弘農華陰楊寬。而天水西人趙文表、臨洮子城劉雄則未詳其參與宇文泰軍旅在大統九年之前或之後。在《隋書》中找到一些官吏可能涉及軍旅，而其參與宇文氏集團記載不詳，有可能在大統後半期加入者，有：京兆杜陵韋世康、[87] 京兆杜陵史萬歲、[88] 京兆長安劉方、[89] 京兆萬年張定和、[90] 扶風蘇孝慈、[91] 馮翊下邽魚俱羅、[92] 馮翊下邽田式、[93] 隴西狄道辛靈輔、[94] 天水西人趙煚趙芬、[95] 天水權襲慶。[96]

從地望方面觀察，在西魏大統年間以武力支持宇文氏之地方豪族及豪傑大多數是雍州人士，按京兆霸城，魏周皆屬京兆郡霸城縣，[97] 京兆杜陵，魏屬京兆杜縣、周建德二年省，[98] 京兆山北，魏屬京兆郡山北縣，周天和三年省。[99] 京兆藍田，魏周屬京

---

87 《隋書》卷四七〈韋世康傳〉，父祖隱居不仕。

88 《隋書》卷五三〈史萬歲傳〉，「父靜，周滄州刺史。」

89 《隋書》卷五三〈劉方傳〉。

90 《隋書》卷六四〈張定和傳〉。

91 《隋書》卷四六〈蘇孝慈傳〉，父武周，周兗州刺史。

92 《隋書》卷六四〈魚俱羅傳〉。

93 《隋書》卷七四〈田式傳〉。

94 《隋書》卷七五〈辛彥之傳〉，「父靈輔，周渭州刺史。」

95 《隋書》卷四六〈趙煚傳〉、〈趙芬傳〉，「煚父仲懿，尚書左丞。」「芬父演，周秦州刺史。」

96 《隋書》卷六五〈權武傳〉，「父襲慶，周開府，從武元皇帝與齊師戰於并州。……」

97 《魏書》卷一〇六下〈地形志〉下雍州京兆郡。《北周地理志》卷一關中雍州京兆郡藍田縣 p. 21。

98 《魏書》卷一〇六下〈地形志〉下雍州京兆郡杜縣。《北周地理志》卷一關中雍州京兆郡萬年縣 p. 7。

99 《魏書》卷一〇六下〈地形志〉下雍州京兆郡山北縣。《北周地理志》卷中關中雍州京兆郡萬年縣 p. 6。

兆郡，[100] 京兆長安魏周屬京兆郡，[101] 京兆萬年 ，周明帝二年分長安爲萬年縣，[102] 京兆盩厔，魏屬扶風郡、周京兆郡。[103] 武功， 魏屬岐州武功郡，太和十一年分扶風置，周扶風郡有武功縣。[104] 馮翊下邽， 魏屬馮翊郡蓮芍縣下封城、 周屬華州延壽郡夏封縣。[105] 高平，魏屬原州高平郡，周屬原州平高郡。[106] 天水顯親，魏屬秦州天水郡顯新縣、周秦州天水郡顯親縣。[107] 隴西成紀，周屬秦州略陽縣。[108] 金城，魏周屬河州金城郡。[109] 狄道，魏周屬河州武始郡。[110] 臨洮子城魏河州臨洮郡、周河州金城郡子城縣。[111] 燉煌，周瓜州敦煌郡。[112]

二、「廣募關隴豪右以增軍族」之分析

　　從以上分析 ， 大統九年邙山之戰以前 ， 構成西魏政權軍事主體之人物大多已出

100　《魏書》卷一〇六下〈地形志〉下雍州京兆郡藍田縣。《北周地理志》卷一關中雍州京兆郡藍田縣，p. 21。

101　《魏書》卷一〇六下〈地形志〉下雍州京兆郡長安縣。《北周地理志》卷一關中雍州京兆郡長安縣，p. 5。

102　《北周地理志》卷一關中雍州京兆郡萬年縣引《周書》〈昭帝紀〉二年六月，分長安爲萬年縣，並治京城，p. 5-6。

103　《魏書》卷一〇六下〈地形志〉下雍州扶風郡盩厔縣。《周地理志》卷一關中雍州京兆郡盩厔縣，p. 19。

104　《魏書》卷一〇六下〈地形志〉下岐州武功郡：太和十一年分扶風置。《北周地理志》卷一關中雍州扶風郡武功縣，p. 34。

105　《魏書》卷一〇六下〈地形志〉下雍州馮翊郡蓮芍縣。《北周地理志》卷一關中華州延壽郡夏封縣：「《元和郡縣志》：下邽縣，本秦舊縣，後魏避道武帝諱，改爲夏封。隋大業二年復舊。《寰宇記》：下邽縣，本秦舊縣地。後魏改邽爲封，以下爲夏，諱道武帝諱也。……」

106　《魏書》卷一〇六下〈地形志〉下原州高平郡。《北周地理志》卷一關中原州平高郡， p. 88《隋書地理志》；平高，後魏置高平郡，後改爲平高，開皇初郡廢。

107　《魏書》卷一〇六下〈地形志〉下秦州天水郡顯新縣。《北周地理志》卷二隴右秦州天水郡顯親縣，p. 141。

108　《北周地理志》卷二隴右秦州略陽郡成紀縣，p. 146。

109　《魏書》卷一〇六下〈地形志〉下河州金城郡。《北周地理志》卷二隴右 ，河州金城郡， p. 200。

110　《魏書》卷一〇六下〈地理志〉，下河州武始郡。《北周地理志》卷二隴右河州武始郡，p. 199。

111　《魏書》一〇六下〈地理志〉下河州臨洮郡。《北周地理志》卷二隴右河州金城郡子城縣，p. 200。

112　《北周地理志》卷二隴右瓜州敦煌郡，p. 223。

現，在大統九年以後新出現於史書之軍事人物甚少。然則邙山敗後，「廣募關隴豪右
以增軍旅」這段記載之意義爲何？主要應是在府兵制度發展過程中，對於中、下級軍
士之擴充。從表中所示，北鎮軍士大都在軍事系統中居於上層階級，非北鎮人士居於
中上等階級，中下級軍士在戰爭中死傷甚多，廣募以補充之，其重要性一如大統十六
年「籍民爲兵」，將兵源再擴充到府兵，府兵系統才得以完成。廣募豪傑的內容在府
兵制度形成中仍居非常重要之地位。

　　若將上述地望印證於地圖上，則渭河自武功蝥屋以迄於黃河，其南岸之地的地方
豪強是宇文氏最有力的支持者。其他包括雍州京兆郡之全部、扶風郡之東部、馮翊郡
渭北岸之上邽至夏陽、東雍州華山郡（華陰）之全部。然而，在關中地區之中，渭水
中下游以北、涇水洛水流域一帶，除涇水上游之高平以外，在這一大片土地上未見史
書上記載有地方豪族、豪傑以武力支持宇文氏者，這是值得推敲的現象。按西魏政權
以北鎮人士爲骨幹，初以雍州至黃河之地區爲基地，並獲得此地區地方豪族、豪傑之
支持，此從大統九年以前六次大戰役之參加者可以證明。大統九年有邙山大敗，於是
廣募關隴豪傑以充軍旅，其內容有犒賞並擴大本已支持宇文泰之地方豪族之子弟及部
曲，如《隋書》卷三十七〈李穆傳〉載：

　　　初，芒山之敗，穆以驄馬授太祖，太祖於是廄內驄馬盡以賜之，封穆姊妹皆爲
　　　郡縣君，宗從舅氏，頒賜各有差。……穆以二兄賢、遠並爲佐命功臣，而子弟
　　　布列清顯，……

此外，應有新的含義，由於無法從史書中找出很多新加入的地方豪族、豪傑的例子，
所以這含義應該從關隴地區居民結構角度去觀察。

　　西晉江統在五胡亂華前十年左右，作〈徙戎論〉，有關關中者如下：

　　　徙馮翊、北地、新平、安定界內諸羌，著先零、罕幷、析支之地；徙扶風、始
　　　平、京兆之氐，出還隴右，著陰平、武都之界。……且關中之人百餘萬口，率
　　　其多少，戎狄居半。……

　　在關中[113]之北、黃河之西，有匈奴之別種稽胡（一曰步落稽）[114] 在鮮卑族沒有

113 狹義的關中範圍指函谷關、武關、散關、蕭關四關之中。
114 《周書》卷四九〈異域〉上〈稽胡〉：「稽胡一曰步落稽，蓋匈奴別種，劉元海五部之苗裔
　　也。」

大舉侵入以前，黃河潼關以西的關隴地區，除漢族以外，以羌、氐、匈奴三族人數最多，當然，其間也雜有許多少數部族，但基本型態在中古沒有太大改變。這個地區經過五胡亂華，種族國家興替無常，又經百餘年來鮮卑拓拔氏之統治，關隴地區居民結構雖沒有大的改變，但小幅度的改變仍有。降至西魏北周之際，稽胡之居住地，如《周書》卷四九〈異域〉上〈稽胡〉載：

　　自離石以西，安定以東，方七八百里，居山谷間，種落繁熾。

嚴耕望考引〈隋李和墓誌〉：

　　天和二年……（稍後）除大將軍……出爲延、綏、丹、銀四州，大寧、安民、姚襄、招遠、平獨、朔方、武安、金明、洛陽原（衍陽字）、啟淪十防諸軍事、延州刺史。總管之內徧雜稽胡……建德六年，羣稽復動，……公……率眾三萬，所至皆平之。[115]

嚴耕望考其地望如下：

　　按此延綏丹銀，與前引《法苑珠林》同。[116]其十防亦有可考者：大寧，《元和志》一二隰州有大寧縣，在州西南八十六里，周武帝置。安民，《元和志》三延州延水縣，後魏置安人縣、安人鎮。姚襄，同書一二慈州有姚襄城，在州西五十二里，西臨黃河，爲姚襄所築。朔方，按夏州自北朝至唐皆有朔方之名……。金明，同書延州金明縣在州西北四十八里。洛陽原，蓋衍陽字，即洛源。《元和志》三慶州洛原縣，「東南至州二百七十里，本歸德縣，大業元年更名。」「因洛水所出爲名」。《寰宇記》三三作洛源，云在州東北二百七十里是也，檢洛水源頭可知。其餘四防地望無考，則就可考者而言，大抵在慈隰延諸州境，皆可與《法苑珠林》此條互證，且可窺知稽胡分佈亦擴及洛水上源。

延綏丹銀四州以丹州居南，丹州及其南鄰地區之種族情況如何。前秦〈鄧太尉祠碑〉

115 該墓誌原刊於《文物》1966 年第一期，〈三原雙盛村隋李和墓清理簡報〉。本文引自嚴耕望〈佛藏所見之稽胡地理分佈區〉《大陸雜誌》72-4。

116 嚴先生引《法苑珠林》卷三一〈潛通篇〉〈感應緣〉西晉慈州郭下安仁寺西劉蕯何師廟條：「……稽胡專直，信用其語……故黃河左右，磁（即慈）、隰、嵐、石、丹、延、綏、銀八州之地，無不奉敬。……」刊於〈佛藏所見之稽胡地理分佈區〉《大陸雜誌》72-4。此條謂稽胡居於黃河以西者有丹、延、綏、銀，時在西晉。

載：

> 大秦苻氏建元三年，歲在丁卯，馮翊護軍、建威將軍、奉車都尉、城安縣侯、華山鄭能進……統和、寧戎、[117]鄜城、洛川、定陽五部，領屠各，上郡夫施黑羌、白羌，高涼西羌、盧水、白虜、支胡、粟特、杏（苦）水[118]雜戶七千，夷類十二種。兼統夏陽治。……

據馬長壽研究，其一屠各與其二上郡夫施之黑羌、白羌情況如下：[119]

> 〈苻生載記〉云，羌帥姚襄到關中不久，便「招動鄜城、定陽、北地、芹川諸羌胡，皆應之，有眾二萬七千，進據黃洛」。以此知洛水以東的鄜城、定陽皆有屠各匈奴。前文敍述，苻堅把匈奴分置於貳城的東西，各二萬多落，鄜城和定陽皆在貳城以東，這一帶的匈奴在〈姚泓載記〉內稱之為「定陽貳城胡」，可知定陽等地的屠各匈奴是很多的。貳城以東的匈奴共二萬多落，即十萬口以上，合鄜城、定陽、洛川三部的屠各言之，其戶口數目，估計當有貳城以東匈奴總戶口的一半，即一萬多落或五萬口以上。「上郡夫施黑、白羌」，「夫施」即古膚施縣，在今陝北綏德縣東南五十里。此縣漢時屬上郡，前後秦時屬長城郡，不屬馮翊郡。以馮翊護軍而統領上郡夫施之黑白羌者，乃指從上郡膚施縣徙入馮翊之黑白羌而言。上郡之有羌始於東漢……然在十六國以前，當西晉中葉以後，上郡的黑白羌已經擴展到馮翊、北地二郡北部之馬蘭山，史稱之為「馮翊、北地馬蘭羌」……直到後趙石勒末年，這些羌族仍盤據馬蘭山而南攻北地、馮翊二郡。〈石勒載記〉下紀其事云：「延熙元年（334），長安陳良夫奔於黑羌，招誘北羌四角王薄句大等擾北地、馮翊，與石斌相持。石韜等率騎掎向大之後，與斌夾擊，敗之。句大奔於馬蘭山，郭敖等懸軍追北，為羌所

117　「和寧戎」，馬長壽考作「和戎、寧戎」，見《碑銘所見前秦至隋初的關中部族》二、〈前秦「鄧太尉祠碑」和「廣武將軍□產碑」所記的關中部族〉，p. 14。

118　「杏」，馬長壽考作「苦」。本段引種族馬長壽亦有考證，見上注所引書名篇名 p. 15-22。

119　有關〈鄧太尉祠碑〉之研究，以前有陸增祥《八瓊室金石補正》、沈曾植《寐叟題跋》二集上、瞿中溶《古泉山館金石文編》卷一、吳士鑑《九鐘精舍金石跋尾》甲編、唐長孺〈魏晉雜胡考〉《魏晉南北朝史論叢》、閒宥〈記有關羌族歷史的石刻〉《考古與文物》1980-2等，馬長壽綜其成（1985），但馬文（p. 16）似未讀閒文，或已讀閒文（p. 113-114），而對於閒文中黑白羌解釋從略。

敗，死者十七八。……」，這些羌姓與西羌大姓顯然是有區別的。[120]

屠各乃匈奴種，唐長孺已有考證，中古時期分佈甚廣，曾在太行山東麓、涼州、秦隴區域、陝北之地。[121]在渭北也有，但閆宥認爲「羌人雖然只是渭北十二族之一，但在人口比例上超過了它族。這一點是肯定的。」[122]碑文中黑羌、白羌之後再繼列西羌，閆宥認爲「黑羌、白羌，應是東羌」。[123]

羌人勢力在馮翊很盛，李潤鎮是羌人在馮翊郡之重要中心，北魏拓拔燾太平眞君六年時（426），羌人參加盧水胡蓋吳反魏，太平眞君七年「二月……北道諸軍乙拔等大破蓋吳於杏城……三月……車駕幸洛水，分軍誅李閏叛羌。」[124]羌人勢力稍阻，至北魏世宗宣武帝恪景明初（500），華州刺史、安定王元變敍述其治所李潤堡時，將「羌魏兩民」並稱，[125]李潤堡之地望，馬長壽認爲唐賈耽《郡國縣道記》之說最合理，在奉先縣東北五十里。[126]應離洛水不遠。

在北魏末，永熙二年（533）北雍州宜君郡黃堡縣的〈邑主儻蒙□娥合邑子三十一人等造像記〉，據馬長壽研究，「以上皆爲羌族的姓氏，共三十八人，占題名者全數的66%，此外郭、朱、田、于、劉、成、楊等各一人，可能都是漢姓。另外還有姓氏被磨滅不清的八人，這八人大多數應系羌姓。總之，黃堡縣的上述造像是由多數的羌姓婦女和少部分的漢姓婦女建立的。因此，可以推測黃堡縣的這一村邑是以羌族爲主，而又與少數漢族雜居的一個地區。」[127]

120 馬長壽：〈前秦「鄧太尉祠碑」和「廣武將軍□產碑」所記的關中部族〉p. 15-16，見《碑銘所見前秦至隋初的關中部族》。

121 唐長孺：〈魏晉雜胡考〉，《魏晉南北朝史論叢》p. 382-396

122 閆宥：〈記有關羌族歷史的石刻〉，《考古與文物》1980-2 p. 114。

123 閆宥：〈記有關羌族歷史的石刻〉，《考古與文物》1980-2 p. 113。

124 《魏書》卷四下〈世祖紀〉太平眞君七年。又參見同書卷九四〈王遇傳〉。

125 《魏書》卷一九下〈景穆十二王列傳安定王休傳〉附子〈變傳〉：「世宗初，……華州刺史。變表曰：『謹惟州治李潤堡，雖是少梁舊地，晉芮錫壤，然胡夷內附，遂成戎落。城非舊邑先代之名，爰自國初，護羌小戍。及改鎮立郡，依岳立州，因籍倉府，未刊名實，竊見馮翊古城，羌魏兩民之交，許洛水陸之際，……』」

126 馬長壽：《碑銘所見前秦至隋初的關中部族》三、〈北朝前期的李潤羌和北魏造像題名的四種方式〉，p. 45。

127 馬長壽：《碑銘所見前秦至隋初的關中部族》三、〈北朝前期的李潤羌和北魏造像題名的四種方式〉，p. 49-50。

馬長壽研究西魏北周時期碑銘上姓氏，茲歸納於下：

一、〈合方邑子百數十人造像記〉：碑在渭北下邽鎮的正南二十餘里、信義鎮的正西二里之泰莊村，立於武成二年 (560)。姓氏出於：第一、祖源係出匈奴而向北方鮮卑轉化，第二、屬於北方鮮卑者，第三、西方鮮卑，第四、屬於高車部，第五、屬於白部鮮卑，第六、屬於東夷，第七、屬於西域胡等。[128]

本文按下邽東鄰沙苑，卽大統三年 (537) 高歡與宇文泰大戰之戰場，據《水經注》稱：「懷德縣在渭水之北，沙苑之南（守敬按：《周書文帝紀》，魏大統三年至沙苑，與齊神武戰，大破之。《元和志》：沙苑，一名沙阜，在馮翊縣南十二里，今以其處宜六畜，置沙苑監。《寰宇記》：沙苑監在同州馮翊朝邑兩縣界。唐末廢，周顯德二年於苑內牧馬。舊《同州志》：沙苑在州南洛、渭之間。）」[129] 自馮翊、沙苑，乃至下邽一帶，似乎適宜牧馬，除了該地區在洛、渭之間，具戰略地位以外，宜乎北族人士麕集於此。

二、〈邑主同蹄龍歡合邑子一百人等造像記〉：在渭北，確實位置不詳。立於保定二年 (562)，邑子中最多的姓氏爲同蹄氏，共六十七人，占造像人全部題名67%。荔非氏一人。以上二氏皆爲羌姓。其次，公孫氏八人，陳、田、劉、趙、吳、張六姓各一人，似皆爲漢姓。再次，呂、姜、楊、梁、齊五姓各一人，皆爲氐姓。郝姓一人，可能是盧水胡的姓氏。最後還有一些特殊的姓，如吐盧姓一人，普六茹姓二人，大致都是鮮卑的**姓氏**。[130]

三、〈聖母寺四面造像碑〉：在蒲城縣東北二十里雷村，立於保定四年 (564)。表內羌人姓氏共八十二人，佔題名全數的67%以上。它如羌姓姚氏二人，氐姓姜、蒲氏各一人，皆未計算在內。[131]

四、〈同蹄氏造像記〉：在渭河以北。立於保定四年 (564)。可省識者約一百六十

---

128 馬長壽：《碑銘所見前秦至隋初的關中部族》四、〈北朝後期鮮卑雜胡入關後的聚居與散居〉p. 55-65。

129 《水經注疏》卷一九〈渭水〉下 p. 85-86。

130 馬長壽：《碑銘所見前秦至隋初的關中部族》五、〈渭河以北各州縣的羌民和他們的漢化過程〉p. 70。

131 同上 p. 70-72。

多人，其中同蹄的八十一人，佔總題名人數一半，可知碑銘之所在地是一同蹄氏羌人的集居之區。[132]

五、〈昨和拔祖等一百二十八人造像記〉：在蒲城縣堯山鄉，左同州而右白水。立於天和元年（566）。實際只有八十七人，羌姓占85％以上。另外姓賀蘭者二人，為北族大姓；呂姓者二人，似一氐姓。其餘皆為漢姓。[133]

六、〈邑子鼞（鼞即鷥之碑體字）仲茂八十人等造像記〉：在銅川、白水之間。立於建德元年（572）。可省識者只九人，其中鼞姓八人，餘一人為郭姓，鼞乃羌姓。[134]

七、〈荔非明達等四面造像題名〉：北周，確實時間不詳，或在武成年間（559-561）。立處不詳。十二人可省識者皆以荔非為姓，羌姓。[135]

八、〈邑主雷惠祖合邑子彌姐顯明等造像記〉：似應在渭北。立於開皇二年（582）。題名六十三人內，姓彌姐者三十五人，佔題名數的一半以上，姓雷者十六人，為次多數，姓鉗耳者一人；以上三姓共五十二人，都是羌姓。其次，姓張者四人，姓楊者三人，姓劉、秦者皆一人，可能都是漢人。[136]

九、〈邑主彌姐後德合邑子三十人等造像記〉：似應在渭北。立於開皇六年（586），在二十七個造像人中，姓彌姐的最多，共二十二人，佔絕對多數。其次姓雷的二人，為次多數，此外張劉和辨不清姓氏各一人。[137]

十、〈雷明香為亡夫同蹄乾熾造像記〉：或在建忠郡的三原，或在宜州的州治之耀州。立於天和元年（566）。是家族碑，主要包括了雷明香母家和其亡夫同蹄乾熾兩個家族。還提及聯婚夫蒙氏。同蹄、雷、夫蒙三姓皆羌族。[138]

十一、〈郭羌四面造像銘〉：可能在建忠郡和宜州之中。立碑時間上限不能早於西

---

132 同上 p. 72-73。
133 同上 p. 73。
134 同上 p. 74。
135 同上 p. 74。
136 同上 p. 75。
137 同上 p. 75-76。
138 同上 p. 76。

魏廢帝三年（554），下限不能遲於隋開皇二年（582），是家族碑，包括漢姓、羌姓、氐姓及可能爲龜茲胡之白氏。[139]

十二、〈鉗耳神猛造像記〉：應在渭北。立於開皇四年（584），是家族碑，有鉗耳、雷、罋、夫蒙氏，皆羌姓。[140]

馬長壽的結論謂：「在渭河以北同州、華州東部雖成爲北族麕集之區，而蒲城、白水、宜君、同官（銅川縣）、宜州（耀縣）等地則仍爲西羌諸姓的集中分佈所在。但這些州縣自古以來就有漢族分佈其間，故當羌族徙入之時，漢羌二族分別居住，形成漢村和羌村的犬牙相錯的狀態。」[141]

在這些碑銘的題名之中，有都督、帥都督、大都督、柱國等官銜，在西魏北周系統之中，這些名稱皆府兵系統中的官職。如：（編號如前）

一、〈合方邑子百數人造像記〉碑中載：都督乙弗阿師、東面邑主都督擒拔慶、西面邑主師（當作帥）都督郃陽縣開國子庫汗宗、逵化主高陵縣開國子大都督宇文永、先都督俟奴俟尼、都像主都督白停男普屯罵、像檀越主師（帥）都督六、洋二州刺史永寧子賀蘭婁、都邑主師（帥）都督三原縣令華陰男屋引洛、都化主都督范縣伯擒拔怡。立於北周武成二年（560）。

七、〈荔非明達等四面造像題名〉碑中載：天宮主柱國參軍□□□□、邑長大都督司鎧□□□□，立於武成年間（559-561），該碑皆爲羌族荔非姓氏。

八、〈邑主雷惠祖合邑子彌姐顯明等造像記〉碑中載：佛堂主都督彌姐珍、典錄都督雷元俤。立於開皇二年（582）。

九、〈邑主彌姐後德合邑子三十人等造錄記〉碑中載：都督彌祖顯祭。立於開皇二年（582）。

十、〈雷明香爲亡夫同㻺乾熾造像記〉碑中載：開府外兵曹治都督雷顯慶。立於天和元年（566）。

這表示在這個地區的人士亦參加西魏北周之府兵體系。立於武成二年的〈合方邑

---

139 同上 p. 77-78。
140 同上 p. 78-79。
141 同上 p. 79-80。

子百數人造像記〉，其題名人有都督、帥都帥、大都督者，這些人皆北族姓氏，如乙弗阿師、撝拔慶、庫汗宗、宇文永、俟奴俟尼、普屯罵、賀蘭婁、屋引洛、撝拔洛等，按武成二年爲 560 年，大統九年爲 543 年，這些人在正常情況下，似應在大統九年以前加入軍旅。北族很早加入宇文政權，極易明瞭。然而在〈荔非明達等四面造像題名〉碑中，立碑亦在武成年間，羌族荔非氏官位爲柱國參軍、大都督司鎧等，似應在大統九年後加入軍旅較合理。另外，位於天和元年（566）之〈雷明香爲亡夫同瑠乾熾造像記〉，立於開皇六年（586）之〈邑主彌祖後德合邑子世人等造像記〉，及立於開皇二年（582）之〈邑主雷惠祖合邑子彌姐顯明等造像記〉，其中羌姓彌姐珍、雷元偁、彌姐顯祭、雷顯慶等，皆爲都督銜，故而假設這些人在大統九年（543）以後進入宇文氏之軍旅，似應較爲合理。

在大統九年以前，宇文泰與這個地區的地方豪強已漸獲協調，下面這一段資料或可作爲協調過程的蛛絲馬跡，《周書》卷三十七〈韓襃傳〉：

> 出爲北雍州刺史，加衞大將軍。州帶北山，多有盜賊。襃密訪之，並豪右所爲也，而陽不之知，厚加禮遇，謂之曰：「刺史起自書生，安知督盜，所賴卿等共分其憂耳。」乃悉詔桀黠少年素爲鄉里患者，署爲主帥，分其地界，有盜發而不獲者，以故縱論。於是諸被署者，莫不惶懼。皆伏首曰：「前盜發者，並某等爲之。」所有徒侶，皆列其姓名。或亡命隱匿者，亦悉言其所在。襃乃取盜名簿藏之，因大牓州門曰：「自知行盜者，可急來首，即除其罪。盡今月不首者，顯戮其身，籍沒妻子，以賞前首者。」旬日之間，諸盜咸首盡。襃取名簿勘之，一無差異。並原其罪，許以自新，由是羣盜屏息，入爲給事黃門侍郎，（大統）九年（543），遷侍中。

北雍州即宜州；宜州轄通川郡，有泥陽、土門，宜君郡有宜君、同官，雲陽郡有雲陽。[142] 大致上即本文所述地區。豪右之族屬不詳，唯這個地區有漢羌等族，又將其首領們「署爲主帥」，似應包括這些種族。這些主帥在大統九年以前已編入名簿，這是廣募這地區豪右的準備工作。

所以，宇文泰在大統九年廣募關隴豪傑，除了原本在大統初年已加入之地方豪強

142 《北周地理志》卷一〈關中宜州〉p. 65-70。

（大多數是漢人），其宗親部曲攢大參與之外，主要內容應指羌氐部落之加入。在關中部分，主要是指渭水以北地區（除下邽外）之羌族。

在西魏北周政權之中，北鎮軍士是其最原始的支柱，所以在府兵體系之中，最上層的柱國大將軍、大將軍等職，大部分都是他們擔任。至府兵制度完成時，約在西魏、北周交替之際，是北鎮軍士權勢最強之時，而將府兵體系內之部屬大批改爲胡姓，是其權勢高峯之指標。當大統之初漢人地方豪強亦紛紛加入宇文政權，在府兵制度完成時，他們擔任中等及中上層之職；但由於參與的人數漸多，至北周時已漸漸抬頭，隋楊政權成立時，他們已略占上風，楊堅詔令改胡姓者恢復漢姓，也是漢人勢力抬頭之指標，其間演變蛛絲馬跡，可由另文細論。假設大統九年以後，關隴地區羌氐亦加入宇文政權，由於他們加入稍遲，在西魏末葉府兵制度完成之時，應僅下層職位，如柱國參軍、大都督參軍等，而在北周時，有人可達都督銜。

在涇水中下游一帶，除了漢羌以外，氐人已漸漸增多，《北史》卷四十九〈毛遐傳〉載：

> 北地三原人也。世爲酋帥……正光中，蕭寶夤爲大都督，討關中諸賊，咸陽太守韋邃時爲都督，以遐爲都督府長史，寶夤敗還長安，三輔騷擾。遐因辭邃還北地，與弟鴻賓聚鄉曲豪傑，遂東西略地，氐羌多赴之，共推鴻賓爲盟主，既而賊帥宿勤買奴自號京兆王於北地，遐詐降之，而與鴻賓攻其壁，賊自相斫射，縱兵追擊，七柵皆平……鴻賓大鼻眼，多鬢鬚，黑而且肥，狀貌頗異，氐羌見者皆畏之。加膽略騎射……及賊起，鄉里推爲盟主，常與遐一守一戰。……

時在北魏末葉。涇水上游的高平是山胡的勢力範圍，正光五年四月「高平酋長胡琛反，自稱高平王，攻鎮以應拔陵。」[143]正光五年十月「胡琛遣其將宿勤明達寇豳、夏、北華三州。」[144]孝昌元年四月宿勤明達與万俟醜奴聯軍與北魏中央軍崔延伯、蕭寶夤聯軍大戰於涇川安定，延伯等有「甲卒十萬，鐵馬八千匹，軍威甚盛。」[145]延伯

143 《魏書》卷九〈肅宗紀〉正光五年四月。

144 《魏書》卷九〈肅宗紀〉正光五年十月。

145 繫年出自《魏書》卷九〈肅宗紀〉孝昌元年四月，事蹟見《魏書》卷七十三〈崔延伯傳〉。

戰死。這股勢力最盛時，達到涇水下游。涇水中游與汧水之間亦有胡人，《周書》卷二十七〈梁台傳〉：「大統初，復除趙平郡守，又與太僕石猛破兩山屠各。」又《周書》卷三十九〈王子直傳〉：「大統初，漢熾屠各阻兵於南山，與隴東屠各共爲脣齒。太祖令子直率涇州步騎五千討破之。」趙平、隴東皆在涇水、汧水之間，安定之南。涇水的山胡與北魏居於對抗立場，但高平區之李遠李賢兄弟是在中央這方面，其後助爾朱天光等安定該地區，宇文泰引以爲穩定該區之重要支柱，前文已有詳述。

十六國時期，略陽臨渭氐人苻氏，建立前秦王朝。[146]苻堅時「仇池氐楊世以地降於堅」，[147]當時氐人勢力擴張及涇水下游、渭水上游、中游一帶，但苻堅帝國膨脹以後，大批分遣氐人於關東各要地，《晉書》卷一一三〈前秦載記苻堅〉上：

> 洛既平，堅以關東地廣人殷，思所以鎮靜之，引其羣臣於東堂議曰：「凡我族類，支胤彌繁，今欲分三原、九嵕、武都、汧、雍十五萬戶於諸方要鎮，不忘舊德，爲磐石之宗，於諸君之意如何？」皆曰：「此有周所以祚隆八百，社稷之利也。」於是分四帥子弟三千戶，以配苻丕鎮鄴，如世封諸侯，爲新券主。堅逆丕於灞上，流涕而別。諸戎子弟離其父兄者，皆悲號哀慟，酸感行人，識者以爲喪亂流離之象。……

論者以爲這是苻堅兵敗淝水以後，退未能保有關中，而爲姚氏所乘的最大原因。其後氐人勢力在雍州大減，而三原、九嵕、拚、略陽一帶雖然仍有氐人居住，但羌人已與其分庭抗禮。

其後氐人以仇池爲大本營，此在《宋書》、[148]《魏書》、[149]《南齊書》、[150]《梁書》、[151]《南史》、[152]《周書》、[153]《北史》[154]等書皆有記載。而氐人的主導權大致

146 《晉書》卷一一二至一一五〈前秦載記〉。
147 《晉書》卷一一三〈前秦載記苻堅〉上。
148 《宋書》卷九十八〈氐傳〉。
149 《魏書》卷一〇一〈氐傳〉。
150 《南齊書》卷五十九〈氐傳〉。
151 《梁書》卷五十四〈諸夷武興國〉。
152 《南史》卷七十九〈西戎武興國〉。
153 《周書》卷四十九〈異域上氐〉。
154 《北史》卷九十六〈氐〉。

上常握在楊氏家族之手，[155]楊氏子孫又甚爲分岐，在南北兩大政權之間，或附北、或附南、或獨立，變換多起，對於北魏而言，楊氏大致以仇池（武都）爲大本營，亦兼有武興、上邽、駱谷、葭蘆（武都縣東南）、陰平（今文縣西北）之地。[156]當北魏之末期（世宗時），「建武將軍傅堅眼攻武興，克之，執（氐王武興王楊）紹先逆于京師，遂滅其國，以爲武興鎭，復改鎭爲東益州。」[157]這是北魏侵入該區最深之時，其後氐人又反，「紹先奔還武興，後自立爲王。」（同上注）縱觀這一段史實，氐的勢力一直未達岐州，更不論雍州矣！所以自苻堅遷移氐人至關東以後，岐州、扶風、雍州一帶的居民結構，氐人爲數甚少。《周書》卷三五〈鄭孝穆傳〉：

> 大統五年（539），行武功郡事，遷使持節、本將軍，行岐州刺史、當州都督……先是，所部百姓，久遭雜亂，饑饉相仍，逃散殆盡。孝穆下車之日，戶止三千。留情綏撫，遠近咸至，數年之內，有四萬家，每歲考績，爲天下最。太祖嘉之。賜書曰：「知卿蒞職近畿，留心治術。凋弊之俗，禮教興行，厭亂之民，襁負而至。昔郭伋政成幷部，賈琮譽重冀方，以古方今，彼有慚德。」於是徵拜京兆尹。

在大統五年時，岐州、武功一帶竟然祇有三千戶，鄭孝穆在數年之內增爲四萬戶，新增之戶來源失載，但若是氐人，一則氐人對西魏政權居於敵對立場，二則若是遷自武興氐族，史書必有所載。按鄭孝穆係榮陽開封鄭氏大族，隨孝武帝西遷，數年之內增四萬戶，很可能是隨魏帝入關之關東之民。這樣才能應上「厭亂之民，襁負而至」之言。

《水經注疏》卷一九〈渭水〉下，又東過霸陵縣北，霸水從縣西北流注之，頁54-55 注文：

> 渭水又東會成國故渠，渠魏尙書左僕射衞臻征蜀所開也，號成國渠，引以澆田。（趙云：《漢志》鄠縣成國渠，北至上林，入蒙籠渠，蓋西京已有是渠，衞公振更修治之。會貞按：《漢志》系成國渠於鄠，而〈溝洫志〉注如淳曰：「成國渠名在陳倉」蓋就衞臻所開言也，晉〈宣帝紀〉青龍元年穿成國渠，自

---

155 參見谷口房男：〈晉代の氐族楊氏について〉及《魏書》卷一〇一〈氐傳〉。
156 《魏書》卷一〇一〈氐傳〉。
157 《魏書》卷一〇一〈氐傳〉，《魏書》卷七十〈傅堅眼傳〉略同。

陳倉至槐里，〈食貨志〉同，卽臻事，《魏志》本傳失載。唐李石記成國渠
見《漢志》，僮臻征蜀復開，以溉田。後魏大統十三年始築堰，置六斗門以節
水。貞觀以後屢經修治，其渠溉武功、興平、咸陽、高陵等縣田二萬餘頃，《
長安志》今涸。）其瀆上承汧水于陳倉東，東逕郿及武功槐里縣北。

> 渭水又東逕槐里縣故城南……北背通渠。縣北有蒙龍渠，上承渭水于郿縣，東
> 逕武功縣爲成林國渠，東逕縣北，亦曰靈軹渠。……

按成國渠自岐州陳倉至雍州咸陽，在渭水北岸，大統十三年（547）築堰節水灌溉，似
應安插徙來之農業居民，而這一段渭水之南岸空地，在稍後北周時安插徙來之僑民，
此點下文另有討論。（附圖在文末）

　　爾朱天光、賀拔岳、侯莫陳悅、宇文泰等軍團入關之主要任務是平定涇水流域、
渭水上游秦隴地區、及岐州西南地區之叛亂。這個地區除漢人以外，雜胡、羌、氐是
很重要的居民成分，從反叛情形觀察，涇水上游、中游以雜胡、羌爲主，秦隴以雜
胡、羌、氐爲主、[158]岐州西南地區以氐族爲主，[159]叛亂的原因甚爲複雜，[160]漢人亦
有參加者，[161]但魏末此區反叛者之主要人物及主要成分仍以胡、羌、氐爲多。在魏
末此區的高平李遠家族、安定梁氏、[162]隴西辛氏、[163]安定皇甫氏[164]是支持北魏西魏
政權的。所以這個地區的雜胡、羌、氐與西魏政權關係是敵對與羈縻，可能在戰敗時
編入西魏政權部隊，[165]甚少見部隊投靠者。大統九年宇文泰廣募關隴豪傑，這個地區

158 參見唐長孺、黃惠賢〈二秦城民暴動的性質和特點〉。

159 參見張建昌〈氐族的興衰及其活動範圍〉及李紹明、冉光榮〈論氐族的族源與民族融合〉
　　二、氐族的融合，p. 176–184.

160 唐長孺、黃惠賢〈二秦城民暴動的性質和特點〉認爲「種族間的差別逐漸削弱，階級矛盾成
　　爲當地的主要矛盾。」p. 64 似乎不能含蓋所有因素。

161 《魏書》卷五一〈封敕文傳〉載：「金城邊岡、天水梁會謀反，扇動秦益二州雜戶萬餘戶，
　　據上邽東城，攻逼西城。……」按邊岡，金城人，涼州著姓，梁會，天水人，乃安定大姓。
　　時在世祖太平眞君七年，在北魏占領上邽不久。北魏末反叛的主要人物大多是胡、羌、氐
　　人。

162 《周書》卷二七〈梁臺傳梁椿傳〉、卷三九〈梁昕傳〉。

163 杜斗城〈漢唐世族隴西辛氏試探〉。

164 《周書》卷三九〈皇甫璠傳〉。

165 《周書》卷七五〈爾朱天光傳〉：「天光遂入關擊破之，簡取壯健以充軍士，悉收其馬。」

恐怕是原來支持西魏政權之漢人大族繼續擴充參與，秦隴一帶的羌胡影響不會太多。
但汧水西側及岐州西南地區氐族之收編，確是一個成功的型態。《周書》卷三三〈趙
昶傳〉：

> 天水南安人。曾祖襄，仕魏至中山郡守，因家於代……〈昶〉孝昌中起家拜都
> 督……太祖平弘農，擢爲相府典籤，大統九年，大軍失律於邙山，清水氐酋李
> 鼠仁自軍逃還，憑險作亂。隴右大都督獨孤信頻遣軍擊之，不克，太祖將討
> 之，欲先遣觀其勢，顧問誰可爲，左右莫對。昶曰：「此小豎爾，以公威，孰
> 不聽命。」太祖壯之，遂令昶使焉。昶見鼠仁，喻以福禍，羣凶聚議，或從或
> 否。其逆命者，復將加刀於昶，而昶神色自若，志氣彌厲。鼠仁感悟，遂相率
> 降，氐梁道顯叛，攻南由。太祖復遣昶慰諭之，道顯等皆即款附。東秦州刺史
> 魏光因徙其豪帥四十餘人并部落於華州，太祖即以昶爲都督領之。……十五
> 年，拜安夷郡守，帶長蛇鎮將。氐族荒獷，世號難治，昶威懷以禮，莫不悅
> 服。期歲之後，樂從軍者千餘人。加授帥都督。時屬軍機，科發切急，氐情難
> 之，復相率謀叛。昶又潛遣誘說，離間其情，因其携貳，遂輕往臨之。羣氐不
> 知所爲，咸來見昶，乃收其首逆者二十餘人斬之，餘眾遂定。朝廷嘉之，除大
> 都督，行南秦州事。時氐帥蓋鬧等反，昶徵討擒之。……昶自以被拔擢居將帥
> 之任，傾心下士，虜獲氐羌，撫而使之，皆爲昶盡力。太祖常曰：「不煩國家
> 士馬而能威服氐羌者，趙昶有之矣。」……

《水經注疏》卷十九〈渭水〉上，又東過上邽縣，頁 26-27 注文：

> 渭水又東南出石門，度小隴山，逕南田縣南，東與楚水合，世所謂長蛇水也，
> 水出渭縣之數歷山，南流逕長蛇戍東，魏和平三年築（守敬按：《魏書》〈陸
> 眞傳〉高宗時初置長蛇鎮，眞率眾築城未訖而氐豪仇傉檀等叛，氐民咸應眞，
> 擊平之，卒城長蛇而還，……《周書》〈趙昶傳〉大統十五年拜安夷郡守、帶
> 長蛇鎮將，則魏始終以長蛇爲重鎮矣！）徙諸民以遏隴寇。

按長蛇鎮在渭水與大震關之間，其地是氐羌勢力與宇文勢力之重要界線。又趙昶是關
鍵人物，昶祖乃天水人，其族屬不詳，但可確定者乃昶必然閑熟氐族之事，是一個
「氐通」，因爲他的才能，將許多氐部落編入府兵系統之中，氐人雖然反順不定，大

體上對宇文政權不構成威脅。

　　晉江統〈徙戎論〉（五胡亂華前十年左右）謂：「徙馮翊（《晉書》卷一四〈地理志〉上載：郡領臨晉、下邽、重泉、頻陽、粟邑、蓮芍、郃陽、夏陽。資料出處下同。）、北地（領泥陽、富平）、新平（領漆、汾邑）、安定（領臨涇、朝那、烏氏、都盧、鶉觚、陰密、西川）界內諸羌，著先零、罕开、析支之地；徙扶風（領池陽、郿、雍、汧、陳倉、美陽）、始平（槐里、始平、武功、鄠、蒯城）、京兆（領長安、杜陵、霸城、藍田、高陸、萬年、新豐、陰般、鄭）之氐，出還隴右，著陰平、武都之界。」及至西魏大統年間，關中居民結構已有改變，按本文上文分析，渭水下游以上、洛水以東，以及渭北下邽等地，北族已取代羌人，但洛水至涇水之間羌人仍為主要的少數民族。涇水上游雜胡甚多，中下游羌氐勢大，而渭水秦隴一帶上游，羌、氐甚多，還有部分雜胡，汧水流域羌、氐甚多，而氐人已退出扶風、始平、京兆一帶，武都、仇池是其主要地區。渭水自武功以下，渭南絕大多數是漢人，少數民族則以北族為主，上述各氐羌雜胡勢大之地區，亦有漢人居住，各地區中漢人與少數民族之比例已不可知。

三、關中僑州之分析

　　在西魏府兵制度發展過程中，有兩個重要地區，其一是心臟地帶，其二是北族之僑州。按北族六州僑民在大統之初安置在何處，史書失載，自大統六年以後，陸陸續續在寧州西北地郡、趙興郡、豳州新平郡界設立六僑州，其地理方位在涇水支流泥水流域，居於涇水上游與洛水上游之間，此區極可能是涇水上游雜胡與洛水上游稽胡之間的空閒之地，也成為勢力空隙之區，例如：「大統六年夏，茹茹度河至夏州，太祖召諸軍至沙苑以備之。」[166] 而在長安方面，「時茹茹渡河南寇，候騎已至豳州。朝廷慮其深入，乃徵發士馬，屯守京城，塹諸街巷，以備侵軼。左僕射周惠達召（王）羆議之。羆不應命，謂其使曰：『若茹茹至渭北者，王羆率鄉里自破之，不煩國家兵馬。何為天子城中，遂作如此驚動。由周家小兒恇恇致此。』羆輕侮權勢，守正不回，皆此類也。」[167] 茹茹自夏州、豳州南下，也就是泥水路線，竟然威脅長安地區，

---

166 《周書》卷二〈文帝〉下，大統六年夏。
167 《周書》卷十八〈王羆傳〉。

可見沿途阻礙甚少；王羆乃京兆豪族，聲言率鄉里自破之，亦可見至京兆地區才有強大勢力，時在大統六年。按西魏六僑州設立的時間與地點爲：[168]

蔚州：大統六年，北地郡彭原洛蟠城。

朔州：大統十一年，弘化郡。

燕州：大統十六年，北地郡襄樂。

恒州：西魏時，設年失載，北地郡三水。

雲州：西魏時，設年失載，北地郡彭原豐城。

顯州：西魏時，設年失載，北地郡羅川。

就已知資料而言，設立最早的是大統六年，這應該與大統六年夏茹茹南侵有關，何況恒州此後自北地郡三水遷至弘化郡歸德，在更北的泥水與洛水之源，地近夏州，其防茹茹之意更明矣！

六僑州在北周時遷至岐州扶風一帶，如下：[169]

燕州：北周天和元年，武功城。

雲州：北周天和元年，鄠縣。

恒州：北周天和二年，鷔屋。

顯州：北周天和三年，扶風郡陳倉縣。

朔州：北周天和中，扶風虢縣。

蔚州：《隋書地理志》僅載後周廢，遷地失載。

北周天和時，將西魏之六僑州自寧州、豳州一帶遷至岐州扶風一帶，是由於國際情勢之改變，或北周發展重點之轉移，但先決條件是岐州扶風一帶有空間。上文曾提及自從氐人勢力退出岐州、扶風、雍州以後，該地區人口不多，雍州是北魏重鎮，西魏首府，人口必然很快就補上。大統五年鄭孝穆任武功郡事及岐州刺史時，該地區初僅三千戶，經數年招納人民，眾至四萬戶，實際上這一帶亦是關中奧區之一，仍然未達到飽和，應有空地可資六僑州遷入。又按西魏時北方強敵是茹茹，茹茹與宇文氏處於敵對立場，其後北方突厥興起，「恃其彊盛，乃求婚於茹茹。茹茹主阿那瓌大怒，

---

168 參見王仲犖：〈東西魏北齊北周僑置六州考略〉，p. 27-28。
169 參見王仲犖：〈東西魏北齊北周僑置六州考略〉，p. 28-29。

使人罵辱之曰：『爾是我鍛奴，何敢發是言也？』（突厥主）土門亦怒，殺其使者。

遂與之絕，而求婚於我（西魏），太祖許之。（大統）十七年六月，以魏長樂公主妻

之。是歲，魏文帝崩，土門遣使來弔，贈馬二百匹。魏廢帝元年正月，土門發兵擊茹

茹，大破之於懷荒北，阿那瓌自殺，其子菴羅辰奔齊……」[170] 北周保定三年（563）

楊忠爲元帥，兩次率眾繞道武川隘嶺攻打北齊晉陽，突厥主以十萬眾來會，[171] 兩者邦

交友善達到巔峯。 另一方面， 西魏廢帝二年（553）尉遲廻領兵占領蜀地，[172] 使宇文

政權領地大增，爲了控制經營蜀地，自必有所安置，及北境局勢和緩，遂於天和年間

（566-571）將六僑州南遷， 按六僑州遷至岐州、扶風一帶， 正當自陝入川的主要通

道口，[173] 尉遲廻行軍路線「自散關由固道出白馬」，[174] 卽嚴耕望先生《唐代交通圖

考》中「通典所記梁秦驛道」[175] 自陳倉沿故道川（後魏變文爲固）南下。陳倉卽北周

僑州顯州所在地；事實上，北周僑州雲州所在地郿縣，卽嚴圖之「褒斜舊道」入口；

燕州所在地武功縣及恒州所在地盩厔，皆在嚴圖之「駱谷道」入口；朔州所在地虢縣

在嚴圖中可南接「褒斜舊道」。

　　六僑州是禁旅之所出，天和元年（556）「築武功、郿、斜谷、武都、留谷、津坑

諸城以置軍人。」[176] 北周皇帝對六僑州非常重視，天和元年「十一月丙戌，行幸武功

等新城，十二月庚申，還宮。」[177]，天和三年「二月丁卯，幸武功、丁亥，還宮。」

170　《周書》卷五〇〈異域〉下〈突厥〉。

171　參見《周書》卷五〇〈異域〉下〈突厥〉及《周書》卷十九〈楊忠傳〉。

172　參見《周書》卷二〈文帝〉下，魏廢帝二年三月，及《周書》卷二一〈尉遲廻傳〉。

173　《水經注疏》卷七〈渭水〉上：「渭水東入散關（會貞按：《元和志》《寰宇記》並云，在
　　　陳倉縣西南五十二里，《方輿紀要》在寶雞縣西南五十二里大散嶺上，亦曰大散關，爲秦蜀
　　　之喉喉。

174　《周書》卷二一〈尉遲廻傳〉。

175　嚴耕望《唐代交通圖考》第三册， p. 764-776， 及圖十二「唐代秦嶺山脈西段諸谷道圖」

176　《周書》卷五〈武帝〉上天和元年（566）秋七月戊寅。王仲犖考證其地望爲：「築武功（卽
　　　燕州寄治之武功城）、郿、斜谷（卽雲州寄治之郿縣斜谷城）、武都（卽朔州寄治之洛邑縣
　　　武都城）、留谷（今陝西寶雞市）、津坑諸城（津坑今地未詳，當與留谷相近。蔚州寄治之
　　　所，當於此二城中之一城求之），以置軍人。此所築城，蓋卽六州僑置之州城也。（恒州寄
　　　治盩厔，顯州寄治陳倉，皆有古城可居，故不別築新城。）」〈東西魏北齊北周僑置六州考
　　　略〉p. 29。

177　《周書》卷五〈武帝〉上，天和元年十一月丙戌。

¹⁷⁸ 天和三年「十二月丁丑，至自岐陽。」¹⁷⁹ 天和六年「十一月丁巳，行幸散關。十
二月己丑，還宮。」¹⁸⁰ 建德元年「十二月壬申，行幸斜谷，集京城以西諸軍都督已
上，頒賜有差。丙戌，還宮。」¹⁸¹ 建德三年，廢六僑州，¹⁸² 按北周武帝於建德四年大
舉伐齊，攻向洛陽地區；建德五年又大舉伐齊，攻向并州，皆「帝總戎東伐」，建德
五年這一次終於擊潰并州齊軍主力，以破竹之勢下鄴都，統一北方。所以建德三年廢
六僑州之舉，或因伐齊而大量抽調僑州部人，卒至僑州被廢。抽調的人數不可詳，但
這些抽調部人與先前已從軍征戰者，就是開皇十年所謂「南征北伐，居處無定」，而
詔令「凡是軍人，可悉屬州縣」者。

第四章　六柱國十二大將軍之統屬及其轄區

《周書》卷十六末（《資治通鑑》卷一六三〈梁紀〉一九、簡文帝大寶元年，
550 年）：

初，魏孝莊帝以爾朱榮有翊戴之功，拜榮柱國大將軍，位丞相上。榮敗後，此
官遂廢。大統三年，魏文帝復以太祖建中興之業，始命為之。其後功參佐命，
望實俱重者，亦居此職。自大統十六年以前，任者凡八人。太祖位總百揆，督
中外軍。魏廣陵王欣，元氏懿戚，從容禁闥而已。此外六人，各督二大將軍，
分掌禁旅，當爪牙禦侮之寄，當時榮盛，莫與為比。故今之稱門閥者，咸推八
柱國家云。今并十二大將軍錄之於左：

使持節、太尉、柱國大將軍、大都督、尚書左僕射、隴右行臺、少師、隴西郡
開國公李虎，（《通鑑》：李虎列於李弼之後。）

使持節、太傅、柱國大將軍、大宗伯、大司徒、廣陵王元欣，（標點本校勘記

---

178 《周書》卷五〈武帝〉上，天和三年二月丁卯。
179 《周書》卷五〈武帝〉上，天和三年十二月丁丑。
180 《周書》卷五〈武帝〉上，天和六年十一月丁巳。
181 《周書》卷五〈武帝〉上，建德元年十二月壬申。
182 雲州、顯州，據《寰宇記》，建德三年廢。恒州，《隋書》卷二九〈地理〉上，京兆郡盩
厔：「後周置周南郡及恒州，又有倉城、溫湯二縣，尋並廢。朔州，《隋書》卷二九〈地
理〉上，扶風郡虢州：「後周置朔州，州尋廢。」又王仲犖謂「建德中，六州并廢」，〈東
西魏北齊北周僑置六州考略〉，p. 29。

〔二九〕謂《北史》卷六〇傳末「大宗伯」作「大宗師」。又謂元欣是宗室，
疑作「大宗師」是。）

使持節、太保、柱國大將軍、大都督、大宗伯、趙郡開國公李弼，

使持節、柱國大將軍、大都督、大司馬、河內郡開國公獨孤信，

使持節、柱國大將軍、大都督、大司寇、南陽郡開國公趙貴，

使持節、柱國大將軍、大都督、大司空、常山郡開國公于謹，

使持節、柱國大將軍、大都督、少傅、彭城郡開國公侯莫陳崇，

右與太祖爲八柱國（小字，後並改封，此並太祖時爵。）

使持節、大將軍、大都督、少保、廣平王元贊，

使持節、大將軍、大都督、淮〔安〕王元育，

使持節、大將軍、大都督、齊王元廓，

使持節、大將軍、大都督、秦七州諸軍事秦州刺史、章武郡開國公宇文導（標
點本校勘記〔三一〕謂《北史》殿本卷六〇傳末作「北州諸軍事」《周書》卷
一〇〈邵惠公顥〉附子〈導傳〉作「秦南等十五州諸軍事。」）

使持節、大將軍、大都督、平原郡開國公侯莫陳順，

使持節、大將軍、大都督、雍七州諸軍事、雍州刺史、高陽郡開國公達奚武，

使持節、大將軍、大都督、陽平公李遠，

使持節、大將軍、大都督、范陽郡開國公豆盧寧，

使持節、大將軍、大都督、化政郡開國公宇文貴，

使持節、大將軍、大都督、荊州諸軍事、荊州刺史、博陵郡開國公賀蘭祥，

使持節、大將軍、大都督、陳留郡開國公楊忠，

使持節、大將軍、大都督、岐州諸軍事、岐州刺史、武威郡開國公王雄。

右十二大將軍，又各統開府二人，每一開府領一軍兵，是爲二十四軍。（《通鑑》
泰始籍民之才力者爲府兵，身租庸調，一切蠲之，以農隙講閱戰陳，馬畜糧備，
六家供之，合爲百府，每府一郎將主之，分屬二十四軍。泰任總百揆，督中外
諸軍；欣以宗室宿望，從容禁闥而已。餘六人各督二大將軍，凡十二大將軍，
每大將軍各統開府二人，開府各領一軍。）自大統十六年以前，十二大將軍外，

念賢及王思政亦作大將軍。然賢作牧隴右，思政出鎮河南，並不在領兵之限。此後功臣，位至柱國及大將軍者眾矣，咸是散秩，無所統御。六柱國、十二大將軍之後，有以位次嗣掌其事者，而德望素在諸公之下，不得預於此列。

自魏永熙三年七月（534）魏孝武帝入關，宇文泰「乃奉帝都長安。披草萊，立朝廷，軍國之政，咸取太祖決焉。仍加授大將軍、雍州刺史，兼尚書令，進封略陽郡公，別置二尚書，隨機處分。」[183] 其年閏十二月，魏孝武崩，文皇帝元寶矩立。宇文泰之職權更為高漲。大統元年（535）春正月，「進太祖（宇文泰）督中外諸軍、錄尚書事、大行臺，改封安定郡王，太祖固讓王及錄尚書事，魏帝許之，乃改封安定郡公。」[184] 大統元年（535）五月，加「宇文泰位柱國」。[185] 大統三年（537）十月，沙苑大捷之後，「進太祖柱國大將軍」。[186] 這是西魏第一個柱國大將軍，且都督中外諸軍，在諸軍之上，並不特別親領某軍。

魏廣陵王元欣拜柱國大將軍完全是安撫魏宗室之意，《北史》載元欣為「性粗率，好鷹犬……好營產業，多所樹藝，京師名果，皆出其園，所汲引及僚佐，咸非長者，為世所鄙。」[187] 《魏書》雖亦謂其「性粗率，好鷹犬。」佢在蕭宗初（516左右）為北中郎將，此職乃戍守大洛陽地區之北大門，需實際統領部隊，又曾任荊州刺史、齊州刺史，「欣在二州，頗得人和」，[188] 且當魏孝武帝與高歡決裂時，任洛陽地區包圍戰之「左軍大都督」。[189] 元欣在長安期間修葺林園，僚佐不才，正是歷史上憂讒畏議、明哲保身的一貫作法，連宇文泰也調侃他說：「『王三為太傅，再為太師，自古人臣未聞此例。』欣遜謝而已。」[190] 元欣「從容禁闥」，沒有實際軍權，或

---

183 《周書》卷一〈文帝〉上，永熙三年（534）七月丁未。

184 《周書》卷二〈文帝〉下，大統元年（535）春正月己酉。又同書同卷〈校勘記〉引張森楷云：「『督』上當有『都』字。按《冊府》卷六，頁七〇、卷七二，頁八一八，《通鑑》卷一五七，頁四八六一，『督』上並有『都』字，張所疑有據，但諸本皆同，今不補。

185 《北史》卷五，西魏文帝大統元年（535）五月。《通鑑》一五七《梁紀》十三，武帝大同元年（535）「五月，魏加丞相泰柱國（胡注：即柱國大將軍之官）」。

186 《周書》二〈文帝〉下，大統三年（537）冬十月。《北史》卷五大統三年（537）冬十月，同。

187 《北史》卷一九〈獻文六王〉廣陵王羽子欣。

188 《魏書卷》二一上〈獻文六王列傳廣陵王〉。

189 《魏書》卷一一〈出帝〉，永熙三年（534）五月丙申。

190 《北史》卷一九〈獻文六王〉廣陵王羽子欣。

許可以從官職中看出，在《周書》卷一六卷末的記載之中，其他六個柱國大將軍、十二個大將軍的官職之中，都有「大都督」之銜，唯獨元欣沒有，按大都督是府兵前期的重要督將，實際統軍者都有各種「都督」之銜，《周書》列傳中極爲常見。元欣無「大都督」之銜似不應是《周書》之忽略記載。

八個柱國大將軍之中，除宇文泰與元欣以外，其餘六個柱國大將軍，《周書》、《通鑑》皆謂「各督二大將軍」，唯那一個柱國大將軍督那兩個大將軍，史書並無直接記載，學者亦未見有這方面之研究。又至大統十六年（550）時，府兵制度已成立百府，分布於宇文泰之控制地區，這百府層層上屬，最後隸於十二大將軍與六個柱國大將軍，究竟六大柱國與百府之地緣關係如何，史書並無直接記載，學者亦未見有這方面之研究。本文試著從史書中零散的資料，理出蛛絲馬跡，對上述兩個問題作初步的擬測，在資料缺乏的情況之下，本文仍從事此項艱難的研究，乃是因爲這兩個問題在中古史上有其重要性，卽令是初步架構的建立，對於西魏北周歷史、府兵制度的實際運作，關隴集團的眞正內涵，都極有幫助。

一、于謹柱國大將軍

《周書》卷一九〈達奚武傳〉載：

> 從平悅，除中散大夫、都督，封須昌縣伯，邑三百戶。魏孝武入關，授直寢，轉大丞相府中兵參軍。大統初，出爲東秦州刺史，加散騎常侍，進爵爲公。……太祖欲抖兵擊寶泰，諸將多異議，唯武及蘇綽與太祖意同，遂擒之。……（沙苑戰後）除大都督，進爵高陽郡公，拜車騎大將軍、儀同三司。……進至河橋，武又力戰，斬其司徒高敖曹，遷侍中、驃騎大將軍、開府儀同三司，出爲北雍州刺史。復戰邙山……久之，進位大將軍。

賀拔岳被害以後，達奚武可能是宇文泰的積極支持者，達奚武也和其他將領一樣，參加擊寶泰、沙苑、河橋、邙山等戰役，其能擊殺東魏司徒高敖曹（昂）功績甚大，顯然是當時宇文泰之主力之一，其後出任北雍州刺史，不知起訖年月。本傳中對其進位大將軍時之都督軍事區不詳。唯《周書》卷十六卷末詳細寫明府兵體系完成時（大統十六年），達奚武爲「使持節、大將軍、大都督、雍七州諸軍事、雍州刺史、高陽郡

開國公」，[191] 都督雍七州之其他六州名稱不詳，應當在雍州附近。

《周書》卷二〇〈賀蘭祥傳〉載：

> 沙苑之役，詔祥留衛京師……四年，祥領軍從戰河橋……九年從太祖與東魏戰
> 於邙山，……十四年（548），除都督三荊南襄南雍平信江隨二郢淅十二州諸
> 軍事、荊州刺史，進爵博陵郡公。先是，祥嘗行荊州事，雖未朞月，頗有惠
> 政……尋被徵還。十六年（550），拜大將軍。太祖以涇渭溉灌之處，渠堰廢
> 毀，乃命祥修造高平堰，開渠引水，東注於洛，功用既畢，民獲其利，魏廢帝
> 二年，行華州事。後改華州爲同州，仍以祥爲刺史……

賀蘭祥任「都督三荊南襄南雍平信江隨二郢淅十二州諸軍事、荊州刺史」在大統十四
年（548），任期「朞月」即被徵還。其後楊忠亦曾任「都督三荊二襄二廣南雍平信隨
江二郢淅十五州諸軍事」[192] 時在大統十五年（549）冬十一月。[193] 大統十六年府兵制
度完成時，賀蘭祥拜大將軍，其時祥已徵還一年有餘，所以大統十六年（550）十二大
將軍項下賀蘭祥官銜「使持節、大將軍、大都督、荊州諸軍事、荊州刺史」之中「荊
州諸軍事、荊州刺史」銜是大統十四年（548）事。祥被徵還後修造富平堰，富平堰在
今陝西富平縣南，[194] 其地在西魏時屬雍州，在渭河北岸。又據「在渭南縣渭河北岸
所發現的北周武成二年九月之〈合方邑子百數十人造像記〉……此碑在渭北下邽鎮的
正南二十餘里、信義鎮的正西二里之泰莊村……下邽（邽）屬於同州延壽郡，地當沙
苑之西偏，正是宇文泰與高歡的鏖戰所在，許多北方鮮卑和雜胡聚居於此」[195] 該碑
有「北面像主統軍賀蘭寧」及其他賀蘭氏共八人。賀蘭部落可能在這一帶。碑立於武
成二年（560），距大統十六年（550）僅十年。賀蘭祥稍後在「魏廢帝二年（553）行華

---

191 王仲犖：《北周地理志》謂「雍」字之前可能漏一「北」字，按《周書》卷一六卷末此條有
　　二個「雍」字，不太可能兩個「雍」字同時皆漏「北」字。達奚武本傳載拜北雍州刺史之時
　　間可能較早，而大統十六年（550）時官職應如《周書》卷一六魏末所載。

192 《周書》卷一九〈楊忠傳〉。

193 《周書》卷二〈文帝〉下：「大統十五年（549）冬十一月，遣開府楊忠率兵與行臺僕射長孫
　　儉討之，攻克隨郡。」

194 《北周地理志》卷一關中雍州馮翊郡富平。

195 《碑銘所見前秦至隋初的關中部族》四〈北朝後期鮮卑雜胡入關後的聚居和散居〉 p. 55-
　　56。

州事，後改華州爲同州，仍以祥爲刺史。」其任職亦在這一地區，祥卒後（保定二年562）贈「使持節、太師、同岐等十三州諸軍事、同州刺史。」

　　于謹曾追隨宇文泰參加潼關、廻洛城、弘農、沙苑、河橋、邙山等戰役，這是其他將領也共同參與的重要戰役，並無特別之處。唯于謹當魏帝西遷之初拜命爲北雍州刺史，其後又拜大丞相府長史，兼大行臺尙書，[196]北雍州稍後改爲宜州，在雍州略北，而大丞相府長史是宇文泰之第一號副手。于謹「除大都督、恒幷燕肆雲五州諸軍事、大將軍、恒州刺史。」（同上注）該地居住著北魏末北疆諸州人士入關者之部人，西魏統治階層大部分皆包括在內，[197]其地約在夏州至豳州之間，是一個很具影響的職位，也必然是宇文泰極爲重視的職位，于謹拜命此職的確實時間不詳，〈于謹傳〉記於大統九年之前。在大統十二年至十五年間，于謹復兼大行臺尙書、丞相府長史，率兵鎭潼關；又加授華州刺史。此華州在西魏廢帝三年改爲同州，[198]即馮翊（大荔）之地。按西魏皇帝居長安，而大丞相宇文泰長期在華州。[199]《通鑑》胡三省注認爲：「以其地扼關河之要，齊人或來侵軼，便於應接，故爾居之也。」[200]按西魏時期，長安至華州一帶是其政權最重要的地區，華州更是軍事大本營，宇文泰控制力最強的地方。拜命爲華州刺史者，不是宇文泰之直屬人物，便是其最親密者，于謹長期擔任宇文泰之第一號副手，政策又雷同，在大統八年（542）建立六軍前後，任都督恒幷燕肆雲等僑州及任命爲恒州刺史，尤其在府兵制度即將完成之時，約大統十二年（546），之後率兵鎭潼關，加授華州刺史。魏恭帝元年（554），除雍州刺史，于謹卒（天和三年）後，其贈官爲「加使持節、太師、雍恒等二十三州諸軍事、雍州刺史」

---

196 《周書》卷一五〈于謹傳〉。

197 幷肆不是西魏控制區，可能是僑州。恒燕雲是僑州。

198 《周書》卷二〈文帝〉下，廢帝三年（556）春正月，改華州爲同州。

199 如《周書》卷二〈文帝〉下：大統四年（538）春三月，太祖率諸將入朝。禮畢，還華州。大統四年（538），（太祖平趙青雀之亂於長安）關中於是乃定。魏帝還長安，太祖復屯華州。大統九年（543）冬十月，大閱於櫟陽，還屯華州。大統十四年（548）夏五月，太祖奉魏太子巡撫西境……聞魏帝不豫，遂還。旣至，帝疾已愈，於是還華州。

200 《通鑑》卷一六六〈梁紀〉二二，敬帝大平元年（556，西魏恭帝二年）十月丙子，世子覺嗣位，爲大師、柱國、大冢宰，出鎭同州（胡注：宇文泰輔政多居同州，以其地扼關、河之要，齊人或來侵軼）便於應接也。」

凡此種種，顯示于謹在六個柱國大將軍之中與宇文泰關係最為親密，也可能是宇文泰主力軍團的統轄者，其所轄之軍府，似應在雍州至華州一帶，並對於恒州等僑州有影響力。

大統十六年（550）府兵制度完成之時，于謹這個柱國大將軍統屬之二個大將軍可能是賀蘭祥、達奚武，賀蘭祥之軍府轄區在渭河下游北岸一帶，上文已有述及。達奚武居雍州，似應在渭河南岸，「大統十七年（551）冬十月，太祖遣大將軍王雄出子午，伐上津魏興；大將軍達奚武出散關，伐南鄭」，[201] 與其轄區頗近，達奚武似是主力，武克南鄭，「劍以北悉平」，[202] 按「南鄭是川陝交通跟軍事地理上唯一可以休養停息之地。歷史地理上九條著名的入川通道除「故道」外，其餘如褒斜、子午、浣駱都必須先集中南鄭」，[203] 奠定了以後伐蜀基礎，武以此功朝議升為柱國。

賀蘭祥與于謹同屬宇文泰親信，「及賀蘭祥討吐谷渾也，謹遙統其軍，授以方略。」[204]，按西魏派遣軍遠征，常以聯合軍團出征，像于謹遙領賀蘭祥，只有在同一個軍事集團，同屬同一柱國才可能如此調配，達奚武則屬賀拔岳之餘部，但可能是宇文泰之忠實支持者，當邙山之戰「時大軍不利，齊神武乘勝進至陝，武率兵禦之，乃退，久之，進位大將軍」，[205] 且「不持威儀」，[206] 天和五年（570）十月卒，贈「太傅、十五州諸軍事、同州刺史。」[207] 于謹柱國大將軍統屬二大將軍及其軍府轄區如下：

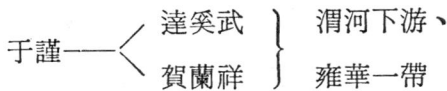

$$于謹 \longrightarrow \left\langle \begin{matrix} 達奚武 \\ 賀蘭祥 \end{matrix} \right\} \begin{matrix} 渭河下游、 \\ 雍華一帶 \end{matrix}$$

二、獨孤信柱國大將軍

---

201 《周書》卷二〈文帝〉下，大統十七年（551）冬十月。

202 《周書》卷一九〈達奚武傳〉。

203 黃盛璋〈陽平關及其演變〉p. 257。

204 《周書》卷一五〈賀蘭祥傳〉。

205 《周書》卷一九〈達奚武傳〉。

206 《周書》卷一九〈達奚武傳〉。

207 《周書》卷一九〈達奚武傳〉。

《周書》卷十六〈獨孤信傳〉載：

> 大統六年（540）……尋除隴右十州大都督、秦州刺史……邙山之役……十三年
> （547）大軍東討，時茹茹爲寇，令信移鎮河陽。十四年（548）進位柱國大將軍，
> ……信在隴右歲久，啟求還朝，太祖不許。……十六年（550），大軍東討，信
> 率隴右數萬人從軍，至崤坂而還。……

　　獨孤信原隨賀拔勝在荊州，後入朝，魏孝武帝甚爲賞識，魏帝西遷之初，又派往
荊州，荊州淪陷後，奔梁三載，才得歸關中，其後亦參加幾次大戰役，而自大統六年
（540）始，奉命爲隴右十州大都督、秦州刺史，一直到大統十六年（550）皆居此職。
「西魏初年，秦州都督兼統隴坂左右，秦、渭（今鞏昌縣）、原（今固原縣）、涇
（今涇縣）四州。自大統六年以後，至周末皆以隴右爲限，而督區向西擴大甚多，多
則十州十二州或十五州，少亦六州。大約自隴以西、黃河以南，秦、渭、河（今臨夏
縣）、岷（今岷縣）、洮（今臨潭縣西南七十里）諸州及其以西以南地區，且或逾河
統涼（今武威）、甘（今張掖縣）、瓜（今敦煌縣）等州。以其轄地皆在隴右故或以隴
右稱之。」[208] 按宇文泰的主要力量在關中，秦隴一帶非其主力所在，而秦隴一帶自
正光五年（524）六鎮大亂之同時，就是一個屢起變亂之區，爾朱天光、賀拔岳、侯莫
陳悅等將就是奉命入關平定這地區之變亂，其後侯莫陳悅等管轄此區，宇文泰雖然平
定悅，但這個地區民族複雜，並不穩固，宇文泰派獨孤信長期鎮守秦隴，用其才華守
看西門，獨孤信似乎不辱使命，但亦由此而形成特殊勢力，《周書》本傳之末評曰：
「信風度弘雅，有奇謀大略。太祖初啟霸業，唯有關中之地，以隴右形勝，故委信鎮
之。既爲百姓所懷，聲振鄰國。東魏將侯景之南奔梁也，魏收爲檄梁文，矯稱信據隴
右，不從宇文氏，仍云無關西之憂，欲以威梁人也。又信在秦州，嘗因獵日暮，馳馬
入城，其帽微側。詰旦，而吏民有戴帽者，咸慕信而側帽焉。其爲鄰境及士庶所重
如此。」大統年間，尤其是大統後半期，任大將軍而與秦隴有密切關係者有宇文導，
《周書》卷一〇〈邵惠公顥傳〉附〈導傳〉：

> 會侯景舉河南來附，遣使請援，朝議將應之，乃徵爲隴右大都督、秦南等十五

---

208 嚴耕望《中國地方行政制度史》上編——卷中：《魏晉南北朝地方行政制度》p. 451，「秦
　　州總管府」條。

州諸軍事、秦州刺史。及齊氏稱帝，太祖發關中兵討之，魏文帝遣齊王廓鎮隴右，徵導還朝，拜大將軍、大都督、三雍二華等二十三州諸軍事，屯咸陽，大軍還，乃旋舊鎮。

宇文導於大統後半期爲隴右大都督、秦南十五州諸軍事、秦州刺史，十五州名稱已不可考，應屬隴右地區及其附近。可見是獨孤信的管轄區，時在府兵系統即將完成的階段，獨孤信這個柱國大將軍的轄區是以隴右爲主，但其府兵來源除隴右以外，大部分應包含雍州略西地區之若干軍府，按府兵之軍府大部分集中在雍州至華州一帶，[209] 于謹李虎柱國大將軍其軍府全數皆出於雍州至華州地區，其他柱國大將軍轄下之軍府皆包有部分雍州至華州地區軍府在內，再配以其特定轄區之軍府，後文將有詳論，宇文導可能掌握雍州咸陽一帶部分軍府及隴右秦州一帶軍府，導雖然是大將軍銜，其軍力比柱國大將軍銜之獨孤信爲強，因信只擁有隴右一帶冥府，宇文導實力之強，可從另一例子看出，當趙青雀等在長安一帶作亂，李虎迅速趕回，只能擁魏皇太子北避，[210] 而導則「自華州率所部分擊之，擒伏德，斬思慶。」[211] 獨孤信這個柱國大將軍的主要任務似乎是看守宇文泰之大後方——隴右一帶，當宇文泰調動主力，或其主力配合其他柱國出征之時，則將宇文導調來看守其華州根據地，故《周書》〈導傳〉末載：「太祖每出征討，導恒居守，深爲吏民所附，朝廷亦以此重之。」宇文泰回到華州，則導亦回隴右，導英年早卒，其傳末載：「魏恭帝元年（554）十二月，薨於上邽，年四十四，……贈本官，加尚書令，秦州刺史，諡曰孝。朝議以導撫和西戎，威恩顯著，欲令世鎮隴右，以彰厥德，乃葬於上邽城西無疆原。」另外，見於上述〈宇文導傳〉，「及齊氏稱帝，太祖發關中兵討之，魏文帝遣齊王廓鎮隴右，徵導還朝。」故元廓可能與宇文導同屬獨孤信柱國大將軍隸區，兼具咸陽及隴右一帶，當宇文導調回京師時，則元廓派遣至隴右。獨孤信與元廓除了軍府之府兵以外，可能還帶有部分隨魏帝入關之部隊，獨孤信、宇文導、元廓三人之府兵軍府可能部分在咸陽長安一帶，部分在隴右一帶。

209　本文第五章將有分析。
210　參見《周書》卷二十〈王盟傳〉。
211　《周書》卷十〈邵惠公顥傳〉附〈導傳〉。

　　獨孤信與宇文導皆爲秦州刺史，按獨孤信在大統六年（540）任秦州刺史，至「侯
景來附，詔徵隴右大都督獨孤信東下，令導代信爲秦州刺史、大都督、十五州諸軍
事。及齊氏稱帝，文帝討之，魏文帝遣齊王廓鎮隴右，徵導拜大將軍、大都督、二十
三州諸軍事，屯咸陽，大軍還，乃旋舊鎮。」[212]，《周書》〈文帝紀〉載侯景來附繫
年於大統十三年（547）春正月，[213]齊文宣廢其主元善見繫年於大統十六年（550）夏五
月，徵導是年七月，大軍還，在大統十六（550）年[214]九月出，所以除了其間三個月由
元廓代鎮隴右之外，宇文導皆鎮守隴右，並爲秦州刺史，獨孤信在大統十三年（547）
移鎮河陽，不知何時還隴，至少在十六年（550）時，〈信傳〉載：「大軍東討，信率
隴右數萬人從軍，至崤坂而還。」獨孤信與宇文導在大統末都在隴右，信的都督區爲
「隴右十州大都督」，導的都督區是「秦南等十五州諸軍事」，州名皆失載，唯獨孤信
是賀拔勝軍團之主要人物，同集團另一位大將史寧，「（大統）十二年（546），轉涼
州刺史，寧未至而前刺史宇文仲和據州作亂，詔遣獨孤信率兵與寧討之，……尋亦克
之，加車騎大將軍、儀同三司、大都督、涼西涼二州諸軍事、散騎常侍、涼州刺史。
十五年（549）遷驃騎大將軍、開府儀同三司，加侍中，進爵爲公。」[215]，寧之先世出
於這地區，[216]所以信之軍事區可能在隴右地區略西之地。宇文導都督「秦南等十五州
諸軍事」「南」不應作南州解，或是秦州及其南部等十五州之意，若如此，則導的軍事
區在隴右略東之地。宇文導爲秦州刺史，卒於上邽，死後「贈本官，加尚書令、秦州
刺史，諡曰孝。朝議以導撫和西戎，威恩顯著，欲令世鎮隴右，以彰厥德，乃葬於上
邽城西無疆原。」[217]，上邽在大震關略西，正是宇文泰之西門，其地氐、羌、休官、
屠各等種族甚多。[218]又宇文導子廣，〈宇文廣墓誌銘〉載：「邵惠公之元孫，幽孝公

212　《北史》卷五七〈周宗室章武公導傳〉。

213　《周書》卷二〈文帝〉下大統十三年（547）春正月。

214　《周書》卷二〈文帝〉下大統十六年（550）夏五月。

215　《周書》卷二八〈史寧傳〉。

216　《周書》卷二八〈史寧傳〉：「建康袁氏人，曾祖豫，仕沮渠氏爲臨松令。魏平涼州，祖灌
　　　隨例遷於撫寧鎮。」

217　《周書》卷一〇〈邵惠公顥傳〉附〈導傳〉。

218　唐長孺、黃惠賢〈二秦城民暴動的性質和特點——北魏末期人民大起義研究之三〉。p. 59-
　　　62。

（即導）之長子……大周建國，宗子維城，設壝封人，分司典命，開國天水郡公，食邑二千戶。元年（557）授使持節驃騎大將軍、開府儀同三司，其年四月，授都督秦州刺史。孝公久牧汧隴（隴），遺愛在人，今見撫我君之子……。（卒於）春秋二十有九……。（天和）六年（571）六月歸葬於秦州之某原。」[219]

如果從上文宇文導久牧汧隴，及獨孤信集團史寧督涼州觀看，似乎宇文導在隴右地區之東部，獨孤信在隴右地區之西部。

獨孤信柱國大將軍包括賀拔勝軍團、宇文泰親信、魏帝禁衞部隊等，其統屬二大將軍及府兵軍府轄地爲：

$$獨孤信 \longrightarrow \begin{cases} 宇文導 & 渭河上游 \\ 元\ \ 廓 & 雍州一帶。 \end{cases}$$

三、李虎柱國大將軍

李虎據《周書》卷一〈文帝〉上載：「（永熙三年）十一月，（宇文泰）遣儀同李虎與李弼、趙貴等討曹泥於靈州，虎引河灌之。明年，泥降，遷其豪帥於咸陽。」《通鑑》卷一五六〈梁紀〉一二武帝中大通六年（534）亦載：「十二月，魏丞相泰遣儀同李虎、李弼、趙貴擊曹泥於靈州。」同書次年「正月，魏驍騎大將軍、儀同三司李虎等招諭費也頭之眾，與之共攻靈州，凡四旬，曹泥請降。」這是西魏初期鞏固北疆很大功績，且史書提及李虎、李弼、趙貴時，皆將李虎名列於前。大統四年，魏帝與宇文泰親征洛陽，有河橋之役，《周書》卷二〈文帝〉下載：「大統四年（528）八月……開府李虎、念賢等爲後軍，遇（獨孤）信等退，即與俱還。……及李虎等至長安，計無所出，乃與公卿輔魏太子出次渭北。」（《通鑑》卷一五八〈梁紀〉一四武帝大同四年同）、《舊唐書》本紀第一謂：「虎，後魏（指西魏）左僕射，封隴西郡公。」《新唐書》〈本紀〉第一謂：「虎，西魏時，賜姓大野民，官至太尉。」

大統之初，東、西魏有許多次重要戰役，正史中僅見李虎參加河橋之戰，如果清

---

219 〈宇文廣墓誌銘〉刊於《隴右金石錄》，在天水縣境，今佚，張維按「此誌亦庾信所作。《周書》〈廣傳〉……惟無周初即爲都督秦州刺史事，可補志乘闕文。……」本書按宇文導、導子廣皆葬天水，其家族可能徙居於此。

人謝啟昆《西魏書》〈李虎傳〉「從破沙苑」屬實，仍未見虎參加潼關、弘農、邙山等役，或言史家有意遺漏，[220] 但戰功是一件好事，唐朝史書作者提及唐室祖先時，似不應在這方面有意遺漏。《西魏書》又載李虎曾討梁仚定於河州，擊楊盆生於南岐州、降莫折後熾於秦州，又曾擊叛胡等，如果記載屬實，是皆大統初期之事，自河橋之役之前，李虎主要轄區應在雍州，且與長安魏帝在一起，《周書》卷二〇〈王盟傳〉載：

> 魏文帝東征，（王盟）以留後大都督行雍州事，節度關中諸軍，趙青雀之亂，盟與開府李虎輔魏太子出頓渭北。

在六個柱國大將軍之中，李虎與魏室似乎比較接近，從上文所示，李虎不但轄區在雍州，且可能轄長安皇城的禁旅。《周書》卷一六末所列七大柱國，以李虎為首，其衛頭為「使持節、太尉、柱國大將軍、大都督、尚書左僕射、隴右行臺、少師、隴西郡開國公。」按李虎為隴西行臺應在大統初年平梁仚定時事，大統後半期府兵系統日趨完備時，隴右已不屬李虎、而是獨孤信轄區，所以「隴右行臺」云云，可能是《周書》撰者將前任官職加入。又《周書》將李虎列為七柱國之首，亦不甚合理。按《周書》卷一六卷末之行文，除宇文泰以外，元欣應列為七柱國之首。《通鑑》卷一六三〈梁紀〉十九簡文帝大寶元年（550）載八柱國次序為：「安定公宇文泰、廣陵王欣、趙郡公李弼、隴西公李虎、河內公獨孤信、南陽公趙貴、常山公于謹、彭城公侯莫陳崇。」按《周書》撰者令狐德棻奉旨修史，其對於唐室之先世自必崇揚。司馬光的記載必有所本，且較為合理。

　　從上述李虎之分析，在六個柱國大將軍之中，元贊與元育兩個大將軍極可能屬於李虎這個柱國大將軍，這三人轄區極可能是長安城內之禁衛軍及雍州之若干軍府。元贊與元育二大將軍統領長安禁衛軍之另一證據，乃是二人皆接近魏帝。北史卷五廢帝三年（554）春正月：

> 安定公宇文泰廢帝而立齊王廓。帝自元烈之誅，有怨言。淮安王育、廣平王贊

---

220 唐長孺謂：「上列十二將中李遠年位較低，可能不是一軍主將，為了填李虎空隙而補上的。」〈魏周府兵制度辨疑〉p. 262。按李遠乃高平軍隊統帥，帶領一支軍隊，在十二大將軍之列，不應是填李虎空隙。

等並垂泣諫，帝不聽，故及於辱。

元烈之事，《周書》卷二〈文帝〉下載：「（廢帝二年）多十一月，尚書元烈謀作亂，事發，伏誅。」可能是廢帝元欽與尚書元烈共謀殺宇文泰之政變，詳情未載。元贊元育可能是宗室中較溫和者，二人諫帝，顯示二人轄區在長安一帶。

李虎柱國大將軍統元贊元育二大將軍之另一證據，乃是出現於李虎死後的繼任柱國事件上。李虎於大統十七年（551）卒[221]。萬斯同〈西魏將相大臣年表〉恭帝元年（554）甲戌條載：

少師（柱國大將軍）（李）虎卒。

義陽王子孝，柱國大將軍。

《周書》卷一九〈達奚武傳〉載（北史卷六十〈達奚武傳〉略同）：

（大統）十七年（551）（《北史》脫七字）詔武率兵三萬經略漢川……自劍以北悉平。明年（廢帝元年）武振旅還京師，朝議初欲以武爲柱國，武謂人曰：「我作柱國不應在元子孝前。」固辭不受。

陳寅恪先生指出「（達奚）武之讓柱國於子孝，非僅以謙德自鳴，殆窺見宇文泰之野心，欲併取李虎所領之一部軍士，以隷屬於己，元子孝與元欣同爲魏朝宗室，從容禁闥，無將兵之實，若以之繼柱國之任，徒擁虛位，黑獺遂得增加一己之實力以制其餘之五柱國矣！」[222] 宇文泰有擴充勢力的野心，及元子孝之深自貶晦，[223] 誠是。但上述兩條資料如果從柱國與大將軍之關係、及其轄區方面觀察，可以獲得另一種解釋。按李虎隨魏文帝東征時，王盟留在長安保護魏太子，時沙苑之降卒趙青雀等在長安城作亂，李虎即刻領兵趕回，竟然不能平亂，祇能輔魏太子出頓渭北，其兵力非常單薄，可想而知，這也許可以解釋爲東征時抽調禁衛軍過多所致。但戍守華州之宇文導卻能引兵破趙青雀等，顯然李虎軍團不甚受宇文泰重視，其配備軍士不會太多。而自大統中葉以後，史書未載李虎再行出征，元贊、元育則從未見其參與任何戰役，降

221　《通鑑》一六四梁簡文帝大寶二年（551），即西魏大統十七年：「五月，魏隴西襄公李虎卒。」陳寅恪先生指出萬斯同〈西魏將相大臣年表〉及謝啟崑《西魏書》載李虎卒於廢帝元年（552）爲誤，甚是，見《隋唐制度淵源略論稿》六「兵制」，p. 95。

222　《隋唐制度淵源略論稿》〈兵制〉，p. 95-96。

223　《北史》卷一七〈景穆十三王〉上，陽常王子孫、欽子子孝：「……後歷尚書令、柱國大將軍。子孝以國運漸移，深自貶晦，日夜縱酒。後例降爲公。復姓拓拔氏，未幾，卒。」

至府兵系統完成時期，即大統十六年（550）左右，如果說李虎、元贊、元育這個軍團是六個柱國之中兵力最弱的一個，恐不爲過。再者，前文論及達奚武大將軍屬於于謹柱國，是宇文泰的主力部隊，如果這個分析不差，則達奚武自主力軍團大將軍銜，調至最弱的軍團擔任柱國大將軍，其轄下是元贊、元育二大將軍，顯然是明升暗降，以後將不易建功。退一步而論，即令達奚武是否屬於于謹主力軍團存疑，不可否認地，達奚武多次領兵出征，必然配有重兵，甚受宇文泰之重視，其繼任李虎職位亦將不利於其前途，所以達奚武謙讓元子孝柱國之位，應從主力軍團與弱勢軍團的形勢分析，才能獲得較爲合理的解釋。另一方面，以元宗室之中地位較高的尚書令元子孝繼任李虎柱國之位，其轄下是元贊、元育，這個柱國及二大將軍，仍然是六柱國之中最弱的一個，何況元子孝的性格是「美容儀，喜笑謔，好酒愛士，縉紳歸之，賓客常滿，終日無倦。性又寬慈，敦睦親族，乃置學館於私第，集羣從子弟晝夜講讀。並給衣食，與諸子同。」[224] 爲官作風「深自貶晦，日夜縱酒。」這正是宇文泰所要求的最佳人選。如果大統十七年（550）元子孝柱國配搭元贊、元育二大將軍合理，則大統十六年（549）李虎柱國配搭元贊、元育二大將軍的可能性亦大大增加了。

　　李虎、元贊、元育等人的資料太少了，茲根據以上一鱗片爪推論，擬測李虎柱國大將軍之統屬二大將軍及其軍府轄區爲：

李虎────〈 元　贊　〉京城及長安附近
　　　　　 元　育

四、侯莫陳崇柱國大將軍

　　在高平的李遠「……從征竇泰，復弘農，並有殊勳，授都督、原州刺史。太祖謂遠曰：『孤之有卿，若身體之有手臂之用，豈可暫輟於身。本州之榮，乃私事耳，卿若述職，則孤無所寄懷。』於是遂令遠兄賢代行州事。沙苑之役，遠功居最，……從……入洛陽，……及河橋之戰，……授河東郡守……從太祖戰邙山……拜大將軍。」（〈李遠傳〉）李賢曾屢次鎮原州，一次在魏孝武西遷之時，「授左都督、安東將軍、還鎮原州」「大統二年（536）……遷原州長史，尋行原州事。」「（大統）八

224　《北史》卷一七〈景穆十三王〉上，陽平王子孫、欽子子孝。

年（542），授原州刺史。」「大統十六年（550），遷驃騎大將軍、開府儀同三司，太祖之奉魏太子西巡也，至原州，遂幸賢第，讓齒而坐，行鄉飲酒禮焉。其後，太祖又至原州，令賢乘輅，備儀服，以諸侯會遇禮相見，然後幸賢第，歡宴終日，凡是親族，頒賜有差。」「高祖及齊王憲之在襁褓也，以避忌，不利居宮中。太祖令於賢家處之，六載乃還宮，因賜賢妻吳姓宇文氏，養爲姪女，賜與甚厚。」（〈李遠傳〉）大統十六年（550）府兵制度完成之時，李遠爲大將軍，李賢爲驃騎大將軍、開府儀同三司，遠爲十二大將軍之一，賢爲二十四開府之一，李氏兄弟以鄉兵參加府兵，或許還有一部份爾朱天光餘衆。遠與賢相代爲原州刺史，另一人跟隨宇文泰或駐雍州，這正是府兵調動之常態，因爲府兵原是禁旅，這種調動常常實行在同一個柱國系統之內，後文綜合分析時再予細論，而李氏兄弟之調動是府兵調動之典型。

　　李賢兄弟與侯莫陳崇交往密切，始於賀拔岳死後，「賀拔岳爲侯莫陳悅所害，太祖西征，賢與其弟遠、穆等密應侯莫陳崇，以功授都督，仍守原州。」（〈李賢傳〉），李遠亦「以應侯莫陳崇功，遷高平郡守。」（〈李遠傳〉）。

《周書》卷一六〈侯莫陳崇傳〉：

　　　　時李遠兄弟在城內，先知崇來，於是中外鼓噪，伏兵悉起，遂擒（悅原州刺史史）歸，斬之。以崇行原州事，仍從平悅……又遣崇慰撫秦州。……大統元年（535），除涇州刺史，加散騎常侍、大都督，進爵爲公，累遷車騎大將軍、儀同三司，驃騎大將軍、開府儀同三司……。三年（537）從擒竇泰，復弘農，破沙苑，……四年（538）從戰河橋，……七年（541），稽胡反，崇率衆討平之，尋除雍州刺史……十五年（549），進位柱國大將軍，轉少傅。魏恭帝元年（554），出爲寧州刺史，遷尙書令。……

侯莫陳崇早年追隨賀拔岳，亦是擁立宇文泰之將領之一，在平定侯莫陳悅時，崇與李遠兄弟建立良好關係。悅平後，崇亦曾行原州事，在大統元年（535）以後：崇亦參加許多重要戰役，其任職地區有涇州刺史、雍州刺史、寧州刺史等。「保定三年（563），崇從高祖幸原州。」（本傳）所以自雍州始，沿涇水流域一帶，可能是其柱國大將軍所轄軍府之地區。

　　從拜命州郡官職觀察，侯莫陳崇與李賢李遠兄弟有若干重疊面，即原州、涇州、

雍州、寧州等地，亦即是涇水流域一帶直至雍州。崇又與賢、遠早年艱苦作戰中相交，故侯莫陳崇這個柱國大將軍極可能轄有李遠大將軍。

《周書》卷一九〈侯莫陳順傳〉載：

> ……加驃騎大將軍、開府儀同三司，行西夏州事，安平郡公。十六年(550)，拜大將軍。

西夏州確實地點不詳，應在關中之西北方。與侯莫陳崇等轄區方位相同。

侯莫陳崇這個柱國大將軍其統屬之二大將軍可能是李遠、侯莫陳順，其軍府轄區可能在涇水流域至雍州一帶。

$$侯莫陳崇——\begin{cases} 李\quad 遠 & 涇水流域 \\ 侯莫陳順 & 原、涇、寧、雍。\end{cases}$$

五、趙貴柱國大將軍

《周書》卷一六末載府兵制度完成時之十二大將軍，其中王雄官銜爲「使持節、大將軍、大都督、岐州諸軍事、岐州刺史、武威郡開國公。」

王雄，《周書》卷一九本傳載：

> 太原人也。永安末從賀拔岳入關，……（大統年間），出爲岐州刺史，進爵武威郡公，進位大將軍，行同州事。十七年(551)，雄率軍出子午谷，圍梁上津魏興。明年，克之，以其地爲東梁州，尋而復叛，又令雄討之。

雄「行同州事」似亦是軍府區與雍州、同州上番調動的型態之一。雄二度臨東梁州，按岐州經子午谷入東梁州最便捷。

趙貴當侯莫陳悅害賀拔岳後，是宇文泰之支持者。《周書》卷一六〈趙貴傳〉載：

> 太祖至，以貴爲大都督，領府司馬。悅平，以本將軍、持節，行秦州事，當州大都督，……尋授岐州刺史。時以軍國多務，藉貴力用，遂不之部，仍領大丞相府左長史……梁仚定稱亂河右，以貴爲隴西行臺，率眾討破之。從太祖復弘農、戰沙苑……除雍州刺史。從戰河橋……援玉壁。……戰於邙山……（東魏）圍王思政於潁川，貴率軍援之，東南諸州兵亦受貴節度……尋拜柱國大將軍。

　　趙貴當魏帝未入關前，曾任「行秦州事、當州大都督」，蓋因貴是天水人也。其後秦州屬獨孤信柱國之轄區，前文已有分析。魏帝入關以後，貴被任命爲岐州刺史，實際上並未至部，而「仍領大丞相府左長史」按府兵制度之下，有轄區亦需上番，不至部而仍有岐州之拜，則岐州乃貴之轄區，趙貴參加許多次重要戰役，除雍州刺史，雍州與岐州皆在渭水中游線上，仍屬府兵制度轄區與京畿之間調動之型態，貴之轄區延伸至雍州，亦因此常出援關中以外地區，如玉壁、邙山、潁川等地。

　　趙貴與王雄皆爲賀拔岳之部將，其所領軍士極可能是賀拔岳之餘部。另一位與岐州有關之大將軍是宇文貴。

　　宇文貴，《周書》卷十九本傳：

　　　　其先昌黎大棘人也，徙居夏州，……（貴）從（爾朱）榮擒葛榮於滏口，加別將，又從元天穆平邢杲，轉都督。元顥入洛，貴率鄉兵從爾朱榮焚河橋，力戰有功……除郢州刺史，入爲武衞將軍、閣內大都督。從魏孝武入關……太祖又以宗室，甚親委之。

宇文貴在魏帝入關以前即已是頗爲重要的將領，魏帝入關後仍然派遣至河南地區作戰。在大統年間，（〈宇文貴傳〉）

　　　　歷夏岐二州刺史。十六年（550），遷中外府左長史，進位大將軍。……魏廢帝初（552），出爲岐州刺史。

　　在岷縣有〈宇文貴紀功碑〉，[225]應是大統十六年（550）平渠株川梁企定事。[226]

　　如果趙貴這個柱國大將軍轄下的二個大將軍是王雄及宇文貴，則其軍府轄區可能是岐雍至秦嶺一帶，亦即渭水中游以南之地。

$$趙貴——\left\{\begin{array}{l}王　雄\\宇文貴\end{array}\right.\begin{array}{l}渭河中游\\岐雍至秦嶺\end{array}$$

六、李弼柱國大將軍

225　《隴右金石錄》有〈宇文貴紀功碑〉，在岷縣，今佚。《周書》卷一九〈宇文貴傳〉載「遂於粟坂立碑，以紀其績」。

226　《周書》卷四九〈宕昌羌〉繫是事於大統十六（550）年。《通鑑》卷一六三〈梁紀〉一九簡文帝大寶元年（550）繫月於二月。

楊忠，《周書》卷一九〈楊忠傳〉載：

　　……以功除……雲州刺史，兼大都督。又與李遠破黑水稽胡，並與怡峯解玉壁

　　圍，轉洛州刺史，邙山之戰，先登陷陳，除大都督……尋除都督朔燕顯蔚四州

　　諸軍事、朔州刺史……開府儀同三司。及東魏圍潁川，蠻帥田柱清據險爲亂，

　　忠率兵討平之，……授忠都督三荊二襄二廣南雍平信隨江二郢淅十五州諸軍

　　事，鎮穰城。……旋師……。魏恭帝初，賜姓普六如氏，行同州事。……

　　在關內地區，忠曾任雲州刺史，又曾都督朔燕顯蔚四州諸軍事、朔州刺史，此皆
西魏僑州，[227] 設在寧州一帶，與洛水上游極近，此職之任命在邙山之戰以後（大統
九年，543）、平田柱清之亂以前（大統十一年，545），[228] 及派遣爲都督三荊等十五
州，時在大統十五年（549）十一月，[229] 似是繼賀蘭祥而出任荊州。魏恭帝初(554)行
同州事，此同州即華州，魏廢帝三年（554）正月，改華州爲同州，[230] 在洛水下游。
至北周時，楊忠曾兩次北出沃野雲代，與突厥聯合，再南攻晉陽，[231] 第一次出擊後
「高祖遣使迎勞忠於夏州，及至京師，厚加宴賜。高祖將以忠爲太傅，晉公護以其不
附己，難之，乃拜總管涇幽靈雲鹽顯六州諸軍事、涇州刺史。」[232]

　　從上述楊忠出任雲州、朔州二僑州刺史、行同州事，又總管涇幽靈雲鹽顯等州軍
事、涇州刺史，後自北繞道沃野武川再南攻高氏等活動範圍觀之，楊忠之府兵軍府區
應在涇水、洛水之間地區，再者，天和三年（568）忠卒，「贈太保、同朔等十三州諸
軍事、同州刺史。」（本傳）

---

227 《隋書》卷二四〈地理志〉上：「羅川（舊曰陽周，開皇中改焉。西魏置顯州，後周廢）」。
　　又參考王仲犖《北周地理志》(1980 年) 卷一關中寧州陽周。及同書附錄「東西魏北齊北周
　　僑置六州考略」，此文 1978 年早刊於《文史》第五期，蔚朔燕州亦參考王仲犖文。

228 《周書》卷四九〈異域〉上〈蠻〉。

229 《通鑑》繫此事於卷一六二〈梁紀〉一八武帝太清三年（549），即大統十五年十一月，《周
　　書》卷二略同。

230 《周書》卷二〈文帝〉下魏廢帝三年 (554) 春正月。

231 《周書》卷一九〈楊忠傳〉：「保定三年（563），乃以忠爲元帥，……忠出武川……突厥木
　　汗可汗、地頭可汗、步離可汗等以十萬騎來會……四年正月朔，攻晉陽。……是歲（保定四
　　年 564），大軍又東伐，晉公護出洛陽，令忠出沃野以應接突厥。……」

232 《周書》卷一九〈楊忠傳〉。

豆盧寧在大統初曾「遷顯州刺史、顯州大中正」，[233]按此處顯州乃僑州，在北地郡羅川，[234]寧亦參加宇文泰之大小戰役，沙苑戰後「拜北華州刺史」，在洛水中游，顯州與北華州甚近而居西，「大統七年（541）從于謹破稽胡帥列平伏於上郡」……「大統十六年（550）拜大將軍」。北周初「孝閔帝踐阼，授柱國大將軍，武成初，出爲同州刺史。復督諸軍討稽胡郝阿保、劉桑德等，破之」「保定五年（565）薨於同州，時年六十六，贈太保，同鄜等十州諸軍事、同州刺史。」鄜州卽敷州、卽北華州。豆盧寧任職之地區以洛水流域爲主。

李弼歸於宇文泰以後，「仍令弼以本官鎭原州，尋拜秦州刺史。」[235]其後卽領軍參加泰之大小戰役，如「攻潼關及迴洛城」、「從平寶泰」、「從平弘農」、「戰於沙苑」、「攻剋河東」、「四年（538）從太祖東討洛陽」、「戰於河橋」、「六年（540）……與獨孤信禦之（侯景於荆州）」、「九年（543）從戰邙山」、「十三年（547）率軍援（侯）景（景來附）」在大統初曾任雍州刺史，訖於何年則不詳。〈李弼傳〉中大都記載其參加之戰役，拜命刺史之職甚少，在府兵制度完成前後，李弼於「十四年（548），北稽胡反，弼討平之。遷太保，加柱國大將軍。魏廢帝元年，賜姓徒何氏。太祖西巡，令弼居守，後事皆諮稟焉。」所謂居守卽守同州也。

李弼與豆盧寧所統之軍士應出於侯莫陳悅之餘部，楊忠則屬賀拔勝集團，上文第二章曾述宇文泰與李弼、楊忠關係甚佳。如果李弼這個柱國大將軍統屬二大將軍爲豆盧寧、楊忠，則其軍府轄區爲洛水上、中、下游，雲、朔、北華州及部份雍州一帶，這個地區之重要性幾與于謹柱國大將軍轄區相同。

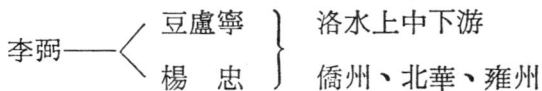

$$李弼——\left\{\begin{array}{l}豆盧寧\\楊\quad忠\end{array}\right\}\begin{array}{l}洛水上中下游\\僑州、北華、雍州\end{array}$$

（附圖在文末）

第五章　西魏府兵制度成立之分析

233　《周書》卷一九〈豆盧寧傳〉，本段以下括號中資料出處同。

234　《北周地理志》卷一關中敷州 p. 71。

235　《周書》卷一五〈李弼傳〉，本段以下括號中資料出處同。

中研院歷史語言研究所集刊論文類編（歷史編・魏晉隋唐五代卷）

有關府兵制度之成立，有大統三年（537）說、大統八年（542）說、大統十六年（550）說，唐長孺否定大統三年（537）說與大統八年（542）說，而肯定大統十六年（550）說（1955文），[236] 岑仲勉「以爲府兵制旣上承北魏，則鮮卑族宇文泰轄下的軍隊早已按這種組織而建置，依此來看，放在三年或八年都沒有什麼問題，只六柱國之擴充一點，須待至十五六年，卻是事實。」[237]（1957文）谷霽光認爲「從西魏大統八年（542）到北周大象二年（580），一共三十八年的時間，府兵制度已經形成，屬于府兵制發展的初期。」[238]（1962文）。何茲全「同意唐長孺先生的意見，……就整個組織系統之建立而言，卻只有在（大統）十六年（550）。……招募豪右、接納鄉兵參加六柱國系統，是府兵制形成時期的情況，這兩種兵士來源是六柱國領兵初期的重要兵源，但府兵制之成爲府兵制，應仍在設府取兵。二者是有密切關係的，又是有區別的。沒有設府取兵，只有廣招豪右，接納鄉兵，就只能產生軍府，而不能產生府兵制。」[239]（1962文）按「府兵之制起於西魏大統，廢於唐之天寶，前後凡二百年，其間變易增損者頗亦多系！」[240] 而最主要精神乃是徵兵制度，即所謂「籍民爲兵」也，這個制度之成立，應以大統十六年（550）爲最合理。但這個制度之成立，並非一張白紙黑字公告卽可以出現，在此之前有一段醞釀期，所以大統三年（537）、六年（540）、八年（542）、九年（543），甚至於西魏小朝廷甫成立時之大統元年（535），都是府兵制度步步走向成立的重要階段。本章則從府兵制度成立過程之中，討論與府兵制度成立有密切關係的若干政治社會現象，卽：關隴軍事集團之權力分配與府兵地區、府兵軍府之社會基礎、府兵從職業軍人至徵兵、府兵制度之中央輻射設計等。

一、關隴軍事集團之權力分配與府兵地區

1. 關中——宇文泰主力之層次安排

大統年間關隴地區的軍事集團正如上述分析，宇文泰在漸次發展府兵制度中，是

---

236 唐長孺〈魏周府兵制度辨疑〉p. 258-266《魏晉南北朝史論叢》。
237 岑仲勉《府兵制度研究》。
238 谷霽光《府兵制度考釋》。
239 何茲全〈讀府兵制度考釋書後〉p. 164。
240 陳寅恪《隋唐制度淵源略論稿》六〈兵制〉卷首語。

如何組合人羣？自武功以下至潼關，包括全部渭南及部份渭北，發展出于謹柱國大將
軍；于謹是宇文泰六個掌實權柱國之中最親信者，此地區主要居民是漢人及北鎮人
士，是宇文泰政權的堅強支持者。自雍州以下渭北三原、富平、下邽、華州（大荔）
以北，包括全部洛水流域，發展出李弼柱國大將軍；李弼是六柱國之中宇文泰第二號
親信者，此地區主要居民，在洛水下游以東及下邽，以漢人、[241]北鎮人士[242]爲主，涇
水、洛水之間是以漢人與羌人爲主，洛水上游是稽胡。洛水以東的漢人與北鎮人士是
宇文政權的堅強支持者，而蒲城、白水、宜君、同官、宜州等地的羌人則可能在大統
九年以後大量接受宇文泰召募加入府兵，宇文泰常居華州，一方面該地是渭水、洛水
交會處，是抵抗或進攻東魏之前線總部，一方面是居于謹、李弼二大主力柱軍之中線
上，便於調動大軍。整條涇水流域發展成侯莫陳崇柱國大將軍；侯莫陳崇是六柱國之
中宇文泰第三號親信者，此地區在涇水上游以漢人、雜胡爲主，中、下游以漢人、
氐、羌爲主。原州的李遠家族是宇文泰之堅強支持者，李遠也是十二大將軍之一。判
別對宇文泰之親信程度，除了本文前節分析柱國大將軍、大將軍時，指出各將與宇文
泰之關係以外，還有一個具體的指標，此即當宇文泰死後，各柱國與宇文護之關係。
按宇文泰生前必能善於安撫、控制各柱國大將軍，泰雖傳位於其子覺，覺時僅十四
歲，（生於大統八年，542；即位於魏恭帝三年，556）[243]事實上權力交給泰兄子護，
[244]「孝閔帝（覺）踐阼，拜（護）大司馬，封晉國公，邑一萬戶。趙貴、獨孤信等謀
襲護，護因貴入朝，遂執之，黨羽皆伏誅，拜大冢宰。」[245]〈趙貴傳〉載：「初，貴
與獨孤信等皆與太祖等夷，及孝閔帝即位，晉公護攝政，貴自以元勳佐命，每懷怏
怏，有不平之色，乃與信謀殺護。及期，貴欲發，信止之。尋爲開府宇文盛所告，被
誅。」[246]，〈獨孤信傳〉載：「趙貴誅後，信以同謀坐免。居無幾，晉公護又欲殺

---

241 如河東薛氏發展至夏陽一帶的西祖漢上五門薛氏大房長子洪祚支、及二房洪隆支。
242 參見馬長壽《碑銘所見前秦至隋初的關中部族》三〈北朝前期的李潤羌和北魏造像題名的四
   種方式〉p. 39-51。
243 《周書》卷三〈孝閔帝紀〉。
244 《周書》卷一一〈晉蕩公護傳〉：「太祖之兄邵惠公顥之少子也……。太祖西巡牽屯山，遇
   疾，馳驛召護。護至涇州見太祖，而太祖疾已綿篤。謂護曰：『吾形容若此，必是不濟。諸
   子幼小，寇賊未寧，天下之事，屬之於汝，宜勉力以成吾志。』護涕泣奉命。」
245 《周書》卷一一〈晉蕩公護傳〉。
246 《周書》卷一六〈趙貴傳〉。

之，以其名望素重，不欲顯其罪，逼令自盡於家。」[247]而〈于謹傳〉載：「及太祖崩，孝閔帝尚幼，中山公護雖受顧命，而名位素下，羣公各圖執政，莫相率服。護深憂之，密訪於謹。謹曰：『夙蒙丞相殊眄，情深骨肉。今日之事，必以死爭之。若對眾定策，公必不得辭讓。』明日，羣公會議。謹曰：『昔帝室傾危，人圖間鼎。丞相志在匡救，投袂荷戈，故得國祚中興，羣生湊性，今上天降禍，奄棄庶寮。嗣子雖幼，而中山公親則猶子，兼受顧託，軍國之事，理須歸之。』辭色抗厲，眾皆悚動。護曰：『此是家事，素雖庸昧，何敢有辭。』謹既太祖等夷，護每申禮敬。至是，謹乃趨而言曰：『公若統理軍國，謹等便有所依。』遂再拜。羣公迫於謹，亦再拜，因是眾議始定。」[248]，〈李弼傳〉載：「及晉公護執政，朝之大事，皆與于謹及弼等參議。」[249]于謹與李弼皆「以功名終」，「孝閔帝踐阼……（于謹）與李弼、侯莫陳崇等參議朝政。」[250]，但至保定三年(563)，崇仍因出言不慎，而被「（宇文）護遣使將兵就崇宅，逼令自殺。」[251]李虎卒於宇文泰卒之前。渭河上游的秦隴一帶，發展出獨孤信柱國大將軍，前節已有詳論，然實權恐在大將軍宇文導之手，秦隴一帶居民除了漢人以外，少數民族以羌氐雜胡為多，此地區之羌與渭北、洛水以西、涇水以東之羌已長期相隔，[252]秦隴之羌一直給宇文政權帶來沈重負擔。岐州之南及西南發展出趙貴柱國大將軍，此地區居民結構除漢人以外，氐人勢力最大，與宇文政權處於叛順之間，上文趙昶事蹟已有分析。

　　2. 長安──魏帝禁衞軍與追隨者之隔離

　　王思政與念賢皆與魏孝武帝關係甚密，在入關以前已是中原名將，元修入居長安以後，王思政派遣至關東地區發展，而念賢派遣至隴右地區發展，前者所領之兵為關東召募及州郡之兵，後者所領之兵，可能是關東追隨魏帝之兵。總之，皆非軍府之

---

247 《周書》卷一六〈獨孤信傳〉。

248 《周書》卷一五〈于謹傳〉。

249 《周書》卷一五〈李弼傳〉。

250 《周書》卷一五〈于謹傳〉。

251 《周書》卷一六〈侯莫陳崇傳〉。

252 馬長壽《碑銘所見前秦至隋初的關中部族》二、〈前秦「鄧太尉祠碑」和「廣武將軍□產碑」所記的關中部族〉，p. 35「羌入關中雖為時甚早，但一入關中便與湟中、南安的西羌隔絕。」

兵,卽史書所謂「並不在領兵之限」之意也。然而,魏帝亦有禁衞軍,此卽《魏書》
〈地形志〉所謂「自恒州已下州,永安以後,禁旅所出。」按庶兵亦稱禁旅,唐長孺
將府兵之禁旅與魏帝之禁衞混作一談,[253] 谷霽光已指出其非,[254] 這兩種軍種同時存
在,但是這兩軍種之軍士出身卻相同,西魏府兵軍府中的軍士,大部份皆六僑州(恒
燕雲蔚顯朔)之部人,屬於恒州以下諸州。魏帝之禁衞人數不多,從十二大將軍名單
觀察,其後有的編入府兵之中,有的由王盟或盟子勵率領,卽領軍將軍轄下。編入府
兵者應屬於元贊、元育、元廓三個大將軍統領,他們衞成之主要區域應該是長安城及
長安附近。從宇文導、元廓自雍州至隴右換防關係來看,導與廓皆可能屬於獨孤信柱
國大將軍之下,前文已有分析。李虎領有元贊元育二軍,此處可進一步說明。

「大統四年(538)七月,東魏遣其將侯景、厙狄干、高敖曹、韓軌、可朱渾元、
莫多婁貸文等圍獨孤信於洛陽,齊神武繼其後。先是魏帝將幸洛陽拜園陵,會信被
圍,詔太祖率軍救信,魏帝亦東。」[255] 這次是東、西魏大會戰之一,雙方主要大將都
投入戰場,宇文泰這一方面是獨孤信、李遠居右,趙貴、怡峯居左,李虎、念賢爲後
軍,李弼、達奚武爲前驅,賀拔勝爲中軍大都督。[256] 這次戰役非常激烈,東魏方面損
失大將莫多婁貸文、高敖曹,西魏方面宇文泰墜馬,東魏兵差一點迫及,幸賴李穆救
出。按常理論,天子出征,應居於中軍,但這次是宇文泰領軍指揮,泰必然居中軍,
《周書》記載戰前「是夕,魏帝幸太祖營」,[257] 可見魏帝不與泰同營,最大可能是魏
帝在後軍。統領後軍的李虎、念賢,「遇信等退,卽與俱還、由是乃班師,洛陽亦失
守」,[258] 其間必與魏帝有關,不然,後軍這樣調度,不僅僅如〈念賢傳〉所謂「自是
名譽頗減」,而虎與賢毫不受懲罰。當大軍東征之時,長安城內沙苑之戰東魏降卒反
叛,李虎是最早趨至長安的大將,「李虎等至長安,計無所出,與太尉王盟、僕射周
惠達等奉太子欽出屯渭北。」[259] 此亂由鎮守華州之宇文導率所部平之,[260] 李虎巫巫趨

253 唐長孺、〈魏周府兵制度辨疑〉p. 263、p. 280 刊於《魏晉南北朝史論叢》。
254 谷霽光《府兵制度考釋》p. 19-20。
255 《周書》卷二〈文帝〉下,大統四年(538)七月。
256 見文末附表。
257 《周書》卷二〈文帝〉下,大統四年(538)八月庚寅。
258 《周書》卷二〈文帝〉下,大統四年(538)八月。
259 《通鑑》一五八〈梁紀〉一四武帝大同四年(538),卽大統四年八月。
260 《周書》卷一〇〈邵惠公顥傳〉附子〈導傳〉。

回長安，顯示李虎與長安有密切關連，而李虎無力平定降卒，充分表露出虎之本軍不多、或不強。

　　雍州至華州一帶是宇文泰最重要地區，華州是其長駐之地，魏帝居於長安，泰對長安自必有所安排，這種安排最好能符合魏帝與宇文泰雙方要求。王思政與念賢皆魏帝舊臣，宇文泰對王思政之關係最遠，故王思政一直成守關東地區，念賢乃武川人，但亦是當年魏帝之中軍北面大都督，泰將其安排在隴右一帶。長安城內宇文泰如安排李虎，則虎原本賀拔岳之大將，泰之同僚，武川出身，另一方面虎自岳卒後，曾東奔賀拔勝，滯留於洛陽，魏帝甚為賞識，故虎能被西魏帝接受。

　　3. 隴右——大將輪番鎮壓與獨孤信之坐鎮

　　按隴右一帶，原為侯莫陳悅之勢力，悅敗後，宇文泰命「李弼鎮原州，夏州刺史拔也惡蚝鎮南秦州，渭州刺史可朱渾元鎮渭州，衞將軍趙貴行秦州事。」[261]，其中可朱渾元乃忠於悅者，泰之任命元為渭州刺史，是委協之道，「侯莫陳悅之殺賀拔岳也，周文帝（宇文泰）率岳所部還共圖悅，元時助悅，悅走，元收其眾，入據秦州，為周攻圍，苦戰，結盟而罷。」[262]所以《通鑑》胡注云：「為可朱渾道元（元之字）奔高歡張本。」元奔東魏之事，《通鑑》繫年於梁武帝大同元年（535），即大統元年（535）春正月。明年，又發生「魏秦州刺史万俟普與其子太宰洛、幽州刺史叱干寶樂、右衞將軍破六韓常及督將三百人奔東魏」[263]宇文泰對於隴右一帶未能穩固控制，所以大統三年（537）高歡西伐時，宇文泰回軍擊高歡竇泰時，「乃聲言欲保隴右」，[264]除了侯莫陳悅的殘餘勢力以外還有氐人勢力，魏永熙三年（534）八月乙未「武興王楊紹先為秦、南秦二州刺史。」[265]，此時氐人與宇文泰僅羈縻關係，「太祖定秦、隴，紹先稱藩，送妻子為質。大統元年（535），紹先請其妻女，太祖奏魏帝還之。」[266]，在大統二年（536）以後，曾任命「魏文帝子宜都王式為秦州刺史，以（蘇）亮為司馬

261　《通鑑》一五六〈梁紀〉一二武帝中大通六年(534)，即魏永熙三年四月。
262　《北齊書》卷二七〈可朱渾元傳〉。
263　《通鑑》一五七〈梁紀〉一三武帝大同二年（536），即大統二年五月。《北齊書》卷二七〈万俟普傳〉、附子〈洛傳〉、〈破六韓常傳〉皆載此事，但無確切年月。
264　《通鑑》一五七〈梁紀〉一三武帝大同三年(537)，即大統三年春正月。
265　《通鑑》一五六〈梁紀〉一二武帝中大通六年(534)，即魏永熙三年。
266　《周書》卷四九〈異域〉上〈氐〉。

……七年（541），復爲黃門郎。」[267]，「在大統初，（梁仚定）又率其種人入寇，詔
行臺趙貴督儀同侯莫陳順等擊敗之。」[268]，《周書》本傳署「貴爲隴西行臺」[269]《西
魏書》載李虎亦有同樣經歷「爲隴右行臺，討之（賊帥梁仚定），」[270]此事謝啟昆
繫年於沙苑之役之後（大統三年十一月，537），似乎是西魏初諸將輪征隴右。李虎何
時調離隴右，不詳，然應在獨孤信大統六年（540）入隴以前。隴右地區一直處於不穩
情況，直到大統六年（540）宇文泰調獨孤信鎮守，才得以安定，史書載：「先是，守
宰闇弱，政令乖方，民有寃訟，歷年不能斷決，及信在州，事無壅滯。示以禮教，動
以耕桑，數年之中，公私富貴，流民願附者數萬家，太祖以其信著遐邇，故賜名爲
信，」[271]信在隴右十餘年。與獨孤信同一集團的史寧曾任行泗州事、東義州刺史。至
大統十二年（546），又調入獨孤信轄區，本傳載：

> 十二年轉涼州刺史。寧未至而前刺史宇文仲和據州作亂，詔遣獨孤信率兵與寧
> 討之……克之，加車騎大將軍、儀同三司、大都督、涼西涼二州諸軍事、散騎
> 常侍、涼州刺史。十五年（549），遷驃騎大將軍、開府儀同三司，加侍中，進
> 爵爲公。十六年（550），宕昌叛羌獠甘作亂……詔寧率軍與宇文貴、豆盧寧等
> 討之，……大破之……并執翟廉玉送闕……

宇文貴、豆盧寧二人時均爲大將軍銜，而史寧是開府銜，且屬獨孤信派遣軍，由幾
個柱國，各派將領出征，這種形態在西魏北周極爲常見。師還後，「詔寧率所部鎮河
陽」，而至「魏廢帝元年（552），復除涼甘瓜三州諸軍事、涼州刺史」茹茹「抄掠河
右，寧率兵邀擊，獲（阿那）瓌子孫二人，拜其種落酋長。」「（廢帝）三年（554），
吐谷渾通使於齊，寧擊獲之，就「拜大將軍」（本傳），史寧雖然被調遣他處，但河
右需要之時，又調入此區，而與獨孤信有密切關係，按西魏北周柱國大將軍、大將
軍、開府將軍等擁有本軍，例如：「（趙貴）拜侍中、驃騎大將軍、開府儀同三司

267　《周書》卷三八〈蘇亮傳〉。
268　《周書》卷四九〈異域〉上〈宕昌羌〉。
269　《周書》卷一六〈趙貴傳〉，《周書》卷一九〈侯莫陳順傳〉：「及梁仚定圍河州，以順爲
　　　大都督，與趙貴討破之，即行河州事。」
270　《西魏書》卷一八〈李虎傳〉。
271　《周書》卷一六〈獨孤信傳〉。

……與東魏人戰於邙山，（趙）貴爲左軍，失律，諸軍因此並潰。坐免官，以驃騎、
大都督領本軍。尋復官爵，拜御史中丞，加大將軍。」時尚未有柱國大將軍，趙貴之
領本軍可能是剝奪其左軍之指揮權，而僅領其開府之兵，開府可能是軍之單位，谷霽
光有二十四軍之說，[272] 但此時府兵體系仍未完備，開府之次儀同將軍亦甚重要，如
上列史寧之例，爲車騎大將軍、儀同三司、大都督亦是軍事作戰單位，此銜再拜涼州
刺史，亦獨當一面。府兵制度完備之時，一個柱國大將軍在其轄區內也不太可能編制
齊全，如史書所指，擁有二個大將軍、四個開府……。其部屬也會被派遣到軍情需要
之處作戰或短期戍守，即令沒有戰爭，宇文泰亦常會諸軍於華州一帶，此事史書屢見
不鮮。史寧是這種調動的最佳例子，別處需要時也曾調走，河右有事時又回河右，而
以居河右時爲多，獨孤信這個柱國大將軍轄下之二大將軍，據上文之分析，爲宇文導
及元廓，其轄區是隴右及京師附近，柱國必帶有京師或同華一帶之軍府，此與府兵原
爲禁旅性質有關。按一個柱國轄二個大將軍、四個開府，宇文導是宇文泰之姪，這個
大將軍兵力完整，即擁有二個開府；獨孤信柱國另二個開府，一個是史寧，一個就可
能是獨孤信之本軍了，這是柱國本軍之推測，元廓似乎平素無實權，有一次宇文導調
至華州時，元廓代宇文導鎮隴右。

　　大統六年（540）自獨孤信調至隴右，長期戍鎮西疆以後，賀拔勝、獨孤信系統中
參與關東經營者首推楊忠，如「大統十一年（540），東魏圍潁川，蠻帥田柱清據險爲
亂，忠率兵討之。」[273]、「大統十五年（549），時侯景渡江，梁武喪敗，其西義陽郡守
馬伯符以下滧城降，朝廷因之，將經略漢、沔，乃授忠都督三荊二襄二廣南雍平信隨
江二郢淅十五州諸軍事，鎮穰城，以伯符爲鄉導，攻梁齊興郡及昌州，皆克之。梁雍
州刺史、岳陽王蕭詧雖稱藩附，而尚有貳心。忠自樊城觀兵漢濱……懼而服焉。」[274]、
「大統十五年（549）冬十一月，遣開府楊忠率兵與行臺僕射長孫儉討之（梁柳仲禮），
攻克隨郡。忠進圍仲禮長史馬岫於安陸。」[275]、「大統十六年（550）春正月，柳仲禮

---

272 谷霽光《府兵制度考釋》。
273 時間據《周書》卷四九〈異域〉上〈蠻〉。事跡錄自《周書》卷一九〈楊忠傳〉。
274 時間據《通鑑》一六二〈梁紀〉一八武帝太清三年(549)，即大統十五年。
275 《周書》卷二〈文帝〉下大統十五年(549)冬十一月。同書〈楊忠傳〉事蹟同。

率眾來援安陸，楊忠遂繫於漴頭，大破之，擒仲禮，悉虜其眾，馬岫以城降。」[276]、
「大統十七年（551）春三月，梁邵陵王蕭綸侵安陸，大將軍楊忠討擒之。」[277]、「魏
恭帝元年（554）冬十月壬戌，……及于謹伐江陵，忠爲前軍，屯江津，遏其走路，
……及江陵平，朝廷立蕭詧爲梁主，令忠鎮穰城以爲掎角之勢，別討沔曲諸蠻，皆克
之。」[278]西魏晚期對於荊州地區的經營成果甚爲輝煌，後梁政權實際上是西魏之「附
庸」，[279]使宇文泰勢力大大地增加。當然，這並非楊忠一人之功，在經營荊州過程之
中，先後有達奚武、于謹、宇文護、韋孝寬等參與，規模稍大的戰役，宇文泰常自二
個以上柱國中抽調軍旅共同參加。無論如何，楊忠在荊州經營上是主要人物。北周初
「孝閔帝（宇文覺）踐阼，（史寧）拜小司徒，出爲荊襄淅郢等五十二州及江陵鎮防
諸軍事、荊州刺史。」[280]

④小結——從十二將至六柱國十二大將軍

　　西魏府兵制度發展過程之中，對於軍將之安排有三個指標，其一是大統三年（537）
宇文泰率十二將東征；其二是大統八年（542）之初置六軍；其三是大統十六年（550）之
成立六柱國十二大將軍。「初置六軍」今已不詳。十二將爲李弼、獨孤信、梁禦、趙
貴、于謹、若干惠、怡峯、劉亮、王德、侯莫陳崇、李遠、達奚武。如以本文第二章
宇文泰政權中的軍事集團對照觀察，出於宇文泰親信者有于謹，出於賀拔勝集團者有
獨孤信，出於侯莫陳悅集團餘部者有李弼，出於賀拔岳餘部者有梁禦、趙貴、若干
惠、怡峯、劉亮、王德、侯莫陳崇、達奚武等八人，另有李遠。魏帝禁衛軍並沒有出
動，魏帝追隨部隊亦未見參加。由於賀拔岳餘部有八將之多，所以大統三年時（537），
宇文泰仍未脫離賀拔岳的軍將架構。唐長孺以軍階高低判斷不應有李遠，而係史書對
李虎之失載，[281] 如以軍階考慮，當然輪不到李遠，但十二將東征應與各部隊領袖爲
考慮，尤其是在大統三年之時，按李遠兄弟是高平地區部隊之首領，《周書》卷二五

---

276 《周書》卷二〈文帝〉下，大統十六年（550）春正月。
277 《周書》卷二〈文帝〉下，大統十七年（551）春三月。
278 《周書》卷一九〈楊忠傳〉。時間據《周書》卷二〈文帝〉下，魏恭帝元年（554）冬十月。
279 《周書》卷二〈文帝〉下，魏恭帝元年（554）十一月，「擒梁元帝，殺之，幷虜其百官及士
　　民以歸，沒爲奴婢者十餘萬，其免者二百餘家，立蕭詧爲梁主，居江陵，爲魏附庸。」又參
　　考山崎宏〈北朝末期の附庸國後梁に就いて〉《史潮》11-1，p. 61-90.
280 《周書》二八〈史寧傳〉。
281 唐長孺：〈魏周府兵制度辨疑〉《魏晉南北朝史論叢》p. 262, 1955。

〈李賢傳〉載：

> 魏孝武西遷（534），太祖令賢率騎兵迎衛，時山東之眾，多欲逃歸。帝乃令賢
> 以精騎三百爲殿，眾皆憚之，莫敢亡叛。

李氏兄弟是一支獨立部隊，與北鎮軍士並不重疊，其軍力當然不止三百騎，李氏先前曾支援爾朱天光馬匹千餘，又在宇文泰拉攏與培養之下，是宇文政權之另一支柱，所以在大統十六年時能獲得大將軍銜，這是北鎮人士之外的唯一大將軍。李虎未列入東征十二將之一，按本文上文分析，李虎或許與魏帝部隊戍守長安。

大統十六年府兵制度成立之時，賀拔岳集團之梁禦、若干惠、怡峯、劉亮、王德、寇洛，及魏帝追隨部隊之王思政、念賢等皆已不在。如果再以六柱國十二大將軍與各軍事集團對照看，則出於宇文泰親信者有于謹、賀蘭祥、宇文導、宇文貴等四人，出於賀拔勝集團者有獨孤信、楊忠二人，出於侯莫陳悅集團餘部者有李弼、豆盧寧二人，出於魏帝禁衛軍者有元廓、元育、元贊三人（不計元欣），出於魏帝追隨部隊者有侯莫陳順，另有李遠。顯然有很大變化。

在六柱國之中，于謹與李弼是宇文泰較信任者，「丞相泰愛楊忠之勇，留置帳下。」[282] 楊忠似編入李弼柱國，大統十五年（549）前後，忠曾任「都督朔、燕、顯、蔚四州諸軍事、朔州刺史」，這是六鎮軍士之僑州，這個職位很重要，因爲西魏集團朝貴多其部人，如：《周書》卷三六〈段永傳〉載：

> 魏廢帝元年（552），授恆州刺史，于時朝貴多其部人，謁永之日，冠蓋盈路，
> 當時榮之。

楊忠授予此職，顯示賀拔勝集團中的楊忠已是宇文泰之忠實支持者，同時亦因此職對於楊忠在關隴集團中的地位上升很有影響。

在涇水流域的侯莫陳崇柱國，其轄下李遠是宇文泰之忠實支持者；而隴右之獨孤信柱國，轄下有宇文導大將軍，導具有很大軍力，是眞正看守西門者；在岐州一帶的趙貴柱國，其轄下有宇文貴，貴被泰視爲宗室，從宇文貴紀功碑看，貴亦甚有軍力，李虎柱國在長安附近，終李虎有身之年，泰得以與魏帝維持穩定關係，虎死後才發生元烈事件。

---

282 《通鑑》一五七〈梁紀〉一三，武帝大同三年（537）七月，獨孤信與楊忠自梁奔長安時。

如果六柱國十二大將軍之統屬及其轄區不誤，再對照各軍事集團看，宇文泰對關隴軍事集團之權力分配與府兵地區安置，是極為妥當的。

二、府兵軍府之社會背景

宇文泰將其境內各種不同的社會勢力，安排在其府兵制度架構之中。

府兵制度以軍府為基石，陳寅恪指出：「府兵之制其初起時實摹擬鮮卑部落舊制，而部落酋長對於部內有直轄之權，對於部外具獨立之勢。」[283] 其後岑仲勉[284]完全承襲陳寅恪之說，唐長孺認為南北朝軍制對府兵制度有影響，但亦非完全是南北朝軍制之沿襲，所以他也承認「這個組織系統（指府兵制度）正如陳寅恪所指出的乃是軍事單位之部落化。」[285] 谷霽光認為「封建兵制應該是府兵制的主要淵源和內容，鮮卑部落兵制只是某些遺留因素和影響，二者結合後形成為具有新的特點的府兵制。」[286] 何玆全在評論谷霽光《府兵制度考釋》時，同意谷霽光意見，[287] 幾乎所有學者都承認鮮卑部落制對府兵制度有影響，所不同的是有些學者認為魏晉發展之兵制亦是府兵制度的重要淵源之一，以及影響程度不同而已。

自破六韓拔陵起於沃野鎮，沒有多少時間，六鎮紛紛淪陷，六鎮軍士南下，大都託庇於爾朱氏，於是爾朱氏遂擁有九州之軍士，此九州即原本并肆汾三州，加恒燕雲朔蔚顯六僑州，復得元氏宗室元天穆之結合，當時權傾朝野，這些人是當時統治階級，其後魏分東西，東魏西魏政權中的主要人物也源出於此一大集團。[288] 北鎮六僑州設在并肆汾三州境內者稱為九州，[289] 是數量最多、力量最大之地區，[290] 僑設於其他州者，有「定州六州大都督、冀州六州大都督、滄州六州大都督、英雄城六州大都督，

---

283 陳寅恪《隋唐制度淵源略論稿》六「兵制」p. 96。

284 岑仲勉《府兵制度研究》p. 1。

285 唐長孺〈魏周府兵制度辨疑〉《魏晉南北朝史論叢》p. 258。

286 谷霽光《府兵制度考釋》p. 94。

287 何玆全〈讀府兵制度考釋書後〉p. 159《歷史研究》1962-6。

288 見拙文〈北魏東魏北齊之核心集團與核心區〉第七節。

289 《魏書》〈楊播傳〉附弟〈津傳〉：「爾朱榮之死也，以津為都督并肆燕恒雲朔顯蔚汾九州諸軍事、驃騎大將軍兼尚書令、北道大行臺、并州刺史。」《魏書》〈爾朱天光傳〉：「詔天光以本官為兼尚書僕射，為并肆雲恒朔燕蔚顯汾九州行臺，仍行并州，以安靜之。」

290 見拙文〈北魏東魏北齊之核心集團與核心區〉第八節。

以統領駐防州鎭之六州鮮卑。」[291]除此以外「北齊分割六州鮮卑更于陘北別立之六州
……」。[292]即北朔州、北燕州、北蔚州、北恒州、北顯州、北靈州等。西魏恒州、燕
州、雲州、朔州、蔚州、顯州等六僑州在「大統中僑置于寧州西北地郡、趙興郡、幽
州新平郡內。」[293]，在北周時遷至渭水上游一帶。由於西魏北周所獲得之六鎭僑民較
少，故祇有一組六州僑州，東魏北齊所獲得之六鎭僑民較多，除在幷肆汾內有一組六
州僑州以外，還有陘北至桑乾河未淪陷之地之六州僑州。更有定州、冀州、英雄城、
滄州之地合六州爲都督府之軍士，據資料所示，還在河陽、懷州、永橋、義寧、烏籍
等地徙有六州軍人幷家。《魏書》〈地形志〉上謂，「自恒州已下十州，永安已後，
禁旅所出。」以東魏北齊而論，高歡大丞相府設在晉州，幷肆汾及六僑州皆其直接控
制之下，而各州六州大都督及京畿大都督也是大丞相府控制之下，兵員充沛，這些六
州軍人成爲高氏政權之骨幹。西魏北周祇有一組六州僑州，但據上節分析，宇文氏尙
吸收部份魏孝武帝禁衞、隨魏帝入關之關東部隊、荆州部隊等，這些人大部份亦皆屬
六州軍人，西魏軍士總數就遠不及東魏了。無論如何，自六鎭亂起至東西魏成立，主
宰北中國政局者乃是這批六鎭及幷肆汾豪傑，這些人不論其血統是否鮮卑人、或其他
胡人、或漢人，其生活方式顯然是北疆草原民族習慣，部落是其社會之單位。這些軍
士南遷以後，立有僑州，或居城，[294]或居坊，[295]仍然有變相部落而居之意義。

　　在西魏的前半期，北鎭人士取得絕對優勢，爲恢復並承襲北魏初三十六國、九十
九部落，在府兵制度發展過程之中，漢人編入其兵制者，賜予胡姓，[296]賜姓是北鎭人
士優勢之指標。 在西魏後半期，不僅北鎭人士仍維持優勢，宇文泰之權勢進一步高
漲，在西魏後半期的賜姓之中，賜宇文氏者最多，[297]值得注意的是賜予宇文氏的漢人

---

291 王仲犖：〈東西魏北齊北周僑置六州考略〉p. 24。

292 王仲犖：〈東西魏北齊北周僑置六州考略〉p. 26-27。

293 王仲犖：〈東西魏北齊北周僑置六州考略〉p. 27-29。

294 谷霽光《府兵制度考釋》p. 58 謂「軍人城居是當時一種通例」詳見其文 p. 57-61。

295 魏末禁衞軍居所有「六坊之衆」之說，見《隋書》卷二四〈食貨志〉。

296 《周書》卷二魏恭帝元年末載：「魏氏之初，統國三十六，大姓九十九，後多絕滅，至是，
    以諸將功高者爲三十六國後，次功者爲九十九姓後，所統軍人，亦改從其姓。」按賜姓雖記
    於恭帝元年(554)，賜姓之舉在西魏初即開始。

297 參見 Albert E. Dien "The Bestowal of Surnames Under the Western Wei-
    Northern Chou" p. 162 T'oung Pao, Vol. LXIII, 2-3 及大川富士夫〈西魏における宇
    文泰の漢化政策について〉p. 78，《立正大學文學部論叢》下，1957。

有京兆杜陵韋瑱、韋孝寬，河東解人柳敏、柳慶，河東汾陰薛善、薛端（居馮翊），河東聞喜裴鴻，博陵安平崔訦、崔謙、崔猷，滎陽開封鄭孝穆，頓丘臨黃李昶，敦煌令狐整，梁郡下邑李彥，魏郡申徽，金城直城王傑，臨洮子城劉雄，隴西狄道李和（徙朔方）等，[298] 更顯示宇文政權與漢士族、豪右之結合。而支持宇文政權的漢族，其社會型態自魏晉以降至於北魏已發展成以士族、地方豪族爲社會領袖之結構，論者多矣！於此不多贅述。每個豪族擁有宗親、部曲，或聚族而居，或守壁堡而防，是當時常見之情況，宇文氏將這些勢力納入府兵體系，依其勢力大小、功績建樹等命爲都督、帥都督、大都督等職，[299] 不僅使這些社會勢力有加入中央政府之感，[300] 抑且完全符合當時社會結構，在不打碎其社會建制之情況下尚有飛黃騰達之機會。所以府兵制度在大統年間漸次發展的過程之中，未見有受阻之記載。

大統九年宇文泰廣募關隴豪傑，據本文上文分析，最成功的應該是將渭水以北、涇水以東、洛水以西的羌族納入府兵體系，這一帶羌人大多是以部落型態定居，如前秦建元四年（368）〈廣武將軍□產碑〉中記載少數民族領袖（尤其是羌族）稱呼爲大人、部大、酋大等，[301] 馬長壽將其總括在部落系統的官。[302] 所以這一帶的社會結構仍是部落型態，這種型態也很容易納入以軍府爲單位的府兵制度之中。及至西魏北周出現的碑銘之中，已不再稱大人、部大、首大，而稱爲都督、帥都督、大都督等稱

---

298 以上諸人參考《周書》列傳，並參考濱口重國〈西魏に於ける虜姓再行の事情〉p. 400-410，《東洋學報》25-3, 1938, 1939。

299 見《周書》卷二三〈蘇綽傳〉附〈椿傳〉，卷三九〈韋傳〉，卷三三〈王悅傳〉，卷一八〈王羆傳〉，卷二五〈李賢傳〉、〈李遠傳〉，卷三一〈韋孝寬傳〉，卷三六〈令狐整傳〉，卷三二〈柳敏傳〉，卷三六〈司馬裔傳〉，卷三七〈郭彥傳〉等。

300 大統以來發展而成的府兵制度，都督、帥都督、大都督是其基層單位，皆爲中央禁旅。

301 據《宋書》卷九八〈氐胡大且渠蒙遜〉「羌之酋豪曰大」；《北史》卷九三，〈僭僞附庸大沮渠蒙遜〉：「羌之酋豪曰大，故以官爲氏，以大冠之。」瞿中溶首考其說，見《古泉山館金石文編》卷一跋。

302 馬長壽《碑銘所見前秦至隋初的關中部族》〈前秦「鄧太尉祠碑」和「廣武將軍□產碑」所記的關中部族〉p. 27，云：「部落系統的官，大人原是匈奴的官號，後來被北方、東北、西北各族沿用。碑銘中只有一人，即白平君爲大人銜，白姓爲龜茲人。酋大和部大之名前後凡六十餘見，其中稱酋大者，西羌的酋帥佔絕對多數，前後約二十五人，另外另有一個龜茲人稱酋大。稱部人者多係氐酋和雜胡的酋帥，前後近三十人。《後漢書》〈西羌傳〉云：『強則分爲酋豪』。《宋書》〈沮渠蒙遜傳〉云：『羌之酋豪曰大。』百羌酋帥之稱酋大以止。《晉書》〈石勒載記〉稱部大者二人，即羯胡張䞘督與莫突，此爲雜胡稱部大的先例。」

呼，上文已有分析。

　　趙昶在武都秦隴收編的氐羌，以及主動効忠宇文政權的上洛豐陽泉仚、[303]安康李遷哲、[304]儻城興勢楊乾運、[305]上甲黃土扶猛、[306]上洛邑陽陽雄、[307]襄陽席固、[308]南安任果[309]等，皆方隅豪族，很容易納入府兵之軍府之中。

　　所以，宇文泰之設計府兵制度是與其社會背景相扣合的。

　　然而，東魏北齊的主要統治者亦是北族軍士，而關東社會亦林立著士族、地方豪強，也建立塢堡等單位，為何沒有發展出府兵制度呢？除了兵源的眾寡原因以外，關東之社會情況與關中乃貌似而實不同。關中居民結構是否仍如江統所說「關中之人百餘萬口，率其少多，戎狄居半。」[310]至西魏時即令漢人居多數，其多數亦不會超過太多。[311]而東魏統治區內，除幷肆汾外，相當於今日河北省、山東省、河南省之地，當時居民結構漢人顯然占絕大多數，而居於上層統治階層卻是人口中占少數的北族，這種懸殊比較形成高氏之心結，而終東魏北齊之時，胡漢間緊張關係困擾著統治者，[312]在這個漢人居絕對多數的社會中，自魏晉以迄北魏，數百年來已發展成熟階層性的士族社會，縣有縣姓，郡有郡姓，崔盧李鄭王則是全國級的大姓，[313]五姓七望：清河崔氏、博陵崔氏、范陽盧氏、趙郡李氏、隴西李氏、滎陽鄭氏、太原王氏，[314]皆在東魏

303　《周書》卷四四〈泉仚傳〉。
304　《周書》卷四四〈李遷哲傳〉。
305　《周書》卷四四〈楊乾運傳〉。
306　《周書》卷四四〈扶猛傳〉。
307　《周書》卷四四〈陽雄傳〉。
308　《周書》卷四四〈席固傳〉。
309　《周書》魏四四〈任果傳〉。
310　《晉書》卷五六〈江統傳徙戎論〉，時在五胡亂華前十年左右。
311　自江統〈徙戎論〉之後十年以後，有長期的五胡亂華，關中大部份在非漢人政權統治之下，其後北魏擁有關中，亦屬鮮卑族政權。關中各少數民族容或有人數上之變動，就與漢人比例而言，漢人在這種政治形勢之下而有大幅度增加，似乎不太可能。
312　蕭瑤〈東魏北齊內部的胡漢問題及其背景〉《食貨月刊》復刊 6-8，1976。
313　《通鑑》一四〇〈齊紀〉六，明帝建武三年(496)春正月：「魏主（孝文帝）雅重門族，以范陽盧敏、清河崔宗伯、滎陽鄭義、太原王瓊四姓，衣冠所推，咸納其女以充後宮。隴西李沖以才識見任，當朝貴重，所結姻婭，莫非清望……時趙郡諸李，人物尤多，各盛家風，故世之言高華者，以五姓為首（胡注：盧、崔、鄭、王幷李為五姓。）」
314　參見拙文〈中古山東大族著房之研究〉及〈中古大族著房婚姻之研究〉。

北齊區域之內。[315] 除此以外，還有僅次於五姓的渤海高氏兄弟高乾、高昂，昂曾「統七十六都督」。[316] 在宇文泰府兵體系之中，八個柱國大將軍皆是北族或與北族生活型態相同之漢人，十二個大將軍之中，除了李遠一人以外，亦皆是北族或與北族生活型態相同之漢人。京兆韋氏、杜氏，河東薛氏、柳氏、裴氏，弘農楊氏等僅屬郡姓，其中韋孝寬最受重視，在玉壁保衛戰中立首功，玉壁解圍後「授驃騎大將軍、開府儀同三司」，[317] 至大統十六年（550）府兵制度完成時仍未達大將軍級，宇文泰在府兵體系之中保持其北鎮人士權力分配中的優勢地位，高歡如果也實施府兵制度，在柱國大將軍、大將軍級要讓出多少名額以滿足這些全國級漢大姓，而又如何不損及其北族之權力地位？

三、府兵從職業軍人至徵兵

自來學者對於府兵性質有二大看法，這二大看法皆根據史料，如下：《北史》卷十卷末載：（《通典》卷二八〈職官〉十將軍總敍條、卷三四〈職官〉一六勳官條，略同。）

> 每大將軍督二開府，凡爲二十四員，分團統領，是二十四軍。每一團儀同二人，自相督率，不編戶貫，都十二大將軍，十五日上，則門欄陛戟，警晝巡夜；十五日下，則教旗習戰。無他賦役。每兵唯辦弓刀一具，月簡閱之。甲槊戈弩，並資官給。

《玉海》一三八〈兵制〉三引《鄴侯家傳》載：

> 初置府不滿百，每府有郎將主之，[318] 而分屬二十四軍，每府一人將焉，每開府

315　隴西李氏地望在隴右，但主支大部份已遷至關東，見拙文〈從士族籍貫遷移看唐代士族之中央化〉p. 453–456。清河崔氏、太原王氏有一部份遷至青齊一帶，仍在高氏控制區內，見唐長孺《魏晉南北朝史論拾遺》〈北魏的青齊士民〉p. 92–122。

316　《北齊書》卷二一〈高乾傳〉附〈昂傳〉。

317　《周書》卷三一〈韋孝寬傳〉：「神武（高歡）苦戰六旬，傷及病死者十四五，智力俱困，因而發疾。其夜遁去，後因此忿志，遂殂。魏文帝嘉孝寬功，令殿中尚書長孫紹遠、左丞王悅至玉壁勞問，授驃騎大將軍、開府儀同三司，進爵建忠郡公。」

318　唐長孺認爲「每府有郎將主之」是用隋代官制附會，是不正確的，見〈魏周府兵制度辨疑〉《魏晉南北朝史論叢》，p. 266–274。但《鄴侯家傳》其他資料仍值得研究，事實上前輩學者研究府兵制度的重心是推敲《北史》、《鄴侯家傳》、《通鑑》等所引資料的準確性及其實際內涵。

屬一大將軍，二大將軍屬一柱國大將軍，仍加號持節大都督以統之。時皇家太
祖景皇帝（李虎）爲少師隴右行臺僕射隴西公，與臣（李繁）五代祖弼太保大
司徒趙郡公、及大宗伯趙貴、大司馬獨孤信、大司寇于謹、大司空侯莫陳崇
等，六家主之，是爲六柱國，其有眾不滿五萬。……初置府兵，皆於六戶中等
以上家有三丁者，選材力一人，免其身租庸調，郡守農隙教試閱，兵仗衣駄牛
驢及糧糧六家共備，撫養訓導，有如子弟，故能以寡克眾……，自初屬六柱國
家，及分隸十二衞，皆選勳德信臣爲將軍。

《通鑑》卷一六三〈梁紀〉一九，簡文帝大寶元年(550)末：

泰始籍民之才力者爲府兵，身租庸調，一切蠲之，以農隙講閱戰陣，馬畜糧
備，六家供之；合爲百府，每府一郎將主之，分屬二十四軍。……」

採信《鄴侯家傳》、《通鑑》者，認爲府兵乃兵農合一制度，如《新唐書》卷五〇
〈兵志〉：「至於府兵，始一寓之於農。」司馬光《通鑑》認爲開元十年（590）以前
乃兵農合一之制，[319] 受《北史》影響者，易於認爲府兵乃兵農分離之制，如葉適《習
學記》「宇文蘇綽患其然也，始令兵農各籍，不相牽綴。」以上諸人之觀點，陳寅恪
曾首作分析，見於《隋唐制度淵源略論稿》六「兵制」，陳氏對這個問題的看法，曾
有綜合性說明，同書同篇末載：

府兵制之前期爲鮮卑兵制，爲大體兵農分離制，爲部酋分屬制，爲特殊貴族
制；其後期爲華夏兵制，爲大體兵農合一制，爲君主直轄制，爲比較平民制，
其前後兩期分畫之界限，則在隋代，周文帝蘇綽則府兵制創建之人，周武帝隋
文帝其變革之人，唐玄宗張說其廢止之人，而唐之高祖太宗在此制創建變更廢
止之三階段中，恐俱無特殊地位者也。

唐長孺大體上同意陳寅恪這方面的觀點。[320] 谷霽光認爲：「隋文帝于開皇十年（590）
頒布了關于軍人編入戶貫的詔令，這是府兵制度中一項重大改革。……前此府兵，一

---

319 《通鑑》二一二，唐玄宗開元十年（722），張說建議召募壯士充宿衞事，以爲「兵農之分從
　　此始」，此條陳寅恪首先指示。
320 《魏晉南北朝史論叢》「魏周府兵制度辨疑」p. 287云：「這樣一個發展過程最後是取消了
　　軍府統領、軍民分治的舊傳統，同時也取消了自相督攝的組織系統與部落及部曲化，取消了
　　以胡制漢的壁壘，簡單地說變成與初建立時恰好相反的東西。這個發展在周武帝時開始而完
　　成於隋唐，陳寅恪先生業已指出。」

般是家屬隨營，列于軍戶、兵戶而不見民戶，……軍戶存在的時候，府兵由軍戶世襲和從民戶中簡選而來，軍戶取銷了，府兵的簡補便在一般民戶中進行。」[321] 谷氏的研究心得實際上是陳寅恪說法的進一步發揮，這種說法的優點是：行之二百年之久的府兵制度，其間不是不變的。自陳氏從兵制方面透視隋唐制度淵源，以迄谷氏功夫力作《府兵制度考釋》，學界大部份都接受這個看法，這個看法一方面符合制度會因時因地演變的現象，一方面部份解決了《北史》與《鄴侯家傳》《通鑑》之矛盾，即《北史》所述是西魏北周時府兵制度，而《鄴侯家傳》《通鑑》所述是隋唐時府兵制度，然而《鄴侯家傳》《通鑑》確是自府兵初建時即行描述，陳氏的辯解為「《鄴侯家傳》作者李繁依唐代府兵之制，以為西魏初創府兵時亦應如是，其誤明矣！李延壽生值唐初，所紀史事猶為近真，溫公作《通鑑》，其敘府兵最初之制，不采《北史》之文，而襲《家傳》之誤，殊為可惜也。」[322]

按《北史》所謂「每一團儀同二人，自相督率，不編戶貫，都十二大將軍，十五日上，則門欄陛戟，警晝巡夜；十五日下，則教旗習戰。無他賦役，每兵唯辦弓刀一具，月簡閱之，甲槊戈弩，並資官給。」是指職業軍人，這些人自爾朱天光以來一批一批入關，尚無另一更好名詞總括之，陳寅恪亦有一串字表示之，「鮮卑及六鎮之胡漢混合種類及山東漢族武人之從入關者。」[323]《鄴侯家傳》所載：「是為六柱國，其有眾不滿五萬」亦是指職業軍人，而繼載：「初置府兵，皆於六戶中等以上家有三丁者，選材力一人，免其身租庸調，郡守農隙教試閱，兵仗衣馱牛驢及糧糧六家共備，撫養訓導，有如子弟，故能以寡克眾。」是指府兵制度中兵農合一制，乃是隋唐時期府兵制度的的主要內容，實則至少可溯及西魏大統「十六年（550）籍民之材力者為府兵」，兵源因此大為擴充，當此之時，職業軍人與兵農合一之府兵同時存在。在軍事裝備方面，職業軍人自備弓刀一具，甲槊戈弩並資官給；而兵農合一之府兵則兵仗衣馱牛驢及糧糧，六家共備。甚為合理。又訓練方面，職業軍人是十五日上，則門欄陛戟，警晝巡夜；十五日下，則教旗習戰，無他賦役。而兵農合一之府兵乃郡守農隙教

---

321 《府兵制度考釋》p. 101, 102, 107。

322 《隋唐制度淵源略論稿》六「兵制」p. 98。

323 《隋唐制度淵源略論稿》六「兵制」p. 97。

試閱，撫養訓導，有如子弟，更爲合理。[324]

　　有關於職業軍人部份，本文前文已有論及，可包括恒燕雲朔蔚顯六州出身之軍士，及幷肆汾三州出身之軍士，以上有時合稱爲九州，此在東魏北齊政權中屢見，在西魏北周政權中以六州爲主，僅爾朱天光少數餘部可能出身於幷肆汾三州，在西魏北周史書中亦未見九州字樣；職業軍人又包括追隨魏孝武帝入關之山東軍士及荊楚健兒，又包括關隴地區自動投效或召募而來之地方豪右等，在時機上是正光末年（524）間天下大亂後所產生。

　　出身於六州之軍士是西魏北周政權中軍官及士兵之骨幹，他們隨著部隊駐紮各地，由於宇文泰集軍權於華州，所以大部份皆駐於華州至雍州一帶；也隨著部隊出征，他們之部人則居於六僑州。追隨魏孝武帝入關之禁旅，如果出身於六州，則皆與上述相同。關隴地區自動投效或召募而來之地方豪右，自大統九年（543）以後，由於擴大增募漢羌豪右，而在數量上逐漸加大，而影響西魏北周至隋唐統治階層成分演變至大，當另文分析。至少在西魏北周時期六州出身之軍士是其政權中之主要人物。六僑州在大統年間設立於豳寧一帶，至北周天和時遷至岐州一帶。建德年間六州幷廢。至隋開皇十年（590），有將軍士編入戶貫之詔令：

　　　　魏末喪亂，寓縣瓜分，役軍歲動，未遑休息，兵士軍人，權置坊府，南征北伐，居處無定，家無完堵，地罕苞桑，恒爲流寓之人，竟無鄉里之號。朕甚愍之。凡是軍人，可悉屬州縣，墾田籍帳，一同編戶。軍府統領，宜依舊式，罷山東河南及北方緣邊之地新置軍府。

這裏所提及之軍人是指職業軍人，因爲他們從魏末喪亂開始征戰，又提及權置坊府之事，形容成沒有鄉里之流寓之人。除了已配在軍府之軍士外，六僑州部人亦不斷調入，至武帝顯德四、五年大舉伐北齊以前，將岐州一帶僑州撤廢，可能軍士已抽調一空，這些都不是三丁取一，農隙訓練之府兵，而山東、河南及北方緣邊之地新置軍府，除上述北周軍士以外，還可能有北齊政權中新編之職業軍人。如果這個說法合

---

324 陳寅恪謂：「……蓋農隙必不能限於每隔十五日之定期，且當日兵士之數甚少，而戍守之役甚繁，欲以一人兼兵農二業，亦極不易也。又《北史》謂軍人『自相督率，不編戶貫』則更與郡守無關。」是由於未分職業軍人與兵農合一之府兵之故，見《隋唐制度淵源略論稿》六「兵制」p. 98。

理，則開皇十年（590）是府兵制度中職業軍人之整個結束。

綜上所述，西魏大統十六年（550）以前府兵制度發展時期所建立的軍府，其成員是職業軍人；大統十六年（550）府兵制度成立，《玉海》卷一三七〈兵制〉引《後魏書》「（大統）十六年（550）籍民之材力者爲府兵。」是按簿册徵召之意，自此有「兵農合一」者加入府兵；至隋開皇十年（590）將職業軍人部份悉數編入戶貫。所以大統十六年（550）至開皇十年（590）是府兵制度中既有職業軍人，又有「兵農合一」者的時代；而開皇十年（590）至唐代廢除府兵制度爲止，是府兵制度「兵農合一」時代。

東魏亦以北鎭職業軍人爲其軍旅之主幹，但高氏政權之兵源似乎沒有宇文氏那樣短缺，[325] 又關東地區居民結構漢人爲絕大多數，又有全國級士族，所以其兵制演變也與西魏不同，兹敍述於下：

《魏書》卷一〇六上〈地形志〉上載：「自恒州已下十州，永安已後，禁旅所出。」除永安三年時爾朱氏當政以外，其餘皆高歡當政時期，《魏書》〈地形志〉中僑州僑郡之設立，大都注明東魏年號，所以并肆汾及六僑州是其兵源所在，并肆汾是實州，也是東魏北齊軍事核心區，[326] 而所謂六僑州除在并肆汾中之六僑州外，還有定州六州、冀州六州、滄州六州等僑居職業軍人。高歡亦努力與其控制區內之人民與豪傑結合，[327] 其對於人民而言，希望百姓致力耕織，軍士爲其卻敵作戰，維持分工互依

---

325 《隋書》卷二四〈食貨志〉：「六鎭擾亂，相率內徙，寓食于齊晉之郊，齊神武因之成大業。」又《北史》卷六四論曰：「高氏籍四胡之勢，跨有山東，周文承二將之餘，創基關右，似商、周之不敵，若漢、楚之爭雄。……齊謂兼并有餘，周則自守不足……。」

326 參見拙文〈北魏東魏北齊之核心集團與核心區〉

327 谷霽光謂：「東魏、北齊軍隊的來源有五：一是高歡從北鎭帶來的軍隊以及收編爾朱榮的一些軍隊，這些都以北鎭鮮卑人和漢人爲主，估計達十萬人。二是北魏遺留下來的軍隊，數目不少，原係京畿附近的羽林、虎賁及其他軍隊，以鮮卑爲主體，也有漢族和其他各族人。在東、西魏分裂前夕，集中于河橋的便有十多萬人，《隋書》〈食貨志〉稱「是時六坊之衆，從武帝而西者不能萬人，餘皆北徙」，說明這十多萬人大都跟高歡徙鄴，西入關中的不到萬人。三是繼續招致爲兵的北鎭內徙人戶，《隋書》〈食貨志〉所謂「六鎭擾亂，相率內徙，寓食于齊晉之郊，齊神武因之成大業。」這部份人戶以鮮卑爲主，其中也包括曾徙居北鎭的中原強宗子弟和其他各族人。四是河北、河南各道「差還勇士」，或「簡發勇士」或「括民爲民」，即《隋書》〈食貨志〉所謂「簡華人之勇力絕倫者謂之勇夫，以備邊要。」這部份人當然以漢人爲主，不過一般勇士不免包括內徙的山胡、奚、契丹以及茹茹等人戶在內。五是各地豪家強族私家武裝即其「義衆」、和兵或部曲之歸府高歡的也稱「鄉閭」、「鄉曲」，有的豪強因而得到「立義大都督」、「靜境大都督」等名號，其情況和西魏相似，只是不像西魏那樣衆多和普遍，這些亦以「華人」爲主，鮮卑和其他部族內徙者也不少。」《府兵制度考釋》p. 249-250，本人對高氏軍隊來源大致從谷氏研究，但對於軍隊人數及軍士種族二方面存疑。

之關係，[328] 並不像西魏大統十六年「籍民爲軍」。高氏偶爾也「差簡勇士」，[329] 但基本上維持軍民分離政策。高氏對於各地豪家強族，亦有吸收成爲軍隊者，但並不普遍，亦未見任何大規模召募之詔令。對於高氏兵制，谷霽光先生的結語頗爲合理，其《府兵制度考釋》頁 251 云：

> 東魏、北齊的軍將，主要有開府將軍、儀同將軍、大都督、正都督、子都督或副都督。軍將名號繼承北魏末年舊制，這與西魏大體相同；但始終沒有把京畿兵和地方兵以及所謂義衆、部曲等統一于一個軍事組織系統之下，所以沒有像西魏、北周那樣的軍、府組織形式。

高氏政權之兵制，其發展之極致是從職業軍人中再予精選，構成一支強大的軍旅。《隋書》卷二四〈食貨志〉齊制：

> 及文宣受禪，多所創革。六坊之內徒者，更加簡練，每一人必當百人，任其臨陣必死，然後取之，謂之百保鮮卑。又簡華人之勇力絕倫者，謂之勇士，以備邊要。

如果這種辦法創設於北齊文宣帝受禪之年，卽天保元年，亦卽公元 550 年。而這一年正是西魏大統十六年，卽府兵制度大備之年。東西政權原本同源之兵制，至此全然不同矣！

四、府兵制度之中央輻射設計

　　府兵制度之中央輻射設計有兩種內涵，其一在制度層次方面是自中央呈輻射狀向地方伸張，將地方勢力按其大小編入府兵體系之中，關於府兵是中央軍，此點史書已有明文記載，學者也一致公認，本文不必贅述。唯在此中央軍大框框之內，尚有可

---

328 《資治通鑑》卷一五七〈梁紀〉一三，武帝大同三年（卽東魏天平四年，537）載：「（高）歡號令軍士，常令丞相屬代郡張華原宣旨，其語鮮卑則曰：『漢民是汝奴，夫爲汝耕，婦爲汝織，輸汝粟帛，令汝溫飽，汝何爲陵之？』其語華人則曰：『鮮卑是汝作客，得汝一斛粟、一匹絹，爲汝擊賊，令汝安寧，汝何爲疾之？』」

329 谷霽光《府兵制度考釋》p. 249 引❸注《魏書》卷一二〈孝靜帝紀〉：興和元年條，命司馬子如和奚思業分別于山東、河南「差選勇士」、「簡發勇士」，其例合理。但該注引《北齊書》卷二四〈孫搴傳〉：「大括燕恒雲朔顯蔚二夏州高平平涼之民，以爲軍士。」顯然應該屬於《魏書》〈地形志〉上所謂：「自恒州以下十州，永安已後，禁族所出。」

澄清者，玆敍述於下。

　　府兵制度是建立在都督制之上，魏末都督有：子都督、副都督、都督、大都督等職稱，西魏府兵制則採用都督、帥都督、[330]大都督等級。按府兵制度之等級自上而下爲：六柱國→十二大將軍→二十四開府儀同三司，按濱口重國說法，其下爲四十八團→九十六儀同三司，[331]谷霽光最後同意濱口重國之說法。[332]然而，若細查《周書》記載，整個大統年間諸將的升遷爲：大都督→儀同三司→開府儀同三司→大將軍→柱國大將軍[333]途徑，無一例外，在儀同三司與開府儀同三司之間沒有職級，所以濱口四十八團之「團」說沒有史實證明。本文擬訂西魏府兵體系爲：六柱國→十二大將軍→二十四開府儀同三司→四十八儀同三司→九十六大都督，在大都督之下有帥都督→都督，各級都有其重要性，但「大都督」這一級最爲重要，[334]因爲它是府兵制度軍府之單位，隋唐府兵制中軍府之校尉，相當于大都督。[335]以大都督爲軍府之單位，可與府兵制度成立時不滿百府之說相合，因爲自六柱國層層擴充至大都督時，其大都督數爲九十六。但最重要的證據乃是拜命儀同三司、開府儀同三司、大將軍甚至柱國大將軍等高級層次職位，仍保留其「大都督」銜，在《周書》卷一六卷末，大統十六年府兵

---

330 西魏時皆有「帥都督」官，北周自天和五年(570)四月至建德二年(573)正月之間曾省「帥都督」官，見《周書》卷五〈武帝〉上。

331 濱口重國〈西魏の二十四軍と儀同府〉p. 52。

331 谷霽光《府兵制度考釋》p. 52：「日人濱口重國認爲一個軍（漢光按：卽二十四軍之軍）轄二個團，每一團儀同二人，就成爲四十八團和九十六個儀同府，而有儀同將軍九十六人，濱口這個解釋，過去曾辯論其不確，經過反復考訂，知道從前自己對整個府兵統領系統的演變研究不夠，濱口之說，基本上是正確的，只是一軍二團的分析，有待進一步研究。」谷氏在此頁注❼稱「但《北史》幷不明言一軍二團，其依據仍嫌不足。」云云。

333 如《周書》卷一五〈李弼傳〉、〈于謹傳〉，卷一六〈趙貴傳〉、〈獨孤信傳〉、卷一九〈達奚武傳〉、〈侯莫陳順傳〉、〈豆盧寧傳〉、〈宇文貴傳〉、〈楊忠傳〉、〈王雄傳〉，卷二〇〈賀蘭祥傳〉，卷二五〈李賢傳〉附弟〈遠傳〉中爲：都督→儀同三司→開府儀同三司……可能漏一「大都督」。卷十〈邵惠公顥傳〉附子〈導傳〉。

334 谷川道雄亦認爲府兵指揮系統爲柱國大將軍——大將軍——開府儀同三司——儀同三司，而無軍團一級，唯谷川氏並未認定「大都督」是開府之最重要單位，而其上各級之府乃是大都督之加官。見谷川道雄《隋唐帝國形成史論》，p. 254及〈府兵制國家と府兵制〉，p. 431-432。

335 谷霽光認爲「大都督仍應爲團一級，隋唐府兵制中，團有校尉，相當于大都督。團之上有軍，後來連稱爲軍團」，見《府兵制度考釋》p. 53注❹，谷氏亦察覺到隋唐府兵制度中軍府之校尉，相當於大都督，但仍然將「團」「軍團」名稱混在一起。

制度完成時，所列柱國大將軍、大將軍全銜中可以發現，在這榜文中僅元欣無大都督銜，其官銜爲「使持節、太傅、柱國大將軍、大宗伯、大司徒、廣陵王元欣」。本文懷疑元欣當時「從容禁闥而已」，未領有任何軍府，故獨無「大都督」銜。

《周書》卷二四〈盧辯傳〉末載：「周制：授柱國、大將軍、開府、儀同者，並加使持節、大都督。……其授總管刺史，則加使持節、諸軍事。以此爲常。」兵制是辯之六官之一，同書同卷謂：「辯所述六官，太祖以魏恭帝三年（556）始命行之。」即大統十六年（550）府兵制度成立後之第六年，亦卽北周代替之前一年。按「大都督」一職在西魏北周府兵體系之中不是加官，而是實職，此在《周書》各柱國、大將軍等列傳中皆可查得。盧辯所謂「加使持節、大都督」，其義是仍帶大都督之意，周制似將此條寫成定制。又總管、刺史並不加「大都督」，這是因爲總管、刺史雖然領兵，但並不一定領軍府，故僅帶「諸軍事」而不帶「大都督」。

府兵制度之中央輻射設計的第二種內涵是地緣關係之內外之分，按渭水自武功以下直至流入黃河，其南北兩岸河谷之地是宇文政權的精華地區，北岸包括古白渠、鄭國渠，長期灌溉冲洗，使涇洛之間的一大片鹽鹹地成爲良田，[336]武功一帶渭北有成國渠、靈軹渠，[337]南岸有汸、灃、渦、滈、潩、澇、灞等水，源於秦嶺而注入渭水，此皆可資灌溉之區。又按北鎮軍士自爾朱天光、賀拔岳以迄宇文泰，乃至於入關之魏帝等，皆以此區爲其大本營，從西魏前期大戰役參戰者之分析，此區之漢族豪強是宇文政權之堅強支持者，在西魏後期，渭北漢羌豪右亦成爲宇文政權之支持者，所以渭水自武功以下以迄黃河的廣闊河谷，成爲宇文政權之心臟地區，在西魏時也是宇文泰統治地區之中人口最多的。《鄴侯家傳》謂「初置府兵不滿百」，其軍府分布情形已經失載，若參考唐代情況，合關中、隴右、陝北地區，共有軍府約274個，[338]而唐代京

---

336 史念海〈古代的關中〉 p. 26-70 文及地圖《中國史地論稿》（河山集）民國75年，臺灣弘文館版。

337 《水經注疏》卷一九〈渭水〉下。

338 據《新唐書》卷三六〈地理志〉一〈關內道〉及卷四〇〈地理志〉四〈隴右道〉載：軍府數，如下：京兆府京兆郡131，華州華陰郡20，同州馮翊郡26，鳳翔府扶風郡13，邠州新平郡10，隴州汧陽郡4，涇州保定郡6，原州平涼郡2，寧州彭原郡11，慶州順化郡8，鄜州洛交郡11，坊州中部郡5，丹州咸寧郡5，延州延安郡7，靈州靈武郡5，渭州隴西郡4，秦州天水郡6，以上共274個軍府。

兆府有軍府131，華州、華陰郡20，同州馮翊郡26，此三者約略是武功以下之渭河南北兩岸廣闊之河谷地區，在唐代共有軍府177個，佔關、隴、河西總數之65％，如果唐代軍府分配比例承襲西魏，或與西魏比例相去不遠，有三分之二軍府集中在此心臟地區。如果西魏府兵制度成立時有九十六個軍府，[339]則可能有六十四個軍府安置在此心臟地帶。九十六個軍府由六柱國均分，每柱國擁有十六個軍府。按本文第四章分析，于謹、李虎兩個柱國之軍府皆在此心臟地區，共計三十二個軍府。[340]其他四柱國爲：李弼柱國之軍府一半（八個）在心臟地區、一半在華州（同州）、北雍州以北；侯莫陳崇柱國之軍府一半在涇水流域、一半在心臟地區；獨孤信柱國之軍府一半在心臟地區、一半在隴右；趙貴柱國之軍府一半在心臟地區、一半在南岐、武興、南秦一帶；如此則軍府數目可以符合。而李遠李賢兄弟一在高平、一在相府；以及宇文導元廓調動於雍州與秦隴之間，正是府兵內外相繫的例子。調回心臟地區時，或如李弼之「居守」、[341]或如于謹「兼大行臺尚書、丞相府長史」、[342]或如趙貴「授岐州刺史……不之部，仍領大丞相府左長史」、[343]或如宇文貴「遷中外府左長史」、[344]或如楊忠「行同州事」、[345]或如王雄「行同州事」，[346]祇有獨孤信「在隴右歲久，啟求還朝，太祖不許。」[347]，此事被東魏謠傳「信據隴右不從宇文氏」（同上注）。

宇文泰府兵制度柱國轄區之輻射設計，亦符合當時交通路線，李弼柱國之軍府轄

339 濱口重國主張之府兵系統表爲：（〈西魏の二十四軍と儀同府〉p. 398）

六柱國大將軍——十二大將軍——二十四開府儀同三司……九十六儀同三司
二十四軍——四十八團……九十六儀同

谷霽光認爲「濱口之說，基本上是正確的」（《府兵制度考釋》p. 52）唯一軍二團之說，尚未有具體證據，持保留態度，同書 p. 52 注❼。

340 《新唐書》卷五〇〈兵〉：「凡府三等：兵千二百人爲上，千人爲中，八百人爲下。」西魏不詳，然隋唐承襲西魏北周，似應有等級爲合理，是以如果李虎柱國雖與于謹柱國軍府數相同，其軍力不一定相同。又《北周六典》亦有推論，見 p. 334-336.

341 《周書》卷一五〈李弼傳〉。
342 《周書》卷一五〈于謹傳〉。
343 《周書》卷一六〈趙貴傳〉。
344 《周書》卷一九〈宇文貴傳〉。
345 《周書》卷一九〈楊忠傳〉。
346 《周書》卷一九〈王雄傳〉。
347 《周書》卷一六〈獨孤信傳〉。

區延至在洛水流域及涇水北支泥水之間，洛水流域有一條大道，[348]泥水可走涇水道；侯莫陳崇柱國之軍府轄區延至涇水流域，有「Ａ．邠、寧、慶、靑剛川道；Ｂ．涇、原、蕭關道」；[349]獨孤信柱國之軍府轄區延至隴右，有南北兩道皆可與長安相通；[350]趙貴柱國之軍府轄區延至秦嶺仇池區。[351]

西魏以心臟地區爲重心，軍府之設計以此向外作輻射狀，這正是隋唐府兵軍府以關中爲重心[352]的雛型。

日人曾我部靜雄認爲宇文泰仿《周禮》皇畿爲中心，有內重外輕之觀念。[353]按宇文泰之政制深受《周禮》影響，[354]兵制也不例外，[355]但一種制度之能夠孕育成功，必須與其政治社會條件配合。宇文泰很巧妙地將各種人安排在地理環境之中，府兵制度即是這種安排的最佳例子。

在心臟地區之內，也有兩個中心，其一是長安、其二是華州（同州），雙都或兩個中心的現象在中古例子甚多，[356]西魏時由於大丞相宇文泰掌實際權力，泰長期居於華州，所以諸柱國在華州有住所，《大唐創業起居注》載楊忠與李虎在華州之住所甚近。[357]

六鎮亂後，出現許多行臺、都督府，在這些行臺、都督府之中已有獨立「都督」之稱號，其脈絡可另外研究，據古賀昭岑之研究，行臺之設立，在六鎮叛亂之前甚

---

348 嚴耕望《唐代交通圖考》第一卷篇柒長安北通豐州天德軍驛道，篇捌長安東北通勝州振武軍驛道，p. 229–276 及圖六。

349 嚴耕望《唐代交通圖考》第一卷，篇陸長安西北通靈州驛道及靈州四達交通線，p. 181–206 及圖六。

350 嚴耕望《唐代交通圖考》第二卷，河隴磧西區，篇拾壹長安西通安西驛道上——長安西通涼州兩驛道—— p. 341–419 及圖八。

351 嚴耕望《唐代交通圖考》第三卷秦嶺仇池區，篇拾捌駱谷驛道 p. 687–700 及圖十二。

352 參見谷霽光《府兵制度考釋》p. 153–157 文、表、地圖。

353 曾我部靜雄〈西魏の府兵制度〉p. 89。

354 參見王仲犖《北周六典》，1979。

355 參見《周書》卷二四〈盧辯傳〉。

356 作者曾與谷川道雄討論這個問題，都認爲北魏之平城、洛陽，東魏北齊之晉陽、鄴都（谷川稱爲霸府與王都），西魏北周之長安、同州，隋唐之東都西都等，是雙都、兩個中心的現象，其原因是由於政治、軍事、經濟、文化等不一。

357 《大唐創業起居注》卷中，頁11上。

少，正光五年(524)至孝昌三年(527)年大量增加，有五十五個；自永安元年(528)至永熙三年(534)，數量達到八十六個，此即爾朱氏當政時代；其後東魏(534-548)有三十二個，北齊(549-578)有三十五個；西魏(535-556)有二十六個，北周(557-581)僅二個。[358]西魏所設立之行臺，除宇文泰本身大行臺以外，皆設在隴右、荊州、河南北道等，距離其心臟地區較遠之地，[359]按都督制在六鎮叛亂後與行臺同時盛行，行臺原爲行尚書臺，除軍旅之節度、監察外，還包括守宰之黜陟、軍人之考課、徵兵、催軍、賑恤慰撫等權職，[360]而都督僅掌中央軍之事，但每個柱國大將軍體系內之軍府需要維持連繫、訓練、給養等，所以柱國、大將軍、開府、儀同等各級督將必須有人兼領刺史才能使制度運用靈活，但大將軍級以下督將之統屬與轄區已不可查，本文無法作進一步推敲。

西魏府兵是中央軍，大丞相之下有柱國、大將軍、開府、儀同、大都督、帥都督、都督等，官制系統自上而下、自內而外，層層節制，如輻射網。在地緣因素方面，心臟地區是其核心，亦是重兵所在，各柱國軍府自心臟地區向外發展，亦呈輻射狀。將域內各種武力結合在輻射網中，由於督將內外調動，軍府又以軍事爲主，雖有柱國轄區，而無藩鎮割據之虞。

---

358 古賀昭岑〈北朝の行臺について〉その3 p. 52。
359 荊州、河南地區設行臺，古賀昭岑〈北朝の行臺について〉その2 p. 106-109，其引用資料有：
　《周書》卷三四〈趙善傳〉：「魏孝武西遷，除都官尚書……頃之爲北道行臺，與儀同三司李虎等討曹泥，克之。」
　《周書》卷二六〈長孫儉傳〉：「時荊襄初附，太祖表儉功績尤美，宜委東南之任，授荊州刺史、東南道行臺僕射。」又據中華書局本之《周書補注拓拔儉碑》：「大統『六年，以公爲使持節都督三荊、二襄、南雍、平、信、江、隨、郢、淅十二州諸軍事、荊州刺史、東南道行臺僕射』又云『十二年，除大行臺尚書，仍爲大丞相司馬』」。
　《周書》卷一八〈王思政傳〉：「大統十三年……太祖乃以所授景儉持節、太傅、大將軍、兼中書令、河南大行臺、河南諸軍事回授思政……唯受河南諸軍事。」
　《北史》卷六二〈王思政傳〉載：「（大統）十二年，加特進、兼尚書左僕射行臺、都督、荊州刺史。」
　《魏書》卷一二〈孝靜帝紀〉興和二年(540)五月己酉：「西魏行臺宮延和、陝西刺史宮元慶率戶內屬。」疑此行臺在陝州一帶。
360 古賀昭岑〈北朝の行臺について〉その3 p. 41-51。

第六章　結　語

（一）西魏時期宇文泰親信有于謹、賀蘭祥、宇文導、宇文護、王盟、尉遲綱、尉遲迥、叱列伏龜、閻慶、宇文貴等，以宇文泰爲中心，包括宇文泰之宗室、姻親及最親信之部將。

賀拔勝集團有賀拔勝、獨孤信、楊忠、史寧等，由於賀拔勝位高權輕，實際領袖是獨孤信，統領原荊州部隊。

侯莫陳悅集團餘部有李弼、豆盧寧，領有原侯莫陳悅剩餘之部隊。李弼是其首領。

魏帝禁衛軍有元欣、元廓、元育、元贊、元子孝等。魏帝追隨部隊之將領有王思政、念賢、侯莫陳順等，前者統領洛陽西遷之禁衛軍；後者統領關東効忠西魏之部隊。魏帝是他們的領袖。

賀拔岳餘部有趙貴、侯莫陳崇、李虎、奚達武、王雄、寇洛、梁禦、若干惠、怡峰、劉亮、王德等。在賀拔岳生前，事實上宇文泰本人也屬於賀拔岳集團，岳卒後，眾部將擁泰爲首領，上述賀拔岳餘部皆是泰之擁護者，其支持程度視人而異，所以賀拔岳卒後之餘部並未產生新的小集團，這些部將漸爲宇文泰吸收，編入府兵體系之中。

（二）大統九年以前，西魏與東魏有六次大戰役，在宇文泰陣營之中，史書記載參與將領凡九十四人，除四人不詳外，其中五十一人系出北鎮人士，三十九人非北鎮人士，非北鎮人士大都是漢人豪族。另外在大統九年以前已加入宇文政權，雖未參加上述六大戰役，但亦涉及軍事者，又得二十六人，其中北鎮人士五人，非北鎮人士二十一人，非北鎮人士亦漢人豪族居多。如果將上述參與者相加，則出於北鎮人士有五十五人，非北鎮人士有六十一人，未詳者四人，總共一百二十人。

大統九年「廣募關隴豪右以增軍旅」除了擴大吸收上述豪傑之子弟、部曲以外，最重要的是獲得居住在渭水以北、涇洛之間羌族之支持，編入府兵系統，除了兵源擴充以外，有助於穩固雍州至華州之心臟地區。同時又收編汧岐一帶之降氐人，遷入華州一帶以實軍旅。

六僑州是禁旅之所出，亦是北鎮部人居住之所，自西魏六僑州設在涇水、洛水上游之間，具有攻守之作用，而北周將六僑州遷至岐州武功一帶，以表示北疆穩固，及宇文氏南圖之意向。

（三）柱國大將軍統領二大將軍、及柱國大將軍府兵軍府轄區擬定如下：

柱國大將軍　　大　將　軍　軍府轄區

（次序據《通鑑》）

宇文泰　　　　督中外軍　長駐華州

元　欣　　　　從容宮闈　長安宮廷

李　弼────〈豆　盧　寧｛洛水上中下游
　　　　　　　　楊　　忠｛僑州、北華、雍

李　虎────〈元　　育｛京城及
　　　　　　　　元　　贊｛長安附近

獨孤信────〈宇　文　導｛渭水上游
　　　　　　　　元　　廓｛雍州一帶

趙　貴────〈宇　文　貴｛渭水中游
　　　　　　　　王　　雄｛岐雍至秦嶺

于　謹────〈達　奚　武｛渭水下游
　　　　　　　　賀　蘭　祥｛雍、華一帶

侯莫陳崇────〈李　　遠｛涇水流域
　　　　　　　　侯莫陳順｛原、涇、寧、雍

（四）于謹、李弼二柱國是宇文泰政權之主力，也就是說宇文泰親信與侯莫陳悅集團餘部已充分結合，此二柱國鞏固了雍州至華州之心臟地區，其區內北鎮人士、漢人、羌人等是宇文政權積極支持者。

魏帝長年居長安，統禁衛軍者可能是元贊、元育及元廓，李虎是宇文泰與魏帝共同信任者，李虎可能是這個地區之柱國，領軍將軍安排宇文泰之舅王盟等人，如此維

持十八年和諧關係，至元烈事件才改變。魏帝追隨部隊王思政派至河東、河南戍守，念賢派至隴右等地，其所領之軍士皆非府兵。隴右在大統六年以後由獨孤信柱國鎮守，賀拔勝集團除楊忠調入李弼柱國以外，大都應仍在獨孤信麾下，眞正掌有重兵的是獨孤信之大將軍宇文導，導乃宇文泰之姪，鎮守關中隴右之間之西門，當泰東征時，導又內調至雍州華州一帶鎮守。另外侯莫陳崇柱國中有李遠大將軍，是宇文泰之忠實支持者；趙貴柱國中有宇文貴是宇文泰之親信。大統三年有十二將東征，八年初置六軍，十六年有六柱國十二大將軍，其中六軍不詳，十二將中賀拔岳餘部占八人，宇文泰親信有于謹，侯莫陳悅集團餘部有李弼，賀拔勝集團有獨孤信，另一位是高平軍李遠；至六柱國十二大將軍時，出於宇文泰親信者有于謹、賀蘭祥、宇文導、宇文貴四人，出於侯莫陳悅集團餘部者有李弼、豆盧寧二人，出於賀拔勝集團者有獨孤信、楊忠二人，出於魏帝禁衞軍者有元廓、元贊、元育三人，出於魏帝追隨部隊者有侯莫陳順一人，而賀拔岳餘部則減爲李虎、趙貴、侯莫陳崇、達奚武、王雄等五人，另一位是李遠，其間變化及調動甚大，也顯示宇文泰權力之加強。

（五）不論是北鎮軍士、抑或是漢人豪族、抑或是羌氏豪右、抑或荊洛一帶之方隅豪傑，其社會組織大體上以城坊、塢壁、部落等爲單位，所以便於建立軍府，而且在宇文泰統治區內，無全國性大族，使宇文泰安排柱國、大將軍等高階層內，不會失去北鎮人士之優勢，此乃府兵制度成立之社會背景。

（六）西魏大統十六年（550）以前府兵制度發展時期所建立的軍府，其成員是職業軍人；大統十六年「籍民之材力者爲府兵」，自此有「兵農合一」者加入府兵，至隋開皇十年（590）將職業軍人部份悉數編入戶貫，所以大統十六年以前是職業軍人時代，十六年至開皇十年是職業軍人與「兵農合一」者同時存在時代；而開皇十年至唐代廢除府兵制度爲止，是「兵農合一」者時代。《北史》與《玉海》之《鄣侯家傳》（《通鑑》採《家傳》）皆屬正確，唯《北史》是敍述職業軍人之權利義務，而《家傳》則描敍「兵農合一」者之權利義務。北齊高氏於同一年（550）則精簡北鎮軍士爲「百保鮮卑」，華人爲「勇士」，東西政權兵制自此完全分道揚鑣。

（七）西魏府兵制度之中央輻射設計有兩種內涵，第一種是制度層次方面自中央呈輻射狀向地方伸張，將地方勢力按其大小編入中央軍之中。其等級爲：六柱國→十

二大將軍→二十四開府儀同三司→四十八儀同三司→九十六大都督，在大都督之下有帥都督、都督等，大都督是軍府之重要單位。第二種是地緣關係之由內而外呈輻射設計，其心臟地區東西自渭水武功以下直至黃河，渭北包括富平堰、白渠、鄭國渠，渭南至秦嶺，府兵軍府在成立時約不滿百府，其中三分之二約在此區內，于謹與李虎二柱國之軍府完全在心臟地區，宇文泰柱國軍府轄區之輻射設計，符合當時交通連絡，李弼柱國軍府自心臟地區外延至洛水流域及涇水北支泥水一帶；侯莫陳崇柱國軍府自心臟地區延至涇水流域；獨孤信柱國軍府自心臟地區延至渭水上流之隴右；趙貴柱國軍府自心臟地區延至秦嶺仇池。這一種內重外輕之設計或許是受到《周禮》皇畿爲中心之影響，是隋唐府兵軍府以關中爲重心之雛型。柱國、大將軍等常常內外調動，部份督將在督區負責連繫、訓練、給養等事，而內調則柱國無藩鎮割據之虞。

＊　　　　　　＊　　　　　　＊

宇文泰以廣闊的胸懷將先後入關之北鎮軍士、魏帝禁旅等編入府兵之上層；大統前半期將支持其政權之漢人豪族編入府兵之中上層；大統後半期除繼續吸收漢人豪族宗人、部曲以外，復召募渭北羌人豪強、及收編隴岐氐人豪右，加入府兵之中下層，大統十六年府兵完成時更擴及徵召府兵。府兵制度發展過程之中，又與其統治區內之政治社會條件配合，[361] 所以府兵制度初期之設計甚具匠心，亦因此發揮出甚高的功效。

---

361 府兵制度亦與經濟條件配合，自陳寅恪提出《鄴侯家傳》「六家共之」指六柱國家供備之意（《隋唐制度淵源略論稿》六兵制，p. 95-96, 1937），谷霽光亦肯定陳說（《府兵制度考釋》p. 45-46, 1962），何茲全也認爲此說對初期府兵的給養問題，得到解決（〈讀府兵制度考釋書後〉《歷史研究》1962-6），故本文不再從經濟條件方面再予分析。

附　　表

類別	姓名 官階 戰役	大統三年正月潼關之役	大統三年八月十二將東征	大統三年十一月沙苑之戰	大統四年七月河橋之役	大統八年十月解玉壁圍	大統九年三月邙山之役	資料未標者為周書	備　　考
☆	于　謹		開　府	開　府	開　府		大將軍	15	洛陽人
☆	李　弼	開　府	開　府	開　府	開　府		開　府	15	遼東襄平
☆	獨孤信		開　府	開　府	開　府			16	家武川
☆	侯莫陳崇	開　府	開　府	開　府	開　府			16	武川人
△	王　羆			開　府				18	京兆霸城
☆	李　虎			儀　同	開　府			西魏書卷18	家武川
☆	趙　貴		儀　同	儀　同	開　府		開　府	16	家武川
☆	若干惠	儀　同	儀　同	儀　同	開　府		開　府	17	武川人
☆	怡　峯	大都督	儀　同	儀　同	開　府	開　府		17	遼西人
☆	念　賢				開　府			14	家武川
☆	寇　洛				開　府			15	家武川
☆	梁　禦		儀　同	儀　同				17	家武川
☆	劉　亮	儀　同	儀　同	儀　同				17	中山人，父領民酋長
☆	王　德		儀　同	儀　同				17	武川人
☆	達奚武	都　督	都　督		儀　同		開　府	19	代人，祖懷荒鎮將
☆	李　遠	征東大將軍	征東大將軍	都　督	儀　同		開　府	19	家高平[362]
☆	侯莫陳順			儀　同				25	武川人
☆	梁　椿		都　督	都　督	儀　同			27	代人
☆	宇文貴				儀　同			19	居夏州

362 李遠兄弟是鮮卑拓跋氏的後裔，參見＜寧夏固原北周李賢夫婦墓發掘簡報＞刊於《文物》1985-11, p. 16.

☆	賀拔勝		中軍大都督	中軍大都督	中軍大都督		前軍大都督	14	神武人
☆	宇文導			大都督				10	泰之姪
△	王思政			大都督	大都督			18	太原祁人
☆	楊　纂			大都督		大都督		36	廣寧人
△	田　弘		帥都督	帥都督	帥都督			27	高平人
☆	厙狄昌	征西	車騎	車騎	帥都督			27	神武人
☆	宇文護	都督	都督	都督	都督			11	泰之姪
☆	豆盧寧	都督	都督	都督			開府	19	昌黎徒河，父柔玄鎮將
☆	楊　忠	都督		都督	都督	大都督		19	家神武樹頹
☆	赫連達		都督	都督				27	盛樂人
△	辛　威	都督	都督	都督	都督			27	隴西人
☆	宇文虬	都督	都督	都督	都督			29	武川人
☆	李　穆	都督	都督	都督	都督	開府		30	家高平　同注[362]
△	韋孝寬	都督			都督	大都督		31	京兆杜陵
☆	賀蘭祥				都督		儀同	20	家武川
△	王　傑	都督		都督	都督		都督	29	金城人
△	韋　瑱		都督	都督	都督	都督		39	京兆杜陵
△	陽　雄		都督	都督	都督	都督	都督	44	上洛邑陽
△	侯　植			都督	都督			29	上谷人，家北地
△	馮　遷	√	√	√	都督			11	弘農
△	楊　儉			大都督				22	弘農華陰
☆	王　勱			都督				20	樂浪人，父盟

△	泉元禮			都督				44	上洛豐陽
☆	達奚寔	都督		都督				29	洛陽人
△	王　雅	都督		都督			都督	29	闐熙新固
☆	宇文盛		都督					29	代人
△	崔　悅		都督	都督				35	博陵安平
☆	尉遲綱		帳內都督	帳內都督	帳內都督	帥都督	帥都督	30	代人
☆	尉遲迥	帳內都督	帳內都督	帳內都督				21	代人
☆	王　勇	帳內都督	帳內都督	帳內都督			帥都督	29	武川人
△	陸　通	帳內督	帳內都督	帳內督	帳內督	大都督	儀同	32	吳郡居關中
△	趙　剛		帳內都督					33	河南洛陽
☆	韓　果	虞候都督	虞候都督	虞候都督	虞候都督			27	武川人
△	陳　忻		立義大都督				立義大都督	43	宜陽人
☆	李　摒		帳內都督	帳內都督			帳內都督	15	遼東襄平
☆	宇文測	子都督	子都督	子都督	子都督			27	泰之族子
△	常　善	平東	平東	平都	衛將軍			27	高陽
☆	竇　熾	衛將軍	衛將軍	衛將軍			車騎	30	家於代
△	蔡　祐	寧朔	寧朔	寧朔	平東			27	陳留圉人，居高平
△	權景宣		平西	平西				28	天水人
△	耿　豪	征虜	征虜	前將軍			鎮北	29	鉅鹿
☆	元　定	前將軍	前將軍	前將軍	前將軍		帥都督	34	洛陽
△	王子直				車騎			39	京兆杜陵
△	崔　猷	中軍	中軍	中軍				35	博陵安平

☆	段　永	平東	平東	平東	平東			36	家高陸河陽
☆	長孫澄					征東	征東	26	洛陽人
△	司馬裔		中軍					36	河內溫人
△	郭　賢					都督		28	趙興陽州
△	梁　台					都督	都督	27	長池人
△	梁　昕		鎮南	鎮南				39	安定烏氏遷京兆熱屋
☆	高　琳			平西	衞將軍		衞將軍	29	髙句麗
△	崔　謙	征西		征西	車騎大將軍			35	博陵安平
△	裴　俠			左中郎將		左中郎將		35	河東解人
△	王　悅				平東			33	京兆藍田
☆	閭　慶				奉車都尉		前將軍	20	家盛樂
△	韓　雄				√		北中郎將	43	河南東垣
△	鄭　偉				龍驤	龍驤		36	滎陽開封
☆	趙　善						儀同	34	趙貴之從祖兄
△	裴　果				√	√	-/	36	河東聞喜
☆	于　寔		√	√	主衣都統		都督	15	洛陽人
☆	寶　毅	√	√	√				30	家於代
△	王　慶		√					33	太原祁人
☆	侯莫陳凱	√		√				16	武川人
△	唐　瑾			√	√			32	父永
	尉興慶						都督	通鑑158	
△	楊　擩						都督	34	正平高涼

△	泉仲遵						征　東	44	上洛豐陽
	王胡仁						左衛率 子左率	通鑑158	
	耿令貴						√	通鑑158	
☆	伊婁穆						√	29	代人
△	薛　端	√	√	√				35	河東汾陰
☆	叱羅協				√			11	
☆	賀若敦				√			28	代人
	王文達						都　督	通鑑158	
△	呂思禮	安　東						38	東平壽張

附記：「開府」即開府儀同三司；「儀同」即儀同三司；「寧朔」即寧朔將軍，其他將軍同；「√」符號乃低品軍官。「☆」符號代表出於北鎮者（不是以種族作標準）；「△」符號代表非北鎮人士；不作類別符號者代表未詳。

據上表統計，大統九年以前參戰者出於北鎮有五十一人，非北鎮人士有三十九人，未詳者四人，共九十四人。另外在大統九年以前雖未參加上述六大戰役、但已加入宇文政權且亦涉及軍事者有北鎮人士：王雄（《周書》卷一九，下同）、王盟（二○）、史寧（二八，居撫寧鎮）、李和（二九，居朔方）、叱列伏龜（二○）五人；非北鎮人士：周惠達（二二，章武文安）、楊寬（二二，弘農華陰）、柳慶（二二，解人）、蘇椿（二三，武功）、崔彥穆（三六，清河東武城）、令狐整（三六，燉煌）、郭彥（三七，太原陽曲）、裴文舉（三七，河東）、韓褒（三七，潁川潁陽）、趙肅（三七，洛陽）、辛慶之（三九，隴西）、楊紹（二九，弘農）、劉雄（二九，臨洮）、韓盛（三四，南陽涅陽）、裴寬（三四，河東）、皇甫璠（三九，安定遷京兆）、李延孫（四三，伊川）、韋祐（四三，京兆山北）、柳敏（三二，河東）、趙文表（三三，天水西人）、魏玄（四三，任城）二十一人。如果將以上大統九年以前涉及軍旅者相加，則北鎮人士計五十五人，非北鎮人計有六十一人，未詳者四人，總共一百二十人。

參 考 書 目

《三國志集解》、《晉書斠注》　藝文書局殿本

《魏書》、《周書》、《北齊書》、《宋書》、《南齊書》、《梁書》、《陳書》、
　　《隋書》、《北史》、《南史》、《舊唐書》、《新唐書》　以上為鼎文書局標
　　點本

《胡注資治通鑑》　世界書局印行

《通典》、《文獻通考》、《通志》　商務書局印行

《玉海》〈鄚侯家傳〉　浙江書局重刻本

《水經注》（酈道元撰、楊守敬纂疏、熊會貞參疏《水經注疏》1957）

《元和郡縣圖志》　岱南閣叢書

《太平寰宇記》　乾隆 58 年重刊本

《中國歷史地理集》　譚其驤主編　1975

《中國史稿地圖集》　郭沫若主編　1979

王仲犖：《北周六典》，中華書局，1979

　　　　　《北周地理志》，中華書局出版，1980年 8 月

　　　　　〈東西魏北齊北周僑置六州考略〉，《文史》第五輯

王吉林：〈西魏北周統治階層的形成〉，《民族與華僑研究所學報》第三期，民 70 年。

王　昶：《金石萃編》，新文豐出版公司影印，原 1805

毛漢光：〈晉隋之際河東地區與河東大族〉，宣讀於中央研究院第二屆國際漢學會議
　　　　　民 75 年 12 月

　　　　　〈北朝東西政權之河東爭奪戰〉，臺大《文史哲》，1987

毛鳳枝：《關中金石文字存逸考》，新文豐出版公司影印，原 1875–1889

　　　　　《關中石刻文字新編》，新文豐出版公司影印，原 1875

史念海：〈古代的關中〉，《中國史地論稿》（河山集），臺灣弘文館版，民 75 年

朱大渭：〈北魏末年人民大起義若干史實的辨析〉，《中國農民戰爭史論叢》第三輯，

河南人民出版社，1984 年 4 月

朱維錚：〈府兵制度化時期西魏北周社會的特殊矛盾及其解決——兼論府兵的淵源和
　　　　性質〉，《歷史研究》，1963-6

杜斗城：〈漢唐世族隴西辛氏試探〉，《蘭州大學學報》1985-1

李紹明、冉光榮：〈論氐族的族源與民族融合〉，《四川省史學會史學論文集》，1982

岑仲勉：《府兵制度研究》，上海人民出版社，1957 年 3 月

谷霽光：《府兵制度考釋》，上海人民出版社，1962 年 7 月

何茲全：〈讀府兵制度考釋書後〉，《歷史研究》1962

　　　　〈府兵制前的北朝兵制〉，載於《讀史集》，上海人民出版社，1982年 4 月

武守志：〈五涼政權與西州大姓〉，《西北師院學報》1985-4

武樹善：《陝西金石志》，新文豐出版公司影印，原 1934

林　幹：〈稽胡（山胡）略考〉，《社會科學戰線》1984-1

周一良：〈論宇文周之種族〉，《中央研究院歷史語言研究所集刊》7

　　　　《魏晉南北朝史札記》，中華書局，1985 年 3 月

周偉洲：〈魏晉十六國時期鮮卑族向西北地區的遷徙及其分布〉，《民族研究》1983-5
　　　　〈貲盧與費也頭〉，《文史》23，1984

周　錚：〈西魏巨始光造像碑考釋〉，《中國歷史博物館館刊》1985-7

姚薇元：《北朝胡姓考》，1962

唐長孺：〈魏晉雜胡考〉，《魏晉南北朝史論叢》，1955

　　　　〈魏周府兵制度辨疑〉，《魏晉南北朝史論叢》，1955

唐長孺、黃惠賢：〈試論魏末北鎮鎮民暴動的性質——魏末人民大起義諸問題之一〉
　　　　《歷史研究》1964-1

　　　　〈二秦城民暴動的性質和特點——北魏末期人民大起義研究之三〉，《武漢
　　　　大學學報》1979-4

馬長壽：《碑銘所見前秦至隋初的關中部族》，中華書局，1985 年 1 月

庾信撰、倪璠注：《庾子山集注》，文華出版公司印行

張建昌：〈氐族的興衰及其活動範圍〉，《蘭州大學學報》1982-4

張維纂：《隴右金石錄》，甘肅省文獻徵集委員會校印，民 32 年，新文豐出版公司
　　影印《石刻史料新編》第 21 冊

張澤咸、朱大渭：《魏晉南北朝農民戰爭史料彙編》，中華書局

陸增祥：《八瓊室金石補正》，新文豐出版公司影印，原 1865

陸耀遹：《金石續編》，新文豐出版公司影印，原 1874

陳寅恪：〈府兵制前期史料試釋〉，《中央研究院歷史語言研究所集刊》第七本第三
　　分，民 26 年 12 月
　　《隋唐制度淵源略論稿》，《中央研究院歷史語言研究所專刊》之二十二，
　　民33年

曾光生：〈「關隴集團」問題——對陳寅恪先生「關中文化本位政策」的批判〉，
　　《史學月刊》1960-3

溫大雅：《大唐創業起居注》

黃盛璋：〈川陝交通的歷史發展〉，《歷史地理論集》，1982
　　〈陽平關及其演變〉，《歷史地理論集》，1982

萬斯同：〈西魏將相大臣年表〉，《二十五史補編》，開明書局

趙萬里：《漢魏南北朝墓誌集釋》，1953

聞　宥：〈記有關羌族歷史的石刻〉《考古與文物》，1980-2

謝啟昆：《西魏書》，鼎文書局

蕭　瑤：〈東魏北齊內部的胡漢問題及其背景〉，《食貨月刊》復刊 6-8，1976

蘇慶彬：〈元魏北齊北周政權下漢人勢力之推移〉，《新亞學報》6-2，1964
　　《兩漢迄五代入居中國之蕃人氏族研究》，新亞研究所專刊，1967

嚴耕望：《中國地方行政制度史上編卷中：魏晉南北朝地方行政制度》中央研究院歷
　　史語言研究所專刊之四十五
　　〈北周東南道四總管區〉，《大陸雜誌》特刊第二輯，1962
　　《唐代交通圖考》，中央研究院歷史語言研究所專刊之八十三第一冊京都關
　　內區，民 74 年 5 月；第二冊河隴磧西區，民 74 年 5 月；第三冊秦嶺仇池
　　區，民 74 年 9 月；第四冊山劍滇黔區，民 75 年 1 月；第五冊河東河北區，

民 75 年 5 月。

　　　　〈佛藏所見之稽胡地理分佈區〉，《大陸雜誌》72-4，民 75 年 4 月

大川富士夫：〈西魏における宇文泰の漢化政策について〉，《立正大學文學部論
　　　　　叢》7，1957

山　崎　宏：〈北期末期の附庸國後梁について〉，《史潮》11-1，1941

石 田 德 行：〈北地傅氏考——漢魏晉代を中心に〉，《中嶋先生論文集》，1981

古 賀 昭 岑：〈北朝の行台について〉一、二。

竹 田 龍 兒：〈門閥としての弘農楊氏についての一考察〉，《史學》31，1958

谷 口 房 男：〈晉代の氐族楊氏について〉，《東洋大學文學部紀要》第 30 集，史
　　　　　學科篇 II，1976

谷 川 道 雄：〈北魏末の內亂と城民〉上、下，《史林》41-3，1958

　　　　　〈北朝末期の鄉兵について〉，《東洋史研究》20-4，1962

　　　　　《隋唐帝國形成史論》，筑摩書局，1971

　　　　　〈北朝鄉兵再論〉，《名古屋大學文學部研究論集》（史學19），1972

　　　　　〈武川鎮軍閥の形成〉，《名古屋大學東洋史研究報告》8，1982

　　　　　〈西魏・北周・隋・唐政權と府兵制〉，刊於《中國律令制の展開とそ
　　　　　の國家・社會との關係》，唐代史研究會編，刀水書局，1983 年 3 月

　　　　　〈府兵制國家と府兵制〉，刊於《律令制——中國朝鮮の法と國家》，
　　　　　唐代史研究會編，汲古書院刊，1986 年 2 月

松島才次郎：〈竇氏の家系〉，《信州大學教育學部紀要》24，1970

直 江 直 子：〈北朝後期政權爲政者グループの出身について〉，《名古屋大學東洋
　　　　　史研究報告》5，1978

曾我部靜雄：〈西魏の府兵制度〉

　　　　　〈西魏北周隋唐の勳官勳級と我が勳位について〉，《文化》24-4，
　　　　　1960

菊 池 英 夫：〈北朝軍制に於ける所謂鄉兵について〉，《重松先生古稀紀念九州大
　　　　　學東洋史論叢》，1957

〈唐折衝府の分布問題に關すの一解釋〉，《東洋史研究》27-2，1968

濱口重國：〈東魏の兵制〉，《東洋學報》24-1，1936

〈西魏の二十四軍と儀同府〉，《東方學報》8，東京，1938

〈西魏に於ける虜姓再行の事情〉，《東洋學報》25-3，1939

Albert E. Dien　"The Bestowal of Surnames under the Western Wei-Northern Chou: A Case of Counter-acculturation" Tóung Pao, Vol. LXIII 2-3

"The Use of the Yeh-hou Chia-chuan as a Historical Source" Harvard Journal of Asiatic Studies Vol. 34, 1974

出自第五十八册第三分(一九八七年九月)